パウロと
パレスチナ・ユダヤ教

宗教様態の比較

Paul and Palestinian Judaism: A Comparison of Patterns of Religion

E.P.サンダース［著］ 浅野淳博［訳］

教文館

PAUL AND PALESTINIAN JUDAISM:
A Comparison of Patterns of Religion
40th Anniversary Edition

Copyright © 2017 Fortress Press.
All rights reserved.

First American Edition by Fortress Press 1977;
copyright © 1977 by SCM Press Ltd., London, and Fortress Press, Philadelphia.
Japanese Copyright © 2024 KYO BUN KWAN, Inc., Tokyo.

訳者まえがき

　訳者が〈あとがき〉を付するという邦訳書の慣例から離れて、本著では訳者である私が〈まえがき〉を記すことをお許し下さい。その理由は2つあります。1つには、本著の底本である『パウロとパレスチナ・ユダヤ教』の40周年記念版（2017年）にマーク・A. チャンシー著「初版発刊40周年を記念して」と題する緒言が挿入されていることがあります。チャンシーはこの緒言において、サンダース著『パウロとパレスチナ・ユダヤ教』がその後の新約聖書学にいかなる影響を及ぼしたかという影響史を分かりやすく示しています。本来ならば訳者が〈あとがき〉において記すべきことをチャンシーが緒言において行っているのです。そうすると訳者である私に残された仕事は、『パウロとパレスチナ・ユダヤ教』が出現する以前の状況——つまり前史——を概観することでしょう。しかしその場合、前史が〈あとがき〉にあって影響史（後史）が緒言にあるのでは、読者の皆さんに混乱を与えかねません。したがってこの前史を〈まえがき〉として紹介し、それに続き緒言において影響史を読んでいただけるように、それぞれを配置することにしました。読者の皆さんには、まず『パウロとパレスチナ・ユダヤ教』以前にユダヤ教とその律法がどのように理解されていたかを見わたし、そして同著がきっかけとなってその理解がどのように変わったかを把握したうえで、この著しい変革をもたらしたサンダースの議論を本著本文において堪能していただきたいと思います。

　〈訳者まえがき〉を付したもう1つの理由は、訳語に関する補足説明を2点だけしておきたいと考えたからです。本著を読むにあたって鍵となる表現が2つあります。1つは〈契約維持の［ための］律法制（covenantal nomism）〉

で、もう1つは〈功徳／悪徳（merit / demerit）〉です。これらをいかに訳すべきかは意見が分かれるところでしょうが、本文を始める前にいかにしてこれらの訳語の選択に至ったかを紹介しておきたいと思います。

A. 『パウロとパレスチナ・ユダヤ教』との出会い

　私とE.P.サンダース著『パウロとパレスチナ・ユダヤ教』との出会いは1996年にさかのぼります。当時私は米国カリフォルニア州のフラー神学校に在籍し、Th.M.という学位を取得すべく新約聖書に関する学位論文を執筆していました。同年の春学期に私は、マタイ福音書の註解書（Word Biblical Commentary）で著名なドナルド・A.ハグナー教授が担当する「新約聖書の解釈史」という博士課程セミナーを履修していました。そのセミナーでハグナー教授は私に対して、『パウロとパレスチナ・ユダヤ教』の書評をまとめて発表するようにとの課題を与えられました。それ以前にM.Div.という修士学位を取得していた私は、しかし恥ずかしながらこの著書の内容と意義についてほとんど知りませんでした。この課題をとおして、私の第二神殿期ユダヤ教とその律法に関する理解は一変しました。そして私は、本著の発刊が新約聖書学を含むキリスト教神学全体にとっての一大事件だったとの確信に至りました。じつに私に新約聖書学に関する初期の手ほどきをして下さったカール・ペーゲンケンパー教授は、「本著がこの学問領域の風景を変えた（changed the landscape of the discipline）」と評しておられます。以下では、チャンシーによる緒言でのサンダースの影響史に先立って、サンダース以前にユダヤ教とその律法がどのように評価されていたかを端的にまとめてみたいと思います。

サンダース教授の元研究室の扉

ちなみに私は、フラー神学校を卒業したあと、博士学位を取得するために英国オックスフォード大学でクリストファー・C. ローランド教授に師事しました。じつはローランド教授は、本著の著者であるサンダース教授の後任としてオックスフォード大学クィーンズ・カレッジに着任された方です。ですから私が4年間足繁く通ったローランド教授の研究室は、もともとはサンダース教授が研究・執筆に勤しんでいらっしゃったまさにその研究室だったのです。私はローランド先生から論文指導を受けつつ、フッと〈以前はこの部屋でサンダース教授も本をめくり筆を走らせ思想を紡いでおられたのだ〉と感慨深い思いになることがしばしばあったことを記憶しています。本著の内容もさることながら、私は私的なつながりゆえにも強い動機づけを得て本著の翻訳に携わりました。

B.　サンダースに至るトーラーの解釈史[1]

本著におけるサンダースのテーゼ[の前半]を端的に述べるならば、〈パウロの時代のユダヤ教は、律法の規定に則って功徳を積み上げることで救いを得るという救済観を持っていなかった／契約の中を生きるユダヤ人は、神の恩寵による救いの確信を喜んで享受していた〉というものです。これは従来のユダヤ教／律法理解と大きく異なります。サンダースが提唱したこのテーゼがその後のキリスト教界へどのようなインパクトを与えたかについては、上述のとおり緒言においてマーク・A. チャンシーが「初版発刊40周年を記念して」と題して詳しく記しています。したがってここでは、まず（1）新約聖書学において［第二神殿期］ユダヤ教が伝統的にどのように理解されてきたか、数名の学者らを例にとりながら概観したいと思います。そして（2）サンダースのテーゼに建設的な影響を与えた聖書学者らが、ユダヤ教と

---

[1]「サンダースに至るトーラーの解釈史」のほぼ全文は、淺野淳博「『新たな視点』以前の『パウロと律法』解釈史概観」、『ペディラヴィウム』64（2009年）、20–47頁を修正・要約して掲載した、「『ユダヤ人もギリシア人も：越境する聖書理解を求めて』研究報告」、『関西学院大学　キリスト教と文化研究』26（2025年3月）から抜粋したものである。

パウロとの関係をいかに捉えていたかについて述べたいと思います。

1. 伝統的なユダヤ教／律法理解

マルティン・ルター：ここではおもに 19 世紀から 20 世紀前半の聖書学者を取り扱いますが、彼らに多大な影響を与えた宗教改革者であるマルティン・ルターの理解から開始するのが良いと思われます。彼はロマ 10.4 の「キリストは律法のテロス〔終わり／目的〕」という文言に依拠しつつ、キリストの到来によって律法がもはや不適切だとの立場を取ります。その上で律法にいま与えられている意義を〈自らの義を確信する罪人の高慢を打ち砕くための「死のハンマー」[2]〉と述べ、律法を非常に否定的に扱います。そして彼は、律法とその延長にある父祖の伝承に対するユダヤ人の誇りを、排他主義として批判します。ルターは当初ユダヤ人に対しては、彼らがじょじょにキリスト教信仰へと移行することを期待しつつ寛容を示していたようです。しかしその望みを見失った晩年のルターは、ユダヤ人を福音とキリスト教社会の敵と見なすようになりました[3]。

フェルディナント・バウル：19 世紀になると宗教史学派に属するバウルは、宗教進化論という視点からユダヤ教を批判します。彼にとってのキリスト教は、ユダヤ教とギリシャ哲学が宗教融合的進化を遂げた産物でした。バウルは、進化以前のユダヤ教から進化の結果としてのキリスト教への移行を、外形主義（物質主義）から精神主義へ、そして個別主義から普遍主義への発展だと説明しました。彼によると、精神的なキリスト教が普遍的に人間内面の深層に充足を与える一方で、ユダヤ教は外面的な儀式に固執するという意味で実体と生命力に欠けると断じます[4]。バウルはこの外形主義ゆえにユ

---

2) Hilton C. Oswald (ed.), *Luther's Work* (vol. 26; trans. Jaroslav Pelikan; Saint Louis: Concordia, 1963), 26.310.

3) Hans J. Hillerbrand, 'Martin Luther and the Jews', in James H. Charlesworth (ed.), *Jews and Christians: Exploring the Past, Present, and Future* (New York: Crossroad, 1990), 129–31, 137.

4) Ferdinand Christian Baur, *The Church History of the First Three Centuries* (2 vols.; trans. A. Menzies; Wiliams & Norgate, 1878), 1.6–9.

ダヤ教をキリスト教に対して二義的だと評価しますが、さらにこの外形主義はユダヤ民族固有の文化への固執を意味し、これがユダヤ教の排他性という問題を生んでいるのだと説明します。

ヴィリアム・ヴレーデ：ヴレーデは、律法が要求する行いを実施することで救いが提供されるという伝統的なユダヤ教理解を継承し、この行為義認のうちにユダヤ教の最大の問題を見出します。すなわち、人は誰も神の水準に達することができず、神が満足する仕方で律法を遵守することが不可能です。その結果として、人はみな罪人として責められることになります。ここには、律法の遵守不可能性という問題とともに、不可能を律法が要求するという問題もあります。ヴレーデによると、〈律法は人を絶望させ、しかもその要求によって人の自由を奪う〉のです。キリスト教において律法遵守でなくキリスト信仰が救いの条件となったことはすなわち、キリストの到来により「すべての『汝すべし』が取り去られた[5]」ことです。ユダヤ教とは恵みが欠損している律法遵守の宗教であるがゆえに機能不全をきたしているというわけです。そしてパウロの啓示体験は、神の恵みによる救いを提供するという意味で「何かまったく新たな……原則による宗教[6]」として登場したのです。

エミール・シューラー：シューラーは律法がユダヤ民族にもたらした悪影響について論考しました。従順が報われ不従順が罰せられるという応報主義の下に置かれたユダヤ人は、その信仰の営みにおいて著しく破壊的な影響を受けたのです[7]。それはなによりも（1）道徳的生活の脆弱化です。すなわち道徳心の内面的動機が応報主義によって損なわれ、ユダヤ人の倫理観は崩壊しました。道徳心は終わりのない義務の遂行によって取って替わられたのです。そして（2）宗教心の形骸化が起こりました。ユダヤ教においてはいかに正確に律法を遵守するかに焦点が置かれたので、もはやユダヤ人にとってどれほど神を愛するかという問題は二義的となりました。ヴレーデが律法の

---

5) Wiliam Wrede, *Paulus* (Halle a. S: Gebauer-Schwetschke, 1904), 73.

6) Wrede, *Paulus*, 74.

7) Emil Schürer, *Geschichte des jüdischen Volkes im Zeitalter Jesu Christi* (3 vols.; Hildesheime: Georg Olms Verlagsbuchhandlung, 1885), 2.548–51.

遵守要求という性質を批判したのなら、シューラーは律法がユダヤ人に及ぼす悪影響を批判しました。

アルベルト・シュヴァイツァー：シュヴァイツァーにとって、キリストが到来した終末の世界（つまりメシアの時代）においてはもはや律法が機能する余地がありません。そのような終末の時代においてなおも律法に意義を見出そうとするユダヤ教は、彼にしてみると自己矛盾なのです。シュヴァイツァーはキリスト教とユダヤ教とを以下のように対比します。「パウロはその終末観の維持のために律法を退け、ユダヤ教はその律法維持のために終末観を退けた[8]」。神の恩寵によって神の国の栄光がイスラエルの民に与えられるという想定と、律法規定の遵守によって義という立場を獲得するという体制とは相容れないものです。キリストの到来はこの後者を否定して、ユダヤ教における矛盾を解決したことになります。

ルドルフ・ブルトマン：ブルトマンは実存論的な視点からユダヤ教とその律法を批判します。神に認められる手段としての律法に熱心であることは、すなわち自己依存以外の何ものでもありません。この自己依存ゆえに、ユダヤ人は本来求めて止まない実存をいつもすでに取り逃しています[9]。じつにユダヤ律法の究極的な目的は、この自己依存の生き方を人に認めさせて本来的な生き方へと導くことですが、人はかえって律法をとおして自己依存を深めました。すなわちブルトマンは、律法がもたらしたこのような事態に対して批判を向けているのです。結果的に律法には虚偽的な性格が備わっていることになります。すなわち、律法は人を自己依存へと導く一方で、その自己依存を罪として糾弾するからです。ブルトマンによると、ユダヤ人の信仰の営みはこのように虚偽的な性格の律法によって翻弄されているのです[10]。

まとめ：これらの学者は異口同音にキリスト教に対するユダヤ教の劣勢を主張しました。そこには〈ユダヤ教においては厳密な律法遵守という行いによって救いの是非が決定される〉という前提があります。神の求める要求に

---

8) Albert Schweitzer, *Die Mystik des Apostels Paulus* (Tübingen: J.C.B. Mohr, 1954), 90.

9) Rudolf Bultmann, *Theologie des Neuen Testaments* (NTG; 2 vols.; Tübingen: Mohr, 3. Aufl., 1958), 1.227.

10) Bultmann, *Theologie des Neuen Testaments*, 1.267–68

人は応じきれず、そこにはいつも不安と葛藤があります。結果としてそのような宗教は、人から健全な道徳心と宗教心とを奪います。このような神理解に相対する仕方で、キリスト教は神の恵みを強調し、行いによる救いでなく信仰による救いを説きました。人はキリスト教によって、神への渇望を正しく満たすことになった、というわけです。宗教改革の思想を継承した19世紀と20世紀前半のキリスト教は、著しく否定的なユダヤ教観を抱きつつ第二次世界大戦を迎えました。そのような状況にあってキリスト教会は、ホロコーストに歯止めをかける役割を担いきれませんでした。ある意味でキリスト教は、自らのアイデンティティを確立するために、ユダヤ教を犠牲としたのです。

このように独善的で差別的な思想はけっして過去のものでなく、じつに現在でもなお教会においてしばしば繰り返し教えられています。しかしこれは、キリスト教界のあいだでのみ再生産されているのではありません。本著の訳者である私は、本務校において「教員免許更新講習会」での講演を長いあいだ担当してきました。これは文科省の定めた規定によって、中学・高校の教員がその教員免許の更新をする際に講習を受けるという仕組みです[11]。私はこの講習会において、とくに宗教や世界史を教える教諭らを対象として、上で述べたようなユダヤ教理解がじつは誤りであり、サンダースを起因として現在ではその誤りが修正されていると説明しました。講習会の後で実施したアンケートを読むと、世界史を教える教諭らから、〈まさにこの誤った理解が教案に反映されており、この誤ったユダヤ教観を今まさに生徒たちに教えています〉というコメントを多くいただきました。私はこのようなユダヤ教理解が、キリスト教界のみならず一般社会に深く浸透していることを改めて認識しました。

サンダース著『パウロとパレスチナ・ユダヤ教』がこの誤ったユダヤ教理解を一変させる画期的な著書であることはすでに述べたとおりです。最後に私たちは、彼の理解を方向づけることに貢献した数名の研究者にも目を向けたいと思います。

---

11) この制度は2022年度に廃止された。

2. サンダースの前走者たち

クロード・モンテフィオール：20世紀の初頭に活躍したモンテフィオールは、ユダヤ人の聖書学者です。彼は同時代のキリスト教学者の理解とは異なる後1世紀の［ラビ・］ユダヤ教の姿を再構築します。彼によると、律法とは神がイスラエルの民に向けた恩寵を具現化したものであり、それがゆえに律法に対する民の思いは「あなたの律法は私の楽しみ」（詩119.77）という告白に反映されているのです。民は憐れみと恵みに富む神に対していつも改悛の姿勢を示し、神はいつも民を赦します[12]。またモンテフィオールは、神の創造を根拠として、この世界の現在と将来を楽観的に考えます。そこには、罪の下での束縛というパウロが描く悲観的な宗教の姿はありません。パウロがユダヤ教を否定的に提示する理由は、彼の慣れ親しんでいたユダヤ教が、ギリシャ的影響を受けたディアスポラ・ユダヤ教だからだと説明します。モンティフィオールは、パレスチナ・ユダヤ教（ラビ・ユダヤ教）とパウロのディアスポラ・ユダヤ教とを区別することによって、キリスト教界に蔓延する伝統的なユダヤ教理解に修正を提案したのです。

ハンス・シェップス：やはりユダヤ人の聖書学者であるシェップスは、モンテフィオールの議論を修正しつつ、パウロのユダヤ教理解に関する論考をさらに深めました。彼によると、パウロはその特徴的な終末観（開始された終末観）のゆえに、悲観的な世界観と信仰による救済という条件とを強調しました。古い時代と新たな時代が共存する終末［的緊張］において、パウロはキリストへの信仰と律法による行いとを対極に置かざるを得ませんでした。しかしラビ・ユダヤ教においては、律法遵守と信仰による義とは補完的な関係にあって、けっして相反するものではありません。律法の完全な遵守が不可能であったとしても、神への信頼は律法を守ることによって体現されるのです[13]。契約という神とイスラエルとの揺るぎない関係性から、パウロ

---

12) Claude G. Montefiore, *Judaism and St. Paul: Two Essays* (London: Max Goschen, 1914), 42–43.

13) Hans Joachim Schoeps, *Paulus: Die Theologie des Apostels im Lichte der jüdischen Religionsgeschichte* (Tübingen: J.C.B. Mohr, 1959), 212.

は律法を引き離してしまったのです。このような誤った律法とユダヤ教理解は、ヘブライ語聖書の律法（トーラー）とギリシャ語聖書（七十人訳）の律法（ノモス）の意味が一致しないことに起因しています。シェップスによると、ユダヤ人がパウロを受け容れなかったのは、彼らがメシアに対して頑迷だったからではなく、パウロの提示するユダヤ教神学に違和感を抱いたからです[14]。

ウィリアム・デイヴィス：サンダースの恩師にあたるデイヴィスは、伝統的なユダヤ教批判と、上に挙げたユダヤ人学者の応答とを俯瞰的に眺めて、これらに応答しつつユダヤ教の実像を提案しました。当時発見されたばかりの死海巻物に依拠しつつデイヴィスは、終末と律法とが相容れないというシュヴァイツァーのユダヤ教理解を否定します。そしてモンテフィオールの楽観的ユダヤ教に対して、パレスチナ・ユダヤ教という文脈においても、悲観的な世界観および超越的な神観が見られたと主張します[15]。その上でパウロの律法批判を説明するデイヴィスは、終末におけるメシアの到来がじつは新たなトーラーの出現だとの理解にパウロが至ったと述べます。そして、新たなトーラーであるキリストへの従順は、古いトーラーの遵守でなく、かえってキリストへの信仰をとおして示されると教えます[16]。パウロはメシアの到来を確信するラビとして、キリストの内にトーラーの終末的な成就を見出したのです。こうしてデイヴィスは、律法とメシアとの関係性を、敵対的でなくむしろ連続的に捉えました。

シューラーへの修正：前出のエミール・シューラーの著書が英語版として刊行されたとき、そこにはユダヤ教理解に関する大きな修正が施されました。初版の第 28 章「律法下での生活」は改訂英語版で「律法と生活」と改められ、否定的なユダヤ教理解が取り除かれました。改訂英語版は、「報酬のために主人に仕える給仕のようであってはならない。かえって報酬を気にとめずに仕える者のようであれ」（『M アヴォ』1.3）という教えをファリサイ

---

14) Schoeps, *Paulus*, 278.
15) W.D. Davies, *Paul and Rabbinic Judaism: Some Rabbinic Elements in Pauline Theology* (Philadelphia: Fortress, 4th edn, 1980 [初版は 1948 年])、xi-xii, 12–15.
16) W.D. Davies, *Jewish and Pauline Studies* (Philadelphia: Fortress, 1984)、103.

派的思想として捉え、ユダヤ教が応報主義的な宗教であったという初版の理解から離れます。したがってユダヤ教においては、倫理観や宗教観が弱体化することはありません。むしろ多くの律法規定は少数の理想的規範へと集約され、宗教的営みが律法主義に陥らないように配慮されていたのです[17]。その代表的な例として、ヒレルの黄金律があります。「あなた方がされたくないことを、あなたの隣人にしてはならない。これが律法の全体であり、その他はたんなる解釈である」(『BT シャッバ』31a)。ちなみに近年教文館より出版されたシューラー著『イエス・キリスト時代のユダヤ民族史』(I-V)は、この改訂英語版の方の翻訳です。

　まとめ：このようにして一部の新約聖書学者らは、ユダヤ人学者の視点をも慎重に参照しつつ、ユダヤ教を〈律法に依拠した功徳を積み上げることで救いを保証する、したがってユダヤ人は自らの救いに確信が持てずにたえず不安の中にいる、さらに律法遵守によって道徳心と宗教心とを弱体化させる〉宗教であり、それゆえにキリスト教と較べて劣悪な――ともすると邪悪な――宗教であるという伝統的なユダヤ教観に修正を提案し始めました。そして、ホロコーストへの反省に立った欧米のキリスト教界の中には、このような新たな理解を受け容れる姿勢がじょじょに生じてゆきました。私たちが本著『パウロとパレスチナ・ユダヤ教』に見る内容は、じつにこのような解釈史の延長における必然でありつつも、画期的なものだったのです。

　サンダースは、神がその恵みによってイスラエルの民を救いへと迎え入れたという救済観をユダヤ教の中心に置いていますが、ここで1つの疑問が生じます。すなわち、そのような救済観を示すユダヤ教と律法をパウロはなぜ批判したのか、どのような意味において批判したのか、という疑問です。サンダース自身がこの疑問に関して、本著後半で1つの提案をしていますが、サンダース以降、多くの新約聖書学者らがこの疑問に対する答えを模索しています。その様子は、この〈まえがき〉に続く緒言においてチャンシーが紹介しています。

---

17)　Emil Schürer, *The History of the Jewish People in the Age of Jesus Christ (175 BC — AD 135)* (rev. and eds. Geza Vermes et al.; 3 vols. in 4; Edinburgh: T. & T. Clark, 1979), 2.466–67.

C. 訳語の説明

　訳者である私は、本著の主題と直接的に関連させてサンダースが用いる2組のフレーズの訳語を決定することに苦労しました。結果として私が選択した訳語について、読者の皆さん全員が納得して賛成して下さるかは疑問ですが、少なくとも私がなぜそのような訳語に至ったかに関しては冒頭で説明しておくことが良いように思われます。

　功徳／悪徳：サンダースは、〈悪行よりも善行の方が量的に多ければ人は救われ、その逆であれば救われない〉という救済理解を、ユダヤ教律法に関する伝統的な誤解として扱います。その際にサンダースは、meritとその対義語であるdemeritという表現を用います。善行を行うとmeritが増加するという理解に沿って、本著ではmeritを〈功徳〉と訳しました。本来〈功徳(merit)〉は人を報いへと方向づける価値を意味する仏教用語であって、サンダースがmeritによってイメージしているものに近いように思われたからです。一方で、悪行を行うとdemeritが増加するという理解に沿って、本著ではdemeritを〈悪徳〉と訳しました。じつは仏教用語においては〈悪徳〉の直接的な対義語は〈善徳〉なのですが、この聞き馴染みのない〈善徳〉の代わりに〈功徳〉が用いられることがあるようです。したがって本著では〈悪徳(demerit)〉を、人の報いを阻み裁きへと方向づける価値という意味で、〈功徳〉の対義語として用いることにしました。

　契約維持の［ための］律法制：本著でサンダースがユダヤ律法の意義について述べる際に、covenantal nomismという語が用いられます。これは、イスラエルの民が神とアブラハムとのあいだで結ばれた契約の中に神の恩寵ゆえに招き入れられていることを前提としつつ、その契約の中で生きるための道しるべとして与えられているのが律法だ、という理解を表現するフレーズです。そしてイスラエルの民が神に対して罪を犯して契約から外れてしまった場合には、彼らが契約関係を回復するための方法も律法の内に組み込まれています。したがって律法とは、いかに民が契約の中に参入するかでなく

――なぜなら民は神の恩寵によってすでに契約へと招き入れられているので――、いかに契約の中に留まり続けるかを示しているのです。つまりユダヤ律法は、契約維持に関する規定です。それゆえに本著の訳者である私は、サンダースが言うところの covenantal nomism を、〈契約維持の［ための］律法制〉と訳しました。

　従来このフレーズには〈契約遵法主義[18]〉／〈契約的法規範主義〉などの訳語が充てられてきましたが、じつにこのフレーズの翻訳に関しては研究者らが頭を悩ませてきました[19]。私はこれまで提案されてきた訳語に、2つの問題を感じています。1つ目の問題は、本著がユダヤ教における信仰の営みといわゆる〈律法主義（legalism）〉――行為義認に依拠して律法遵守に固執するある意味で偽善的な生き方――とを明確に分けていることを、従来の訳語から読みとることができないという点です。したがって当該フレーズの訳出においては、〈律法主義〉を想起させるような表現から意識的に距離をおいた訳語を選択する必要があると考えました。つまり〈遵法主義〉という訳は〈律法主義〉を想起させる危険性があると思われたのです。もう1つの問題は、〈〜主義〉という言い回しです。これはサンダースが強調する〈宗教の様態（pattern of religion）〉を看過しているようです。ユダヤ教という〈宗教の様態〉を明らかにしようとする際に、彼はそれが〈多様な要素が上下関係を維持する体系〉でなく、むしろ〈人の営み〉であることをわざわざ断っています[20]。〈〜主義〉はサンダースが否定する前者を容易に想起させるように思われます。

　以上の理由から私は、従来提案されてきた訳語から離れて、新たな訳語を提案することにしました。そして、サンダースによると律法授与の目的が〈契約への参入〉でなく〈契約の維持〉であることがもっとも明確に伝わる表現として、やや間延びした表現であることは否めませんが、〈契約維持の［ための］律法制〉という訳語を採用することにしました。じつは covenantal nomism というフレーズに関しては、著名な英国のパウロ研究者であるジェ

18)　樋口進・中野実（監）『聖書学用語事典』日本キリスト教団出版局、2008年、101–02頁を参照。
19)　E.P.サンダース『パウロ』土岐健治・太田修司訳、教文館、1994年、286–87頁を参照。
20)　本著155–56頁を参照。

イムズ・D. G. ダンが「エレガントでない（inelegant）[21]」ネーミングだと評しています。そのように言われるだけあって、私は、読者の皆さん全員を満足させる〈エレガントな〉訳語を提案することが非常に困難であることを承知しております。

D. 謝辞

　E.P. サンダース著『パウロとパレスチナ・ユダヤ教』が発刊されるに至ったその過程には、多くの方々のご協力がありました。そもそも原本を翻訳する権利を得ようとする段階で、英国側の SCM Press と米国側の Fortress Press の両出版社が、それぞれ〈自社は版権を有していない、他社をあたれ〉という信じがたい返答を繰り返したため、その段階でこの翻訳プロジェクトは頓挫しそうになりました。しかし Lexington Books 所属で執筆者としても著名なニール・エリオット博士の助力で、1 年ほどかけて版元を辿ることができ、最終的な契約に至りました。Neil さん、どうもありがとうございました。

　冒頭でも述べましたが、私が本著と出会う機会を作って下さったのは、フラー神学校のドナルド・A. ハグナー教授です。ハグナー教授は私の Th.M. 論文の副査をも担当して下さり、私のパウロ研究の初期段階に関わって下さいました。本著との特別な出会いを取りもって下さったハグナー教授に感謝の言葉を送ります。ハグナー先生、ありがとうございました。そしてますますお元気で。

　本著の翻訳においては、とくに第 I 部「パレスチナ・ユダヤ教」の A「タンナ文献」に手を焼きました。新約聖書学を生業とする私にとって、タンナ文献やアモラ文献は専門領域をはるかに越えており、とくに日本語訳がいまだ確定されていない書名の翻訳には慎重にならざるを得ませんでした。この件に関しては、同志社大学の勝又悦子教授からお知恵を拝借させていただきました。また勝又教授はお忙しい中、「文献と出典箇所の表記法＞A. 一次文

---

21) James D.G. Dunn, *The Epistle to the Galatians* (BNTC; Peabody: Hendrickson, 1993), 136.

献〉1. ラビ文献」の項に目をとおして下さり、貴重な提案をして下さいました。勝又さん、ご厚意に心から感謝します。尚、ユダヤ教学専門の読者にとって読みにくい部分は私の責任です。

そしていつものことながら、教文館の髙木誠一氏には本著の出版にいたる様々な局面で助けをいただきました。髙木君、どうもありがとう。

最後に2点だけお断りをしておきたいと思います。1点目は脚注番号に関するものです。構成上の都合により、本著の脚注番号は原著の脚注番号と必ずしも一致しません。本著では原著と異なり、導入部、I部、II部の下部項目にあたる A, B, C……ごとに脚注番号を改めております。2点目は語尾の使用方です。訳者による「訳者まえがき」と著者による「はじめに」の部分は〈です・ます調〉、それ以外の本論を含めた論考部分は〈である調〉になっています。

2024年　師走の神戸旧居留地で

浅野淳博

追記

本著をとおして私たちは、ユダヤ教とユダヤ人への歴史的な偏見と差別が学問を大きく歪ませてきたという事実に直面します。私たちはホロコーストにいたるキリスト教の反ユダヤ的思想への反省に立ち、現在でも各地で繰り返される反ユダヤ的な言説や行為に反対します。一方でこの姿勢は、無条件でイスラエル国を擁護することを意味しません。本著の訳者である私は、2024年12月現在進行中のイスラエル軍によるガザ地区でのパレスチナ人に対する虐殺行為を——それに先行するハマスの残虐行為と併せて——つよく批判し即時停戦を訴えます。あらゆる差別、排除、暴力、戦争行為がなくなることを希望します。

τὰ τῆς εἰρήνης διώκωμεν.
平和のことがらを求めましょう。（ロマ 14.19）

緒言
(初版発刊 40 周年を記念して)

マーク・A. チャンシー

　本著『パウロとパレスチナ・ユダヤ教──宗教様態の比較（*Paul and Palestinian Judaism: A Comparison of Patterns of Religion*）』ほど、発刊とともに大きな衝撃を与え、その影響がこれほどに持続している著書は、聖書学の領域において非常に稀だ。著者 E.P. サンダースは、当時入手可能だった前 200 年〜後 200 年にわたるパレスチナ・ユダヤ教文献のほぼすべて──初期のラビ文献、当時公刊されていた死海巻物、そして旧約聖書外典と偽典──を総合的に分析して、かつて新約聖書学者が 1 人としてなし得なかったことを成し遂げた。彼が目指したことは、ユダヤ教神学の中心的思想を確定し、これをパウロ神学と比較しつつ、両者の理解について新たな提案をすることだった。ソロモン・シェクター、ジョージ・フット・ムーア、アルベルト・シュヴァイツァー、W.D. デイヴィス、クリスター・スタンダールらの先行する洞察に注意を向けつつ、パウロ研究のみならず新約聖書学全体を、ユダヤ教の特質に関する固定的な観念から解き放つことを目的として、注意深い提言を巧妙な論旨によって提供した。

　サンダースはその分析の結果、ユダヤ教一般、そしてとくにラビの思想に関する新約聖書学者による長年にわたる解釈が、十分な証拠に裏付けされない、不当で蔑視的なものだとの結論に至った[1]。すなわち、「ユダヤ人は血の

---

1) E.P. Sanders, 'Comparing Judaism and Christianity: An Academic Autobiography' in F. Udoh et al. (eds.), *Redefining First-Century Jewish and Christian Identities: Essays in Honor of Ed Parish Sanders* (Notre Dame: Univ. of Notre Dame Press, 2008), 11–41.

通わない行為義認的な宗教を信奉しており、個々の信者は自らの救済を獲得するために功徳（あるいは律法の行い）を積み上げねばならず、結果として独善的な自己義認や大きな不安に陥っている」との評価を多くの学者が下してきた[2]。批判的な学者は、ユダヤ教では「不可避的につまらぬ律法主義に陥り、己に仕え己に偽る詭弁に終始し、傲慢と神への信頼の欠損がない交ぜになる[3]」と断じてきた。サンダースは行為義認と信仰義認とを対比したマルティン・ルターの大きな影響力に注目しつつ、上の類の批判が一般化される様子を、フェルディナント・ヴェーバー、ヴィルヘルム・ブセット、ヘルマン・シュトラック、パウル・ビラーベック、ルドルフ・ブルトマンなどを含む近代の学者をとおして辿った。サンダースは当該文献の精査をとおして、これらの学者が誤った結論に達した理由として、自ら文献を調べなかったか、調べたとすればこれを著しく誤解したか、あるいは意識的に誤読したという確信に至った。そして彼は自身の緒言において、この偏見に満ちたユダヤ教観を打破し、歴史的により正確なユダヤ教理解を提供する意図があることを大胆に宣言した[4]。

　サンダースは、ほとんどのユダヤ教文献が異口同音に、伝統的な理解とは著しく異なった1つの特徴的な信仰様態を示していると主張した。今では有名になった彼の結論を分かりやすく言い換えると、以下のとおりだ。「ユダヤ人は、神が彼らを選び、彼らとのあいだに契約を確立し、トーラーを与えた。ユダヤ人は契約の履行規定、すなわち契約の民の一員として留まるための手段であるトーラーの教えに沿って生きる。神は契約への誠実さを報い不誠実を罰するが、同時にその慈愛により、トーラーの枠内に改悛と贖いによる契約回復の道を供えた。イスラエルの民の救済は、神の赦し、恵み、契約への誠実さゆえにもたらされるのであり、個々のユダヤ人によるトーラーの諸規定に対するまったき遵守ゆえでない」と。サンダースはこのユダヤ教神

---

2) Sanders (*Paul and Palestinian Judaism: A Comparison of Patterns of Religion* [Philadelphia: Fortress, 1977], 45) では、とくに Rudolf Bultmann に言及している。以降、同著は註において *PPJ* と略される。
3) Sanders, *PPJ*, 427.
4) Sanders, *PPJ*, xii.〔訳註　本訳書では「はじめに（1977年版）」〕

学を「契約維持［のため］の律法制（covenantal nomism）」と名付けた[5]。

サンダースはさらに、神がキリストをとおして決定的な行動を起こしたという強い確信――改宗体験をとおした認識――が、パウロを「パレスチナ・ユダヤ教文献に見られるいかなる宗教性とも本質的に異なるタイプの宗教性へと導いた[6]」と述べる。パウロの確信の中核には、サンダースが参与論的救済論と称する概念、すなわち「キリスト［の内］にある」という状態と救済とが結びつくという思想があった。「キリストにある信仰義認」や「キリストと共に死ぬ」という表現は移行を示す句であり、パウロはこれらの用語を用いて、いかにユダヤ人とキリスト者とが同様にキリストの体に繋がるかを説明した[7]。

パウロによると、キリストが十字架において死んだという事実によって、「キリストにある」という新たなしくみが人類の救済に欠かせないことが明らかになった。そのような救済がこれ以前にあったなら、キリストの死は無駄だったことになる（ガラ 2.21）。こうして、伝統的なユダヤ教神学とその実践、また契約とトーラーの理解は、神の前に正しい者として立つという義をもたらすのに不十分だ、との結論にパウロを導いた。このようなパウロの思想は、ユダヤ教が機能不全に陥って新たな道を必要としている、という問題意識から生じた解決でない。むしろパウロは、神がキリストにある解決を提供したとの確信から開始し、そこから以前の体制の誤りは何かとの問いに向かった。サンダースの表現を用いると、パウロの思考は「窮状から解決へ（plight to solution）」と流れず、むしろ「解決から窮状へ（solution to plight）」と遡行している。

トーラーの教えに則った生き方の難さに悩むどころか、パウロは自分の以前の在り方を「律法の義に関して非の打ちどころなし」（フィリ 3.6）と回顧した。ところが彼は、ユダヤ教がある種の義を提供したとしても、それはキリストをとおしてのみ得ることができる正しい種類の義でない（3.4–11）、とフィリピの信徒らに教えた。この救済理解ゆえに、パウロの律法に関する議

---

5) Sanders, *PPJ*, 422.
6) Sanders, *PPJ*, 543.
7) Sanders, *PPJ*, 463–72.

論は場当たり的で一貫性に欠けるとの印象を与える。たとえば彼は、異邦人が終末的救済を得るためにトーラーの遵法を求める他の宣教者らを激烈に批判する。一方で、救済に関わらない倫理的問題についてはトーラーに準拠することに問題を感じなかった。

サンダースは、多くの学者らが初期ユダヤ教を理解するために用いた主要な資料がパウロ書簡であり、彼らが十分に考察しなかった他のユダヤ教文献に見られる思想が、パウロのそれと基本的に異なるという事実を認識していなかった、という点を明らかにした。さらにサンダースは、ユダヤ教を冷酷で律法主義に取り憑かれた宗教として描いた先人らの理解を無批判に繰り返すことを、古代と現代のユダヤ教とその信仰者らを中傷する行為として警告した。サンダースの歴史に則った注意深い著書に触れた者は、社会を覆うアウシュヴィッツの暗い影を意識しつつ、この書の直接的な意義を強く実感した。すなわちそれは、初期ユダヤ教と初期キリスト教との関係性を理解するという、新たな時代の試みへの突入だ。初版発刊から40年——奇しくもイスラエルの民への試み（荒野での放浪）を象徴する聖書的時間枠——を経った今、その時代はいまだ継続している。

振り返るに、『パウロとパレスチナ・ユダヤ教』のパラダイム転換的な重要性を学者らが認識したそのスピードは目を見はるものだった。サンダースの議論の個々の部分については、学者らのあいだで見解が異なる。それでも多くの者にとって、その全体的な衝撃は否みようがなかった。本著はすぐさま傑作として称賛された。本著を「膨大な資料を精査した、精力的で説得性が高い［書］」と評価したニルス・ダールは、さらにこれを世代を越えた古典といわれる書物群と肩を並べる「パウロ研究史に欠かせぬ道標[8]」と定めた。さらにニコラス・キングは、本著を以下のように評した。「新約聖書を学ぶすべての者、またハスモン朝からミシュナ没収にいたるパレスチナ・ユダヤ教に何らかの関心を抱く者にとって、手始めに本著を熟読・熟知することがもっとも良い時間の使い方だ[9]」。さらにG.B. ケアードは、本著を「博識、

---

[8] Nils A. Dahl, 'Review of *PPJ*', *Religious Studies Review* 4:3 (1978), 153–58 (pp.155, 154 からの引用).

[9] Nicholas King, 'Review of *PPJ*', *Biblica* 61.1 (1980), 141–44 (p.141 からの引用).

明瞭、目を見はる独自性」と表現した[10]。

　おそらく、もっとも高い評価を本著に送ったのは、ユダヤ人の新約聖書学者サミュエル・サンドメルだろう。曰く、「私は、キリスト者にこのような姿勢でユダヤ教に関する執筆をして欲しいと願ってきたが、同様の仕方で、ユダヤ人としての私がキリスト教に関して書きたい、と述べたことがある。私がユダヤ人の側から達成したいと願ったこと、サンダースはそれをキリスト者の側から達成してくれた」。さらにサンドメルは、「［本著の］一貫した学術性の高さ、著者の思考の明晰さ、主題理解の繊細さ……に鑑みると、本著が我々の世代においてもっとも重要な新約聖書学関連の書の1つだと言わざるを得ない[11]」と述べた。

　偉大な著書にも、のちに改訂や言い換え等をとおして、さらなる議論の補強がなされる。サンダースは1983年に本著の続編とも言える *Paul, the Law, and the Jewish People*（『パウロ、律法、ユダヤの民』）を出版したが、そこで彼はパウロ書簡の釈義において激論が交わされる幾つかの箇所に焦点を置きつつ、持論を展開した。数年のちにオックスフォード大学出版局より発刊された初学者向けのパウロ入門書 *Paul: A Very Short Introduction*（『パウロ』）を挟んで、近年（2015年）では一般読者をも視野に置いた詳細なパウロ考 *Paul: The Apostle's Life, Letters, and Thought*（『パウロ——使徒の生涯、書簡、思想』）[12] が出版された。

　サンダース自身の議論は、「パウロに関する新たな視点」として知られる広範で多彩な議論としばしば密接に関連づけられるが、これはある意味で

---

10) G.B. Caird, 'Review of *PPJ*', *Journal of Theological Studies* 29:2（1978）, 538–43（p.538 からの引用）.

11) Samuel Sandmel, 'Review of *PPJ*', *Religious Studies Review* 4:3（1978）, 158–60（pp.159, 160 からの引用）.

12) E.P. Sanders, *Paul, the Law and the Jewish People* (Minneapolis: Fortress, 1983); *Paul: A Very Short Introduction* (Oxford: OUP, 2001 [originally, Past Masters Series, 1991], 邦訳は『パウロ』土岐・太田訳、2005年); *Paul: The Apostle's Life, Letters, and Thought* (Minneapolis: Fortress, 2015). このユダヤ教理解の再構築への学術的批評に対するサンダース自身の応答は以下を見よ。Sanders, 'Covenantal Nomism Revisited', *Jewish Studies Quarterly* 16:1（2009）, 23–55. これは以下の書に収められた。Sanders, *Comparing Judaism and Christianity: Common Judaism, Paul, and the Inner and the Outer in Ancient Religion* (Minneapolis: Fortress, 2016), 51–83.

皮肉なことだ。サンダース自身は本著において、「新たな視点」という表現をただ1度用いるのみである。「パウロは、ユダヤ教における律法の役割を見誤ったというより、むしろ新たな視点を得たために律法の破棄を宣言した[13]」。サンダースが言及する新たな視点とは、トーラーとユダヤ教に関するパウロの新たな視点を指す。

サンダースの著書（PPJ）が「パウロに関する新たな視点」の必要を訴えた、と最初に述べたのはジェイムズ・D.G.ダン[14]。1982年にマンソン記念講演（翌年に出版）で、彼はローマ書註解の執筆準備のために目をとおした専門書や学術論文について論じつつ[15]、以下のように述べた。「これらの議論のどれをとっても、パウロに関する新たな視点を提供していると自信をもって結論づけることができるものはない。……いずれもパウロ研究の殻を破り、パウロの書簡群やその思想に関して何世代も繰り返されてきた説明から抜け出た、とまで言うことはできない。……ただ私の判断では、過去1, 2世代のあいだでそのような称賛が送られるべき書が1つだけある。それが『パウロとパレスチナ・ユダヤ教』だ[16]」。

もっともダンによると、サンダースは「殻を破ったがそこからさらに突き進まなかった[17]」。そしてダンは、パウロ神学を独自の仕方で再構築し、「［私が提示する］新たな視点は、サンダースや彼への応答者らが提示するパウロよりも、より適切にパウロを捉えている[18]」と述べた。ダンによると、パウロが言及する「律法の行い」とは、トーラーの遵法全体（サンダースの理解）を指すのでもなければ、善行一般（マルティン・ルターやその後の神学者ら）で

---

13) Sanders, *PPJ*, 496.〔訳註：本邦訳では 773 頁。〕

14) James D.G. Dunn, 'The New Perspective on Paul', *Bulletin of the John Rylands Library* 65（1983）, 95–122. Terence L. Donaldson ('Paul within Judaism: A Critical Evaluation from a "New Perspective" Perspective', in M.A. Nanos and M. Zetterholm〔eds.〕, *Paul within Judaism: Restoring the First-Century Context to the Apostle*〔Minneapolis: Fortress, 2015〕, 277–301, とくに 278n2）は、パウロ研究における「新たな視点」という用語の初期の用法の道筋を辿った。〔訳註　パウロ研究における新たな視点の展開については、山口希生『ユダヤ人も異邦人も——パウロ研究の新潮流』新教出版社、2023 年を見よ。〕

15) Dunn, 'New Perspective on Paul'; *Romans 1–8*; *Romans 9–16*（Waco: Word, 1988）.

16) Dunn, 'New Perspective', 97.

17) Dunn, 'New Perspective', 100.

18) Dunn, 'New Perspective', 103.

もない。むしろ「パウロは［ガラテヤ書の］読者らが、割礼や食事規定のような律法の特定の掟を想起することを期待していた[19]」と論ずる。割礼や安息日や食事規定は、「ユダヤ民族の独自性を示すアイデンティティの表象であり、ユダヤ人にとってこれらの掟を遵守することが契約履行の基本と理解された。これらの規定は、契約の成員であることを示す印として機能した[20]」。

　サンダースが理解するパウロと異なり、ダンのパウロはじつにユダヤ教体制の内に誤りを見出していた。すなわち、ユダヤ人らは民族的排他主義に陥っており、とくにユダヤ民族のアイデンティティを特定する宗教儀礼を遵守する者に、契約の成員としての立場と民族的な義を限定していた。ダンのパウロは、ユダヤ教の契約という概念自体を否定しないが、ユダヤ人が非ユダヤ人を神の恩寵から排除する仕方で契約とトーラーとを理解するという点を非難した。したがって、この窮状に対してパウロが提唱した解決は、キリストに信仰を置くことによる義認である。のちにダンは、パウロがユダヤ教体制を非難した理由として、「他の［比較的熱心でない］ユダヤ人を罪人あるいは棄教者として扱ったり、その延長として異邦人を救いようがないとみなす律法への熱心[21]」をつけ加えた。ダンは引き続き、そのパウロ理解を多くの著書で示し続けている[22]。

　しかしダンにも先んじて、パウロ研究の重要な発展を理解するのに「新たな視点」という表現が有用であることを認識していたのはN.T.ライトだ。

---

19)　Dunn, 'New Perspective', 107.
20)　Dunn, 'New Perspective', 108.
21)　James D.G. Dunn, 'Noch Einmal "Works of the Law": The Dialogue Continues', in I. Dunderberg, C. Tuckett, and K. Syreeni (eds.), *Fair Play: Diversity and Conflicts in Early Christianity: Essays in Honour of Heikki Räisänen* (Leiden: Brill, 2002), 273–90. 私が非常に残念に考えるのは、著名な学者であるダンからは私自身が多くを学んできたが、パウロが戦いを挑んだユダヤ人の律法への熱心とか「［ユダヤ人の］著しい排他的姿勢」を、彼が「ホロコーストの恐怖」や「前ユーゴスラビアやルワンダでの民族間対立や民族内抗争の恐ろしい野蛮行為」とを同視することを良しとした点だ（p.278）。
22)　本主題と直接関係がある代表的な著書としては、*Christianity in the Making*（形成期のキリスト教）というシリーズの第2巻にあたる *Beginning from Jerusalem* (Grand Rapids: Eerdmans, 2009); *The New Perspective on Paul: Collected Essays* (Tübingen: Mohr Siebeck, 2005); *The Theology of Paul the Apostle* (Grand Rapids: Eerdmans, 1998)、邦訳は『使徒パウロの神学』浅野訳、2019年がある。

1978年のティンデル新約聖書講演において、ライトはサンダースの本著を取り上げ、それ以前のムーアやスタンダールらの議論と並行させつつ、パウロ書簡群に関する釈義上の壁を乗り越える方策として、これを「パウロ理解の新たな道筋」および「新たな視点」と評した。しかしダンと異なり、ライトはこの表現をもってその後に出現する新たな解釈の動向全体を指そうとしたのでない[23]。ライトは、聖書学者や神学者や説教者らが、ユダヤ教に関する歪んだ理解を繰り返し、パウロを読み違えていることに関して、サンダースに同意する。ライトは、「パウロ解釈の伝統は、誤ったユダヤ教観を創出することによって、そのユダヤ教に反対するパウロという誤ったパウロ観を創出した」と結論づける。さらに、「伝統的な誤ったユダヤ教観が、特定の時期［とその解釈者共同体］の限定的な必要や関心に合わせて、弱体化され非神話化されたパウロ像を作りあげた[24]」と続ける。

　ライトはまた、ユダヤ教が行為義認の宗教でもなければ、パウロ神学の中心に信仰義認があるのでもない、という点でサンダースに同意する。しかしサンダースと異なり、ライトはパウロの言説のうちに、ユダヤ教の幾つかの側面に対する強い反論を見出す。ライトによると、キリスト教が伝統的に描いてきたユダヤ教の姿は誤っているが、パウロ書簡群は「当時のユダヤ教を弁護する者らが提示したユダヤ教（傍点はライトによる）に対する、詳細で注意深い批判を含んでいる」と述べる。「パウロは律法自体に反対しないが、その誤用を批判した。その誤用は律法主義の問題でなく、『民族的義』に関わる。神がその託宣をユダヤ人に付与した（ロマ3.2参照）という事実を根拠に、自動的で永遠に続くユダヤ人の特権を主張する姿勢を批判した」。ライトによると、パウロは「［ユダヤ教が］律法と割礼を民族的特権の象徴として誇ること」に対して批判を向けたのだ[25]。

---

23) N.T. Wright, 'The Paul of History and the Apostle of Faith', *Tyndale Bulletin* 29 (1978), 61–88.
24) Wright, 'Paul of History', 78, 80. ライトの代表的な著書にはその他に以下がある。*The Climax of the Covenant: Christ and the Law in Pauline Theology* (London: T&T Clark, 1991 / Minneapolis: Fortress, 1992); *Paul in Fresh Perspective* (Minneapolis: Fortress, 2005); 'New Perspective on Paul', in Wright, *Pauline Perspectives: Essays on Paul 1978–2013* (Minneapolis: Fortress, 2013), 273–91; *Paul and the Faithfulness of God* (2 vols.; Minneapolis: Fortress, 2013).
25) Wright, 'Paul of History', 82.

「歴史のパウロ」による神学の再構築を試み続けるライトは、他の側面ではサンダースと意見が大きく異なる。ライトが理解するパウロは、神がアブラハムをとおして開始した契約が今は教会をとおして継続している、という契約神学を支持する。したがってイスラエルと結んだ神の契約は、メシアとしてのイエスの啓示と、十字架における死と罪への勝利によってその頂点に達した。

　これとは対照的に、サンダースは契約神学をパウロの神学の中心に置かない。サンダースによると、「キリストにある」ユダヤ人と異邦人とからなる共同体は、「肉による同胞」（ロマ 9.3）との連続性をおおよそ見出さない。使徒パウロによるアブラハム物語の解釈によると、アブラハムの子孫あるいはキリストを信仰する者らがキリストと直接的に結びつくので、この結びつきを持たないイスラエル民族の大半はそこから排除される（ガラ 3.6–29, 4.21–31, ロマ 4.1–25）[26]。

　ライトが理解するパウロは、キリストの福音が世界支配を豪語するローマ皇帝を拒絶してこれに取って代わる、と見なした。一方でサンダースは、パウロの政治的および社会的文脈に十分注意を払いつつも、パウロの福音の反帝国的性格を強調しなかった。彼は、パウロが帝国への抵抗を重視したと考えない[27]。それはパウロが、世の終わりが間近に迫っていると考えていたからだ。

　聖書学の一般的な議論では、サンダースとダンとライトとがまとめて「パウロに関する新たな視点」の創始者と見なされる傾向がある。彼らの議論には重なる部分もあるが、それぞれのユダヤ教観とパウロ理解は根本的に異なっている。ダンが理解する「律法の行い」に対するパウロの批判は、割礼や食事規定や安息日をユダヤ民族アイデンティティの表象と見なし、これらの掟の厳守を怠る者を裁き、これらの掟を行わない異邦人を神の恵みから排除

---

26) Sanders, *PPJ*, 457, 483–84, 488–93, 551.
27) じつにサンダースにとって、行政上の権威に敬意を払うことの勧め（ロマ 13.1–7）がこの点を明らかにしている。もっとも近年の論考（*Paul: The Apostle's Life, Letters, and Thought*, 692–95）において、サンダースはこの解釈の問題点を幾つか示している。ただ彼との個人的な会話によると、パウロ書簡群に「抵抗運動の兆しはどこにも見られない」との判断に変わりはないようだ。

するユダヤ人の姿勢に対するものだ。ライトが理解するユダヤ教に対するパウロの批判は、律法をユダヤ人のための変わることない特権とみなす姿勢に向けられている。ユダヤ教における排他性とアイデンティティの表象に関して、ダンとライトのパウロは一致した姿勢を示していることになる。

　サンダースはそのように理解しない。彼によれば、パウロによる自文化と同胞に対する批判は、復活したキリストとの神秘的な遭遇のみに依拠している。この啓示体験以前のパウロも、福音宣教に使徒として召されたあとのパウロも、ユダヤ教に欠陥があると考えなかった。パウロが律法を拒絶した理由は、新たな救済が到来したからだ。「ユダヤ教における以前の生き方」（ガラ 1.13-14）を捨てたのは、救いが「キリスト［の内］にある」ことのみによるという新たな確信に至ったからだ。サンダースはこれを以下のように表現した。「パウロがユダヤ教に見出した誤りはこの一点、すなわちそれがキリスト教でないことだ[28]」。換言すると、「パウロが自民族の宗教を批判した根本的な理由は、そこにキリストへの信仰が含まれていないことだ[29]」。したがって、サンダースのパウロ観はダンやライトのパウロ観と大きく異なる。後者は当時のユダヤ教体制に対して、律法主義ではないにせよ、少なくとも何らかの瑕疵を見出しているからだ[30]。

　上のように異なる理解を示す 3 人の学者が、「パウロに関する新たな視点」の創設者としてしばしば一括りにされることには違和感がある。1983 年に発表されたダンの論文で、サンダースのユダヤ教文献に関する包括的な分析を評価するために、「パウロに関する新たな視点」という句が初めて用いられた。ダンにとっての「新たな視点」には、サンダースの議論のうちの幾つかの側面に加えて、ダン独自の理解が含まれている。この句は、1988 年に発刊されたローマ書註解[31]とそれ以降の彼の著書をとおして一般に広められ

28）　Sanders, *PPJ*, 552.〔訳註：本邦訳では 811 頁。〕
29）　Sanders, 'Comparing Judaism and Christianity', 30.
30）　この点でダンとライトへの批判が向けられている。Thomas Deidun, 'James Dunn and John Ziesler on Romans, in New Perspective', *Heythrop Journal* 33（1992）, 79–84; Mark D. Nanos, *The Mystery of Romans: The Jewish Context of Paul's Letter*（Minneapolis: Fortress, 1994）, 88–95; Daniel Boyarin, *Radical Jew: Paul and the Politics of Identity*（Berkeley: Univ. of California, 1993）, 209–24.
31）　Dunn, *Romans*, 2 vols.

た。他の学者らも、ダンと同様の意味でこの句を用い始めた。ダンの註解書が出版されたと同年に、スティーブン・ウェスターホルムは、サンダースとダンにヘイキ・ライサネンをも含めた3名の議論を「新たな視点」とし、これを批判した[32]。1990年代の中半になると、この句にライトの名が含まれたり含まれなかったりし始める[33]。1990年代と2000年代初期にかけてライトが独自の理解を示すようになるが、それはダンの議論との親和性が高く、必然的に「新たな視点」に彼らの名が連ねられるようになった。

　サンダースとダンとライトが先駆けとなり「パウロに関する新たな視点」がもたらされた、という今世紀になってしばしば繰り返される理解は、このような事情によって生じた。しかしときとしてライトは、「新たな視点」に対して一定の距離を置くかのような表現を用いる。彼は2002年に、この句をおもにサンダースとダンに限定しつつ、彼らが「重要で正確で神学的に有意義な点を幾つか」指摘した、と述べた。その際に自らに関しては、「新たな視点に対して批判的なインサイダーで、中心的な議論の幾つかを支持するが、他の点に関しては著しく批判的だ[34]」とする。パウロ研究に『パウロとパレスチナ・ユダヤ教』をもって大きな地殻変動をもたらしたサンダース自身は、「新たな視点」という表現をけっして用いない。彼の議論とダンやライトの議論との違いに鑑みると、これは驚くに足らない。

　「パウロに関する新たな視点」という用語は、これら3名の学者のみならず、この議論を部分的に支持し、これを前提として議論を構築する者らにも

---

32) Stephen Westerholm, *Israel's Law and the Church's Faith: Paul and His Recent Interpreters* (Grand Rapids: Eerdmans, 1988), 141–43. Räisänen (*Paul and the Law* [Tübingen: J.C.B. Mohr, 1987]) は「新たな視点」という表現に言及するが、それは他の学者を引用する際にたまたまこの句が含まれていたに過ぎない。彼は1つの学派を指してこの句を使ったのでない。Räisänen (*Paul and the Law*, xxix) はダンの「新たな視点」に関する論文を知っていたが、この句に意識的に言及していない。

33) たとえば John A. Ziesler ('"New Perspective" on Paul', *Theology* 94 [1991], 188–94) は「新たな視点」の起点をスタンダールに置き、サンダースの貢献を強調しつつ、この句自体をダンに帰する。Stanley E. Porter ('Understanding Pauline Studies: An Assessment of Recent Research, Part One', *Themelios* 22:1 [1996], 14–25) は、この句をサンダースとダンにほぼ限定する。ライトがこの句に含まれるようになる初期の例として Mark D. Thompson, 'Personal Assurance and the New Perspective on Paul', *Reformed Theological Review* 53:2 (1994), 73–86 参照。

34) N.T. Wright, 'Communion and *Koinonia*: Pauline Reflections on Tolerance and Boundaries', in Wright, *Pauline Perspectives*, 255–69 (p.257 からの引用).

用いられるようになった。その結果として、ユダヤ教に関する否定的な言説を無批判的に採用する事態が過去のものとなったことが、聖書学と関連するより広い分野にまで、知れ渡ることとなった。しかし「新たな視点」を唱える動きがあまりにも広がり、多様な意見を持つ学者らがそのもとに集まってきたので、これらの支持者を1つのグループとして見なすことが困難となった。彼らは一様に、ユダヤ教は律法主義的でなく行為義認の宗教でなかったと認める。しかし、それではユダヤ教とは何だったか、とくに内部の多様性をいかに説明するか、に関して意見がしばしば分かれる。またパウロ理解に関しては、彼らを1つの視点にまとめることはできない[35]。ライトが述べるように、「『新たな視点』を支持する著者と同じ数だけの『新たな視点』がある[36]」だろう。

「パウロに関する新たな視点」という句が異なる人にとって異なる意味で捉えられているので、それが何を視野に置いているか、もはや明らかでない。おそらくこの句は、ダンの議論におおよそ賛同する者らに対して用いるのが良かろう。より広い集団については、この句がもはや有意義な名称とは考えられない[37]。パウロ理解を目的としてユダヤ教文献が注意深く批判的に分析され始める前後で新約聖書学者を分けるなら、前サンダース期と後サンダース期とすべきだろう。パウロに関する同様の釈義上の結論や方法論上の前提によって学者らを分類するなら、それぞれを特徴づける名称を用いるべきだ[38]。

じつに、『パウロとパレスチナ・ユダヤ教』が大きなパラダイム転換をもたらしたあとも、パウロ研究は一致を見ることなく、激しい議論を続けてい

---

35) Donaldson, 'Paul within Judaism', 277–78.
36) Wright, 'New Perspectives on Paul', 276.
37) この点に関してはDonaldson ('Paul within Judaism', 278) が以下のように述べている。「この句(『新たな視点』)は、より広い意味で、またより曖昧な意味で用いられ、同様の立場の学者らというよりも、サンダースの著書(*PPJ*)によって注意が向けられた関連資料へ関心を持つ学者らを指すようになった」。
38) Mark A. Chancey, 'Paul and the Law: E.P. Sanders's Retrieval of Judaism', *Christian Century* (June 3, 2006), 20–23 参照。〔訳註　もっともこの分類では、時代的にサンダースに先行するW.D. Davies (*Paul and Rabbinic Judaism: Some Rabbinic Elements in Pauline Theology*, 1948) 等が、後サンダース期に含まれるという事態が生じてしまう。〕

る[39]。パウロ自身の議論の曖昧さ、パウロと現代の解釈者とのあいだにある社会的文脈のギャップ、そして場合によっては寄って立つ神学的立場、これらに鑑みると現状の混沌とした様子は、けっして理解が及ばない状況でない。学者によっては、信仰義認をパウロ神学の頂点から引き降ろすことがパウロ理解の起点だが、他の学者はルター派あるいは改革派の伝統を擁護する。「ピスティス・クリストゥー」を「キリストへの信仰」とすべきか「キリストの誠実さ」とすべきかに関しても、議論が分かれたままだ。近年では、黙示主義、メシア期待、カエサルの主権に抵抗するイエスの主権などの概念を重視する、雄弁で力強い声が聞かれる。ユダヤ人と異邦人とに対して1つの救いの手段を想定する者もいれば、異なる手段（2つの契約）を想定する者もいる。

多くの疑問が残っている。パウロはどの程度、同時代のユダヤ教およびユダヤ人と距離を置いたか、あるいは継続性を保とうとしたか[40]。パウロは、ユダヤ人でも異邦人でもない新たな民の誕生を宣言する者という自己理解を抱いていたか。アイデンティティと境界線という概念の流動性と曖昧さとを考慮に入れたとき、キリスト教がユダヤ教と異なる集団と見なされ始めたと言えるのは歴史のどの段階か。これらの問題に関する活発な議論が続いていること自体が、『パウロとパレスチナ・ユダヤ教』の影響が継続していること、またそれが多方面の関心を刺激したことを示している[41]。

ユダヤ教を律法主義として断ずるという、かつて新約聖書学に関する著書群に頻出した姿勢が、一次文献の支持を欠き、しばしば出処の分からない前提を真に受けた結果だったことは、今日ほとんどの学者らが認めていること

---

[39]　Sanders, 'Covenantal Nomism Revisited'; Nanos and Zetterholm (eds.), *Paul within Judaism*; Magnus Zetterholm, *Approaches to Paul: A Student's Guide to Recent Scholarship* (Minneapolis: Fortress, 2009); Stephen Westerholm, *Perspectives Old and New on Paul: The 'Lutheran' Paul and His Critics* (Grand Rapids: Eerdmans, 2003).

[40]　この点に関してはSanders, 'Did Paul Break with Judaism?'（初版1996）; 'Paul's Jewishness'（初版2008）, in *Comparing Judaism and Christianity*, 231–40, 267–86 を見よ。

[41]　同胞のユダヤ人との関係においてパウロがいかなる自己理解を持っていたかに関するもっとも挑戦的な分析は、「ユダヤ教内のパウロ（Paul within Judaism）」という主題の共同研究によるだろう。Nanos and Zetterholm, *Paul within Judaism*; Pamela Eisenbaum, *Paul Was Not a Christian: The Original Message of a Misunderstood Apostle* (New York: HarperOne, 2010) 参照。

だ。サンダースに批判的な学者らの中には、いくらか慎重な表現を用いつつ、初期ユダヤ教の一部にそのような律法主義的傾向があったと論ずる者もいる。しかしこれらの学者らも、前サンダース期よりもユダヤ教文献を慎重に分析し、注意深い表現を用いてユダヤ教を描写してみせる[42]。それにしても、反ユダヤ的な固定観念という亡霊が、完全に消滅した、あるいはいずれ消滅するなどと考えるべきでなかろう[43]。ユダヤ教文献への信頼できる手引を求める新約聖書学者にとって、サンダースの価値は変わることがない。

　かつてサンダースは、自らのキャリアにおける「もっとも重要な教訓」を述べた。すなわちそれは、「私たちは、自分自身で文献と向き合うことをとおしてのみ、本当の意味で研究内容を知ることになる[44]」ということである。これは当然、古代文献を注意深く分析することの重要性を語っている。しかし、古典と称される書物についても同様のことが言えよう。数多くの著書や論文が、サンダースの貢献を要約し、その議論を修正しつつさらに深め、独自の解釈を付加し、パウロとユダヤ教に関する異なった解釈を提供する。しかし『パウロとパレスチナ・ユダヤ教』の色あせぬ価値を知ってこれを評価するためには、この書を読むことに優る方法はない。40周年記念版の発刊は、まさにそのような機会を読者に提供している。

---

42) Sanders (*Judaism: Practice and Belief 63 BCE – 66 CE* [London: SCM / Philadelphia: Trinity Press Int'l, 1992 / Minneapolis: Fortress, 2016]) は、初期ユダヤ教が契約維持の律法制だったとの理解をさらに発展させた。ユダヤ教諸宗派が広くこの神学的枠組みを共有したとする、サンダースの賛同者に関しては 'Covenantal Nomism Revisited' 参照。

43) １つの例として、近日出版予定の Hermann L. Strack and Paul Billerbeck, *Kommentar zum Neuen Testament aus Talmud und Midrasch* (5 vols.; München: C.H. Beck'sche Verlagsbuchhandlung, Oskar Beck, 1922) の英語訳 (*Commentary from the Talmud and Midrash* [3 vols.; Bellingham: Lexham, 2021–23]) が挙げられよう。Str-B は新約聖書のテクストに対して、これと直接関連するラビ文献によって光を照らすことを目的とする、と理解されてきた。サンダース (*PPJ*, 42) はこの著を精査してその基本的な誤りを示し、その影響力を相対化しようと試みた。「多くの新約聖書学者がラビ文献について述べる際に、Str-B のみに言及することから、疑念が抱かれるべき Str-B のテクスト選択の方針が何かについて彼らが無知であることが分かる」。サンダースの分析は、「Str-B がテクストの意味を曲解し……テクスト選択によって問うべき疑問を操作した」点を明らかにした。

44) Sanders, 'Comparing Judaism and Christianity', 22.

はじめに
（初版発刊 40 周年記念版）

『パウロとパレスチナ・ユダヤ教』（1977 年）発刊 40 年を記念して、新たな版が発刊されることを耳にし、大きな驚きを抱きつつも、たいへん嬉しく思います。これは改訂版ではありません。その後、1977 年の段階で知らなかった幾つかの新たな発見がありましたし、主題によっては私自身の見解が深化したり変化したりした部分もあります。しかし、本文自体は 40 年前のままにしてあります。なぜなら、パウロとユダヤ教という 2 つの重要な主題に関して、私は本著を起点として意見を述べ続け、意見の変更、修正、取り下げ等は、のちの出版物をとおして示してきたからです[1]。私の著書では、いつも網羅的な主題索引を設けるように心がけてきましたから、これら 2 つの主題に関する私の意見の変化の推移――あるいは変化しない様子――を知りたい読者には、この索引が時間を節約する助けになると思います。

この記念版には、マーク・チャンシー教授が洞察に富み明解な緒言を寄せ

---

[1] PJJ での議論をさらに発展させる仕方で私の理解を以下の書で述べた。*Paul, the Law and the Jewish People*（Philadelphia: Fortress, 1983）。しばしば同時代の研究者の意見と対話しつつ、以下で古代ユダヤ教に関する私の理解を明らかにした。*Jewish Law from Jesus to the Mishnah: Five Studies*（Philadelphia: Trinity Press Int'l, 1992）; *Judaism: Practice and Belief, 63 BCE – 66 CE*（Philadelphia: Trinity Press Int'l, 1992）。これらの 2 書は新たな植字で Fortress Press から 2016 年に再版された。論文等をまとめた論集として *Comparing Judaism and Christianity: Common Judaism, Paul, and the Inner and the Outer in Ancient Religion*（Minneapolis: Fortress, 2016）がある。2008 年までの私の出版物に関する全網羅的なリストは Fabian E. Udoh and Susannah Heschel (eds.), *Redefining First-Century Jewish and Christian Identities: Essays in Honor of Ed Parish Sanders*（Notre Dame: Univ. of Notre Dame Press, 2008）, 391–96 を見よ。パウロの解釈者としてのキャリアを終えるにあたって、私は以下の書で自分の理解を要約した。*Paul: The Apostle's Life, Letter, and Thought*（Minneapolis: Fortress, 2015）。

てくれました。私の著作の文脈とその受容史を記しただけでなく、チャンシー教授は「パウロに関する新たな視点」と称されるパウロ観の複雑に絡み合った密集体を解きほぐしてくれました。この緒言自体がパウロ研究に有用な貢献です。私はこの緒言を、私へのプレゼントだと思っています。それは緒言原稿が、こうして筆をとっている私の 80 度目の誕生日に、私のもとに届けられたからでもあります。マークには心からの感謝を送ります。この緒言は私にとってのプレゼントでもありますが、なによりもパウロ研究という重要な分野にとっての恩恵です。

　この記念版公刊のために労して下さった Fortress Press の方々に謝辞を送ります。とくに、いつものようにすべての問題を解決して、本著を完成に導いて下さったニール・エリオットに感謝します。そしてこの企画の開始に携わり紆余曲折のすえに完成に導いて下さった韓国の代理店の Mosung Maeng の方々に特別の感謝を送ります。

E.P. サンダース

はじめに
（1977 年初版）

　本著は、かなり長い期間をかけて行った研究と考察の結果です。そのあいだに、研究の焦点に関する重要な変更を少なくとも 1 つ行いました。私が 1962–63 年にかけてオックスフォードとエルサレムでラビ・ヘブライ語と現代ヘブライ語とを学だとき、当時の私が新約聖書の「ユダヤ教的背景」と理解していたテーゼに焦点を置いて研究を開始しました。宗教の比較分析にあまり早い時期から取り組むべきでないと考え、とくに博士課程のプレッシャーの中でやるべきことでないと考えた私は、博士論文で比較宗教学を扱いませんでしたが、それでもユダヤ教についての講義を受け続けました。そして 1966 年には、ユダヤ教に関するグッディナフの理論について考察することに没頭しました。グッディナフは当時のユダヤ教を、ヘレニズム文化の影響を強く受けた神秘的傾向が強いユダヤ教の中に、ラビ・ユダヤ教という小さな集団がポツンと独立した仕方で存在していると考えていました。2 年間にわたってグッディナフの著作を注意深く学んだ後、サバティカルの 1 年間をヘブライ語文献の分析に費やしました。私はこの時期に、ユダヤ教は個別の研究として行われなければならないという非常に明白な結論に至ったわけですが、ラビ・ユダヤ教の研究に多くの時間を費やすにつれ、より限定的な主題である、パレスチナ・ユダヤ教と新約聖書記者を代表するパウロとの比較分析へと関心を移しました。この研究の結果として本著が生まれました。

　ユダヤ教文献を学べば学ぶほど、あたかも私が新約聖書の研究者でないかのように振る舞って執筆することの過ちと愚かさとが明らかになりました。ユダヤ教について執筆したことのある新約聖書学者の中には、ときとして

「宗教史学」的に中立であることを装い、持ってもいない教育的背景をあたかも持っているかのように振る舞う者がいますが、私はそのような誤りを犯さないように努めました。他方で私は、ユダヤ教を説明するにあたって、パウロに関するモチーフと直接関連する、あるいはパウロの「背景」に直接繋がるモチーフに限定して述べるという過ちにも陥らないよう留意しました。ユダヤ教はユダヤ教として述べ、パウロはパウロとして述べ、その上でこれらの比較を試みました。この試みが、パウロ理解やパウロのユダヤ教との関係性理解のみならず、ユダヤ教自体の研究にも貢献することを願います。私がタルムード学者に対してラビ・ユダヤ教の研究を導くことができないとしても、私が本著で示すラビ・ユダヤ教の構成と機能に関する議論や他のユダヤ教宗派との比較研究が、何らかの意味で有意義な貢献となることを願います。

本研究は「木を見て森も見る」ことを読者に促しますが、この問題について初めに言及すべきでしょう。この場合の「森」は実際2つの森を指しており、それぞれがある比較分析を意味します。本著の第I部が扱う分析では、ユダヤ教の中にある幾つもの様態が比較され、パレスチナ・ユダヤ教の性質に関する仮説が提示されます。第II部ではパウロとパレスチナ・ユダヤ教とが比較され、さらなる仮説が示されます。私はこのプロセスにおいてそれぞれ異なる文献群の「木々」を精査し、そこに反映されているユダヤ宗教の姿を考察します。その際に、各項で1つの文献群を扱い、それがいかなる宗教を表現しているかを確かめます。この分析の対象となるのが、初期のラビ文献、死海巻物、旧約聖書外典と偽典の一部、そしてパウロ書簡群です。これらすべての文献群は注意深い考察を要します。これらの木々の詳細な観察をしつつ、上で述べた2つの比較分析という森に分け入るのです。したがって、木々についても森についても、正しい判断が求められます。おもにこれら2つの比較分析に関心を寄せる読者には、それぞれの文献群が詳細に語られなければ適切な比較がなされえない点を了解して、数百頁続く各文献の精査につき合っていただくことになります。特定の文献群がいかなる宗教を提示するかに関心がある読者には、本著が比較分析を行っている点、さらにその結果として各文献群の考察が限定的にならざるを得ない点を理解していた

はじめに（1977年初版）

だきたいと思います。このように説明したのは、焦点を絞った本著に対して想定される批判をかわすためでなく、部分と全体との関係性を明示するためです。

本著を始めるにあたって、私が意図する6つの目標をここに挙げましょう。

1. 関連しつつも異なる複数の宗教をいかに比較すべきかを方法論的に考察すること。
2. 新約聖書学界において、いまだに根深く支配的な、ラビ・ユダヤ教に対する誤解を打破すること。
3. これまでとは異なったラビ・ユダヤ教の姿を提示すること。
4. パレスチナ起源の文献群に反映されるパレスチナ・ユダヤ教の在り方を提示すること。
5. 特定のパウロ理解を提示すること。
6. パウロとパレスチナ・ユダヤ教との比較を行うこと。

これらの目標は、互いに矛盾するどころか、むしろ補完し合う関係にあるので、私はこれらを1つの本において達成することが良いと考えます。第4と第6の目標が本著の全般的な関心なのですが、これらを達成する過程でそれ以外の目標も達成しようと考えます。

1つの立場を支持しつつ他の立場を否定する議論において、ある程度の学術的な論争は避け得ません。本著の導入および第I部B、C、Eでは目を見はるほどでないにせよ、ラビ・ユダヤ教を扱う第I部Aでは論駁の様子が顕著です。この部分で私は、過去数世代にわたる新約聖書学者らへの批判を明らかにしています。本来この箇所は、ほぼ全体にわたって肯定的に論考を進めていたのですが、第3校あるいは4校目になって初めてラビ・ユダヤ教に関する特定の理解に対する反論を導入しました。とくに第I部のA.1を十分に注意して読んでいただくと、なぜ私が厳しい調子での論駁を導入する必要があると判断したかを分かっていただけるでしょう。すなわち、婉曲な表現ではこの重要な点が看過されてしまうのではないかとの疑念を抱いたからです。私が目にする二次文献は、おしなべてテクストの誤った解釈を繰り返し

ています。私はこれらを読み進めるにつれ、そこで繰り返される誤解に対処する必要を感じるようになりました。したがって私は、誤った解釈を批判するのみならず、本来なら脚注に出典のみを挙げれば済む箇所を本文で引用することにしました。このため第Ⅰ部Aは、語調が厳しくなったのみならず、紙面を大幅に割く結果となりました。しばしば著しい誤解が向けられてきたラビ・ユダヤ教を正しく理解するためには、誤解に対する反論を明示して、実際に誤解されがちなテクストを解説するという作業が必要となります。本著に記したすべての否定的論調は、新約聖書学においてラビ・ユダヤ教の正しい理解を確認するという肯定的な目的を達成するためです。

　ラビ・ユダヤ教にまつわる反論を明示すると、本著があたかも反ユダヤ主義に関する主題を主に扱っていると感じる読者もいることでしょう。が、そうではありません。ユダヤ人の知人の中には、私が論駁する学者のうち誰が反ユダヤ主義者か、その情報を提供すると申し出てくれた人もいますが、私はその提案を丁重にお断りしました。本著が批判する立場は、テクストへの正しい解釈としてある程度の支持を得てきたものです。私がそれを批判するのは、その解釈に誤りがあると判断したからです。ユダヤ教に関する学術的議論と反ユダヤ主義との関係性にまつわる歴史的考察は非常に複雑で、本著はこの問題を解決しようとしていません。テクストの誤った解釈は、テクストの誤った解釈として取り扱われるべきでしょう。

　それぞれの文献群を扱う項には、留意すべき困難な問題があります。しかしここでは、パウロに関する文献の問題のみに言及しておきましょう。パウロに関する二次文献は無数に存在し、これらをすべて要約して議論することが現実的でないことは容易に理解できるでしょう。したがって本著では、パウロ研究における重要な主題の幾つか——例えばパウロの反対者が誰かに関する問題——はまったく扱われておらず、それらに関する二次文献の多くが本著から洩れています。パウロに関する項では、とくに3つの立場——ブルトマンとブルトマン学派、シュヴァイツァー、デイヴィス——を対論相手にしています。最初の2者を取り扱うのは、彼らのパウロ理解が私の理解とおおよそ真っ向から対立しているからです。また第3のデイヴィスを取り上げるのは、パウロとユダヤ教との関係に関する彼の理解が私に重要な影響を及

ぼしているからです。他の学者らの視点も要所要所で扱いますが、私独自のパウロ理解をこれら3者の立場との関係において——ときとして同意しつつ——体系的に述べることとします。

　ヘブライ語の音写は1, 2件の些末な例外を除いて、*Jewish Encyclopedia*(『ユダヤ事典』)の表記法に則っています。例えばקの音写はķでなくqとしてあります。また母音表記では厳密な区分をせず、セゴール、ツェレー、有音シェバー(シェバー・ナア)はいずれも*e*と表記します。ヘブライ語の音写については、ヘブライ語を知らない読者、あるいはヘブライ語の初学者にも読みやすいようにしました。本著が採用する音写法は、ヘブライ語に精通している読者に、シェクター〔訳註　Schechter, *Aspects of Rabbinic Theology*, 1961〕がזכות(功徳、merit)を*Zachuth*と音写することによって与え得るほどの違和感を抱かせはしないでしょう。この単純化した音写法を用いる方が、様々な音写の混在よりは問題が少ないと思われます。ただ引用文においては、その著者の音写を変更せずに記しています。ミシュナやタルムードの各篇名などラビ文献の名称に関しては、英語圏で親しまれているDanby訳を、メヒルタに関してはLauterbach訳を参考にしました。

　本著にまつわる研究とその執筆にあたっては、多くの研究機関からの支援を受けました。初期段階の研究を支えるために夏期研究助成金を拠出してくれたMcMaster Universityへ、エルサレムでの1年間の研究を支えてくれたthe Canada Council for a Post-Doctoral Fellowshipへ、研究の支援のみならず、アシスタントの給与や、意見交換および図書館使用のための渡航費、その他原稿完了に向けての様々な出費を賄ってくれたthe American Council of Learned Societies for a Leave Fellowship, the Killam Program of the Canada Council for a Senior Research Scholarshipへ、心からの謝辞を送ります。これらの支援なしには、原稿はいまだ山積みになった下書きの段階にあったことでしょう。

　これらの経済的支援への感謝に加えて、私の原稿に目をとおして議論して下さった方々にも謝辞を送ります。私は長年にわたって、パウロとユダヤ教に関する疑問を、ことあるごとに多くの人たちに投げかけてきました。これら多数の方々に感謝するとともに、特別の謝辞を以下の方々に送ります。非

常に有意義な会話の機会を私に提供して下さったベン・マイアー博士、アル・バウムガルテン博士、C.F.D. ムール教授、ジョン・ノックス教授、J.A. ジースラー博士へ、タンナ文献（I.A）とパウロ（II）のセクションを読み、議論に加わって下さったサミュエル・サンドメル教授、ウェイン・ミークス教授へ、導入と I.A の一部と II の全体とを読んで下さり、いつも変わらず強い支持を示して下さった W.D. デイヴィス教授へ、I.A を読み幾つかの過ちを指摘して下さった B.Z. ウォッチホールダー教授へ、後期の原稿全体に目をとおし、幾つかの過ちを指摘し、さらに内容に関する有用なコメントを下さったゲルト・リューデマン博士へ感謝の意を表します。本著は、これらの方々が私のために時間をとって下さったご親切に負うところが大きく、示していただいた提案によって私の原稿は明らかに改善しました。もちろん、本著の最終的な内容に関しては、私がすべての責任を負っています。上のように交わされた議論においては、いただいた提案に対して私が同意できない部分もありましたが、往々にしてそのような部分こそがもっとも有意義な議論となっています。本著をとおしてより広い読者がこの議論に加わって下さることを希望します。

　さらに、異なる仕方で私の研究に関わって下さったモルデカイ・カムラト博士に特別の謝辞を述べます。カムラト博士は、イスラエルにおけるヘブライ語集中講座（Ulpan System）の父として知られていますが、彼は無比のヘブライ語教師でした。タルムード文献の専門家ではありませんが、彼は他の分野に加えてラビ文献に関する広い知識をお持ちでした。師は多忙の中、1963 年と 1968–69 年に、ラビ・ヘブライ語と現代ヘブライ語の個人指導をして下さいました。カムラト博士は、タンナによるミドラシュ文学の主要 4 作のうちの 3 作、ミシュナとトセフタの幾つかの篇、タンナによるその他のミドラシュ文献の一部を私と共に読んで下さいましたが、このことから、師の私に対する影響の大きさを計り知ることができるでしょう。速いスピードで読み進む必要はあったのですが、それでもタンナ文献を把握するために他では得られない貴重な体験となりました。カムラト博士は 1970 年に亡くなられ、世はその脅威的な知識と能力と、それ以上に師の深く暖かい人柄に触れる機会を失ってしまいました。

はじめに（1977年初版）

McMaster University の研究助手の方々は、様々な仕方で本著執筆に関する実際の支援をして下さいました。マンフレッド・ブラウフ博士は *dikaiosynē theou*（神の義）という語句研究に関する調査をして下さいました。この成果（「近年のドイツ語圏における『神の義』に関する議論」）は、補遺 7 として本著の第 II 部末に含めました。フィル・シューラー博士は死海巻物の出典の確認作業を行って下さいました。ベンノ・プロジビルスキー博士はラビ文献の出典の確認作業をし、さらに I.A での議論がより明確になるよう助言を下さいました。また彼は、多くの時間を推敲に費やして下さいました。フィリス・コーティング氏は締め切り間際の原稿修正、付加した頁の打ち込み、文献表の作成、推敲の補助にあたって下さいました。これらの方々の注意深い作業に、心から感謝します。

出版社へ手渡す原稿を準備するための主要な労苦を担って下さったのはスーザン・フィリプスでした。1969–75 年にかけて彼女が事務作業を引き受けて下さったので、私は研究と執筆に没頭することができました。また彼女は、本著の多くの部分の下書き原稿をタイプして活字化し、出版社の規格に合うよう本文と脚注のスタイルを整え、I.A と I.C の引用文の英文の正確さを確認し、1975 年 9 月に 1100 頁に及ぶほぼ完全な原稿を仕上げて下さいました。これらの労苦に対して、心からの敬意と感謝を送ります。しかし、末永く幸せな人生を一緒に全うすることを 2 人で願っていたのですが、彼女が亡くなった今、本著は彼女への、また彼女との願いへの記念として献げます。

*　　　　*　　　　*

第 2 版の出版にあたって、幾つかの印刷上の誤りとその他の細かい誤植を訂正する機会を得ましたが、その内容は初版から変わっていません。ロバート・ヒューブッシュ博士が幾つかの修正点を指摘して下さいました。また G.W. ヒルボーン氏は、細心の注意と忍耐とをもって原稿全体に目をとおして下さいました。両氏に感謝します。

本著に対しては、書評やその他の出版物において、すでに数々の寛大な評価をいただいています。ここに記すことができないほど多くの学者の方々

が、著者が期待し得る以上の「讃辞」を表して下さいました。すなわち、真剣かつ注意深い論考を本著に向けて下さいました。これらの方々の称賛を感謝するとともに、批判から学ばせていただいたつもりです。

　初版発刊以来、他の学者らとのあいだで、ラビ・ユダヤ教とパウロとに関する本格的な意見交換が幾つか行われました。ジェイコブ・ニューズナーとは、ラビ文献を扱う際の方法論に関して議論しましたが、その内容は W.S. Green (ed.), *Approaches to Ancient Judaism* (vol. 2; Scholars Press for Brown Judaic Studies, 1980), 43–80 に所収されています。H. ヒュブナーは、パウロ神学の中心主題として「信仰義認」を捉える立場を擁護する論文 ('Pauli Theologiae Proprium', *NTS* 26 [1980], 445–73) を、本著への応答として執筆して下さいました。W.D. デイヴィスはその著 *Paul and Rabbinic Judaism* 改訂版（1980 年、初版は 1948 年）において、パウロとユダヤ教との関係性に関する本著の見解への応答を表して下さいました。私はデイヴィス教授へのさらなる応答として、新約聖書学会（Studiorum Novi Testamenti Societas）の 1980 年例会で、'Paul and the Law: Different Questions, Different Answers' を発表しましたが、これはもう 1 つの論文とともに、来年出版予定の *Paul, the Law and the Jewish People* に含められることになっています。

目次

訳者まえがき ………………………………………………………………… 3
緒言（初版発刊 40 周年を記念して）………… マーク・A. チャンシー … 17
はじめに（初版発刊 40 周年記念版）………………………………………… 31
はじめに（1977 年初版）……………………………………………………… 33
略語表 …………………………………………………………………………… 48
聖書および諸文書略語表 ……………………………………………………… 50
一次文献の翻訳について ……………………………………………………… 52

導入

A. 新約聖書学におけるパウロとユダヤ教 ………………………………… 57
B. 宗教様態（patterns of religion）の包括的比較 ………………………… 74
   1. 方法論 …………………………………………………………………… 74
   2. 本研究の目的 …………………………………………………………… 82
   3. 比較研究への障害 ……………………………………………………… 82
   4. 補足――様式と軌跡 …………………………………………………… 83
C. 対象文献 ……………………………………………………………………… 90

第 I 部　パレスチナ・ユダヤ教

A. タンナ文献 …………………………………………………………………… 99
   1. 「律法主義的な行為義認」という根強い偏見 ……………………… 99
   2. ラビ文献の取り扱い ………………………………………………… 134
      a. ファリサイ派とラビ ……………………………………………… 135

   b. 執筆年代と信憑性の問題 …………………………… 138
   c. タンナ文献の折衷的な扱いに関する問題 ………… 148
 3. タンナ文献の特徴 ………………………………………… 156
   a. ハラハーの関心事項 ………………………………… 156
   b. タンナ文献とタンナイーム時代の宗教 …………… 163
 4. 選びと契約 ………………………………………………… 168
   a. 「恩恵（gratuity）」という主題 …………………… 168
   b. 選びとその多様な解説 ……………………………… 171
   c. 契約における約束の持続的有効性 ………………… 192
   d. 神の視点からの契約――諸規定と祝福 …………… 196
 5. 従順と不従順――報いと裁き …………………………… 199
   a. 従順であることの要求 ……………………………… 199
   b. 従順という重荷？ …………………………………… 204
   c. 不従順としての罪と罪責感 ………………………… 206
   d. 報いと罰 ……………………………………………… 213
 6. 報いと罰と来たるべき世 ………………………………… 225
   a. 神の正義と来たるべき世での報い ………………… 225
   b. 履行と違反とを計る裁き …………………………… 230
 7. 契約と贖罪による救い …………………………………… 255
   a. 来たるべき世に属する全イスラエル ……………… 255
   b. サドカイ派 …………………………………………… 260
   c. 「地の民（アム・ハ・アレツ）」…………………… 262
   d. 贖い …………………………………………………… 269
   e. 要約 …………………………………………………… 301
 8. 適正な宗教的行動―― *zakah* と *tsadaq* ……………… 304
   a. *Zakah* ………………………………………………… 304
   b. *Tsadaq* ……………………………………………… 325
 9. 異邦人 ……………………………………………………… 336
 10. 宗教的営みと体験の特徴 ………………………………… 345
   a. 学びと実践と神の臨在 ……………………………… 352

		b. 祈りと臨終 ……………………………………………	362
	11.	結論 ………………………………………………………	376
B.	死海巻物 …………………………………………………………		383
	1.	導入 ………………………………………………………	383
	2.	契約と契約の民 …………………………………………	384
		a. 契約 ……………………………………………………	384
		b. 契約の成員とその敵 …………………………………	388
	3.	選びと予定 ………………………………………………	408
	4.	諸規定 ……………………………………………………	426
	5.	履行と違反、罪の特質、報いと裁き …………………	427
		a. 履行の要請 ……………………………………………	427
		b. 邪悪な者の破滅 ………………………………………	428
		c. 違反としての罪 ………………………………………	428
		d. 契約内における違反の裁き …………………………	445
		e. 報い、完全さの要請、人の無力さ …………………	448
	6.	贖い ………………………………………………………	463
	7.	神の義と人の義 …………………………………………	472
	8.	宗教的営み ………………………………………………	481
	9.	結論 ………………………………………………………	487
	補遺 1 『感謝の詩編』の著者と執筆背景（Sitz im Leben）………		492
	補遺 2 1QS 8.1–9.2 ………………………………………………		495
	補遺 3 1QS 8.3–4 …………………………………………………		499
	補遺 4 人の無力さと様式史（Gattungsgeschichte）……………		500
C.	外典・偽典 ………………………………………………………		503
	1.	『シラ書』 ………………………………………………	503
		a. 選びと契約 ……………………………………………	503
		b. 個々のイスラエル人の運命──報いと裁き ………	508
		c. 贖罪 ……………………………………………………	515
		d. ベン・シラとラビ文献による契約、戒め、罪、贖罪 ………	520
		e. 邪悪な者と義なる者 …………………………………	520

2. 『エチオピア語エノク書』 ……………………………………… 527
     a. 導入 ……………………………………………………… 527
     b. 「ノアの書」 …………………………………………… 530
     c. 『エチ・エノ』 12–36 章 ……………………………… 531
     d. 『エチ・エノ』 83–90 章 ……………………………… 532
     e. 『エチ・エノ』 91–104 章 …………………………… 534
     f. 『エチ・エノ』 1–5 章、81 章、108 章、93.1–10、91.12–17 … 543
     g. 要約 ……………………………………………………… 546
  3. 『ヨベル書』 ……………………………………………………… 548
     a. 選び ……………………………………………………… 548
     b. 諸規定 …………………………………………………… 551
     c. 報いと裁き ……………………………………………… 553
     d. 救いの根拠——「真のイスラエル」 ………………… 555
     e. 異邦人 …………………………………………………… 563
     f. 神の憐れみ、人の悔悛と贖罪 ………………………… 564
     g. 義人 ……………………………………………………… 572
補遺 5 『ヨベル書』とエッセネ派 ………………………………… 575
補遺 6 『ヨベル書』の一貫性 ……………………………………… 579
  4. 『ソロモンの詩編』 ……………………………………………… 581
     a. 導入 ……………………………………………………… 581
     b. 『ソロモンの詩編』 9 章に見る宗教の様態 ………… 582
     c. 選び ……………………………………………………… 583
     d. 諸規定、懲らしめ、報い、裁き ……………………… 584
     e. 神の正義と憐れみ ……………………………………… 587
     f. 悔悛と贖罪 ……………………………………………… 594
     g. 義なる者と邪悪な者の識別（Identification） ……… 596
     h. 神の義 …………………………………………………… 607
  5. 『IV エズラ書』 …………………………………………………… 610
     a. 近年の『IV エズラ書』理解——『IV エズラ書』が提示する問題
        ……………………………………………………………… 610

  b. 対話 …………………………………………… 615
  c. 幻 ……………………………………………… 619
D. 結論――前200年～後200年のパレスチナ・ユダヤ教 ………… 623
 1. 契約と律法 …………………………………………… 623
 2. 共通する宗教様態――契約維持の［ための］律法制 ………… 627
 3. 黙示主義と律法主義 ………………………………… 629
 4. セクト（分離派）とパーティ（宗派） ………………… 631
 5. イエスとパウロの時代のユダヤ教 …………………… 633

第II部　パウロ

A. 導入 ……………………………………………………… 639
 1. 文献資料 ……………………………………………… 639
 2. 方法論 ………………………………………………… 642
 3. 起点と中心点に関する問題 ………………………… 643
B. 窮状（Plight）に先行する解決（Solution）……………… 655
C. パウロの救済論 ………………………………………… 663
 1. 将来への希望と現在の保証 ………………………… 663
 2. １つの体、１つの霊 ………………………………… 671
 3. 「移行」に関する用語 ……………………………… 685
 4. 人類と世の救い ……………………………………… 700
D. 律法、人類の窮状とその解決 ………………………… 702
 1. 律法、信仰による義 ………………………………… 704
 2. 人類の窮状 …………………………………………… 734
 3. 義と参与 ……………………………………………… 742
 4. 人類の窮状に関する多様な定義 …………………… 750
 5. 付記　S. リヨネットによるパウロの救済観と窮状 ………… 753
E. パウロと契約維持の［ための］律法制 ……………… 755
F. 行いによる裁きと恵みによる救い …………………… 760
G. 一貫性、関連性、資料 ………………………………… 765

補遺7　近年のドイツ語圏における「神の義」に関する議論
　　　（Manfred T. Brauch 著）……………………………… 772

結論

A. パウロとパレスチナ・ユダヤ教………………………………… 799
　1. パウロとユダヤ教の異同………………………………… 799
　2. パウロによるユダヤ教批判……………………………… 808
　3. たんに異なる2つの宗教様態…………………………… 811
B. パウロ、ヘレニズム、ヘレニズム的ユダヤ教………………… 813

文献と出典箇所の表記方法

A. 一次文献と翻訳……………………………………………………… 821
　1. ラビ文献………………………………………………………… 821
　　a. ミシュナ………………………………………………… 821
　　b. トセフタ………………………………………………… 822
　　c. バビロニア・タルムード（タルムード・バヴリ）………… 822
　　d. パレスチナ・タルムード（タルムード・イェルシャルミ）… 822
　　e. ラビ・イシュマエルのメヒルタ（メヒルタ・デ・ラビ・
　　　　イシュマエル）………………………………………… 823
　　f. スィフラ（トーラト・コハニーム）……………………… 825
　　g. 民数記スィフレ（スィフレ・ベ－ミドバル）…………… 825
　　h. 申命記スィフレ（スィフレ・デヴァリーム）…………… 826
　　i. 再編成されたタンナイーム時代のミドラシュ………… 826
　　j. ラビ・ナタンによる父祖の章（アヴォート・デ－ラビ・ナタン、
　　　　略語はARN）…………………………………………… 827
　　k. 後期ミドラシュ………………………………………… 827
　2. 死海巻物………………………………………………………… 828
　　a. 全般的な底本…………………………………………… 829

　　　　b. 全般的な翻訳 ………………………………… 829
　　　　c. 共同体の規則（1QS） ………………………… 829
　　　　d. 感謝の詩編（1QH） …………………………… 830
　　　　e. 戦いの巻物（1QM） …………………………… 830
　　　　f. ダマスコ文書（CD） …………………………… 830
　　3. 旧約聖書外典（続編）と偽典 ……………………… 830
　　　　a. 全般的な訳 …………………………………… 830
　　　　b. シラ書 ………………………………………… 830
　　　　c. Iエノク書 ……………………………………… 831
　　　　d. ヨベル書 ……………………………………… 831
　　　　e. ソロモンの詩編 ………………………………… 831
　　　　f. IV エズラ書 …………………………………… 831
　　4. 聖書 …………………………………………………… 832
B. 参考図書 ……………………………………………………… 833
C. 一般の二次文献 ……………………………………………… 835

　文献索引 ……………………………………………………… 861

略語表

AB	Analecta Biblica, Rome
AGJU	Arbeiten zur Geschichte des antiken Judentums und des Urchristentums, Leiden
ATANT	Abhandlungen zur Theologie des antiken Judentums und des Urchristentums, Leiden
BASOR	*Bulletin of the American Schools of Oriental Research*, New Haven
BBB	Bonner Biblische Beiträge, Bonn
BWANT	Beiträge zur Wissenschaft vom Alten und Neuen Testament, Stuttgart
BZ	*Biblische Zeitschrift, Paderborn*
BZAW	*Beiheft zur Zeitschrift für die alttestamentliche Wissenschaft*, Berlin
CBQ	*Catholic Biblical Quarterly*, Washington
DJD	*Discoveries in the Judaean Desert*, Oxford
DSS	Dead Sea Scrolls
ET	English translation
EvT	*Evangelische Theologie*, Munich
Exp	*The Expositor*, London
ExpT	*Expository Times*, Edinburgh
FRLANT	Forschungen zur Religion und Literatur des Alten und Neuen Testaments, Göttingen
HNT	Handbuch zum Neuen Testament, Tübingen
HTR	*Harvard Theological Review*, Cambridge
HUCA	*Hebrew Union College Annual*, Cincinnati
ICC	The International Critical Commentary, Edinburgh
IDB	*Interpreter's Dictionary of the Bible*, New York
IEJ	*Israel Exploration Journal*, Jerusalem
JBL	*Journal of Biblical Literature*, Philadelphia
JE	*The Jewish Encyclopedia*, New York and London
JJS	*Journal of Jewish Studies*, London
JQR	*Jewish Quarterly Review*, London
JR	*Journal of Religion*, Chicago

JSJ	*Journal for the Study of Judaism*, Leiden
JSS	*The Journal of Semitic Studies*, Manchester
JTC	*Journal of Theology and the Church*, New York and Tübingen
JTS	*Journal of Theological Studies*, Oxford
KD	*Kerygma und Dogma*, Göttingen
NT	*Novum Testamentum*, Leiden
NTS	*New Testament Studies*, Cambridge
PAAJR	*Proceedings of the American Academy of Jewish Research*, New York
RB	*Revue Biblique*, Paris
RHPhR	*Revue d' Histoire et de Philosophie Religieuses*, Strasbourg
RHR	*Revue de l'Histoire de Religions*, Paris
RQ	*Revue de Qumran*, Paris
RSR	*Recherches de Science Religieuse*, Paris
SANT	Studien zum Alten und Neuen Testament, Munich
S.-B.	Strack-Billerbeck, *Kommentar*
SBT	Studies in Biblical Theology, London
SJ	*Studia Judaica*, Berlin
SJT	*Scottish Journal of Theology*, Edinburgh
SNT	Supplements to *Novum Testamentum*, Leiden
SNTS	Studiorum Novi Testamenti Societas, Oxford
SNTSMS	Society for New Testament Studies Monograph Series, Cambridge
SPB	Studia Post-Biblica, Leiden
ST	*Studia Theologica*, Lund
STDJ	Studies on the Texts of the Desert of Judah, Leiden
SUNT	Studien zur Umwelt des Neuen Testaments, Göttingen
TDNT	*Theological Dictionary of the New Testament*, Grand Rapids
TLZ	*Theologische Literaturzeitung*, Leipzig
TU	Texte und Untersuchungen, Berlin
TZ	*Theologische Zeitschrift*, Basle
USQR	*Union Seminary Quarterly Review*, New York
VT	*Vetus Testamentum*, Leiden
WMANT	Wissenschaftliche Monographien zum Alten und Neuen Testament, Neukirchen
YJS	Yale Judaica Series, New Haven
ZAW	*Zeitschrift für die alttestamentliche Wissenschaft*, Berlin
ZNW	*Zeitschrift für die neutestamentliche Wissenschaft und die Kunde des Urchristentums*, Berlin
ZTK	*Zeitschrift für Theologie und Kirche*, Tübingen

聖書および諸文書略語表

I ヘブライ語聖書
創世記＝創
出エジプト記＝出
レビ記＝レビ
民数記＝民
申命記＝申
ヨシュア記＝ヨシュ
サムエル記上＝サム上
サムエル記下＝サム下
列王記上＝王上
列王記下＝王下
エズラ記＝エズ
ヨブ記＝ヨブ
詩編＝詩
箴言＝箴
コヘレトの言葉＝コヘ
イザヤ書＝イザ
エレミヤ書＝エレ
エゼキエル書＝エゼ
ダニエル書＝ダニ
ホセア書＝ホセ
ヨエル書＝ヨエ
アモス書＝アモ
ミカ書＝ミカ
ナホム書＝ナホ
ハバクク書＝ハバ
ゼファニヤ書＝ゼファ
ゼカリヤ書＝ゼカ

II 旧約聖書外典（続編）
トビト記＝トビ

III 旧約聖書偽典
エチオピア語エノク書
　＝エチ・エノ
ヨベル書＝ヨベ
ソロモンの詩編＝ソロ詩
第四エズラ記＝IVエズ
シリア語バルク書＝シ
　リ・バル
ソロモンの知恵＝ソロ知
十二族長の遺訓
　シメオンの遺訓＝シ
　　メ遺
　ダンの遺訓＝ダン遺

IV 死海巻物
共同体の規則＝1QS
メシアの規則＝1QSa
祝福＝1QSb
賛歌＝1QH
戦いの巻物＝1QM
ハバクク書ペシェル＝
　1QpHab
詩編37編ペシェル＝
　4QpPs37
ダマスコ文書＝CD

V フォロン
言語の混乱＝混乱

VI ヨセフス
ユダヤ古代誌＝古誌
ユダヤ戦記＝戦記

VII 新約聖書
マタイ福音書＝マタ
マルコ福音書＝マコ
ルカ福音書＝ルカ
ヨハネ福音書＝ヨハ
使徒言行録＝使
ローマ書＝ロマ
Iコリント書＝Iコリ
IIコリント書＝IIコリ
ガラテヤ書＝ガラ
エフェソ書＝エフェ
フィリピ書＝フィリ
コロサイ書＝コロ
Iテサロニケ書＝Iテサ
ヤコブ書＝ヤコ

VIII ミシュナ、トセフタ、タルムード
1. 文書群の略語
ミシュナ＝M
バビロニア・タルムード
　＝BT
パレスチナ・タルムード

＝P
トセフタ＝T
2. 巻・篇の略語
ズライームの巻
　ベラホート＝ベラ
　ペアー＝ペア
　デマイ＝デマ
モエードの巻
　シャッバト＝シャッバ
　エルヴィーン＝エル
　プサヒーム＝プサ
　シュカリーム＝シュカ
　ヨーマ＝ヨマ
　スッカー＝スッカ
　ローシュ・ハーシャナー＝ロシュ
　タアニート＝タア
　メギッラー＝メギ
　ハギガー＝ハギ
ナシームの巻
　イェヴァモート＝イェヴ
　クトゥボート＝クト
　ネダリーム＝ネダ
　ナズィル＝ナズィ
　ソーター＝ソタ
　ギッティーン＝ギッテ
　キッドゥシーン＝キ

　　ッド
ネズィキーンの巻
　バヴァ・カンマ＝カンマ
　バヴァ・メツィア＝メツィ
　バヴァ・バトラ＝バト
　サンヘドリン＝サン
　マッコート＝マッコ
　シュヴオート＝シュヴオ
　エドゥヨート＝エド
　アヴォダー・ザラー＝ザラ
　アヴォート＝アヴォ
　ホラヨート＝ホラ
ヨダシームの巻
　ズヴァヒーム＝ズヴァ
　ムナホート＝ムナ
　フッリーン＝フッリ
　ブホロート＝ブホ
　アラヒーン＝アラ
　クリトート＝クリ
トホロートの巻
　ケリーム＝ケリム
　オホロート＝オホ
　ネガイーム＝ネガ
　パラー＝パラ

　トホロート＝トホ
　ミクヴァオート＝ミク
　ニッダー＝ニッダ
　マフシリーン＝マフ
　ウクツィーン＝ウク

IX　ラビ文学
1. タルムード小篇
アヴォート・デ－ラビ・ナタン＝アヴォ・ナタン
2. ミドラシュ・ラッバー
創世記ラッバー＝創R
出エジプト記ラッバー＝出R
レビ記ラッバー＝レビR
民数記ラッバー＝民R
申命記ラッバー＝申R
エステル記ラッバー＝エスR
コヘレト・ラッバー＝コヘR
雅歌ラッバー＝雅R
3. ミドラシュ
詩編ミドラシュ＝詩ミド
4. 五書注解
出エジプト記メヒルタ＝出メヒ

一次文献の翻訳について

本訳書における一次文献、とくに死海巻物と旧約聖書偽典の引用箇所の日本語訳においては、以下の翻訳シリーズを参考させていただいた。

死海巻物
死海文書翻訳委員会（訳）『死海文書』ぷねうま社。

旧約聖書偽典
日本聖書学研究所（編）『聖書外典偽典』教文館。

パウロとパレスチナ・ユダヤ教
宗教様態の比較

導入

A. 新約聖書学におけるパウロとユダヤ教

パウロとユダヤ教：「パウロとユダヤ教」という句は、一冊の本で扱いきれないほど多くの問題を想起させるし、それらを十分に整理して列挙することさえままならない。じつにこの句自体の正当性さえ問われかねない。たとえば、パウロ自身がユダヤ人であることに鑑みると、「パウロと・そ・の・他・の・ユ・ダヤ教」という表現の方が適切でないか、と問うこともできよう。パウロが自らとペトロとを一方に置きつつ、明らかに異邦人と区別して見せるからだ（ガラ 2.15）。もっとも、パウロの自己認識の如何に関わらず、彼がユダヤ教という枠組みから飛び出す仕方で宣教を行ったことを考慮に入れるなら、伝統的な「パウロとユダヤ教」という表現は正当化されよう。ユダヤ人らがパウロの福音を受け入れず、結果としてイスラエル人の血をひく者がみな福音に属するわけでないことを説明するため、「イスラエル」を定義し直す必要が生じた（ロマ 9.6–8）。いずれにせよ、パウロの自己理解はここで取り扱う主題ではないので、私たちは「パウロとユダヤ教」という表現を用い続けるとしよう。

「パウロとユダヤ教」という句は、「パウロはユダヤ人と呼ばれるべきか、あるいはキリスト者と呼ばれるべきか」以上に重要な問題を提示する。パウロ書簡群には、ユダヤ人とユダヤ主義者――異邦人宣教に割礼等のユダヤ教規定を含める者――への批判があるが（「犬どもに注意しなさい。……あの去勢者（つまり割礼者）らに気をつけなさい」、フィリ 3.2）、パウロのユダヤ教との関係性に関する過去数十年にわたる学者らのあいだでの議論は、このフィリピ書の語気と遜色がない強い語気の応酬を繰り広げてきた。パウロはユダヤ的黙示主義者と理解されるべきか、ヘレニズム的神秘主義者か、イエスを

メシアと公言するラビか、ヘレニズム的ユダヤ人か。また彼は、これら幾つかの要素を兼ね備えていたか、あるいはいずれにもまったく当てはまらないか。パウロが当時の世界といかに繋がっていたか、これは新約聖書学が抱えてきた、そして今も問い続けている重要な問題の1つだ。

宗教の対比：本著の焦点が何かを明らかにするためには、多少の準備が必要となる。それでも、パウロの宗教とパレスチナ・ユダヤ教の諸集団との関係は何か、この問いを前200年から後200年にわたるパレスチナ・ユダヤ教文献から見極めることが本著の関心だと先ず述べておこう。パレスチナ・ユダヤ教に限定するのは、これがヘレニズム・ユダヤ教とのあいだに共通点を持たないから、ではない。あるいは、パウロの思想がヘレニズム・ユダヤ教やヘレニズム思想一般よりもパレスチナ・ユダヤ教、あるいはその一派の思想により近いという前提があるからでもない。本著の意図は、パウロに影響を与えた古代世界の思想が何かを判断するため、並行する思想を分類して秤にかけることでない[1]。比較対象をパレスチナ・ユダヤ教文献に限定する理由はより実務的なものだ。すなわち、すべてを1箇所で論ずることが不可能だという事情である。もっとも、フィロンをとおして私たちが知り得るヘレニズム・ユダヤ教とパウロとの関係性に関しては、結論部で端的に述べようと思う。いずれにせよ、パウロの思想の源泉やこれに影響を及ぼした思想を特定することが本著の主たる課題でない。議論の過程でこれらを論ずることがあっても、パウロの宗教と宗教観をパレスチナ・ユダヤ教文献に反映される宗教観と比較すること、これが本著の主要な目的だ。

サッカレーの視点：パウロとパレスチナ・ユダヤ教がいかなる関係にあるか、この問題について学者らの意見を網羅的に考察することが重要とは考えられないが、この問いについて学者らの意見が分かれていることも確かだ。この研究史に多くの紙面を費やすことをせずとも、あきらかな傾向を概観することは可能だ。この問題に関する有力な——少なくともある期間に幾つ

---

1) これを試みる二次文献は多い。たとえば K.L. Schmidt, 'Der Apostel Paulus und die antike Welt', in Rengstorf (ed.), *Das Paulusbild*, 214–45 を見よ。Schmidt はこの書で「古代世界」に対するパウロの姿勢を描写することにも関心を寄せている。より最近の研究は E. Brandenburger, *Fleisch und Geist* (1968) を見よ。

かの学派では「支配的な」——意見の1つは、サッカレー（H. St J. Thackeray, *The Relation of St Paul to Contemporary Jewish Thought* ［1900年初版］、『聖パウロと同時代のユダヤ教思想』）が提唱している。彼の議論は以下のように要約できる。すなわち、パウロ神学は基本的にユダヤ教と真っ向から対立するが、多くの具体的な要素はユダヤ教に根を下ろしている、と。

　たとえばサッカレーは、「行いでない信仰による義認」が「使徒独自の思想であり、ユダヤ教からの完全な分離」（p.80）を示している、と述べる。彼は「聖パウロと同時代のユダヤ教が教える義とその獲得方法」を、F. ヴェーバーが体系的に示したラビ・ユダヤ教神学の姿を手がかりにして説明する。ヴェーバーに関してはタンナ文献の項（I.A）で詳しく扱うが、彼によると、ユダヤ教では行いによって義が獲得される一方で、パウロは義を信仰によって授けられる神の賜物と見なした（pp.80–87）。パウロとユダヤ教とはこのようにアンチテーゼ的な関係に置かれたが、それでもパウロの思想を形成する様々な要素は「ユダヤ教の古い思想に根を下ろしている」（p.87）と考えられた。

　私は本著の研究の見栄えを良くするために、それほど影響力のない古い書物を引き立て役として用いようとはしていない。LXXやヨセフスの研究におけるサッカレーの影響力はとくに絶大だ。彼については、以下の2つの点が非常に興味深く、示唆に富む。第1点は、サッカレー自身が「ラビ文献に関する自らの知識がほぼ間接的だ」と述べていることである（p.25）。たしかに彼の論考は、幾つかの二次文献を除いて、ほとんどヴェーバーの著書に依拠している。第2点は、サッカレーが、自らの提唱するパウロとユダヤ教との関係性を独創的だと考えないことだ。サッカレーは両者の差異を強調するが、それは彼がパウロの独自性を軽視したり、ユダヤ教への依存性を強調し過ぎたりするとの批判を回避するためである（pp.4–6, 80, 97 参照）。もっともサッカレーは、パウロ神学の諸要素の背景にユダヤ教資料を見出す点で、自らの貢献を主張している（p.6）。これら2つの点は非常に示唆に富む。すなわち、サッカレーが想定したユダヤ教（とくにラビ・ユダヤ教）とパウロの思想との対立関係は、サッカレーの時代ではすでに広く受け入れられていた。サッカレーはこれを自らの独創性と考えておらず、むしろ当時の学術的

合意事項、あるいは議論の余地がない自明なこととして繰り返しただけだった。

ヴェーバーの影響：したがって、パウロが全般にユダヤ教と対立しつつも、個々の主題はユダヤ教に依拠していたというサッカレーの理解は、他の多くの学者らによって共有されていた。以下（I.A.1）では、ヴェーバーの［ラビ・］ユダヤ教に関する理解が新約聖書批評学においていかに継承されたかを論じよう。ユダヤ教とパウロとの対立関係は、ことあるごとに明示され、あるいは示唆されてきた。ユダヤ教が律法主義的な行為義認の宗教と見なされると、信仰義認をパウロの宗教の中核に据える者らにとって、サッカレーが述べるとおりこれら2つの宗教の対比は自明と映る[2]。I.Aで扱う二次文献群は、明示するにせよ暗示するにせよ、パウロとユダヤ教とが何らかの点で対立関係にあるとの見方を示している。ここでは2つの例に限定し、この点を確かめよう。

ブルトマンとシュレンクの義認論：ルドルフ・ブルトマンは「義」に関する論考で、パウロとユダヤ教とのあいだに「まったき合意がある」、すなわちそれは「*dikaiosynē* という語の表面上の意味……これを法廷的終末用語とする点だ[3]」と述べる。しかしまさにこの部分で、ブルトマンはパウロとユダヤ教とが明らかに正反対の立場にあるとも考える。

> パウロとユダヤ教とが対立関係にあるのは、パウロが義を現在の体験として述べたという以上に決定的な主張が原因となっている。つまりそれは、神が義と判断する条件に関連するものだ。ユダヤ人は律法に明記されている「行い」を遵守することをこの条件と捉えた。パウロはこの条件を否定的にとらえてこれに真っ向から反対し、「律法の行いによらず」と述べた。……彼はこの否定形

---

[2] W.D. Davies, 'Paul and Judaism', Hyatt (ed.), *The Bible and Modern Scholarship*, 184–85. Daviesは、Schweitzerが信仰義認をパウロ神学の中心から外したことで、パウロをユダヤ教と対立するのでなく、むしろこれを成就するものとみなす道が開けたと述べる。しかし彼は、新約聖書学者の大半が「いまだ信仰義認をパウロ的思想の中心に置いている」（p.185）と判断する。この問題は第II部で詳しく論ずる。

[3] R. Bultmann, *Theology of the New Testament*, I.273.

による言説に留まらず、今度は肯定的に「信仰により/信仰から」と続けた[4]。

シュレンクも、キッテル編 *Wörterbuch*（*TDNT*/『新約聖書神学事典』）の *dikaioō*（義とする）に関する項で、同様に述べた。「ラビ神学では死者の魂がその死をとおして償いをなす。死んだ者はそれゆえ罪からの解放を宣言されるというパウロの言説は、根本においてこれと同じだ。つまりパウロは、ラビらの神学的表現を用いている[5]」。つまりシュレンクはパウロとユダヤ教のあいだに合意を見出すが、人がいかに義を得るかに関しては、サッカレーやブルトマンと同様に、パウロがユダヤ教と対立関係にあると理解した[6]。

「行いによらず信仰による」という対比を述べたのはパウロ自身だ。しかしこの対比表現に注目する新約聖書学者らは、自分たちがパウロのユダヤ教に関する批判的な言説を単純に額面どおりに受け入れたとは考えない。むしろ彼らは、このパウロによる対比が自分たちのユダヤ教に関する学術的研究によって支持されていると理解した[7]。既述のとおり、サッカレーはヴェーバーに依拠した。後述するとおり、ブルトマンはブセットに依拠した。そしてシュレンクのユダヤ教理解は、ビラーベックの著書からラビ文献の引用や出典を引いて、これらに依拠している[8]。パウロとユダヤ教との対立関係を支持するために、これらの研究者はユダヤ教文献を用いようと試みたが、実際には、おおよそパウロによるユダヤ教批判を基にして定義されたユダヤ教とパウロ自身の思想とが対比されてきたのでないかとの疑念を私は払拭しきれない。

---

4) Bultmann, *Theology*, I.279–80. パウロとユダヤ教との共通点と根本的な対立関係については、Conzelmann（*An Outline of the Theology of the New Testament*, 217）もそのまま繰り返している。

5) *TDNT*, II.218. 私は両者の概念が根本的に同じだと思わないが（本著の結論 A.1.n8 を見よ）、ここでの焦点はラビ文献がいかに用いられているかにある。

6) *TDNT*, II.205–07.

7) たとえ現存するユダヤ教文献によって支持されなくても、パウロがユダヤ教を批判したという事実をもとにして、彼が述べるようなユダヤ教が実際あったと議論することもできよう。しかし、パウロの批判を正しいと理解する学者らは、彼が批判する類のユダヤ教がラビ文献に見出されると考えてきた。しかし私は Montefiore や Moore やその他の学者らの意見に倣い、そのようなユダヤ教がラビ文献に見出されないと考える（I.A）。パウロの律法に対する反論に関しては II.D で述べる。

8) たとえば *dikaios* や *dikaiosynē* に関して *TDNT*, II.186–87, 196–98 の 'the Synagogue' を見よ。

モンテフィオレのヘレニズム的ユダヤ教：興味深いことに、C.G. モンテフィオレはパウロとユダヤ教とが対立していたという構図において暗示されるユダヤ教批判を鎮火しようと試みた。しかし彼は、かえってパウロが批判した類のユダヤ教が実際に存在していたという前提で議論してしまった[9]。モンテフィオレは、パウロが激しく批判したユダヤ教は主流派のラビ・ユダヤ教でなく、より劣悪な「ヘレニズム的」ユダヤ教だったと論じた (pp.92–112)。さらにモンテフィオレは、ドイツの宗教史学派（*religionsgeschichtliche Schule*）に倣って、パウロがヘレニズム的な宗教融合の影響を強く受けていると論じた (pp.112–29)。モンテフィオレは、後 300–500 年のラビ・ユダヤ教 (p.15) を描写するにあたり、ほとんど典拠を示さないエッセイ形式で記述している。彼は、後 50 年頃のユダヤ教がこれと同様かどうかの判断を他の学者らに委ねたが (p.17)、彼自身は後 50 年から 500 年のあいだでパレスチナ・ユダヤ教が大幅に変容したとは考えなかった (pp.87–91)。後 300–500 年のラビの宗教がパウロの批判にあるような律法主義的行為義認の類でないこと、さらに初期のラビの宗教がのちの宗教と較べて著しく劣悪だったと考える理由が見出せないことから、モンテフィオレはパウロがパレスチナ（ラビ）・ユダヤ教を知らなかったとの結論に達した (p.126)。

　モンテフィオレは、ラビ・ユダヤ教とパウロの両方が詳細に言及する主題について論考しない。むしろ彼は、パウロによるユダヤ教の描写をラビ文献が支持しないことについて、おおまかに議論するのみだ。もっともここで、モンテフィオレはヴェーバーやブセットやビラーベックらが提示するものとは異なる視点を提供している。モンテフィオレは、パウロの悲観論とラビ・ユダヤ教の楽観論とを対比したりもするが (pp.69–70)、もっとも説得性の高い対比は救済手段に関するものだ。彼はパウロが描くユダヤ教像に対して、以下のように反論する。ラビ・ユダヤ教では——イエスの場合と同様に——「神は好意的で親切で身近なので、人は律法と改悛をとおして、非常に持続的で易しく効果的な仕方で神と繋がり得る。したがって、受肉や十字架などによって提供される宇宙的な出来事を介する必要がない」(p.74)。そして以下

---

9) Montefiore, *Judaism and Paul*, 21–22 を見よ。

A. 新約聖書学におけるパウロとユダヤ教

のように核心に触れる。

> 罪や惨劇から抜け出る道備えさえある。それは神の赦しと人の悔悛によって整えられる。目に見える象徴として大贖罪の日がある。受肉した御子なしには神にも人にも成しえないとパウロが教える事柄が、ラビ・ユダヤ教では1時間ごとに、1年ごとに、たえず行われる。ラビ・ユダヤ教の悔悛と赦しという思想がおおよそ完全に欠損している点が、偉大な［パウロ］書簡群におけるもっとも目を見はる特徴だ（p.75. pp.60, 66, 127 参照）。

モンテフィオレによると、パウロがパレスチナ（ラビ）・ユダヤ教を知っていたとすれば、この「重要な点を看過した」はずがない（p.76. p.66 参照）。したがって、パウロが語るユダヤ教は、何か異なる類のユダヤ教だったに違いない。

ラビ・ユダヤ教の実像：これは、実在する問題を解決するための果敢な取り組みだった。ヴェーバーが描くラビ・ユダヤ教——彼はしばしば「ユダヤ教」と単純化するが——をパウロが知っていただろうユダヤ教像として特定する学者らは、問題の存在に気がつかない。彼らにとってパウロが攻撃したユダヤ教は、ヴェーバーの研究結果としてのユダヤ教像と変わらない[10]。しかしラビ・ユダヤ教について見識があるユダヤ人やキリスト者の学者らは、パウロが批判するユダヤ教と彼らが知るユダヤ教とのあいだに齟齬があることを認めている。モンテフィオレの著書より5年前に、シェクターがこの問題を以下のように述べている。

> ラビらの神学が誤りで、その神観が劣悪で、動機が現世的で下品で、教えが熱意と霊性に欠けるか、あるいは異邦人の使徒（パウロ）の知識が非常に的外れかのいずれかだ[11]。

---

[10] 論争が繰り広げられる状況において、自らと異なる立場に対する知識への偏見を口にする者に対する、モンテフィオレ（*Judaism and Paul*, 7–9）の批判を見よ。

[11] S. Schechter, *Aspects of Rabbinic Theology*, 18. Montefiore（*Judaism and Paul*, 11–12）は、これら両極端のあいだに解決を見出そうと試みた。

当然シェクターは後者を支持し、「パウロのユダヤ教批判は的外れで、パウロは理解不能だ」と考えた。1936年にパークスも同様の理解を示した。

> 我々は学術的誠実さをもって、以下の点を認めざるを得ない。すなわち、もしパウロがラビ・ユダヤ教を批判しているとすれば、我々は、律法に関する彼の批判の大部分が的外れだと断言できるほどの、ラビ・ユダヤ教とファリサイ派に関する知識を持っている。ユダヤ教は多方面から論駁が可能で、批判されるべき点も多かろうが、もしパウロが実際に「ラビ・ユダヤ教」を攻撃していたとすれば、彼の議論のほとんどは筋違いで不適切で、攻撃対象に関する彼の理解は不正確だ [12]。

パークスもモンテフィオレ同様に、パウロがヘレニズム精神にどっぷり浸かっていたとの理解に問題の解決を見出した（p.123）。したがって、パウロが攻撃したのはラビ・ユダヤ教でなく、ディアスポラのユダヤ教だとの結論に至った（p.124）。

ムーアの視点：ジョージ・フット・ムーアの試みはより洞察に富む。彼はモンテフィオレに同意しつつ以下のように述べる。

> パウロに先立つユダヤ人が、改悛という預言者的な主要教義を看過し、結果としてこれを否定しようはずがない。これは、神がその愛ゆえに、心から悔いた罪人を更生させて神の好意の場へと引き戻すというユダヤ教の基本的教理が、のちに個人へと適用されて内面化された教えだ。これを忘れ去ることは、ユダヤ人の観点からすると不可解だ [13]。

しかしムーアは、パウロが異なる種類のユダヤ教を攻撃しているという、モンテフィオレやパークスの視点から、問題の解決をはからなかった。むしろ、

---

12) J. Parks, *Jesus, Paul and the Jews*, 120.
13) G.F. Moore, *Judaism*, III.151.

ユダヤ人の観点からはパウロの議論が理解不能だったと判断する。パウロの議論は、救いがキリストのみによってもたらされる、との確信に依拠しているとしか説明がつかない。ムーアの理解はこうだ。パウロは、ユダヤ教が行いにせよ赦しにせよ救いを提供し得ないと考えた。そして彼は、ユダヤ人を彼らの知識に則って説得しようとしたのではない。むしろパウロは、異邦人の改宗者がユダヤ人キリスト者の勧めに惑わされて、キリストへの所属以外に律法遵守が不可欠であるという考えに至らないよう説得した[14]。その結果が、パウロの描くユダヤ教の姿となった。

　パウロのユダヤ教観がパレスチナ・ユダヤ教というよりもヘレニズム・ユダヤ教を反映しているというモンテフィオレらの議論やムーアの立場は、近年サンドメル[15]やグッディナフ[16]等の賛同者を得たものの、その後の学界に十分な影響を及ぼし得なかった。彼らの議論を要約すると、ラビ・ユダヤ教の基本である救済の手段などの問題について言えば、「律法の行い」へのパウロの攻撃に反映されるユダヤ教観は誤りだ、となる。しかし実際には、この理解がその後の新約聖書学研究において支配的になるのでなく、むしろブルトマンやシュレンクの著書が示すようなパウロによるユダヤ教批判に対する理解が支持されることとなった。換言すると、新約聖書学界において影響を持つ多くの研究者らは、モンテフィオレやムーアが提供した視点をまともに受けとめることをしなかった。

　デイヴィスの視点：もっとも、モンテフィオレの議論のうちの幾つか重要な部分は、パウロとユダヤ教との関係理解において重大な分岐点となったW.D. デイヴィスの著書 *Paul and Rabbinic Judaism*（『パウロとラビ・ユダヤ教』）でも取り上げられた[17]。しかし2点において、デイヴィスはモンテフィオレの立場に反論した。第1にデイヴィスは、ヘレニズム文化とユダヤ文化とが

---

14)　Moore, *Judaism*, III.151.

15)　S. Sandmel, *The Genius of Paul*, 59.

16)　E.R. Goodenough, 'Paul and the Hellenization of Christianity', in Neusner (ed.), *Religions in Antiquity*, 23–68. この論文はA.T. Kraabelによって完成された。

17)　Whiteley (*The Theology of St Paul*, 4) は、Daviesの著作が「パウロに関して書かれた最高の著書だ」と評する。一方でConzelmann (*Theology*, 155–61) はパウロ研究史の項でDaviesに言及しない。

互いに交流し合う様子を示す資料を提供しつつ、ヘレニズム・ユダヤ教とパレスチナ・ユダヤ教とを明確に区分し得ないとの立場を示した (pp.1–16)。第 2 に、ヘレニズムの思想を受け継いだとモンテフィオレが判断するパウロ書簡群の主題の多くが、じつはラビ文献に反映されるパレスチナ・ユダヤ教にも見られる、あるいはパレスチナ・ユダヤ教に起因している、と論じた。また、モンテフィオレがラビ文献に見出さなかったパウロの思想の幾つかの要素——律法への不満、ある種の先験論、悲観論、「神秘主義」——について、デイヴィスはこれらがパレスチナ・ユダヤ教のうちに存在したであろう蓋然性を述べた (pp.15–16)。しかしデイヴィスは、モンテフィオレがラビ文献における根本的な要素と見なし、パウロがそのユダヤ教批判において取り上げなかった、改悛と赦しに関する教理には言及していない。

　デイヴィスはパウロ研究の潮目が大きく変わるその先端にいた。この頃から、パウロと密儀あるいはパウロとヘレニズムに関する論考がほとんど見られなくなった[18]。パウロの思想にもっとも直接的な影響を及ぼした「背景」がユダヤ教だとの視点は、普遍的でなくとも支配的になりつつあった[19]。この傾向はシェップスの著書 *Paul: The Theology of the Apostle in the Light of Jewish Religious History* (『パウロ——ユダヤ宗教史に照らした使徒の神学』) によって勢いが増した。シェップスの主要な議論は終末論[20]や救済論[21]における重要な問題意識に反映されているが、以下のように述べることができよう。パウロはユダヤ教の思想を、部分的には彼自身の独創性によって、他の部分はヘレニズム的思考によって変容させた。しかしパウロの思想の広範な部分の起源を求めるなら、それはとくにラビ文献に見られるユダヤ教である[22]。

---

[18]　この例外として G. Wagner, *Pauline Baptism and the Pagan Mysteries* (*Das religionsgeschichtliche Problem von Römer 6,1–11* の英訳) がある。Wagner はこの傾向を近年の包括的研究の欠乏と評する (p.269)。

[19]　J. Munck, 'Pauline Research Since Schweitzer', Hyatt (ed.), *The Bible in Modern Scholarship*, 174 参照。

[20]　Schoeps, *Paul*, 88, 112.

[21]　Schoeps, *Paul*, 126, 180.

[22]　一方で Schoeps は Montefiore と同様に、パウロが悔悛を看過している点 (Schoeps, 196)、律法に関する誤解 (p.200)、また契約と律法との関係性への誤解 (pp.213–18, 260) を、彼がヘレニズム的ユダヤ人だったことで説明する。

ヨハネス・ムンクはパウロとユダヤ教との関係を具体的に取り上げない。しかし彼は、パウロの活動全体がその終末思想によって動かされていたとして、ユダヤ教的——とくにパレスチナ・ユダヤ教的——背景に依拠したパウロ研究の説得性を高めた[23]。この場合ムンクは、イエスのみならずパウロにも黙示思想が支配的な影響を及ぼしたとするシュヴァイツァー[24]の議論を、ある程度支持している。シュヴァイツァーもまた、パウロ神学とユダヤ教神学との関係性という問題を具体的に取り上げて、これを詳細に論ずることをしていない。彼はむしろ、ユダヤ教の黙示思想を、パウロの思想を描くための起点として捉えている。

ユダヤ教の成就としてのキリスト教：デイヴィスの分析方法はその後も多くの解釈者によって踏襲された。それは、パウロ書簡群に見られる主題——それが中心的主題であることが望まれる——がユダヤ教に起因するかを判断するため、ユダヤ教文献を精査するというものだ。例えばダールのロマ 8.32 を基にした贖罪に関する研究や、スクロッグの著書 *The Last Adam*（『最後のアダム』）がこれにあたる[25]。そして死海巻物の発見は、主題研究と称するアプローチの道を開いた。パウロの中心的主題である「信仰義認」や「神の義」は、それに対応するものがエッセネ派共同体にある、あるいはこれらの主題がエッセネ派共同体に起因しているかも知れないと考えられた[26]。これらを含む多くの研究では、パウロとユダヤ教、とくにパウロとパレスチナ・ユダヤ教とのあいだに、ある種の肯定的な関係があったことが前提となっている。したがってこの分析アプローチの焦点は、パウロがユダヤ教のどの集団に依拠して何の思想を導き出したか、それが本来の思想とどう異なるかを示すことだ。

---

23)　J. Munck, *Paul and the Salvation of Mankind*.
24)　A. Schweitzer, *The Mysticism of Paul the Apostle*, ch.2.
25)　N.A. Dahl, 'The Atonement – An Adequate Reward for the Akedah?（Ro. 8.32）', Ellis and Wilcox (eds.), *Neotestamentica et Semitia*, 15–29. R. Scroggs, *The Last Adam: A Study in Pauline Anthropology* (Philadelphia: Fortress, 1966).
26)　S. Schulz, 'Zur Rechtfertigung aus Gnaden in Qumran und bei Paulus', *ZTK* 56 (1959), 155–85 を見よ。個々のパウロ的な主題のルーツがクムラン文献まで辿られたが、彼がメシアの到来を確信するエッセネ派ユダヤ人だとは誰も言わない。

パウロ書簡群の中心となる主題をラビ文献の言説と比較したデイヴィスは、重要な結論に至った。すなわち、パウロの思想は、メシアがすでに到来したことを確信するラビの思想として理解が可能だ[27]、ということである。パウロがラビの思想から逸脱する部分は、すべてメシアの到来という確信によって説明できる。デイヴィスはその結論部で以下のように述べる。

> したがって、パウロの在り方と思想がラビ・ユダヤ教と近い関係にあることが明らかとなった。パウロが福音を受け入れたことは、古いユダヤ教を破棄してこれとまったく異なる新たな宗教を見出した、ということでない。彼の論争的な表現がこのような印象をときとして読者に与えることは、ある意味で仕方ないことだが。しかし彼の福音受容は、ユダヤ教の真にして最終的な姿、すなわちユダヤ人が切望するメシア時代の到来を、そこに見出したからだ。私たちは、パウロの改宗をこのように理解すべきだ[28]。

ここで、デイヴィスの立場と、私が大半の新約聖書学者の立場だと考える主張とを比較してみるのが良かろう。この後者の立場については、サッカレーとブルトマンとシュレンクを引用しつつ上で述べた。つまり、詳細において類似する部分があるものの、パウロとユダヤ教、とくにパウロとラビ・ユダヤ教とは根本的に相反する関係にあるという理解だ。これに対してデイヴィスは、多くの重要な類似部分が存在するので、そこに相反する関係はないとする。読者は、たとえばブルトマンの視点をもっとも明白に特徴づける要素が、デイヴィスの著作に見られない点に注目すべきだ。すなわち、パウロ的思想の・本・質はユダヤ教の・本・質と対比され得る、というものだ。これは、デイヴィスが、大半の新約聖書学者と異なり、信仰義認をパウロ神学の中心に据えないからだろう。したがって彼は、信仰義認と行為義認とを対比するという安易な表面上の対比をしない[29]。デイヴィスによると、信仰義認という教義でなく「ナザレのイエスがメシアであることの重要性」こそがパウロ思

---

27) Davies, *Paul and Rabbinic Judaism*, 16.
28) Davies, *Paul and Rabbinic Judaism*, 324.
29) 導入 A.n2 を見よ。Davies, *Paul and Rabbinic Judaism*, 222.

想の中心にあり [30]、「キリスト［の内］にある」ことが救済論的概念の中核に位置づけられる [31]。この後者は「イスラエル［の内］にある」ことと対比されるが [32]、デイヴィスは上の救済論をユダヤ教と相対する思想と考えない。むしろパウロはこれを新たな出エジプトと捉え、「キリスト［の内］にある」ことが新たなイスラエル——したがってキリスト者は新たなイスラエルの成員となる——と新たなトーラーとを確立させると理解した。したがってキリスト教はユダヤ教のアンチテーゼでなく、むしろその成就だ [33]。これらを含めて他の点についても、デイヴィスは帰納法的に議論を進める。1つ1つの点に関して、デイヴィスはパウロとラビらとのあいだに概念上の共通点を見出す。したがって、彼らのあいだには概念上の同意があり、その差異はイエスがメシアかどうかという問題のみにかかっている [34]。一方で、新約聖書学者らによるより一般的な手順は、彼らが対比可能と考える信仰と行いという部分から議論を開始し、その後に詳細な類似性へと目を向けていくというものだ。

宗教の本質の比較：モンテフィオレの著書と異なり、デイヴィスの著書はラビ・ユダヤ教の本質が何かを説明していない。したがってデイヴィス（また彼に続いて主題分析を行う者ら）は、なぜパウロがラビ・ユダヤ教の本質部分に言及しないか——ムーア的には、なぜパウロはこれを無視し結果的に否定したか——を論じなかった。したがってデイヴィスは、本質と本質との対比という伝統的手法の正当性を否定した。本質的な諸項目と本質的な諸項目とを対比すべきとの、モンテフィオレやムーアの要請に対して、彼は十分に応えなかった。もっとも、デイヴィスの研究がパウロの主要でない部分に焦点を置いたとの批判は正しくない。ただ、彼の比較分析が公平に行われたかというと、そうでもない。たしかにデイヴィスは、ラビ・ユダヤ教の本質が何かを述べていない。したがって彼は、パウロがそれに言及しない理由を述

---

30) Davies, *Paul and Rabbinic Judaism*, 352.
31) Davies, *Paul and Rabbinic Judaism*, 177, 86–110.
32) Davies, *Invitation to the New Testament*, 349.
33) Davies, *Paul and Rabbinic Judaism*, 323.
34) Davies, *Paul and Rabbinic Judaism*, 323–33.

べない。一見するとデイヴィスの比較研究は、パウロの宗教観とユダヤ教とに構成上の親和性があるという肯定的な結論を示唆しているように見受けられる。すなわち、新たな契約への参入によって、人は新たなトーラーを授かり、それは遵守を促す[35]。このような比較が示唆されていたとしても、彼がパウロの言説にユダヤ教の本質と関わる部分が欠けている点の説明を怠ったことは確かだ。これは、両者の比較分析が公平に実施できていないことを示す[36]。

　もっともデイヴィスの意図は、パウロとユダヤ教とを比較することでなかった。おおよそすべての新約聖書学者と同様に、デイヴィスはパウロの背景を特定しようとしたのであり、宗教の比較を試みたのでない[37]。1点だけ宗教の対比が行われたが、それは「信仰と行い」という句によって要約される、本質に関わる短い描写に限られた不十分な対比だ。モンテフィオレとムーアは、純然たる宗教の比較に繋がる重要な問いかけ——なぜラビ・ユダヤ教の本質がパウロに欠損しており、パウロはこの欠損を説明しないか——を行った。しかしこの問いは、十分に考察されていない。むしろ学者らは、ユダヤ教文献のうちにパウロの思想における様々な主題との類似点、とくに初期の類似点を見出そうとした。既述のとおり、デイヴィスの重要な著作においてこの傾向が見られ、シェップスを含め現在に至るまでこの傾向は続いている。

　主題に関する歴史的な分析はたんなる好古趣味でない。デイヴィスの著作において分かったとおり、この分析はむしろパウロの宗教の根本的な性質に関する結論を導き出す。類似表現が細部に至るまで見つかれば、それは対比される宗教のあいだに基本的な同意が見出されることを意味する。しかし、類似する主題の存在によって結論を引き出すことに対して、サンドメルは痛烈な批判を向けた。デイヴィスの結論に対するサンドメルの見解をここに引

---

35)　第 II 部 E を参照。
36)　Sandmel (*Philo's Place in Judaism*, 19–20) は、共通点の比較をしながら相違点の比較を怠ることの問題を述べている。
37)　これは Montefiore (*Judaism and St Paul*, 13–16) にさえ当てはまる。彼は改宗以前のパウロが所属したユダヤ教が何かを見出すことを意図しており、パウロの思想とユダヤ教の思想とを比較しようとしたのでない。

用しよう。

> デイヴィスの著書は称賛に値し、それはじつに偉大な功績だが、私は 100 % 反対の立場だ。デイヴィスの問題点は、まずモンテフィオレの著書 *Judaism and St Paul*（『ユダヤ教と聖パウロ』）を仮想論敵として見なし、その議論を論破しようとしたことだ。そしてその過程で、私がフィロン研究をとおして導いた結論に反して、ディアスポラ・ユダヤ教とパレスチナ・ユダヤ教とが同類だとの前提に立ったことだ。一方でデイヴィスの貢献と言えば、パウロとラビらが二義的で曖昧な要素を共有していたという点である[38]。

パウロがヘレニズム・ユダヤ教に慣れ親しんでいたと理解するサンドメルは、「パウロ的キリスト教とラビ・ユダヤ教とのあいだには、聖書という開始点以外に共通する部分がほとんどない[39]」と考える。サンドメルはここで、罪とその解決に関する両者の理解について語っている。

デイヴィスの貢献：私はデイヴィスの貢献を、サンドメルよりもかなり肯定的に捉える。第 1 に私は、デイヴィスやその他大勢の研究者らが、パウロ書簡群にみられる多くの重要な用語や概念の背景として、パレスチナ・ユダヤ教を特定したことを評価する。少なくとも彼らは、これらと類似する用語や概念を、幾つかは時代的にパウロ以降だとしても、パレスチナ・ユダヤ教文献のうちに見出した。第 2 に私は、パウロの用語や概念の歴史的背景を辿ることが、重要で価値のある作業だと考える。類似する表現を見出すことは、しばしば私たちの理解を深める。もちろん「類似表現」が、「影響」さらに「思想の同一性」と直結するという安易な論理の飛躍は避けねばならない。第 3 に私は、パウロとラビ・ユダヤ教とが相反するものでないとのデイヴィスの判断を評価する。これは、両者がその本質に関する不適切な比較によっ

---

38) Sandmel, *The Genius of Paul*, 223; 'Parallelomania', *JBL*, 81（1962）, 4. Sandmel は、もし 259 箇所もの共通点（Sandmel の架空の数値）があったとしても、パウロとラビ・ユダヤ教とは同意する関係にないと述べる。彼はパウロとラビ文献とのあいだに「発生学上の関連（genetic connection）」を見出さない。

39) Sandmel, *The Genius of Paul*, 59.

てアンチテーゼ的な位置関係に置かれる傾向に、歯止めをかけている。

しかしデイヴィスに関するこれらの評価とは別に、彼の結論については満足できない点がある。パウロがラビ・ユダヤ教に属しつつも、「メシアがすでに到来したとの確信においてのみ——当然この確信は他の確信にも影響を与えようが——ラビ・ユダヤ教に属する他の者と異なる」という結論を導き出す前に、デイヴィスにはより多くの比較分析を行う必要がなかっただろうか。このような比較研究では、同意点のみならず相違点をも論考し、パウロの思想に重要な要素のみならず、パウロに見られないユダヤ教の側面をも考察する必要がある。すなわち、パウロとユダヤ教両方の視点から、全体像と細部とをより慎重に考察する必要がある。

パウロとユダヤ教の比較：デイヴィスの著書はその結論だけでなく、問題提起全般も十分に満足を与えるものでない。パウロとパレスチナ・ユダヤ教との根本的な関係性については、一般に3つの立場がある。すなわち、(1) 多くの重要な詳細にわたる同意点が見られるため、パウロはメシアがすでに到来したことを確信するラビと見なされる（デイヴィス）、(2) 詳細におけるある程度の同意点があるにしても、パウロの宗教は基本的にパレスチナ・ユダヤ教のアンチテーゼとして理解される（おそらく大多数の理解）、(3) パウロはパレスチナ・ユダヤ教とほとんど関係がない（サンドメル）、である。ユダヤ教に対するパウロの論争的な言説についても、おおよそ3つの立場がある。すなわち、(1) それらはパウロの基本的な視点を反映しておらず、一時的な反論としてとらえるべき（デイヴィス）、(2) それらはパウロとユダヤ教とが相反することを証明する（大多数）、(3) それらはラビ文献において知られるユダヤ教を反映しておらず、何か他の種類のユダヤ教であるとしか説明しようがなく、偶発的な修辞上の事情を勘案すべき（モンテフィオレ、ムーア）、である。

上のすべての見解は、それなりの言い分を持っており、新約聖書学はパウロとパレスチナ・ユダヤ教とのあいだの同意点と明かな相違点との板挟みにある。そして相違点は、信仰と行いとのアンチテーゼとして理解されたり、ユダヤ教的な贖いと赦しに関する教えをパウロが看過していると理解されたりする。シェクターとモンテフィオレに傾聴すると、パウロがユダヤ教の

何を攻撃したのか不明だが、確かにパウロは攻撃した。デイヴィスに傾聴すると、パウロとユダヤ教には基本的な合意があるのに、パウロはなぜユダヤ教に対して、メシアの到来でなく義の獲得について反論せねばならないかが不明だ。望まれるのは、多くの同意点と相違点とを説明できる比較研究だ。パウロの思想と比較されるべきは、パウロが批判するユダヤ教の姿のみならず、ユダヤ教文献が提供するユダヤ教の姿でなければならない。そして、パウロが描くユダヤ教とユダヤ教文献が描くユダヤ教との齟齬に注目せねばならない。換言すると、パウロの言葉によるパウロとユダヤ教文献の言葉によるユダヤ教とが比較されねばならない。その際に、短文に還元された本質や文脈から引き離された主題でなく、1つの宗教全体と他の宗教全体とが比較されねばならない。本著が意図するのはまさにこのような比較分析だ。まずその方法論をここで明らかにしよう。

B. 宗教様態（patterns of religion）の包括的比較 [1]

1. 方法論

本質比較の問題点：本著の方法論については、できるかぎり抽象的な説明を避けたい。しかし、宗教に関する比較研究一般の方法論に改善の余地があることは明らかだ。その好例として、パウロとユダヤ教との比較研究史が挙げられる [2]。比較分析において重要な課題は、何を比較すべきかを確定することだ。ほとんどの場合、単純化された**本質**（essence）――信仰と行為、あるいは自由と律法、霊的宗教と物質的・御利益的宗教など――、あるいは個々の**主題**（motif）に焦点があてられていることはすでに述べた。私はこれらのどれ1つとっても、比較分析における適切な範疇とは考えない。

本質の比較について多くを語る必要はあるまい。1つの宗教が何かの短い語句に還元され得る、と考えること自体に大きな問題がある。単純化された本質が宗教全体を適切に言い表すとは考え難い。さらに、ユダヤ教とキリスト教とがキリスト者の学者らによって比較される場合、これまでしばしば、単純化された本質の比較をとおして相手を批判することが目的とされてきた。すなわち、いかにパウロ（あるいはイエスやキリスト教一般）がユダヤ教より優っているかに主眼が置かれてきた。ユダヤ教を貶めようとの明らかな意図がなく、パウロ（あるいはイエスやキリスト教一般）の特徴を明らかにし

---

[1] Sanders, 'Patterns of Religion in Paul and Rabbinic Judaism: A Holistic Method of Comparison', *HTR* 66 (1973), 455–78 参照。

[2] 宗教の比較分析の理論に関する著書をここで取り上げて議論するつもりはないが、パウロとユダヤ教との比較において問題となる部分のみに焦点を置く。

B. 宗教様態（patterns of religion）の包括的比較

ようとする場合でも、このような傾向が見られた。いずれにせよ2つの宗教を比較する場合に、単純化された本質の比較では不適切なのだ。

主題比較の問題点：個々の主題の比較に関する問題は、それほど明白でない。1つの宗教は多くの部分の集積だ、と考えることは誤りでない。したがって個々の主題を比較することが、単純化された本質の比較と較べてそれほど不適切とは言い難い。しかし2つの理由で、これも宗教の十分な分析となり得ない。第1にこの比較では、一方の宗教の主題が他方の宗教の諸要素と比較されるが、それは前者の起源を探ることを目的としている。この場合、2つの宗教が対等に扱われない。パウロとユダヤ教との比較分析史では、これが通常のアプローチとなっている。まずパウロの主題から始まり、その起源がユダヤ教のうちに求められる。この場合、ユダヤ教の諸要素はユダヤ教理解を目的としていない。つまりこれは、真の意味での宗教間の比較でない。第2に、主題分析では、主題が語られる文脈と各宗教における主題の重要性が見過ごされがちだ。まったく同じ主題が2つの宗教に見られながら、その重要性が異なることは考え得る。たとえとして2つの建造物を考えよう。同じ形状と色と重量のレンガから、まったく異なる2つの建造物を建設することは可能である。あるいは、壊された建造物から採取したレンガで、最初のとまったく異なる建物を建設することは可能だ。主題分析では、主題の類似点や相違点に関する結論を下す前に、それらの機能と文脈が考察される必要がある。したがって、たとえばパウロとユダヤ教における「義」を比較しようとすれば、それぞれの文脈における義に関わる全体的な機能と重要性とが考察されねばならない。これはすなわち、パウロとユダヤ教の両方において、義に関する構想があることが前提となり、これら2つの全体的な構想を理解しなければならないことを意味する。

ブキャナンと契約主題：主題研究は新約聖書学において広く行われるが、共通する主題を見出すことが共通／類似する理解の存在を裏づけると考えられがちだ。以下では、同様の主題をもとにして誤った結論が導き出される2つの例を挙げよう。G.W. ブキャナンはその著 *The Consequences of the Covenant*（『契約の結果』）において、パウロとユダヤ教とがいかに関わるかという問題を具体的に述べないが、その議論におけるパウロの扱いから、この問題に関

するブキャナンの立場は明らかだ。彼の理解はその結論部に示されている。ブキャナンによれば「モーセからバル・コホバに至る時間的」ギャップにもかかわらず、この時代変遷によってもたらされた変更は限定的だった。

> したがって、初期イスラエル人がもたらした契約は、のちのユダヤ教諸宗派およびキリスト教諸宗派によって正しく理解され実践され得ないほどに、その構造と神学とを変えはしなかった。この契約ゆえに、世の中の変化をよそに信仰と実践とが揺るぐことなく継承された（pp.314–15）。

つまりブキャナンは、契約神学という共通項でユダヤ教とキリスト教という2つの異なる在り方を括った。

　ブキャナンの著書には同意すべき点が多い。彼は、ユダヤ人の思想において契約が支配的だと論じ、この契約における選び、違反、贖い、和解からなる一連の流れが、ユダヤ教文献において典型的なパターンをなしていると理解した。ただこの点に関する彼の論考は不十分なので（pp.192–93 参照）、本著ではこれを詳しく扱うことにする。彼の著書の問題は、議論が表面的だという点だ。どうやら彼は主題を確立するにあたって、旧約聖書、旧約聖書外典・偽典、ラビ文献、新約聖書、そして初期教父文献から、無作為に引用しているようだ[3]。彼の著書では、同様の主題がこれらの文献に見られることを根拠に、これらの文献が宗教に関する基本的理解——ここでは契約神学——を共有していると結論づけられる。したがってブキャナンは、パウロとユダヤ教文献において主題が共通しているという事実に依拠し、パウロがユダヤ教の契約神学にすっきり当てはまるとの安易な結論に至った。彼は「赦しと和解のための契約の備え（Covenantal Provisions for Forgiveness and Reconciliation）」（pp.206–07）という項で、ユダヤ教文献とキリスト教文献に見られる浄めの洗いに関する言説を列挙するが、そこにバプテスマに関するパウロの言説も加えている。その際に、パウロは浄めの洗いとバプテスマとに同じ機能を見

---

3)　もっとも Buchanan はこの著書を彼の考えの素描のように捉えており、のちの著作で十分に議論する予定にしているようだ。

B. 宗教様態（patterns of religion）の包括的比較

出していたか、との問題を扱わない。パウロの用語がヘレニズム的密儀にいっそう親和的かとの議論はさておき、またパウロがバプテスマを説明する際に用いる語句の幾つかがユダヤ教に依拠している点を考慮に入れるにしても、パウロ書簡群でのバプテスマの意味と解釈とが、ユダヤ教文献における浄めの洗いの場合と同様だとは言い切れない[4]。私自身は、パウロの宗教様態におけるバプテスマが、ユダヤ教における浄めの洗いと大いに異なると考える。全体的な枠組みにおけるバプテスマの機能が変化したことに鑑みても、その理解と意味とが変化したと考えるべきだろう。

フルッサーと恵みによる選びという主題：より厳密に方法論を意識するデヴィッド・フルッサーは、クムラン共同体の宗教とパウロ以前のキリスト教との比較を試みた[5]。フルッサーにとって「このキリスト教一派と目される集団の神学的主題すべて」を扱うことが目的でなく、彼はむしろ前パウロ的キリスト教とクムラン共同体とに共通する部分に議論を限定する（p.217）。その際に彼は「キリスト者としての新たな文脈におけるこれらの特徴の意味」を考慮に入れないと明言し、むしろ「個々の神学的所見（*theologoumena*）を、キリスト者の思想という文脈によってでなく、クムラン神学における構造上の機能にしたがって分類する」としている（p.217）。

フルッサーの議論は、用いられた方法論の厳密さのみならず、それがユダヤ教とキリスト教とを比較する一般的な論理の流れを逆行している点で興味深い。彼はまず、ユダヤ教（クムラン）に見られる主題から始め、それらをキリスト教に見出そうとする。その結果、キリスト教の中心的教理の多くを含む「思想の全体が……クムラン共同体からキリスト教へと持ち込まれた可能性がある」（p.265）との結論に至る。フルッサーの論文を読んだ学者は、キリスト教の諸要素をクムラン共同体の宗教様態のうちに位置づけて再構築

---

4) バプテスマに関するパウロの理解と浄めの洗いに関するユダヤ教の理解とを結びつけるために、Buchanan（*The Consequences of the Covenant*, 207）はコロサイ書をパウロ書簡の1つとして数えている。

5) David Flusser, 'The Dead Sea Sect and Pre-Pauline Christianity', in Rabin and Yadin (eds.), *Scripta Hierosolymitana*, 215–66; 'The Jewish Origin of Christianity', in S.W. Baron et al. (eds.), *Yitzhak F. Baer Jubilee Volume* (1960), 75–98（英文要約は x–xi）。

された教会の姿が、いかに奇異かに驚きを覚えるだろう。しかし私たちは、フルッサーがキリスト教を扱うのと同じような仕方で、ほとんどの新約聖書学者らがユダヤ教を扱っていることに気付かねばならない。もっともフルッサーの場合は、それぞれの宗教の全体的構造が異なることを十分に承知しつつ、その構造に関する議論を扱ってはいないのだが。

　この方法論の脆弱さは、パウロと死海巻物[6]とのもっとも印象的な類似主題——フルッサーが言うところの「恵みによる選び」（pp.222-27）——の論考において明らかだ。フルッサーは類似点を印象的に示すため、パウロの「予定論に関する言説」と「信仰と恵みによる救済に関する言説」とを組み合わせる必要があった。パウロが予定論に言及しているという点はじつに興味深い。しかし彼が時々用いるだけの予定論的言語が、恵みによる救済の議論と有機的に連関しているかは疑わしい。一方、死海巻物では神の恵みがその予定に表されているので、両者のあいだで明らかに有機的な連関が見られる。したがって、クムラン神学の全体的な枠組みにおける恵みの位置付けと、パウロの思想における恵みの位置付けとは異なる。「行いに価値がないという確信は、クムランからパウロが継承したとフルッサーが考える恵み理解より『導き出されうる結果』——したがって死海巻物の著者らでなくパウロが行き着いた結果——である」とフルッサーが述べる際に（p.227）、彼の根本的な誤解と方法論上の脆弱さが露呈される。パウロにとって、恵みと行いに救済価値がないことは本質的に繋がっている。この恵み理解においては、パウロの結論は「導き出され得る」どころか「不可避的」である。分離派にとっては、その恵み理解は律法遵守の要求と本質的に繋がっている。分離派は具体的に律法を守るように予定されており、この予定が神の恵みなのである。私たちは、いかにしてパウロがクムラン共同体からその一要素である恵みを継承しつつも、その意味と意義とを完全に逆転させたか、理解に苦しむ。

　もっともフルッサーは以下のように断っている。「クムラン共同体の契約者らの教義は、キリスト教へと統合された段階で、その本来の機能を失った」

---

[6]　前パウロ的キリスト教を議論する意図にもかかわらず、彼の論文は前パウロでなかろう特徴について語る。フルッサーは、恵みによる選びなる概念が前パウロ的キリスト教を介して、クムランからパウロへもたらされたと述べる（pp.226-27）。

B. 宗教様態（patterns of religion）の包括的比較

(p.265)。むしろ「この宗派の神学的構造物は解体され、その建築材料は初期キリスト教の思想家らによって再利用され、異なる建造物が出来上がった」(pp.265–66)。このような深い洞察にもかかわらず、フルッサーはパウロの恵み理解とクムラン共同体の恵み理解とが、あたかも並列関係にあるかのような誤解を与え得る表現を用いている。

宗教様態の比較：それでは、宗教の比較分析には何が求められるか。それは、1つの宗教の総体と個々の部分とを含めた全体像を、他の宗教の総体と個々の部分とを含めた全体像と比較することだ。この分析の難しさは、2つの全体像を、それぞれの宗教の道理と言語表現によって定義し理解しながら、なおも比較するところにある。私は「宗教様態」という概念がこれを可能とすると考える。まず、この宗教様態が何でないかを考えよう[7]。

(1) 私が「宗教様態」という句を用いる場合、それはキリスト教、ユダヤ教、イスラム教、あるいは仏教といった、歴史を通じた1つの宗教の集積でなく、むしろ均質の一貫した実態のようなものを想定している。本著では「パウロ主義（Paulinism）」を1つの宗教と捉える。この意味での宗教は、1人の人物に限定されず、同じ宗教の基本理解とその実践とを共有する何百万もの人々を含み得る。この意味では、ルター主義を1つの「宗教」と表現することさえ可能だろう。このような大きな宗教の実態を考慮に入れる場合、個々の要素の差異や重要な齟齬について説得性の高い説明を加える必要はあろうが、それでもルター主義——私はその専門家でないが——を1つの「宗教」として認めるに足る十分な合意点や一貫性が見出される。

(2) 宗教様態という場合、それは1つの宗教に関する神学的定理や宗教的概念を全網羅的に指すのでない。宗教様態は、「いかに人が宗教の論理的な開始地点から論理的な終結点へと移動するか」という問いに関わる。この様態には、宇宙はいかに創造されたか、いつ終わりの時が来るか、死後の生と

---

[7] 他の研究者は、類似箇所をその文脈において比較することの重要性を主張する。たとえば Cross, *The Ancient Library of Qumran*, 206; Sjöberg, *Gott und die Sünder*, xx, 2 を見よ。後者は「全体構造（Gesamtstructur）」(p.xx) の比較の必要性を説く。もっとも Sjöberg はラビ・ユダヤ教の Gesamtstructur を、ここで定義される宗教様態でなく、正義と憐れみとの緊張関係と説明する (pp.6–11)。

はいかなる状態か、メシアとは誰か等の推論は含まれない。パウロとユダヤ教との関係性、あるいはユダヤ教諸宗派間の関係性にまつわる非常に多くの研究は、まさにこれらの問題に焦点を置いてきた。私は、開始点から終結点までの連鎖としての宗教様態が、上のような推論（終末の時期等）によって変わる必要はないとの仮説を立てている。これは、何らかの推論が宗教様態に影響を与え得ないという意味でない。開始点と終了点を想定しない歴史観は、ほとんどのユダヤ教とキリスト教に共通するような様態と相容れないだろう。ただ、歴史の始めと終わりに起こる具体的な事象が、宗教様態を性格づける決定的要因になるとは考え難い。

宗教的営みの開始点と終結点：したがって宗教様態とは、宗教がいかに機能しているとその成員が捉えているかを示す[8]。「機能していると成員が捉える」とは、成員が日々いかなる活動をするかを指すのでなく、帰属し始めることと帰属し続けることがいかに理解されるかを指す。ここでは、宗教共同体がいかに成員を受容し維持するか、それが宗教として「機能する」ことを指す。この機能には祈りや浄めの洗い等の活動も含まれようが、本著の焦点はこれらの活動の詳細にでなく、宗教の「様態」においてこれらがどんな役割を持つか、これらの活動がいかなる原理に則っており、これらが執り行われない場合に何が起こるか、にある。したがっておおまかに述べると、宗教様態とは組織神学的な救済論の諸要素と関係している。しかし本著の内容には、「救済論」よりも「宗教様態」という句が適切だ。1つには、「宗教様態」が救済論一般に含まれる内容以上の事柄を扱うからだ。すなわち私たちは、宗教的営みの論理的開始点とその終結点、さらにそのあいだに含まれる各段

---

8) 個々の部分の全体に対する機能を強調するためには構造自体を把握せねばならないが、そのためには C. Lévi-Strauss の著作を幾つか読み比べることから始めるのが良かろう。たとえば 'Structural Analysis in Linguistics and in Anthropology'; 'Social Structure', in *Structural Anthropology*, 31–54, 277–323 を見よ。方法論に関心を示す者にはこの比較が有用だろうが、パウロとユダヤ教の関係性について構造人類学の方法論を体系的に適用することはされてこなかった。幾つかの方法論的な要素——全体と各部分との関係性、「構造」（ここでは「様態」）を各部分の意義深い相互作用へと限定する必要——は同じだ。本著が用いる方法論は選択的で、パウロとユダヤ教とを比較する際に表出する問題へ応答する部分だけを採用している。文学分析における構造主義という技巧に関しては Spivey, 'Structuralism and Biblical Studies: The Uninvited Guest', *Interpretation*, 28 (1974), 133–45 と同巻のその他の論文を見よ。

B. 宗教様態（patterns of religion）の包括的比較

階に注目する。もう1つは、「救済論」という句が内包するニュアンスが必ずしも適切と言い難いからだ。たとえば救済論は、来世への関心を含んでいたり、救済が必要となる原因としての原罪を想定したりする。ユダヤ教のほとんどが来世的宗教でなく、原罪あるいは普遍的な罪という概念を持たないことに鑑みると、上のような意味合いの「救済論」という句が適切とは言い難い。「救済論」という句を用いることにもときに意義はあろうが、その場合にはここで述べたような制限があることを忘れてはならない。私たちはより適切な表現として、「宗教様態」という句を用いよう。最終的な終着点が破滅からの救いでない宗教についても、その宗教様態について語ることは可能だ。シラ書がその好例である。

　宗教様態は、組織神学と同じでなく、また多くの神学的推論と関わるわけでもないが、宗教活動の表面的な部分のみならず、宗教活動の背景にある思想や様々な理解と関連する。したがって、特定の宗教の祭儀に関わる者は、その宗教的営みにおいて祭儀が一定の機能を持つと認識する。つまり、成員が祭儀の意義を認識しているという点が、その祭儀が実際に執り行われることと同様に重要だ。繰り返しになるが、成員自身が宗教に論理的場を提供する組織神学を明確に言語化できる必要はない。それなくしても、祭儀は他の宗教的要素と一貫性のある関係を保ち、全体として1つの宗教様態を構成する。

　このような宗教様態が比較の対象となる。宗教様態には様々な主題が含まれるが、私たちの関心は、これらの主題を特定の宗教の適切な枠組みに位置づけることであり、ユダヤ教の一部に見られる主題を、パウロに見られる同様の主題と対比することでない。宗教様態の全体像がつかめたところで、比較が始まる。

　私は、パレスチナ・ユダヤ教に宗教様態が1つだけあるとは理解しない。ここでは1つの宗教様態と他の宗教様態との比較という仕方で説明してきたが、それはこの比較において宗教様態が2つのみ存在するという意味でない。あくまで方法論の説明だ。実際、パレスチナ・ユダヤ教の文献には幾つもの宗教様態が見られる。じつにパウロに限っても、その一貫性の欠如に鑑みるなら、単一の宗教様態を想定することができないかも知れない。この点に関

しては、本著の後半で詳しく述べる。

2. 本研究の目的

　後続する第I部において、私はユダヤ教の歴史を語ろうとしてはいない。もっとも、前200年から後200年にかけて執筆されたパレスチナ・ユダヤ教文献の中の現存する多くのテクストを扱う第I部の結論部では、後1世紀のユダヤ教、すなわちパウロの時代のパレスチナ・ユダヤ教の幾つかの特徴について語ることになろう。しかしそれは、ユダヤ教の網羅的な歴史でない。さらに本研究の主眼は、パウロの思想の背景を探ることにない。もっとも、そのような議論に言及することもあろう。また私は、パウロがユダヤ教の概念や用語に同意したか否か、ユダヤ教を正しく理解したか否かに一義的な関心を置かない。私が本研究の目的と考えるのは、パウロの宗教とパレスチナ・ユダヤ教文献に反映される宗教の諸形態との比較だ。パウロとラビとのあいだに同じ宗教の様態を見出すことができるかを判断するには、用語の背面にまで深く入り込む必要がある。デイヴィスの表現を用いるなら、パウロの宗教はメシアが到来してしまったと考えるラビ——あるいはその他のパレスチナ・ユダヤ人——の宗教と言えるか。宗教様態に注目しつつパウロとパレスチナ・ユダヤ教とを比較し、その類似点と相違点とを明らかにすることは、パウロとパレスチナ・ユダヤ教それぞれを理解する助けとなろう。すなわち本著は、これら2つの立場を個別に扱いつつ、これらがいかなる関係にあったかを知る手がかりを与えよう。個々の項での議論と結論において、異なる種類のパレスチナ・ユダヤ教とパウロ、さらにそれらの関係性について私が提案する仮説は、論争を引き起こし、議論を刺激することになるかも知れない。そうでないにしても、本著が意図する徹底した比較分析が有用であることを願う。

3. 比較研究への障害

　本研究が直面する障害は不均等（imbalance）と均等化（imposition）という

語に要約されよう。一方では、1人の人物とパレスチナ・ユダヤ教のテクスト群とを比較することに、明らかな不均等という問題があるが、これに関して選択の余地はない。この点は、タンナ文献の扱いに関する項（I.A.2）で詳しく述べよう。ここでは、パレスチナ・ユダヤ教文献の性質上、多くの文献をまとめて扱う必要がある、さらにこの文献群をパウロのような個人の思想へと細かく分けることが不可能だ[9]、と述べるに留めよう。反対に、キリスト教は非常に速い展開を見せていたので、「新約聖書の宗教様態」という仕方で一括りにまとめることが困難だ。新約聖書に反映される宗教の型や様態の違いに気を取られて、意義深い結論を導き出せない恐れがある。私たちの手許には明らかにパウロの手による――筆記者の存在を考慮すれば、パウロの口による――書簡群があるので、同時にヤコブ書やヘブライ書やヨハネ福音書を考察することで、議論に混乱をもたらすことを避けるべきだろう。

　タンナ文献に関しても、新約聖書と同様に多様な思想が見られるとの仮説も立てられよう。すると、タンナ文献から1つの宗教様態を導き出すという試みは、作為的な調和をこの文献群に押し付けて、多様なテクストを均等化することになりかねない。私は、宗教の性質と宗教的営みに関する支配的な考えをタンナ文献に見出しており、本著での論考が人為的な均等化に繋がるとは考えない。しかしこれは仮説であり、最終的な判断は詳細な分析を終えたあとで下されるべきだ。作為的な宗教様態が各文献群に押し付けられているかどうかは、議論が進むにつれて明らかとなろう。

4. 補足――様態と軌跡

　本項での議論は本著の方法論を理解するための不可欠な部分ではないが、ヘレニズム・ローマ世界の多様な宗教活動とキリスト教とを比較する際に「軌跡（trajectories）」という概念を用いるべきとするJ.M. ロビンソンの提案[10] を私がなぜ受け入れないか、この点を明らかにすることも有用と思われ

---

9)　フィロンとラビらの比較については Sandmel, *Philo's Place in Judaism*, 5 参照。
10)　James M. Robinson, 'Introduction: The Dismantling and Reassembling of the Categories of New Testament Scholarship', in J.M. Robinson and H. Koester, *Trajectories through Early Christianity*, 1–19 を見よ。

る。ロビンソンは「範疇の危機（The Crisis of Categories）」（pp.4–8）という項での現実的な論考において、新約聖書学における問題意識が、批判的で歴史的な学術手法の導入以来、新約聖書テクストの周りに、緑青のように後からまとわりついた議論によって条件づけられている、と述べる。たとえば学者らは、ヨハネ福音書の著者に関して終わりのない議論を繰り返すが、それはこの福音書自体が「著者は誰か」という問いを投げかけているからでなく、キリスト教伝統がこの福音書の著者をヨハネと定めたことに起因する。したがってテクストに到達する前に、私たちはキリスト教伝統の厚い層を掘り下げなければならない。ロビンソンによると、この状況が学術的論考に危機をもたらしている。なぜなら、この「緑青」を除去する必要によって確立された研究範疇が、初期キリスト教の分析に効果的とは言えないからだ。彼は、新約聖書学者らがキリスト教以外の諸宗教を静的な現象として捉える過ちを適切に批判した。ロビンソンは、この過ちが証拠資料と調査分析の不足に起因すると断じた。「証拠資料の考証が断片的な状況では、歴史的変容を一歩ずつ辿ることが不可能なので、500 年に及ぶ期間に散在する資料を融合させて一貫性と調和を［推論して］作りだすしかなかった」（pp.12–13）。死海巻物とナグ・ハマディ文書の発見がこのような手順の不適切性を明るみに出すと、学者らは新たな統合的視点を提示することに躊躇して、「建設的な慎重さによる不統合［に閉じこもった］。『ユダヤ的』とか『グノーシス的』とか『ヘレニズム的』とかの範疇を用いて説明することによる一般化の危険を犯すのでなく、特定の資料の特定の箇所における特定の議論に焦点を狭めた」。しかし、「互いに関連しない類似用語」を書き並べることと歴史とは同じでない（p.13）。

　学術研究におけるジレンマとその解決は以下のように述べられた。

　　ユダヤ的、ギリシャ的、グノーシス的な「背景」や「環境」は、体系化されることなしに、新約聖書と並行する集合体として単純化することによっては理解

──────────

〔訳註　邦訳はロビンソン／ケスター『初期キリスト教の思想的軌跡』加山久夫訳、新教出版社、1975 年。〕ここでは Robinson について述べている。本共著では Koester も幾つかの論文（4, 5, 6, 8 章）を載せているが、彼がまったく同じ視点に立っているかが不明だからだ。

され得ない。それらは、ヘレニズム世界における運動、すなわち「軌跡」として再概念化されねば意味をなさない (p.13)。

私が問題視するのは、後半の文章だ。資料が許すかぎり画一化された静的な説明は回避されるべきで、「体系化され［ない］……集合体」は宗教運動に関する真の知識に至らないとしよう。そうだとしても、なぜ「軌跡」が提案されねばならないか。ロビンソンは軌跡という語自体が「開始点において決定的な影響が想定され過ぎる」とし、「軌跡を再定義する」自由を個々人が有することを早々に認める (p.14)。しかし軌跡という語は、連続性のある発展と示唆された終着点とを暗に想定する。ロビンソンはこれらを否定するものの、明らかに両方を念頭に置いている。したがって彼は、パウロ主義の 2 つの軌跡を想定している。1 つはエフェソ書を介し (via)、I ペトロ書、ルカ文書、牧会書簡へと進んで正統派教会へと至る。他はコロサイ書を介し、ヴァレンティノス、バシレイデス、マルキオンへと進んで異端教会へと至る。ロビンソンはこれら 2 つの流れを「発展の連続性」(p.10) と表現する。たしかにパウロは後 1 世紀を生きたし、「正統派」を名乗る 2 世紀のキリスト者らによってグノーシス的な「異端」は抵抗に遭った── 2 つの「括弧」内は時代錯誤的な表現だが──。また、マルキオンと所謂グノーシス主義とのあいだには思想的な関連があろう。さらに、使徒言行録と牧会書簡がパウロの思想に馴致して、のちに展開する正統派教会とパウロの思想とに同意があるかのように見せていることも確かだろう[11]。これらは広く受け入れられた歴史的展開だが、コロサイ書に代表されるパウロ学派が異端という終着点に向かう連続性と因果関係とを、私たちは自信をもって断言し得るか。おそらくマルキオンは、意識的にパウロ書簡──とくにガラテヤ書とローマ書──に依拠しつつ、彼の思想の一部を形成しただろう[12]。しかしマルキオンの思想は、実際にコロサイ書を介して流れるパウロの思想に影響を受けたか。ロ

---

11) J. Knox (*Marcion and the New Testament*, 73–76, 114–39) が提唱する使徒言行録と牧会書簡の執筆年代に同意しない者も、使徒言行録と牧会書簡とが「異端」によるパウロの独占からパウロを「救出した」という説明には同意しよう。

12) E.C. Blackman, *Marcion and His Influence*, 103–24; Knox, *Marcion*, 14–18, 45–46 参照。

ビンソンはたんに、正統派と異端の両方が時代的にパウロの後なので、パウロの思想がこれら2派を導き出した、と断言するだけでない。彼はどの先行する出来事がどの後続する出来事と因果関係にあるかをも推測して見せた。しかし私たちは、先行する出来事——あるいは後続する出来事——のすべてを知る術を持たない[13]。ヴァレンティノスはコロサイ書でなく、アレクサンドリアに住む未知のキリスト教思想家の影響を受けたかも知れない。すなわち、ロビンソンが断言する歴史的関連性は実証可能か、という根本的な問題が残る。彼はこのような疑問を想定して、既述の著書で以下のように述べた。「[本著が示す関連性は] 1人の著者が先行する著者に依拠せざるを得ないという単純な因果関係でない。軌跡という全体的な運動が、いかに連続性をもって開始点から下流へと進むかを示すため、これらの関係性が提示される」(p.17)。ロビンソンはこう述べて、連続性のある発展が継続するとの見解を撤回するどころか、むしろ明らかな因果関係を示し得なくともこの発展の継続を断言し得るとした。思想は発展するということだ。この場合、マルキオンやその他の後続する異端者らは、コロサイ書に見られるパウロ主義の展開と同じ種類であって他の種類でない展開を示しているか、と問わねばならない。ロビンソンは「介し (via)」という語を用いて、この関係性が具体的であるとする。

　ロビンソンが目標や終着点を目指す継続性のある発展を想定する例をもう2つ挙げよう。'LOGOI SOPHON: On the Gattung of Q'(「知恵の言葉—— Q資料の文書形態」)なる論文で、彼は言葉資料の文書形態に「グノーシス化する傾向」があると論じた[14]。この文書形態がグノーシス主義に向かう傾向はマタイ福音書とルカ福音書によって阻まれたが、その際に両書は言葉資料を「マルコ福音書形態」へと取り込んだ[15]。ところが言葉資料は、結局グノーシス主義へと進む継続的展開の道筋を辿ることとなった[16]、と言う。他所では、

---

[13]　Sandmel, *The First Christian Century*, 8 参照。

[14]　Robinson, *Trajectories*, 71–113. 初期の版はE. Dinkler (ed.), *Zeit und Geschichte* (FS R. Bultmann; Tübingen, 1964), 77–96 所収。

[15]　Robinson, 'The Problem of History in Mark, Reconsidered', *USQR* 20 (1965), 135, 137.

[16]　Robinson, *Trajectories*, 104.

B. 宗教様態（patterns of religion）の包括的比較

マルコ福音書とヨハネ福音書のあいだに見られる類似性を、初期キリスト教に展開する同じ軌跡に両者があるとして説明した。のちに、英雄伝に起源があり、マルコ福音書形態を介して、正統派福音書（マルコ資料と Q 資料との融合）に至る継続的展開において、マタイとルカのそれぞれが同様の修正をこの福音書形態に加えたが、それは「そうすることが当然な箇所[17]」において必然だったからだ、とする。

このような仮説の問題点は、必ずしも歴史が終着点へと進む継続的展開によって説明され得ないことだ[18]。これは、継続的展開が思想史や社会史に存在しないことを意味しない。実際に多く存在し、可能なかぎりその展開する様子を説明することには価値が認められよう。しかし、多くの現象は軌跡に乗って進むのでない。そして軌跡という視点は、それが存在しない事象にも継続的発展を見出す過ちを促しかねない。1 つ例を挙げよう。私は、パレスチナ・ユダヤ教における苦難の理解をかなり完全な歴史として記すことが可能だと考える。おそらくそのような歴史記述では、人の苦難一般が違反に対する神の裁きと捉えられ、宗教的迫害の期間はその例外として見なされよう。一般原則の例外としては、マカバイ期とハドリアヌス治世の迫害が容易に思い浮かぼうが、これらの迫害期と後 150 年以降の時代には苦難と神の懲らしめとが直結するという見方が優勢だった[19]。この描写が正しいと考えるなら、これを 1 つの歴史――あるいは歴史の要約――として見なすことができようが、同時にそこに継続的発展が見出されないことも分かる。この歴史は安定して持続する思想を反映しつつ、外的要因によって一時的に安定性が揺らぐ様子を示している。私は、ヤムニアとその後のウシャにおけるラビ・ユダヤ教の固定化を、1 つの軌跡の終着点と論ずることさえ躊躇する。このような軌道はどこから始まるか。エズラか、ハシディームか、それともソー

---

17) Robinson, 'The Johannine Trajectory', in *Trajectories*, 235, 266–68; 'The Problem of History in Mark, Reconsidered', 137.

18) Sandmel, *The First Christian Century*, 24.

19) I.A.7; Sanders, 'R. Akiba's View of Suffering', *JQR* 63（1973）, 332–51 を見よ。いずれも網羅的な歴史を描いていないが、特記すべき事柄の多くは見られる。〔訳註　「……自分たちの神に対して罪を犯して、自分たちのせいでこんな目（宗教的迫害）に遭っているのであり……」（II マカ 7.18）を見よ。〕

フェリーム（律法学者）か。もっとも、この固定化に寄与した幾つかの歴史的事件に遡ることはできよう。ラビ・ユダヤ教は何かの継続的発展の終着点とは言い難い、後付けで継続性があるように見せることはできようが。むしろラビ・ユダヤ教は、具体的な歴史的事件、すなわち2つの破局的戦争とその他の出来事の結果として生じた。いかにラビ・ユダヤ教が歴史的に生じたかを理解するのに、私たちは継続的発展という理論に依拠する必要はない。軌跡という語を用いることがあっても、それは歴史的再構築に何ら貢献し得ない。むしろ、論理的および時間的に順序立った発展という思惟的な歴史観が混乱を生じさせかねない。

学術的分類に対するロビンソンの批判は「パレスチナ的」および「ヘレニズム的」という分類化に向けられ、彼はこれらを「存在しない地理的および文化的境界線」を反映したものと非難する[20]。彼がこれを本当に「存在しない」と断定するとは驚きだ。たとえば、アテネに住むこととエルサレムに住むことのあいだに、同じヘレニズム世界とはいえ、「文化的差異がなかった」と想定できるか。「パレスチナ的」と「ヘレニズム的」とのあいだに厳然たる異質性を想定することが過度な単純化であるように、異質性が「存在しない」と言うこともまた過度に単純化された視点だ[21]。ここでは軌跡という視点から宗教史を眺めるというロビンソンの提案を退けたが、歴史の発展性という議論を完全に閉じようというのでない。私はロビンソンの提案に反して、特定の地理的・文化的環境において備わった宗教の一般的特質について議論することにある程度の正当性があると考える。ここで私は、真実性が不動性と同視され得るというヘレニズム世界に周知の視点を提供するプラトン主義を語ることが、ある程度意味のあることだと考える。ロビンソンはこれを極端に本質主義的であり、十分な動的視点から概念の歴史について語る必

---

20) Robinson, *Trajectories*, 8.
21) Sandmel (*The First Christian Century*, 46.n26: 'a restricted Hellenization') は、ヘレニズム世界とパレスチナ・ユダヤ教との異質性を過度に強調する姿勢を修正しようとするあまり、これらのあいだの明らかな違いを看過しがちだ。さらに Sanders, 'The Covenant as a Soteriological Category and the Nature of Salvation in Palestinian and Hellenistic Judaism', in Hamerton-Kelly and Scroggs (eds.), *Jews, Greeks and Christians* (1976) を見よ。

要を説くかも知れない²²⁾。しかし上で定義したプラトン主義という範疇は、私の理解するところでは、古代世界における一定の実体を捉えている——もっともこのような視点はパレスチナ・ユダヤ教においておおよそ欠損していたが——。換言すると、歴史は上流から下流へと流れる垂直的な現象とだけ見なすのでなく、そこでは宗教的思想の水平的な文脈も考慮に入れられなくてはならない。特定の地理的・文化的環境における宗教の様態を考察することによって私が見出そうとしているのは、まさにこの水平的な文脈だ。ロビンソンの目に「様態」という語はいかにも静的に映ろうが、そうである必要はない。ある意味でロビンソンの貢献は、宗教的思想を再構築するのに入手可能な材料を「時間を超越したごった煮スープ」(モートン・スミス) に投げ込むことの愚かさを確認することにあり、私は各項で歴史的変化に対して無感覚にならないように努めたい。私は、本著が扱う各種のユダヤ教が十分に安定的かつ同質的——不動的でないが——であり、宗教様態という見地から一般的な宗教的文脈を探ることが適切な手法だという点に疑いを持たない。

---

22) Robinson, *Trajectories*, 8–9 参照。

C. 対象文献

　ここでは、本著の論考に用いられる文献が何かを手短に紹介しよう。具体的な執筆年代や執筆場所に関する詳細な問題については、それぞれの文献群を扱う項（I.A–C, II）で改めて論ずる。パウロに関する文献は、当然その書簡群だ。真正書簡の範囲と使徒言行録の扱いに関しては、第 II 部で論ずる。前 200 年から後 200 年にわたるパレスチナ・ユダヤ教に関する文献については、ここに幾つかのコメントを付しておこう。

　私は、この時期の文献として入手可能なものすべてを考慮に入れようと考えるが、時間と紙面の制限上、すべての文献について同様に詳述することは不可能だ。第 I 部はまず初期のラビ文献（タンナ文献）の分析から始まるが、これは本著が扱う文献のうちもっとも遅い時期の資料と考えられる。このタンナ文献から開始する理由は 2 つある。第 1 に、デイヴィスやシェップスなどの新約聖書学者が行ったパウロとユダヤ教との本格的な比較研究が、この文献群を主要な資料と見なしていたからだ。したがってこの文献群には特等席を用意した。第 2 にタンナ文献は、『ヨベル書』や『エチオピア語エノク書』（一部分）のようなより古い時代に分類されがちな文献よりも、宗教様態について議論するのに適しているからだ。まずより膨大で完結したタンナ文献の分析から始め、この文献の分析によって基準と見なされる——あるいは予想される——宗教様態がどれ程により早い時代の文献において機能していたか、という流れで論考するのが良かろう。

　次に扱う死海巻物も、比較的大きな規模で、ある程度の一貫性が見られる。本著での分析は、第 1 洞窟に属する主要文献とダマスコ文書（CD）に主眼を置く。

C. 対象文献

　続いて旧約聖書外典（続編）と偽典から選択した文献を扱うが、これにはシラ書から『IVエズラ書』までの文書が含まれる。本著が注目する時代区分にはパレスチナで執筆されたと考えられる文献が他にも幾つかあるが、時間と紙面の節約のみならず、不必要な反復を避ける目的で、これらは対象から除いた。除かれた文献には『十二部族の遺訓』と『シリア語バルクの黙示録』が含まれる。遺訓集が除かれたのは、それらの執筆年代が明らかでないこと、またキリスト教側からの改竄の問題があるからだ[1]。つまり、遺訓集を扱うためには大がかりな文献批評をせねばならず、しかもその結果が大幅な反復であることが予想されるので、そのような事態に時間と紙面とを費やすことが賢明と考えられない。『シリア語バルクの黙示録』が除かれたのは、この文書と『IVエズラ書』とのあいだに深い関連性があるからだ。私は『シリア語バルクの黙示録』が『IVエズラ書』に依拠しており、その逆でないと考えるが、この点に関しては意見が分かれる[2]。予備研究の結果から、『シリア語バルクの黙示録』の詳細な分析が本著の研究に十分な貢献をなすとは考えられない[3]。同様の理由で、旧約聖書外典と偽典の小文書の幾つかは、本著での分析対象から外れた。

　さらに私は、最近では同時代区分の執筆とも考えられるアラム語のタルグムをも除いた[4]。その理由として、現存するタルグムの古代性に私が疑念を抱いていることが挙げられる[5]。タルグムの執筆がさらに後のものだとしても、

---

[1]　これに関する研究は多い。とくに M. De Jonge, *The Testaments of the Twelve Patriarchs* と、キリスト教の影響に関する彼の2つの論文（*NT* 4 [1960], 182–235; *NT* 5 [1962], 311–19)、ならびに J. Becker, *Untersuchungen zur Entstehungsgeschichte der Testamente der zwölf Patriarchen* を見よ。遺訓集を用いることの困難さに関しては Longenecker, *Paul: Apostle of Liberty*, 11–12 を見よ。

[2]　この議論は H.H. Rowley, *The Relevance of Apocalyptic*, 119; F. Rosenthal, *Vier apokryphische Bücher*, 72–73; L. Rost, *Einleitung in die alttestamentlichen Apokryphen und Pseudepigraphen*, 97 を見よ。

[3]　『シリア語バルクの黙示録』における契約と救済論に関しては以下で論じた。Sanders, 'The Covenant as a Soteriological Category and the Nature of Salvation in Palestinian and Hellenistic Judaism', in R. Hamerton-Kelly and R. Scroggs (eds.), *Jews, Greeks and Christians: Religious Cultures in Late Antiquity* (Leiden: Brill, 1976), 11–44.

[4]　M. McNamara, *The New Testament and the Palestinian Targum to the Pentateuch*, 35 を見よ。

[5]　McNamara の見解に対する J. Fitzmyer (*Theological Studies* 29 [1968], 321–26) の書評；A. Díez Macho (*CBQ* 32 [1970], 107–12) の編によるタルグム・ネオフィティ I; Fitzmyer, 'The Languages of Palestine in the First Century A.D.', *CBQ* 32 (1970), 524–25; 'The Contribution of Qumran Aramaic

より古い伝統を含んでいることは確かだろう。しかしこれらの伝統を分析するには、1つ1つを特定して取り出さねばならない。今日のタルグム研究の状況に鑑みると、本著でそれを用いることが適当とは考えられない。今日において、タルグムは主題研究に用いられ得るが、その場合、主題や思想を分析して、該当するタルグム文献の執筆年代を判断する作業が求められる[6]。現在のところ私たちは、モーセ五書のパレスチナ・タルグムがいかなる宗教様態を有していたかを議論する立場にない。またとくに、その一貫性ある宗教観を本著が注目する年代にあてはめることは適切か、判断しかねる。

タルグム文献群を本著の分析対象から除外したので、これらのテクストに依拠しつつユダヤ教文献を分析する方法論について詳しく語る必要はない。もっともルネ・ブロシュ[7]、G. ヴェルメシュ[8]、M. マクナマラ[9]らが提唱する仮説については、端的に言及しておこう。これは一般に、パレスチナ・タルグム（タルグミーム）を起点として用いつつ、個別のユダヤ的釈義伝統の歴史を辿ることを目的とする。最終的な意図は、新約聖書釈義において旧約聖書がいかに用いられたかを理解するための背景的情報を提供することだ。最初に、マクナマラとブロシュの著書において――ヴェルメシュには該当しない――、ラビ文献に関する誤解が顕著なことを指摘しておこう。ブロシュは'Note méthodologique'（「方法論ノート」）で、ユダヤ教理解においてハラハーでなくアッガダーを学ぶことの重要性を強調しつつ、ミドラシュ文献に関する批判的底本が存在しないと2度述べている[10]。この論文が発表された1955

---

to the Study of the New Testament', *NTS* 20（1974）, 384（と註 1）; Jonas Greenfield（*JBL* 89 [1970], 238–89）による、19世紀に知られた Etheridge のタルグム翻訳の再版への書評; B.Z. Wacholder（*JBL* 93 [1974], 132–33）による McNamara, *Targum and Testament* の書評; Anthony D. York, 'The Dating of Targumic Literature' *JSJ* 5（1974）, 49–62 を見よ。

6) R. Le Déaut, *La nuit Pascale. Essai sur la signification de la Pâque juive à partir du Targum d'Exode XII*, 42 参照。

7) Renée Bloch, 'Note méthodologique pour l'étude de la littérature rabbinique', *RSR* 43（1955）, 194–227; 'Midrash', *Supplément au Dictionnaire de la Bible* 5, cols.1263–81.

8) Geza Vermes, *Scripture and Tradition in Judaism.*

9) M. McNamara, *The New Testament and the Palestinian Targum*, 28; *Targum and Testament* 参照。P. Kahle に遡るこの解釈の学派に関しては、Merrill Miller（'Targum, Midrash and the Use of the Old Testament in the New Testament', *JSJ* 2 [1971], 29–82）の重要な論文を見よ。

10) Bloch, 'Note', 202, 203.n10.

年にはすでに、スィフラ以外の全タンナイーム的ミドラシュの批判的底本が存在していた。ブロシュがタンナイーム的ミドラシュでなく、のちのより純粋な説教的ミドラシュを意識していたことは明らかだ。彼女が方法論を語る際に用いた唯一の例は、ヤルクート・シムオニのようなのちの選集で、タンナイーム的ミドラシュへの言及はない。ブロシュのミドラシュに関する論文にも、タンナイーム的ミドラシュは見られる。この論文では、ラビらによるミドラシュが一般に説教的で、諸学派による1つの作品でないが、スタイルとして広く普及した、とされる[11]。しかしのちには、アッガダー的ミドラシュをハラハー的ミドラシュと区別する。行動規範やそれに準ずる事柄を扱うハラハー的ミドラシュは「学者ら（docteurs）」の諸学派による文書で、これはタンナイーム的ミドラシュに含まれる。一方で一般的な勧告に起源を持つアッガダー的ミドラシュは重要な宗教的価値を有しており、説教や聖書テクストの註解からなる膨大な文献を形成した[12]。したがって「ラビ的ミドラシュ」を本来的に説教とする一般的な議論は、ミドラシュをアッガダーと本質的に同視する理解に立っており、したがってブロシュが「ミドラシュ」について述べる場合、それは「アッガダー的ミドラシュ」を意味する。彼女はアッガダーでなくハラハーを記すミシュナに焦点を置くことが、ユダヤ教を理解することにとって致命的であり[13]、タンナイーム的ミドラシュがハラハーのみからなっていると考えたので、タルグムやのちの講話的選集よりも明らかに時代的に古い資料を含むタンナ文献全体を分析の対象から外してしまった。ブロシュは、アッガダー的ミドラシュとハラハー的ミドラシュとを任意的に区別してしまった。しかしタンナイーム的ミドラシュにおいて、これらは同一の教師の名の下で同列に記されているので、民衆的と学術的という分類ができないようになっている。どうやら彼女は、タンナ文献にアッガダーが多く含まれていることを見逃しており、ミドラシュを基本的に中世のミドラシュと同視しているようだ。その際に、アッガダーとハラハーとの密接な関係

11） Bloch, 'Midrash', col.1265.
12） Bloch, 'Midrash', col.1267.
13） Bloch, 'Note méthodologique', 198–99.

性が看過されているが、この点に関してはI.A.3で論じよう[14]。マクナマラも程度の差こそあれ、ハラハーとアッガダーとの違いを示す際に同様の混乱をきたしている。彼は、「[ハラハー的ミドラシュがメヒルタと] その他のミドラシュに、……さらにアッガダー的ミドラシュが講話的あるいは説教的な註解に含まれる」と述べ、その例として『創世記ラッバー』を挙げる[15]。タルグムが初期の釈義の資料を提供することに関する疑念はさておき、ユダヤ教文献研究に関する新たな方法論——タルグムに始まる釈義伝統の歴史を提供する——を提唱する代表的な2人の学者が、タンナ文献の性質と、ユダヤ教の在り方を反映する文献全体におけるその位置づけに関して、著しく誤った理解を示していることを記憶に留めておく必要がある。

第2に、マクナマラとヴェルメシュによる釈義伝統に関する研究が、これまでのところユダヤ教という宗教に関して多くを教えていない、という点を指摘しておこう。マクナマラは繰り返し、パレスチナ・タルグムの新約聖書研究における重要な意義について述べる[16]。彼の2つの著書はそれぞれ、新約聖書の特定の箇所の解説に終始するが、それはユダヤ教そのものについて学ぶ機会を提供していない。同様のことは、ヴェルメシュ著 *Scripture and Tradition in Judaism*（『ユダヤ教の聖典と伝統』）についても言える。ヴェルメシュは贖いの根拠というユダヤ教の重要な主題を論考するが[17]、そのユダヤ教文献に関する深い理解にもかかわらず、彼の方法論がその議論をあらぬ方向へと彷徨わせてしまっている。神が犠牲を受け取ることとイサクの縛めとを関連させる幾つかの短いテクストに触れつつ、ヴェルメシュは以下のように結論づける。

---

14) ミドラシュとアッガダーとを同視する傾向はいまだ根強い。たとえば Dupont-Sommer, *The Essene Writings from Qumran*, 310 を見よ。ここでは用語に関する不要な議論をしようというのでない。だた、このような同視が、同一の教師の名によるミドラシュ・アッガダーとミドラシュ・ハラハーとを含むタンナイーム的ミドラシュを考察対象から除外することになりかねない点は、批判されねばならない。これは、ブロシュのように広義の意味で「ミドラシュ」を捉えることを批判するWright (*The Literary Genre Midrash*, 18–25) と異なる。この広義の意味を擁護する立場は R. Le Déaut, 'Apropos a Definition of Midrash', *Interpretation* 26 (1971), 259–82 (ET) を見よ。

15) McNamara, *Targum and Testament*, 10.

16) McNamara, *The New Testament and the Palestinian Targum*, 34–35; *Targum and Testament*, 13.

17) Vermes, 'Redemption and Genesis XXII', *Scripture and Tradition*, 193–227.

古代ユダヤ教の神学によると、焼き尽くす献げ物（タミード）、子羊が生け贄とされるすべての犠牲、さらにおそらく基本的にあらゆる償いのための犠牲（犠牲の特徴が何であれ）、これらの贖罪の効果はアケダー——すなわち完全な焼き尽くす献げ物としての完全な犠牲として神が受け取った子羊（イサク）の献身——の効力（virtue）を根拠とする[18]。

同様に、ヴェルメシュはのちに「過越の子羊の救済的効果は、第1の子羊であるアブラハムの子、自らを祭壇で献げたイサクの功徳（merits）に依拠している[19]」と記している。ヴェルメシュは「私が血を見るとき——私はイサクの犠牲（アケダー）の血を見る[20]」というメヒルタの箇所を引用するが、これが「私が血を見るとき」という聖典の表現に関する解釈の1つに過ぎないことを言及しない。彼はこのミドラシュ的な解釈を採用しつつ、「イスラエルの長子らはその命が守られ、民は隷属状態から解放されたが、それは過越の子羊が神にイサクの犠牲を想起させたから[21]」というユダヤ教の教理を再現してみせる。したがって彼は、「イサクの縛めがイスラエル救済の摂理における唯一無二の役割を果たし、この民の贖いのための恒久的な効果を持つと理解された[22]」と述べる。このような結論は、タンナイーム的ミドラシュにおいてほとんど言及されないイサクの縛めに過度な意味づけをし、ラビ文献におけるその重要性に関して誤った印象を与える結果となる。ヴェルメシュは、1つの伝承に焦点を置いて歴史を紐解くという方法論によって、誤った結論へと導かれたようだ。部分的にはイスラエルの民をエジプトから救出するという贖いの歴史に関係する、イサクの縛めについての歴史を紐解きながらも、ヴェルメシュはエジプトからの解放に関するタンナイーム的ミドラシ

---

18) Vermes, 'Redemption', 211.
19) Vermes, 'Redemption', 215.
20) 『メヒルタ・プサヒーム』7（24; I, 57; to 12.13）; 11（39; I, 87–88; to 12.23）; Vermes, *Scripture and Tradition*, 215–16.
21) Vermes, 'Redemption', 216.
22) Vermes, 'Redemption', 208.

ュに関するその他の言説に一切触れていない。ミドラシュは、神がイスラエルをエジプトから導き出したことに関して、多くの理由を挙げている[23]。同様に、ユダヤ教における犠牲の重要性がイサクの縛めと関連しているという点を主張するため、ヴェルメシュはユダヤ教伝統がただ1つの釈義上／講話上の可能性しか提示しない箇所を引き合いに出している。犠牲が効力を発揮する真の理由は、神が違反を償う効力を犠牲に付与したからだ[24]。したがって、ブロシュが提唱するラビ文献の新たな研究方法やヴェルメシュが見出す「新たな関連[25]」は、むしろ私たちにユダヤ教を包括的に研究する必要性へと目を向けさせる結果となった。これらは、可能なかぎり釈義伝統の発展史を見出してそれを説明する必要があることを的確に示した[26]。上での批判は、「比較的ミドラシュ[27]」の重要性を否定することでなく、むしろ幾つかの注意点を提示しつつ、その方法論の限界を指摘することだ。新約聖書の特定の箇所や主題を研究するために、個々の釈義伝統の発展過程を探ることは、それぞれのユダヤ教文献群をその文脈において、その立場に立って理解することの代用にはなり得ない。

　本著は、まさにこの後者の研究を行う。直接の分析対象から外れた資料もあるが、分析範囲は十分に広いので、これらを総合することでパレスチナ・ユダヤ教という宗教の大きな流れが何かについて適切な結論にたどり着くことが期待される。

---

[23]　I.A.4 を見よ。

[24]　I.A.7 を見よ。ユダヤ教文献におけるイサクの縛めを過度に強調する例は Schoeps (*Paul*, 144, 256) にも見られる。

[25]　Vermes, *Scripture and Tradition* の序章を見よ。

[26]　上に挙げた研究以外にも、R. Le Déaut, 'Targumic Literature and New Testament Interpretation', *Biblical Theology Bulletin* 4 (1974), 243–89 を見よ。Le Déaut は、タルグムによって意味理解が深まる可能性がある新約聖書の個別のテクストや主題を挙げる。タルグムの釈義伝統を用いる彼の手法は理に適っておりバランスがとれている (pp.287–89)。

[27]　〔訳註　「比較的ミドラシュ (comparative midrash)」とは、聖典として引用されたり典拠を示されたりしてもされなくても、古代の権威ある伝統がユダヤ教やキリスト教の歴史においていかなる役割を果たしたかに焦点を置く。これは旧約聖書がのちの聖典外の文献においていかに解釈されたかに注目する「解釈史 (history of interpretation)」と異なる。J.A. Sanders, 'From Isaiah 61 to Luke 4', in Jacob Neusner (ed.), *Christianity, Judaism, and Other Greco-Roman Cults Part I New Testament* (Leiden: Brill, 1975), 75–76 参照。〕

第I部
パレスチナ・ユダヤ教

A. タンナ文献

1. 「律法主義的な行為義認」という根強い偏見

執拗なユダヤ教への批判：1921年にジョージ・フット・ムーアが重要な論文を発表したが[1]、これはユダヤ教について何かを書こうと試みるキリスト者の学者にとっては必読と言えよう。彼は、19世紀においてキリスト教著作家が執筆したユダヤ教に関する書物に重大な変化が起こった、と述べた。18世紀のキリスト者による著作は一貫して、ユダヤ教にキリスト教神学との同意点を見出そうと試みていた。もちろんユダヤ教が批判されることはあったし、ときとしてそれは手厳しい批判だった。しかしその際の一般的な傾向は、ユダヤ人の言説によってキリスト教の正しさを証明するというものだった。たとえば、中間的／仲介的存在（ロゴス、メムラ——つまり「言葉」——）に関する彼らの言説が、かえってキリスト教教義を正当化する、といった具合にである。しかし、F. ヴェーバーによって事態は一転した[2]。ヴェーバーにとって、ユダヤ教はキリスト教のアンチテーゼだった。そして、ユダヤ教が律法主義的な宗教であり、疎遠で接近不可能な神を拝んでいた一方で、キリスト教は行為でなく信仰に依拠する宗教であり、接近可能な神を信頼した、という仕方でこれら2つを対比した[3]。ムーアは、ヴェーバーの描いたユダ

---

[1] G.F. Moore, 'Christian Writers on Judaism', *HTR* 14 (1921), 197–254.

[2] F. Weber, *System der altsynagogalen palästinischen Theologie aus Targum, Midrasch und Talmud* (1980, Franz Delitzsch and Georg Schnedermann 編による没後出版)、改訂版は *Jüdische Theologie auf Grund des Talmud und verwandter Schriften* (1897).

[3] Moore, 'Christian Writers', 228–33.

教の姿がシューラー[4]やブセット[5]にそのまま引き継がれたこと、また彼らのユダヤ教理解がいかに不適切で証拠に欠くかを示した[6]。

　ムーアが上の学者らを徹底的に論破して、さらに初期のラビ・ユダヤ教を肯定的に描き出したことにより[7]、「彼が正しいか、あるいはヴェーバーとその後継者らが正しいか」の議論が決着に至ったかに思われた。ヴェーバーやシューラーやブセットと異なり、ムーアは関連文献を熟知していた。前者の学者らがユダヤ教を「新約聖書の背景」として捉え、キリスト教にとって関心が高い部分のみを扱ったのに対し、ムーアはユダヤ教をユダヤ教として再構築しようと努めた[8]。とくにブセットと対照的に、ムーアはラビ文献に主眼を置きつつその再構築を試みた。一方でブセットは、「黙示文献に特別な関心を抱きつつ[9]」旧約聖書外典と偽典とを主要な文献として用いた。ブセットが自らの著書に *Die Religion des Judentums* (『ユダヤ教の宗教』) という表題を付けつつ、「我々が知り得るかぎりユダヤ教がいかなる権威をも認めなかった文献に依拠して、むしろいつも標準的と見なされてきた文献を信頼せずにほとんど無視した[10]」点を、ムーアは批判した。ちなみに、これを契機にムーアは、「標準的ユダヤ教」とラビ・ユダヤ教とを同視したことで大いに批判された[11]。

---

4)　E. Schürer, *Lehrbuch der Neutestamentlichen Zeitgeschichte* (1874), 改訂版は *Geschichte des jüdischen Volkes im Zeitalter Jesu Christi* (1886–90). さらに改訂版と後続巻が公刊される。

5)　W. Bousset, *Die Religion des Judentums im neutestamentlichen Zeitalter* (1903), 改訂版は *Die Religion des Judentums im späthellenistischen Zeitalter* (1925, H. Gressmann による編集).

6)　Moore, 'Christian Writers', 237–48.

7)　G.F. Moore, *Judaism in the First Centuries of the Christian Era: The Age of the Tannaim* (3 vols; 1927–30).

8)　Moore, 'Christian Writers', 238 参照。

9)　Moore, 'Christian Writers', 243. Bousset の著作にラビ文献への考察を加えて補強した Gressmann については、pp.129–30 を見よ。

10)　Moore, 'Christian Writers', 244.

11)　たとえば E.R. Goodenough (*Jewish Symbols* 12, 6) は、Moore がミシュナ的ユダヤ教を「この初期段階でさえ、すべてのユダヤ教の標準と見なす。彼がそれを『標準的』ユダヤ教と呼ぶ場合、黙示的ユダヤ教、神秘的（あるいはグノーシス的）ユダヤ教、フィロン的ユダヤ教を正統から逸脱したユダヤ教として、これと対比している」と説明した。Moore (*Judaism*, III, v–vi) は自らを弁護して、このユダヤ教は後2世紀の終盤になって標準となったと述べた。それにもかかわらず彼は、ラビらの宗教が後1世紀には標準だったと考えているとして批判され続けた。もっとも、Moore の公刊資

ムーアによるヴェーバーとその後継者らに対する批判には多くのユダヤ人学者らも賛同しており[12]、既述のとおりこの議論に決着を付けることが期待された。じつにローヴェは、1936年あたりにこの議論の決着を宣言した。そして、ヴェルハウゼン、シューラー、チャールズ、ブセット、ヴェーバーの議論が、ハーフォード、ムーア、シェクター、モンテフィオレ、ビュクラー、マルモルシュタイン、ラウターバッハ、フィンケルシュタインらによって十分に論破されたと考えたので、もはやローヴェ自身がユダヤ教に関する弁護を行う必要を感じなかった[13]。1952年にR.マーカスは、同様に楽観的な見方を記した。

> 福音書記者によって「無慈悲の偽善者」という汚名を着せられたファリサイ派の名誉を回復しようとして、現代のユダヤ人らは長く辛い苦闘を強いられてきた。しかしここに来て現代のキリスト者の学者らが、イエスとファリサイ派とのあいだに和解しようのない溝があるという一般的な理解を十分に論破したことは慰めをもたらすことになろう[14]。

この楽観論は、とくに現在のユダヤ人学者らのあいだで広く共有されているかに見える。実際に幾人かは私に、「キリスト者の偏見に対して反論する必要はもはやないのでは」との意見を述べた。しかし私は、ユダヤ人学者らが

料には見出せないが、彼がこのような理解を持っていた蓋然性は否めない。というのも、彼の門下生であるGoodenoughがそう認めているからだ。Mooreが彼の著書（*Judaism*）で、黙示文献に反映される思想を独自のユダヤ教思想として十分に評価しなかったことは確かだが、私たちは彼の執筆した当時の状況を考慮に入れなくてはいけない。Boussetが自らの著に『ユダヤ教の宗教』という表題を付したこと、さらにBoussetやKöberleや他の者が『IVエズラ書』のような文献——これも後70年以降の著作だ！——に依拠してユダヤ教の敬虔表現を語り、それをラビ・ユダヤ教に読み込んだことに対するMooreの批判は間違っていない。この箇所（I.A）の目的は、特定の時代や場所における支配的なユダヤ教の姿が何かを判断することでなく、ラビ・ユダヤ教の正しい理解が何かにある。19世紀と20世紀初頭のユダヤ教に関する詳しい研究書の執筆者の中では、Mooreほどラビらの宗教に詳しく洞察に富む解釈者は他にいない。

12) Moore, 'Christian Writers', 243.
13) H. Loewe, 'Pharisaism', in W.O.E. Oesterley (ed.), *Judaism and Christianity I: The Age of Transition*, 105.
14) R. Marcus, 'The Pharisees in the Light of Modern Scholarship', *JR* 32 (1952), 163.

プロテスタント・キリスト者のユダヤ教に対する根深い批判的姿勢を十分に理解していないと考える。マーカスは、もはや学者らがファリサイ派を偽善者として非難することはないとして、満足を示した。しかし彼の執筆時に――そしてじつに今日に至っても――、ユダヤ教を良く見積もっても不適切な宗教として、悪くすると神と人とが適切な関係を育むあらゆる望みを打ち砕く宗教として見なす立場を、多くの新約聖書学者らが支持している。

サンドメルによる評価：じつにユダヤ人学者らのほとんどは、キリスト者の学者らがラビ・ユダヤ教――あるいはファリサイ主義――に偏見のない理解を向けるように「苦闘する」ほど暇をもてあましていない。ヴェーバーの影響が新約聖書学界においていかに深く浸透し続けているかを確認する前に、学者らのあいだでの主観的な偏見に絶えず苦慮してきたユダヤ人学者サミュエル・サンドメルの、より現実的な姿勢に目を留めるのも良かろう。彼は近年、以下のように述べた。「不幸な傾向を打破しようとするムーアの勇敢な議論にもかかわらず、ユダヤ教に対する客観的な説明と異なる主観的な価値判断が、現代の新約聖書学界全般に横行しているとの認識を、我々は持つ必要があろう」。サンドメルはまた、この状況への応答としてユダヤ人の学者らが過度にユダヤ教を礼讃する姿勢が時として見られる、とも述べる。主観的な偏見の危険性はいつも存在するのだ。彼は続けて、新約聖書学界の現状を以下のように評価する。

　　ムーア以前と以後でのキリスト教学界におけるユダヤ教への姿勢の変化について問われれば、私は以下のように要約しよう。ムーア以前には、ユダヤ教を公平に扱おうとの試みはおおよそ見られなかった。ムーア以降には、そのような試みがかなり行われるようになり、とくにアメリカと英国においてはかなりの達成度が見られる。依然として道のりは長いが、学界の自己修正機能が十分に働いて、この分野においても冷静な客観性がもたらされたとの宣言を聞く日が来ることを、ナイーブかも知れないが私は確信している[15]。

---

15) Sandmel, *The First Christian Century*, 66.

サンドメルはこう述べながらも、同じ頁でシューラーについて註記しながら以下のように補足している。

> 一般のキリスト者の註解者らがユダヤ教をこき下ろしつつそれが律法主義だとの嫌疑ゆえに批判し、ユダヤ人学者らがこれに応答するにもかかわらず、ほとんどの場合にその試みが徒労に終わる傾向は、永遠に続くことだろう。私自身がこの主題に関して3–4本の論文を執筆したが、今回を最後にするつもりだ。そして最後に私が至った結論はと言うと、ユダヤ教の律法主義という幻想に囚われているキリスト者らに対して、いかなる学術的な意思疎通も能わないということだ。ここで問われているのは、これらの解釈者がユダヤ教を愛してくれるかでなく、彼らがユダヤ教の基本的な事柄について責任ある理解を示すかどうかだ[16]。

サンドメルはキリスト教新約聖書学界を熟知したユダヤ人の新約聖書学者である。その彼は、ユダヤ教理解に関する新約聖書学界の支配的な傾向について見識がある数少ない学者の1人であり、この学界が「ユダヤ教の基本的な事柄について責任ある理解を示す[17]」ように努めてきた。が、啓蒙されることを拒む者らへの促しが徒労に終わるとの理由で、とうとうその試みを諦めてしまった。

　将来への楽観的な希望とは裏腹に、サンドメルは現代の新約聖書学界全般を「不幸な傾向」と正しく評した。じつにムーアが反論し、サンドメルが公然と非難したユダヤ教に対する誤解に、新約聖書学界はどっぷりと浸っており、その誤解は新約聖書学の基本的な参考文献に反映され、現在と先行する数世代の名だたる学者らの多くによって支持されてきた。ユダヤ教に関するヴェーバーの一般理解は新約聖書学界に脈々と息づいており、それはムーア

---

[16] Sandmel, *The First Christian Century*, 98.n10. Eldon J. Epp (*Central Conference of American Rabbis Journal* 18 [1971], 72–74) の書評も参照。Epp はその教育環境が影響して、Sandmel のより楽観的な視点に共感している。

[17] Sandmel, 'The Jewish Scholar and Early Christianity', *The Seventy-Fifth Anniversary Volume of the Jewish Quarterly Review* (1967), 476.

やその他ローヴェが列挙する見識のある学者らによって糾弾されても、変わることがない。従来の理解を支持する者らは、ムーアの手厳しい批判にもかかわらず[18]、いまだに自らが証拠文献として挙げる箇所をその文脈とともに読んで理解することをしない。これが実情であることを以下で示そう。

ヴェーバーのユダヤ教理解：学者らが世代を越えて上のユダヤ教理解を受け継ぐ様子を辿るために、ユダヤ教を1つの体系的な神学として描くヴェーバーの試みにおいて、本項ともっとも関係がある部分を要約することから私たちは始めよう。ここでは、ヴェーバーが「救済論的教義の領域（Der soteriologische Lehrkreis）」と題する項に焦点を置くことにする[19]。

ヴェーバーはまず、彼が「一般的救済論」に関するユダヤ教的理解と考えるものを提示する。彼は「人間論」の項で人類普遍の堕落について述べるが、そこでは人類が神から疎外されるものの、それが［原］罪の継承に関する教義に依拠していないと考える（pp.218-25）。彼は『BT タアニート』11a を証拠として挙げつつ、人は罪と功績とが記録され、そのバランスによって裁きを受けると説明する（p.242）。ヴェーバーは続いて「救済論」の項へと進み、堕落した人が神へと立ち戻る（zurückkehren）2 つの方法——悔悛と遵法——に言及する（p.259）。悔悛は何よりも功績（Leistung）であり、「これをとおして以前の罪が償われる」（p.261）。そして悔悛を「救済の第 1 の手段」（p.262）と説明する。しかし悔悛が人を義とするのでもなければ、アダムの堕落によって喪失された天の王国への権利（Anspruch）を回復するのでもない。したがって神は、「救済の第 2 の手段」——律法——を提供した。遵法は悔悛がなし得ないものを提供する（p.262）。

一般的な状況をこのように説明したところで、ヴェーバーは民の選びと出エジプトの意義、そしてシナイ山での律法授与について考察する（pp.262-73）。契約によってアダムの罪の結果が取り除かれ、イスラエルはアダムの堕落をとおして失われた栄光（Herrlichkeit）を回復する（p.271）。しかし回復は長く続かない。金の牡牛事件のため、イスラエルはこの回復された立場を喪

---

18) Moore, 'Christian Writers', 235-36; Montefiore, *Judaism and St Paul*, 7-9.
19) 以下に挙げる Weber の著書の頁は 1897 年版による。

失する。アダムの堕落によって人類は神から疎外されたが、今度は金の牡牛への崇拝によってイスラエルが神から疎外された。「これがイスラエルの堕罪だ（es ist Israels Sündenfall）」(p.274)。これより先、イスラエルの堕罪によって喪失されたものを取り戻すことが、個々のイスラエル人の目標となった。これは律法と供儀とを正確に実行することによって達成される。「したがって、救済を獲得する手段はトーラーとアヴォダー（神殿祭儀）、律法の行い（Gesetz）、そして悔悛だと結論づけられる」(p.277)。

個人と神との関係性は、その人の律法との関係性によって規定される。神は、諸悪行と義なる行為とが記される書物を提供することで人を裁く。そして、すべての規定を守る者が義なる者である。しかし、誰も真に義となり得ないので、人には違反と従順のいずれに傾くかによって裁きが下される(p.280)。「いずれに傾くか」との判断はたんなる数値の問題でない。それぞれの規定はその重さが異なるからだ。原則は明解だが結果には不確実性が伴う。誰にも、自らの従順が違反を上回るのか、その判断ができない（pp.281–82)。理論的に人は日ごとに裁かれるが、最終的な裁きはその人の人生の終わりに決する。そのとき帳簿は閉じられ、結審が告げられる（pp.283–84)。諸規定の実行によって人は義（神の前での無罪）とされ、報いに相応しい者とされる。したがって「ゼフート（zekhut, 功績）」という語には、法廷的な意味と救済論的な意味の両方がある（pp.278–79)。

しかし諸規定の実行以外に、神の前で義を獲得する第2の手段として「善行」がある。これはすなわち、施しと慈悲の業だ（pp.284–88)。さらに、自らの諸規定の実行と善行とは、他者の――何よりも父祖の――行為によって補完される。これはカトリック教会の「余剰の（免償の）業の宝庫（Thesaurus operum supererogationis）」を想起させる（pp.292–97)。存命の義人さえも、他者が十分な功績を積む助けとなり得る（pp.297–302)。

続いてヴェーバーは、「贖罪の概念」について論ずる（pp.313–34)。これは「命へ向かう」ためのトーラー以外の道を提供する(p.316)。ここでは、犠牲、悔悛、贖罪日、苦難、死、身代わりの苦難、善行など、贖罪の様々な手段が説明される。これらはすべて、贖うべき罪が犯されなかったかのようにする機能を持っており、違反が行われる以前の神との関係を回復する(p.313)。ヴ

ェーバーは「贖罪の概念」を説明しつつも、これを違反と従順とを秤にかけるという考えと厳密に結びつけようとしない。しかし、贖罪の行為1つ1つが違反の重さを軽減することで、これが最終的な裁きに影響を与えるとの理解があると推測できる。これらの論考から、2つの重大な結果が明らかとなる。すなわち、(1) 義を獲得し贖罪を達成するのに様々な手段があり、(2) この多様性は「罪人」の神との関係に不確実性をもたらす (pp.334–36)。

　2つの堕罪という奇妙な理論――アダムによる人類の堕罪と金の牡牛によるイスラエルの堕罪[20]――は別として、上で述べたヴェーバーによるユダヤ教理解のほとんどの部分が今でも受け入れられている。彼はシナイ山での契約を、イスラエルの選び、さらに神の民と民の神という関係性を確立する（あるいは実証する）出来事としてユダヤ教文献が捉えていることを確認した。しかし、ユダヤ教がキリスト教のアンチテーゼであり、キリスト教が恵みと信仰に依拠しているとすると、契約締結という恩寵による恵みの明らかな証拠はいかに理解すべきか。それは第2の堕罪によって機能停止状態となった。ヴェーバーは金の牡牛物語をイスラエルに対する神の取り扱いの歴史のうちに体系的に組み込んだが、このような理解はユダヤ教文献に見られない。じつにユダヤ教文献は、このような物語を教理の一部として体系的に統合する神学を提供しない。しかしヴェーバーのシナリオは、シナイ山で明示された神の恵みに関する問題をやすやすと飛び越えて、彼のテーゼの核心へと進む。すなわちそれは、ユダヤ教において人は善行／功徳 (merit)――自らの行いや他者の行いの余剰――を違反よりも高く積み上げることで救済を獲得する、というものだ。個人がその救済を行いによって獲得せねばならないという理論は、シナイ山で確立した神との関係からイスラエルが「堕落した」との解釈に依拠している。すなわち契約自体はその効力を保たず、神の約束は無効となった。

　救済論の項では扱われてないが、「ユダヤ教の神は近づきがたい」との理論もヴェーバーにとって重要となる。ムーアによると、これこそがユダヤ教

---

[20] 近年 Smolar and Aberbach ('The Golden Calf Episode in Post-Biblical Literature', *HUCA* 39 [1968], 91–116) は、Weber の理論に言及しないが、シナイ山事件によって神がイスラエルを拒絶したと理解されることがなかったことを指摘している。

理解におけるヴェーバー独自の主要な視点だ[21]。この点に関しては、功徳と違反とを秤にかけるというユダヤ教救済観に焦点を置く本項でもところどころで言及するが、のちに詳しく取り扱うことにする（I.A.10）。

19世紀の終わりには、ヴェーバーの提唱する救済観がユダヤ教文献に根ざした正確な描写だ、との理解が広く行き渡っていた。1896年に出版された『シリア語バルクの黙示録』の註解書において、著者のR.H.チャールズはラビ・ユダヤ教の救済論を要約している。チャールズは、この要約が2つの堕罪理論以外についてヴェーバーに依拠していると断っている。

> すべての善行が……神の前である程度の功徳となるが、あらゆる悪行には相応する悪徳（demerit）が伴う。神の前での人の立場は、功罪のバランスによって決定される。その救済は、前者が後者を上回ることを条件とする。人の行いの善悪が日々計られ、このバランスが決定される。……しかしそのような裁きの結果は未知なので、不安が生じることは確実だ。この不安を軽減するために、イスラエルの父祖や義人による代償的な義という教理が生じた。……こうして人は、父祖の功徳によって助けを得て、自らの悪徳を相殺する。
>
> このような体制においては、いかなる霊的な意味での赦しも存在しないことは明らかだ。この状況で可能なのは、自らの功徳や義なる父祖の功徳による償いが提示されることで違反者の罰が免除されることだ[22]。

チャールズはけっしてラビ・ユダヤ教に関する権威者であるように振る舞わなかった。上の引用は、たんにヴェーバーの著書がいかに広く受け入れられていたかを示すもので、ユダヤ教救済観の主要部分を端的に要約する役を演じたに過ぎない。

ブセットのユダヤ教理解：ブセットがヴェーバー理論に同意したことは、

---

21) Moore, 'Christian Writer', 233.

22) R.H. Charles, *The Apocalypse of Baruch*, lxxxii–iii. Thackeray（*The Relation of St Paul to Contemporary Jewish Thought*［1900］, 80–87）もWeberの救済論を躊躇なく受け入れた。同様にAlbert Schweitzer, *Paul and His Interpreter*（p.45: ユダヤ教に関するWeberとSchürerの信憑性、p.48: ラビ・ユダヤ教は「日照りに焼かれた平原」）を見よ。

さらに大きな効果を生んだ。第1にブセットの理解は、彼を師事したルドルフ・ブルトマンによって受け継がれ、次世代の新約聖書学者らに広められた。さらに、ヴェーバーの場合と異なり、ブセットの著書は版が重ねられて新約聖書学界に長らく直接的な影響を与え続けた[23]。後述するように（I.A.10）、「疎遠で近づきがたい神」という神観はブセットの著書における支配的な理論となった。ヴェーバーの救済論との特記すべき違いは、人の功徳が他者へ移行する可能性を否定したことだ。ブセットは、敬虔な者や義人の罪なき受難という余剰の業が功徳の宝庫を確立するという一般的な概念を繰り返すが、この宝庫が個人の救いを保証し得ないと論ずる。「ユダヤ教の教会」は秘跡を欠くという欠陥があり、余剰の業の蓄えを個人へと移す手段を持たない[24]。したがってブセットの理解によると、父祖の功徳を受け継ぐというユダヤ人の望みは断たれ、その結果としてユダヤ教は不適切で機能不全の宗教となる。

ケーベルレのユダヤ教理解：ブセットの著書の初版が公刊されたすぐ後に、ケーベルレがユダヤ思想における救済観の歴史を分析した[25]。彼はイスラエルの選びがユダヤ教の基本にあると認めつつも（p.408）、その選びを救済的と考えず、むしろ嘆かわしい国家主義と捉えた（pp.408–15）。

律法中心主義のファリサイ派的視点は、その人種的本能から動機を得ている。遵法への強い思いと密接に繋がる選びの思想は、偏狭な国家主義に依拠している。「何よりもファリサイ派のいわゆる敬虔表現が、異教徒の平均化（Nivellierung）に対する抵抗として確立されたことを知らねばならない」（pp.482–83）。すなわちエリート主義だ。

遵法への固執は、規定違反が罪であることを示唆する。律法に従うことの喜びを告げる多くのテクストがあるにもかかわらず、またそれは安息日規定

---

23) 古い例はSchweitzer, *Paul and His Interpreter*, 162、最近の例はKoch, *The Rediscovery of Apocalyptic*, 13, 58を見よ。Bousset（*Die Religion des Judentums*）は標準的な研究書として今でも不可欠な書と認められている。この点に関しては本項で後述する。

24) Bousset, *Die Religion des Judentums*, 179–82（1903年の第1版）; 177–79（1966年の第4版）.

25) J. Köberle, *Sünde und Gnade im religiösen Leben des Volkes Israel bis auf Christum. Eine Geschichte des vorchristlichen Heilsbewusstseins*（1905）.

において顕著だが（p.485）、「全体として安息日規定は重圧だった」（p.486）とされる。選びによってイスラエルに与えられた特権は、個々人がそのまったき遵法によって確固たるものとする（p.489）。従順と不従順は１つ１つが個別の行為と見なされるので、罪は個人の悪行の総合である（pp.493–96）。この理解は人の自己評価を複雑にする。「規定の成就という個人の行為は個々の罪の対極に位置する。その他の行為は規定の要求事項を上回り、それが功徳として算入される」（p.496）。

これは、人がその性格によって異なる仕方で振る舞う宗教的状況を生じさせる。自己満足の傾向がある者は、しばしば十分以上のことを行ったと感じようし、自己卑下の傾向がある者は、自らの行為に満足することはない（p.509）。ケーベルレは以下の状況を想定する。一般に悪の回避は可能であり、理想の成就としてのこの回避は達成し得るかに見える。しかし悪が回避できないときに何が起こるか。人が義（gerecht）とされ得るとは、人の意志が十分に要求に応え得るという制度上の前提に基づく。しかし、人が特定の状況で悪を回避したいと思わなければ、人がいつも善を獲得することを十分に強く願うという前提が崩れる。「誰がこの状況から人を解放しようか（ロマ 7.14ff 参照）」（pp.509–10）。あるいは、「この理想をいつも持ちながら、それが叶わないといつも認めざるをえない状況は、どれほどの苦悩か」（p.516）。律法への従順以外に来たるべき世への道がないという状況は、この苦悩をさらに増大する（p.518 参照）。

ケーベルレは悔悛の効力や神の恩寵について語る多くのテクストを知っていたが（pp.661–37）、それらが個人の状況に関する彼の理解を変えることはなかった。彼は、脅威に満ちた裁きをいつも自分の頭上に意識しているときに、個々の罪を赦す神の恵みがあることを信じたとしてそれが何の役に立つか、と問う。人がいかに強く神の恵みを確信しようと、最終的な裁きを待たなければ喜びを得られない。この世に喜びはあっても、裁きの時に神の前で義を獲得している保証はない。「将来における救いの確証はなく、現在における救いの確かな体験もなく、かりに後者があったとしてもそれが前者の保証にならない」。最大限の楽観論者も、不安がない交ぜになった希望（*spem miscet cum timore*）しか語りえない。行為に対する厳密な報いが将来を決定す

るとの教理を前にして、人は救済を確信しようがない（p.638）。

　ケーベルレはさらに、救済の確証（Heilsgewissheit）の問題を論ずる。彼は『IV エズラ書』の著者が提示した問題点を正確に捉えている（pp.651–55）。もっとも、救いの獲得が不可能だという恐れに関する問題は、『IV エズラ書』のみが扱うわけでない。同様の視点は、ヨハナン・ベン・ザッカイ（『BT ベラ』4a）やエレアザル・ベン・アザルヤ（『BT ハギ』4b）やその他（『BT ベラ』4a,『BT ハギ』4bff）も示している。「たしかに『IV エズラ書』の著者は、個々のユダヤ人が示す敬虔への将来における神的評決を信じることがもたらす影響について、正確な説明を我々に提供している。神の恵みと憐れみとに対する多様な信仰表現は、いずれも否まれているようだ」(p.657)。

　『IV エズラ書』の著者ほど、ユダヤ教の根本的思想の論理的結果を深く考察した者はほとんどいない。神と人との法的関係性に関するこの理解は、救いの確証を提供しない。律法の実行と違反とを秤にかける理解においては、違反の数より功徳が1つ上回る者は救われるが、違反が上回る者には断罪が待つ。さらに、イスラエルには父祖の功徳の豊かな宝庫があり、ある世代の善行の余剰が他の世代の善行を補完することも考え得る（pp.663–64）。

　この法的理解に付随して、ユダヤ人はその敬虔を、選びという、救いの確証を得る手段としては洗練されていない概念と関連させた。この場合、パレスチナに住んでトーラー等をその子孫に継承する者は救われることになる。しかし『IV エズラ書』の著者は、より発展したユダヤ教の結論を提示しており、それはユダヤ人個々人の救いを左右する（pp.664–65）。

　「ユダヤ人はその敬虔に関して、幾つかの解消し得ない問題を残した」(p.665)。すなわち、遵法の要求には応じる必要があるが、その要求を満たす術が提供されない。贖罪の保証、あるいはその代用が提供されることもない。この宗教全体の根本的な欠陥は、戒めを守る者が来たるべき世に入るとの理論がまったく修正されなかったことにある（pp.665–66）。

　ビラーベックのユダヤ教理解：ブセット以外に、ヴェーバーのユダヤ教救済論に関する理論を新約聖書学界に深く浸透させることにもっとも貢献した人物として、ポール・ビラーベックとルドルフ・ブルトマンが挙げられ

る²⁶⁾。ラビ文献と新約聖書との数え切れないほどの「並行」箇所を注意深く編纂したビラーベックは、ヴェーバーの救済論的理解を現世代へ引き継ぐことに誰よりも貢献した人物と言えよう。すべての言説がラビ文献からの多くの引用によって支持されており、ラビらの思想が正しく反映されているかは別としても、その議論が科学的根拠に依拠しているかに見える。多くの新約聖書学者らがラビ文献について執筆する際にビラーベックのみに言及する様子からは、彼らがビラーベックの疑わしい資料選択における方針を理解していないことが分かる。これらの学者にとって、ビラーベックはラビ文献を便利な仕方で提供している。したがって彼らがビラーベックに言及する際、それは個人の意見を参考にするというよりも、むしろ文献へ直接依拠しているという意識を持つ²⁷⁾。ビラーベックがテクストの明らかな意味をいかに曲解し、いかにその偏見をもってテクストを選択しているかに関しては、のちに紙面を割いて述べる機会がある²⁸⁾。ここでは、ビラーベックの註解書において支配的な、「旧来のシナゴーグにおける救済論的体制」に関する彼の理解を要約するに留めよう²⁹⁾。

　神がイスラエルにトーラーを与えたので、イスラエルは功徳を重ねて報いを受ける機会を得た。人は善を選びとる能力を持っており、したがって

---

26) この点で重要な著書としてキッテル著 *Theologisches Wörterbuch zum Neuen Testament*（英語版 *Theological Dictionary to the New Testament*）がある。Weber のユダヤ教理解はこの辞典の多くの項目に反映されることで権威付けられた。Schrenk の *dik-* 語群に関する項目を見よ。Weber の理解がこの辞典で繰り返されることは特定個人の責任でないが、Weber / Bousset / Billerbeck の理解がいかに大きな影響を与えてきたかを示す。

27) Weber, Bousset, Schürer の見解が不適切だと知っていた Sjöberg (*Gott und die Sünder*, xx) も Billerbeck に関しては、「資料を明確に提示した」と評する。より最近では Stephen Neil (*The Interpretation of the New Testament*, 292) が以下のように述べている。「Strack-Billerbeck 以前の時代の暗黒の日々に我々はラビに関して考察することに躊躇したが、Strack-Billerbeck 以降の時代には皆が、間接的にだが、ラビ文献のエキスパートとなった」。不幸なことに、Neil は皮肉ってこう述べているのでなく、Billerbeck の *Kommentar* を「著しい貢献」(p.296) と評している。

28) Sandmel ('Parallelomania' *JBL* 81 [1962], 8–10) は Billerbeck の *Kommentar* に対して非常に厳しい評価を下している。彼は、ラビ文献に直接あたることなしに、Billerbeck の著を使用することに対する注意を促した。この注意喚起にもかかわらず、Billerbeck のラビ文献に関する知識が疑われることはなく、その注解書に全幅の信頼を寄せる傾向は変わらない。

29) Strack-Billerbeck, *Kommentar zum Neuen Testament aus Talmud und Midrasch*（1928）, IV.3–13. この著における Strack の貢献に関しては、Billerbeck の序文（IV 巻）と Jeremias の緒言（V 巻）を見よ。

律法を成就する能力によって「ファリサイ派救済論」の全体制が左右される (p.4)。戒めに対する1つ1つの達成がイスラエル人に功徳 (*zekut*) を得させる一方で、1つ1つの違反は負債あるいは罪の責務 (Schuld, *ḥobah*) を加える。神は功罪の両方を記録する。ある人の功徳がより多ければ、その人は義 (gerecht) と見なされるが、違反の数が功徳を上回れば[30]、その人は無法者 (ein Gottloser oder Frevler, *rasha'*) と見なされる。これら2つがバランスを保つと、人は均衡状態 (Mittelmässiger, *benoni*) となる。そのとき人は、いかに神が評価するか判断できず、結果として地上における保証 (Sicherheit あるいは Heilsgewissheit) を失う。この均衡がいつ何どき崩れるか分からないからだ。したがって人の運命は、最終的な勘定によって決定される。掟の成就が上回る者はエデンの園へ、違反が上回る者はゲヘナへと進む。そして均衡状態の者に関しては神が1つの違反を取り除き、成就が上回ることになる。ビラーベックによるとこの最後の特例に関して、シャンマイ派はヒレル派と異なり、「均衡状態へのこの緩和措置 (diese Erleichterung für die Mittelmässiger)」(p.5) を受け入れない。

したがって人は、掟の達成が違反を数量 (重量) で優るように努める。これには2つの方法がある。第1に、人は掟を守り成就する件数を積極的に増やし、これを善行 (厳密には律法において命じられていない行い) によって補強をする。さらに人は、父祖の功徳をもって自分の功徳を補完することができる。第2に、人は贖罪の行為によって違反の数量を減らすことができる。1つ1つの贖罪の行為が罪を無効とし、それによって債務が減る。ビラーベックは「したがって旧来のユダヤ教は、もっとも完成した自己救済 (Selbsterlösung) の宗教であり、世の罪のために死んで贖いをなす救済者の介在する余地がない」(p.6) と要約する。この最後の部分が、ユダヤ教の真の誤りである。

ブルトマンのユダヤ教理解：イエスの時代のユダヤ教に関するブルトマンの理解は、*Das Urchristentum im Rahmen der antiken Religionen*（『イエス・原始

---

[30] Weber は重量とたんなる数量とを同視しないが、Billerbeck (p.5) は功徳と違反との「数量と価値の比率」について述べ、人の運命が「行為の多数決にしたがって」決定されるとする。こうして数量と重量とが同視されることが標準となった。

A. タンナ文献

キリスト教』）においてもっとも明瞭に示されている[31]。この著書に加えて、キッテル編の辞典（*TDNT*）での担当項目[32]、また *The History of the Synoptic Tradition*（『共観福音書伝承史』）において、ブルトマンが「後期ユダヤ教」文献、とくにラビ文献へ明らかに独自の考察を加えた形跡はない。彼は、ユダヤ教の歴史、文献、そして宗教に関して、シューラーの著書[33]を主要な権威として挙げている。その際に、シューラーのユダヤ教理解に対するユダヤ人学者らの応答[34]に、ブルトマンが注意を向けたようには見受けられない。彼はシューラーに続いてブセットとムーアの著作を重視するが、その際にムーアがシューラーやブセットの理解の対極に位置していることに気を留めていない。この場合ムーアは脚註で言及されるものの、彼の著作における議論がブルトマンの理解に真っ向から反対するにもかかわらず、その点が見過ごされているようだ。さらにブルトマンは、シューラーの著書を主要な権威として典拠するものの、実際はブセットの著作にほとんど依拠している。シェーベリの著作への言及も時としてみられる。

　ブルトマンはその精神的な勇敢さと神学的な洗練さによって、独創的でないにせよ、彼が依拠した先人らよりも洞察に富んで繊細な仕方でユダヤ教を説明した。この点は彼の初期のイエス研究において顕著で、従順（律法へ「無条件に従う宗教的人物」）と希望とこれら相互の関係性についての論考は、ユダヤ教の建設的な分析の可能性を提供するかに見えた[35]。同様に「神の遠さと近さ」という項において、彼はユダヤ教を肯定的に理解する可能性に対して無頓着でなかった[36]。しかし最終的な判断は否定的で、ユダヤ教はイエスの卓越性を提示するための引き立て役として用いられた[37]。

---

31) 1949年公刊（英語版 *Primitive Christianity in Its Comtemporary Setting*, 1956）。〔訳註　邦訳は『ブルトマン著作集 6　イエス・原始キリスト教』八木誠一・山本泰生訳、新教出版社、1992年。〕

32) たとえば *TDNT*, *pisteuō*, VI.199–201 を見よ。

33) Bultmann, *Urchristentum*, 238.

34) Moore, 'Christian Writers', 238.

35) Bultmann, *Jesus and the Word* (1958, 原書初版 1926 年), 16–20 参照。〔訳註　邦訳は『イエス』川端純四郎・八木誠一訳、未來社、1963年。〕

36) Bultmann, *Jesus*, 133–40.

37) Bultmann, *Jesus*, 141, 146, 151.

この傾向は *Primitive Christianity*（『イエス・原始キリスト教会』）においてさらに顕著になる。ここでブルトマンは、ヴェーバー、シューラー、ビラーベック、ブセットの観点を継承するが、そこに実存論的な分析を付加することで自らの特徴を示している[38]。

　ブルトマンはこの著を、ユダヤ教に見られる歴史と選びへの強い意識を認めることから始める。彼は選びに関して、「我々がイスラエルを理解するための鍵となる、興味深い内的矛盾」を見出す。すなわち「イスラエルはその過去の歴史に自らを括りつけることで、現代との関係性とその責任から自らを解き放った」(p.60)。神は「もはや現在における重要な要素でない」(p.60)。希望される将来の解放すら、現在と実質的に関連していると理解されない。それは遙かな将来の「途方もない事柄」にすぎない (p.61)。ここでブルトマンは、これを明らかにイエスの終末論と対比させている[39]。ユダヤ教の将来は現在を規定しない。神はあまりにも超越した存在で、「もはやその民と結びついていない」(p.61)。律法は倫理と儀礼の両方を含むが、「儀礼がより重要となる」(p.62)。「人の一生は儀礼の遵奉で覆いつくされており」、その精緻化は「非常識なほどだ」(p.65)。律法全体は613の規則に細分化されるが、「それら（細則）を真面目に守る努力は、人に負いきれない重荷を課すことになる。これらの規則［のすべて］を知ることすらおおよそ不可能だが、それらを実践することはなおさらだ」。ブルトマンはこの結論に至ったところでその帰結を引っ込めて、普通のユダヤ人は「それらの規則を重荷とはまったく感じなかった」(p.66) と論ずる。しかし、前の言説がブルトマンのユダヤ教的律法主義を反映していると思われる。

　ブルトマンにとっては、複雑かつ不合理な律法の遵守を強調することは、神と人との根本的な関係性を歪めることになった。「神に対する人の関係が律法主義的な仕方で理解されることは避けようがなかった」(p.68)。ユダヤ教における「無条件の従順」について述べたブルトマンは、今度はユダヤ教においてイエスの戒めに見られるような「本質的な従順」は不可能だとす

---

38) Bultmann, *Primitive Christianity*, 68–69. 本著は前出の *Das Urchristentum im Rahmen der antiken Religionen* の英語訳。頁番号はすべて英訳版。

39) Bultmann, *Jesus and the Word*, 51 参照。

る。「ユダヤ教がもたらす従順は形式的なもので本質的でない……律法は全人的な献身を促すことができなかった」(p.68)。人は律法全体を守ることが可能だとしても、それでは神へのまったき献身の思いを抱く必要がない。律法の要求が満たされてしまえば、「人は好きなように振る舞う。したがって、そこには余剰の行い——厳密には余剰の善行——という概念が生じる」。さらにブルトマンは続けて、「これらは適切な意味での功徳の基礎を提供する。功徳を積み上げることによって、律法の違反が贖われる」(p.69) と述べる。

ブルトマンは人の神との関係を律法主義という概念で捉えることによって、裁きにおいて人の行いが測られ、功罪のバランスによって運命が決するという理解に至った。その結果「救いの希望が著しく不確かとなった。救われるだけのことをこの世で十分に成した、と誰が自信をもって言えようか」(p.70)。この例として、ラッバン・ヨハナン・ベン・ザッカイがある。彼はその臨終で、自らの運命に不安を抱いて泣いた。すなわち将来の不確実性とともに、罪の強い自覚と「病的な罪責感」(p.70) が意識されるようになった。

しかしユダヤ教の律法主義は、不健全な不安を煽っただけでなく、独りよがりの偽善へと人を誘った。「罪意識と悔悛の衝動と並んで、『義の』奢りと強い自意識とが共存することは注目に値する」(p.71)。『IV エズラ書』の 1 箇所を基にして、ブルトマンは悔悛さえも正統な宗教的衝動でないと結論づける。それさえも、神の前で功徳を積むための行いに過ぎない。「結果的に、人の神との関係性の全域が功徳によって規定されることとなった」(p.71)。

私たちはブルトマンの要約を開始する場面で、彼がブセットのみならずムーアをも引照しつつも、ムーアがブセットに対してことごとく反論している点に触れていないと述べた。それ以上に注目すべきは、ブルトマンによるシェーベリ著 *Gott und die Sünder im palästinischen Judentum*（『パレスチナ・ユダヤ教における神と罪人』）の扱いだ[40]。これは、ラビ文献の専門家らからの反論にもかかわらずヴェーバーの理解が不動の地位を譲らないことの好例だ。シェーベリの主要な論点に関しては後述するが、ここでは彼がムーアの「基準と

---

[40] Erik Sjöberg, *Gott und die Sünder im Palästinischen Judentum* (BWANT; Stuttgart: Kohlhammer, 1939).

なる著作」に意識的に準拠しつつ、これに修正を加えてさらなる議論を試みている[41]、とだけ述べておこう。シェーベリはラビ・ユダヤ教を正しく理解する著者ら——ハーフォード、マルモルシュタイン、ボンシルヴァン、モンテフィオレ等——の著作をも参照する[42]。彼はキリスト者の神学者らがもっとも依拠する3著——ヴェーバー、シューラー、ブセットの著作——を挙げ、これらが多くの有用な資料を用いるにもかかわらず「ユダヤ教の正確な姿をまったく（kein richtiges Bild des Judentums）」提示していない[43]、と評した。さらにシェーベリは、これらの著作によってこの否定的なユダヤ教理解が広まりつつある、との見解を示した[44]。

　ブルトマンはユダヤ教に「神的報いに関する律法主義的概念」を見出すが、その際にシェーベリの著作（pp.21–21, 95–109）を引証する。シェーベリはこれらの箇所で、たしかに神の正義に関するラビらの理解を説明している。しかしシェーベリは、本質的に神の正義と憐れみとが同時に維持され得るというタンナイーム時代の宗教観を示している[45]。したがって、遵法要求と不従順への罰に関する説明によって結ばれている第25頁は、同時にイスラエルに対する神の無条件の憐れみに関する論考の開始部分を含んでいる。同様に、「罪深いイスラエルへの罰」（pp.95–109）という項には、「罪深いイスラエルへの神の慈愛」（pp.109–24）という項が続く。じつにブルトマンは、律法主義と厳格な報復に関してシェーベリが用いる証拠文献の半分ほどを引照し、シェーベリの議論を完全に曲解している。

　さらに興味深いのは悔悛に関するブルトマンの理解だ。彼は「悔悛自体が神の前では功徳と恵みとを保証する善行となった」と述べ、さらに信仰自体も功徳という枠組みに含まれることとなったとする[46]。彼はここでシュラッター[47]とシェーベリ（pp.154–69）とに依拠している。ここで言及されるシェ

---

41) Sjöberg, *Gott und die Sünder*, xxii.
42) Sjöberg, *Gott und die Sünder*, xxii.n1.
43) Sjöberg, *Gott und die Sünder*, xxii.n1.
44) Sjöberg, *Gott und die Sünder*, xxii.n1.
45) Sjöberg, *Gott und die Sünder*, 2–11, 184–90.
46) Bultmann, *Primitive Christianity*, 71.
47) Adolf von Schlatter, *Der Glaube im Neuen Testament* (Leiden: Brill, ⁴1924), 29–32.

ーベリの著書の項は、「悔悛が人の功徳獲得（Leistung）へと変容する傾向」と題されている。ブルトマンはこの項題によって惑わされたのかも知れない。なぜならシェーベリはここで、ヴェーバーやブセットが提示し、キリスト者の神学者らのあいだで共有されるユダヤ教理解への反論を試みているからだ（p.154）。信仰を功徳獲得の手段と理解する数少ない痕跡がラビ文献に見られたとしても、それは信仰の本質でなく、シェーベリはそのような理解が不適切であると述べる（p.157. pp.168, 198 参照）。ブルトマンはシェーベリを引照しつつも、ヴェーバーとその師ブセット[48]──ブルトマンはブセットを直接引照しないが──の理解に反する部分を無視している。後述するが、同様の仕方でシェーベリを誤用する傾向はその後も続き、最近では1970年のテュエンの著作にも見られる。

　ブルトマンは余剰の業と功徳の宝庫に関する問題についてシェーベリを引照しはしないが、ゼフート・アヴォート（zehut 'abot, 父祖の功績）とそれに関連する句をそのように解釈することはできないとするムーアの議論をシェーベリが支持し、この反論にラビ文献からのさらなる証拠を挙げていることは特記に値する[49]。したがってブルトマンには、該当箇所を原典から分析する立場にある2人の研究者の著書を前にしても、それに注意を向けることなしに、ヴェーバーの理解をたんに繰り返していることになる。

　ブルトマンによるパレスチナ・ユダヤ教の要約が、ヴェーバー／シューラー／ブセットによるユダヤ教理解を継承するために重要な役割を果たしたことは、すでに述べた。その重要性は、ビラーベックの場合と異なる。今日の学者らがユダヤ教に関して論ずる場合、彼らはブルトマンでなくビラーベックに依拠する。ブルトマンが重要なのは、彼がことにブセットの著書へ絶大な権威を与え、その結果として新約聖書学界がムーアのブセット批判やビュクラーやシェクターらの議論を看過すること、さらにブセットを批判する者らが提供する文献箇所をブセットの視点で解釈することを正当化することに貢献したからだ。ブルトマンの影響力を理解するには、彼がシェーベリと同

---

[48] Bousset, *Die Religion des Judentums*[4], 389–90.
[49] Sjöberg, *Gott und die Sünder*, 42–55.

様に、ムーアのラビ理解をシューラーやブセットよりも重視していたらどうなっていたかを想像すべきだ。そうであったなら今日の新約聖書学者らは、おそらく安易にヴェーバーのラビ・ユダヤ教理解を、ビラーベックに依拠しつつ普遍的な合意事項として受け入れたりはしなかっただろう。そして彼らは、より知識豊かで洞察力のある学者らが、ヴェーバーやブセットに代表されるユダヤ教観に反論を加えたことが、あたかもなかったかのように振る舞うことはなかっただろう。

死海巻物の発見：死海巻物の発見により、新約聖書学者らはヴェーバーのユダヤ教観の新たな活用法を見出した。すなわち彼らは、このユダヤ教観が厳密にはラビ・ユダヤ教──あるいはファリサイ主義、またはこれらを区別しない宗教──の特徴を言い表していると知り、ラビ・ユダヤ教を、他の種類のユダヤ教の説明において引き立て役として用いた。もはや学者らは、ブセットのように旧約聖書外典と偽典とラビ文献とを無差別に用いて、「ユダヤ教」という統合的な宗教像を打ち立てることをほとんどしない。その代わりに、大部分を黙示文献に依拠するブセットのユダヤ教理解を、ヴェーバーが初めに意図したとおり、ラビ・ユダヤ教のみへ適用した。結果として死海巻物の発見は、ユダヤ教の根本的な再評価に繋がらず、ただユダヤ教を多様な種類のユダヤ教へと分類する助けとなっただけである。この分類化によって、ラビ・ユダヤ教は再評価されるのでなく、回避すべき宗教の姿としての役割を演じ続けることとなった。ラビ・ユダヤ教のこのような理解について、ここで5つの例を挙げよう。

ブラウンのラビ・ユダヤ教理解：H. ブラウンはユダヤ教における「トーラー厳格化（Tora-Verschäfung）」に関する論文で、クムラン共同体の宗教とラビらの宗教とを比較した[50]。ラビ・ユダヤ教では律法違反とその履行とが秤にかけられて人の運命が決定されるが、クムラン宗教ではすべてが守られなければ人は滅びる（verloren）。後者では、律法の履行が違反より多いというのでは十分でない。ブラウンのラビ・ユダヤ教理解はその著 *Spätjüdisch-häre-*

---

50) Herbert Braun, 'Beobachtungen zur Tora-Verschärfung im häretischen Spätjudentum', *TLZ* 79 (1954), cols.347–52.

tischer und frühchristlicher Radikalismus（『後期ユダヤ教の異端と初期キリスト教の急進主義』）の第1巻においてより明らかに示されている[51]。ブラウンは、報いのための行いを禁ずる『M アヴォート』の箇所に注目しながらも（p.6）、ラビ・ユダヤ教では報いへの信仰（Vergeltungsglaube）が人の行動を動機付ける、と結論づける。善行は負債を克服すると見なされるので、それは余剰の行い（überpflichtmässig）となり得る（p.6）。

ラビ・ユダヤ教において人はいかなる思いで神の前に立つか、との問いに対して、ブラウンは2つの可能性を提示する。すなわち、不安に満ちているか、自らの功績に自信を抱いているか、だ（p.10）。彼はラビ・ユダヤ教を、「適度な功績楽観主義（ein temperierter Werkoptimismus）」（p.13）の宗教と結論づける。その楽観主義は、この宗教における要求が軽微なことによる。ブラウンは『M アヴォ』3.15を引用しつつ、ラビ・ユダヤ教は「完全な善行でなく過半数の善行」を要求すると説明する（p.13, 27, 31参照）。彼はまた、ブルトマンの解釈を繰り返し、完全な遵法が求められないので余剰の行いが可能だとの理解を示す（p.33）。

レスラーのラビ・ユダヤ教理解：レスラーは1960年に著した *Gesetz und Geschichte*（『律法と歴史』）において、黙示文献とラビ文献における歴史と律法との関係性の比較を試みた[52]。この著はかなりの影響を及ぼしたが[53]、同時に厳しい批判をも受けた[54]。ここでは、律法と歴史とに関する立証できない理論には触れず、レスラーのラビ・ユダヤ教理解の中心となる点を要約しよ

---

[51]　H. Braun, *Spätjüdisch-häretischer und frühchristlicher Radikalismus*（1/2 vols; Tübingen: Mohr, 1957）.

[52]　Dietrich Rössler, *Gesetz und Geschichte*（Neukirchener, ²1962［初版1960年］）.

[53]　Harnisch, *Verhängnis und Verheissung der Geschichte*, 12.n1. Kertelge（'*Rechtfertigung*' bei Paulus）はRössler が黙示思想とラビ思想とを過度に図式的に分類する様子を批判しながらも（p.34.n83）、全般的な仮説を支持する（p.43.n122）。Roetzel（*Judgement in the Community*, 66.n1）も同様だ。Rössler の視点は Wilkens（'Die Bekehrung des Paulus' in *Rechtfertigung als Freiheit*, 16）も支持している。Harnish による討論以外にも、Wilckens（p.20.n9）; Koch, *Apocalyptic*, 41, 85, 86–93 を見よ。

[54]　1つ1つの批判は A. Nissen, 'Tora und Geschichte im Spätjudentum', *NT* 9 (1967), 241–77 を見よ。Nissen は、Rössler が「ファリサイ派的正統」の議論においてラビ文献を直接用いることができていない点を看過している。Harnisch, *Verhängnis und Verheissung*, 12–13 も見よ。Koch（*Apocalyptic*, 87）による Nissen への批判をも見よ。

う[55)]。

　諸規定の十分な履行のみが義の根拠となり、敬虔な者の救いを保証する（p.20）。救いに求められることは律法の中に啓示されており（p.18）、したがって救いに必要な事柄が何かを知るために解釈が必要となる（p.19）。来たるべき世に入ることは、敬虔な者がその義によって獲得することを願う救済的所産（Heilsgut）だ（p.26）。しかし人は、この獲得に関して確信を持てない。したがってヤコブは、神の約束にもかかわらず怖れを抱いたと言われ、ダビデ王さえその救いに確たる自信を得なかった（p.27）[56)]。

　契約の効力は明らかに否定される。父祖への約束に永遠の効力があるのでない。父祖と後続する世代とは、功徳の宝庫（thesaurus meritorum）によってのみ接点を見出す（p.28）。

　ラビ神学は、律法の履行と違反の帳尻合わせという理論によって支配されている。諸規定の履行が敬虔な者に功徳を獲得させる一方で、違反の1つ1つが罪責を積む。「救いへの参加は帳簿上の勘定を清算することによって可能となる。……この理論におけるもっとも重要な結果は、敬虔な者に対して救いの確証（Heilsgewissheit）が決して与えられないことだ」（pp.32–33）。

　既述のとおりレスラーの仮説は否定されたが、さらに彼は『エチオピア語エノク書』と『IVエズラ書』と『シリア語エノク書』を「黙示主義」という範疇を代表する文献として、分けることなしに用いた点も批判された[57)]。ここでレスラーによるラビ文献の扱いについて触れよう。彼の著書はその半分をラビ思想に関する理論構築に充てているが、そこでラビ文献、とくに初期ラビ文献を直接分析することをほとんど行っていない。『創世記ラッバー』、のちの時代のミドラシュ、そして幾つかの二次文献に言及することが多少あっても、彼の議論のほとんどはビラーベックに依拠している。じつにビ

55）　これに関しては Thyen, *Studien zur Sündenvergebung*, 55.n3, 60 も見よ。Rössler は「ファリサイ主義」を黙示文献と明らかに区別するが、これは W.D. Davies（'Apocalyptic and Pharisaism', *Christian Origins and Judaism*, 19–30）などの議論を単純に見過ごしている。

56）　『創 R』76 と『M ペラ』4a を引用している。前者は救いでなく現世にのみ言及するので、適切でない。

57）　例えば Nissen, 'Tora und Geschichte', 241–77 を見よ。

ラーベックがラビ文献かのように扱われている。明らかにレスラーには、ラビ文献に関する新たな研究を行っているとの自覚はなく、すでに広く認められている事柄を繰り返すのみだ。そしてこの広く認められている事柄は、ビラーベックの著作に収められている。レスラーには、ビラーベックに疑念を向けるという考えがなかったようだ。

ベッカーのラビ・ユダヤ教理解：ユルゲン・ベッカーは1964年に出版された著書で、クムラン文書と新約聖書における救いと罪の概念について論じているが、そこに「タンナ文献の応報理論（Vergeltungslehre der Tannaiten）」に関する2頁の要約を載せている[58]。この2頁に具体的な引照箇所はないが、文頭で著者は幾つかの著作——ビラーベック（「救済論」の項を含む）、シェーベリ著 *Gott und die Sünder*（『神と罪人』）、そしてマッハ著 *Der Zaddik*（『ツァディーク』）——を参照するように読者を促している。しかしこの中でも、ベッカーが主要文献として依拠しているのはビラーベックである。彼の主張は以下のとおりだ。まず神がイスラエルのみを愛し、それゆえトーラーを与えたという根本的な前提がある。これは救いの恩寵（Heilsgabe）であり、こうしてイスラエルは神の要求を学ぶ。したがってイスラエルは、律法諸規定を履行することで功徳を獲得する機会を得る。人の義の本質は「神の意志の対極にある功徳を視野に入れた従順」から成り立っている。神の義は人にとって恩寵でなく、人の状況に関する神の裁きだ（p.19）。審判の時、「［功徳をともなう］個人の善行の総合と、［責務がともなう］諸規定への違反の総合とが比較される。前者が1つでも優れば、人は義（צדיק）であり功徳への報酬として永遠の命を獲得する」（p.20）。神の慈悲はこの体系の枠内で適用される。神はその恵みによって邪悪な者を義とすることはできないが、義なる者にその功徳の厳密な値以上の報いを与える（p.21）。

ベッカーの「1つでも優れば」という表現は注目に値する。なぜならシェーベリが、応報理論が機械的に適用されることを明確に否定していたからだ[59]。これは、ベッカーの理解がビラーベック以外を考慮に入れていないこ

---

[58] J. Becker, *Das Heil Gottes* (Göttingen: Vandenhoeck u. Ruprecht, 1964), 19–21.
[59] Sjöberg, *Gott und die Sünder*, 106–08.

とを明らかに示す。

ジョベールのファリサイ派理解：ジョベールは、教会発生時のユダヤ教における契約の概念を詳しく分析するが、どの文献が後70年以前のものか判断が困難だとの理由を挙げて、ラビ文献への分析を最小限に留めている[60]。彼女はその議論を『M［ピルケ・］アヴォート』に依拠するが、興味深いことにこの文書を「教会時代以前のファリサイ諸派から集めた古代ラビらの言葉集からなる論集」（p.289）と理解する。ジョベールは『Mアヴォート』を用いると言いながら、実際にはラビ・ユダヤ教に関してキリスト者が共有する理解をたんに繰り返し、それを契約の概念にあてはめているに過ぎないように見受けられる。

選びにおける神の恵みに関して、ジョベールは「シナゴーグがイスラエルの選びにおける慈悲の側面を破棄したと述べるのは公平でない」としながら、もはや契約が「律法を受容したのでなく、律法が契約のための理由となった」（p.291）と述べる。とくに彼女は、「ファリサイ派神学全体の論理が父祖の功徳という概念に向かっており、さらに律法を選んで受け入れたイスラエルの功徳へと向かっている」（pp.291–92）と指摘する。ファリサイ派によると、イスラエルは契約への権利を獲得した（pp.128–38）。〔訳註　すなわちジョベールは、律法遵守によってイスラエルが契約の中に受け入れられる権利を獲得したと理解した。しかし本著は、律法が契約に「入る（getting-in）」ための手段だという理解をのちに否定する。〕

ジョベールは（p.292.n160）、シェップス[61]がこのようなファリサイ派神学の説明を強く批判したと述べている。しかしその批判がジョベールに影響を与えはしなかった。そして彼女は、ファリサイ主義における選びの概念が行いによって獲得された功徳と結びついている、との結論に至った（p.294）。したがって、シェップスが、選びと行いとを結ぶ理解はテキストの支持を得ず、選びが恩寵に依拠していると強く主張したにもかかわらず、ジョベールもまたこの点に関するキリスト教学界の伝統を無批判に継承している。

---

60) Annie Jaubert, *La notion d'alliance dans le judaïsme*, 289–92.
61) Schoeps, 'Haggadisches zur Auserwählung Israels', in *Aus frühchristlicher Zeit*, 184–200, 201–11.

ブラックのファリサイ派理解：マシュー・ブラックは *The Interpreter's Dictionary of the Bible*（『解釈者のための聖書事典』）でファリサイ派に関する項を担当した[62]。彼はこの項で初期ファリサイ派と初期のラビら（タンナイーム）とを比較している。ブラックは、後期（イエス時代）のファリサイ派の宗教がタンナイームに見られる宗教と同様であると考えたので、これは実質的にファリサイ派の初期と後期とを比較していることになる。しかしその際に、後期ファリサイ派はラビ文献によって定義された。彼はこの後期ファリサイ主義あるいはラビ宗教が、「無味乾燥で実を結ばない」と評価し[63]、「成文化された伝統による実りのない宗教で、人の営みのあらゆる部分がハラハーによって規定され、厳格な差別主義（apartheid）を守り……」と述べる。ブラックは、この実りのない律法主義的宗教の救済論に関する一般的理解を繰り返さないが、その批判の内容は明らかだ。すなわち、後期ファリサイ主義／ラビ宗教は律法主義によって損なわれている。

ヴェーバーの影響力——フラーの場合：ヴェーバーのユダヤ教理解がいかに執拗に繰り返されたかを概観してきたが、私たちはその最後に、新約聖書学に関する3冊の一般書がこの理解を継承している様子を確認しよう。当然この傾向はこれら3冊に限定されはしないが、ここではこれらの著作に焦点を置きつつ、ヴェーバーの体系的な神学を支持する現代の新約聖書学者らにも随時言及することにしよう。ヴェーバーの理解に反論する学者もいるが、ここでは、ラビ・ユダヤ教の救済論が、善行の功徳によって救いを獲得するという理論をおおかた反映している、との理解がいかに根強いかを示すことが目的だ。

---

[62] Vol. 3, 774–81（とくに p.781）. J. Neusner, *The Rabbinic Traditions about the Pharisees Before 70*, III.360–62 参照。

[63] Sandmel, 'Parallelomania', *JBL* 81 (1962), 9 参照。ラビ・ユダヤ教は「似非学問」によると「無味乾燥で実を結ばない律法主義——『たんに無味乾燥あるいは実を結ばない』でなく『たえず無味乾燥で同時に実を結ばない』」。少なくとも Black は、新たなユダヤ教批判の表現を生み出した。Sandmel（*The First Christian Century*, 101–02）は Black の非学問的で差別的なユダヤ教批判に対して以下のように評している。「私個人はラビ・ユダヤ教の流れを汲む子孫だが、ユダヤ教の『実を結ばない』という性質はどうやら完全でなかったようだ。ブラックの寄稿論文は信憑性がないというだけでなく、私と十数名の執筆者が参加している同辞典にこのような論文が含まれていることは恥ずべきことだ」。

多くの支持を受けた著作 *The Book of the Acts of God*（『神の行伝』）において、レギナルド・フラーは「ファリサイ主義とラビ・ユダヤ教」について以下のように述べている。

> 神を愛し隣人を愛するという2つの重要な戒めは、もちろん律法の一部だ。しかしこれら2つを組み合わせたとしても、これらに中心的で総括的な地位が与えられることはなかった。この点で新約聖書と異なる。当然これは律法主義と徹底主義とに至り、善行が救済の鍵を握るとの思想へと繋がり、功徳教義に不可避的な奢りという結果を招いた[64]。

フラーは、「ラビらがその聖い歴史を完全に破棄した」とは言わず、「[ラビらは]イスラエルの遵法が、神の以前の行為に対する謝意の表明である、という重要な事実を完全には無視しなかった」と説明する。残念なことに、この最後の部分の「完全には無視しなかった」を「とくに強調した」と変更することで、真実に近づくことに彼は気がついていなかった。むしろ彼は、恩寵への応答としての遵法を「周縁の」教義として追いやった[65]。善行は本質的に救済を獲得する手段と見なされた。

コンツェルマンの場合：ブルトマン著 *Primitive Christianity*（『原始キリスト教』）の「ユダヤ教的律法主義」に関する描写は、H. コンツェルマン著 *An Outline of the Theology of the New Testament*（『新約聖書神学概論』）において多少の修正を加えつつ繰り返された[66]。イエス時代の「ユダヤ教」の概要を述べるため、コンツェルマンは黙示文献とラビ文献とをもとにした複合的な描写をするという従来の方法に戻った。もっともこの際に、クムラン文書をも多少参考にしている。しかしその描写が従来と変わることはなく、「救済への道は律法の成就だ」（p.20）と説明した。律法は何よりも形式上の要求と理解され、「したがってそれ自体では理解不能だ」（p.21）。コンツェルマンは律法を「イスラエルの選びの象徴」と理解するが、それが彼の律法理解に反映

---

(64) G.E. Wright and R. Fuller, *The Book of the Acts of God* (1960), 229–30.
(65) Wright and Fuller, *Acts of God*, 230.
(66) 引用は第2版の英訳から。〔訳註　邦訳（田川建三・小河陽訳）は新教出版社、1974年。〕

されない。むしろ彼は、「人の神との関係性は必然的に律法主義的なもの」（p.21）と述べる。律法の要求を満たすことは可能で、「一時……神との勘定を清算」し得る。そしてそれ以上のことを行えば、それは功徳として蓄えられる。したがって「律法は、人がその努力によって神の前に立つための手段だ。これは、救いの確信を得ることを不可能とする」。人は罪を自覚し、違反の優位性を痛感している。罪は善行によって償われるが、その償いで足りないならば、人は儀礼に頼る。しかしその儀礼は「本質的に個人でなく国を視野に置いている[67]」。したがって人は、慈悲にすがるのみだ（p.22）。興味深いことにコンツェルマンは、そのようにして慈悲にすがる姿勢の有効性をユダヤ教が考慮するか否かについて述べない。彼は、悔悛自体がもう1つの善行になるというブルトマンの説明を省くが、この点に関して自らの新たな解釈を加えることはない。

　テュエンの場合：ヴェーバーのユダヤ教理解が何世代も受け継がれた――もはやヴェーバーが引用されることはないが――様子を、私たちは最後に近年公刊されたテュエンの罪に関する著書において確かめよう[68]。ラビ神学には、功罪を秤にかけるという救済理解がある（p.72）。テュエンはシェーベリに依拠しつつ、聖典執筆以降のユダヤ教（とくにラビ・ユダヤ教）にもっとも特徴的な点は、行いによる義の獲得と無償の恩寵との緊張関係だと述べる。しかしシェーベリと異なり、テュエンはこの2つの均衡を保つことに苦心しなかった。彼は「このユダヤ教の全体」に『ソロモンの詩編』に関するH. ブラウンの結論[69]を適用する。すなわち、功徳の理論と偏狭な自負心によって慈悲は歪曲化され、神の憐れみは人の功績（Leistung）の補完に成り下がった（pp.76–77）。じつにシェーベリは、「慈悲」を行いの報酬としての義と同視することで正義と憐れみとを同居させるこの安易な定理を明確に拒絶していた[70]。

---

[67]　こうしてユダヤ教に「秘跡」がないというBoussetの理解が繰り返される。
[68]　H. Thyen, *Studien zur Sündenvergebung im Neuen Testament und seinen alttestamentlichen und jüdischen Voraussetzungen*, 1970.
[69]　これに関してはI.C.4.eで後述する。
[70]　Sjöberg, *Gott und die Sünder*, 187–88.

同様の仕方でテュエンは、悔悛が人の功績として曲解されることの問題に関するシェーベリの論考を大幅に引照しながらも、自らの理解がシェーベリの注意深い結論と真っ向から対立していることに触れない。この箇所は、ユダヤ教を批評する実際の基盤が何かを示す例として、ここに引用しておこう。これはルター派神学でない。

> しかし、ほんの僅かな功徳と神人協力説（Synergismus）の兆しが恩寵という概念の根幹をどれほど揺るがすかを、宗教改革の遺産は私たちの記憶に深く刻んだが、悔悛さえときとして［功罪の］決済（Verrechnung）というつまらない体制に組み込まれ、人の責務と堕落の告白が功績と見なされることに私たちは驚かない。……悔悛は応報という教義の配下に置かれるが、それは「悔悟のしるし（Bussleistungen）」という特定の善行と結び付けられて正当化される [71]。

テュエンの著書はレスラーのそれと同様に、ラビ文献に関する論考に多くの紙面を割くわりには当該文献をほとんど引照しない。上述のとおり悔悛に関する議論において、テュエンはシェーベリとブセットとを引証しているが、実際のテクストを挙げない。さらに驚くべきは、テュエンが何の説明もなしに、両者の意見が食い違うことに触れることもなく、シェーベリでなくブセットの肩を持つことだ。シェーベリの議論がヴェーバーとブセットの解釈を直接批判しており、ブセットには見られない意識的で注意深いテクストの分析を行っているにもかかわらずだ。ヴェーバーとシューラーとブセットのラビ・ユダヤ教理解が新約聖書学界において影響力を持つ著作家らのあいだで広く受け入れられてしまっているので、誰もなぜ彼らの解釈に同意するかを説明する必要がない。ブセットとその論敵とを挙げても、何の説明も加えることなしにブセットに軍配を上げれば事足りるという状況が生まれてしまっている。

ヴェーバーが描くユダヤ教救済論：このようにして、ヴェーバーによるラ

---

71) Thyen, 75 からの引用だが、これは Sjöberg, 158 以降と Bousset, 389 以降を引照している。この理解は Sjöberg (p.168, 189) が否定している。

ビ・ユダヤ教の救済観理解は、そのあらゆる点がすでに論破されてしまったと思いきや、今日に至るまで新約聖書学界において根強く連綿と受け継がれてきている。その主要な点は、行為が救済を獲得するとの理論であり、人は諸規定の成就と違反とが秤にかけられてその運命が決する、ということだ。この理解を維持するためには、選びにおける神の恩寵が否定されるか何らかの仕方で看過される必要がある。イスラエルの選びの後に堕落を想定するヴェーバーの理論が受け入れられはしなかったが、一般に選びを恵み深い救いの出来事と捉えないという立場は受容された。ジョベール等にいたっては、選びが神の恵みに依拠するという理解に真っ向から反論し、選びが獲得されたと主張する。例えばレスラーらは、たんに選びが救済を意味するという点を否定する。後述するが、シェーベリは選びによってイスラエルの救いは保証されるものの、イスラエルに属する個々人の救いに効果があるのでないとする。つまり選びは、選びの民の存続を保証する[72]。行為による救済の理論と関連するヴェーバーの理解の第3の要素は、功徳を積むことと最後の審判における功徳の移行の可能性に関する。第4の要素は、ラビ文献に反映されているとされる姿勢の問題だ。すなわち、自己義認的な達成感を伴う救いの確信への不確実性である。これも、行為による救いという救済観に依拠する。人は自らの行為が十分でないと考えて不安になるか、自らの義を確信して奢るかだ。これらの主要な点以外に、神が遠くにおり接近不可能だというヴェーバーの主張も現在に至るまで根強い。この最後の点に関してはここまで十分に触れなかったが、私たちはI.A.10でこの神論に立ち戻る。

無批判のヴェーバー受容：ラビ・ユダヤ教が行為義認を教える律法主義的宗教だというヴェーバーの理解が新約聖書学界において根強く継承されているとはいえ、すべての新約聖書学者がこの立場にあるというのでない。しかし、このような理解はほとんど何の批判も受けずに繰り返され、増幅し続けている。ここで最後に、新約聖書学界における現状に触れておく必要があろう。

第1に、ブルトマン、ブラウン、レスラー、ベッカー、ジョベール、フラー、

---

72) Sjöberg, *Gott und die Sünder*, 106–09, 118–24.

ブラック、そしてテュエンのラビ・ユダヤ教解釈は、たんに風変わりな例外的学説というのではない。彼らの著作の特徴は、ラビ・ユダヤ教に関する自らの理解を弁護する必要を感じず、一次文献に立ち戻ってその正当性を主張することさえしていないことだ。これは、広範囲の研究者共同体——これらの著者のみならず、その評者や読者をも含む——が、これらの著作に示されるラビ・ユダヤ教観を標準的と理解する用意があったことを示している。何らかのミステリアスな理由から、十分な議論がなされないままブセットが受容され、ムーアが無視された。私はこれらの著者に関する書評を細大漏らさず調べ上げたなどと言わないが、それでも私の分かるかぎりでは、これらの著者が議論もせず理由も述べずにヴェーバーやシューラーやビラーベックやブセットのラビ・ユダヤ教観を受け入れつつ、シェクターやムーアやビュクラー等の理解を退けたことで批判されたケースが見当たらない。

普遍的なヴェーバー受容：現状に関して１つ重要な点を挙げると——無視されることを覚悟で事実に正直になるなら——、ここには使用言語の問題がある。ヴェーバーの主要な主張を支持する最大母体はルター派に属するドイツ語圏の学者であり、ヴェーバーと異なるもっとも建設的な議論は英語圏でなされている[73]。ビュクラーでさえ、当初はドイツ語で執筆していたが、もっとも建設的な２冊の研究書は英国に渡ったあと英語で書いている[74]。興味深いことに、シェーベリがユダヤ教に関する信頼できる重要文献として挙げる書物は、ユダヤ人か英語による著作で、唯一の例外はボンシルヴェン著 *Le judaïsme palestinien aux temps de Jésus Christ*（『イエス・キリスト時代のパレスチナ・ユダヤ教』）だ[75]。ボンシルヴェンは、最後の審判において功徳と悪徳とが秤にかけられて神が評決を下す（vol.2, p.58）、また功徳の宝庫という概念が存在する（pp.57–58）、さらに行為に依拠した救いが一方では人に不安を与え、

---

[73] 現在ではヘブライ語で書かれた建設的な議論がある（E.E. Urbach, *Hazal [The Sages — Their Concepts and Beliefs]*, 1969）。この英訳版の出版が本著には間に合わなかったが、頁番号だけは括弧内に表示した。

[74] Büchler, *Studies in Sin and Atonement; Types of Jewish-Palestinian Piety.*

[75] Sjöberg（*Gott und die Sünder*, xxiii）は、ユダヤ教の正しい理解に関しては何よりも Moore の代表作を参照し、続いて Herford, Bonsirven, Dietrich（ユダヤ教一般でなく悔悛に関して）、Büchler, Marmorstein, Abelson, Schechter, Montefiore, Friedlaender, Kohler, Baeck を見よ、と教える。

他方では自己義認的姿勢に至らせる（p.62）とのユダヤ教理解を繰り返す。しかし同時に、彼は厳格な応報理論が軽減される様子に注目し（pp.62–64）、これを「ラビ的救済論」とはせずに道徳的行動の動機付けという議論の一部とする（pp.67–69）。そうであっても、英語圏の学者らの中にもヴェーバーの理解を受け入れる者がいることは事実だ（たとえばチャールズやフラー）。そしてしばしば、ヴェーバーの理解には批判的な目が向けられないか、少なくとも黙認されてきた。その理解の主要部分すべてでないにしても、その一部分が受け入れられる場合が多い。この点に関しては後続する項で述べる。したがって、ヴェーバーの理解が継承されるという現象は、たんにドイツ語圏に限定されるというのではない [76]。

ムーアに対する誤解：ユダヤ教理解の現状に関する最後の点は、19世紀後半と20世紀初頭に提示されたユダヤ教に関する諸理解が相反しているという事実に目を向けていないことだ。とくにここでは、*Handbuch zum Neuen Testament*（『新約聖書ハンドブックシリーズ』）のブセット著（グレスマン編）*Die Religion des Judentums*（『ユダヤ教という宗教』）第4版へ序文を書いたローゼ（Lohse）を取り上げよう [77]。ローゼによると、ブセットの執筆目的は、ユダヤ教とキリスト教の敬虔表現を比較し、ユダヤ教をヘレニズム世界という文脈に据え、キリスト教がいかにしてユダヤ教の遺産を引き継いだかを示すことだ。編者のグレスマンは、ファリサイ派的／ラビ的伝統にさらなる焦点を向けるという意味でこの著作に貢献した。グレスマンの編集がブセットの議論全般を変更することはなかったが、多くの資料を付加することによってこの書は「標準的教科書」の地位を得た（pp.v–vi）。これ以降に出版された著書は、このブセット（／グレスマン）の教科書への補完であったり、発展であったりするが、その代表としてビラーベックの註解書がある。ローゼは

---

76) 英語圏の新約聖書学界でのユダヤ教への中傷については Lloyd Gaston, 'Review: F.W. Danker, *Jesus and the New Age According to St Luke*', *JBL* 94 (1975), 140–41. ヴェーバーの理解が一般の説教に反映される例として Sandmel ('The Need of Cooperative Study', p.33) は Harry Emerson Fosdick を挙げる（ユダヤ人は些末に気を取られて重要な事柄を見失っている）。

77) この著書の引照は D.W. Bousset, *Die Religion des Judentums: Im späthellenistischen Zeitalter* (Handbuch zum Neuen Testament 21; herausgegeben von H. Gressmann; Vorwort von E. Lohse; Tübingen: Mohr, ^{4}1996) より。

G.F. ムーアを評して、タンナらの言説を基に「キリスト教初世紀のユダヤ教に関する重要な書を著した」と述べ、ユダヤ教とキリスト教との深い関連性を示した点を称賛する (p.vi)。3 頁のちにも、ブセット（／グレスマン）を「補完する」著作だと紹介する (p.ix)。私たちは、ローゼがムーアの著作意図をまったく解しなかったとの結論に至る。なぜなら、ムーアはユダヤ教とキリスト教との関連性を確認することを意図せず、ユダヤ教を独自の複合的で肯定的な宗教として描写しようとしたからだ。さらにその著書は、ブセットの理解に真っ向から反対する。それを「補完」と表現することは読者に著しい誤解を与える。それはあたかも、ブセットの著書の議論がラビ文献の専門家によって、さらなる引照を必要としながらも、基本的に正しいユダヤ教理解として受け入れられたかのようだ。あたかもこの学問分野において、旧約聖書外典と偽典に依拠したヘレニズム世界のユダヤ教に関するブセットの描写が、グレスマンとビラーベックによるラビ文献からの補足を介し、タンナ文献に依拠したムーアによって受け継がれて、キリスト教との比較における標準的なユダヤ教観が確立されるという、澱みのない一連の流れがあるかのようだ。学術史においてこれほど真実から乖離した話はない。亡きムーアがこの実態を知り得るなら、墓の中で悶絶することだろう[78]。

ロンゲネッカーの折衷的理解：ラビ・ユダヤ教の性質に関する諸理解に齟齬を見出す者がいたとしても、しばしばその解決は試みられずに、互いの妥協案が示されがちだ。その一例としてロンゲネッカー著 *Paul, Apostle of Liberty*（『自由の使徒パウロ』）が挙げられる。ロンゲネッカーは、「義の獲得に関する純粋に勘定計算的理解を示す言語表現」をラビ文献に見出す (p.67)。彼はここで、律法主義的な行為義認というファリサイ派のユダヤ教に関する従来の理解を繰り返している。しかしロンゲネッカーは、もう 1 つのユダヤ教観をも意識して、「公平を期するために述べると、[神殿] 破壊以前のユダヤ教は形骸主義ばかりでなかった」(p.70) とする。「幾つかの資料から、破

---

78)　同様の例は M. Simon and A. Benoit, *Le Judäisme et le Christianisme antique*, 24–25 を見よ。ここで著者らは、Bousset の著書を「基盤的研究」と評価しつつ、Moore の著書を「重要」と述べる。もし Bousset の著書が基盤をなすものなら、Moore の著書はそれを論破できなかったという意味で、重要でなく失敗作であるはずだ。

壊以前のユダヤ教において、人は神の慈愛を前提として歩み始めるべきとの認識がうかがえる」(p.71)からだ。したがって彼は、シェーベリが詳細に述べ、テュエンが言及した2つの要素——正義と憐れみ——に気がついていた。テュエンと異なり、ロンゲネッカーはより融和的な見解を示し、両方の傾向がファリサイ派的ユダヤ教に見られたのだろうと論ずる。すなわち、ある者は律法主義的理解に支配され(「律法主義の実践」)、ある者はより崇高な理解に寄って立っていた(「律法体制への応答」)(p.78)。彼は両方の傾向が共存し、律法主義が従来より考えられてきたとおりの弊害を及ぼすと考える(p.79)。この律法主義的なユダヤ教と並列して、「真に霊的で崇高な宗教」の体現として律法体制へ応答するより崇高な宗教がある(p.84)。これはとくにクムラン共同体に見られるが、部分的にはファリサイ派のあいだにも見られる(pp.80–83)、と言う。

上の議論からは、一次文献の詳細な分析をとおして得たユダヤ教への新たな理解によって、ロンゲネッカーがユダヤ教理解を新たな局面へと進めたような印象を受けない。彼はヴェーバーやブセットやビラーベックのユダヤ教観をそれなりに適切なものと理解しながらも、さらに良いユダヤ教の在り方が存在したとの証拠を見出した。しかし既述のとおり、いずれがユダヤ教の真の姿かという議論は看過され、ヴェーバーの理解が制限付きで受け入れられた。すなわちヴェーバーの理解は、ユダヤ教全体を言い表すのでなく、またファリサイ派全体に当てはまるのでもない。

ヴェーバーのユダヤ教理解の驚くべき点は、その対象が異なる種類のユダヤ教に適用されて継承されている点だ。それはしばしば、イエス時代のパレスチナ・ユダヤ教が対象となり、中間時代の文献やラビ文献によって支持される(例えばブセット、ブルトマン、コンツェルマン)。あるいは黙示文献(レスラー)やクムラン文献(ブラウン、ベッカー)以外の、パレスチナ・ユダヤ教の一形態が対象となる。その際、ヴェーバーの描写するユダヤ教の在り方は、ファリサイ派(レスラー)あるいはタンナイーム(ベッカー)といった特定の集団に適用され、いずれの場合もビラーベックが提供するラビ・ユダヤ教文献に依拠する。律法主義的ユダヤ教は時間的な制限を受け、初期ファリサイ主義がのちの時代に瓦解した姿だとの理解もある(ブラック)。

ヴェーバーへの過信：ヴェーバーからテュエン（そしてその後の学者）に至るユダヤ教の律法主義的理解は、明らかにある目的を達する。それはより優れた宗教の姿を引き立てることだ。それはニューズナーによると、あたかも歴史かのように神学を書きあらわすことを許容する[79]。とくに、プロテスタントがローマ・カトリックに見出すもっとも不快な要素、すなわち行いの余剰に裏打ちされた功徳の宝庫という教えが、ユダヤ教に投影されている点を見逃してはならない[80]。プロテスタント・カトリック論争が古代へと投影されると、ユダヤ教はカトリック教会、そして初期教会（キリスト教）はルター派教会の役回りを演じさせられている。

ヴェーバーによる律法主義的ユダヤ教という想定は、のちの時代の議論を新約聖書時代へと投影するのに有用だという理由だけで、その絶大な影響力を説明することはできない。この理解が根強く継承される他の理由として、それが確たる証拠に依拠していると思われていることも挙げられる。ラビ的——あるいはファリサイ派的、ユダヤ的——救済観に諸規定の履行と違反とを秤にかけるという概念があるという理解は、秤に関する実際のテクストによって支持されるかのように見える。審判において移行が可能な功徳の宝庫なる教義に関しても、ゼフート・アヴォート（*zehut 'abot*, 父祖の功績）という句を含むテクストが立証テクストとして用いられている。このような例は尽きない。既述のとおり、ビラーベックは幾千もの引用や引照を用いつつ、彼が言うところの「ファリサイ派的救済論」を誰かが支持しただろう確たる証拠を提示したかに見える。用語（ラビ的と言うべきか）や時代（立証テクストがほぼ後 70 年以降）に関して議論をしても、解決に至らない[81]。時代的に 2, 3 世代の誤差があったとしても、ラビらはその救済観を無から作りあげたのでなく、イエス時代のユダヤ人のいずれかの集団に依拠したことが容易に想定

---

79) Neusner, *Rabbinic Traditions*, III.359–63.
80) Moore, 'Christian Writers', 231.
81) Neusner（*Rabbinic Traditions*, III.361, 363）は、大半のキリスト教側によるファリサイ派への批判は、ファリサイ主義に関する証拠に依拠しないと述べる。これは正しい応答だが、ここでの議論への決定的な反論にはならない。学者らは実際にラビ文献を意識して論じてはいるが、ヴェーバーの律法主義的ユダヤ教という理解は、ファリサイ派の後継者と見なされるラビに継承されたと、容易に言い得るからだ。

される。

　上のようなユダヤ教観をそのまま継承する新約聖書学界を「似非学問[82]」と呼んだり「批判の余地あり[83]」と評したとしても、何も進展しない。このような批判が正しいとしても、それが新約聖書批評学において継承される上のユダヤ教理解に歯止めをかけることにならない。それは彼らが、この理解を支持すると思しき証拠へ疑念を抱かないからだ。様々に修正されたヴェーバーによるユダヤ教理解を支持する新約聖書学者らは、それが手許資料に依拠したラビ・ユダヤ教の姿であり、それが多くの支持を得ており、批判に耐え得る議論だと考えている。既述のとおり、ブセットの最新版へ序文を寄せたローゼは、ブセットの視点が確実に支持を得、さらなる進展を遂げ、ムーアの議論をも内包すると理解する。ヴェーバーやブセットやビラーベックのユダヤ教理解に依拠しても反論を受けない現状にあって、ローゼの理解は広く受け入れられているようだ。このような現状理解は、辛辣な皮肉によって──正当化される皮肉であっても──正されるようなものでない。

　ユダヤ教の代弁者らは、ビラーベックの註解書が依拠する神学的基礎に対して批判的で、それが誤りであることを述べつつ異なる理解を提供したが、その議論において直接的な対決を避けた。実際にムーアは、その対決姿勢を隠した仕方である論文を発表しており、既述の3巻本においても彼の論敵の視点にほとんど言及しない。ムーアは自らの議論を明示するものの、そこでブセットの理解を論破しない。結果としてムーアは、ブセットの利点を支持するための資料集として自らの著書が誤用されることを許してしまった。ムーアの著書に「ユダヤ教を論ずるキリスト者著作家（Christian Writers on Judaism）」という彼の論文が付加されたなら、その影響力はより大きかっただろう。少なくとも新約聖書学者らは、ムーアの議論がブセットに相対するものだと知ることとなっただろう。

　こうして、ユダヤ教──あるいはその一部──をキリスト者が律法主義的行為義認の宗教として一般に理解する傾向は、一次文献への知識においては

---

82)　Sandmel（123頁の註63）を見よ。また Sandmel（*The First Christian Century*, 4. 103頁の註17を見よ）は、感情的にならずに弁護可能な責任ある学問を積み上げることだ、と述べている。

83)　Neusner, *Rabbinic Traditions*, III.359.

るかに優る学者らによる決定的な——致命的とも思われる——反論にもかかわらず、繰り返される。第Ⅰ部の目的の1つは、この現状を明示して、それに対して反論を試みることだ。私はこの作業を、ユダヤ教への寛容さを訴えることで達成しようと考えない。あるいは、ヴェーバーの理解が依拠する以外の資料を提示して、そこにより良いラビ・ユダヤ教の姿を見出そうとするのでもない。むしろ私は、ヴェーバーやブセットやビラーベックの理解が、まずタンナ文献に関して著しい曲解と誤解に依拠していることを示すことによって、その目的に到達しようと考える。これを始めるにあたって、まず当該文献がいかに用いられるべきか、それが何に対して適用されるか、を明らかにしよう。

2. ラビ文献の取り扱い [84]

　先行する議論で明らかになったとおり、ヴェーバーやビラーベックやブセットのラビ的——あるいはユダヤ的、ファリサイ派的——宗教の理解を支持するために用いられる資料が、再度分析される必要がある。この事情が本著での資料選択を部分的に決定する。しかし、タンナ文献の取り扱いに関して、より重視されるべき要件がある。もちろんラビ文献の膨大さに鑑みると、これを単著において網羅することが現実的でない点は言うまでもない。ここでは、資料の取り扱い方針を冒頭で要約して述べ、議論の進展とともにその都度必要な論点を詳述するのが、もっとも分かりやすい議論の進め方だろう。

　本項が扱う資料は、伝統的にタンナ文献として知られる。これはエルサレム陥落（後70年）からラビのユダ・ハーナスィによるミシュナ編纂（200年頃）までの期間の文献を指す。この時期の資料はその大半が以下のタンナ文献である。すなわちミシュナ、トセフタ、そしてタンナイーム時代のあるいはハラハー的ミドラシュ——出エジプト記のメヒルタ、レビ記のスィフラ、民数記と申命記のスィフレである。のちの資料から再現されたタンナイーム時代のミドラッシュと見なされる文献の使用には注意が必要となる。これに

---

[84] テクストとその翻訳と引照方法に関しては巻末の文献表を参照。

該当する文献として、ラビ・シメオン・ベン・ヨハイによる創世記のメヒルタ、民数記のスィフレ・ズータ、申命記のミドラシュ・タンナイーム——である。さらに、2つのタルムードにおいてタンナに依拠するとされる伝統、またミドラシュ・ラッバーなどの後期ミドラシュをも用いる。

これらの文献を扱うにあたって、それらが上述した130年にわたる期間、とくに後2世紀後半の3分の2の期間におけるラビらの議論を正確に反映していることを前提とする。これらがイエスやパウロの時代のユダヤ教あるいはファリサイ派の正確な姿を提供するとまでは考えないが、まったく関連がないとなると、それはそれで驚きに値する。

おそらく本研究の方法論でもっとも議論となるのは、時間や場所が特定できる1人のラビや1つの集団の言説に焦点を置くのでなく、テクストを選択的に用いることだろう。この方法論の正当性に関しては後述する。まずは、幾つかの主要な点を詳細に論じよう。

a. ファリサイ派とラビ

ファリサイ派＝ラビ？：ヴェーバーの理解が新約聖書学界に影響を及ぼし続けているという前項での議論において、ラビ文献をファリサイ派について語る証拠資料として用いる伝統があることを述べた[85]。この理解は、ラビらがファリサイ派伝統を継承したとの前提に依拠している。2つの例を挙げよう。ビラーベックは「ファリサイ派の救済論」を議論する際に、ラビ文献を引証する。またレスラーは「ファリサイ派的正統派」について論ずるが、その際におおかたビラーベックが挙げるラビ文献に頼っている[86]。ファリサイ派とラビとを同視する傾向はキリスト者の学者らに限らず、多くの著名なユダヤ人学者のあいだでも同様に見られる。したがってベルキンは1935年に、

---

[85] 一般的な理解では、後70年までをファリサイ派と言うが、エルサレム陥落の結果として諸宗派が終焉を迎えると、この名を用いることが適切でなくなる。その後ヤムニアにてユダヤ教の復興に関わったファリサイ派の後継者を「ラビ」と言う——もし按手を受けていればだが、ほとんどの指導者は按手を受けていた——。興味深いことに、後70年以前の賢者らは「ラビ」と呼ばれなかった。したがって「ヒレル」であって「ラビ・ヒレル」でない。

[86] 前項を見よ。

タンナ文献がファリサイ派の思想を反映するというサッカレーの理解を肯定的に取り上げた[87]。同様にツァイトリンは、ラビ文献からファリサイ派の思想を導き出す可能性についてかなり楽観的だ。彼は何よりも、神殿破壊以前に律法へと組み入れられたと見受けられる多数の無記名ハラホートを念頭に置いている[88]。最後にフィンケルシュタインは、繰り返しファリサイ派のみならずラビ文献の大部分を古代の重要な所産として論ずるが、彼もまた幾つかの無記名ハラホートを含めたラビ文献の注意深い分析によって主流ファリサイ派の思想を構築し得ると考える[89]。

近年では多くの学者らが、単純にラビ文献を基にしてファリサイ派の思想を特定することの可能性に疑念を示している。この懐疑的傾向の一部は、ラビ文献の成立年代を特定することの難しさに起因する。したがってマイアーは、自由意志と予定論の研究において『ソロモンの詩編』に依拠しつつ、ラビ文献を扱わない理由はその年代特定が困難だからと述べる[90]。既述のとおり、ジョベールはその契約に関する研究において後70年以前の資料のみを扱うことを意図したので、ラビ文献は皮相的な扱いに留まっている[91]。ビュキャナンはファリサイ派とラビの両宗教の関連について半信半疑だが[92]、彼を極端に懐疑的と評する者もいる[93]。ビュキャナンは、ラビ文献に「反ファリサイ派」的文言が見られることをこの懐疑的姿勢の理由とするが[94]、これは受け入れられない。なぜならこれらの文言は――ビュキャナンに引照がないが――、ファリサイ派という歴史的な宗派を指すのでなく、極度な禁欲主義としてのちのラビらに知られていた集団のことだろうからだ[95]。この集団

---

[87] Belkin, 'The Problem of Paul's Background', *JBL*, 54 (1935), 41; Thackeray, *The Relation of St Paul to Contemporary Jewish Thought*.

[88] S. Zeitlin, *The Rise and Fall of the Judaean State*, II.344–46.

[89] Finkelstein, *The Pharisees* を見よ。さらに後続する項で、彼の執筆年代に関する議論を見よ。

[90] G. Maier, *Mensch und freier Wille*, 23.

[91] Jaubert, *La notion d'alliance*, 289.

[92] G.W. Buchanan, *The Consequences of the Covenant*, 259–67.

[93] Neusner, *Rabbinic Traditions*, III.356–57 参照。

[94] Buchanan, *The Consequences*, 261.

[95] 例えば Rivkin, 'Defining the Pharisees: the Tannaitic Sources', *HUCA* 40–41 (1969–70), 234–38 を見よ。Rivkin はプルシーム (『T ソタ』15.11–12// 「ババ・バトラ」60b; 『BT プサ』70b; 『T ベ

は、ファリサイ派という宗派名がその意義を失ったあとの時代に属する。

2つの相反するファリサイ派像：近年2人の学者が、ラビ文献から確実に知ることができるファリサイ派の姿に関して、異なる視点から述べた。タンナ文献で言及されるプルシームをすべて分析することで、リヴキンはファリサイ派の再定義を試みた[96]。彼は伝統的な理解に反して、ファリサイ派とハヴェリームとを同視しない。ある特定のファリサイ派がハヴェリームであるかも知れないし、あるハヴェリームがファリサイ派である可能性も否定できないが、これらは同一でない[97]。むしろファリサイ派は「二重の律法という概念を創出した学者層で、これをもってサドカイ派に勝利し、社会にこの概念をもたらした[98]」。ジェイコブ・ニューズナーはファリサイ派と見なされる集団（ヒレル派など）や個人に関するあらゆる初期ラビ文献を分析した結果、上とは異なる定義に達した。ニューズナーによると、ファリサイ派に関するラビ文献はおおよそこの宗派の内的生活[99]、とくに浄めと食事規定などの事柄についてのみ触れている。「341の該当するペリコペのうち、229にも及ぶペリコペが直接的にまた間接的に食卓の交わりに関するものだ[100]」。ファリサイ派に関するこれらの記事と、国の政治に積極的に参与するファリサイ派像を描くヨセフスの記事とを比較して、ニューズナーは以下の結論に至った。すなわち、ファリサイ派の性質は「政治的党派から一宗派へ[101]」と変化を遂げた。そして彼は、「［ヒレルが］この政党を政治的関心から導き出し、

ラ』3.25）が「ファリサイ派」でなく「異端」を意味するとする。『BTソタ』22bのプルシームも「ファリサイ派」と訳されるべきでないようだ（Rivkin, pp.240–41）。この集団の年代にも注意すべきだ。『Tソタ』15.11では神殿崩壊後、『BTプサ』70bではラヴ・アシと同時代（後352–427年。JE, s.v. Ashiを見よ）。『Tベラ』3.25でプルシームは、神殿破壊後のビルカト・ハーミーニームで呪われるミニーム（異端者）と同視される。『BTソタ』22bのプルシームの7つの型（すべて邪悪）は、ラビ・ヨシュアによるとされる句（『Mソタ』3.4）に付加されている。これらの反プルシーム的文言で後70年以前に存在した宗派を指すと思われるものはない。ラビ文献のプルシームをファリサイ派と同視しない立場としてJ. Bowker, *Jesus and the Pharisees*, 1–37も見よ。

96) Rivkin, 'Defining the Pharisees.'
97) Rivkin, 'Defining the Pharisees', 445–46.
98) Rivkin, 'Defining the Pharisees', 248.
99) Neusner, *Rabbinic Traditions*, III.287. p.290参照。
100) Neusner, *Rabbinic*, III.297.
101) Neusner, *Rabbinic*, III.305.

より受動的で静閑な道へと進めることに寄与した[102]」と判断した。これはリヴキンのファリサイ派理解と、おおよそ真っ向から対立する。リヴキンはそのタンナ文献研究において以下の結論に至った。ファリサイ派——後ヒレル派のファリサイ派を含む[103]——は彼らの思想を社会において確立することに関心を持っており、純粋な清浄規定自体に関心があるのでない。もっとも、自らをハヴェールと名乗る者にとって何が相応しいかを決定する役割を自覚してはいるが[104]。

このように、ファリサイ派とラビとの関係を述べることは容易でない。ファリサイ派とは何者で、彼らがユダヤ教全体でいかなる位置にあったと自覚していたか、この問題には決着が着いていない[105]。リヴキンやニューズナーのように、この問題を考察し直しつつ厳密な学術的水準を確立する試みは、大いに歓迎される。もっとも、私たちの関心は「ファリサイ派の宗教」あるいはその他の宗派（党派）について論ずることでない。むしろ私たちの関心は各種の文献自体にあり、それらに散在する証言からある宗派を再構築することでない。ここで私たちは、タンナ文献の論考がタンナイームの宗教を知る重要な手がかりとなるという想定に立っている。この議論が、後70年以前のファリサイ派やユダヤ人に共通する敬虔といかに関連するかは別の問題だが、これに関しても第I部の結論部で振り返ることとしよう。以下では、タンナイームの手によると伝統的に考えられる文献群の年代に関して、その一般的な議論を考察しよう。

b. 執筆年代と信憑性の問題

ラビ文献の信憑性と序列：執筆年代と言及されるラビの信憑性に関して、私は2つのおおまかな前提に立っている。第1に、私はエプスタインに倣っ

---

102) Neusner, *Rabbinic*, III.305.
103) Rivkin, 'Defining the Pharisees', 232.
104) Rivkin, 'Defining the Pharisees', 233, 245.
105) さらに Neusner, *Eliezer Ben Hyrcanus*, II.295, 298–307 を見よ。Neusner はここで、ラビらが異なる集団から成り立っており、その1つがファリサイ派だと論ずる。ファリサイ派とラビに関して一般に支持されている Neusner の議論は以下を参照。Neusner, *From Politics to Piety* (1973); *Understanding Rabbinic Judaism* (1974).

て、無記名のハラハー的ミドラシュ資料をラビ・アキバとラビ・イシュマエル——両者ともバル・コホバの乱の時期、あるいは後 2 世紀の最初の 30 年にあいだに没したと思われる——とラビ・ユダ・ハーナスィ——後 200 年頃で、彼は単に「ラビ」呼ばれがちだ——のあいだの期間に置く[106]。第 2 に、私はニューズナーに倣って、ヤムニア期とそれ以降（後 70 年以降）のラビへ言及がある場合は、これをほぼ信頼できると考える。ニューズナーはその著 *Rabbinic Traditions*（III.3;『ラビ伝承』）で、名前が言及されるラビの伝承に関して、2 つの経験則を挙げる。すなわち、後 70 年以降のラビに関しては「かなりの確信」をもって、後 140 年以降のラビに関しては「まったき確信」をもって扱う。彼がより最近著した *Eliezer Ben Hyrcanus*（『エリエゼル・ベン・ヒュルカノス』）では、より詳しい一般則が挙げられている。タルムードや後期ミドラシュに初めて現れる資料より、早い時期の書に見られる資料の方がより信頼でき、一般的な信憑性の序列は以下のとおりだ。(1) ミシュナ／トセフタ、(2) タンナイーム時代のミドラシュ、(3) パレスチナ・タルムードのバライトート、(4) バビロニア・タルムードのバライトート、(5) 後期ミドラシュの伝承（II.226 参照）である。ある言説に関してやや後期のラビが語る場合、これはその言説の内容の信憑性を計る助けとなる（II.92–94 参照）。同様に伝承の連鎖もこの助けとなる（II.87 参照）。あるラビに依拠する資料が、同人物に依拠する他の資料と整合性がありながら異なる伝承の道筋をたどる場合、これは信頼に値する、等々である[107]。同じ資料に異なるラビ名が充てられていることが時としてあることに鑑み、すべての資料が言及されるラビに由来するわけでないことは以前から知られていた。しかし私たちの研究対象がタンナ文献に限定されているかぎり、ラビ名の信憑性はあまり問題とならない。特定のラビが何を考えたかを追求する機会がほとんどないから

---

[106] J.N. Epstein, *Mebo'ot le-Sifrut ha-Tannaim*, 521. さらに本著 146–47 頁と註 139–43 を見よ。しかし Epstein は、タンナイーム時代のミドラシュにおける幾つかの伝統は後 70 年以前に遡ると考える。Epstein, *Mebo'ot*, 512–52 参照。

[107] Neusner, *Eliezer*, I.1–3 も見よ。これらの原則はラビの名が記される場合に適用できる。Neusner は清浄規定に関する無記名の諸規定に関する分析を始めているが、本著執筆の終わりにさしかかって開始されたこの研究を、ここで十分に反映させることはできない。

だ（後続する「タンナ文献の折衷的な扱いに関する問題」を見よ）。私たちの主要な関心はタンナ時代の資料にあり、言及されるラビは一般に信頼できると考えて良かろう。タミードなど古い篇にある無記名の資料を扱う場合は、いつもエプスタインの執筆年代を手がかりにすることになる[108]。したがって、ある概念の伝承史を後70年以前からラビ［・ユダ・ハーナスィ］まで辿ることが可能な場合もあろう。

後70年以前の資料：ここで、ニューズナーの理解に関して1つ明らかにしておこう。彼が、ファリサイ派に関する後70年以前に遡るラビ伝承が比較的少ないと言う場合[109]、それはラビ文献に後70年以前の資料が他に何もないと論じているのではない[110]。ニューズナーは、ミシュナの幾つかの篇の多くの部分が後70年以前に遡るというエプスタインの考えを否定しない。ニューズナーが否定するのは、それらの資料がファリサイ派の特徴を示すという点だ。したがって彼は、「ミシュナに見られるそれらの律法がおそらく後70年以前のものであろうのに、それがなぜ当時ファリサイ派が関知しなかった公務に係る事柄を扱うか[111]」が説明されねばならないと述べる。この資料の大部分が神殿と神殿祭儀を扱っているので、私たちはそれによって本著の重要な関心事である贖罪理解について多くを知り得る。それがミシュナに存在することはすなわち、ラビらがそのような資料を権威あるものとして受容したことを意味しよう。しかしそれでも、この資料がファリサイ派の特徴的な思想を反映してはいないという見解に私は同意する。

2つの極端な議論――古い資料説：本著での時代設定に対して、2つの極端な理解があることを指摘しておこう。1つは資料が非常に古いという立場であり、もう1つは資料がずっとのちのものであるという立場である。前者の立場をとる重要な研究者にルイス・フィンケルシュタインがいる。

彼は1983年に著したファリサイ派に関する研究書で、以下のように述べている。

---

108) Epstein, *Mebo'ot*, 25–58 を見よ。
109) Neusner, *Rabinic Traditions* の諸所を見よ。
110) Neusner, *Rabinic Traditions*, III.301–02.
111) J. Neusner, *The Modern Study of the Mishnah*, xv.

ミシュナのほとんどの部分は、ペルシャ期とヘレニズム期に形成されたようだが、サドカイ派とファリサイ派との論争はそれよりかなり前、第一神殿時代の後期世代かそれ以前から始まっていた[112]。

フィンケルシュタインはその後もこの見解を維持し、近年では部分的により早い時期を提唱してさえいる[113]。フィンケルシュタインの見解を評することが私たちの目的ではない。しかし、『申スィフ』343（フィンケルシュタイン版 p.395）での言説——『アミダー（立禱）』（十八祈禱文）の初期版は「初期の預言者ら」が編纂した——を、捕囚以前にシナゴーグ礼拝の起源があることを示す「文献証拠」として引証する彼の姿勢[114]に疑念を抱く者もいよう。タンナイーム時代のミドラシュにこのような史実性を求めることが[115]、エズラ以前の時代に関する疑問を解明する正しい方法とは考え難い。しかし一方で、フィンケルシュタインらが幾つかの古い伝承の存在を示し[116]、のちのラビ的ハラホートと符合する初期のハラホートを示し得たことに疑いの余地はない[117]。私は、早い時期に文献と宗派論争を想定するフィンケルシュタインの全般的な仮説を受け入れない。しかし彼の理解が正しいとしても、それが本研究を妨げるものではない。私たちは、タンナ文献の一部がタンナイームよりかなり以前の時代に属するとしても、タンナ文献がタンナイームの思想を反映していると確認することができれば十分だ。

新しい資料説：タンナ文献の分析においてより重大な問題は、ヴァホルダーの見解だ。彼はラビ・イシュマエルによるメヒルタをバビロニア・タルム

---

112) Finkelstein, *The Pharisees*, I.lxv.
113) Finkelstein, *New Light from the Prophets*（1969）. Finkelstein は『申命記スィフレ』が部分的に捕囚時代か捕囚以前、また十戒に関するメヒルタでの議論が捕囚以前だと論ずる。
114) Finkelstein, *Pharisaism in the Making*, vi.
115) Finkelstein（*New Light from the Prophets*, 37–41）はこのミドラシュの言説自体を捕囚期に置いている。
116) たとえば『Mサン』10.1 に関する I.A.7 での議論を見よ。
117) L.I. Rabinowitz（'The Halakah as Reflectd in Ben-Sira', 264）は、「［シラ書では］一般に記述律法が前提だが、ハラハーが口伝律法に属する証拠が散見される」と述べる。

ードが完了した後の8世紀と特定するからだ[118]。また、他のハラハー的ミドラシュもタンナイーム時代以降と定める[119]。ラビ文献の成立年代と信憑性に関する問題が激しい論争となったことは、ラビ・ヨハナンに関する伝承を分析するニューズナー著 *Development of a Legend*（『伝説の発展』）へヴァホルダーが書いた書評がきっかけとなって始まった、ヴァホルダーとモートン・スミスとのやり取りからうかがえる。この書評でヴァホルダーは以下のように言う。

> この本は、タルムード研究の方法論が新約聖書学の現状に追いつくまでにかなりの時間を要することを示している。ニューズナーの本著のような野心的な研究が行われる前に、初期のラビ文献についての基本的な時代設定、歴史的および文学的研究がなされる必要がある[120]。

ヴァホルダーは、ハラハー的ミドラシュがより遅い時代に属する点をニューズナーが看過していることをとくに指摘している[121]。モートン・スミスはこれに応答し、ミドラシュを遅い時代に定めるヴァホルダーの理解を奇異だと述べる[122]。ヴァホルダーは同じ号の論集で、ハラハー的ミドラシュを遅い時期に定める E.Z. メラメドを引照しつつ、以下のように述べる。

> エプスタインに師事し、エプスタイン著 *Introduction*（『導入』）シリーズを編集した E.Z. メラメドは、その網羅的な研究の結果、ハラハー的ミドラシュ——ヴァホルダーはこれを「タンナイーム時代の」と呼ばない——の最初期の編纂作業が、ミシュナやトセフタが権威あるラビ文献としての位置を確立してしまったのち、かなり経ってから始まったと結論づけている[123]。

---

118) B.Z. Wacholder, 'The Date of the Mekilta de-Rabbi Ishmael', *HUCA* 39 (1968), 177–44.
119) Wacholder, 'A Reply', *JBL* 92 (1973), 114–15.
120) *JBL* 91 (1972), 124.
121) *JBL* 91 (1972), 123–24.
122) Wacholder, 'On the Problem of Method in the Study of Rabbinic Literature', *JBL* 92 (1973), 112–13.
123) Wacholder, 'A Reply', *JBL* 92 (1973), 114. これはE.Z. Melamed, *The Relationship between the Ha-*

もっともメラメドは、ハラハー的ミドラシュをラビ［・ユダ・ハーナスィ］よりも2世代あとの編纂だと考えていない。彼は最後の校訂をこの遅い年代に置いているだけである。メラメドは、ハラハー的ミドラシュの成立についてエプスタインに同意し、それをおおよそタンナイーム時代とし、ラビ・アキバとラビ・イシュマエルの両学派の区別を設けている[124]。メラメドの見解は、もう少し詳しく見るべきだろう。

メラメドの判断：基本的な方法は、引用として認められるミドラシュの箇所を見出し、それが私たちの知るミシュナやトセフタ、あるいはその異読伝統に依拠しているかを判断することだ。ここで2つの例を挙げよう。メラメドがスィフラの分析で注目した最初の対象は、「それ故に彼らは言った」で始まるテクスト群だ。ミシュナでこの句が用いられる場合、一般にそれはより早い時期のミシュナ集——ときとして現在のミシュナ——に言及しているが、スィフラでは一般に私たちの知るミシュナかトセフタを指す[125]。したがって『スィフラ・ネダバー』パラシャー9.9は、「それ故［ここで議論されているレビ2.2を基に］彼らは言った、『もし一摑み分を取り分けてない穀物の献げ物が2つあり、それらが混ぜられたなら、それでもそれぞれから一摑みが取り分けられる場合、それらは受け入れられ、そうでなければ受け入れられない』と[126]」。『Mムナ』3.3には「それ故に彼らは言った」という導入を欠く同じ文章が見られる。したがって、スィフラのこの文章がミシュナの引用であることは明らかだ。スィフラの表現がミシュナと異なる場合もあるが、「それ故に彼らは言った」という句はミシュナの文言に近いハラハーを導入する。メラメドは、こういう場合にスィフラのタンナがミシュナの表現を変更したか、あるいは私たちが知るミシュナが編纂されたあとで他のテ

---

lakhic Midrashim and the Mishna and Tosefta（ヘブライ語、1967）に関して言及している。

124) Wacholder (*JBL* 91 [1972], 124) は、ラビ・アキバとラビ・イシュマエルの両学派の違いがハラハー的ミドラシュにおいて明らかだとの見解を「受け入れがたい」と述べる。Melamed, *Relationship*, 105 を見よ。以前に Epstein は、ラビ・イシュマエルのメヒルタの諸巻がラビ・イシュマエル学派の異なる分派によって編纂され、その編纂を1人の人物に特定できないことを証明した。

125) Melamed, *Relationship*, 10.

126) この箇所の内容部分の翻訳は Danby による（『Mムナ』3.3）。

クストが挿入されたか、このいずれかを判断することは困難だと述べる[127]。スィフラは必ずしも、ミシュナに対して二義的な文献と考えられていたわけでない。

2つ目の例はより複雑で、メラメドの理解をさらに明確に示す。ここで比較されるのは『スィフラ・ネダバー』パラシャー8.7と『Mムナ』12.5だ。この箇所でスィフラは、無記名の意見として、個人がオリーブ油を随意の献げ物とし得るとして開始する。これに続いて、ラビ・アキバとラビ・タルフォンとの対論を記すミシュナの文書をほとんどそのまま引用する。ラビ・アキバはここで、随意の献げ物としてぶどう酒は受け入れられるが、オリーブ油は受け入れられないとの立場を示す。メラメドは、スィフラの無記名著者（ラビ・アキバの弟子でラビ・ユダ・ハーナスィの後継者）が無記名（*stam*）のままでラビ・タルフォンを引用したが、のちのスィフラ編纂者はラビらの名前を挙げて、これをラビ・タルフォンとラビ・アキバの対論として開始した、と記している[128]。

この例とその他メラメドが多く挙げる例において注目すべきは、のちの編纂者がタンナイーム時代以後の文章をスィフラに持ち込んでいないことだ。編纂者はすでに存在するタンナ文献に他のタンナ資料を付加するのみだ。その結果、オリーブ油を随意の献げ物として認めるというスィフラ本来の立場と思しきものに、ミシュナのラビ・アキバの反論によって変更がなされた。これは確かに、ミシュナの権威が確立したあとでスィフラが最終的に編纂されたというメラメドの議論を支持する。もっともこれによって、スィフラがタンナイーム時代の性質を有すること、またその基本的な作成がタンナイームの指導的立場にあったラビ・ユダによってなされたことが否定されはしない。

メラメドの著書に関するヴァホルダーの全体的な印象が正しいとは思われない。メラメドはヴァホルダーが考えるように、ハラハー的ミドラシュの「最初期の編纂」がラビより2世代のちだと議論しているのでない[129]。むしろメ

---

127) Melamed, *Relationship*, 12.
128) Melamed, *Relationship*, 52.
129) Wacholder, 'A Reply', 114.〔訳註　「ラビ」が単独で個人を指す場合、これはラビ・ユダ（・

A. タンナ文献

ラメドは、「最終的な編集」のことを述べている[130]。さらに、メラメドの著書が、ミドラシュがタンナイーム時代以降の文献だというヴァホルダーの意見を支持しないことは明らかだ。タンナイーム時代以降の編纂者の仕事は、大まかに言ってミシュナとトセフタ――さらに現存しないタンナ文献[131]――とを適切な場所で引用することだが、ヴァホルダーはおおよそのミシュナとトセフタとをタンナ文献と考えている。さらにメラメドは、ハラハー的ミドラシュとミシュナやトセフタとの並行箇所を較べると、私たちが知るミシュナにミドラシュの最終的編纂者らが知らない付加がときとして見られると述べる。さらに彼は、ミシュナの文言に見られる幾つかの欠けを、スィフラを手がかりとして埋めて完成させることができると言う[132]。

新しい資料説への反論：メヒルタの成立年代に関するヴァホルダーの長大な論文を[133]、ここで詳細に評価することはできない。しかし、ミドラシュ全体の成立を遅い時期に設定することを支持する証拠がない。メヒルタ成立を遅い時期に設定する証拠とされるものが、ミシュナにも当てはまる例がある。ヴァホルダーは、メヒルタでの対論が異なる時代のラビ同士によることを証拠として挙げる[134]。しかし『Mケリム』27.12 にも同じような時代錯誤的な「対論」が見られる。じつにラビ・エリエゼルとラビ・シメオン［・ベン・ヨハイ］は同時代のラビでない。ボクサーはこれを、「のちに古い律法を考察したラビ・シメオンが異議を唱え、ミシュナの編纂者がこれらを対論として加えた[135]」と説明する。これは、ヴァホルダーがメヒルタに見出す齟齬ほど著しいものでないが、メヒルタの例にしてものちの編纂者による拙い編集の結果であり、伝統そのものが遅い時代に属し、その対論や対論者らが架空のものと結論するに至らない。メヒルタの成立年代に関するラビ文献研究者らの総意は、その大半がタンナイーム時代に属しつつ、のちの校訂がい

ハーナスィ）を指す。]

130) Melamed, *Relationship*, 181.
131) メヒルタの引用に関しては Melamed, *Relationship*, 105.
132) Melamed, *Relationship*, 180.
133) Wacholder, 'The Date of the Mekilta.'
134) Wacholder, 'The Date', 129–30, 132–33.
135) B.Z. Bokser, *Pharisaic Judaism in Transition*, 121–22.n9.

くらか見られる、というエプスタインの見解に倣う[136]。したがって例えばゴールディンは、メヒルタの諸篇はタンナによるが、これらの篇が1つの註解として編纂されたのはタンナイーム時代以降だとする[137]。さらにゴールディンは、メヒルタの大部分——とくにハラハーに関して——がラビ・イシュマエルの学派によるとの理解が、十分に立証されていると考える[138]。

エプスタインの判断：エプスタインの計り知れない博学と信望に依拠したこの学術的総意に本著は依拠して、当該文献の成立年代とその信憑性とを判断する。私はこの問題に関して何か新たな仮説を提供するつもりはなく、ラビ文献学者らのおおよそ一致した見解に従うこととする。

エプスタインの主要著書群はボクサーによって要約されているので、その概要をここに記す必要はない[139]。しかし少なくとも、成立年代に関する私たちの主要な前提——ハラハー的ミドラシュに見られる無記名の資料の多くがラビ・アキバやラビ・イシュマエルとラビ［・ユダ・ハーナスィ］のあいだの期間に属する——がいかに支持されているかを示そう。既述のとおりメラメドは、スィフラの無記名著者がラビ・アキバの弟子のラビ・ユダ・ベン・イライだとする、エプスタインの理解を支持する。もちろん、これを支持するテクストが『BTサン』86aにある。

ラビ・ヨハナンは言った。「無記名ミシュナ［の著者］はラビ・メイルで、無

---

136) Epstein (*Mebo'ot*) によるメヒルタの編集史は著しく複雑で、ここではその主要な点を挙げるに過ぎない。メヒルタは、本来個別の項がたんに収集されたものを指した。最終的な版は校訂者や編集者によるものでない編纂だ (p.572)。幾つかの篇の *stam*（無記名者の意見）は他所でラビ・イシュマエルと特定されるが、幾つかの伝承の校訂本はラビの学派と特定し、他の校訂本はラビ・シメオン・ベン・ヨハイ学派の影響を受けており、ラビ・アキバの体系を反映するものもある (p.581. cf.550, 554, 566, 570)。それでも Epstein は、基本的にメヒルタがラビ・イシュマエルに依拠すると考える (pp.564, 568, 570)。メヒルタがタンナイーム時代に属するという総意に属する二次文献は Wacholder, 'The Date of the Mekilta', 117.n1 を見よ。さらに W.S. Towner, *The Rabbinic 'Enumeration of Scriptural Examples'* (1973); 'Form-Criticism of Rabbinic Literature', *JJS* 24 (1973), 101–18 を見よ。ラビ文献の伝承法則を見出そうとする Towner は、他のラビ文献と較べてメヒルタの伝承が比較的に古いことを、部分的には証拠を示しつつ、部分的には前提として捉えている。

137) J. Goldin, *The Song at the Sea*, x.

138) Goldin, *The Song*, 11.

139) Bokser, *The Modern Study of the Mishnah* (ed. J. Neusner), 13–55.

記名トセフタはラビ・ネヘミヤで、無記名スィフラ［にある格言］はラビ・ユダで、スィフレはラビ・シメオンだ。そしてすべてがラビ・アキバの理解に則って教えられた」。

エプスタインはスィフラに関するこの言説を厳密に捉え、「これはスィフラの無記名資料のほとんどがラビ・ユダによるミドラシュであることを意味する[140]」と述べる。もっともエプスタインはこの伝統に依拠するだけでなく、それがスィフラの無記名資料を分析することで正しいとの結論に至った。彼はとくに、他所で同じ資料がラビ・ユダに依拠することを示す。したがって例えば、浄めの水として地中海以外の海が不適性であることを創 1.10 に依拠して述べる『スィフラ・シェミニ』パラシャー 3.2 の無記名者の意見は、『M パラ』8.8 と『M ミク』5.4 でラビ・ユダによるとされる[141]。このような資料証拠の積み重ねによって、エプスタインはミドラシュの無記名資料に関する見解を示している[142]。これは、モーセ五書の律法部分に関するミドラシュ的解釈がラビ・アキバとラビ・イシュマエルから派生しているという[143]、ミドラシュ資料に関する一般的理解へとエプスタインを導いた。私たちはこの見解に立って、タンナイーム時代のミドラシュの無記名資料の大半がおおよそ後 140 年以降のラビ・ユダヤ教を研究するために適切な資料であると

---

[140] Epstein, *Mebo'ot*, 656.

[141] Epstein, *Mebo'ot*, 657.

[142] ミドラシュの無記名資料に関する Epstein の見解の完全なリストをここに提供することはできない。註 136 で述べたように、これらはときとして非常に複雑だ。基本的にラビ・アキバ学派によるスィフラ（ラビ・ユダと目される無記名著者）も、ラビ・イシュマエル学派に依拠する部分を含むとされる（Epstein, *Mebo'ot*, 639–41）。『民スィフ』と『申スィフ』に関する主要な結論は以下のとおりだ。『申スィフ』はラビ・アキバ学派に依拠し、その主要な無記名著者の正体はラビ・シメオン・ベン・ヨハイだ（pp.703–07）。『民スィフ』はラビ・イシュマエル学派に依拠し、少なくとも部分的な無記名著者の正体はラビ・イシュマエルだ（pp.588–89）。もっともこの後者には、ラビ・シメオン学派に依拠するものをも含む他の資料が多くある（pp.597–608）。Finkelstein ('Studies in the Tannaitic Midrashim', *PAAJR* VI [1934–35], 220) は、内容が似ておりときとして同一の『民スィフ』と『スィフレ・ズータ』がラビ・シメオンに依拠するようだと述べる。それは、他所でスィフレの無記名資料がしばしばラビ・シメオンによるとされるからだ。

[143] Epstein (*Mebo'ot*, 521) は、彼らがハラハーをトーラーと結びつける必要があったと述べる——ハラハーが一般に聖典テクストに言及しないまま提示されるミシュナ的仕方との区別として——。

考える。解釈の一部はもちろんより古い伝統に依拠していようが、それは後2世紀の諸学派の手をとおして私たちのもとへたどり着いている。

c. タンナ文献の折衷的な扱いに関する問題

　ここで「折衷的」と言うとすこし誤解を与えないかと心配になるが、それはそれぞれの文献の意見、設定時期、場所の違いを看過して用いることを意味しない。それでも本研究では、タンナ文献を特徴づけ、この基礎となる一般的な宗教理解と宗教的営みとが共通してあることを論ずる。たしかに、広範にわたる資料を視野に入れながら、そこに1つの宗教観を見出すことは困難だ。さらに、できるだけ多くの下位区分へと範疇分けしようとする初期ラビ文献の研究傾向にあって、ほぼすべてに適用される仮説を提供することには抵抗がある。全期間にわたって1つの神学様態が機能していたと想定すること——既述のとおりヴェーバーやビラーベックの場合がそうだが——、ハラハーや倫理あるいはメシア到来に関する思索的な問い等の主題に関して1つの理解のみを想定すること、または網羅的な思想上および社会学上の視点を想定することは、上のような研究傾向から致命的ともなり得る反論を受けかねない。これらすべてにおいて、タンナ文献は著しい多様性を示す。しかし私は、いかに宗教が営まれたか、いかに宗教が機能したか——すなわち人がいかに編入され、そこに留まったか——に関しては共通の様態が見られ、それが他の点で多様なタンナ文献に1つの一貫した特徴を与えている、と考える。この主張は、必要とされる分析を実際に行うことなしに前もって証明し得るものでない。後続する議論では、ラビらの思想に何らかの様態が思惟的に読み込まれていないかという問題を問いかけつつテクストを分析し、結論部ではこの問題に焦点を置くこととする。ここでは先ず、タンナ文献において共通する宗教様態を探究する手がかりとなる要素を指摘しておく。

　（1）上述したとおり、ラビ文献という膨大な資料を分析するのには弁証的な意図がある。それは、ラビ文献に依拠すると一般的に考えられているラビ的救済論の体系が、じつはラビ文献の誤解から生じているという点を示すことだ。この弁証的意図が当該文献を扱うことを正当化するのでないが、これが留意すべき点であることに違いない。

A. タンナ文献

（2）より重要なのは、ラビ文献がその特徴として、ニューズナーの表現を用いるなら、「1つの集合型の文献」であるという点だ。ニューズナーはさらに、この文献について以下のように述べる。個々の部分が個々人の意見として始まり、「それらが公に継承され、急速に諸学派からなる共同体の財産となった。個々人の役割が何であったにせよ、それはすぐに背後へと退いた……。これは、個々の形式より慣例が、特徴的表現より定型句の繰り返しが、個々の洞察より総意が重視されることを意味した[144]」。この考察が示唆することには、否定的な面と肯定的な面の両方がある。まず否定的な面に目を向けよう。

当該文献が集合的だということは、一貫した特徴的な神学や特定の個人が示す「宗教様態」を見出すことが困難になる。個々のラビに関する研究は多数あり、現在も継続しているが[145]、たとえばパウロと容易に比較可能な個々の思想家を描き出すには至らない。重要なラビらの多くは、パウロと並べ得るだけの網羅的な思想を持っていたかも知れないが、それを復元することはもはやできない。たとえば動機について考えてみると、パウロの言動の動機をその書簡群をもとに議論することは容易だ。しかしラビの1人として、その動機が何かを憶測や仮説以上のものとして語ることは不可能だ。1つの例をとれば——論争が絶えない事例だが——、伝統的にラビ・アキバはバル・コホバの乱を是認したのみならず、これを奨励したことになっている。フィンケルシュタインは一方で、ラビ・アキバは軍事的蜂起に反対したものの、最終的には躊躇しつつもバル・コホバをメシアと認めたと議論する[146]。すなわち、ラビ・アキバによるとされる言説はラビ文献に多いが、彼と同時代のユダヤ人共同体が直面したもっとも重大な事件に関してさえ、彼が何を考えていたかを明示する言説を1つとして提示することができない。ラビらがそ

---

144) Neusner, *Rabbinic Traditions*, III.3. ラビ的宗教の一致と一貫性に関するNeusnerのもう1つの説明はNeusner, *Understanding Rabbinic Judaism*, 1を見よ。

145) 英語圏でのとくに重要なものとしてはFinkelsteinのラビ・アキバ研究、Podroのラビ・ヨシュア研究、Bokserのラビ・エリエゼル研究、そしてNeusnerによるラビ・ザッカイとラビ・エリエゼルの研究がある。

146) Finkelstein, *Akiba*, 222–02, 260–69; G.S. Aleksandrov, 'The Role of 'Aqiba in the Bar Kokhba Rebellion' in Neusner, *Eliezer*, II.422–36.

の言動の理由や動機を説明するような言説は、おおかた当該文献に欠けている。一方でラビ運動全体の動機は、比較的容易に見出し得る。個々のラビが特定の事態においてなぜハラハーを提示しようとしたか、その理由は明らかにならない。しかし後述するように、ハラハー全体の動機はおおよそ明らかだ。したがって、集合的というタンナ文献の性質に鑑みて否定的な点を述べるなら、個々人を特定の視点から研究することがまったく不可能でないにせよ、私たちが知りたいと願うこと——個々のラビらが宗教の性質と宗教の営み全体をいかに捉えたか——に関して知り得ない[147]。さらに、弁証的な配慮もここにある。ある特定のラビが、ブセットやビラーベックやその追従者らが描くラビ観とまったく異なる宗教理解を抱いていたことを示し得たとしても、それ自体はブセットやビラーベックが誤りだと論証し得ない。その場合、ブセットやビラーベックのラビ観がそれ以外のラビに当てはまり、それが特定のラビ1人に当てはまらないことを脚註に記すことになるのみだ。

(3) 集合的文献の肯定的側面に立ち返る前に、基本的な宗教原理に関する単純な分析を不可能にしているこの文献の性質にも目を向けよう。ラビ的な議論はしばしば、宗教上の中心的で重要な問題を扱わない[148]。したがって「ミクヴァオート（沐浴場）」の篇では、水に浸ることの宗教的重要性や浄めに関する基本的な理由を議論せず、なぜ律法が守られなければならないかなどの根本的疑問に答えはしない。この篇はたんに水槽の分類から始まる。これは浄めの洗いに宗教上の原則が無いことを意味しない。それは (a) 周知のことであって明言する必要がない、あるいは (b) ハラハーの領域で扱う問題でないからだ。この点に関してはのちに詳述するが、ここでは以下の点を述べておこう。原則でなく細部を議論する傾向のあるこのような文献は、個々人の行動を規定する宗教原則の分析を困難にする。しかし一方で、このような議論全体の背後にある原則が何かについて推測する余地を与えている。

(4) 集合的な文献の肯定的な面は、それが特定の問題に関して統一見解でなくとも合意点を示すことだ。これはアガダーに関して広く認められてきた

---

147) 重要な主題に関する個々のラビの理解についての情報が欠損していることについての議論は Neusner, *Eliezer*, II.129, 326 を見よ。

148) Neusner, *Rabbinic Traditions*, III.235, 238.

点だが、それはハラハーに関しても同様であり、その場合、統一見解もあり得る。ラビらは特定の問題に関するハラハーについて異なる意見を持つが、ハラハーがあるべきという理解について彼らは例外なく一致する。詳しくは後述するが、これは彼らの宗教理解について多くのことを語っている。

しかしラビ的宗教の原理を再構築しようとするなら、ラビらが法規と捉えなかった事柄を扱う膨大な資料からなるアガダーにかなりの部分で依拠する必要がある。このアガダーの中に、契約に関する理解や人の救いに何が必要か等、トーラーの重要性に関するあらゆる言説が見出される。そしてこのアガダーにこそ、多くのラビ文献の研究者らが全般的総意事項を見出すものとして注意を向けてきた。したがって、例えばゴールディンは「海の歌」(出15章参照)に関するラビらの註解を議論する際に、メヒルタ・デー・ラビ・イシュマエルがラビ・イシュマエル学派に帰属するという伝統、またメヒルタ・デー・ラビ・シメオン・バル・ヨハイがラビ・アキバ学派に帰属するという伝統を確証した[149]。そして彼は「非ハラハー的、アガダー的内容に関して、両学派はおおよそ一致している」と述べる。アガダー的な「海の歌」の篇であるシルタ（あるいはシラタ）では、これら2つのメヒルタは非常に類似している。

> アガダー的資料におけるこの著しい類似性はとくに注目に値する。人はここにラビ的総意を見出す。それは完全な一致でないが、様々な教えからなる同一の資料集へのさらなる研究と黙想へ両学派が示す歓迎の姿勢だ。

さらにゴールディンはこのシルタに関して、「海の歌に関する一般的なタンナらの理解[150]」が反映されていると述べる。

カドゥシンの有機的複合：マックス・カドゥシンこそがラビ的思想の一貫

---

149) Judah Goldin, *The Song at the Sea*, 11.
150) Goldin, *The Song at the Sea*, 11. Finkelstein ('Studies in the Tannaitic Midrashim', 201) も、2つのメヒルタにおける「ベシャラー」と「エテロ」のパラシャー、および『民スィフ』78–98（pp.72–97）と『スィフレ・ズータ』（pp.262–74）における民10.29–11.35の解説に関して、同様の見解を示していた。

性を主張するもっとも重要な学者と称されようが、幾つかの著書でラビ的思想に関するその見解を示している。ここでは初期の著 Organic Thinking[151]（『有機的思考』）を基に、彼の議論を要約しよう。

　カドゥシンは、ヴェーバーのようにラビ的思考――カドゥシンは当初「神学」という表現を用いたが、のちにこれが誤った表現だとして訂正する（p.185）――を論理的体系として扱う試みの誤りを指摘する。なぜならラビ的思考は論理的でも体系的でもなく、ある種の神学体系を構築することに相応しくないからだ。もっともこれは、ラビ的思考に一貫性や一致がないと言うのでない。それは例えば「ラビ文献の中の異なる年代に異なる状況で書かれた複数の文章が、1つのラビ的な概念を説明するのに同時に用いられ得る」（p.2）ことから明らかだ。したがって一貫性という語を用いようとすれば、それは状況や筆者の個性に依拠した差異を許容するものだ（p.3）。これらの差異は教義的なものでない。なぜなら教義は信条や哲学的思考を示唆するからだ（p.22）。ここでの一貫性は教義的な意味で用いられない（pp.210–11）。カドゥシンは他書で、ラビ的概念は「統合的な様態」を形成するが、それは「論理的で体系的な思考の結果」でないとする[152]。

　カドゥシンによると、ラビ的な一貫性は多様な概念が互いに連結した有機的複合[153]という仕方で存在する。これには4つの基本的概念が関わる。すなわち、神の慈愛、正義、トーラー、イスラエルだ（p.6）。これら基本的概念のみが重要というのでなく他の概念も同様に意義深いが、これら基本概念はいつも他の概念と連結している。そしてこれらの概念は互いに関連し合うこともあるが、その場合に序列があるわけでない（pp.6–7, 16, 183）。

有機的複合の定義：カドゥシンは以下のように有機的複合を定義する。

　有機的概念は概念複合総体に属する。これらの概念は他の概念から推断され得

---

151)　1938 年公刊。さらに *The Rabbinic Mind* (1952, ²1965); *A Conceptual Approach to the Mekilta* (1969) を見よ。Kadushin の著書に関する好意的な評価は、Goldin, 'The Thinking of the Rabbis', *Judaism* 5 (1956), 3–12 を見よ。
152)　Kadushin, *A Conceptual Approach to the Mekilta*, 16.
153)　Kadushin (*The Rabbinic Mind*², 24–25, 31) はのちに「全体論的複合」という表現を用いる。

ないが、互いに深く関連している。したがって個々の概念はそれ自体の特異性を有していても、その性格は複合総体の性格に依拠する。同時にこの複合総体の性格は個々の概念の性格に依拠する。したがって個々の有機的概念は、複合総体に影響を与えつつも、それ自体がこの総体をあますところなく説明するわけでなく、それ自体の独自性を保つ（p.184）。

いずれの概念も上の基本概念あるいはその集合と連携可能なので、「しばしば同一か同様の事柄について複数の『相反する』解釈が付される場合がある」(p.13)。ラビ的思考は人の経験に依拠しており、有機的複合によって経験を解釈する場合、論理的矛盾についてラビらは関心を示さない（p.77）。ラビらはこれらの概念に区別を付けることがあっても、それらを定義しない（pp.190–91）。彼らはこれら諸概念の体系化を許容しない（p.194）。諸概念が同じ経験に関して異なる解釈を生み出しながらも、それらの解釈を体系的に捉えることを試みないという点は、本項の分析において非常に重要なので、ここでカドゥシンが挙げる例を１つ引用しよう。

> ラビらは、アダムの罪に「全世代の終わりまでの」死——罪でない——の責任があると述べるが、これは集団的正義という概念により決定される理解だ。同時に彼らは、人はその人の罪によって死ぬと述べるが、これは個別・個人的正義という概念により決定される理解だ。さらに彼らは、死を災難でなくこの世の道徳的瀉下(しゃか)作用と述べるが、これは懲罰的概念により決定される理解だ（p.209）。

ラビ的思考の非体系的な性質を強調するからと言って、それは論理的思考を完全に否定することでない。むしろ有機的枠組みという範囲内で、聖典テクストの解釈に見られるような論理が適用される（pp.202–11）。あるテクストの解釈が論理的で適切だったとしても、他のやはり論理的な解釈を排除することはない。この場合、２つの解釈のあいだに論理的関係性を確立する必要も傾向も見られない。「同一の聖典箇所は、ラビ的な解釈方法が適用され、またその解釈が有機的概念を体現しているかぎりにおいて、異なった仕方で

様々に解釈され得る」(p.205)。

カドゥシンはラビ的概念がいかに固定的で持続的かをとくに強調する。「あらゆる概念的用語が安定的で、専門用語は全体として固定的だ。ラビ時代全般にわたって、評価判断に用いられる用語が変更されることはなかった[154]」。この見解によってカドゥシンには、いささか歴史に無関心となりすぎる傾向がときとしてみられる（たとえば *Organic Thinking*, 12）。もっともこの傾向は、有機的総体なる概念を確立する意図を反映している（たとえば *Organic Thinking*, 199）。彼は有機的総体のうちに多様性や変化を認めつつも、その安定性の方を強調する[155]。

ここでは、カドゥシンの理論の特徴について表面的な要約をしたに過ぎず、ラビ的思考に関する彼の深い洞察を十分に反映していない。後続する分析においては、彼の理論の幾つかの点をより詳細に議論する機会もあろう。カドゥシンの理論についてやや長めの要約をここに記したのは、ラビ研究に焦点を置く学者がラビ文献全体をいかに扱うか、その一例を示すことだった。さらに言えば、カドゥシンの中心的議論には十分な説得性があり、それは特定のラビ的言説と他のラビ的言説との関連性を理解する唯一の方法を示しているように思われる。彼の議論における重要な点は、(a) 同一テクストあるいは経験に多様な解釈が可能であり、各解釈に内的論理が存在し、それぞれが正当化されるが、それらの解釈に序列が付けられたり、体系的に配置されたりする必要がないこと、さらに (b) ラビ的思考には一貫性があることだ。「基本的な」概念が4つのみ存在し、他の諸概念がこれらと連関しているという彼の見解の是非を判断する必要はない。ここでは、ラビ文献を特定の目的のために折衷的に用いることが正当化される、という点をカドゥシンが示していることが分かれば十分である。

「契約維持の［ための］律法制」：ラビ的思考を肯定的に構築する私の試みは、有機的総体というカドゥシンの見解を繰り返すことでもなければ、これ

---

154) Kadushin, *The Rabbinic Mind*², 44.
155) Kadushin（*Conceptual Approach*, 21-22）の理解はおもにアガダーに適用されるが、ハラハーもまた「ラビ的概念の有機的総体によって特徴づけられる」と考える。ハラハーとアガダーに関してはさらに Kadushin, *The Rabbinic Mind*², ch.4 を見よ。

に代わるものを提供することでもない。第 1 に、私はカドゥシンのように歴史から距離を置く姿勢を支持する気にならない。第 2 に私は、ラビ文献のあらゆる主題やモチーフについての説明を意図していない。さらに、本著が新たな体系的神学を確立することを目指していないことは明らかだ。むしろここでの目的は、ラビ的宗教の基本的様態が何かを探ることだ。すなわち、宗教的営みの根本的な動機が何で、信仰者にとってこの宗教がいかに機能するかを説明し得る様態を見出すことだ。導入部で述べたとおり、宗教様態とは、いかに人が宗教の論理的な開始地点から論理的な終結点へと移動するかという問いに関わる。この意味で、「宗教様態」は「救済論」と言い換えることも可能だ。

　既述のとおり、ユダヤ教に関して「救済論」という語を用いることは誤解を生じさせかねない。これがラビ的思考に適用されることについては、2 つの懸念がある。第 1 に「救済論」という視点は、上でラビ的思考を語った際に否定した体系的思考を前提とすることとなる。すなわちそれは、多種多様な要素が序列をもって組織化される構図だ。私たちが想定する「救済論」には一貫した視点があるが、それは宗教とその営みを眺める仕方であり、それが体系的神学であるとか、体系的神学の一部をなすとかを意味しない。「救済論」という語を用いる第 2 の懸念は、ユダヤ教一般、その中でもとくにラビ・ユダヤ教が本質的に来世的な宗教でないことと関係する。その文献において、「救われるために何をすべきか」という問いは重要でない。カドゥシンが正しく指摘するとおり、ラビらが救いのために何をすべきか思い悩んだという極めて誤った前提が、ヴェーバーに見られるような歪曲されたラビ的——あるいはファリサイ派的——救済論の背後にある[156]。

　もっとも救済論という語は、ユダヤ教の中心的な問題意識を示し得る。それはすなわち、神の道を捨てるのでなく神に仕えること、また「外」でなく「内」にいることという、適切に宗教的な問題を扱う。人が「外」でなく「内」にあろうとすることは「救済論的」関心だが、それは来世的関心を持つこととは異なる。ラビ・ユダヤ教には、ユダヤ教が何を意味し、それがいかに機

---

156) Kadushin, *Organic Thinking*, 83–94.

能するかに関する支配的で一貫した理解がある。ときとして私たちは、便宜上これを「救済論」と呼ぶ。この支配的な理解は「契約維持の［ための］律法制」という句に要約されよう。「契約維持の律法制」では、神の計画における人の立ち位置は契約に依拠する。この契約は適切な応答として人に諸規定への従順を要求するが、同時に違反に対する償いの手段をも提供する。

3. タンナ文献の特徴

a. ハラハーの関心事項

ハラハーが特徴のタンナ文献：ラビ的宗教の様態を知ろうとすれば、まずタンナ文献、とくにそのハラハーの部分の性格を理解することから始めるべきだろう[157]。現存するタンナ文献はそのすべてが基本的にハラハーである。すなわち、タンナイーム時代の文献のうち、その全体がアガダーと見なされるものはない。ミドラシュは、出エジプト記、レビ記、民数記、申命記からなる「律法の書」に関する註解である。メヒルタは、出エジプト記最初の物語部分を省く出 12.1 から始まる。もっともラビ・シメオン・ベン・ヨハイのメヒルタは出 3 章から始まっている。聖典文書中の他の物語部分も、ミドラシュでは除かれる。個々の文書にアガダー的な部分が多くても、ミドラシュではハラハー的性質が一般に維持されている。これはとくにメヒルタにおいて顕著だ。ラウターバッハは、じつにメヒルタの 50% 以上がアガダーだと試算した[158]。これは部分的には、レビ記や申命記と比較して出エジプト記では 12 章以降にも多くの物語部分があるので、部分的には出エジプト記に記される多くの出来事——とくにエジプト脱出やシナイ山での律法授与——がアガダー的扱いを要請するからである。さらに現存するメヒルタの諸篇の 1

---

157) 用語に関する近年の議論を視野において（導入 C, 94 頁の註 14）、幾つかの異議が上がっている用語を私がいかに用いるかをここに記そう。ここでの用法はタンナ文献において適切なものだ。形式の観点から、タンナ文献はミドラシュ形式（聖典テクストの註解）とミシュナ形式（主題ごとに配列）へと分けられる。内容の観点からは、ハラハー的（法規）とアガダー（非法規的で物語的）とに分けられる。ミドラシュは、ミシュナとトセフタ——両者ともに主題ごとの配列——と同様に、アガダーとハラハーの両方を含む。

158) Lauterbach, *Mekilta*, I.xix.

つであるシラタ(「海の歌」、出 15.1–21)はその全体がアガダー的だ。タンナイーム時代のミドラシュの中にアガダーの占める部分が大きいことは確かだが、それでもこの文献をハラハー的と呼ぶことは誤りでない。なぜなら、その一般的な構成と扱われる聖典資料の内容が、法規的事柄に関心を示していることが明らかだからだ。興味深いことに、聖典の他書に関してはタンナのミドラシュはない。

　ハラハー的議論の例:ミシュナはハラハー的文書の代表作だが、それでもある程度のアガダーを含んでいる。主題ごとに整理されているミシュナの構成自体がその性格を示しており、人の営みの様々な面——民事事項、刑事事項、農業、儀礼等——に関わる律法諸規定を扱っている。トセフタはミシュナ以上にアガダーを含んでいるが、それでも基本的にはハラハー的である。ハラハーの目的は、特定の聖典箇所にいかなる命令が含まれているかを確認し、聖典の命令から適用を確立し、その実行において何が為されるべきか正確な内容を確定することである[159]。ここで幾つかの例を挙げることにしよう。

　〈**義務か任意か**〉:議論の焦点はおうおうにして、ある行動が義務(ḥodah)か任意(reshut)かに関するものである。つまり、「神がある行動を明らかに命じたか、あるいはたんに推奨したか」が問題となる。したがって「もしあなたが我が民の誰かに金銭を貸すなら」という出 22.24 の文言に関し、ラビ・イシュマエルは「もし」という語が一般に任意的行為を指すと論じつつも、この箇所とレビ 2.14 には義務的行為が述べられているとする[160]。この議論の詳細はここで重要でない。問題はラビらが特定の箇所において、命令が下されているかどうかを決定する必要を感じていたという点だ。

---

[159] Lauterbach ('Midrash halakah', *JE* vol.8, 570) は述べる、「初期のハラハーは個々の法規の指針と適用範囲とを定義することのみを目的とし、実際の生活のいかなる状況で特定の規則が適用されるか、その結果は何かを問うことだった」と。ハラハーの性格と機能、またハラハー的決定の背後にある動機に関しては E. Berkovits, 'The Centrality of Halakhah', Neusner (ed.), *Understanding Rabbinic Judaism*, 65–70 を見よ。

[160] 『メヒルタ・ミシュパティーム (Mek. Mishpatim)』19 (Kaspa, I) (315; III, 147);『メヒルタ・ヴァヤッサ』I (157; II, 95–96; 出 15.26). 他の表現に関しては『スィフラ・ネダバー』パラシャー 2.4 (1.2) の「『もしあなた方の誰かが献げ物を持ってくるなら』: これは条例 (gezerah) か。[否、なぜなら] 聖典は『もし彼が持ってくるなら』と教え、これは任意 (reshut) を示すからだ」を見よ。

〈命令の範囲〉：いかなる適用がなされるべきか、という点がしばしば議論される。例えば、特定の命令はそれが与えられた時代にのみ——例えば荒野のイスラエルへのみ——適用されるか、あるいは恒常的に適用されるかが問われる。ラビ・シメオン・ベン・ヨハイは出 14.1 について述べつつ、「いかなる命令が民に向けられたとしても、聖典が『〜と言う』あるいは『あなたは彼らに言わなければならない』という表現を用いていれば、それはあらゆる世代（ledorot）への適用である。いずれの表現も用いられていなければ、それはその時（lesha'ah）のみ適用される」と記している。しかしラビ［・ハーナスィ］はこれと異なり、「［これらの表現を］用いないときも、その命令は3つの例外を除きあらゆる世代へ適用される[161]」と述べる。

〈命令の目的〉：そして特定の命令の目的や機能が、しばしば議論の対象とされる。例えば『民スィフ』17 (21; 民 5.24) は以下のように述べる。「『そして彼は女に飲ませる』。なぜそう言われるか。すでに『そしてのちに彼が女に飲ませる』と述べている。それならなぜ聖典は『そして彼は女に飲ませる』と言うか。もし巻物が水の中に洗い落とされ、そして女が『私は飲みたくありません』と述べるなら、彼らは女の意志に反して彼女に飲ませる。ラビ・アキバがそう［述べるの］だ」。ここから、各掟に目的があり、そうでない掟は存在しないことが分かる。タンナイーム時代のミドラシュでは、「なぜそう言われるか」という問いが非常に頻繁になされる[162]。

〈命令の対象〉：また、戒めが誰に向けられているかという議論も見られる。ある戒めは、男と女と子供に対して同様に向けられているかどうかが問われる。戒めの対象はイスラエルの民のみか、異邦人がそこに含まれるか、イスラエルの民なら、それに改宗者が含まれるかが問われる。したがってこの後者の場合、割礼とそれに伴う命令が安息日規定に抵触するとラビらが認める

---

161) 『メヒルタ・ベシャラアッハ』1 (83; I, 187). Lauterbach 版では、序説を第 1 章とするので、ここは第 2 章。

162) じつに全ての文章と語に特定の目的があるとしばしば考えられる。同じ表現が繰り返される場合、ラビは一般にその反復表現の意味を探る。とくにラビ・アキバは、準母音（ヴァウやヨード）を含めた綴りの意味など、聖典テクストの非常に細かい点に意味を見出すことで知られる。Epstein (Mebo'ot, 521–36, とくに 534, 536) は、ラビ・イシュマエルはテクストの単純な意味にしたがったが、ラビ・アキバはあらゆる文章から戒めを引き出そうとしたという伝承を例として挙げる。

A. タンナ文献

場合、この規定がすべての子供に適用されるかが問われる。「両性具有かその疑いがある子供のために、彼らは安息日を汚さない。しかしラビ・ユダは両性具有の場合にそれを許す」(『Mシャバ』19.3)。適用の議論に関する明らかな例は『民スィフ』39 (42–43; 民 6.22–23) に見てとれる。聖典は「あなた方はイスラエルの子らを祝福しなさい」(民 6.23) と記している。ここでは、いかに祝福がなされ、誰が祝福の対象かに関する一連の段落から最初の文章のみを紹介しよう。その際の反論や立証資料は省く。(1)「聖なる言語で」、(2)「起立して」、(3)「手のひらを上げて」、(4)「具体的な名を挙げて」、(5)「私はイスラエルのみを祝福する。改宗者、女、奴隷の祝福 [も含まれること] をいかに知ろうか。聖典は言う、『私は彼らを祝福するだろう』(民 6.27) と」、(6)「顔を合わせて」、(7)「全会衆に聞こえるように」。具体的な雰囲気を示すため、(2) に関する段落をここに引用しておこう。

> 「あなたはイスラエルの子らを祝福しなさい」: 起立して。あなたは起立して、と言うが、それはむしろ起立していても起立していなくても、でないか。聖典は言う、「[そして] あなたは立って民を祝福しなさい」(申 27.12) と。祝福はここ (民数記) に言及され、祝福はそこ (申命記) に言及される。そこでは起立して祝福されるので、ここでも起立して祝福される。ラビ・ナタンは言う、「[そのことを議論する] 必要はない」と。なぜなら、「レビの子らである祭司が前に進み出る。あなたの神、主がご自分に仕えさせ、また主の御名によって祝福を与えるために、お選びになったのは彼らだから」(申 21.5) と聖典が記すからだ。これは祝福と奉仕とを対照的に配置している。奉仕が起立して行われるので、祝福も起立して行われる。

ここで注目すべきは、戒め——祝福は起立して手を上げて等——が定義され、誰にそれが適用されるか——改宗者や奴隷がそこに含まれる等——が決定されるべきとの配慮があったことだ[163]。

---

[163] もう1つの例として『メヒルタ・バホデシュ』7 (230; II, 255. 出 20.10) を見よ。民 5.12 の『スィフレ・ズータ』では、註解者が「イスラエルの子ら」という句に異邦人と寄留外国人 (あるいは改宗者) を排除する意図があるかを問う。

〈命令履行のタイミング〉：続いて、戒めがいつ履行されるべきかに関心を持ち、それを確定するラビの思考を示す幾つかの例を挙げよう。「彼はその義務を果たした［／果たさなかった］」、より文字どおりには「彼はその義務を手離して出た (yatsa' yede ḥobato)」という表現がタンナ文献では繰り返される。これにはしばしば yatsa'（彼は出て行った）という省略が用いられる。『スィフラ・エモール』ペレク 16.2 (Weiss, 102c. レビ 23.40) には、この完全形の表現が見られる。聖典には「初日に立派な木の実、ナツメヤシの葉、……自分のために取って来て、あなた方の神、主の御前に 7 日のあいだ喜び祝いなさい」（レビ 23.40）とある。これに対してミドラシュは以下のように述べる。「『自分のために取って来て』：個々人が［取らねばならない］。『自分のために』：自分のものからであって盗んだものでない。したがって『誰もその義務を祭りの初日に隣人のシュロの枝で果たしてはいけない』」等。

〈命令履行の意図〉：しかし、すでにこの表現はミシュナの第 1 篇の第 2 章に見られる。

> もし誰かが律法の中［のシェマア］を読んでおり、シェマアを唱える時が来たときに自分の心をそこに向けるなら、彼はその［シェマアを誦する］義務を果たした。そうでなければ彼はその義務を果たしていない（『M ベラ』2.1)。

> もし誰かがシェマアを唱えながら自分で聞くのに十分大きな声でない場合、彼は自分の義務を果たした。ラビ・ヨセは言う、「彼はその義務を果たした」と。ラビ・ユダは言う、「彼はその義務を果たしていない」と。もし誰かが［数箇所を］誤った順番で誦した場合、彼は［その義務を］果たしていない（『M ベラ』2.3)。

第 1 の引用は、人の意図というタンナ文献で議論されがちな問題を扱っている（「自分の心をそこに向けるなら」『M ベラ』2.1 参照）。これを『M メギ』2.2 と比較しよう。

> もし誰かが［エステルの巻を］断片的に、あるいはウトウトしながら読んだ場

合、彼はその義務を果たした。もし誰かがある写本を転写するか、解説するか、修正する場合に［その巻を読むことに］その心を向けるなら、彼はその義務を果たした。そうでなければ、彼はその義務を果たしていない。

特定の戒めに関する人の意図の問題、すなわちその「意図」が「偶発性」と対極をなすか、あるいは行為に注意を払うことと同じかという問題は複雑で、ここではその詳細を論ずる必要はない164)。ただ、戒めがどの場合に果たされるかに心が配られていることを確認すれば十分だろう。この場合、意図の程度に関する議論がしばしば含まれている。

ハラハーの意図：戒めが履行されるために何が必要かに関する詳細な定義は、既述のとおり（I.A.1）ラビ的基準によって生きようとするユダヤ共同体の成員への大きな重荷として見なされてきた。しかし一方で、ラビ的ハラハーには律法の実行を容易にし、時代に合ったものにする試みが見られたと考える者も多い。これらいずれの理解も、それが一般的原則として受け入れられるか疑わしい。そこでフィンケルシュタインは、民事法は一貫して寛大に施行される傾向がある一方で、儀礼法は厳格に守られた、と論ずる165)。このような仕方でラビ的判断の結果を一般化することについても反論はある。個々の戒めについての異なる意見は厳しいか緩いかを判断し得るが、私自身は厳格化か緩和化かという分類がハラハーの性質と目的に関する問題を論ずるのに相応しいと考えない。ハラハーの意図は、注意深いユダヤ人がいつの段階で戒めを履行したことになるかを判断する助けとなるように戒めを定義

---

164) 例えばラビ・エリエザルの視点はこの問題との関連でしばしば議論されてきた。B.Z. Bokser, *Pharisaic Judaism in Transition*, 120–21（これに関する一般的な議論の文献）; Neusner, *Eliezer*, II.268, 285 (Gilat を引用して反論する), 290–91（彼自身の要約）. 具体的な箇所については、Neusner の索引（s.v. 'intention'）を見よ。

165) Finkelstein (*The Pharisees*, li–lxvi) の第 3 版への序説を見よ。彼はここで、律法がラビらによって絶えず緩められていたという理解に反論する。しかし彼は、安息日における家の併合（'erub）が個々人の規定履行の困難を克服するためにもたらされた、との初期の理解を撤回したようには見受けられない。〔訳註　たとえば複数の家々を併合することで、安息日にそれらの家々のあいだで物を運ぶことが規定違反とならない。J. Bowker, *Jesus and the Pharisees* (Cambridge: CUP, 1973), 71–72 参照。〕Rivkin ('Defining the Pharisees', 228) は、ファリサイ派が儀礼的清浄に関する規定を改善したと論ずる。

することだった。結果として聖典には直接示されていない制限や要求が付加されることもあろうし、聖典の規定が履行しやすくされる場合もあろう。また「時代適合」がなされる場合も確かにある。しかしこれらの目的は、律法によって何が求められているかを定義することだった。ときには聖典の規定に直接反するような判断がなされる場合もあったが、これはラビ文献の重要な主題とは言えない¹⁶⁶⁾。厳格化であれ緩和化であれ、聖典の規定が何を要求するかに関するラビ的な定義と施行とは、けっして履行能力を越えるものでなかった¹⁶⁷⁾。法規上の判断は、達成不可能な理想を掲げることをしない。

ミシュナの焦点：それぞれの戒めとその履行方法とを定義する作業において、ミシュナは想定される特別な問題を扱う。したがって、ミシュナは可能か困難かに関する議論を扱うと言っても過言でない。ミシュナのザヴィーム（動物の献げ物）篇を例にとろう。英訳では、段落の始まりがしばしば「もし」で始まる。この語はヘブライ語にはないが、正しい訳出と言える。したがって『M ズヴァ』8.3 は「もし罪過の献げ物が和解の献げ物と混同された場合、これらは傷がつくまで牧地に残されていなければならない」とする。この篇を読むと、どれほどの困難性と可能性とが生じるかが分かるが、犠牲制度の原則やその宗教的意義に関する論考は見られない。じつにこの篇については、幾つかの事柄が前提となっていることに気がつくだろう。犠牲が何を意味するかは既知のこととして扱われている。罪過の献げ物や罪の献げ物は聖典の基本であり、ここでは定義されない。イスラエルの民にとって犠牲がもっとも相応しい仕方で献げられることが前提となっており、その際に生じ得る困難な事柄のみに焦点が置かれている。さらに、犠牲の献げ物を履行することの宗教的理由も前提であって語られない。どこにも「私たちが犠牲制度

---

166) ラビ・イシュマエルは「3箇所でハラハーが聖典を覆す」と述べる（申 24.1 へのミドラッシュ的タンナイーム、p.154；『BT ソタ』16a；『P キッド』59d [1.2] はトーラーを「ハラハー」への誤りと見なすようだ；『メヒルタ・ミシュパティーム』2 [253；III, 16（ネズィキーン巻 2）]、申 21.6；Friedmann, 77b–78 の異読参照）。Epstein, *Mebo'ot*, 535；Urbach, Ḥazal, 262（英訳 p.294）；Moore, *Judaism*, I.259–60 を見よ。

167) この原則はラビ・シメオン・ベン・ガマリエル（『T ソタ』15.10）か、ラビ・ヨシュアによる（『BT バト』60b）。諸規定は（ラビらの布告による）要請でなく、大多数の共同体に履行不可能でない（神殿崩壊後の断食に言及しつつ）。

に従う理由は……」というような句は見つからない。

したがって私たちは、律法において何が求められ、いかにそれを履行すべきかに関するラビらの関心をハラハーに見出す。それと同時に、ラビらの議論が比較的に些細で詳細な事柄に集中することから、ラビ的ハラハーが多数の原則に関してすでに合意に達していることに気がつく [168]。

b. タンナ文献とタンナイーム時代の宗教

詳述の動機：詳細事項を厳密に定義しようとするこのような傾向からは、なぜ多くの、とくにキリスト者の学者らがラビ的宗教を狭隘で形式的な律法主義と解釈するかが分かる。同時に私たちは、上で十分な概観が示されたことにより、ラビ的宗教のより奥深くより正確な描写につうずる分析を開始する準備ができた。私たちは、いかなる宗教的動機が聖典の諸規定に関するこれほど詳細な議論へとラビらを向けたか、と問わねばならない。

これに関して2つの動機が考え得る。すなわち、救いが規定履行を多く積み重ねることによって保証されるので、律法の正確な定義がこれに寄与するとラビらが理解したか、あるいは契約という環境において可能なかぎり完全な仕方で律法が守られるよう要求されると理解したかだ。換言すると、ラビらの努力が救いの獲得という動機に動かされていたか、あるいはイスラエルを選んで掟を賜った神への適切な応答を示しているに過ぎないかである。このいずれかを示すヒントに、私たちは容易にたどり着く。

民 5.1ff を解説する『民数記スィフレ』の最初の項（*pisqa'*）は次のように記す。「主はモーセに言った、『イスラエルの民に命じ、レプラの者、漏出がある者、死体に触れて汚れた者をことごとく宿営から外に出しなさい』と」。このミドラシュは、ここにある戒めの諸要素を注意深く定義している。これは命令が布告されたときのみならず、その後の世代にも適用される。宿営の範囲は、清浄の程度が減じる仕方——シュヒナー（神）の→レビ人の→イスラエルへの宿営——で定義される。3種類の者らが同じ場所へ集められるかという問題が扱われる。これら3種類以外の不浄者にもこの掟が適用される

---

168) Neusner（*Eliezer*, II.309–10）は後70年以前のファリサイ派に関して同様の結論に至っている。

かが問われ、それに対して推論に依拠して範囲を広げた（ad maius）罰則を与えない、との応答がされる。この掟が男と女、大人と子供、そして不可避的に性別不明者（tumtum）や半陰陽者に適用される。さらに食器類が特定の要件に合わずに汚れている場合は宿営から外に出される。ただ三手幅四方以下の布地の場合は、ガリラヤのラビ・ヨセによって例外とされる。

　ここで概要を示した事柄に関する議論には、ヘブライ語では典型的にほぼ意味不可解なほど極力短い表現が用いられるが、それでもホロヴィッツのテクストでは3頁（pp.1-4）以上にわたっている。これもまた、上ですでに述べたハラハー的定義の特徴を示す例だ。しかしこのあと、民5.3（「私があなた方のただ中に住んでいる［shoken］」）への解説部で、ミドラシュの無記名著者が、諸規定への厳密で事細かな定義の背後にある宗教的動機の理解に仄かな光を照らしている。

　　イスラエルは愛される、たとえ彼らが汚れていてもシェヒナーが彼らのうちにおられるからだ。また、「［それは］彼らと共に住まい（ha-shoken）、彼らの穢れのただ中に留まられる」（レビ16.16）とある。さらに、「あなた方のただ中にある私の幕屋（mishkani）を汚す」（レビ15.31）とある。そして、「私がただ中に住まう彼らの宿営を彼らが汚さないように」（民5.3）とある。また、「あなたが住む土地を汚してはならない、そのただ中に私が住まう」（民35.34）とある[169]。

　ここでラビは、イスラエルが汚れていても、神の臨在（シェヒナー）がそのただ中にあるという宗教上の重要な主張を行っているのみならず、律法を正確に守る理由をも指摘している。すなわち、神がその民と共に住まうので、民は神にとっての穢れと忌まわしい事柄を許容すべきでない。とくに民5.3, 35.34がこの点を明示している。諸規定を厳密に定義する理由は、神の命令

---

[169]　Horovitz, 4. 同様にレビ16.16の「［それは］彼らと共に住まい、彼らの穢れのただ中に留まられる」は、『BTヨマ』56b-57aと『スィフラ・アハレ』ペレク4.5で、シェヒナー（神）はイスラエルが穢れていても、彼らと共におられる、と解釈される。『スィフラ・メツォラ』ペレク9.7（レビ15.31）も見よ。

を履行することができるようにとの配慮からだ。神が命じたことを履行する理由は、神がその民と共に住まうからである[170]。

契約に留まることと諸規定の関係：ここまでのところ「契約」なる語を『スィフレ』に見なかったが、『民スィフ』1に神とイスラエルのあいだに交わされた契約への確固とした信頼が前提としてあることは明らかだ[171]。神がその民と共に住まい、その民は神の掟を正確に守ることが期待される。ハラハー資料の大部分は、契約の下における神に対するイスラエルの義務を詳説し定義する。これがハラハー資料の一般的な説明だ。なぜ諸規定がこれほど細かく定義され、その履行の仕方が徹底して議論されるのか。なぜなら諸規定に従うことが、神への当然の応答だからである。この神が、完全に従順でないにもかかわらず、イスラエルをその民として選び、契約を与え、ともに住まうからである。契約における神の役割が議論されることはほとんどない。これは明らかすぎて言及が必要とさえ思われない。しかしこの神の役割は、全てのハラハー資料が依拠すべき前提事項だ。契約の下での人の義務が事細かに説明されて定義されるのは、神が自らの義務を誠実で公正に果たすことに疑いの余地がないからだ。民5.3に関するアガダー的解説は、神の側の事柄が議論される非常に稀な例である。契約が前提であることに変わりはないが、この場合、人の義務というよりも神の憐れみという視点で語られている。

契約と諸規定と従順の要求との関係性は本著の重要な関心事の1つであり、『民スィフ』1におけるこの関係性の理解——諸規定への従順は、神の契約に対する、また神が民と共にあることに対するイスラエルの応答として求められたもの——が、タンナらに共通した理解であることを私たちは確認しよう。ラビらが契約や諸規定や従順の要求——また結果としての報いと罰——と向き合う具体的な姿勢を理解するためには、詳細な分析が必要となるが（I.A.4–6）、本項ではあと2箇所だけ取り上げておこう。これらの箇所はタ

---

170) 民の罪にもかかわらずシェヒナーが民と共にあることに関してはAbelson, *The Immanence of God in Rabbinical Literature*, 138ff; Kuhn, *Gottes Selbsterniedrigung*, 84を見よ。イスラエルと共にある神の臨在に関してはI.A.10を見よ。

171) 契約に関するラビ的概念の性質は本項（A）全体で扱われるが、とくにA.4で詳しく論ずる。それが契約に関する幾つかの聖書的概念と同じであるとの前提では議論されない。

ンナが従順と諸規定と契約とをいかに理解したかをとくに明らかな仕方で示しており、さらになぜタンナが諸規定の定義と従順に細心の注意を払ったかを教える。

『申命記スィフレ』による申6.6の解説部分には、従順の動機に関する深い洞察が見られる。

> 「今日わたしが命じるこれらの言葉を心に留めよ」。ラビは言う、なぜこう言われるか。それは「あなたは心を尽くしてあなたの神、主を愛しなさい」(申6.5) とあるからだ。わたしは人がいかに神 (ha-Maqom) を愛するべきか知らない [172]。これについて聖典が、「今日わたしが命じるこれらの言葉を心に留めよ」と述べる。これらの言葉をあなたの心に留めなさい。そうすればあなたは、これらの言葉をとおして、言葉を語りこの世を生じさせたその方を知り、この方の道に忠実になるだろう [173]。

「これらの言葉を心に留めよ」という句は、イスラエル人がトーラーにある神の戒めを知り、それに従う心づもりを持つべきこと、さらにその従順が神への愛を示すことを意味する。諸規定を学ぶことで、人は神を知り、その意志に寄り添うことができる。これが宗教の目指すところだ、とラビらは述べる必要を感じなかった。後述するとおり、神を知りその道に留まることが報いに通ずることは確かだが――神が公正なので――、報いが宗教の目標ではない。宗教の目標は、たんに神を知り、その意志を行うことだ。諸規定を学び、それに従うよう意図することが、その目標に到達する手段であり、契約における適切な行動である。

---

172) 神をha-Maqomと呼ぶことが初期資料の証拠であることに関してはMarmorstein, *The Names and Attributes of God*, 92–93, 97, 108ffを見よ。Urbach (Ḥazal, 53–54; 英訳 pp.66–68) はMarmorsteinが基本的に正しいことを実証したが、彼は時として証拠資料に無理やりな解釈を施し、解釈の諸理論に頼る傾向がある。その結果、ha-Maqomという初期の用法と「祝福されるべき聖なる方」という後期の用法とに区別できると、過度に断言してしまう。その他の文献はUrbach, 54.n3 (英訳p.711.n3) を見よ。

173) 『申スィフ』33 (59). Friedmann版 (f.74a上部) でのこの箇所では名が記されず、神を表す句は「祝福されるべき聖なる方」だ。

A. タンナ文献

　レビ 1.2 に関するスィフレの解釈は、契約のうちにいることと諸規定を守ることとを、非常に明らかな仕方で結びつける。レビ 1.2 は「イスラエルの子らにこう告げて言いなさい、『あなた方の 1 人［の男］が家畜の献げ物を主に献げる場合、牛または羊の群れから献げなさい』」と命ずる。ここでの関心は、誰が献げ物をするか、またなぜかである。スィフレは以下のように述べる[174]。

　　男［という語の意義は何か］。それは改宗者を含む。あなた方の。［それは］棄教者（*meshumadim*）[175] を除く。――なぜそう言えるか。男というのは棄教者を含み、あなた方の、というのは改宗者を除く。［釈義の規則によると］内包し、そのあとで排除する［のであって、その逆でない］。――［あなたの議論は維持され得ない。なぜなら］聖典は言う。イスラエルの子らよ。［生まれつきの］イスラエル人が契約を受け入れるように、改宗者も契約を受け入れる。棄教者は契約を受け入れないので除外される。――ちょうど［生まれつきの］イスラエル人が契約を受け入れる者らの子孫であるように、棄教者も契約を受け入れる者らの子孫だ［から、後者も受け入れられる］。［この場合］改宗者は契約を受け入れる者らの子孫でないから除外される。――［あなたの議論は維持され得ない。なぜなら］聖典は言う。あなた方の[176]。そしてただ述べよ、「ちょうど［生まれつきの］イスラエル人が契約を受け入れるように改宗者も契約を受け入れる。棄教者は除かれる。なぜなら彼らは契約を受け入れないからだ（契約を破ったからだ[177]）」と。したがって聖典は言う、「邪悪な者の犠牲は忌まわしい。悪しき意図によって献げるからだ」（箴 21.27）と。

174）　『スィフラ・ネダバー』パラシャー 2.3 (Friedmann, 41. レビ 1.2).
175）　従来のテクストで *mumerim* が用いられる。これら 2 語の区別は明らかでない。これらの語はそれが用いられる箇所によって微妙に異なる（反逆者、反対者等）。これら 2 語について Jastrow を見よ。いずれにせよ、ここでは明らかに「棄教者」を意味する。この語（*meshumadim*）はシュモネー・エスレー（十八祈禱文）のビルカト・ハーミニム（第十二祈禱文）で用いられる。「*meshumadim* にとって希望がありませんように」等。Finkelstein, 'The Development of the Amidah', *JQR* 16 (1925–26), 157 を見よ。
176）　棄教者は「あなた方」に含まれていない。
177）　Friedmann はこの部分を括弧内に入れる。「契約を破る」ことは「割礼の痕を消し去ること」を意味するとも考え得る。Jastrow, s.v. *parar* を見よ。

契約のうちにいる者にとって、諸規定——この場合は犠牲の掟——を守ることが特権であり義務であることを、これ以上に明らかな仕方で示す箇所はない。契約の外にいる者は、それが生まれつきのイスラエル人であれ、この特権と責任から除外される。諸規定が契約に伴う。問題は、契約自体が律法の履行によって獲得されるものかである。

4. 選びと契約

神による契約の授与とイスラエルによる諸規定への従順[178]とがいかに関係するかという問いを念頭に置きつつ、一般にアガダーにおいて頻繁に議論される主題を考察しよう。上述したように（I.A.2）、同じ聖典箇所、出来事、体験には幾つかの異なるアガダー的解釈がある。これらの解釈は異なる時代のラビらによるが、そのうちの1つのみが「教義」となることもなく、体系的神学の一部を構成することもない。契約と諸規定に関する様々な言説についてうわべの統一性を語ることも、対立する言説が異なる体系的神学の断片だと推定することも誤りだ。あるいは、特定の視点に注目して「多数派の」意見と断定し、これと異なる言説を少数派の意見として脇に追いやることも間違っている。以下の考察においては、異なる型の言説を分析して、それらのあいだに何らかの基底となる同意点があるかを探ることとしよう。それが見つからない場合は、異なる言説を実際の意見の相違としてたんに受け止めることにしよう。

a. 「恩恵（gratuity）」という主題

諸規定履行に先行する契約の立場：契約へ入ることが諸規定の履行に先んじるとラビが具体的に述べる幾つかの箇所を取り上げることから始めよう。これはすなわち、契約というものが何か獲得される類のものでなく、諸規定

---

178) 旧約聖書に見られる契約と諸規定との関係性についてはBaltzer, *The Covenant Formulary*, 1–98（とくに91）; Hillers, *Covenant*, 50, 105, 112, 147, 154–55 を見よ。前2世紀における契約理解については Jaubert, *La notion d'aliance*, 27–66 を見よ。

への従順は神がイスラエルを前もって選んだことの結果であることを示す。後2世紀中半に活動したラビ・ヨシュア・ベン・コルハとラビ・シメオン・ベン・ヨハイという2人のラビの言説を例として挙げよう。

> ラビ・ヨシュア・ベン・コルハは言う。なぜ「イスラエルよ、聞け」に始まる箇所（申 6.4–9）が「もしあなたがあなたの神、主の御声によく聞き従い［……戒めを忠実に守るなら］」（28.1）に始まる箇所に先行するか。それは人がまず天の御国の軛を追い、そのあとで諸規定の軛を負うからだ（『M ベラ』2.2）。

ラビ・シメオン・ベン・ヨハイは出 20.2–3 とレビ 18.1–3 に言及しつつ、同様の議論を展開する。いずれの場合も、「私はあなたの神、主である」という句がそれに後続する諸規定の基盤をなす。「聖典が『私はあなたの神、主である』と述べるとき、これを意味する。私は、シナイ山であなた方が自らをその支配下に置いた王ではないか」。イスラエルが「あなたがその王です」と肯定するなら、神は「私の王支配を受け入れたのだから、私の戒めを受け入れなさい[179]」と述べる。神を王として、すなわち律法授与者であるとともに保護者として受け入れることが、具体的な諸規定を履行することに先行する。選ばれた民に対する神の王支配は、いつも王の戒めを守ることを含意する。これが王とその民との適切な関係性だからである。しかし神の王支配を受け入れることは、いつも諸規定を履行することに先んじる。

　『メヒルタ』からの例：契約と諸規定との関係性について、『メヒルタ』の生き生きとした2つの喩えが、同様の視点を提供する。その1つについて全体をここに引用しよう。

> 「私は主、あなたの神」（出 20.2）。十戒がトーラーの初めに記されないのはな

---

[179] 『スィフ・アハレ』ペレク 13.3（レビ 18.1）. これは『ヤルクート（撰集）』から『スィフラ』へ付加された部分の開始部である。この箇所（『アラヨートのメヒルタ』）はアキバ学派でなくイシュマエル学派に依拠する。Epstein, *Mebo'ot*, 640–41; Weiss, *Sifra*, 85–86 を見よ。『メヒルタ・バホデシュ』6 にもラビ・シメオン・ベン・ヨハイによるものの部分的な並行箇所が見られる。

ぜか。1つの喩えが与えられる。これは何に喩えられるか。以下のようだ。ある王が1つの地方を訪ねて人々に言った。私があなた方の王になってもよろしいか。すると人々はその王に言った。あなたが私たちの王になるべきような良いことを、何か私たちにされましたか。するとその王は何をしたか。彼は城壁を建てて町を囲み、水源から水路を引き、彼らのために戦に赴いた。そして彼は住民に言った。私はあなた方の王になってもよろしいか。彼らは彼に答えた。はい、はい。神も同様だ。神はイスラエル人らをエジプトから連れ出し、彼らのために海を分け、彼らのためにマナを降らせ、彼らのために泉を湧かせ、彼らのためにウズラをもたらした。神は彼らのためにアマレクと戦った。こうして神は彼らに言った。私はあなた方の王となってもよろしいか。彼らは神に言った。はい、はい [180]。

民の王となるということは、おそらくそれによって神が戒めを与え得ることを意味する。これらの戒めに対して、憐れみによる行動が先んじる。同様に「私以外に他に神があってはならない」という箇所の註解として、『メヒルタ』は、民が王支配を認める以前に王が法令を布告することを拒む喩えを記す。

同様に神はイスラエルに言った。「私は主、あなたの神である。あなた方に他に神があってはならない。私は、エジプトであなた方自身がその支配を委ねた者だ」。彼らが「はい、はい」と言うと、神は続けて「あなた方が私の支配を今受け入れたので、私の命令をも受け入れなければならない。『私以外に他に神があってはならない [181]』」。

同様の理解は『メヒルタ』の他書でも簡潔に記されている。「あなたは私たちに憐れみを示されました。私たちには報いに相応しい行いがないからです」[182]。この観点はまた「私（神）が彼らに命令を与える前に、彼らの報いを

---

180) 『メヒルタ・バホデシュ』5 (219, II.229–30).
181) 『メヒルタ・バホデシュ』6 (222; II.238–39, 出 20.3).
182) 『メヒルタ・シラタ』9 (145; II.69, 出 15.13). ヘブライ語では「報いに相応しい」という語

差し出した」という『メヒルタ』の文言を導く。この後半の文言は、安息日が守られる前に2倍のマナが与えられたことを指している。この箇所は、神がしばしばイスラエルに対してこのように接することを教える[183]。この点は、神からの恩恵を受けた後でもイスラエルが不従順だという洞察によって、さらに支持される。「ラビ・ヨシュアは言う。誉められるべき聖い方はモーセに言われた。イスラエル人らに言え、私はあなた方をエジプトから導き出し、あなた方のために紅海を分け……。あなた方はいつまで私の戒めと私の律法とを守ることを拒むか」[184]。

したがって私たちは、神がまずイスラエルを選び、その後においてのみ戒めが与えられる、という理解がラビ文献に確かに見られることを確認した。このような視点は、出エジプトとシナイ山での律法授与に関する聖典物語に対するアガダー的註解においてとくに顕著である。

b. 選びとその多様な解説

ラビらは、とくに神に選ばれ聖別されているという聖書的姿勢を維持していた[185]。「この世に生まれ来るすべての者にとって私は神だが、とくに私の民イスラエルへ私の名を与えた」[186]。ラビらがイスラエルを選民と捉えていたことを示す膨大な資料をここで提供する必要はなかろう[187]。これは明白であり、本研究で繰り返し表出するからだ。またラビらが高慢だとの批判に対し

がない。神がイスラエルに対して受けるに値する以上の憐れみを示すことはラビ・シメオン・ベン・ヨハイの『出メヒ』6.2（引用後出、n.65）を見よ。

183) 『メヒルタ・バホデシュ』1 (206; II.199, 出 19.2)．

184) 『メヒルタ・ヴァヤッサ』5 (169–70, II.121 [ch.6], 出 16.28)．王国支配がその結果としての戒めを示唆する点は Kadushin, *Rabbinic Mind*, 23; Schechter, *Aspects*, 219 を見よ。後者は出 34.7, レビ 16.21, 民 14.18 に関する『タルグム・ヨナタン偽書』を引照している。

185) とくに B.W. Helfgott, *The Doctrine of Election in Tannaitic Literature* を見よ。Helfgott は、選民という理解がこの時期に不動だったことを示すが、その詳細や強調点がラビによって異なると教える。彼は、この教理がとくに後 70–135 年にかけて特有の仕方で強調されたことの背景にキリスト者らへの意識が働いたと考える。

186) 『メヒルタ・ミシュパティーム』20 (Kaspa, 4) (334; III.185, 出 23.17)．

187) 註192の Helfgott 以外にとくに Schechter, *Aspects*, 46–56 を見よ。また Moore, *Judaism*, I.398–99; K. Hruby, 'Le concept de Révélation dans la théologie rabbinique', *Orient Syrien* II (1966), 17–50 参照。

て弁護する必要もなかろう [188]。彼らの高慢は、選びに関する教義を支持する者なら誰でも陥る類のものである。しかし選びに苦しみが伴うとの思想（後述）が、ラビの選民思想に高慢とは一線を画す思考があったことを示すことも考慮すべきだ。アブラハムの子としての特権が誤用されたこともあろうが、この誤用はラビら自身も批判している。独善的な姿勢は抑えられていた [189]。これらの副作用への関心はさておき、選びに関するラビ的な説明に目を向けよう。

選びの理由：神の選びが完全なる好意に依拠し、選ばれた者がそれ以前に行った行為との因果関係がないことを示すテクストを、私たちはすでに見てきた。それでもラビらは、神を道理に合う存在と理解した。神は、公平な判事のように慈悲によって判決に手加減することがあったとしても、勝手気ままに振る舞わない。したがってラビらは、神がイスラエルを選んだと述べるだけで満足するのでなく、なぜそうしたか尋ねずにいられなかった。彼らは「神がユダヤ人を選んだことは奇異だ」との判断で済まさず、その説明を求めた。なぜ神がイスラエルを選んだかという問いに対しては、基本的に3つの種類の応答がある。

その1つは、神の契約——とそれに伴う諸規定——はすべての者に提供されたが、イスラエルのみがこれを受け取ったというものだ。第2は、父祖あるいは出エジプト世代の功績、または将来の従順に依拠して神がイスラエルを選んだ、というものだ。第3の答えは実際に答えとは言い難く、神の意図以上のことを述べない。すなわち、神はその名のゆえにイスラエルを選んだ。これらの応答を順番に考察しよう [190]。

イスラエルによる契約の受容：神が全人類に契約を提示したことは、ときとして他国に対するイスラエルの道徳的優位性を主張するために用いられもするが、これはまた、なぜ他国でなくイスラエルが神の民なのかを説明している。

---

188) Luther, *Aspects*, 51.n3 に対する Schechter のコメントを見よ。
189) Marmorstein, *Merits*, 38 参照。
190) Schechter, *Aspects*, 57–64; Urbach, *Ḥazal*, 440–42, 466 以降（英訳 pp.496–99, 525–41）参照。

他の解釈：「彼は『主はシナイから来られた』（申 33.2）と言った」。誉められるべき聖なる方がその姿を顕されてトーラーをイスラエルに与えられたとき、この方はイスラエルにのみご自身を顕されたのでなく、あらゆる国々に顕された。この方はエサウの子らにまず顕れ「あなた方はトーラーを受け入れよ」と命じられた。彼らは「そこに何が書かれてありますか」と尋ねた。この方は答えて「殺してはならない」と言われた。彼らは答えて、彼らの父親の性質がまさに殺すことだった（創 27 章に言及）、と言った。

続いて神は他の国々にもトーラーを提供するが、彼らはトーラーの他の部分に躓いてこれを受け入れない。神が顕れなかった国はなく、トーラーを与えるべく戸を叩かなかった国はなかったが、彼らは 7 つのノア律法さえも守り得ず [191]、イスラエルのみがトーラーを受容した [192]。

トーラーが全人類に提供されたという言説はしばしば登場するが、とくにシナイ山がイスラエルの地にないことの説明として付されることが多い。

「［彼らは］荒野に天幕を張った」（出 19.2b）。トーラーは自由で公開された場

---

191) ノア律法に関しては I.A.9.n801 を見よ。

192) 『申スィフ』343（395-96, 申 33.2）. 表現は異なるが（Finkelstein のアパラトゥス参照）、主要な点は同じだ。同じ箇所の前の部分では、神が 1 つでなく 4 つの言語で自分を顕す。他でも同じ趣旨のことが異なった表現で伝えられる。これの変更が加えられた並行記事は『メヒルタ・バホデシュ』5（221, II.234-35, 出 20.2）にも見られる。のちの文献にも並行記事はあるが、ほとんどが簡略化されている。H.J. Schoeps ('Haggadisches zur Auserwählung Israel', *Aus Frühchristlicher Zeit*, 184-200) はこの箇所を詳しく論じ、他の文献も引照している。Schoeps は民の王（*Volkskönig*）を得るためにイスラエルが神を選んだのであり、神がイスラエルを選んだのでないとする Emmerich の論を否定する。Schoeps の議論はアモライーム時代をも含めた他の文献に依拠し、そこでは神の自由意志による選びが語られている。それは、ここでの議論と符合する。しかし Schoeps はここで挙げた箇所を、イスラエルがその罪の罰としてトーラーを与えられたという批判（『バルナバの手紙』参照）への間接的応答と見なす（p.189）。ラビ文献にはこのような批判に対するより直接的な応答があり、当該箇所は「なぜイスラエルか——神の気まぐれか——」という疑問への応答と思われる。したがって『メヒルタ』の箇所では、以下のように議論を開始する（Lauterbach II, 234）.「以下の理由から世界の国々はトーラーを受け入れるように求められた。すなわち、『我々にはそれを受け入れるように求められたか』と彼らが言わないために」。Helfgott, *Election*, 67 も見よ。Urbach (*Ḥazal*, 472-73.n28. 英訳 p.927.n29) も Schoeps の背景説明に反論する。彼はこれを異邦人への反論だとする。キリスト者がノア律法を守らないことで批判されることはなかっただろうからだ。

で与えられた。もしトーラーがイスラエルの地で与えられたなら、イスラエル人らは他民族へ「あなた方はこれに与らない」と言うことができただろう。しかし今トーラーが荒野で、誰にも開かれた自由な場所で公に与えられたので、誰でも願うならば来てこれを受けることができる。トーラーが夜に与えられたと考える者もいようが、聖典は「3日目の朝になると」（出19.16）と記している。トーラーが暗黙のうちに与えられたと考える者もいようが、聖典は「雷鳴と稲妻が［あった］」（同箇所）と記している。その声を聞くことができなかったと考える者もいようが、聖典は「主の声は力をもって響く」（詩29.4）と記している。……彼（神）がトーラーを与えないとは、これらの邪悪な国々は何をしたのか。「彼らは神の定めを知らなかった」（詩147.20）――彼らはそれらを受け入れようとしなかった……[193]。

イスラエルの功績：次に、出エジプト世代のイスラエル人がすでに諸規定を履行したことを根拠として、出エジプト記のイスラエルを神が選んだとする箇所を見よう[194]。もっとも驚くべきテクストは『メヒルタ・ピスハ』5（出12.6）だ[195]。

「この月の14日まで取り分けておき」。過越の子羊の購入を屠殺の4日前にするよう聖典が命じたのはなぜか。マッティヤ・ベン・ヘレシュはかつて言った。見よ、「私がお前の傍らをとおってお前を見かけたときに、お前は愛される年頃になっていた」（エゼ16.8）とある。これは誉むべき聖なる方の誓いが成就する時が来たことを意味する。この方はアブラハムに、その子孫を解放す

---

193) 『メヒルタ・バホデシュ』1（205–06, II.198–200. 出19.2）. 当該箇所に対する『メヒルタ・デ-ラビ・シメオン・バル・ヨハイ』も同様の註解をなす（p.137）。『メヒルタ・シラタ』5（133, II.39. 出15.6）参照。神の普遍的な提供については『スィフラ・アハレ』ペレク13.13（出18.5b）の「聖書は祭司、レビ人、そして（一般の）イスラエル人のみのものでなく、『人のためのトーラー』だ」（サム下7.19）を見よ。さらに Schechter, *Aspects*, 80–96; Moore, *Judaism*, I, 219–34, 276–79（トーラーが全人類へ与えられたことは、後2世紀の偉大な両学派の教えである）を見よ。

194) シナイ山での律法授与以前にモーセが幾つかの戒めを受けたことをラビらは忘れていなかった。「イッシ・ベン・アカヴヤは言う。トーラー授与の前に、私たちは血を流すことへの警告を受けていた」（『メヒルタ・ミシュパティーム』4［263, III.37「ネズィキーン4」. 出21.14］）。

195) 14, I.33–34.

ると誓っていた。しかしその段階では、贖いを受けるため履行すべき宗教義務（mitsvot）が彼らになかった。それは、「お前の胸の形も整い、髪も伸びた。だがお前は裸で裸足のままだった」（16.7）とさらにあるとおりだ。これは宗教行事で身を覆えないことを意味する。したがって誉むべき聖なる方は2つの義務を与えた。すなわち、贖いに値するために行うべき過越の犠牲と割礼である。……これゆえに聖典は屠殺の4日前に過越の子羊を購入するように命ずる。人は行いなしに報いを得られないからだ。

ラビ・エリエゼル・ハーカッパルは言う。イスラエルは、この世にこれ以上の価値あるものはないという4つの徳を持っていないか。すなわち、純潔において疑いがないこと、噂話をしないこと、自分の名前を変えないこと、言語を変えないこと……。

『メヒルタ』の他所では、ラビ・ネヘミヤにより、「彼らが信じたその信仰」ゆえにイスラエルはエジプトから贖われたとされる。すなわち、イスラエル人のうちに報いを向けるべき何らかの功績を神が見出した[196]。

しばしば同様の思考は、出エジプトや選びとの関連なしに出現する。『申スィフ』170（申18.9）がその一例である。「『あなたが……土地に入った時（ki）』、あなたがその土地に入るという報酬のための掟を履行しなさい[197]。それはあなたの報酬として『神があなたに与える土地』だ」[198]。

この理解は、神がイスラエルの側の功徳と関係なくイスラエルを選び、諸規定の履行以前にその報いが与えられるという見解とまったく相反する。「行為なくして報酬を得るに能わず」という既出のマッティヤ・ベン・ヘレシュの言説と、「報いを受けるべき行いがない私たちに、あなたは憐れみを示された」という無記名の『メヒルタ』（註5）との矛盾にも注目しよう。私

---

196) 『メヒルタ・ベシャラアッハ』6（114, I.253. 14.31）.
197) 『申スィフ』297（316. 申26.1）も見よ。
198) 「あなたの報酬として」。Finkelstein (p.217) は bizekuteka と、Friedmann (f.107a) は bisekareka と読む。一般に「報酬（reward）」は sakar の訳であり、zekut は「功徳（merit）」と訳される。当該箇所では、いずれの読みを採用したとしても「戒めを履行したことであなたが受けるべき適切な支払」を意味する。

たちはこれらの異なる見解のあいだに和解を求め得るかという問題はあとに回すとして、ここではなぜイスラエルが選ばれたかに関する他の説明を考察しよう。

〈父祖のおかげ〉：ラビらはときとして、エジプトからの脱出が報いに値するイスラエルによる行為の結果として与えられたもの——すなわち彼らは出エジプトを獲得した——とするが、一方でこれを父祖の功徳（zekut）によるとも述べる。zekut という語と bizekut という句に関してはのちに詳述する。ここでは zekut がとくに bet / bi-（〜により、〜において）という前置詞を接頭辞として置く場合、これが必ずしも英語の merit（功徳）という語の持つ意味を十全に持たないという点を、確認するに留めよう。すなわち、zekut という語が用いられているところには功徳を積み上げるという明らかな教義がいつも示唆されていることを意味しない。学者によっては、この語を根拠としてラビ文献のうちにそのような教義を見出した——そしてそれをローマ・カトリックの「功徳の宝庫」に準えた——。Zekut は英語の virtue の意味（徳、効能）に近く、いずれも直接的意義と熟語的意義とを持つ。したがって、「徳のある人（a person of virtue）」という用法がある一方で、「〜のおかげで（by virtue of）」という句では「〜のために（because of）」ほどの意味として用い得る。したがって bizekut（「〜のおかげで」）という句が用いられる度に、そこに功徳の教理があると考えるべきではない[199]。この注意喚起をした上で、あるラビが出エジプトを誰か／何かの bizekut だと言う場合について考えてみよう。『メヒルタ・ピスハ』16 は以下のように記す[200]。

> ラビ・エリエゼル・ベン・アザルヤは言う。われわれの父アブラハムの徳のため／おかげで（bizekut）、神はイスラエルをエジプトから導き出された。ちょうど「主は僕アブラハムへの聖なる御言葉を心に留められた」、「主はご自分の民を喜びのうちに……導き出された」（詩 105.42–43）とあるように。ラビ・シメオン・ベン・ヨハイは言う。彼らの割礼の規定への従順のために（bizekut）

---

199) さらに I.A.8 を見よ。Bizekut の訳に関しては Moore, *Judaism*, III, 164 を見よ。これと関連する句（例えば besakar［報いとして、〜ゆえ］）については Marmorstein, *Merits*, 11 を見よ。
200) I, 140–41. 13.4.

A. タンナ文献

神はイスラエルをエジプトから導き出された。

前者の zekut の用法に十全な神学的意義を見出さなくとも、神がアブラハムゆえにイスラエルをエジプトから導き出したことは分かる。この箇所の証拠テクストとしての意義に鑑みると、より正確には「アブラハムへの誓いゆえに」という意味が込められていよう。同時に私たちは、ラビ・シメオン・ベン・ヨハイが出エジプトをイスラエルの厳格な律法遵守に依拠すると考えた点も忘れてはいけない。

『メヒルタ』の他所には、これがより明らかな例がある[201]。

> ラビ・バナアは言う。「彼らの父アブラハムがした行い（功徳）のゆえに（bizekut mitsvah）、私は彼らのために海を分かつ」。……シメオン・ハーティムニは言う。「割礼規定の遵守のゆえに、私は彼らのために海を分かつ」。……賢者らは言う。彼の名のゆえに（lema'an shemo）、彼は彼らに対してそのようにした。……ラビ・エリエゼル・ベン・アザルヤは言う。「彼らの父アブラハムのゆえに、私は彼らのために海を分かつ」。……ケファル・トータの人、ラビ・エリエゼル・ベン・ユダは言う。「部族のゆえに、私は彼らのために海を分かつ」。……シュマヤーは言う。「彼らの父アブラハムが私を信じたその信仰は、私が彼らのために海を分かつに値する」。……アヴタルヨンは言う。「彼らが私を信じたその信仰は、私が彼らのために海を分かつに値する」。……キロトンのシメオンは言う。「ヨセフの骨のゆえに（bizekut）、私は彼らのために海を分かつ……」。

ここでは出エジプトの事件を扱ってきたが、ラビは他にも神が選択をする事柄について考察した。「なぜ神はこの選択をしたか。それはある徳／効能（zekut）のためだ」と。したがって『T ベラ』4.17（16）は、なぜユダ（すなわちユダ族）が王支配の報償を得たか（zakah）、と問う。ある者は、ユダが

---

[201] 『メヒルタ・ベシャラアッハ』3（98–99, I.218 以降［ch.4］. 出 14.15）. 他の箇所については Schechter, Aspects, 174 を見よ。

タマルに関して告白したからだと答える。ラビ・アキバはこれに言い返し、「神は違反を報いるか」と問う。そしてユダが王支配という報いを得たのは、彼の兄弟を死から救ったこと、また彼が謙遜だったことによる、と述べる。しかし最終的な答えは、他の者が紅海に入ることを躊躇したとき、彼の部族が最初に入ったことで神の「名に敬意を示した」からとする。イスラエルが特別に選ばれたなら、あるいはユダ族が特別な好意に与ったなら、神がそのような選択をした根拠となる何らかの行為があるからだ[202]。

なぜ神がイスラエルを選び、イスラエル人のために好意を示すかを上のように説明する場合、それは「功徳ゆえ（*bizekut*）」という表現とかけ離れているように見受けられる。したがってタンナのラビ・ユダは『出ラッバー』15.4で以下のように言ったとされる。「誉むべき聖なる方は言う、『イスラエルの行いを精査するなら、彼らは［エジプトから］けっして解放されないだろう。したがって私は彼らの聖なる祖先に私の目を留める』」[203]。同じ箇所で同様の内容の言説に、ラビ・ユダと同時代のラビ・ネヘミヤの名が付されている。神がイスラエルを選んだ理由として、報いを受けるに相応しい父祖の行為にラビらが言及していることを示す例を、さらに挙げる必要はなかろう[204]。

将来の行為ゆえ：既述のとおり、神によるイスラエルの選びは、まだ行われていない行為に依拠するとも説明される。神はイスラエルがトーラーの掟

---

202) 同様の議論は『メヒルタ・ベシャラアッハ』5（104–07, I.232–27, とくに 236–37［ch.6］. 出 14.22）；『BT ソタ』36b–37a.『スィフラ』に *bizekut* が登場しないことは興味深い。しかし『スィフラ』には「なぜ彼らは～に値するか（מפני מה זכו）」という句はある。これは「何の功徳によってユダは～に値するか（באיזו זכות זכה）」という『メヒルタ・ベシャラアッハ』5と同様の役割を果たす。したがって『スィフラ・アハレ』パラシャー 9.6 は記す、「なぜカナン人は 47 年間その土地に住むに値したか。アブラハムに敬意を示したことへの報酬として（*bishbil sakar*）」と。

203) 『シリ・バル（II バル）』84.10 参照。「神があなたの多くの罪を数えず、あなたの父祖らの清廉さを憶えられますように」。

204) ここでの議論ではとくに出エジプトに代表される選びに焦点を置き、イスラエルの選びがいつかについては看過した。『申スィフ』312（353. 申 32.9）では、これをヤコブの時とする。アブラハムやイサクでなく、ヤコブが完全な人であり、その子らはすべて相応しい。ヤコブとその子孫の選びは、イスラエルの選びを意味する。功徳に依拠していても、選びはそれ以降、無条件で永久的だ。E. Mihaly（'A Rabbinic Defense of the Election of Israel', *HUCA* 25［1964］, 103–35）はこの箇所を分析し、これを全イスラエルの選びを否定するキリスト者への応答と考える。

を履行することを見越して、イスラエルを選んで受け入れる[205]。

> 「いと高き神が諸国に相続として土地を分けた」。誉むべき聖なる方はトーラーをイスラエルに与え、立ち止まって［将来を］見越して[206]、イスラエル以外にトーラーを受けるに相応しい国は諸国のあいだにないと分かり、「国々の境を確定した」。

これは神の選びを合理的に説明する。『スィフラ』や他所で用いられる「〜ゆえに（*'al tenai*）」という句を分析すると、同様の思考があることが分かる。幾つかの箇所は、イスラエルが戒めの幾つかを行うことゆえに、神が出エジプトをなしたと説明する[207]。

> 「私はあなた方をエジプトの地から導き出したあなた方の神、主である」。これゆえに私はあなた方をエジプトの地から導き出した。あなた方が正しい基準（*mitsvat middot*）に関する規定を行うことのゆえに。正しい基準に関する掟を告白する（に同意する）者すべてがエジプトからの解放を告白する（確かにする）。しかし正しい基準に関する掟を否定する者は誰でもエジプトからの解放を否定する。

他所では、その他の条件への言及がある。すなわち、利息を禁ずる掟を守る者[208]、あるいは神の名を崇める者だ[209]。ここには、神の行為の理由を挙げるという動機以外に、条件を確定する掟の重要性を強調するという動機のための修辞的効果をも見出すことができる[210]。この最後の動機は『レビ記ラッバ

---

205) 『申スィフ』3.11 (352. 申 32.8).
206) 「見越す（*tsafah*）」という語については Taylor, *Sayings of the Jewish Fathers*, 160 を見よ。
207) 『スィフラ・コデシーム』ペレク 8.10 (レビ 19.36b).
208) 『スィフラ・ベハル』パラシャー 5.3 (レビ 25.38).
209) 『スィフラ・エモール』ペレク 9.6 (レビ 22.33).
210) Kadushin (*The Rabbinic Mind*, 359) はこれらの箇所を考察し、以下のように正しく述べる。「掟（*mizvot*）への敬意を強化する目的で、ラビらはそれを守ることがエジプトからの解放を確かにすることと同じだと教えた」。

一』のアモライーム時代の箇所において明らかだ[211]。

　ラビ・ヨハナンは言う。穀物の束に関する掟があなた方の目に些細のことと映らないように。束に関する掟の結果、アブラハムはカナンの地を所有する特権（*zakah*）を得たからだ。それは以下のテクストに示唆されていよう。「このカナンのすべての土地を、あなたとその子孫とに……与える」（創17.8）。これは、あなたとあなたの子孫が私の契約を守る（9節）ことゆえ（*'al menat*）である。この契約とは何か。それは穀物の束に関する掟だ。

神支配の受容と拒絶：しかし「〜ゆえに」という言い回しの背後には、もう1つの重要な動機がある。それは、戒めを「告白する」ことが神の支配——諸規定を与える神の権利——を受け入れることである一方で、戒めを「否定する」ことが神の王支配の否定と意識的で意図的な不従順であることを明らかにすることだ。この点がとくに『スィフラ』の2箇所に明示されている。

　「私はあなた方をエジプトの地から導き上ったあなた方の神、主である」（レビ11.45）。この目的のため（*'al ken*）私はあなた方をエジプトの地から導き上がった。あなた方が諸規定の軛を自らに負わせることのゆえに。なぜなら、諸規定の軛を告白する者はみなエジプトからの解放を告白するからだ……[212]。

「この目的のため」と「〜ことのゆえに」とが混在することから、「ゆえ」部分の条件性が強調されているのではないことが分かる。おそらくこれらは「〜の観点から」ほどの意味で用いられているようだ[213]。いずれにせよ、ビュ

---

211) 『レビR』28.6（英訳 p.364）.
212) 『スィフラ・シェミニ』ペレク 12.4（レビ 11.45）.
213) Büchler, *Studies in Sin and Atonement*, 92. 同様に、『民スィフ』115（128, 民 15.41）が「この条件によって（*'al menat ken*）私はあなた方を贖う。私が掟を与えあなた方がそれらを守ることゆえに（*'al menat*）」と訳されるべきか、「この目的のために私はあなた方を贖う。それは私があなた方へ掟を与え、あなた方がそれを守るためだ」と訳されるべきか判断しかねる。

クラーが指摘したとおり、「軛はイスラエル人が全能者の王支配の下に服し、諸規定に反映される神の意志に従順であることを表現している」[214]。ここでビュクラーの議論を詳細に繰り返す必要はない。ただ彼が、軛を負うことが要請どおりの重荷を受け入れることでなく、神の意志全体へ自発的に喜んで服することを意味するという点を、明解に示した点のみを記しておこう[215]。すなわち、何かの掟あるいは掟全体の遵守によって出エジプトが実現されたのでないことが重要だ。むしろ、イスラエルが諸規定を履行するために、神は出エジプトを達成した。神はイスラエルが諸規定を抜かりなく守ることでなく、自発的に諸規定に従うことを契約に留まることの条件とした。

「～ことのゆえに」という句の意味と目的に関して、『スィフラ・ベハル』パラシャー 5.3（レビ 25.37–38）が有用な洞察を与えている。これは、エジプトからの救出に神の諸規定を履行するという条件があるとの解釈を支持するように見なされがちな箇所だ。ここで、この言説の文脈に目を留めよう。

> 「あるいは利息のためにあなた方の食料を彼に与えてはならない。私があなた方の主である」（レビ 25.37–38）。したがって彼らは言う。利息［を禁ずる掟］の軛を受け入れる者は誰でも天の軛を受け入れ、利息［を禁ずる掟］の軛を捨て去る者は誰でも天の軛を捨て去る。「私があなた方を導き出した神である」（レビ 25.38）。これゆえに、利息に関する掟をあなた方が受けることのゆえに、私はあなた方をエジプトの地から導き出した。利息に関する掟を告白する（受け入れる）者は誰でも、エジプトからの解放を告白する（受け入れる）。利息に関する掟を拒否する者は誰でも、エジプトからの解放を拒絶する[216]。

ここでは、「～ことのゆえに」という句を含む文章が、契約のうちに身を置く（「エジプトからの解放を告白する」）者を導く姿勢を示していることは明ら

---

[214] Büchler, *Studies*, 93.
[215] Büchler, *Studies*, 1–118.
[216] 民 15.41 に関する『スィフラ・ズータ』（p.290）は、「エジプトからあなた方を導き出した」（民 15.41）をこれと同様に解釈するが、この場合の掟は被服の房に関するもので、さらに *'al tenai* でなく *'al menat* が用いられる。

かだ。この者はまた諸規定を守る意図があることを告白する必要がある。従う意図が契約に留まることの条件である一方、「軛を捨て去る」者は意図的に不従順であり、命令を下す神の権利を拒否して自らを契約から取り除く。したがって「〜ことのゆえに」を含む文章は、見た目ほどに偏狭的な律法主義を教えていないことになる[217]。

したがって、諸規定が遵守されることを条件とする出エジプトに関する『スィフラ』と『スィフレ・ズータ』の見解は、将来の遵法が解放を獲得することを意味しない。もっとも、将来の従順が期待されることは明らかに示されているが。「条件」と「無条件」の問題は非常に重要なので、さらなる分析が必要となる。最初に『メヒルタ』でこの議論がなされる部分を考察し、そのあと不従順によって神が契約を解消するかという問題を扱うことにしよう。

無条件の契約：『メヒルタ』は出 18.27 について述べつつ、条件付きの契約と無条件の契約の問題に直接言及し、後者をより良いものと判断する。

> ラビ・ナタンは言う。レカブの子ヨナダブとの契約はダビデとの契約より意義が大きい。ダビデとの契約は条件付き（'al tenai）だからだ。「あなたの子孫が私の契約を守るなら」等（詩 132.12）、しかし守らないなら「私は杖をもって彼らの違反に臨む」（89.33）とあるように。しかしレカブの子ヨナダブとの契約は条件なしに結ばれた。「レカブの子ヨナダブの一族には、私の前に立って仕える者が絶えることは永遠にない」（エレ 35.19）とあるからだ。

このミドラシュは続けて、条件付きでイスラエルに与えられたものを 3 つ挙げる。それはすなわち、イスラエルの地、神殿、ダビデの王国だ。一方でト

---

[217] これらの箇所を根拠に、新約聖書学者らは伝統的に律法が「先行するので、これが契約の根拠となる」（Banks, *Jesus and the Law in the Synoptic Tradition* [1975], 36. これは S.-B., IV.487–88 に依拠しているようだ）と理解した。しかしこれらの箇所は、契約が律法に先行するので、律法が契約に入る条件とはなり得ず、むしろ契約に留まる条件であることを示している。これらの文章の他の側面に関しては後述する。「告白する」と「拒否する」という表現に関しては I.A.6 (pp.239–45) を見よ。1 つの掟の違反によって契約が拒絶されることに関しては I.A.6 (pp.238–42) を見よ。

ーラーとアロンとの契約を、2つの無条件で与えられたものとする[218]。出エジプトとシナイ山での律法授与により確立されたもう1つの契約に関しては、これが条件／無条件のいずれの側のリストにも挙げられていないことは驚きだ。さらに、条件付きの契約の例として挙げられているダビデの王国に関して、違反の結果が罰であって選びの喪失でない点は注目に値する。じつに条件付きで与えられた土地と神殿と王国は失われた。ミドラシュはこの点を反映するが、どれほどイスラエルが不従順であろうと神がイスラエルから取り去らない賜物があることも教えている。

民の不従順に対する神の誠実：「～ことのゆえに」を含む箇所が「条件が充たされない場合に神が契約を破棄する」ことを意味するとの印象を与えたとしても、タンナ文献全体をとおしてそのような見解を示唆する証拠はない。「～ことのゆえに」を含む箇所がそのような見解のお膳立てをすることはない。ある意味でこれらの箇所は、特定の戒めが守られるべきだとの奨励として機能している。そしてこれらの箇所の主要な意図は、諸規定を守る義務があるという契約の根本を否定する者は契約自体を拒絶する（「エジプトからの解放を拒絶する」）者とみなされる、ということを主張することだ。そのような者が契約から離れる蓋然性がある点はハッキリとしている。しかしそれは、神の側からの契約解消を意味しない。ラビらは、民の不従順に際してさえも、神が契約における約束に対して誠実であり続けることを疑わなかった。この一貫した見解を、ラビ・ヨセ［・ベン・ハラフタ］は明言する。「誉むべき聖なる方の口から発せられた祝福の言葉は、それが何かの条件に基づいていようと、取り下げられることはない」[219]。この見解は『メヒルタ』において詳細に示されている。ラビ・エレアザル・ベン・ラビ・ヨセは、ダマスコ人の子アッバ・ヨセの名によって言った[220]。「『そして神はイスラエルの子らを見た』、将来に彼らが神に怒りをもたらすことを。『そして神は彼らを認識した』、将来に彼らが冒瀆することを」。それなら、神はなぜそこまで忍ぶ

---

[218] 『メヒルタ・イェトロ・アマレク』2（200–201, II.187–88［アマレク 4］. 出 18.27）.

[219] 『BTベラ』7a（英訳p.34）. 初期のパレスチナ出身のアモラーであるラビ・ヨハナンが継承した。

[220] これらのラビについては Epstein, *Mebo'ot*, 69 を見よ。

か。それは悔悛の力のためだ。また、イスラエルが神に不誠実となることを知りつつも、なぜ「神は彼らの救い主」（イザ 63.8）と言われるか。それは「『神は憐れみ深く、不正を赦される』（詩 78.38）からだ」[221]。

神が不従順にかかわらず契約における約束を守るという見解に対して、唯一の例外があるとすれば、それはラビ・ユダが述べたとされる言説である[222]。これには 2 つの本文版があるので、ここには両方を引用しよう。

> 「あなた方はあなた方の神である主の子らである」（申 14.1）。ラビ・ユダは言った。あなた方が子らのように振る舞うなら、あなた方は子らである。しかしそうでなければ、あなた方は子らでない。ラビ・メイルは言った。いずれの場合でも「あなた方はあなた方の神である主の子らである」とあるように、あなた方はある[223]。

> 「彼らは神に対して不正に振る舞った。彼らはその穢れゆえにもはや神の子らでない」（申 32.5）。——彼らが穢れにまみれていても子らと呼ばれる。ラビ・メイルはそう言った。それは「彼の子らは穢れ［にまみれ］ている」とあるからだ。ラビ・ユダは言った。彼らには穢れがない。「彼の子らには穢れがない」とあるからだ[224]。

第 2 の引用で、ラビ・メイルがこの聖典箇所の最後の 2 文字を挙げて解釈するのに対し、ラビ・ユダは最後の 3 文字を挙げて解釈している。ラビ・ユダはたんに、神の子らに穢れがあることを否定する。しかし第 1 の引用では、ラビ・ユダによるとされる見解が、違反が「子」としての身分を無効にすることを明言する。同様の見解は、無記名者による民 15.31 のミドラシュにも見られる。「彼らに穢れがあるとき、彼らは彼の子らでない。しかし穢れが

---

221) 『メヒルタ・バホデシュ』1（205. II.197. 出 19.2）.
222) Schechter, *Aspects*, 54 を見よ。
223) 『申スィフ』96（157. 申 14.1）.『BT キッド』36a 参照。
224) 『申スィフ』308（346–47. 申 32.5）.

ないとき、彼らは彼の子らである」²²⁵⁾。しかしここでの文脈から、彼らが悔い改めるときに、彼らに穢れがないことを意味することは明らかだ。そしてこの理解が、第1の引用である『申スィフ』96におけるラビ・ユダの解釈の背後にあるようだ。あるいは、子であることと従順がいつも関連していることをたんに述べているとも考え得る²²⁶⁾。いずれにせよ、神が罪を犯したイスラエルへの信頼を捨てる、また罪人が契約の祝福から排除される、とラビ・ユダが考えたとの結論は誤りだ。既述のとおり、特定のラビが主要な宗教原則に関してどのような見解を持っていたかを探ることは非常に困難だ。しかしラビ・ユダに帰される言説をすべて彼自身の言葉と想定した上で、以下の『バライタ』を考察しよう。

> ラビ・イライの子ラビ・ユダは説明した。私の民にその背きを、ヤコブの家にその罪を告げよ（イザ 58.1）とは何を意味するか。［第1の句は］学者らに言及する。彼らの無意識の誤りは意識的な誤りと見なされる。［第2の句は］無知な者ら（*'amme ha-'arets*）に言及する。彼らの意識的な罪は無意識の誤りと見なされる²²⁷⁾。

ここでラビ・ユダは「私の民」という句を学者らに限定する。しかし「ヤコブの家」がその罪ゆえに契約から排除されないことは明らかだ。同様にラビ・ユダは、マナセがその悔悛ゆえに来たるべき世に属すると論ずる（『Mサン』10.2）。これは、不従順によって人が契約から排除されるとラビ・ユダが考えなかったことを示している。

したがって私たちは、以下の結論に至る。神は不従順を罰し、命じるとい

---

225) 『民スィフ』112（121. 民 15.31）。
226) Köberle, *Sünde und Gnade*, 490ff. Helfgott (*Election*, 121) は「ラビ・ユダによると、神とイスラエルとのあいだの愛の関係性における相互的秩序においてイスラエルがその役割を恒常的に維持することに、選びは直接的に依存している」と述べるが、これは誤りだ。彼が引証する箇所は選びについて語っておらず、「子ら」や違反に対する神の罰について述べているに過ぎない。いずれの場合も、イスラエルの罪によって神が選びを反古にすると述べられていない。E. Mihaly, 'A Rabbinic Defense of the Election of Israel', *HUCA* 25 (1964), 124.n36 も同様だ。
227) 『BT メツィ』33b。

う神の権利への意識的な拒絶を罰する。しかし、ラビらが神の契約は従順という条件に依拠していると述べる場合、それは神が契約における約束をイスラエルの罪のために反古にすることを意味しない。この意味で契約は無条件だが、それは従順という責任を明らかに内包している。

上述したように、契約が従順に依拠しているとのラビ的な言説は、ラビらの宗教観では契約と救済が行為によって獲得され、神の恵みの果たす役割が非常に限定的だとの結論へキリスト者の学者らを導いた[228]。興味深いことに、他のキリスト者の学者らの中には、契約が恩寵に依拠して条件を示さないように教える箇所を例証として、契約に関するラビ的概念が倫理的視点を欠くと批判する者さえいる。サンデーとヘッドラムが述べるように、ラビらは契約を無条件とすることで契約の「より高潔な部分」を見失ったということだ[229]。同様の思考からウィックスは、旧約聖書外典が従順を条件とする契約を教えることで「より価値のある理解」を選んだと見なす[230]。これらは、いかに学者らが「より高潔」で「より価値ある」思想の引き立て役として劣悪な宗教の必要性を抱いているかを示す。じつにここまでの考察では、ラビらが叙実法と命令法とのバランスを健全な順序で維持していることが分かった。この点に関しては、のちに改めて触れよう。ここでは上の議論を要約し、契約に関する諸説明のあいだの齟齬の程度がどれほどかを見極めよう。

諸派の論争？：私たちは、神がイスラエルを選んで贖ったのは出エジプト世代の民の功徳、父祖の功徳、いまだ起こっていないがこれから行われる行為ゆえだ——すなわちイスラエルの過去、現在、あるいは将来の行為ゆえに神が彼らを選んだ——との言説について考察してきた[231]。マルモルシュタインは、最初の2つの説明が諸学派における教義論争を象徴すると考えた[232]。ある学派はシュマヤーの議論に倣って神の行為はアブラハムの功徳ゆえと

---

228)　I.A.1 を見よ。とくに Jaubert と Fuller に顕著だ。
229)　Sanday and Headlam, *The Epistle to the Romans* (ICC), 249.
230)　H.J. Wicks, *The Doctrine of God in the Jewish Apocrypha and Apocalyptic Literature*, 253.
231)　もし 'al tenai が「〜を条件として」でなく「〜という観点で」という意味だとしても、選びと行為のあいだには何らかの関連性がある。
232)　Marmorstein, *Merits*, 37 以降、とくに 64–65.

論ずるが、他の学派はアヴタルヨンに倣って出エジプト世代の功徳ゆえとする[233]。代理の功徳を支持する者と、個人の功徳を支持する者とのあいだの論争が見られる。フィンケルシュタインも同様に、アキバとその学派が父祖の功徳（zekut 'abot）を主張したのに対し、イシュマエルとその学派は個人の功徳の必要性を説いたと論じた。フィンケルシュタインによると、庶民を代表するアキバは「『すべてが決定されている』と教えて」父祖の功徳に信頼を置いたが、上流階級を代表するイシュマエルは「おおよそ個人の姿勢によって左右される」と考えた[234]。マルモルシュタインは、アキバがヒレルと同様にこの点において妥協案を探ったと考える[235]。ラビ・エリエゼル・ベン・アザルヤ――フィンケルシュタインによると上流階級に属する――は、出エジプトがアブラハムの功徳ゆえだと考えた[236]。ウルバッハは、父祖の功徳ゆえの贖いと出エジプト世代の功徳ゆえの贖いとの見解の相違があったというマルモルシュタインの議論に同意するが、中にはこれらの折衷案を模索する者もいたので、意見の相違はそれほど明確でなかったと論ずる。ウルバッハはまた、この点に関してラビ・イシュマエルの学派とラビ・アキバの学派とのあいだでの議論がそれほど激しいものでなかったと考える[237]。したがって、マルモルシュタインとフィンケルシュタインが描き出す論争は、実際にあっただろうが、これを過度に強調し過ぎているようだ。

正しい神の選びへの確信：これらの異なる説明に学派間の議論という文脈があるとしても、それをマルモルシュタインが呼ぶように「教義」に関する論争と理解すべきかは明らかでない[238]。父祖の功徳を強調するラビが個人の責任を否定するなどとは考え難く、また従順な個人がアブラハムの子孫に対する神の選びなしにエジプトからの解放を獲得するなどと誰も考えない。のちにマルモルシュタインは「同時代人の好奇心を満たすための……4つの思

---

233) Marmorstein（*Merits*, 65）は両者の見解に倣うラビらを挙げている。
234) Finkelstein, *Akiba*, 204.
235) Marmorstein, *Merits*, 65.
236) 『メヒルタ・ピスハ』（176頁の註200）、『メヒルタ・ベシャラアッハ』3（177頁の註201）を見よ。
237) Urbach, *Ḥazal*, 440–41（英訳 p.497）。
238) Marmorstein, *Merits*, 65. Sjöberg（*Gott und die Sünder*, 187.n1）も Marmorstein の2学派間論争という仮説に納得しない。

考の傾向 239)」と言い直したが、こちらの方がより適切な表現だ。いずれにせよ、「未だ起っていないがこれから行われる行為ゆえ」という第3の説明の背後にある共通理解は明らかだ。3つすべての言説は、神がイスラエルを選んだという確信を説明している。これらすべての言説は、神の選びが気まぐれや任意によらないという共通論理の上に築かれている。本著の目的においては、この背後の共通理解の方が論争の細部よりも重要だ 240)。さらに第3の説明では、諸規定の履行の重要性が強調され、選ぶ神が与える諸規定を履行する意図と選ばれることとのあいだに本質的な連関があることが指摘されている。それでは、神の選びに関するもう1つの説明について考察しよう。

　神の名ゆえの選び：私たちはここまでのところで、なぜ神がイスラエルをエジプトから導き出したかに関する様々な理由を挙げる箇所を見てきた。最後に、神が「その名ゆえに」解放をもたらしたという説明に目を向けよう 241)。

> ガリラヤのラビ・ヨセは言った、「そして神は言われた」と。誉むべき聖なる方はモーセに言われた：イスラエルはエジプトでの絶滅に値する。……それは彼らがエジプトの偶像〔崇拝〕をとおして汚れている……。しかし私の大いなる名のゆえに、また父祖らの功徳のゆえに〔彼らを導き出す〕。それは「神が彼らの呻きを聞き〔神がその契約を思い出されたからだ〕等」（出 2.24）。したがって、私の名が彼らのあいだで汚されないように〔私は彼らを導き出す〕。

---

239)　Marmorstein, *Merits*, 139, cf.164–65. いずれの主張でも誇張すると誤用されやすい。
240)　以下の箇所では、イスラエルの功徳ゆえの神の選びという説明が、神の気まぐれという批判への応答として明示される。しかし、誰の功徳が選びをもたらすかについては述べられない。すなわちこの箇所では、神が気まぐれでないという議論の方が、父祖の功徳か出エジプト世代の功徳かの議論よりも重要となっている。「あるローマ人女性がラビ・ヨセ（・ベン・ハラフタ）に質問して、『あなた方の神は無差別に好む者を誰でもその側に導き入れる』と言った。ラビが無花果の入った籠を持って来ると、その女性は無花果の実を吟味し、もっとも良い実をとって食べた。するとラビは、『あなたはいかに選ぶかを知っているようだが、誉むべき聖なる方はいかに選ぶかを知らないか。行いが正しいと見なされる者を彼（神）は選び、その側に導き入れる』と言った」（『民 R』3.2. 英訳 p.68）。
241)　「その名ゆえに」という表現は『メヒルタ・ベシャラアッハ』の引用（註201）ですでに見た。この句に関しては Marmorstein, *Merits*, 12 以降を見よ。

そして「[私の名が彼らが住まう諸国のあいだで汚されないように]私の名のゆえに行った。諸国民に私が彼らをエジプトの地から導き出したことを知らせた」(エゼ 20.9) とあるように。

ラビ・タルフォンは言った。誉むべき聖なる方は言われた：イスラエルはエジプトから進み、アンモン人とモアブ人とアマレク人とによる絶滅に値することが私の前に示され知られているが、私は彼らの戦いを戦い、彼らを救うと誓った。なぜなら「主はわが旗」等（出 17.16）とあるからだ。また「私の名が汚されないために、私は私の名のゆえに行った」(エゼ 20.9) とあるからだ。私はエジプトから彼らを導き出そうとするが、あなた方は私に「遣わして下さい」と祈る。

ラビ・ヨシュア・ベン・コルハは言った、「そして神は言われた」と。誉むべき聖なる方は言われた：イスラエルは私が荒野でマナを与えるに値せず、飢えと渇きと裸とに値する。しかし私は、仕える御使いらの前で「立ち」また「作った」彼らの父アブラハムへの報酬を彼らに与え終えた。それは「彼は凝乳と乳とをとり［……仕えた］」(創 18.8) とあるからだ。私は彼らをエジプトから導き出そうとするが、あなた方は私に「誰か他の者を遣わして下さい」と祈る[242]。

これらの引用における主要な点は、神がイスラエルを贖いに値しないと見なすこと、しかし自らの名のゆえに父祖らへの約束を守ろうとすることだ。こうして、父祖と神の名という根拠が深く連関する。
　教義でない選び：なぜイスラエルが選びの民かに関する教義を問うなら、その答えは明らかでない。しかし、イスラエルが選ばれ、その選びに諸規定が伴うという普遍的な確信があることは、一貫して明らかだ。もっとも、なぜ神がイスラエルを選んだかについて、その説明は異なる。諸規定以前であれ「その名のゆえ」であれ、神がまったき慈愛によりイスラエルを選んだと

---

242) ラビ・シメオン・ベン・ヨハイによる出 6.2 の『メヒルタ』(p.5)。

の説明は、ラビらの感性に合わなかった。さらに、ラビらが選びの理由を特定できるよう望んだことも明らかだ。しかし、神がイスラエルを選んだことの体系的説明として、いかなる反論にも耐えうる理由は提唱されなかった。いずれの説明も教理体系と見なされなかったことは明らかだ。なぜなら一般に編纂者は、どの説明が他の説明より優っているか決定する必要を感じないまま、多数の説明を挙げるからだ[243]。アブラハムの功徳ゆえにイスラエルがエジプトから導き出されたと言う場合、それはたんに選びの問題を1つ前の段階へ移していることになる。すなわち「なぜアブラハムが選ばれたか」との問いである。これに対しては、アブラハムの子孫による諸規定の履行を神が予見したとの答えがあるのみだ。アブラハムが御使らの前で「立ち」また「作った」というのは、アブラハムが選ばれたことの説明にならない。それ以前に神がアブラハムをすでに呼んでいるからだ。ラビらは、イスラエルが何らかの規定を履行したことのゆえに出エジプトという報いを受けた、イスラエルに何の功徳もない、諸規定の履行以前に報いを受けた、ということを同時に言い得る[244]。ラビは「行為義認」というパウロ的／ルター的な問題を抱えていなかったので、出エジプトが獲得されたということに問題を感じなかった。そうは言っても、出エジプトの獲得がラビ的教義だったわけでないことは明らかで、これはたんなる説明の道具に過ぎない。ラビらが先見的恵みに関する明らかな教義を確立させていた可能性に言及する者もいるが[245]、ラビらは恵みと功徳が相反するように考えなかったようだ。この点について、彼らは聖典からの支持を十分に得ていた。彼らは神がその恵みゆえ

---

243) 出エジプトの考察についての同様のリストは Kadushin, *The Rabbinic Mind*, 73–74 を見よ。Kadushin は、多くの言説は互いに矛盾するのでなく「たんに異なる」と述べる。そして「矛盾する言説があったにせよ、それらは融和的に列挙されている」(p.75) と言う。ラビらの手続きにおいて、重要な神学的および宗教的議論がアガダー的な仕方でなされる点も指摘しておこう。

244) 複数の言説が同じラビによるとされることは驚くべきことでない。したがってラビ・ヨセ（・ベン・ハラフタ）は、神が無差別に選ぶとの問題に対し「神は行動が正しいと見なされる者を選び御許へ招く」(『民 R』3.2 上方。英訳 p.68) と答える。同じラビ・ヨセは、神が諸規定を与える以前に、諸規定（履行）への報酬をイスラエルに与えた、と述べている（171 頁の註 183)。

245) ある意味での先見的恵みを示唆するタンナ的な言説が幾つかある。「神は、義が重大な違反の手に渡ることを許されない」『民スィフ』135 (申 3.26 の註解。p.181)。この箇所に関しては I.A.5. の註 371 を見よ。I.A.7 の註 623 の祈禱文、I.A.5 の註 344 のラッバン・ガマリエルの言説を見よ。

A. タンナ文献

にイスラエルをエジプトから導き出したと宣言し得たが、同時にこの解放は誰の *zekut*（功徳）ゆえかと問うこともできた[246]。

　トーラーが他の諸国へも提示されたとの答えも、体系的な思考をする者にとって選びの問題に満足のいく解決を与えない。神は他の諸国民のために海を分けたのでない。それならなぜ、彼らはトーラーを受け入れねばならなかったか。したがって、明らかな教義というものは存在しない。神が諸規定の履行に報いたことを聖典が支持するので、ラビは功徳ゆえの報いという考えを捨て得ない[247]。一方で彼らは、正しい大義が存在しない選びの教義を意味しかねないような神の気まぐれを容認できない[248]。しかし、アブラハムあるいは出エジプト世代のイスラエルが諸規定を履行したので神が特別な仕方で報いたという見解に付随しかねない排他性と高慢とに懸念を抱く者が、諸規定が与えられる以前に神が御手を動かしたとの理解を示した。このように様々な説明が試みられたが、最終的に選びの原因は明らかにされない[249]。それでもラビらは、神がイスラエルを選んだことが、イスラエルの偉大さを示す１つの指標だとは考えた。「王が愛する者は、王を愛する者よりも偉大である[250]」ということだ。この箇所は、神の愛が獲得されるようなものでない

---

246) Marmorstein（*Merits*, 24）はここにも学派間の論争を見出す。神の名が神の行動規定だとする学派がある一方、功徳ゆえにのみ神はイスラエルを報いるとする学派がある。しかし、選びに関していずれかの点をより強調する傾向がラビらのうちに見られたとしても、これを学派間の論争と見なすことはできない。教義的論争——少なくともキリスト者らが思い描く論争——を避けることがラビ的な神学的議論の真髄だ。功徳を報いるとの立場を強調するラビが、自らの名のゆえに神がイスラエルを選んだとの立場を否定するとは考え難い。一方で、神の無償の恵みを強調するラビが、功徳にしたがって人を報い裁く正しい神を否定するとは考え難い。

247) この点を支持する箇所を挙げる必要もなかろうが、例えばレビ 26.3-4 は「あなた方が私の掟に沿って歩み、戒めを誠実に守るなら、私は時季に応じて雨を与える。土地は作物を実らせ、野の木は実を結ぶ」と述べる。

248) Marmorstein, *Merits*, 14, 137-39 参照。

249) Schoeps（*Aus frühchristlicher Zeit*, 196-97）は、神がある特別な役割のためにイスラエルを選んだとの理解がユダヤ伝統に依拠しないと述べるが、これは適切な判断だ。彼はラビらの見解が基本的に申 7.7-8 に依拠していると考える。すなわち、神がイスラエルの民を選んだが、それはこの民の偉大さゆえでなく、神がこの民を愛したからだ。私はこの愛を説明するラビらの試みについて議論してきた。

250) 『メヒルタ・ミシュパティーム』18（311, III.138 [ネズィキーン 18]、出 22.20）。この言説は、それを改宗者等に適用するラビ・シメオン・ベン・ヨハイのものとされる。『申スィフ』47（106. 申 11.21）では同様の言説を、長老へ適用するのちのラビ・シメオン・ベン・メナスヤのものとする。

こと、そしてイスラエルが特別に選ばれたという自覚を強調している。

まとめ：過去、現在、あるいは将来の何らかの功徳ゆえに神がイスラエルを選んだとの理解がラビ的教義だとしても——それはラビ的教義でないが——、それをもって個々のイスラエル人が救いを功徳によって獲得せねばならなかったことを証明できない。過去に選びが獲得されたとしても、のちの世代の個々のイスラエルが契約における立場を獲得し続けねばならないとの理解はなく[251]、世代ごとに契約が獲得し直されねばならないとの考えもない。過去において神がいかなる理由でイスラエルを選んだにせよ、契約がのちの世代にも効力を持ち続け、神がイスラエルを贖い堅持する約束を守ることが、本来の理解だった。ラビ的宗教が行為義認を説く律法主義であると主張するため、ヴェーバーが選びののちの堕落という理論を提唱したことはI.A.1で述べた。より最近では、契約の効力が持続することをレスラーが否定した。以下ではこの契約の問題について考察しよう。

c. 契約における約束の持続的有効性

断続的な有効性？：レスラーの研究の中心的主題は、ラビ的思想において選びが持続的に有効でなく、したがって各人が律法の行いによって神の恵みにおける立場を改めて獲得する必要がある、ということだ。私たちはここに、その見解を要約しよう。私たちはまず、黙示文学において契約が救いを決定しないとの立場をレスラーがとっている点を確認しよう。彼はこの立場を立証するため、タンナ文献における選びに関するヘルフゴット（Helfgott）の研究を引照する。もっともレスラーは、ヘルフゴットの結論をヘルフゴット自身が研究対象としなかった文献に適用し、ヘルフゴットが研究対象とした文献への考察にはまったく関心を示していない[252]。

おそらく共同体での長寿と敬意とが神の愛を示すと考えられたのだろう。この同じラビは、義人がこの世において報われると教えた。I.A.7の註589を見よ。

251) したがってユダヤ人男児の割礼は、神の聖い民の成員であることの象徴だが、暗闇から光へと移行する救済的出来事でない。Sjöberg, 'Wiedergeburt und Neuschöpfung im palästinischen Judentum', *Studia Theologica* 4 (1951–52), 44–85を見よ。

252) Rössler, *Gesetz und Geschichte*, 63 (Helfgott, *Election*, 1を引照). Rössler (p.63.n3) は、Helfgottの結論が黙示文献にも適用され得ることを述べるが、Helfgott自身がそのような結論を受け入れない

A. タンナ文献

ラビ文献に関して、レスラーは「約束」という名詞とその動詞形とを分析することで自らの主張を構築しようと試みる。これらの語（מבטיח, בטחה）は神が父祖に対して約束する場面で用いられるが、レスラーは『民R』2.12（英訳 p.41）、『メヒルタ・ベシャラアッハ』3（97, I.217 [ch.4]. 出 14.15）、『プスィクタ・ラッバティ』42、『BT シュブオ』35b の計4箇所を挙げて論じる。彼はこれらの箇所で用いられる約束が、すでに成就した具体的な事柄を指すと判断し、それが神から父祖への「約束」に対する一般理解だと結論づける。したがって、それらの言説は通時的に有効でなく、開かれ続けていない。父祖らと後続する世代とのあいだにある唯一の接点は、余剰の功徳の宝庫という概念である。そこに救済史（Heilsgeschichte）という概念はない。さらに「契約」という語は律法を意味し、それ以外でない。レスラーは唯一の例外として、『エスR』8.6（英訳 pp.107–08.『エスR』4.15 として引照）を挙げる。すなわち、神の側の契約に焦点がある場合、人類史の偶発性においてのみ神の誠実さが認められる。しかしこれは、契約に関する神学的言説の中心部分でない[253]。

レスラーの表面的な文献の扱いに、多くの紙面を割いて反論する必要はない。彼はたんに、聖典における神の約束の幾つかが聖典という歴史的枠組みの中で成就しており、その域を越えないと述べているに過ぎない。彼はこのような事例を幾つか見つけたということだ。彼が引証する『メヒルタ』と『民数記ラッバー』と『プスィクタ・ラッバティ』とでは、イスラエルをエジプトから導き出すことに関する神の約束に焦点があり、たしかに海が分けられて約束が成就した。『BT シュブオ』35b ではラビ・ヨシュアが「彼（神）は約束したことを成就した」と述べるが、これはベニヤミン族に対する諸民族の戦闘に言及している。しかし、選びと契約に関するレスラーの考察は最近のキリスト者の学者らのあいだに広く見られる見解を反映しているので、この見解が誤りであることをここで指摘する必要があろう。

永遠の有効性：もし明らかに過去に成就した約束以外で、聖典が約束する

ことを述べない。また Rössler 自身がラビ文献を扱う部分では、Helfgott に言及がない。
253) Rössler, *Gesetz und Geschichte*, 27–29.

事柄についてラビらが考察する箇所を分析したなら、レスラーは上とは異なる結論に至っただろう。したがって、イスラエルが海の砂ほどの数になるとの約束（創 22.17）を例にとるなら、これがいまだ成就に至らない将来に開かれた約束だと分かる。ラビらは「幾千幾万ものイスラエル人」（民 10.36）、あるいはイスラエルが現在の千倍にも増える（申 1.11）というモーセの言説を挙げて、イスラエルの民が結果的にモーセの見解を神の約束の矮小化として見なしたように理解した。なぜなら、神はイスラエルが天の星ほど、また海の砂ほどになると約束した（הבטיחנו）からだ。「モーセは彼らに言った：私は肉と血［からできており］、私の祝福には限りがある。……しかし［神は］あなた方に言われたとおりに祝福される。『海の砂のように』云々」[254]。

しばしばラビ文献には、選びが永遠に有効だと考えられていた様子が見られる。無記名の『メヒルタ』は出 15.17（「あなたは彼らを導き入れ、ご自身の山へ植えられる」）を解説しつつ、以下のように述べる。

> 植えることには抜き取ることが続かないのは以下のとおりだ。「私は彼らを建て、倒さない。私は彼らを植え、抜き取らない」（エレ 24.6）。また「私は彼らの地に彼らを植え、彼らは抜き取られることがない」云々とある（アモ 9.15）。

出 15.17 の山は「あなたが私たちに与えられた約束の山[255]」と定義される。「約束」を過去に与えられ成就したものと見なすレスラーの理解に反して、ここでの約束は明らかに永遠のものとして描かれている。

功徳の宝庫？：ラビがユダヤ人の父祖とその子孫との接点を、子孫がのちに用いることができる功徳の宝庫のみ──〔訳註「約束」は父祖のみに属し、その子孫が約束に与るためには功徳の宝庫に頼るしかない〕──と考えたとのレスラーの理解はまったくの見当外れだ。第 1 に（I.A.8 で詳述）レスラーは、「父祖の功徳（zekut 'abot）」という句に関する一般的な誤解を継承している。ラビが父祖への約束の相続者であり、神とイスラエルのあいだに確立

---

254) 『民スィフ』84（83. 民 10.36）.
255) 『メヒルタ・シラタ』10（149, II.77. 出 15.17）.

された契約を継承する者だとの自己理解があることを明らかに示す箇所が、ラビ文献に多いことを忘れてはならない。「相続する (*yarash*)」、「信頼する (*baṭaḥ*)」、「約束する (*hibṭiaḥ*)」などの語を詳しく調べるなら、この点が明らかとなる。しかしここでは、1点のみを短く指摘しよう。父祖と子孫とが功徳の宝庫によってのみ繋がっているとの理解に反する証拠として、出 15.2 に関する『メヒルタ』における「私の神」と「私の父の神」への註釈に注目しよう。「彼（神）は私に対して慈愛の原理で接したが、私の父祖には正義の原理で接した」[256]。

> イスラエルの集まりは誉むべき聖なる方の御前で言った：私があなたの御前で讃美の歌を献げるのは、あなたが私のためになされた奇跡のみならず、私の父祖と私のためになされた奇跡、またあらゆる世代で私のためになされる奇跡ゆえだ。この意味で「私は私の父の神を讃える」とある[257]。

同様に、出 15.2 で先行する「そして彼（神）は私の救いとなられた」という句への註釈をも考慮に入れよう。繫辞（be 動詞）である ויהי の符点には 2 つの可能性があることから、「［この箇所は］『彼は～だ』また『彼は～だった』である。彼は過去における私の救いだったが、彼は将来における私の救いだ」との注釈がされた[258]。

　動詞の *hibṭiaḥ* が完了時制（＝ラビ・ヘブライ語の過去時制）で用いられたとしても、約束が過去に成就して現在では有効でないということにはならない。「彼はあなたを造り、あなたを堅く立てられた」（申 32.6）という文言について、ラビ・シメオン・ベン・ユダは以下のように述べた。「彼はあなたをあなたの基礎に据えた。彼はあなたを 7 つの［異邦人の］国々からの戦利品で養った。彼はあなたに誓ったものをあなたに与え、あなたに約束したも

---

256)　『メヒルタ・シラタ』3 (128, ll.28. 出 15.2).
257)　『メヒルタ・シラタ』3 (128–29, ll.29).
258)　『メヒルタ・シラタ』3 (126, ll.24. 出 15.2). この釈義に関しては Lauterbach の註を見よ。救済の確信に関する問題は I.A.10 で扱う。ここでは、神の約束が過去のものでありながら今でも有効であるとラビらが理解していたことを確認する。

のをあなたが相続するようにされた」[259]。聖典の本文に従ってすべての動詞に完了時制が用いられているが、イスラエルが今でも約束を得ていることが教えられていることは明らかだ。彼らは約束されたものを相続している。

契約の約束が持続的に有効だとのラビらの理解を支持する最善の証拠は、イスラエルへの神の愛とその臨在という主題に関する考察に見られる。イスラエルと共にある神の臨在という主題に関しては後述しよう（I.A.10）。ここでは、契約が諸規定のみならず祝福をも含意すること、レスラーが述べるように律法のみを含むのでなく、約束をも含むことを確認しよう。

d. 神の視点からの契約——諸規定と祝福

私たちはこの項（I.A.4）を始めるにあたって、神の諸規定と契約との関係性について問うた。前者の履行によって後者が獲得されるか。これに対してラビらが、「神がイスラエル人を選んだことへの応答として彼ら（ラビら）の時代の従順がある」と考えた、と私たちは確認した。もっとも、神がそもそもイスラエルをなぜ選んだかについて、ある者が功徳という観点から説明を試みたことは確かである。したがって、神の側からの契約には、イスラエルが守るべき諸規定を与えるという一面がある。さらに私たちは、契約において示唆されている約束にも言及した。ここでは、これらの約束が何を意味したとラビらが考えたかについて、より直接的に考察しよう。

神の愛という主題：イスラエルへの神の愛に関する網羅的な註釈集は 1 巻の大著に匹敵しよう。これはタンナ文献に頻出する主題であり、ミドラシュのテクストの開始部では必ず扱われ、しばしば長々とした講釈が続く[260]。その場合、以下が主要な主張となる。すなわち、たんに神はイスラエルを愛し、その愛を知らしめた（『M アヴォ』3.15 のラビ・アキバ）、神はイスラエルを悪から守る、神はイスラエルと共に住む、神は最終的にイスラエルを救う、神は死において個々のイスラエルの魂を救う。これらの主張の多くは、「主は

---

259) 『申スィフ』309（350. 申 32.6）.

260) 『メヒルタ』からのそのような註釈集は Kadushin, 'The Rabbinic Concept of Israel', *HUCA* 19 (1945–46), 71–80 を見よ。しかし彼は「ラビらの理解では神の愛の対象はイスラエルに限定されない」(p.72) と述べる。

あなたを祝福し、あなたを守られる」(民 6.24–26) への註解に見られる。『スィフレ・ズータ』や『民数記スィフレ』での註解も、以下のようにこれと近似している[261]。「ラビ・イサクは、なぜ『あなたを守られる』とあるか、と問う。なぜなら『祝福する』ことに『守る』ことが含まれているからだ。第2の句は悪の衝動から『守る』ことを意味する。それがあなた方をこの世から取り去らぬように」[262]。

「あなた方を守られる」に関する他の解釈：彼（神）はあなたを囲む悪霊から守られる。……したがって私たちは、彼らが祝福され守られることを知る。いかにして私たちはシュヒナーも彼らと共にあると知るか。聖典は「主の御顔があなたの顔を照らす」と述べている[263]。

「あなたに恵みを与えられる」という句はこのように解釈される：「彼はあなたに知識を与え、それぞれが他者に恵み深くあり、それぞれが他者を思いやる」[264]。このあとミドラシュは「あなたを守られる」という句に再び注意を向ける。この主題の解釈はまだ尽きていない：「彼（神）はあなたの父祖の契約をあなたと守られる。それは『あなたの神である主はあなたと契約と、あなたの父祖に約束した変わらぬ愛を守られる』」(申 7.12)[265]。

「あなた方を守られる」に関する他の解釈：彼（神）はあなたのために時［の終わり］を守られる。それは「ドマに関する託宣。セイルから私を呼ぶ者がいる。『見張りの者——文字どおりには〈守る者〉——よ、今は何時か』。……見張りの者は『朝が来、夜が来ます……』と言う」(イザ 21.11–12) とあるからだ。

「あなた方を守られる」に関する他の解釈：彼（神）はあなたの魂を死に際し

---

261) 民 6.24–26 への『スィフレ・ズータ』、『民スィフ』40–42 (43–48).
262) 『スィフレ・ズータ』p.247,『民スィフ』p.44.
263) 『スィフレ・ズータ』p.247.『民スィフ』p.44 の並行箇所はシュヒナーに言及しない。
264) 『スィフレ・ズータ』p.248.
265) 『スィフレ・ズータ』p.248,『民スィフ』p.44. 傍点は本書著者による強調。

て守られる。それは「私の主の命は命の袋に収められる」(サム上 25.29) とあるからだ。義人と悪人との両方 [にこれは適用される] と考えるべきか。[否、なぜなら]「彼 (神) は敵の命を石投げ紐にかけて投げ飛ばす」(同上) とあるからだ[266]。

ミドラシュは聖典テクストの他の句についても、同様に数々の解釈を施す。しかしここでの議論のためには、上で挙げた例で十分だろう。既述のとおり、イスラエルが神に愛され特別の祝福を受けていることが、共通の主題となっている。契約がたんに諸規定と祝福とをもたらしたとラビらが考えていたように理解するなら、それは誤りだ。むしろ神が選んだ民の受難が繰り返し強調されており、この受難がラビらの神学において重要な役割を果たすようになった。諸規定と祝福と同様に、苦難も喜びをもって受け取るべきものだ。なぜならそれは、イスラエルの贖いを目的とする神の大きな計画の一部だからである[267]。もっとも、神とイスラエルとの特別な関係性を遵守すべき諸規定の詳細、イスラエルの特別な祝福、あるいは悔悛と黙想とを促す受難をとおしてラビらが議論したとしても、神が与えて彼らと彼らの父祖が受容した契約という枠組みの中で生きていることをも彼らは強く意識していた。ラビらは彼らの側の契約を履行することを強く意識し、その心づもりでいたが、同時に神が神の側の契約を履行することをけっして疑わなかった。

前提としての神の誠実：この最後の点は非常に重要である。なぜならこれは預言者らやヨブに見られる宗教的意識と相反するからである。神が契約を履行するよう求める言説、すなわち神の契約履行が満足のいく状態でないことを示唆する言説は、預言者的特徴を示していると言える。そしてこれは、現存するタンナ文献に反映されはしなかった。神のまったき誠実さと信頼性とはいつも大前提であり、しばしば明示されている。この思いは「私はあなた方の神、主である」という句に込められている。なぜなら、ラビらはしば

---

266) 『スィフレ・ズータ』p.248,『民スィフ』p.44.
267) とくに A. Büchler, *Studies in Sin and Atonement in the Rabbinic Literature of the First Century*, 119–21 を見よ。受難に関しては I.A.7 で詳細に扱う。

しばこの句を「私は誠実に報いる、私は誠実に裁きを下して罰する[268]」と理解するからだ。これらの句は律法主義の問題を論ずる際にもう一度扱うことにする。ここでは、神が神として振る舞うことへの信頼が表明されていることを確認するに留めるが、この神理解に反する思想が完全に欠損している点は強調しておく必要があろう。

まとめ：ここまでの議論を要約しよう。ハラハー文献の存在自体が、聖典の律法に対する詳細な分析の背後にある宗教的動機付けは何か、という疑問をもたらす。ラビらは、イスラエルが神の選びゆえに神との特別な関係にある、と考えていた。神は彼らのために振る舞い、彼らは神の掟を受容した。神は喜んでその民に諸規定を与えたが、その履行はイスラエルの民に特徴的な宗教的行為となった。それは個々のイスラエルの民にとって、彼／彼女を選んで贖った神に応答する適切な仕方だ。選びの原理を示そうとするラビらは、神の無償の恵みと功徳という概念を用いた。神の掟は従順を促し、報いと苦しみとをもたらす。しかしその苦しみさえ民を利する。いずれにせよ、イスラエルの民は神が命じた事柄を履行するよう期待される。彼／彼女は、神が王、裁き主、また贖い主としての役割を満たすことに疑念を挟まない。

この文献群がいかなる性質を持っているかに関する分析の目的は、ラビ的宗教を特徴づける宗教様態を明らかにすることである。私たちはイスラエルの選びに関する思想を考察したが、次は契約によってもたらされた諸規定への従順と不従順との結果について考察しよう。

5. 従順と不従順——報いと裁き

a. 従順であることの要求

神がイスラエルを選んだこと、またイスラエルが神を受け入れたことの結

---

268) 『スィフラ・アハレ』パラシャー 9.1（レビ 18.1–2）、『スィフラ・アハレ』ペルケ 13.15（『メヒルタ・デ−アラヨート』から）、『スィフラ・コデシーム』ペレク 8.11（レビ 19.37）、『スィフラ・ベハル』ペレク 9.6（レビ 26.2）、『スィフラ・エモール』ペレク 9.6（レビ 22.33）．これらの内幾つかでは、「私は誠実に報いる」のみが記されている。『民スィフ』115（129. 民 15.41）、『メヒルタ・バホデシュ』4（218, II.228. 出 20.1）、『スィフレ・ズータ』の民 15.41 を見よ。

果として、神はイスラエルに諸規定を授けた。ラビらの理解によると、神は諸規定が守られることを期待した。

> 「もしあなた方が私の掟に沿って歩み、諸規定を守ってこれらを行うなら」(レビ 26.3)。行うために学ぶ者であって、行わないために学ぶ者でないこと［を意味する］。行わないために学ぶ者は創られなかった方が良かった[269]。

誓いに関する議論でも同様に、神がイスラエルに対して誓うのは、イスラエルがその心に抱いたかも知れない条件によらず、神がその心に抱いた条件による、とラビらは考えそのように言い表した[270]。そしてもちろん神の条件とは、諸規定が守られることだ[271]。

意志の重要性：遵守の意志の必要性がしばしば強調される。意志——すなわち「心を向ける」——ことに関する主題は著しく重要なので、これに関する説明を加えておこう。少なくとも3つのニュアンスが考えられる。第1に、「心を向ける」ことは「神（天）へ心を向ける」ことを意味し得る。したがって供儀に関して言えば、その大きさが問われない。あらゆる供儀が「好ましい香り」である。「多くても少なくても、人がその心を天に向けるなら、それはすべて1つ［の同じ供儀］だ[272]」という教えは、「ヤヴネのラビら」によるとトーラーの学びに適用され得る。多くを学ぶ学者が一般人より優れているということはないが、それは一般人が「天にその心を向ける」かぎりにおいてである[273]。同様の意味で、「祈る者はその心を［神へ］向けねばならない[274]」とある。ラビ・メイルによると、シェマアを祈るとき、その言葉の価値はその意志によって決まる[275]。これらすべての箇所で、「心を向ける」

---

269) 『スィフラ・ベフコタイ』パラシャー 1.5（レビ 26.3）.
270) 『T ソタ』7.4–6.
271) 聖典からの支持は、例えばレビ 19.37 を見よ。
272) 『M ムナ』13.11.
273) 『BT ベラ』17a.
274) 『T ベラ』3.4 (Lieberman, p.12. Zuckermandel の『T ベラ』3.4 の第2開始部、Zuckermandel の『T ベラ』3.6 第1開始部）.「天」という付加に関しては Lieberman, *Tosefta Kifschuṭah, Zera'im* I.28 を見よ。
275) 『BT メギ』20a

A. タンナ文献

とは真摯な宗教的専念（献身）を意味する。すなわちこれは、人が犠牲、聖典の学び、祈りを行うとき、それらに関する規定が達成されることを意図するかが問われておらず、むしろこれらの行いが純粋な宗教的動機によって行われ、神へその思いが向けられているかが問われている。そうであれば、人の行いの量的判断――〔訳註　たとえば10回の供儀を10回とも完璧にできるか〕――が問われておらず、むしろ人の敬神の思いに焦点がある[276]。

偶発性の問題：第2に「心を向ける」という問題は、人がある規定を偶発的に履行し得るかという議論において扱われる。タンナ時代では、この議論が言うことと聞くことに関する諸規定と関連した。したがってシェマアを祈るという規定に関して、ミシュナは以下のような判断を下す。

> ある人が律法［のシェマアの箇所］から読んでおり、シェマアを暗誦する番が来た時、その人がその心を向けるなら義務を履行したことになるが、そうでなければ義務を履行していない（『Ｍ ベラ』2.1）。

同じ判断は同様の諸規定にも当てはまる。

> ある人が会堂の脇を通り過ぎるか、住居が会堂の近くにあるかし、ショーファール（角笛）の音かメギッラー（諸書朗読箇所）が読まれるのを聞くとき、その心を向けるならその人は義務を履行するが、そうでなければ義務を履行しない。ある人が聞き、他の人も聞いたとしても、1人は心を向け、他の人は心を向けなかったかも知れない（『Ｍ ロシュ』3.7）。

上では、言ったり聞いたりすべきだという規定と関連する事柄を誰かが偶然

---

[276] Urbach (*Ḥazal*, 345. 英訳 p.397) は、祈りに適用される意図と諸規定の履行に適用される意図とは異なると適切に述べる。「ここ（祈りにおける）『意志』の意味は、祈りの義務を履行することを述べておらず、心における祈りの具体的内容について述べている」。しかし彼は、意図に関するこの同じ意味が犠牲をもたらすことや学ぶこととの関連で用いられていることを看過している。したがって犠牲に関するタンナ的判断は、もし犠牲を献げる者がその心を神に向けているなら、すべての犠牲は神の目に平等だが、それは犠牲を献げる者がその義務を履行する意図がある場合にのみ義務が履行されたことになるということを意味しない。

に口にしたり耳にしたりした場合でも、その人がそれに意識を向けて意図的に行うなら、その規定が履行されたことになる、ということを述べている。「心を向ける」ことに関するこの第2の意味は、必ずしも第1の意味を排除することにならない。シェマアを偶然に読む人について、それが規定の履行となるためには意図して読むことのみならず、神にその人が心を真に向けることも必要となるからだ。しかし、この句の厳密な意味合いはこれと多少異なる。一般にタンナらのあいだでは、規定を履行する意志と同時に「何が言われたか」に対する関心が必要と考えられた。もっとも彼らは、シェマアを吟じたり読んだりすることにどれほど注意を向けなければ、規定を履行したことにならないかに関して議論をする[277]。アモライーム時代には、規定を履行するのにその規定履行の意志が一般に必要かに関して長い議論が行われた。中には、偶発的な規定の行使が規定履行の義務を満たすと考えた者もいる[278]。

アモライーム時代には第3の意味の可能性が加わった。すなわち、人が意図的に規定を行使しても、その有効性が否定される場合だ。後述するように、そのような行為が有効かという議論がアモラらのあいだでなされた[279]。タンナらがこのような可能性を考慮した様子はない。

タンナらによる意志の強調は、意志がじつに行使の代用となり得るという見解に至りかねない。これは実際に、神殿崩壊後の犠牲規定の理解に影響を与えた。すなわち、意志を示すことになる律法の学びが供儀の履行の代用となったのだ[280]。この原理はより広く適用された。したがって『メヒルタ』は「宗教義務を実際に行使することのみならず、その義務を行使しようとする

---

[277] 『Tベラ』2.2,『BTベラ』4a–b（英訳pp.29–30）,『BTベラ』13a–b. Urbach, *Ḥazal*, p.345（英訳p.397）の要約を見よ。

[278] 『BTロシュ』28a–29b（英訳pp.29–33）,『BTプサ』114b（英訳pp.587–89）,『BTエル』95b–96a（英訳pp.662–63）. Urbach, *Ḥazal*, 345（英訳pp.395–96の註）を見よ。『BTエルヴィーン』の記事によると、規定の履行に意志が求められないとの意見がタンナにあったことになっているが、タンナらの議論では意志が問題とならない。この問題はアモライーム時代の註解者によって議論された。

[279] I.A.7.n557の引用テクストを見よ。

[280] I.A.7.nn544, 547を見よ。

心づもりに対しても報いが与えられる[281]」と述べる。施しは、その心づもりと実際の行為の両方が報いの対象となる。人に施しの思いがありながら、経済的困窮から実現に至らない場合、施しを行使できないがその意志が報いられる[282]。そこで、良い思いが善行と見なされる（「加えられる」）という一般原則が成り立つ。もっとも悪い思いは悪行と見なされない。悪い意志は履行されないかぎり裁かれない[283]。

履行の重要性：もっとも、意志の強調にもかかわらず、ラビらは宗教に意図の履行が含まれると考えた。履行の義務は個々人に課せられている。他者への敬虔に訴えることは、その代用とならない[284]。

「わが手を逃れ得る者は1人もいない」（申32.39）。父はその子を逃れさせられない。アブラハムはイシュマエルを逃れさせられない。イサクはエサウを逃れさせられない。ここまででは、父はその子らを逃れさせられないことが分かる。兄弟が兄弟を逃れさせられないことはどこで知りえようか。聖典には「人はその兄弟を贖い得ない」（詩49.8 [7]）とある。イサクはイシュマエルを逃れさせられない。ヤコブはエサウを逃れさせられない。

同様の見解は、『スィフラ』のこの申命記の箇所にも見られる。「神（ha-Maqom）はイスラエルに、父がその子ら［の行為］によって裁かれず、子らがその父［の行為］によって裁かれないことを確証したか」（申24.16からの引用）と問う。それならなぜ「その父の不義のゆえに嘆く」（レビ26.39）か。それは、祖先の行為を代々繰り返すことを述べている[285]。これらのテクスト

---

281) 『メヒルタ・ピスハ』12（42, I.96. 出12.28）.
282) そして、意図に対する報いと行為に対する報いとは同じだ。『申スィフ』177（176. 申15.9）.
283) 『Tペア』1.4. 異読はLiebermanの版を見よ。並行記事はLieberman, *Tosefta Ki-Fshutah, Zera'im* I, 127; Marmorstein, *The Names and Attributes of God*, 115–16を見よ。この例外と思われるものが『Tナズィ』3.14のラビ・アキバの言葉にある。豚を食べようと意図する者は、実際に食べなくても贖いが必要となる。
284) 『申スィフ』329（380. 申32.39）, 申32.39のタンナイーム的ミドラシュ（p.202）を見よ。詩49.8 [7] は現代語訳では多様に訳される。
285) 『スィフラ・ベフコタイ』ペレク8.2（レビ26.29）.

(とくに『申スィフ』329)は、「父祖の功徳」という概念が誤用されることへの批判として、あるいは父がその子に特定の祝福をもって「利する」というラビ・アキバの視点(『M エド』2.9)との対比として理解されるかも知れない[286]。しかし「父祖の功徳」という概念を教えるラビらでさえ、個々人の諸規定履行の責任を放免するような仕方でこの概念を支持してはいない[287]。父はその子に対して特定の事柄(例えば『M エド』2.9 にある容貌)をもって「利する」こともあろうが、父は子に代わって規定を行使しない。

b. 従順という重荷？

負担でない規定履行：新約聖書学者らは、ラビ的宗教に無数の規定があることを批判的に述べてきた。ブルトマンによると、それは多すぎて履行するどころか把握することさえ能わない[288]。しかしラビ研究者らによると、ユダヤ教では神がその民に与えた責任は厄介なものとして捉えられていなかった[289]。むしろそれは祝福であり、喜びをもって履行すべきものである。これらの諸規定には力と平和が伴い[290]、それらは神の慈悲のしるしだ。「シナイ山で神は彼らに慈愛に満ちた老人として現れた」[291]。ミシュナはこの点を簡明に表現している[292]。

> ラビ・ハナニヤ・ベン・アカシヤは言う：誉むべき聖なる方はイスラエルへ功徳を与えようと心を配られた。したがって彼らのために律法と諸規定を増やさ

---

286) Urbach, *Ḥazal*, 443–44 (英訳 p.499) を見よ。
287) 個人の責任と出 34.7 との対比については I.A.8.n706 を見よ。
288) Bultmann, *Primitive Christianity*, 66.
289) Schechter, *Aspects* の 'The Joy of the Law' (148–69) を見よ。Urbach, *Ḥazal*, 341 以降 (英訳 pp.390–93) をも見よ。Urbach は、諸規定の喜びはいつも自らのためにそれらを遵守することと関連するが (後述)、誰もが諸規定を履行する喜びからそれらをいつも履行し得るわけではないことをラビらが知らなかったわけではない、と述べる (p.342, 英訳 p.393)。I.A.5.nn357, 358 を見よ。
290) 『申スィフ』343 (398. 申 33.2).
291) 『メヒルタ・バホデシュ』5 (291, II.231. 出 20.2).
292) 『M マッコ』3.16.『M アヴォ』6.11 参照。Epstein (*Mabo' le-Nosaḥ ha-Mishnah*, 977–78) は、この言説を左の2つの箇所への付加だと考える。『出 R』30.9 参照 (英訳 pp.356–57. Schechter, *Aspects*, 143–44 で引照)。神はトーラーの全部をイスラエルに与えたことにより、とくにイスラエルを祝福した。一方で異邦人にはそのほんの一部を与えた。

れた。それは「主の義のゆえに律法を大いなるものとし、誉むべきものとすることを主は良しとされた」(イザ 42.21) とあるように。

他の視点からラビらは、神が多くの規定を与えたのは祭司に対してであり、一般のイスラエル人に対してでないとも言うことができる[293]。いずれにせよ、規定が多いことを根拠としてそれを祝福と捉えようと、祭司以外のイスラエルへ与えられた規定はそれほど多くないと捉えようと、ラビ文献のどこにも諸規定の負担に対する不満は記されてない。それにもかかわらず、新約聖書学者らにとってこれが負担として映るのはなぜだろうか。

常識としての履行：部外者がのぞき込んでミシュナを初めて読む場合、諸規定は煩雑で、当惑を与え、論理性に欠け、したがってその履行は煩わしく映るかも知れない。しかしラビらにとってそれらは、決して非論理的でない。神が彼らに命じたからである。さらに、多くの規定が日常的に履行される共同体に生きる人々にとって、ラビらが解釈する聖典律法は複雑とも困難とも見なされない。したがって、2つのハラハーを朝と夕の両方で学び、自分の商売をきりもみする人は、トーラー全体を履行するとラビ・ヨシュアが述べる場合[294]、それ以外の諸規定が履行される必要はないという意味でない。それ以外の多くの諸規定が実際には履行される。ラビ・メイルが「日ごとに 100 の掟 (*mitsvot*) を行わないイスラエル人はいない[295]」と述べるゆえんだ。掟の件数が7つにまで減じたとしても[296]、一般的な意味は変わらない。すなわち、イスラエル人は日々履行すべき諸規定に囲まれて生きている[297]。私たちはこの類例を現代社会に見出す。

法に取り囲まれた社会：私たちをとりまく国際法、国家法、州（連邦）法、地方自治体法はさらに多く、これらの判例をも加えると、その量は膨大で威

---

293) 『スィフラ・エモール』ペレク 1.5（レビ 21.5）.
294) 『メヒルタ・ヴァヤッサ』2 (161, II.103–04 [3 章]. 出 16.4).
295) 『T ベラ』7.24 (Lieberman 版の 6.24, p.40).『P ベラ』終結部（英訳 p.173）参照。
296) Bacher, *Agada der Tannaiten*, II, 23.n1 を見よ。
297) 『申スィフ』36（67–68. 申 6.9）には「聖典が *mitsvot* によって取り囲むイスラエルは愛されている」とある。Lieberman, *Tosefta Ki-Fshutah, Zera'im* I, 125.

圧感さえある。ラビ的ハラハーは現代社会の法体制と似たところがあり、それは人の営みの全方面に規定を設けることを目的としている。トーラーの下で暮らす者にとって諸規定は負担とならなかった。彼らはたんに人間社会に共通する決まり事を知り、それを履行することが求められていた。もちろんラビ的規定は神的律法の権威に裏打ちされており、その意味では現代社会の法制度と異なる。後者の法律を学び行うことに私たちは問題を感じず、これを行っている。聖典とラビらは神的な諸規定の下に、私たちが民法とか刑法、あるいはたんなる良い作法や所作と見なす事柄を当てはめる。これらはユダヤ教に特有の性質を帯びているが、規定の総数やその複雑さが他の宗教と較べて群を抜いているわけではない。ラビらはこの履行責任が一般のユダヤ人にとって重荷であると考えなかった。

c. 不従順としての罪と罪責感

不適切な履行：イスラエルを選んだ神に対する応答がその選びに伴う諸規定への従順なら、罪はこの応答を怠ることである。ラビ的宗教において不従順は、それが意識的であれ無意識であれ、祭儀規定に関わろうと十戒の一部であろうと、私たちが言うところの罪にあたる。戒めを守ることができなければ、それはある意味で罪であり、その際に状況は重要でない。現代人の目には期待される行動のほんの小さな齟齬と映るものが、実際に神の諸規定への不従順と見なされる例は容易に見出される。ラビ・ヨセはカル・ヴァーホメルの議論を用いた言説において「アダムの違反が神の〈罰の規則〉ゆえに将来の無数の世代に死をもたらすなら、それ以上に影響を及ぼす神の〈報いの規則〉ゆえに人の規定履行がその子孫に利益をもたらすのはなおさらだ」と論じた[298]。ラビ・ヨセは「ピッグル（*piggul*）とノタル（*notar*）を悔い改める者と贖罪日に断食する者」という論理を上の議論で用いた。ピッグル（忌むべきもの）もノタル（残余）も、適正に行われなかった犠牲を指す[299]。これ

---

298) 『スィフラ・ホバ』パラシャー 12.10（申 5.17）.〔訳註 「カル・ヴァーホメル」に関しては、長窪専三『古典ユダヤ教事典』147 頁を見よ。〕

299) 『M マア』3.2 と Danby の註を見よ。〔訳註 「ピッグル／ノタル」に関しては、長窪専三『古典ユダヤ教事典』366, 406 頁を見よ。〕

らの儀礼上の規定に関して悔悛が行われることは注目に値する。諸規定が適正に履行されることが重要であり、不適正な履行には悔悛が求められる。人は儀礼上の誤りについて悔悛を表明する。これらの誤りも不従順と見なされる[300]。

形骸的か？：ラビ的思考のこの側面に対して、キリスト教神学者らは手厳しい批判を向けてきた。ブラウンは、『Mアヴォート』において倫理的規定と儀礼上の規則とが並列されている点を「ナイーヴ」と断じた[301]。ブルトマンらは上述（I.A.1）のとおり、儀礼上の規則が「より重要な律法の事柄」以上に重大と見なされるようになったとし――すなわちマタ 23.23 の論争的内容を歴史的事実と混同し――、それがラビ的宗教が形式主義で形骸的であることの証拠だと理解した。しかし私たちは、このような理解がラビらの見解を正しく捉えていないことを知るべきだ。ラビらは、あらゆる規定が神からのものであるかぎり、それらはすべて同様に履行されるべきと考えた。その一部分が看過され得ると考えるのは、人の傲慢にすぎない。

より重要な掟：このような思考があったにせよ、ラビらはすべての規定が同様に履行されるべきだと教えることで満足したのでない。これらはすべて履行されるべきで、神が与えた規定のどれをとっても重要であることを否定すべきでないことは確かだが、諸規定の総体において中心となる主要な規定が何かを定めることも可能だと考えられた[302]。これを示唆する逸話はよく知られている。

> 他の機会に、ある異教徒がシャンマイのもとにやって来て言った、「私を改宗者として下さい。ただ私が片足で立っているあいだに、あなたが私にトーラー

---

300) Moore, *Judaism*, I.116=17 を見よ。Moore はウェストミンスター小教理問答書からこのラビ的姿勢と並行する箇所を示す。

301) H. Braun, *Radikalismus*, I.35.

302) 諸規定を基本的原則へと還元することに関しては Alon, *Meḥqarim Be-Toldot Yisra'el*, I.278–79; Moore, *Judaism*, I, 276, 325, 342, 466–67, II.86 以降を見よ。多様な諸規定と基本原則との関係については Moore, *Judaism*, III.141–42（n.189）を見よ。道徳的に重要な意味がある規定と儀礼規定とが矛盾する場合は前者が優先されるが、すべての規定が神の意志という同じ基礎の上に据えられている。さらなる議論は Urbach, *Ḥazal*, 301–19（英訳 pp.342–64）を見よ。

全体を教えるという条件で」と。するとシャンマイは手に持っていた大工用の尺でその男を追い払った。その男がヒレルのもとへ行くと、ヒレルは彼に、「あなたにとって忌むべきこと、これをあなたの隣人にしてはならない[303]。これがトーラーの全体で、その他はこれの註解だ。行ってそれを学びなさい」と答えた[304]。

これと同じ姿勢を反映する言説は他にもある。「人がその商売において正直なら、そして相手の魂が彼に好意を持つなら、それは彼がトーラー全体を成就したかのように見なされる」[305]。「慈悲（*tsedaqah*）と慈愛（*gemilut ḥasadim*）とはトーラーにあるすべての戒め（*mitzvot*）に匹敵する」[306]。「倫理」に関わらない規定で唯一トーラー全体を体現するように理解されるのは、偶像崇拝に関するものだ[307]。

トーラーの核は、ときとして1つでなく幾つかの規定に見出される。したがって十戒はトーラーの基本となる要素として重要な役割を果たした[308]。これと反対に、偶像崇拝と淫行と殺人とは3つの大罪と見なされた[309]。多くの規定が、イスラエルを定義し[310]、その民を鍛錬し訓練するために与えられたと言われた[311]。これらは履行されるべきだったが、ラビはこの諸規定の総体から何が根底にある宗教的で倫理的な価値かを推断できた。

---

[303] これは周知の格言で、その初期の例はトビ4.15に見られる。「あなたが憎むこと、これを他者にしてはならない」。

[304] 『BT シャッバ』31a.

[305] 『メヒルタ・ヴァヤッサ』1 (158, II.96. 出 12.6). Friedmann (f.46a) は「商売において、人の魂がその人に好意を抱くなら、それは……見なされる」とする。

[306] 『T ペア』4.19,『P ペア』15b.

[307] 『メヒルタ・ピスハ』5 (15, I.37. 出 12.6),『申スィフ』54 (122. 申 11.28).

[308] Gedaliahu Alon, *Meḥqarim*, I.278. *JE* (IV.496) は「十戒はトーラーのすべての規定を含む」と記すが、それは『P シュ』46d,『P ソタ』22d,『雅 R』5.14.

[309] Moore, *Judaism*, I.466–67 を見よ。

[310] 『創 R』44.1. Urbach (*Hazal*, 321.n84 [英訳 p.846.n90]) はこの理解が『タンフーマ・タズリア』5でのラビ・アキバの言葉に依拠すると述べる。「（神は）*mitzvot* をイスラエルに与えたが、それはただ彼らを練るためだった」。この言説の文脈には割礼に関する議論がある。Buchler 版では『タンフーマ・タズリア』7 (vol II, p.35) となっている。

[311] Schechter, *Aspects*, 208; Urbach, *Ḥazal* 321–22（英訳 pp.366–67）を見よ。

多くの規定と基本的原則の確定との関係性は、とくに『BTマッコ』23b–24aにおけるアモラらの議論でとくに明らかだ。この箇所がトーラーに613の規定があることを述べており、それゆえラビ的宗教が形骸的で否定的であることの証拠として用いられて来たので、この箇所を要約することが有用と思われる。ここで議論されるミシュナは、神がイスラエルを祝福し功徳を与えようとして規定を増やした（『Mマッコ』3.16）とのラビ・ハナニヤ・ベン・アカシヤの言説に関するものだ。ラビ・シムライはこれを以下のように解説するが、ここではそれを略記しよう。

> 613の掟がモーセに伝えられた。ダビデが来てこれを11［の原則］へと減じた。イザヤが来てこれを6つ［の原則］へと減じた。ミカが来てこれを3つへ減じた。ふたたびイザヤが来てこれを2つへ減じた。アモスが来てこれを1つへ減じた、「したがって主がイスラエルの家に言われる、私を求めて生きよ、と」（アモ5.4）とあるように。これに対してラビ・ナフマン・ベン・イサクは異議を唱えて言った、「これらすべてを1つ［の原則］に据えるために来たのはハバククだ。『しかし義なる者はその信頼によって生きる』（ハバ2.4）とあるように[312]」。

「愛」のような1つだけの掟を掲げても、それを明文化したり具体化したりしなければ、実際には期待される結果に至らない。幸いユダヤ教は1つの原則を探究することによって、多くの規定の履行を破棄することをしなかった[313]。しかし、主要な少数の原則や支配的な原理を導き出すこの試みは、全規定の履行を強調することが「律法のより重要な事柄」を二義的な場所へ追いやる危険性をラビらが警戒したことを示す。後述するとおり、このようなトーラーへの姿勢は、「同胞への違反行為が神への違反行為より償うに難い[314]」という見解と符合する。ここで言う神への違反は、典礼や食事規定や清浄規定等を含む律法への違反である。すなわちユダヤ教が形骸的とか形式

---

312) 『BTマッコ』23b–24a. Schechter, *Aspects*, 138–40を見よ。
313) Moore, *Judaism*, II.88を見よ。
314) I.A.7.nn626–31を見よ。

主義とかの批判は根拠を欠くように見える[315]。

ラビ的な罪理解：罪による不従順の起源に関するラビらの推断について、ここで議論する必要はなかろう。この類の神学的推論は、来たるべき世の在り方に関する推定と同様に、ラビ的な宗教様態の領域の外側に位置する。もっとも、キリスト教的な意味での原罪や個々人の原初的罪深さなどの教理をラビらが持たなかったことは確認しておく必要があろう[316]。すべての人が罪を犯すことは、観察の結果そう認められた。人は明らかに、犯行や不従順へと向かう性向を持って生まれた。しかしこれは、「解放を必要とする罪深さという状況へ人が生まれ落ちた」と言うのと同じでない。罪は人が実際に不従順な行為を行ったときに生じる。人が不従順な行為をしなければ、その人は罪人でない[317]。人が罪を犯さないことも可能性としてはある。不従順への性向にもかかわらず、人は従順と不従順に向かう自由を持っている[318]。ラビ的な「救済論」を把握し、ユダヤ教的な宗教の営みを理解しようとするなら、そこにアウグスティヌス的な意味での原罪なる教理が欠損しているという重要な点を忘れてはならない。

罪責感の軽減：罪を不従順と反抗として捉える点に関しては他の研究者らが議論し尽くしており[319]、ここでさらに述べる必要はなかろう。しかし、罪責感に関するラビの姿勢を示す言説について論考する余地はある。この主題が彼らの宗教の機能について何らかの洞察を与えることが予想されるからだ。とうぜん罪責感は不従順としての罪の概念に付随する。これは恥や不浄のような人の不適切性に関わる他の感情と心理学的に関連するが、これらと

---

315) すべての *mitzvot* が平等の価値を持つこと、そこに差異を設けようとする相反する傾向、倫理的考察の支配的傾向に関しては Kadusin, *Organic Thinking*, 107–10 を見よ。〔訳註　形式的な規定によって少数の重要な規定が軽んじられないような配慮があったので、すなわち形骸的／形式主義とは言えない、ということ。〕

316) Moore, *Judaism*, I.474–48 を見よ。より近年の文献として Brandenburger, *Adam und Christus*, 44–45 がある。

317) 原罪に関しては Moore, *Judaism*, I.474–9; Schechter, *Aspects*, 242–63; Mach, *Der Zaddik*, 147 以降を見よ。

318) I.A.7.n621 を見よ。

319) Schechter, *Aspects*, 219–41; Moore, *Judaism*, I.460–73, III.141（用語に関しては 141.n187 を見よ）。

A. タンナ文献

は異なっている³²⁰⁾。

ラビらが人の側の宗教を諸規定の履行として捉え、聖典が示す諸規定が他社会の法律履行より必ずしも困難でないにせよ、それを完全に履行することが困難あるいは不可能であることに鑑みると、ラビらが強い罪責の念を抱いていたことが予想されるかも知れない。しかしのちに十分に明らかとなる理由から、この予想は裏切られる。ここではただ、何が責務で何が責務でないか、何が違反で何が違反でないか、何が十分な償いで何がそうでないかが明らかなことには、罪意識に関する神経症的な感情を高めるどころか、これを取り去る機能があるという点を確認しよう。何か疑わしい点が生じれば、規則を確認して心配が解消される。ある人に罪が認められれば、期待される償いをとおして赦しを得ることができる。法廷で責務がないことが認められれば、それ以上の責任を負う必要がなくなる。この点を『ミシュナ・ホラヨート』が明示しているので、そこから簡潔な例を示そう。

> もし法廷が、律法に記されている諸規定のどれかと異なる判決を下し、ある人がはからずも、彼らの言葉にしたがって［違反の］行為を行ったなら、彼らが行い彼も彼らと行うにせよ、彼らが行い彼がその後で行うにせよ、彼らが行わず彼が行うにせよ、彼は罪に定められない。なぜなら彼は法廷［の判決］に従ったからだ（『M ホラ』1.1）。

同様に、人がある誓いを立てながら、それが悪い結果に繋がることを予測しなかった場合、その人はその誓いから解放される。その誓いを破棄したことの罪を問われない³²¹⁾。ナジル人は、他の禁止事項とならび、死体に触れて汚れることを禁じられている³²²⁾。この規定は、近親者の死にも適用される³²³⁾。しかし人は、死とのあらゆる接触を実際に避けているかについて確信

---

320) 例えば E.R. Dodds, *The Greeks and the Irrational*, 28–63 を見よ。
321) 『M ネダ』9.9.
322) 『M ナズィ』6.1, 5, 7.1. この例外は、片付けられねばならない放置された屍体である。『民スィフ』26 (32–33. 民 6.6–7).
323) 『M ナズィ』7.1.

を持つことが困難である。「幕屋の杙」さえも不浄をもたらしかねないからだ——屍体が安置される部屋が「幕屋」であれば、その部屋からはみ出ている杙は汚れている。屍体が安置されている「幕屋」に入らずとも「杙」が汚れた部屋からはみ出していれば、その杙に触れてしまうことはある——。しかし実際には、近親者に死人が出たナジル人は、清浄規定を犯す危険があることで心配し続ける必要はなかった。幕屋の杙はこの禁止事項の対象外となっていたからだ[324]。同様に、過越の期間にパン種を自宅に置き忘れたのでないかと心配しながら、他の宗教的義務で家を空けている者は、パン種の規定の罪を感じる必要はない。なぜならその人は心の中でパン種を破棄できるからだ[325]。

　これらの例は多くあるが、ここでの議論ではこれで十分だろう。のちに私たちは、従順を強調する宗教において、ラビが過度な罪意識を回避することができる根拠を概観しよう[326]。

　汚れと感情：ここで解決する必要はないが、祭儀的汚れに関する規定に違反した場合、ラビは祭儀的汚れを感じたか、あるいはたんに罪意識を感じたか、という点は興味深い問題だ。不浄や汚染を感情として持つことがあっただろうか[327]。大半の学者らのあいだでは、不浄に関する律法が履行される理由として、それが命じられたからであり、罪責感とは違反したことに関わる感情であって不浄自体ではないと考えられる[328]。この見解は正しかろう

---

[324]　民 6.7 に関する『スィフレ・ズータ』(p.242) には「『彼の父のためでも母のためでも、兄弟のためでも姉妹のためでも、それらの者が死んだとき彼は汚れない』。これは[幕屋の]杙を触れる者の例外にあたる」とある。幕屋の杙に触れることに関しては『M オホ』1.3 を見よ。ナジル人の場合は、屍体のある幕屋の汚れは屍体に触れるときの汚れよりもその度合いが低い(『M ナズィ』7.3)。

[325]　『M プサ』3.7。

[326]　ラビ文献において何が過度な罪意識かを示す例がある。Moore (*Judaism*, I.499) は賠償の献げ物 (guilt-offering) を、献げ物が許されない贖罪日の次の日以外、1年をとおして毎日献げる人の例を挙げる。この種類の敬虔についてのより詳しい説明は Büchler (*Types*, 73 以降, 114) を見よ。『M クリ』6.3 は、過度に徹底した遵法をラビが勧めない様子を明示している。

[327]　古代ギリシャ世界で、沼沢地から生ずると考えられた毒気 (miasma) に特徴的な汚染については Dodd, *The Greeks and the Irrational*, 36–37, 55 を見よ。

[328]　主要なテクストは『民 R』19.8 (英訳 p.758)。ラッバン・ヨハナン・ベン・ザッカイは言う、「死者が汚したり、水が浄めたりするのでない。誉むべき聖なる方はただ言われる、『私は規則を与え、命令を述べた。私の命令を違反してはならない』と」。Schechter (*Aspects*, 298) は「犠牲の唯一

が、「［エジプトでイスラエルは］無割礼と不浄の力に隷属化された[329]」という類の言説はいかに理解すべきか。これらの言説は、儀礼的に汚れた者に対する嫌悪感について述べているのだろうか。たしかに罪は、不浄や汚染を示す語によって特徴づけられる。しかし感情は道徳的不浄と関連するように思われる。換言すると、「不浄」という感情は、儀礼的汚染に関するのでなく、むしろ道徳的罪責感と関わる。不浄や汚染といった語彙が用いられるのは、違反行為が忌み嫌われることを示すためだった[330]。

d. 報いと罰

公正な裁き：神は諸規定の履行を報い、違反を罰する。報いと罰という主題[331]はタンナ文献に遍在する。ウルバッハが述べるとおり、報いと罰に関する説明がラビによっていかに異なろうと——現世的か来世的か、「実際の」報いか他の掟（*mitsvah*）の代わりとなるか——、神が報いることと罰することへの疑いはなかった。公正な裁きは神概念の一部であり、また神がその民に与えたトーラーにおいては裁きと諸規定の履行とが結びついている[332]。私たちはここで、まず神が人の功績にしたがって報いたり罰したりすることがラビらにとって当然の前提だったことを示す例を幾つか見たあと、功徳にしたがった報酬と罰則の厳格な体制に対して彼らが加えた制限と、それが契約

の存在意義は、神の意志に人が従うということだ」と述べる。Marmorstein (*The Names and Attributes of God*) は「アガダーにおける清浄の真の意味は、性的誤りと道徳的汚染から自由な生き方だ」(p.208)、「不浄は罪一般を代表し、浄化は律法に従う生き方を代表する」(p.211) と述べる。ラビ・ヨハナンの言説に関しては Neusner, *Yohanan ben Zakkai*, 62 (改訂版では p.91–92) を見よ。

329)　出 6.2 に関するラビ・シメオン・ベン・ヨハイの『メヒルタ』(p.4) は記す。「ラビ・ユダは言った、『神はモーセに言った』と。［その意味はこうだ：］誉むべき聖なる方はモーセに言った、『私は真理の裁き主だ。私は憐れみに満ち、誠実に報いを与える。イスラエルは無割礼と不浄の力（手）の中で隷属されている。私は彼らを連れ出すことを欲する』と」。

330)　Büchler (*Studies in Sin and Atonement*, 270–374) の 'The Defiling Force of Sin in Post-Biblical and Rabbinic Literature' という章を見よ。

331)　「報い (שכר)」は「報酬」、「支払」、「等価価値」等をも意味する。下で引用する『メヒルタ・ミシュパティーム』20 を見よ。「罰する」はしばしば פרע のニファル態で「～から支払を収集する」や「責任を求める」を意味し、それが罰することにつながる。報いと罰に関しては M. Brocke, 'Tun und Lohn im nachbiblischen Judentum', *Bibel und Leben* 8 (1967), 166–78 を見よ。

332)　Urbach, *Ḥazal*, 456–57 (英訳 pp.514–15).

のうちにある個々の成員の究極的救済に関する彼らの理解にもたらした影響について考察しよう。

前提としての報い：私たちはすでに、ラビ・アキバの学派は聖典テクストのうちに規定と報酬とを見出すことに関して、ラビ・イシュマエルの学派よりも熱心な様子を確認した[333]。したがって『T フッリ』10.16 は、報いを伴わない掟、死者の復活が記されない掟はトーラーの中にない、とラビ・アキバが言ったとする。「[神が]誠実に報いを与える」ことに関してはすでに指摘した[334]。とくに『スィフラ』に広く見られるこの句は、「神が被造物に対して報いや当然の支払を控えることはない」というラビ・イシュマエル学派によるとされる言説と符合する[335]。ときとしてラビらは、報酬の支払いが正当化されるべきことを強調する。したがって「行為以外のために人は報酬を受けない[336]」とある。

私たちはすでに、祝福を履行に対する報いとして解釈する傾向を確認した[337]。この傾向は細かい点にまで至る。したがってアブラハムの名に付加された文字さえ善行の結果となる[338]。なぜ子供らはベート・ハーミドラシュ(学塾)へ通うのか。子供らを通わせる者への報いのためにである[339]。これがもっとも一般的な解釈でないにせよ、人に対する神の好意がときとして諸規定への履行と関連していることはある。

---

333) I.A.3.n162 を見よ。
334) I.A.4.n268 を見よ。
335) 『メヒルタ・ミシュパティーム』20 (321, III.159 [Kaspa]. 出 22.30)．同じ文章は『スィフラ・ツァヴ・ミルイーム』31 (ラビ・イシュマエル学派の言説とされる。Epstein, *Mebo'ot*, 641 を見よ)．『メヒルタ・ベシャラッハ』5 (105, I.233 [ch.6]. 出 14.22)，『メヒルタ・シラタ』9 (145, II.67. 出 15.12)，『BT ナズィ』23b，『BT プサ』118a も参照。
336) 『メヒルタ・ピスハ』5 (14, I.34. 出 12.6).「神は違反に対して報いを与えるか」というラビ・アキバの質問(『T ベラ』4.18 [16])，また「違反に対して報いを神は与えない(彼らは与えない)」というラビ・シメオン・ベン・ヨハイによるとされる言説(『スィフレ・ズータ』5.28 [p.238 上部])を参照。
337) I.A.4, pp.177–78 を見よ。
338) 『メヒルタ・イェトロ・アマレク』1 (189, II.165 [Amalek, ch.3]. 出 18.1)
339) 「男らがベート・ハーミドラシュに通って学び、女らが通って聞くなら、なぜ子供らは行くか。それは彼らを通わせる者への報いのためだ」(『T ソタ』7.9)。

ある箇所は「主はその御顔をあなたに向ける」(民6.26)と述べ、ある箇所は「誰がその顔を向けないか」(申10.17)と述べる。これらの箇所はいかに整合するか。イスラエルが神の意志を行うとき「彼は向け」、イスラエルが神の意志を行わなければ「彼は向けない」[340]。

違反を犯すことを避けることさえ、報いをもたらす要因とされる場合がある。「ラビ・シメオンは言う。……人が座って動かず違反を犯さないなら、宗教的責任(mitsvah)を行うことの報いを受ける」[341]。同様に、名前不詳のラビが『メヒルタ』において出22.23に言及しつつ、以下のように述べている。

> カル・ヴァ-ホメルによる論証法によってそれは説明し得る。たんに正義に違反しないことの報いとして、[聖典の箇所にあるように]あなたの妻が寡婦とならず、あなたの子が孤児とならないなら、正義を行った場合にはいかほどの報いがあろうか[342]。

しばしば履行には報いが、違反には罰が相応する。したがって、モーセが顔を隠したので、神はモーセと直接に語った[343]。神は憐れむ者を憐れむ[344]。同様に、姦淫を犯して民数記5章の指示にしたがい試される女は、その違反が腹から始まりそのあと腰へ移るので、その罰として腹が膨れて腰が萎える[345]。小さな行いが小さな報い、大きな行いが大きな報いをもたらすことが、

---

340) 『民スィフ』42 (45), 民6.26の『スィフレ・ズータ』。RSVは申10.17を「偏った目で見ない」と訳す。
341) 『Mマッコ』3.15, 『申スィフ』286 (305. 申25.3) 参照。この見解への修正については Schechter, *Aspects*, 166–67 を見よ。
342) 『メヒルタ・ミシュパティーム』18 (314, III.144–45 [Nezikin 18]. 出22.23)。
343) 『出R』3.1は出3.6, 33.1について述べる。『出エジプト記ラッバー』はこのような「報い」を網羅的に扱う。
344) ラッバン・ガマリエルIIの言葉(『Tカンマ』9.30,『BTシャッパ』151b,『Pカンマ』9c [8.10])。
345) 『民スィフ』18 (22. 民5.27). 民5.21ではこの順番が逆になる。『スィフレ・ズータ』はもう少し論理的に21節を解説し「違反が始まった場所から、罰が始まる」と記す。『メヒルタ・ベシャラアッハ』1 (Lauterbach [2章], I.192. 出14.4) はこの『スィフレ』に同意する。

この『スィフラ』の教訓だ[346]。

「私はあなた方を顧みる」(レビ 26.9)──彼らはある喩えを述べた。これは何に喩えられようか。それはある王が多くの労働者らを雇った(sakar)かのようだ。ある特定の労働者が王のために何日も働いた。労働者らが賃金(sakar)をもらうために集まると、この労働者も彼らと共に来た。王はこの労働者に言った、「わが子よ、あなたには［特別な］思いがある。私と共に少しだけ働いた者へは少しの報いがある(小さな報酬[sakar]を与える)。しかしあなたには大きな報酬を用意している」と。したがってイスラエルは、神(ha-Maqom)の御前でこの世における報いを求める。そして神は彼らに言った、「わが子らよ、あなた方には［特別な］思いがある。これら［他の］諸国は私のために少しだけ働いた。しかしあなた方には大きな報酬を用意している」と。したがって「私はあなた方を顧みる」と言われている。

〈計りに従って〉とその制限：このような言説の背後にあるのは「計りに従って(measure for measure)」という論理であり、それは『メヒルタ』に明示されている。「賢者らは言った：人は分配するその計りで分配される。『彼らが彼ら(イスラエル人)に高慢に振る舞ったのに相応しい計りで』とあるからだ」(出 18.11)[347]。ゴールディンが述べるとおり、「『計りに従って』という概念は神が宇宙を管理するその仕方を理解するための原則の 1 つだ」[348]。それは神の正義に繋がるからだ[349]。

「計りに従って」という概念が明示され、神の正義に関するラビ的な理解からそれが論理的に導き出されても、人の支払はその功罪に厳密にしたがう

---

346) 『スィフラ・ベフコタイ』ペレク 2.5 (レビ 26.9)。
347) 『メヒルタ・ベシャラアッハ・アマレク』2 (182, II.148 [Amalek 2]. 出 17.14)。同じ言説が『BT サン』100a ではラビ・メイルによるとされる。幾つか同様の言説が『メヒルタ・ベシャラアッハ』6 (110, I.243–45 [7 章]. 出 14.26) の開始部にも見られる。『民スィフ』106 (105. 民 12.15) 参照。功績には報酬が、違反には懲罰がという考えがどれほど支持されていたかに関しては、さらに Urbach, Ḥazal, 385–89 (英訳 pp.436–42) を見よ。
348) Goldin, The Song at the Sea, 18.
349) Goldin, The Song, 25.

という概念はけっしてラビ的教義とはならなかった。これと相反する言説がしばしば見られる。したがって、「軽い」規定の履行が大きな報いにつながる例がある。

> レプラの浄めのためであれ、母鳥と雛とを取ってはならない（一緒に、申 22.6–7）。もし義務（*issar*）に関するこれほど軽微な掟に対して、律法に「あなたは幸いを得て長く生きる」（申 22.7）とあれば、より重大な律法の掟［の履行］に対してどれほど［の報いがある］だろうか（『M フッリ』12.5）。

> ラビは言った：どちらが人の選ぶべきまっすぐな道か。その人にとって誉れとなり、人々から称賛を受けることだ。そして軽い掟も重い掟と同様に注意を払いなさい。それぞれの掟にいかなる報いがあるかあなたは知らないからだ……[350]。

矛盾の真意：一方で、神は重要な努めを軽微な務めよりも報いる。他方で、私たちの目に重要と映る務めと神が与える大きな報いとのあいだに必ずしも関連性がないことから、神がいかに行いを報いるか誰にも分からない。これら2つは矛盾しているが、実際には共通する問題から派生している。繰り返しになるが、ラビらはイスラエルの側の契約を神の諸規定の履行と理解した。したがって彼らは、神が与えた諸規定とその履行に注意を向けるよう努めた。これらの相矛盾する2つの主題は、じつにこの共通する関心事から導き出される。重要な努めを神が豊かに報いると教える場合、ラビらは人が重要な努めに励むよう促している。神が軽微な規定にいかなる価値を認めているかを人は知り得ないと教える場合、ラビらは人があらゆる規定に励むよう促している。そして究極的には、すべての規定は神が与えたものなので、人はそれらを履行するよう励まされる。履行に意味が見出せない類の規定にさえ従い、他者を従うよう促す様子からも、このことが伺われる[351]。そのよう

---

350) 『M アヴォ』2.1.「『私が命じるこれらのこと』——軽い規定も重い規定と同様にあなたにとっては大切だ」(『申スィフ』79 [145. 申 12.28]) 参照。

351) Moore, *Judaism*, I.273–74; Büchler, *Studies in Sin and Atonement*, 118 を見よ。

な規定へ心から従う姿勢は、神へ完全に献身し、自らの理性の力や管理の下に宗教を置くことなしに神の意志を遂行する意図を明示する[352]。

特定の事柄に関するラビのあらゆる言説が、論理的で一貫性のある神学体系の一部をなすと考えられないことを、これほど明らかに示す証拠はなかろう。ラビの言説は場当たり的で、特定の必要を満たし、特定の点を指摘するためにある。それでもしばしば私たちは、共有された特定の問題に関する多種多様な言説から、ある種の理屈を導き出すことができる。諸規定の履行／違反と神の報い／罰との関係に関する異なる言説を総合すると、そこに1つの共通する関心が見えてくる。それは、神の規定は守られなければならない、ということだ。これらの異なる言説は、報いと罰とがいかに履行と違反とに関連するかとの問いに対して、異なる思想体系に属しているというわけではない。むしろ従順と不従順とに対して報いと罰があるという普遍的な見解を反映している。

純粋な動機とは：ラビらは、諸規定が報いをもたらすことを繰り返し強調するが、同時に彼らは報酬のために諸規定を履行することについて警告を与える。むしろ人は、計算高い動機によらずして責任を遂行することが求められる。なぜなら規定自体が良い――「それら自体のための」――もので、神の愛から出ている――「天のための」――ものだからだ。

> ラビ・ヨセは言った：あなたの同胞の持ち物をあなた自身の物であるかのように大事にしなさい。そして律法の学びに備えなさい。［律法の知識が］初めから備わっているのでないからだ。またあなたの行いすべてを天のために行いなさい（『M アヴォ』2.12）。

---

[352] したがってラビ・エリアザル・ベン・アザリアは、異なる素材を織り込んだ服を着ることの禁止や豚肉を食べることの禁止といった道徳的正当性が見出せない規定を遵守する理由を2つ挙げる。すなわちそれらによって、人は違反を犯すことから離れられる。そしてより重要な点は、人はそれらを守ることで「天の王支配を自分自身に受ける」。『スィフラ・コデシーム』ペレク 9.10 (Weiss, ペレク 11.22, f.93d. レビ 20.26, q.v.) 参照。Bultmann (*Primitive Christianity*, 68) はこれら「理解不能な」諸規定について、それらが形式的で形骸的な従順を生じさせるとするが、これらの諸規定を守ることの意義に関するラビの説明を看過している。

「それら自体のため」に諸規定を行うことは、『申命記スィフレ』にある以下の箇所で説明されている。

> ラビ・エレアザル・ベン・ラビ・ザドクは言った：諸規定を［ただ］その履行のために行いなさい[353]。［そして］それら自体のためにそれらについて語りなさい。彼は以前述べていた：神殿の祭具を一般の器類［かのよう］に用いたベルシャツァル（ダニ 5.2–4 参照）がこの世と来たるべき世から取り除かれるなら、この世の創造に用いられた器（トーラー）を［不適切に］用いる者の命がこの世と来たるべき世から取り除かれるのはなおさらだ[354]。

ラビ・エレアザルが述べるトーラーの不適切な用い方が具体的に何かは明らかでないが、この世での利益のためとか神からの報いを期待してとかが考えられ、前者の蓋然性が高いように思われる。いずれにせよ、トーラーをそれ自体の意図以外で用いることに対して、厳しい警告が発せられた。同様にラビ・バナアは「あなたがトーラーの言葉をそれ自体のために行うなら、それは命をもたらす。しかしトーラーの言葉をそれ自体の意図以外で行うなら、それは死をもたらす」と述べる[355]。

ラビらは、彼らとその弟子らが完全に純粋な動機によらず学ぶことの危険をとりたてて警告した。この主題に関して『申命記スィフレ』に２つの関連する言説が見られる。その１つは、上に引用したラビ・エレアザル・ベン・ザドクの言葉の直前に見られる[356]。

> 「神である主を愛する」――「私が賢者と呼ばれて学塾（yeshiva）に座り、来たるべき世で私の日々を延ばすことができるよう、トーラーを学ぼう」と言わな

---

[353] 『BTネダ』62a（英訳 p.197）は同じ箇所を「彼らの創造者のため」とする。Bacher (*Agada der Tannaiten*, I.48) は「その履行のために行いなさい」を「自己目的として（als Selbstzweck）」であり自己完結していると説明する。Schechter, *Aspects*, 160; Moore, *Judaism*, II.97 参照。

[354] 『申スィフ』48（114. 申 11.22）.

[355] 『申スィフ』306（338. 申 32.2）.『BTタア』7a 参照。「［トーラー］自体のため」という句に関しては Schechter, *Aspects*, 159–60; Moore, *Judaism*, I.35, II.95 以降を見よ。

[356] 『申スィフ』48（113. 申 11.22）, 41（87. 申 11.13）.

いように。聖典は述べる、「神である主を愛する」と。[それは二義的な動機によらず]いずれにせよ学ぶことだ。そして最後に栄光を[も]得ることになる。それゆえ「それらを見出す者にとってそれらは命となり、彼の肉すべてに癒しをもたらす」とある（箴4.22）。

「神である主を愛する」——「私が富を得てラビと呼ばれ、来たるべき世で報いを受けることができるよう、トーラーを学ぼう」と言わないように。聖典は述べる、「神である主を愛する」と。あなたが行うことすべてを、愛によってなせ。

ラビらは、恐れなどの他の動機が人を諸規定の履行へと動かすことを心得ていた。しかし現存する文献では、明らかに愛という動機の方がより好まれる[357]。アモラらは、完全に純粋でない動機によって従い始める者が最終的に愛によって従う場合があることを指摘しており、この場合は他の動機が完全に否定されない[358]。

厳格な支払への異論：私たちは、神がその正義と誠実さから人の奉仕を報いて違反を罰することを信じながらも、神への奉仕は報いを得る目的でも罰への恐れからでもなく、神への愛のみを動機とすべきだとラビらが考えて

---

[357] Finkelstein (*Mabo le-Massektot Abot ve Abot d'Rabbi Natan*, 18–39. 英語要約 p.xiii) は、シャンマイ派が愛の動機よりも恐れの動機が優れると教えたと述べる。主要な文献は ARNB ch.10 (Schechter [ed.], f.13b) だが、Finkelstein はこれが本来以下のように読まれたと論ずる。「愛から[トーラーを]行う者は命を受け継ぐが、来たるべき世で日々を受け継がない。一方で畏怖の念から[トーラーを]行う者はこの世と来たるべき世で命を受け継ぐ」。『M アヴォ』1.3 は述べる、「戦利品を受けるために主人に仕える奴隷のようではいけない。戦利品を受け取るためでなく主人に仕える奴隷のようであれ。そして天の恐れがあなたの上にあるように」と。シャンマイ派は罰を怖れるという利己的な理由から神に仕えることを教えているのでなく、神に対する適切な姿勢として畏怖の念を指摘している。Urbach (*Ḥazal*, 350–52. 英訳 pp.402–04) は、「畏れ」から「愛」への移行はのちの時代の傾向だとする。ソホのアンティゴノスの言説が、神への恐れを神への愛の上位に置いたと理解すべきでない。Urbach は、「恐れ」と「愛」とを同等に置くシラ書 7.29–30（ヘブ 7.30–31）を引用している。しかしラビらはのちにこれらの違いを明示した。より一般的な理解——愛によって神に仕える——については Moore, *Judaism*, II.98–100; Büchler, *Studies in Sin and Atonement*, 119 以降を見よ。

[358] この点について長い議論を展開する『BT ナズィ』23b を見よ。Schechter (*Aspects*, 161) は『BT ベラ』17a から同様の例を挙げる。同様のラヴ・フーナに依拠するとされる言説は『PT ハギ』76c にもある。

いたことを見てきた³⁵⁹⁾。報いに関するラビらの考えをより深く理解するために、人の行いに対する厳格な支払という論理とは異なる理解をラビが示している点を確認しておくことが良かろう。

第1に、ある掟（mitsvah）を守ることの「報い」が、守るべき他の掟を受けることと教えられる場合がある。

> ［シメオン・］ベン・アッザイは言った：もっとも軽微な責任をもっとも重大な責任のごとくに履行するよう努め、違反から離れよ。なぜなら、1つの責任（mitsvah）が他の責任へと導き、1つの違反が他の違反へと導くからだ。それは［果たされた］責任の報い（sakar）は［果たされるべき他の］責任であり、違反の報いは［他の］違反だからだ（『M アヴォ』4.2）。

ラビ［・ユダ・ハ−ナスィ］はこの言説を僅かに言い換えている³⁶⁰⁾。これは道徳的に深い洞察を示すのみならず、既述の内容を補強しさえする。すなわち、律法はそれ自体のゆえに――あるいは神のために――守られるべき、ということだ。「従順」への報いは、従順以外のところで追求すべきでない。

さらに、神がイスラエルの功徳を厳密に計り、それに応じて接しているのでないとラビらは認識していた。したがって、イスラエルの苦しみの意義に関する議論において、ラビ・メイルは以下のように述べる。「私があなた方に与えた苦しみのみならず、あなた方がなした行為にも目を留めよ。私がもたらした苦しみは、あなた方がなした行為と釣り合うものでは全くないからだ³⁶¹⁾」。じつにラビは聖典のうちに、人はその能力に応じて働くべきだが、その必要に応じて支払われる、という原則を見出す³⁶²⁾。

---

359) Schechter, *Aspects*, 162 参照。
360) Moore, *Judaism*, I.470–71 に引用される『民スィフ』112 (120. 民15.30) を見よ。『メヒルタ・スィフラ・ツァヴ・ミルイーム』1 (157, II.95. 出 15.26) は、人が1つの掟を聞くなら――そしてそれを行うなら――、神は彼をして多くを聞かせ、その反対もあると教える。
361) 『メヒルタ・バホデシュ』10 (240, II.279. 出 20.20 [23])．この言説は Friedmann のテクスト (f.72b) にはない。Horovitz and Lauterbach のアパラトゥスを見よ。これは初期の印刷版から削除された。
362) 『メヒルタ・ヴァヤッサ』4 (167, II.115 [5 章]．出 16.16)．

これは主が命じたことだ:それを集めよ(出 16.16)。賢者らは言った:アミナダブの子ナフションと彼の家の者は出かけて集めた。イスラエルのある貧しい者が出かけて集めた。彼らが来て「オメル升で計ると、多く集めた者も余ることなく、少なく集めた者も足りないことはなく、それぞれが必要な分を集めた」(16.18)。

報いと罰の規則:これは、神の報いがいつもその罰よりも大きいとの見方と同様に、神の慈愛がその正義と相対するときに、慈愛が優先されるとラビらが述べることと符合する[363]。これらのラビによる2つの言説は彼らの文献における標準的な理解だ。しかしキリスト者の学者らが頻繁に、神の慈愛を正義の律法主義的適用に対して二義的位置に置くとしてラビらを批判するので、ここに幾つかの例を挙げることが良かろう。一般的に神の「罰の規則(*middat pur'anut*)」と「報いの規則(*middah tobah, middat hatob*)」とは、少なくとも初期文献において対照的な位置関係にあった。以下のモディインのラビ・エリエゼルによるとされる言説は、しばしば繰り返され、けっして反論され得ない標準的な見解だ[364]。「報いの規則と罰の規則とのどちらがより大きいか。あなたは、報いの規則だと言わねばならない」。同じ内容は『スィフラ』でラビ・ヨセも述べている[365]。「報いの規則」が「罰の規則」よりも大きいという考えは、しばしば『メヒルタ』でも異なる仕方で述べられている[366]。『スィフラ』では、カル・ヴァ–ホメルによる一連の議論がこの原則に

---

363) もっとも一般的な用語は以下のとおり。神の慈愛[の規則]は *middat raḥamin*, 神の正義[の規則]は *middat ha-din*, 神の報い[の規則]は *middah ṭobah*, 神の罰[の規則]は *middat pur'anut*. 最後の2つの用語については異形があり、またときとして同義語が用いられる。『メヒルタ』のコンコルダンス(s.v. *middah*)を見よ。アモライーム時代以降に関しては、報いの規則(*middah ha-ṭob*)と懲らしめの規則(*middat yissurin*)に言及するラビ・フナ(『創 R』9.8)の言説を見よ。

364) 『メヒルタ・ヴァヤッサ』3(166, II.113[4章]、出 16.14)。Horovitz and Friedmann(f.49a)は *ra'ah* を *pur'anut* と読む。その他にもこのテクストには難解な点があるが、主張は明らかだ。『BT ヨマ』76a にはこれに関する無記名のアガダーが繰り返され、『BT サン』100a-b では同様の内容がラビ・メイルによるとされて挙げられている。

365) 『スィフラ・ホバ』パラシャー「12.10(レビ 5.17)。

366) 例えば『メヒルタ・ピスハ』7(24, I.54–55, 出 12.12)は以下のように述べる。「カル・ヴ

A. タンナ文献

依拠している。したがってラビ・アキバは以下のように述べる[367]。「ある［テクスト］箇所が、違反をたんに犯してしまったかも知れない人を罰するなら、掟（mitsvah）を行う人に報いを与えるのはなおさらだ」。この場合の「なおさら」は、神が罰よりも報いを優先するという理解に依拠している。

慈愛と正義の原則：ラビ・アキバの時代を過ぎると、「慈愛の規則（middat rahamin）」と「正義の規則（middat ha-din）」という新たな用語がより一般となった[368]。前者は絶えず後者よりも重大と見なされた。

> 「あなたの義（tsedaqah）は神の山々のようだ」（詩36.7）：ラビ・シメオン・ベン・ヨハイは言った、「山々が深みを押さえているのでこの世に湧き上がって洪水とならないように、義（tsedaqah[369]）は裁き／正義の規則（middat ha-din）と罰の規則（ha-pur'anut）とを抑えているのでこの世に出て来ない」[370]。

> 「あなたの力強い御手」（申3.24）：あなたは正義の規則（middat ha-din）を憐れ

ァーホメルの議論がある：より軽い罰の規則という視点から、罪を犯す者は先ず罰せられる［という原則がある］なら、より重い報いの規則という視点から［の原則があてはまること］はなおさらだ」（著者訳）。他の例は『メヒルタ』のコンコルダンス（s.v. middah）を見よ。罰の規則（middat puʻant）がより軽いことは『申スィフ』286（304. 申25.3）でも述べられている。

367) 『スィフラ・ホバ』パラシャー12.8. 後続する4段落にも同様の解説が続く。ARN 30（英訳 p.123）には重要な並行記事があるが、これはラビ・メイルによるとされ、その議論は具体的に middah tobah が middat pu anut よりも重大だという原則に依拠している。表現は『メヒルタ・ヴァヤッサ』3（註96）と同じだ。さらに『スィフラ・ツァヴ』ペレク16.10（ラビ・シメオン・ベン・ヨハイ）を見よ。

368) Marmorstein（*The Names and Attributes of God*, 44–45）はこの用語がラビ・メイルやラビ・シメオン・ベン・ヨハイより以前の時代に用いられなかったと論ずる。これを論証する証拠の幾つかは疑問視される。Sandmel, *Philo's Place in Judaism*, 21–22 を見よ。それでも、前者の用語がタンナ文献においてより頻繁に用いられていることは確かだ。Urbach, *Hazal*, 396–400（英訳 pp.448–52）を見よ。Kadushin（*The Rabbinic Mind*, 219）は、middah tobah と middat pur'anut が middat ha-din の下部的概念だと論ずるが、これは論理的だと考えられる。しかしこの際、2つのことを考慮しなければならない。(a) middat rahamin と middah tobah が同時に用いられる場合、後者は前者の下部的概念でない。(b) middat rahamin と middat ha-din とが他の対となる用語の代用となる傾向がある。

369) ここでの「義（tsedaqah）」は他所と同様に、人に対する神の慈悲や恩寵と理解される。I.A.8 を見よ。

370) 『タンフーマ・ノア』8 (ed. Buber, I.34). Marmorstein, *The Names and Attributes of God*, 44 は出典を挙げるも引用しない。

みの規則（raḥamim）によって押さえ込まれる（ミカ 7.18–20 に言及）[371]。

「見よ、主がその御座から出て来られる」（イザ 26.21）：彼（主）は規則（middah）から規則（middah）へ、すなわち正義の規則（middat ha-din）から憐れみの規則（middat raḥamin）へと出て来られる[372]。

最後の箇所は、神が厳密な正義よりも慈愛を優先させていることを明らかに示している。

慈愛の優先性：神は人に対してその責任を厳格に追求するというより、むしろ憐れみを示す傾向にある、これが既述のとおり一般的な神理解だった。したがって、「神の寛容さが厳格さに優るという考えは、たわいない希望に過ぎない[373]」というシュレンクの結論には首をかしげる。むしろカドゥシンが述べるとおり、「ラビ的思考においては……神の愛がその正義よりも支配的な概念だ[374]」。

神は正義であり与えられた責任を人が履行するよう求めるとの考えと、神の慈愛がその正義に対して優先するとの考えとのあいだに、いかなる和解が可能かという問いに対しては、既述とおり、あらゆる言説が論理的な定位置を見出すという類の教理的体系を想定すべきでない、と応答することがもっとも適切だろう。時と場合によって、いずれの概念も用いられ得る。それでもラビらの神に対する理解のもっとも基礎の部分は、後者――慈愛が正義に優る――の言説に反映されている。神が相応しい報いをもたらすとの言説は、部分的には奨励としての目的を果たしている。しかしそれは、繰り返しになるが、神が道理にかなった正義を示すとの確信に依拠している[375]。同時

---

371) 『民スィフ』134 (p.180). この箇所は申 3.24 以降のミドラシュであり、他の資料からのものである。Epstein, *Mebo'ot*, 600–01 を見よ。Schechter (*Aspects*, 323) は、神の［利き手である］右手が慈愛を、左手が正義を象徴するとする。

372) 『P タア』65b (2.1).

373) *TDNT*, II.204. 同様に Roetzel (*Judgement in the Community*, 56) は、神の厳格な裁きは「慈愛への微かな強調により緩和された」と述べる。

374) Kadushin, *The Rabbinic Mind*, 219.

375) Brockes ('Tun und Lohn', 168) は、神が公正な判事である点を強調するのは、神々が人の行

にラビらは、神の慈愛の確かさを疑わなかった。ラビらはこの慈愛を根拠に、神への従順の必要性を説くことを止めたりしなかった。むしろ彼らは、神に従うという基本的な意志を示す者を神が憐れむと考え、その憐れみは人の行為が理想からかけ離れていても変わらないと理解した。

6. 報いと罰と来たるべき世

a. 神の正義と来たるべき世での報い

この世と来たるべき世での報い：神の正義がこの世において施行される、これは聖書的な理解であり、ユダヤ教信仰の核心として継承された。この見解は、たとえばシラ書で繰り返し述べられており、それが完全に失せることはなかった。復活への信仰とこの世における義人の苦しみ——とくに後70–135年の経験——という現実が合わさると、来たるべき世において義人は報いを受け、邪悪な者は罰を受ける、という理解が生じた。私たちはここで、報いと罰が施行される場に関する詳細な解釈の歴史を辿ろうとは思わない。この主題の一側面である受難に関しては後述する（I.A.7）。ここでは、報いと罰とがこの世において施行されることを示す幾つかの例を、まず紹介しよう。後70年以前のミシュナヨート（口伝律法）を反映する『BTキッド』1.10aには、諸規定を履行する者が長寿を全うして「その地[376]」を相続する、とある。本来この長寿とは身体的な命であり、「その地」は文字どおりにイスラエルの地であると理解されたようだ。のちに後者は来たるべき世を指すようになった。しかしラビ・メイルはのちの時代に、義（*tsedaqah*）を行う者は古い時代を得ると述べ[377]、また2世紀後半のタンナであるラビ・ナタンは「トーラーの軽い掟（*mitsvah*）であっても、この世での報いがないものはない。

動に関心を示さないというエピクロス派やサドカイ派への応答だと論ずる（『Mアヴォ』2.1, 15, 4.22引証）。

376) 『BTキッド』1.10aはI.A.6.bでさらに考察する。執筆年代に関してはEpstien, *Mebo'ot*, 53を見よ。Mach（*Der Zaddik*, 32）は「その地を相続する」という句を誤って来たるべき世の相続と理解する。〔訳註 「ミシュナヨート」に関しては、長窪専三『古典ユダヤ教事典』486頁を見よ。〕

377) 『創R』59.1（英訳p.32）.

そしてのちの世でどれほど［の報いを受ける］か私は知らない[378]」と述べた。報いは「救い」でなく、ある行為に相応しい事柄を指す[379]。

しかしタンナ文献における主要な見解は、罰と報いとが基本的に来たるべき世において施行される、というものだ。これはラビ・アキバとその直後の後継者らに依拠するとされるが、ハドリアヌス帝治世の迫害の影響を受けていることに疑いの余地はない[380]。

罰と報いとが来たるべき世まで延期されることは、来たるべき世が一定数の規定の履行によって獲得されることを意味しない。むしろ神の義に関するラビらの理解は、神が従順と不従順とを適切に報い、また罰するということだ。この世での人の体験が公平でないように思われる場合、神の義は来たるべき世まで持ち越される。

義人が来たるべき世で報いを向けることに関しては、しばしば言及される。ラビ・タルフォンは以下のように述べる。

> その業を終了することはあなたの責任でないが、自ら勝手に止めてはならない。あなたが律法を熱心に学べば、その報いを受ける。これを命ずる主は誠実であり、あなたの行為への報いを与えられる。義人への報いの授与がのちの世でのことであることを知りなさい（『M アヴォ』2.16）[381]。

ここでは、律法の学びが来たるべき世の獲得を意味しないことが明確に教えられている。来たるべき世はたんに、正しい報いが与えられる場だ。同様の

---

[378] 『BT ムナ』44a（著者訳）. 功徳と命の長さとの関係については『BT イェヴ』49b-50a と Urbach の議論（*Ḥazal*, 235-37, 英訳 pp.264-66）を見よ。神がこの世において義人を報いるという一般的理解が固守された様子に関しては Urbach, *Ḥazal*, 388-89（英訳 pp.439-41）を見よ。

[379] Kadushin（*Organic Thinking*, 82-94）は、ラビ的救済論に関するキリスト教側からの伝統的な理解は誤りだと論ずる。それは神の正義に従う者の報いが基本的に救済でなく、この世における具体的な報酬（物質的および霊的）だからだ。Cf. Parkes, *The Foundations of Judaism and Christianity*, 201, 285, 298-99 参照。

[380] I.A.7 (p.289) を見よ。

[381] 『BT キッド』39b にあるラビ・ヤコブによるとされるバライタ（補完部分）は、トーラーに約束された報いは復活に依拠するという趣旨の内容を含む。これはすなわち、報いがこの世では与えられないことを意味する。

教えは『Mペア』1.1 にも見られる。

> これらは、この世において人が楽しむべき果実をもたらすが、資産の部分は来たるべき世に積み置かれている。[これらとはすなわち]父と母を敬うこと、善意からの行為、仲間とのあいだで平和を持つことであり、そして律法の学びもこれらと同様だ[382]。

これはラビ・タルフォンよりも、「報いはこの世と来たるべき世の両方にある」とするラビ・ナタンの考えに近いのかも知れない。いずれにせよこれらの言説はすべて、従順への正しい報いの授与が来たるべき世まで待たれることを述べている。

　来たるべき世における報いと罰が、聖典においてこの世で完成するはずの神的裁きと明らかに結びつくテクストは、『申スィフ』307 である[383]。全部を引用するには長すぎるので、ここでは要約に留めよう。このテクストは、「主は岩、その御業は完全で、その道はことごとく正しい。真実の神で偽りなく、正しくてまっすぐな方」（申 23.4）という文言に註解を加えている。同様の構成からなる 3 つの段落がこの申命記の箇所に対して解釈を示す。いずれの場合も「その御業は完全で」という句への註解を述べて、その結論として「その道はことごとく正しい」という後続する句を引用し、さらに「[神は] 裁きにおいてそれぞれと座し、適切なものをそれぞれに与える」という解説を加える。いずれの段落でも、神が平等でないとして非難され得ないことが教えられる。すなわち「世に来たる者すべてに対し、[神は] 正しく振る舞う」。最初の 2 つの段落はこの世における神の行為について述べ、第 3 の段落は来たるべき世における報いと罰について述べる。第 1 段落では無記名者が、「その御業は完全」という句の意味を解説し、神の業がいかなる仕方であっても非難されるべきでないとする。「なぜ私に目が 3 つないのか」などと誰も言うべきでない。なぜなら神の業は公正で、各人に適切なものが与えられるか

---

382) 同様に『Mキッド』4.14 でのラビ・ネホライの言説を見よ。
383) pp.524–27 を見よ。

らだ。第2段落では、神の罰と賜物とがイスラエルの歴史という視点で述べられる。同様の定型表現のあと著者はこの句をもって、たとえば洪水の世代がなぜ溺れ死んだか、あるいはアロンがなぜ祭司職を得たかなどと尋ねてはならないとする。神の業はすべて公正で、各人に適切なものが与えられるからだ。

報いの場としての来たるべき世：第3段落は上の構成からやや逸脱する。義人への報いと悪人への罰とがすべてこの世において与えられるのではないことを、それぞれについて聖典から証拠を挙げて説明される[384]。それでは、神の正義はいかにして維持され得るか。神の業のすべてが公正であり得るか。「その翌日、彼（神）が裁きの座につくと、それぞれを裁きの場に立たせ、相応の裁きを下す」。そして以下のように続ける。

> 「神は誠実な神」──完全に義なる者がこの世で履行した掟の報いを、来たるべき世において神が与えるように、完全に邪悪な者がこの世で履行した軽微な掟の報いを、この世において神は与える。そして、完全に邪悪な者がこの世で犯した違反を、来たるべき世において神が罰するように、完全に義なる者がこの世で犯した軽微な違反を、この世において神は罰する。
>
> 「偽りなく」──人がこの世を去るとき、あらゆる業が1つずつ彼の前に現れて言う、「これこれの日にあなたはこんなことをし、他の日にそんなことをした。あなたはこれらのことが正確だと宣言するか」と。すると彼は「はい」と述べる。それらの業は彼に言う、「封印を捺しなさい」と。それは「それぞれの者が手ずから封印をする」とあるからだ。そして「あなたがその裁きで義とされるため」（詩51.4 [6]）とあるからだ[385]。

上に引用した箇所について幾つかの点を指摘しよう。(1) 報いと罰への確信は、神が正義だとの理解に依拠している。「神は正義で、報い、罰する」ことの反対は「神は慈愛に満ちている」ことでなく、「神は気まぐれで移り気

---

384) 『申スィフ』324 (376. 申32.34)。
385) 『BTタア』11aや他に無記名者の並行記事がある。Sanders, 'R. Akiba's View of Suffering', *JQR* 63 (1973), 337.n15 を見よ。

だ」ということである。ときとしてラビらは、神の正義と慈愛とがいかに関わるかを論じた。私たちは、ラビらにとってこれら2つが矛盾しないことをすでに明らかとした。そして、慈愛が気まぐれとなることなく、正義と慈愛との質が維持されることを確認した。ここで、この点をもう1つのテクストから説明することが肝要だろう[386]。「ルベンを生かし、滅ぼさないで下さい」（申33.6）という文言について、ラビ・ハナンヤ・ベン・ガマリエルは以下のように解説する。「ルベンとダビデの場合を除いて、神は（「彼らは」）けっして有罪を無罪とせず、無罪を有罪としない」。ダビデに関してはサム下16.13と王上11.27とを引照して述べる。申33.6は明らかにルベンに関して証言するが、「賢者ら」の意見は異なる。すなわち、「神はけっして有罪を無罪とせず、無罪を有罪とせず、掟［の履行］には報いを、違反には罰を与える。それでは『ルベンを生かし、滅ぼさないで下さい』とあるのはなぜか。それはルベンが悔い改めたからだ」。「賢者ら」は、違反を罰して従順を報いる神が、同時に恵み深く、憐れみに富み、罪を赦すことを否定しない。ここでの焦点は、神が気まぐれに無罪を有罪としないように、気まぐれで有罪を無罪としない点だ。しかし悔い改める者は、その違反がルベンの場合のように重大であったとしても、赦しを得て神との正しい関係性を回復することができる。

（2）来たるべき世での報いと罰という主題は、行為義認に関する声明でなく、神の義に関する理論の延長にある議論である。正しい者と邪悪な者とがこの世において適切に裁かれないので、報いと罰とが来たるべき世ではこの世での体験と逆転する。その際に、報いと罰が何かは具体的に述べられない。ただ、この世でなければ来たるべき世において神の正義が守られる、という点が確認される。

（3）記録された行為の正確さを封印によって証言する「勘定記録」という主題は、神義論とも関連する。人が裁かれるとき、彼はその裁きが正しいことを認める。

上で考察した箇所では、来たるべき世は従順の報いの内容でなく、報いが

---

386) 『申スィフ』347（404–05. 申33.6）.

与えられる場である。しかし、行為と来たるべき世とのあいだに何らかの関係があることは明らかだ。この関係が何かを考察するために、私たちは、来たるべき世の命を獲得するために諸規定の履行が違反よりも上回る必要があることを示すと思われがちなテクストに目を向ける必要がある。

b. 履行と違反とを計る裁き

『BTキッド』等の検証：諸規定の履行と違反との比較がラビ的救済論の重要な構成要素であることを支持する、あるいは支持すると見なされ得るテクスト箇所は、基本的に以下の3つだ。すなわち『BTキッド』1.10aとトセフタおよびタルムードに見られる関連資料、過半数の行為の善悪によって裁きが決まるという『Mアヴォ』3.15（英訳3.16）でのラビ・アキバの言説、そしてすべてが［善悪の］勘定にしたがって決するという『Mアヴォ』4.22でのラビ・エレアザルの言説だ[387]。これらを順番に考察しよう[388]。

> 誰であれ1つの掟を履行する者を、神は利して（彼らは利して）、その日々を永らえ、その土地を継がせる。誰であれ1つの掟を履行しない者を、神は利さず、その命を永らえず、その土地を継がせない（『BTキッド』1.10a）。

---

[387] Bonsirven (*Judaïsme palestinien*, II.58) によると、善悪を計る原則がしばしば繰り返される。彼は『BTキッド』39b–40b,『Pキッド』1.14,『Pペア』16d (1.1),『Mアヴォ』3.15 を挙げる。『キッドゥシーン』に関する言説のすべてが『BTキッド』1.10aへの解説であり、そのほとんどがアモラによる点に留意すべきだ。『パレスチナ・タルムード・ペアー』の箇所は（Bonsirvenも述べるように）アモラによる。Bonsirvenは違反と履行を秤にかける原則があることを立証するテクストとして、『BTソタ』22b,『Pソタ』20c (5.7),『PTベラ』14b (9.7) における字義的解釈法 (*purush*) を挙げる。『パレスチナ・タルムード・ソーター』は、これらが履行と違反との均衡を計ると説明する。私たちは以下の3点を確認すべきだ。(1) *purush* という語は「ファリサイ」を意味せず、「禁欲」あるいは「異端」(I.A.2.n12) を意味する。(2) すべての箇所はアモライーム的だ。(3)『バビロニア・タルムード』の解釈（「血を城壁に対して流す者」）は、よりのちの解釈である「計り」理論の証拠とならない。

[388] こののち I.A.6 のほぼ最後までは、E.P. Sanders, 'On the Question of Fulfilling the Law in Paul and Rabbinic Judaism', in E. Bammel, C.K. Barrett and W.D. Davies (eds.), *Donum Gentilicium: New Testament Studies in Honour of David Daube* (Oxford: OUP, 1977), 103–21 に手を加えたものである。

第 2 のテクストは婉曲的だ [389]。その意味は、ダンビーが理解するように「誰でも 1 つの掟に違反する者を神は損ねる」等だ [390]。既述のとおり、これは非常に古いミシュナである。その地を受け継ぐという件は、「のちに来たるべき世」と理解された [391]。さらにラビらはのちに、正しい者への報いは来たるべき世においてのみ与えられるが、悪しき者が何であれ行った僅かな善行への報いはこの世において与えられる、と論ずることになる。この古代のミシュナの意図は明らかだ。すなわち、神は従順を報い違反を罰することを明示して、道徳的奨励をすることだ。「1 つの規定を履行する者に神がその地を与えるなら、その規定を履行せよ。1 つの規定を違反する者に神がその地を拒むなら、違反を避けよ」となる。ラビ文献から学ぶ者は、このような非体系的で奨励的な言説に慣れる必要がある。その主眼は、民が従順であり、違反を避けるよう促すことである。

この箇所はさらなる解説を促した。トセフタではこれに直接関係する内容が付加された [392]。

> [13] 誰であれ 1 つの掟を履行する者を神は（彼らは）利して、その日々と年とを永らえ、この地 [393] を受け継がせる。誰であれ 1 つの違反 [394] を犯す者を神は損ねて、その日々を減じ、その地を継がせない。これに関して、「1 人の罪人が多くの善を損なう」（コヘ 9.18）とある。1 つの罪によって、彼は彼にとっての多くの善を失う。人はいつも、自分が半分無罪で半分有罪だと心得るべきだ [395]。1 つの掟を履行して無罪の天秤（*kaf zekut*）がその重さで下がる者は幸せだ。1 つの違反を犯す者は、有罪の天秤（*kaf ḥobah*）をその重さで下げる［者

---

389) Albeck の同箇所のテクストを見よ。Albeck, *Seder Nashim*, 413 を見よ。
390) Danby は以下のように訳す。「人が 1 つだけ規定を履行するなら、それは彼を利する。彼は永い日々を得て、その地を受け継ぐ。しかし 1 つの規定を怠るなら、それは彼を損ねる」等。
391) Epstein, *Mebo'ot*, 53.n186, Albeck, *Seder Nashim*, 413.
392) 『T キッド』1.13–16. Lieberman の校訂本に依拠する。
393) Lieberman (*Tosefta Ki-Fshuṭah, Nashim*, 927) は、申 5.16 の影響から「地（*'adamah*）」が「土地（*'arets*）」に取って代わったと説明する。
394) 「1 つの掟を履行しない」というミシュナの句を「1 つの違反を犯す」とする解釈に関しては、Lieberman の同箇所（p.927–28）を見よ。
395) このように始まる文章は、『BT キッド』40a-b と僅かな違いしかない。

のようだ］。これに関して、「1人の罪人が多くの善を損なう」とある。1つの罪によって、彼は彼にとっての多くの善を破壊する。

¹⁴ ラビ・シメオン・ベン・レアザルはラビ・メイルの名によって言った[396]：それぞれの人がその過半数［の原理］によって裁かれ、この世[397]が過半数によって裁かれるので、もし彼が1つの掟を履行するなら、無罪の天秤を自分自身とこの世の重さで下げる者は幸せだ。もし彼が1つの違反を犯せば、有罪の天秤を自分自身とこの世の重さで下げる［者のようだ］。これに関して、「1人の罪人が多くの善を損なう」とある。彼が犯した1つの罪によって、彼自身とこの世にとっての多くの善を破壊する。

¹⁵ ラビ・シメオンは言った：人がその生涯にわたって義（tsaddiq）であり、最後に反抗するなら、彼はすべてを破壊する。それは「義人の義は彼が違反したとき彼を救いえない」（エゼ33.12）とあるからだ。

¹⁶ 人がその生涯にわたって悪（rasha'）であり、最後に悔い改めるなら、神（ha-Maqom）は彼を受け入れる。それは「悪人の悪については、彼がその悪から立ち帰るなら彼は倒れない」（同箇所）とあるからだ。

『Tキド』1.13の無記名者による解説は、ミシュナの箇所に見られるのと同様の非体系的な奨励を繰り返す。人は自分が半分無罪であり半分有罪であるかのように、また次の一手がその運命を決するかのようにあるべきだ。これが、いつも違反せずに従順であるよう奨励していることは明らかだ。この類の言説は、死の前日に悔い改めることを命ずる論理（『Mアヴォ』2.10）と似ている。すなわちこれは、毎日悔い改めることを促している。ここでも、人がいつも従順であり、日ごとの行為が決定的であるかのごとく生きることを教えている。

---

396) 幾つかの写本では「ラビ・メイルの名によって」が欠損している。Liebermanのアパラートゥスを見よ。バビロニア・タルムード（40b）では、これがラビ・エレアザル・ベン・シメオンに依拠するとある。〔訳註 Liebermanが依拠する写本ではレアザル（Leazar）だが、一般にはエレアザル（Eleazar）。〕

397) Lieberman（*Tosefta Ki-Fshuṭah, Nashim*, 928）は「この世」を「共同体」、すなわちイスラエルの共同体と解釈する。

過半数の原理：ラビ・メイルの名によるラビ・シメオン・ベン・エレアザルの言説のうちに、個人とユダヤ教共同体が過半数［の原理］——規定の履行が違反より多いか——によって裁かれる、という明らかな原則を私たちは見出す。この言説が、神はいかに人を裁くかに関する体系的原理を示しているかどうか、について考察しよう。この言説がラビ・メイルに依拠するなら、慈愛がゲヒンノムから救うというラビ・メイルの教え（『BTバト』10a）を並行して考察する必要がある。慈愛の行為が人を救うのに十分だとすると、厳格な過半数の原理による裁きという体系的神学が成立しないからである。さらに私たちは、ラビ・シメオン・ベン・エレアザルの言説のすぐあとに、トセフタの編纂者がこれと矛盾するラビ・シメオン・ベン・ヨハイの教えを配置していることに注目すべきだ[398]。すなわち、いかに多くの善行があろうと、人は生涯の最後に反抗して断罪されるかも知れないし、最悪の罪人が生涯の最後に悔い改めて救われるかも知れない。この場合も、過半数の原理は成立しない。さらなる結論に至る前に、『キッドゥシーン』1.10に関する両タルムードの解説を考察しよう。

　バビロニア・タルムードではラヴ・ユダが、このミシュナを他の行為において均衡状態にある人に言及していると理解する。「以下がその意味だ：功徳の［バランスが均衡している］人が1つの掟（mitsvah）を履行するなら、その人は報われる。その人はトーラー全体を履行したかのように見なされる」[399]。

　パレスチナ・タルムードでは、このミシュナが第1に中間的状態にある人に言及していると解釈される。その人の行為は均衡状態にあり、1つの掟（mitsvah）を履行するなら天秤が彼にとってよい方向に傾く。これにはさらなるタンナイーム時代の議論が続く[400]。

---

398)　並行記事は『PTペア』16b（1.1）、『BTキッド』40bにある。両タルムードは、トセフタのラビ・シメオンをラビ・シメオン・ベン・ヨハイと同定する。〔訳註　「ゲヒンノム」に関しては、長窪専三『古典ユダヤ教事典』181頁を見よ。〕

399)　『BTキッド』39b（英訳p.193）.〔訳註　「ラヴ・ユダ」に関しては、長窪専三『古典ユダヤ教事典』555頁を見よ。〕

400)　『Pキッド』61d（1.10）.

ベン・アザイは以下の箇所について解説する：「死んだハエらは香料作りの香油に悪臭を与える」（コヘ 10.1）。（主語が複数形であるにもかかわらず）単数の動詞変化が用いられることから、一匹の死んだハエが香料作りの仕事全体を汚すように、ただ１つの罪を犯す者も同様に善行全体の功徳を失う。ラビ・アキバは以下の箇所について解説する：「それゆえ、陰府は喉を広げ、その口をどこまでも［規定を越えて］開く」（イザ 5.14）。ここでは「諸規定を越えて」でなく「規定を越えて」と書かれている。［これが意味するのは］誰であれ無罪（*kaf zekut*）の側に［天秤を傾けるように］動かす１つの掟を行わない者だ。彼はこれを来たるべき世に関して述べた。しかしこの世において、999 の御使いが彼を有罪とし、1 人の御使いが無罪と宣言しても、誉むべき聖なる方は無罪の側に［天秤を］傾ける、等 401)。

アモラあるいは後期タンナ（「彼はこれを来たるべき世に関して述べた」以下を述べた「彼」）は、「違反の数より１つ多い掟」という意味でラビ・アキバを理解した。彼は将来の裁きにおけるこの厳格な勘定とこの世での神の寛大さとを比較している。現代の学者のほとんどはこの最後の解説者に倣う。したがってシュヴァーブは「１つの掟」を「諸悪の行為より善行が１つ超過している」と訳し 402)、ビラーベックは「１つの規定履行（Gebotserfüllung）」を「過半数原則の計りを有罪の側でなく規定履行と善行の側へ傾ける１つの規定履行を意味する 403)」と説明する。同様にシェクターも「『P キッド』61d では、善行が過半数であることへのこだわりが来たるべき世に限定され、この世では１つの善行でさえ人を救う 404)」と述べる。バッハーはこの箇所について、「彼（アキバ）はイザ 5.14 で חק が単数であることを強調しつつ、このこと

---

401) この続きは Moore, *Judaism*, I.391 を見よ。『BT シャッバ』32a 参照。しかし『BT シャッバ』32a では、「999 の御使いが彼を有罪、1 人の御使いが無罪と論じても、彼は救われる（*nitstsol*）」が来たるべき世を述べているとも考え得る。

402) M. Schwab, *Le Talmud de Jérusalem* (Paris, 1871–90), 237.

403) S.-B., II.560.

404) Schechter, *Aspects*, 306.n4.

は善行が1つ不足していることが人を裁く功徳の天秤を呪いの方向へ傾けることを示唆していると考えた[405)]」と記す。そして最後に、モンテフィオレ(Montefiore)はアキバの言説を敷衍して、「1つの善行の欠損がその人を利する方向へ天秤を傾けることの妨げとなり得る[406)]」と述べる。

ラビ・アキバの言説の検証──過半数と恵み：アキバの言説に関するこのような解釈を支持するために、『M アヴォ』3.15（英訳 3.16）でのラビ・アキバの言説をも挙げることができよう。「すべてが予見されているが、選択の自由が与えられている。そしてこの世は恵みにより裁かれるが、[善であれ悪であれ] 行為の過半数 [の原理] に従う[407)]」。この意味するところは不明瞭で、第 2 文の後半には「そして行為に従わない」という異読もある。しかし、一般に認められている本文が正しければ、この後半部分は、神の裁きが人の行為の均衡具合によって決まるとアキバが考えていたという理解を支持する。しかしそうであっても、その言説は、裁きが恵みと善悪の均衡という2つの基準によって立つことを述べている。体系的な神学者でないラビ・アキバは、これら2つの基準がいかに調和するかを教えない[408)]。

パレスチナ・タルムードでアキバの言説を解説するラビが、のちの解釈者らに過度な影響を与えているように見受けられる。第1に、ラビ・アキバのヘブライ語の言説が意味するところは明確だ。すなわちそれは、神が天秤を無罪の方向へ傾けるための1つ [だけ] の規定を履行しない者に言及している。それは「違反の数より1つ多い」ことを意味しない。さらにラビ・アキバの言説は、ただ1つの違反が人に多くの善を損なわせるとするベン・アザイの見解との対比として記されている。したがってラビ・アキバの主旨を、

---

405) Bacher, *Agada der Tannaiten*, I.325–26.

406) Montefiore and Loewe, *Anthology*, 595. この敷衍は、「この世」と「来たるべき世」とを逆にして、神が最後の裁きにおいて寛大さを示し、この世での裁きが厳しいとする。この「改善」は解釈上の問題を解消して、一般的なラビの精神を反映させるようだが、問題はこれらの句の交換が誤りだという点である。

407) Herford 版（*Sayings of the Fathers*）では 3.19 で、Taylor 版（*Sayings of the Jewish Fathers*）では 3.24 である。異読についてはこの箇所に関する両者のコメントを見よ（とくに Taylor のヘブライ語テクストへの解説 [p.20] とその他の解説 [p.152]）。Danby は「過半数」を「余剰」とする。

408) Helfgott, *Election*, 76.

「1つの掟（mitsvah）の履行が多くの善を生じさせる」であると理解することがもっとも理にかなっているようだ。この類の言説はタンナ文献に一般であり、それらが逆接的に見えたとしても、驚くに足らない。このような言説は、私たちが「天秤にかける」という主題の重要性を正しく理解するために欠かせない。ラビ・アキバの言説を再び考察する前に、この点を確認する必要があろう。

天秤原理と神の慈悲：既述のとおり『BTキッド』1.10aでは、1つの規定の履行が人の命の日を延ばし、1つの規定の違反がそれを縮める。『Mマッコ』3.15ではラビ・ハニナ・ベン・ガマリエルが同様の内容を述べている。すなわち「人が1つの違反を犯してその命を損なうなら、その人が1つの宗教的義務（mitsvah）を履行してその命を回復することはなおさらだ」。カル・ヴァ＝ホメル――「なおさら」――の議論は、神が報いるという本質が罰するという本質より大きいという原則に依拠している。同じ原則に立った推論は、既述の箇所でラビ・ヨセが述べている[409]。すなわち、「食べるな」という1つの否定命令に対するアダムの違反が後続する世代を死に追いやったなら、ピッグルに関する改悛とノタルと大贖罪の日の断食が彼とその子孫とに益（מוֹבָה）をもたらすことはなおさらだ。ラビ・ヨセは、神の「報いるという本質」が「裁くという本質」より大きいことを明言する。

ときとして、履行が来たるべき世での命――あるいはそれに準ずる利益――を保証し、違反が断罪をもたらす、という規定に焦点が置かれる場合がある。ラビらは、アブラハムが信じたその信仰のみが、この世と来たるべき世での命を保証するのに十分だということを、適切に理解していた[410]。同様に、イスラエルの民の信仰は、聖霊が彼らの上に留まるのに十分な理由だった。じつに、1つの規定を信仰によって受け入れる人は、聖霊が留まるに相応しい[411]。安息日規定のみを守る者に、来たるべき世が与えられ、その者が

---

409) 『スィフラ・ホバ』パラシャー12.10. I.A.5.n229を見よ。
410) 『メヒルタ・ベシャラアッハ』6 (114, I.253 [7章]. 出14.31). 同様に、神を信頼する者はこの世と来たるべき世で、拠るべきところを持つ（『BTムナ』29b）。
411) 『メヒルタ・ベシャラアッハ』6 (Lauterbach, I.252ff).

大審判の日から免れることは、驚くに足らない[412]。同様に、施しにも救済的効果があると言われる[413]。

> 以下のように教えられてきた。ラビ・メイルは言ったものだ：[ユダヤ教に対する]批判者はあなたに対し、「神が貧者を愛するなら、なぜ彼らを助けないか」と問うかも知れない。その場合は、「それは彼らをとおして私たちがゲヒンノムの罰から救われるから」と答えなさい。

この言説の主旨は、貧者が施しの機会を提供し、それが人をゲヒンノム（裁きの場）から救う、ということだ[414]。慈悲深い行為もまた、神による有利な裁きを受けるのに十分であり、この理解は秤のモチーフと明らかに関連づけられる[415]。「隣人を無罪の側で（有利に、*lekaf zekut*）裁くなら、無罪として（有利に、*lizekut*）裁かれる」[416]。

契約の拒絶と裁き：反対に1つの規定を破ることは、すべてのイスラエルに約束された来たるべき世での分け前を喪失することに繋がると言われかねない。

> 来たるべき世での分け前がない者がいる：律法に記されている死人の復活がないという者、律法が天からのものでないという者、そしてエピキュロス派の者。ラビ・アキバは言う：さらに異端的な書物を読む者、傷にまじないの言葉

---

412) 『メヒルタ・ヴァヤッサ』4 (169, II.120 [5章]. 出 16.25).
413) 『BT バト』10a (英訳 p.45).
414) 施しが身体的な（不慮の）死から救う効果を持つことに関しては『BT バト』10a-b, Urbach, Ḥazal, 235–36（英訳 pp.264–65）を見よ。贖罪としての施しに関しては Urbach, Ḥazal, 428（英訳 p.484）を見よ。
415) 無記名のバライタ（『BT シャッバ』127b 上部）による。Freedman（英訳 p.633）は「功徳の秤によって隣人を計る者は有利な裁きを受ける」とする。以下を参照せよ。ラッバン・ガマリエル II の「慈悲深い者へ神は慈悲深い」、『T カンマ』9.30、『BT シャッバ』151b（英訳 p.774）、『P カンマ』6c (8.10). 最後の2つの箇所では、無慈悲な者に神は無慈悲だ、という否定的表現が付加されている。
416) その他に『M アヴォ』2.7（ヒレル）：「律法の言葉を自らに受け入れる者は来たるべき世で命を自らに受け入れる」がある（『M アヴォ』6.6参照）。違反より1つ多いのでなく、1つの規定履行がトーラー全体の履行のように見なされることに関しては、E.P. Sander, 'On the Question of Fulfilling the Law', 114–15.n7 を見よ。

をかけて「エジプト人らに与えた病を我は汝には与えず、我は汝を癒す主なり」（出 15.26）と言う者。アッバ・サウルは言う：さらに聖名をそのまま発音する者 417)（『M サン』10.1.『BT ペア』16.b [1.1]）。

雅歌の一部を世俗な楽しみのために用いる者は、来たるべき世での分け前がない（『T サン』12.10）。

男が女を見るために、自分の手から女の手にお金を数えて渡したり、女の手から自分の手にお金を受け取ったりする者は、[他の面で] 主モーセのようであってもゲヘナの裁きを免れない……（『BT エル』18b のバライタ [英訳 p.125]）。

モディイムのラビ・エリエゼルは言う：聖なる物を冒瀆し、既定の祭儀を軽んじ、同胞をおおやけで辱め、私たちの父なるアブラハムの契約を無効にし——つまり割礼の痕を消し——、ハラハーに拠らない律法の意味を教える者には、律法の知識があって善行を行っていようと、来たるべき世での分け前がない（『M アヴォ』3.12）418)。

　しかし、この主題においてもっとも重要な箇所では、罪を禁ずる神を拒む意図を持って罪を犯す者が軛を壊して破棄する——すなわち自らを契約の外に置き、結果として来たるべき世から排除する——と教えられる。契約を受け入れることは諸規定を受け入れることなので、諸規定の拒否は契約の拒否を意味する。「～する者は軛を破棄する」という表現は、そのように理解されるべきである。その際に言及される特定の罪は、神の拒絶を明言するに等しい罪、あるいは同僚に対する意図的な罪である。後者は律法の規定のみならず基本的な道徳的原則を犯し、計算高い意図なくしては犯し得ない。前者の例としては偶像崇拝が挙げられる。

---

417)　テトラグラマトンの発音に関するラビらの議論は Urbach, Ḥazal, 106ff を見よ。彼（p.108. n33 [英訳 p.737.n30]）は Marmorstein（*The Names and Attributes of God*, 17–40）の見解を修正している。
418)　部分的に並行する箇所は『民スィフ』112（121. 民 15.31）と『P ペア』16b (1.1) にある。

すべての規定を違反することが軛を破棄し、神とイスラエルとの契約を無効にし、トーラーを偽るように、この1つの規定を違反する者は軛を廃棄し、神とイスラエルとの契約を無効にし、トーラーを偽る。その1つの規定とは何か。それは偶像崇拝禁忌を犯すことである[419]。

「今日、私が命じる道を逸れて……他の神々にしたがうならば……」（申 11.28）——彼らはこの箇所に依拠して言う：偶像崇拝を告白する者は誰でもトーラー全体を拒絶し、偶像崇拝を拒絶する者は誰でもトーラー全体を告白する[420]。

道徳規定の違反も神を拒絶することと同様となり得るとの見解が『スィフラ』の以下の箇所に見られる[421]。

「その人に金や食料を貸す際に利子や利息を課してはならない。私はあなた方の神、主である」（レビ 25.37–38）——彼らはこの箇所に依拠して言う：利子［を課さない］という軛を負う者は誰でも天の軛を受け入れ、利子［を課さない］という軛から逃れる者は誰でも天の軛から洩れる。

この箇所（I.A.4.n39 により広範の引用を見よ）はこれに続いて、神がイスラエルをエジプトから導き出したのは、利子に関する規定を守るという条件ゆえだと述べる。「軛を破棄する」と見なされる1つの違反を犯すという主題、特定の規定を履行する「条件ゆえに」出エジプトが実現するという言説、

---

419) 『メヒルタ・ピスハ』5 (15, I.37. 出 12.6)。「破棄する」、「無効にする」、「偽る」という語の訳に関しては Lauterbach 版の同箇所を見よ。『民スィフ』111 (116, 民 15.22) にも一語一句違わない並列箇所がある。これらとこれらに関連する箇所、また3つの語に関しては Moore, *Judaism*, I.325, 465ff, III.143; Schechter, *Aspects*, 88, 220–21; Büchler, *Sin and Atonement*, 97ff; Kadushin, *The Rabbinic Mind*, 349–50, 342–43 ('denying the fundamental principle [God]') を見よ。反抗に関する3つの語は『P サン』27c (10.1 上部)、『P ペア』16b (1.1) を見よ。
420) 『申スィフ』54 (122, 申 11.28)。Friedmann (f.86b) は「誰でも～と告白する者は～を拒絶する者のようだ」とする。
421) 『スィフラ・ベハル』パラシャー 5.3。Büchler, *Sin and Atonement*, 92, 104ff.

そして特定の——あるいはすべての——規定を「告白する」および「拒絶しない」という命令とのあいだに関連があることがここに示されている。これらの相互に関連する主題の背後には同じ見解がある。すなわち、神は契約を与えるに際して従うべき規定を与えた、ということだ。選びの民（「エジプトからの脱出を告白する」）のうちに自らの立場を維持しようとすれば、人は諸規定を守ろうとしなければならない。諸規定の1つを意識的に破る（「拒絶する」）ことは、契約を拒絶して（「エジプトからの脱出を拒絶する」）、神を拒絶する（「軛を破棄する」）ことに相当する。これらの相互に関連する主題はラビ的宗教の核心を示す。すなわち、人は契約のうちにいること、そしてその契約を与えた神に従順であろうとすることが大切であるということだ。神が与えた規定の1つを意図的に違反して拒絶することは契約からの排除を意味するが、一方で人は偶像崇拝禁忌のような根本的な規定を受け入れることによって契約に留まる意図があることを示すことになる。当然のことながら、50％以上の従順や不従順については一切述べられていない。

　神の拒絶と違反：1つの違反が神の拒絶に繋がるという理解の論理的背景はレビ5.21（「主を欺き、隣人を偽る罪を犯した場合……」）への註解に見られる。ラビ・ハナンヤ・ベン・ハヒナイはこの文章に因果関係が記されていると考える：「根本（主）を否定しなければ、誰も隣人に偽ることができない」。他のラビは、「規定を与えた方を拒絶するのでなければ、だれも違反しない」と述べる [422]。1つの違反が必ず神を拒絶することに繋がるのでないが、そういう場合もあり得るとする見解は、体系的な思考ではない。もっともラビらは、特定の規定の違反が神の拒絶に至り得ると考えることもできる。この重要な例としてレビ26.14–15への註解がある。この場合、聖典の異なる句を

---

422)　『Tシュヴオ』3.6（Büchlerの当該箇所を見よ）; Schechter, *Aspects*, 232; Kadushin, *The Rabbinic Mind*, 351. Büchlerは『メヒルタ・ミシュパティーム』19（316, III.150［Kaspa 1］. 出22.24［25］）を引照する。すなわち、ラビ・メイルは高利貸しを行う者がそれを禁ずる神のうちにある分け前を持たない、と言う。Schechterは『BTメツィ』71aの同じ内容を指摘し（ラビ・ヨセ）、また『申スィフ』117（申15.19）を引照する。「誰でも同胞への慈愛を控える者は、偶像を崇拝する者のようで、天の軛を破棄している」。この最後の箇所は立証が拙いが、これに関してはMoore, *Judaism*, I.467の当該箇所を見よ。Mooreは「少なくとも奨励という観点から、すべての意図的な違反が神とその律法への拒絶を積み上げる行為と見なされるという自然の傾向がある」と述べる。

一連のプロセスの1つ1つの場面と見なし、トーラーの学びをしないことが神の存在を拒絶することへ繋がる様子を描いている。聖典テクストは以下のように述べる：「私の言葉に耳を傾けず、これら諸規定を守らず、私の掟を捨てて、私の戒めをあなたの魂が嫌い、私の諸規定をすべて行わず、私の契約を破棄するなら……」。この箇所への註解がこれに続く[423]。

「私の言葉に耳を傾けず……」——なぜ聖典は「そして行わない」と述べるのか。［諸規定を］学ぶことをせずに［それを］行う者はあり得るか。［否、なぜなら］聖典が「私の言葉に耳を傾けず……守らない[424]」と教えるからだ。したがって、誰でも学ばない者は行わない。あるいは、学ばず行わない者が他者を軽んじないということはあり得るか。［否、なぜなら］聖典が「私の戒めを嫌うなら[425]」と教えるからだ。したがって、誰でも［諸規定を］学ばずそれを行わない者は、結果として他者を軽んずる。［同様に、そのような者はハハミーム（賢者ら）を嫌い、他者が諸規定を守ることを阻み、シナイ山で与えられたミツヴォート（諸規定）を拒絶する］。あるいは、これらすべての要素が揃っていながら根本（主）を拒絶しない者があろうか。［否、なぜなら］聖典が「私の契約を破棄する」と教えるからだ。誰でもこれらの要素を持っていれば、結果的に根本を拒絶する。

意図的な違反が神をすでに拒絶していることの証拠と見なされるにせよ、そのような拒絶への第一歩と見なされるにせよ、これら2つは密接に絡み合っている。神が与えた諸規定を守る義務を拒むことは、それが原因であれ結果であれ、神自身を拒絶することと繋がる。

完全な履行を教えない：1つの規定に違反する者は契約における立場を失う、あるいは来たるべき世での分け前に与れないという主張は、ラビが律法上の完全さを要求していることを意味しない。パウロのガラ3.10あるい

---

423) 『スィフラ・ベフコタイ』パラシャー 2.3. Kadusin, *The Rabbinic Mind*, 352–53.
424) ここでも他の場合と同様に、文章が因果関係を表していると考えられる。「耳を傾けず、その結果守らない」。
425) この戒めは他者を尊敬して愛する命令と見なされる。

は『IVエズラ書』に見られるような律法上の完全さを要求する理解は[426]、ラビ文献には見当たらない。この点は、完全さの要求を支持するように理解され得る特定の聖典テクストを、ラビらがいかに扱ったかを考察することで明らかとなる。パウロはガラ 3.10 において申 27.26 を引用しつつ、「律法の書に行うように書かれてある各事柄すべてに留まら（emenei）ない者はみな呪われている」と記す。これは七十人訳聖書に依拠するが、emenei というギリシャ語訳が充てられている本来のヘブライ語は yaqim であり、これは RSV 訳が正しく翻訳するとおり「認める」を意味する。そしてラビらはそのように理解した。私が知るかぎり、タンナ文献においてはこの箇所に解釈は付されていない。一方でアモラ文献では、人が律法を認めることが強調されているが、それは１つの誤りもなく守ることでない。したがって『パレスチナ・タルムード[427]』では、「世俗の法廷が法律を認めて犯罪に抗する義務を怠る[428]」様子に言及する際に、申 27.26 が用いられている。『レビ R』25.1 にも同様の解釈が見られるが、こちらでは個人への適用が示されている[429]。さらにこのミドラシュは「もしこのテクストが『学ばない者は呪われている』と述べていれば、人は生きられない。しかしテクストは『認めない者は呪われている』と述べる[430]」と解説する。ラビらは人が律法を完全に行えないと考えており、それを要求することが現実的でないことを承知していた。

ラビ・アキバの真意：同様にエゼ 18.20 も、最初の文を強調すると、完全さを要求しているように受け取り得る。すなわち「罪を犯した本人が死ぬ。子は父の罪を負わず、父もまた子の罪を負わない。正しい人の正しさはその人だけのもの、悪人の悪もその人だけのものだ」。しかしこれは、「罪なくし

---

[426] IV エズ 7.45ff, 7.72, 7.88ff.

[427] 『P ソタ』21d（上部7.4）. ラビ・シメオン・ベン・ヨハイの同時代の後輩で生徒にあたるラビ・シメオン・ベン・ハラフタが語っている。

[428] Schechter, Aspects, 193. この議論は、文字どおりには「立たせる」を意味する yaqim の意味に関する。これはトーラーの言葉が倒れることを示唆するか。否、それは法律を認めない世俗の法廷に言及している。「律法を認めて」は実際にテクストになく、これは補われなければならない。

[429] 『レビ R』のこの箇所は申 27.26 と箴 3.18（「彼女をとらえる者には命の木となり」）とを扱っている。これは『P ソタ』の同箇所と部分的に同じだ。

[430] 「認める」は、悪行に抗し学者を支持するという意味をも含むと考えられる。

て死はない[431)]」と述べているに過ぎない。あるいは、罪に対する個人の責任（出 34.7 と対比せよ）を教えているに過ぎない[432)]。出 15.26（「彼の掟すべてを守る」）は性的放縦と理解される[433)]。申 11.22（「あなたがこの規定をすべて守るよう気を配るなら」）は、トーラーを学びそれに耳を傾けることの必要性を述べていると理解される[434)]。

ラビらは律法の完全遵守を求める機会があっても、それをことあるごとに見逃している。ここまでで確認したとおり、特定の違反が契約からの締め出しや、来たるべき世における命の喪失に繋がるとの言説は、『IV エズラ書』の著者を絶望させるような律法主義的完全性思考とは非常に異なる。諸規定を拒むこと——結果として諸規定を与えた神を拒むこと——の反対は、諸規定を完全に遵守することでなく、諸規定を「告白する」ことである[435)]。求められることは神の諸規定の下に自らを置いて、それらを守るよう努める意図があることだ[436)]。

---

431) 『BT シャッバ』55a（英訳 p.255）. Urbach（Ḥazal, 237 [英訳 p.266]. 384 [英訳 p.435] 参照）は「罪なくして死はない」という意見はアモライーム時代にのみ見られると述べる。ここでは、ラビ・アンミによるとされる。しかしラビ・ユダもそのような見解にあったとも考えられる。I.A.7.n594 を見よ。

432) 『BT マッコ』24a（英訳 p.173）. ラビ・シメオン・ベン・ヨハイの出 20.5 (p.148) の『メヒルタ』において、エゼ 18.20 は出 20.5（「私を憎む父祖らの不義（の罰）が 3 代、4 代のちの子らにまで及ぶ」）と対比される。

433) 『メヒルタ・ヴァヤッサ』24a（英訳 p.173）.

434) 『申シフレ』48（107–08. 申 11.22）. テクストが僅かに異なる点は Friedmann, f.83b を確認せよ。

435) 「告白する」ことと「拒む」ことについては Kadushin, The Rabbinic Mind, 540–67 を見よ。

436) H. Hübner ('Gal 3,10 und die Herkunft des Paulus', KuD 19 [1973], 215–31) は近年、律法のすべてを行う要請と善行が違反を上回るという言説とに関して議論し、パウロがヒレル派でなくシャンマイ派だとの結論に至った。第 1 に彼は、パウロがユダヤ人から 100% の従順を要求していることから（ガラ 3.10）、彼が熱心なヒレル派でありえないと考えた。ファリサイ派の多くは善悪行為の過半数原理による裁きを支持するからだ。彼はこれを 1 つの神学体系と捉え、シャンマイ派に起因すると彼が考える少数派の立場（人は律法すべてをなす）と対比させる。彼はこの後者の立場を『スィフラ・コデシーム』ペレク 8.3（レビ 19.34）に見出す（改宗者はユダヤ人と同様にトーラーの言葉すべてを受け入れなくてはならない）。シャンマイ派のラビ・エレアザルは『BT イェヴ』46a で改宗者が割礼を受けるよう求めるので、Hübner は律法すべてを行うことと割礼とを関連させる議論（ガラ 3.10）がシャンマイ派の立場を反映するものと考える。Hübner の議論は多くの面で間違っている。(1)『スィフラ・コデシーム』ペレク 8.3 の主眼は完全に遵守することでなく「受け入れる」こと、すなわち律法全体に「同意」してこれを「告白する」ことだ。(2) トーラー全体を受け入れて拒まないことは標準的なラビ的見解だ。トーラーを選択的に遵守するとかの見解はない。

私たちは、「自らの有利を立証する 1 つの掟を持たない者」というラビ・アキバの言説を考察することから始めた。これは「違反の数よりも 1 つ多い掟［の履行］」と理解され、それがラビ的な救済観において履行と違反とが秤にかけられるという解釈を支持しがちだ。私たちは、1 つの規定の履行が救い得るとか、1 つの規定の違反が断罪し得るという類の言説を考察し、後者の言説の意義について議論してきた。したがって、天秤を無罪の方へ傾けるよう神を促すのに 1 つだけの掟［の履行］で十分だとラビ・アキバが考えたとすると、彼は多くのラビらと同じことを述べている。バッハーやシェクターといった学者らに反対することを躊躇する者もいようが、これがラビ・アキバの言説に関するもっとも相応しい解釈と思われる。この解釈を支持するフィンケルシュタインは以下のように言う。「［アキバ］はときとして、神の慈愛が人を 1 つの功徳行為によって来たるべき世へと導くと主張する。彼はこの立場をイザ 5.14 の奇抜な解釈によって支持した」。フィンケルシュタインはラビ・アキバの言説を以下のように訳す。「善行をまったく持たない者のみ下界へと下る」[437]。この訳は、フィンケルシュタインが引証するラッバン・ガマリエル 2 世とラビ・アキバとの議論によって支持される。回避すべき多くの罪を挙げつつ、規定を履行した者が義であり生きるとの結論に至るエゼ 18.5–9 について、彼らは以下のように述べる [438]。

既述のとおり、すべての律法を「告白する」のでなく「守る」必要があるとのパウロの言説に匹敵するものは見当たらない。したがって、Hübner が対比するような異なった意見はない。(3) 50%以上の場合に従順であれば良いというのは一般的なラビ的救済観でない。また天秤にかけるという類の言説は、ヒレル派に属するわけでない。ヒレル派と考えられるラビ・アキバは 1 つの履行で十分だと述べる。1 つの特定の規定を違反しないようにとの多くの奨励はシャンマイ派に属さない。この Hübner への批判は、Jeremias が考えるようにパウロがヒレル派であったという理解を支持するのでない。私はこの問題を判断するのに十分な資料がないと考える。

437) Finkelstein, *Akiba*, 186. Finkelstein はこの箇所を『M アヴォ』3.15 (p.207) との関連で議論しない。『コヘ R』10.1 でのベン・アッザイとラビ・アキバとの言説にこれとの並行記事がある。A. Cohen はラビ・アキバの言説を「有利な方へ功徳の天秤を傾ける 1 つの掟［の履行］を持たない者」と訳す（英訳 p.260）。M. Brocke ('Tun und Lohn', 172) と同様に Bonsirven (*Textes rabbiniques*, 412) もアキバの言説を正しく理解する。

438) 『BT サン』81a（英訳 p.538）. この並行記事の『BT マッコ』24a では、ラッバン・ガマリエルが詩 15 編の議論を解説する。その際に「ラビ・アキバは言った」でなく「彼らは言った」が答えを導く導入句だ。両方の聖典箇所に言及する『詩ミド』15.7（英訳 pp.194–95）も見よ。

ラッバン・ガマリエルはこの箇所を読み、涙して言った、「これらすべてを行う者のみが生きるのであり、そのうちの1つでない」と。するとラビ・アキバは彼に言った、「もしそうなら、『これらのことのどれによっても汚れてはなら

ない』（レビ 18.24）という禁止は、1つに対してでなく、すべて［を総合した

もの］に対してか。［そのようなことはない！］これはこれらの1つを意味す

る。これらの1つをなす者［が生きるから］だ」と。

この主題についてラビ・アキバが述べたとされる3つの事柄——『Mアヴォ』3.15：この世は、善行が過半数かという基準でなく、恵みによって裁かれる。『Pキッド』61d：神が1つの掟を行う者に有利なように天秤を傾けることをイザ 5.14 が支持する。『BTサン』81a：レビ 18.24 がいかなる1つの方法でも自らを汚すことを禁ずるように、エゼ 18.5–9 は言及される事柄のどの1つでも行う者は生きるとする——が実際に彼に依拠するとすれば、規定履行が違反よりも1つ多いかどうかが神の裁きの判断基準となるという理解を、ラビ・アキバが支持したとは考え難い。『Mアヴォ』3.15 の意味は謎のままである。ただ、恵みと人の行いに関する裁きとが緊張関係にあることは明らかだ。このような言説から、体系的な救済論を導き出すことはできない。

したがって私たちは、『BTキッド』1.10a とこれにまつわる『トセフタ』と『タルムード』でのタンナ的解釈のほとんどが、「天秤」にかける原理がラビ的救済観を反映するという主張を支持しないことを確認した。『BTキッド』1.10a と『Tキッド』1.13 とはともに、従順を促して不従順から離れるよう勧める奨励である。これらは善行と悪行とを天秤にかけるような論理を示していない。『バビロニア・タルムード』はこの主題に対して何ら独自のタンナ資料を提供せず、『パレスチナ・タルムード』でのベン・アッザイとラビ・アキバとの議論も天秤原理を支持しない。これまで考察したテクストの中で、天秤原理を支持するように見受けられるのは『Tキッド』1.14 のみだ。これは、ラビ・シメオン・ベン・エレアザルがラビ・メイルの名で、個人とこの世とがその行為の過半数によって裁かれるとの理解を示す。しか

し既述のとおり、ラビ・メイルがそのような体系的理解を持っていたとは考えられず、『トセフタ』の編纂者はこの直後に、異なる意味の言説を挿入している。神が履行と違反とを天秤にかけるという体系的救済論をラビ・メイルの名によるラビ・シメオン・ベン・エレアザルの言説から導き出すことは、それ自体が誤りであるばかりでなく、それは誤った方向へと議論を進めることになる。

ラビ・エレアザルの言説の検証：ラビ・エレアザル・ハーカッパルによる『Mアヴォ』4.22での言説についても以下で考察する必要がある。

> 死ぬように［定められて］生まれた者、生きるように［定められて］死んだ者、［死後］裁かれるように［定められて］生きる者は、この方が神、造る方、創造する方、識別する方、裁く方、証言する方、訴える方であると知り、知らしめられ、理解するだろう。誉むべき方が裁くとき、二心はなく、人を見過ごすことも取り立てることもなく、賄賂を受け取ることもない。すべてがこの方のものだからだ。また、すべてが秤によると知れ。あなたの［邪悪な］性質に、墓こそあなたの隠れ家とあなたに約束させるな。あなた自身［の意志］にかかわらず、あなたは形づくられ……、あなた自身にかかわらず、このあと王の王である誉むべき聖なる方に申し開きをすることになるからだ。

この言説の意図は、神の裁きに差別がなく、人がその罪の罰を受けることを確証し、人がこれを念頭に生きることだ。「秤」への言及は、人の善行が違反を上回るかを判断する帳簿を意味しない。

　アモラ文献には、神が個人の行為について帳簿を付けるという趣旨の言説が幾つかあるが[439]、タンナ文献には非常に稀だ。上ではそのような内容に1箇所のみ言及したが、人がその死に際して自分の行為が記録されている帳簿の内容に誤りがないことを認める印を捺すように命じられるという趣旨の教えが、神義論の問題によって要請されている点を確認した[440]。人は神の裁

---

439)　『BTネダ』22a（上部）、『BTロシュ』16b, 32b. これらが貸借の帳簿でなくとも、命と死の書に言及する。
440)　『申スィフ』307.

きの正しさを告白するが、規定の履行が違反の数を上回らねばならないことを教えていない。『Ｍアヴォ』2.1でのラビの言説――「3つの事柄を心に留めれば、あなたは違反の手に堕ちない。あなたの上にある者を認めよ。すなわち、あなたを見る目、あなたを聞く耳、書に収められたあなたの全行為」――は、『Ｍアヴォ』4.22におけるラビ・エレアザルの奨励の趣旨と同じである。神が正しい裁きを下し、何も忘れないことを記憶に留めるなら、人は違反を回避する。このような言説は、上（I.A.5）で確認した内容と符合する。すなわち、人は神の裁きに信頼を置く。そして神は従順を報いると同時に違反を罰する[441]。繰り返すが、これと相反する理解は、神が恵みによって救うことでない。むしろ、応報などなく、罪を犯しても罰を免れる、という理解だ。私たちが考察してきたテクストの内容を換言するなら、意図的な不従順によって人は契約と契約の約束から外されるが、しかし善行が救いを獲得するという理解を示さない、ということだ。従順――とくに従順の意志（「告白する」こと）――は救いの必要条件ではあるが、それが救いを獲得するのではない。

規定遵守の促し：私たちの理解は、「秤にかける」ことに言及する箇所（『Ｔキッド』1.14と『Ｍアヴォ』3.15の最終部）を、1つの規定の履行が救いに導くという言説と比較することによって深まる。これらのどちらが教義かと問われれば、いずれでもないと答えねばならない。しかし1つの規定履行が救うという箇所は、「秤にかける」ことがラビ的教義だとの理解を否定することに貢献し得る――この曲解に対する決定的な反論については後述する――。ここでは、1つの律法規定を完璧に遵守することを救済的教義と見なすシェクターの理解[442]が正確とは言えない点を忘れてはならない。もちろん彼の理解は天秤の原則よりもずっとラビ的宗教の一般的精神に近いが、ラビ的宗教に救いの「教義」があるとすればそれは選びと改悛である[443]。1つの律法の履行が来たるべき世での分け前につながるという言説は、1つの違反の結果が滅びに繋がるとの言説によって均衡が維持されている。

　1つの違反による永遠の破滅、1つの規定履行による救い、そして過半数

---

[441]　これら2つの箇所に関するBrockeの解釈はI.A.5.n375を見よ。
[442]　Schechter (*Aspects*, 164) は、1つの規定履行による救いを教える他の例をも挙げている。
[443]　I.A.7を見よ。

の行為による裁きという3つの種類の言説は、実際に共通の基礎の上に立ち、1つの目的を共有する。組織神学者以外は、理性的に困惑することなくこれら3つの言説を同時に受け止め得る。すなわち、それぞれの種類の言説が、でき得るかぎりの仕方で諸規定を守るよう人々を促し、そうすることの重要性を主張するのに役立つということである。

　規定の「拡張」：来たるべき世の命が現世で獲得した功徳と直接的に繋がるという言説は、いかに理解されるべきか、以下の例がそれを示す。この世での制限を拡張する——違反を回避するために——ことが来たるべき世での日々を引き延ばすという趣旨が、バライタにおいてラビ・ヨシュアの名による言説[444]として記されている。これは、行為と救いとのあいだに直接的な関連があることを示す。律法の履行が上手くできればできるほど、救いが長引く。しかしこのような仕方で表現してしまうと、それを文字どおりに受け止めることの愚かさが明らかになる。人が来たるべき世に一定期間滞在し、善行が悪行に上回る分を過ぎると来たるべき世から去らねばならない、などと想定するラビはいなかった。ラビ・ヨシュアの趣旨は、制限を拡張すること——律法の周りに垣根を築くこと——を促すことだ。彼はその重要性を示すために「拡張する／引き延ばす」という言葉遊びを動員している。ビラーベックや他の者らがこの箇所の意味を拡張して、人の救いの期間が行為の数と重大さによって決定されるなどという体系をラビらに押し付けることを思いつかなかったことは幸いだ。

　3種類の存在への裁き：「秤」主題から離れる前に、「中間的」存在——完全に義でもなく完全に邪悪でもない者——を神がいかに扱うかに関するシャンマイ派とヒレル派のあいだのよく知られた論争を考察しよう[445]。

---

444) 『BTニッダ』16b.
445) 『Tサン』13.3の僅かに修正されたDanby版。これの並行テクストは『BTロシュ』16bにある。さらにBacher, *Agada der Tannaiten*, I.15–16; Moore, *Judaism*, II.318; Neusner, *Rabbinic Traditions*, II.238–39を見よ。ニューズナーはשקולין (*shqwlyhn*) を「ちょうど均衡する (*shaqal*から)」でなく「もっとも小さな者」——「小さい」を意味する *qul* から——と訳す。いずれにせよ『トセフタ』のテクストは私たちが望むほど意味が明らかでない。2派はこの第3の存在——完全な義でも完全な邪悪でもない者——が天の御国へ入る前に罰せられるかという点で意見が異なる。

シャンマイ派は言う：3つの部類がある。1つは「永遠の命」のため、もう1つは「恥と永遠の恥辱」のため（ダニ 12.2）——これは完全に邪悪な者ら——、［そして第3の部類は］ちょうど均衡する。この者らはゲヘナへ下り、そこで叫び、再び上がってきて癒しを得る。「この3分の1［の者］を私は火に入れ、銀を練るように練り、金を試すように試す。彼らは私の名を呼び、私は彼らの神となる」（ゼカ 13.9）とあるからだ。この最後の者らについてハンナは言う、「主は命を取り、主は命を与える。彼はシェオールへ下らせ、また上がらせる」（サム上 2.6）と。

ヒレル派は言う：彼は「憐れみに富む」（出 34.6）。すなわち彼は、慈愛の方へ傾く。そして彼らに関してダビデは言った「主が私の祈りの声を聞かれたので、私は喜んだ」（詩 116.1）と。そして彼らについて詩編全体が書かれている。

この第3の集団が贖われることについて2派は一致しているが、シャンマイ派は贖いの前に苦しみがあると述べ、ヒレル派は慈愛の方へ傾く神がこの第3の集団を第1の集団と同じ場に置くと述べる。さらに、何人かのアモラが想定したかも知れないように[446]、「完全に邪悪な者ら」を、その悪行が善行より1つ多い者を指すと考えるわけにいかない。この「完全に邪悪な者ら」が誰かという興味深い疑問が残る。これらの者に善行が全くないわけでない。それは「完全に義なる者ら」に悪行が全くないわけではないのと同じだ。完全に義なる者らが少数の悪行ゆえに罰せられるように、完全に邪悪な者らは少数の善行ゆえの報いを受けるからである[447]。おそらく「完全に義なる者ら」とは諸規定を履行する意図があり、かつそれを不備なく実行しつつも、ときに意図せぬ罪を犯してしまう者を指し、「完全に邪悪な者ら」とは契約を破棄し、神の諸規定に注意を向けず、神が命じる隣人愛がないかのように同胞へ振る舞う者を指すだろう。それならば、これらの句は「完全な邪悪を志す者ら」と「完全な義を志す者ら」と訳し得よう。「完全に邪悪な者ら」という句は、たんに悪行が善行に上回る者を指すのでもなければ、大多数の行為

---

446) 『BT ロシュ』17a.
447) 『申スィフ』307.

が悪行だというのでもない。したがって既述のようにラビらの中には、ある人を999名の御使いが有罪とし、1名の御使いが無罪とするなら、神はその者を無罪と見なす、と考える者がいた[448]。同様に、ある人が全生涯を邪悪なまま過ごし、終わりの日に悔い改めるならば救われる[449]。「完全に邪悪な者ら」とは神に従う意志がない者のみを指す。人が神によって義と審判されるために、「完全に義である」必要はない。以下で確認するとおり、義人とは罪のない者でなく、契約を認め［て受け入れ］る者だ[450]。いずれにせよ、「3つの部類」に関するシャンマイ派とヒレル派との論争が、功徳を秤にかけるという原理にラビ的救済論が基づいているという理解を支持することはない。

功徳による罪の消滅？：人の善行の過半数によって神が厳密に裁くことを示す言説は確かにある。しかし上述したとおり、これをラビらの教義と認識することはできない。『Pキッド』61dにおけるラビ・アキバの言説やシャンマイ派とヒレル派との論争に加え、1つの規定履行が救いに繋がるという趣旨を反映する他の言説が十分すぎるほど立証され、十分すぎるほど周知され、十分すぎるほど多く、十分すぎるほど強力な議論なので、過半数原理が支持される余地は残っていない[451]。

それでは、神が功徳と悪徳との帳尻を合わせるので、その際に功徳が罪を消・滅・させたり償う役を果たす、との理解も放棄せねばならない。既述のとおり、ブルトマンはキリスト教の学術伝統に依拠して、この理解がラビらに起因すると述べた[452]。近年では、シェーベリに倣ってテュエンがこの理解を繰り返している[453]。これは、ヴェーバーの天秤原理に同意する理解が著しい誤読や誤訳によってラビ文献に読み込まれてしまった例の1つだ。この理解が広く支持されているようなので、それを支持すると思われる証拠を分析しよ

---

448) I.A.6.n400 を見よ。
449) 『Tキッド』1.15–16.
450) I.A.8 を見よ。
451) アモライーム時代には、神が「天秤」を「固定」して無罪の方へ傾いているとしばしば言われた。均衡の場合、神は罪の天秤皿から違反を1つ取り除き、善行が足りない場合、神が自らの善を分け与える。Mach, *Der Zaddik*, 28–39 を見よ。
452) I.A.1, p.115.
453) Hartwig Thyen, *Sündenvergebung*, 67, 74. Sjöber, *Gott und die Sünder*, 31, 146 参照。

う。

テュエンの誤解：テュエンは「［神が］過越の子羊を食べるようにとイスラエルに命じたが、それは彼らの罪を上回る功徳を与えるためだった[454]」と述べる。彼は以下の箇所をシェーベリから引用する[455]。

> ガリラヤのラビ・ヨセは言う：彼らの最後の者が過越の犠牲を終えるまで、「イスラエルの敵[456]」はエジプトで破壊の対象となる。「それはあなたが、それが主の過越の犠牲だ、と言うため」とあるからだ［等］。

この箇所は理解が困難だ。カドゥシンは過越の子羊を食べることとイスラエルの破壊の脅威との関係性から、それがイスラエル人の屠殺と食事は彼らが子羊を礼拝する偶像崇拝者でなかったことを意味すると理解する[457]。この理解が正しいかは別としても、この箇所に功徳が悪徳を解消したり相殺したりするという思想はない。

テュエンがシェーベリから引用する2つ目の箇所については、もう少し注意深い議論が必要だ。テュエンは以下のように述べる。

> ダニ9.18の視点からだと、モーセやダビデはその善行によって自分の罪を償うことが容易にできただろうが、彼らは具体的に神の恵み深い赦しを求めた。「これはカル・ヴァーホメルだ。善行によって違反を停止できるこれらの者が、神の恵みによって［赦しを］与えてもらおうとするなら、彼らの幾千万いる弟子らのうちの1人に過ぎない者が、神の恵みによって与えてもらおうとすることはなおさらだ[458]」。

---

[454] Thyen, *Sündenvergebung*, 67.
[455] Sjöberg, *Tott und die Sünder*, 31. この箇所は『メヒルタ・ピスハ』12 (42, I.94. 出 12.27)。
[456] Lauterbach はこの句がイスラエルを指す婉曲表現だとの説明を付す。
[457] Kadushin, *Conceptual Approach*, 122–23. pp.78–79 参照。
[458] Thyen, *Sündenvergebung*, 74（Sjöber, *Gott und die Sünder*, 146）。この箇所は『申スィフ』26 (38–39. 申 3.23)。

テュエンは、ここでの恵みに関する言説が功徳という考えによって「病に犯されている（angekränkelt）」と述べる[459]。ダビデとモーセがその善行によって罪を償ったのは、善行が違反を打ち消すからである。テュエンはこの箇所を、違反の償いの可能性と恵みによる違反の赦しに言及するものと理解している。しかし実際には、この箇所は違反の償いと赦しに言及していない。それはおそらく信憑性の低い写本を基にして翻訳者が挿入した思想だ。このテクストにはすでに修正が加えられているにもかかわらず、テュエンは修正されていることの確認を怠ったのだ。実際にこの箇所は、以下のように述べる。

> イスラエルにはモーセとダビデ王という2人の指導者がいたが、彼らはその善行によってこの世界を維持することができた。しかし彼らは神（ha-Maqom）が憐れみ（ḥinam）を与えることのみを求めた。これはヴァ・ホメルと理解すべきでないか。もし善行によってこの世界を維持できる彼らが、憐れみを授けることのみを神に求めたなら、幾千万いる彼らの弟子の1人が憐れみを授けることのみを神に求めるのはなおさらだ（『申スィフ』26）。

どれほど善行をなしても神の前で自分の功徳に訴えるのでなく、むしろ憐れみを求めるべきとの教えが、「善行と功徳を頼みとするラビ的思想」という虚像を支持するテクストとして用いられたことに、私たちは驚きを禁じえない。この箇所は、善行が違反を償うという見解を直接的に支持するテクストとして用いられてきた。その見解は規定履行と違反とを天秤にかける理論と符合するものだが、当該テクストにそのような教えはまったくない[460]。

---

459) Thyen, *Sündenvergebung*, 74.n7.
460) 幾つかの誤解がテクスト翻訳において継承された。G. Kittel は『申スィフ』（p.38）で最初の *litlot* の句を「彼らは善行をとおして違反を取り消し得た（aufheben können）」とし、第2番目の句は「善行によって違反を償う（ausgleichen）ことができた者」と訳した。この *litlot* を「償う」と訳すことは正当化できない。Kittel は他の文章にも疑わしい訳を施して、この箇所の誤解を促した。私が「神が憐れみを与えることを求める」と訳す部分のヘブライ語は שיתן להם אלא חנם だが、ḥinam は「与える」という動詞の目的語名詞と見なされるべきだ。Kittel はこれを副詞的に理解し（*al ḥinam, le-ḥinam, be-ḥinam*）、目的語「赦しのための祈りの授与」を脚註に補った。したがってモーセとダビデは赦しを祈るように描かれるが、テクストはそのように言わないし、註解される聖典テクストもそのような理解を支持しない。このような修正（「停止する」を「償う」、「与える」の目

この箇所に関するシェーベリの理解は当然フリードマンの校訂版に依拠している[461]。この版で重要な句は、フリードマンとテュエンとが「違反の償いをする」と解釈した *litlot et ha-'abirot*（לתלות את העבירות）だ。この句の意味に関してはある程度の議論があろうが、*talah*（「停止する／維持する」）がけっして「償う」を意味しないことは確かだ[462]。フリードマンの版でこの箇所は、おそらく「彼らの違反のための罰を停止した」という意味で捉えられるだろう[463]。この場合、「彼らの違反」とはイスラエルの違反を指し、モーセはこのためにヨルダン川を渡ることができなかった（申 3.26 参照）。したがって全体の意味は、「モーセはヨルダン川通過が禁じられた理由であるイスラエルの違反を停止するのに十分な善行を積んでいるが、ヨルダン川を渡ることができるよう祈ったとき——申 3.23–25. 赦しを求める祈りでない——神の憐れみのみに訴えた」ということだ。フィンケルシュタインによる最近の校訂版——シェーベリは参照し得ず、テュエンは参照し得た——は上と異なるより良いテクストを提供している。それは「世界を維持する」だが、その意味は難解だ。私が調べたところでは、これと厳密に同じ表現をタンナ文献に見出せない。これに関して幾つかの意味が可能だ。(1) モーセとダビデの死の日を延期する。この場合「世界」は「死の日」と理解されるが、それは申 3.23ff の文脈に依拠することになる[464]。「維持する」とは標準的に「延期する」ことを意味する。(2) 世界の罰を延期して先に延ばす。この理解は、直接目

的語として「赦し」を付加する）はテュエンの解釈が正しいかのような印象を与える。すなわち、モーセとダビデは彼らの善行によって違反を償うことができ、神が彼らを無償で（umsonst）赦すように祈った、ということだ。傍点の部分は、翻訳者によって付加された部分だ。Ljungman 版の『申スィフ』（p.57–58）の場合は、Kittel の校訂本では「違反」だった箇所が「世界」と修正されたという有利な点があるにもかかわらず、Kittel と同様の理解を示している。Ljungman は *litlot* を含む 2 つの句を「彼らはその善行によって世界を維持した（aufrecht halten）」としながら、脚註では「彼らは……世界の違反の償いをすることができた……彼らの善行によって世界を裁きから救うことができた」と述べている。テクスト自体から「違反」を取り去りながらも、その解釈においては「違反を償う」という理解を保持した。Ljungman もまた *hinam* を副詞的に理解し、「無償で」は「恵みにより（aus Gnade）」として訳された。

461) Freidmann, 70b. Sjöberg の著書と Finkelstein の校訂版は両方とも 1939 年に出版された。
462) Jastrow, 1670–71 を見よ。
463) Weber (*Jüdische Theologie*, 313) はこれを「彼らの罪のための罰を阻止し得る」と理解する。
464) この理解については、同僚の Dr. A. Baumgarten による提案を感謝する。

的語をとらない talah が罰の延期や停止をしばしば意味することに依拠する。したがって、「［罰を］延ばす（talah）」（『M ソタ』3.4, 5, 8.5,『T ソタ』7.3）、「世界［の罰］を延ばす（talah le-'olam）」（『スィフラ・ベフコタイ』ペレク 8.7［6］［レビ 26.42］）⁴⁶⁵⁾。(3) 世界を支える。これは、山々が髪の毛 1 本で支えられるという『M ハギ』1.8 での talah の用法と同様だ。直前の『スィフラ』の箇所の talah le-'olam も「世界を支える」という意味かも知れない ⁴⁶⁶⁾。

功徳でなく憐れみに依拠した救い：これらの解釈のどれも完全に満足できるものでなく、テクストの異読の様子から判断して、初期の読者もこの句の意味を計りかねたようだ。しかし全体としての理解は明らかだ。すなわち、モーセとダビデは多くの善行をなした。それは世界を維持する、神の裁きを停止する、あるいは死の日が来るのを先延ばしにするのに十分な数だ。しかし 2 人は、彼らの功徳によって神の好意を得ることを考えず、むしろ憐れみに訴えて祈った。いずれの場合も、talah が「〜を償う」という意味で用いられることはなく、とくに「無償の赦し」の対極としての「違反の償い」を意味しない。

したがって私たちは、ラビ的救済論が功徳と悪徳との均衡による裁きではないということが分かった。確かにラビらは、神が違反を罰し従順を報いると信じた。しかし来たるべき世での居場所が保証されるかどうかが、人の行為を天秤にかけることで決するという理解をラビ的教義と考えることは誤りである。人はあたかも善悪の行為が均衡しており次の一手が運命を左右する、あるいは善悪の行為の過半数原則によって裁かれるという趣旨の言説は、1 つの違反が断罪する、また 1 つの規定履行が救うという言説を用いつつ諸規定への従順を促すラビ的勧告という文脈全体の中で判断されねばなら

---

465) 『申スィフ』26 の開始部は幾つかの写本で基本的に同じ句になっている。ゲニザー断片のこの箇所は litlot le-'olam だ。Finkelstein のアパラートゥス（p.36.ln）を見よ。

466) RaSHBa（ラビ・サムソン・ベン・アブラハム）は『スィフラ』のこの箇所について以下のように述べる。「世界は彼のために維持される（yitqayyim）」。レビ 36.5 における『スィフラ・ベフコタイ』ペレク 8.7 でも 'olam は talah の直接目的語だ。『スィフラ』で שיתלה לעולם בנינו であることが『レビ R』では שיתלה כל העולם בנינו となる。Soncino 訳で J.J. Slotki は『レビ R』（p.462）を正しく訳し、「各人の行為のみが、全世界をその場で維持するのに十分だ……」とする。この訳は『スィフ申』26 が「世界を支える」となることを支持する。

ない。「天秤」にかけることはラビ的救済論でない。さらに、善行によって違反の罰を停止することがあったにせよ(『M ソタ』3.4)、裁きの座で善行が違反を相殺すると考えられたのでない。後述するとおり、違反は贖いの対象であって、善行との関係で相殺されるのでない。従順が促されたとしても、もし人が契約から自らを切り離すような仕方で振る舞うなら、いくら善行を積んでも救いに繋がらない。契約に留まり、その約束の分け前に与るためには、従順と従順であろうとする意図が求められる。これは神の憐れみを代価の支払いによって買うことと異なる。

しかし、「天秤」にかけることがラビ的救済論だという理論に真っ向から反対する決定的な証拠は、ラビらがこれと異なるある見解を共有していたことである。「天秤」にかけるという思想を排除するこの見解は、ラビ文献に遍在している。

7. 契約と贖罪による救い

a. 来たるべき世に属する全イスラエル

全イスラエルの救い:以下は、ユダヤ人のあいだに広く深く浸透していた考えである。すなわち、すべてのイスラエル人は、神とその契約とに背を向けないかぎりにおいて、来たるべき世に属する。契約の中で罪を犯した者は、その罪がいかに重大だろうと、贖い——とくに違反を悔いること——によって契約を維持するという基本的意志を示すかぎり赦される。ムーアはこれを以下のように表現した。

> 「来たるべき世での嗣業(分け前)」……は、神の無償の恩寵による原初的な選びを根拠として、究極的にあらゆるイスラエル人に対し保証されている。これは行為によって獲得する報酬でなく、自らが選んだ民への純粋な好意から神が授与したものだ。それはキリスト教において、神が選んだ個々人へ、あるいは教会成員へ与えられる「永遠の命」と同様である[467]。

---

467) Moore, *Judaism*, II.95.

モンテフィオレも同様に述べる。

> 永続的な地獄や消滅へと向かうイスラエル人はほとんどいない。著しく狂暴な犯罪者や、非道で悔いることのない異端者や棄教者のみにそのような運命が降りかかる。そして全諸国民（すべての非ユダヤ人）の中の義人が来たるべき世を継ぐというラビ・ヨシュアの見解は、ユダヤ人会堂において受け入れられた教理だった[468]。

排除者：「イスラエル人すべてが来たるべき世での分け前に与る」という明かな言説が『Mサン』10.1にある。この言説に続いて、すでに引用済みの例外——分け前からの除外者——が列挙される。ここではこれらの例外について詳しく考察しよう。第1の例外に属する者は全イスラエル人に関する出処不詳の言説の直後に続く[469]。除外者として挙げられる3組は、「律法が教える死者の復活を否定する者、律法が天からのものでない［と語る］者、そしてエピキュロス派の者」だ。この言説には、異端的な書を読む者や、癒しにおいて自分が神の力を持つと主張する者を除外するラビ・アキバの解説、そしてテトラグラマトンを発音する者を除外するアッバ・サウルの解説が続く。さらに無記名者の言説は、聖典における歴史上の王3名（ヤロブアム、アハブ、マナセ）と一般庶民4名（バラム、ドエグ、アヒトフェル、ゲハジ）とが来たるべき世での分け前に与らないと続ける（10.2）。この言説には、悔い改めたマナセ王を除外者から外すラビ・ユダの解説と、さらにラビ・ユダに対する話者不明の言説による反論が続く。

さらに洪水の世代、離散の世代、ソドムの住人、間者らが分け前からの除外者としてあげられる（10.3）。ラビ・アキバはこれを解説し、荒野の世代、コラとその仲間、さらに10部族をこれに加える。ラビ・アキバの付加に関

---

468) Montefiore, *Anthology*, 582（最後の点は『Tサン』13.2に言及する）; *Judaism and St. Paul*, 44, 77-78.

469) Epstein (*Mebo'ot*, 418.n8) はこの無記名者の言説での例外が『Mサン』6.2（「告白を行う者は来たるべき世での分け前に与る」）に属すると考える。

しては、ラビ・エレアザルが反論する。そしてあるテクストでは棄教した町が除外の対象に含まれるが（10.4）、これはむしろ『Mサン』9の議論の続きと見なされよう[470]。したがって全イスラエルに関する言説と除外の対象者は、『Mサン』10.1–3に限られ、これが『Mサン』7–11章での極刑についての議論に挿入されたと考えるのが良かろう。

　ビラーベックは『Mサン』10.1の全体をラビ・アキバによると考えるが、それは彼の名前が最初に登場し[471]、さらに彼の見解の影響力が大きかったからだろう[472]。しかしラビ・アキバの解説は明らかに先行する言説への付加説明であり、無記名者の言説をラビ・アキバによるとすることには賛成できない。一方でフィンケルシュタインは、開始部をシナゴーグの指導者らによる公言内容への導入部と捉える[473]。彼は第1文を「イスラエルすべては来たるべき世に入る運命にある」と訳す。そして「来たるべき世」が復活に続くものか、個々人の死に続くか、すなわち来たるべき運命の性質が意図的に曖昧になっていると考える[474]。しかし基本的な理解は明白であり、「彼らの主要な目的は、義人のみならず大多数のイスラエル人——完全な義人でも極悪人でもないイスラエル人——が将来の命に与ることを確証することであ

---

470) Albeck版の註とDanby訳とを見よ。さらにEpstein, *Mebo'ot*, 403.n57, 418–19を見よ。Epsteinは『Mサン』10.4をハラハー的ミドラシュによる付加と考える。

471) S.-B., IV.1052–55. Billerbeckは『Mサン』10.1–3と『Mエド』2.10とを融合するという表面的で誤ったラビ・アキバの理解を示す。すなわち、ゲヒンノムにおける悪人らの12か月にわたる罰は、『Mサン』1.1–3が除外しない者のための贖いのための罰（懲罰の場［煉獄］）に言及している。Finkelstein（*Akiba*, 185）は『Mエド』2.10を、神は寛大で邪悪な者を12か月だけ罰したのちに消滅させる、と正しく解釈した。ゲヒンノムは贖いの場でない。『民スィフ』112（p.121）参照。Billerbeckは、この世における苦しみが贖いをなすというよく知られたアキバの理解を考慮に入れていない。しかし『申スィフ』333（383. 申32.43）における無記名者の言説では、ゲヒンノムにおける苦しみが悪人の贖いをなす。

472) Schubert（*Dead Sea Community*, 109）はこの箇所の執筆年代を後1, 2世紀とする。Prof. Jeremiasはかつてあるセミナーで、Billerbeckが提唱する執筆年代と、ゲヒンノムを懲罰の場（煉獄）と捉える理論を支持すると述べた。

473) Epstein, *Mabo'ot*, 202ff. 英訳（p.xxxii）は「基となるテクストは……遅くとも後3世紀に形成された」と要約する。Epsteinの理解は、Epstein, 'Introductory Study to *Pirke Abot*', *JBL* 57 (1938), 13–50を見よ。『Mアボ』の最初の幾つかの章に関するFinkelsteinの見解についての議論（『Mサン』10章との関連についてでないが）はA.J. Saldarini, 'The End of the Rabbinic Chain of Tradition', *JBL* 93 (1974), 97–106を見よ。

474) Epstein, *Mabo'ot*, xxxii–xxxvi.

る」[475]。

　この文書が示唆する否定的な点は、「著しく非道な罪を犯して将来の命が否定された者はイスラエル人としての名をも失う[476]」ということだ。フィンケルシュタインは、この見解が当初はマカバイ戦争以前に増えて、ハシディームの激しい批判に晒された者、すなわち自らヘレニズム化した棄教者を念頭に置いていたと考える[477]。契約から離れる者は、契約の約束を失うということだ。

　フィンケルシュタインの執筆年代を受け入れるかどうかは別としても、彼はこの文書の基本的な意図を明らかにしたという点で評価される。無記名者の言説による３つの除外対象者のうち、第2, 3番目の者らが契約に留まる意志がないことは明らかだ。トーラーが天からであることを否定する者は、契約とそれに付随する諸規定とが神によることを否定する。「エピキュロス派」はラビらの会話の中で異端者を意味するので、彼らは律法と関係がない[478]。死者の復活が記述されたトーラーに依拠することを否定するという第１番目の除外対象者は、サドカイ派と理解することがもっとも自然だろう[479]。このサドカイ派の問題については後述しよう。

　その他の除外者：来たるべき世から除外される他の例に関しては、それが公式で厳密な発言か、あるいは聖典の様々な箇所が個人や集団をイスラエルの歴史から排除するために用いられ得ることを示すための教訓的な言説か、判断しかねる。確かにのちに付加された並行箇所においては、個人や集団を排除する理由をテキストから導き出すのに相当の巧妙さが求められる[480]。しかし『Mサン』10.2–3 の除外対象者に関しては、より厳格な意味で述べられているようだ。私たちは、ここで極悪の罪人とまったく悔い改めない世代のみが明示されている点に注目すべきだろう。そして誰が除外対象者でない

---

475)　Epstein, *Mabo'ot*, xxxvii.
476)　Epstein, *Mabo'ot*, xxxviii.
477)　Epstein, *Mabo'ot*, xxxviii.
478)　Jastrow, 104 を見よ。
479)　Epstein, *Mabo'ot*, 56, 418. この箇所は後 70 年以前のもので、反サドカイ派的だ。
480)　例えば ARN 36（英訳 pp.147–52）を見よ。Moore（*Judaism*, II.388.n4）は「ラビらは説教において気軽に断罪する」と述べる。

かにも目を留める必要がある。そうすると、違反の数の方が規定履行の数よりも多い者が除外されるわけでないことが分かる。さらに、「地の民（アム・ハ・アレツ）」が来たるべき世の分け前に与えられないというわけでもない。

全イスラエルの救いに関するテクスト：私たちは、ラビ文献の中の1箇所だけを挙げて、これにすべてのラビが同意する教義が反映されているとする解釈の姿勢を批判してきた。これは『Mサン』10.1についても同様である。このテクストには、普遍的と見なされたようである見解に関するもっとも明らかで簡潔な言説があった。もっともそれが普遍的であることは、明言されているというよりも、前提とされていると言うべきだろう。ここでさらに、すべてのイスラエルが救われるという見解を示す例を2つ紹介しよう。1つは、贖いのためにイスラエルは悔い改める必要があるかに関するラビ・エレアザルとラビ・ヨシュアとの討論である。ラビ・エレアザルは改悛を必要と考え、ラビ・ヨシュアは神がいずれにせよその民を贖うとの立場を取る[481]。この討論は、来たるべき世におけるイスラエルの救いでなく、イスラエルの身体的解放を問題としている[482]。いずれにしても一般的理解は明らかで、イスラエルは贖われる。もう1つは、来たるべき世においてイスラエルが贖われるとの結論に至るラビ・イシュマエルの議論だ[483]。以下にこれを引用しよう。

> 犠牲には贖われるものがあり、贖われ得ないものもある。食べることが禁じられているものには贖われるものがあり、贖われ得ないものがある。……同様に来たるべき世界において贖いがある者とない者とがいる。異教の国々については贖いがない。「けっしてその兄弟を贖い得ず、彼のために神へ身代金を支払うことはできない。彼らの魂のための贖いが払いきれないほど高価だから」（詩49.8–9）とあるからだ。イスラエルの人々がどれほど愛されていることか。誉

---

481) Neusner, *Eliezer*, II.418を見よ。ここに『タンフーマ・ベフコタイ』5（Buber [ed.], II.111），『Pタア』63d（1.1），『BTサン』97b–98aが言及されている。『タンフーマ・ベフコタイ』3の伝統的なテクストは、その議論をラビ・ユダとラビ・シメオンとに帰す。Bubherの当該箇所の註を見よ。
482) Urbach, *Hazal*, 603–04（英訳pp.668–69）を見よ。これはNeusner, *Eliezer*, II.259に引照がある。
483) 『メヒルタ・ミシュパティーム』10（286, III.87–88［ネズィキーン10］，出21.30）．

むべき聖なる方が世界の異教の国々を彼らの魂のための身代金としたからだ。「私はエジプトをあなたの身代金として与えた」。それはなぜか。「あなたが私の目に高価で尊く、私があなたを愛したからだ。したがって私はあなたのために人々を与え、あなたの命のために諸国民を与えた」（イザ 43.3-4）とあるからだ。

ここでは、異邦人への姿勢がラビ・ヨシュアほどに寛大でないが、それはイザヤ書の説教的適用の許容範囲として受け止めるべきだろう。いずれにせよ、イスラエル人が贖われることは明らかだ。解説者はここで、「違反が規定遂行より1つ多い者、善行が過半数に達しない者は贖われない」と言う機会があったにもかかわらず、そうは言わない。イスラエル人はみな贖われる [484]。

更生しない罪人を除いたすべてのイスラエル人が来たるべき世において分け前に与ることは、2つの仕方でもっとも明らかに論証される。すなわち、この見解に反対する言説が皆無であると示すこと、そして改悛と贖いに関するラビ的理解を考察することによってである。以下では、この救いから排除されている、あるいは排除されると言われてきた者について論考するのが良かろう。

b. サドカイ派

既述のとおり、「トーラーが教える死者の復活を否定する者が来たるべき世において分け前に与らない」との言説をもっとも自然に読むなら、それがサドカイ派へ向けられた批判だと分かる。それは、この言説が後70年以前に遡ることを意味する。またこれは、トーラーが復活を支持すると考えるフ

---

[484] 他の例は ARN, 16（英訳 p.86）を見よ。ラビ・シメオン・ベン・ヨハイは、ある譬え話を用いて「イスラエル人はけっしてゲヘナの中を見ない」ことを教える。『申スィフ』32（57-58. 申 6.5）では、同じラビが、イスラエルに来たるべき世が与えられることを教える。『BTメツィ』33b では、ラビ・ユダ・ベン・イライが、すべてのイスラエルが喜びを見、偶像崇拝者らは辱められると述べる。

ァリサイ派の見解を反映しているようだ[485]。したがってこれは、サドカイ派が来たるべき世での分け前に与らないというファリサイ派の言説だろうと思われる。ここではファリサイ派とは何かということを規定することが意図されていないので、「サドカイ派は来たるべき世での分け前に与らない」という理解がファリサイ派の体系的な見解なのかを判断することはできない。しかし1点だけ述べることができよう。大祭司がほとんどサドカイ派によって占められていても、ファリサイ派はユダヤ教共同体に参加し続けた。ファリサイ派はエッセネ派と異なり、神殿供儀を無効だと見なしたり、エルサレムとその神殿を拒絶して距離を置いたりすることを必要としなかった。したがってファリサイ派は、サドカイ派が誤っていたとしても、彼らが契約の外にいるとは考えなかったと思われる。

この点は、のちのラビによるだろうと思われる、サドカイ派祭司にまつわる物語に示されている。大贖罪の日にある祭司が至聖所の外で香の準備をしたが、これがファリサイ派やラビらの見解とは異なる仕方だった。それから間もなくしてこの祭司が死んだことを物語は愉快そうに語る。ラビらの定義する律法規定に違反したことへの罰としての死だったことは明らかだ[486]。この祭司が律法違反の罰を受けたにしても、その年の大贖罪における献げ物が無効になったとは言われない。この物語の歴史的信憑性はさておき[487]、そこに反映される姿勢は明らかだ。すなわち、サドカイ派は誤っていたが、彼らは契約のうちにあるユダヤ人だった。

ここに私たちは、来たるべき世からの排除に関する興味深い性質を読みとることができる。すなわち、この排除は信仰に依拠している。ユダヤ教が正統な教理（orthodoxy）よりも正統な実践（orthopraxy）を遙かに重視することに鑑みると、この点は印象的であり同時に奇異である。復活を拒絶する者が

---

485) 『戦記』2.8.14 参照。もっともヨセフスはここで、復活でなく霊魂再来（reincarnation）について述べている。私たちは使23.6の言説から、ファリサイ派のみが死後の生を信じていたのでなく、サドカイ派のみがそれを信じなかったと考えるべきだろう。
486) 『BT ヨマ』19b.
487) 香にいつ火が付けられるかに関する議論があったことは確かなようだが、祭司の物語は空想の域に留まっている。ハラハーの論争に関しては『スィフラ・アハレ』ペレク 3.11（レビ 16.12–13）を見よ。J.Z. Lauterbach, *Rabbinic Essays*, 51–83 も見よ。

来たるべき世から排除されるのは、「同様の計りに従って計る」という原則によるのだろう。すなわち、復活の存在を拒む者はその復活が拒まれる。そうだとすると、サドカイ派の排除は教義的というより、むしろ教訓的に捉えるべきだろう。もっともこの言説がファリサイ派に属し、サドカイ派への批判として述べられていることを考慮すると、サドカイ派が来たるべき世を受け継がないという思想がファリサイ派のあいだで広く支持されていた蓋然性を否定し得ない。しかし一方で、ファリサイ派はサドカイ派を「イスラエル」から排除しなかった。それは、エルサレムにおける共同体生活に両者とも参加していたからだ[488]。

c. 「地の民（アム・ハ・アレツ）」

「地の民」の問題は『Mサン』10.1に関する私たちの議論から派生する問いではないが、ファリサイ派――とラビら――が自分自身を「真のイスラエル」と理解し、そして非ファリサイ派の「地の民（アム・ハ・アレツ）」をイスラエルから切り離されて断罪される者と考えた、という学術上の意見について少なくとも多少言及しておくことが良かろう。例えばエレミアスは、ファリサイ派が閉鎖された共同体で、サドカイ派のみならずアム・ハ・アレツとも敵対していた、と論ずる[489]。彼の理解では、「罪人から遠ざかること」が「最大の宗教的義務」と考えられていた。エレミアスはO.ベッツの見解に

---

488) ここではVictor Eppstein, 'When and How the Sadducees Were Excommunicated', *JBL* 85（1966）, 213–23を扱わない。これは『Tパラ』3.6（Eppsteinによる修正）が後60–61年に起こった歴史的出来事かどうかによって議論の方向性が変わるからだ。この箇所に関してはRengstorf, *Die Tosefta*, *Rabbinische Texte* vol. 6.2, *Para*, 34.n74を見よ。『Mニッダ』4.2はサドカイ派の娘らとイスラエル人の娘らとを比較するが、もしこれがファリサイ派的ハラハーならば、ファリサイ派がイスラエルという名称で自分たちのことを表現していることになり、そこからサドカイ派が排除されている。それがラビ的ハラハーならば、サドカイ派が多くの点でハラハーについて誤っていたというラビらの記憶を反映しており、サドカイ派は現存する集団として扱われていない。いずれにせよこのハラハーは儀礼上の浄めに関するもので、身体的な接触に関する議論に制限される。これを救済論的議論として考える必要はない。

489) J. Jeremias, *Jerusalem in the Time of Jesus*, 246–67. この見解は一般に受け入れられている。したがってJ. Schmid（'Sünde und Sühne im Judentum', *Bibel und Leben* 6 [1965], 18–19）はヨハ7.49を証拠として挙げつつ、ファリサイ派がアム・ハ・アレツを不信心とする。Rengstorf, *TDNT*, I.328（s.v. ἁμαρτωλός）も同様にヨハ7.49を挙げる。

A. タンナ文献

同意してこれを引用する。すなわち、「罪人と関わることで、人は義の純粋性と、聖い神の領域に属する立場とを危険に晒す」[490]。そしてこのユダヤ人の姿勢は、言うまでもないが、イエスの見解と対比される。「イエスにとって、父の愛は蔑まれて失われた子らにまで及ぶ」[491]。

エレミアスの見解は 3 つの前提の上に立っている。すなわち、(1) ラビ文献におけるすべての「同僚（ハヴェリーム）」への言及は後 70 年以前のファリサイ派の姿勢に関する歴史的な事実だ[492]、(2) ラビ文献におけるすべての「プルシーム」という語は後 70 年以前のファリサイ派を指す[493]、(3) アム・ハ・アレツはいつも非ファリサイ派だ[494]。これらの前提はいずれも誤りで、ファリサイ派に関する彼の議論の多くが混乱をきたすゆえんだ。

アム・ハ・アレツとハヴェリームとプルシームに関するラビらの解説をすべて取り上げて分類するとなると、これは非常に複雑な試みであり、大部の書になろう。この試みで困難が予想される 1 つの例として、資料の年代設定がある。アム・ハ・アレツが誰かに関するラビ・メイルの言説を用いて、後 70 年以前のファリサイ派が誰かを特定することが間違った方法であることは明らかだ[495]。多くの資料は出所不明で、年代設定が非常に困難だ。以下では、私が正しいと考える一般的な内容を提示するが、これは少なくともエレミアスが前提とする理解よりも受け入れられよう。

(1) プルシームが明らかに「ファリサイ派」を意味する場合、アム・ハ・アレツはけっしてプルシームと対比されない[496]。例えば『Mハギ』2.7 では、

---

490) Jeremias, *New Testament Theology*, I.118. O. Betz, *What Do We Know about Jesus?*, 74.
491) Jeremias, *New Testament Theology*, I.119.
492) Jeremias, *Jerusalem*, 247, 250（『Tデマ』2 はファリサイ派に言及し、これは実際にハヴェリームに関する議論だ）、252.
493) Jeremias, *Jerusalem*, 249.〔訳註　プルシーム＝分離された者。〕
494) Jeremias, *Jerusalem*, 249.n14. これと同様の前提は、キリスト者とユダヤ人の多くの学者のあいだで支配的だが、ここではその影響力に鑑みて Jeremias を例に挙げている。
495) Jeremias（*Jerusalem*, 265）は、ファリサイ派が祭司に関わる清浄規定を一般のユダヤ人にも適用しようとしたと述べる。その際にアム・ハ・アレツをフッリーン（一般の食事）を儀礼的浄めに則って食べない者（p.265.n68）とする。Jeremias はアム・ハ・アレツを「非ファリサイ派」と訳すので、これがファリサイ派に関する言説のように考えられる。すなわち、ファリサイ派はフッリーンを儀礼的浄め規定にしたがって食べる、と。
496) この点では Moore, *Judaism*, I.60 と見解が異なる。

プルシームは漏出に関する汚れについてアム・ハ・アレツより信頼できるが、祭司ほど信頼できない、と述べる。このプルシームは「ファリサイ派」とも解釈可能だが、ここでは明らかに、ある一般会衆の集団——ファリサイ派には祭司もいた——が他の者より漏出の汚れに気を遣っているが、それは祭司ほどでないと述べている[497]。一般にアム・ハ・アレツは、ハヴェリーム（フッリーン〔聖別されてない物〕を儀礼的清浄規定に則って食べ、十一献金を厳格に行おうとする者[498]）と学者ら[499]と対比される。ときに学者らはハヴェリームと区別されるので（『BTブロ』30b）、ハヴェリームと学者らを後70年以前のファリサイ派と単純に同視することはできない。これに関する言説はほとんどすべてが後70年以降の期間に言及しているので、なおさらだ。

（2）パルシュあるいは複数形のプルシームが2世紀のラビ文献で用いられる場合、これが歴史的な集団としてのファリサイ派を意味することはほとんどない[500]。「『聖くある（コデシーム）』ことは『プルシームである』こと」という『スィフラ』の解説が、「ファリサイ派が自らを聖い共同体であり真のイスラエルと見なした」ことを意味するとのエレミアスの理解は誤りだ[501]。この箇所が後2世紀以前に遡ることはあり得ず、上述したとおり、当時のラビらは自らがファリサイ派であるとの認識を持っていなかった。彼らはユダヤ人であり、「聖くあれ」という聖典の掟は「聖別される」ことを意味すると考えられた。この場合の「聖別」とは、神が離れるようにと命じた物との

---

497) 『Mハギ』2.7についてはRivkin, 'Defining the Pharisees', 239–40を見よ。アム・ハ・アレツとパルシュ（プルシームの単数）とを比較する唯一他の箇所は『Tシャッバ』1.15だが、ここではパルシュの意味が不明だ（Rivkin, 242）。

498) 例えば『Mデマ』2.3、その他多数。

499) 例えば『Mホラ』3.8、『BTプサ』49a、その他多数。

500) この例はI.A.2.n95を見よ。唯一の例外として『BTヨマ』19bがあるが、そこではサドカイ派とファリサイ派との論争が記憶されている。これ以外の後2世紀以降の文献では、プルシームはいつもファリサイ派やラビ以外の集団を指す。ラビ文献のプルシームとファリサイ派との違いに関してはRivkin, 'Defining the Pharisees'; Bowker, *Jesus and the Pharisees*, 6–15を見よ。Bowkerはこの著でこの用語の発展史を分析するが、イエスが過激なプルシーム——ファリサイ派でなく——へ反論したとの仮説は説得性が低い。私の分析では、後70年以前のラビの引用におけるプルシームが「過激派」や「禁欲主義者」を意味することはなく、後2世紀の文献でこれがファリサイ派を指すこともない。唯一の例外は、古い論争が引き合いにだされる場合だ。

501) Jeremias, *Jerusalem*, 249.n13.

分け隔てであり、同胞のユダヤ人から離れることでない。したがって、「聖くあるとは聖別されることだ」というレビ11.44への解説の意味は、聖典での意味と何ら変わらない。「地上を這う爬虫類によって自分を汚してはならない」[502]。

(3) ハヴェリームはファリサイ派と同じでない[503]。エレミアスはこれら2つの語を完全に同視し、早くともラビ・シメオン・ベン・ガマリエルの時代のものとされるバライタを敷衍する際に、ハヴェリームという語を「ファリサイ派」に置き換えた[504]。「ハヴェール」を「ファリサイ派」と置き換えることはどの年代であれ疑わしく、神殿崩壊から4世代のちには明らかにあり得ない。リヴキンがファリサイ派とハヴェリームとが同一でないことを十分に論証しているので[505]、私たちはここでそれを繰り返す必要はあるまい。私見では、祭儀上の規定にしたがってフッリーンを食べることと10分の1税への関心をファリサイ派と完全に分けて考えるリヴキンの解釈は行き過ぎだが、ハヴェリームとファリサイ派との関係については同意する。1点だけ付加するなら、ハヴェールとなるための必要条件に関して2世紀のラビらのあいだでも議論が分かれていた。ファリサイ派が消滅してから相当の時間が経っているにもかかわらず、ラビらはハヴェールとは何か、またハヴェールは何をすべきかについて討論していたのだ。これがファリサイ派についてだとは考えられない。ラビらはハヴェリームに関する2つの立場——フッリーンを祭儀上の規定にしたがって食べることと、10分の1税を確実に支払うこと——に同意したことは間違いないが[506]、ラビですら皆がハヴェリームだっ

---

502) 『スィフラ・シェミニ』ペレク 12.3（レビ 11.44）。

503) Moore (*Judaism*, III.26) は「ファリサイ派と同義（ハヴェリーム）と同視する一般の見解は、資料からの立証が得られない」と述べる。Neusner ('The Fellowship [חברה] in the Second Jewish Commonwealth', *HTR* 53 [1960], 125.n1) は、すべてのファリサイ派がハヴェリームではないが、ハヴェリームはみなファリサイ派だと述べる。

504) Jeremias, *Jerusalem*, 251.n23（『BT ブロ』30b 引照）。

505) Rivkin, 'Defining the Pharisees'.

506) 例えば『M トホ』7.1, 5, 8.1–2,『M マフ』6.3（祭儀的清浄）,『BT ネダ』20a（10 分の 1 税）の無記名者のハラホートを見よ。ファリサイ派（ラビ）が祭司に関わる清浄規定を一般のユダヤ人にも適用させた時期に関しては議論が続いているが、この問題の解決をここで求める必要はない。上に挙げた箇所は、ラビらがこの姿勢を標準として受け入れていたことを示す。この問題に

たわけでない。エレミアス自身が、ラッバン・ヨハナン・ベン・ザッカイの弟子で、婚姻によってラッバン・ガマリエルの親類となったとされるラビ・シメオン・ベン・ナタニエルがアム・ハ・アレツであることを指摘する[507]。さらに、『BTブロ』30bのバライタは、ハヴェールになろうと望む学者（talmid ḥakam）が3人のハヴェリームの前で誓いを立てなければならないかについての論争を記している。ここから分かることは、学者のすべてがハヴェリームではないということだ。エレミアスによるとこの箇所は、ラビである学者がファリサイ派に属することを望むなら、3人のファリサイ派の前で誓いを立てるということになろうが、これはとくに後2世紀においては意味をなさない[508]。おそらくより重要なことは、ハヴェールは死者の汚れを受けてはならないとラビ・ユダが考えたことだ（これへの応答はない。『Mデマ』2.3）。ラビ・ユダがこのような見解を持つことは、すべてのラビ――あるいはより早い時期であればファリサイ派――がハヴェリームではないことを示す。死者を手厚く葬ること――これには祭儀上の汚れが伴う――はラビ文献において非常に重要な掟であることに鑑みると[509]、すべてのラビ――あるいはより早くはすべてのファリサイ派――が死者を葬る掟の対象から外れると考えるラビはいなかっただろう。おそらくラビ・ユダは、当時のハヴェリームの人数が比較的少ないので、彼ら全員がナジル人の誓いの1つに従うことが支障

関してはA. Büchler, *Types of Jewish-Palestinian Piety*, 76, 102, 132–34; 'The Law of Purification in Mark vii.1–23', *ET* 21 (1909–10), 34–40; *Der galiläische 'Am-ha' Areṣ des zweiten Jahrhunderts*, 131–32; G. Alon, 'Tehuman shel Halakot Tohorah', *Meḥqarim*, 148–76 （とくに pp.158–69）; L. Ginzber, 'The Significance of the Halachah for Jewish History', *On Jewish Law and Lore*, 77–124 （とくに pp.79–83）; Kadushin, *Organic Thinking*, 105 を見よ。

507)　Jeremias, *Jerusalem*, 256（『Tザラ』3.10を引照）。この箇所はエレミアスが言うほど明白でない。ラビの大ガマリエルはその娘を祭司のシメオン・ベン・ナタニエルに嫁がせた。その際に、娘がシメオンの原則にしたがって祭儀的浄めの規定を守ることが同意された。何世代か後にラビ・シメオン・ベン・ガマリエルが、あの同意は不必要だったと述べた。なぜならハヴェールはアム・ハ・アレツの原則にしたがって清浄規定を守るようけして強要されないからだ。ここから、ラビ・シメオン・ベン・ガマリエルがシメオン・ベン・ナタニエルをアム・ハ・アレツと呼んだことが分かる。しかしラビ・シメオン・ベン・ガマリエルが、同意内容を誤解したとも考え得る。第1の文章は、シメオン・ベン・ナタニエルの原則が妻の家族のそれと違うことを述べているに過ぎない。

508)　註504を見よ。

509)　普段は死者の汚れを受けることが禁じられている大祭司やナジル人でさえ、遺棄された死者のためにはこの例外が適用された（『Mナズィ』7.1）。

をきたすことにならないと考えたのだろう。

　ファリサイ派が「真のイスラエル」を自認し、アム・ハ・アレツとの接触によって聖い共同体の成員としての立場を失うと考えていたこと、したがってアム・ハ・アレツはイスラエルに属さず、救いに与る者として数えられていない510)、との見解には何の証拠もない。エレミアスがファリサイ派について論ずる際に依拠したラビ文献には、アム・ハ・アレツが真のイスラエル人でなく、来たるべき世での分け前に与らないことを示す証拠がない。アム・ハ・アレツは「敬虔な者（ハシード）」になり得ないとのヒレルの言説（『Mアヴォ』2.5. 英訳 2.6）は理解が困難だが、教養のない者は救われないという意味ではなかろう。ヤコブスは、「無知なハシードはこの師（ヒレル）の理想からほど遠い511)」以上の意味はなかろうとする。サンドメルはこれをより厳密に解釈する。すなわち「この言説は傲慢の類でなくて、たんなる事実を述べている。すなわち、書の宗教に属する者がその書を知らないなら、その者はほとんど敬虔となり得ない512)」と。アム・ハ・アレツ（無教育）に属する祭司はラビらのあいだでの評価が低かった。それでも彼らが「イスラエル」から除外されていたわけでない513)。学者らと一般人とは時として緊張関係にあり、相手側に対する悪意が露わになる場合もあったが、それが共同体の成員としての立場や救済論的立場を危うくすることはなかった514)。ファリサイ派（ラビ）らとハヴェリームとが同一であったとしても、ファリサイ派にとって罪人との接触が救いを危うくするとの理解はまったくの誤りだ。タ

---

510)　Jeremias, *Jerusalem*, 259. 註 489, 450 を見よ。
511)　J. Jacobs, 'The Concept of Hasid', *JJS* 8 (1957), 152.
512)　Sandmel, *The First Christian Century*, 33. Büchler, *Types of Jewish-Palestinian Piety*, 25–28 参照。ヒレルの改宗者に対する柔軟性（『BT シャバ』31a）に鑑みると、トーラー教育を受けていない者をイスラエルや救いから除外するとは考え難い。律法を完全に知っている者が完全に履行し得るとは言えようが。
513)　『M ホラ』3.8. 律法を学ばない祭司については『M ヨマ』1.6 を見よ。
514)　学者らと一般人との関係性について幾つかの興味深い理論がある。これらに関しては Rosenthal, *Vier apokryphische Bücher*, 25ff, 102–03; Finkelstein, *The Pharisees*, II.754–61; Urbach, *Ḥazal*, 522–30, 570–72（英訳 pp.584–88, 632–39）を見よ。いずれの理論においても、学者ら（これを明らかにファリサイ派と同視することはできない）がトーラー教育を受けていないアム・ハ・アレツをイスラエルの外に置くと理解する理由がない。

ンナの代表的人物の1人と目されるラビ・ユダは、むしろアム・ハ・アレツが学舎で学者らの世話をすべきだと提案しており（『Ｍデマ』2.3）、これはすなわち両者の接触が前提となる。食事や食物の購買に支障をきたさないところで、可能なかぎり祭儀的汚れとの接触を回避することが、最大限の勧告として示された。ラビらにとって食卓を囲むことは、救済論的な象徴でない――食後の祈りを捧げるのに必要な人数にサマリヤ人も含まれる点をも注意せよ515)――。さらに、アム・ハ・アレツがイスラエルに含まれることを明示する2つの言説が、ラビ・ユダ・ベン・イライの名によって記されている。既述のとおり、ラビ・ユダ・ベン・イライはアム・ハ・アレツの意識的罪が無意識の罪として見なされるという内容を述べている516)。彼はこの同じ箇所で、イザ 66.5 を解説するが、そこで「追い払った」という句がアム・ハ・アレツを指すと理解する。

> 彼らの［将来の喜びの］望みが崩れ、その展望が阻まれぬように、聖典は「私たちはあなたの喜びを見る517)」と述べる。イスラエルが辱められるとあなた方が考えないように、聖典は「彼らは辱められる」と述べる。これは偶像を拝む者が辱められ、イスラエルが喜ぶことを意味する。

ここまでの2項（I.A.7.b-c）での議論では、救済論的視点から資料を精査した結果、ファリサイ派がエッセネ派のような分離派でなかったことが分かった518)。彼らは「真のイスラエル」を自称してすべての他者を契約の外に置

---

515)　『Ｍベラ』7.1.

516)　『BT メツィ』33b（I.A.4.n227 を見よ）.

517)　英訳者として H. Freedman (p.207) は、「私たち」にすべての階層のイスラエルの民が含まれる、と考える。

518)　J. Bowker, *Jesus and the Pharisees*, 13, 21 も見よ。ハハミーム（賢者）も自らを宗派と見なさなかった。Morton Smith ('The Dead Sea Sect in Relation to Ancient Judaism', *NTS* 7［1960–61］, 347–60) は、セクト（sect）に関する幾つかの示唆に富む観察をしている。この集団は特定の契約を持ち (p.360)、そこへの所属は改宗という行為を伴う (p.358)。彼はファリサイ派が本来はセクトであったと考え (p.359)、どうやらハヴェリームと同視しているようだ。(pp.351–53)。私自身は、イスラエルと契約から他者を排除する者をセクトという語で表現するのが良いと考える。ここまでの証拠から、ファリサイ派はむしろ宗派（party）と呼ばれるべきだろう。そしてラビらは、セクト的でな

くことをしなかった。復活に関するファリサイ派の基本的見解を拒絶する者が来たるべき世での分け前に与らないと考えたとしても、彼らはサドカイ派を「イスラエル」から排除しなかった。またアム・ハ・アレツも排除しなかった。より多くの資料を残しているラビは、他の宗派の現状や運命について述べる機会を持たないが、彼らがイスラエルや来たるべき世からアム・ハ・アレツを排除するような証拠は見つからない。むしろ現存する資料は、このような考えに反することを示している[519]。

既述のとおり、来たるべき世から排除される個人は、神の教えを明らかに拒絶した者に限られる。換言すると、救いから排除される者は、自らを契約から除外した者である。

d. 贖い

贖いの有効性を示すテクスト：悔悛しないもっとも罪深い者のみが契約から排除されるという事実は、違反の贖いに関するテクストのうちにこそもっとも明らかに示されている。しかし、一般的な見解は以下のとおりだ。神はあらゆる違反に対して贖いの手段を与えた。すなわち、契約のうちにある者はそこに留まり、「軛を降ろす」ことで自らを除外しないかぎり契約の約束——来たるべき世での分け前も含まれる——を受け取る。人がどれほど多くの違反を犯そうと、その人が悔い改め、贖いのために適切な行為を行うことで契約に留まる意志を示すかぎりにおいて、赦しが提供される。

この見解を示すテクストは多く、これに反する意見は見つからない。以下に幾つかの例を示し、贖いの手段を1つ1つ考察しよう。以下のテクストは

く宗派的な動機付けによって行動した。宗派に属する者は、自らを正しいと考え、他者がその考えに同意して従うことを望むが、そうしない者を「イスラエル」から除くことをしない。

519) 同様の証拠を間接的に示す例は J. Heinemann, 'Birkath Ha-Zimmun and Havurah-Meals', *JJS* 13 (1962), 26 にある。Heinemann は、アム・ハ・アレツが食事の祈り（ビルカト・ハ－ジンムン〔食物の祝禱の導入の祈り〕）に加わらない点を指摘する（『BT ベラ 47b』）。もっともこのような制限は会堂での共同の祈りにはなかった。すなわちこれはハヴラーの食事（団体の食事）であり、定義上アム・ハ・アレツはここから排除されていた。一方で会堂での礼拝はより広く開かれていた。アム・ハ・アレツは何かのハヴラー（団体）に属していないが、それでも彼らはイスラエルのうちにあり、会堂での礼拝に参加した。

みな、すべての違反に対して贖いの手段があることを示しているが、どの違反に対してどの手段が当てはまるかに関しては、意見が異なる。

『Mシュヴオ』1.6–7

⁶ 神殿とその聖なる物への汚れを意図的にもたらす行為は、［至聖所の］うちに血を撒かれた山羊と贖罪日によって贖われる。律法にあるその他の違反はすべて、微罪も重罪も、悪意のあるなしにかかわらず、意識的にせよ無意識にせよ、法廷によって根絶やしか死かの罰にあたる罪も、追放の山羊が贖いとなる。

⁷ これは、イスラエル人、祭司ら、油注がれた祭司すべてを贖う。イスラエル人と祭司らと油注がれた祭司の違いは何か。雄の仔牛の血のみが祭司らによる神殿と聖なる物への汚れを贖う。ラビ・シメオンは言う。「［至聖所の］うちに撒かれた山羊の血がイスラエル人の贖いをなすように、雄の仔牛の血は祭司らの贖いをなす。追放の山羊の上での罪の告白がイスラエル人を贖うように、雄の仔牛の上での罪の告白は祭司らを贖う」。

『Mヨマ』8.8–9

⁸ 贖罪の献げ物と無条件の賠償の献げ物には贖いの効果がある [520]。改悛があるなら、死と贖罪日には贖いの効果がある。命令と禁止に関する律法へのより軽微な違反に対しては改悛に贖いの効果があるが、より重い違反に対しては贖罪日が来るまで改悛によって罰が保留され、そして贖いが与えられる [521]。

⁹ 「私は罪を犯し、そして悔い改める。そして再び罪を犯し、そして悔い改める」と言う者には改悛の機会が与えられない [522]。「私は罪を犯すが、贖罪日が贖

---

[520] 『Tヨーム・ハーキップリーム』4 (5).5 が説明するように、これらは聖典が述べるとおりに贖う。個々人の献げ物によってもたらされる贖いに関しては民6.11 の『スィフレ・ズータ』(p.243,「贖罪の献げ物は贖う」) と『スィフラ・シェミニ』ペレク 2.4（レビ 10.17,「祭司らは食べ、犠牲をもたらす人々は贖われる」) も見よ。

[521] 同箇所の『トセフタ』は以下のように定義する。「重い違反は法廷の手で死の罰と根絶やし (karet) の罰、さらに［主である神の名をみだりに］唱えてはならない』という命令への違反」。軽微な違反と重い違反については Epstein, *Mebo' le-Nosaḥ*, 336–37 参照。

[522] おそらくこれが『Tヨーム・ハーキップリーム』4 (5).13 でラビ・ヨセが述べている事柄だ。「人が1度、2度、3度罪を犯したなら神（彼ら）は彼を赦す。しかし4度目は赦さない」。

いをもたらす」と言う者に対して贖罪日は贖いをもたらさない[523]。

したがって、「主の御名を軽んずる者を主は罪がないと見なさない」と言われる。ラビ・エレアザルは言う。「『主は［罪を］取り除かない』とは言えない、なぜなら『そして取り除く (ve-nakeh)』（出 34.7）と言うからだ。同様に『彼は取り除く』とも言えない、なぜなら『彼は取り除かない (lo yenakeh)』（出 34.7）と言うからだ。したがって、主は悔い改める者［の罪］を取り除き、悔い改めない者［の罪］を取り除かない、と言うべきだ」。

「4つのことのためにラビ・マッティヤ・ベン・ヘレシュはラビ・エレアザル・ハーカッパルを訪ねてラオディキアへ行って述べた、『主よ、ラビ・イシュマエルが説明していた4つの贖いの違いについて聞かれましたか』と。彼（エレアザル）は述べた、『知っている。聖典の1箇所は《立ち戻れ、離れゆく子らよ》（エレ 3.14）と記している。このことから改悛が贖いをもたらすことが分かる。他の聖典箇所は《この日にあなたのために贖いがもたらされる》（レビ 16.30）と記している。このことから贖罪日が贖いをもたらすことが分かる。さらに他の聖典箇所は《あなた方が死ぬまでこの罪はけっして赦されない》（イザ 22.14）と記している。このことから死が贖いをもたらすことが分かる。そしてもう1つの聖典箇所は《彼らの背きに対しては杖を、悪に対しては疫病を罰として下す》（詩 89.33）と記している。このことから懲らしめ[524]が贖いをもたらすことが分かる。これら4つの箇所をいかに受け止めようか』。もし誰かが［「～せよ」という］命令に違反してそれを悔い改めるなら、その者はその場で赦される。これに関して聖典は『立ち戻れ、離れゆく子らよ』と言う。もし誰かが［「～するな」という］禁止に違反してそれを悔い改めるなら、その改悛だけでは贖いはもたらされない。それは［違反の罰を］保留とし、贖罪日が贖いをもたらす。……［これを立証する第2の聖典箇所は割愛する］……もし誰かが意図的に、法廷の手による廃絶あるいは死にあたる違反を犯してそ

---

523) 『Mヨマ』8.9の残りの部分は本来のテクストでなく、バライタが後に付加した部分だろう。Epstein, *Mebo' le-Nosah*, 1306-07; *Mebo'ot*, 86.n107 を見よ。Epstein（*Mebo'ot*, 86）は引用された聖典箇所がラビ・アキバとその学派の見解だと理解する。

524) Lauterbach は無冠詞の *yissurin* を「懲らしめ」と訳すが、有冠詞だと「苦しみ」と訳す。

れを悔い改めるなら、その改悛は保留の効果を持たず、贖罪日は贖いをもたらさない。しかし改悛と贖罪日とが半分の贖いをもたらし、懲らしめが残りの半分の贖いをもたらす。……［第3の聖典箇所は割愛する］……しかし誰かが神の名をみだりに唱えて悔い改めるなら、改悛に保留の効果はなく、贖罪日は贖わず、［懲らしめの］苦しみはその者の罪を浄めない。改悛と贖罪日との両方が保留をもたらし、死の日とそれに先行する苦しみとがその者を浄める。これには、『あなた方が死ぬまでこの罪はけっして赦されない』という句が適用される。さらに『エリの家の罪は、いけにえによっても献げ物によってもとこしえに贖われることはない』（サム上3.14）と言われる。これは、犠牲と献げ物によってでなく、死の日によって贖いがもたらされることを意味する。ラビは、『死の日は贖いをもたらさないと私は言うところだが、《私が墓を開いて》云々（エゼ37.13）とあるので、見よ、死の日が贖いをもたらすことが分かる』」。

「ラビは言う、『《［神の名をみだりに］唱えてはならない》という掟に先行する律法への違反は、改悛だけで贖いがもたらされる。《唱えてはならない》という掟とそれに続く律法への違反は、改悛が保留をもたらし、贖罪日が贖いをもたらす、云々』と」[525]。

ラビ・ユダは言う、「『［神の名をみだりに］唱えてはならない』に続くすべて［の掟の違反について］は、改悛が贖いをもたらす。そして『唱えてはならない』とそれに先行するすべて［の掟の違反について］は、改悛が［罰を］保留し、贖罪日が贖いをもたらす」と（『Tヨーム・ハ−キップリーム』4 [5].5）。

贖いのために相応しい手段があるかが疑われる唯一の違反は、「神の名をみだりに唱えてはならない」（出20.7）という掟への違反だ。それは後続する文に「その名をみだりに唱える者を、主は罪がないと見なさない／罪を取り去らない（לא ינקה）」とあるからだ。『トセフタ』は、他のすべての違反につ

---

[525] 『メヒルタ・バホデシュ』7 (227–29, II.249–51. 出20.7)。ARN 29（英訳pp.121–22）、『BTヨマ』86a, 『Pヨマ』45b, c (8.8), 『Tヨーム・ハ−キップリーム』4 (5).6–8. 私はLauterbachの翻訳にしたがったが、彼がkipurを多様に訳すので（「赦しをもたらす」、「赦しを確証する」等）、その点ではDanbyの用語（「贖いをもたらす」）に合わせた。

いては「彼は取り除く」とし、この違反については「彼は取り除かない」とする、と記す526)。同様に ARN 339 では、（あとから悔い改めるつもりで罪を犯す者と共に）主の御名をみだりに唱える者は、赦されない者のリストに挙がっている527)。上では問題の解決法を3つ概観した。関連する箇所の釈義に依拠するという意味でもっとも賢明な解決法は、直前で引用した『メヒルタ』の中のラビ・エレアザルによる教えだ。彼は出 20.7（「彼は取り去らない」）を解釈しつつ、出 34.7 の נקה לא ינקה という句に注目する。RSV はこれを正しく、「[この方は]けっして罪を取り去らない」と訳している。「けっして」と訳される語は「取り去る」という動詞の独立不定法で、同根語の主動詞を強調する。しかし נקה を主動詞と見なすことで、ラビ・エレアザルはこれを「彼は取り去り、彼は取り去らない」、つまり「悔い改める者の罪を取り去り、悔い改めない者の罪を取り去らない」と解釈した。これを出 20.7 に適用すると、「神の名をみだりに唱える者は、悔い改めるなら赦される」となる。

　ラビ・イシュマエルは、神の名をみだりに唱えるという行為が、贖いのもっとも困難な罪だと捉える。彼はこの贖いに、改悛と贖罪日のみならず、死の日とそれに先行する苦しみとが必要だと考える。しかし、贖われないわけでない。ラビ・ユダとラビ・ユダ・ハ－ナスィは、「[神の名をみだりに]唱えてはならない」ことへの違反が、改悛と贖罪日のみで贖われると考える。どうやらアキバ学派も同様の見解に立ち、「唱えてはならない」ことへの違反が著しい逸脱で、改悛と贖罪日によって贖われると理解する（『M ヨマ』8.8）。神の名を冒瀆する者を「軛を取り去る」者に加える見方もあったようだが、いかなる規定違反も贖われるという見解が大半を占めていた。

　贖いと赦し：これらすべての聖典箇所において、ラビらは「贖い」という語を用いたある種の論理的跳躍によって、人の贖罪行為と神の赦しとを読み込んでいる。レビ記ではこれら2つの行為が明確に区分されている。例えばレビ 19.22 には、「祭司が献げ物の雄羊によって彼が犯した罪のために主の

---

526) 『T ソタ』7.2. 神の名をみだりに唱えることの重大さは『T ソタ』7.2–3 で、幾つかの他の表現で強調されている。
527) 英訳 p.161.

前で贖いを行えば、彼の罪は赦される」とある。祭司は「贖いを行う」が、「赦される（nislaḥ）」という受動態動詞は神の赦しを示している。『スィフラ』はレビ記のこのような箇所に解説を加えるが、その場合この2つの区別をつけない[528]。それどころか少なくとも1回は、「贖う」という語を用いて「赦し」の聖書的解説を行う。すなわち、「『彼は知らなかったので赦される』――したがって、もし彼が知っていたら、それは彼のために贖いをなさ（mitkapper）ない」[529]。同様に、おもに「赦す」を意味する maḥal は、「贖う」とほぼ同等の意味で用いられる。ラビ・イシュマエルの4つの贖いが論じられた『メヒルタ』の箇所を上で引用したが、そこには「苦しみが贖う」とある。しかし『メヒルタ』ではこのあと同じ文章が、「何が人の違反を赦すか。苦しみが赦す、と言うべきだ[530]」と理解される。より正確には、「違反のために適用され、神の赦しをもたらす贖いの手段は何か」と言うべきだろうが、ラビらは贖いと赦しとを明確に区別せず、やや節約気味に述べている。改悛に関しては、用語の区別が明らかだ。すなわち、人が悔い改め、神が赦す。したがって、上で引用したラビ・イシュマエルは「改悛が贖いをもたらす」と述べる。彼は続けて、「『～せよ』との掟（mitsvah）に違反し、悔い改める者は誰でも、神（彼ら）が彼を赦すまでそこから動かない[531]」と説明する。しかし一般には、ラビらはレビ記にあるような贖いと赦しとの区別を付けようとしなかった[532]。

したがって、神の赦しは「贖い」という一般的な用語のうちに含められて

---

528)　『スィフラ・ホバ』ペレク6.7（レビ4.20）、ペレク9.5// ペレク10.8// ペレク20.9、ペレク23.1（レビ5.26［英訳6.2］）。

529)　『スィフラ・ホバ』ペレク21.2（レビ5.18）。

530)　『メヒルタ・バホデシュ』10（240, II.278. 出20.20）。Lauterbach は「人に赦しをもたらすものは何か」と訳す。

531)　上での引用のとおり、Lauterbach が「もし誰かが［〈～せよ〉という］命令に違反してそれを悔い改めるなら、その者はその場で赦される」と訳し出しているように。

532)　Büchler は（Studies in Sin and Atonement, 449）、ラビ・アキバが聖典での区別を維持していると論ずる。もっとも、そこまで説得性があるわけでないが。いずれにせよ、一般には区別がなされなかった。『Pヨマ』45c（8.8）は4つの型の贖いに言及するが、『メヒルタ』が「贖う」とするところを「浄める」としている（「したがって私たちは、死が浄めることを知る」）。実際には、明確な区別が示されていない。

いるようだ。ラビらは、「人は悔い改め、贖罪日に断食をして祈ることで贖いをなし、その結果として神はその人を赦す」という持って回った言い方をせず、たんに「贖罪日が贖いをもたらす」と述べた。贖いが神の赦しを含意するとラビらが理解したことは、「贖う」と「赦す」という語が互換的に用いられていることから明らかだ[533]。しかし、彼らの表現からは、贖いの過程が自動的なような印象を与えかねない。贖いに必要な事柄を行う者を神が赦すことをラビらが疑わなかったことは明らかだが、それは彼らが和解をもたらす神の赦しなしに贖いが効力を持つと考えたことを意味しない。彼らにとって、神は赦しをもたらす用意がいつでもあるので、「神が赦すことを選ぶなら、改悛が贖いをもたらす」などと言う必要を感じなかった。ラビらは神の側の議論に時間を費やす必要を感じず、和解の過程全体の一部としての赦しに特別の注目を向けることをしなかった。したがって彼らは、本来は人の行為を指す「贖い」という語で、和解の過程全体を取り扱った。

悔悛と贖罪日：上に引用した贖いに関する言説とその他の同様の資料が、互いに完全な一貫性を示しているわけでないことは明らかだ。例えば、前出の『メヒルタ・バホデシュ』7 では、ラビ・イシュマエルによると、「～せよ」との命令への違反は改悛のみで贖われるが、「～するな」との禁止への違反についての改悛は贖罪日までの保留をもたらすのみである。一方でラビ・ユダ・ハーナスィは、「みだりに唱えてはならない」という命令に先行する掟の違反については改悛のみで贖いがもたらされるとする[534]。「唱えてはならない」に先行する掟の1つに、「あなたはいかなる像も造ってはならない」という禁止事項がある。ラビ・イシュマエルによると、この掟への違反には改悛と贖罪日が必要となる[535]。ラビ・ユダとラビ・ユダ・ハーナスィは、「唱

---

533) 贖罪日に大祭司が述べる8つの祝福の1つが赦しであることは注目に値する。『Mヨマ』7.1,『Mソタ』7.7 を見よ。

534) 『BTヨマ』85b（英訳 p.424）では、ラビ・ユダ・ハーナスィの見解が異なる。I.A.7.n559を見よ。

535) 『Pヨマ』45c (8.8) は、それぞれの贖いの「体系」のあいだの齟齬を指摘する。ラビ・イシュマエルの分類が述べられたあとで以下の解説が付加される。「ラビ・ヨハナンは言った、『これはラビ・エレアザル・ベン・アザルヤ、ラビ・イシュマエル、そしてラビ・アキバの意見だ。しかし賢者らは追放の山羊が贖いをもたらすと考える。追放の山羊がなければ、[いずれにせよ] 贖罪日が贖いをもたらす』と」。

えてはならない」という命令への違反についてはラビ・イシュマエルと同意するが、改悛のみによって贖いがもたらされ得る違反が何かについては意見が異なる。また彼らは、ラビ・イシュマエルに依拠するとされる贖いのための「4つの手段」に対して、あらゆる違反が2つの手段（改悛と贖罪日）によって贖われるという点で同意している。これらの論争は、贖いの手段に関する聖典の諸言説を真剣に捉え、これらのあいだに調和を見出そうとする試みの結果だ[536]。そしてこれらの論争が、根幹にあるラビらの思想を見極める妨げとなってはならない。すなわち、いかに重い罪であれ、贖いが不可能な罪はない、ということだ。この点は、ラビ・イシュマエルが特定する贖いの手段を、少なくとも端的に考察することで理解できる。まず供儀と苦しみと死とを考察し、そのあとで改悛について考えよう。

前提としての神殿犠牲：ラビは預言書に負うところが大きく、例えば改悛を強調する様子は預言者の宗教性と繋がる。しかし本項の主題に関しては、モーセ五書、とくに出エジプト記以降の4書が重視される[537]。これらの書はとくに犠牲と献げ物に関する多種多様な行為を、神殿との関連で命じている。これらの供儀に対する批判をラビ文献に見出そうとしても徒労に終わる。ラビらはこれらの供儀を神から与えられており、人はこれに疑念を挟むべきでないと考えたからだ。したがってタンナ文献は、アモ 5.21–22 ――「あなたが焼き尽くす生け贄と穀物の献げ物を捧げても、私はそれらを受け取らない」(5.22)――を引用しない。アモ 5.25 ――「イスラエルの家よ、かつて 40 年間荒野にいたとき、あなた方は私に生け贄や献げ物を捧げたか」――は引用されるが、それは犠牲体制への批判でない。民 9.5 に関するラビ的な解説は、イスラエルの民が最初の過越のみを守ったことの証拠としてアモ 5.25 を挙げるが、それはイスラエルを恥じ入らせるためのものだと説明する[538]。この物語に関する同様の見解は『民ラッバー』21.25（英訳 p.852）にも見られる。

---

536) Moore, *Judaism*, I.546–47 も見よ。
537) 当然彼らは、聖典のうちに矛盾を認めようとしなかった。これは彼らが幾つかの教えのあいだで緊張関係を見出さなかったことを意味しない。それを見出しても、彼らは調和を求めた。
538) 『民スィフ』67 (62. 民 9.5)。

異教徒の1人がラビ・アキバに問うて言った。「なぜあなた方は祭の季節を祝うか。誉むべき聖なる方は『あなたの新月祭や定められた日の祭を私は嫌う』と言わなかったか」(イザ 1.14)。ラビ・アキバは言った「もし主が『私の新月祭と私が定めた日の祭とを嫌う』と言われたなら、あなたの言ったとおりだ。しかし主は『あなたの新月祭とあなたの定めた日の祭』と言われた」。それはヤロブアムが定めた祭の季節を示唆している。

聖典において供儀を批判する内容の箇所をラビ文献のうちに見出しても、そのどれ1つ同様の批判的な意図で用いられている例はない。

ラビは犠牲制度が誤った神観を生じさせかねないとの懸念を抱いていたが、これを排除しようとしなかった。したがって『民スィフ』143 は民 28.8b(「燃やして主に捧げる宥めの香り」)について解説するが、その中であるラビは、神が飲み食いすると言うのでなく──「神の前での飲食はなく」──、神が語る事柄がなされることを意味する、と述べている [539]。犠牲制度とそれがもたらす誤解の可能性を批判する、あるいは批判するように見受けられる預言者の言説があるにもかかわらず、ラビはけっして犠牲制度に反対しなかった [540]。

それどころか、彼らは1つ1つの犠牲に何らかの具体的な贖いの機能を与えようと試みた。つまり聖典では特定の罪を贖うように書かれていない犠牲に、ラビ文献は具体的な贖いの機能を与えた [541]。ラビ時代の全体にわたって神殿が破壊されていたことに鑑みると、これは注目に値する。ユダヤ教が神殿崩壊という出来事に耐えたこと自体が、少なくともラビにとっての真の神信仰に犠牲制度が必要条件でなかったことを示す [542]。じつにディアスポ

---

[539] 『民スィフ』143 (191. 民 28.8). Schechter, *Aspects*, 298.
[540] 『T ムナ』7.9 に見られる犠牲に対するある程度の違反的な姿勢については Kadushin, *The Rabbinic Mind*, 343–44 を見よ。この場合の批判は、犠牲に関する誤った理解(「神は腹を空かせるか」)に対するものだ。
[541] この例は Schechter, *Aspects*, 300; Moore, *Judaism*, I.497, III.151–52 を見よ。
[542] Moore (*Judaism*, I.114) は、「すべてのユダヤ人のための公的犠牲が終わりを告げるよりずっと以前に、シナゴーグが大多数にとって宗教生活を営む中心的な場となっていた。犠牲の終焉は

ラ・ユダヤ教の長い歴史もこの点を支持する。贖罪日の儀礼の効果はイスラエルの地の内と外の両方を覆うが、ディアスポラのユダヤ人らは具体的な違反に対して求められる献げ物を捧げる掟に応じ得なかった[543)]。

犠牲の代用としての律法の学び：したがって、神殿宗教と犠牲制度に対するラビらの姿勢には、ある程度の曖昧さが存在した。一方で、これらにモーセ五書が付与する役割をラビらが批判することはなく、むしろその役割は拡大した。他方で、実際に真の宗教は犠牲制度に依拠しなかった。すなわち、ラビらは犠牲の代用として、犠牲に関する律法の学びを促した[544)]。贖罪日に執り行われる事柄は変化した[545)]。それでもユダヤ教は、神が定めた贖いという手段によって機能する宗教であり続けた。これは、ユダヤ教が神殿の有無にかかわらず同じように機能する、とすべてのラビが考えたことを意味しない。ニューズナーが指摘するとおり、ラビ・エレアザルは犠牲制度の代替制度を提案しなかったが、それは彼が神殿の速やかな再建を期待していたからだろう[546)]。しかし年数が経つにつれ、ラビは犠牲に代わる律法の学びの優位性を認識するようになったようだ[547)]。いずれにせよ、犠牲制度はけっして拒絶されなかった、が同時に犠牲制度なしにユダヤ教は機能し続けた。

クリンツィングの誤解：犠牲に関するラビの見解への誤解が、近年の死海巻物における犠牲への姿勢に関するクリンツィングの研究において繰り返

深い悲しみをもたらしたが、それ自体が宗教にとっての危機でなかった」と言う。Schechter, *Aspects*, 298.n3 (p.299 について) 参照。

543) 神殿喪失の意義については ARN 4 (英訳 p.34) で議論されている。とくにラッバン・ヨハナン・ベン・ザッカイはホセ 6.6 (「私が喜ぶのは、憐れみであって犠牲でない」) を引照しつつ、犠牲制度がなくとも贖いの手段は存在することを示した。ラビ・ヨハナン、ラビ・ヨシュア、ラビ・エレアザルの見解については Helfgott, *Election*, 46, 61, 64 を見よ。さらに Neusner, *Yohanan ben Zakkai*, 142–46 (改訂版 pp.188–92) を見よ。

544) Moore, *Judaism*, I.273, 505, III.155.

545) 「『この日にあなた方のために贖いがなされるからだ』──犠牲によって。犠牲と [追放の] 山羊がないにもかかわらず贖罪日が贖うことをどこで知り得ようか。聖典は『この日にあなた方のために贖いがなされる』と教えている」(『スィフラ・アハレ』ペレク 8.1 [レビ 16.30])。『P ヨマ』45c, I.A.7.n535 参照。

546) Neusner, *Eliezer*, II.298–301.

547) Neusner, *Eliezer*, II.298–301.「トーラーの学びは焼き尽くす献げ物よりも神に愛される」(ARN 4 [英訳 p.32])、『BT ロシュ』18a (英訳 p.71) でのラヴァとアッバイェの議論を参照。

されているので、これについて簡単に言及しておこう。祈りと善行とその他の行為が犠牲の代用となるという死海巻物の理解について論ずる際に、クリンツィングはラビらの理論に言及する。彼はブセットを引照しつつ、後期ユダヤ教において祭儀がそれ自体のためでなく、命じられたから実行された、と述べる[548]。クリンツィングは、ブセットが提示する歴史に死海巻物をいかに位置づけるか苦労するが、それはエッセネ派が律法に従順であると同時に祭儀への生きた実践に関心を持っていたからだ。それでも彼はブセットに反論しなかった[549]。そのラビに関する理論によると、律法が命ずる犠牲は律法にある他の命令によって代替的に「成就」し得る[550]。しかしエッセネ派は、いかに律法が成就され得るかという問題とは異なる他の問題——いかに贖いをなし得るか——を提示した。エッセネ派はラビらと同様に律法への形式的な従順を示すことを欲せず、むしろ贖いをもたらすために何をすべきか、と問うた[551]。クリンツィングは、ラビらの姿勢に関する自らの理解を支持するため、『民スィフ』143（上で引用）に関するクーンの解説を引証し、犠牲に関する唯一の意義は、それが律法の成就に繋がるからと述べる[552]。

クーンに影響されたクリンツィングが繰り返したブセットの理解によると、ラビ・ユダヤ教は救済を獲得するために規定履行の実績を積み上げることにのみ心を配る宗教ということになる。ラビらの関心は規定違反よりも規定履行が上回ることであって、血の通った贖いの体験ではない。しかし、これまで引用してきたテクストに鑑みると、いかに違反を贖い得るか——たんに違反を履行で相殺するのでなく——にラビらの純粋な関心があることは明らかだ。彼らはトーラーの他の規定がいかに成就されるべきかに心を配ると

---

[548] Klinzing, *Die Umdeutung des Kultus*, 152（Bousset, *Religion des Judentums*, 117を引照）。ここでもBoussetがユダヤ教に関する標準的なテキストとして扱われている。KlinzingはBüchlerやMooreなどラビ文献に精通した学者らの文献を考慮する必要を感じなかっただけでなく、これらの学者のあいだで見解が異なることを考慮していないようだ。ラビ文献の考察においてBoussetを用いる安易な姿勢は、死海巻物への彼独自の貢献と対照的だ。

[549] Klinzing, *Die Umdeutung*, 152–55.

[550] Klinzing, *Die Umdeutung*, 95.

[551] Klinzing, *Die Umdeutung*, 105.

[552] Klinzing, *Die Umdeutung*, 166. Kuhn版の『民スィフ』（p.591.n53）参照。

同様に、犠牲の諸規定がいかに履行されるべきかに心を配るが、それがブセットの理解する宗教性へと繋がるのでない。ブセットはラビらの遵法が表面的で形式的であることを示す証拠テクストを提供するが、彼はそれらを誤って解釈している。ラビらは犠牲に関する粗悪な擬人化や魔術的解釈を否定しようとした。したがって『民スィフ』143 ──「『主の御前で飲み食いはない』。神は語りその御心がなる。それが『喜ばしい香り』だ」──は、「喜ばしい香り」という句によって神が飲み食いをすると理解することの誤りを指摘している。同様にラッバン・ヨハナン・ベン・ザッカイは言う、「死者が汚れをもたらすのでもなければ、水が浄めるのでもない。誉むべき聖なる方はたんに言われる、『私は掟を定めた。命令を布告した。あなた方は私の命令に違反してはならない』553)」と。これは犠牲が魔術の一部だとの批判に対する彼の応答だと言われている。これらの言説から、ラビらが真の贖いを求めず、外面的な従順に終始すると結論を導き出すことは、著しい曲解である。

悔悛と贖い：既述のとおりムーアによると、規定されている犠牲が改悛なしに贖いの効果を持たないとラビらは考えた554)。これと相反する結論を導き出すことも不可能ではない。『Mヨマ』8.8は改悛を死と贖罪日とにつけ加えるが、贖罪の献げ物と賠償の献げ物とにはつけ加えない。一方で『トセフタ』は後者の2つの献げ物にも改悛を付加する555)。しかしムーアが指摘するとおり、献げ物を献げる場合にはそこに告白が示唆されている556)。『Mヨマ』8.8の著者が、アモラのラヴァとアッバイェの議論を想定しつつ、献げ物を捧げる者がその献げ物の意図を否定する場合を念頭に置いていたとは考え難い557)。これは理論的蓋然性であり、のちのラビらがおおよそすべての理論的蓋然性を考慮するようになったとしても、『Mヨマ』8.8が執筆された当時にそのような蓋然性が念頭にあったとは思えない。

---

553) 『民R』19.8（英訳 p.758）。
554) Moore, *Judaism*, I.505. これは一般的な理解だ。
555) 『Tヨーム・ハーキップリーム』4 (5).9. 並行記事は Lieberman, *Tosefta Ki-Fshuṭah, Mo'ed*, p.825）を見よ。
556) Moore, *Judaism*, I.498.n2. 贖罪の献げ物と賠償の献げ物とに告白が付随すべきとの教えは『民スィフ』2 (6. 民 5.7) に明示されている。Büchler, *Sin and Atonement*, 410, 416 も見よ。
557) 『BTクリ』7a.

A. タンナ文献

もっとも、特定の儀礼による贖いについて述べる際に改悛が言及されない場合もある。既述の『Mシュヴオ』1.6は、あらゆる違反の贖いに言及しつつも、改悛に言及しない。これに関してムーアは以下のように述べる 558)。

> この『ミシュナ』は幾つかの償いに関わる特定の行為のみに関心を示しており、その効果が発揮される条件に関心を示していない。贖罪日に関する『ミシュナ』の関連箇所においては、この償いの効果が［行為者の意図と関わりない］事効的（ex opere operato）でないことが明らかにされている（『Mヨマ』8.8–9 参照）。

『Mシュブオ』1.6と『Mヨマ』8.8–9との間では、実際にこのようにして調和をとるべきかも知れないが、私はこの件に関してムーアほど断言しかねる。とくに贖罪日のような特定の行為が実際にそれ自体で効果を発揮するとの理解がタンナイーム時代にあったとすれば、それは『タルムード』に所収されている言説においてラビが強調する点を理解する助けになろう 559)。『タルムード』は何と言っているだろうか。

> ラビは言った、「トーラーの違反すべてについて、違反者が悔い改めると悔い改めないとにかかわらず、贖罪日は贖いをもたらす。しかし彼が軛を捨て去り、トーラーの教えを曲げ、肉における契約（割礼）を拒絶する場合はその限りでない。［この場合］彼が悔い改めるなら贖罪日は贖いをもたらし、そうでなければ贖罪日は贖いをもたらさない」と。

一般化が危険なことは承知の上だが、ラビ（・ユダ・ベン・ハーナスィ）が1人だけの意見をここで表明しているとは考え難い。『スィフラ』では無記名者――一般にはラビ・ユダと考えられる 560)――の議論によって、この点に関する論争があったことは分かっている。この議論はラビの見解について論ず

---

558) Moore, *Judaism*, I.498.
559) 『BTシュヴオ』13a,『BTクリ』7a,『BTヨマ』85b参照。これら3箇所でのヘブライ語は同じだ。
560) Epstein, *Mebo'ot*, 656,『BTサン』86a,『BTシュヴオ』13a,『BTクリ』7a その他を見よ。

るアモラらによって引証されている[561]。

> 私は、贖罪日が悔い改める者とそうでない者とを同様に贖うと考える。しかし［これと相反する］議論はないか。すなわち、贖罪の献げ物と賠償の献げ物が贖い、贖罪日も贖う。贖罪の献げ物と賠償の献げ物とが悔い改める者のみを贖うように、贖罪日も悔い改める者のみを贖うのでないか、と。否［、そう結論づけ得ない］。贖罪の献げ物と賠償の献げ物に関してはそのように言えよう。これらが意図的な罪でなく無意識の過ちを贖うからだ。無意識の過ちのみならず意図的な罪をも贖う贖罪日についても同様に適用するか。したがって、贖罪日が無意識の過ちのみならず意図的な罪をも贖うなら、それは悔い改める者のみならず悔い改めない者をも贖う、と私には考えられなくもない。それは、聖典が「～にもかかわらず」と言って［悔い改める者とそうでない者との］区別を付けているからだ[562]。

ここでの議論は、贖罪日が改悛なしに贖うことを示すが、聖典は「～にもかかわらず」という語をもってこれを退ける[563]。「したがって……私には考えられなくもない」というラビ・ユダの表現は、誰も支持しない仮定上の蓋然性を純粋に修辞的な理由で紹介し、それをとおしてその対極にある自らの議論を補強しようとしたのかも知れない。しかし全体としては、贖罪日が改悛なしにも贖いの効果を持つと考えた者がいた、と考えるべきだろう。少なくともアモライーム時代においては、このような状況があったようだ。ラビ・ヨハナン（・バル・ナッパハ？）は、ラビ・イシュマエルが挙げる贖いの手段（すべて改悛を要する）とたんに贖罪日による贖いとを区別する[564]。これは純粋に学術的な議論かも知れない。なぜなら、贖罪日には告白が含まれるから

---

561)　『BT クリ』7a の英訳（p.49）からの引用。『BT シュヴオ』13a には僅かの変更が見られる。『スィフラ』の箇所は『スィフラ・エモール』ペレク 14.1–2（レビ 23.27）.

562)　『スィフラ』は「したがって、それは悔い改める者以外を贖わない」と結ぶ。

563)　しかしラビ・ユダは、レビ 23.27–28 にある他の条件――集会を開き、断食によって謙虚を示し、仕事をせず、犠牲を行い、追放の山羊を追いやる――が、贖罪日の贖いのために守られなければならないと考えなかった。『スィフラ・エモール』ペレク 14.1 を見よ。

564)　『P ヨマ』45c（I.A.7.n535）参照。

だ（『BT ヨマ』87b のバライタ参照）。ここでの関心は、人が自らの罪を数え上げて、それら１つ１つに対して具体的に悔い改めるべきか、ということだったかも知れない。しかし、むしろこれは、改悛と神が制定した制度とのバランスを念頭に置いたラビらの議論だったと考えるべきだろう。もし改悛だけで十分なら、そして人はいつでも悔い改められるなら、贖罪日は必要か。「なぜ追放の山羊が必要か」という問いは『BT シュブオ』12b に明示されている。

いずれにせよ、ラビは聖典が示す贖いの手段、あるいはそれらの手段の効果に関して疑念を抱いてはいなかった。議論の的は、赦しの約束に対して神が付加した条件が何かという点であり、人の罪が赦されるかどうかではなかった[565]。ラビらはこの主題に関する聖典のあらゆる資料を考慮に入れて、これらのあいだに調和を見出し、贖いの手段の効果を異なる仕方で確定した。それでも彼らは、あらゆる罪について贖いの手段があるという点で考えが一致していた[566]。

贖いの有効性：ラビ（・ユダ・ベン・ハーナスィ）の見解（I.A.7.n529 参照）が機械的な贖いの効果を支持しているように誤解されないよう、彼の理解をさらに考察する必要があろう。贖罪日が、直接的な神の拒絶以外の罪をすべて贖い、さらに改悛がこの後者の贖いをなすと述べることで、彼は贖罪の様々な手段の普遍的効果をさらに強調した。いかなる罪も、「軛を捨て去る」罪さえ、神の赦しの枠の外にない。もちろん、契約の軛を捨て去っても、それを悔い改めるなら、その人は実際に最終的にそれを捨て去ったことにならない。放蕩息子はいつも帰還できる。するとラビの理解は以下のように言えよう。人が契約のうちに留まることを意図するなら、聖典が定める贖いの手段は有効だ。改悛は、それが明らかな証拠によって否定されない限り、そこに存在すると見なされる。契約を拒否する者は、契約の一部である贖いが有効となる以前に、契約に立ち帰っていなければならない。

---

565) 改悛のない死も、偶像崇拝よりも軽い罪を贖う効果があると言えよう。I.A.7.nn604, 605 を見よ。
566) 贖いの手段の効果という表現は、ラビらの言語表現に倣っている。もちろん罪を赦すのは神であり、神の赦しはいつも効果を持つ。神は赦しの約束を、とくに贖罪日と結びつけるが、それでも赦すのは神であって贖罪日でない。Büchler, *Sin and Atonement*, 351 参照。

いずれにせよ、犠牲や他の祭儀的行為が、それ自体に力があるかのように魔術的な仕方で効果を表すという理解はなかった[567]。既述のとおり、赦しの約束に神がいかなる条件を付加したか、が問題となる。赦しを与え、贖いをもたらすのは神だ。神が犠牲や他の祭儀を命ずるなら、人はそれらの手段をとおして贖いを求める。

苦しみと贖い：贖いの手段としての苦しみに関しては、ビュクラーが十分に考察をしているので[568]、ここでは比較的簡潔に扱うこととしよう。この点に関してはラビ・イシュマエルの見解をすでに紹介したが、以下にラビ・イシュマエルに依拠するとされるもう１つの箇所を挙げよう[569]。

> ラビ・イシュマエルは言う。「カナン人の奴隷には解放（贖い）はない。彼はその主人の好意によってのみ自由となり得る。『彼らをあなたの息子の代まで財産として受け継がせ、永久に奴隷として働かせることができる』（レビ 25.46）とあるからだ。そしてこの言説に関する我々の解釈によると、カナン人の奴隷は遺産としての土地と同様に永遠の所有物とできる。しかし、主人が奴隷を懲らしめる際に、歯を折ったり、目を潰したり、身体外部の主要な器官に障害を与えるなら、これらの苦しみの代価として奴隷は解放［される権利］を得る。カル・ヴァーホメルの論理に則るなら、『人が苦しみの代償として血と肉の手からの解放を得ることができるなら、彼が天からの赦しを得ることができるのはなおさらだ』と言える[570]。したがって『主は私を厳しく懲らしめられたが、死に渡されなかった[571]』（詩 118.18）と言われる」。

もっとも、この理解はイシュマエルの学派に限定されない。それは、『申スィフ』と『メヒルタ』に同様の言説が含まれていることから分かる。この主

---

[567] ラビ（・ユダ・ベン・ハーナスィ）の見解に関する議論は Kadushin, *The Rabbinic Mind*, 182 参照。
[568] Büchler, *Sin and Atonement*, 119–221（とくに 337–74）.
[569] 『メヒルタ・ミシュパティーム』9（280, III.73–74［ネズィキーン］. 出 21.27）.
[570] 一般の原則としては、神は人よりも赦すに易い。したがって「なおさら」という句が用いられ得る。
[571] この文言はしばしば、「神が私を厳しく懲らしめたので、私は死へ引き渡された」という因果関係として理解される。

要な言説は、『メヒルタ 572)』とフィンケルシュタイン版の『申スィフ』ではラビ・アキバに、初期の印刷版とフリードマン版の『申スィフ』ではラビ・ヤコブに依拠するとされる 573)。いずれにせよ次の引用文は、3 つの異なる文献において 574)、アキバ学派に属したと見なされるラビ・シメオン・ベン・ヨハイに依拠したとされる。以下の『メヒルタ』ではアキバとシメオンの言説のみを挙げ、そのあいだを省略した。

ラビ・アキバは言う。「私との関係を断ってはならない。他の者らが神々を扱うように、私を扱ってはならない。彼らは良いことが起こると神々を讃える。『彼らはその網に生け贄を献げる』（ハバ 1.16）とあるように。しかし悪いことが起こると神々を呪う。［ここでイザ 8.21 を引用］しかしあなたは、私がよい物をもたらすとき感謝を献げ、苦しみをもたらすときも感謝を献げなさい。［ここでこれを支持する箇所を複数挙げる］さらに、人は豊かさにおいてより、逆境においてこそ喜ぶべきだ。人がその人生をとおして豊かに生きても、その人の罪が赦されたことを意味しないからだ。しかし何が赦しをもたらすか。苦しみ、と言わねばならない」。

ラビ・シメオン・ベン・ヨハイは言う。「懲らしめは貴重だ。イスラエルに与えられた 3 つの良い賜物を世の諸国が切望するが、これらはみな懲らしめの代価として与えられたからだ。それはトーラー、イスラエルの地、そして来たるべき世である。なぜ懲らしめが来たるべき世に関わると言えるか。『掟は灯火、教えは光、そして懲らしめや論しは命への道だからだ』（箴 6.23）とある。したがってあなたはこれを、『行って、人に後の世の命をもたらす道が何かを見極めよ』と解釈する。あなたは、『［それは］懲らしめだ』と言わねばならな

---

572) 『メヒルタ・バホデシュ』10 (239–40, II.277–80. 出 20.20).
573) 『申スィフ』32 (55–56, f.73a-b. 申 6.5).『スィフレ』の最初の部分は『メヒルタ』版と異なる。『メヒルタ』版により近いものは、『タンフーマ・イイェトロ』16 (ed. Buber, II.79) の出処不明の言説に見られる。『スィフレ』とまったく同じ文言は、『ヤルクート』I. レメズ 837 の最初の方に見られる。『ヤルクート』はこれがラビ・アキバに依拠するとする。Billerbeck (S.-B. I.906) は『スィフレ』にアキバの言説があると考える。
574) 直前の註 573 にある『メヒルタ』と『申スィフ』、そして『BT ベラ』5a (開始部) を見よ。

い」。ラビ・ネヘミヤは言う。「懲らしめは貴重だ。犠牲が贖いの手段であるように、懲らしめも同様だ。……それのみならず、懲らしめは犠牲よりも多くの贖いをもたらす。犠牲は人の財にのみ関わるのに対し、懲らしめは人の身体に関わるからだ。『皮には皮を……命のためには全財産を差し出す』（ヨブ 2.4）とあるとおりだ」。

後続する物語では、懲らしめが人を改悛へと導き、神を求めるよう促す、とラビ・アキバに言わしめる[575]。物語は以下のように続く。ラビ・エレアザルが病に伏したとき、ラビ・アキバと他の3人が彼を慰問した。ラビ・アキバ以外の3人はラビ・エレアザルを褒めちぎったが、ラビ・アキバは「懲らしめは貴重だ」と言った。彼はこれを説明して、マナセは懲らしめによってのみ、神を呼び求めるように促された、と言った[576]。

この最後は、とくにビュクラーが手の込んだ議論を展開するのだが[577]、苦しみに贖いの効果を見出す2つの主たる動機のうちの1つ——苦しみが改悛をもたらす——として見なされる。あるアモラがこの点を明らかにする。「ラヴ——ラヴ・ヒスダとも考えられる——は言う、『痛々しい苦しみが人を訪れた時、その者に自分の行動を顧みるように教えよ』と」[578]。

一方では苦しみと贖いとの関係性、他方では苦しみと違反の罰との関係性についてのラビの見解を理解することは、苦しみを贖いの手段とする第2の動機——すなわち神の公正さ——を理解する手がかりとなる。神が公正であり、人が罪を犯すなら、違反の代償の支払がないことはあり得ない。犠牲が贖いとなろうし、代価が金銭で支払われることもあろう[579]。しかし苦しみはより効果的で、その価値の大きさからより重大な罪の贖いとなる。したが

---

575) 『メヒルタ・バホデシュ』10（240–41, II.280–82）. 物語の大部分は初期の印刷版から省かれた。『申スィフ』32（57–58. 申 6.5）,『BT サン』101a を見よ。
576) ラビ・エレアザルの病気に関する他の物語については Neusner, *Eliezer*, I.404–06, II.411–12, 415 を見よ。
577) Büchler, *Sin and Atonement*, 337–74.
578) 『BT ベラ』5a（英訳 p.18）.
579) 人が金銭によって贖いを得ることができることを、ラビ・イシュマエルは神の慈愛と捉える。『メヒルタ・ミシュパティーム』10（286, III.86–87 [ネズィキーン]. 出 21.30）.

って義人は地上においてその罪ゆえに罰せられるが、それは後の世において不断の至福を得るためだ。

義人と苦しみ：ここでは、ユダヤ教における義人の苦しみという概念の歴史を概観することはできないが、なぜ義人が苦しむかに関する応答は容易に2つ見出せる。第1に、神はその愛する者を苦しみをとおして浄める。第2に、神は公平で、義人にさえもその罪ゆえに罰を与える。この2つの理由は『ソロモンの詩編』に明らかだ。

> 幸いなるかな、主が叱責によって覚えている者は、
> 　彼が鞭によって悪の道から守る者は。
> 　その者は罪から浄められ、罪が増し加わることはない。
> 自らの背を鞭のために備える者は浄められる。
> 　懲らしめを耐える者に神は好意を向けるからだ [580]。

> 神よ、あなたはご自身の義のうちにその裁きを私たちに示されました。
> 　神よ、私たちの目はあなたの裁きを見ました。
> とこしえに誉むべきその御名を、私たちは義としました。
> 　あなたは義の神、懲らしめによってイスラエルを裁く方だからです [581]。

『ソロモンの詩編』では、邪悪な者が義人と共に苦しむ。じつに、義人は苦しんだとしても、その罪が軽微なゆえに苦しみが少ない [582]。この書の執筆から200年のあいだに、苦しみの概念は展開した。2回の対ローマ抵抗運動における著しい苦難ゆえに、死後の生が強調されるようになった。このあいだに、なぜ義人が苦しむかという問いの語気が強まったが、それは邪悪な者が苦しむどころか栄えるのを見たからだ。マルモルシュタインは以下のように論ずる。

---

[580] 『ソロ詩』10.1. 翻訳は G.B. Gray in R.H. Charles, *Pseudepigrapha*, 643 に依拠する。
[581] 『ソロ詩』8.30–32（25–26）, G.B. Gray, 641.『ソロモンの詩編』のこの側面については Büchler, *Types*, 128–95 を見よ。
[582] Büchler, *Types*, 153.

［ラビ・アキバは］神が義人に対し、来たるべき世で良い報いを与えて幸せを授けるために、彼が犯したわずかの「邪悪な行為」の償いをこの世で支払わせる、ということを最初に強調した人物だ。邪悪な者の報いと罰に関しては、これとちょうど逆だ[583]。

これに関してラビ・アキバとラビ・イシュマエルとが議論を交わしている[584]。

「あなたの義は神の山々のよう、あなたの裁きは深淵のよう、主よあなたは人と獣とを保たれます」(詩36.7)。ラビ・イシュマエルはこれを解説し、「神の山々で啓示されたトーラーを受け入れる義人に対し、あなたは神の山々に届く義(*tsedaqah*, 慈悲)を示されます。しかし神の山々で啓示されたトーラーを受け入れない邪悪な者は、深淵へ下るほど厳しく扱われます」と言う。ラビ・アキバは言う、「彼(神)は両者ともに深淵へ下るほど厳しく扱われる。義人へは、この世で犯したわずかな過ちの責任を厳しく追及する。それは、来たるべき世において、至福を満ちるほどに与え、良い報いを授けるためだ。邪悪な者へは、この世で行ったわずかな善行を報いる。それは、後の世において彼らを裁くためだ」と。

義人がこの世で苦しみながらも、来たるべき世で報われるという内容の言説を上で引用したが[585]、これら以外にも同様の言説は見られる。たとえば『申命記スィフレ』の匿名記事では、人生が2つの道に準えられる。一方はイバラの道のりで始まりながらも、最後は平坦になるが、他方は平坦だが途中からイバラの道に変わる。邪悪な者が当初に栄えても、後には苦しむのと逆に、

---

583) Marmorstein, *The Names and Attributes of God*, 186. Urbach は、ラビ・アキバは違反の罰と苦しみとを分けて考えると論ずる。ラビ・アキバの立場については Sanders, 'R. Akiba's View of Suffering', *JQR* 63 (1973), 332–51 を見よ。

584) 『創 R』33.1.『レビ R』27.1 にも並行記事がある。

585) I.A.6 の開始部を見よ。

義人は当初苦しみつつも、後には豊かにされる⁵⁸⁶⁾。また匿名のバライタはエゼ 2.10 ——「表にも裏にも文字が記されている」——を引用して、以下のように述べる⁵⁸⁷⁾。

> 「表」はこの世で、「裏」は来たるべき世だ。「表」はこの世における悪人の安寧と義人の苦しみを指し、「裏」は来たるべき世における義人への報いの賜物と悪人への裁きを指す。

マルモルシュタインが述べるとおり、現世での義人の苦しみが来世での報いに繋がるという見解は、ラビ・アキバが強調したようだが、これは新奇の思想だというのでなかった。この見解はラビ・アキバと同時代の先輩にあたるラビ・エレアザルの言説においても前提となっている。彼は、イスラエルが不従順を繰り返す中でも神がマナを与えたことについて、「神を怒らせる者らに神がこのように［マナを］与えられるなら、将来に（le'atid labo'）義人を報いられるのはなおさらだ」と述べる⁵⁸⁸⁾。いずれにせよ、義人の苦しみが、彼らのわずかな罪に対する神の正しい罰だとの一般的理解が、それほど大きく変化した形跡はない⁵⁸⁹⁾。現世で罰を受けたので、来世で罰を受ける必要がない。したがってイスラエルは日用の土器に喩えられる。一度壊されれば、さらなる「罰」を与え得ない。「イスラエルへの罰が止むと、それが彼らを将来に訪れることはない」⁵⁹⁰⁾。

---

586) 『申スィフ』53 (120–21. 申 11.26).
587) 『民スィフ』103 (102. 申 12.8b). ARN 25 (英訳 p.106) 参照。ARN 36 (英訳 p.162) も見よ。
588) 『メヒルタ・ヴァヤッサ』3 (165, II.110 [4 章]. 出 16.13).
589) この主題に関するさらなる議論は Büchler, *Types*, 111–14, Kadushin, *The Rabbinic Mind*, 218 を見よ。Büchler は、来世に浄められて入るために現世で裁かれるとの一般的見解が、後 1 世紀にまで遡ると考える。後 2 世紀になると、義人が現世でも栄えるとの初期の理解に立ち戻る点をも注目すべきだ (I.A.6 の開始部)。したがって『M アヴォ』6.8 (『T サン』11.8) でラビ・シメオン・ベン・ユダは、ラビ・シメオン・ベン・ヨハイとラビ・シメオン・ベン・メナスヤの名によって以下のように述べる。「美と力と富と誉れと知恵と高齢と白髪と子孫とは義人に相応しく、この世に相応しい云々」。『メヒルタ・ミシュパティーム』18 (I.A.8.n686 を見よ) の終結部にある無記名の言説は、寿命と来たるべき世での命とを結合する。義のしるしとしての寿命に関しては『コへ R』3.2.3 (英訳 pp.76–77) を見よ。
590) 『申スィフ』324 (375. 申 32.34), 申 32.34 のミドラシュ・タンナイーム (p.20「永遠に訪れ

この議論もまた、善悪を天秤にかけるとの概念がタンナらの見解を正確に反映しているという理解がいかに大きな誤りかを示す。この概念が神の正義という彼らの概念から論理的に導き出され、さらにそのように述べられることもある。しかし彼らは、神が贖いの手段をも提供すると主張している。そ
・
れが十分に効力を持ち、神の正義に則っていると考える。救済を神の行為と
・・・・・
見なすなら、苦しみは神の公正な要求を満たし得る。すなわち、人は罰せら
・・・
れたら、その上さらに違反のための裁きを受けることはない[591]。しかし内省
・・・
的な意味で、宗教的な人にとって苦しみは自己吟味と改悛を促すものと見なされる。ラビらは、違反に対する神の正しい罰としての苦しみと、改悛を促す神の手段としての苦しみとが、相反するとはまったく考えなかった。いずれも彼らの強い宗教的確信——つまり神は正義で、人は罪を犯しがちで改悛を要する——に依拠し、苦しみが贖いをもたらすという言説によってこれらの両方が言い表される[592]。

　死と贖い：この議論がもう少し展開すると、「死が贖いをもたらす」となる。ラビ・イシュマエルの言説とともに、私たちはすでにラビ・アキバの見解を反映すると考えられる『Ｍヨマ』8.8 に触れた。『民数記スィフレ』では、この見解がラビ・アキバに依拠すると明示されている。ラビ・アキバは民 5.8 を解説しつつ、贖いを必要とする人のために特定の賠償の献げ物が必要となるが、死んだ者にはその必要がない、と述べる。それは、その人の魂（命）が贖いをもたらしたからだ[593]。

　死が贖うという理解の背後にある論理は、苦しみが贖うという理解の背後にある論理と同じだ。人の死の時は、死が間近に迫っていることを人が知っているなら、自己吟味と改悛の時である。そして死が近いことを知り得な

ることはない」)。来たるべき世での裁きを避けるために人は現世で裁かれる、という理解を反映するたの資料については Urbach, *Ḥazal*, 393（英訳 p.445）を見よ。

591)　神の罰はそれ自体で効力があるのでなく、それは義人によって懲らしめとして受容されねばならない。『スィフラ・シェミニ・ミルイーム』23, 24, 28 の「神の裁きの受容」という句を見よ。

592)　Schechter (*Aspects*, 304) は、「死と苦しみは、公正な要求を満たす罰か、赦しと神と人との和解をもたらす贖いかのいずれかと見なされよう」と述べる。

593)　『民スィフ』4 (7. 民 5.8)

A. タンナ文献

なら、人は日々悔い改める必要がある。一方で、死は神との決済をなす[594]。すなわち、悔い改めつつ死ぬ者は、いくら違反が重大でも、それ以降に違反の罰を受けることはない。さらに、殉教者の死（諸外国の手によって殺された者）は贖いと見なされる[595]。当然、死には改悛が伴うべきだ[596]。もっとも、神を拒絶し、契約を破棄し、最後まで反抗を続ける者にとって、死は贖いとならない。

死が罪の贖いをもたらすという見解は、神殿崩壊後に発展した。ウルバッハが述べるとおり、神殿が存在していた時分は、神への違反に対しては規定された犠牲が贖いをなし、同胞への違反に対しては法廷での罰と償いが求められた[597]。したがって、後述するとおり、法廷の指示で鞭を受けた者は、その鞭が違反を贖ったと見なされた[598]。一般に死が罪を贖うという理解は、法廷の指示による死が罪を贖うという発想から発展したものだが、この場合には改悛が伴うことが条件となる[599]。

　　［極刑を宣告された者が］石打の場から10キュビトの所まで来ると、「告白せよ」と言われたものだ。それは死を宣告された者が告白をすることになっているからだ。なぜなら、告白をする者は来たるべき世での分け前を受けるからだ……。［ヨシュ7.19でのアカンの物語によってこれが支持される］彼（アカン）

---

594) ある意味でMoore (*Judaism*, I.474–75) が言うように、ラビによると罪のないところに死はない。したがって、アダムの罪はしばしば死の原因と見なされた。ラビ・ユダ・ベン・イライは、罪のない者は死なないと考えたようだ（エリヤに言及。Moore, *Judaism*, I.474–75）。一方で、タンナイーム時代の一般的な理解によると、死は自然の秩序に則っており、罪がもたらすのは不自然で予期しない死だ（『BTシャッパ』55a-b）。あるの者は、善行が齢を延ばすと考えた（『BTイェヴ』55a-bを見よ）。さらにUrbach, *Ḥazal*, 235–37（英訳pp.264–66）; 'R. Akiba's View of Suffering'（迫害時における義人の死に関して）を見よ。
595) 『申スィフ』333（383. 申32.43）.
596) 『Mヨマ』8.8. この例外は、直後を見よ。
597) Urbach, *Ḥazal*, 382（英訳p.433）.
598) I.A.7.n631を見よ。
599) 『Mサン』6.2.『Tサン』9.5は並行記事の序文として、「法廷によって極刑に処せられる者は来たるべき世での分け前えを受ける。その者はすべての罪を告白するからだ」と明言する。Epstein (*Mebo'ot*, 56) は『Mサン』6.1–7.3が基本的に後70年より前の時代のものと考える。それは極刑が「神殿崩壊以前の40年前」からユダヤの法廷で執り行われ始めたからだ、とする。この時期に関しては『BTサン』41aを見よ。

の告白が彼に贖いをもたらしたとどうして分かるか。「なぜあなたは私たちに災いをもたらしたか。今日、主があなたに災いをもたらされる」（ヨシュ 7.25）と書かれてある。今日、あなたに災いがあるが、来たるべき世ではあなたに災いがない。いかに告白すべきか分からない者に対して、「私の死が私のすべての罪の贖いとなりますように、と言え」と教えられる[600]。

ここでの「告白」とは、心の中の改悛を外に向けて表現する行為を指す。したがってラビらは、「いかなる違反にも告白がなされねばならない」という表現を用い得る[601]。『スィフラ』にある模範的な告白は、告白された罪が神によって覆われることを期待しており、すなわち告白が贖いをもたらす[602]。以下の箇所は、告白と改悛との関係を明示している[603]。

「しかし彼らが自らの罪と、彼らの父祖の罪とを告白するなら……」。これらの言葉は改悛に言及している。彼らが自らの罪を告白するやいなや、私は彼らに向き合い憐れみを抱く。

しかし、もっとも凶悪な罪以外のあらゆる罪が死をとおして改悛なしに贖われる、との見解が民 15.30–31 に対する『スィフレ』の解説には見られる[604]。この聖典の箇所は「故意に罪を犯す者は……主を冒瀆する者であり……。彼が侮ったのは神の言葉であり、彼が破棄したのは神の掟なので、その者は完全に断たれ、その罪責は彼の頭の上に置かれる」と記す。ラビ・イシュマエルの解説に続く議論では、この聖典箇所の罪が偶像崇拝を指すと見なされる。ラビ・アキバとラビ・イシュマエルは、偶像崇拝者がこの世と来たるべき世から「断たれ［る］」という点で同意する（もっとも釈義は異なる

---

600) この箇所はこの後、極刑を宣告された者が無罪を主張する場合にも告白すべきかどうかを論ずる。この厄介な問題に関しては民 5.5–6 の『スィフレ・ズータ』(p.230) を見よ。
601) 民 5.5–6 の『スィフレ・ズータ』(p.230 上部)。
602) 『スィフラ・アハレ』パラシャー 2.4（レビ 16.6）。
603) 『スィフラ・ベフコタイ』ペレク 8.3（レビ 26.40）。
604) 『民スィフ』112 (p.121)。

が。『BT サン』64b, 90b)。そして「彼の頭の上に」という句については、解説者が以下のように述べる。

> 皆が死によって贖われるが、この者（偶像崇拝者）については「その罪責は彼の頭の上に置かれる」。彼が悔い改めたとしても［この通り］か。［否。なぜなら］聖典は「彼の罪責は彼の頭の上」とするが、彼が悔い改めるならばその限りでない。

『BT サン』90b での並行記事はこれをさらに明言する。ラビ・アキバとラビ・イシュマエルは、「その者は断たれる」ということが悔い改める者に当てはまらない、という点で同意する。『スィフレ』におけるこの箇所は注目に値する。なぜなら、偶像崇拝より軽微な罪は改悛なしでも死によって贖われると述べるからだ。さらに、もっとも凶悪な罪でも、それを悔い改める者は死が贖いをなす[605]。

したがって一般的な理解として、改悛は他の贖いの手段に伴う。それは第4の贖いの手段でなく、神の赦しのためにいつも必要な心の姿勢だ[606]。唯一の例外であろうものに贖罪日があり、また死がある。死は、もっとも凶悪な罪以外のあらゆる罪を、改悛なしに贖う。しかし上述したように、これは贖罪日のための諸規定の重要性が維持されるために記されている。聖典が規定する様々な犠牲と同様に、贖罪日自体が改悛を示唆している。贖罪日が改悛なしにも贖罪効果を持つと言われるのは、贖罪日に本来伴う改悛と告白とは別の改悛が必要ないということだ。同様に、改悛なしにも偶像崇拝以外のあらゆる罪を死が贖うと述べる箇所は、偶像崇拝でさえ改悛によって贖われ得ることを強調する文章だ。それは改悛の効果を制限するのでなく、むしろ強

---

605) Urbach (*Hazal*, 383, 英訳 p.435.n53) は、改悛がなくとも死が贖いをもたらすとの見解が、ラビ・ユダとラビ・ユダ・ハーナスィに依拠すると考える。Urbach は『T ヨマ（キップリーム）』4 (5).9 でのラビ・ユダの言説に関する Lieberman (*Tosefta Ki-Fshuṭah, Mo'ed*, 826) の議論に言及する。

606) これは、ARN, 29 と『P ヨマ』45b に見られるラビ・イシュマエルの4つの分類において明言されている。ラビ・マッティア・ベン・ヘレシュはラビ・エレアザルに聞く、ラビ・イシュマエルの4つの分類について聞いたことがあるかと。ラビ・エレアザルは以下のように答える。「私は聞いたことがある。しかしそれは3つであり、それらに改悛が伴わねばならない」。

調している。

悔悛の重要性：ユダヤ教における改悛の意味と重要性を把握する学者としてムーア以上の者はおらず、したがって彼が記している以上のことを付加しようとの試みは無駄に終わる[607]。もっとも、私たちの論考に有用となる改悛に関する特定の性質に注目することには意味がある。さらに、ラビらにとって改悛がいかに重要だったかをも把握しておく必要がある。

ヘブライ語の *teshubah* に対して英語の repentance（改悛）という訳語はかなり的確だが、語源に違いがあることをわきまえておく必要がある。Repentance が思考的行為——すなわち再思考［rethinking］——を指すのに対し、*shub* の文字どおりの意味は「方向を変える、逆方向へ進む」ことを意味する[608]。しかし実際の用法において、これらの 2 語は同様に用いられる。英語の repentance という語は、神に立ち帰るようにとの聖典的な戒めによって大いに影響を受けている。ユダヤ教における repentance を定義する際に、ムーアは英語の訳語に意味的な違いを考えていないようだ。

> ユダヤ教における repentance の定義には、同胞の身体、所有物、あるいは名誉を傷つけたことに対する償い、罪の告白、赦しの祈り、再び罪に陥らないとの真摯な思いと努力が含まれる[609]。

ムーアが繰り返し述べるとおり、この意味での改悛と神の赦しとは、従順を強調する宗教において救いに必要な手段である[610]。したがって、改悛は世界の創造以前から存在したものの 1 つ——律法に続いて第 2 番目の創造——だという、教訓的な言い方がされる[611]。改悛は義人の宗教的行動の一部であり、人に悔い改めるべきことは何もないとの理解はなかった[612]。タンナ文献

---

607) Moore, *Judaism* の索引（s.v. Repentance）を見よ。
608) *Teshubah* の意味に関しては Moore, *Judaism*, 507 を見よ。Petuchowski, 'The Concept of "Teshuvah"', *Judaism* 17 (1968), 180–81 参照。
609) Moore, *Judaism*, I.117.
610) Moore, *Judaism*, I.116–17, 266.
611) Moore, *Judaism*, I.266, 526.
612) Moore, *Judaism*, I.495. さらに無記名者の『出 R』31.1 の言説も見よ。「神に負債を負わない

において、律法の完璧な遵守が主題として取り上げられることはほとんどない[613]。もちろん、どの掟に不従順だったか、なかなか思い当たらないラビらもいただろう[614]。しかし、人間の過謬性は広く知られていた。改悛の効果は大きく、生涯にわたる罪や不従順をも覆った。ラビ・シメオン・ベン・ヨハイが『Tキッド』1.15において、邪悪な者が生涯の終わりに悔い改めるなら救われる[615]、と述べるゆえんだ。ラビ・メイルも同様の見解を示し、2人が同じ病によって苦しんだ後に、片方だけが癒されるなら、それはその者が悔い改めたからだ、と述べる[616]。

この見解が、人生における善悪の過半数の行為がその人の永遠の運命を決定するとの理解と符合しないことは明らかだ。『スィフレ』における以下の箇所では、改悛が多くの罪を消し去るという理解と、神がその正義によって人の罪を厳しく対処するとの見方とが融合する[617]。

> 賢者は言う。「無罪を有罪あるいは有罪を無罪へと、神の判決は反転しない(それらは反転しない)。神は報いという賜物を *mitsvot*(掟)[の成就]に対して与え、違反を罰する。それならなぜ聖典は『ルベンを生かし、滅ぼしてはならない』と記すか。それはルベンが悔い改めたからだ」。

これは、厳密な正義の秤にかけるならルベンは死ぬべきだったが、改悛によ

者はいない。神はその恵みと憐れみとにより、これまでのすべて[の罪]を赦す」。この箇所は続けて、人が悔い改めずとも、神が赦し続けると述べる。

613) Büchler, *Sin and Atonement*, 331–32. しかしラビ・タルフォンが述べるように、律法を完璧に守ることができないとしても、人にその努力を断念する自由はない(『Mアヴォ』2.16)。

614) したがって『メヒルタ・ミシュパティーム』18 (313, III.141–42.「ネズィキーン」出22.22 [23])は記す。ラビ・シメオンとラビ・イシュマエルが処刑へと向かうとき、前者は何の罪のために罰せられるか見当がつかなかった。ラビ・イシュマエルは、器からすするのに、サンダルの紐を結ぶのに、あるいは上着を着るのに判断が遅れたことがあったかも知れないと述べた。すなわち、そのような過ちが予期せぬ死をもたらしたかも知れないというわけだ。ラビ・シメオンの運命に関しては Finkelstein, *Akiba*, 268, 316–17 を見よ。他の例は Büchler, *Sin and Atonement*, 347 を見よ。ラビ文献や他の文献にあるほぼ完全な律法遵守の例は Büchler, *Types*, 17–18 を見よ

615) I.A.6.n392を見よ。I.A.7.n489 参照。

616) 『BTロシュ』18a(英訳 pp.70–71)。

617) 『申スィフ』347 (404–05. 申33.6)。

って、不従順がもはや彼にとっての不利益を累積させないという新たな状況を生み出した、ということだ。聖典記事がルベンの——おそらく近親相姦の罪への（創 35.22, 49.4）——改悛に言及しないことは興味深い。ラビらは、ルベンが生きるべきであって死ぬべきでないとの申 33.6 の記述に依拠して、彼が悔い改めたに違いないと推定した。これは、改悛がラビ的な救いの教理においていかに重要かを示す [618]。従順と同様に、改悛も神への愛が動機となっているべきだが、恐れを動機とする改悛も、改悛がないよりは良い。これをラビらが誉めることはないが、彼らはその贖いの効果を否定しない [619]。

悔悛という行為義認？：幾世紀に及ぶルター派神学の問題提起によって鋭敏になった感性には、改悛さえも神の慈愛を獲得するための律法主義的行為と映りかねない。じつにラビらはこの問題に関して、改悛の意志が神の慈愛をもたらす絶対条件ともとれる表現を用い得る。すなわち個別のテクストにおいては、あたかも「悔い改めよ」という命令法が「そして神は慈悲を示される」という叙実法に先行するように表現されている。『スィフラ』は以下のように述べる [620]。

> 「したがって彼らが無割礼の心を謙虚にするなら」（レビ 26.41）——これらの言葉は改悛に関する——。彼らが改悛によって謙虚な心を示すやいなや、私は彼らに向いて慈悲を示そう。「したがって彼らが無割礼の心を謙虚にするなら、彼らはその背きを償う」とあるからだ。

ある意味でこのような印象は間違いでない。改悛は神の赦しの条件と見なされた。神は人の意に反して従順で悔いる姿勢を強要しなかった [621]。しかし

---

618) Moore, *Judaism*, I.500 によると、改悛とその対極にある罪の赦しは「ユダヤ教における救済の教理と正式に呼ぶべきものとも言えよう」。

619) Schechter, *Aspects*, 318ff（マナセについて）を見よ。

620) 『スィフラ・ベフコタイ』ペレク 8.6（レビ 26.41b）. 改悛において主導権は人にあるか神にあるかに関しては Petuchowski, 'The Concept of "Teshuvah"', 184–85 を見よ。

621) ラビらは言い得る、「人は契約を受け入れたなら、好むと好まざるにかかわらず、契約の掟を守るよう指示される」と。『民スィフ』115（127–28. 民 15.41）. しかし、宗教的であるようにとの思いを強要できない。「天に対する畏れ以外のすべてが天の手中にある」（『BT ベラ』33b,『BT メギ

「ラビ的な宗教において改悛は『慈悲』を獲得するための行為だ」という理解は、神がイスラエルを選んだという宗教の根本的な基盤を看過するという点で誤っている。改悛と赦しという主題は、「イスラエル人すべてが来たるべき世においてその分け前を得る」という理解の上に築かれた大きな構造の中で機能する。この見解は神の恵みという理解に依拠している。

契約維持のための悔悛：ここで私たちは、ラビ文献とラビ的宗教という全体的な構造との両方に言及せねばならない。ラビ的宗教は、一方には神の選び、他方には来たるべき世における分け前を配置する枠組みによって成り立っている。契約のうちに留まる者は皆、契約の約束に参加した。繰り返し述べてきたとおり、契約に対する神の誠実さに関してラビらが疑念を抱くことはけっしてなかった。彼らの関心は、この契約において人がいかに誠実たり得るかだ。この問題は、定義上ハラハー文献が扱うことになる。なぜならそれは、契約内での問題を対処するからだ。契約に対する人の誠実さは、それを否定形で表現すれば、契約を破棄しないこと、規定違反を軽んじないこと、律法を嘲弄しないこと、隣人愛の掟を無視するような仕方で兄弟に接しないことだ。肯定的には、規定を履行するよう最大限に努め、過ちを犯した場合はそれに相応しい対処をすることだ。この「相応しい対処」はいつも改悛を含意している。なぜなら、改悛がなければ人は不従順を是正し得ないからだ。「相応しい対処」は犠牲を献げることや償いをすることであり、また深い悔恨を明示する他の行為をも意味しよう。神殿崩壊後は、改悛が律法に定められたすべての犠牲の代替となった。もっとも、贖罪日はユダヤ人の生活において特別な意味を持ち続けた。究極的に何が求められるかと言えば、それは契約に留まること、契約において従順であることを志すことだ。

したがって改悛は、開始時点で神の慈悲を求めて得るための「立場獲得」という行為でない。むしろそれは、人が契約に留まる意志を示すための「立場維持」あるいは「立場回復」という姿勢だ。換言すると、民はすでに「救われている」ので、彼らに必要なことは神への正しい姿勢を維持すること

25a) と言われるゆえんだ。Urbach, *Ḥazal*, 320（英訳 p.365）によると、規定はある意味で義務だが、他の意味では任意だ。

だ[622]。この姿勢なしに、神の慈悲に意味はない。神が授ける慈悲を受け入れることで人は契約に入り、これを受け入れ続けることで契約に留まる。この契約の維持には、違反に対する改悛が示唆されている。

　ラビらの祈りがラビ的宗教の一般的理解にいかなる光をあてるかについては、後ほど論考する。直前で引用した『スィフラ』（註620参照）の内容とのバランスを保つため、先行的恩恵を示唆するように思われるテクストをここで引用しよう。これは叙実法と命令法との位置関係を正しく捉えているとブルトマン学派の学者らでさえ認めるものだ。「主なる神よ、あなたが私たちの心のうちにまったき改悛を行う思いを与えて下さること、それがあなたの御心、私たちの父祖の神の御心でありますように」[623]。神の恵みは、誘惑に打ち勝つ助けとして、繰り返し願い求められた[624]。レビ26.41に関する『スィフラ』に見られる解説の焦点は、あたかも放蕩息子の父親のように、神にはいつも赦す心づもりがあるということだ。この点は、ラビ・メイルによるとされる喩えのうちにとくに明らかに示されている[625]。

「あなたはあなたの神、主のもとに立ち帰る」（申4.30）。ラビ・サムエル・パルグリタはラビ・メイルの名によって言った。「これは、悪の道を選んだ王の息子に喩えられる。王は息子に教師を送って言わせた、『わが子よ、悔い改めよ』と。しかし息子は父に［言づてを］返した。『どうして私は厚かましくも帰られましょうか。私は恥じており、あなたの前に出られません』。すると父は、『わが子よ、子が父のもとへ帰るのに恥じることがあろうか』と言葉を送った。同様に誉むべき聖なる方は、エレミヤを罪を犯したイスラエルに送った云々」。

---

622) Petuchowski, 'The Concent of "Teshuvah"', 178–79 も見よ。
623) 『Pベラ』7d (4.2). これは3世紀の終盤に大きな影響力を持ったラビ・ヒッヤ・バル・アッバによるとされる。しかし後続する解説によると、これは伝統的な祈りだ。Schechter, Aspects, 279 に引用がある。
624) 人の主導権と神の恵みに関しては Schechter, Aspects, 278ff を見よ。
625) 『申R』2.24. 同じくラビ・メイルによるとされる同様の内容の箇所が、A. Jellinek が収集した Bet ha-Midrasch, 1.21–22 にある。

ここでの改悛は、明らかに「立場維持」のための改悛であり、神の好意を獲得するための改悛でない。この姿勢は、以下の祈禱書の告白に見られるように、後にキリスト教へと受け入れられた。

> 私たちはあなたの聖い律法に違反しました。私たちはすべきことを為さぬままに置きました。私たちはすべきでないことを行いました。……しかし主よ、あなたは私たち惨めな違反者に慈悲を向けられ……。悔いる者を回復させて下さい。

ここには、人が罪を犯すも悔い改めるなら、神が赦し、恵みによって確立された本来の関係が回復されるという理解がある。改悛は神の好意を獲得するための行為でなく、違反によって歪んだ関係性を修復する手段だ。したがって、神が初めに示した救済的恩寵が前提となっている。これはラビ的な理解でもあり、罪を犯すも悔い改める者は、「律法によって」回復される。「悔い改めよ」という命令法を「そうすれば神は憐れまれる」という叙実法の前に置くからといって、それがキリスト者であれユダヤ人であれ、「行為義認」の宗教の存在を証明するように理解される必要はない。このような誤解は、神の救済的恩寵に関する言説を看過し、その恵みによって確立された関係性を回復するための改悛の役割を無視することで生じる。

　神への悔悛と人への償い：改悛という主題に関して、最後にもう１点述べよう。すなわち、神と人との関係を規定する律法違反と、人とその隣人との関係を規定する律法違反との違いだ[626]。ラビらの基本的理解によると、神への罪の方が同胞への罪よりも容易に赦される。それは後者が償いを要するからだ[627]。もし罪が人と神とのあいだにあれば神は「顔を上げる」が、人と人

---

626)　この例は Alon, *Meḥqarim*, I.276–77 を見よ。
627)　人と人とのあいだの規定違反を神が赦すのは、違反者が被害者を宥めた場合に限られる。『スィフラ・アハレ』ペレク 8.1–2（レビ 16.30）. これはのちに『M ヨマ』8.9 に付加された。被害の弁償については『M カンマ』8.7 参照。Buchanan（*Consequences of the Covenant*, 155）はサム上 2.25 を挙げて、神への罪の方が人への罪よりも重大だと述べるが、これはラビ的な理解とは異なる。

とのあいだにあれば神は「顔を上げない」[628]。これは、聖典が定める「切り離す（karet）」罰に値する罪が、人の法廷が定める死をもって罰する罪よりも、容易に贖われることと符合する。一般に karet は「消滅」とか「根絶」と訳され、「彼の魂が完全に切り離される」という聖典の表現に用いられる[629]。ラビらはこのような罰が適用される罪こそもっとも贖うに難いと考えそうなものだが、神の慈悲が不変であると考えるラビらの視点は異なる。神の法廷で定められた死について、人は償いによって解放を得ることができるが、人の法廷で定められた死については償いようがない[630]。『ミシュナ』の表現を用いるなら、「根絶が定められた者で、鞭を打たれた者は、もはや根絶の定めにない。なぜなら『あなたの同胞があなたの前で卑しめられ』（申25.3）とあるからだ。鞭を打たれた者は、あなたの同胞と見なされる」[631]。この違いが、ラビ的宗教における基本的な道徳の動機付けを示している。

悔悛の有効性の例外：しがたって契約のうちにある者にとって、改悛は贖いのための絶対的な手段だった。他の贖いの手段の効果を強調するという既述の意図がある場合を除いて、改悛が贖いをもたらすという原則に例外は見られない。この例外として、ウルバッハは以下の3つしか挙げることができない[632]。第1に、神はイスラエルの民の改悛を受け入れたが——これは救いに関する事柄でないが——、モーセの場合はその祈りにもかかわらず、約束の地に入ることを許されなかった。もっとも神はイスラエルの民の違反に対する改悛を受け入れた[633]。第2に、マナセは悔い改めたにもかかわらず、『M

---

628) 『スィフレ・ズータ』（民6.26, p.248）、ラビ・ヨセ・ベン・ドゼタイを見よ。同様の理解はラビ・アキバにもよるとされる。

629) 『Mクリトート』と Danby の註解を見よ。

630) 『メヒルタ・ミシュパティーム』10 (285, III.85–86 [ネズィキン10]. 出21.29)。

631) 『Mマッコ』3.15,『申スィフ』286 (304. 申25.3)。『BTマッコ』13a–b におけるラビ・イシュマエルとラビ・アキバとのあいだの議論を参照。申25.3 に関するタンナイーム的ミドラシュにおいては鞭打ちが罪のための贖いとされる (p.164)。「鞭打ちは愛すべきかな、それが罪を贖うからだ。『彼の悪の程度によって (kedē)』（申25.2）とあるからだ。それは悪を償うに十分 (kedai) だ」(Urbach, Ḥazal, 383 に引照。英訳 p.434)。

632) Urbach, Ḥazal, 410–11（英訳 p.465）。

633) 『民スィフ』136 (183. 民3.29)。

サン』10.2の著者によって来たるべき世における分け前から外された。第3の例外は、改悛を諦めたエリシャ・ベン・アヴヤーだ。安息日にあたった贖罪日に、馬に乗って神殿の前を通り過ぎる際に、神殿の中から以下のように言う声が聞こえた。「『不誠実な子らよ、立ち帰れ』、私の力を知りながら私に反抗したエリシャ・ベン・アヴヤー以外は」[634]。ウルバッハはこれに関して、自ら罪を犯したうえ他者に道を誤らせた者には、改悛の機会がない（『Mアヴォ』5.18）、と記している。さらにエリシャ・ベン・アヴヤーはここで、「［契約の］軛を破棄した」者の典型として、すなわち確信的で意図的に規定違反を繰り返す者と見なされている。

e. 要約

契約の維持：私たちは以上の論考から、イスラエルの民（改宗者や義なる異邦人については後述）に適用されるべきラビ的宗教の様態全般について要約する準備が整った。神はイスラエルを選び、イスラエルはその選びを受け入れた。神は王として、その民が可能なかぎり遵守すべき諸規定を与えた。従順は報われ、不従順は罰せられる。しかし諸規定を履行できない場合でも、民は神が定めた贖いの手段に訴えることができる。これらの手段すべてにおいて、改悛が求められる。契約に留まる思いを維持する限り、人は神が定めた契約の約束の分け前に与ることができる。これには来たるべき世における命も含まれる。従順であろうとする意図と努力は契約に留まるための条件をなすが、人はそれ（契約の立場）を獲得するのでない。

この宗教に関する一般的な理解は、十分に体系化されていないものの、タンナ文献すべての背景に横たわる思想だ。それはこの文献群の主要な強調点のみならず、重要な場面での明らかな矛盾点をも説明する。それはタンナらの宗教的思考を一貫したものとして伝える。これ以外の宗教の在り方はとうぜん非聖典的で、トーラーにおいて啓示された神の意図に沿っていないと見なされた。この全体的な宗教様態を看過することによってのみ、ラビらは偏狭的で侮蔑的な意味での律法主義者と見なされ得る。彼らを「律法主義」と

---

[634] 『Pハギ』77b (2.1).

説明するなら、それは恵み深い神の選びと確かな救いの確信という文脈に置かれなければならない。不従順と従順、また罰と報いに関する議論がなされる場合、「人はいかに救いを獲得するか」が問題とされるのでなく、「契約という枠内において人はいかに在り、神はいかに在るか」が問われている。彼らはこの枠内で、神の掟を理解してこれを守ることを努めるが、成就した掟（mitsvot）の数によって契約内に立場を獲得するという発想はなかった。また彼らは、規定不履行が成就の数を上回ることで永遠の断罪が決定すると考えなかった。そのような言い回しがあったとしても、あるいは彼らが「ただ1つの違反が永遠の裁きをもたらす」と言い得たにせよ、そのような説教的な奨励を根本的な確信と混同してはならない。人が契約に留まる意図を持つかぎり、そしてその意図を改悛によって示すかぎり、神は規定の履行と違反とを厳格に天秤にかけたりはしない。神が厳格な裁きを実行すれば、誰一人として生きられない。神の厳格な裁きの前では、イスラエルの父祖でさえその叱責に耐えようがない[635]。

シェーベリの誤り：一方では契約への選びと確固たる贖いという枠組み、他方では裁きと報いとをもたらす神に対する契約という文脈における信頼性、これらの関係性を見誤るとき、人はラビ的宗教のエッセンスを完全に誤解する。この誤解はビラーベックに代表される学者らの著作に顕著に見られる。ビラーベックは「ファリサイ派的救済観」について、契約に一切言及することなく論じ、さらに規定違反より1つでも多くの規定履行を求める行為を強調する中で贖いの役割を軽視して退けた[636]。しかしこの誤解は、ラビ的視点における公正と慈悲との関係を理解しようと努めるシェーベリのような学者にも見られる。彼は『Mサン』10.1に選びへの確信を認め、多くの学者らがするようにそれを無視することはしなかった[637]。シェーベリは永遠の祝福を罪と義でなく、イスラエルへの所属の問題として捉えた[638]。それでは、

---

635) 『BTアラ』17aにあるラビ・エレアザルのバライタ。神の厳格な裁きの前でこの世は耐え得ない（『創R』12.15, 39, 6）。
636) S.-B., IV.5–6.
637) Sjöberg, *Gott und die Sünder*, 118–19.
638) Sjöberg, *Gott und die Sünder*, 120–21.

行為にしたがった返報があるとの教えはどう理解すべきか。彼はこの問題を解決するにあたって、『M サン』10.1［と選びに関する一般的な理論］がイスラエル自体にのみ適用され、そのうちにある個々人には適用されないように教えていると解釈した。個々人はその行為にしたがって裁かれる——多くが考えるように事務的でないにせよ——という支配的な理解が[639]、ここでも影響している。

シェーベリの結論の重要性は、「ユダヤ的宗教の構造」という項に明らかだ。ユダヤ教が律法への従順を求めるという事実は、「人は従順によって神の好意を自らへ向けさせる」という結論に至る[640]。「したがってタンナらの理解するユダヤ的宗教は、人の義とそれによって獲得される神の好意 (Wohlgefallen) の上に築かれた宗教として留まっている」[641]。この文言は、慈悲と選びとの均衡を保とうとしたシェーベリの努力が、とうとう瓦解してしまったことを示す。

イスラエル全成員が留まる契約：シェーベリに対する反論は単純である。『M サン』10.1 の教えは、文字どおりに「すべてのイスラエル、彼ら——すなわちイスラエル人がみな——に来たるべき世での分け前がある」ことであり、これは個々のイスラエルの民にも適用され、たんにイスラエル国の存続でない。これには例外が後続するが、それも排除されないイスラエルの個々人が約束の対象であることを示す。そしてもっとも決定的な反論は、この箇所に個々人の違反をいかに贖うかの詳細が示されている点だ。繰り返すが、「個々のイスラエル人が悔い改め、贖罪日などを守ることで契約に留まる意志を示すなら、彼らのあらゆる違反は赦される」というのが普遍的な見解だ。神へ立ち帰るために悔い改めて贖いをなすという趣旨の文言が遍在するタンナ文献は、神とイスラエルの全成員とのあいだの契約関係を前提としている。そして、個々の成員の問題を扱ってはいるが、その成員が神とイスラエルの契約に属していることも忘れてはならない[642]。一方で報いと罰に関

---

639) Sjöberg, *Gott und die Sünder*, 122–24. 106–08 参照。
640) Sjöberg, *Gott und die Sünder*, 188.
641) Sjöberg, *Gott und die Sünder*, 190.
642) Urbach, Ḥazal, 454–55（英訳 pp.511–12）も見よ。

する言説は、「救いを獲得する」という趣旨の思想を示さない。報いと罰の対極に置かれるのは、神が慈悲深く救うということでなく、むしろ神が気まぐれで、神の報いと人の行為とは何ら関係がないとの理解だ。この世において神の正義が見えにくくとも、来たるべき世において正義は必ずなる。契約のうちにいるイスラエル人は、その違反のための罰——苦しみや死や、必要とあれば死後の罰——を受けるが、それでも神が授けた契約に留まることで救いを受ける。したがって、例えばラビ・アキバは行為に応じた厳しい罰があることを信じた。苦しみは、人が罪を犯し、その罰を受けていることを示す[643]。神は違反に対する罰を控えることで慈悲を示すことをしない[644]。しかしこのような神の姿勢は契約内でのことで、これは「いかに人は救われるか」という問題と関係がない。ラビ・アキバは、「イスラエル人のすべてが来たるべき世での分け前に与る」との言説に同意する。彼が非常にわずかな例外を示すことは、かえってこの言説を補強することになる。さらに、義人の罪を罰することさえ神の慈悲を示すことと理解される。なぜなら、来世での罰を回避するために、人は現世で罰せられるからだ。慈悲と正義とは矛盾するものでなく、行為に応じた厳格な報いと罰は、選びと贖いに取って代わる救済論ではない。

8. 適正な宗教的行動—— *zakah* と *tsadaq*

　私たちはタンナイーム時代の宗教の基本的様態を概観してきたが、考察すべき主題があと幾つか残っている。本項は主要な2つの語—— *zakah* と *tsadaq* ——を扱うが、これらは正しい宗教的行動を指す表現である。

a. *Zakah*

　第Ⅰ部の最初（I.A.1）に確認したとおり、ラビらが「功徳の教理」を前提としていたという理解はキリスト者の学者らのあいだで定着している。すな

---

[643] 『メヒルタ・バホデシュ』10,『申スィフ』32（I.A.7.n575）.
[644] 『創R』33.1（I.A.7.n584）.

わち、ラビらは神への従順によって功徳を積むことができ、これが神からの報いに繋がると信じていた、という理解だ。私たちの主たる関心は、ラビらは功徳が積み上げられ得ると考えたか、またこれが裁きの時に他者へ移行さ
̇ ̇ ̇ ̇ ̇ ̇ ̇ ̇ ̇ ̇ ̇ ̇ ̇ ̇ ̇
れて、悪徳を相殺することができると理解したか、を確かめることである。上述したように、このような理解は、ラビ的救済論が功徳と違反（罪）とを秤にかけることによる救いを想定しているという仮説と繋がる。多くの学者らは「父祖の功徳（*zekut 'abot*）」という句を、ローマ・カトリックの概念である余剰の功徳（supererogation）と聖者による無辜の苦しみによって積み上げられた「功徳の宝庫（*thesaurus meritorum*）」と重ねて理解している。キリスト教側の伝統的な理解によると、ラビらの救済論では裁きの日に「父祖の功徳」が他者へ移行され得るというわけである [645]。

　前置詞句 *bizekut*：ムーアは *bizekut* という句がしばしば前置詞句であることに注目した。これは英語の前置詞句の by virtue of（〜ゆえに）に相当するので、ヘブライ語の句も文字どおりの because of the merit of（功徳［という理由］によって／のために）でなく、for the sake of（〜ゆえに）と訳すべきだ、と論じた [646]。彼は「父祖の功徳（*zekut 'abot*）」の機能を、イスラエルに対する神の愛を説明することと理解した。「イスラエルに対する神の愛は、父祖に対する神の愛に起因し、愛に依拠している」；「父祖へ神が示す愛情と敬意のゆえに、その子孫に対して神が特別な好意と寛大さを示す、と考えるのがもっとも自然だった」[647]。シェーベリもムーアに同意し、「父祖の功徳［という理由］によって」という訳が、人の功徳によって他者の欠損を補完し得るという概念——「功徳の宝庫」——を誤って連想させると述べ、そのような類

---

645) Weber, Charles, Bousset（宝庫に言及するが移行は述べない）, Köberle, Billerbech, Bultmann, Rössler（すべて I.A.1 に挙げた）, Barrett and Ziesler（直後に挙げた）の言説を見よ。ローマ・カトリックの「功徳の宝庫」との類例は Moore（*Judaism*, I.544–45）と Marmorstein（*Merits*, 31）によって否定されたが、その影響は非常に限定的だったようだ。私の同僚の Dr. Ben Meyer が指摘するには、この主題に関する議論で取り上げられる、カトリック教会における功徳の余剰の行為と功徳の宝庫との関係性についての説明がしばしば正確でなく、Moore の説明もいくらかの点で修正を必要とする。

646) Moore, *Judaism*, III.164 (n.249).

647) Moore, *Judaism*, I.536.

例比較が正しくない点を強調する⁶⁴⁸⁾。さらに彼は、bizekut を前置詞的に訳すムーアの提案を支持し、明らかな前置詞（bishbil や lema'an）からなる前置詞句と同様の意味が、bizekut で代用されている例をさらなる証拠として示した⁶⁴⁹⁾。そして彼は、zekut が「本来の（文字どおりの）意味で⁶⁵⁰⁾」用いられるのは、タンナらに起源があるかが疑わしい3例のみであることを指摘した。Zekut 'abot が前置詞の b なしで用いられることはほとんどない⁶⁵¹⁾。もっともシェーベリは基本的に、「父祖の功徳ゆえに（bizekut 'abot）」を族長らに対する神の恵み、あるいは父祖に対する神の約束と捉えるムーアを否定する。彼は、そのような場合が時としてあっても、ほとんどの例では父祖の具体的な義が念頭に置かれている、と考える⁶⁵²⁾。さらに、神の愛や父祖に対する約束が念頭にある場合でも、契約と約束とが義なる者へ与えられることを忘れてはならず、この句と応報理論（Vergeltungsgedanken）との関連は否定できない、と述べる⁶⁵³⁾。

功徳の移行？：ムーアとシェーベリの研究にもかかわらず、新約聖書学者らは相変わらず、人の過失を補うために功徳が用いられ得るとするラビ的な功徳の教理なるものについて語り続けてきた。I.A.1 で挙げた例以外にも、例えば C.K. バレットは、「[[パウロの1つの] 言語表現が父祖の功徳（zekuth）に関するラビ的教理を想起させる。すなわち罪深い子孫が功徳を引き出せる宝庫に関する教理だ⁶⁵⁴⁾」と述べる。ムーアの議論をよそに、バレットはこの「ラビ的教理」なるものを立証の必要がない周知の思想として扱う。より最近では J.A. ジースラーが、バレットよりもラビ文献を好意的に解釈するもの

---

648) Sjöberg, *Gott und die Sünder*, 42–43, 49, 55. 人の過失が功徳の宝庫によって相殺されるという見解が初めて登場するのはアモライーム時代だ（pp.128–29 参照）。

649) Sjöberg, *Gott und die Sünder*, 49–50.

650) Sjöberg (*Gott und die Sünder*, 51.n1) はラビ・シメオン・ベン・ヨハイによる出 21.2 の『メヒルタ』と申 34.7 や 23.5 の『ミドラシュ・タンナイム』を引照する。しかしこれらの箇所で、bizekut や bishbil zekut が特異な意味になる例はない。これらすべてで、アブラハム「のゆえに／の功徳のために」何か良いことが起こったことを述べている。

651) Sjöberg, *Gott und die Sünder*, 51.

652) Sjöberg, *Gott und die Sünder*, 44–49, 55.

653) Sjöberg, *Gott und die Sünder*, 49, 55.

654) Barrett, *The Epistle to the Romans*, 225.

の、それでも伝統的なキリスト教側の見解を繰り返す。ジースラーはシェクターやムーア等の著書を挙げつつ、「功徳の移行を含む」功徳の教理がラビ文献において「完全な仕方で出現する」と述べるが [655]、実際にはムーアはそれを否定しており、シェクターはそれについて何も述べない。ジースラーは続けて記す。「誰かが真に義であれば、その人の功徳は本人のみならず他者へも開かれている。これは以下の3通りの功徳について言える。それは父祖の功徳……、敬虔な同時代の人の功徳……、さらに敬虔な子孫の功徳さえも含まれる [656]」と。もっとも彼はマルモルシュタインに倣って、功徳の移行という理解を否定する動きが絶えずあったと述べ、シェクターに倣って、功徳の移行は「恩寵の源泉」の具現化であって、商業的あるいは外面的な譲渡でないと論ずる [657]。こうしてジースラーは、過失を補完するための功徳の移行に関する伝統的なキリスト教的理解とラビ・ユダヤ教へのより好意的な姿勢とを融合させ、その強調点が恵みであって商業的な手続きでないとした。

　新約聖書学者らは、しばしばシェクターとマルモルシュタインの議論に依拠して論ずる。功徳を父祖のもの、同時代の同胞のもの、そして子孫のものとにハッキリ分ける理解が広まるのに貢献したのは、じつにシェクターだった [658]。これら3つの集団の功徳が移行され得るとの見方を支持する学者として、シェクターはしばしば言及された。じつにシェクターは、他者の功徳に対して「保護的あるいは贖罪的な影響」があるとし、利害の連帯性という概念を語る際に功徳に言及している [659]。もっとも彼は、余剰の功徳の業に依拠した功徳の宝庫から、功徳が欠乏する個人へ功徳が移行され得るとは、けっして言わなかった。既述のとおり、マルモルシュタインは中世のキリスト者の見解をラビらの神学の類例として扱うことに反論したが、それでも彼の不用意な表現は伝統的なキリスト教の理解を支持するために用いられた。彼が文脈の如何に関わらず *zekut* を必ず「功徳」と訳したことで、ブルトマンが

---

655) J.A. Ziesler, *The Meaning of Righteousness in Paul*, 122.
656) Ziesler, *The Meaning*, 123（Schechter, *Aspects*, 171–98 を引照）.
657) Ziesler, *The Meaning*, 124.
658) 註656を見よ。
659) Schechter, *Aspects*, 170–71.

文字どおりの意味での「功徳の教理」と呼ぶものがあたかも実際に存在したかのような印象を読者に与えてしまった。マルモルシュタインが zekut を用いる場合は、必ずその本質的な意味を意識している [660]。さらに彼は以下のような文言を記している。「彼ら（父祖）は天で宝を集めるが、それは自らのためでなく他者のためだ」[661]。功徳と悪徳とを天秤にかけたり、功徳の移行によって悪徳を相殺したりするという裁きに関する理解をラビ的だと決めつけたがるキリスト者の学者らに対して、マルモルシュタインが上のような言説にあとから修正を加えたところで、誰もそのような修正に耳を傾けない [662]。現在広く認められているラビ的裁きの誤解が、それを雄弁に語っている。

功徳／悪徳の債務台帳？：近年ではブキャナン（Buchanan）が、功徳の宝庫あるいは功徳の台帳なる教理をユダヤ教とキリスト教の契約神学における中心的要素と位置づけた。彼の著書の冒頭における説明はまとまりに欠け、散在する資料から集めた言説に依拠したその論考からは、彼がいかにその結論に至ったかを理解することが困難だ [663]。しかし贖罪日を扱う項では彼の解釈の方向性が明らかになる。ブキャナンによると、ユダヤ教における「罪は、個人であれ国家であれ、台帳に集積されるように理解された」。誰かの功徳が完全に枯渇すると、「抵当権の実施」が行われる。彼は以下のように続ける。

> 罪は同胞のヘブライ人、神、あるいはその両方への負債（חוב）と見なされた。多くの罪を犯した者は、多くの借金を抱える者と同様に、不安材料を抱える。

---

660) 同様に、Kadushin（*Conceptual Approach*, 59, 61）は『メヒルタ』の解説で、Lauterbach が *bizekut* を「〜ゆえに」と訳しているところを「彼らの功徳ゆえに」と訳し直している。しかし Moore と Sjöberg が示し、Lauterbach が明らかに理解したとおり、しばしば *bizekut* の訳として「〜ゆえに」がもっとも適切な訳だ。

661) Marmorstein, *Merits*, 156. 同著の pp.49（「義人の功徳は……他者への用いられ得る」）, 52, 148, 160 参照。

662) Marmorstein の複雑な議論をここで詳しく紹介する必要はない。私たちが関心を寄せる問題は 1 点のみだ。該当する箇所に関する彼の解釈と *zekut* の一律的な訳に関しては後述する。

663) Buchanan（*The Consequences of the Covenant*, 31–36）は、出エジプト物語を誰かあるいは何かの *bizekut* という句によって説明するラビらの解説箇所を引照するが（I.A.4 参照）、彼らが出エジプトに限定していることを述べない。彼はこれをもって、ラビらが功徳を引き出すべき宝庫の存在を念頭に置いている、と理解する。功徳の宝庫の存在について、彼はその著作において繰り返し述べる（pp.156, 235, 273）。

A. タンナ文献

債務者はどれだけの期間を負債の返済に費やす必要があるかを知り得るが、罪人はどれほどの返済義務があるかを知り得ない。……神が公正だと信じていても、台帳を見られるのでなく、債務者は負債がどれほどかを知りようがない。……しかし神は徳をも記録するので、ヘブライ人にとって負債を操作し得る善行をできるだけ多く行うことが肝要となる。

ブキャナンは、新約聖書時代のユダヤ人が「イスラエルに加算されるべき功徳を積み上げるために」神経をすり減らして貧者への施しや清貧や従順に励んだ、と論ずる[664]。ブキャナンの理解の大部分は、負債、抵当権行使、奴隷制、ヨベルの年、そして安息年に関する法的細則に依拠している。彼は債務、抵当権——あるいは強制的就労——、そして金銭、安息年、ヨベルの年による帳消し制度を、功徳と悪徳を神が債務台帳に記す制度へと移行させ、これを神が個々人と諸国とを裁く基準とした。私自身は、奴隷制に関する規定が、救いを可能とする功徳の宝庫という概念といかに結びつくか、理解しかねる。まったく異なる議論に依拠したユダヤ教の「功徳主義」というキリスト教的な見解なしに、功徳の宝庫という概念が奴隷制と関連づけられることはなかっただろう。ブキャナンの説明は、おおかたヴェーバーやビラーベックやブセットの議論に追従している。すなわち、神は功徳と悪徳とを天秤にかけ、1つの善行が1つの違反を相殺し——あるいはその逆——、神との関係を計り得ない人は不安に陥れられており、それゆえに他者が積み上げた功徳の宝庫によって過失を相殺できるという一縷の望みにしがみついている、というのだ。

このように、異なる視点を持つ多くの学者らがラビ文献のうちに功徳の宝庫なる概念を見出すが、このような「ラビ的救済観」こそが伝統的キリスト教において支配的となっている。ラビ的宗教を理解するためには *zakah* や *zekut* や *zakka'i* を十分に分析することが有用だが、ここでは救済論に関する問題に論考を限定しよう。第1に、*zakah* と *zekut* を一貫して「功徳」と訳すことが誤解を生じさせる点を確認する。第2に、「功徳」が適切な訳である

---

[664] Buchanan, *The Consequences*, 223–24.

場合、功徳によって何が得られるかを理解する。最後に、功徳の宝庫という概念について考察する。

一貫した訳の誤り：上述のとおり、マルモルシュタインは動詞の zakah と名詞の zekut とを必ず「功徳（merit）」と訳す。残念なことにしばしばこの訳は、「功徳の教理」のないところにそれがあるかのような印象を与えてしまう。マルモルシュタインは zekut を罪や違反や罪責／有罪の対義語として正しく理解している[665]。しかしこれらいずれの場合でも、zekut ——とその同根語——を「功徳」と訳す[666]。罪や違反の対義語は善行や適切な行為であり、罪責／有罪（ḥobah）の対義語は負債からの潔白／無罪となろうから、本来 zakah や zekut はそのように訳されるべき語だ。幾つかの例を挙げよう。先ずはダンビー訳に倣った『M アヴォ』5.18 だ。

> 多くの人を徳（mezakkeh）へ導く者、彼をとおして罪（ḥet’）が降りかかることはない。しかし多くの人を罪（maḥati’）に導く者、彼には改悛の手段が与えられない。モーセは徳が高く（zakah）、多くの人を徳へと導いた（zikkah）。多くの人の徳（zekut）は彼に拠った。……ヤロブアムは罪を犯し（ḥata’）、多くの人を罪（heḥeti’）へ導いた。多くの人の罪が彼に拠った……[667]。

この箇所の翻訳の困難さは、「罪」の対義語を表す英語の表現がないことによる。ダンビーが「徳へ導く」や「徳が高く」と訳した動詞、また「徳」と訳した名詞に関して、おそらくこれ以上に納得のいく訳はなかろう。もっともここで、マルモルシュタインは zakah のピエル態を「功徳を得させる」と訳しながら、ḥata’ のヒフィル態を「堕落させる」と訳す[668]。英語の「功徳を得させる」は、「堕落させる」の対義として適切と言いかねる。功徳の獲得

---

[665] Marmorstein, *Merits*, 8.

[666] Marmorstein, *Merits*, 6–7.

[667] 『T ヨーム・ハーキップリーム』4 (5).10–11 は、他者を堕落させる者に改悛の機会が与えられない理由を説明する。「［それは］彼自身が［来たるべき］世を受け継ぎながら、彼の弟子らがシェオールに下ることがないように」。Lieberman, *Tosefta Ki-Fshuṭah, Mo'ed*, 827 参照。

[668] Marmorstein, *Merits*, 6.

という表現が、集積され得る功徳の宝庫という概念を示唆するように思われても仕方がなく、マルモルシュタインの訳はこの点で読者に誤解を与えてしまう。ここでのもっとも自然な訳は、モーセが「正しく行動し」、「多くの人を正しい方向へ導いた」だろう[669]。彼らの正しい行動はモーセに依拠した。つまり zakah の意味は、悪行を行うという意味の「罪」という対義語によって定まる。これは以下の 2 つの箇所に明らかだ。『T ペア』3.8 は畑に置き忘れた穀物の束に関する掟（申 24.19 参照）について論じるが、そこである敬虔な者（ḥasid）がその息子に言う、「これはカル・ヴァ－ホメルの議論ではないか。善行を行う（zakah）意図がなかった者が善行を行った——つまり束を置き忘れた——とき、神がこれを善行と認める（zakah）なら、人が善行を行う意図がありそれを行うとき［神がそれを善行と認めるの］はなおさらだ。……人が罪を犯す（ḥataḥ）意図がないのにそれを犯してしまったなら［同様だ］」云々と。この対比は『申スィフ』306（332. 申 32.1）でも明らかだ。地と海とは利益（sakar）も害も受けるように創られていない。したがって「それらが正しく振る舞っても（zokim）報い（sakar）を受けず、正しく振る舞わなくても（ḥoṭim）罰（pur'anut）を受けない」云々。マルモルシュタインの翻訳方針にしたがってこれらを「功徳を獲得する」と訳すことは誤りだ。

　マルモルシュタインは zekut が ḥobah の対義として用いられる場合、これらを「功徳」と「罪責／有罪」と訳す。もっとも自然に対比のニュアンスを出そうとすれば、潔白／無罪と罪責／有罪となろうが。したがって zekut と ḥobah とを神はけっして翻さないという趣旨の言説を引用するにあたって、「功徳と罪責／有罪とはけっして互換的でない」と訳し、以下のように説明を加える。「人が得た大きな功徳には彼の罪責の重荷を軽減できない。罪責が功徳を減じないのと同じだ」[670]。これは確かに適切な理解だが、この箇所の訳としては正確でない。正しくは、「神はけっして無罪を有罪、有罪を無罪として扱わず、有罪を罰し無罪を報いる」ということである[671]。ちなみにラビ文献において、罪責／有罪（ḥobah）との明らかな区別として zekut が用い

---

669) Jastrow (*Dictionary*, 399) も『M アヴォ』5.18 の *mezakkeh* を「善行を行わせる」と訳す。
670) Marmorstein, *Merits*, 7.『申スィフ』347 を引照。
671) I.A.6.n386 とそこでのテクストの議論を見よ。『申スィフ』144,『M サン』4.1, 脚註 89 参照。

られる場合、標準的に「潔白／無罪」という訳語が充てられている[672]。レビ7.34への解説は興味深い。たとえば聖典テクストは以下のように述べる。「なぜなら納められた胸の肉と献げられた腿の肉は、イスラエルの民が献げる和解の献げ物のうちから私が取り分け、祭司アロンとその子らに与えたものだからだ。これはイスラエルの人々が守るべき永遠の定めだ」。解説者らは、なぜこれらの犠牲がイスラエルから取り分けられたかを問う。それは彼らが有罪になった (*nithayyebu*) からだ。そうであれば、イスラエルが無罪 (*zaku*) のとき献げ物を取り戻すのか。そうならないことは、この箇所の最後の「永遠の定め」から明らかだ[673]。ここでの *zakah* を「[十分な] 功徳があれば」と訳すことが不可能ではないが、それは文脈から外れる強いた訳だ。適切な訳は「潔白／無罪」だ。同様に――マルモルシュタインはこの例に言及しないが――、*zekut* と *ḥobah* とが対比される際に後者が負債という意味で用いられているなら、*zekut* は「功徳」でなく「負債からの解放」を意味する[674]。

　もっともマルモルシュタインが完全に誤っているというのでない。しかし、*zakah* とその同根語を一律的に「功徳」と訳すことは、この語のニュアンスを誤って伝えるのみならず、何か一貫した「教理」があるかのような印象を与えかねない。

「功徳」によって何を得るか？：上述したように、人が報いを受けたとき、「これは何の功徳に対する報いか」と問うことをラビらは自然のことと見なした[675]。ここで私たちは、功徳に対するこれらの報いがほぼ例外なく、歴史的で具体的な報酬であって、救済論的な報いを意味していないことを忘れて

---

672) 例えば、『M サン』3.6 (無罪 [*zakka'i*] と有罪 [*ḥayyab*])、『M サン』4.1 (無罪／無罪放免 [*zekut*] と有罪 [*ḥobah*])、『M サン』3.7 (無罪と定める [*mezakkeh*] と有罪と定める [*meḥayyebin*])。同様に私は、*kaf ḥoban* と *kaf zekut* とを無罪と有罪の [天秤の] 側を指し、Marmorstein (*Merits*, 9) のように功徳と有罪とは考えない。

673) 『スィフラ・ツァヴ』ペレク 17.5 (レビ 7.34)。

674) 『M ギッテ』8.3. *Paṭar* が *ḥub* の対義語として用いられる場合、要求からの除外、責任からの自由、特定の法に適用されないなどの意味を持つ。『M ブホ』4.4 は以下のように教える。もし人が、負債がある (*ḥayyab*) のに負債からの自由を宣言するなら、彼はその償いをしなければならない。しかし彼が専門家なら、償いの責任から除外 (*paṭur*) される。

675) I.A.4 (p.316)。

はならない。すなわち、功徳の報いという概念は、善行によって救いを獲得することでない。新約聖書学者らが功徳に関するラビ的な理解を律法主義的行為義認として批判する場合、彼らは報いの対象が救済であることを前提としているようだ。これは誤りである。上述したとおり、ユダ族は海を最初に渡ったという功徳の報いとして王権を授かった。それ以外の例をも挙げるなら、ヨシュアは「彼の功徳ゆえに[676]」民の指導者として任命された。アロンは功徳の報いとして祭司職の俸給を受け、その子孫もこれを継続して授かった[677]。ダビデは王権を授かり[678]、ベニヤミンの功徳の報いとして、シュヒナー（神の臨在）がその分配の土地（神殿の場所）に留まった[679]。モーセは功徳の報いとして、天の父とイスラエル人とのあいだの使者とされた[680]。イスラエル人の功徳の報いとして彼らのうちから預言者が現れ、預言者が早く現れたことは「彼らの功徳ゆえ（*bizekut*）[681]」だった。彼らはその功徳の報いとして土地を得たが、すでにそこには家々や貯水池があった[682]。同様に、イスラエルの地は彼らの功徳への報いだとしばしば言われる[683]。トーラーの学びに熱心な者は「功徳の報いとして多くを得」、「全世界［を得る］に値する（*kedai hu'lo*）」[684]。来たるべき世が功徳の報いとして授けられることが明記されている箇所については、これまでほとんど言及してこなかったが、アブラハムはこの世と来たるべき世とをその信仰の報いとして相続した[685]。同胞へ正義を

---

676) 『民スィフ』139（185. 民 27.17）.
677) 『民スィフ』117（135. 民 18.8）. *bizekuteka* と *biseku beneka*. 一方でアロンは、義なる子孫と邪悪な子孫とのために報いを与えた（*zikkah*）とも言える。なぜなら祭司職を与えることの条件として従順があるのでないからだ。『民スィフ』119（144. 民 18.20）.
678) 『民スィフ』119（144. 民 18.20）.
679) 『申スィフ』352（412. 申 33.12）.『メヒルタ・ベシャラアッハ』6（114, I.252–53 [ch.7]. 出 14.31）参照. 父祖は功徳の報いを受け、そして聖霊が彼らの上に留まった。すなわち、彼らの功徳の報いとしてそれは彼らの上に留まった。
680) 『スィフラ・ベフコタイ』ペレク 8.12（レビ 26.24）.
681) 『メヒルタ・バホデシュ』9（237, II.271. 出 20.19）. 神は 1 人の預言者を立てようとしたが、イスラエル人が進めた *bizekut*。これは *bizekut* が名詞を伴わずに用いられる数少ない例だ。
682) 『申スィフ』38（76. 申 11.10）. これは申 6.11 に言及する。
683) 『申スィフ』156（208. 申 17.14）, 170（217. 申 18.9）, 57（124. 申 11.31）.『申スィフ』179（222. 申 19.1）参照。
684) 『M アヴォ』6.1. 第 6 章はのちのバライタだ。Epstein, *Mabo'le-Nasah*, 978.
685) 『メヒルタ・ベシャラアッハ』6（114, I.253 [ch.7]. 出 14.31）. Lauterbach 版では *besakar* とい

行う者はこの世での齢が延ばされ、「来たるべき世における命をその功徳の報いとして得る」[686]。このような言説は、1つの掟を成就する者が来たるべき世での分け前に与るという教えと符合するが[687]、違反よりも多くの規定履行によって救いを獲得するという理論へとは繋がらない。一般に、功徳の報いは特定できる具体的な事柄だ。この場合の報いは、歴史において神が与える賜物を指す。

ときとして功徳と見なされる行為の報いに具体性がない場合もある。例えば「友人から何かを盗んだ者が、そのあとでトーラーの言葉を学ぶ」なら、その者は盗人と呼ばれるかも知れないが、実際には「自らのために功徳を獲得する（zokeh le' atsmo）」[688]。しかしその結論は、最終的に共同体の指導者になるという類の報いを示唆している。同様にピッグル（汚れた食べ物）とノタル（期限を過ぎた残余の食べ物）とを悔い改め、贖罪日に断食する者は、「自らを利する」、あるいは「自らに功徳をもたらし」、そしてその子孫にも（mezakkeh lo）その結果が及ぶ[689]。ここでは利益が何か具体的に述べられていない。ここで対比されるのはアダムだが、彼は「～してはならない」という掟を1つ違反して自らとその子孫に死を招いた。導入部からは、「来たるべき将来で義人が得る報いがいかに大きいか」を示す意図があることが分かる。神は罰するより報いるに易くある中で、1つの違反を厳しく罰したので、規定を履行する者は大きな報いを期待すべきだ。ラビは議論の流れから、普遍的死より大きな報いが何かを述べることが期待されるが、ここではそれを

う語が用いられ「報いとして」と訳され、Horovitz版では bizekut。

686) 『メヒルタ・ミシュパティーム』18 (315, III.146 [ネズィキーン 18]. 出 22.23 [24]). ここでは tizku l- が「獲得する」とも「到達し得る」とも訳し得る。しばしば、獲得することと得るに相応しいこと、という表現の意味の違いを厳密に分けることは困難だ。この分類に属する言説のもう1つの例は、I.A.9.n804 を見よ。

687) I.A.6 (pp.237-38) を見よ。

688) 『メヒルタ・ミシュパティーム』13 (295-96, III.107-08 [ネズィキーン 13]. 出 22.3 終わり).

689) 『スィフラ・ホバ』パラシャー12.10 (レビ 5.17). Billerbeck (S.-B., III.230) は mezakkeh を「功徳を獲得する（Verdienst erwirbt）」と訳すが、これはアブラハムの違反に対する罰との対比としては不適切だ。この違反はアダムの子孫に対して悪徳をもたらしたのでなく、彼らに死（永遠の裁きでなく）という害をおよぼした。人の善行はその子孫に利益をもたらすが、彼らの代わりに功徳を積まない。

述べていない⁶⁹⁰⁾。この議論の焦点は神が罰するより報いるに易いことだが、その報いが何かは述べられない。いずれにせよ、「従順に報いをもたらす効果があり、神は適切に報いる」とラビらが考えていたことに疑いの余地はない。

同時代の功徳の移行？：功徳が欠乏している者に分配し得るという功徳の宝庫の思想を示唆すると考えられる箇所を考察する場合、この主題を世代によって区分したシェクターの議論を考察するのが良かろう。これは近年ジースラーによって繰り返された。後者は、同時代の者の功徳、子孫の功徳、そして父祖の功徳とに区分している。

「同時代の者の功徳」は他よりも議論が単純だ。各世代の敬虔な者の「功徳」によってこの世が破滅を免れるという趣旨の言説は⁶⁹¹⁾、そのような功徳がとくに裁きにおいて他者へ移行されることを述べていない。これは神の慈悲を強調する表現で、少数の者ゆえに神がこの世への裁きを保留することを意味している。このような教訓的（説教的）な言い回しは、おそらく創18.22–23——「私は10人のために［ソドムを］破壊しない」——のような箇所に依拠しており⁶⁹²⁾、それ自体が功徳の教理、ましてや功徳の移行を示唆してはいない。

ラビ・シメオン・ベン・ヨハイに依拠するとされるタンナ文献の2つの箇所は、同時代の敬虔な者の功徳が移行され得ることを示しているように理解されてきた。そのうちの1つによると、ラビは「私が産まれてから今日に至るまで、私によって全世界は裁きから免れ得る」云々と言ったとされる⁶⁹³⁾。ソンシーノ版の訳者はラビ・シメオンが自らの受難に言及しており、それが

---

690) パウロも同様に、アダムの違反ゆえにすべての人が死んだなら、イエス・キリストゆえに神が授ける恵みは「どれほど大きいことか」と論ずる。議論の焦点は十分に理解できるが、普遍的死より重大なものが何かはかり難い。ロマ5.17を見よ。
691) 『Mアヴォ』5.1は義人がこの世を支えると教える。さらにZiesler, *Righteousness*, 123; Schechter, *Aspects*, 190を見よ。
692) Schechter, *Aspects*, 190を見よ。
693) 『BTスッカ』45b（英訳p.209）。Marmorstein, *Merits*, 52がラビ・シメオンの功徳に言及する際に引照している。

他者の諸罪過に対する罰に相当するように教えていると判断したようだ[694]。上の言説は確かに興味深く、さらに理解困難だが、その箇所で「功徳」が教えられているわけではない。もう1つの箇所は『Pベラ』に見られる[695]。ラビ・ヒゼキヤはラビ・エレミアスの名によって言った。「ラビ・シメオン・ベン・ヨハイは言った、『アブラハムが彼の世代から私に至るまで［の人々］のために執り成しをするなら、私は私の世代から最後の世代まですべて［の人々］のために執り成しをしよう』と」云々。動詞の qarab はピエル態で、「執り成しをする」という意味が唯一適切だ[696]。マルモルシュタインはこれを「功徳によって義とする[697]」と訳し、「功徳の教理」をここに介入させている。しかしこの箇所は、明らかに義人の執り成しの祈りに言及しており、私たちは他の文脈からこのような執り成しが多くをなし得ることを知っている[698]。これら以外の箇所をも考察し得るが、結果は同じである。ある人の功徳が同世代の他者に移行され、違反を帳消しにすることを教えている証拠はない。

子孫の功徳の移行？：「子孫の功徳」に関しては、議論が多少複雑となるが、この場合も功徳の移行という教理を見出すことはできない。「敬虔な子孫の功徳（zachuth）」を主題化したシェクターは、この主題を支持する古い証拠が少ないことを知っており、この問題を何とか対処しようと試みた。彼はタンナ文献において「この教理を支持する」唯一の箇所に言及するが、これをイエメン起源の民数記に関するハーガドールのミドラシュに見出す[699]。

---

694) 身代わりの償いとしての苦しみはタンナ文献において重要な主題ではないが、これに関する言及はある。『メヒルタ・ピスハ』1 (4.I.10–11. 出 12.1) では、父祖と預言者がイスラエルのためにその命を差し出したとある。Moore, *Judaism*, I.546–52, III.164–65 (n.250); Lohse, *Märtyrer und Gottesknecht*, 104; Thyen, *Sündenvergebung*, 72–73 参照。

695) 『Pベラ』13d (Krotoschin 版、Venice 版では 12d)、後半部 (9.3)。

696) 『創R』35.2 (英訳 p.283) の並行箇所に関するソンシーノ訳の H. Freedman も見よ。

697) Marmorstein, *Merits*, 52.

698) ヤコ5.16. 執り成しの祈りについては『メヒルタ・ミシュパティーム』18 (313–12, III.143 [ネズィキーン 18]. 出 22.22 [23]) を見よ。さらに R. Le Déaut, 'Aspects de l'intercession dans le Judaïsme ancien', *JSJ* 1 (1970), 35–57 を見よ。しかし、死者による生者のための執り成しの祈りとして Déaut が挙げる例の大半は、裁きの場で義人が献げる祈りに関するものだ（例えば『エチ・エノ』9.3, 5)。

699) Schechter, *Aspects*, 197.n2.「子供らがその親をゲヘナの裁きから救う」という言説を Schechter はハーガドールのミドラシュから引用するが (p.197)、これをタンナ的とは言わない。〔訳註 ハー

シェクターは彼が所有する1つのみの写本の頁に言及するのみだが、私は現在手に入る校訂本[700]にその箇所を見出すことができない。時間をかければこの写本にたどり着こうが、現在はこれを評価しようがない。シェクターは彼の著書（p.197の後半）で以下のように引用している。「先祖の裁きはひ孫が成長して、その義によって曾祖父母が［裁きから］免れるまで」保留される。もっとも彼は、この引用文がタンナに依拠するものか明言しない。さらにシェクターによるラビ文献の引用はしばしば敷衍的で、元資料が見つからない場合は翻訳の正確さを判断しかねる。彼はまた、出20.5に関するラビ・シメオン・ベン・ヨハイの『メヒルタ』に言及し、これをその証拠資料とする[701]。この箇所は父祖の罪のために子孫が罰せられるかという問題を論ずるが、子孫の功徳による父祖の救いをそこに見出せはしない。父祖の裁きが子孫の功徳によって保留される、減ぜられる、あるいは取り除かれるという考えを支持し得る唯一の言説は、以下の箇所に見出される。「ラビ・ユダは言う、『私（神）は彼らの違反を私の手中に置き、ニムシの子イエフ（王上19.16）の場合のように4世代にわたって保留とする。《あなたの子孫は4世代にわたって王座に就く》（王下15.12）とあるからだ』。そしてそのようになった」。しかしこの場合、保留は子孫の功徳によって父——この場合はニムシ——が贖われ得るためでない。むしろ、聖書の幾つかの箇所によるとイエフの罪の罰は、その子孫らに降りかかるところだったが、4世代にわたって「保留」され、そのあいだはイエフの子孫がイスラエルを治めた。その後王国は滅びるが、この滅びがここではイエフの罪の延期された罰かのように見なされる。ここに子孫の功徳によって父祖が救いを得るという「教理」は見出せず、とくにハーガドールのミドラシュがタンナ的伝統を語る際の信頼に足る資料でないことから、タンナイーム時代にこの教理が存在したという議論は疑ってかかるべきだろう。かろうじて、シェクターが言及するハーガドールのミドラシュの著者が、子孫の罰の保留というタンナ的伝統を逆転させ

ガドールのミドラシュはイエメンを起源とするモーセ五書に関する13世紀の文献で、その大半はタルムード時代のラビ文献の抜粋から構成されている。］
700) Z.M. Rainowitz 編、1967年。より古い Fish 編もある。
701) Schechter, *Aspects*, 197.n2.

て、父祖の罰の保留という教えに変更した、という推論が可能かもしれない程度である。

　マルモルシュタインは、父祖を利する「子孫の功徳」に関する議論を開始するにあたって、邪悪な父の死後にラビ・アキバによって育てられた子に関する無記名の長い物語を引き合いに出す[702]。アキバはその子を教えるが、それゆえに彼の父は永遠の破滅から贖われる。このことから、遅くとも中世においてそのような思想が流布していたことが分かる。しかしこの場合でさえ、そこに功徳の移行という考えは見られず、死者のための祈りの効果のみを語っているようだ。いずれにせよ、これはタンナ時代の物語でない。マルモルシュタインが挙げるより重要な箇所は、詳しい考察が必要なので、以下にその全文を引用しよう。これはコヘ 4.1 への解説である[703]。

　　ラビ・ユダは言う。「これは父親らのこの世における罪をとおして [b-] 若くして葬られた子らについて語っている。後の世で彼らは自らを義なる者の集団の列に置き、一方で父親らは邪悪な者の集団の列に置かれる。彼らは彼(神)の前で言う、『世界の主よ、私たちが早くして死んだのはただ私たちの父親らの罪のため [b-] でないですか。私たちの父親を私たちの功徳をとおして(bez-akiyotenu)こちら側へ来させて下さい』と。彼(神)は彼らに応える、『あなた方の父親らはあなた方が死んだあとも罪を犯し、その悪行が彼らを訴えている』と」。ラビ・ユダ・ベン・ラビ・イライはラビ・ヨシュア・ベン・レビの名において言った[704]。「その時エリヤ……がそこに来て弁護を提案するだろう。彼(エリヤ)は子供らに言う、『彼(神)の前で述べよ。《世界の主よ、恵みか罰か、あなたのいずれの品性が優勢でしょうか。もちろん恵みの品性が大きく、罰する品性が小さいでしょう。しかし私たちは、私たちの父親らの罪をとおして死にました。もしあなたの恵みの品性が他を凌駕するなら、私たちの父親ら

---

702) Marmorstein (Merits, 156–57) はこの物語が後のものであることを認める。
703) 『コヘ R』4.1 (12b, 英訳 p.110). Marmorstein, Merits, 158 を見よ。
704) この伝統では混乱が生じている。ラビ・ユダ・ベン・イライはタンナだが、ラビ・ヨシュア・ベン・レビはアモラだ。註解者の Ze'eb Wolf Einhorn はこの箇所について、テクストは「ラビ・ヨシュア」とだけ記されるべきで、それはラビ・ヨシュア・ベン・ハナニアを指すと述べる。

が私たちの側へ来るべきことはなおさらです》』。したがって彼（エリヤ）は彼らに言う、『それではそのように願ったのか、彼らをあなた方の所へ来させよ、と』と。『彼らはその子らと共に生き続け、帰って来る』（ゼカ 10.9）とあるように。それはすなわち、彼ら（父親ら）はゲヒノムへ下ったが帰還し、彼らの子らの功徳をとおして［bizekut］救われた。したがって人はみな、自らをゲヒノムから救うため、その息子にトーラーを教える責任がある」。

マルモルシュタインは、「子供は、非常に若いとき、その親の罪のために死に、トーラーの学びをとおして彼らを地獄の罰から救う[705]」と結論づける。しかしこの言説の後半はあり得ない解釈である。息子にトーラーを教えるという結論は、明らかにこの箇所全体にとって二義的である。子らは、「神の慈愛が罰する傾向よりも大きい」というカル・ヴァ－ホメルの議論によって神の説得に成功する。神の罰が非常に厳しく、親の違反のために子らが若くして死ななければならないなら、神の慈悲が親を子らに返すことはなおさらだ。これは健全なラビ的論理に依拠した願いであり、したがって神を動かすことになる。ここには功徳の移行はまったく述べられていない。子らの第 1 の願いは、その親を「*bezakiyotenu* こちら側へ来させて下さい」というものだった。これが「私たちの功徳の移行をとおして彼らをこちら側へ来させて下さい」という意味でないことは、その応答から明らかだ。子らの死後に父親らが罪を犯したという理由でこの願いが拒絶されたことは、子らが若くして死んだ理由が父親らの罪であることを示している。父親らの以前の罪は罰せられてしまっているので、父親らがゲヒノムに行くという仕方で罰せられる必要はない。しかし親は子らの死後にさらに罪を犯したので、子らの願いは拒絶された。すなわち *bezakiyotenu* の意味は「功徳の余剰の移行によって」でなく、「私たちゆえに」あるいは「私たちの無辜［の死］ゆえに」となろう〔訳註　功徳の余剰の移行であれば、子らの死後に犯された父親らの罪も赦されるだろうが、それは拒絶されている〕。いずれにせよ、子らの願いは功徳の効果に依拠していない。

---

[705]　Marmorstein, *Merits*, 158.

神が聞き入れる願いには、「彼らの子らの *bizekut*」という句が含まれている。この句は「彼らの子らのゆえに」と訳されるべきだろう。すなわち、神が願いを聞き入れるのは子らの余剰の功徳のためでなく、子らが適切に受け入れられるべき議論をしたためだ。子らの説得性のある願いゆえにその親が「邪悪な者の集団」から救われたので、それは「彼らの子らのゆえ」である。子にトーラーを教えるという結論部の言説は、上述したラビ・アキバと罪人の子に関する無記名の物語が示す見解と符合する。このような言説は、子が親に先立たれることを前提としており、その子のトーラーの知識が父を義とすることを教えている。トーラーを教えること自体が父にとっての善行と見なされるが、それはさらにこの無記名の物語にあるように、子が存命中に父のために祈ることを促す。しかしこの理解は、『コヘ R』4.1 の残りの部分と符合しない。なぜなら子らは父親より先に死に、神への願いは天でなされ、さらに父親の救いは父親が死んだあと子らが敬虔に生きたからでなく、神への願いが説得力のある議論だったからだ。したがって、子らの功徳がその父祖に移行され得るという見解があった、という明らかな証拠をタンナ時代に見出すことは困難だ。私自身はそのような資料は皆無だと、あえて考える。
　あえて言うなら、ここには親から子への罰の移行が見られる。子らの死は、その死に至るまでの親の罪の罰として与えられた。聖典は、父祖の罪が子孫に問われることを教える（出 20.5, 34.7）。ほとんどのラビが、この考えを否定するエゼキエル（エゼ 18 章）に倣って個人の責任を強調するが[706]、それでも特定の目的のために出 20.5 の見解は用いられ得る。上での議論はその一例である。しかしこの場合の聖書理解でも、「二重の危険」の回避が前提となっている。すなわち、子が父親の違反のために罰せられるなら、父親はその違反のために罰せられることはない。父祖の罪のために子孫が苦しむという一般的な考え自体、タンナ文献にはほとんど見られない。このような考え

---

706)　Schechter, *Aspects*, 185–88;『BT マッコ』24a（英訳 p.173）; 出 20.5 に関するラビ・シメオンの『メヒルタ』(p.148);『申スィフ』8.2（申 26.39）; 申 32.39 に関するタンナイーム時代のミドラシュ (p.202);『スィフラ・ベフコタイ』ペレク 8.2（レビ 26.39）を見よ。これらは、父や子の行為によって裁かれないという見解を示す。『T サン』8.4 では、義人は「我々は義人の子孫だ」という議論に依拠しはしないと教える。

が容易に代理贖罪という思想に繋がることに鑑みると、これは興味深い。しかし苦しみによってもたらされる贖罪や代理の苦しみは、功徳が秤で分けられて移行されるという考えと何の関係もない。上の物語の子らはその親を罰から救い出したが、それは（1）子がその死に至るまでの親の罪のために罰せられたから、また（2）親のために神の慈悲を願ったからだ。功徳が人から人へと手渡されたからではない。

　父祖の功徳の移行？：それでは「父祖の功徳」に関してはどうだろうか。ここにも功徳の移行という考えはないように見受けられる。私たちは選びについて説明した際に（I.A.4）、タンナ文献が父祖の *zekut* に言及する箇所を多く引用あるいは引照した[707]。「〜の *bizekut*」という句の主要な用法は、なぜ神がイスラエルをエジプトから導き出したかという問題と関連している。神は「アブラハムの *bizekut*」、「イスラエルが割礼の掟を守った *bizekut*」、「ヨセフの骨の *bizekut*」などである[708]。ムーアやシェーベリが述べるとおり、これらの少なくとも大半が前置詞句的用法──「アブラハムのゆえに」等──と言えよう。ある場合は、功徳に繋がる行為と無関係の文章で用いられる。したがってラビ・エレアザル・ベン・アザルヤは、神がイスラエルをエジプトから導き出したのが「アブラハムの *bizekut*」だと述べ、その立証テクストとして「彼（神）はその聖い言葉を僕のアブラハムに与えた」という句を挙げている。これはすなわち、「神はアブラハムへの約束ゆえに──アブラハムゆえに──イスラエルをエジプトから導き出した」ということである[709]。しかしアブラハムへの言及は、功徳をもたらす行為に関する場合がしばしばある。例えばラビ・バナアは言う、「アブラハムなる父祖の行為がもたらした功徳ゆえに（*bizekut mitsvah*）、神はイスラエルをエジプトから導き出した」と[710]。上述のとおり *bizekut* 自体は「〜のゆえに」という前置詞句的な意味に訳し得るが、この文脈では功徳に繋がる行為が念頭にある。したがって、

707）　I.A.4（pp.176–78）.
708）　『メヒルタ・ピスハ』16（62, I.140–41. 出 13.4）,『メヒルタ・ベシャラアッハ』3（98–99, I.218–20 [ch.4]. 出 14.15）.
709）　Lauterbach, I.140.
710）　Lauterbach, I.218.

bizekut を「〜の功徳という理由によって」と訳すことが誤りとは言えない。

これ以外にも、zekut 'abot あるいは zekut に父祖の名が後続する句が用いられる例を挙げることができる。『申スィフ』には申 12.18（17）に関する無記名者の解説がある。すなわち、神がイスラエル人らに対し慈悲を示して子孫を増やす理由として、それは「『父祖に誓ったように』、つまり、あらゆることが父祖ゆえ（bizekut 'aboteka）[711]」と記されている。「［神は］あなた方の父祖に与えると約束した土地をあなた方に与える[712]」という句についても同じ解説が付されている。これらの場合には、焦点は神の約束にあり、「〜ゆえに」という訳が明らかに適切である。一方で以下の箇所では、個々人の功徳が念頭に置かれている[713]。

  ラビ・ヨシュアは言う。「ミリアムが死んだとき井戸が取り去られたが、モーセとアロンの功徳ゆえに（モーセとアロンの bizekut）それは戻された。アロンが死んだとき栄光の雲が取り去られたが、モーセの功徳ゆえにそれは戻された。モーセが死んだときそれら3つ、すなわち井戸と栄光の雲とマナとが取り去られ、それらは二度と戻されなかった」。

さらに2箇所に、父祖の功徳あるいは行為への言及がある。1つは、彼らによって違反の罰が保留とされ得る――あるいは、され得ない――ことに関するものである。保留とされ得ない場合に関しては、以下のように述べられている。

  ラビ・ヨシュア・ベン・カルハは言う。「割礼は偉大だ。1時間でもこの掟を看過すれば、その罰を保留にすることのできるモーセの功徳（zekut le-mosheh）は何もないからだ……」。ラビは言う。「割礼は偉大だ。モーセの功徳すべてをもってしてもこれに関する彼の問題に対処できなかったからだ。彼はイス

---

711) 『申スィフ』96 (157. 申 13.18 [17])、『申スィフ』184 (225. 申 19.8)。
712) 『申スィフ』184。
713) 『メヒルタ・ヴァヤッサ』5 (173, II.128 [ch.6]. 出 16.35)。『申スィフ』305 (326. 申 31.14) の並行箇所も見よ。

ラエルをエジプトから導き出そうとしたが、1 時間だけ割礼の実施を怠ったので、御使いが彼を殺そうとした。『途中であるところに泊まったとき云々』（出 4.24）とあるように」[714]。

一方で、父祖の行為は、それなくしてはこの世に下るべきところの神の裁きを保留するのに十分だと言われた。以下はレビ 26.42 ——「彼らがその咎を告白するなら……私はヤコブとの、そして……イサクとの……、そしてアブラハムとの……契約を思い出す」——への解説である[715]。

　なぜ父祖らの名が逆の順番で挙げられているか。もしアブラハムの行為（単数の ma'aseh）が十分でない場合にはイサクの行為［で十分だから］、もしイサクの行為が十分でない場合にはヤコブの行為［で十分だから］。彼らのいずれか［の行為］で十分なので、［神は］それゆえに（begino）この世［の罰］を保留される。

ある意味で同様の論理によって、出 20.5 ——神は父祖の罪ゆえに子を罰する——とエゼ 18.20 ——神は父祖の罪ゆえに子を罰しない——との齟齬の解決が試みられ、匿名のラビは、「父祖の徳がある（zakka'in）なら、神は子らのために［罰を］保留するが、そうでなければ彼らのために保留しない[716]」と述べる。しかしこの場合、保留されたのは子ら自身の罪の罰でなく、彼らの父祖の罪である。

　父祖の行為への言及がある第 2 の箇所では、それが後続する世代を助けることが教えられる。したがって、アマレクとの戦いに関する『メヒルタ』で

---

　714)　『メヒルタ・イェトロ・アマレク』1（191–92, II.169–70［アマレク 3］. 出 18.3）. 息子の割礼を遅らせたために殺されそうになったモーセに関する伝承については Vermes, *Scripture and Tradition*, 178–92 を見よ。
　715)　『スィフラ・ベフコタイ』ペレク 8.7（Weiss, 8.6）. 人の功徳がこの世の罰を保留することに関しては I.A.6（pp.252–55）を見よ。功徳を持つ人が罰を保留されることは、姦淫の罪の保留との関連で述べられている。『民スィフ』8（p.15. 民 5.15）ではいつまで罰が保留されるかが論じられている。ラビ・シメオン・ベン・ヨハイは、この場合に功徳が罰を保留することはないと述べる。
　716)　ラビ・シメオン・ベン・ヨハイによる出 20.5 の『メヒルタ』(p.148)。

の議論では、父祖の行為について幾度か言及がある [717]。モディンのラビ・エレアザルによると、イスラエル人らは戦いにおいて父祖の行為（ma'aseh）に依拠すべきだ [718]。この同じラビによると、戦闘においてアロンとフルがモーセの腕を支えることを記す場面では、モーセがその腕を上げ続ける力を求めて父祖の行為に「頼った」[719]。したがって、父祖の行為は利をもたらすが、それが移行可能な功徳の宝庫という考えを支持することはない [720]。

すると、父祖の功徳あるいは行為への言及がある文脈は、幾つかに限定されることが分かる。(1) 神は「父祖のゆえに」特定の行為をした（海を分けるような）。それは神が彼らに約束を与えていたからだ。(2) 神は父祖の善行（功徳）ゆえに特定の行為をした。(3) 父祖の功徳を考慮に入れた神は、そうでなければ破滅の罰を受けるに相応しいこの世に、その罰を与えなかった。(4) 父祖の善行は特定の歴史的状況において子孫に利益をもたらした。しかし、タンナ文献において、裁きの時に移行され得る功徳の宝庫への言及は一切ない。

ジースラーは「功徳の教理」に関して議論する際に、父祖の功徳への言及は「非常にしばしば……過去、さらには今の現実」という文脈で見られるが、「最後の審判では見られない」と述べる [721]。これはおおかた正しい。タンナ文献において、この文脈はけっして最後の審判ではない。功徳が悪徳を相殺することが審判において起こることはない。神が功徳を考慮した上で罰を保留にすることはあり得るが。

まとめ——神の誠実さ：私たちはここで、以前（I.A.6 の開始部）に確認した内容を想起すべきだろう。神が善行を現世でなく来世で報いるとしばしば言われ、この意味で天に宝を積むという言い方がされ得る。したがって『T

---

717) 『メヒルタ・ベシャラアッハ・アマレク』1（179–80, II.142–45. 出 17.9–12）。
718) Lauterbach, II.142.
719) Lauterbach, II.145.
720) ラッバン・ガマリエル・ベン・ラビ・ユダ・ハーナスィによる3世紀の言説：「父祖の zekut は後続する世代を助け、彼らの義は永遠に続く」（『M アヴォ』2.2）参照。『メヒルタ・ベシャラアッハ』5（106, I.235 [ch.6]. 出 14.22）では、義人の zekut が彼ら自身——他者でなく——を助けるとあるが、それはこの世的な意味での助けだ。
721) Ziesler, *Righteousness*, 123.

A. タンナ文献

ペア』4.18 では、地上の宝を貧者に与える王が天あるいは来たるべき世に宝を積む、と言われる。これはたんに、王の慈善行為が来たるべき世において報われることであり、これはマタ 6.19–21 の「天に積む宝」という教えが自分や他人の違反を覆う功徳の宝庫と関係がないのと同じくらいに、功徳の宝庫と関連しない。

　しかしこれは、利益の共有という理解がタンナ文献にないことを意味しない。既述のとおり、シェクターが「父祖の功徳の教理」と呼ぶのはこの理解のことだ[722]。父祖の行為は明らかに子孫を利する。なぜなら、これらの行為によって神は契約について想起し、イスラエルに好意を示して違反の罰を保留することがあり得るからだ。同時代の義人の存在もすべての人を利する。なぜなら、彼らゆえに神はこの世に相応しい罰を思い留めるからだ。さらに人の善行はその人自身を利する。なぜなら、神は従順な者をたしかに報いるからである。しかしこれらいずれも、功徳が移行され得る、あるいは功徳が悪徳を相殺するという概念に至らない。すなわちこれらは、厳密な意味での「功徳の教理」と何の接点もない。唯一の「教理」は、神がその報いと罰において誠実だということである。違反は贖われるか罰せられるかするが、相殺されることはない。人はその善行の報いを受けるが、「功徳の宝庫」へ功徳を積み上げることで、あるいは他人の積み上げた功徳に頼って、来たるべき世を獲得するのでない。要するに、タンナらの *zekut* に関する議論が「ラビ的救済論」に功徳の宝庫という概念を持ち込むことはない[723]。

b. *Tsadaq*

2つの誤解：本項で *tsadaq* とその同根語とについて考察する主たる目的は、タンナ文献において *tsaddiq*（義）であると言われることの意義に関する

---

[722]　さらに Kadushin（*Conceptual Approach*, 47）は説明する。「*zekut 'abot* は神の正義の下部概念であり、神が父祖の善行ゆえに子孫を報いることを意味する。この概念に反映されているのは、父祖と子孫とが単一の人格を構成する共同体的人格だ。例えば御使いに対するアブラハムの親切のゆえに、神は相応しい報いを子孫に与える（Lauterbach, I.184 参照）が、それでも『彼に（*lo*）』はアブラハムを指しており、報いがアブラハムへ与えられたものであることを述べている」。

[723]　律法規定以外での任意の善行（これは余剰の功徳と関係ないが）に関しては Urbach, Ḥazal, 291–93（英訳 pp.330–33）; Kadushin, *The Rabbinic Mind*, 80 を見よ。

2つの誤解を解くことだ。ジースラーは「義人」を定義する際に、「義なる行為——したがって功徳——が邪悪な行為——したがって悪徳——を凌駕する人」と説明する[724]。ケルテルゲは正しく、ラビ・ユダヤ教において義であることは律法に従うことに依拠すると述べるが、しかし同時に彼は、それが救いの状態を獲得することおよび保全することと同一であると言う点では誤っている[725]。ここでは、同根の名詞と動詞すべての主要な用法を分析しよう[726]。この分析は、これらの語がユダヤ教とパウロとを比較する場合に重要であること、またジースラーの近年の研究がタンナ文献よりもアモラ文献に焦点を置いているという理由で、有用と思われる[727]。また、これらの語の主要な用法を要約することが比較的容易である点で、この分析は着手しやすい。まず動詞から始めよう。

動詞形：一般にカル態において、動詞は「法廷で嫌疑が晴らされる」ことを意味し、もっとも一般的に「潔白／無責」を意味する *zakah* の語根とほとんど区別がない[728]。ピエル態に関しては、もっとも一般的なタンナ文献の用例は「宣告を正当とする」——すなわち神の裁きを正しいものとして受け入

---

724) Ziesler, *Righteousness*, 122.

725) Kertelge, *'Rechtfertigung' bei Paulus*, 42.

726) タンナ文献における *tsedeq* と *tsedaqah* の網羅的研究は B. Przybylski, The Concept of Righteousness in Matthew, PhD Thesis, McMaster Univ., 1975 を見よ。Dr Przybylski には重要なテクストを指摘していただき、また本項の分析にコメントをいただいた。〔訳註　Benno Przybylski, *Righteousness in Matthew and his World of Thought* (SNTSMS 41; Cambridge: CUP, 1981).〕

727) R. Mach, *Der Zaddik in Talmud un Midrasch* (Leiden, 1971) もタンナ文献とアモラ文献の区別を付けていない。

728) 『Pサン』22b上段 (4.3) は Jastrow, s.v. *tsadaq* に引照されている。その文章は以下のとおりだ。「彼があなたの法廷で無罪 (*tsadaq*) と認められた場合、私の法廷で彼は［当然］無罪 (*yitsdaq*) となるか。［否、なぜなら］聖典は「私は邪悪な者を義としない」と教えるからだ」。『メヒルタ・ミシュパティーム』20 (328, III.171–72 [Kaspa 3]. 出 23.7) の並行箇所は述べる。「あなたの法廷から放免されて (*zakka'i*) 出たばかりの者は、私の法廷からも［放免されて］出るか」(私訳)。最初の節の *zakka'i* は Horovits と *Lauterbach* によって受け入れられるが、Friedmann (f.100a) は受け入れない。この読みはヤルクート（撰集）のみで指示されている。Horovitz と Friedmann のアパラートゥスを見よ。いずれにせよ、この語は引用された箇所の最前部に置かれている。これらの箇所は明らかに、証拠不十分で有罪とされ得ない有罪の者に言及している。しかし神はこの者を有罪と見なす。彼らは、法廷が誤っていたとしても法廷の判決に依拠して行動する者に罪はないという原則（『Mホラ』1.1）に矛盾しない。

れる——という表現に見られる[729)]。また、何かを正しくすること、例えば「秤を真っ直ぐにする」などの句に用いられ得る[730)]。ヒフィル態の「義とする」にも法廷的な意味合いがある。出 23.7 が「私は邪悪な者を義としない」と述べる場合、これは明らかに「潔白／無責」と理解される[731)]。

名詞形：名詞の *tsedeq* はタンナ文献においてかなり稀で、例外として聖典の用法との関連、あるいは *ger tsedeq* という句においてこれが見られる。その意味が特定され得ない場合もあれば、かなり明らかな場合もある。コヘ 7.15 の「自らの義において（*betsidqo*）滅びる義人（*tsaddiq*）がいる」という言説における *tsidqo* の意味は計りかねる。ラビらの解説では、前置詞の *bet* を「～と共に」という意味で捉えているようだ。「義人は滅びるが、その *tsedeq* は彼と共に［残る］[732)]」と説明されるからだ。先行する物語に鑑みると、この *tsedeq* は善行を指す。おそらくこの場合、「義（righteousness）」と訳すことで良かろう。『民スィフ』133（176. 民 27.1）での *tsedeq* は、邪悪な家で育ちながら正しく行動する者の義なる性質を指す。しかしおうおうにして、*tsedeq* は *tsedaqah* と同様に「寛容」あるいは「慈悲」として理解される（この直後で論ずる）。

---

729) 『スィフラ・シェミニ・ミルイーム』23, 24, 28;『メヒルタ・シラタ』9（145, II.67. 出 15.12）. 最後の箇所では動詞（צדקתם）に *yod* がなく、それは一般にピエル態を特徴づける。しかしここでの場合は綴りの異形だろう。『スィフラ・シェミニ・ミルイーム』23 で 3 度用いられる句の最初の例でも動詞に *yod* が付かない。いずれかがカル態であるとは疑わしい。同じ句（「判決を正しいとする」）は『スィフラ・シェミニ・ミルイーム』23 でもヒフィル態分詞のかたちで用いられている。これらすべての例で、この動詞は前置詞 *'al* が続き、接尾代名詞をとる（例：עליו）。『申スィフ』307（346. 申 32.4）では、ヒフィル態分詞による句が *'al* なしで用いられている。「裁きを正しいとする［者］」（*mitsdiq et ha-din*）はのちに「あなたは私を正しく裁いた（יפה נידנתי）」と述べる。
730) 『スィフラ・コデシーム』ペレク 8.7（レビ 19.36）.
731) 『P サン』22b と『メヒルタ・ミシュパティーム』20.n84. Ziesler（*Righteousness*, 113）がピエル態とヒフィル態との両方が「寛大に扱う」あるいは「おおらかである」を意味し得るとし、Jastrow（*Dictionary*, 1263）が挙げる箇所を挙げている点に注目すべきだ。しかし Jastrow が挙げる箇所はすべてタンナらでなく、後 3 世紀のパレスチナのアモラらに依拠するとされている（例外は『民 R』2.8 だが、これは匿名のアモラによるもので、Jastrow が挙げながら Ziesler は挙げない）。私はいずれの動詞もこの意味で用いられるタンナ文献の箇所を見出すことができない。この用法がパウロの句の理解を照らし得るという結論に Ziesler と共に至るかについては、より詳細な分析が求められる。
732) 『スィフラ・エモール』パラシャー 1.14（レビ 21.3）.

「正義（tsedeq）を、ただ正義のみを求めよ」：ある人が無罪（zakka'i）［の判決］で法廷を出たとすると、彼の事例が再考されて有罪と（le-ḥobah）宣言されることがないことを、どうして知ろうか。聖典は「tsedeq をただ tsedeq のみを求めよ」と言う。有罪（ḥayyab）［の判決］で出る者の場合、彼の事例が再考されて無罪と（le-zekut）宣言されることを、どうして知ろうか。「tsedeq をただ tsedeq のみを求めよ」と言われる[733]。

Tsedeq が「寛容」を意味することは、レビ 19.15 への解説における「『隣人を tsedeq において裁け』――つまりみなを無罪の側で（lekaf zekut）裁け[734]」からも明らかだ。同様にイザ 58.8 の tsedeq は施しの業[735]、あるいは慈悲の行為（モーセがヨセフの骨を集めた）を指すと理解される[736]。しかし tsedeq が神に対して用いられた場合、それは神の厳格な裁きをも指し得る。したがって詩 89.15 と 97.2 の tsedeq と mishpat は、両方が神による厳格な正義（din）の実施を指すと理解される[737]。ときに tsedeq は「正しいこと」を意味するので、人は tsedeq を教えるが[738]、これは正しい人に相応しい謙遜という資質である[739]。

形容詞形：Tsedeq がおおよそ形容詞のように用いられる場合もある。したがって、ger tsedeq は真の改宗者を意味する。これは完全に改宗しない ger toshab と区別される。後者はユダヤ律法の一部を守る在留異国人を指す[740]。

---

733) 『申スィフ』144（199. 申 16.20）。この規則が極刑に適用されるとする『M サン』4.1 参照。そうでない場合、いずれの方向へも再考されうる。聖典の「正義」をラビ文献が「愛」あるいは「慈悲」へと変化させたことに関しては Kadushin, *Organic Thinking*, 225 を見よ。
734) 『スィフラ・コデシーム』ペレク 4.4（レビ 19.15）。
735) 『T ペア』4.18.
736) 『民スィフ』106（105. 民 12.15）。
737) 『メヒルタ・シャッバタ』1（344, III.205. 出 31.17）。
738) 『申スィフ』144（199. 申 16.19）。
739) 『申スィフ』334（384. 申 32.44）。
740) 『スィフラ・ベハル』パラシャー 5.1（レビ 25.35）、同ペレク 8.1. いずれの箇所でも、*ger toshab* は不適切に殺されたか自然に死んだ獣の肉である *nebelot* を食べる者を指す」、『T アラ』5.9、『メヒルタ・バホデシュ』7（230, II.255. 出 20.10）、『メヒルタ・ミシュパティーム』18（312, III.141 [ネズィキーン 18］. 出 22.20. ここで *ger tsedeq* は「天を畏れる者」と比較される）、『メヒルタ・ミシュパ

A. タンナ文献

人による施しと神による慈悲：人の行為に対して用いられる場合、名詞形の *tsedaqah*（義）は一般に施しや義援金を指す[741]。したがって *gabba'e tsedaqah* はユダヤ共同体での義援金の管理者あるいは集金係を指す[742]。*Tsedaqah* と *gemilut ḥasadim*（愛の行為）との違いを表す古典的な言説がある。

> *Tsedaqah* と *gemilut ḥasadim* とはトーラーにおけるすべての *mitsvot* において同様だ。その例外として、*tsedaqah* が生きている者へ［のみの行為］である一方、*gemilut ḥasadim* は生きている者と死んだ者へ［の行為］である。また *tsedaqah* が貧者へ［のみの行為］である一方、*gemilut ḥasadim* は貧者と富者へ［の行為］である。*tsedaqah* が金銭を介して［のみの行為］である一方、*gemilut ḥasadim* は金銭と人を介して［の行為］である（『T ペア』4.19）。

したがってこれら 2 つは同様だが、*gemilut ḥasadim* の方が適用範囲が広い[743]。死者の身体を洗うという行為は *gemilut ḥasadim* であるが、*tsedaqah* ではない[744]。ラビ文献における義援金が隣人愛を意味するとカドゥシンが説明するとおりだが[745]、人の行為としての *tsedaqah* が「施し」でなく一般的な愛

ティーム』20（331, III.178［Kaspa 3］. 出 23.12. ここで ger toshab はイスラエル人が聖日として働かない安息日に仕事をする者とされる）. この最後の箇所の異読（Horovitz のアパラートゥスを見よ）は *ger tsedeq* を *ger tsaddiq* としているが、これは *tsedeq* の形容詞的用法を指示する。『スィフラ・コデシーム』ペレク 8.7（レビ 19.36）の「正しい均衡」等参照。

741) 『M アヴォ』5.13,『M カンマ』10.1, また『トセフタ』にも頻繁に見られる。
742) 『M デマ』3.1,『M キッド』4.5, その他。
743) Lieberman（*The Tosefta*, I.60）はこれら 2 つが同じだとしても *gemilut ḥasadim* がより好まれるとする。彼は 'ella'（ここでは「例外として」と訳される）が比較のニュアンスを示すと考える（幾つかの点で語彙が異なる『P ペア』15b-c［1.1］の並行箇所には 'ella' がない）。『BT スッカ』49b の並行箇所では、*gemilut ḥasadim* が *tsedaqah*「以上だ（more than）」と言われ、ソンシーノ訳（p.233）は 'ella' を「に優る（superior to）」とする。当該箇所では、'ella' を「以上だ」という比較でなくたんなる区別と理解することがより正確と考えられる。この註解は価値判断でなく、適用範囲の違いを示している。この箇所は Mach, *Der Zaddik*, 19–20 でも議論されている。
744) 神が *tsaddiq* と呼ばれたり（後述）、自らを *tsedaqah* と表現するように、後の文献において神は死者を埋葬したり婚礼に出席したりといった *gemilut ḥasadim* と分類される行為を行うように描かれる。『創 R』8.13, ARN, 4.
745) M. Kadushin, *The Rabbinic Mind*, 110 と、そこに引照されている箇所を見よ。また Kadushin, *Conceptual Approach*, 11 参照。

や善意を意味することは稀だ。『T サン』1.3 ではダビデ王の tsedaqah（慈悲）が彼の mishpat（「厳格な正義」、サム下 8.15）と対比され、『T サン』1.5 では人の誤りを指摘する判事の悪行を罰する行為が tsedaqah（親切）とされる。もう一例だけあるとすれば、それは「より多くの tsedaqah がより多くの平和」（『M アヴォ』2.7）というヒレルの有名な言説だろう。しかしこの意味は不明だ。『M アヴォ』2.2 では tsedaqah が「義」（l zekut、徳）を意味するが、これは人の行為という意味での「正しいこと」とも考え得る（『申スィフ』277 [295. 申 24.13]）。

神に対して tsedaqah が用いられる場合、それは人に対する神の寛容や慈悲を指す[746]。

「tsedaqah は神の山々のようだ」（詩 36.7 [6]）。ラビ・シメオン・ベン・ヨハイは言う。「山々が大地を押さえつけて、それが湧き上がり世を溢れさせないように、tsedaqah は厳格な正義（middat ha-din）と罰（pur-'anut）を押さえつけて、それが世に至らないようにさせる」。

宗教性：形容詞の tsaddiq は適切な意味で宗教的な者を指す一般用語だ[747]。これはしばしば、とくに説明なしに「邪悪（rasha'）」と対比される語だ[748]。ある場合は tsaddiq の定義に反対語の rasha' さえ用いられない。その場合は一般に「聖なる者」や「義なる者」を意味する[749]。とくに tsaddiq はイスラエル史

---

746) 『タンフーマ・ノア』8 (Buber (ed.), I.34). さらに Kadushin, *Organic Thinking*, 132–33, 303; 'The Rabbinic Concept of Israel', 89.n163, 95.n190 を見よ。

747) 義なる者に関しては Moore, *Judaism*, I.494–96; Mach, *Der Zaddik* を見よ。

748) 『M ネガ』12.5 (=『スィフラ・メツォラ』パラシャー 5.12)、『M アヴォ』5.1、『M サン』6.5, 8.5, 10.3, 5、『メヒルタ・ピスハ』11 (38, I.85. 出 12.22)、『メヒルタ・ピスハ』16 (60, I.134–35. 出 13.2)、『メヒルタ・シラタ』1 (118, II.6. 出 15.1. 神は義なる者と邪悪な者、いずれの破滅も喜ばない)、『メヒルタ・イェトロ・アマレク』1 (195–96, II.178 [Amalek 3]. 出 18.12. 神は義なる者と邪悪な者、いずれの必要にも備をなす。Lauterbach は keshrimi と tsaddiqim の両方でなく、keshrim のみを同テクストに採用する)。『M ネガ』12.5 とその並行箇所、また『メヒルタ・ピスハ』11 ではこれらが単数形だが、他では複数形になっている。

749) 『M ウク』3.12、『M アヴォ』2.16, 6.8、『スィフラ・アハレ』パラシャー 9.7。

における偉大な者らに、とくにモーセに付され[750]、その他アブラハム、イサク、ヤコブ、ヨシュア、サムエル、ダビデ、モルデカイにも用いられるが[751]、もちろんこれですべてを網羅しているのでない[752]。さらに、神自身も *tsaddiq* と呼ばれ[753]、人はこの神に倣って義となるよう促される[754]。しかしタンナ文献では、比較的新しい人物の 1 人のみが *tsaddiq* と呼ばれる。それは大協議会（大シナゴーグ）の成員である「*tsaddiq* なるシメオン」（『M アヴォ』1.2、『T ソタ』13.7）だ[755]。

「敬虔」を意味する ḥasid は同時代のユダヤ人らに容易に用いられる傾向があったようだ。例えば、祭司ヨセ（『M アヴォ』2.8 によるとラッバン・ヨハナン・ベン・ザッカイに師事した）やラビ・ヨセ・カトヌータ（『M ソタ』9.15 では最後の ḥasidim と言われるが彼の年代は不明）のような。Ḥasid と *tsaddiq* とはいつも区別が可能なわけでなく、『M アヴォ』5.10–14 では *tsaddiq* に当てはまることの多くが ḥasid にも言える。Ḥasid の性質については Büchler, *Types*; Jacobs, 'The Concept of Ḥasid' を見よ。Kadushin（*The Rabbinic Mind*, 39–40）は ARN 8 (Schechter [ed.], 38) と『BT ニッダ』17a とラシとを引照しつつ、「ḥasid

---

750) モーセが *tsaddiq* と呼ばれる例は以下の箇所にある。『M ネダ』3.11、『M ソタ』1.9（「彼らが語ったのはモーセのみでなく、その他すべての義人だ」）、『メヒルタ・イェトロ・アマレク』1 (192, II.170 [Amalek 3]. 出 18.3)、『メヒルタ・シラタ』9 (149, II.69–70. 出 15.13) 他。
751) モーセ、ヤコブ、ダビデ、モルデカイは『メヒルタ・ベシャラッハ・アマレク』2 (182, II.149 [Amalek 2]. 出 17.14) を他の人物は『メヒルタ・ベシャラッハ』5 (107, I.237–38 [Bashallah 6]. 出 14.24)、『スィフラ・シェミニ・ミルイーム』23–24.
752) 「義」と称される他の人物を網羅したリストは Mach, *Der Zaddik*, 242–45 を見よ。
753) 『スィフラ・アハレ』ペレク 13.23 はエズ 9.15 引用して「イスラエルの神、主よ、あなたは *tsaddiq* です」と記す。『メヒルタ・ピスハ』16 (61, I.138. 出 13.3) と出 9.27 参照。
754) 『申スィフ』49 (114. 申 11.22) で、神は *tsaddiq* とも ḥasid とも呼ばれ、人はそれに倣うよう促される。神が *tsaddiq* と称される場合、厳格な正義（Mach, *Der Zaddik*, 7–8）や公正さを意味するのだろう。イスラエルが神を *tsaddiq* と認めると、神は言う、「あなた方は私のあなた方に対する裁きを正しいものとして受け入れた」（『メヒルタ・シラタ』9. 註 729 参照）と。
755) ARN 3 （英訳 p.31. Schechter 版, p.17）はなる *tsaddiq* なるベニヤミンに言及するが、これがタンナ文献に属するか不明だ。ラビ・アキバが他の 2 人のラビの殉教について論ずるとき、これをイザ 57.1（義人は滅ぶ）と関連させて、彼らを間接的に *tsaddiq* と呼ぶ（『メヒルタ・ミシュパティーム』18 [313, III.142 [Nezikin 18]. 出 22.22 [23]]）。ヨセフ・ベン・パクササなる人物はコヘ 7.15 の同様の意味の句を自らに用いる（『スィフラ・エモール』パラシャー 1.14 [レビ 21.3]）。

の方が徳という点で tsaddiq に優る」と述べる。もっとも『BT ニッダ』17a のみがタンナ文献に分類され、そのような比較が早くから定着していたか疑わしい[756]。Tsaddiqim は ḥasidim よりラビ文献で頻用されるが、ラビらは tsaddiq を人に対して用いることに ḥasid より慎重だった。この傾向は、tsaddiq という語が「ベート・シェアリムにある無数の墓石にいまだ見つかっていない」という Lieberman (*Greek in Jewish Palestine*, 71) の報告と符合する。一方で Ḥasid（あるいはこれに対応するギリシャ語の hosios）は頻繁に見つかっている。Lieberman は「ラビ文献で頻用されてはいるが、墓碑銘［に tsaddiq］は後1世紀において不用意に用いられなかった」と説明する。もっとも Lieberman は、頻繁に用いられたのがこの語の複数形であったこと、単数形がタンナ時代を生きた個人には直接用いられないが不特定の個人に対して用いられることがあった（「邪悪な人」との比較で「義なる人」）ことを指摘していない。

　個人に対して用いられる「聖なる（qadosh）」という形容詞については Marmorstein, *The Names and Attributes of God*, 213–17 を見よ。他の称号については Mach, *Der Zaddik*, 3–8 を見よ。

　したがって、tsaddiq の意味はしばしば曖昧で、一般的な用法が多く、厳密な定義を特定することが困難なようだが、より厳密な意味が見てとれるテクストが幾つかある。義人には文句を付け難く、彼らの祈りは短い。第1のケースでは彼らは神のようであり、第2のケースではモーセのようだ[757]。義人は「彼［神］を怒らせる者」の対極にあり[758]、功徳を持っており[759]、その功徳はおそらく神の掟を守るからだろう。義人は施しをする（『T ペア』4.18）。義人は来たるべき将来において報いを受け[760]、エデンの園——すなわ

---

756) 同様に Jacobs ('The Concept of *Ḥasid*', 151) は、ḥasid は律法の文字よりもさらに厳格である点で tsaddiq と異なる、と述べるが、私にはこの比較が分かりかねる。また『BT ロシュ』17b はこの点を支持しない。〔訳註 「ラシ」に関しては、長窪専三『古代ユダヤ教事典』556 頁を見よ。〕
757) 『メヒルタ・ヴァヤッサ』1 (155, II.91. 出 15.15).
758) 『メヒルタ・ヴァヤッサ』3 (165, II.110 [ch.4]. 出 16.13) は「もし神を怒らせた者にこのように与えるなら、将来において神が義人に対して良い報いを与えることはなおさらだ」と記す。
759) 『メヒルタ・ベシャラアッハ』5 (106, I.235 [ch.6]. 出 14.22).
760) 『スィフラ・ホバ』パラシャー 12.10 (I.A.5.n30)、『メヒルタ・ヴァヤッサ』3 (n.114).『M ア

ち来たるべき世——で神と同列にあるものとして扱われる[761]。要するに、義人は神の意志に従い、その責任を遂行する者を指す[762]。

> 義人について何を言おうか。「あなたが町を攻略するため長らくそれを包囲するとき、斧を振るって木々を切り倒してはいけない。その木々の実を食べるかも知れないので、それらを切り倒してはならない」（申 20.19）。これはカル・ヴァ・ホメルと言えよう。見もせず聞きもせず語りもしない木々に対して、実を結ぶという理由で神（ha-Maqom）が配慮を示してこの世から排除しないなら、トーラーと天の父の意志を行う者がこの世から取り除かれないよう配慮することはなおさらだ。

開始部の義人とは、明らかに「トーラーを……行う」また神の意志に従う者を指す。同様の議論は民 11.31 に関する『スィフラ・ズータ』にも見られる。すなわち、「神（ha-Maqom）がこの世においてその意図に違反する者を配慮するなら、神が来たるべき世において義人へ良い報いを与えることはなおさらだ」。そしてラビ・イシュマエルは「トーラーを受け入れる」義人と、「トーラーを受け入れない」邪悪な者とを対比する[763]。

罪を犯す義人とその贖い：「義」という語はおもにトーラーに従う者へ適用されるが、義人さえ神の律法を完全に守ることができないことをラビらは良くわきまえていた。したがって義人がこの世で苦しむ時、それは彼らの罪

ヴォ』2.16（「義人への返報は来たるべき日のためだと知れ」と記す），『BT キッド』39b（バライタ）参照。最後の 2 つのテクストの意味するところは、義人への報いがこの世でなく来たるべき世において与えられるということだ。

761) 『スィフラ・ベフコタイ』ペレク 3.3–4（レビ 26.12）は、神が義人を同等に扱い、義人はそれを怖れなくてよいが、それでも彼らは神への畏怖を抱くべきだ、とする。

762) 『スィフラ・コデシーム』ペレク 10（11）.6（レビ 20.16. Weiss 版では 92d）. Mach (*Der Zaddik*, 14) は、「神の意志に違反する」邪悪な者と「神の意志を行う」義人を対比させるテクストとして『民スィフ』11（17. 民 5.18）を引照する。しかしここで、邪悪と義という語は用いられない。Mach は神の意志を行う *tsaddiq* な者を明示するアモラ文献のテクストを挙げる。例えばラブ・タンフーム・バル・ハニライ（3 世紀）に依拠するとする『タンフーマ・ヴァッイクラ』1 は「創造主の意志を行う者は *tsaddiq* だが、それは誰か。モーセだ」と記す。

763) 『創R』33.1 開始部（英訳p.257）. これらや他のテクストについては Urbach, Ḥazal, 427.n57（英訳 p.900.n80）を見よ。

への懲らしめと見なされた[764]。つまりそれは、彼らさえ幾つかの罪を犯したことを示す。もちろん、大変な苦しみや死を被るような罪を義人が犯すことにラビらが驚くという場合もあるが[765]、一般には義人が完全であるという理解はなかった。あるバライタが示すとおり、神が厳格に裁くなら、その叱責に耐えうる者は父祖のうちにさえいない[766]。むしろ義人は、律法に従う真摯な努力と、違反の際の改悛と贖いの行為がその特徴をなす[767]。

　重大な罪を犯しても贖いによって「義」と呼ばれ得ることについて、レビ 10.1–5 に関する『スィフラ』が印象的に述べている。すなわちそれは、「命じられていたのとは異なる聖でない炭火を神の前で献げた」アロンの子のナダブとアビフの死に関してなのであり、その結果「主の御前から火が出て 2 人を焼き尽くした」。この箇所は、2 人がその外套に包まれて宿営の外へ運び出されて閉じられる。この解説として無記名のラビは、彼らの身体が焼かれながらその衣服が残ったことで、ナダブとアビフに対する神の配慮が示された、と述べる。もし彼らの衣服も焼けたなら、「彼らはその裸をさらして辱めを受けた」。

　　　カル・ヴァ・ホメルの議論が可能だ。神（*ha-Maqom*）の意志にそぐわない火を献げた者に神が怒ってそのように振る舞ったなら、残りの他の義人に対して［神が良いことをなすこと］はなおさらだ[768]。

「残りの……義人」という句はとくに意義深い。これはナダブとアビフも「義」と見なされていたことを示すからだ。神の意志を実際に遂行する者が一般に「義」と見なされることに鑑みると、これは通常の理解からやや外れる。この場合、ナダブとアビフは苦しみと死をとおして罪から浄められて契

---

764)　I.A.7 (pp.285–91) を見よ。『申スィフ』307 (345. 申 32.4) は「完全な義」は「軽微な違反」を伴うと記す。

765)　『メヒルタ・ミシュパティーム』18 (313, III.141–42 [Nezikin 18]. 出 22.22 [23])、『BT サン』101a (ラビ・エレアザルについて).

766)　この言説はラビ・エレアザルに依拠するとされる。『BT アラ』17a 上部。

767)　Moore, *Judaism*, I.494–95.

768)　『スィフラ・シェミニ・ミルイーム』22-27.

約に留まったので、義人のうちに含まれることになる。

義人と契約：ここまで見てきたところによると、一方で義人は救われた者である。来たるべき世で報いを受け、エデンの園で神と伴って歩く者だ。他所の表現を用いると、モーセのような義人はすべて、神によって「集められる」[769]。他方で、義人はトーラーに従いその違反に対しては贖いをする者だ。これを厳格な行為義認の制度──律法を守る者が救われる──と捉える者が多い[770]。しかしこれはラビ的な見解の適切な解釈ではない。むしろ、神の救いの約束を伴う契約を受け入れる者は、その契約との関連で神が与えた諸規定を守る責任をも受け入れる。この契約を受け入れてそのうちに留まる者が「義」と見なされる。神に従う者に、また「来たるべき世における分け前」を受ける者にこの義という立場が適用されるが、前者が後者を獲得するのでない。したがってラビ・シメオン・ベン・ヨハイによると、全人生をとおして義であった者がその最後に神に反抗した場合──この場合の反抗はたんなる規定不履行以上のことを指すが──、来たるべき世での分け前を失う。これと反対に、邪悪な者が悔い改めるなら、来たるべき世での分け前を受ける[771]。これは非常に示唆に富む教えだ。第1に、義人とは契約に誠実な人物を指す。なぜならその反対が契約への反抗だからだ。第2に、もし全人生をとおして義であった者が最後に反抗した場合に、神が人の行いを天秤にかけて裁きを決すると理解するなら、この者の行いが決算されて「功徳」の行為の側に傾くはずだ。しかしラビ・シメオンの言説が、善悪の行為を天秤にかけるような裁きを想定していないことは明らかだ。最終的に「義」と見なされる者は、ジースラーが述べるように善行が悪行を上回る者でなく[772]、契約に誠実な者である。全体として善行が悪行を上回る義なる者が反抗したなら、その者は来たるべき世での分け前を失うのみならず、「義」という立場をも失う。一方で、全体として規定違反が履行を上回る者が悔い改めるなら、その者は来たるべき世での分け前のみならず「義」という立場をも得る。

---

769) 『民スィフ』106（105. 民 12.15）.
770) 註 724 の Kertelge を見よ.
771) 『T キッド』1.15–16, 『P ペア』16b（1.1）.
772) Ziesler, *Righteousness*, 122.

ラビ・シメオンの言説は独特というのでなく、義に関する一般的な理解を反映している。従順が違反に上回る者を「義」と呼ぶような教えはない。既述のとおり「義」という語は、契約のうちにあって契約に誠実な者を指す[773]。契約の中にいることは、救いを提供されることであり、従順を求められることだ。反抗する者は自らを神の契約の約束から排除する。悔い改める者は神の恵みによって契約関係が回復される。ここでは、邪悪な者が悔い改めた場合、悔い改めた後に従順であり続けることが想定されている。

義と契約の維持：可能なかぎり律法を守り、違反について悔い改めて贖いをなすという意味で義であることが——これは反抗の対極にある姿勢だが——、契約における人の立場を・維・持・するが、契約における人の立場を・獲・得・するのでない。「人はいかに義となるか」と問われていないことは重要だ。義の追求において、義となることは目的でない。義の追求は、シナイ山で提供された契約と神との絆を結んだことに伴う諸規定を受け入れた者にとって、もっとも適切な行動だ。何をおいても *tsaddiq* という語は *zakka'i* やその同根語と同様に、獲得した立場でなく、維持する立場を示す語だ。ナダブとアビフは焼かれることで義とされたのでない。彼らは契約のうちにいることで、すでに義人の1人として数えられていたようだ。彼らは契約という枠組みの中で違反をしたが、この契約を破棄せず、苦しみと死という贖いによって義という立場を維持した。義人とは契約のうちにいる者を指す。彼らは自らトーラーを守る。神は彼らに約束の相続を与えるが、来たるべき世での分け前もこのうちに含まれる。

9. 異邦人

真の改宗者：前項では、一般に「義」という語が忠実なイスラエル人を指すということを確認した。さらに、ラビらが救済論を語る際には、契約の成員であるという立場が前提となっている。これまでのところで論じてきた

---

773) 旧約聖書において *tsaddiq* が神と人の両方にとっての契約の誠実を意味するようになった過程については E. Nielsen, 'The Righteous and the Wicked in Habaqquq', *Studia Theologica* 6 (1952), 54–78 (とくに 64–72) を見よ。

A. タンナ文献

契約という文脈における救済論は、生まれながらのイスラエル人と改宗者を視野に入れている。契約の受け入れには諸規定の遵守が要求され、またそれは諸規定の遵守によって裏づけられる。改宗者は契約を受け入れ、生まれながらのイスラエルと同様に、例えば犠牲を献げる [774]。来たるべき世での分け前に与る共同体であるイスラエルにおいて確固とした立場を得るには、契約を受け入れる必要がある。一方で、諸規定の拒否は契約の拒否を意味し、これは永遠の罰と破滅へと繋がる [775]。したがって、「義なる改宗者 (*ger tsaddiq*)」——義なる（生まれつきの）イスラエル人と同様にトーラーに従う者——こそが正式な改宗者の定義となる [776]。トーラー全体を受け入れてこれに従う意志がない者は、真の改宗者たりえない（『T デマ』2.5) [777]。

人が契約を受け入れてユダヤ教に改宗するための具体的な儀礼は何か、その儀礼が確立する歴史は明らかになっていない [778]。男性は割礼を受けることが必要だっただろう。改宗志願者にその願いの確かさを審査する質問があったと言われ、またいずれかの時点で改宗者に儀礼的沐浴が要求されるようになった [779]。しかしここでの議論において重要な点は、真の改宗者と誠実な生まれながらのイスラエル人に関する定義が同じだと言うことだ。すなわち、契約を受け入れ、諸規定に従う心づもりがあり、これらの規定を可能なかぎり守ること、これらがイスラエルにおける立場が確固たるものであることを示す。当然ながら生まれながらのイスラエル人は、自分とその父祖や子孫が神によって特別に呼び出され選ばれていると理解しており、それが契約を受

---

774) 『スィフラ・ネバダ』パラシャー 2.3 (I.A.3 に引用あり).
775) 罰と破滅については I.A.7.n471 を見よ.
776) I.A.8.n740 を見よ.
777) 『スィフラ・コデシーム』8.3 (I.A.6.n61). 契約に入る実際的な条件としてのトーラー遵守の意図については Bamberger, *Proselytism in the Talmudic Period*, 31-37 を見よ. 改宗に関する議論のほとんどは、改宗に関するラビの姿勢に焦点を置いている. Bamberger (*Proselytism*, xix-xxi) の 1968 年増版の 'Introduction'; Urbach, *Hazal*, 480-94 (英訳 pp.541-54) を見よ.
778) 基本となるテクストは『BT イェヴ』47a-b とタルムード小篇の「ゲリーム (*Gerim*)」を見よ. これらは完全に一致しない. たとえば「ゲリーム」は割礼に言及しない. いずれにせよ通過儀礼として説明されているものはタンナ時代のものでないかも知れない. この発展史を辿るためには資料が少なすぎる.
779) 儀礼的沐浴が導入された時期に関しては Bamberger, *Proselytism*, xxi-xxii とそこに引照された文献を見よ. この時期を断定することはできない.

け入れる格別な動機付けとなっている。一般にラビらは、生まれながらのイスラエル人が棄教者──「軛を破棄する者」──である証拠を示さない限り、彼らを「内部者」と見なす[780]。一方で改宗者には、契約を受け入れて諸規定を履行する意図があると明示する立証責任がある。しかし、契約受容と諸規定遵守との関係性はいずれの場合も変わらない。

「神を畏れる者」の救い：ここに問題が生ずる。改宗者とならない異邦人はどうなるのか。ユダヤ教の契約はノアの箱舟のようであって、その外には救済がないのか。あるいは異邦人も救われ得るのか。この点において、ラビ・ユダヤ教の救済論が限定的であることが明らかとなる。異邦人に関する体系的な救済の理論が見当たらないのだ。ラビ文献は契約の成員に向けて記されており、そこからある種の広く共有されていると思われる救済論──契約のうちにある者の救済論──を導き出すことは可能だ。すなわち、可能なかぎり諸規定を履行し、違反のための贖いをなすことで、契約内で与えられた立場が保証される。一方で、異邦人についての言説は散見されるものの、その運命についてはラビごとに立場が異なる[781]。

第1に、イスラエルのみならず異邦人も「義」と見なされ得る点を確認しよう。

「これらを行う人」（レビ18.5）──ラビ・エレミヤはかつて言った。「あなたはこのように論じなさい。すなわち、外国人であってもトーラーを行うならば祭司長のようだ、とどうして言えようか。聖典は教える、『これらを行う人はそれらによって生きる』と」。さらに「[聖典は教える、]『これが祭司やレビ人やイスラエル人のトーラーです』とは言わず、『これが人のトーラーです』（サム下7.19）と」。さらに「それ（聖典）は『門を開けよ、祭司やレビ人やイスラエル人が入られるように』でなく、『信頼を寄せる義なる異邦人（goi tsaddiq）が入られるように』（イザ26.2）と教える。〔同様の議論が詩118.20（「これが主の門だ、義人はこれより入る」）、33.1（「義なる者よ、主を喜べ」）、125.4

---

780)　I.A.7 を見よ。
781)　タンナらの言説を収集したものは E.G. Hirsch, *JE*, V.617 を見よ。Urbach, *Ḥazal*, 482–83（英訳 pp.543–44）参照。アモライーム時代における変化は『BT サン』59a を見よ。

（「主よ、正しい者に慈しみを」）でもなされる]。したがって、トーラーを行うならば、異邦人でも祭司長のようだ」[782]。

　ここで述べられているトーラーを行う異邦人とは、おそらく改宗者でなく「神を畏れる者」を指す[783]。このような異邦人が「半改宗者」と呼ばれるべきかどうか、という議論はある[784]。いずれにせよ、ラビ・エレミヤがトーラーを行う異邦人を「義」と見なす点に注目すべきだ。同様に異邦人に対する寛大な立場は、以下の言説にも見られる。「そして彼は私の救いとなりました。あなたはこの世に来るすべての者の救いです、そしてとくに私の［救いです］」[785]。このような箇所を基に、ゴールディンは以下のように論ずる。「神のイスラエルに対する特別な愛は、全人類への愛と矛盾することなく共存する」[786]。さらに彼はラビ・アキバの言説にも言及する。「[神の]似姿に創られた者は大いに愛されている。そして彼が神の似姿に創られたと知らしめる愛はさらに大きい……」(『Mアヴォ』3.14 [15])。

　悲観論と楽観論：一方で以下の2つの箇所から、より悲観的な見解を示すラビらがいたことも分かる。第1は箴 14.34 ——彼らはこれを「慈善は国を高めるが、諸国民の善意は罪だ」と読む——への解釈集に見られるが[787]、異なるテクスト編集がなされていた様子がラッバン・ヨハナン・ベン・ザッ

---

782)　『スィフラ・アハレ』ペレク 13.13. この箇所が並行箇所に登場するラビ・メイルに依拠するされる場合がある（『BT サン』59a,『BT カンマ』38a,『BT ザラ』3a)。イシュマエル学派に属し、ほとんど言及されないラビ・エレミヤに関しては Epstein, *Mebo'ot*, 572 を見よ。この箇所については Urbach, *Ḥazal*, 482 とその註 #68 (英訳 p.543 とその註 #71) を見よ。さらに Moore, *Judaism*, I.279, III.87 と Moore が引照する Bacher の箇所を見よ。Weiss は彼の版の『スィフラ』(f.86b) で、伝統的に「外国人」と訳されるところを「異邦人」と訳す。

783)　『申スィフ』311 (352. 申 32.8) は、異邦人の中に「罪を怖れ」ており「相応しい者 (*kesherim*)」がいるとする。

784)　この議論の提唱者としては Lieberman, *Greek in Jewish Palestine*, 75, 反論者としては Moore, *Judaism*, I, 326–31 を見よ。

785)　『メヒルタ・シラタ』3 (126, II.24. 出 15.2).

786)　Goldin, *The Song at the Sea*, 6.

787)　RSV は「義は国を高めるが、罪は諸国民の恥だ」とする。ラビらは *ḥesed* を「恥」でなく、より一般的な「善意」という意味で捉え、*tsedaqah* を「義」でなく「慈善／慈悲」と捉えた。

カイや他のラビらのあいだでの議論から分かる[788]。ラビ・エレアザル、ラビ・ヨシュア、ラッバン・ガマリエル、ラビ・エレアザル・ベン・アラク、ラビ・エレアザル、ラビ・ネフンヤ・ベン・ハ－カナー、ラッバン・ヨハナン・ベン・ザッカイに依拠するとされるこれらの異なる版において、異邦人諸国のいかなる「善意（ḥesed）」も罪と見なされるという意味で箴 14.34 が理解されている。ラビ・エレアザルの解説はその典型だ。「『諸国民の善意は罪だ』——異教徒らが行うすべての慈善（tsedaqah）と善意（ḥesed）は彼らにとって罪と見なされる。彼らが自らを高めるためにそれを行うからだ……」。『タルムード』と『ヤルクート・シムオニ』（ケトゥヴィーム 952）の版では、最後から 2 つ目の釈義がラビ・ネフンヤ・ベン・ハ－カナーに依拠するとされるが、これを「慈善は国を高めるが、イスラエルには善意が、諸国民には罪がある」と記す。この翻訳では ḥatta't を「罪」と理解するが、これはラッバン・ヨハナン・ベン・ザッカイの応答によって肯定される。「ラッバン・ヨハナン・ベン・ザッカイはその弟子らに言った、『ラビ・ネフンヤ・ベン・ハ－カナーの答えは私やあなた方の答えよりも優秀だ。慈善と善意をイスラエルへ、罪を異教徒へ帰するからだ』と」[789]。ラビ・ヨハナンの言説は、彼自身の解釈があったが、それはまだ語られていなかったことを示す。のちの編集者はこれを補って、「これは彼（ラビ・ヨハナン）も答えを示したことを教えているが、それは何か。ラッバン・ヨハナン・ベン・ザッカイが彼らに言ったと教えられている、『贖罪の献げ物がイスラエルの贖いをなすように、慈善は異教徒の贖いをなす』」と記している。このバライタ——「慈善が異教徒の贖いをなす」——は、ラビ・ネフンヤの言説——慈悲、tsedaqah、慈愛、ḥesed はイスラエルに属し、罪は異教徒に属する——へのラビ・ヨハナンの解説と相反する。当初ニューズナーはラッバン・ヨハナン・ベン・ザッカイに依拠す

---

788) 『BTバト』10b. 並行箇所は Neusner, *Yohanan ben Zakkai*, 135–38（改訂版 pp.183–84, 246–49）.

789) ソンシーノ版の M. Simon はラビ・ネフンヤの言説にある ḥatta't を「贖罪の献げ物」と訳すが、ラビ・ヨハナンの応答においては「罪」と訳す。Neusner, *Yohanan ben Zakkai*, 上掲の註 788. また Neusner は *Development of a Legend* (p.103) でいずれの場合も ḥatta't を「罪」と訳すが、この翻訳が Simon に依拠すると誤って述べる。Jastrow (*Dictionary*, 447) と Helfgott (*Election*, 47) は「善意はイスラエルへ、贖罪の献げ物は諸国民へ」とするが、これは文脈からすると考え難い。

るとされるこれら 2 つの相反する言説を、神殿崩壊以前の異邦人への好意的な理解と、崩壊後の「外国人嫌い」の感情を反映すると説明した[790]。今ではモートン・スミス（Morton Smith）がより説得性の高い説明を提示している。それによると、異邦人に対して否定的な言説は後 130 年以降の時期に始まる創作で、ラビ・ヨハナンが異邦人に対する調和的な姿勢を捨てて、当時支配的だった異邦人への敵愾心を支持するように見せた[791]。ラビ・ヨハナンに依拠するとされる相矛盾する言説をいかに説明するにせよ、異邦人に対する姿勢が時代によって異なっていたことが、この箇所から分かる。

義なる異邦人：第 2 の箇所は、ラビ・エレアザルとラビ・ヨシュアとの論争である[792]。

> 異教徒のうちの邪悪な者の子らは［来たるべき世において］生きず、また裁かれることもない。しかしラビ・エレアザルは以下の見解を示す。「異教徒は誰も来たるべき世での分け前を受けない。それは『邪悪な者ら、神を忘れるすべての異教徒はシェオールに戻る』（詩 9.17）からだ。『邪悪な者らはシェオールに戻る』——これらはイスラエルの邪悪な者らを指す。［これは『神を忘れるすべての異教徒』という句が、すべての異邦人をシェオールに向かわせることを示唆する[793]］」。ラビ・ヨシュアは彼に言った、「聖典が『邪悪な者はシェオールへ戻る。すべての異教徒』と述べ、それ以上述べなかったなら、私はあなたの言葉どおりに言っただろう。しかし聖典は述べる、『誰が神を忘れようか』と。見よ、異教徒の中にも来たるべき世での分け前に与る義なる者はいるはずだ」と。

---

790) Neusner, *Yohanan ben Zakkai*, 135（改訂版 p.183）。
791) Morton Smith, in Neusner, *Development of a Legend*, 102–03.
792) 『T サン』13.2（Danby 版）は、以下に示すとおりにこれをやや修正している。
793) 『トセフタ』の写本と Danby 版の翻訳では以下の言説がここにある。「『異教徒はみな神を忘れる』——これらは異教徒のあいだの邪悪な者らだ」。しかしこれは、ラビ・エレアザルが大多数の意見を反映するラビ・ヨシュアと同意するように見せかけるための解説だ。Zuckermandel はこの箇所を適切に修正している。この言説を欠く判断は、『BT サン』105a も支持する（英訳では、p.716. n3 に適切な訳が見られる）。

『Tサン』13.1, 2, 4は本来、『Mサン』10における並行箇所が扱わなかった諸集団に関する扱いをある意味で体系的に示しているように見受けられる。『Tサン』13.1はイスラエルのあいだの邪悪な者の子らについて、同13.2は異教徒のあいだでの邪悪な者の子らについて述べている。さらに同13.4は、一方でイスラエルと異教徒のあいだの違反者に振り分けられる異なる罰について、他方で異端者や反逆者やその他とくに忌むべき罪人の罰について述べている。これらに挟まれた同13.3では、3つの種類のイスラエル人に関するシャンマイ派とヒレル派のあいだでの論争が記録されている[794]。残念なことにこの無記名者の言説は、異邦人とその子らで義なる者らに対する姿勢について、具体的に述べない。もっとも邪悪な異邦人の子らが来たるべき世での分け前に与らないという無記名者の言説は、異邦人のあいだの義なる者なら来たるべき世での分け前に与ることを示唆しているとも考え得る[795]。邪悪な異邦人の子らの扱いはかなり寛大である。彼らは［来たるべき世において］生きないが、苦しみもしない。集団としての異教徒が来たるべき世から排除されるという見解を示したのはラビ・エレアザルだ[796]。ラビ・ヨシュアはラビ・ヨハナンの見解を支持し、異教徒のうちの義なる者らは来

---

794) I.A.6 (pp.249–50) を見よ。

795) 同様に、『Mサン』10.2がバラムを特定して、来たるべき世での分け前に与らないと述べるのも、義なる異邦人はこれに与ることを示唆していると考えることができよう。Finkelstein, *The Pharisees*³, cxv. Finkelstein によるとこれは古いハシード的言説で、ヒレル派によって継承され、ラビ・ヨシュアに支持された。

796) ラビ・エレアザルは伝統的に一貫して異邦人に否定的だったと見なされてきた。例えば Bacher (*Agada der Tannaiten*, I.107, 133–35) は、この箇所と『BTギッテ』45b（=『Mフッリ』2.7）を引照しつつ、異邦人の［殺戮の］目的は偶像崇拝だと述べる。Neusner (*Eliezer*, II.202) は外国人嫌いがその当時の典型的な姿勢だったが、ラビ・エレアザルに関しては異邦人への姿勢が一貫しないことを指摘する（同285, 327–28）。彼はラビ・エレアザルがサマリア人のパンを食べることを許可した蓋然性に言及する（同II.416）。そしてラビ・エレアザルに関する要約では、彼が異邦人に対して好意的だったと述べながら（II.416, 421）、それを支持する箇所を挙げておらず、彼が分析した箇所から［サマリア人のパンという曖昧な箇所以外に］そのような趣旨の意見を見出すことができない。やはり『Tサン』13.2が、ラビ・エレアザルの異邦人に対する姿勢をもっとも明確に示している（『Mサン』10.3と『Tサン』13.2とのあいだの「立場変更」［*Eliezer*, II.376］という Neusner の表現が何を意味するか不明だ。前者ではラビ・アキバが幾人かのイスラエル人を排除するのにラビ・エレアザルが反対しており、後者ではラビ・ヨシュアが幾人かの異邦人を含めるのに反対している）。

A. タンナ文献

たるべき世での分け前に与るとする。

『Tサン』13.1 の開始部では、邪悪なイスラエル人の子らが来たるべき世での分け前に与らないという、ラッバン・ガマリエルに依拠するとされる立場が記されている。ラビ・ヨシュアは「主は単純な者を救われる」(詩 116.6)という箇所を挙げてこれに反論する797)。『Tサン』13.2 の開始部が実際にラッバン・ガマリエルに依拠するとしても不思議でない798)。このガマリエルは、ラビ・ヨシュアやラビ・エレアザルと同時代のガマリエル2世のことだろう799)。当然のことながら、神殿崩壊を目の当たりにした者にとって、異邦人の運命に関する問いは大きな意味を持っていた。

異邦人への寛容：いずれにせよタンナ時代をとおして、異邦人の運命に関するある特定の見解が支配的だったということはない。一般的に、異邦人について苦々しい思いを抱く特別な状況に促されない限り、ラビらは異邦人に対して非寛容ではなかった、という印象を受ける800)。義なる異邦人が来たるべき世に入ると考える者でも、「義なる異邦人」が何かを具体的に示さない。もっとも、7つのノア律法を守る者が義なる異邦人だとするのちの見解は、おそらく実際からさほど遠くなかろう801)。ノア律法に従う異邦人が救われる

---

797) この伝承の異読は Bacher, *Agada der Tannaiten*, I.93.n1 を見よ。『BTサン』110b ではラビ・アキバがラッバン・ガマリエルに反論する。

798) 『BTサン』110b：「皆が、[邪悪な異教徒の子らが] 来たるべき世に入ることはない、という点で同意する。そしてラッバン・ガマリエルはこれを [イザ 26.14 から] 導き出す」。しかしソンシーノ版の編者 (H. Freedman) は、ウィルナ・ガオンが [中世のタルムード註解者の] ラシ (英訳 p.760.n10) と同様に「ラッバン・ガマリエル」を削除したことを記している。

799) Helfgott, *Election*, 53.〔訳註 これはシメオン・ベン・ガマリエル1世の子、ヤヴネーのラッバン・ガマリエル。〕

800) もう1つの否定的な見解はラビ・イシュマエル (I.A.7.n483) を見よ。肯定的な見解としては、70諸国が70頭の仔牛によって贖われた (『BTスッカ』55b) という、おそらくタンナ時代の見解を見よ。異邦人に対するタンナらの姿勢については Helfgott, *Election*, 38–39, 53, 57, 61–62, 68–69, 97–98 を見よ。Helfgott (pp.140–41) は、タンナのうちには排他的で異邦人を来たるべき世から排除する者もいたが、「多数のタンナはラビ・ヨシュアに同意する傾向にあり」、より寛容な姿勢を見せた、とする。Kadushin (*Rabbinic Mind*, 28) は、「ラビ的な価値概念の枠組みが『世界の諸国の義なる者ら』という概念の必要性を訴える」と論ずる。彼はこの表現を支持する箇所をも挙げている。

801) ノア律法の規定は『BTサン』56a-b の出処不詳のバライタに、ラビらの付加とともに挙げられている。『Tザラ』8 (9).4 では、7つの規定に言及があるが、その内6つのみが具体的に挙げられている。ノア律法に関しては K. Hruby, 'Le concept de Révélation', 25–29 を見よ。

という内容を伝える明らかな初期のテクストはないようだが、「神が律法を与えたとき異邦人がこれらの規定（ノア律法）さえも守らなかった」として異邦人が批判される箇所が1つある[802]。これによると、異邦人に何が期待されていたかが分かる。異邦人がユダヤ律法を守るなどと考えられていたわけではけっしてない[803]。親切で慈善を行う者で、ユダヤ教の主要な禁止規定（偶像崇拝、盗み、生きた動物から切り取った肉を食べること等）に違反しない者なら、来たるべき世に与ることが可能だ。

異邦人への関心の欠如：したがって、ラビに一般的で網羅的な救済論がなかったことが分かる。「誰が救われ得るか」という問いにラビが促されたならば[804]、彼らはその典型的に徹底的で体系的な仕方で応答したことだろう。すなわち、異邦人の状態は明確に定義され、異邦人が異なる種類に分類され、神が異邦人に何を期待するかが明示されたことだろう。しかしこのような議論は、タンナ文献に見られない。ラビらが注意を向けたのは、「私たちを贖われ、私たちが仕える神に対していかに従うか」という問いだ。タンナ文献のいたるところで、この問いと格闘する彼らの姿に出くわす。彼らの

---

802) 『申スィフ』343（396. 申33.2）。

803) ラビらは、異邦人には課せられない特別の義務をイスラエルが担っていると考えた。したがって『スィフラ・アハレ』パラシャー6.1（レビ17.2）は以下のように記す。「『イスラエルの子ら』は［神殿の］外での屠殺と献げ物に関する［規定を守るようにとの］責任を持っている。しかし外国人は［この規定を守るようにとの］責任を持っていない。さらに外国人は、天に献げ物をするために高き所をどこにでも建てることが許されている」（これは偶像でなく神への献げ物のようだ）。さらに『申スィフ』345（402. 申33.4）は「［トーラーに記されている］この掟は、ただ私たちのみもの、私たちのためのものだ」と記す。

804) この例として、『BTベラ』28bが挙げられよう。「私たちのラビは教えた。『ラビ・エレアザルが病に伏せたとき、彼の弟子らが訪ねて言った、《主よ、命への道を私たちに教えて下さい。そうすればそれを通って来たるべき世の命を得るでしょう（נוכה）》と。彼は言った、《あなた方の同僚に気を遣い、あなた方の子らを空想から避け、彼らが学者らと膝を交えるようにしむけ、祈るときには誰の前に立っているかを知りなさい。そうすればあなた方は将来の世を得るでしょう（וזכה）》と』」。「空想」と訳された語について Bacher [*Agada der Tannaiten* I.97.n5] は、指導なしに聖典を読むことと理解する。Marmorstein [*Essays in Anthropomorphism*, 145] は、聖典を非常に文字どおりに訳すことと理解する。この応答が救済論を述べていないことは明らかだ。これはたんに同僚に敬意を払い、子供を訓練し、神を敬うことを促している。これらによって契約の成員はその立場を保つことになる。この教えに従わないことは「軛を破棄する」ことに繋がるが、それはすでに契約にある者で、その立場を維持しようと願う者が対象だ。

議論はほぼ一貫して契約という文脈のうちで行われる[805]。そして、契約の外で生まれた者がいかに契約に入るかという問いには、あまり触れられていない。もっともこの問いに関するラビの立場は明らかだ。契約に入るには、契約を受け入れて、その諸規定を守る決断をすることだ。契約の外に留まる者に対する神の態度に関しては、意見が異なる。したがって、すべての状況を網羅する理論があるかの印象を与えかねない「ファリサイ派的救済論」などという表現は、厳密には正しくない。おおよそ救いは、契約のうちにいる者、契約の成員という立場を保つ者への約束だが、少なくともラビらの一部は「義なる異邦人」を明らかにこの救いに含めた。しかしこれは、契約の成員に適用された救済論に根本的な再考を迫るものでない。また、誰が来たるべき世での分け前に与り、その条件は何かに関するラビ的思想に、異邦人の問題が体系的に組み込まれることはなかった。

10. 宗教的営みと体験の特徴

宗教的営み：私たちはここまで、ラビ的宗教がいかに「機能する」か——いかに人がその宗教に編入され、そこに留まるかのプロセス——を考察してきたが、ラビ・ユダヤ教という宗教体験の性質、ラビらにとっての内的な体験、宗教的感情という表現を用いることが許されるなら、そのようなものについてほとんど議論してこなかった[806]。本著の関心は、いかに宗教が機能すると理解されたかをパウロとユダヤ教諸集団とのあいだで比較することである。パウロ的宗教とユダヤ教とのあいだで宗教的体験の性質を比較したとしても、それは非常に曖昧で取るに足らない結果を残すのみだ。したがって、ラビ的宗教の性質に関する議論は限定的とならざるを得ない。しかし、宗教がいかに機能するかという宗教様態と成員の営みを性格付ける宗教体験とのあいだに調和を見出すことは重要だ。これらのあいだに不協和があれば、そ

---

805) H. Loewe ('Pharisaism', *Judaism and Christianity*, I.154) は「ラビら側の資料では、すでに信仰を持つ者に対してファリサイ派は語っている」と述べる。

806) 行為に関しては後述するが、「ユダヤ人の宗教的感情」についてはBüchler, *Types*, 69–70を見よ。

れは伝統的宗教様態が新たな宗教的必要、姿勢、感情を満たさないことであり、宗教的な危機を意味する。この点は、『IVエズラ書』を考察する際に詳述しよう。

　キリスト者の学者らのあいだでは、上で述べたような不調和がユダヤ教一般、そしてとくにラビ・ユダヤ教に見られる、という見解が共有されてきた。そして、バビロニアから帰還した民にとって神は非常に遠い存在だった、と言われてきた。もはや神について親しく語られることはなくなり、婉曲的な表現のみが目立ち、媒介者としての御使いの存在が必要となった[807]。そのような状況で、遠くの神に近づく手段としてユダヤ教が持っていたのはトーラーへの従順のみだが、それは明らかに不十分で不適切だった。その結果として、一方でユダヤ教は不安を抱える宗教となり、「遠くの神の好意を獲得するのに十分な行為を人はなせるか」との問いかけがなされるようになった。そして他方では独善的な自己依存が生じて、ある者は上の問いかけに「なせる」と応じた、というわけである[808]。

　救いの不確実性？：ユダヤ教の宗教体験に関するこのような評価――不安と高慢な自己依存――はユダヤ教神学に関する3つの想定に依拠するが、これらはどれも誤りだ。これらの想定においては、人は違反よりも多くの善行を行う必要があり、神は近寄りがたく、個々人は自らが失われており、遠い存在である神に近づく手段を持たない、と教えられる。本著はこれまで、ラビ・ユダヤ教の救済観は善悪の行為を天秤にかけること、というキリスト者の学者らによる伝統的な理解が誤りであることを示してきた。この伝統的理解を支持するとされる文献資料がじつはこれを支持せず、これまで広く支持された理解と真っ向から対立することを示した。ここでは、ブセット――とそれに続くブルトマンや数多くの新約聖書学者――がユダヤ教救済観に関す

---

807)　この見解についての R. Bultmann（*Jesus and the Word*, 138–39）の言説がよく知られている。Bultmann（p.140）は神の臨在がユダヤ教伝統において重要であることを認識しているが、後のユダヤ教においてこの伝統が弱まったと考えたようだ。さらに Bultmann（*Primitive Christianity*）は「［神は］もはや現代において重要な要因でない」（p.60）、また神の超越性は「神がもはや民に繋がっていない」ことを意味する、と述べる。

808)　Bultmann, *Primitive Christianity*, 70–71. これは Bousset, *Religion des Judentums*, 392–94 に依拠している。

るこの伝統的理解を、いかにまったく不適切な宗教体験と結びつけてきたかを確認しよう。ブセットは、ユダヤ教に救済の確信を示唆する部分があるにもかかわらず、そこには大きな不確実性があると論じている。すなわち、イスラエルの民であること自体は救済を意味しない、というのだ。なぜならイスラエルには、敬虔な者もいれば邪悪な者もいるからである。

> 人はより限定された敬虔の領域に至るセクトに所属することによって、神を喜ばせることが可能となる。しかしこの領域においてさえ、人はいつでもその行為によってここから除外されかねない。この敬虔の迷路において、善なる神へ単純明快な信頼の道を人はもはや見出すことはできない。個々の行為を天秤にかけて帳尻を合わせようとする不安な行為によって、人は自らを見失う。義を神が要求することに鑑みて、1つの見解が生じる。すなわちそれは善行の数的優位性にすべてが依拠するという理解で、これがあるべき敬虔と道徳性の本質をすべて破壊してしまう。人生は算盤勘定（Rechenbeispiel）になってしまい、神と絶え間ない貸借の確認を行うことが敬虔となる[809]。

私たちは、ブセットのユダヤ教救済観を退けるとともに、彼が提示するユダヤ教的な宗教の営みに関する理解をも退ける必要がある。

遠い神？：人々が抱く宗教への必要や要請と神学との不調和がユダヤ教において著しく大きいとの理解を支える第2の論拠は、聖典後のユダヤ教において神の超越性が支持され、その結果として神は近寄りがたく疎遠な存在と認識された、というものだ。これはヴェーバーによって提示された見解の一側面だが、見識者による反論が幾度となく試みられたにもかかわらず、いまだ支持されている。ここで神とその民とのあいだに介在する中間的存在について詳しくは分析できないので、この議論における主張と反論の概観のみを述べておこう。既述のとおり（I.A.1）ムーアは、神の超越性と疎遠性とを同視したことが「ユダヤ教が誤解されたことへのヴェーバーの責任」だと考えた。ヴェーバーの理解は、ユダヤ教文献にこの中間的存在が見られることに

---

[809] Bousset, *Judaism*, 392–93.

依拠している[810]。ブセットはこれをもとに議論を展開したが、ムーアは以下のようにブセットの見解を要約する。

> ブセットが断言するイエスとユダヤ教との根本的な違いは、神概念とこの神への感情において見られる。当時のユダヤ教の神はこの世から隔絶され、超常的で、超越的だった。「エホバの最高位と独自性とに関する預言者的使信が、抽象的で超越的な一神教という教理を生み出した」[811]。

これに対するムーアの評価は的を射ている。すなわち「[ブセットは]知識の欠損を創作によって埋め合わせ、……自らの意見に対して自信ありげに述べている。証拠を提示できない場合は、心理学者らが言うところの〈提案〉を効果的に用いた。つまり、立証できない事柄を繰り返し断言することで、あたかも読者が以前から心得ていた、あるいは自明のことのように思わせた」[812]。ムーアの分析によると、ブセットの誤解の少なくとも一部は、彼が黙示文献を偏重したことに起因する。これらの文献からは、「至高の天に座して、この世から隔絶されている神というイメージを導き出し得る」。しかしこのイメージさえ誤りである。なぜならそれは「幻という形態によって条件づけられている」からだ[813]。

1915 年には、聖典後のユダヤ教文献が近づきがたい神を教えたというキリスト教神学における誤解について、ウィックスがすでに指摘していた。そして彼はさらに「現代のユダヤ教学者らが、神に関する誤った超越性をユダヤ人が抱いていたという誤解を、由々しき問題として反論した[814]」と述べた。ウィックスはそのような神観が黙示文献や偽典文献にほとんど見られないこ

---

810) Moore, 'Christian Writers', 233 を見よ。
811) Moore, 'Christian', 233. Moore はここで、Bousset, *Jesu Predigt in ihrem Gegensatz zum Judentum* (1892) について論じている。もっとも Boussett のこの理解は、後の著 *Judentum* でも繰り返されている、と述べる (p.247)。
812) Moore, 'Christian', 242.
813) Moore, 'Christian', 247–48.
814) H.J. Wicks, *The Doctrine of God*, 27–28.

とを指摘している 815)。さらに早い時期には、エイベルソンがラビ的なシェヒナ（栄光）とその関連語の用法を考察しつつ、ラビらが隔絶された神でなく、むしろ内在する神という神観を持っていたと論じている 816)。それにもかかわらず、ブルトマンが 1949 年に著した *Urchristentum*（『原始キリスト教』）は基本的にブセットの理解を継承して繰り返している。すなわち、神は疎遠で現代世界に大きな影響を及ぼさないと考えられた、と述べた 817)。さらにリングレンは、このような理解と中間的存在との関連性について述べつつ、その著書 *The Faith of Qumuran*（『クムランの信仰』）において、そのような理解が「周知のこと」だったと述べる。すなわち、神の超越性は近寄りがたい神観に繋がり、それは中間的存在の介在を必要とした、というのだ 818)。

シェヒナ／メムラの意義：ラビ文献におけるシェヒナやタルグムにおけるメムラ（名）が神の本質を示すかどうかを決定することは、本項の目的でない 819)。上に挙げた背景に鑑みると、これらの語が神に対する婉曲表現であるという以上のいかなる意義をもムーアが強く否定することは、容易にうかがい知ることができよう 820)。これらの語が本質論的な傾向を示すとしても、それによって私たちは神が出会うことのできない存在であると認識されていたという結論に至ることはない。ボックスもムーアの見解を修正しつつこれに同意している。メムラとは中間的表象（Mittelsbegriff）——本質でもなければ婉曲表現でもないもの——であり、「内在性の神学という神の顕現に関する

---

815) 要約は H.J. Wicks, *The Doctrine*, 122–26 を見よ。

816) J. Abelson, *The Immanence of God in Rabbinical Literature* (1912). 今ではこの著書の議論は単純すぎると評されようが、それでも基本的に正しい議論の方向性が示されている。神の臨在という主題に関するテクストのほとんどが網羅されている。「内在 (immanent)」という語の用法に関する批判は Kadushin, *The Rabbinic Mind*, 255–57, 278–79 を見よ。

817) I.A.10.n807 を見よ。

818) Ringgren, *The Faith of Qumran* (1963), 47, 81. 47 頁ではシェヒナが婉曲表現とされるが、81 頁では実体を持つ中間的存在とある。いずれにせよ、ラビ文献がシェヒナを用いる場合、それは神の高い地位を示し、より重要な臨在を示さない。Kadushin (*The Rabbinic Mind*, 228) は「シェヒナは神の名で、神の近さに関する言説でのみ用いられる」と述べる。

819) Dürr and Ringgren に基本的に同意する近年の議論について J.T. Sanders, *The New Testament Christological Hymns* (1971), 43–57 を見よ。

820) Moore, 'Intermediaries in Jewish Theology', *HTR* 15 (1922), 41–61; *Judaism*, 1.417–22.

1つの見方を指す」[821]。超越性や内在性という語が誤解を招き、適切な理解を促さないことは確かだ[822]。とくにこれらは、神が近寄り得るかとの問題へ適切に応答しない。シェヒナの理解については、コルトベルクに聞くことが最善の方法だろう。すなわちシェヒナは「最終的には部分的に人知を超える、この世における神の特殊な存在の様態[823]」を指す。ユダヤ文献における「中間的存在」の厳密な解釈が何であれ、中間的存在と超越性と近寄りがたさとを結びつけるヴェーバーの理解は、それが後に幾度と繰り返されてきたとはいえ、明らかに誤っている。ラビらが神を近づき得る存在として捉えていたことは、今や無数の学者ら[824]——もっとも最近ではペーター・クーン[825]、コルトベルク[826]、ウルバッハ[827]——によって明らかにされている。

悲観的な人間観?：したがって「ユダヤ教の敬虔の要諦に大きな齟齬がある[828]」とのブセットの主張は、彼がラビらに起因するとする律法主義的体制と、慈愛に満ちた神に対するユダヤ人の切望とのあいだに想定される衝突に依拠している。ブセットは、疎遠で近寄りがたい神によって、ユダヤ人の神への希求が拒絶されたと論ずる。彼の見解について2つの根本的内容が成立しないことが、ここまでで明らかとされた。すなわち、ユダヤ教的救済論は善悪の行為を天秤にかけることによらず、またユダヤ教において神が疎遠だとは考えられていなかった。さらにユダヤ教的敬虔に関するブセットの理解

---

821) G.H. Box, 'The Idea of Intermediation in Jewish Theology', *JQE* 23（1923–33）, 118.

822) Moore, *Judaism*, 1.423; Kadushin（I.A.10.n816）; Goldberg, *Untersuchungen über die Vorstellung von der Schekhinah*（1969）, 535.

823) Goldberg, *Schekhinah*, 537–38.

824) 例えばMarmorstein, *The Names and Attributes of God*, 148–53（遍在性という哲学的範疇を用いるが、これが超越性よりも適切だとは考えられない。ただ全体的な意図は正しい）; Moore, *Judaism*, 1.369–94, 423–42（「高き聖なる所に住まわれる方は、悔いた謙虚な心を持つ者と共に住む」、p.422）; Kadushin, *The Rabbinic Mind*, 194–272 を見よ。

825) Peter Kuhn, *Gottes Selbsterniedrigung in der Theologie der Rabbinen*（1968）. 彼の議論において、神がその民と共に苦しむという理解（pp.82–83）は、受難の救済者や解放された解放者という理解への研究に重要な貢献をする。

826) Goldberg, *Schekhinah*.

827) 後続する註861に挙げた論文に加えて、Urbach（*Ḥazal*, 2968 [英訳 pp.37–79]）所収の論文の「シェヒナ：神のこの世における存在（The *Shekinah*—— The Presence of God in the World）」や「近さと遠さ：マコムとシャマイーム（Nearness and Distance —— *Maqom* と *Shamayim*）」を見よ。

828) Bousset, *Judaism*, 393.

には、本項とより直接的に関連する第3の側面がある。すなわち、ユダヤ人が阻害と分離という感情によって特徴づけられる、というものだ。ユダヤ人が神からの「暗鬱とした厳しい排除」を感じるのは、神が疎遠だというのみならず、その人に関する理解にも依拠している。人は「愛されるに相応しくない」[829]。「人は堕落しており、神に近づこうとすれば自らを完全に変えなければならない」[830]。そのような人類の状況理解は、もしそれがラビによって支持されていたとするなら、ブセットが提唱する「体制」のみならず、既述の宗教の様態とも符合しないことになる。すなわち、人が失われ阻害されているとラビが考えたなら、改悛やその他の贖罪の手段に効果はない。これらの手段は契約における適切な位置に人を回復するためのもので、原初の喪失状態を克服するためでない。ブセットは、改悛を神への帰還としてでなく、敬虔な者が神の好意を獲得し、神に近づくのに相応しくなろうとするための善行として見なす[831]。改悛がこの目的に不適切なことは明らかだ。ブセットがユダヤ教のうちに見出す悲観的な人間観は、私たちが上で描いてきたものとは異なる宗教様態を必要とする。その異なる宗教様態とは、失われた状態にある人が神に近づく手段を提供するものでなければならない。すなわちそのような宗教様態においては、救済者と典礼とが必要とされる。

典礼の欠如という問題?：ブセットはじつにそのように論ずる。すなわち、ユダヤ教の宗教的姿勢は典礼を必要とする。それらが「体制」によって提供されないので、ユダヤ教は破綻してしまっているというのだ。ブセットは彼の著書において、ラビが神に信頼を置いていたという点について、興味深い仕方で繰り返し扱っている。彼は、イスラエル人が神の民であり、神がこの民の神であるという理由から、ユダヤ教は永遠の裁きに関する不安を生じさせるべきでない、と述べる。しかし彼は、ユダヤ教には典礼という概念が無いので、「ユダヤ教的教会は救いに関する確かさと確信を持つが、それは一般的な意味においてのみである。それは個々人のための具体的な [救いの] 保証を持たず、個々人が救いを享受するための具体的な体制と手段とを発展

---

829) Bousset, *Judaism*, 374.
830) Bousset, *Judaism*, 389.
831) Bousset, *Judaism*, 389–90.

させず、典礼を持っていない[832]」と論ずる。さらにブセットは、割礼や祭儀や律法の所有といったものは典礼と見なされない、と論ずる[833]。

これはかなり的外れな議論だ。これは要するに、ユダヤ教がキリスト教のようでなければならない、という議論だ。ユダヤ教がキリスト教のようでないので、ユダヤ教は不適切だ、というわけである。ブセットは、キリスト教的な文法でユダヤ教を評価している。すなわち、人は断罪され、阻害されている。救済は「教会的な」手段をとおして提供されねばならない。それ以外に神を体験する方法がないからだ。ブセットは、ユダヤ教において原罪という教理が確かな仕方で存在しない点が重要であることも理解しないし[834]、ラビが救済に関わる一般理論を確立しなかった理由も考察しなかった[835]。ブセットは、神に対する謙虚な信頼を示す個々のラビの言説[836]を扱うことなしにそのユダヤ教観を構築しているので、彼の議論に反論するためのもっとも効果的な方法は、まさにこれらの言説を提示することだろう。もっともここでは、まず問題をより一般化した仕方で述べることが肝要だろう。以下では第1に、ラビが何をもって理想的な宗教的営みと捉えたか、次に神の近さと遠さに関する彼らの姿勢、そして最後に彼らの祈りと死に際における言葉に見られる個々人の姿勢について考察しよう。

a. 学びと実践と神の臨在

学びと行い：宗教的営みの性質に関するラビらの概念をもっとも的確に表現するのは、おそらくタンナの1人であるラビ・ナタンに依拠すると言われる言説だろう[837]。「誉むべき聖なる方は言われる、『人がトーラーの学びと慈

---

832) Bousset, *Judaism*, 197.
833) Bousset, *Judaism*, 197ff.
834) I.A.5.n316 を見よ。
835) I.A.9 の開始部を見よ。
836) ブセットも認めるところだが、神への信頼は自己義認的な自己過信と異なる。Mach (*Der Zaddik*, 40) はこの点を、「敬虔な者が救いを確信する基礎は、自らの義に関する意識でなく、神への信頼だ」と述べる。
837) 『BT ベラ』8a のバライタ（英訳 p.39）。ラビ・ナタンはラビ・メイルと同時代の人物。これと同様の言説は多い。例えば『BT ベラ』5a-b のバライタの「トーラーにおいて精を出すことと *gemilut ḥasadim*」を見よ。

善行為とに専念し、会衆と共に祈るなら、私はそれ［らの行為］を、あたかもその者が私と私の子らを諸国から解放したことかのように見なす』と」。ラビ・ナタンが列挙した事柄の最後の祈りに関しては後述しよう。他の2つの事柄をまず一緒に扱おう。本項の目的に合わせて、「慈善行為」(gemilut ḥasadim) という句の意味を広く捉え——施しのみならず慈愛の行為一般——、「行為」一般をもここに含めよう。ラビ・ナタンの言説では「行い」と「学び」とが同等に重要なものと見受けられるが、初期のタンナらはこれら両者がどのような比重において功徳であるかに関して議論した。私たちは先ずこの点に焦点を置いて、ラビらのあいだで宗教的営みと体験との性質がいかに考えられていたかを考察しよう。

　一般的に、シャンマイ派とその影響下にある者らは「学び」より「行い」を優先した、と考えられている。したがって『Mアヴォ』1.15と1.17は以下のように述べる。

> シャンマイは言った、「あなたの律法［の学び］を定まった慣習としなさい。多くを語らず、多くを行い、あらゆる人を快く受け入れなさい」と。

> シメオン［・ベン・ガマリエル］は言った、「私はこれまで賢者らのあいだで育ったが、人にとって沈黙より良いものがないことが分かった。［律法を］解説することが主要なことでなく、［それを］行うことが。また言葉を重ねる者が罪を引き起こすことが」と。

シャンマイが「多くを語らず多くを行［う］」よう促したことが、「学び」よりも「行い」を重要視したように理解されている[838]。一方でヒレル派は、行いよりも学びを強調した[839]。したがってヒレルは言った、「律法を学べば学

---

838) Finkelstein, *Akiba*, 49. シャンマイの言説は *ARN*, 13 に明らかなように、のちには「多くを約束せず、多くを行え」と理解された。すなわち、もてなしの約束は控えめにしつつ、実際のもてなしは大振る舞いすべき。さらに『BTネダ』21bと『BTメツィ』87aにも同様の意味が見られる。Mach (*Der Zaddik*, 86.n5) は、この後のラビの解釈をシャンマイの言説の意味とする。

839) Finkelstein, *Akiba*, 49 (259参照). Finkelsteinは「庶民 (plebeians)」が行為よりも学びを重視

ぶだけ豊かな命が［ある］⁸⁴⁰⁾」と。「行い」の優位性を示すための同様の言説はないが、「義があればあるだけ平和が［ある］⁸⁴¹⁾」という句が慈善行為に言及しているとも考えられる。『ミシュナ・アヴォート』にはトーラーの学びを高く評価する言説が至るところに見られる。「賢者」であることは、多くのラビらにとって理想の生き方である⁸⁴²⁾。

> ゼレダのヨセ・ベン・ヨエゼル（『Mアヴォ』1.4）：「あなたの家を賢者らの集いの家とし、彼らの足の埃のあいだに座り、渇きをもって彼らの言葉を飲め」。

> ラッバン・ヨハナン・ベン・ザッカイ（『Mアヴォ』2.8）：「あなたが律法において多くをなしても、それを自らの功徳として主張してはならない。あなたはそのために創られたからだ」。

> ラビ・ヨセ［・ベン・ハラフタ］（『Mアヴォ』2.12）：「同胞の財産を自らのもののように貴重と見なせ。そして律法の学びのために自らを整えよ。あなたは律法［の知識］を相続によって得ないからだ。そして天のためにあらゆる行為をせよ」。

> ラビ・タルフォン（『Mアヴォ』2.16）：「律法を多く学んだなら、多くの報いを得る」。

> ラビ・ハナンヤ・ベン・テラディオン（『Mアヴォ』3.2）：「2人が共に座り、2人のあいだで律法の言葉が［語られ］ないなら、そこには軽蔑の座がある」（同

したのに対し、「高貴な者ら（patricians）」はその逆の立場を取った、と論ずる。Finkelstein の理解では、plebeians がヒレルやアキバのような人物に代表され、patricians の理解はシャンマイやシメオン・ベン・ガマリエル等に属する。もっとも、後者は厳密にはヒレル派に属する。Finkelstein, *The Pharisees* も見よ。

840）　『Mアヴォ』2.7. この言説に関しては Neusner, *Yohanan ben Zakkai*, rev. edn, 37（p.52参照）を見よ。
841）　『Mアヴォ』2.7.
842）　さらに Neusner, *Yohanan ben Zakkai*, rev. edn, 98ff（'Study of Torah as a Life-Style'）を見よ。

様の言説はラビ・シメオン・ベン・ヨハイ［『Mアヴォ』3.3］とラビ・ハラフタ・ベン・ドーサ［『Mアヴォ』3.6］がある）。

アモライーム時代になると、学びの重要性がさらに強調され、あるラビは祈りのために書斎を離れる弟子を折檻したほどだ[843]。さらにラヴ・ユダは、学びにより多くの時間を費やすため30日に1度だけ祈りの言葉を口にしたと言われる[844]。

もっとも本項の目的は、学びの重要性がいかに度を超えて強調されたかを確認することではない。この問題には公に折衷案が提示され、その定型句は『申命記スィフレ』で「学びは［より］重要だ。それが行為を促すから[845]」と記されている。この譲歩の精神はラビ・ユダ・ハ−ナスィの子のラッバン・ガマリエルの言説にも見られる。すなわち「律法の学びと世的な仕事とをともに行うことは素晴らしいことだ。これらでの労苦は心から罪を除くからだ。しかしすべてが律法の学びで［世的な］仕事がなければ、最後には無となり、結果として罪がもたらされる」。「世的な仕事」は行いと同じでないが、この言説では理論的な学びと実践の両方の価値が高められている。

「行い」の定義：しかし、ラビらは「行う（ma'aseh）」をいかなる意味で用いただろうか。フィンケルシュタインはこの論争を、「一般的な儀礼的実践」と学びとが功徳という観点からどのような比重になるかという議論だと理解する。シャンマイ派とヒレル派の両方が、この意味での「行う」ことと「学ぶ」ことがともに神殿祭儀に先んじると考えた。彼らの見解の相違は、トーラーの学びと浄めや10分の1税などの規定履行とのあいだの相対的価値に

---

843) 『BTシャッバ』10a.
844) 『BTロシュ』35a.『Pベラ』3b（最上部付近、1.5）のラビ・シメオン・ベン・ヨハイに依拠するとされる意見も参照。ここには、学びやシェマアを唱えること止めてはならない、とある。この点に関しては議論が分かれる。Helfgott, *Election*, 103–04 を見よ。
845) 『申スィフ』41（85. 申 11.13）. この箇所は、ラビ・アキバ（上に引用）とラビ・タルフォン──行いが学びより重要──とラビ・ヨセ・ハ−ゲリリ──学びが行いより重要──の間での議論を記す。『BTキッド』40b では、これらの賢者がみな、学びが行いを促すという理由で、学びがより重要だとする。これはハドリアヌス帝時代の禁止令のために喫緊の問題だった。この歴史的再構築とさらなる該当箇所は Finkelstein, *Akiba*, 258–60 を見よ。『スィフラ・ベフコタイ』パラシャー 2.3 を見よ。

ついてのみだ[846]。一方でビュクラーは高い説得力をもって、「行う」ことが建設的な命令——とくに慈愛の行為に関する命令——を履行することと論じた。彼は、葬儀や婚姻の行列が学舎の前を通り過ぎる時に、ラビ・ユダ・ベン・イライが言った「行いが学びに先んじる」という言説に触れる。つまりラビ・ユダはそれを慈愛の行為と見なして、行列に参加するよう弟子らを促した[847]。「行為」や「行う」という語は「宗教的義務の実践、しばしば慈愛の行為の実践[848]」を意味する。一方で、この論争のもっとも重要な点はギンズバーグによって指摘されたが、彼はその議論において「行い」の厳密な定義に焦点を置かなかった[849]。

> ヒレルとシャンマイの時代までは、学びは理論でなく実践に焦点を置いた。すなわち、純粋な学問でなく正しい行動に関心が向けられており……。

しかしその後、学びは両学派においてますます純理的となった。それでも保守的なシャンマイ派は「行為を思考より重要と考えた」[850]。両学派のあいだでの論争の焦点は、理論と実践のあいだの相対的価値、すなわち行動と意図の価値の優先性となった[851]。私たちは繰り返し、現存するラビ文献において意図が強調される様子を確認してきた[852]。これは理論を強調するファリサイ派一般における優勢な傾向の結果かも知れない。

しかし「行い」をいかに定義しようと、これを看過したとしてラビらを非難することはできない。いずれにせよ、人は行うために学ぶべき、であった。そして学びは諸規定の履行を看過する理由とはならなかった[853]。

---

846) Finkelstein, *Akiba*, 49.
847) 『P ハギ』76c (1.7).
848) Büchler, *Types*, 87. また同書 (pp.84ff) の議論も見よ。
849) L. Ginzberg, 'The Significance of the Halacha', *On Jewish Law and Lore*, 94.
850) Ginzberg, 'The Significance', 119.
851) Ginzberg, 'The Significance', 118.
852) とくに I.A.5 の開始部を見よ。また主題索引の「告白」を見よ。
853) 「学び」が「行い」へと導くという考えは、後のラビらによって完全に受容された。例えば『レビ R』35.7 やその他 Mach (*Der Zaddik*, 15) が挙げるテクストを見よ。Neusner (*Yohanan ben Zakkai*, 145 [改訂版では p.191]) は、学びと諸規定の履行と慈善の行為がラビ・ヨハナンによって確立され

自己救済の手段でない学びと行い：具体的な戒めを実際に成就することの基礎として宗教的営みの理論的そして意図的側面を強調すること自体は、ユダヤ教の宗教的営みが無味乾燥である——なぜならユダヤ教は「救われる」か否かを決定する力が人にある人中心の宗教だからだ——というプロテスタント・キリスト者らの批判に対する応答となり得ない。例えばビラーベックは、ユダヤ教を「自己救済（*Selbsterloesung*）」の宗教と表現する[854]。多くの人にとっては、意図が実際の行為より重要だと評価されたとしても、事態は変わらない。なぜなら、「意図」はパウロ的な「信仰」と同視できず、したがってユダヤ教は律法の行いによる救いであることに変わりはないからである。ラビ的宗教がいかに機能したかという視点からこのような批判に応答しようとすれば、「救いは神の選びであり、人の意図や実際の行為に拠らない」と言い得るだろう。意図と行為は要求されるが、これらは本来的に神の好意を得る手段でない。宗教的感情と経験という視点からは、「ラビらが自己救済という宗教に想定される不安やストレスを経験した証拠がない」と応答し得る。一方でラビらは、学びと行いを自己救済の手段としてでなく、全く異なる観点から評価した。

神の臨在としての学びと行い：自己救済の手段でなければ、人はなぜ学び、行うか。これには2つの答えがある。第1に、諸規定に従うことは神に近づくことを意味する。この従順に関しては議論し尽くされてきた。そして第2の点が、本項と直接関係する。

カドゥシンはその著作の中の「通常の神秘主義」という章で、独創的に、また明解で洞察に富む仕方で、ラビ的宗教が神の臨在への意識を育む方法を詳細に効果的に秩序立てて教えていることを示した[855]。祈りがイスラエル人

たユダヤ教のため基盤であるとの点について論ずる。

854) S.-B., IV.6.

855) Kadushin, *The Rabbinic Mind*, 194–272. 用語と簡易な議論は同著者の *Organic Thinking*, 237–40 に見られる。以下では、そのような「通常の神秘主義」を扱う。恍惚体験や幻視体験を伴う神秘主義も、ラビ的ユダヤ教においてかなり流布していた。G. Scholem, *Major Trends in Jewish Mysticism*; *Jewish Gnosticism, Merkabah Mysticism and Talmudic Tradition*; J. Neusner, *Yohanan ben Zakkai*, 97–103（改訂版では pp.134–41）を見よ。Scholem を肯定的に評価するものとして D. Flusser, 'Scholem's Recent Book on Merkabah Literature', *JJS* 11 (1960), 59–68 を見よ。Flusser は神秘モチーフとより典型的な

を神の臨在へと導き入れる——この点に関しては後述する——ことを示しつつ[856]、カドゥシンは日常的で体系的な祈りがハラハーによって規定されていることを確認した[857]。さらに、ハラハーは祈りを日々の通常の事柄と結びつけた（したがって「通常の神秘主義」）。神の臨在を感じることは「絶対他者」を体験することに制限されない。この点に関しては、少々長文だが、カドゥシンの著書を引用しよう。

> ハラハーは、祈禱という概念が持つ具体化への要求に一定不変な堅実さを付与し、その表現の範囲を拡大し、表現方法を提供する。具体化の要求は何かの刺激によって誘発されたときに機能しやすい。……その刺激はハラハーによって、偶発でなく規則的で安定的となる。人が飲食をするあらゆる機会さえ祈禱の刺激とするのはハラハーだ。それのみならず、例えば祈禱のために備えられた1日のうちの異なる区切りのようにほとんど意識されない事柄に対して、ハラハーは人の意識を向ける。さらにハラハーは、祈禱の範囲をこのようにして大幅に広げるのみならず、祝禱（ベラホート）と祈禱、また創造的な精神と思考とによって確立された表現手段を個々人へ提供する。同時にハラハーは、自発的な祈りや個人的な願いを促し、さらにそのような祈りを十八祈禱文の適切な箇所へ付加することを促す。
>
> すると、凡人が賜物に富む人と同様に神を体験することは、驚くべきことだろうか。ハラハーの作用をとおして、賜物に富む人はその功績の最善の部分を凡人と分かち合い、霊的指導者は一般の人々を自らのレベルへと引き上げる[858]。

アガダー的主題との関連に注意を向ける。Scholem のテーゼへの評価は I.A.10.n861 にある Urbach の論文にも見られる。私は Sandmel（*The First Christian Century*, 75–76）が、「後1世紀の神秘的傾向を示す十分な資料があるにもかかわらず、その輪郭が分析を拒むというパラドックスに我々は直面していると言えば十分だ」と述べるところに同意する。いずれにせよ、ユダヤ教神秘主義には神との融合を目的とするものはない。神秘主義の定義は Rohde, *Psyche*, 254 を、Scholem のコメントは *Major Trends*, 5 を見よ。

856) Kadushin, *The Rabbinic Mind*, 207ff.
857) Kadushin, *The Rabbinic Mind*, 210–11.
858) Kadushin, *The Rabbinic Mind*, 221. H. Loewe ('Pharisaism', *Judaism and Christianity*, I.153）は初期に、ファリサイ派が「日々の反復作業と平常の作業」を犠牲にしたと述べていた。Goldin（'The

A. タンナ文献

ハラハーが神の臨在を日常の営みに織り込むようにして安定性を与えることで、その臨在への情動を促すだけでなく、律法の学び自体が、神の臨在のうちにいることを感じるように人を促す。したがって祭司らが神の前での務めを行う神殿においては、祈りとトーラーの学びはすべてアヴォダー（'abodah）――すなわち「奉仕」――と呼ばれた[859]。2人がトーラーについてともに語るときはいつでも、神（シェヒナー）が彼らと共にある[860]。

ウルバッハが示したとおり[861]、トーラーの学びにおいて神が臨在するという感情が非常に強かったので、ラビらは学びについて語るときシナイ山での顕現を連想させる用語を用いた。したがってある初期の学者について「彼が座ってトーラーの学びに没頭しているとき、その上を飛ぶあらゆる鳥がすぐさま燃え尽きた」と言われる[862]。トーラーの言葉は火のようだ。この説明が創19.18に見られることは明らかだ。すなわち「シナイ山は煙に覆われた。主が火の中にあってそこに降りて来られたからだ」[863]。ウルバッハはその他幾つかの聖典箇所を引用した後[864]、トーラーの学びと燃えさかる火を結びつけて言った[865]。

Thinking of the Rabbis', 11) はKadushinの考察が「慣習がもたらす疲弊効果を過小評価している」とする。しかしKadushinは、ラビらが理解したハラハーと宗教の内的営みとの関係性を指摘しているように見受けられる。

859) 『申スィフ』41 (87. 申11.13); Kadushin, *The Rabbinic Mind*, 213. Finkelstein, *The Pharisees*, 279; Neusner, *Yohanan be Zakkai*, 62–63（改訂版 p.92）参照。

860) 『Mアヴォ』3.2; Kadushin, *The Rabbinic Mind*, 214. Neusner（*Yohanan ben Zakkai*, 38, 81ff）はさらに「[トーラーの学びは]霊的〔体験〕であり同時に霊的訓練」だった、と述べる。また改訂版（p.64）では「流動的であり解放的であると同時に、制限のかかった霊的な体験」と述べる（pp.118ff参照）。

861) E.E. Urbach, 'Ha-Mosorot 'al Torah ha-Sod bi-Tequfat ha-Tanna'im' ('The Traditions about Merkabah Mysticism in the Tannaitic Period'), *Studies in Mysticism and Religion* (1967), 1–28.

862) 『BTスッカ』28a（ヒレルの弟子のラビ・ヨハナン・ベン・ウッジィエルに言及）; Urbach, 'Ha-Masorot', 8.

863) Urbach, 'Ha-Masorot', 8.

864) 『Pハギ』77b (2.1) とその並行箇所、『レビR』16.4（ベン・アザイに関して）. ラビ・シメオン・ベン・ヨハイによる出19.18の『メヒルタ』(p.143, l.25) では「『火の中にあって』は、トーラーの言葉が火と対比されることを意味する」とある。

865) Urbach, 'Ha-Masorot', 9.

トーラーを学ぶ者を囲む燃えさかる火は、学びの対象のトーラーがシナイ山で授与されたトーラーであることを確証する。これは炎をともなって啓示された。

ウルバッハは、トーラーの学びを描写する際にシナイ山での顕現体験に依拠する表現が用いられたことと、「アキバのように非常に自由な解釈をする傾向がある賢者らが抱いた、継続する啓示への感情[866]」とを結びつけて説明した。ウルバッハはなにも、アキバの学派に属するラビらのみがトーラーの学びにおいて神の臨在を感じたと述べているのでない。いずれにせよ、ラビらはその学びにおいて天に自らの心を向けた[867]。学びを燃えさかる火と関連づける多くの箇所は、アキバ以前の世代のラビに依拠している[868]。

敬虔としての行為：したがって、トーラーの学びと実践は、神の臨在を感じることと結びついている。トーラーを学ぶことは、それを与えた神の臨在のうちにいることだ。すなわち、ラビらの律法主義と見なされがちな行為の中核には、神との親しい交わりという感情がある。上に言及した問題への応答として以下のことが言えよう。日常の諸活動とあらゆる宗教的行為の基礎にあるトーラーの学びにおいて神の臨在を感じた人たちにとっては、ブセットが彼らに欠損していると言う教会的な典礼など必要なかった。彼らは、遠い神でなく近くの神との関係を築いていた。トーラーの学びと実践とは、ラビらの宗教的感情や知覚と矛盾するどころか、完全に符合する。もし神が疎遠で、人が疎外されているなら、トーラーを学びそれを実践することは奇妙な行為と言わざるを得ない。なぜなら、そのような行為はむしろ無力さや疎外感を助長するだけだからだ。人はいかほどの「学び」や「行為」によっても、疎遠な神を引き寄せ得ない。一方で神を身近に感ずるなら、人は心から喜んで学び、実践し得る。人はその父の意志を行い、その行為1つ1つが神

---

866) Urbach, 'Ha-Masorot', 11.
867) Kadushin, *The Rabbinic Mind*, 213 (『BT ベラ』5b [英訳 p.21])．学びが情報収集のみならず敬虔をも意味することに関しては Neusner, *Understanding Rabbinic Judaism*, 9 参照。
868) 『P ハギ』77b (I.A.10.n864) はラビ・エレアザルとラビ・ヨシュアとに言及する。彼らと神秘体験との関係については Urbach, 'Ha-Masorot', 1ff を見よ。

の臨在という感情を助長する。人は日常の営みにおいて、神と繰り返し出会う。

　これは、ラビ文献を間接的にしか知らず、したがってラビらが律法の学びと実践に見出した意義を理解しない者が見過ごしやすい点だ。したがってレスラーは、ラビ文献において人は律法をとおしてのみ神と繋がっており、神の唯一の啓示は「律法であって律法以外でない」と述べる [869]。また彼は、人と神との関係性が、状況ごとに実践されるべき従順によってのみ決する、と述べる [870]。レスラーは、ラビ文献において律法の学びと実践とが重要な役割を担っていることを認めながらも、ラビ的宗教を全体的に律法主義で冷たい形式主義として描くことで、3つの大きな過ちを犯している。第1に、上述したようにレスラーは、契約と契約の約束との変わらぬ価値をラビらが認めていたことを、誤って否定する。すなわち彼は、人は神との関係性をその従順の行為によって新たに構築する必要がある、と言う [871]。第2にレスラーは、祈りに対してラビが認める重要性——この点についてはこの直後に述べる——について完全に看過している。第3にレスラーはブセットや他の多くの者と同様に、律法の学びと実践にラビ自身が見出す重要性を完全に見過ごしている。すなわちその重要性とは、律法の学びと実践自体が神の臨在へと彼らを導き入れるということだ。ラビ的宗教を「律法主義」とする批判の一部は、現代の学者らが律法への従順のうちに敬虔的意義を見出す能力がないことに依拠している。しかしラビら自身は、じつにこの意義を十分に見出していた。「諸規定を学んで実践に移す敬虔なユダヤ人と神がともにいる」という趣旨の内容を含むテクストは数多く、コルトベルクがこれらを集積しているが [872]、以下にその一例を示そう [873]。

　この箇所との関係で賢者は言った。「会堂で10人が集うところではシェヒナが

---

869) Rössler, *Gesetz und Geschichte*, 16.
870) Rössler, *Gesetz und Geschichte*, 32.
871) I.A.4.c の「契約における約束の持続的な有効性」を見よ。
872) Goldberg, *Schekhinah*, 385–99.
873) 『メヒルタ・バホデシュ』11 (243, II.287. 出 20.24)。

彼らと共におられる。……3 人が集うところに彼（シェヒナ）が共におられることをいかに知り得るか。『祭司らのあいだで彼は裁かれる』（詩 82.1）とある。2 人が集うところに彼が共におられることをいかに知り得るか。［マラ 3.16 によって］1 人とでさえ彼が共におられることをいかに知り得るか。『私の名が言及されるように私が促す場所ならどこでも、私はあなたの所へ来て、あなたを祝福する』とある」。

b. 祈りと臨終

神への依存としての祈り：ラビらとその弟子らによる日々の祈りは、それが所定の祈りであれ任意の祈りであれ、神の臨在を感じることが前提とされており、またそれが促される。終日の祈りの実践はユダヤ教の大きな特徴だが、これは後にキリスト教やイスラム教によって様々な仕方で受容された。日々の宗教的営みの性質と内容とは、当時の祈りの言葉を引用することで、もっとも明らかに提示できよう。

タンナイーム時代のラビの個人的な祈りはほとんど保存されていないが[874]、アモライーム時代のものは多く残っている。後者の例をここで幾つか紹介することは、ハラハーにおける両時代の継続性と同様に個人の敬虔における継続性があるとの前提に立つと、あながち不適切とは言えなかろう。義に関してもっとも長けた人物でさえ神に信頼しなければならないことが、『BT ベラ』16b–17a にある祈禱集に見られる。ここではそのうちの 2 つを例として挙げよう。

> ラッバン・ヨハナンは祈りを閉じるにあたって[875]以下を付加した。「私たちの神、主よ、私たちの恥を見、邪悪な状況をご覧になり、あなた自身にその慈悲を着せ、その力で覆い、その慈愛で包み、その恵み［の帯］を締めることを、あな

---

[874] 現存するものの多くは、その内容が本項と関係ない。ラビらの役割の性質を知るために集積された祈りに関しては F. Finkelstein, 'The Development of the Amidah', *JQR* 16 (1925–26), 4ff を見よ。より完全な分析は J. Heinemann, *Ha-Tefillah bi-Tequfat ha-Tanna'im ve-ha-'Amoraim* (1966) を見よ。

[875] 例えば十八祈禱文がある。ラビ・ヨハナンは第 2 世代のパレスチナのアモラ。

たの御心として下さい。そしてあなたの親切と柔和という品性 876) があなたの前にありますように」。

ラバ 877) は祈りを閉じるにあたって以下を付加した。「私の神よ、私が形づくられる前、私は［形づくられるのに］相応しくありませんでした。そして形づくられた今、私は形づくられなかったかのようです。私は生涯をとおして塵であり、死においてはなおさらです。ご覧下さい、私はあなたの前で恥と混乱とに満たされた器のようです。私の神、主よ、私がもはや罪を犯さず、あなたの前で犯してきた罪をあなたの大いなる慈悲によってぬぐい去ることを、あなたの御心として下さい。しかし邪悪な懲らしめや病をとおしてでありませんように」878)。

神の前で感じる無価値感が印象的なラバは、ハラハー的議論においてもその感情を持続させる。彼は「人が道端に標識を建てるとき地上から3手幅、あるいは壁から3手幅にするなら、その行為は適切でなく 879)」、それは「恥と混乱とに満たされた器のよう」だとの感情と一致する、と論ずる。一方で彼は、神の諸規定を完全に把握しており、それらが何かを判断し、それらを行う能力があるかのような印象を与える。彼が日ごとに繰り返す祈りが残っていなかったら、彼が掟を守り、神の慈悲を必要としない宗教的に自己完結した人物と思われたことだろう。このようにハラハー的資料だけで等身大のラビ的宗教を理解しようとすると、誤解を招きかねない。

このような表現の変化は驚くに足らない。人がある宗教規定の定義を論ずる場合、その宗教を完全に把握しているかのように語ることは自然なことだ。しかし神の前に出て祈る際には、自らの無価値さを深く感じ、神の恵み

---

876) 厳格な裁きにおける品性と対比せよ。
877) 第4世代のバビロニアのアモラ。
878) タルムードは、この祈りがラビ・ハムヌナ・ズティによる贖罪日の告白であるという説明を付加する。『BTヨマ』87bはこの祈りをラビ・ハムヌナ（後3–4世紀のバビロニアのアモラ）のものとし、ラバ（英訳は誤って「ラブ」とする）がこの告白を1年中用い、ラビ・ハムヌナ・ズティは贖罪日にこれを用いた、と説明する。これは今でも贖罪日に用いられている。*JE*, VI.201 参照。
879) 『BTエル』14b.

へ依存する必要性を認識する。

　これと同様の姿勢が、ラッバン・ヨハナン・ベン・ザッカイの臨終での涙の背後にあるようだ。これは以下のように記されている [880]。

　　ラッバン・ヨハナン・ベン・ザッカイが病に臥したとき、彼の弟子らが彼を訪ねた。彼は弟子らを見ると涙した。弟子らは彼に言った、「イスラエルの灯よ、右の手の柱よ、力ある鎚よ、なぜ涙されるか」と。彼は応えた。「今日私が人間の王の前に引き出されたとしよう。その王は今日いるが明日は墓の中、その怒りは私に向けられても永遠に続かず、私を投獄してもその投獄は永遠に続かず、私を殺してもそれは永遠の死でなく、また言葉と賄賂で説得ができたとしよう。それでも私は泣く。［しかし］今私は王の王、誉むべき聖なる方、とこしえに絶えることのない方の前に引き出される。この方の私に対する怒りは永遠の怒りで、私を投獄すればそれは永遠の投獄で、私を殺せばそれは永遠の死で、さらに私はこの方を言葉と賄賂で説得できない。否それのみならず、私の前にパラダイスとゲヒンノムとに通ずる2つの道があり、私はいずれに導かれるか分からない。それでも私は泣かないか」。彼らは言った、「主よ、私たちを祝福して下さい」と。彼は弟子らに言った、「天への畏れが肉と血の怖れのようにあなた方の上にあることが［神の］ご意志であるように」と。弟子らは彼に言った、「それだけですか」と。彼は彼らに言った、「もしも［これにあなた方が達するなら。］［これがいかに大事か］あなた方に分かる。人が違反を犯そうとするとき、『誰も私を見ていないように』と言うからだ」と。彼らのもとを去ろうとするとき彼は言った、「器が汚れないように取り除きなさい。そして来たるべきユダの王ヒゼキヤのための座を用意しなさい」と。

　この物語がラビ的宗教の誤りをある程度描き尽くしているという見方が新約聖書学の議論において繰り返され、すでに使い古された伝統のようになっている。この物語は、善行が悪行よりも優ることが求められると考えられる

---

880)　ここではソンシーノ版の『BT ベラ』28b 英訳を引用した。これとの並列箇所は *ARN*, 25 にある。Neusner, *Yohanan ben Zakki*, 172–73（改訂版 pp.227–28）も見よ。

A. タンナ文献

ラビ的救済論が不安を創出することの証拠として挙げられてきた[881]。ブルトマンは以下のように述べる[882]。

> 律法主義的な従順の概念のさらなる結果として、救いの希望が著しく不安定となる。誰が救われるのに十分な行為をこの世で為したと確信できるか。律法を守って十分な善行を積んだと、人は安心できるか。あらゆる善行が秤にかけられる裁きの日が来たとき、その秤が悪行の方へ傾く者は不幸だ。病床を見舞った友の前には、神の裁きの座の前での自らの運命を確信できないで涙するヨハナン・ベン・ザッカイがいた。審判者としての神と遭遇するという思いが、病的な不安と罪責感とを意識のうちに浮かび上がらせた。

同様の理解は、キッテルの辞典 (*The Theological Dictionary of the New Testament*) の elpis (希望) の項を担当したレングシュトルフによる「ラビ・ユダヤ教における希望 (Hope in Rabbinic Judaism)」の部分にも見い出される[883]。ここでレングシュトルフは、「ユダヤ教には厳密に *elpis* に匹敵するものがない[884]」というシュラッターの言説を引用し、これをラビ文献に「希望」を表す語がないという前提を正当化するために用いている。シュラッターは『シリ・バル』78.6 を唯一の例外として挙げつつ、*tiqvah* という語が「消滅したも同然だ[885]」と述べる。この点に関してシュラッターに同意する前に、レングシュトルフは「ラビ・ネホライは言う、『……［律法が］彼を若いときにあらゆる悪から守り、年老いては将来と希望 (*tiqvah*) とを与える』」(『M キッド』4.14) 等の箇所を考慮することもできただろう。あるいは *metuqan* (備えられたもの) や *seber* (望み) や *sikui* (将来の展望)、あるいは *baṭaḥ* (信頼する) に依拠した信頼や自信を表す語を考慮に入れることもできたかも知れない[886]。

---

881) Köberle, *Sünde und Gnade*, 655–56; Windisch, *Paulus und das Judentum* (1935), 53–54; S.-B., III.218–20 (IV.5, 11 [t] 参照); Bultmann と Rengstorf については以下を見よ。
882) Bultmann, *Primitive Christianity*, 70.
883) *TDNT*, II.523–29.
884) A. Schlater, *Der Evangelist Matthäus*, 402; Rengstorf in *TDNT*, II.523.
885) Rengstorf, 523.
886) I.A.10.nn893, 894 を見よ。*Baṭaḥ* については I.A.4 (pp.143–46) を見よ。Bultmann (*TDNT*,

さらに、神がイスラエル人を救うとか人が神に信頼するとかの一般的表現（『M ソタ』9.15, *lehishsha'en*）を考えることは言うまでもない。これらは辞書で希望についての項を参照すれば済むことだが、レングシュトルフの視野には入っていない。彼にとっては神学が結論を提供するので、語句やテクストを顧みる必要は感じられなかった。彼は、ラビらの救済に関する不安とか、それに依拠する律法主義とかの決まり文句を繰り返すのみだ。「これは行為宗教に属するもので、その追従者は確信を得られない」[887]。「個人的な救済の確信の欠如」の証拠として、彼はラッバン・ヨハナン・ベン・ザッカイの物語を引き合いに出すが、脚註においてはシュトラック–ビラーベック（S.-B., III.238ff）に同意するかたちで、この物語が「ラビ［的］・ユダヤ教の典型」だと説明する[888]。

　希望の欠如？：レスラーはビラーベックの著書から「希望」に関する他の箇所をかき集めて来たのは良いが、結局レングシュトルフと同様の結論に至る[889]。例えば、ヤコブとモーセは神の約束にもかかわらず神を恐れた[890]。ビラーベックは——結果としてレスラーも——この箇所を挙げて、ヤコブやモーセさえも救いの確証（Heilsgewissheit）を持たなかった、と理解した。これは創 32.8 にある「そしてヤコブは大いに恐れた」という表現の解釈だが、このラッバーはこれと異なる教訓を示している。ラビらはヤコブが何を恐れたかに関する様々な可能性を提供するが、いずれも救いとは関係がない。最後の解釈では、この箇所が義人はこの世において確信を持たないことを示す。ビラーベックはこれを「救いの確信の欠如」と捉えるが、実際の意味はこれと正反対だ。すなわち、「義人でさえ、罪——善行より多い悪行でなく——のために、この世において時ならぬ死を迎えないということに確証を持

II.521–23）は旧約聖書における希望に関する箇所で、*baṭaḥ* とその同根語について論ずる。

887）　Rengstorf, 527.

888）　Rengstorf, 527. Billerbeck には幾つかの箇所が収集されており、その内の重要な2つの箇所を以下で論ずる。

889）　Rössler, *Gesetz und Geschichte*, 27（S.-B., III.208 引照）。Rössler が引照する箇所は S.-B., III.218 に再び登場する。

890）　『創 R』76.1–2。ヤコブについては『メヒルタ・ベシャラアッハ・アマレク』2（185, II.156–57 [Amalek 2]。出 17.14）参照。

てない（出 4.24 参照）」ことを意味する。ラビらが、「来たるべき世において」とあるところを「この世において」と言い換えることはない[891]。第 2 の箇所は詩 27.13 ——「私は確信します、命ある者の地で主の恵みを見ることを」、しかしラビは *lule'* の上の符点を不確実性と捉え、「私は確信しません」とする——に依拠しつつ、ダビデが来たるべき世において義人に対する神の良い報いを確信したが、一方で彼自身はその 1 人に入るか分からなかった、ということを示す。このような箇所を基にして、諸規定の履行が違反より多いという条件が不確実性を生じさせる、と新約聖書学者らは結論づけた。

救いの確信：これらの箇所に付せられてきた意味が本来の意味と異なることは、容易に判断できる。ラビらが、ヤコブやモーセやダビデの従順が違反に優ること、これらの父祖が来たるべき世での分け前に与ることを疑うことなど、当然なかった。善行と悪行を秤にかけることや救いへの不安に関する理論を支持するために父祖に関するラビの言説を引用すること自体、これらの理論の信憑性を疑わせる。父祖に対するラビの姿勢全体が、このような思考パターンと真っ向から対峙するからだ。モーセは自分が来たるべき世の子であることに関して神を信頼した（*mubtah*）とされるが、この際に「主はモーセに言った、『見よ、あなたは父祖らと共に眠り、そして目覚める』と」（申 31.16）が引用される[892]。ラッバン・ヨハナン・ベン・ザッカイの物語に依拠して、ユダヤ教では不確実性が一般に優勢だとの結論に至る前に、私たちは以下のような箇所を考慮に入れなければならない。

この世において、「それら——ヘブライ語では『それ』だが、明らかに箴 6.20 の *mitsvah*（戒め）と *torah*（教え）を指す——はあなたの歩みを導く」（箴 6.22）。あなたの死に際して「あなたが横たわるとき見守る」。来たるべき世で「目覚めれば、あなたに話しかける」。したがって、「塵の中に住まう者よ、目を覚ませ、喜び歌え」云々（イザ 26.19）。あなたが『私の望み（*seber*）が打ち壊

---

891) 『BT キッド』39b 参照。この世において教訓への報いはないが、来たるべき世においてはある。
892) 『申スィフ』305（327. 申 31.14）. モーセに関する証拠は申 31.16（この民は目覚める）の「目覚める」から主語を取り除くことで作られている。約束と信頼に関しては I.A.4.c を見よ。モーセの救いの確信に関しては I.A.8.n769 を見よ。

された、将来の展望（sikui）が失せた』と言わないように、聖典は『私が主だ』と教える。［それは］私があなたの望みで、私があなたの将来の展望だ。あなたの堅い信頼（bittehoneka）が私のうちに［留まる］[893]。

申33.29にある「イスラエルよ、あなたはいかに幸いか。主に救われた民は」について、『申命記スィフレ』は以下のように述べる。

> 全イスラエルがモーセの前に集まり、彼に言った。「私たちの教師であるモーセよ、誉むべき聖なる方が来たるべき将来においていかなる良いものを私たちに賜るかを教えて下さい」。彼は彼らに言った。「私はあなた方に［将来について］何と言うべきか知らない。あなた方はあなた方のために備えられた（metuqan）仕方で幸いになる……」。「あなたの恵みは、あなたを畏れる者の上にいかに豊かに備えられていることでしょう」（詩31.20）[894]。

それでは、ラッバン・ヨハナン・ベン・ザッカイとダビデとが疑念を持つという箇所は、いかに理解すべきか。聖典の登場人物が疑ったり恐れたりする箇所には1つ以上の機能があり、それはおおかた釈義の問題である。ヤコブが恐れたと述べる箇所に直面したラビらは、ヤコブが何を恐れ得るかを想像したが、その際にヤコブが神から約束を受けていたことを念頭に置かねばならなかった。詩27.13の lule' の上の符点に直面したラビは、これが「私は確信しません」を意味するという仮説を立てた。このようなミドラシュ的試みを体系的な神学と捉えることは、釈義上の誤用だ。別のレベルでは、ヤコブさえも恐れることを示す箇所が、恐れを抱くイスラエル人に慰めを提供する点を考慮に入れるべきだ。「我々の父祖ヤコブは神からの確証を得たにもかかわらず恐れを抱いた。我々［が恐れを感じることが正当化されるの］はなおさらだ」[895]。これは、この世が不安に満ち、慰めと繁栄が一過性だ、との教えである。この世——来たる世でなく——に不安を抱くなら、ヤコブでさえ

---

893) 『スィフラ・アハレ』ペレク13.11. この箇所に関してはEpstein, Mebo'ot, 640–41を見よ。
894) 『申スィフ』356 (424. 申33.29).
895) 『創R』76.1 (英訳p.701).

そうだったという事実から慰めを得るべき、と促している。

臨終における畏怖の念：ラッバン・ヨハナン・ベン・ザッカイの物語を基にして、病的な不安を一般化するわけにはいかない。ラビ・ヨハナンがじつに死後の命運に不安を抱いていたとしても、その意義は「ラビ的救済論」に欠陥があることを示すことでなく、ラビ・ヨハナンが敬虔で謙虚な人物であり、神の前で自らが無価値であることを思い巡らし、神の厳しい裁きを受けるならば断罪に値すると認識した、ということを教えることだろう[896]。換言すると、彼は自らが神の前に出ることを要求できないと知っていた。これはルター派の学者が称賛する類の姿勢だ。ラビ・ヨハナンの姿勢に関するこの解釈は『Mアヴォ』2.8と符合する。すなわち、「あなたが律法において多くを為したなら、自らの功徳を要求してはならない。あなたはこの目的で創られたのだから」。これは、人がすべきことをすべてなし終えたとき、それは責任を果たしたまでだ（ルカ 17.7–10）、とのイエスの言葉を想起させる。ラビ・ヨハナンの臨終の物語が示すこの姿勢は、多くの者が誤ってラビ的思想のうちに見出し批判する功徳の余剰の可能性を打ち消す。これは、上で引用したアモライームの祈り、とくにラバの祈りと思想的に一致する。

この点の誤解がキリスト者によるユダヤ教への態度に大きな役割を果たしたことに鑑みると、1つの現代的な類例を挙げずにはいられない。イーヴェリン・ウォーはその三部作に登場する敬虔なカトリック信者ジャーバス・クラウチバックを描写して、以下のように記す[897]。

> 良識的な人物としてのクラウチバック氏は、自分が人の称賛に値し、慈善を行い、信仰に篤い者、そして信仰上のあらゆる規定に則っても救いに確信を持ち得る者と自覚していた。しかし祈りの人としては、自分が神の目に留まるほどの価値もないと考えた。

私には、じつにこれこそがラビらの姿勢だったと思われる。ラビ・ヨハナ

---

896) Neuser (*Yohanan ben Zakkai*, 1st edn, 173) は「人は彼の言葉に深い謙遜を見出す」と述べるが、これは改訂版 (p.228) から外されている。

897) Evelyn Waugh, *Unconditional Surrender* (1961), 78.

ンが涙する物語は、神が疎遠で、人が救われるために規定の履行が違反よりも多くなくてはならず、その結果としての宗教的姿勢は不安に満ちている、ということを示すものではないようだ。むしろそれは、ラビが神を非常に身近に感じ、この神の視線を受けつつ生きることがいかなることか理解し、自らの無価値さに畏れ入る物語だ。祈りと、臨終において神の前に進み、その力強さと自らの弱さとの対比を目の当たりにする際に起こりがちなこの心の持ちようは、この文献に繰り返される救いに関する謙虚な確信と相容れないのではない。この確信は、神の約束と選びへの信頼と、罪を悔い改め償う人を赦す神の誠実さへの信仰に依拠している[898]。

高慢な祈り？：ユダヤ人らが病的な不安に苛まれていたのみならず、傲慢だったというもう 1 つの批判についてはいかに応答すべきか。ここでも臨終の物語を引用しよう[899]。

> ラビはその臨終にあたって 10 本の指を天に向けて延ばしつつ言った。「宇宙の全能者よ、私がトーラーをこれら 10 本の指で行い、小指から得る［世的な］富さえ喜ばなかったことは、あなたに示され知られています。私の［最後の］休息の場に平和があることをあなたが良しとされますように」。バト・コール（*bath kol*, 天の声）が響き渡って告げた、「彼は安きへ入る、彼らはその床に憩う」（イザ 57.2）と。

これよりのちにも、同様の祈りが捧げられている[900]。

---

898) Billerbeck から無批判的にこれらの主題に関するテクストを寄せ集めた結果、Schrenk (*TDNT*, II) は *dikaio*- 語群に関する論考で、一方ではユダヤ人が「義認信仰における不確実性」(p.213) に苦しむと言いつつ、その一方で「みなが死によって贖いを達成することがユダヤ教思想に深く根づいている」ことが「基本的原理だ」(p.218) と述べる。どちらが正しいか。同様の矛盾は J. Schmid ('Sünde und Sünhe', 21–25) にも見られる。彼は、贖いと改悛という立派な思想が、善行が罪に優る必要があり、その結果ユダヤ教に救いの確信（Heilsgewissheit）がないとの卑しい思想と相反する、とする。
899) 『BT クト』104a（英訳 p.604）.
900) 『P ベラ』8b (4.4). このラビは 3 世紀のパレスチナのアモラのラビ・サムエル・ベン・ナフマンのようだ。

宇宙の主よ、あなたが私のうちに創られた248の部分に思いを巡らしました。私はそれらの1つでさえあなたへの違反に用いられたように思えません。[私にこれらの部分を下さった] あなたが私に命を与えられることはなおさらです。

この類の言説は、ラビらが不安感に満ちていたのみならず、高慢で自己義認的な姿勢を示していたのでないかと嫌疑を助長させてきた。しかし、ある者の目には忌まわしい傲慢さを臨終に表明していると映るこのラビ［・シメオン・ベン・ヨハイ］が、神によって罪から守られるようにとの祈りをも表明している。「……私たちが邪悪な思いや罪や違反や不正からいつの世でも守られますように」901)。自らの功徳の効力に実際に頼る者は、罪から神が守るようにと祈りを捧げる必要を感じない。謙虚な自己理解から不確実と不安の神学を導き出すことが誤りであるのと同様に、無遠慮な自信から自己義認の神学を導き出すことも誤りだ。ハイネマンは、これらの祈りの意味をこの特定のラビとラビら一般が置かれた生活の座（Sitz im Leben）と祈りの形態から明らかにした。ハイネマンによると、上で引用した祈り（『BTクト』104aと『Pベラ』8b）はその調子と様式において『BTベラ』16b–17aと全く異なる。後者の祈りは主人を前にした従者の姿勢を示すが、無遠慮および「神の前での厚顔902)」と映る前者の祈りでは、祈禱者がまず自らの義を示してから願いを表明している。この後者の様式は法廷における議論を模倣しており、これと並行する表現はエレミヤ903)とヨブ904)の誓願にも見られる。上で引用した2つの祈りの場合、個人が自らの徳について述べるが、これはハイネマンによると典型的なラビ的敬虔と異なる。彼の英語の要約から引用すると、以下のとおりだ。「このタイプの祈りが共同体での通常の礼拝に欠けているのは自明のことだ。これは緊急時に敬虔な者として著名な人物が共同体の執り成しを為すときのみに見られる祈りのタイプだ」905)。したがって、上で引用

---

901) 『BTベラ』46a.
902) Heinemann, *Tefillah*, 128.
903) Heinemann, *Tefillah*, 121.
904) Heinemann, *Tefillah*, 130.
905) Heinemann, *Tefillah*, x.

した祈りを根拠に、ラビら一般を傲慢と批判することは誤りである。熱心な信仰者ならときとして、神に対して抱く保証への確信を明言するように促されもしようし、臨終において不安を表明することはいかなる宗教でも想定されていよう。目的がキリスト教のユダヤ教に対する優越性を示すことである限り、ラッバン・ヨハナン・ベン・ザッカイや上記のラビの臨終の物語を公平に読み解くことは著しく困難だ。私たちはラビらの宗教的営みを理解するために、他の祈りの重要性について以下で考察しよう。

　神を身近に感じて寄り添うという姿勢を示す祈りについてのタンナ伝承が少なくとも2つある。1つは「獣や盗人の一群のあいだを通り抜ける」ときに発せられる短い祈りだ。ラビ・エレアザルとラビ・ヨシュアとラビ・エラザル・ベン・ラビ・ザドクがこのような状況で献げた短い祈りを例として挙げたあと、「他の者ら」によるとされる短い祈りが続くが、この後者が標準の祈りとなったようだ。曰く「あなたの民イスラエルの必要は大きく、知恵は小さいのです。我らが神、主よ、各々に糧を与え、その体が欠くものを備えて下さい。祈りに耳を傾けられる、誉むべき主よ[906]」。この祈りには、神の賜物を功徳の報いとして要求するというような姿勢は見られず、むしろ必要が満たされるよう願うことさえしかねるとイスラエル人らが考えているかのように映る[907]。第2の祈りはラビ・エレアザル・ベン・ラビ・ザドクがその父によるとする祈りだ。第二神殿期を生きた彼の父によるとされる、安息日の夕べに献げる短い祈りは以下のとおりである。「我らが神、主よ、あなたが民イスラエルを愛するその愛によって、そして我らが王よ、あなたが契約の子らに注ぐ憐れみによって、我らが神、主よ、あなたはこの偉大で聖なる第7の日を愛のうちに私たちにお与えになりました」[908]。この祈りのうちには、規定履行の報酬として契約が与えられるという理解は見られず、契約

---

906) 『BTベラ』29b（英訳 p.181）。ラビ・フーナによると「ハラハーはこの『その他の者ら』に従う」。並行する内容は『Tベラ』3.7にも見られる。

907) ラビ・ヒスダがマル・ウクバの名によって述べた祈り、「彼らがトーラーの言葉に違反した時でさえ、彼らの必要全てがあなたによって見過ごされませんように」（『BTベラ』29b）を参照。

908) 『Tベラ』3.7. Urbach, Ḥazal, 492（英訳 p.553）参照。Lieberman（*Tosefta Ki-Fshuṭah, Zera'im*, 35）は最後の「愛によって」がのちの付加だと述べる。

A. タンナ文献

とそれに付随する諸規定──ここでは安息日を汚さないこと──が神の愛と憐れみの表現と見なされている。

　神への依存を示す十八祈禱文：ここまででは、定型祈禱の後やその他の状況において献げられる個人的な祈りのみに焦点を置いてきた。私たちはさらに、十八祈禱文（*Shemoneh 'Esreh*, シェモネー・エスレー）──立って祈るので立禱（*'Amidah*, アミダー）としても知られる──に見られる誓願にも注意を向けよう。この祈禱文に収集された祈りはそれぞれ異なった時期に属し、さらに現在の標準祈禱文はタンナイーム時代に知られていたものと同じとは限らないし、タンナらが同一の祈禱文を用いていなかったことも考え得る[909]。タンナらはこれらの祈りを知っていて言及したが、これらはタンナ文献に引用されてはいない[910]。以下に３つの祈りを挙げるが、これらはおそらくタンナイーム時代を通じて知られ祈られていたものと非常に近い表現だろうと思われる。もっとも初期のラビはかなりの自由さをもって、定型祈禱文にさえ毎回新たな事柄を付加して祈っていた[911]。彼らには定型祈禱を諳んじること

---

909) Heinemann (*Tefillah*, 138–57, 英語要約 pp.x–xii) は他の版が派生する「原初版」という見方をせず、*'Amidah* に幾つかの種類があったとの見解をとっていた。しかし、以下に引用する祈りの例に繁栄される主題や一般的な語調は、初期に広く知られていたようだ。*'Amidah* の起源、歴史、発展に関する研究は膨大で、原典を再構築する試みもなされており、これに関する文献表は Heinemann が記している。有用な論文集は J.J. Petuchowski (ed.), *Contributions to the Scientific Study of Jewish Liturgy* (1970) を見よ。Petuchowski (p.xxv) は Heinemann に同意する。伝統的には、ラッバン・ガマリエル２世の指導によって *'Amidah* が編集されたことになっている。『BT メギ』17b のバライタは以下のように述べる。「シメオン・ハーパコリが十八の祝福をヤヴネにおいてラッバン・ガマリエルの前で秩序立てて構成した。ラビ・ヨハナンは言う（他の者はバライタの１つに述べられているとする）、『多くの預言者を含む 120 人の長老らが十八の祝福を秩序立てて書き記した』と」。Heinemann (p.17) は、これらの祈りがより早い時期に書き記されたことを示す箇所を挙げる。ある者は、十八祈禱文の一部がハスモン王朝時代か、それよりも早い時期に属すると述べる。例えば Hirsch, *JE*, XI.276–77; Finkelstein, 'The Development of the Amidah', *JQR* 16 (1925–26), 1–43, 127–69 を見よ。

910) 「ラッバン・ガマリエルは言う、『人は十八（祈禱文）を毎日祈るべきだ』と。ラビ・ヨシュアは言う、『十八の内容を』と。ラビ・アキバは言う、『祈りが口をついてなめらかであれば十八を祈り、そうでなければ十八の内容を』と」(『M ベラ』4.3)。

911) これは『パレスチナ・タルムード』による『M ベラ』4.4 への解説に見られる。「ラビ・エレアザルは言う、『祈りを定型化する者の祈りは誓願にならない』と」。このタルムードには以下を含め幾つかの解説がある。「ラビ・アハはラビ・ヨセの名によって言う、『日々それ（祈禱）に新たなものを加える必要がある』と」(『P ベラ』8 の後半最終部 [4.3. 英訳 pp.88–89 参照])。Zeitlin (*Rise and Fall of the Judaean State*, II.339–40 とそこにある二次資料を見よ) は、個人祈禱の文言と祈禱時間

に対する違和感があり、自発性が重んじられていた[912]。

　我らが父よ、あなたのトーラーへと私たちを導き戻し、あなたの前にまったき改悛をもって帰るよう促して下さい。誉むべきかな、あぁ主よ、改悛を受けとめる方よ[913]。

　我らが父よ、私たちを赦して下さい、罪を犯しましたから。誉むべきかな、あぁ主よ、赦しを増し加えられる方よ[914]。

　我らが神、あぁ主よ、私たちの声を聞き、私たちを憐れんで下さい。誉むべきかな、あぁ主よ、祈りを聞かれる方よ[915]。

　これらの祈りがラビらによって日々捧げられていたことを考えると、ハラハーの議論がいかなる宗教的状況においてなされていたかを、より良く理解できる。全てが人の能力に依拠していたのでない。規定履行の意志や決断力が重要だとしても、人は助けと力とを神に求めることができる。また神が祈りを聞き[916]、改悛を与え、罪を赦し、信頼する者を最終的に救うことに、疑いの余地はない。アミダー語調と、その結果としてのラビらの日々の祈りの調子とを、ハイネマンが的確に表現している。

　シェモネー・エスレー全体は、「主人を前にした従者」による誓願の形態に従

は神殿崩壊前にはなく、崩壊後に両方が定められた。

　912)　註911に挙げた『Mベラ』4.4以外にも、『Mアヴォ』2.13を見よ。ラビ・シメオン［・ベン・ナタニエル］の何より「あなたが祈るとき、その祈りを定型としてはいけない。むしろ誓願と慈悲とを神に［求めなさい］」。Bacher, *Agada der Tannaiten*, I.103. Hirsch（*JE*, XI.227）はこの祈禱を誤ってラビ・シメオン・ベン・ヨハイのものとする。

　913)　第五祈禱。Finkelstein ('Amidah', 147) による翻訳。同著 pp.11, 13, 18参照。Elbogen（*Geschichte des Achtzehngebets* [1903], 19）はこの祈禱が一番初期のものと論ずる。

　914)　第六祈禱。Finkelstein, 'Amidah', 147. Finkelsteinは第五と第六祈禱を後10–40年とする。

　915)　第十七祈禱（あるいは十六祈禱）。Finkelstein, 'Amidah', 161. Finkelsteinはこの祈りがマカバイ期以前だと考える。

　916)　祈りにおいて神に近づき得ることについては『民スィフ』42（45. 民6.26）.

っている。もっとも、「賛美」は制限され、請願者の卑しさは誇張されない。神は「あなた」と躊躇せずに呼びかけられ、神と人との関係は父子間の愛のような親密さ、また依存と畏怖とによって性格付けられる[917]。

したがって私たちは、ラビが可能なかぎり神の諸規定を守ることの必要性を、非常に強調していることが分かる。同時に彼らは、悔いた罪人に対して扉がいつも開かれていると説く。確かに多くのラビは、自分は律法を確かに遵守することができると考えていた。しかし彼らは——いくらかの例外を除いて——自らの能力に頼るのでなく、神の恵みにより頼んだ。自らの無価値さの認識を伴う神の恵みへのこの信頼は、ラビらが祈り[918]や臨終[919]において神の直接的な臨在のうちにいると感じた時に表現される。残念ながらタンナらの個人的な祈りが記録された例はほとんどないが、実際に存在する伝承と後の時代のアモラらの祈りとを総合するなら、少なくとも一部のラビらに特徴的な敬虔と献身と忘我的な個人の宗教的営みを垣間見ることができる。ラビが神の恵みに依拠していたことは、彼らの祈りの分析というよりも、ラビらの時代をとおして全ての学派がテクストとして記している確信——すなわち選びと贖い——によって支持される。しかし、祈りの分析は私たちが扱うテクストの性格を知る助けとなり、宗教的な「語調」が議論の形態によって変わることを教える[920]。

---

917) Heinemann, *Tefillah*（英語要約 p.xii）.
918) 祈りにおける忘我的な姿勢についてはラビ・アキバに関するラビ・ユダの言説を見よ。「ラビ・アキバは会衆と共に祈る時、会衆のために祈りを短く保つ。しかし彼が1人で祈るときは、［部屋の］片隅にいたかと思うと、次に見る時にはもう1つの隅にいる。それは跪いてひれ伏して［彼が祈るからだ］」（『Tベラ』3.5）。『BTベラ』31aの並行箇所（名前不詳）も見よ。
919) これらは神への信頼を表現する唯一の機会でないが、これらは文献中に残る主要なものだ。この文献が個人の経験を記す文献でないことを忘れてはならない。人の力の限界に直面するとき、ラビは天の父が唯一の避け所であることを知っている（『Mソタ』9.15で3度繰り返される）。
920) ラビ文献の性質についてはSandmel（*The First Christian Century*, 74）が「ラビ主義の方法論を理解しないことの結果、その制約的な方法論が伝える内容を誤解してしまうキリスト者の学者らがあとを絶たない」(p.76 参照)。ここでは、ラビらの祈りは、少数ではあるが、ハラハー的解釈によって部分的に曖昧となる宗教的深みを認識する助けとなっていることが示されている。

11. 結論

　私はこのタンナ文献の章において、2つの議論を同時に進めてきた。すなわち、1つの見解が誤りであるという否定的議論と、もう1つの見解が正しいという肯定的な議論だ。否定的議論においては、ラビ的宗教が律法主義的な行為義認の宗教であり、違反した規定の数よりも履行した規定の数が多いことによって人が救われるというラビ・ユダヤ教理解が誤りであり、これを焼き直すような修正案はあり得ないことを述べた[921]。すなわちこの理解はまったくの誤りである。この理解は、様々な神学的な前提の上に立っており、ラビ文献のテクストを体系的に誤って理解し解釈することによって成立している。この理解はタンナ文献のいかなる層にも見出されず、タンナイーム時代をとおして1人のラビすらそのような理解を支持しない。したがって、新約聖書学に根強く残るヴェーバー的な解釈をもっとも説得力のある仕方で切り崩すことが、本著において私が意図するところである。私はそのような解釈を立証するはずの証拠が、実際にはヴェーバー的なユダヤ教の再構築を許さない点を示すことで、この目的を果たしてきた。

　ラビ・ユダヤ教に関する誤解：ここまでの議論から2つの例を挙げよう。第1に、「ラビが行為に依拠した厳格な応報制度を採用していた」との議論を、私たちはしばしば耳にする。神の憐れみへの期待を抑え込む応報思想（Vergeltungsgedanke）が、人の救いがその行為によって厳格に定められるという理論の確立に資する、ということだ。しかし分析の結果、じつに報いと罰に関する言説はラビによってこのような仕方で理解されていたのでないことが分かった。神の厳格な裁きは、神に憐れみの余地がないことを意味するのでなく、神が気まぐれな裁きをしない点を強調する。さらに応報理論は、選びと贖いというより大きな枠組みの中で機能しており、これはじつに契約という枠組みにおける神の姿勢を指している。これは、憐れみへの望みを損なわせる救済論的な理論ではない（I.A.7 の結論を見よ）。

---

921) Longenecker (I.A.1, pp.130–31) の見解を参照。

A. タンナ文献

　第 2 に、「～という条件によって」という句を含む箇所について想起しよう。契約が従順という条件によって与えられるという言説は、不従順によって契約における約束を神が反古にすることを意味するようにも見受けられる。すなわち、選びはいちいち獲得されねばならない、という理解だ。しかし実際には、これらの箇所の言説にそのような意図はない。じつにそのような思想はラビ文献に皆無である。むしろその意図は他にある。そのもっとも重要な意図は、契約において立場を保つために人は諸規定を告白せねばならない、ということを明示することだ。諸規定の付与という神の権利を否定することは、選びを拒否することである（I.A.4, 6 を見よ）。ユダヤ教は行為義認の宗教、あるいはそのような思想がラビ文献において支配的だとの考えは、応報思想や「～という条件で」なる句を含む箇所を特定の仕方で理解する解釈の枠組みに依拠している。これらの箇所はラビが意図した意味で理解されるのでなく、むしろ律法体制を基礎としたあらゆる宗教が否定的に理解されねばならない神学的大前提によって、誤って理解されている。じつにこの解釈の枠組み自体が誤解の原因なのである。

　したがって、ここで問題視した見解を支持する教科書や参考書等──主要な文献としてはブセットの *Religion des Judentums*（『ユダヤ教という宗教』）、ビラーベックの *Kommentar*（『新約聖書註解』）、シューラーの *Geschichte des jüdischen Volkes*（『ユダヤ民族史初版』）、キッテルの *Wörterbuch*（『新約聖書神学事典〔TDNT〕』）──は、ラビ・ユダヤ教に関してまったく信頼できない。これらの書は、異なる見解を引照したり、過激な表現や過度に論拠を欠く言説に編集を加える程度のことで、改訂版を出せば済むという問題でない。これらの書はその前提が間違っており、資料を誤解しており、自ら軛を破棄したユダヤ人のように贖いの余地がない。〔訳註　上に挙げられたシューラーの『ユダヤ民族史初版』の改訂英語訳が『イエス・キリスト時代のユダヤ教民族史』として邦訳されたが（教文館、2012–17 年）、これはサンダースの本著が提唱するユダヤ教理解を反映するものとなっている〕。ビラーベックの著書に、個々の主題に関するラビ文献の箇所を収集しているという点である程度の価値を認めるためには、幾つかの条件が整わなければならない。すなわち、読者がこれらの箇所をその文脈において自ら読む能力があること、読者がビラーベックによる

要約や結論を可能なかぎり看過すること、読者がビラーベックによって挙げられている箇所以外の箇所を自ら探し出す術を身につけていることだ。この最後の点が重要なことを示す例は容易に見つかる。レングシュトルフが「希望」に関するテクストをビラーベックの著書に求めても、レングシュトルフの理解についての論考で私たちが取り上げた箇所は、そこに挙げられておらず、結果としてレングシュトルフはこれらのテクストの存在を見逃している。同様にレスラーも、その「約束」と「信頼」に関する研究においてビラーベックの著書が挙げるテクストに頼るしかなかったが、そこには神の約束をラビらがいまだ有効と理解し信頼していたことを示すもっとも重要なタンナ文献のテクストを見出すことができない。「ビラーベックの著書を用いるためにはビラーベックが挙げない箇所を自ら探し出すことができねばならない」と言うことは、すなわちラビ文献を独自の仕方で調べ得ない新約聖書学者は、ビラーベックの註解書を用いるべきでないことを意味する。

契約維持の［ための］律法制：さて肯定的議論、すなわちラビ文献に広く認められ、異なる時代と学派とを越えてラビらが宗教的原則として共有していた思想——上述したビラーベックらの想定とは別の思想——があったということを証明することは今まで困難だった。その理由として、ラビらが定型的な神学的分析を行わなかったことが挙げられる。ここでラビ文献の性質と考察の方向性について想起しよう。とくにハラハー的資料は比較的二義的な事柄の詳細において、何か問題がある箇所を扱っている。この文献においてラビらは、ある意味で宗教の周縁部で小競り合いをしているかのようだ。この文献の側面から多くの読者は、ラビらの主要な宗教的関心が二義的な詳細からなっているとの印象を受けた。「彼らはより重要な事柄を看過して、ミントやディルやクミンの献げ方に気を取られている」と。しかし詳細に関する議論があるということは、つまり主要な事柄においては同意があることを示している。さらに、私たちの考察の方向性にとって重要な点は、これらの小競り合い自体が、中心的確信が何かを示しているかもしれないということだ。「なぜ神がイスラエルを選んだか」という議論において、私たちは神がイスラエルを選んだという事態への確信が中心的であることを推論できる。「いかに従うか」という議論は、従うことへの配慮を示す。さらに、私たちは

従うことへの配慮を分析することで、神の好意を獲得するためにはいかに従うかという心配でなく、諸規定を含む契約に対して神が誠実であるという確信に行き当たる。おそらくもっとも明らかな例は、「どの贖罪の手段がどの罪に適用され得るか」に関する議論だ。この議論は外見的な従順への配慮を示すのでなく、以下の3つの点に関する異なる意見を反映している。(1) あらゆる違反に対して贖罪の手段がある、(2) ラビらは生きた宗教的問題として贖罪を意識していた、(3) 個々の罪の贖いが悔いる罪人を神との正しい関係へと回復するということは、まず神との正しい関係が前提としてあったことを示す。その関係は神の憐れみによって確立され、個人の従順と改悛および神の赦しによって維持される。「どの贖罪の手段がどの罪を贖うか」という議論を考察することは、以下の点を理解することに繋がる。すなわち、ラビは契約関係が永続的に有効だと信じ、功徳と悪徳を秤にかけて勘定したりせず違反の贖いをなし、神がイスラエルのすべての誠実な者——従順と違反に対する贖罪の方法（とくに改悛）によって契約のうちに留まるすべての者——のために救いを用意したことを信じた、ということだ。贖罪に関する議論はあらゆる時期のあらゆる学派のあいだで交わされており、上述のとおりの贖いが重要であるという一般理解に例外的な意見はない。したがって私たちは、ラビ文献に支配的な宗教の1つの様態が存在するという結論に至ることができる。この様態は、選びと違反に対する贖いに依拠している。すなわち、神はこの選びとの関連で諸規定を与え、人にはその契約共同体にとどまる条件としての諸規定への従順——そして違反の際の贖いと改悛——が期待される。このような宗教をもっとも的確に表現しようとするなら、それは「契約維持の［ための］律法制（covenantal nomism）」となろう。この宗教様態がハラハーの理由——イスラエルを選び、諸規定を与えた神に対していかに従うかを決定する——を説明し、種々の議論の背後にあるもの——例えば神がイスラエルを選ぶのはなぜか、諸罪過はいかに贖われるか——を明らかにし、さらにそれがラビら自身が明示する数多くの言説——全イスラエルが救われる、神はイスラエルへの約束を守る、神は死において人の魂を守る等——と符合するので、この様態が資料への偏った読み込みでなく、むしろ資料の背後に横たわる宗教観を反映していると結論し得る。

私たちは、ラビ文献における契約という概念に特別な注意を払う必要がある。とくに神の側の契約は、直接議論されるというよりもむしろ前提として理解されている。しかし人の側の契約を論ずるハラハー自体の存在が、この神の側の契約をまず前提としていることを示している。それは、しばしば論じられるように、忘却されたり無視されたりしているのでない。既述のとおり、この契約という概念の重要性は、贖いに関する議論の背後に横たわる前提条件によって部分的に示されている。贖いは以前に存在した関係性の回復を示唆し、この関係性は「契約的」と呼ぶのがもっとも相応しかろう。ラビらは、イスラエルとの契約を守る神の誠実さについて語り得るが（I.A.4.n265）、その際にしばしば他の表現が用いられる。「契約を受け入れる」の代わりに「[エジプトからの] 解放を告白する」という句がしばしば見られるが、これは神によって選ばれ贖われた者のうちに数えられることを望む者が、結果として契約における諸規定を受け入れる（告白する）ことを意味する（I.A.4, p.182）。ラビらはしばしば神を王として語るが、それは合議によらない支配者である専制君主としてではなく、まず民を救い守ることで支持を得た上ではじめて諸規定をもたらす指導者のようだ（I.A.4の開始部）。したがってラビらは、諸規定を守ることに同意する人のことを「天の王支配」を受け入れる者とみなし（I.A.5.n352）、「契約の軛」を受け入れる前に「天の王国の軛」を受け入れることについて述べる（『M ベラ』2.2）。「諸規定を受け入れる者は天の軛を受け入れる者」（I.A.4.n216）という、少しだけ異なった表現も用いられる。神の諸規定の受容というもっともしばしば見られる主題が、王国での立場を獲得することでなく、神の「王国」に留まりその「軛」の下にあることを意味することは、一言で言えば契約というラビ的概念を言い表していることになる。契約の概念は以下のことを示す。すなわち、神が業をなし、イスラエルがその業を彼らのためと認める。神が諸規定を与え、イスラエルがそれらの規定の履行に同意する。そして、諸規定に従い続けることは「内にいる」ことを意味し、諸規定を拒絶することは「外にいる」ことを意味する。しばしばこの概念は、「契約」という語を用いることなく述べられる。

　個人的で集団的なラビ・ユダヤ教：要約として、さらに１つの点を指摘し

ておくことが良かろう。ラビ的宗教には個人的な側面がある一方で、集団的な側面もある。ムーアはとくに前者を強調しがちだ。彼は、神と人との個人的関係としての宗教がラビ・ユダヤ教の最も顕著な特徴だとし、ここに「イスラエルの古い宗教を乗り越えるもっとも著しい発展」を見出す。しかしムーアは、この神との個人的な関係性が「宗教共同体における交流[922]」という文脈で維持される点をも認める。ムーアが述べるとおり、私たちは宗教が個人的となり内面化する傾向を認めつつも[923]、いかに共同体的概念が維持されたか、その様子にも目を向ける必要がある。ウルバッハが強調するように、選びは全イスラエルに向けられている。したがって諸規定履行の責任には、人が直接的に神に対して果たすという部分もあるが、それによって共同体への責任として果たす部分が失われるわけでない[924]。安息日の規定に意図的に違反した人が民から「切り離され」ながら、その民の共同体は安寧を維持するという場合もあれば[925]、個人の罪の罰が全イスラエルに及ぶ場合もある[926]。ラビらが個人的な報いと罰と集団的な報いと罰との両方について述べることができたということ以上に、上述した宗教の様態は、いかに個人的宗教と集団的宗教とが融和を保つかを提示している。上で示したとおり、神の計画における個人の立場は集団の成員であることによって決定される。したがって、個人が救済を乞うという場面はラビ文献にほぼ皆無と言って良い。問題は、はたしてイスラエル人として申し分ないかである。同時に、たんなる遺伝が救いを確証するのでない。あらゆる誠実なイスラエル人が、救いの確証を持つ。さらに神殿崩壊後ではとくに、集団が神と個々のイスラエル人とを仲介しなかった。人の敬虔は個人的であり、その祈りは神へ直接向けられ、救しは神から直接与えられた。ラビ・ユダヤ教が力を得て持続できたのは、伝統的に集団的傾向のある契約宗教をヘレニズム時代の個人的敬虔とい

---

922) Moore, *Judaism*, I.121.
923) Moore, *Judaism*, I.113–14, 501–02.
924) Urbach, *Hazal*, 477–78（英訳 pp.538–40）.
925) Urbach, *Hazal*, 477–78（『メヒルタ・シャッバタ』1 [342, III.202. 出 31.14] に言及）.
926) Urbach, *Hazal*, 447–78（ラビ・シメオン・ベン・ヨハイに『レビ R』4.6 [英訳 p.55], 19.6 [英訳 p.139] に言及）.『T ソタ』7.2 は、トーラーが禁ずるあらゆる違反のために人は罰せられるが、虚偽の誓いによって神の名を虚しくする者に関しては、その違反者と「すべての人」が罰せられる。

う気風に適合させたことと関係が深いだろう。キリスト教がこれに倣って、共同体的側面と個人的側面とを同様に融合させたことは注目に値する[927]。

---

[927] Bultmann, *Theology of the New Testament*, I.93 を見よ。

B. 死海巻物

1. 導入 [1]

　死海巻物を一瞥するだけで、ラビ的宗教の構成の一部をなす主題がクムラン文献において非常に多く見られることが分かる。契約、諸規定、邪悪な者らの罰、義人の救い、その他ユダヤ教一般に見られる主題は、主要なクムラン文献にほぼ遍在しており、断片や小規模の文献においてもそれが反映されていることが分かる。さらに幾つかの異なる研究によって、クムラン集団のハラハーとファリサイ派的なハラハーとのあいだに詳細にわたる同意が見られることが確認されている [2]。このことは、当時存在した様々な形態のユダヤ

---

[1]　ここでの議論は、文献の執筆年代、分離派の正体、文献全体の構成等の緒論的問題は扱わない。文献の構成に関しては繰り返し論じられてきている。本項での分析においては思想や語彙の文脈が重要となるので、私は第 1 洞窟とダマスコ契約に属する主要な巻物に焦点を置くこととする。私はこれらの巻物が後 70 年以前に執筆され、エッセネ派に属するという一般的な学説を支持する。クムランの資料が完全に一律的なものでないことを指摘しておく必要がある。ある場合は歴史的な発展的過程が見られ、また諸文献——あるいは文献の一部——の全体的な意図や視点に関する異なった考えが見られる。このような違いに関しては、適切な場所で後述することとする。しかし、これらの違いはクムラン文献の宗教様態を考察することを不可能にするものでない。個々の違いが宗教とその営為に関する共通する一般理解から派生していることが少なくない。差異を認めつつも異なる神学や思想が見られるのでないという判断の下でこの分離派の基本的神学を決定するために文献を用いるその立場は、M. Hengel, *Judaism and Hellenism*, 2.148.n739; Maier, *Mensch und freier Wille*, 165 と同様である。結論部（I.B.9）を見よ。

[2]　Chaim Rabin, *Qumran Studies* (1957); S. Lieberman in *PAAJR* 20 (1951), 395–404; *JBL* 71 (1952), 199–206; H. Bietenhardt, 'Sabbatvorschriften von Qumran im Lichte des rabbinischen Rechts und der Evangelien', Bardtke (ed.), *Qumran-Probleme*, 53–74; H. Braun, *Spätjüdischhäretischer und Frühchristlicher Radikalismus* 1.117–18. Rabin は巻物が「頑強なファリサイ派集団によるもので、権威にすがるラビらが導入した流動的な思想に抵抗するために『純粋な』ファリサイ主義を掲げた」と主張する

教のあいだに——集団間の明らかな社会的な対峙関係にもかかわらず——密接で建設的な関係性があったと判断する証拠となり得る。しかし一方で、「クムラン文献が示す宗教の種類が他のユダヤ教の型よりもキリスト教に見出されるものにより近い」という議論が様々な仕方で提示されてきたことは、クムラン契約者らの宗教がパレスチナ・ユダヤ教の他の宗教形態のうちに容易に納まらないことを示唆しているようだ。〈ヨハネ的な二元論[3]、信仰義認というパウロ的教義[4]、あるいはヘブライ書に見られる幾つかの印象的な概念[5]は、他のユダヤ教に見られる宗教の型でなく、むしろクムラン的な思想との関連で説明されるべき〉という議論は、ユダヤ教において以前知られていた宗教の型からクムランの宗教が逸脱していることを示唆することになるだろう。すると私たちは、以下の問いに直面する。すなわち、エッセネ派に特徴的な点はその宗教の全体的な型を決定するのにどれほど重要か、である。これらの違いは、ラビ文献に見られる一般的な宗教の構成に影響を与えない程度の細かな事柄や定義だろうか、あるいは義の教師の追従者を荒野へと向かわせたその影響力は基本的に異なる宗教を形成する動機となったか。この問いに答えるため私たちは、第1に、契約、選び、選びの者と邪悪な者の正体、「イスラエル」の定義といった、互いに関係の深い主題に焦点を置くこととしよう。

2. 契約と契約の民

a. 契約

新たに啓示された契約：現存する文献において、神とエッセネ派との契約を表現する方法が2つある。2つは同じ事柄に帰結するように見えるが、

(p.69)。ある意味でこれは用語の問題である。これはエッセネ派とファリサイ派が共通のルーツを持ち、近い関係にあることを前提とするからだ。

3) R.E. Brown, 'The Qumran Scrolls and the Johannine Gospel and Epistles', *S&NT*, 195.
4) M. Burrows, *The Dead Sea Scrolls*, 334.
5) Y. Yadin, 'The Dead Sea Scrolls and the Epistle of the Hebrews', Rabin and Yadin (eds.), *Aspects of the Dead Sea Scrolls*, 36–55.

表現の違いはエッセネ派運動における重要な神学的示唆を与えているかも知れない。もっとも良く知られ、非常に印象的な表現として、「神がこの共同体と新たな契約を結んだ」というものがある（CD［ダマ］6.19, 8.21, 20.12, 1QpHab［ハバ・ペ］2.3–4）。より頻繁に用いられる表現は、神がモーセ——あるいは父祖——と契約を結んだが、それはこの共同体のみによって理解され得る隠された事柄を含んでいるというものだ。したがってこの共同体は、神がイスラエルと結んだ契約に属する者のみからなっている。したがって CD 15.5–11 は以下のように述べる。

> そして全イスラエルの契約の成員すべて、彼らは「召集される者のあいだから選ばれること」を得たその子らに契約の誓いをさせなければならない。邪悪な時代における、邪悪な道から立ち返る者すべてに関する諸規定も同様である。多くの者の監督者に対して彼が語るその日、彼らはモーセがイスラエルと結んだ契約の誓いを述べなければならない。すなわちモーセの律法へ「心を尽くして魂を尽くして」立ち戻るという契約であり、邪悪な時代をとおしてなされたと見なされる契約である。監督者の前に立つまで誰にもその諸規定（*mishpatim*）を知らせてはいけない。その者が裁かれるときに愚か者とされないためである。

この文章から、「モーセの律法へ……立ち戻る」ことがじつに「新たな契約」へと所属することと同様であることは明らかだ。なぜなら、人が受け容れられるに相応しいと分かるまで契約の個々の諸規定（*mishpatim*）を知ることはない、と教えられているからである。これは他所でも、「モーセの律法に立ち戻る」ことに言及される場合に見られる。したがって 1QS5.8–9 では、「モーセの律法に立ち戻る」こと、それは「ザドクの子ら、契約を遵守する者、主の御心を追求する者、契約に繋がる多くの者に対して啓示されたすべての事柄にしたがって」モーセの律法を守ることである。「彼らの律法」（1QS6.19, 1QS1.2 =「彼の律法」）はとくに重要である。「彼ら」が指し示す先行詞はエッセネ派共同体を創設した祭司職の創設者らであるが、1QSa1.2–3 に見られるように彼らの契約は神の契約と同視されている。

これは契約を「新たな」と呼ぶよりも満足のいく表現である。「新たな」

という表現は、神がモーセとの契約を破棄して他と取り替えたのか、などの疑問を生じさせ[6]、エレミヤがこの句を用いなかったなら、まったく許容され得なかっただろう。しかし「新たな」という形容詞が実質的に適切であることは、モーセとの契約（預言書と五書とを含む）に含まれる奥義が近年になって啓示されたと宣言する必要性があったことに鑑みると納得できよう。ダマスコ文書によると、神は契約の最初の成員のほとんどをその不従順ゆえに滅ぼした。そして神は、残された者に対して「全イスラエルが道を誤ったことに関する隠された事柄を啓示することをもって」（CD 3.10–14）契約を確立した。同様に 1QS5.11–12 は契約のうちにいない者を、「隠された事柄」に関して道を外した者、「啓示された事柄」――おそらく契約の秘密でない部分、エッセネ派が他の宗派と共有した事柄――に違反した尊大な者と性格づける。1QpHab 7.4–5 によると、「預言者である神の僕らの言葉の奥義すべてを神が知らしめた」相手は義の教師だった。しかし 1QS と 1QSb では、ザドク派の祭司らがこの契約を成立させたことになっている―― 1QSb 3.24, 1QS 5.21–22, 1QS 8 において「契約を成立させた」主体が誰かを限定することは困難だが、8.5 の「共同体の評議会」かも知れない。「会衆の指導者」は明らかに 1QSb 5.23 で「契約を成立させた」主体である[7]――。契約の成立とその保管の役割がザドク派の祭司らにあったとの見方は（1QS 5.2–3, 9）、彼らに神の掟を指導するという一般的な権威のみならず、契約の奥義を明らかにし、その奥義が啓示されることで釈義を方向づける役割があったことを示すのかも知れない（1QSb 3.24, 1QS5.22）。

したがって、新たな契約が成立した唯一の理由を「古い契約が大多数の民によって無視された[8]」からだと理解することは不正確だと思われる。それは、この分離派の契約には新たな啓示が含まれているからである。一方でエ

---

6) 「新たな契約」を第 2 の異なる契約と見なすことの困難さは Jaubert, *La notion d'alliance*, 222 を見よ。

7) 契約の様々な受容者に関しては B. Rigaux, 'Révélation des mysetères et perfection à Qumran et dans le Nouveau Testament', *NTS* 4 (1957–58), 243–45 を見よ。

8) S. Holm-Nielsen, *Hodayot: Psalms from Qumran*, 284. I.B.3.n80 を見よ。

ッセネ派にはモーセの契約を修正しようとの思いがなかったが[9]、それは新たな啓示が聖書の中に見出されるべき隠された「秘密の事柄」だと彼らが言い得たからだ。しかし他方で、エッセネ派の契約と古い契約との違いを自発的な献身の有無のみと考えることはできない[10]。なぜならエッセネ派の契約は「隠された事柄」と「奥義」とを啓示するという神の側の新たな働きかけをも前提としているからである（CD 3.10–14, 1QpHab 7.4–5）。

　「神の契約」の内と外：この共同体の成員に完全で真実の契約を啓示する役割を果たしたのが誰であれ、この分離派の契約とイスラエルにおいて受容された契約との違いを示す「隠された事柄」と $mishpaṭim$ が何であれ、この分離派の契約が唯一の真実な契約であり、「隠された事柄」を知って受け容れようとしない者はみな契約の外――結果として神の救いの憐れみの外――に置かれているという理解こそが、この分離派のもっとも代表的な教義であることに違いはない。したがって「共同体の契約」（1QS 8.16–17）あるいは「とこしえの共同体の契約」（3.11–12）と呼ばれる契約、さらに「この契約」、すなわち 1QS によって規定されているかそこに含まれている契約はまた、より頻繁に「神の契約」（あるいは「彼の契約」、「あなたの契約」）と呼ばれる（1QS 2.13–16）。この分離派による「神の契約」の定義は、とくに 1QS 5.7–8 において明らかである。すなわちそれは、「共同体の評議会に近づく者は誰でも、自由なる意志で宣誓した者らの前で神の契約に入る」。CD 7.5, 20.17, 14.2 においてもこの句には同様の分離派的な定義が見られる。「あなたの契約」という句は『感謝の詩編（ホダヨート）』においてもしばしば見られ、「あなたの契約」に留まることはそれ以外のユダヤ教徒からの迫害をその身にもたらすことに繋がる場合が多い（1QH 2.21–22, 28–29）。神の契約と分離派の契約とは同一である。

---

[9] M. Delcor, 'Le vocabulaire juridique, cultuel et mystique de l' "initiation" dans la secte de Qumran', Bardtke (ed.), *Qumran-Probleme*, 112–13. 同様に Thyen（*Sündenvergebung*, 87.n4）は契約が刷新されたのであって新たなものでないとするが、それはこの分離派が残りの者に関する概念を受け容れているからだと説明する。この点の誤りは註 35 を見よ。

[10] Delcore, 'Le vocabulaire', 110–14.

b. 契約の成員とその敵

契約の外：したがって、神の契約の成員がこの分離派の成員である、と簡潔にしかも適切に結論づけることができよう。しかしこの簡潔な理解は、誰が排除されるべきかを考える際に生じる複雑さを不明瞭にしがちだ。現存する文献を調べたところ、契約の外側に置かれる集団は3つある。すなわち、異邦人[11]、非エッセネ派のユダヤ人、そしてエッセネ派からの背教者[12] である。このことは、この分離派のあいだでの「イスラエル」という語の用法に関する理解に重要な示唆を与える。彼らが排除する集団の1つ1つについて考察してみよう。

非分離派のイスラエル：1QH と 1QS、そしてときに 1QpHab やその他の箇所において、非常に多種多様な仕方で呼ばれる邪悪な者は非分離派のイスラエル人を指す。これら邪悪な者らがいかに呼ばれるかについて詳細を述べる必要はなかろう。*Resha'im* という語が用いられることは比較的稀だが、1QS 8.7, 1QH 2.24 やその他の箇所では用いられる。より頻出する表現として、「堕落（'*avel*）の子ら」、「堕落の者らの会衆」、「欺瞞の者ら」、「奈落の者ら」、「無用者の会衆」、「ベリアルの会衆」、「虚偽の解釈者」、そして周知の「滑らかなものを求める者ら」および「暗闇の子ら」である。これらやその他の呼び名が、テクストを一瞥するだけで多く目につく。1QH と 1QS において、これらの句はほぼ例外なく非エッセネ派のイスラエル人を指す。後述するように、同様の侮蔑用語の幾つかは他所で異邦人にも用いられる。

---

11) 改宗者はCD17.6において、祭司、レビ人、一般のイスラエル人に続く立場が与えられている。1QS6.13 では 4Qflor 1.4 と同様に、成員をイスラエルに生まれた者に限定する。エッセネ派内の異なる集団には異なる慣習があったようだが、改宗者の編入は大きな問題として扱われていなかった。Marx ('Prédestination', 165) は異邦人への宣教というものは異端的行為と見なされたと考える。Holm-Nielsen, *Hodayot*, 283 参照。

12) 精神的および身体的な障がいは共同体の成員、あるいは少なくとも正式な成員となることを妨げた。この点は現在の改宗でなく将来の改宗を扱う 1QSa 2.3–9 によっては証明され得ないが（この点を Gärtner, *Temple and Community*, 6 は考慮しない）、4Q からの断片によって修正された CD 15.15–17 によって証明され得る。Milik, *Ten Years of Discovery*, 114 を見よ。Milik と Gärtner はともにこれらの人々の排除は、本来は祭司職のみに適用された共同体規定全体を適用することに起因している。

非分離派のユダヤ人が分離派の敵として見なされるもっとも明らかで有名な箇所は、ハバクク書のペシェル（註解）に見られる。たとえばハバ 2.5–6 は以下のように解釈される。

> 真理という名で呼ばれた邪悪な祭司が最初に立ち上がったとき……。しかし彼がイスラエルを支配したとき、彼の心は高ぶり、神を見捨て、富のためにその掟を破棄した。彼は盗み、神に敵対する乱暴な者らの富をかき集め、民の富をかすめ取って、自らの上に罪深い不正を積み上げた。そして彼は、あらゆる汚れの中で忌まわしい振る舞いをした（1QpHab 8.8–13）。

この邪悪な祭司は義の教師を迫害したが（1QpHab 11.5–7）、神に適切に裁かれ、敵に引き渡された（9.1–12）。詩編記者が「邪悪な者らの会衆が私を罵倒した」（1QH 2.12）あるいは「乱暴な者らが私の命を狙った」（2.21）と記すとき[13]、少なくとも上の状況が反映されていると考えることは十分に想像し得る。両方の箇所において邪悪な者や暴力を振るう者は間違いなくイスラエル人を指しており、これらのイスラエル人に対して詩編記者は「虚偽の解釈者……滑らかなものを求める者の会衆」（2.31–32）、「虚偽の教師にして偽りの幻視者」（4.9–10）、あるいは「あなたの契約を脇に追いやった」（4.19）者らというような呼び名を用いる[14]。1QS においても、邪悪な者らは明らかに「この契約」のうちにいないイスラエル人を指す。契約に入る者は「虚偽の者の会衆から離れ……契約を守る祭司であるザドクの子らの権威、また契約に堅く立つ共同体の群衆の権威の下に集まる」（1QS5.1–3）。「虚偽の者」は明らかに、契約を保持するザドク派の祭司に対して従順でないユダヤ人を指す。同様に「ベリアルの道の者」（2.4–5）は契約のうちにいないか、あるいは契約に入ろうとしない者であり、「邪悪な道を歩むすべての虚偽の者」（5.10–11）も同様である。

---

[13]　1QH 2.12 はしばしば義の教師と見なされるが、2.21 は共同体を指す。補遺1を見よ。いずれにせよ、イスラエルにおける敵による迫害という主題が、1QpHab と同様にここにも見られる。

[14]　G. Jeremias はこれら3つの箇所すべてを教師によると考えるが、H.W. Kuhn は最初の箇所を共同体によるとする。補遺1を見よ。

邪悪な者らが非分離派のイスラエル人と見なされるなら、「正しい者ら」にも一連の呼び名が用いられる 15)。彼らはユダヤ教において一般に用いられる「義人ら」という語で呼ばれることがほとんどなく（CD 11.21, 1QH 1.36. 単数ではもう少し頻繁である：CD1.19, 20, 4.7, 20.20, 1QH 15.15, 16.10)、「敬虔な者ら」とはけっして呼ばれない 16)。彼らはむしろ、光の子ら、真実の子ら、義の子ら、神の道に完全に従う神の定めの者ら、神の好意による選びの者ら、などと呼ばれる。彼らはときとして、おうおうに「強者」との対比で「貧者」とも呼ばれる（1QH 2.32, 32［異なる語］, 5.22, 1QpHab 12.3, 10, 4QpPs 37 2.9, 3.10. 1QM 11.9, 13 参照） 17)。

「イスラエル」とは？：ここで私たちは、本著での論考にとってより重要となる問題を考察しよう。それはすなわちこの分離派が、非分離派のイスラエル人らと自らとを対比して定義する場合に、「イスラエル」という呼び名を自らに用いるか、という問いである。換言すると、この分離派は、その契約の受け入れを拒否した邪悪なイスラエル人らが、イスラエルという呼び名をも失うほどに神の契約を拒絶したと考えただろうか。まず第1に 1QS と 1QH は躊躇せずに分離派を「選びの者ら」と呼び、その場合は、神の意志による選びの者ら（1QS 8.6)、人の中の選びの者ら（11.16)、時代の選びの者ら（9.14)、義の選びの者ら（1QH 2.13）などの修飾句が用いられるのが常である。これらの中の2例においては、「子ら」あるいは「人」がほとんど意味を変えることなく「選びの者ら」の代替として用いられる（義の子ら：1QS3.20, 22,［神の］意志の人々：4QpPs37 2.24–25)。1QH 14.15 においては「あなたの選びの者ら」が「あなたを知る者ら」と並列関係にあり、詩37編の註解においては神の意志を行う選びの者らの会衆（4QpPs37 2.5）あるいはたんに彼の選びの者らの会衆（3.5）が、明らかに分離派集団である「荒野の悔悛者ら」（3.1）を指している。ハバクク書註解においては「彼の選びの者［ら］」（9.12）がおそらく単数名詞として捉えられて義の教師を指しているが、

---

15) Jaubert, *La notion d'alliance*, 141–42 を見よ。
16) 4Qtest 14 の *ḥasid* は分離派の呼び名でない。
17) 呼び名としての「貧者」に関しては S. Légasse, 'Les pauvres en Esprit et les "Voluntaires" de Qumran', *NTS* 8 (1962), 336–45 を見よ。

10.13の「神の選びの者ら」はほぼ間違いなく共同体を指している[18]。いずれにせよ、この共同体には「選びの者ら」、あるいはそれと関連する「神が選んだ者ら」（1QS11.7）のような呼び名が用いられ得た。自らの契約のみを真の契約と見なし、自らを「［神の］選びの者ら」と呼ぶことに躊躇しない共同体は、イスラエルという呼び名を自らの共同体にあてて排他的に用いることに問題を見出さなかっただろうとの推測が成り立つ。このような論理の結果として、この分離派が自らによって「真のイスラエル」が構成されると考えた、と多くの学者が論じた[19]。さらにこの共同体は、祭司とレビ人とイスラエル人とからなる完成された「小規模のイスラエル」として構成された[20]。この理解はある意味で正しい。なぜなら、この分離派はたしかに自らを真の契約の保持者と見なしたのであり、そのような契約の共同体は「イスラエル」と呼び得る。しかし一方で、この分離派の自己認識を理解するためには、「イスラエル」という呼び名を単純に自らにあてなかったことに注目する必要がある。分離派の成員らはイスラエルから選び出された分離派としての自らの立場を自覚しており、それが真のイスラエルの前走者として、神が決定的な戦いに備えるために立てた者らだとの認識を持っていた[21]。ここで私たちは、「イスラエル」という呼び名に関する4つの側面を考察しよう。

（1）CD 4.2, 6.4–5, 8.16 の *shabe Yisra'el* 自体がこの理解の方向性を示す。ラビンは「イスラエルの中の悔い改める、あるいは立ち返る者ら」と訳し得るこの句を、「イスラエルの中［の不敬虔］から立ち返った者ら」を意味する略式表現と考える[22]。この理解は、CD 20.17 の *shabe pesha' Ya'akob*（彼らはヤコブの不敬虔から立ち返った）、また 1QH14.24, 2.9, 1QS10.20 の *shabe pesha'*（不敬虔から立ち返る者ら）のような表現によって支持されるように思われる。

---

18) この句に関してはDupon-Sommer, "'Élus de Dieu'", 568–72 を見よ。彼は10.12–13を確かに複数として見なし、9.9–12, 5.3–5 に関しては断言しない。

19) したがって、たとえばVermes, *The Dead Sea Scrolls in English*, 35; Ringgren, *Faith of Qumran*, 137, 163; Cross, *Library*, 128–29（「対立するイスラエル」）; Leaney, *Rule*, 74（「真のイスラエルを名乗る」分離派）; Jaubert, *La notion d'alliance*, 142; Forkman, *The Limits of the Religious Community*, 39 を見よ。

20) Leaney, *Rule*, 72.

21) J. Maier の *TLZ* 85（1960）, 705–06 における主張をも見よ。

22) Rabin, *Zadokite Documents*, 13.

さらに4QpPs37 3.1 の *shabe ha-midbar*（荒野で［罪から］立ち返った者ら）をもこれに加えることができよう。「イスラエルの中［の悪］から立ち返った者ら」という句からは、この分離派が全イスラエルではなく「悔い改め」て契約に編入した集団であるという意識が伺える。

（2）CD 4.3-4 の「イスラエルの選びの者」という句はその理解が困難である。それはこの句が、4Qflor1.19 に見られるまったく同じ句や、のちに考察する1QM 12.1 の「聖なる民の選びの者ら」という句と同じ意味ではないように思われるからだ[23]。CD 4.2-4 によると、「ザドクの子ら」は終わりの日々に起き上がる「イスラエルの選びの者ら」と呼ばれる。彼らがこの分離派の祭司か、分離派自体か、何か他の集団か、何が具体的に意図されているかは図りがたい。いずれにせよ、「イスラエルの」という表現構造は一部分を指すようであり、「選びの者」は「イスラエルのあいだから選ばれる者」である。この分離派自体がイスラエルではない。

（3）より重要な点は、1QS においていかにイスラエルの過去が描かれているかである。1QS 1.21-25 では、イスラエルの違反と神の憐れみに関する歴史が、分離派の契約に入るための儀礼において用いられている[24]。

> すると祭司らは神の大いなる業に顕されたその好意を述べ、イスラエルに対する彼の憐れみ深い恵みをすべて宣言する。そしてレビ人らはイスラエルの子らの不正の数々、サタンの支配のあいだの罰に値する犯行と諸罪過すべてを述べる。彼らに続いて、契約に入る者らすべてが告白して言う、「私たちは道を誤りました。私たちは［不従順でした］。私たちと私たちの前に生きた父らは罪を犯し邪悪に振る舞いました……」と。

しかし祭司らが実際に契約に入る者らを祝福するとき、彼らは「イスラエル」あるいは「真のイスラエル」を祝福するのでなく、「神のすべての道におい

---

23) 1QS 37 の「イスラエルの選びの者」という句の意味を決定するには文脈となる部分が破損され過ぎている。

24) 契約テクストの「先行する歴史」の機能に関しては Baltzer, *The Covenant Formulary*, 1-98（とくに91）を見よ。

て完全に歩む神の定めにある者すべて」(2.1-2) を祝福する。彼らは神と共にあるイスラエルの歴史の中にいるが、自らをたんに「イスラエル」と呼ぶことをしない。

(4) 契約に入る「イスラエルの大部分」あるいは「イスラエルの多数」という句 (1QS 5.22) を根拠として、「真のイスラエルはこの分離派共同体と同視されている」ことを示すという見方がされてきた[25]。ブラウンリーは「共同体の者らの大多数」という表現が用いられる 1QS 5.2-3 に言及する。この理解は不可能でないが、5.22 の意味するところは、契約に入らないイスラエル人と対比される「契約に入るイスラエル人の大部分」であろう。この後者の意味は 1QS 6.13-14 によっても支持される。すなわち、イスラエルの中から共同体の契約に入ることを志願する者すべて、である。共同体の評議会に入ることはここでは契約に入ることと同じである (6.15 を見よ)。ここではすでにイスラエル人である者が契約に入ることが示唆されている。

たしかに「イスラエル」という呼び名がこの分離派自体に対して用いられる箇所が幾つかある。1QS 2.22 がその例であり、「すべてのイスラエル人」が既出の祭司ら、レビ人ら、そして一般の人々を含む様に見受けられ、これらすべてが分離派でありながら「イスラエル」を構成する。CD 12.21-22 が「この規則に従ってイスラエルの子孫は歩む」と述べる場合、それは儀礼的浄めに関する特定の側面に適用される分離派のハラハー的な規定を指す。しかし「イスラエルの子孫」が分離派の成員を指すかは明らかでない。この場合はむしろ、全イスラエルがこの分離派的なハラハーに従うべきだとの宣言が文脈にあるだろう。同様に、分離派の契約が「全イスラエルの契約」(CD 15.5) と呼ばれる場合、おそらくその意味は、分離派が排他的にイスラエルを名乗っているのでなく、全イスラエルがこの分離派の契約に入るべきだという意味だろう。CD 3.13 でもおそらく同様の宣言がなされている。

イスラエルの中の分離派：要約するなら、分離派が唯一の真正なイスラエルであると自認していたという堅固な学説にもかかわらず、またこの学説にある程度の真実——分離派は自分たちのみが契約の全体を知っており、彼ら

---

25) Brownlee, *Manual of Discipline*, 22.

の契約の外にある者らを「邪悪」と見なした——も含まれていようが、彼らは一般に自らを「イスラエル」と呼ぶことを避けていた[26]。彼らは自らが特別に選ばれた一部のイスラエルであるとの意識を持っており、成人するまでは正式な成員となり得ないとの事実によってこの意識が強化されていたようだ（1QSa 1.8–9）。さらに彼らは、邪悪な者らが悔い改めて分離派に編入することが可能と考えた。そしてこれらの邪悪な者らが、そのままでイスラエル人であると理解していた。したがって、1QS や 1QH で「奈落の子ら」などと呼ばれる者は 4QpPs37 では「イスラエルの邪悪な者ら」（3.12）、「エフライムとマナセの邪悪な者ら」（2.17）、また「ユダの家にいる力ある契約の者ら」（2.13）と呼ばれる。「イスラエル」という語に邪悪なイスラエル人も含まれる可能性があることから、この呼び名が分離派によって体系的に排他的に用いられる慣習はなかったように思われる。分離派が多種多様な呼び名を用いていたことを考えると、そのような排他的な意味で「イスラエル」を用いることはなかったと考えられる。しかし、なぜ分離派がこの呼び名を排他的に用いなかったかにはより重要な理由がある。その点を以下で述べよう。

　全イスラエルの救い：終わりの日々の出来事を述べる際に、1QM, 1QSa, 1QpHab の著者らは異邦人が敵であると考えているが、選びの者はイスラエル人と見なされている。この場合どうやら現行の分離派だけでなく、全イスラエルが生き残るようだ。この共同体は、残りのイスラエルが分離派の道へと改宗することによって終末的イスラエルが形成されると信じていた。この信仰と、繰り返し言及される邪悪なイスラエル人の滅び——これに関しては後述——とがどのような関係にあるかは明らかにされないが、推測は可能だ。残りのイスラエルが分離派の道へと改宗することに関しては、1QSa 1.1–6 においてもっとも明らかである。この点は重要なので、ここに全文を引用しよう。

　　これは、終わりの日々におけるイスラエルの全会衆の規則である。そのとき、彼らは［共同体に］参加して、民の道［から］離れた祭司であるツァドクの子

---

[26] Klinzing, *Die Umdeutung des Kultus*, 56; Maier（註 21）をも見よ。

らと契約の者らの法規（*mishpat*）にしたがって［歩む］。それは［地のための］贖いを献げつつ邪悪のただ中で彼の契約を守る彼の会議の者らである。

彼らが来るとき、小さな子供らや女らも含めて彼ら皆を呼び集め、彼ら［の耳］に契約の掟を読み聞かせ、彼らがもはや「過ち」によって道を外さないように、そのすべての規定を悟らせる。

そしてこれは、改宗の全群勢、イスラエルに生まれたすべての者のための規則である[27]。

ここでの契約は1QS, 1QHと他所のものと同一で、神の契約とされるザドク派の祭司らの契約である。契約のうちにある者に参加する者はイスラエル人と呼ばれるが、これは共同体自体が「イスラエル」と呼ばれなかったことを示す。いずれにせよ終わりの日々に全イスラエルがこの共同体に編入するので、この文書は諸規定について、これらがイスラエルのすべての者のためであると適切に述べることになる。このあとで会衆は「イスラエルの会衆」（1.20）と呼ばれるが、この呼び名はそれ以前に用いられておらず、また1QSやCDでも用いられない。イスラエルの会衆の敵対者はこのあと「諸民族」となる。すなわち「奈落の子ら」や「虚偽の解釈者」でなく、異邦人である（1.21）。

イスラエルの敵：1QSa 1.21に「諸国を屈服させる」戦いと記されている終末戦争について詳しく扱う1QMにおいても、1QSや1QHと同様の用語上の差異が見られる。1QMにおいて、敵は必ず異邦人である。イスラエルのうちの唯一の敵は「契約に対する違反者ら」（1.2）であるが[28]、彼らは光の子らが最初に戦いを挑む異邦人の軍勢を支持すると言われる。「クムラン化された」戦いの巻物の版においては[29]、「契約に対する違反者ら」は他所で

---

27) Vermesの翻訳のうちイタリック部分を除いた。Schubert（*Dead Sea Community*, 82）がこの箇所の最初の語句を、共同体自体が自らをイスラエル全体と見なしたと示していると考えることは驚きである。その後の文章の流れから、「イスラエルの全会衆」が契約に参加する、すなわち現行の共同体成員が「イスラエルの全会衆」たり得ないことは明らかだ。

28) Yadin, *The Scroll of the War of the Sons of Light*, 26 を見よ。CD 20.26–27 参照。

29) 直後の議論を見よ。

「イスラエルのうちの邪悪な者ら」に対する婉曲表現として用いられている。しかし終末戦争においては、彼らに「イスラエル」という呼び名が用いられることはもはや一切ない。ここでは光の子らがイスラエル全体を成し、イスラエル人の部族として唯一残っているレビ、ユダ、ベニヤミンの子孫を構成する（1.2）。しかし 1QM 1.2 のこの言及以外では、もはやイスラエル人とけっして見なされない非分離派のイスラエル人は、完全に姿を消す。聖書に登場するイスラエルの敵に起因する 1QM 2.10–14 の敵のリストが彼らに言及することはない。さらに、1QSa と同様に 1QM でも敵は正式に「ゴイーム」（「異邦人」という意味での「諸民族」）と表現される。1QM 12.10 では異邦人の諸国が神の敵と呼ばれ、11.8–9 では「我らの敵」が「ベリアルの軍勢」、あるいは全異邦人を明らかに指す「虚しい7つの国」と同一である。たしかに 1QM の邪悪な者らには、ベリアルの道の者ら（1QM 4.2, 1QS 24–3 と同様）、邪悪な者ら（*reshaim*, 1QM 4.4, 11.14）、そしてしばしば「闇の子ら」（1QM 1.1 他。1QS 1.10参照）などの一般に用いられる侮辱的表現があてられる。しかし、1QS と 1QH における対抗者がいつもイスラエル人であるように、1QM の対抗者は必ず異邦人諸国である。したがって、他の巻物（たとえば CD 1.12, 1QpHab 2.1）で用いられる「裏切り者」という名では呼ばれない。

　敵が異邦人であるというこの定義と符合するように、1QM では救われる者がイスラエル人である。まず私たちが最初に気付くのは、1QM で神が「イスラエルの神」（1.9 他）と繰り返されることである。私が気付くかぎり、他書では 1QS 3.24 のみがこの表現を用いている[30]。「彼らは、今あるものとのちに来るものすべてがイスラエルの［神からであることを知ら］ない」（1QM17.4–5）の、「イスラエルの神」のみが「知識の神」と変更されている同じ句が 1QS 3.15 にも見られることは興味深い。しかし、1QM における「良い者ら」の非常に一般的な定義はイスラエルである。したがって 1QM 15.1–2 では、「神の地所」が「イスラエル」と並列的であり、「邪悪の諸民族」と対比されている。1QM 10.9–10 においては「契約の聖徒」がイスラエル

---

[30] P. von der Osten-Sacken, *Gott und Belial*, 27 を見よ。彼はこの特例を、1QW 3.14–4.26 の2つの霊に関する箇所が 1QM の背景にある伝統を「継承している」ことを示すと考える。Osten-Sacken や他の 1QM の執筆年代に関する議論は後述する。

B. 死海巻物

の民と呼ばれる。上では（11.8–9）、一人称複数の代名詞が異邦人の諸国と対比されている様子を確認した。この対比は、この巻物の「私たち」がイスラエル人であることを示唆しており、この点は他所においても支持される。したがって11.3で著者は、過去に神がイスラエルを救ったこと——ダビデのゴリアテからの救済等——を述べたあと、「あなたは私たちを私たちの王から幾度も救われました」と言って閉じる。したがって私たちは、「イスラエルの選びの者」（CD 4.3–4）と同等の「聖なる国の選びの者」（1QM 12.1）が「イスラエルのあいだから選ばれた分離派」でなく、「地上での最終戦争を闘うために選ばれたイスラエル人の者ら」を指すと結論づけることができよう。「聖なる国の選びの者」は、地上で神に敵対する者らと闘うための軍勢に召集される神の選びの者ら（12.1）と同じである。この句と対比されるのは、やはりこの戦いに参戦する天の「聖なる者ら」（12.1, 7）と同じ者を指すと思われる「天の選びの者」（12.5）である。

終末の「残りの者」：したがって1QSaと1QMの両方において私たちは、1QHと1QSとに見られる用語の意味の違いに気がつく。後者の2つのテクストでは、分離派がイスラエルという呼び名を自らに用いることはなく、その敵は非分離派のイスラエル人である。前者の2つのテクストでは「イスラエル」が救われた者を指し、敵は異邦人である。この違いは明らかに、1QSaと1QMが終末的な戦いのときに向けて書かれているからである。その戦いのとき、分離派はイスラエルと同義語となる。しかし1QMと1QSaのあいだには違いがある。1QSaの場合は「イスラエルの残りの者ら」が終わりの日々に分離派に改宗する一方で、1QMの場合は最終戦争において異邦人の軍勢と同盟関係にあって滅ぼされるイスラエル人が少なくともいくらかいることになるようだ[31]。これらの証拠からは、終わりに日々における非分離派のイスラエル人に何が起こるかに関して異なる理解があったのか、あるいは分離派に改宗する者もいれば救いがたい邪悪から抜け出せない者もいるという解釈で異なる証拠を調和させることができるのか、判断が難しい[32]。1QH

---

[31] 邪悪な（非分離派の）イスラエル人が終末に滅ぼされるという主旨の他の言説は本項の最後において後述する。

[32] Segal ('Qumran War Scroll', *Aspects*, 141) によると「この巻物に非分離派の成員でないユダヤ

6.7–8 が後者の立場を支持する手がかりとなるかも知れない。

　［なぜなら］しばらくすると、私は知っている、
　　あなたがあなたの民のあいだから生き残る者らを起こすことを、
　　あなたの相続のうちの残りの者らを。

「しばらくすると」という句が明示するように、この箇所は終末の解放に言及している[33]。断言はできないものの、生き残る者らや残りの者らが神の民のあいだ（bet）から起こされることへの期待は、非分離派であったイスラエルの一部が改宗することを述べているのかも知れない[34]。分離派が「残りの者」という句で呼ばれる数少ない他の箇所でも、他の者らが滅ぼされる中で救われる者らの終末的存在がいかなるものかを扱っている（1QM 13.8, 14.8–9）。分離派は終末以前の歴史の中において、自らに「残りの者ら」という呼び名を用いない[35]。この句は、「裁きを通って生き延びた者」という聖

人への言及がないのは、終末戦争が始まったときにすべてのユダヤ人が分離派に改宗しているか、あるいは排除されているかを分離派が望んでいるからだ」。

33)　これが最善の解釈だと思われるが、他の可能性については Holm-Nielsen, *Hodayot* の該当箇所を見よ。G. Jeremias（*Lehrer der Gerechtigkeit*, 231）と H.W. Kuhn（*Enderwartung*, 188）はともにこの句を近い将来と見なす。

34)　註解者らは一般に、1QH 6.8 において神が起こす残りの者を単純に分離派と同視する。Licht, Delcor, Mansoor, Carmignac の版を見よ。さらに以下の註 35 も見よ。

35)　「残りの者以外の」邪悪の者の破壊に関する頻繁な言及と本項と関係ない 1, 2 のケースを除くと、*she'ar* と *she'rit* という語はここで挙げた以外には CD 1.4–5 のみに見られる。多くの学者は CD 1.4–10 が分離派が「残りの者」と自らを呼んだことを示していると考え、彼らは CD 1.4 をもって、1QH 6.8 が分離派と預言者的な「残りの者」とを同視するという理解を支持する。しかし CD のもっとも明らかな意味は、「イスラエルの残りの者」がネブカドネツァルの破壊の後に残ったすべてのユダヤ人によって構成されるというものだ。この残りの者は分離派と同一でない。なぜなら残りの者の中には神が彼らに送った義の教師を受け容れない者もいたからだ（CD 1.11–21）。ネブカドネツァルの破壊を生き延びた者の子孫のうちには、「不誠実の会衆」（CD 1.2）を構成すると分離派が見なす者もいた。換言するなら、CD 1.4 は「残りの者」によって過去の破壊を生き延びた者を指している。1QH 6.8, 1QM 13.8, 14.8–9 はこの句を用いて終末の神の民を指している。*she'ar* と *she'rit* とが歴史上の分離派を指す例はない。CD 2.11 の *peletah* を分離派と見なすべきかも知れない。ここでは神がいつでも「残りの者（*peletah*）」を残し、これらの残りの者は、滅ぼされる者とでなく、道を外す者と対比される。しかし、分離派が自らを残りの者と考えたと断言するには、証拠が少なすぎる。

書的な意味で用いられている ³⁶⁾。したがって「生き延びた者」は 1QH 6.8 と 1QM 13.8 の「残りの者」と重なる。これは 1QSa と同様に、分離派でなかったイスラエルの一部が最後の日々に悔い改めて分離派に参入し、破壊を免れて残りの者に含まれる可能性を示すかも知れない。すなわち、残りの者は歴史上の分離派よりも広い意味であろう ³⁷⁾。1QpHab でも同様の可能性が見られるが、その前に 1QM の考察に立ち戻ろう。

　残りの者らに関する箇所の 1 つである 1QM 14.8–9 は、神と残りの者らが「父祖との契約」に対して誠実であったことに言及している。契約に関するこの定義は 1QM に特徴的だ。同様の概念は 13.7–8 と 18.7–8 にも見られる──神が古からの私たちとの契約を守った──。1QM において契約はこれ以外の仕方で定義されることはない。1QSa でのように契約が残りのイスラエルの参加すべき祭司の契約というのでもなければ、契約のうちに「隠された事柄」があるわけでもない。これが本来の戦いの巻物の前分離派的編纂を反映するとも考え得るが、これは契約を堅く守ったイスラエル人らのみがまだ存在するその後の時代について言及しているとして分離派によって理解されていたのだろう。すなわちこの契約は、エルサレムの共同体の契約というものに相対するものとして定義されているのでない。これはたんに神が父祖と結んだ契約であり、神がこれを守り、契約に忠実な者がこれを守る。

　分離派的呼び名：現存する 1QM の分離派的特徴は、「契約」や「イスラエル」という語の用法には反映されていないものの、「光の子ら」に関する他の呼び名に反映されている。その最初の呼び名が「光の子ら」自体である（1.1 や他所）。「神の人々」（1.5）のような句は特徴を反映しないが、選びの者はまた「貧者」（11.13, 13.14）とも呼ばれる。この呼び名は「彼の真実の子ら」（17.8. 1QS 4.5 参照）や後述する印象的な「道の完成者」（14.7）と同様に、他の巻物において分離派を指し示す呼び名として知られている。「彼の分与の

---

36)　たとえばイザ 1.8–9, ゼファ 3.11–13.
37)　Jaubert, *La notion d'alliance*, 162–63 を見よ。契約者らは自らを、終末のイスラエルが周りに集うその中心的存在と見なした。しかし Jaubert は、歴史的な分離派でなく終末的なイスラエルが残りの者だとは考えない。Jaubert は分離派自体が残りの者だと考え、1QH 6.7–8 を現在の分離派の様子を示していると考える（pp. 120, 138, 211）。

者ら」(1.5. 15.1 参照) や「あなたの真理の分与」(13.12) にも分離派的な色合いがある。しかしこれらすべてにおいて、分離派的呼び名は最後の日々の戦いを行う「彼の聖なる人々からの選びの者ら」、すなわちイスラエルの残りの者らを指す表現として用いられていた。

　ここで強調しておくべきことは、私たちはいま、クムラン居留時代のほとんどの時代の分離派によって 1QM が理解されたであろうその理解について述べているということである。戦いの巻物にはおそらくより長い歴史があり、その本来の姿は分離派の文書ではなかったかも知れない。フンジンガーは 4QMa の現存する部分のテクストと比較して、1QM を戦いの巻物の「クムラン化された」版だとして説明する[38]。したがってオステン・ザッケンは、異邦人とイスラエルとを区分する 1QM の用語を、契約の成員と非成員とを区分する 1QS と 1QH の用語よりも古いと考える[39]。彼によると、1QM は基本的にマカバイ初期から派生してきており、これは分離派がハシード（敬虔な者）の運動の残りの部分から分離するより以前の時代である。フンジンガーによって示された証拠を基にして、これら幾つかの用語が戦いの巻物の歴史を反映していると説明されることは容易に理解できる。しかし私たちは、1QM の具体的にどこが「クムラン化された」か、区分がいまだイスラエルと異邦人のあいだであるかを確かめるべきだろう。これは上で言及した 1QM 14.8–9 に見られよう。ここには「あなたの民の残りの者」と「イスラエルの民の残り」という句がある。後者は 4QMa から完全に消えており、前者は「あなたの民」のみが残ったようだ[40]。ここでの 1QM における「クムラン化」は神の民を分離派の成員として特定することであり、これらの者のみが異邦人に対して最後の戦いを挑むことができるイスラエル人である。しかし敵はいまだ異邦人 (14.7：「邪悪なゴイーム」) である。そうすると「クム

---

38) Hunzinger, 'Fragmente einer älteren Fassung des Buches Milhamā', *ZAW* 69 (1957), 150.

39) Osten-Sacken, *Gott und Belial*, 84–87, 239–40. この理解はかなり受け容れられている。たとえば L. Rost, *TLZ* 80 (1955), col. 206; Becker, *Das Heil Gottes*, 74–75 を見よ。この巻物の執筆年代に関する他の試みは Rabinowitz, *VT* 3 (1953), 175–85; Jeremias, *Lehrer der Gerechtigkeit*, 176 を見よ。Jeremias はホダヨート（感謝の詩編）の方が 1QS, 1QM, CD よりも古いと見なす。

40) Hunzinger のテクスト、翻訳、註 ('Fragmente', 135–47) を見よ。

ラン化された」理解では、終末のとき、つまり異邦人との戦いのときに分離派と「イスラエル」が同一となる。そしてこの理解は、分離派的特徴が疑われることがない 1QSa 1.20–21 にも見られる。したがって、1QM が分離派に先立つ歴史を持っているという事実にもかかわらず、分離派と非分離派とを対比させる用語でなく、イスラエル（あるいはイスラエルの残りの者）と諸民族とを対比させる用語はたんに、より古い前分離派的な用語が保存されたものとして説明され得ない。さらに、イスラエルと異邦人とを対比させることは、執筆時期が分離派の成立以前であることを保証しない[41]。イスラエルと異邦人との対立という主題は、終末のときの議論において見られる。これと同じことは、1QSa と 1QM のみならず 1QpHab においても見られるかも知れない。それでは 1QpHab の考察に移ろう。

「邪悪な者ら」の救い：私たちはすでに、ハバクク書註解において邪悪な祭司が重要な役を演じることに触れた。このことから、1QpHab における「邪悪な者ら」は 1QS や 1QH と同様に非分離派のイスラエル人であると見なさなければならない。彼らは集団として虚偽の上に構築された会衆 (10.10) と呼ばれ、これは 1QS や 1QH での呼び名と符合する。しかし他の箇所では、ハバクク書の特定の箇所がキッティーム（たとえば 1QpHab 3.4）あるいは偶像を崇拝する異教の諸国 (12.12–14, 13.1–2) を意味するように扱われている。私たちの考察において非常に重要な箇所が 1 つあるので、これをヴェルメシュ訳で引用しよう。

---

41) Rost, Becker, Osten-Sacken (註39) が理解するように。そのような根拠で資料批評を行うことへの躊躇もあろう。Becker は 1QM 13, 17.4–8 が 1QM への付加と考えるが、それはこれらのテクストが 1QS 3.13ff に見られるある種の二元論と符合するからだ (*Heil Gottes*, 92)。彼はこれ以前に、1QM における敵対関係が異邦人／イスラエルであるという事実をもって、戦いの巻物の編纂を基本的に前エッセネ派時代とした。しかしこの具体的な敵対関係が示されるのは 1QM 17.4–8 である。この箇所を彼は、敵対関係がむしろ分離派／非分離派である 1QS 3.13ff と同意する付加の部分として扱う。私たちはさらに、1QM13.7–8 の父祖（分離派でなく）との契約と 13.13 の「イスラエルの神」という句にも注目すべきだろう。これら 2 つの分離派的「付加」と見なされる箇所と 1QM の残りの部分のあいだの方が、これら 2 つの箇所と 1QS の「2 つの霊」の箇所とのあいだよりも重なる部分が大きいように思われる。私見では、資料批評と資料の順番とを思想の時代的順番に関する理論に基づかせることについては、根拠が不確かすぎるように思われる。本件に関して言えば、イスラエルと異邦人との敵対関係という思想がより初期のものでなければならないという理由はない。

この言説（ハバ 1.12–13a）を解釈すると以下を意味する。神が諸国の手によって彼の民を滅ぼし、神は彼の選びの者らの手によって諸国に裁きをもたらす。そして彼らの懲らしめをとおして、彼の民のうち苦しみの中で彼の諸規定を守るすべての邪悪な者はその罪過を償う。なぜならそれは彼が言うように、悪を見るにはその目は聖きに過ぎるからだが、これを解釈すると以下を意味する。邪悪の時代に彼らは彼らの目を欲して求めることをしなかった（1QpHab 5.3–6）。

私はこの翻訳が適切だと考えるが、困難な点があることは否めない。デュポン－ソメは「彼ら」が邪悪な者でなく選びの者らを指し、この「選びの者ら」が「彼の諸規定を守る」という句の主語だと考える。すなわち「選びの者らが施す懲らしめによって彼の民のうちのすべての邪悪な者は罪過を償う。なぜなら彼ら（選びの者ら）は苦しみの中で彼の諸規定を守ったからだ」とする。リングレンは「彼らの」をヴェルメシュと同様に理解しつつも、デュポン－ソメと同様に「彼の諸規定を守る」という句の主語が「選びの者ら」だと考える。さらに彼は、$ye\,'eshmu$ という動詞を「罪過を償う／贖う」でなく「［罪過のために］罰せられる」と理解する。すなわち「彼らの懲らしめをとおして彼の民のうちの邪悪な者らは罰せられる。なぜなら彼ら（選びの者ら）は苦しみの中にあるとき彼の諸規定を守るからだ」とする [42]。バローズの翻訳は基本的にリングレンのものと同じである [43]。ローゼは上の動詞を büssen（償う）と訳し、「選びの者らが異邦人のみならず自らの民のうちの邪悪な者らを罰する」という意味だと説明する。彼もまた、「彼の諸規定を守る」という句の主語を選びの者と考える [44]。デルコールは $ye\,'eshmu$ を「罪責があると知られる」と訳す。すなわち「彼らが懲らしめられるとき、彼の民のあいだの邪悪な者らは罪責があると知られる」とする。これほど理解が分かれる

---

42) Ringgren, *Faith of Qumran*, 154.
43) Burrows, *Dead Sea Scrolls*, 367.
44) Maier や Carmignac も同様である。邪悪な者は、諸規定を守る者らによって施される懲らしめによって罰せられる。

箇所に軸足を置くことははばかられる。また、この箇所の翻訳の問題に解決をもたらすような構造上の手がかりが見つからない。ヴェルメシュの判断のように、「守る」の主語となる関係代名詞は「邪悪な者ら」を指すと考えるのがもっとも自然だが、死海巻物においては関係代名詞の先行詞がかなり遠いところにある場合もある。動詞の自然な意味は「罪にある」だが、「罪過を償う」という意味の可能性も排除できない。ヴェルメシュの翻訳が適切だとするとこの箇所は、(以前)邪悪であったイスラエル人でさえ救われることを意味するが、それには終末に続く艱難をとおして彼らが忍耐をして道から外れないことが必要である。他の訳では、試練のときに忍耐する選びの者が懲らしめを与え、(以前)邪悪だったイスラエル人らに改悛——とおそらく救い——をもたらす。いずれの場合も、「彼の民の邪悪な者ら」すなわち非分離派のイスラエル人は最後の日々における苦しみをとおして贖われる。一方でリングレン、デルコール、カルミニャックは、終末の贖いから邪悪なイスラエル人を排除しているようだ。しかし1QSaを視野に入れつつこの上の箇所を読むならば、「彼の民の邪悪な者ら」が終わりの日々に「選びの者ら」に加わり、異邦人が滅ぼされるときにより大きな完全なるイスラエルを形成するという可能性が開かれていると考えるべきだろう。

敵対者としての異邦人：いずれにせよ、上で引用した箇所によると終末のときには異邦人（ゴイーム）が裁かれて滅ぼされる一方で、邪悪なイスラエル人は罰せられるのみであり、おそらく彼らは贖われさえする。終末に視点を置くなら、敵は——1QMや1QSaと同様に——異邦人となり、非分離派のイスラエル人ではない。1QpHabでは彼らこそが分離派の歴史的敵対者として記されているのだが。興味深いことに、ハバ2.19-20は偶像崇拝に言及する箇所だが、ハバクク書註解（13.1-2）においてはこれが異邦人を指すように解釈されている。この註解の直後では、終末において（「裁きの日に」）偶像崇拝者らが滅ぼされることが預言されている。異邦人が終末期における敵であるという理解は、十分に固定されていたようだ。

最後に、4QpPs37 2.19と4.10とにおいて「異邦人の破壊的な者／力ある者」という表現が登場する点を指摘しておこう。前者においては「エフライムとマナセの邪悪な者ら」が裁きのために引き渡され、後者においては邪悪

な祭司に同様の運命がもたらされる。これら2つの箇所の文脈は期待ほどに明確ではないが、イスラエルのうちの極度に邪悪な者らが異邦人との終末戦争を前にして──あるいはその初期に──滅ぼされる一方で、イスラエルの他の者らは契約の共同体に編入して唯一のイスラエルを構成することができる、という上で論じた理解を支持するように見受けられる。この理解は 1QSa の解釈を助け、なぜ 1QM ──また明らかに 4Qflor 1.18–19 ──がほぼ異邦人のみを邪悪な者らとして扱うかを理解させ、邪悪なイスラエル人の破滅に関する預言があることを説明する。

分離派と「イスラエル」：本項の当初の問題に立ち戻ると、この分離派は、少なくとも非常に頻繁に、その歴史的な存在としての自らを「イスラエル」と見なさなかった。契約の唯一正しい解釈を有しているという確信が分離派の成員にはあったが、彼ら以外にも「イスラエルの邪悪な者ら」と呼ばれる他のイスラエル人がいることを認めていた。終末のとき、全イスラエルが契約の共同体に編入し（1QSa）、極度に邪悪な者のみが分離派か、神によって直接か、あるいは異邦人に引き渡されることによってかの仕方で滅ぼされる。したがって分離派は歴史に存在していたあいだ、自らを分離派として自覚していた。真のイスラエルが自分たちの契約によってのみ構成されるとの確信はあったが、分離派はいまだイスラエル全体ではなかった。同時に分離派の成員らは、彼らが理解する契約が全イスラエルにとって正しいと主張した。したがって彼らの自己理解にはある程度の緊張感が見られる。一方で彼らは、真の契約を持っているということで「真のイスラエル」と呼び得るが、他方でそのような呼び名を彼らが用いることはなかった。彼らは自らに「神の真実の子ら」などの呼び名をあて、「奈落の者ら」であるイスラエルの邪悪な者らと区別していた。最後の日々にのみ、異邦人と対抗するという文脈で「イスラエルの会衆」が構成される（1QSa 1.21）。

脱落者の運命：ここで私たちは、契約の外にいるもう1つ別の範疇である分離派からの脱落者について考察しよう。これらの者は CD と 1QS にほぼ限定的に登場する。この主題は CD 8.1–2//19.13–14 において宣言される。すなわち、誰でも契約の成員でその掟を堅く守らない者は滅ぼされる。これに続く描写（8.3–12//19.15–24）はとくに脱落者に言及しているようには見え

ないが、例外的に 19.16 が「彼らは改悛の契約に入った」と記している。これ以外の箇所では、非分離派のイスラエル人が言及されているように見受けられる。彼らは「ユダの王子ら」(8.3) と呼ばれ、力ずくで富を求め、不貞を犯す輩であると非難される (8.5–7)。さらに彼らは「ギリシャ人の諸王のかしら」(8.11) によって罰せられる——あるいはすでに罰せられている[45]——。換言すると CD 8.3–12 とその並行箇所である 19.15–24 は、19.16 を例外として、非分離派のイスラエル人らと、とくにその指導者らに対する典型的な批判のように聞こえる。もしかすると、分離派からの脱落者はエルサレムの支配者らと同様の扱いを受けるということかも知れないが、この前者の議論に後者に関する箇所がのちに挿入された蓋然性の方が高いように思われる[46]。なぜなら、このあと議論はすぐに分離派の脱落者へと戻るからだ。すなわち「神の諸規定を軽視して見放し、心を頑なにするすべての者についてそうである」(8.19)、「ダマスコの地で新たな契約に入った者で、引き返して［これを］見捨て、命の水の泉から離れる者すべて、これらの者は民の会衆のうちに数えられない……」(8.21 私訳)。第 2 の写本がこの継続部分として信頼できるとすると、このような者はイスラエルとアロンのメシアが到来するときに立ち返ることになる (20.1)。同様に「完全なる聖さの者らの会衆」にいた者で「正しい者らの命令を実行する」ことに躊躇するようになる者も、やはり立ち返るようだ (20.2–8)。CD 20.8–13 において契約を軽視する者らは、律法の家に居場所を持たず、立ち返る可能性について明らかでない。CD 8.1–2 で背教者を滅びの裁きへと向ける様子を想起させるように、20.25–27 では「律法の垣根を破った契約の成員は誰でも……切り離される」が、彼らは「ユダの悪行を行う者ら」と同様の運命をたどる。この文書には背教の程度を明確にする意図があり、ある者には帰還が許され、ある者は滅びに向かうことを知らせているとも考えられるが、用いられる用語によってその程度が決定され得るわけではない。たとえば「軽視する」という語が 8.19 で用

---

45) Rabin, *Zadokite Documents*, 34 を見よ。
46) J. Murphy-O'Connor, 'The Critique of the Princes of Judah', *RB* 79 (1972), 200–16 も見よ。これによると、CD 8.3–16 はのちの挿入であり、この箇所は共同体成員について言及しないが、初期の段階で共同体に対抗したユダヤ人支配者らに言及している。

いられる場合は、メシアの日々に共同体への帰還が許されるという内容が明らかにそれに続くが、20.8, 11 の「軽視する者」には帰還の可能性が与えられていない。2.6–7 で用いられる「道から逸れる」という句は脱落者に言及しようが、それであれば彼らは破滅へと向かう[47]。

1QS における規定はある程度より明らかである。「真理を裏切る（b-g-d）」また「心に頑なさ［を抱いて］歩む」ことは 2 年間の立場保留であるが、1 年後にはいくらかの特権が回復される（1QS 7.18–21）。しかし会衆を中傷する者は除外され、帰還が許されない（7.16–17）。「共同体の権威に対して不平を言う」者も同様の運命をたどる（7.17）。共同体で 10 年を過ごしたのちに裏切る（b-g-d）者および「会衆から離れて心に頑なさを抱いて歩む」者は除外され、帰還が許されない。そしてこれらに共謀する者も同様に罰せられる（7.22–25）。1QS の前半部（2.12–18）には、契約に入りながらも自らの道に従おうと意図するが、赦しのない滅びへと向けられる呪いが見られる。

分離派の背教者に関する他の言及に関しては曖昧な部分が増し、対象が背教者なのか、そもそも契約に入っていない者かいつも明らかなわけでない。1QS 10.21 は「その道から逸れる」者へ言及しており、前者を想定しているだろうことが分かる。「あなたの契約から後戻りする者（shabe beriteka）」(1QH 14.21–22) は背教者に言及していようが、この直前で詩編記者は「あなたに近づく者は誰もあなたの命令に逆らわず、あなたを知る者は誰もあなたの言葉を違えない」(14.14–15) との確証を与えている。これは、人が本当に「入る」なら、そこから逸れることがないことを教えているようだ。おそらく「一度救われれば絶えず救われている」という教義を信じる現代人のように、詩編記者は「契約から後戻りする者」ははじめから神を実際には知らないのだと言うだろう。詩編記者が背教者の存在を知っていたことは 1QH 4.19 によって支持される。すなわち「あなたの契約から引き戻した者ら（n-z-r）[48]」である。しかしこれに関しては確証が持てない。なぜなら、この直前の 4.13–18 と 20 の呼び名（虚偽の者ら、偽りの幻視者）が、詩編記者の敵である非分離派

---

47) Hunzinger ('Beobachtungen zur Entwicklung', 237) は完全な排除のあとの帰還の可能性が、1QS が述べる永久排除よりも寛大なのちの理解を反映していると考える。

48) 翻訳は Rabin の CD 8.8 (*Zodakite Documents*, 34) の註を見よ。

のイスラエル人を指しているように見受けられるからである。これらの敵を念頭に置きつつ詩編記者が自らの共同体の裏切り者の話題へと急に移ったか、あるいは自分の敵を「引き戻した」者と見なすのか、確実なことは言えない[49]。いずれにせよ CD と 1QS において分離派は、背教者がいることを知っており、恒久的にせよ一時的にせよその余地を残していたことが分かる。

まとめ：ここまでの議論で、私たちが今扱っているのが分離派の基本的な救済論的概念であることが明らかとなった。すなわち、契約の外にいる者ら——それが異邦人であれ、非分離派のイスラエル人であれ、分離派の棄教者であれ——と契約の中にいる者らとのあいだには、明らかな違いがある。したがって、契約の外にいるこれら 3 つの集団すべてについて、彼らが滅ぼされると言われる。1QM においてイスラエルに敵対する異教の諸国は、生存者もなければ救いの希望もなく滅ぼされる（1QM 1.6, 4.2, 11.11, 14.5, 11）。1QS において「サタンの分与の者ら」は憐れみも赦しもなく滅ぼされ（2.4–10）、生き残る者はいない（4.11–14, 5.12–13. 5.19 参照）。1QH において「虚偽の者らと偽りの幻視者」は裁きにおいて滅ぼされ（4.20. 14.16 参照）、「罪過の子ら」には生き残る者がいない（6.30–32）。同様に 4QpPs 37 3.12 では「イスラエルの邪悪な者ら」が「切り離される」（2.3–4, 7 参照）。落伍者に関する一般的な言説においても、それらの者の滅びが予告されている（CD 2.6–7, 8.2, 20.25, 1QS 2.11–18）。もっとも上記のとおり、棄教者に関する特定の規則によると、もっとも酷い仕方の背信行為を犯さなかった者が、少なくともメシア［ら］の日々において、帰還することが許されているようだ。

裏返すと、契約のうちにいる者ら（「選びの者らに参加した志願者」）は裁きの日に救われる（1QpMic 7–9）[50]。契約のうちでの違反に関する贖いと選びの者らに関する神の救いという問題がこのあとの議論の焦点となるので、それ

---

[49] 1QH 2.10 の「裏切り者」という語は棄教者と関係するかも知れないが、Jeremias (*Lehrer der Gerechtigkeit*, 197) は「教義の追求者」が並行記事の 2.33–34 において「裏切り者」の代わりに用いられていることを正しく観察している。いずれの場合も非分離派について述べていよう。1QH 5.23–26 では、著者がその同胞とのあいだで生じた困難について述べているようだ。したがって「反逆者」や「不平を言う者」はおそらく厳密な意味での棄教者ではなかろう。

[50] *DJD* 1, 78.

に関する詳しい言及はここでは避けよう。一点のみ述べておくとすると、契約の外にいる者らにとって赦しの望みはなく、契約の中にいる者にとっては赦しと救いがある。

したがって重要なのは選びに関する問題である。外側に救いがないとされる契約への入り口に人はいかに至るのか。

3. 選びと予定

予定に関するテクスト：クムラン文献におけるもっとも興味深くしばしば議論される主題の1つに予定論がある。誰が契約の中にいるかを決定する責任は、これらの文献によると、神のみに委ねられていると言われる。換言すると、なぜ選ばれたかという問いに対する選びの者らによる説明は、神が永遠の昔にそれを決めたからというものだ。これらの箇所は周知されているが、ここに記すことは有用だろう。最初に、神が人にその「分与」あるいは「道」を分け与えたと言われる重要な箇所を挙げよう。

> 神はその来訪のときまで歩むために［人に］2つの霊を与えた。真理と虚偽の霊である。真理から生まれた者は光の泉から湧き出るが、虚偽から生まれた者は暗闇の源から湧き出る。義の子らはすべて光の君によって支配され光の道を歩むが、虚偽の子らはすべて闇の天使によって支配され闇の道を歩む。
> 　闇の天使は義の子らをみな惑わし、その終わりの時まで、彼らのすべての罪、不正、悪、そして彼らのすべての不法な行いが、神の奥義にしたがって彼の支配によって促される……。
> 　しかしイスラエルの神と彼の真実の天使は、光の子らをみな助け出す（1QS 3.18–25）。

> すべての霊の性質［があなたの手の中にあること］を知っています。
> あなたは［すべての道を］創られる前から打ち立てられるので、
> 　　誰があなたの言葉を変えられるでしょうか。
> あなたのみが義なる者（*tsaddiq*）を［創られ］

喜びのときのために、
　胎のうちから彼を立てられます。
すると彼はあなたの契約のうちで守られ[51]、
　［あなたの道］すべてにおいて歩むのです。
そして彼に［あなたはあなたの偉大さを示されます］、
　あなたの無数の憐れみのうちに、
そして彼の束縛された魂を永遠の命へと放たれます……

しかしあなたは邪悪な者ら（*resha'im*）を、
　あなた［の怒り］の［ときの］ために創られました。
あなたは彼らを胎のうちから、
　虐殺の日へと誓われました。
　彼らが正しくない道を歩むからです。
彼らは［あなたの契約を］蔑み、
　彼らの魂はあなた［の真実］を嫌いました。
彼らはあなたのすべての掟を快く思わず、
　あなたが嫌うことを選びました（1QH 15.13–19. 14.11–12 参照）。

あなたは、［神よ］あなたのために私たちを永遠の民として贖われ、あなたの真実のために私たちを光の道へと送られました。あなたは古より光の君を遣わして私たちを助けられました。［それは正義の子らがみな彼の道におり］そして真理の諸霊がみな彼の支配のうちにあるからです。そして怒りの天使ベリアルを堕落させ、彼［の支配］を暗闇に留め、彼の忠言を邪悪で罪深いものとされたのはあなたでした（1QM 13.9–11）。

これら3つの箇所は完全に一致してはいないものの、非常に似た点を強調している。すなわち、神自身がその始まりから、すべての人の「運命／道」を

---

51)　「～うちで守られ」を Vermes は「～を聞き」と訳している。彼は *shama'* を *shamar* と読んでいるようだ。

決定している。これは、2つの霊のうちのどちらかの支配下にあるというようにも表現し得る（1QS）。あるいは神に立てられた自らの霊の性質を持つ（1QH）、または特定の「運命／道」に放たれた[52]── 2つの霊が「支配する」のでなく「助ける」か「堕落させる」かのいずれか、1QM ──とも言い得る。いずれにせよ、その核になる理解は同じである。

神の支配と知識に関するテクスト：神がすべてを支配すると主張する以下の箇所も、これら上の箇所と同意する部分が大きい。すなわち、今あるもの、のちに現れるもののすべてがイスラエルの神──あるいは知恵──から出る（1QM 17.4–5, 1QS 3.15）。この主題は賛歌の題材としてとくに取り上げられている。

  彼（神）の知恵によりすべてが起こる。
  彼はすべてのことをその意匠によって確立し、
    彼によらず何も成し得ない（1QS 11.11）。

  あなたによらずして、完全な道はなく、
    あなたによらずして、何も成し得ないからです。
  すべての知識を教えたのはあなたです、
    すべてがあなたの意志によって起こります（1QS 11.17–18）。

  あなたの知恵により永遠から［すべてが存在し］、
    それらを創られる前から、その業をご存知です、
      とこしえからとこしえまで。
  ［何ごともあなたによらず］成し「得ません」、
    そしてあなたが望まずして何も知られません（1QH 1.7–8）。

  あなたの知識からの知恵により、
    あなたは彼らが産まれる前からその運命を定められました。

---

52) IQS 11.7–9 の、聖なる者らの道を受け継ぐようにされた、をも参照。

すべてのことが「あなたの意志」にしたがって「存在し」、
　そしてあなたによらずして、何も起こりません（1QH 1.19–20）。

あなたによらずして、何も起こり得ず、
　あなたの意志によらずして、何も知られません。
あなたなしに、何も存在せず、
　あなたの力と較べられるものは何もありません。
あなたの栄光の前には何もなく、
　あなたの力には値をつけ得ません（1QH 10.9–10）。

これらの箇所は、人の運命を神が直接的に決定するという思想を支持するが、それは神にすべての支配権を認めることによるのみならず、とくにすべてが神の意志をとおしてのみ知り得ることを強調することによる。それは、知識が選びの手段であり性質だからである。人は知識を与えられることによって契約に入れられ、神の知識の奥義が選びを性格づけるからだ。知識が選びと関連することは重要なので、この点について多少寄り道をしなくてはならない。

知識による選び：知識という賜物が選びを生じさせる手段であることは 1QH 14.25–26 に記されている。

あなたは知識の霊によって、
　あなたの僕である私に好意を向けられました。
それは［真］理［と義とを私が愛するため］、
　あらゆる邪悪な道を嫌うためです（デュポン－ソメ訳）[53]。

ヴェルメシュは欠損部を「私が選ぶため[54]」で補うが、愛することと嫌うこととの対比の方が良いように思われる。いずれにせよ詩編記者は、人は実質

---

53) Habermann も欠損部を同様に補完している。
54) Licht も同様。

的に知識を与えられることによって、神に正しい運命へと置かれるのだ、と告白していることは明らかだ。1QH においてはしばしば、知識が選びとほぼ同質と見なされている。したがって多くの共同体詩編の開始部において、詩編記者は神によって選ばれ救われていることに感謝する。記者は神が彼を「生きる者の一団の中に」置いたこと（2.20）、奈落から贖い、とこしえの高みへと引き上げたこと（3.19–20）、虚無の運命へと置かなかったこと（7.34）、驚異と力とによって扱ったこと（11.3）、聖なる霊を与えたこと（17.26）を感謝する。これらの句は選びの者とされたことへの感謝を示しているようだ。そうすると、詩編の開始部で記者が知識と洞察と理解を与えられたことに感謝する点は興味深い（7.26–27, 10.14, 11.15, 14.8）。14.12–14 においては、この知識が内省的な知識として特定されている。したがって記者は神に与えられた知識によって自分が契約の中に入れられたこと、聖なる霊を与えられたこと、そして神への理解へと近づけられたことを知っている。換言するならその知識の内容は、彼が選びの者であり、選びには神の意志の知識が含まれているということである。したがって、知識は選びを生じさせる手段であり（人はどの道を選ぶかを知る）、それはほとんど選びと同じであり（人は贖いと選びのように知識を感謝する）、そして選びを伴う（人は選ばれたので知る）。共同体における知識についてはのちに述べよう [55]。今のところ重要な点は、知識と選びとが密接につながっていることだ。

詩編の中に明らかなこの視点がなぜ生じたか、その答えは容易に見当がつく。のちに詳しく述べるが、分離派の成員らは契約の共同体の中で生まれたのではない。したがって彼らは、いかに彼らがそこに至ったかを説明しなければならなかった。上述したとおり、彼らは自分たちの運命が神によって予定されていたと理解した。しかし予定されていた者らは、その生まれや割礼などの契約の外的しるしによって分けられていたのでないので、彼らが予定されていたことを知るための内的方法がなければならなかった。したがっ

55） クムラン共同体における知識に関するより詳細な分析は、W.D. Davies, *Christian Origins and Judaism*, 119–44 を見よ。Licht ('Doctrine', 98) は知識の主題をリストアップし、その内容が「分離派的教義」であると結論づける。知識の救済的意義に関して Nötscher, *Terminologie*, 15–79; Kuhn, *Enderwartung*, 139–75（とくに 163–75）も見よ。

て知識や洞察や理解が強調され、知識はおうおうにして神からの恵み深い賜物として説明された。それでは、予定に関する一般的な問題へと立ち戻ろう。

契約と予定：CD 2.2–7 においては、道を踏み外して掟を嫌う「邪悪な者ら」は永遠の昔から神に選ばれていなかったと記している (2.7)。この想定において、神の選びは違反に先行し、これを決定する。なぜなら 2.13 が「彼（神）が憎む者を彼は堕落するよう仕向ける」と明記するからだ。一方で「井戸を掘る」分離派の者らは、神が「聞くように仕向ける」(6.3)。同様に 1QS の詩編は、神がその選びの者らを「聖なる者らの道を継ぐ」ように仕向けると述べる (11.7–8)。1QH 12.23 のヒフィル動詞である *higgashtam* は、ヴェルメシュとマンスールがするように「彼らを迎え入れた」と訳されるべきでなく、「近づくように彼らを仕向けた」と訳されるべきであるようだ（デュポン－ソメ、デルクロール、ホルム－ニルセン参照）。そして 1QH 14.13 と 1QS 11.13 では、神が詩編記者を近づけさせたと記されている。

神の支配的な摂理は契約に入るか否かを左右する決定的な要因であるのみならず、契約のうちにある者が逸脱することを防ぐ要因として理解される。敵意の御使いであるマステマは、契約に入る誓いを立ててその誓いを実行する者から立ち去る (CD 16.4–5)。しかしこの主題はホダヨート（感謝の詩編）においてのみ見られる。神は力ある者の侮蔑によって詩編記者が神に背を向けることを許さなかった (1QH 2.35–36. 7.7–8 参照)。神は契約のうちにある者が迷い出ることを許さない (4.24–25. 16.15 参照)。神は自らがその洞察によって選び守る者の道を堅く立てるが、「それはあなたに対して罪を犯さないためである」(17.21–22)。

人の選択と予定：もっとも、選びの者の共同体に編入するための基礎となっている神の永遠で抗しがたい恵みがこのように強調されていても、分離派は 2 つの道のいずれかを選ぶ余地が人にないかのような仕方でこれを理解しなかった。神の選びの恵みは、人の選びの自由に相対するものとして表現されておらず、その意味で「予定」という表現を用いることは時代錯誤的である [56]。後述するとおり、神の選びの恵みは人が自由かどうか以外のもう 1

---

56) この点は Marx ('Prédestination', 168) が適切に指摘している。彼は単純に「恵み」と呼ぶこ

つの問題に対して応答している。したがって私たちは、神による選びと並行して、個々人の選択に依拠した契約への編入とそこからの排除に関する説明を、巻物の中に繰り返し認めることができる。したがって、すでに引用した箇所（1QH 15.14–19）において詩編記者は、神が義なる者を創ることを感謝するが、それはその者が義なる道を選ぶからである。邪悪な者も神によって「創られた」とされ、その者は「胎のうちから」破壊が誓われている。しかしこれに続いてその理由が述べられる。すなわち「それは（ki）彼らが正しくない道を歩むからである」。詩編記者は続けて、彼らは契約を蔑み忌み嫌うので契約の外にいる、と説明する。彼らは神が嫌うことを「選んだ」。他所でも、神の選びと人の選びに関する同様の対比が見られる。

> あなたは私を……の会衆へと導かれ……
> ……
> そして私は望みがあることを知っています、
> 　　違反から立ち返り
> 　　罪を手放す者のために。
> ……
> あなたはあなたの民のあいだから生き残りを立てられます、
> 　　あなたの相続の中へ残りの者を。
> ……
> そしてあなたはあなたの会衆のうちに彼らを堅く立てられます、
> 　　あなたの真実の正しさにしたがって（1QH 6.5–10）。

上では、会衆（契約の共同体と同義語）の中へと人を導く役割を神に認めることが、違反から「立ち返る」者に救いの希望があるという表現と混在している。

とを好む（p.181）。しかし、幾つかの箇所で神の選びと支配の恵みが強調される特徴的な様子からは、「予定」という用語を用いることが自然のように思われるが、それは厳密な意味で自由意志を排除するという理解をしないかぎりにおいてである。

> 私は、あなたが義人（tsaddiq）の霊を定められたことを知っており、
> それゆえ私は私の手を清めることを選びました。
> ……
> 私は、人が義でないことを知っています、
> あなたをとおしてでなければ……（1QH 16.10–11）。

ここでもまた、神の選びと「[人が]手を清める」選択とが混在している。同様に 1QS においても、契約にある者らは「選ばれた者」（1QS 9.14）でありながら「その道を選んだ者ら」（1QS 9.17–18）と呼ばれる。人の選択と神の選びの混在は 1QpMic 7–8 にも見られ、「神の選びの者に申し出る者ら」と表現されている。

一般には「選ぶ」や「立ち返る」や「蔑む」等の語が、いかに契約へ入るか／入らないかという議論において頻用される。契約のうちにいない者は、邪悪から立ち返らなければ神によって清められない（許可されない）（1QS 5.14）。正しい者らが違反から立ち返る者と定義される一方で、邪悪な者らは道から逸れる者である。違反の罰として懲らしめられる者らは、その道が完全にならなければ慰めを得ない（1QS 10.20–21）。神は罪から立ち返り悔いる者を赦す（1QH 14.24）。契約に編入するために、人はその堕落の道から立ち返らなければならない（CD 15.7）。既述のとおり、分離派の呼び名の 1 つは明らかに「不敬虔から立ち返る者ら」であり、そのような呼び名の例は多くある。

一方で契約の外にいる「邪悪な者ら」の過ちは、「彼（神）に問うことも求めることもしなかった」（1QS 5.11–12）ことだ。これらの者は 5.9 において、神の意志を求めて契約を守る者らと対比されている。彼らは神の諸規定とその契約とを蔑む（1QpHab 1.11, 1QH 15.18, CD 3.17, 7.9, 8.19, 1QS 2.25–26, 3.5–6）。最後の 2 つの箇所は非常に印象深いので、以下に引用しよう。

> 神の［契約］に入ることを蔑み、自分の心の頑なさのうちに歩む［ことを望む］
> 者は、彼（神）の真実の共同体に［入ることはない］。

不浄だ、彼はすべての日々をとおして不浄だ、彼は神の掟を蔑む。彼は彼（神）の真実の共同体の中で導かれることがない。

上の箇所には、選びの者でない者らを説明するもう1つの句が見られる。すなわち、「自らの心の頑なさにおいて歩む者」である（1QSに8回、CDに5回、そして1QH 4.15）。この句は「選ぶ」や「立ち返る」や「蔑む」と同様に、分離派が人に与えられた選択の自由を否んでいないことを示している。

編入の人為性：契約の共同体に編入する際とそこから排除される際の決まりについて考慮すると、この点はさらに明らかとなる。とくに1QSにおいて、共同体成員は「自発的に自らを献げたすべての者」と呼ばれる（1.7 のヴェルメシュ訳。デュポン－ソメ訳では「志願者」）。編入の要件は呼び名と符合する。編入者は自らを謙虚に「神のすべての掟」（1QS 3.9）に委ねる。これは、頑なな傾向にある自らの心を献げること（2.26）、そして共同体の規定に従うことを意味する。さらに編入者は、自らの所有物を共同体へ引き渡すことに同意しなければならない（6.19）。人がいかに共同体へ編入するかをもっとも明らかに示す箇所を以下に引用しよう。

> イスラエルに生まれた者で共同体の会衆に加入することを志願する者は誰でも、多数者の頭としての監督者である者によって、その思慮と諸行とが審査される。そしてその者が訓練に適しているなら、彼はその者を契約へ導き入れる。その者が真理へと改宗し、すべての悪から離れるためである。彼は共同体のすべての規定についてその者を教える。のちにその者が多数者の前に立つと、彼らはみな彼の事例について考える。摂理の導きによる多数者の決定にしたがい、その者は近づくか、あるいは離れるかする（1QS 6.13–16 のデュポン－ソメ訳）。

この箇所は続けて、編入希望者が1年のあいだ観察下に置かれ、そののちにふたたび成員らによって審査される、と述べる。もし彼が祭司と他の成員らの過半数により認められると、ほぼ完全な成員として受け容れられることになる。しかし彼が完全な成員としての権利と特権すべてを得る前に、2年目

と3年目の審査と投票が必要とされる（1QS 6.16–23）。ちなみに「くじ」（デュポン－ソメ訳では「摂理」）によって決定される事柄に関する言及があり、これは編入が神の意志にしたがっているという理解を反映しているようだ。しかし、志願者の「くじ」が多数決によって決定されていることは明らかであり[57]、その決定には志願者の姿勢（分離派のハラハーに謙虚に従うか）、理解（分離派が真の契約を有していると認めるか）、そして諸行（厳しい規定に従うことができるか）が判断材料となっている。

編入のための規則には、これらすべてが人的能力によって達成されないことを示す証拠はない。これらが人的行為の範囲にあることを示す証拠ならすでに挙げた点から分かる。すなわち、契約のうちにいない者で敵と見なされる者が、悪の道から離れて共同体に編入することができる。共同体成員はすべて自ら悪の道を悔いてそこから離れた者らだ[58]。脱落者の扱いも同様に印象深い。1QSにおけるもっとも厳しい呪いは、共同体の規定に従うという完全な意図がないままで契約へ入る者のために備えられている。彼らは、レビ人のみによって呪われる「サタンの道の者ら（ベリアルの籤の人々）」（1QS 2.4–5）とは異なる。脱落者らは祭司とレビ人の両方によって呪われる。

> 自分の心の偶像のあいだを歩み、自らの前に罪の躓きを置いて脱落する者は呪われよ。その者は、この契約の言葉を聞きながらも「私がその心の頑なさのうちに歩んでも、私に平和があるように」（申 29.18–19）と言って自分の心の中で自らを祝福する。しかし［真理の欠如によって］渇き［虚偽によって］潤った彼の霊は、赦しなしに滅ぼされる。神の怒りとその掟への熱心が彼を永遠の破滅へと燃やし尽くす。契約のすべての呪いが彼にまとわり、神は彼を悪へと取り分ける。彼はすべての光の子らの中から切り離される。彼が偶像と罪の躓きのために神から離れたので、彼の道は永遠に呪われている者らのあいだにある（1QS 2.11–17）。

57） Leaney の 1QS 5.3 を見よ。
58） Carmignac, 'Souffrance', 373.

上述したように、人は特定の違反を犯す場合、一時的に排除されても、その道を正すならばふたたび回復され得る。上の箇所と同様にすべての箇所において、契約の成員となる資格を持つかどうかは、人が諸規定を守る意志と意図とその成就にかかっている。上の引用においては、1QS 3.21–24 のように人の罪が虚偽の霊から部分的な影響を受けていると言われるのでもない。むしろ人の罪が呪われている者らの「道(籤)」の中へとその人を追いやる。それは人自身の行いであって、神の予定でない[59]。

摂理と選択の混在：ここまでのところで述べてきたように、選びの者の群れの成員となる資格が人自身の意志によるという主旨の言説と、それが「胎からの」神の意図に完全に依拠しているという主旨の言説のあいだの緊張関係は、分離派にとっては矛盾ではないようだ。神が摂理を支配しているという理解は、分離派にとって人の運命を自分で決定するという理解を退けるものでない。契約への編入に関する明らかに相容れないこれら 2 とおりの説明が明示されていることを考慮に入れると、なぜ分離派がこの問題を解決しようとしなかったかを理解することは困難だ。ある学者によると、この不調和は2 つの異なる資料が整合性のある仕方で編集されていない結果である。すなわち、人の意志の部分は伝統的なユダヤ教によって説明され、神の予定への強調はある程度に変更が加えられたイラン的二元論によって説明される[60]、ということである。あるいは 2 つの異なる強調が、クムラン共同体内に存在した異なる「哲学」を反映していると説明される場合もある[61]。

ある学者らがこれらの異なる理解のあいだの整合性を探ることをしないまま両方の存在を認める一方で[62]、ある学者らは片方（一般に予定の方）を支

---

[59] 1QS と CD の規則が自由意志を前提にしていることに関しては、Marx, 'Prédestination', 167–68 を見よ。

[60] R.E. Brown, *S & NT*, 189–90. クムラン共同体と 1QS 3.14–4.26 の「二元論」にとくに関わるイラン起源の影響の可能性についての議論をここで詳細に述べることは必要でなかろう。一般的な議論に関しては、Ringgren, *Faith of Qumran*, 68–72, 78–79; Leaney, *Rule*, 46–56; Burrows, *Dead Sea Scrolls*, 272; Huppenbauer, *Der Mensch zwischen zwei Welten*, 10–13 を見よ。近年に Osten-Sacken (*Gott und Belial*, 81, 87, 139–41) は 1QM や他所における光と闇の主題にイラン起源の影響がないと論じ、その影響は創造以来の相対する 2 つの霊の概念に見られると考える。

[61] M. Black, *The Scrolls and Christians Origins*, 125.

[62] Vermes, *Discovery*, 111, 116.

配的な理解と見なしつつ実践においてある程度の自由意志が許容されていたとの立場を取る[63]。マルクスは予定の存在を否定して神の恵みのみを認め、人がその道を決定すると考える[64]。他の者らはこの不整合を、多くの宗教共同体に典型的な体系的論理の欠如と捉える[65]。したがってホルム－ニールセンは、予定と個人の責任とが互いに対立するように見なされるべきでないと述べる。前者が現存する事態を説明するための理論的推論であれば、後者は実際の経験によって支持される[66]。

この最後の説明が真実だと考えられる。同時代の他のパレスチナ・ユダヤ人と同様に、クムラン分離派は体系的な神学者ではなかった。異なる疑問に対して、異なる応答が真実と見なされた。その際に、1つ1つの答えのあいだに整合性があるかどうかを吟味することはなかった。ここで挙げた状況はその印象的な例である[67]。

この説明が正しいとしても、神の選びと個人としての人の選択責任を両方とも強調するという驚くべき事態を十分に説明することにはならない。なぜ

---

63) M. Burrows, *Dead Sea Scrolls*, 262–63; *More Light*, 281, 292–93 を見よ。K.G. Kuhn (in *S & NT*, 97–99) は「この世の人類の状況」という項において「原初的な神の予定」という要素のみに言及する。彼は分離派が「人の意志による決定の代わりに神的予定」を置いたと述べる (p. 99)。「〜の代わりに」というよりも「との緊張関係において」と言う方がより正確だろう。Maier (*Mensch und freier Wille*, 200–63) も自由意志を予定の下部に置く。人が選ぶこと自体が予定されている (p. 221)。さらに下の註67を見よ。

64) Marx, 'Prédestination', 163–82. この問題に対する解釈の詳細は pp. 163–64 を見よ。

65) Milik, *Ten Years*, 119. Riggren, *Faith of Qumran*, 111; Licht, 'Doctrine', 5–7; Schubert, *Dead Sea Community*, 61 参照。

66) Holm-Lielsen, *Hodayot*, 279–84; Licht, 'Nedabah', 81. 同様に Thyen (*Sündenvergebung*, 94) は二元論的予定論の神学的人間論に対する寄与について述べる。

67) 我々は少なくとも端的に予定論に関する Licht と Nötscher のあいだでの議論に言及するべきだろう。全文とこの議論の初期段階への言及に関しては、Nötscher, 'Schicksalglaube' を見よ。Nötscher は、1つの単純な定式にあてはめることができないと判断する前に、予定と自由意志との関係性を説明する幾つもの定式の考察を試みている。しかし彼の試みにおいては、ときとして自由意志が恵みの下部に置かれる。「共同体成員は自由に選ぶが、自分が選ばれていると感じる。彼がいかに決定し選んだかは、予定されている。恵み深い運命が彼の上に降りかかってきている」(p. 39. 36 参照)。しかしこの考察は、共同体成員が見出していない連結が持ち込まれているように思われる。彼らが、予定と自由意志とのあいだに関係がなければならない理解を持っていたとは思われない。Nötscher は、契約者がこの問題を見出しておらず解決を求めなかったと理解する Licht を批判している (pp. 54–55)。しかしこの点に関してクムラン共同体の思想を体系化することは、歴史的に正確とは言えない。

なら、この両方がクムラン文献において独自の印象的な仕方で強調されているからだ。以下では、分離派がこれら両方に著しく固執する理由について考察してみたい。

分離派としての選び：分離派は他のユダヤ人すべてと同様に、選びについて説明しなければならないという問題に直面していた。すでに見てきたとおり、ラビらにとってこの問題は説明を要するものであり、多様な仕方で説明が与えられた。しかしこの場合すべては、なぜ神が・イ・ス・ラ・エ・ルを選んだかという説明に焦点が置かれている。個人としてのイスラエル人は、契約から除外されるような行為におよばないかぎり、問題にされなかった。一方で分離派は、より大きな問題と直面した。特別に選ばれた者、唯一の正しい契約の追従者としての意識があったとしても、いかにして彼らはその立場を説明し得るか。選びは定義上、神の意志によらねばならない。これは明らかだ。しかしそれであれば、なぜ神は今あるイスラエル人を選んで、他のイスラエル人を選ばないのか。この問題は選びとは何かという問いの意義を高め、2つの答えを促した。すなわち、(1) 神はある者を選びある者を拒んだが、それは神がそのように決定したからだ。さらに、(2) 神は神の道を選び取る者を選び、その諸規定を蔑む者を拒む。これらの答えは、それぞれの状況に応じて、正しいと見なされ得る。たとえば、1QS においては両方の答えが与えられている。この文献が資料分析の対象となる場合もあろうが、それでもこれは完成した――合成されているにしても――文書としての公式な権威が与えられていた。ある者を選び他の者を除くという神の選びの恵みは、著者がおおよそ自らと分離派内の同胞を意識している場合、とくに神との関係においてそれを意識している場合に強調される。そのような文脈において、感謝こそが相応の表現であり、これに選ばれたことへの驚き、自分が無価値であるという感情、神の恵みへの強い意識が付随する[68]。神との関係において、誰も自らを相応しいと豪語できない[69]。したがってその選びは恵みによるしか

---

68) Vermes (*Discovery*, 111–13) は、全民族でなく個々人の選びという概念が、神の恵みと人の無価値を強調する傾向を促したと考える。Burrows, *Dead Sea Scrolls*, 263–64 参照。註 82 参照。

69) van der Ploeg (*Excavations*, 116) は、人には「自らの道を方向づける」ことができないという概念がすでに敬虔な者を指していると考える。すでに選ばれた者として、彼らは神からさらなる助

ない。このような姿勢が詩の形式を取る文章に多く見られることは納得がいく[70]。詩編は一般に祈りや祝福の範疇に入れられるが[71]、人が祈りにおいて神の恵みと個人の無価値を強く意識することは自然である[72]。しかし部外者、契約に入ろうとする者、契約からの脱落者のことを考える場合、あるいはハラハーを与えてこれらの者を扱う場合、分離派の著者らはすべてが人の責任において行われると考えるのが自然だ。

　ここにはすでに私たちが確認したような、宗教的表現の多様な表出の極端な例が見られる。祈りにおいてはラビらも神の恵みと自らの無価値さ――恵みを受ける価値がない状態――について述べるが、ハラハーにおいてはこれを実行する能力を前提としていたようだ。クムラン文献が部分的に興味深い点は、他の文献群とは異なる総合的な文献の様相を示す詩編と祈りとが多く見られることだ。もっとも、このような文献の性質は、選びの基本的問題において、なぜ神の選びと人の選択に関する表現のあいだにハッキリとした区別があるかの説明にはならない。2つの霊の創造と全被造物の意匠を神が定めたことに関する基本的な言説は（1QS 3.15ff）、1QS のハラハー部分と呼ばれるべきものの中心に見られる。その言説自体はハラハーでないが、それは確実に詩編や祈りとは異なる。間接的なイラン起源の思想がその成立に影響を与えていたとしても[73]、あるイスラエル人が選ばれて他が選ばれないことを説明しなければならない分離派の事情が直接の影響であろう。分離派の契約が唯一の契約であり、その成員が唯一の選びの者であると定義することは、分離派にとって非常に重大な決断であり、これはいかにしてエルサレムの諸宗派とは異なる「分離派」の成員となるかを決定する[74]。この決断をし

けを得る。

70) 1QS 11, 1QH 1, 10 を見よ。
71) 詩編においてこの姿勢が欠如する例は後述する。
72) 同様に、Marx, 'Prédestination', 169.
73) 註 60 を見よ。
74) Stendahl in *S & NT*, 7; Burrows, *Dead Sea Scrolls*, 251. 分離派が分離派であって宗派でないことに関しては、Black, *Scrolls and Christian Origins*, 6, 118–19, 124 を見よ。Black は、分離派を定義する際、確信でなく実践の多様性、そして部外者への排他性と嫌悪に注目することが重要である点を適切に指摘している。Cross (*Library*, 72.n33) はクムラン共同体の分離主義を黙示主義によって説明しようとするが、これは説得力がやや欠ける。さらに Braun (*Radikalismus*, 1.15) はこれをトーラーの過

たからには、神が彼らを選んだのはなぜか、また他のイスラエル人が信じることを拒んだのはなぜかを説明する必要があった。これは著しく重要な事柄だったので、奥義によって業を行う[75]神のみがその起源となり得た。神はその恵みにおいて分離派を選んだが、その一方で他のイスラエル人をベリアルの道へと向かわせた。キリスト教会もほぼ同様の手順を踏んで、回心しないユダヤ人に関して同じことを述べる。神は、彼らが見たり聞いたりして回心することがないように、諸事を決定した（マコ 4.10-12）。この神学的立場は、キリスト教においてもエッセネ派においても、論理的に極端な帰結へと至らなかった。じつに部外者はいつでも回心して中へと入ることができ、また選ばれた者もそこから逸れることができる。すなわち、人の運命はその人の手中にある[76]。しかしこれは、「選び自体と、選ばれた者とそうでない者との区別とが、神の恵みによる」という重大な神学的立場を排除するものではない[77]。死海巻物における「予定の教義」は、自由意志があるかどうかというよりもむしろ、なぜ契約者が選びの者かという問いへの応答として説明されるべきだ。

　新たな啓示と選び：選びに関する分離派の言説を理解しようとするなら、ユダヤ教一般における選びに関する諸理解とこれを対比することがもっとも重要である。神によって選ばれた民に関する恵みの選びという理解——すなわちある者を救うという神の予定に関する理解——は、イランの空からクムランの地に降ってきたというような単純なものでない。イスラエル人はすべて、彼ら1人1人が産まれる以前から神がイスラエルを選んでいたと考えていた。「なぜ神がイスラエルを選び他の民族を選ばなかったか」という神学的な問題はあるが、より大きな問題は「なぜ神があるイスラエル人を選んで他のイスラエル人を選ばなかったか」である[78]。なぜなら分離派は、彼らが

激な遵守の結果とする。分岐点として重要なのは、契約と選びの定義であるようだ。これがトーラーの過激な遵守の原因となっているかも知れない。

75) 例えば CD 3.18.
76) van der Ploeg, *Excavations*, 116 を見よ。
77) 予定と深く繋がる二元論の起源と機能に関しても、同様のことが確認できよう。Huppenbauer, *Der Mensch zwischen zwei Welten*, 42-44, 114 を見よ。
78) Jaubert (*La notion d'alliance*, 128-29, 138) は感謝を強調する分離派の選び理解と、功徳に依拠

契約に対して誠実な残りの者である一方で、他の者らはそこから逸れたという仕方の理解に満足はしなかった——そのような表現をときとして用いはしたが——からである[79]。もし彼らがそのような理解に満足していたとすれば、選びの問題に悩まされることはなかっただろう。そうであったとすれば分離派は、『ソロ詩』の敬虔な者らのように、神が過去に何らかの理由でイスラエルを選んだが、イスラエル人の中にはその不誠実によって自らを「選びから外した」者もいるという仕方で単純に考えることができただろう。死海巻物においても、そのような説明の諸要素をうかがうことができなくはない（CD 3.10–14, 4.1, 1QH 4.19）。しかし分離派は、他のイスラエル人をたんに迷い出たと考えることをよしとしなかった[80]。分離派には新たな契約が与えられていた。あるいは換言すると、彼らには以前に隠されていた契約の秘密が啓示された。これは上に示した 2 箇所のテクストにおいて見られる。CD

した民族の権利を強調するファリサイ派の選び理解とを対比する。より正確な言い方をするならば、分離派とラビは両方とも契約を神の恵み深い賜物として捉えていたが、この理解を分離派はより強く強調したため、選び理解が微妙に異なった。すなわち、あるイスラエル人は選ばれているが、これは異邦人に対してのイスラエル人の選びではない。

79) Schubert（*Dead Sea Community*, 80–84）は分離派の自己意識を残りの者の神学という枠組みの中での選びの者と表現することで満足する。さらに Becker, *Heil Gottes*, 60–65; Thyen, *Sündenvergebung*, 87.n4; Jaubert, *La notion d'alliance*, 120, 137–38 を見よ。「残りの者」という語に関しては上の註 35 を見よ。この語はじつに、一時的あるいは終末的な破壊を生き延びた者に言及しており、その意味でクムラン共同体で用いられている。しかし学者らが「残りの集団（remnant groups）」という語を用いる場合、彼らはしばしば『ソロ詩』において代表される様な集団、他の者が迷い出る中で誠実に敬虔さを守る者ら、を考える。私たちの結論は、クムランのエッセネ派はそのような表現を自らに充てなかった（この概念が「残りの者」という語によって表現されていてもいなくても）というものだ。

80) Marx はこの点を十分に考慮しないために、「予定」を看過しすぎているようだ。クムランにおいて人の自由は否定されていないという Marx（'Prédestination', 167–68）の主張は確かに正しい。同様に、詩編においてすべての力が神に帰され、人の弱さが強調されるという傾向が、詩編における幾つかの言説において「予定」というニュアンスが見られることを説明する（p.160）、という主張も正しい。しかし彼は分離派が、全イスラエルが選ばれており、非分離派が「ベリアルの攻撃に抵抗しなかった」という理由で、分離派が残りのイスラエルから区別されると考えていた、と主張する（p.170）。分離派は律法の真の遵守者であり、他の者はたんに逸れてしまっている（p.170）。彼は、神が契約を結んだイスラエルが選びの民だと考える。人には「契約に留まること、あるいはそこから離れてその結果苦しむ自由がある」（p.171）。これは『ソロ詩』やラビの考えを反映するが、分離派の理解を反映していない。彼らは、神がすべてでなくイスラエルのある者と新たな契約を交わした、あるいは神がすべての者でないがイスラエルのある者に契約の奥義を啓示したと考えた。選びに関する議論は、上の註 8–10 を見よ。

3.13–14 において「神の諸規定を堅く守り、残される者ら」は神によって「全イスラエルが迷い出たことに関する隠された事柄」が啓示されることによって、堅く立てあげられる。すなわち、分離派はたんに契約を「堅く守る」のみならず、神がその意志によって彼らに「隠された事柄」を啓示する。同様に 1QH 4.19 は「あなたの契約から離れてしまった者ら」に言及するが、ここでもやはり「迷い出た者」と「堅く守る者」とが比較されていることは明らかだ。しかしその直後で、神がその契約にある者を呼び集めており (4.24)、この表現は「堅く守る者」という概念によって示唆される事態よりも神の介入の余地をより明らかにしている。クムラン共同体は彼らに与えられた真の契約という概念が他のイスラエル人の契約とその内容において異なると考えるので、分離派が誠実を維持して他の者らが迷い出たという以上に、神の意図的な介入を認める必要があった。したがって、神によるこのような主導権がしばしば知識、洞察、理解を授ける行為として表現されていることは、驚くに足らない[81]。分離派は彼らの契約に特別な啓示が含まれていると考えたので、誰が洞察力を授かり誰が授からないかを決定する神の恵み深い主導権を強調しなければならなかった。その結果、神の恵みと個々人の運命への決定権とが、他のパレスチナ・ユダヤ教においてよりも死海巻物において、より強く強調されている。

　したがって神の恵みによる選びという一般的な考えは、けっして分離派に特有というのではない。死海巻物がこの点を特別に強調するのは、分離派が自らを他のイスラエル人と区別するその自己理解がそのような神学を要求するからだ。神の恵みを強調することは、契約からほとんどのイスラエル人を排除することと対照的な位置づけにある。彼らは少なくとも部分的には、その神学の構築においてイラン起源の概念を用いたようだが、イラン的な 2 つの霊という概念がなかったとしても同様の概念が生じただろうと考えられる。分離派の神学を、ユダヤ教とゾロアスター教の調和を欠く融合として見なすことはしかねる。体系的な調和化という視点からすると、選びと契約への編入に関する様々な言説には看過しがたい齟齬がある。これは、他のイス

---

81) 註 53 を見よ。

ラエルとの関係における分離派の立場が生じさせた内的葛藤に依拠しているのであって、異なる資料を不注意に編集した結果ではない。神が人の運命を決するという理解と、人がその「運命」を決するという理解とは、ともに分離派に必要な理解であり、扱われる問題が何かによっていずれかが述べられる。

分離派の独自性：クムラン共同体と他のユダヤ人集団との違いは、神の恵みとしての選びがどれほど強調されるかという程度の違いのみとして表れるが、選びに関する理解においてクムラン共同体が他のユダヤ人集団とは非常に異なる点がある。分離派の自己理解とその神学とを理解するためには、この根本的な差異に注目することが必要となる。この点についてはすでに触れているが、ここでより明確に記すことが肝要だろう。すなわち、分離派の選びに関する概念はイスラエル民族としての選びでなく、個々人の選びに焦点を置いている[82]。分離派の外にいる者は滅びに向かう罪人として一律に見なされている[83]。契約は出生時の権利でなく、成人した者の自由意志を要する。ラビ・ユダヤ教においてそうであるように、契約はもっとも基本的な救済論的範疇に属する。しかし、イスラエル人が契約においていかに振る舞い、いかにそこに留まるか——ときとして異邦人がいかにそこに編入されるか——に焦点を置いているラビらの理解と異なり、分離派はすでにイスラエル人である者でさえも意識的に分離派の契約に参入する必要があると主張した。

この場合に要求される意志の行為には2つの側面がある。すなわち改悛と契約に対する献身である。したがってこの集団は何よりも「不正から立ち返った（悔い改めた）者ら」と呼ばれ[84]、その契約は「改悛の契約」と呼ばれた

---

82) この点はとくに Kapelrud ('Der Bund in den Qumran-Schriften', 142–49); Burrows (*Dead Sea Scrolls*, 263); Milik (*Ten Years*, 114) によって指摘された。Nötscher ('Schicksalglaube', 36–37) はクムランにおいてイスラエルの聖書的理解が放棄されているわけでなく、分離派成員が個人の選びについても考察した、と考える。ある意味でこれは正しいが、異邦人との対比としてのイスラエルの選びに関して語られるのは、それは過去のイスラエルを想起する場合、あるいは終末的将来について語る場合に限られている。

83) 共同体へ編入する者は誓いを立てなければならない（1QS 5.8–9）。1QSa 1.6ff の年齢要件を参照。Kapelrud, 'Der Bund', 142–43 を見よ。

84) 註 22 を見よ。

(CD 19.16)[85]。詩編記者が述べるように、「違反から立ち返る者ら、そして罪から離れる者らには希望がある」(1QS 6.6)。人は、契約の外にいる者が持つ「頑なな首」——神でなく自分の意志を追求する在り方——を捨てねばならない (1QS 5.5)[86]。共同体へ編入する者は、共同体へ啓示されたモーセの律法に従う誓いに身を委ねなければならない (1QS 5.8–10)。そしてこの誓いを躊躇する者は非常に厳しい裁きを受ける (1QS 2.11–18)。

4. 諸規定

ユダヤ教における一般的な契約理解と同じような仕方で、分離派は遵守すべき具体的な諸規定が契約に含まれていると考えた。したがって「契約の掟」という言い方がされる。分離派とその祖先達は、契約の法令に反して歩んで罪を犯した (CD 20.29)。終わりの日々に、異邦人に対する最終戦争を前にして全イスラエルが分離派に参入するとき、彼らはみなもはや道を逸れないように「契約の掟」に聞き従い、共同体の規則を学ばなければならない (1QSa 1.5–7)。契約に迎え入れられた者らは、神の法令を守ることを志願した者らだ (1QS 1.7)。契約の具体的な諸規定は、「義なる掟」(CD 20.11, 33)、「共同体の諸規定 (*mishpaṭim*)」(1QS 6.15)、あるいは「トーラーの諸規則／律法の法」(CD 14.8) などとも呼ばれた。さらに 1QS と CD には複数の規定がリストアップされている。

上述したとおり、知識や洞察等は選びと結びついている。さらに知識という主題が、契約に含まれる諸規定との関係において強調されている点にも注目すべきだ。分離派は契約を学ばなければならないが、それは彼らが「モーセの手によって」命じられたその内容を知り、それ以降に啓示されたことが何かを理解するためである (1QS 8.12–16)。「洞察のある者 (*maskil*)」については、「愚かな者らから律法の教えを隠し、真の知識と義なる裁きを、その道

---

85)　CD 8.4 の並行記事にはこの句が欠損している。Rabin, *Zadokite Documents*, 32 を見よ。
86)　編入の要件としての改悛については、Braun, 'Umkehr', *Studien*, 70–85, とくに73を見よ。人の思いか神の思いかどちらに従うかに関しては、Helfmeyer, "'Gott Nachfolgen'", *RQ* 7 (1969), 89–104 を見よ。

を選んだ者らへ伝授する」（1QS 9.17–18. 4.22 参照）と言われる。ここでは契約の内容が部分的に隠されており、それが契約に編入して分離派となったのちに教えられることが明らかであり、この点は 1QS 5.10–12 でも示唆されている。したがって死海巻物において強調される特別な知識の一部は、契約に関する秘められた事柄——契約の外にいる者が迷い出るところの隠された事柄——に関する知識である（1QS 5.11–12）。詩編記者は、「虚偽の教師や偽りの幻視者」によって教えられる「滑らかな事柄」と異なるこれらの秘められた事柄を、神によって心に刻まれた特別な賜物と見なす（1QH 4.9–11）。しかし、契約の秘められた事柄を知ることは、分離派の特別な知識の内容のすべてではない。その知識は、彼らの選びと秘密の諸規定のみならず、来たるべき奥義をも含んでいる[87]。

5. 履行と違反、罪の特質、報いと裁き

a. 履行の要請

分離派における契約の諸規定を実際に履行することがいかに重要であるかという点は、非常に強く強調されている。人が契約に入る（「モーセの律法に立ち返る」）よう誓う場合、律法を履行するならば御使いマステマがその者から離れる。著者は、割礼を受けるよう命じられたその日に自ら割礼を受けた[88] アブラハムの例を引き合いに出して、遅れることなく従うことの重要性を強調する（CD16.5–6）。さらに、トーラーのある側面を履行するよう誓う者は、その命をかけて誓いを守る必要がある。一方で規定の一部に従わないよう誓っていたとするなら、その者は命を落としたとしても、そのような誓いを達成すべきでない（CD 16.8–10）。契約に編入する者は、神のすべての規定を守るためにそうするのであり（1QS 1.6–7, 1.16–17. 5.20 参照）、成員は神の言葉に違反してはいけない（3.10–11）。彼らはその「洞察」と「行い」の両方に従って審査される（5.21. 5.23–24, 6.14, 17, 18 参照）。

---

87) Ringgren, *Faith of Qumran*, 62 と註 55 を見よ。
88) Dupont-Sommer と Vermes を見よ。Rabin は「救われた」と変更するが、重要な点はアブラハムが遅れることなく約束の事柄を実施したことだ。

b. 邪悪な者の破滅

契約の外にいる者、あるいは契約内にあっても違反する者は適切に罰せられる。神——あるいは神の意志の執行者としての共同体——が悪に対する「報い」を行うという一般的な理解は、しばしば繰り返し言及されている（1QM 6.6, 11.13–14, 17.1,[89] CD 7.9, 1QS 8.6–7, 10）。邪悪な祭司はその「報い」を受けるが、それは神が異邦人のあいだの力ある者らの手に彼を引き渡すときだ（4QpPs37 4.9–10）。1QpHab 12.2–3 では、邪悪な祭司への「報い」は、彼が分離派（「貧者」）に対して行ったと同じ罰だと言われる。上述したとおり、邪悪な者らへの「報い」は破滅である—— 1QpHab 5.4 にあるように、これは「裁き」とも呼ばれ得る——。この破滅は「復讐する者ら」（1QS 2.6–7）、「火」（1QpHab 10.5, 13, 1QS 4.13）、「天罰」（1QpHab 9.11）、あるいは「剣」（1QM 9.5–9）による破壊と表現される。あるいは、その滅びが具体的でない場合もある（1QS 5.6–7）。また分離派は、「掟に違反するすべての者らの審査と裁きと断罪」とに参加すると言われる（1QH 4.26 参照）[90]。

死海巻物は罪人の罰について、破滅以外にまったく言及しないことがしばしばだが、罪が苦難をもたらすという理解がまったくないわけではない。したがって 1QS 10.21 では「その道から離れる」者らは「懲らしめられる」が滅ぼされない一方で、1QH 15.19 では契約を蔑んだ者に「裁き（*shephaṭim*）」が用意されていると言われる。しかし一般的には、邪悪な者らへの罰は破滅である。

c. 違反としての罪

予定と違反：邪悪な者らの滅びは当然の裁きであるという考えで一貫しているが、これは罪の性質を明らかにする助けとなる。邪悪な者らが「その胎のうちから」破滅へと誓われていると言われているにせよ、それでも実際の

---

89) Yadin と Vermes による。Dupont-Sommer は「彼らの健全さを保証する」。
90) 邪悪な者らの裁きの時が曖昧である点に関しては、Burrows, *More Light*, 347 を見よ。邪悪な者らの裁きに関しては、Carmignac, 'Souffrance', 365–74 を見よ。

罰は彼ら自身の行動によって正当化される[91]。彼らは契約を蔑み、真実を嫌い、誤った道を歩み、神が嫌うことを選んだ（1QH 15.17–19）。すなわち、人がこれかあれかの「運命」に定められていることを示す言説があるにもかかわらず、罪はそれでも具体的には諸規定の違反である。予定論的な箇所においてさえ、違反としての罪という同じ視点が見られる（1QS 3.22, 1QH 14.14:「不正を行う者ら」）。したがって、契約の外にいる者ら——邪悪な者ら、闇の子ら——は単純に、契約に違反し、分離派が神の意志と見なす事柄に従うことを拒む者らである。罪の本質は違反であり、それに伴う反抗の意志である。「［自らの］心の頑なさ」に従うことを望む者は、「神の教え」を蔑む者と言われる（1QS 2.26–3.7）。「彼（神）の契約のうちに数え」られない者らは「邪悪な道のうちを歩む」者である。彼らの過ちは、彼らがすべきと分かっている（「啓示された」）諸規定を行わなかった（「不遜に振る舞った」）ことだ。一方で彼らは、分離派に知られている秘められた諸規定を知ろうと求め、それを行おうとしなかった（1QS 5.10–12）。彼らは「彼（神）の言葉に違反し（'abar）」、彼らは不浄である（5.14）。神は「その言葉を蔑む」者らを滅ぼす。後者は、「契約に［入り］これらすべての教えにしたがって歩む」者らと対比される（5.19–20）。1QH 4.14–22 では同様の表現が邪悪な者らに向けられている。彼らは「心の頑なさのうちに歩み」、虚偽の預言者らから神の意志に関する誤った情報を得、「あなたの言葉に耳を傾けず」、神の道の正しさを拒む。他の詩編では、邪悪な者らの過ちが神の諸規定に従わず、神が嫌うことを選んだことだとされる（1QH 15.18–19）。裁きにおいて切り離される者らは、「あなたの言葉に対して違反するすべての者」（1QH 4.26–27）である。CD でも同様の理解がしばしば見られる。邪悪な者らとは「命令を忌み嫌う者ら」（2.6）である。「見張りの者ら」の過ちは、彼らが「心の頑なさのうちに」歩み、「神の諸規定」を守らなかったことだ（2.19–21）。

領域としての罪？：罪がいつも回避し得る諸規定への不従順であると見なされたという理解には、2 つの反論が考えられる。その 1 つは、2 つの霊に関する箇所（1QS 3.14–4.26, 1QH 14.11–14, 15.14–19）が示すとおり、人は邪悪

---

91) Milik, *Ten Years*, 119 参照。

な力の下にあり、その結果としてのみ個々の違反を行うというものである。もう1つは、罪が人類（肉）としての人の性格であるという主旨の言説である。第2の点に関してはクムランとパウロの思想とが比較されるので、多くの注目を集めた。この点からまず考察しよう。

　以下に2つの特徴的な箇所を紹介しよう。ある詩編記者が共同体詩編の中で自分自身を描きつつ、以下のように記している。

　　……土の形、水でこねられ、恥の根拠、汚れの源、邪悪の壺、罪の殿堂、迷い出て歪曲した悟ることのない霊……（1QH 1.21–23）。

同様の表現は他の共同体詩編にも見られる。例えば1QH 3.23–24がそれであるが、より印象的なものとしては以下の1QS 11.9–10がある。

　　私については、
　　　　邪悪な人類に、
　　　　不信心な肉の群れに属す。
　　私の不正、反抗、罪は、
　　　　私の心の倒錯とともに、
　　　　ウジ虫の群れと、
　　　　闇を歩む者らに属する。

クーンが述べるとおり、「『私』という代名詞を用いることでこの信仰者は自らをも『不信心な肉の群れ』の一部として扱う。彼は人なので、この箇所の文脈においては人として罪を犯す[92]」。この箇所からは、罪が「犯す」もの

---

92) K.G. Kuhn, in *S&NT*, 102. 肉と罪との関係についてはpp.101–05; Davies, *Christian Origins and Judaism*, 148–53; Huppernbauer 'בשר "Fleisch" in der Texten von Qumran', *TZ* 13 (1957), 298–300; Delcor, *Hymnes*, 48–49; Brandenburger, *Fleisch und Geist*, 86–106（特に99–102）; R.E. Murphy, 'BŚR in the Qumran Literature', *Sacra Pagina* 60.n1; Jaubert, *La notion d'alliance*, 134–35 を見よ。H. Hübner ('Anthropologischer Dualismus in den Hodayoth?', *NTS* 18 [1972], 268–84) は「霊」と「塵」という関連語に関する重要な論考を含んでいる。

であることが明らかである。そこには不正、反抗、罪が含まれるが、これらが神の教えに対する違反であることは明らかだ。もっともベッカーを代表とする複数の研究者は、罪の概念がこの箇所とそれに類する箇所では、さらなる意味を含んでいると考える。

ベッカーによると[93]、義の教師の詩編と区別される共同体詩編において、罪は個々の行いというよりも領域として見なされる[94]。第1に彼は、1QH 4.29–30において「罪」を指す語が単数で *bet* とともに用いられている点を指摘する。ベッカーによるとそのような表現は、人が個々の違反を犯したことを意味するのでなく、「むしろ人がいつも罪の『中に』いる」ことを意味する。そして彼は以下の1QH 11.10–11を引用する。

> あなたの栄光のために
> 　　あなたは罪の人（*min pesha'*）を清められました。
> 彼があなたに対して清くあり、
> 　　忌むべき不浄（*niddah*）がなく
> 罪過に値する邪悪さがなく……

ベッカーは *pesha'* の前に置かれている前置詞 *min* が罪の「領域」を示していると論ずる。さらに彼はこの議論を1QH 4.37によって支持する。

> あなたは悪（*'avon*）を赦され[95]、
> 　　あなたの義をとおして
> 　　彼の罪の（*min 'ashmah*）［人をあなたは清められます］

---

93) Jürgen Becker, *Das Heil Gottes*, 144–48.
94) Becker, *Das Heil Gottes*, 51–54. 補遺1を見よ。Beckerの分析によると、義の教師の詩編を共同体詩編から区別する特徴的な点は罪に関する概念である。前者では罪が必ずしも「肉」と関連しないが、後者では関連する（p.67）。おそらくこの特徴的区分が補遺1における1QH4.5–5.4の構成に影響を与えただろう。この構成は一般的には支持されがたい。Beckerが二義的とする詩編の後半部では、罪が極端な仕方で見なされている。Beckerの資料分析のもう1つの側面については註41を見よ。
95) *kipper* が「赦し」を意味することに関しては、I.B.6「贖罪」で後述する。

同様の理解は 1QH 3.21 にも見られる。すなわち、神は重大な違反 (pesha')
から (min) 清める (t-h-r)。ベッカーは罪を表す語が単数であるという事実
に注目しつつ、ここでは「個々の行為」でなく「全体的な文脈」が念頭にあ
ると結論づける[96]。

諸罪過としての罪：私たちはまず、人がある領域から他の領域へと移行す
るという理解が詩編において――あるいは他所においても――扱われてい
るという点を認めなければならない。これは義と救いが共同体のうちにのみ存
在するということによって説明できる。契約の外にいる者はみな呪われてお
り、彼らは罪を犯すという意味において「罪の中」にいる。しかし、共同体
の中にいる者が清められるところの罪自体は、人々を支配する力として見な
されていない。それはいつも人が行う罪であって、人はその罪を悔いて赦し
を受ける。したがって詩編記者は、生まれてからこのかた「悪の中」におり
反抗していると述べたあと (1QH 4.29-30)、自らが行った諸罪過 (4.34 では
複数形の 'ashmotai, 4.30 では単数形) を覚えていると続ける。そして詩編記者
が「私の違反 (bepish'i) において」神の契約から引き離された (4.35) と続け
るとき、この「私の違反において」とは罪の支配領域にいることでなく、彼
が神を信頼しないという行為を続けていることを意味することは明らかだ。
彼が引き離されたという状態は、「諸罪過」の一例を指しているとも考え得
る。記者は続けて、神が彼を赦すと知り、その恵みに頼ると述べる (4.37-39)。
ここでの赦しが記者の「諸罪過」に対する赦しであって、「悪の領域の中に」
いることの赦しでないことは明らかだ。

私たちは第1に、ベッカーがその引用した箇所での単数形を重視しすぎて
いる点を確認すべきだろう。1QH 4.30 での単数の「罪」が 4.34 で繰り返さ
れる場合に複数形になっているのみならず、「違反から浄める」(1QH 3.21,
11.10) という句も他の共同体詩編では「諸々の違反から清める[97]」(7.30) と
なっている。これらの詩編において――ここではベッカーが共同体詩編と定
義するものに限定するが――、罪に関する言語表現は、それが単数形で表現

---

96) Becker (*Das Heil Gottes*, 144-45) は「広範におよぶ意味の関連性」と述べる。Bröker (*TLZ*, 87 [1962], col. 706) は「宇宙論的な普遍的罪の意味関連」と述べる。

97) このように欠損部は一般に埋められている。t-h-r の一部のみが目視可能である。

されている場合においても、ほぼ例外なく邪悪な行為を明らかに示唆している。したがって「多くの悪から清める」（1QH 1.32）、「堕落（'avlah）を取り除く」（1.36.「～から抜け出る」でなく）、「悪（rasha‘）を行う者ら」（14.14）、「違反（pesha‘）を悔い改める者らを救し、邪悪な者らの悪（'avon）を罰する」とある。私は、人が存在する領域を「悔い改める」ということはないと考える。したがって単数形の表現が、ベッカーの至った結論に私たちを導くことはない。

諸罪過の改悛：これらの箇所について議論する際にベッカーは、神の清めと赦しの業を人の改悛とほとんど関係ないかのように強調する。しかし上で引用した箇所の幾つかは、神の清めの行為が人の改悛と表裏一体であるように教えている。1QH 14.24 では、神が悔い改める者を赦し、1.36 では人がその悪を「取り除く」。じつに改悛と清めとの関連は、しばしば死海巻物に見られる。もちろん、この表と裏とがともに記載されていない場合もある。したがって 1QH 7.26–31 は、人を近づけて清めるという神の側の行為のみを扱っている。上で見たように、詩編においては神の側の働きかけが、そして 1QS と CD においては人の行為が強調されている。しかしこれらの双方が十分に教えられているので、私たちはこれらを表裏一体の教えとして一般化することができる。ベッカーが義の教師によると考える以下の詩編はその特徴的な例だ。「違反から立ち返り、罪から離れる者らに希望がある……あなたはその民のあいだから生存者を、あなたの相続から残りの者を立て上げられます。あなたは彼らの咎を清められます」（1QH 6.6, 8）。同様に 1QS 1.11–12 が「志願者ら」は「神の言葉の真実において彼らの知識を清める」ために共同体へ編入することを強調する一方で、1QS 3.6–7 によると「人の道に関する真の助言者の霊によって人の罪はすべて贖われ、人は命の光を熟視する。聖い霊により人は彼（神）の真実と結ばれてそのすべての罪から清められる」と教える。

ここで改悛／清めという表裏のうちの改悛に注目するのは、罪という概念が基本的に領域でなく悪行に関するものだということをさらに示すためである。ベッカーが「～から清められる」という句の「～から」を領域に関する

表現だと言うなら[98]、私たちは「〜を悔い改める」という句が領域とまったく関係ないということを躊躇なく指摘することができる。前述のとおり神の清めという主題を人の改悛という主題から切り離すべきでないとするなら、「領域」仮説の信憑性はさらに疑わしくなる。

悪からの解放？：さらに、ベッカーの仮説が決定的に崩される点を指摘しよう。ベッカーの議論においては、人の窮状に関する解決（1QH 11.10–11）が窮状に関する言説（4.29–30）に続く。1QH 4.29–50 には「悪の中に」という句がある。1QH 11.10 によると、神は人を「違反から」清める。ベッカーはこれを、人が呪われた状態の中から離れて救いへと移ることと捉えているようだ。この同じ箇所に依拠しているわけでないにせよ、多くの研究者が同様の見解を示してきた。したがってブラウンは、違反としての罪と「存在」としての罪とのあいだに論理的な区別を設ける[99]。彼はこの2つを個別の事柄と考えるのでなく[100]、両者がともにトーラーへの従順の対極に置かれると適切に捉えている。したがって罪とは「トーラーの違反[101]」である。ブラウンはさらに、これら罪の両側面が人の「堕落」の一部を示していると考え[102]、さらに人が分離派に編入するときに生じる救いが違反からの救いであると同時に「無」からの救いであると理解する[103]。同様にリヒトは罪の汚染を適切に強調しつつ、詩編記者が人類の汚染からの清めとして神の行為を捉えていると考える[104]。これら3つの点はすべて、神が人であるということにともなう悪から契約者を解放したという立場を取る。しかしこれは正しいと考えられない。

まず第1に、ベッカーが挙げる箇所をもう一度確認しよう。彼の解釈とは異なり、1QH 4.29–30 における「中に」を用いる言説は、じつに「災いの概

---

98) Becker, *Das Heil Gottes*, 144.

99) H. Braun ('Selbstverständnis', *Studien*, 107, 113) は Sündersein と Sündetum という語でこの区別を表す。あるいは、Sünder in seinem Tun und in seinem Sein.

100) H. Braun, 'Selbstverständnis', 105–06.

101) H. Braun, 'Selbstverständnis', 113.

102) H. Braun, 'Selbstverständnis', 109, 117（Verlorenheit）.

103) H. Braun, 'Selbstverständnis', 110–11. この点についてはのちに詳述する。

104) Licht, 'Doctrine', 96.

念(Unheilsbegriffe)」ではない。11.29–30における清めに関する言説が、契約に加入する者に言及していることに疑いの余地はない。彼は「あなたの真実の子らに属する者となるために」清められる。しかし1QH 4.33–37では、罪とその回復に関する言説が、呪われた状態から契約の状態への移行でなく、契約の文脈の中で語られている。したがって1QH 4.34–36では以下のように述べられる。

> 邪悪な者らがあなたの契約に対して、
> 　呪われた者らがあなたの言葉に対して立ち上がるとき、
> 私は罪のうちにあって（bepish'i）言った、
> 　「私はあなたの契約によって見捨てられた」と。
> しかしあなたの御手の力と、
> 　あなたの憐れみの偉大さを思い起こし、
> 私は立ち上がり、
> 　私の霊は鞭の前で、
> 　堅く立てられた。

詩編記者は、彼が神の恵みに頼り、神が彼を赦すのだ、と続ける。上の引用は、人を正しい「道」へ置く神の恵みを告白するのでなく、むしろ契約者の人生の危機を描写しているようだ。契約が攻撃され、記者は見捨てられることを怖れた。1QH 4.33–36がこのような意味なら、4.29–30も同様の意味であろう。すなわち、契約のうちにいる者の神に対する罪深さに関する告白である。

抜け出せない罪の性質：1QH 4.29–30にある「〜の中」という句は、人が救い出されるべき窮状というよりも、変更されない真実を指す。人はそれ自体が「齢を重ねても」なお「悪の中に」あり「不誠実な罪過の中に」ある。人には義がなく、完全な道もない。それは神のみに義なる業が属するからだ。人の道は神のみによって確立される（1QH 4.29–31）。1QS 11.11–12はこの思想にもっとも近い。すなわち「私が肉の罪のためによろめくならば、私の

義は神の義による」¹⁰⁵⁾。いずれの場合も、人はそれ自体がいつも罪人だ、ということを示している。人はいつも「躓く」恐れがあるが、それは以前の領域へと逆戻りすることでなく、何らかの違反を犯すことを意味する。これが人の状態に関する描写であり、人はそこから解放されていない。人はこの世で、神との関係においてその行いは恵みなしには罪深いという領域から、抜け出すことができない。「悪の中」という表現は、神によってその道が確立されなければ、人は不完全で絶えず罪の性向を示すことを述べている。ベッカーが注目する「～から」を含む箇所は、脆弱という人の基本的状況からの救いに言及していない。この場合の基本的状況とは、人が「立つ」あるいは「自らの道を確立する」、さらに義なる業を行うことができない状況を指す。これらの箇所は 1QH 4.29–30 の窮状に対する解決を提供しない。「～から」を含む箇所はこの窮状に付随する違反や不浄から清められることを指し、それによって人は契約に加入することができる、と考えられる。しかし 1QH 4.29 の人は、すでに契約の中にいる。それでもその人は母の胎から高齢に至るまで「悪の中に」留まる。このような人の対極にあるのは、清められた人でなく、あらゆる義なる業が属する神である。「悪の中に」いる人の状況はたんに、義なる業を行うことができないことであり、この状態が絶えず続く。「悪の中に」という言説は、しばしばホダヨートのうちに見られる「人は無である」という類の句に換言できる¹⁰⁶⁾。のちに詳しく考察するが、この状態は神と対比される人の状態であり、しかもその人とは救われた人のことである¹⁰⁷⁾。これは呪われて、契約の外にいる人の状態を述べているのでない。

したがって「～の中」を含む箇所は、「～から」を含む箇所と対極に置か

---

105) Becker (*Das Heil Gottes*, 111–12) は「肉」を「私の肉」と訳し、「肉 (*basar*)」が罪の起源であり、罪へと導く力であることをこの箇所が明らかに示していると論ずる。しかしこの箇所の主旨は、罪深い人(「肉」)と義なる神とを比較することである。罪の起源あるいはその原因については何も述べておらず、ただ神との比較における人の性格についてのみ述べている。同様に Huppenbauer ("'Fleisch'", *TZ* 13 [1957], 298–300) は Kuhn に反論しつつ、一時的と永遠との対峙として肉が神に対峙しており、神の義に相対する罪へと動機づける力について述べていないと考える。彼は 1QS 11.12 を「人としての能力において私が堕落するとき」と解する。彼は「人としてクムランの成員は絶えず自らを罪深い者と見なす」と評する。

106) Becker, *Das Heil Gottes*, 114.

107) 註 127 を見よ。

れるものであり得ない。「〜の中」を含む箇所は、神との比較において人が完全でない状況にあることを示している。すなわち、神との関係において人が義でないことを述べていることと同じだ（1QH 4.29–31）。一方で「〜から」を含む箇所は、罪と道徳的／儀礼的不浄からの清めというユダヤ教において一般的な概念を指している[108]。したがって、ベッカーの想定は完全に崩壊する。罪が支配的である領域（契約の外の領域）があったとしても[109]、人の窮状とその解決に関する言語は、罪「の中」にいる人がそこ「から」移行するというのでなく、罪を犯した人が赦されて清められるということを指す[110]。赦しと清めによって赦される以前の窮状は、パウロ的な意味で人が「罪の中」にいることでなく、人が契約に違反したことを指す。

したがって私たちはブラウンに対して反論しつつ、「無」を含む箇所は人の「堕落」を語っておらず、分離派への加入は無からの救出でないという立場をとり、さらにリヒトに反論しつつ、詩編記者が分離派のうちに人類の清めを見出していないという立場をとらねばならない[111]。この生を受けているかぎり、人はけっして神との関係において「無」でなくなることはなく、分離派への加入は違反からの清めを意味しても肉の性質からの清めを意味しない[112]。つまり人は弱く、罪の性向があり、神と比較すると「無」なのであ

---

[108] I.A.5.c「罪としての不従順と罪責感」の項とそこで挙げた文献を見よ。

[109] Becker（*Das Heil Gottes*, 66–67）が義の教師によると考える詩編における罪に関する議論を見よ。彼は罪を領域と考え、個々の違反によってそれが具現化すると考える。「領域」に関して、彼はとくに「不敬虔の領域」（1QH 2.8）に言及する。もちろんこの「領域」は、契約の外の領域であり、「邪悪な者らの集会」（2.12）の住まいである。換言するなら領域とは、非契約者の世界全体を指す。この世自体が罪ではないが、これは神の諸規定への違反が生じる場である。人は違反を悔い改めることでこの領域から外れることができる（2.9）。罪はそれでも違反である。

[110] 同様に Hübner（'Anthropologischer Dualismus in den Hodayoth?'）は適切に Brandenburger を論破し、ホダヨートが肉（あるいは塵）の領域から霊の領域への移行について述べないことを示した。

[111] 註 103, 104 を見よ。

[112] ここでは「塵から」という句の議論を避けたが、これも同じ結論を導く。主要な箇所（1QH 3.19–23, 12.24–25, 11.10–14）に関しては Hübner（'Anthropologischer Dualismus in den Hodayoth?'）が十分に論じている。Hübner は、この句がたんに塵から離れるということを意味するのでなく、人が塵から創られているかぎり塵として留まることを意味すると考える（pp.272, 274, 277, 279）。例えば 1QH 3.21（「その者をあなたは評議会のために塵から形づくられた」）は実質的にもメタファとしても、人が今の命において「塵」から離れることを意味しない（p.272）。むしろこれは「あなたは人を塵から造られましたが、それは永遠の共同体のためです」（p.275）を意味する。Hübner の

る[113]。

終末における解放：しかし幾つかの箇所では、人の弱さが克服されることを示していることに目を向ける必要がある。もっともこれらの箇所は今のこの命に関することでなく、終末の時に言及している。これは 1QS 4.19–22 においてもっとも明らかだ。神が［この世の］終わりを愚かさへと定め、「彼（神）の訪れの時に」その愚かさは滅ぼされる、と著者は述べている。これは「人の肉」から「堕落の霊」自体を滅ぼし、人を清めるということを含意している[114]。したがって 1QS 4.19–22 において「悪のうちに」あるという状況は、終末の時に克服される[115]。同様の理解は 1QH 15.15–17 にも見られる。この箇所では、神が「義なる者 (*tsaddiq*)」に永遠の救いを与え、肉 (*basar*) から彼の「栄光」を立て上げる。ここには肉［の弱さ］からの救いという言説があるが、それは明らかに終末的な言説であり、すでに起こったことを述べているのでない[116]。将来の肉的脆弱さからの贖いに関する箇所としての最後の例として 1QS 11.14–15 に注目しよう。ここで詩編記者は、「人の不浄と人の子らの罪」から清められることについて述べている。これは、この引用の直前の句にある邪悪な業 (*'avonot*) に関する赦しについて述べていると考えられる。動詞の時制にあまり重心を置くことはできないが、私たちは未完了形の「清めるだろう」を未来形として、1QS 4.19–22 で約束された終末的な清めに言及していると理解すべきだろう[117]。

論文は Brandenburger と H.W. Kuhn に対する時宜にかなった修正である。

[113]　ここで死海巻物における「肉」の専門的用法について述べる必要はなかろう。Murphy ('BŚR', 68, 74) が示すように、この語は人の弱さを表現し、罪の力を指さない。Brandenburger, *Fleisch und Geist*, 101 (「肉の性質の弱さは罪への入り口である」) も見よ。

[114]　この箇所の翻訳は議論が分かれるが、これが最善の理解だと思われる。異なる提案に関しては Leaney, *Rule*, 154–58; Wernberg-Møller, *Manual*, 85–86 を見よ。この箇所の意味に関してはさらに Licht, 'The Treatise on the Two Spirits', 96–97 も見よ。

[115]　1QS 4.19–22 はまた終末の救いに言及しているとも考えられる。Murphy, 'BŚR', 64; Brandenburger, *Fleisch und Geist*, 96.

[116]　これと異なる解釈としては、神が人（「肉」）をその共同体（「栄光」）のために選ぶ、ということになろう。註 112 を見よ。

[117]　Leaney は 1QS 4.20 のみを読者に示すので、そのように考えていると思われる。Schultz ('Rechtfertigung', 169) はこの箇所のすべての動詞を過去時制と見なし、私が考える以上にこの箇所に完成した終末論を見出す。1QH 18.14 にも「肉から」という句を見出す研究者もいる。

完成した終末論？：ここで私たちは、死海巻物に完成した終末論の要素があるかどうかを議論しているわけではない。H.W. キューンが共同体詩編における完成した終末論に関して詳しく扱っており[118]、ブランデンバーガー[119]やテュエン[120]も彼の議論を支持している。この議論においてキューンが焦点を置く箇所は 1QH 3.19–36, 11.3–14, 11.15–36, 15 である[121]。たとえば彼は 11.12 の「塵から」という句を取り上げつつ、蛆の群れから引き上げられることに言及するが、これは人間の性質からの回避を意味しない。「共同体への加入によって、死はすでに根本的に克服されている」[122]。しかし彼は、救いの存在がもっとも意識される場面においてさえ、クムランの敬虔な者らがいつも「未だ」──〔訳註 終末が未だ完成していないこと〕──の要素を意識していたという点を指摘する。各共同体詩編には「低い教義（Niedrigkeitsdoxologie）」あるいは「悲観的省察（Elendsbetrachtung）」が含まれており、これらが現在の救いに関する言説と隣り合わせになっている。したがって、終末における将来的期待は共同体詩編にとって重要な要素である。成員は普遍的で完全な新しい開始を期待した[123]。同様にブランデンバーガーも、1QH 15.14–17 のような箇所が、肉の領域から引き上げられることを「現在的終末論的な出来事」として理解すべきであることを示していると考える[124]。詩編に現在の救いという概念があることを一般に認めたとしても、1QH 15.19–20 が邪悪な者に対する将来的罰と見なされるように、15.16–17 も義人に対する神の将来的報いとして見なされるべきだろう。テュエンはキューンよりも明らかな仕方で、契約者らが現在の救いを意識するあまりに人

Brandenburger (*Fleisch und Geist*) は Lohse 版にしたがって מבשר をそのように理解する。Dupont-Sommer, Vermes, Mansoor はこの語をピエル分詞の「宣言する」と理解する。Habermann はこの点について述べない。「宣言する」はよい解釈だが、文脈が曖昧なので確かなことは言えない。

118) H.W. Kuhn, *Enderwartung und gegenwärtiges Heil* (1966).
119) E. Brandenburger, *Fleisch und Geist* (1968), 102–06.
120) H. Thyen, *Studien zur Sündenvergebung im Neuen Testament* (1970), 86–92.
121) Kuhn, *Enderwartung*, 44–112.
122) Kuhn, *Enderwartung*, 88 (48–50 も見よ)；註 112 の Hübner を見よ。
123) Kuhn, *Enderwartung*, 177. Kuhn はさらに救いのみが現在と将来の出来事であり、断罪は将来のみに属すと論ずる（pp.178–79）。
124) Brandenburger, *Bleisch und Geist*, 105–06.

の弱さからの救いがすでに完成しているという考えへは至らなかったことを強調するが[125]、これは適切な判断である。しかしテュエンはこの人の置かれた状況を十分に考察していない。彼は「悲観的省察」を「今日的絶望」の告白と見なすからだ[126]。私たちは共同体の意識を3つの点に要約してより確かな理解を示すべきだ。（1）共同体の中にいることは救いの決定的な要素であり、成員は救われているという意識（今日的救い）を持ち、神の前で生きる共同体の成員であると考える。（2）この救いによっても彼らは肉である状態から切り離されない。神との関係性において彼らは義を持たず、その意味で彼らは人としての弱さと悪——今日的脆弱さ——のうちに留まる。（3）人としての弱さは喪失や破滅——今日的絶望——を意味しない。なぜならそれは、終末に克服されることだからである。

クムランとパウロ：人としての不適切さ（「罪深さ」）が終末の時においてのみ克服されるという結論との関連で考えるなら、人の罪深さと虚無に関する告白が共同体成員にとって適切な体験であることをここでも繰り返しておこう[127]。この状態は、共同体の中にいるということで解決されるものではない。これは分離派の罪概念、およびそれとパウロの罪概念との関係性を理解するためにもっとも重要な点だが、この点はいまだ十分な議論がなされていない。ブラウン、ブレーカー、ベッカーは、人の罪深さが神の恵みによって克服されるという点でパウロがクムランに同意しながら、しかしその恵みが律法の成就を促すのでなく、むしろ律法からの解放をもたらすという点で異なっていると論じてきた[128]。この対比は確かに正しい。しかし私たちは、両者の同意点と見なされる部分——深い罪概念——に非常に大きな違いがある点を見逃せない。ブラウンは、パウロとクムランの両方にとって「喪失」は肉のうちにあると考えるが、この理解は誤りである[129]。なぜならクムランに

---

125) Thyen, *Studien*, 90–91.
126) Thyen, *Studien*, 92.
127) Schultz, 'Rechtfertigung', 158; van der Ploeg, *Excavations*, 116; Braun, *Studien*, 108; Becker, *Heil Gottes*, 137; Huppenbauer（註105）; Delcor, *Hymnes*, 48; Holm-Nielsen, *Hodayot*, 274–76; Pryke, '"Spirit" and "Flesh"', *RQ* 5 (1965), 351–54; Murphy, 'BŚR in the Qumran Literature', 66.
128) Braun, *Studien*, 115–16; Bröker, *TLZ* 87 (1962), col. 709; Becker, *Heil Gottes*, 125, 143.
129) Braun, *Studien*, 117. 註126のThyenの立場を参照。

おいて、人の「肉的」な性質は破滅に向かわせないからだ。というのも、救われた者らの共同体に属する成員こそが人間的な不適切さと虚無とを告白し続けるからだ。分離派に属する者は人の肉に留まり、人の「深さ」に参与しているが、それでも彼は救われた者らの一部である。分離派から人を排除する罪、すなわち救われた者らから人を排除する罪は、より良い意志や知識によって回避できたはずの律法違反である。

闇の支配と罪の選択：ここで私たちは、罪が回避可能な違反であるという理解へのもう1つの反論に目を移そう。予定論的な箇所において罪が違反だとしても、それは避け得ないものだと論ずることもできよう。もし避け得ないのなら、罪自体は神の諸規定への違反でないという理解が成り立つ。なぜなら、違反はその反対としての従順の可能性を示唆するからだ。これを理解するために 1QS 3.21–23 を引用しよう。

> 闇の御使いは義の子らすべてを迷い出させる。彼（御使い）の終わりの時まで、彼らの罪、咎、邪悪、そしてあらゆる背きが、神の秘儀にしたがって彼（御使い）の統治によって生じさせられる。

ここでは、罪が誤った行為であったとしても、それは闇の御使いによって生じさせられる、と言われる。したがってこれらの行いは、人の心の頑迷さによらず、共同体の中にいることによってさえ打ち破られない力によるということになる。

　私たちはすでに、予定と自由意志とが、二者択一の神学的立場としてでなく、共同体の自己理解に関する異なる説明として見なされるべきだと論じた。一方の視点からは共同体成員が神の選びの者とされるが、他方の視点からは、彼らが神を選び志願する者と見なされる[130]。これら2つの視点はともに、共同体の自己理解を反映しており、相互に排除的ではない。上の箇所でも同様に、「闇の御使い」によって生じさせられる違反という表現が、人の意志の結果による罪を否定してしまってはいないと考えるべきだろう。上の

---

130) I.B.2.b「選びと予定」の項を見よ。

箇所は、共同体の中にいる者がなぜ罪を犯し続けるかという問いに応答しようとする試みである。私たちは、この由々しき問題に対する異なった説明をも見てきた。すなわち、人は神と較べた場合に不完全であり、「悪の中」にいる（1QH 4.29）。この説明は、共同体においてさえ人が罪を犯し続ける理由を、人の性質に見出す。一方で1QS 3 の説明では、同様の問題の原因を神の予定に見出す。おそらく「神の秘儀にしたがって」という句が用いられるのは、共同体の中にいる者がなぜ罪を犯すかという疑問に予定論さえ満足のいく解決を与えないという見方を反映していよう。神の計画は謎だということである。共同体内で罪を犯す者らの罰に関するハラハーを提示するにあたり、1QS が意識的な罪と無意識の罪という区別しか設けていない点は興味深い（8.13–9.2）[131]。したがって、なぜ共同体の中にいる者がいまだ違反するかという問題に対する 1QS 3.22 と 1QH 4.29 による神学的理論にもかかわらず、共同体の実際の行動規約では人が意識的にあるいは無意識に違反することが前提となっている。

人の罪深さ：契約の中で人が違反する理由——それは人の意志を越えたものだが——を探るにあたって、またそれらの理由を一方では人の脆弱さ、他方では神の予定的な恵みのうちに見出すにあたって、共同体の神学者らは人の罪深さに関してパレスチナ・ユダヤ教の他の集団より深淵な——あるいは少なくともより悲観的な——視点に至ったことに疑いの余地はない。このかぎりにおいて死海巻物は、回避可能な違反として罪を定義する姿勢から、たしかに距離を置いている。彼らは、ある意味で罪は違反であるとしつつも、その違反は完全に避け得るとは考えない。一方で彼らは、この理解を詳しく説明しない。1 つの理由は、回避不可能な違反に関して解決が見出されないからだ。人は老齢に至るまで（1QH 4.29）あるいは最後の日まで（1QS 3.22, 4.18–19）違反に留まり、選びの者らの罪は奥義である神の意志によって説明されると言うしかない（1QS 3.23）。換言するなら、人の罪深さに関するこれらの深遠理解は救済論に接触しない。つまりこれらの理解は、この世にお

---

[131] 「意識的に（*beyad ramah*）」（1QS 8.17, 22, 9.1, 5.12）／「無意識に（*bishgagah*）」（1QS 8.24. 9.1 参照）。

ける救済論的解決が提供されるべき窮状について述べていないのだ。すなわちこれらの言説は、非分離派（呪われた状態）から分離派（救われた状態）への移行が論じられる文脈に登場しない。またこれらの言説は、契約の外側にいる者らが失われているという意味での人類の「喪失」について語っていない[132]。人は虚無から癒されなければならず、契約の中にいる者は癒される。しかし虚無の告白は「喪失」の告白とは違っており、虚無は分離派に属する者らを永遠の裁きへと導かない。

二段階の救済：分離派の外から中への移行——虚無を修正し闇の御使いの力を完全に消滅させることのない移行——こそが、分離派の実質的な救済論をなしている。1QS 3.21–23 や 4.19–22 などの箇所によると、分離派が最後の時にさらなる清めを得ることを望んだようだ。すなわちここには、ある種の 2 段階の救済論がある。第 1 の段階で人は選びの者らの集団に加入し、第 2 の段階では選びの者らの最終的な清めが起こる。私は、前者の段階が分離派の生き方と思考とを支配する実質的な救済論であり、後者は救われた者らの集団にすでに置かれている者らにとっての望みを表していると考える。分離派の外から中への移行には、避け得る違反に対する改悛と「志願」が含まれ、志願者は神の選びの者であるとの自覚を持つ。しかし、闇の御使いが選びの者らにさえ影響を及ぼす力を砕き、自らの意志で悪を避けられない脆弱な人を「新たな創造」として造りかえる外的な救済の力はない。

したがって私たちは、「救済は虚無（*Nichtigkeit*）から解放する[133]」というブラウンの提案に部分的には同意する。しかしこの同意は予期的であり、すなわち将来的に虚無から救われることになる集団の中に人を位置づけるという意味においてのみ同意するのである。

さらに、人はときとして違反を避け得ないと言われるが、その状態自体は

---

132) したがって私たちは、効果的回心はこの世において可能だという Maier（*Mensch und freier Wille*, 324）に対して同意しない。Maier は「罪深さ」の持続性を強調して、「歴史、契約、不従順の動的な変化、改悛は実質的に考慮から外れる」と述べる。しかしこれらはすべて死海巻物において重要な主題である。

133) Braun, *Studien*, 110.

罪と同視されない[134]。罪とは人が行う行為のことである。それは邪悪な行為が不可避的と見なされる場合においてでも、そうである。したがって、分離派の神学者らが人の能力に関して深淵かつ悲観的な理解に達したとしても、それによってユダヤ教内の他の集団において見られる罪の概念から根本的に離れるようなことはなかった。罪は、諸規定によって知られる神の意志および分離派による律法の解釈に対する違反である。永遠の裁きへと導く罪は分離派の契約において神の諸規定を拒むことであり、改悛の余地がない規定違反を行うことである。「罪深さ」によっては永遠の裁きへと導かない、そして選びの者を特徴づける種類のものがある。それは神との比較における人の不完全さによって生じるもので、終わりの時まで克服されることもなく消滅することもない。しかしこの悲観的で深遠な理解は、救いへの道において克服されるべき基本的な要素ではない。なぜなら、神が終わりの時に悪自体を滅ぼすまで、それについて何もしようがないからだ。分離派における営みの実践にとっては、罪は避け得る違反であり続ける。

ふたたび強調して述べるが、違反としての罪の概念は、「契約に属するために人がすべきことは違反（pesha'）から離れることであり（1QH 6.6, 14.24 他）、肉から離れることではない」という理解と調和する。換言すると、邪悪な者らが闇の御使いの支配下にあるという言説があったにせよ（1QS 3.20）、彼らにはなし得ることがある。すなわち彼らは、悔い改めて契約に加入することができる。これは、クムラン共同体の理解と他のユダヤ教およびパウロとの関係を理解する際に非常に重要となる。ラビ文献において、人は違犯を悔い改めることで契約に加入することはない。なぜなら人はその中に生まれるからだ。しかし違反としての罪と違反の解決としての改悛とは基本的に同じ範疇にある[135]。そして後述するように、人は救いをもたらす契約のうちに

---

134) したがってBrandenburger（*Fleisch und Geist*, 101）は適切に肉と罪とのあいだの関係性はアイデンティティの問題に至らないと述べる。

135) Daniélou（*Dead Sea Scrolls and Christianity*, 100–01）は罪の概念を「原初的」とするクムランの理解が「律法の行いに依拠」するファリサイ派の理解と異なり、パウロの理解に同意すると論じる。神の恵みによってのみ罪が克服され得るという理解が死海巻物における重要な主題であることは確かだが（I.B.5.e「報い、完全さの要請、人の虚無性」）、上述したように罪を回避可能な違反と定義する点においてはラビ・ユダヤ教と同じである。

生まれるのでなく、そこに意志（「信仰」）によって加入するという理解において、パウロはエッセネ派と同意する。しかしパウロは、罪を単純に神の諸規定に対する避け得る違反であるとか、改悛が人の窮状の解決であるとは考えない。

d. 契約内における違反の裁き [136]

一時的な除外：私たちはここまでのところで、契約の内外における邪悪な者らの滅びと罰、さらに罪の性質について論考してきた。以下で私たちは、契約のうちにいながら違反をする者も罰せられはするが滅ぼされない、という点について考えよう。CD と 1QS には共同体内での違犯者に対する罰に関する様々な規定がある。両文献から、その一例を挙げよう。

> しかし安息日と定められた時を汚す者が死へと渡されることはない。彼を監視する責任が彼らにあるからである。そして彼がそれから癒されれば、彼らは彼を 7 年間監視し、そのあと彼は集会に入ることになる（CD 12.4–6）。

> 彼らの中の 1 人が財産について故意に虚偽をするなら、その者は 1 年のあいだ会衆の清い食事から排除され、彼の食物の 4 分の 1 に関する罰が科せられることになる（1QS 6.2）。

CD と 1QS とのあいだでは特定の罰について一致しない場合もあるが、一時的な除外という一般的な性格については同意している。これに加え、1QS は食事の減配にしばしば言及する [137]。1QS 8.20–9.2 によると、「完全なる聖さの人々」である選ばれた集団（1QS 8.1–4 の選ばれた 15 人と同じだと思われる）

---

136) 近年 Forkman (*The Limits of the Religious Community*, ch.2) がこの主題について詳しく論じている。

137) 1QS 6.27, 7.2, さらにそれに続く箇所において「罰則」あるいは「罰」と記される部分は、6.24–25 に言及されている食事の 4 分の 1 の「罰則」を指すと思われる。Hunzinger, 'Beobachtungen zur Entwicklung', 235–36 も見よ。

は、より厳しく裁かれる[138]。彼らに関しては、いかなる意図的な罪でも永遠の除外の対象となる一方で、意図的でない違反に関しては2年間の除外が課せられる。そして後者の場合は、この期間にさらなる不注意の罪が繰り返されないことが条件となっている。1QS 7.22–25 によると、10年のあいだ「共同体の会議」の成員として過ごした者が共同体を裏切り（*b-g-d*）、そこから離れる場合は、ふたたび共同体へ戻ることが許されない。しかし他の者らについては、「真理への裏切り」は2年間の部分的除外のみが課せられる（1QS 7.18–21）。したがって、成員として10年間に満たない者であれば、共同体に戻ることが許される。もっとも 1QS には、永遠の除外が課せられる罪のリストがある。すなわち、[神名が記された] 書物を読むか祈るかしているときの冒瀆（7.1–2）[139]、会衆に対する中傷（7.16–17）、共同体の権威に対する不平（7.17）である[140]。

　永久追放が定められている違反のリストのうち、共同体への違反でないものはただ1つ——冒瀆——である点は興味深い。すなわち成員は、その言動によって共同体を裏切ることで除外される。追放は共同体にとっての究極的な罰のようである。この罰の実践性について興味深い点がある。冒瀆罪に対する極刑が聖書に記されていても、1QS には体罰や極刑に関する言及はない。冒瀆は聖書の律法が扱う違反のうち死海巻物おいて言及されている数少ない罪である。これは共同体への加入条件が非常に厳しく、共同体成員同士が密接に関わり合っているので、より日常的な罪が問題となることがなかっ

---

138) Wernberg-Møller（*The Manual of Discipline*, 131）は「完全なる聖さの人々」が共同体全体を指すと考える。彼はこのハラハーが 6.24–25 において特定されているものよりもはるかに厳しい点を見逃しているようだ。Ringgren（*The Faith of Qumran*, 134）も 1QS 8.22 を全共同体への要求と考える。Leaney, Guilbert, Murphy-O'Connor, Forkman, Hunzinger の議論に関しては補遺2を見よ。

139)　文字どおりには「呪う」ことだが、おそらくレビ 24.11–15 に依拠した神への呪いと冒瀆を指している。

140)　Hunzinger（'Beobachtungen zur Entwicklung', 232–36）は2つの基本的な罰——一時的除外と永遠の除外——とに触れるが、これらを異なる理解と結びつける。彼によると、分離派の歴史過程において罰が徐々に軽微になった。彼は罰に関する分析において、何のための罰かという点を考察していない。彼は厳しい罰と特定の罪の問題の大きさとが関連していることを考慮に入れていない。しかし 1QS には、罪と罰とのあいだの相関性について深く考え抜かれた形跡がある。1QS 8–9 においては歴史的変化が観察されるとしても（1QS 6–7 には見られない）、種々の罰は種々の違反を前提にしていると考えるべきだ。補遺2を見よ。

たから、ということによるだろうか[141]。いずれにせよ、分離派の諸規定や分離派自体に対する違反行為は、追放か、あるいは特定の共同体活動からの排除や食事配給の減配など追放に準ずる罰によって対処された。

違反に対する罰に多様な規定があることは、いかに彼らの宗教が機能したかを明確に示している。成員には従うべき戒めが与えられた。完全な遵守が目標であり、それは非常に秩序立った共同体においては、まったく到達不可能な目標ではなかった。違反は罰せられるが、罰を受け容れてそれを従順に耐えるなら、共同体のうちに完全なかたちで回復される[142]。しかし個々の成員は、本来的に神の恵みによって共同体に加入が認められたことを自覚していた。

神の懲らしめと癒し：分離派における違反の罰という主題から離れる前に、詩編記者がその罪によってもたらされる苦難を神からの懲らしめと考えたことが分かる幾つかの共同体詩編について考察しよう。1QH 9.23–24 では、詩編記者が神によって「叱責」されたことに言及しながらも、神の叱責（tokaḥat）は喜びとなり苦難（nega‘）が癒しに変わると記している。1QH 17.22 は、神が選んだ者への懲らしめ（yissureka）に言及する。「あなたの怒りの中にすべての懲らしめ（mishpete nega‘）があるが、あなたの好意の中に多くの赦しがある」（11.8–9）と詩編記者が述べるとき、彼はすべての苦難――邪悪な者の苦難であれ義人の苦難であれ――を違反に対する神の罰としているようである。しかしすべての共同体詩編において、苦難が罪に対する罰であるとされるかは明らかでない。1QH 1.33 において記者が「私の苦しみの裁き（mishpete negi‘e）」と述べるとき、それは彼に対して他者がもたらす苦しみ

---

141) 安息日の違反は CD 12.4–6 に言及されているが、極刑は明らかに禁じられている。CD 9.1 は異邦人による極刑を死に対して人を「奉納すること」と見なしているようだ。この場合、レビ 27.29 に言及しているようだが、この節の主旨は謎である。極刑は具体的な犯罪に言及することなく曖昧な仕方で CD 9.6, 17, 10.1 に記されている。4Q 159 は性的罪に対して極刑を設定している。Forkman, *The Limits of the Religious Community*, 43, 64–65 を見よ。

142) Braun ('Tora-Verschärfung', 349–50; 'Umkehr', *Studien*, 78–79; *Radikalismus*, 1.28–29) は全諸規定を行う必要性を強調している。彼はこれを、成就が違反よりも多いことのみが求められる［と彼が考える］ラビ・ユダヤ教と対比して、人はすべてを成就しなければ失われると結論づける。これは 1QS と CD における違反への対処法を看過している。

であり、神がその中で彼に力を与えているように見受けられる（1.32. しかし文脈が部分的に欠損している）。もちろん、神は懲らしめを与えながら、一方でそれに耐えられるよう力を与えるということもあり得る。1QH 9.10–13 では確かにそのように述べられている。詩編記者は、彼に対する［神の］裁きの下に自らを置きつつ苦しみを受け容れると述べているが、それは神の慈愛に期待するからだ。彼の期待は失望に終わらない。なぜなら神が苦しみの中にあって彼の霊を支えるからだ（9.12. 1.32 参照）。記者は続けて、苦しみに対する神の癒しと以前の違反に対する神の慰めについて語る。この場合にその焦点が、罪に対する罰としての苦しみにでなく、苦しみの中での神の慰めと恵みにあることは確かだ。もっとも、神の裁きと詩編記者の違反に言及があることも確かである。神は違反に対して苦しみを送るが、その苦しみは厳し過ぎない（9.11 では詩編記者に命の危険はおよばない）。神は罰に耐え得るようその僕に力を与える一方で、彼を赦し慰める。

　CD と 1QS において規定されている義人の違反に対する罰は共同体によって実施されるが、1QH に言及される苦しみは、おそらく詩編記者の敵をとおして、神によってもたらされる。いずれの場合も、それは公正な罰と見なされ[143]、素直に受け容れるなら良い結果がもたらされる。違反をして罰せられる分離派成員はのちに共同体に完全に回復され、詩編記者に対する神の叱責はのちに喜びと癒し（9.23–24）、あるいは赦しと慰め（9/13）へと変わる[144]。

e.　報い、完全さの要請、人の無力さ

完全性と不完全性：違反に対する罰が死海巻物において重要な主題だとすると、これに関連する義人への報いという主題も同様に強調されていることが期待される。しかし、義人がその正しい行いゆえに神の報いを受けるとい

---

143) Carmignac ('Souffrance', 379) は詩編記者が「苦しみを自らの違反に対する正しい懲らしめと見なす」と述べる。懲らしめが邪悪な者らによってもたらされても、彼らは神の意志を実行しているだけなので、その苦しみは違反に対する罰である（pp.378–79）。
144) Carmignac ('Souffrance', 383) は苦しみの贖いとしての価値が欠損している点を指摘する。補遺 3 を見よ。苦しみに贖いとしての価値が見られなくとも、それは良い結果をもたらす。

う内容が明らかに述べられている箇所は非常に少ない[145]。この事態を理解するために、私たちは分離派の宗教を理解する際の主要な問題の 1 つを考察する必要がある。すなわちそれは、「成員の歩みは完全であるよう促される一方で、人には価値がなく完全性は神のみによってもたらされると諭される」という、これら 2 つの理解が衝突することである。契約に入った者がいかに生きるかを示す言説に関するこの問題は、加入に関する言説によって引き起こされる問題と似ている。加入者は「選ばれた者」と呼ばれる一方で「志願者」とも呼ばれる。解決策は基本的に同じだ。ハラハーの視点から、人は潔癖に歩むことが求められる。個人の祈りや黙想という視点からは、潔癖に歩むことは不可能であり、神の恵みによって完全が与えられなければならない。この問題と関連する箇所を考察しよう。

完全の要求：共同体成員の呼称には「道の達成者 (*temime derek*)」があるが、これは 1QS 4.22 の「正しい者」あるいは 1QH 1.36 の「義人」に相当する。これと「聖さの点で落ち度のない人々の会衆」（CD 20.2, 5, 7）とが比較される場合がある。1QS 8.1 では選ばれた 15 人が「トーラーにおいて啓示されたすべてにおいて完全」と言われるが、「完全」の要求は彼らに限定されない。会衆一般が啓示された事柄すべてにおいて完全に歩むことを期待される（1QS 9.19）。人は「落ち度がない」（1QS 8.10）と認められなければ契約には入れない[146]。もし人が故意に違反すれば、「すべての行為が清められ完全に歩む」（8.18. 10.21 参照）までのあいだ、ふたたび入ることはない。成員らは完全に歩むことが求められ（CD 2.15）、彼らはそのように歩むために加入する（1QS 1.8）[147]。1QS 3.9–11 において「完全に歩むこと」はまったく違反しないことと明確に定義されるが、これは詩編記者が違反をしないよう誓うこ

---

145) Braun, *Radikalismus*, 1.55.
146) 私は 1QS 8.10 と 9.19 における完全さの要求が 1QS 8.1 の選ばれた 15 人、あるいは 8.20 の「完全な聖さの者ら」のみならず、分離派すべての成員に対して述べられていると考える。いずれにせよ、「道の完全さ」が一般的な要求として語られたことは 1QS 8–9 の区分にのみ依拠しているのでない。むしろ *tum* とその同根語の用法に関しては Rigaux, 'Perfection', *NTS* 4 (1957–8), 237–62 を見よ。Rigaux は、完全とは従順であるが、それは神の奥義の啓示によってのみ可能だと述べる。
147) Black (*The Scrolls and Christian Origins*, 119) はクムランにおける完全性の基礎として「分離派によって継承され発展させられた、神の啓示による律法の伝承」を挙げる。

とと似ている（1QH 14.17）。CD 7.4–6 は完全に歩む者に永遠の命（「一千の世代の」命）を約束する。しかし上記したような違反に対する罰則があることから、分離派が実際には違反することが分かる。1QS 5.24 によると、成員らの行動に対して毎年行われる審査をとおして、ある者らはその「歩みの完全さ」にしたがって地位を高め、ある者は違反によって地位を奪われる。

恵みとしての完全さ：一方で詩編が繰り返し強調するように[148]、歩みの完全さ、義、その他の善は人の能力によらず、神の恵みによってのみ与えられる。

> しかしこれに相応しい肉とは何か。
> 土塊による生き物とは何か、
> 　それほど大きな驚きを行うとは。
> しかし人は胎にあるときから悪であり、
> 　齢を重ねても不誠実である。
> 義は人に属さず、
> 　道の完全さは人の子に属さないと私は知っている。
> いと高き神にすべての義なる業が属する。
> 人の道は確立されない、
> 　人の子らのために道を完全にするためには、
> 　神が人のうちに創られた霊によらなければならない。
> それは被造物すべてが、
> 　神の力の偉大さを知り、
> 神の恵みの子らすべてに対する
> 　憐れみが満ちあふれることを知るためである（1QH 4.29–30）。

人は自らのうちに頼るべき義なる行いがなく、神の恵みに頼るしかない（1QH 7.17）。道の完全さと心の正しさは神の手の中にある（1QS 11.2, 10–11）。神なしに「いかなる道も完全でない」（11.17）。

神との対比：人に価値がなく善行を行う能力がないという主旨の言説が繰

---

148) 詩編箇所における「虚無」に関する箇所に関する Schultz の議論は、補遺 4 を見よ。

り返される場合、これが必ず人と神とを比較するという文脈において語られているということを忘れてはならない[149]。1QSの終了部にある詩はその典型的な例である。

> 誰があなたの栄光に耐えるでしょう、
>   人の子とは誰でしょう、
>   あなたの不思議な諸行の中で。
> 女から生まれた者は
>   あなたの前で何に値するでしょう。
> 塵からこねられ、
>   その住まいは蛆の餌である（1QS 11.20–21）。

同様に1QS 10.23は人の悪（*ma'al*）と神の義なる行為とを比較する。詩編記者が自らを罪人と見なすのは、神の視点から語るからだ。「私は私の罪について神の裁きを宣言する」（1QS 10.11）。感謝の詩編においては、義が神に属し悪と虚偽が人に属することが繰り返し述べられる（1QH 1.25–26）。

詩編記者が自ら――そしておそらく全人類――を神と比較する際、2つの特徴的であり互いに関連する主題がそこにはある。1つは、人が神と較べられる時、そこに義も力もない、ということだ。神との比較において、人は邪悪で脆弱である。結果として、神の裁きにおいて人は耐えられず、自らの「道」を擁護できず、「義」であり得ない。この主題は1QS 11.20–21, 10.23, 10.11, 1QH 1.25–26, 4.29–33に見られる。さらに1QS 11.9–11, 1QH 7.28–29（「あなたの前で裁かれるとき、誰が義とされるでしょう」）をも見よ。この結論は、人同士のあいだで、あるいはハラハーとの関連において、人が

---

149) Ringgren（*Faith of Qumran*, 101）は1QHについて「人の罪深さは神の完全な義と関連する」と述べる。同様にBardtke, 'Considérations sur les cantiques', 226; Licht, 'Doctrine', 11 その他多数がある。しかしRinggrenは1QHにおける人の無価値に関する極端な言説が「著者の個人的な経験」に依拠しており、共同体全体に当てはまるものでないと考える（p.95）。ホダヨートの目的と用法に関するさらなる考察より最近の資料分析とに鑑みると、このような理解は支持されない。補遺1を見よ。ここで扱った箇所のうち、現在では1QH 7.17のみが義の教師によると考えられている。

義であることを否定することにならない。しかしほとんどの詩編に見られる祈りの姿勢において、人は神との比較において不義である。1QH 9.14-17 はこの点を明らかにする。

    あなたの裁きにおいて、誰も義（*yitsdaq*）であり得ず、
        あなたの法廷で義（*yizkeh*）とされない。
    ……
    あなたの力と較べ得る力はない。

　人の義あるいは道の完全さが神の恵みによってもたらされるという理解は、神との比較における人の不完全さという理解と密接に繋がっている。これらの言説は、神と比較して人が不完全であるという告白と、分離派が「道の完全さ」であることのあいだで生じる、神学的説明のように機能する。ここで言う完全性の源泉は神の恵みである。これらの言説も詩編における特徴的な内容である。上述した 1QH 4.29-33, 7.17, 1QS 11.2, 10-11, 11.17 に加えて、「人は神から離れて [150) 義とされない」という 1QH16.11 の言説も挙げられよう。1QH 13.14-17 では、神との比較において人は無であるという主旨の言説（13.14-16）が「あなたの好意のみによって人は義とされます」（13.16-17）という宣言へと直接的に繋がっている。1QH 10.5-10 ではこの論理が逆転する。神によって「立つ」必要をまず詩編記者が述べたあと（10.6）、「あなたをおいて何もなく、あなたの力と較べ得るものは何もありません」（10.9-10）という一般的な言説が続いている。同様に死に行く者らは「その道を確立することが」できない［が神にはできる］、という告白が見られる（1QH 15.13, 15.21 参照）。

　恵みと救い：人の完全性は神の恵みによってのみもたらされるという主旨の言説が見られる文脈には、神の恵みによって人が救われるという一般的な告白も見られる。これは人の道が確立されることを述べているのみならず、罪の赦しと清めをも述べている。神の慈悲（*raḥamekah*）と恵み（*ḥas-*

150）Vermes 訳は「神以外をとおして」。ここで用いられている前置詞の訳に関しては註220を見よ。

adekah）とにより、人は苦難において力を与えられ、罪から清められ（1QH 1.31–33）、神は「邪悪な霊」を清め（3.21）、神が不正を赦すので人は神の恵みと慈悲に頼る（4.37）。さらに、神の真理の子らはみな神の前で赦され、神の好意をとおして罪から清められ（7.30）、神の栄光ゆえに人は罪から清められ（11.10）、神は詩編記者を聖い霊によって清め、その良い意志によって人を自らに近づける（16.12）。この点に関して 1QH 11.29–32 を引用しよう。

> あなたは誉められるべき、
> 　　慈愛と憐れみ（*raḥamim / ḥaninah*）の神よ、
> あなたの［力］の大きさと、
> 　　あなたの真理の偉大さゆえに、
> あらゆるあなたの業における、
> 　　あなたの恵み（*ḥasadim*）ゆえに。
> あなたの真理と共に、あなたの僕の魂を喜び、
> 　　あなたの義（*tsedaqah*）によって私を清めて下さい。
> あなたの善意（*tob*）に望みを持ち、
> 　　あなたの恵み（*ḥasadim*）を待ち臨んだとき、
> あなたは私を災いから解放されました、
> 　　あなたの赦し（*seliḥot*）にしたがって。
> 私が苦しみにあるとき、あなたは私を慰められました、
> 　　私があなたの慈愛（*raḥamim*）に寄り添ったからです。

詩編記者はさらに、神がその民を恵みによって確立する時を心待ちにする。

> あなたはあなたの民のあいだから生き残る者を、
> 　　あなたの相続のうちから残りの者を起こされる。
> あなたは彼らをその罪から清め拭われる、
> 　　彼らのすべての業があなたの真理のうちにあるからだ。
> あなたはその大いなる慈愛（*ḥasadim*）によって彼らを裁かれる、
> 　　あなたの溢れる慈愛（*raḥamim*）によって、

あなたの溢れる赦し（*seliḥot*）によって、
あなたの言葉によって彼らを教え。
あなたはその評議会において彼らを立て上げられる。
あなたの真理の正しさによって（1QH 6.8–10）。

第1に、共同体成員の立場を得るために「道の完全さ」が求められるという1QS 1–9における律法主義的な行為義認と、詩編（1QH と 1QS 10–11）における恵みによる救いの神学とのあいだに、著しい違いがあるように見受けられる[151]。これらは確かに各書の異なる強調を反映しているが、その違いは明確でなく、実際に神学が異なると理解することは不正確のように思われる。したがって 1QH において、完全性の主題と法的義の主題が欠損しているわけではない。1QH 1.25–26 で人が悪と虚偽のみを行うと述べた詩編記者は、同じ詩編において「義人（*tsaddiqim*）」に対して過ちを正すよう促し、彼らを「道の正しさ」と呼ぶ（1.36）。したがってこれらの詩編では、義人は1人もいないと宣言するのみならず（16.11）、そこに義人と性格づけられる者がいる（1.36）。同様に詩編記者は、神の心の道に歩むことが永遠に確立されることへと繋がると述べ（1QH 4.21–22）、そのような生き方が人にできることを前提としているようである。しかしより頻繁に、人の道は神のみ、その慈愛によってのみ確立されると宣言される（4.30, 7.29–30, 1QS 11.10）。いずれにせよこれらの詩編において、神の意志に従って歩むようにとの奨励、あるいはそのような生き方が救いに繋がるという希望がまったく欠損していることはない。

行為によらない恵み：同様の仕方で、死海巻物の他所でも神の恵みが宣言される箇所がある。過去における神の助けはその恵みによるのであり、人の

---

151) Black (*Scrolls and Christian Origins*, 124) は 1QS 1–9 と CD とを「律法主義」という範疇で論じ、そこで語られる宗教を「掟を厳しく秘匿し、それを神的奥義あるいは知識として提示する、律法主義的清教主義あるいは完全主義」と表現する。彼は自ら「クムランの預言者的伝統」（詩編にも見出される）と呼ぶ部分について論ずる場合、「おそらく我々はクムラン自体のうちに異なる『哲学』があることを想定しなければならない」（p.125）と論ずる。異なる理解の内容は 1QS 10–11 と 1QH の引用によって示さる。これらの箇所は人の断罪を「『恵み』あるいは『神的助け』という教義を語る背景」として示している。

行いによらないという教えが見られる。「あなたは幾度にわたり、あなたの慈愛ゆえに私たちの王の手によって私たちを助け出されました。それは私たちの行いによりません。私たちは悪を行ったからです。私たちの罪深い行為によりません」(1QM 11.3–4. 18.7–8：「あなたの名のゆえに」参照)。1QS 1.21–23 でも同様に、祭司らとレビ人らがイスラエルとその悪に対する神の恵みを宣言する。神とイスラエルとの関係性に関する同様の歴史観は CD 8.14–18 にも見られる。イスラエルの他民族に対する勝利は、イスラエルの民の正しさによらず、彼らの祖先への神の愛に起因する。しかし上述したとおり、1QS と CD とが諸規定の遵守に対する人の努力と違反に対する罰を強調していることは確かである。

文書形態の違い：このような強調点の違い――1QS における律法遵守の完全性と 1QH における神の恵み――は、部分的には宗教表現に影響を与え得る文書形態の違いによって説明できる。詩編の祈りは自然と神の前での人の能力のなさと価値のなさを強調し、一方で 1QS 1–9 や CD は契約共同体の成員として留まるために何をすべきかに焦点がある。表現される内容と構成とがいかに文書形態――とその論理的方向性――によって影響されるかを示す明らかな例が見られる。バートケーは、詩編が祈りの姿勢をいつも保つのでなく、ときとして共同体成員への訓告に移ることを見出した。その場合にその内容は神に対する詩というよりも智恵文学に近いものとなる[152]。様式がこのようにして変化するところで、1QH の著者は人の無力さや不義から離れて、「義」や「道の完全さ」という主題に移る。したがって 1QH 1.27 は神への祈りとして「悪と虚偽の業は人の子に［ある］」と述べるが、一方で 1.36 は共同体成員に対して「義なる者ら（*tsaddiqim*）よ、悪から離れよ。[契約に]留まれ。道の完全な者らよ」と述べる。

したがって、行いの神学と恵みの神学という 2 つの神学がここに見られる。同じ人々が、一方では自分たちを神に推薦すべき生来の善がなく、神の恵みによってのみ選ばれたと信じながら、他方で彼らは神の掟に従って完全に歩まなければならず、彼らは法的な完全性に到達できると信じた。この点は部

---

152) Bardtke, 'Considérations sur les cantiques', 228.

分的に、「律法主義的」言説が詩編の中に見られる一方で、「恵み」に関する言説が他の文献に見られることから分かる。

報いと罰：私たちはここに来て、非常に厳格な律法主義的言説と非常に力強い恵みによる受容の両方が導き出される神学的基盤を説明するために、ある程度の統合を試みることが許されるだろう。分離派の全般的な神学において、法的完全性の要求は恩寵という文脈に置かれている。人はその違反から浄められ、神の恵みによってのみその「道」が確立されるが、それでも法的完全性を維持することが期待される。それをすれば報いを受ける一方で、契約内における違反は罰せられる。上述したとおり、人の道の完全さが神の業であるという言説は、人の無力さに関する告白と契約の諸規定にしたがった完全な歩みの要求とのあいだにあるギャップに橋渡しをする役割を果たしている。

法的完全性の要求が恩寵という文脈に置かれているということは、報いと罰に関する多くの言説を考慮に入れるとき明らかになる。完全性に対する報いさえ神の憐れみによると言われる一方で、邪悪な者らは相応の罰を受ける。「2つの霊の教義」という明らかな二重予定にもかかわらず、正しい者への報いが憐れみによる一方で邪悪な者への罰は当然の報いであるというユダヤ教に共通した主題を死海巻物は反映している[153]。したがって1QS 2.2-8での祝福と呪いに関する言説において、「神の道をすべて完全に歩む、神の籤の者ら」は良いもので祝福され、悪から守られ、知識が与えられ、永遠の祝福のために憐れみが授けられる。他方で「サタンの籤の者ら」は、「その諸行の闇ゆえに憐れみなく呪われる」。レビ人らは続けて、「あなたが呼んでも神が聞かれず、あなたの罪を取り除いて赦されないように」と述べる。1QH 14.24において、神は悔い改める者を赦すが、邪悪な者らをその悪ゆえに罰すると言われる。1QH 15.15–19において、選びの者は神の道に歩むよう定められて憐れみを受けるが、邪悪な者らもまた定められながらも、その違反ゆえに罰せられる。この詩は続けて、邪悪な者らに違反の贖いがないことを述べる(15.24)。悪行の罰と憐れみによる報いという主題の主要な点は、人

---

153) 索引の「義人への憐れみ」を見よ。

がその違反によって救いを失うことが可能である一方で、救いを従順によって獲得するのに十分に相応しくはないということだ。この最後の点は、1QH 18.21–22 に明示されている。

神よ、あなたがこれらのことを行われたのは、
　あなたのためであることを知っています。
驚くべき［業をあなたが行う］
　肉とは何でしょう。
あなたがその栄光のために力をもって行い、
　あらゆることを立て上げられることはあなたの目的にかなっています。

選びの者としての詩編記者は、神が彼をその罪過にしたがって裁いていない一方で（1QH 5.6）、まさにその罪過によって選ばれない者が裁かれるのだと語るが、上の詩はそれと符合する。同様に詩編記者は、終末の時に残りの者が神の好意（ḥasadim）、溢れる憐れみ（raḥamin）、そして大いなる赦し（selihah）によって「裁かれる」ことを確信している（1QH 6.9）。神の裁きに関する詩編記者による同様の言説は 1QH 9.33–34 にも見られる。したがって、選びの者らは道の完全さのうちに歩むことが求められながらも神の恵みによってその違反が赦されるが、選ばれない者には慈愛が示されず、彼らは違反によって罰せられる。

しかし、リヒトとバローズが述べるように、「改悛の恵みは選びの者のみに与えられる」との理解は正確でない[154]。死海巻物の予定論的理解はそこまで極端でない[155]。上述したように、契約の外にいる者は改悛によって加入することができる。上に紹介した言説はある程度一般的な理解を反映しており、他のユダヤ教文献にも同様の表現は見られる。分離派の成員らは、人はけっしてその功徳によって神の手にある良き物を獲得することができないと

---

[154] Burrows, *More Light*, 295; Licht, 'The Doctrine', 96.
[155] Ringgren（*Faith of Qumran*, 123）は「予定論という概念がそこまで突き詰められていたか……疑わしい」と適切に評価する。さらに「赦しは神の賜物でありはするが、同時にそれには罪の改悛と適切な心が不可欠である」とも述べる。

認識していた。その結果、良き物という報いは慈愛によって与えられる。神の慈愛が強調されて意識される傾向があるが、それはおそらく分離派がイスラエルの中から選び出されたという状況に依拠しているだろう。一方で邪悪な者らは、その行いによって適切に罰せられる。

「行為義認」の欠如：そうすると私たちは、なぜ行いに対する報いが死海巻物においてほとんど言及されないかが分かってくる。たしかに共同体成員は報いを受ける。彼らには長寿（1QM 1.9, CD 7.5–6, 1QS 4.7, 1QH 13.16–18)、「永遠の贖い」(1QM 1.12)、またおそらく「光」として特徴づけられる永遠の命（1QS 4.7–8, 1QM 13.5–6. CD 3.20 参照）が授けられる [156]。この場合、感謝という文脈が非常に明らかなので、行いによって救いという報いを獲得する可能性──すなわち「行為義認」──はおおよそ見られない。神は、すべての人に裁きと報いとを与え（1QS 10.18)、「［その］真実の正しい裁きをすべての人の子の上に」もたらす（1QM 11.14）裁き司と見なされる。しかしこれら2つの箇所は、基本的に邪悪な者への罰について言及している箇所だ。私たちは先ほど、選びの者がその行いによって厳密に裁かれないことを確認した（1QH 5.6, 6.9, 9.34)。神が1人1人の行いを秤にかけて、その結果に従って罰したり報いたりするという仕方の裁きを執り行うような理解はない。それは、人が滅びるか永遠の報いを受けるかは、その人が分離派の成員かどうかによってあらかじめ決定されているからだ。感謝の文脈がいかに明らかで、自己救済がいかに不可能であるかは、行いによる救いという理解を肯定するように見受けられる箇所を考察することによって把握できる。CD 3.14–16 は神によって確立された戒めに言及するが、「人はそれを行い、それによって生きる」（レビ 18.5 を引用）。しかし人の従順は、それが必要とされたとしても、救いの道を最初に開け放つものではない。なぜなら、違反の赦しと「イスラエルの確かな家」の建設によって神が人を正しい道へと向かわせるからだ（3.18–19)。契約の掟において完全に歩む者に対して「千代の命」を約束する CD 7.5–6 においてさえ、そこで要求されているのが神によって

---

156) 生来の命に関しては、とくに Delcore, *Hymnes*, 58–61 を見よ。彼は 1QH 6.29–39 を復活の希望を支持する決定的な箇所と考える。

与えられた契約を厳格に維持することであるのは明らかだ。共同体成員に命を保証するのは契約であり、従順が人を契約のうちに留める（CD 14.1–2 参照）。もっとも典型的な例は 1QH 13.16–18 である。すなわち義なる者が「とこしえの平和と長寿」を得るが、彼は神の好意によってのみ義である。

恵み vs 行い？：神の恵みと人に課せられた行いの両方が死海巻物において強調されているので、恵みと業との正確な関係性を述べることは困難である。バローズは以下のように述べる。「光の子らは律法の誠実な学びと実行によって救われる。しかし彼らは光の霊の支配下に置かれているからこそ律法を守ることができる」[157]。私は、彼らが律法の誠実な学びと実行によって救われる、とは表現しない。より正確には以下のようになろう。すなわち「彼らは神による選びの恵みによって救われるが、そこでは改悛と献身とによって彼らが応答することが求められる。そして彼らは神の助けによって諸規定を守るが、それは選びの結果であり、同時に契約に留まる条件でもある」。

シュルツは、成員がいかに救われ得るかという問いを提示することによって分離派の神学を考察する。彼によるとその答えは明らかだ。すなわち、神の律法を最後の1点に至るまで成就することである。トーラーを成就することによってのみ、罪深い人と超越的な神との深淵に橋を渡すことができる。しかし人は、この重量に耐え得る橋を架けることができない[158]。その解決として神の恵みがあり、神は分離派の成員に義を付与する。なぜなら彼らは自ら義となり得ないからだ[159]。

この理解は正確と言い難い。人が恵みによって救われることは確かであり、これは議論が分かれる点でない。しかし恵みは、成員が十分に従順でないときに、その従順の代用としてすでに共同体にいる者らに与えられていると見なされるか。そのようには思われない。人が十分に従順であれば神と人との深淵を橋渡しすることができる、という内容はどこにも見当たらない。むしろ、神の視点からの選びの者、そして人の意志という視点からの志願者が、神の恵みによって神に近づく者らの共同体へと招き入れられる。深淵は

---

157) Burrows, *More Light*, 294.
158) Schulz, 'Rechtfertigung', 163.
159) Schulz, 'Rechtfertigung', 167. Schulz の見解は補遺4を見よ。

選びと分離派への加入によって橋渡しされる。そのあと成員となった者は、律法をもっとも細かいところまで守る。この従順が十全な交わりを保つ条件である。共同体成員が自らを神の前にいると認識するとき、その者は自らの力によって共同体における立場を獲得する能力がないことに気がつく。そして神と人との深淵に関して、それを神が克服したことを感謝するという文脈で言及する。シュルツは、神に到達するための努力として完全性があり、その完全性が神の恵みによって克服されることを想定している。しかし私は、恵みと行いとのあいだにそのような二文法的な分裂を見出さない。共同体において、行いの完全性は到達可能なもの、あるいはほとんど到達可能なものと見なされる。しかし、共同体の中にいることが神の恵みの結果であると認識される。行いは到達不可能な救いへの誤った道で、神の恵みがそれを代用しなければならないのではない。行いと恵みとは、共同体成員となった結果であり、そこに留まる条件である。

　恵みと業との関係性に関して、シュルツと同様の想定はブラウンにも見られる。ブラウンによると、分離派の教義において人は完全に従順でない限り失われている[160]。しかし彼は、契約の成員らが実際に罪を犯したことに気がつく。そして、人がいかにして聖とされると同時に罪深いかという問いを立てる[161]。彼は1QSにおいて神の恵みが人の道を確立するという箇所を引き合いにだす。しかし、神の恵みへの全幅の信頼は分離派において完全に実行され、厳密に理解されるだろうか。答えは否である。なぜなら、もしそのように理解されて実行されるとすれば、厳しい実行の要求が意味をなさなくなるからだ[162]。恵み深い神と共にある人は、完全な従順を獲得するよう意識的に努めている[163]。上の議論から、恵みと行いとを救いの異なる道として対極に据えることは、あきらかに分離派の神学を見誤らせる。それはユダヤ教文献よりも、パウロやルターの視点を反映していると思われる。そしてこのような視点は、人を契約に迎え入れる神の恵みと、契約に加入した者への従順

---

160) Braun, *Radikalismus*, 29. 註142を見よ。
161) Braun, *Radikalismus*, 44.
162) Braun, *Radikalismus*, 46–47.
163) Braun, *Radikalismus*, 47.

の要求とのあいだにある、密接で必要な関係性を見誤ることに繋がる。

ラビ的宗教との共通点：ここで分離派の理解とラビらの理解との関係について短く考察しよう。ラビ文献においては、死海巻物よりも行いに応じた罰と報いの公正な配分を強調しており、一方で死海巻物の方がラビ文献よりも人を義と認めるために必要な神の恵みを強調している。しかしこれら2つの文献に根本的な違いはない。ラビ文献において、報いと罰の分配が救いの基盤とはならない。契約内で人がその行いによって罰せられたり報われたりしたとしても、契約が救いにおける重要な要素である。同様にクムラン共同体においては、契約の戒めに対する違反が罰せられ、従順が報われるが、救いは契約のうちにいること自体である164)。神の恵みが人を契約に招き入れるということは、ラビ文献においてよりもクムラン文献において強調されている。恵みの強調には2つの説明があるように思われる。その1つは非常に多くの詩が現存していることである。もし死海巻物に『感謝の詩編』と1QS 10–11 がなければ、死海巻物が与える印象はラビ文献が与える印象に非常に近いものとなっただろう。それ以上に重要な点は、クムラン共同体成員がイスラエルのあいだから特別に選ばれたという自己認識があるゆえに、神の恵みに対する強い意識を間違いなく持っていたということである。特別な選びは神の恵みに対する特別な強調をもたらす。死海巻物においては神の恵みに関する意識が高いのみならず、従順の要求に対する意識も高い。法的な完全性——違反からの回復の方法が提供されていたとしても——が繰り返し奨励されるが、その厳格さにおいてタンナ文献を遙かに越える。完全性の要求もクムラン共同体の強い自己意識から派生していると考えられなくもない。

恵みと従順の強調：神の恵みと従順の要求の両方が強調されるということ自体が、ユダヤ教一般を理解するにあたって示唆に富んでいる。なぜならこれは、「恵み」と「行い」とが対極にあるという考えを否定するからだ。私は以下の点を自信をもって言うことができる。神の恵みが人の努力と相対するという考えは、パレスチナ・ユダヤ教にない。恵みと業は救いへ繋がる異

---

164) Delcore (*Hymns*, 48) はクムランがファリサイ派の「人の行いによる義認」というファリサイ派の理解とは異なるというが、このようなファリサイ派の理解は誤りである。

なる道と見なされていなかった。救いは――『IVエズラ書』以外では――いつも神の恵みにより、それは契約において体現される。しかし契約の言葉は従順を要求する。死海巻物においては、明らかに従順の要求に恵みによる救いへの確信が伴っている。なぜなら、両方の点が著しく強調されているからだ。もっともこの理解は、パレスチナ・ユダヤ教において一般的に見られる。したがってウェストが述べるとおり、「トーラーの権威とそれに対する従順と神の恵みの重要性という前提とが矛盾するという判断に至るユダヤ教理解は、死海巻物の注意深い考察によって退けられるべきである」[165]。

　死海巻物における恵みの強調は、人の無力さの強調に繋がる。人の無力さが非常に強調されるので、研究者によってはこれを死海巻物における特徴と理解する。したがってベッカーは、人の罪深さと無力さ、そして神の力と義、これらが相対する特徴は、クムラン共同体以外のユダヤ教には見られないと述べる[166]。もっとも、これは程度の問題だ。比較的少なくはあるがラビ文献においても、祈りや臨終の文脈――いずれにせよ神と「対面する」文脈――に人が置かれる箇所では、神との関係性において人が無力であり罪深いという主旨の表現が見られる[167]。しかしこれらの箇所は神の恵みを強調するのでなく――実際には強調しているが――ラビ的思考における救いの不確実性を反映しており、したがってラビ的宗教の劣等性を証明すると考えられてきた[168]。既述のとおり、ラバン・ヨハナン・ベン・ザッカイの死を前にした憂慮を、多くの学者らは行為義認が不確実性をもたらす証拠として捉えた[169]。彼がもし神の恵みに関するより確かな理解を有していれば、裁きを前にして怖れることはなかったという論理だ。すでに述べたとおりこの議論は誤っているが、それは1QHの視点からもっとも明らかに示され得る。しかし少なくとも詩編記者の1人も、裁きを考えると「心が怖ろしさに襲われる」と述べ得る。「力ある英雄らに対するあなたの裁きや聖人らの軍勢に対する裁き

---

165) West, *Justification*, 229.
166) Becker, *Heil Gottes*, 167.
167) Becker, *Heil Gottes*, 223–28.
168) Becker, *Heil Gottes*, 223–28.
169) Becker, *Heil Gottes*, 225–26.

について聞くとき、私は大いに怖れる……」(1QH 10.33–34) とあるように。ラビ文献と死海巻物のあいだには強調点に著しい違いがあるものの、根本的な状況は基本的に同じであるようだ。

6. 贖い

神による *kipper* : 分離派でさえ違反を犯し、その違反からの回復のための手だてが与えられたということを、私たちは繰り返し述べてきた。1QS と CD では罰が特定されており、それに従うという条件で交わりへの回復が認められる。またとくに詩的な文章においては、神の慈愛ゆえに選びの者らの違反が赦されるという言説が多く見られる。今度は、「贖罪」という語の用法と、贖罪の一般的な手段に効果が認められたかどうかという問題を扱うこととしよう。

第 1 に、3 つの巻物——CD, 1QS, 1QH——において、「贖う (*kipper*)」という動詞が神を主語として用いられている点を考えよう。これらの場合、*kipper* は「赦す」と訳されるべきである。なぜなら、人の側に贖いのための行為が示唆されていないからだ。すなわち、祭司が贖いのための行為を行い、神が赦しを行うというような、レビ記に見られる役割分担がない[170]。この動詞は単純に「赦す」を意味し、同じ目的のために用いられる他の動詞と並列的に用いられている[171]。したがって 1QS 11.14 では、神が詩編記者の罪を「贖い」、彼を「清める」と記されている。一方で、神はサタンの籤の成員の罪を「贖って」赦すことがない (1QS2.8)。1QS 3.6–8 においては、受動態動詞の「贖われる」が「清められる」と交互に用いられ、その際の動作主は「真の評議会の霊」、「聖さの霊」、さらに「正しさと謙りの霊」だとされる。私たちはこの場合の主体を神であると見なすが、贖いのための具体的な業は明示されていない。神が主語になって「贖う」という動詞が用いられる場合

---

[170] I.A.7.d「贖い」を見よ。

[171] Ringgren, *Faith of Qumran*, 122 (「贖う」は「清める」と並列的であり、「清める」は「赦し」と同等である). Holm-Nielsen, *Hodayot*, 282.n18 (IQH 4.37, 17.12 に言及); Jaubert, *La notion d'alliance*, 166 参照。

に、それが「赦す」を意味する他の例としては、1QH 4.37, 17.12, CD 2.4–5, 3.18, 4.6–7, 4.9–10, 20.34 がある。

神殿犠牲の代替：契約者らの神殿犠牲に対する姿勢は曖昧である。それは彼らがエルサレムから撤退したこと、また支配的権威者らによって断罪されていることで神殿から隔絶されているからであり、その一方で唯一のイスラエル人として究極的な勝利を経て表舞台に返り咲くことを期待していたからである。最終戦争によってイスラエルの邪悪な者らが滅ぼされ、残るは異邦人との戦いであるという事態を待ち臨みつつ、1QM の著者は躊躇せずに以下のとおりに述べる。

> ［祭司らは］全焼の供儀と犠牲の傍らに立ち、神の満足（宥め）のための香りの献げ物を整え、彼の全会衆のために贖いをなし、そして彼の前で栄光の食卓に脂肪の献げ物をつねにもたらす（1QM 2.5–6）[172]。

贖いのための犠牲の価値が特記されることはないが、CD をとおして犠牲のシステムが有効であることが前提となっている（CD 9.13–14, 11.17–12.2, 16.13. 4.1 参照）[173]。しかし現状においては[174]、義なる行為と敬虔とがトーラーによって求められる犠牲の代替をなす。共同体が確立されると、「正しく献げられた祈りが義の香りとして、道の完全さがうるわしい自発の献げ物として受け容れられる」(1QS 9.4–5. 1QS 10.6 では「舌の献げ物」が言及されている)。この直前の解釈が難しい箇所（後述）では、何かあるいは誰かが犠牲よりも有効に——あるいは犠牲なしに——反抗と不誠実とを贖うことを示している

---

172) Gärtner (*Temple and Community*, 8–9) はこの箇所が将来的な神殿儀礼、あるいは象徴的に「共同体自体の実際の儀礼」に言及していると考える。前者の方がはるかに説得性が高いように思われる。Yadin, *The Scroll of War*, 199 を見よ。O. Betz, 'Le ministère cultuel à Qumrân', 168 参照。

173) Delcor ('Le sacerdoce', *RHR*, 144 [1953], 15–41) は CD を執筆した集団が儀礼の場を持っていた可能性について思いを巡らす。もっともクムラン集団がそのような場を持っていなかったことは確かだ。この点に関しては Klinzing (*Die Umdeutung des Kultus*, 22–49) が、死海巻物の時代にエルサレム以外で儀礼が執り行われたことはないという決定的な議論をしている。CD における儀礼に関する具体的な律法がやや古い伝統であり、この文献が執筆された時期に彼らがエッセネ派によって用いられていた神殿に言及しなかったということは可能である (p.28)。

174) 註 194 を見よ。

(1QS 9.4)。ここで私たちは、前置詞 mem の意図を定めようとする必要はない[175]。ここでの要点は、贖いの手段が共同体にあること、したがって神殿で犠牲を献げられないことが障害にならないことである。ラビ・ユダヤ教の場合と同様に、善行が帳簿を付けるような仕方で違反のマイナスを相殺するから贖いになるというのでなく、善行は聖典で特定されている犠牲の代わりとして贖いをなす[176]。

共同体による贖い：上で引用した 1QS 9.4–6 は、死海巻物における贖いに関するもっとも興味深い点として、私たちの考察を促す。ここでは、共同体自体が贖いの機能をなしている、と述べられている[177]。まず 1QS 5.6 やその他幾つかの箇所を取り上げ、そのあとで 1QS 9.4 に立ち戻ることにしよう。この箇所の構造は理解が困難で、翻訳において議論が絶えない。ブラウンリーは、新たな主節が 1QS 5.5 の第 4 語から開始すると考え、この語を *eam* と理解し、それが神を指す婉曲表現だと考える[178]。この理解は文章の難解さを解決し、神が共同体に割礼を施し、真理の基礎を据え、志願者を贖うという意味を導き出す。一方でヴェルメシュは、*eam* でなく *ki' 'im* を採用し、「割礼を施す」主体を 1QS 5.4 の「人」と理解する。したがって「誰も心の頑なさのうちに歩まず……、共同体に割礼を施し……」となる。ヴェルメシュは後続する不定法を「基礎を据える」そして「贖う」として、それらが共同体の人々に係ると考え、主語として「彼ら」を補う。したがって「彼らはアロンにあって自ら献身する者らをすべて贖う」とする。バローズの訳は原本と同じほど曖昧である[179]。1QS 5.5 の第 4 語をそのまま神の省略形とするので

---

175) Carmignac and Milik（*RB* 63 [1956], 524–32, とくに 531）は「～よりも」あるいは「以外に」でなく「～により」であると論ずる。Carmignac は 1QM 2.5–6 と比較し、1QS の箇所が分離派の勝利と正しい神殿儀礼の確立のあとに犠牲が有効となる事態を述べていると考える。Burrows, *More Light*, 363–65 の議論を見よ。さらに Ringgren, *Faith of Qumran*, 215; Betz, 'Le ministère cultuel à Qumrân', 168; Klinzing, *Die Umdeutung des Kultus*, 38–41 を見よ。

176) したがって Thyen, *Sündenvergebung*, 79 は正しい。しかし Thyen は代替理論をラビらに適用する。

177) 具体的には Gärtner, *Temple and Community*; Klinzing, *Die Umdeutung des Kultus* を見よ。

178) Brownlee, *Manual of Discipline* の該当箇所を見よ。

179) Burrows, *Dead Sea Scrolls*, 377.

なく、ki' im と読むとすると180)、ヴェルメシュの訳が一般に正しいように見受けられる。もっとも確からしい判断は、複数の不定法が「共同体の人々」に掛かっており、それらの不定法節のあいだに補足的な箇所が挿入されている、というものだ。テクストをこのように理解すると、「贖う」という語の主体が「共同体の人々」ということになる181)。したがって、彼らは自らのために、すなわち志願した祭司らやイスラエル人ら、また彼らに参加したすべての者のために贖いをなすということのようだ（5.6–7）182)。

構造的には 1QS 8.4–10 の方が明解である。「真実の証言者ら」と「御心により選ばれた者ら」が「血のために贖いをなし、邪悪な者らにその報いを返す」と言われる（8.6–7）。8.10 でも同様の内容が繰り返される。文章の構造が比較的明解であっても、「証言者ら」と「選びの者ら」が誰を指すかに関して議論が分かれる。これらが 8.1 に言及されている、律法に啓示されたすべての事柄において完全である 12 人の者と 3 人の祭司らを指すようにも見受けられる。しかし 8.4 の最後部分から主語が変わっており、8.4b–10a は共同体全体に言及し、8.10b になって選びの 15 人へとふたたび戻っている183)。すなわち 8.4ff は、選びの 15 人がイスラエルにいるとき、永遠の植樹とされる共同体の会議、イスラエルのための聖なる家、アロンのための聖なる評議会が登場することを述べる。私は「共同体の会議」を、他所でもしばしばそうであるように、共同体全体と捉える184)。そうすると、8.6, 10 において「贖う」主体は、全共同体の成員となる。一方で 8.3 においては、「贖う（*ratsah*

---

180) この修正に関しては Brownlee, *Manual of Discipline*, 49 を見よ。

181) Black（*Scrolls and Christian Origins*, 42）は、主体を共同体か、あるいは共同体内の集団と考える。Guilbert（Carmignac & Guilbert 訳）と Lohse は「彼ら」を「割礼を施す」の主語として補い、後続する不定法を「彼らは割礼を施す」に掛かるという見方をする。

182) Harrison（Black [ed.], *Scrolls and Christianity*, 30）は贖いの目的語を全民族と考えるが、テクストはそのように記していない。

183) テクストの区分は補遺 2 を見よ。

184) 例えば 1QS 6.13–15 では「共同体の会議」は全「共同体」と同義語である。Leaney, *Rule*, 211 参照。「会議（*'etsah*）」という語の曖昧さに関しては J. Worrell, *VT* 20 (1970), 65–74; Ringgren, *Faith of Qumran*, 202 を見よ。Ringgren は 8.4 の語が共同体かあるいはその下部集団と理解しうると考える（p.203）。Reicke（*S &NT*, 151–52）は 1QS 8.5–10 の主語を 8.1 に言及されている選ばれた集団と考える。しかし Chamberlain（*NT*, 3 [1959], 309）はこの主語を「分離派の正式の成員の全集団」としての会議であると考える。

のピエル態）」の主語が 15 人であることは明らかだ。彼らは「堅い意志と謙りとをもって地において信仰を守り、更生の実践と試練の苦しみを味わうことによって罪を贖う」[185]。そしてこのあとに 1QS 9.3–5 が続く。以下の訳はやや字義的である。

> これらすべての規定にしたがってこれらのことがイスラエルに起こるとき、永遠の真実のための聖なる霊を立て、背きの罪責と罪の不信仰とを贖い、全焼の供儀の肉と犠牲の脂肪よりも（／なしに）地への［神の］好意を得る［結果となる］。

開始部を「これらのことがイスラエルに起こるとき」とするこの訳は、基本的にブランリーに倣っている[186]。この訳では、後続する不定法動詞——立て、贖い、得る——の主語が、「これらのこと」が起こるという出来事となっている。しかしヴェルメシュはこの開始部を「これらの者が成員となるとき」と訳し、その結果として不定法の部分は「彼らが立て」、「彼らが贖い」、そして「彼らが好意を得る」となる。9.3 において「起こる」のは「聖なる評議会」の確立であり、それは「完全に聖なる人々」（8.20–21）によって構成される。これらの構成員が共同体の成員の大多数でないことは明らかだ[187]。彼らは 8.1 の選ばれた 15 人と同じではなかろうが、たしかに選びの者らである。いずれにせよヴェルメシュの訳によると「完全に聖なる人々」が罪を贖い、ブランリーの訳によると彼らの存在が罪の贖いをもたらす状況を作りだす。おそらくこれらの違いを厳密に扱う必要はなかろう。いずれにせよ私たちは、8.3 において選ばれた 15 人が「贖う」ことを確認した。

贖いの手段と影響範囲：最後に 1QS 1.3 ——「彼の評議会の人々は彼の契約を背きの中で守」り、「その地」を贖う——について考えよう[188]。成員

---

185)　1QS 8.3–4 の異なる理解は補遺 3 を見よ。
186)　Brownlee, *Manual of Discipline*, 34–35. Gärtner, *Temple and Community*, 29; Lohse の該当箇所を見よ。この箇所の訳は Gärtner, 44–45 を見よ。
187)　補遺 2。
188)　該当箇所の詳細な釈義は Klinzing, *Die Umdeutung des Kultus*, 60–88 を見よ。彼はさらに CE

一般が「贖う」のみならず、選ばれた15人が「贖う」。さらに、共同体の確立が「贖う」と見なされるとも考えられる。それでは、これらの箇所の意味は何か。全体にせよ一部にせよ、成員らがどのような意味で贖うのか。

1QS 8.3-4がこの点においてもっとも明解である。選ばれた15人は義の行いと苦難によって贖う。ここでは、義の行いと苦難とが犠牲を代替するようだ。これはある程度9.4-5においても述べられており、苦難への言及はないものの「道の完全さ」が犠牲を代替すると見なされている。選びの15人が誰を贖うのか、彼ら自身か、他の成員をも含めてか、あるいは地を贖うのか、は知らされない[189]。これらすべて、あるいは少なくとも前者の2組が贖いの対象であることは十分に考えられる。そうであれば、15人は祭司としての機能を持っており、他者の民の贖いをなす。ここに、他者の贖いのための苦難をも含む、苦難が言及されていることは興味深い[190]。

共同体——あるいは「完全に聖なる人々」——の祭司的機能は1QS 9.3-5にも見られる。祈りと道の完全さは犠牲を代替する。これらが犠牲を献げること「よりも」あるいは「なしに」贖うということのようだ。いずれにせよ、犠牲を代替する行為と敬虔さとが贖いに繋がる。おそらく、「完全に聖なる人々」を伴う共同体の存在が犠牲のシステム全体を代替するということのようだ。「全焼の供儀の肉と犠牲の脂肪」という句は、毎日献げられる焼き尽くすいけにえを指すように思われる。例えばこの句は、大贖罪の日のアザゼルの山羊を連想させない。1QSに言及されている贖いの影響範囲——私訳：「背きの罪過と罪の不信仰とを贖い、そして地のための［神の］好意」を得

3.18-4.10, 4Qfl 1.1-7, 1QpHab 12.3-4をも考察している。

189) Black (*Scrolls and Christian Origins*, 129) は興味深いことに1QS 8.3-4における贖いの対象を、異邦人と対比されるイスラエルとする。私はこれをテクストが支持するとは思えない。註182, 193を見よ。

190) 贖いの代理的性質が主の僕に倣っているという議論に関してはRinggren, *Faith of Qumran*, 197を見よ。Klinzing (*Die Umdeutung des Kultus*, 57-59) は第2イザヤがここで扱っている箇所に影響したとは考えない。私もこれに同意する。しかし彼は8.1を8.2-4から切り離すことによってのみ、この理解が消えると考える（補遺3を見よ）。8.2-4が本来共同体全体を指していたとする彼の議論は正しいかも知れない。そうだとすると現在の1QS 8.1-4における贖いとしての代理の苦難という明らかな示唆は、テクストの融合によってのみ起こったことになる。

る――は焼き尽くすいけにえの範囲よりも大きい[191]。この贖いの範囲は大贖罪の日を含むと思われ、後続する箇所では個人の犠牲（自発の献げ物）に言及がある。したがって9.3-5は犠牲のシステム全体に言及していることになる。ここで考察している箇所にはある種の普遍主義が示唆されている。なぜなら程度の差こそあれイスラエル人すべてが、背きと不信仰の罪にあるからだ。しかし実際には共同体の存在は、分離派の外にいるイスラエル人の罪を贖うことであるとは見なされなかった。なぜなら彼らは明らかに断罪され滅びへと向かう者らだからだ。その意味において、共同体の存在が神殿の贖いのための犠牲を代替したとしても、それ自体に効力がない。既述のとおり、また後述するとおり、契約の外にいる者らのための贖いはない。明らかに贖われるのは「その地」である。1QS 8.6, 10 と 1QSa 1.3 では、贖いの対象としていずれも土地に言及している[192]。その土地は共同体によって贖われる。土地のための贖いが具体的に何を指すかは明らかにされないが、ここで1つの推測は可能だ。土地は、神殿と同様に、現在は非分離派による不正と濫用によって汚れている。終わりの日には神が清い神殿を建てるが――4Qflor の開始部を見よ――、土地はそのまま残るようだ。イスラエルの地は贖われるか、滅ぼされる必要がある。なぜなら違反のみならず汚れが贖いを要するからだ。共同体の存在は、土地の汚れのための継続的な贖いを提供する。それは、邪悪な者らが滅ぼされたあと分離派によって土地が用いられるためである[193]。

　要約しよう。共同体は、その成員、とくにもっとも敬虔で義なる者らの善行と敬虔な祈りによって、神殿犠牲の代替としての役割を果たす（1QS

---

191) Moore, *Judaism*, 1.497 を見よ。

192) Black (*Scrolls and Christian Origins*, 42) は Wenberg-Møller に倣い、9.3 の *ratson* をピエル態の *ratsah* へと修正する（こうして8.3に近づける）。そして「土地の好意を得る」でなく「その地を贖う」と訳す。そうであれば、これは「その土地を贖う」という句の4つ目の例になる。

193) Burrows (*More Light*, 369) は 8.4-10 に言及しつつ、「イスラエルの罪のための」贖いについて述べるが、「土地」にその住民を加えているようだ。しかし非分離派に関する分離派の視点からすると、これはあり得ない。Klinzing, *Die Umdeutung des Kultus*, 57; Jaubert, *La notion d'alliance*, 171-72 参照。『ヨベ』6.2 は、箱船を離れたノアが土地の罪過のための犠牲を献げたことについて述べている。ここでは贖いが住民のためでないことは明らかだ（住民は滅ぼされている）。土地は箱船によって救われた者が住むのに相応しい。

8.3–4)。そのようにして共同体自体は成員の罪を贖うが（1QS 5.6, 9.4）、より具体的にはイスラエルの地の汚れを取り除く。それは将来的に分離派が土地を占めてこれを用いるからだ（1QS 8.6, 10, 9.4, 1QSa 1.3）[194]。

善行が贖いの行為としての犠牲に代替するという理解も[195]、「贖い［の行為］」を意味する kippurim という名詞の用法を考慮に入れると、さらに深まる。神によって命じられた道を完全に歩み、1つとして規定を違反しない者は、「贖いの行為（kippurim）をとおして」（1QS 3.10–11）神からの赦しを得る。一方で、契約の諸規定に従わずに心の頑なさに従うことを選ぶ者は、洗っても清められず、贖いの行為は何もない（1QS 2.26–3.4）。繰り返して述べてきたように、契約に加入せず、それに従わない者に赦しはない。同様の理解は1QH 15.24 にも見られる。邪悪な業には贖い（kopher）の保証はない。従順が救いの必須条件である。

苦難による贖い：つぎに、苦難が贖いになるかという問題に注意を向けよう。ラビ文献に見られる贖いとしての苦難は、死海巻物には見られない。しかし忘れてならないことは、苦難が贖うという理解が体系的に表現されるようになったのが、エルサレム神殿の崩壊以降のことだという点である[196]。死海巻物には、苦難が贖いと見なされる傾向が、多からずも見られる[197]。私たちは非常に興味深い 1QS 8.3–4 において、選ばれた 15 人の苦難が彼らの「正義の実践」とともに罪を贖うという内容に触れた。上述したとおり、この場合の苦難は代理の苦難である。さらに 1QpHab 5.3–6 が、幾つかの翻訳にお

---

194) Klinzing（*Die Umdeutung des Kultus*, 89–93）は、共同体が神殿を代替するという考えが、新たな神殿が将来において存在するという理解よりあとのもので、相反する考えであると述べる。彼は前者の理解が 1QH, 1QM, 4QpPs37 にないことに注目する。将来の神殿への期待はとくに分離派の中の祭司らによって保たれたであろう。したがって Klinzing は、共同体が当座のあいだ神殿儀礼を代替するというふうな一致した理解があったとは考えない。ある者は将来の神殿を期待し、ある者は共同体が永久に神殿を代替すると考えた。Klinzing の提案は可能ではあるが、この対比は厳密すぎる。

195) 犠牲の代替としての善行や祈り等に関する良い議論は Klinzing, *Die Umdeutung des Kultus*, 93–106（143–52 参照）を見よ。彼は、犠牲の価値が否定されるような示唆がないと適切に理解している。

196) I.A.7.d 参照。

197) Carmignac のこれに反する理解は註 144 と補遺 3 を見よ。

いては、懲らしめをとおしてイスラエル人の罪のための贖いがなされることに言及しているように見受けられる[198]。これら2つの箇所以外に私たちが確認した箇所は1QpHab 8.1–2のみである。この箇所での解釈によると、ハバ2.4b（「義人はその信仰によって生きる」）は「苦しみ——文字どおりには苦難——ゆえに、また義の教師への信仰ゆえに神が裁きの家から解放する、ユダの家の律法を守るすべての者」を意味する。ここに「贖う」という語はないが、選びの者の苦しみによって神の解放が部分的に動機づけられていることが分かる。ある意味で、1QSとCDに明記されている違反に対するすべての罰は、苦しみによって贖いが得られることを示している。この場合に「苦しみ」とは明記された罰則を受け容れることである。しかし贖いとしての苦難という理解が主題として明記されているのではない[199]。

改悛と贖い：改悛も同様に贖いの手段としては主題化されていない。上記のとおり、「改悛」や「立ち戻り」といった語句は分離派へ加入する者に関する議論において重要であり、「違反から立ち返る（悔い改める）者ら」は分離派成員を指す表現の1つとさえ思われる[200]。しかし、*shub*という語が契約内での違反を修正するために用いられた様子はない。1QH 14.24において神が「邪悪な者ら」を罰する一方で「罪を悔い改める者ら」を赦すと言われても、「悔い改める者ら」は分離派成員を指す呼称であり、この箇所では「邪悪な者ら（*resha'im*）」の対極に置かれている。すなわち、神が選びの者らを赦す、と言われているということだ。しかしこの句は、選びの者らにとって特定の傾向を示す。彼らの共同体への加入と、彼らが共同体において継続する営みとは、改悛によって性格づけられる。違反を犯した者が完全に回復されるために必要な共同体における戒律を受け容れるということは、悔い改めることを示唆している。したがって、悔い改める姿勢は分離派に留まるために不可欠である。

---

[198] I.B.2.b 参照。

[199] 私は1QS 8.3–4以外の「厳しい試練」の箇所（例えば1QS 1.17, CD 20.26–27, 1QM 17.9）が苦しみによる贖いでなく、邪悪な者らの破滅（その結果として選びの者らの清め）、あるいは耐えるべき試練について言及していると考える。

[200] I.B.2.b 参照。

7. 神の義と人の義 [201]

死海巻物とパウロの接点としての義：私たちはすでに、神の義と人の義という主題について触れた。しかしここでは、これらの主題を分離させて論ずることが有用だと思われる。これは「義」という主題に付随する意義を考えると、パウロとクムラン共同体とを比較するために特別に重要となる。したがって、例えばバローズは 1QH 4.30–31（「私が知る義は人のものでなく、また人のこの道の完全さでもない。すべての義なる業はいと高き神に属する」）と、ロマ 3.20 およびガラ 2.16（人の行いによる「義認」の否定）とのあいだに関連性を見出す。バローズは、神のみが義であるという一般的な理解が旧約聖書にもあることは認めるが、むしろ「神の義による義認」というパウロ的な理解を 1QS 11.12（「私の義は神の義による」）と 1QS 11.14（「彼の誠実な義によって、彼は私を裁いた」）のうちに見出す。バローズは以下のように結論づける。「もっとも重要な点は、人に由来する義がなく、あるのは神がその義に依拠して恩寵によって与える義である。したがってロマ 3.21–26 における神の義の意味は、前キリスト教的なユダヤ教に根を下ろしていることを示している」[202]。ブラックは基本的にバローズの分析に同意しながらも、この点に関する死海巻物の「宗教的感性」は福音の備え（*praeparatio evangelica*）というのみならず、詩編と預言書の敬虔を継承するものだという修正を加える。彼はエレ 10.23（「人の道はその者自身のものでない」）がクムラン文献の基本的教義を提供していると考える [203]。スタンダールの理解もバローズやブラックに近い [204]。シュルツはパウロとクムランにおける義認の教義を詳しく分析しているが、恵みのみ（*sola gratia*）というパウロの義理解がクムランに由来する

---

201) B. Przybylski, *The Concept of Righteousness in the Gospel of Matthew*, ch.2 ('*Tsedeq, Tsedaqah* and *Tsaddiq* in the Dead Sea Scrolls') を見よ。
202) Burrows, *Dead Sea Scrolls*, 334.
203) Black, *Scrolls and Christian Origins*, 128.
204) Stendahl, *S & NT*, 8–10.

と結論づけた[205]。

　他の学者らのあいだからは、このような並列関係に躊躇する声も上がった[206]。ここではクムラン文献の幾つかの言説について短く分析を行うことが必要なようだ。私たちの目的は、死海巻物に含まれる義や義認に関するすべての言説を網羅的に調べて整理することでない。むしろここでは、神の義、人の義、人の義の欠如に関する主要な言説に焦点を置くことにしよう。

　神と人との対比：神との関係において ts-d-q という語のもっとも印象的な用法の1つは、人と神とが比較される箇所に見られる。これらの箇所の重要性については繰り返し述べてきたが、ここでは幾つかの用語を分析しよう。1QS 1.21–2.4 では、祭司らが神の tsidqot（義なる業）を、そしてレビ人らがイスラエル人の悪行を朗吟することが述べられている。祭司は神の tsidqot のみならず、慈愛の恵みについても朗吟するので（1.22）、ヴェルメシュは tsidqot を「好意」と訳す。リーニーが述べるとおり、神の義なる業と人の不義なる業の対比を強調するべきかも知れないが、これらの箇所で神の義なる業とは憐れみ深くあることを指すと思われる[207]。

　神の義と人の不義との対比は、詩的な箇所においてより鮮明である。したがって 1QS 10.23 は神の tsidqot を人の不信仰（ma'al）と比較する。1QH 1.26 で詩編記者は、人がその罪と諸罪過について何を言い得ようか、また「義なる裁き（mishpat ha-tsedeq）」に対していかに応答するべきか、と問うている。記者は続けて、神への讃美の定型句（lekah'atah［あなたの、あなたの］）と共に[208]、すべての義なる業（ma'ase ha-tsedaqah）が神に属し、悪の行いと虚偽の業とが人に属すると述べる──1QH 4.21 では詩編記者が神に「虚偽」がないと述べる──。同様に 1QH 4.29–31 において、義なる業（ma'ase tsedaqah）の属する神が、tsedaqah あるいは道の完全さ（tum derek）がない人と対比され

---

205)　S. Schulz, 'Zur Rechtfertigung aus Gnaden', 184.
206)　Becker（*Das Heil Gottes*, 125）は 1QS 10.9–11.22 について、「恵みのみ」について語ることができても、これは分離派のみに適用され、律法から成員らが解放されることでない、と述べる。律法は tsedaqah をもたらさないが、それでも救いの道を構成する（p.143参照）。Braun, 'Selbstverständnis', *Studien*, 113, 116; Bröker, in *TLZ* 87（1962）, cols. 709–10 も見よ。
207)　Huppenbauer, *Der Mensch zwischen zwei Welten*, 21 参照。
208)　この点は直後で後述する。

る。1QH 12.30–31 では、神の前での人の無能さについて、神の叱責の前で答えを持たないと表現されるが (1.26 参照)、それは神が義 (*tsadaqtah*) であり誰も神に刃向かうことができないからだ。ここで用いられる動詞は、上に挙げた他の箇所の動詞と同じ意味を含んでいる。いずれの場合も、主要な意味は「正しい側にある」および「道の完全さ」である。これらの言説における重要な関心は人との対比である。神は完全だが人は罪深く不適切だ、ということである。

清めと裁きの根拠となる義：2 つめに重要な用法は、清め、裁き、そして裁きあるいは擁護を扱う箇所で、これらはすべて賛歌のジャンルに限定される。下で見るように、*tsedaqah* は「憐れみ」を意味する語と同列関係にある。

1QS 11.3 では、神が *tsidqot* をとおして詩編記者の違反をぬぐい去ると言われる。1QS 11.14 では、神が *tsedaqah* をとおして詩編記者を清める。1QH 4.36–37 では、詩編記者が神の恵み (*ḥasadim*) と多くの憐れみ (*raḥamim*) により頼むが、それは神が *tsedaqah* をとおして罪過のうちにある人を清めて不正を赦すからだ。1QH 11.29–30 では、詩編記者が憐れみと慈愛ゆえに神を讃える。そして記者は、神の真実を喜び、神の *tsedaqah* をとおして (*bet*) 清められるように願う。記者は以下のように続ける。

> あなたの優しさに私が希望を置いて、
> 　　あなたの恵みを待ち臨むとき、
> あなたの赦しにしたがって、
> 　　あなたは私を災いから解放されます。
> そして私の悩みの時、私があなたの憐れみにより頼んだので、
> 　　あなたは私を慰められました (1QH 11.31–32)。

とくに 1QH の 2 つの箇所において、神の *tsedaqah* によって清められることが、神の恵みと憐れみと慈愛を信頼して感謝するという文脈に置かれている。さらに詩編においては、神の憐れみをとおして人が清められることが直接的に語られている。したがって 1QH 1.31–32 では、「あなたの憐れみ (*raḥamim*) と大いなる恵み (*ḥasadim*) によって、あなたは力を与え」清めた。

同様に 1QH 7.29–31 では、神がその善良さ (*tob*) によって人を清めると詩編記者が述べている。記者が聖い霊によって清められたことに言及する場合 [209]、それは神の慈愛 (*raḥamim*) によって「引き寄せられる」という文言と並列に置かれている。

1QS 11.14 では、神が詩編記者を *tsedaqah* のうちに(あるいは、*tsedaqah* によって [*bet*]) 裁く (*sh-p-ṭ*)。しかし感謝の詩編においては、分離派成員に対する神の裁きが憐れみあるいは慈愛によると言われる。したがって 1QH 9.34 では、あなたが私を裁くとき憐れみ (*raḥamim*) が豊かにある。6.9 では、神が残りの者を *ḥasadim* のうちに、あるいは *ḥasadim* によって裁き、詩編記者は神の憐れみと赦しを語り続ける。共同体のうちにある者が恵みによって裁かれるという理解との関連で、私たちは 1Qh 5.6 と 9.14–15 を対比することができる。前者では詩編記者が、その罪過にしたがって神の裁きを受けたことを述べる。後者では、詩編記者が神の慈愛に望みを置くが、それは誰も神の裁きにおいて義とされ得ないからである。

神の義がもたらす人の義？：ここで私たちは、パウロとの比較がもっとも盛んに行われる句について考察しよう。1QS 11.5, 12 では、*mishpaṭ* が *tsedaqah* によるとある。もし *mishpaṭ* が「義認」と訳され、*tsedaqah* が「義」と訳されるなら、この句は神の義による義認を教えていることになる。バローズは *mishpaṭ* を「義認」と訳し、これを明らかに義と同視する。なぜなら彼はこの言説に依拠して、人の義が神の義から生じると結論づけるからだ [210]。パウロの思想とクムラン共同体の思想との関係について論ずることは、結論部まで保留しておくことにしよう。むしろここではまず、上に挙げた箇所以外でも、人の道が神の恵みによってのみ完全とされ得ると、死海巻物が明らかに教えていることを認識することが肝要である [211]。これが、人の義が神の義に依拠するというパウロの概念と実質的に同一であると結論づけるためには、パウロが述べる人の義がクムランにおける道の完全さと同じであり、

---

209)　1QH 16.11–12. 1QS 3.7, 4.21 参照。霊は「神の恵みの顕現」である (Ringgren, *Faith of Qumran*, 89)。
210)　註 202 を見よ。
211)　p.452 を見よ。

パウロが述べる神の義がクムランにおける神の恵みと同じであることを前提としなければならない。これらを前提とすることはできないように思われるが、この点についてさらに考察しよう。

人の *mishpaṭ* が *tsedaqah* によるという言説に関しては、1QS 11.13-14 において人の *mishpaṭ* が神の慈愛／恵み（*ḥasadim*）によると言われる点に注目すべきだ。また 1QS 11.12 の文脈にも注目しよう。

> 私は、
>> もしよろめいたとしても、神の恵み（*ḥasadê'el*）が
>> 私の永遠の救いとなる。
> もし私が肉の罪のために躓いても、
>> 私の義（*mishpaṭ*）は、
>> 永遠に続く神の義（*tsidqat'el*）による。

この文章に同義的並行法を見出す誘惑は避けがたい[212]。とくに「もしよろめいたとしても……もし躓いても」が、そのような結論へと解釈者を誘う。もしそうであれば、*mishpaṭ* は *yeshu'a*（救い）と並列となり、*tsidqat'el* は *ḥasadê'el* と並列関係となる。これは蓋然性が高い。なぜならすでに繰り返し見たように、*bet*（～によって、～をとおして、～において）という前置詞を伴う *tsedaqah* がしばしば憐れみ、慈愛、善良さを表す語と並列的に用いられるからだ（1QS 11.13-14、1QH 4.36-37、11.29-32）。上で見てきた 3 つの文脈において（*tsedaqah* による清め、*tsedaqah* により裁かれること [sh-p-ṭ]、そして *tsedaqah* による *mishpaṭ*）、*tsedaqah* の主要な意味は「憐れみ」である。おそらくこれは 1QS 11.13-14 においてもっとも明らかであり、そこには以下のような語が見出される。

| 近寄せる、近くへ招く | *raḥamim* によって |
| *mishpaṭ*（弁護、義） | *ḥasadim* によって |

---

212) Kertelge, *'Rechtfertigung' by Paulus*, 29 をも見よ。

裁かれる（*sh-p-ṭ*）	*tsedaqah* によって
赦す（「贖う」）	*ṭob* によって
清める	*tsedaqah* によって

縦列に並ぶ文言を同意語と捉えることは単純化が過ぎる。なぜなら、それぞれに独自の意味と示唆とがあるからだ。一方で、縦列に並ぶ文言のあいだに十分に肯定的な関係性が見られることも確かだ。近寄せられること、清められること、赦される（「贖われる」）ことはしばしば並列関係に置かれ[213]、*rahamim* と *ḥasadim* と *ṭob* には互換性があるように見える。この文脈での *tsedaqah* は *rahamim* や他の語とほぼ同じ意味を持つという印象は避けられない[214]。パウロが神の義に関してこのように理解しているのでない限り、上で提案された、パウロとクムランとの並列関係は崩れ始める。また 1QS 11.12 において、*mishpaṭ* が *ḥasadim*（慈愛／恵み）によってもたらされる、また人が *tsedaqah* によって裁かれる（*sh-p-ṭ*）、と述べられていることにも注目しなければならない。このようにそれぞれの語が自由に交換される豊かな文脈から、パウロの思想の背景を確立する句（*tsedaqah* による *mishpaṭ*）を見出すことは非常に偏った解釈のように思える。人の義（裁きの放免という意味での *mishpaṭ*）が *tsedaqah* によると述べることと、それが憐れみ（*rahamim* また *ḥasadim*）によると述べることとのあいだに、あるいは前者の表現と *tsedaqah* や *ḥasadim* によって裁かれる（*sh-p-ṭ*）という表現とのあいだに、差異があるようには思えない。

義と憐れみ：また *tsedaqah* あるいは *tsidqot* あるいは *tsedeq*（1 回）が少なくとも部分的に憐れみを意味する箇所が他に存在している。もっとも、直前で考察した箇所において明らかにこのような意味で用いられているとは言えないが。詩編記者が「あなた、あなたが義です。それは［これらのこと］すべてを成したのがあなただからです」と述べる場合、神が成したこととは「あ

---

213) I.B.6 を見よ。
214) とくに Becker, *Heil Gottes*, 121–22 参照。恵みとしての「義」については Ringgren, *Faith of Qumran*, 66–67; Nötscher, *Terminologie*, 183–85; Kertelge, *'Rechtfertigung' bei Paulus*, 28–33 を見よ。

なたの憐れみの霊によって私を恵ませてくれた」(1QH 16.9) ことである[215]。さらに記者が「あなた、あなたが義です」と述べるとき、彼は神の義 (*tsedaqah*) にしたがって贖ったと続ける (17.20)。贖いへの言説は憐れみをも示唆すると思われる。なぜならこの直前 (17.17–18) で記者は、神の *tsidqot* に言及しつつ、父祖の罪の赦しについて語り、彼自身の罪に対して神が憐れみを示すよう願うからだ。ここでは *tsidqot* が神の「忍耐」(17.17) と結びついている。*tsadaqtah* を用いた同様の関連は 1QH 1.6 にも見られる。しかし詩編記者が「あなたが義です (*lekah ha-tsedeq*)」と 1QH 11.18 で述べる場合の *tsedeq* は、神の記者に対する憐れみと契約の外にいる者らを訪れる滅びとを明らかに含んでいる。すなわちここでは、*tsedeq* の意味が分配的公正に近づいてきている[216]。神は、邪悪な者らを適切に滅ぼし、選びの者らに憐れみを示すという意味で義である。おそらく 1QH 7.19–20 において *tsedaqah* は恵みあるいは憐れみに近く、神の *tsedaqah* において詩編記者は契約のうちに置かれている。

「あなた、あなたが」の箇所には、おそらく憐れみ以外の意味もあるだろう。「あなた」が繰り返されることで、*tsedaqah* が人でなく神に属することを宣言する意図が見られよう。「あなた」という繰り返し表現がない 1QM 11.2 (*lekah ha-milhamah*,「戦いはあなたのもの」)、そして 18.12 (*lekah ha-geburah*,「力はあなたのもの」) の場合、戦いと力とが人でなく神に属するという意味である。*lekah'atah ha-tsedaqah* という句においても意味は同じだろう。

義と公正：神に関して *ts-d-q* のもっとも印象的で特徴的な用法が見られるのは、人の罪深さと無能さとの比較における神の義の宣言、さらに恵みとほぼ同一の神の義に関する言説においてである。もちろん他の用法も見られる。詩編記者が、神は真実 (*'emet*) でその業は *tsedeq* だと述べる場合、神の行為が正しいことが語られているのだろう (1QH 4.40)。同様に神の裁きは *'emet* であり *tsedeq* である (CD 20.29–30)。*mishpate tsedeq* が正しい律法であるように (1QS 3.1. 9.17 参照)、神の *tsedeq* の評議会は正しい評議会である (1QS

---

215)　4QBt3 6.3–4 において「あなた、あなたが *tsedaqah* です、主よ。これらすべてを成したのがあなたですから」と述べられるとき、神が成したこととは、「私たちの違反」を取り除き、「私たちの罪をあなたのゆえに」清めることである。

216)　Kuhn (*Enderwartung*, 36) はここでの語を神の救いの行為のみに言及していると理解する。

1.13)。この語はときとして明らかに分配的公正という意味合いで用いられている。神は真の裁き（*lehatsdiq*）をすべての人の子らに対して行う（1QM 11.14）。詩編記者が神の裁きを正しい（*'atsdiq*）と宣言するとき（1QH 9.9）、彼は神が公平な裁き司であると述べている。これは、神を *tsaddiq* と宣言する際の意味と同じであろう。すなわち神は邪悪を取り除き、彼の義（*tsedaqah*）を啓示する（1QH 14.15）[217]。詩編記者は神の公正な叱責について語るが（「あなたの義の叱責」、1QH 9.33）、それはおそらく義なる裁き（*mishpat ha-tsedeq*, 1QH 1.26）を行う者としての機能を神が果たしつつ与えている罰に言及しているのだろう。

人の義：それでは次に、人の義について考察しよう。私たちはすでに、分離派の成員が時として「義」と呼ばれていたことに触れた。しかしこれは、彼らにとってのもっとも特徴的な呼称ではない。したがって詩編記者は彼らを「賢い者ら（*hakamim*）」、「義なる者ら（*tsaddiqim*）」、あるいは「道の完全な者ら（*temime derek*）」（1QH 1.35–36）と述べる。同様に 1QH 7.12 の著者は、神が自らをとおして義人（*tsaddiq*）と邪悪な者（*rasha'*）とを区別すると述べる。詩編記者の道に従い分離派に加入する者が *tsaddiq* ということのようだ[218]。

一方で、誰も神の裁きにおいて義（*yitsdaq*）となれないというのが、感謝の詩編の特徴的な宣言である（1QH 9.14–15）。周囲の文が破損していて文脈が不確かだが、1QH 12.19（「あなたの前に義人はいない［*'en tsaddiq 'imkah*］」）もこれと同じ見解を示しているようだ。1QS 3.3–4 ではそこまで断言せず、人はその心の頑迷さに従う[219] とき義（*yitsdaq*）ではない、あるいは、彼は完全な者と見なさない、と述べる。しかし賛歌においては、人が人として神の前

---

217) Licht ('Doctrine', 8–9) は 1QH 14.15 が神の分配的公正について述べていると考える。そして 1QS 10.18 をその並行箇所と見なす。同様に Carmignac ('Souffrance', 372) は、神の *tsedaqah* が啓示されているという言説が詩 98.2 に由来すると指摘する。しかし Kuhn (*Enderwartung*, 36–37) は、1QH 14.15–16 の *tsedaqah* がただ神の共同体に対する誠実さ（＝「あなたに属する者の終末的な救い」）に言及していると考える。

218) 1QH 2.8–9 の同様の文脈（7.12 のようにしばしば「教師」によるとされる）において、詩編記者に従う者らは「違反から立ち返ったすべての者」である。

219) この動詞は翻訳が困難である。しかしこれが *tur* のアラム語化されたものであるという説得性の高い議論が Licht (*Rule Scroll*, 78) によって提示されている。この句は民 15.39 に依拠する。

で義であり得ないことが述べられる。詩編記者は「人は裁かれるとき、誰があなたの前で義であり得ようか (*mi yitsadq lefanekah*)」と問うが、その答えは「誰も義であり得ない」(1QH 7.28) である。1QH 4.30-31 では名詞形を用いながら、「誰もいない」という断定的な言説が述べられる。すなわち人は義 (*tsedaqah*) を持たず、人の子は道の完全さ (*tum derek*) を持たない。

　1QS 3.3 と 1QH 4.30-31 の箇所は人の義が何かを明示する。それは「道の完全さ」であり、すなわち誤りのない従順である。神の視点からは、人が裁かれるとき (1QH 7.28, 9.14-15)、あるいは単純に神との比較において (1QH 12.19)、誰も義でない。神はその憐れみによって彼の真実の子らを赦し、彼らを違反から浄める (1QH 7.30)。人は自ら *tsedaqah* を持たないが、それはすべての *tsedaqah* の業が神に属するからである。それでも神は、人の道を確立し、人のために道を完全にする (1QH 4.31-32)。1QH 13.16-17 にあるように、人は神の正しさ (*ṭob*) によってのみ義 (*yitsdaq*) である。人自身には自らを救う義なる業 (*yitsdaq*) がなく、神の恵みに頼るしか道がない (1QH 7.17-18)。人は神から離れて[220]義 (*yitsdaq*) ではないので、詩編記者は神がその恵みによって彼を近くに招くよう請う (16.11-12)。同様に、神によらずして道は完全にならない (1QS 11.17)。これはすなわち、幾つかの道は神によって完全とされるということを意味するようだ。この意味で 1QS 10.11 の著者は、神を彼の「義 (*tsedeq*)」と呼ぶ。人を義とする神の恵みは、2 つの詩編において予定と結びついている。すなわち、神はある者を *tsaddiq* として創造した (1QH 4.38, 15.14-15)。これは 1QH 16.10 の意味でもある。すなわち、神は *tsaddiq* の霊を定めた。

　分離派の自意識に関する、2 つの関連しながらも異なる要素は、以下の言説に反映されている。一方で、神の前で人は不十分だとの理解があり、神の前で誰も義でなく完全でもない。人は自ら「義なる業」を持たない。他方で、彼らには選ばれているという意識がある。したがって、ある者は義 (*tsaddiq*,

---

[220] Dupont-Sommer と Mansoor は「あなたのそば」、Vermes は「あなたをとおさず」と訳す。しかし 1QH 10.9, 1QS 11.17 については、主要な翻訳はすべて「あなたなしに」あるいは「あなたから離れて」と訳す。1QH 16.11 ではこの訳がよかろう。サム下 22.32 では前置詞が「〜なしに」だが、それが死海巻物での意味とはかぎらない。

yitsdaq)であるが、それは神の恵みによる。

選びに留まる条件としての義：「義人は誰もいない」という言説には「パウロ的」な響きが印象的だ。ベッカーが述べたとおり、義は律法の行いによってもたらされない[221]。しかし人の義は道の完全さと同等であり（1QS 11.17参照）、違反の対極にある（1QH 7.28–31）律法の行いである。人は神の予定的な恵みによって選びの者となっており、したがってtsaddiqと分類されている。しかし唯一tsaddiqとして、あるいは道の完全さに留まる道は、分離派の契約によって特定された神の命令を行い、罪を犯さないことだ。上述したように、分離派の成員らはあきらかにラビよりも、恩寵という文脈に意識を向けている。しかし両者ともに、神の選びによって救いがもたらされる一方で、tsaddiqであることは律法を行うことだと理解していた。すなわち律法を行うことが、選びの者として留まる条件である。分離派がラビと異なる点は、分離派の成員が契約のうちに留まるための従順としてはるかに厳しい基準を要求していたことである[222]。

8. 宗教的営み

契約書のための徳目：ここまで私たちは、契約者らの内部における宗教的営みについてほとんど触れてこなかった。この共同体の宗教的な理想を描写する徳と悪徳のリストが様々存在する。これらのほとんどは取るに足らない。善人は謙るべきで（1QS 4.3, 11.1）、それは頑迷で傲慢にならないことである（5.4–5）。富を不正な仕方で獲得すべきでない（CD 6.15–16）。神を求め（CD 1.10）、その掟を守らなければならない（CD 3.12, 20）。虚偽でなく真理を追求すべきである（1QS 6.15）。兄弟を愛し（CD 6.21）、同胞である契約の成員に対して博愛を実践すべきだ（1QS 4.5）。これらの徳を欠く者が邪悪な

---

221) Becker, *Heil Gottes*, 125.
222) 死海巻物における ts-d-q の語根に関しては Becker, *Heil Gottes*, 115–22; Huppenbauer, *Der Mensch zwischen zwei Welten*, 19–22; Ziesler, *Meaning of Righteousness*, 85–103 を見よ。死海巻物の用法は Ziesler の一般的な仮説を支持しない。それはすなわち、動詞が法廷的で形容詞と名詞が倫理的だというものだ。なぜなら、動詞も名詞も形容詞も並列的な言説において用いられているからである。

者の特徴であることは言うまでもない。

　しかし分離派的な特徴を明らかに示す2つの訓告がある。成員は分離さ
れる必要があり、彼らは知る必要がある。したがって彼らは、滅びの穴の子
らから離れるよう促される（CD 6.15, 1QS 5.1–2, 8.13）。悪からの身体的分離
に関するこの訓告には1つだけ例外がある。それは物資の購入である（1QS
5.14–20）。しかし基本的にはすべての交流が禁じられる。契約のうちにいな
い者の業はすべて「汚辱」であり、彼らの所有物はすべて汚れている（1QS
5.14–20）。

　徳としての分離：「汚辱」を避けるという清浄の目的によって分離を強調
すること（*niddah*, 不浄、1QS 5.19）には2つの起源があるようだ。その1つは、
聖書が祭司に命じる儀礼的清浄の規定を分離派が自らに適用したということ
である[223]。非分離派による儀礼的清浄規定の実行が誤っているので、分離派
による清浄規定の実施は分離によってのみ到達できるということになる。
しかし汚辱は儀礼的言語によってのみ理解されるのでない。むしろそれは儀
礼的汚染としてはおおよそ理解されない。人が違反から「清められる」よう
に（例えば1QH 11.10）、「不浄」は違反に含まれる。したがって「その言葉
に違反するすべての者は汚れている」（1QS 5.14）。贖いの行為によって「清
浄」を受けられない者、水によって「清め」を得られない者、沐浴によって
「清め流される」ことがない者は、すなわち自らの心の思いを求める者、ある
いは「神の掟を軽んずる」者である（1QS 3.3–6）。このため人が水によって
清められる場合も、その者はじつに「神のすべての掟のもとにその魂を謙ら
せることにより」清められる（1QS 3.8–9）。同様に詩編記者は不浄（*niddaha*）
と不信仰の罪過（1QH 11.11）とを並列関係に置く。彼は「あらゆる邪悪な業」
を避けることでその手を「清く」保つ（1QH 16.10–11）。不浄が違反と同視
される様子は、1QM 13.2, 5においてさらに示されている。すなわち神の「真
理の業」は、ベリアルの籤の諸霊によって行われる「不浄の業」と対比され
る。したがって分離の強調は、儀礼的清浄自体への配慮からというよりも、

---

223) Gärtner, *Temple and Community*, 5; O. Betz, 'Le ministère cultuel á Qumrân', 167. 後者はとくにエ
ゼ 43.18–44.26 の影響に言及する。分離派への祭司的影響に関しては、Klinzing, *Umdeutung*, 106–43;
Jaubert, *La notion d'alliance*, 145–52 を見よ。

違反による腐敗と汚辱を避けることへの配慮から生じていると考えるべきだろう[224]。

徳としての知識：身体的分離が強調されると同時に、知識と理解と洞察も強調される。共同体成員が部外者を避けなければならない主要な理由は、彼らが神を求めず、契約という隠された事柄を知ろうとしないことである（1QS 5.11–12）。しかし共同体成員の特徴は、彼らが掟を学んでいること、洞察に長けていること、栄光の声を聞いていること、清い御使いを見ていること、耳を開いて深い事柄を聞いていることである（1QM 10.10）。賛歌における感謝の主要な理由の1つは啓示である。

> 主よ、私はあなたに感謝します、邪悪な者への慈愛と曲がった心への憐れみの大きさゆえに。あなたは私にあなたの真理に対する洞察を与えられ、その驚くべき奥義の中で私に知識を与えられました（1QH 7.26–27）[225]。

1QS 4.2–6 の徳の項目には、共同体成員の特別な知識を示す用語が少なくとも4つ含まれている。すなわち、洞察（*sekel*）、理解（*binah*）、大いなる智恵（*ḥokmah*）、そして知識の霊（*da'at*）である。知識の強調はとくに民 6.24–26 に見られる祝福の敷衍に明らかだ。以下の引用では、傍点部分が聖書テクストに付加されたものである[226]。

> 彼があらゆる善をもってあなたを祝福し、
> あらゆる悪からあなたを守られるように。
> 彼が命の洞察によってあなたの心を守り、
> 永遠の知識によってあなたに恵み深くあるように。
> 彼が永遠の平和のためにその恵みの顔をあなたへと上げられるように（1QS 2.2–4, 私訳）。

---

[224] Cross, *Library*, 76 における議論を見よ。
[225] 翻訳は Sanders, *RQ* 6 (1968), 430.
[226] Burrows, *Dead Sea Scrolls*, 248 参照。

「主がその顔をあなたの上に輝かせられるように」が「彼が命を与える洞察によってあなたの心を啓蒙されるように」となっている第3段がもっとも示唆に富んでいる。

分離派としての特徴：これら両方の強調——分離の強調と特別な知識や洞察の強調——は明らかに共同体の分離派的な性格を反映している。身体的に分離されている一方で、彼らのみが真理を知っているという自信が保証となっている。部外者[227]に対して敵意を醸成しつつ、一方でお互いへの献身に依拠している。分離派としての意識は完全にされていなければならなかった。しかしそれは成員を内部者間での緊密な一体感へと導くのみならず、疑いと不寛容へも導くことになった。なぜなら彼らはあらゆる罪から離れなければならず、その結果としてあらゆる違反のために交流から少なくとも部分的に排除されたからである。

分離派の成員らは、他のイスラエル人から身体的に分離されていることの反動から、また神に特別に選ばれているという感情を根拠として、神の臨在の中で暮らしているという意識を強く持っていた[228]。これは賛歌の部分に明らかだが[229]、他所においても見られる。したがって 1QM 13.8 は、神の臨在を分離派が覚えていることについて言及するが、同時におそらく終末の戦いを意識しつつ、他のいかなる存在にも優る神の直接的な助けについて続けて論じる（13.12–14）。リングレンは神の臨在の実感とともに、下位の実体や中間的存在の欠如について述べる。彼はここで、他のユダヤ教文献に見られる「下位の実体」（智恵、「言葉」）や御使いが神の疎遠さを反映している、という一般的な誤りを共有している[230]。クムラン文献においてこれらが欠如しているかほとんど言及されないことから、彼は神の臨在への強い感情が分離派成員のうちで共有されていたと理解する。しかし 1QSa 2.8–9 では、終末の共

---

[227] 邪悪な部外者への嫌悪をイミタティオ・デイとして理解する分析については、Jaubert, *La notion d'alliance*, 186–89 を見よ。

[228] Barthélemy, 'La sainteté selon la communauté', 204–11 参照。「すでに」と「いまだ」のあいだの緊張については、Jaubert, *La notion d'alliance*, 237, 245 を見よ。

[229] とくに H.W. Kuhn, *Enderwartung und gegenwärtiges Heil* を見よ。

[230] Ringgren, *Faith of Qumran*, 81. ラビ文献との関連でこの理解に対する批判は、I.A.10 を見よ。

同体において非常に厳しい儀礼的清浄を守る根拠が神の臨在でなく御使いの臨在になっている[231]。いずれにせよ、神の臨在に関する分離派の意識が疑われることはない。

臨在への招き：上では、「近くへ招く」という句に注目し、これが契約に導き入れられる行為、赦しと清めとの関連で用いられる句であると理解した[232]。次に、神の近くへ招かれるということについて注目しよう（1QH 16.12. 1QS 11.13–14, 1QH 12.22–23, 14.13 参照）。詩編記者は異なる動詞を用いて「あなたはあなたの真理の子らすべてを赦しのうちにあなたの前にもたらされます」（1QH 7.29–30）と述べている。同様に、分離派成員は神の前に立つ――あるいは立たされる――とも言われる（1QH 4.21, 7.31, 11.13）。この場合、神の前に立つことは将来の命にのみ言及しており、共同体での命について言及していないと思われる。1QH 4.21 と 7.31 では、「あなたの前に」が「永遠に」という句を伴っており、11.13 では「永遠の軍勢と［あなたの聖さの］霊により、新たにされ……」という句を伴っている。後者は終末に訪れる刷新について述べているようだ。神の前に立つということが「永遠に」持続する状態として理解されていたようだが、同時にそれは分離派に加入したときに始まった状態としても理解された。上に挙げた「近くに招く」および「招く」という句を含む箇所は、あきらかに分離派に加入すること、あるいは分離派の中で神に近づけられることに言及している。

おそらくこれと同様の姿勢――分離派に加入したときに神の臨在に入り、永遠の神の臨在に留まる――は、1QH 3.20–23 にも見られる。

> 私は無限の平らな地を歩き、
> 　彼に希望があることを知っている、
> 　　あなたが永遠の評議会のために
> 　　　塵から形づくられた者に。
> 　あなたは大いなる罪の邪悪な霊を清め、

---

231) 『民スィフ』1 参照。I.A.3 参照。
232) 直前の 1QS 11.13–14 の議論を参照。

聖なる者らの軍勢と共に立つようにされた。
　天の子らの会衆と共に
　　　共同体に加わるようにされた。
　あなたは人に永遠の運命を与えられた、
　　　知識の諸霊のあいだで。
　それは彼があなたの名を共通の喜びにおいて崇め、
　　　あなたのあらゆる業の前であなたの偉業を思い起こすためである。

　共同体成員は分離派に加入したとき、「天の子ら」と共に共同体に入ると考えられていたようだ。1QH 6.12–13 において、彼らは「御使いらと籤を共有する」と言われる[233]。いずれにせよ共同体に加入することは、「神の評議会に結ばれる[234]」ことであり、「彼の前」を歩むことを意味する（1QS 1.8）[235]。

　共同体において獲得できる個人的な敬虔さの深みはホダヨート（感謝の詩編）においてもっとも明らかに見られる。これらの詩編はよく知られており、ここまでの議論でもたびたび引用してきたので、ここで特定の箇所を引用して証明する必要はなかろう。これらの詩編の記者は人の罪深さと弱さを知り、さらに神の恵みに深く意識を向けていた。そしてこれらの詩編をとおして、この２つの点が明らかな主題として共同体での営みに関わった[236]。1QS 1.24–2.1 によると、契約に加入する者らの告白にこれらの２つの主題が含まれている。加入者は彼らと彼らの父祖の罪を告白し、神の憐れみを感謝する。祭司は彼らを祝福しつつ、神の恵みを強調する（2.2–4）。

---

　　233)　御使いらとの共同体に関しては、Kuhn, *Enderwartung*, 66–73; Jaubert, *La notion d'alliance*, 189–98 を見よ。
　　234)　私は「神の評議会」とは共同体を指すと考える。Licht, Dupon-Sommer, Wernberg-Møller, Lohse も同意する。「神の評議会に結ばれる」と訳すことは可能だ。Leaney, Vermes, Borwnlee, Burrows が同様に訳す。これと近似した訳は Licht, *Rule Scroll*, 60 を見よ。
　　235)　Gärtner（*Temple and Community*, 32–33）は神の臨在という主題を神殿モチーフとして捉えるが、それは神殿に入る者が神あるいは御使いらの臨在に入ると信じられていたからである。終末において新たな神殿が天から降るという周知の期待に関しては、D. Flusser, 'Two Notes on the Midrash on 2 Sam. vii', *IEJ* I (1959), 99–104 を見よ。天のエルサレムとしての共同体に関する議論は、G. Jeremias, *Der Lehrer der Gerechtigkeit*, 245–49 を見よ。
　　236)　補遺 1 を見よ。

改悛：上述したように「改悛」は、分離派における営みを論ずる際に、個別の宗教行動の範疇に入れられることがない[237]。もっとも改悛という概念は、上に引用した箇所に明らかである。さらに、少なくとも2度にわたって、詩編記者は罪について祈っている（1QH 16.6, 17.17–18）。いずれの場合の文脈も明確に再構成することが困難だが、一般的な意図が改悛の祈りを記述することであるのは明らかである。人の改悛への言及なしにも神の憐れみと救しはしばしば感謝の対象として言及されるが、祈りの調子から罪人の改悛は明らかである。1QS 1.24ff において定型化される告白が人の違反と神の憐れみに関する形式的な告白以上であることは明らかだ。それは、邪悪な者らの住む地を離れ、神の奥義の洞察を得、神の臨在のうちに生きた者らの敬虔な営みを実際に反映している。

9. 結論

クムランの救済的様態：この章で描いてきた救済的様態が多様なクムラン文献において強調されているか、この点は当然のごとく問われるべきだ。クムラン文献では他のユダヤ教文献と同様に、ここで述べてきた選びから贖いまで続く段階が順序立てて描かれているわけではない。これは驚くに足らない。なぜなら死海巻物は、救いの道に関する各段階を提示するための神学的論考ではないからだ。さらにこれは、これらの段階が順序よく到来するように意識されていたという前提に立つ必要がないと考えるなら、上の一般的な仮説を崩すものでもない。私たちが問うべきは、上に描写してきた救済的様態が死海巻物に見られる内容を十分に適切な仕方で説明しているかである。

バルトゥケによるクムランの救済論：この問いに答えるため、その他の様態があり得るかという疑問を投げかけるのが良かろう。バルトゥケは、1QH 11.3–14 がおおよそ教理問答のような形式で「救いの道」を描写していると述べる[238]。1QH 11.3–14 に見出される要素がじつにクムラン的な救いの全体

---

[237] I.B.6 を見よ。
[238] Bardke, 'Considérations', 229.

だ、と彼が考えているかは明瞭でない。なぜなら、彼はそのすぐあとで「クムランのすべての詩編における分離派の教義に関する教理問答的な提示[239]」という表現を用いているからだ。彼は「教理問答的」という表現によって、分離派の「救いの道」に関する主要な要素を網羅しているというよりも、成員に分離派の思想を教え込むために相応しい提示の仕方を述べているようだ[240]。いずれにせよリングレンは、バルトゥケが提唱する「救いの道」の6段階に注目し、これをクムラン共同体における「救いの道」に関する議論の基礎に据えた[241]。その結果として、バルトゥケが提唱する仕方でクムラン共同体の救済論の主要な部分が周知されることとなった。その6つの段階は以下のとおりである。

1. 神の真理に関する知識
2. 神の驚くべき奥義への洞察
3. 罪からの清め
4. 嫌悪と背信からの分離による聖別
5. 真理の子らとの交流――分離派の成員となる
6. 聖い民の籤への参加
　　　　――成員の加入と性質を明示するためのより正確な表現として：
　　a. 彼は塵から呼び起こされた死者
　　b. 彼は邪悪な霊から解放された者
　　c. 彼は神の前に置かれる者
　　d. 彼は御使いらとの交流を持つ者
　　e. 彼は祝賀の共同体に属する者

これらすべてがクムラン文献において重要な要素であることに関しては議論の余地がない。問題はこれらが「様態」を成すか、すなわち私が上に示したもの以上にクムラン共同体の思想をより的確に説明する「救いの道」であ

---

239) Bardke, 'Considérations', 230.
240) Bardke, 'Considérations', 230–31.
241) Ringgren, *Fatih of Qumran*, 112–32.

るか、である。幾つかの点を考察しよう。

　私は知識と洞察とに、救済論的な様態における個別の役割を与えなかった。知識という主題は死海巻物において2つの特記すべき機能を持つ。その1つは選びと関連し、もう1つは諸規定と関連する。したがって人はある程度の知識を持つ必要がある。それは選びの者に対する神の賜物と見なされ、それによって人は神の掟を守るように志願する。「あなたが私の心を開かなければ、どうして私はあなたを求めることができるでしょう」（1QH 12.34–35）とあるように。既述のとおり、これはおおよそ選びと同等の知識である。これはとくに、詩編記者が神からの啓示を感謝する1QH 7.26–27において明らかである。同様の調子で、1QH 7.34では詩編記者の籤が「空虚の会衆の中に」置かれないことへの感謝が、あるいは1QH 2.20ではその魂が「生ける者の一団の中に」置かれないことへの感謝が記されている。ここでの知識には2つの側面がある。すなわち、人は神の恵みにより救いが共同体の中に見出されることを知る。一方で人は回顧的に、知識の賜物が選びをもたらすのに不可欠であることを知る（1QH 14.12–13）。すなわち、神が分離派の成員に対して「知る」ようにされるのは、それによって成員が選びを享受することができるからである。

　もっとも、人が選ばれているという知識、人が選ばれているという知識が選びの効果を発動させるという知識が、「知識」のすべてではない。人が共同体に加入した後、その知識はいまだ清められなければならない（1QS 1.12）。神が加入者に知恵と永遠の知識を与えるという祭司的祝福が、加入者に対して示される（1QS 2.3）。加入した成員はさらに、選びの者とそうでない者という人類の区別に関する知識を得る（1QS 3.13–14）。さらに、重要な知識のうちの幾つかの点は、分離派へ加入したあとにのみ得られる（1QS 5.11–12, 6.16, CD 15.5–11）。したがって、ここで言及されている知識が分離派の選びと関連するということを理解するかぎりにおいて、「救いの道」の最初に知識が置かれることには何の問題もない。選びの者らのうちに見出されるために知識が与えられる必要があるということは、なぜイスラエルのある者が選ばれ他の者が選ばれないかを説明する助けとなる。

　既述のとおり、成員は加入に際して清められる。クムラン共同体の基本的

理解の1つは、分離派の外にいる者はみな呪われているということだ。人が生まれながらにしてクムランの契約の中にあることはないので、加入に際して清めが必要となる。この清めが選びと分離派への加入とに関連しているということは、詩編記者が繰り返し述べている。バルトゥケが引用した賛歌にあるように、清めは人が神に対して聖とされ共同体に加入するためのものである（1QH 11.10–12）。一方で、清めはそこで終わらない。共同体成員は加入後も罪を犯す。これは清めが繰り返されることを必要とする。1QH 16.11–12 において詩編記者が祈るのはこの清めについてであるようだ。

ここで、バルトゥケが言う「救いの道」と、私が述べてきた救済的様態のあいだの唯一実質的な違いが明らかになる。バルトゥケは、加入後の者に対して諸規定と贖いの役割を見出さない（1QH 11.3–14 参照）。「救いの道」は罪の清めから清い共同体への参加へと直接的に移る。ここには、諸規定の学び、保留期間、諸規定への違反に対する罰等の中間的な段階が見られない。しかしこれらが賛歌においてほとんど役割を持たないにせよ、この宗教が実際にはそのように機能することは明らかだ。1QSはこの理解を反映しており、共同体においてこれらの段階が実施されていることを示していると理解されるべきだ。律法や法的義務や違反に対する罰といった事柄に深く立ち入らない——むしろ選びの一部であることへの感謝や恩恵に対して不相応であることの認識に焦点を置く——ことは賛歌の典型的な傾向だが、1QHにおいてさえ新たな契約の内容や具体的な義務は前提となっている。したがって詩編記者は、「なめらかな事柄」へと神に教えられた「律法を代用させる」よう企てる「虚偽の教師」を酷評する（1QH 4.9–10）。同様に詩編記者は、「[神の]契約の真実を堅く守る」ように誓いを立てる（1QH16.7）。契約内の者が犯す違反に対する罰に関する主題は 1QS にさえ直接言及されている。「この道から離れる者を［私は］憐れまない。彼らの道が完全となるまで懲らしめの手を休めない」（1QS 10.20–21）。したがって、選びから清めへ、清めから「天の子らの会衆」（1QH 3.21–22）への参加へと移る詩編記者の傾向は、諸規定の授与や違反の罰が役割を持たないような別の様態が存在するという理解を支持しない。そのような箇所は、詩編記者の視点が神の恵みとその究極的な結果に焦点を置いており、これら2つの段階のあいだに横たわる多くの段階

に焦点を置いていないことを示すのみだ。したがって私は、1QH 11.3–14 に依拠してバルトゥケが提示する「救いの道」が、死海巻物の主要な箇所に依拠しつつ本著で提示した救済計画と異なったものを提供しているとは考えない。

一貫した宗教様態：じつに私は、死海巻物のどこにも救済的に異なった様態を示す証拠を見出さない。しばしばフンジンガーなどの研究者は、死海巻物が同じ理解を一律的に反映していないことを強調する。彼らは、この理解が歴史的に変化する様子が観察されると論ずる[242]。個別の部分に関して言えばたしかにそうである。フンジンガーは、違反のための排除に関する異なった言説を念頭に置いているようだ。つまり、たとえば 1QS のある部分では完全な排除がいつも永遠であり、CD では排除された者が回復される機会があるように見受けられる[243]。この観察は正しいだろう。しかしこのようなハラハー的な実施の違いが、宗教の一般的性格に影響を及ぼすことはない。私たちは、律法への従順が要求されないとか、違反が罰せられないとかの内容を含む死海巻物の層を見出すことはできない。さらに宗教の概観はいつも同じである。すなわち、従順は契約の中にいることの結果であり、契約の中に留まるための条件である。完全な従順が何を意味するかとか、違反に対する適切な罰が何かといった事柄に差異があっても、救済的な様態には変化がない。上では死海巻物の分析において、個々の事案の差異について十分な注意を払ってきたが、1 種類以上の救済的様態が存在するという疑念を抱かせる証拠は見つからなかった。2 つの根本的に異なる神学——行為による救いと恵みによる救い——があるという議論を維持することはできない[244]。

ラビ的宗教との共通性：したがって、私たちがラビ文献において見出した一般的な宗教の様態はクムラン文献においても見出される。もちろん個々の事柄に関して特徴的な強調点は見出される。人は神の恵みによって選ばれ

---

242) Hunzinger, 'Beobachtungen zur Entwicklung', 231. 死海巻物全体を一様に扱うことの問題を指摘する最近の例としては、Przybylski, *The Concept of Righteousness in the Gospel of Matthew*, 14–25 を見よ。彼はとくに CD の特異性を強調する。

243) 註 140 を見よ。

244) I.B.5.e を見よ。Schultz の理解に関しては補遺 4 を見よ。

る。神の予定的な選びが人の選択を排除するとは考えられない。むしろここでの強調は、分離派が民全体としてでなく個人として選ばれているという強い意識を持っていることを反映している。人の無力さという観点から、また契約共同体に入る者と入らない者がいるのはなぜかという観点から、神の予定的な恵みが強調されることはたしかだが、人が何をすべきかという観点からは献身が強調される。神の選びと人の献身（志願）の両方が強調されていることは、救いのための契約における選びと成員資格の重要性を反映している。契約に入ると、成員はその諸規定に従うよう自らに課す。個々の規定の成就に対する報いについてほとんど言及はないが——たしかに完全性の程度に従って成員の地位は向上するが——、従順への報いと違反への罰という一般的な理解は見られる。これはとくに、違反への罰の詳細なリストにおいて明らかに反映されている。救いは神の恵みによってもたらされるのであり、諸規定への従順は救いを得るためのものとは捉えられなかった。それでも諸規定は契約に留まるための条件として遵守が求められ、諸規定の不履行は罰せられた。全人類は神との比較において罪深いと見なされるが、共同体に入れないあるいは排除される具体的な罪深さは諸規定の違反として見なされた。選びの者をも含めたすべての人にある根深い罪の性質は、終末の時においてのみ解消される。契約内でのほとんどの違反に関しては、贖いの手段が提供されていた。ある種の違反は——少なくとも 1QS によると——赦されることがなかった。契約の外にいる者に対して憐れみと赦しはなく、行いに対する厳格な報復が待っていた。

　これと同じ基本的な宗教の様態が旧約聖書外典と偽典にも見られるか、このあと検証することにしよう。

補遺1　『感謝の詩編』の著者と執筆背景（Sitz im Leben）

　『感謝の詩編（ホダヨート）』の著者とその用法——個人的か公的か——に関する議論は多くの研究者を巻き込んで、今もその決定的な結論に至っていないのだが、それでも進展は見られている。私たちは、この議論に関するあらゆる問題を解決する必要がないので、この補遺では端的にこの議論の概要

を述べたあと、本著の立場を明らかにすれば十分であろう。

　すべての詩編を1人の著者が執筆したという視点——多くの学者がこの説を唱え、リヒトが強く主張する [245]——に立つなら、著者の呼称である「私」の意味がもっとも重要な問いとなる。これらの詩編の宗教的感性は共同体の代表とは見なされない個人に属するのか [246]、あるいはこの「私」とは集合的で代表的な意味での著者なのか [247]。バルトケ ('Considérations') は、詩編が公的な礼拝でなく個人的に用いられたが、意識的に教訓的に書かれており、共同体成員のあいだに分離派の神学を定着させようとの意図を有していた、と理解してこの問題を解決しようと試みた。

　この筋の議論は、K.G. クーンに師事する研究者らによって根本的に変化を遂げた。ゲルト・エレミアス (*Lehrer der Gerechtigkeit*, 1963) は厳格な資料的区分を試みた。詩編グループの1つでは「私」が具体的な個人であり、これをエレミアスは義の教師と特定する（2.1–19, 2.31–39, 3.1–18, 4.5–5.4, 5.5–19, 5.20–7.5, 7.6–25, 8.4–40）(p.171)。エレミアスによると、バルトケは異なる詩編グループにおける「私」に区別を付けていない点で誤っている (pp.174–75)。

　ユルゲン・ベッカー (*Das Heil Gottes*, 1964) はエレミアスの区分に多少の修正を加えつつ、教師の手による詩編の確かなものとして、2.1–19, 2.31–39, 3.37–4.4, 4.5–5.4（4.29–5.4 は二義的）, 5.20–39 を挙げる。さらに同じ教師の手によるかと思われる詩編として、2.20–30, 3.1–18, 5.5–19, 6.1–36, 7.6–25, 8.4–40 をも含める (pp.51–54)。義の教師の詩編が他の詩編（「共同体詩編」）と異なる点の1つとして、罪の概念が挙げられる。前者は罪を必ずしも「肉」と結びつけないが、後者は結びつける (p.67)。

　H.W. クーン (*Enderwartung und gegenwärtiges Heil*, 1966) は共同体詩編に注意を向けた。しかし彼はさらに、エレミアスが特定したリストに修正を加えた。彼はより個人的な詩編の著者を義の教師と特定することに躊躇を示した。そして便宜上、ある詩編を「教師の詩（Lehrerlieder）」として「共同体の詩（Ge-

---

245)　Licht, 'Doctrine', 2; *Thanksgiving Scroll*, 22–24.
246)　Ringgren, *Faith of Qumran*, 95.
247)　この視点に関する適切な解説は、Holm-Nielsen, *Hodayot*, 316–48; '"Ich" in den Hodajoth' を見よ。

meindelieder)」と区別するが、前者のより完全な呼び名は「啓示仲介者によって語られる賛歌 (berichtende Loblieder des Offenbarungsmittlers)」(p.23) である。「教師の詩」のリストは、2.1–19, 4.5–5.4（二次的な付加である 4.29b–5.4 以外)、5.5–19, 5.20–6.36, 7.6–25, 8.4–40 (Kuhn, pp.23–24) である。共同体詩編はおもに、共同体への新加入者の歓迎との関連で儀礼的に用いられたり、毎年行われる契約刷新の式典において用いられた (p.31)。さらにその延長で、日々の祈りにおいても用いられたかも知れない。なぜなら日々の祈りは契約に「入る」機会と見なされたからである（例えば1QS 10.10）(p.32)。共同体詩編における「私」は特定の個人というよりも、クムラン共同体の敬虔な者らを指す (p.25)。

　エレミアスが提唱した区分とその修正版とがこの文献に関する批評学的研究において一般に認められると断言することには、いまだ慎重であるべきだろう。たとえばテュエンはホダヨートの区分に関するエレミアスとクーンの提案を支持しつつ、エレミアスが挙げる詩編を「教師の詩」とさえ呼ぶ。しかし彼の定義は、エレミアスの理解を完全に裏返したものである。すなわち「教師の詩」はこの教師が作詩したものでなく、教師の意義に関する共同体の思索を反映したものである (Thyen, *Sündenvergebung*, 1970, 81–83)。テュエンの表現によれば、「教師」は「クムラン共同体の『教え』の略記表現」(p.85) である。

　本著の目的から唯一明らかに反論すべきは、リングレンの説である。すなわちそれは、すべて、あるいはほとんどの詩編が個人的なもので、共同体の立場を反映していない[248]、という説である。異なる立場からではあるが、バルトケ、ホルム−ニールセン、そして H.W. クーンといった研究者らもこれに反論している。本著で分析したホダヨートのほとんどの箇所は、エレミアスとクーンが共同体詩編と見なすものである。他の詩編が義の教師の手によるもので、公的目的で執筆されていないとしても、これらがまったく独自の神学の宗教的視点を反映しているとは考え難い。いずれにせよ、とくに1QH と 1QS の最後の 2 段に見られる共同体詩編が共同体で一般的な思想を

---

248) 註246を見よ。

反映しているという理解には、十分な証拠がある。

エレミアスとその継承者らによって提唱された資料仮説に関して言えば、同意できる点もあるが、十分に満足できるわけではない。たとえば1QH 2.1–19 と 8.4–40 は、他のホダヨートと較べて非常に個人的なものに見える。一方で「乱暴な者らが私の命を狙った」（2.21、共同体詩編の一部）は、「邪悪な者らの会衆が私に対して怒りを向けた」（2.12、教師の詩の一部）と大差がない。もちろん個人的な表現以外にも判断条件はあるが、2つのグループのあいだには類似点が目立つ。とくに問題となる1QH 4.29–33 は、区分の問題を表面化させる。エレミアス（pp.204–07）はこれを教師によると考えるが、ベッカー（pp.54–55）とクーン（p.23 の註 3）はこれを共同体によって教師の詩の1つとして付加された二次的なものと見なす。もっとも形式上、区分を支持する証拠はない。この箇所には教師の詩に見られないとベッカー（pp.54–55 の註 94）が考える罪の教義が含まれているので、神学的展開に関する特定の理論によって資料仮説が歪められているという印象を読者に与える。これらの細かい点はさておき、エレミアスが提唱する区分には意義が大きいと言わざるを得ない。彼のもっとも大きな貢献は、1QH の大部分が共同体の思想を反映しない個人的な祈りであるとの理解から、私たちを解放したことだ。

補遺 2　1QS 8.1–9.2

上述したように（I.B の註 138, 146）、私は 1QS のこの箇所が部分的に共同体一般について言及しており、他の部分はより厳しい水準を自らに課す特別に選ばれた集団を指していると考える。この立場を取ったからといって死海巻物の全体的な議論に重要な影響を与えるものではないが、この考えの背景にある論理を概観し、これ以外の考えについても紹介することには意義があると思われる。

1QS8.1 は明らかに選ばれた 15 人の集団を指しており、その中には 12 人の一般成員と 2 人の祭司がいる。リーニーはその註解書の当該箇所で、1QS8.1–9.26 の全体がこの集団を指していると考え、この集団を共同体一般

の中から選ばれた成員というのでなく、最初に入植した者らからなる「先発共同体」と考える（Sutcliffe, *JSS*, 4 [1959], 134–38 も同様）。しかしこの箇所の議論は選ばれた 15 人から 8.4b（「イスラエルでこれらのことが起こると」）においてシフトし、さらに 8.20 においてより少数の選ばれた集団へと再び戻っているようだ。もっとも 8.10b–12a も特別の集団を指しているとも考え得る。このような違いを見分ける根拠は以下のようである。8.16–19 においては意図的な違反に対する罰が、違犯者の行動が変わるまでの一時的な排除であるのに対し、8.22–23 と 9.1 では意図的あるいは人を欺くような違反に対する罰は永遠の排除であり、意図しない違反の罰は最低 2 年間の排除である。1QS 8.22–9.2 における罰が 8.16–19 と較べて重いことから、2 つの異なる集団の存在が想定される。

　ギュイルベール（'Le Plan'）は、1QS 全体が資料批評をはね返すほど「緻密な論理」と一致した様式を示していると論じた（p.323）。そして 1QS 8.1–9.11 が、荒野で確立された全共同体の一部に言及する一貫性のある箇所を構成していると説明する。ギュイルベールは、この特定の集団のための罰則規定が 1QS の他所に見られる諸規定とやや異なる点に注目する（pp.333–36）。この罰則規定が第 6 段と 7 段と較べて厳格であると述べる際、彼は 1QS 8.20–9.2 のみを挙げており（p.335）、それに先行する 8.16b–19 を看過している。この箇所は 8.20–9.2 の罰則とは異なり 6.24 から始まる規定と一致している。

　もっとも厳密な 1QS の資料批評を行っているのは、J. マーフィー－オコナー（'La genèse littéraire'）と C.-H. フンジンガー（'Beobachtungen zur Entwicklung'）である。マーフィー－オコナーの基本的な仮説は、1QS が何年もの期間を経て編纂されたもので、それぞれの付加部分が共同体の営みの異なる層を示しているというものだ。彼は 8.26b–19 と 8.20–9.2 とが同じ発展段階を反映していると述べつつも、「罰則の実行に均一性がない」（p.533）点を指摘している。マーフィー－オコナーは意図的な違反がいかに罰せられるかが示されている 2 つの箇所の異なるハラホートを例に挙げ、そのうちの罰則が緩い方（おそらく 8.16b–19）がより古いと考える。そして 1QS 8.22–23 に見られるより厳格な罰則――意図的あるいは虚偽的な違反を永久排除とする――

がより説明的でありより発展した段階と考える。もっとも彼は、所有物に関する意図的な虚偽に関する 6.24–25 の比較的緩い規定をさらに新しい層に配置している（p.534）。

フンジンガーも 1QS の処罰に関する異なる箇所を取り上げて、分離派の歴史の異なる段階がそこに反映していると論ずる（pp.242–45）。彼は 1QS 8.18–19 と 8.20–24 とのあいだの矛盾を説明するのに、8.20–24 がより厳格な規定に従う少数派だという可能性を否定する。フンジンガーは 8.20–24 をより厳しいがゆえに古い伝承と見なす（p.243）。彼は、祭司らが決断を下すという観点（9.7: より古い要素と見なされる）と成員の多数によって決断が下されるべきとする観点（5.2: より緩やかで新しい要素）とを比較する。フンジンガーは 4QSe 8.15–9.11 に欠損している重要な点に注目する。彼によると、より短い文章がより古いわけではない。むしろここでは、のちに支配的となったより緩やかな理解を優先するがゆえに、厳格な部分が完全に取り除かれた様子を見て取ることができるというのだ（pp.244–45. Forkman, *The Limits of the Religious Community*, 62 参照）。

たしかに、1QS が共同体の発展における異なる段階を反映していると理解することには説得力がある。2 つの時間的段階に関する理論——マーフィー–オコナーによるとより厳格な規則がより説明的なのでよりのちの時代に属し、フンジンガーによると規則は緩む傾向があるので厳格な規則がより古い時代に属する——を較べるとき、私はどちらかといえばフンジンガーの方に軍配を上げる。もっともいずれの見解も——さらにウェルンブルク–モラー、サトクリフ、リーニーも含めて——、いかに今ある形での 1QS が効果的に規則を実施するための文書たりえたかを説明しない。もし今ある形の文書が「規則」として用いられたとするなら、内的証拠がそうであったことを示すようだが、8.16b–19（6.24–25 も参照）に見られるような意図的な違反に対する比較的緩やかな規則と 8.22–23 や 9.1–2 に見られるような厳格な規則とが、異なる集団を対象としていたに違いない。両方の規則を同時に同じ集団に適用することは不可能である。それは、異なる規則を歴史的発展として説明したとしても解決し得ない問題である。すなわち、誰か成員が意図的に違反すれば、その者は一時的に除外されるか、永遠に排除されるかのどちらか

であって、どちらもではあり得ない。両方のハラホートが意味をなすためには、それらが異なる成員の集団に対して適用されていなければならない。神学的差異は説明可能だが、ある時点でのハラハーは同時に両方ではあり得ない。したがって私は、今ある形の 1QS において、8.20–9.2 が適用される集団と 8.16b–19 が適用される集団とが異なると考える。

したがって、選ばれた 15 名、すなわち「律法全体から啓示されることすべてにおいて完全」(8.1. ヴェルメシュが訳すように「完全に知っている」でなく)な者らは、8.20–9.2 の「完全な聖なる人々」と同じと理解されたであろうことが推測——断言でなく——される。そして、「道の完全さにおいて共同体の基礎に確かにされる」者、さらに「共同体の人々の会議のただ中で聖なる者として分離される」(8.10–11) 者は、今ある形の文書の読者にとっては、やはり同じ人々を指すと思われたであろう。一方で 8.4b–19 の残りの部分は、共同体の一般の成員を指すようである[249]。

ここで強調すべきは以下の点だ。すなわち、この分析において鍵となるのは、1QS が違反に対する姿勢と罰則を規定する 1 つの文書として意味を持っていたという想定である。私はこの文書を読む者が、異なるハラホートを異なる歴史的段階に属するものとして区別できたとは考えない。彼らは他の方法でこの差異に合理性を見出さなければならなかっただろう。フォークマン (*The Limits of the Religious Community*, 59–61) は、この文書における 2 つのレベルの罰則規定を説明する必要があることを十分に理解していた。彼は、1QS 8.16b の「契約のすべての成員」という句がいまだ正式な成員ではない、いわゆる修練者として分離派に属していた者を指すと論じる。この場合、分離派の一般の成員を指す 8.20 の「完全な聖なる人々」と分けられる。この区分は上で提案した区分ほどの説得力がなく、また今の形の巻物にある 8.1 の選ばれし 15 名と 8.20 の完全な聖なる人々との区別をつけていない——8.20 が本来 8.1 を念頭に置いて書かれていなくても。

---

[249] Klinzing (*Umdeutung des Kultus*, 51–52) の分析も同様である。すなわち 8.1–9.11 が幾つかの短い部分から構成されている。8.4–10 は独立した部分であり、8.10ff が 8.1 の特別な集団への話題に戻る。8.2–4 を 8.1 と区別する議論に関しては、補遺 #3 を見よ。

補遺3 1QS 8.3–4

　これら2節は一般に、1QS 8.1 が言及する上述の 15 人が「公正を行うことと試練を苦しむことによって罪を贖う」ことを述べていると考えられる。これはヴェルメシュの訳だが、他の翻訳や註解書もこれと同様の意味に解釈している。しかし、この理解に対して十分に考察しなくてはいけない3つの異論が挙げられてきた。

　チェンバレン（'Toward a Qumran Soteriology', *NT* 3 [1959], 305–13）は、1QS 8.1–4 を 8.5–10 が言及する共同体的贖罪のための前提条件として捉える。8.1–4 の 15 人の役割は共同体を確立することである。贖うのは共同体のみである。彼は 8.3–4 を「公正を行うことと試練を苦しむことによって罪を贖う」でなく、「共同体の罪を罪人の裁きと罰によって贖う」と訳す。チェンバレンはこの 15 人に法的役割を見出している。8.3 の *Ratsah* は「贖う」でなく「公正が実施され、違反者をその悪から清める」（p.311）と捉える。しかし私たちは、ラビ的な用法としてピエル態の *ratsah* が *kipper* と同義語であることに注意を払うべきだろう。『申スィフレ』32（Finkelstein, p.57）、『レビ・スィフラ・ネダバー』ペレク 4.8（レビ 1.4）を見よ（Licht はその註解書でこの動詞を *mekapper* によって説明する）。さらに、忍耐されるべき苦難と理解するのが良いと考えられる *tsarat matsrēp* を「罪人を罰する」と訳すチェンバレンを理解しかねる（*matsrēp* に関しては Wernberg-Møller, *Manual*, 49 を見よ）。

　カルミニャク（'Souffrance'）は、1QS 8.2–4 を例外として死海巻物では苦難が贖罪的と見なされることがないという観察結果をその議論の開始点とする（p.383）。彼は重要な句を「律法を実施し、業火の苦難［に苦しむ］者によって悪が赦される」（p.384. 強調は著者による）と訳す。*ratsah* を「赦す」と訳す選択は、イザ 40.2（「彼女の罪は赦される［*nirtsah*］」）に依拠している。苦しむことによってでなく苦しむ者によって赦しが与えられると理解することで、カルミニャクは贖罪苦という理解を排除する。彼はこの箇所が創 18.17–33 に依拠していると述べる。その意味するところは、少数の義人が罰せられないように神の恵みが全地に与えられる、である（p.384）。したがってこの箇

所は第2イザヤの苦難の僕と関連しない (p.385)。この点でクムラン共同体と「正当なユダヤ教」のあいだには明らかな違いが見られる。すなわち後者では、代理苦をも含む苦しみがしばしば贖罪的と見なされる (p.385)。しかしこの箇所には、イザ 40.2 に関するカルミニャク自身の理解を基にして、苦難の僕の主題を連想させるものを見出す方が良いように思われる (Black, *Scrolls and Christian Origins*, 128 も参照)。これは死海巻物における重要な主題ではないが、それでも 1QS 8.3–4 は義なる行為と苦しみによって贖いがもたらされることを明らかに教えている。

クリンジングは、共同体が贖うと記されている主要な箇所 (たとえば 1QS 8.4–8, 8.8–10, 9.3–6, 5.4–7) はすべて1つの基本的な言説に依拠しているという、かなり説得力のある議論を展開した (*Die Umdeutung des Kultus*, 72)。彼はそれらすべての場合において、贖いをなす集団は全共同体だと理解する。そして彼は、1QS 8.2–4 が本来は 1QS 8.1 と繋がっていないと考える。したがって「贖う」、「公正を行う」、そして「試練を苦しむ」の主体を 8.1 の 15 人でなく、全共同体だとする。結果として、ここで言及されている試練とは捕囚の試練のみであり、その意味は『ソロ詩』13.10 (神が試練によって義人を浄める) に匹敵する (*Umdeutung*, 51–52, 102–04)。1QS 8.1–4 の本来の姿に関するクリンジングの分析はたしかに可能だ。もっとも彼の議論は、それが再構築された本来の 1QS 8.1–4 にのみ依拠してその意味を解明しているという点で問題が残る。今ある姿の 1QS 8.1–4 においては、「贖う」や「苦しむ」の主語は選ばれた 15 人であるとしか読みとることはできない。1QS の読者が資料批評を行ったという前提に立たないならば、このテクストでは 15 人が罪の贖いを行うのであり、しかもその贖いは彼ら自身のみでなく他者の罪のための贖いでもあるようだ。したがってクリンジングが代表的贖罪を否定する場合、それは今ある姿の 1QS の背後にある資料においてのみ可能であり、今ある姿のテクストにおいては不可能である。

補遺4　人の無力さと様式史 (Gattungsgeschichte)

シュルツ ('Rechtfertigung', 167) は人の無力さと神の恵みによる救済 (Rechtfertigung）の主題が、ほぼ限定的に讃美文献において見出される点を指摘した。ホダヨートにおけるモラヴェの様式史分析[250]にしたがいつつ、シュルツはこれらの主題がもっとも頻繁に「教示部分」と「黙想部分」に見られると述べる（p.169）。彼はこれら2つの様式が共同体の問答資料、すなわち「教材」（p.171）にまで遡ると考える。さらに、この問答資料は1QSと1QHに限定されており、これらは時代的には初期の1QMと比較的後期のCDおよび1QpHabのあいだに位置する。したがって無力さと恵みのみによる救済という主題はクムラン文献の1つの理解であり、この理解は分離派の歴史の特定の時期に受け容れられていたものである（p.173）。これらの主題を含む教材はおそらく共同体への加入の儀式で用いられただろう（p.174）。シュルツはこれらの主題を他の主題と時代的に区分するが、分離派の成員は恵みによる救いという主題と、分離派の他の歴史的段階の特徴となる律法遵守の要請とのあいだに矛盾を見出さなかった（p.175）。

　この分析の重大な問題は、その「教示」主題を神への祈りの文脈という実際の背景から引き離さなければならないことだ。シュルツが挙げる最初の4つの「教示部分」を例に挙げよう。「人は自分の罪に対して何と言おうか」という問いは、明らかに神へ向けた祈り――「すべての義なる行為はあなたのものだからです」（1QH 1.25-27）――のうちに見られる。同様に「[人は]胎にいるうちから罪にある」（4.29-30）は神への告白――「あなたはご自身の栄光のために会衆の前で驚くべき業をなされた」（4.28）――の直後に置かれている。さらに「無と虚栄である人とは何か」（7.32b-33）は「あなたは永遠の神……あなた以外に神はいません」という言説に続く。「土にすぎない人とは何か」（1QH 10.3b-4a）は「私は何を図ろうか、あなたが望まなければ」（10.5）という神への問いという文脈に置かれている。同様の例はいくらでも挙げられるが、要点は明らかである。これらすべての「人の無」に関する箇所は、神への祈りという背景にあって神と人とを較べるという文脈に置かれている。これこそがこれらの箇所の特徴となっている。たしかに、これら

---

250)　G. Morawe, *Aufbau und Abgrenzung der Loblieder von Qumran*（1961）. Moraweの分析はG. Jeremias（*Lehrer der Gerechtigkeit*, 170）とH.W. Kuhn（*Endervartung*, 21-26）によって議論され修正されている。

の祈りがバルトゥケによって示されたような意味で「教示的に」用いられたという想定が不可能ではない。この神学を成員の心と思いに植え付けることが行われたかも知れない。しかし、この神学がある特定の時代の分離派の特徴であったと考える理由は何もない。これは必ず祈りの姿勢において起こることであり、実際の奨励の場面（1QH 1.35–36）あるいはハラハー（1QS 1–9）に移るとこれが消えてしまう。もしシュルツが、人的無力さと神的力と恵みとに関する主題が欠損している祈り資料を発見することができれば、彼の議論にもうすこし信憑性が生まれるだろう。

　恵みによる救いと厳格な従順による救いのあいだの矛盾が見られないことに関して言えば、そこには本来何の矛盾もない。これらは祈りに至る異なる道である[251]。救いはいつも恵み（功徳によらない選び）により、またいつも完全性を要求した。1QH においてさえそうである。たとえば 17.2–3 や 14.17 では「私は誓いを立てた。あなたに対してけっして罪を犯さず、あなたの目に悪と映る何も行わないと。こうして私は共同体に私の評議会の者らすべてを導く」。

251）　II.B.5.e を見よ。Thyen (*Sündenvergebung*, 94–98) は Schulz を適切に論破した。黙示録において恵みが強調されることがあっても、パウロ的な恵みと行いとの対比をそこに見出すことは誤りである。パウロにとっては律法遵守が罪であり、契約者らにとっては律法違反が罪である。

C. 外典・偽典

1. 『シラ書』[1)]

a. 選びと契約

イスラエルの選び:「シラの子イエススの知恵」は、近東の知恵諸学派に見られる一般的な特徴である個人への奨励と助言にその大部分の箇所を費やしている[2)]。したがってシラ書は他の主題とともに、息子の躾（30.1–13）、娘の保護（42.9–11）、時機に叶った発言（20.1–8）、友の慎重な選択（11.29–34）に関して、読者へ忠告を与えている。シラ書は賢明な統治者の資質について

---

1) 他の記載がない場合、翻訳は RSV にしたがう。私は他に NEB, the Jerusalem Bible, Charles, *Apocrypha* の Box と Oesterley、そして Schechter and Taylor, *The Wisdom of Ben Sira* のヘブライ語部分の中の翻訳と註の一部を参考にしている。ヘブライ語テクストは Segal のものを用いており、ヘブライ語テクストが欠損している場所では Segal によるヘブライ語への反訳をも用いた。Segal のテクストは Israel Lévi のヘブライ語版と Yadin 版の Matsada 断片（39.27–43.30）と比較した。ギリシャ語テクストは Rahlfs と Swete の版をそれぞれ用いた。これらの翻訳は本文と註においてたんにその著者／編者の名によって示している。頁番号が付してない箇所は、読者がそれぞれの翻訳を調べることが望まれる。

ギリシャ語やヘブライ語がとくに示してない一般の引用は RSV の章節番号を用いている。ヘブライ語が議論される場所では、それが英語の章節番号と異なる場合［括弧］の中に Segal のヘブライ語の番号を示している。Lévi の番号はときとして異なるので用いない。ギリシャ語のテクストに直接言及する場合、ギリシャ語での章節番号が英語の場合と異なるならば、［括弧］の中に「ギリシャ語」と記して示している。

『シラ書』の研究史の議論に関しては、とくに義に関しては、J. Haspecker, *Gottesfurcht bei Jesus Sirach*（1967）, 6–41 を見よ。テクストの信憑性については pp.39–41 を見よ。さらに J. Marböck, *Weisheit im Wandel*（1971）, 1–5 をも見よ。執筆時期に関する最近の議論（前 175 年か 190 年）は G. Maier, *Mensch und Freier Wille*, 24–25 を見よ。

2) シラ書がいかに伝統的主題を反復して発展させているかについては、G. von Rad, 'The Wisdom of Jesus Sirach', *Wisdom in Israel*, 240–62 を見よ。

(10.1–5)、圧倒的な敵といかに対峙するかについて (8.1–19) 論述する。これらの箇所には普遍的な言い回しが見られ、広く周知された知恵のモチーフが使用されているにもかかわらず、著者の意識にはいつもイスラエルの選びと契約がある。したがって、人類に関する論考を開始するかに見える 17 章はじつに聖書の歴史を念頭に置いており、とくに 11 節以降ではイスラエル、トーラー、契約に関する議論を具体的に繰り広げている。「彼（神）は彼らと永遠の契約を確立された」(17.12)。このセクションは、「彼（神）はそれぞれの国に支配者を指定されたが、イスラエルは主御自身の取り分である」(17.17) と締めくくる。同様に、シラ 10.19 は敬意を受けるべきは誰かとの問いを「人類という種族」から始めながら、イスラエルの民のあいだの誠実な者らであると特定する。

> 敬意を受けるべき種族とは何か、人類である（ギリシャ語とヘブライ語で「種」）
> 敬意を受けるべき種族とは何か、主を畏れる者である
> 敬意を受けるに相応しくない種族とは何か、戒めに違反する者である。

ここでの差は明らかに、契約の戒めに違反するイスラエル人と、それを守る（「主を畏れる」）者である[3]。

知恵と契約：イスラエルを選びの民と特定する意図は 24 章に明らかだが、この章ではシラの子が知恵に、一人称を用いて知恵の誉れについて語らせている。したがって主は知恵に対して述べる、「ヤコブのうちに宿る場所を設けよ、イスラエルでお前の相続を受けよ」(24.8) と[4]。知恵がイスラエルに「根

---

[3] シラ 10.19 にシラの子の「普遍主義」が反映されていると主張する Burkill ('Theological Antinomies: Ben Sira and St Mark', *New Light on the Earliest Gospel*, 143; *IDB* II, 21) は理解しかねる。Burkill は「民族の概念は敬虔さと道徳という語によって十分に置き換えられる」と述べる。しかしここでは一般的な敬虔さとか道徳でなく、契約の掟が語られている。「神を恐れる者」とか「掟に違反する者」は、イスラエルにおける義人や罪人を指すと思われる。

[4] Marböck (*Weisheit im Wandel*, 133–31; 71 参照) もシラの子が知恵とイスラエルの選びとを結びつけていると考える。彼は知恵によってイスラエルの選びが語られたことはそれ以前にないと述べるが、そうであればここで知恵と選びとの関係が非常に明らかである点が興味深い。

C. 外典・偽典

を下ろ」(24.12) すと、それは甘い果実を実らせ、それを口にする者がさらに多くの果実を欲するようにさせる (24.19-21)。シラの子はその果実について述べている。

> これはすべていと高き神の契約の書であり、
> 　　ヤコブの諸会衆のための遺産として
> 　　モーセがわれわれに命じた律法である。
> それはピション川のように、
> 　　初穂の季節のチグリス川のように人を知恵で満たさせる (24.23-25)。

したがって、律法がイスラエルに特別に与えられたということをシラの子が認識していることは明らかだ。そして彼はときとして、非常に一般的な言い回しで述べられる彼自身の奨励を、掟の遵守や契約の維持と明らかな仕方で結びつける。

> 掟を思い起こし、
> 　　あなたの隣人へ怒りを抱くな、
> 　　いと高き方の契約を憶え、無知を見過ごせ (28.7)。
> 掟のゆえに貧しい者を助けよ、
> 　　その必要に応じ、手ぶらで帰らせてはならない (29.9)。

それならば私たちは、シラの子がのちのラビらのようにイスラエルの選びという聖書的視点を前提とし、契約という教理の文脈において執筆したと結論すべきだろう。シラの子において「契約」は基本的に1つの概念であり、それは主としてモーセ律法に体現されている（上に引用したシラ24.23を見よ）。しかしこれを他言するなら、シラの子は歴代の父祖と共に諸契約の継承について語ることができるが（たとえば44.20, 22, 23）[5]、それらはモーセ律法の契約と異なるわけではない。

---

[5] Jaubert, *La notion d'alliance*, 32, 36, 39 参照。

この書を理解するためには、知恵文学における奨励（「貧しい者を助けよ」）とモーセが与えた契約（「掟ゆえに」29.9）との関連性に注意を向ける必要がある。非常に一般的な調子で語られる奨励部分とモーセによって与えられた掟を守ることへの具体的な言及が混在することから、シラの子が意識的に確立された知恵伝統の価値をモーセによる契約によって定義しようとしていることが分かる。すなわち、普遍的に追求される知恵はじつに神によってモーセをとおして与えられたトーラーのうちに正しく具体的に示されている（とくに 24.23 を見よ）。さらにあらゆる国の知恵教師が奨励する注意深い行動の体系が、ユダヤ教の契約における諸規定への従順と同視される（知恵は「主への畏れ」であり、それは諸規定への従順を含意する。19.20. 19.24 参照）。したがってシラの子は、その書の内容の一般的性格が示す以上に明らかにイスラエルの選びについて肯定的に考えている[6]。

シラ書の普遍主義？：シラの子は、非常に著しく民族的で伝統的なユダヤ教的性格を示す1つの箇所（36.1–17）を例外として、異邦人を扱うことをほとんどしない。この例外的な箇所においてシラの子は、神が異邦人諸国を滅ぼし、ヤコブの家のあらゆる部族を集め、地上にイスラエルの神権支配を確立する日の到来が早まるように神に祈っている。したがってシラの子にはイスラエルの選びに関する確信があり、選びの民が確立されるための神の契約が最終的に成就することを願っている（「あなたの預言者が真実であるように」36.16）[7]。

　シラの子が「普遍主義」と「個別主義」とにほぼ同じ重きを置くと主張する者が寄って立つことができるのは、第36章のみである[8]。マルベックは、知恵と全被造物との関係性が本著に普遍的主題を提供していることを示した（たとえば 1.10, 24.3–6 を見よ）[9]。しかしこれらの言説は1つの議論へと読者を

---

[6] G. von Rad ('The Wisdom of Jesus Sirach', 244–45) は知恵と法制とを同視することに反対する。それは「シラ書に見られる教訓的な内容はたんに……教訓的な知恵伝統に由来しており、トーラーに依拠していない」(244) からだ。しかしシラの子による知恵とトーラーの明白な同視は、指示の内容とは関係なく、イスラエルのみが真に知恵を所有しているという選びの理解によっている。

[7] この箇所の訳は Schechter と Taylor がヘブライ語から翻訳したものに依拠している。

[8] Burkill（註3を見よ）。

[9] Marböck, *Weisheit im Wandel*, 34, 61–62, 63, 131.

導いている。つまり、あらゆる肉と共に住む知恵（1.10）は、じつに「主への畏れ」——すなわちユダヤ律法の遵守（1.20）——をとおして得られる。あらゆる民族が有する知恵は（24.6）、イスラエルにおいて真に十全に見られる（24.23）。シラの子にとって「普遍主義」と「個別主義」とは同程度の関心事ではない。じつに彼はこれらの表現によって神学的議論を進めようとさえしない。この書の主要なテーマが何であるかに関する議論が続いてきた。たとえばハスペッカーは神との敬虔な関係性[10]——これをもっとも良く表す表現は「神への畏れ」——こそが全体的主題（Gesamtthema）だと主張してきた[11]。彼はシラ 1.1–2.18 において知恵主題が「神への畏れの重要性を示す役割を果たすやいなや[12]」消え失せることを指摘している。神との敬虔な関係性の重要さを示すことが著者の主要な関心事だったことを否定することはできなかろうが、この書の議論とテーマは知恵と律法との相互関係にあると思われる。シラの子は、人が知恵を欲するという当然の思いを持つ場合、それを世俗教師から得ようとするのでなく、むしろモーセをとおして与えられた契約を守ることによって得るべきだとする。これはヨハネ福音書の議論と対比されよう。すなわち、周辺文化において普遍的に認められる価値や願望（真理や光等）はじつにイエス・キリストにおいて実現する。したがって「普遍主義」と「個別主義」とは、真に均衡関係を保っているのでもなければ、対峙しているわけでもない[13]。シラの子が応答する神学によると、知恵に対する普遍的な希求はモーセをとおして与えられた契約において真に示される[14]。トーラーが知恵を凌駕するのでもなく[15]、「知恵の特徴である理解とい

---

10) Haspecker, *Gottesfurcht bei Jesus Sirach*, 4, 45.
11) とくに Haspecker, *Gottesfurcht*, 88–105.
12) Haspecker, *Gottesfurcht*, 98.
13) 註 9 の Marböck の議論を見よ。
14) この議論は、Haspecker によるものよりも、時間の問題に応答する神学者としてシラの子を捉える Marböck（*Weisheit im Wandel*, 9）に近い。しかし Haspecker は個人の敬虔さに関するシラの子の関心を正しく定義し分析している。また私たちは、周辺文化の価値を部分的に容認する「応答する神学」がヘレニズムに対する宣戦布告であるとは考えない（Hengel, *Judaism and Hellenism* I.138 参照。Hengel は Maier, *Mensch und freier Wille*, 45–47, 58 に同意する Smend を引用する）。Marböck, 171–72 参照。
15) Maier（*Mensch und freier Wille*, 46）はシラ 19.23–24（知恵に欠ける神を畏れる者は賢い違反者

う領域によって¹⁶⁾」たんにトーラーの妥当性が述べられるのでもない。これらは弁証論的な関係にあり、一方が他方を配下に置くわけではない。知恵は良いもので、希求されるものだ。それはトーラーにおいて体現される。神を畏れモーセの諸規定を守る者は知恵を持つ。適切な行動の内容は一般的な知恵伝統と密接に結びついているが、それはトーラーと符合しトーラーにおいて体現されるという特徴を持っている。シラの子は神学的に実り多い調和を求めており、それによって知恵伝統の価値を維持しつつも、それをイスラエルの選びとモーセをとおしてイスラエルに与えられた神の律法という枠組みに位置づけようとした。

b. 個々のイスラエル人の運命——報いと裁き

個々人の救い：シラの子が個人の運命について語る場合、それは主の訪れにおけるイスラエルの救いに関する彼の伝統的描写と主題的に結びついていない。すなわち、個人的救済論は主の日に救われる集団に「属する」か「属さない」かという仕方では議論されていない。シラ 36.11 は、神がその日にヤコブの全部族を救うと述べるのみだ。個々のイスラエル人がヤコブの諸部族から除外されるか否かに焦点は置かれていない。シラの終末的期待においては、イスラエルの敵と神の切迫した対峙が語られず、イスラエルに対する個人の裏切りが当時の関心事だったようには思えない。

したがって、イスラエルの救いに関する最終的な希望以外、選びの問題は救済論的結果を何も示さない。シラの子が個人の運命について語る場合、それが幸福なものでも悲惨なものでも、その個人が選びの人か——この書はユダヤ人のみに対して語られていると考えられる——には関係なく、むしろその個人が邪悪な者らに属するか義なる者らに属するかが鍵となる。すなわ

より良い）をもって、シラの子がヘレニズム的知恵よりもトーラーを優位に置くと述べるが、これは単純すぎる議論である。この議論は、この書の内容の大半を形成し、von Rad に知恵がトーラーを凌駕すると言わしめた伝統的知恵資料が多く存在することを看過している。註 6, 16 を見よ。

16) これは von Rad ('The Wisdom of Jesus Sirah', 245. 247 参照) の議論である。シラの子はトーラーを知っているが、「非常に複雑に絡み合った知恵の教えとの関係において、またそれに依拠している場合において」トーラーに重要性を置く。von Rad はシラにおいて新たな点とトーラーとの関係において重要な点とを見逃している。すなわちそれは知恵と選びとの関係である。

ち、契約の諸規定をその人物が十分な程度に守っているかにかかっている。この世における報いと罰に対する正義に関して著者が厳格な理解を示している（後述）がゆえに、個人に関する選びの問題が特別に強調されることはない。ちょうどシラの子が義なる異邦人の運命や立場に関する問題を突き詰めないように、彼は1人のイスラエル人が契約から除外されるほどに罪を犯すことが可能かという問題を突き詰めようとはしない。したがって1人の「真のイスラエル」、つまり選びの民に真に属する者に関する問題がこの書で語られることはない。邪悪な者（おそらく rasha‘、ギリシャ語と英訳の「罪人」）と義なる者（おそらく tsaddiq、ギリシャ語の eusebēs、英訳の「敬虔」）(23.8, 12) との区別は、選びの者に関する問題を再考することに繋がらなかった。

　邪悪な者と義なる者に関する問題は後述する。その前に私たちは、「救済論」という語が本著において非常に限定的な意味で用いられていることに注目しよう。「救われた」ということが永遠の至福に至るのでないと同様に、「断罪された」ことはそのまま永遠の破滅でない。ハデスにおける曖昧な存在があるとすれば (14.16)、それは報いと罰の機会を提供するものではない。「寿命が10年であっても100年であっても1000年であっても、ハデスにおいてそれは問われない」(41.4)。「生きる者がいと高き方を誉めて感謝を献げるように、誰がハデスにおいてしようか」(17.27)。シラ7.17（「不信心な者らへの罰は火とウジ虫」）や21.9（不法な者らの最後は「燃えさかる火」）が死後において邪悪な者らに罰があることを示しているようにも見受けられる。しかし7.17はヘブライ語では「人の望みはウジ虫だからだ」となっている。この読みは『Mアヴォ』4.4にも引用されているので、そのテクストとしての信憑性は高いようだ。同様の理解はシラ10.11にも見られ、シラ18.12ではすべての人の最後が邪悪だと述べられる。おそらく焼失のイメージはイザ1.31とマラ4.1（ヘブライ語テクストでは3.19：「傲慢な者と悪行を行う者らは刈り株」、「来たるべき日にこれらは焼かれる」）を反映している。シラ34.13（「主を畏れる者の霊は生きる」）は、義なる者の復活に関する預言とは理解できない。その霊が悲しみのうちに留まることはなく、神への希望ゆえに新たな命

へと回復することとなる[17]。

義人と悪人の運命：しかしシラ 7.17 や 18.12 などの箇所は、邪悪な者の運命と義なる者の運命とのあいだに違いがないことを示唆しているのでない[18]。むしろシラの子の宗教性の核心部では、神の公正への信頼が神の慈悲への信頼によって抑制される仕方で表現されていると言えよう。すなわち、慈悲への確信によって実務的な法制が制限されているのである[19]。したがって、人にはやはり律法を守る義務があり、神が命じた掟は行うべきである。

> 主を畏れる者は彼（主）の言葉に背かず、
> 　　彼を愛する者は彼の道を守る。
> 主を畏れる者は彼に認められることを求め、
> 　　彼を愛する者は律法で満たされる（2.15–16）。

> 知恵はすべて主への畏れ、
> 　　すべての知恵のうちに律法の成就がある（19.20）。

従順な者は適切に報いを受けるが、背く者は罰せられる。罪に対する神の罰はその怒りの結果であり、従順な者への報いはその憐れみの結果である。

> 頑迷な者が 1 人だけいたとしても、
> 　　彼が罰せられないとすれば驚きである。

---

17)　Segal, 218 を見よ。

18)　私の同僚の Dr A. Baumgarten はシラ書がコヘレトへの反論として書かれたと考える。これはこの書の生活の座と動機を考察する際に有用な提案だ。コヘレトはすべてが虚しいと教えることによって、報いと罰を与える公平な神というユダヤ教の基本的教理を実質的に拒絶する。一方でシラの子は、後述するように、義人と悪人との運命の違いを強調する。さらにシラの子は、知恵をモーセ律法として定義するが（331 頁）、これはコヘレトのより普遍的視点への応答とも考え得る。Crenshaw ('The Problem of Theodicy in Sirah', *JBL* 94 [1975]) は、シラの子が「神的正義への反論の声を上げる集団」への異論を唱えており（p.47）、「ヨブやコヘレトと異なり、報いという伝統的な教理を頑なに守っている」（p.59）と述べる。

19)　義なる者への適切な姿勢に関しては、それは「シラのこの宗教性の核心部」と言えようが、345–46 頁を見よ。

慈悲（*raḥamim, eleos*）と怒り（*'aph, orgē*）とは主と共にあるからだ、
　　彼（主）は赦すに力強く、また怒りを注ぐ。
彼の慈悲が大きいように、その咎めも大きい、
　　彼は人をその行いにしたがって裁く。
罪人（*'avval*、悪行を行う者）は略奪したものを持って逃げおおせず、
　　義なる者（*tsaddiq*）の忍耐は見過ごされない。
彼はあらゆる慈悲の行いに機会をつくり（ヘブライ語では「義〔*tssdaqah*〕を
　　行う者はみな報い「*sakar*」を受ける」）、
　　すべての者がその行いにしたがって受ける（16.11–14）。

いにしえの世代を考えて見よ、
　　誰が主を信頼して辱められたか。
主への恐れのうちに忍耐した者の誰が見捨てられたか、
　　誰が彼（主）を呼び求めて見過ごされたか。
主は憐れみ深く慈悲に富む方、
　　彼は罪を赦し苦しみの中で救いを差し延べる（2.10–11）。

最期の箇所は、神の憐れみと慈悲が、神を信頼して従う者への救いにあることをとくに明らかにしている[20]。

裁きの日としての死：しかし人に対する神の良き扱いは、人自身の善行への報酬として一般に捉えられる。したがって、人が善人へ正しく接すれば、その善人からでなくとも神からその返報を得る（シラ 12.2）。この世において義なる者（39.22–27）とその子孫（44.10–11）とに祝福がもたらされること以外に、シラの子は 2 つの重要な報いが諸規定を守る者へ用意されていることに言及する。それはすなわち、長寿と痛みのない死である。

　　主を畏れることは知恵の根、
　　　　その枝は長寿（1.20. 1.12 参照）。

---

20)　シラ 18.14 を見よ。

主を畏れる者はよい終わりを迎え、
　　彼はその死の日に祝福される（1.13）。

シラの子にとって死の日は、裁きの時としてのしかかる[21]。彼の楽観的でありながらナイーブな律法主義によると、神の意志に従う者が失望させられることはなく（2.10. 7.1–2 参照）、また「悪を続ける者」あるいは施しをしない者が報われることもない（12.3）。明らかにこの視点は、なぜ邪悪な者が栄えて正しい者が辱められるかを説明しない。シラの子は、すべての者がその死の日に正しくされると答える。「死の日まで誰をも幸いと呼んではいけない」。義人は平安のうちに過ぎ去り、邪悪な者は苦しみつつ死ぬ。

21 罪人の行いに驚くな、
　　むしろ主を畏れ、自分の仕事に専念せよ、
　主の目には、早々に貧者を富ませることは
　　たやすいからだ。
22 主の祝福は敬虔な者（*tsaddiq*）への報い、
　　神は早々にその祝福で満たす。
23 「私に何が必要か、
　　将来にどんな富が私にもたらされるか」と言ってはならない。
24 「私は十分だ、
　　将来にどんな災難が起こるだろうか」と言ってはならない。
25 富がもたらされるとき、不幸は忘れられ、
　　不幸が訪れるとき、富は忘れられる。
26 主の目には、死の日に行いにしたがって
　　人に報いることがたやすいからだ。
27 一時の災いは人に贅沢の日々を忘れさせ、
　　臨終において人の行いが明らかになる。
28 誰をもその死の前に、幸せ者と呼ぶな、

---

21) Crenshaw ('The Problem of Thedicy') は眠りと妄想を神の応報の時として死に加える。

人はその最期によって知られるからだ（シラ 11.21–28 ［26–35］）[22]。

26 節の重要な部分は現存するヘブライ語テクストでは欠損しているが（Segal による 31 節の註を見よ）、その節の意図するところは明らかだ。報いと罰とが割り当てられる死後の生に関する理解が欠けている中、シラの子は人の最期の時を証拠として神の正義が保たれることを主張する。それはシラの子の理解が、神の不動の正義――神は *ha-tsaddiq*（義なる者）（18.2）――という確信に寄って立つからである。

そうであれば著者が、義なる者と罪人の最期に明らかな差がある可能性に依拠して、人の行いを導こうとしていることは当然のことと思われる。「あなたが行うことすべてにおいて、あなたの最期に思いを寄せよ。そうすればあなたはけっして罪を犯さない」（7.36. 18.24, 28.6 参照）。この奨励の意図は、「自分がいずれ死ぬという事実に目を向け、けっして罪を犯さないようにせよ」ではなく、「死の時に大きな苦しみを避けるため、罪を犯すべきでない」である。

「計りに従って」：神は義なる者を報いるように、罪人を罰する。これには部分的に、「同様の計りに従って計る」という原則が適用される。すなわち「危険を愛する者は危険によって滅ぶ」（3.26）、「悪を行うな、悪を招かないために。悪行から離れれば、悪行が離れ去る」（7.1）という仕方で[23]。しかし、罪は一般に神によって直接的に罰せられると見なされている。

同じ罪を二度犯してはならない、
　一度であっても、それが罰せられないことはないからだ（7.8）。

主はけっして遅れず、

---

22) 最期の節は、ヘブライ語テクストから訳された Jerusalem Bible の翻訳である（NEB も見よ）。RSV はギリシャ語テクストにしたがっており、「人はその子孫をとおして知られる」と翻訳している。

23) この原則は善行にも当てはまる。孤児に対して父のように振る舞えば、神はその人にとっての父となる（4.10）。

彼ら（罪人）を容赦しない。
無慈悲な者の腰を砕き、
諸国に報復する。
多くの傲慢な者を取り除き、
不義（*adikoi*）の者らの笏を壊す。
人の行いにしたがって、
彼らの計らいに応じて報いを与える（35.18–19 [19–22]）。

邪悪な者らが死に際して苦しむことになるとの想定に関してはすでに触れた。シラの子はこの世における他の災難をも罪の結果と見なした。シラ 10.13 と 12.6 では、邪悪な者らが苦しめられて罰を受ける。しかし彼は、その一方で義なる者らが災難を逃れることに期待を置く。

口を滑らせることなく、
罪の悲しみに痛むことがない者は幸いだ（14.1）。

主を畏れる者へ悪は訪れないが、
裁きの時に彼（主）はその者を何度も助け出す（33.1）。

神の忍耐：主は義なる者らの祈りに応えて彼のために直ちに返報し、邪悪な者らには忍耐しないが（上の 35.22 を見よ。神の素早い業は謙る者の祈りへの応答）、主はそれでも人に対して一般に忍耐強い。怒るに遅い主の在り方を、邪悪な者は彼らの罪が罰せられないことだと誤解する（5.4）。上述したとおり、神の慈愛は従順な者へ示されると考えられるが、神は人の邪悪な窮状を承知しているので忍耐を示す傾向にある。

人とは何者で、何の役になるか、
その良いところは何で、悪いところは何か。
人が 100 歳まで生きるなら、それは十分に長い。
……

したがって主は彼らに対して忍耐強く、
　彼らに対して慈愛を注ぐ。
彼らの最期が邪悪だと知っているので、
　彼らに対して赦しを豊かに与える。
人の憐れみは隣人に向けられるが、
　主の憐れみは生きるものすべてへ向けられる。
彼（主）は彼らを戒め、訓育し、教え、
　羊飼いが群れに対するように、彼らを引き戻す。
彼はその懲らしめを受けとめる者へ、
　裁きを熱心に求める者に憐れみを持つ（18.8–9, 11–14）。

c. 贖罪

贖いとしての親孝行と施し：贖罪については何を述べているだろうか。罪人は不可逆的にこの世での痛みへと追いやられ、その死において苦しめられるのか。否、シラ書は贖罪が可能であるという一般的な理解を示す。違反を贖う手段として、善行のうちでも2つが特記される。すなわち、父を敬うことと施しをすることである。

父を敬う者は罪を贖う（3.3）。

父への善行（*tsedaqah*）は忘れられず、
　それは罪の代替として堅く立てられる [24]。

---

24) この節の訳は Charles, *Apocrypha* の Box and Oesterley による。同様に Schechter と Taylor は「しかしそれは罪の代わりに植えられる」とする。RSV は「あなたの罪に対してそれは勘定される」とする。この誤った翻訳には説明が必要だ。ギリシャ語の動詞 προσανοικοδομέομαι について、Liddell and Schott はこれを「立てあげるためにつけ加える」とし、その用例としてこの箇所のみを挙げている。ヘブライ語は תִּנָּטַע であり、ここでは意味をなさない。これはヨブ 4.10 で「壊す」と訳される語だと思われる。しかし Brown, Driver and Briggs によると、これはアラム語の形かあるいは誤りかである。Box and Oesterley はギリシャ語を「それはあなたを立てあげるためにつけ加えられる」と訳す。NEB は「あなたの罪に対して勘定される」とし、Jerusalem Bibe は「あなたの罪の賠償をなす」とする。シリア語による当該箇所に倣って、Segal は תֻּנְחַת を提案した（Schechter も以前に同様の提案をしている）。Segal は「この意図は善意が植えられることであり、罪の代わりに良

災難があなたを襲うとき、それはあなたへの好意として憶えられ、
　　晴れた日の霜のように、あなたの罪は溶けて消える。
父を見捨てる者は冒瀆する者のようだ、
　　母を怒らせる者は主によって呪われる（3.14–16［LXX 3.13–15］）。

水は燃えさかる火を消す、
　　施し（*tsedaqah*）はそのように罪を贖う（3.30［3.28］. 7.32 参照）。

施し（おそらく *tsedaqah*）をあなたの蔵に積み上げよ、
　　そうすればあなたはすべての災難から救われる（29.12）。

善意を返す者は上質の小麦粉を供える、
　　施しをする者は感謝のいけにえを供える（35.2）。

贖いとしての神殿犠牲：贖いを得るための犠牲制度に対して、著者が具体的にどれほどの意義を見出していたかを特定することは困難である。アロンが選ばれたのは「主に対して犠牲を献げ……民のための贖いをなすため」（シラ 45.16）と言われる。したがってシラの子は、贖いのための神殿犠牲の効力を認めていたように思われる。幾つかの箇所では、神殿儀礼に対する明らかな評価が見られる――50.11–21 では大祭司シモンの記述、7.29–31 では祭司らや犠牲へ敬意を示すような指示がある――。しかしビュクラーが指摘するとおり、シラの子はけっして個人のための贖いの供え物（贖罪のいけにえ、

い実がもたらされること」とする（Segal, 16）。ギリシャ語が異なる語を基にしているとすれば、それは תִּבָּנֶה（建てる）、あるいは「確立する」（Segal, 16）。いずれにせよ、RSV と NEB の「勘定する」は法的要素が強すぎる。*tsedaqah*（善意）が父に対して示されたのなら、それは罪に「対して勘定される」ことではなく、それらの罪にもかかわらず確立され植えられることだ。「～に対して勘定される」はギリシャ語あるいは想定されるいずれのヘブライ語の訳でもなく創作であり、ユダヤ教に見られると考えられた思想と符合するような翻訳を充てた結果だろう。Büchler ('Ben Sira's Conception of Sin and Atonement', *JQR* 13 [1922/93], 471) のシラ 3.3–5 に対するコメントを見よ。キリスト教側の註解者らは「罪と功徳とのバランスというお決まりの理解」をそこに見出すが、Büchler は「それを見出すことができない」。

賠償のいけにえ）について言及しない。彼が大贖罪の日にも言及しない点をもつけ加えるべきだろう。シラの子は大祭司による民のための日々の献げ物の贖罪的な意義を認めながらも、彼が推奨する個人の犠牲はすべて自由意志の献げ物である。シラ 34.19 のみで個人が贖いの献げ物をすることが示唆されており、その場合に著者は、邪悪な者の献げ物に効果がないこと、またそのような献げ物がいくら行われても行動を正すことのない者の贖いにはならない点を指摘する[25]。もっとも、彼が個人の贖いのための献げ物と大贖罪の日とを看過したとしても、それらの効果が否定されたと結論づけることはできない。それらは聖書において命じられており、律法を重視する者としてシラの子にはそのような命令を無視することができない。おそらくシラの子は、神殿での供儀全体が行われることを前提としていただろう。それらの儀礼が看過される危険性がなかったので、彼はわざわざその遵守を強調する必要を感じなかったのだろう。彼はむしろ、神殿での儀礼の濫用に対して警告を与えた。すなわち、神殿儀礼が自動的に効力を発し、道徳的な営みと犠牲体制とが連動しているとの理解に反論している。したがって人は、犠牲体制の効果を当たり前のように捉えるべきでなく、犠牲が贖うという理由で罪を意識的に繰り返すべきでない。

⁸ 1 つの罪を 2 度繰り返してはならない、
　1 回でも罰を回避できはしない。
⁹ 「彼（神）は私の度重なる献げ物を憶え、
　私が献げ物をするときいと高き神はそれを受け容れる」と言ってはならない（7.8–9）[26]。

むしろ神は、不正に得られた富で購入した犠牲を受け容れることがない。

不正な仕方で得た物を犠牲として献げるなら、

---

25) A Büchler, 'Ben Sira's Conception of Sin and Atonement', *JQR* 14（1923–24）, 61, no.124, 66, 74–75, 78 参照。
26) 9 節はヘブライ語のテクストに欠損している。Segal, 45.

その献げ物は汚れている（'olat 'avel＝不正の献げ物）、
　　　不法な者（rasha'）の献げ物は受け容れられない。
　いと高き方は不敬虔な者（resha'im）の献げ物を喜ばず、
　　　その者は多くの犠牲によっても罪の宥めを受けない（ヘブライ語：不正は
　　　多くの献げ物でも贖われない）。
　貧者の持ち物から犠牲を献げる者は
　　　父の目の前で息子を殺す者のようだ（34.18–20 [19–20]）。

義なる者の犠牲のみが「祭壇に油を注ぎ」神に喜ばれる（35.6–7）。
　しかし人は、神から命じられるので犠牲を献げる（35.1, 5）。さらに犠牲は惜しみなく献げられるべきであり（14.11）、神が7倍にして返報することを期待しつつ可能なかぎりを犠牲として差し出すことが求められる（35.10–11）。病の時、人はただ祈るのみならず、多くの犠牲を献げるべきである（38.9–15）。
　贖いとしての改悛：人が違反する場合、犠牲を献げるのみならず、悔い改めることが必要だ。シラの子の表現を用いるなら、人はその不正に背を向ける（shub）ことを恥じてはならない（4.26. RSVではギリシャ語テクストに沿って「罪を告白する」）。神の赦しは悔悛する者に示される。

　　悔い改める者に彼（主）は立ち帰る道を示し、
　　　忍耐に疲れた者を励ます。
　　主に立ち帰り、あなたの罪を手放せ、
　　　彼の前で祈り、違反を減らせ。
　　いと高き方に立ち返り、不正から離れ、
　　　忌まわしいものを激しく憎め。
　　……
　　主の慈愛は何と大きいことか、
　　　彼に立ち返る者への赦しは（17.24–26, 29）。

シラの子は、罪を犯したあとの悔悛を促すことよりも、罪を回避するように

読者を促している (35.3)。人が「罪を犯しそうなとき」、その人は立ち返るべきだ (18.21)。もっとも著者は、心の中での反省にも価値を見出している。したがって彼は、読者が裁きの前に自らを探るよう促すが、それは裁きの時に人が赦しを得るためである (18.20)。主を畏れる者は「その心において」悔い改める (21.6)。自己吟味は、人がその行動を修正する決断の時である。

人は罪を犯し、そして献げ物がその罪を贖うことを前提としてはいけない。同様に人は、神の慈愛が赦しを与えることを期待しつつ、不正から離れて神へ立ち返ることを遅らせてはならない。

> 赦し（RSVはギリシャ語テクストに沿って「贖い」）を過剰に期待し、
>   罪に罪を重ねるな。
> 「彼の慈愛は大きい、
>   彼は私の多くの罪を赦す」と言うな。
> 慈愛と怒りとが彼と共にあるからだ、
>   彼の怒りは罪人（*resha'im*）に注がれる。
> 主に立ち帰る（*shub*）ことに遅れてはならない、
>   日々これを後回しにしてはならない……（5.5–7a）。

シラの子が「[罪に] ついて祈れ」(21.1) という場合、それは改悛を念頭に置いている。人がその隣人の悪行を赦す場合、自らの不正が祈りによって赦される (28.2)。祈りは邪悪な者と苦しみから人を解放する (35.17, 51.8–12)。主に対して赦しを乞うことには、断食がともなう場合もある。

> 人がその罪のために断食をし、
>   ふたたび同じ罪を犯すなら、
> その祈りを誰が聞こうか、
>   自らを低めることで何を得ようか (34.26 [27–28])。

しかし、違反から離れて正しいことを行うことが重要であることは明らかだ。

d. ベン・シラとラビ文献による契約、戒め、罪、贖罪

多くの点でシラの子はラビらよりも旧約聖書、とくに申命記にその思想が近い。彼は復活を信じない。人はその功徳にしたがってこの世において報いを受ける。神は義なる者の子孫が栄えるよう、邪悪な者の子孫が邪悪なままであるようにする (41.5)。預言者らも彼の思想に影響を与えている。それはとくに犠牲制度の議論における義、さらに「[罪からの]改悛」の強調において明らかだ。しかしこれらすべての要素——とその他の要素——が、非常にラビ的な仕方で整理されて記述されている。彼は、改悛（罪から離れて主に立ち戻る）をともなう犠牲が贖いをなすという理解からさほど遠くないが、それを示す具体的な表現は形成されていない。シラの子の奨励のほぼすべては同胞の扱いに関するものである。彼が激しく批判する罪はすべて人に対する違犯をとおしての神への違犯だが——そしてそれは神のみへの違犯（安息日の違反のような）でないが——[27]、それでも預言者の場合と異なり彼は個人と公の正義を「主の言葉」と直結させるのでなく、ラビらの場合のように「諸規定」と結びつける。神がすでに命じたことを行うならば、その者は正しいことを行うが、それは神の律法が永遠だからである（知恵の永遠性についてはシラ 24.9 参照）。博愛はラビ的思想においてと同様に重要性を増す。しかしここでの——ハラハーでなく「知恵」において——もっとも重要な共通性は、神と人との関係性を制御する巧妙な「制度」である。戒めは神から与えられ、それは守られねばならない。違反は罰せられ、従順は報われる。しかし違反者にその意志があれば、悔い改めて主に懇願し、悪行を改めて違反の罰から逃れることができる。

e. 邪悪な者と義なる者

悪と義に関する語彙：ビュクラーはシラ書が、「習慣的な罪人による違反」と「律法にしたがう平均的なユダヤ人の時々の誤り」とを区別していると論じる[28]。「習慣的な罪人が諸規定を実行することができない程度」を定義する

---

27) Büchler, *JQR* 14, 83; *JQR* 13, 472 参照。Haspecker (*Gottesfurcht bei Jesus Sirach*, 5) は、人と人の関係性を強調することが知恵文学の特徴であることを正しく指摘している。

28) Büchler, *JQR* 13, 304.

ことができないことは確かだが[29]、この区分には説得性がある。ヘブライ語では、あきらかに罪人は一般に「邪悪な者（resha'im）」と呼ばれ、これがギリシャ語では一般に「罪人（hamartōlos）」あるいは「不敬虔（asebēs）」と訳される。

シラ書における義人と邪悪な者に関する語彙を完全に、あるいは完全に正確な仕方で説明することは不可能である。それはヘブライ語のテクストの約3分の1が欠損していること、さらにヘブライ語とギリシャ語のテクストのあいだに齟齬があること、現存するヘブライ語のテクストと断片が本来のヘブライ語テクスト群から派生しているかが不明であること、もしかするとそれらがギリシャ語（あるいはシリア語）からの翻訳であるかも知れないことによる[30]。それでも、主要な語について述べることは可能だと思われる。

シラ書において邪悪な者を表すギリシャ語としてもっとも頻繁に用いられるのはhamartōlosだ。これは一般にヘブライ語のrasha'の訳語として用いられる（たとえばシラ5.6, 8.10, 9.11, 13.17 等）。ときとしてra'（12.4, 6）やzed（זֵד 不遜）（11.9）の訳語として用いられる場合もある。シラ9.11では'ish rasha'が不遜を表すzadonとなっている。rasha'がギリシャ語に訳されるときは、頻度の順にasebēs（不敬虔）（12.6, 41.5, 7, 42.2）、anomos（不法）（40.10）、adikos（不義）（35.23）が用いられる。rasha'は明らかに邪悪な者を表すための主要なヘブライ語である。邪悪な者はまた、'avval（不正の者／不正を行う者）── 16.13、ギリシャ語のhamartōlos ──と呼ばれるが、これは著者が「不正／悪行」に'avlahを用いることと符合する（16.1）。他の意味的に重なる語としては、「不遜な者」（zed）がある（12.5. zadon［不遜］は16.3, 13.24）。

善人（敬虔な者）を表す主要なギリシャ語はeusebēsであり、ヘブライ語で

---

29) Büchler, *JQR* 13, 311.
30) この議論に関してはA.A. Di Lella, *The Hebrew Text of Sirah*, 1966を見よ。Di Lellaはカイロ・ゲニザ写本が基本的に本来のヘブライ語テクストを反映していると論ずる。そしてギリシャ語に近い「古典」テクストとミシュナ的なテクストがある場合、後者をシリア語からの反訳と見なす。カイロ写本はエルサレム付近（おそらく8世紀末のクムラン）出土の写本を手本として持っていた。クムランで最近出土した断片は一般にカイロ写本と一致している（p.92）。マサダ出土の断片はゲニザ写本の「B版」と一致する（pp.80–81）。シリア語からの反訳仮説はRügerとMarböckによって反論された。*Weisheit im Wandel*, 4–5を見よ。しかし、ゲニザ写本の信頼性が疑われることはない。

は *tsaddiq* である（それぞれ 11.17 [21]、11.22 [28]、13.17 [19]、16.13）。*eusebēs* は本来は形容詞で「良い」（*tob*）（それぞれ 12.4 [7]、39.27 [37]）また *'ish tob*（33.14 [17]）の訳語として充てられる。私の知るかぎり、このギリシャ語が「敬虔（*ḥasid*）」の訳語として用いられることはない（Segal はシラ 43.33 に *ḥasidim* を補うが、ヘブライ語断片では欠損していて不明である。彼はシラ 27.29 にも *ḥasid* を補うが、この箇所のヘブライ語テキストはない）。*dikaios* はときとして *tsaddiq* の訳として用いられる（9.16 [*'anshe tsedeq* が *andres dikaioi* となる]、44.17）[31]。

　ちょうど義人を表す語がそうであるように、邪悪な者を表すすべての語が同じグループに属している。したがって、*ra'* は *rasha'*（シラ 41.5）と並列関係にあり、*'ish rasha'* は *zadon* と並列関係にあり（9.11–12）、*rasha'* は「不遜な民（*zadon*）」（35.18 [21]）と並列関係にあり、*rasha'*、*zed*、*ra'* はすべて並列関係にある（12.4–6）。同じ箇所でこれらの語は *tob* や *makh*（謙遜）の反語である。*rasha'* は *tsaddiq* の反語である（13.17 [19]）。*'anshe tsedeq*（9.16）は確かに *'anshe rasha'* の反語である（41.8 [11]）[32]。同様に *'avval* は *tsaddiq* の反語である（16.13）。

邪悪な者と偶発的違犯者：邪悪な者と偶発的違反者の区別はシラ 21 章に見られるが、その冒頭は「律法を遵守する平均的なユダヤ人」である読者への口調が柔らかい奨励によって始まる。

　　我が子よ、お前は罪を犯したか。それを繰り返してはいけない。
　　　　過去の罪について祈るが良い（21.1）。

のちに著者は他の集団に関して三人称で語る。

　　邪悪な者の集まりは麻屑の束、

---

[31] Ziesler, *The Meaning of Righteousness in Paul*, 73. 彼は *'anshe tsedeq* を *andres dikaioi* と訳すシラ 9.16 に注意を向けていないが、これは *tsaddiqim* を *dikaioi* と訳すこととほぼ同様である。

[32] *rasha'* は Segal によって復元されたが、*'avval* を復元したのは Lévi である。ヘブライ語写本には欠損がある。

その先は火で燃え上がる。

罪人の道は平らな石畳、

しかしその先はハデスの淵だ（21.9–10）。

同様に、シラ 41.5–10 は邪悪な者ら——のちには「まったき邪悪」と呼ばれる——を念頭に置いている。

罪人ら（ra'im[33]）の子は忌み嫌われる子、

彼らは不敬虔な者（rasha'）の住処に足繁く通う。

罪人らの子の継ぎ分は失われ、

彼らの子孫は永遠に非難の的だ。

子らは不敬虔な（rasha'）父を責める、

彼のために非難に苦しむからだ。

不敬虔な者ら（'anshe rasha'）、お前たちは災いだ、

いと高き神の律法を捨てた者ら。

お前たちが生まれたとき、呪われるために生まれた、

お前たちが死ぬとき、呪いがその定めだ。

塵から出たものがすべて塵に戻るように、

不敬虔な者らは呪いから破壊へと進む。

邪悪な者らに対する厳しい言葉のあと、シラの子は彼の「子ら」（41.14）へと注意を向け、彼らの犯した不道徳、虚言、違反、不正、不正直、盗みについて恥じ入るよう優しく促す（41.17–19）。これらの罪は当然回避され贖われるべきだが、その行為者が「邪悪な者ら」の範疇に置かれることはない。これらの罪を犯したとしても tsaddiqim と呼ばれる。もちろんその違反が語られるとき、その者が tsaddiq と呼ばれることはない。しかし、シラ書においてすべ

---

[33]　マサダ写本はカイロ・ゲニザ写本にある謎めいた dabar ra'im を toldot ra'im とする。もし toldot が「子孫」という意味で「世代」と理解されるなら、ギリシャ語の tekna はほぼ正確だと考えられる。dabar の正確な意味に関する議論は G.R Driver, 'Hebrew Notes on the *Wisdom of Ben Sirah*', *JBL* 53 (1934), 282–83 を見よ。

てのイスラエル人が tsaddiqim と resha'im のどちらかの範疇に置かれる場合、個々の違反によって人が rasha' となることはない——この点は後述する——。しかし tsaddiqim が、死に繋がる冒瀆のようなもっとも深刻な罪を犯すことはない (23.12)。

　邪悪な者の特徴：神の律法を蔑ろにする (シラ 41.8) という一般的な問題以外に、邪悪な者を特徴づける重大な問題は他者に対する搾取と不正である。邪悪な者らは他者の金で家を建て (21.8)、貧者から巻き上げた金で犠牲を献げ (34.20)、彼らの使用人や貧者から剥ぎ取る (34.21–22)。これらの不正行為の背後には、人と神とに対する高慢と奢りとがある。奢りと偽りの自信は罪によって増幅し、「罪が見過ごされる」との考えに支えられている。「奢りは主と人の前で憎まれ」(10.7)、主から離れるなかで育まれる (10.12)。罪人は「私は罪を犯したが、それでいったい何が変わったか」(5.4) と言ってはならない。改悛を遅らせる (5.5–7) ような傲慢な姿勢こそが、邪悪な者の態度を反映する。したがって人は、罪を犯したあとに神へ贈り物で取り入ることができる (7.9, 35.12)、神がその罪を見ていない (23.18–19)、不正によって得た富で守られる (11.23–24)、などと考えてはいけない。そのように考える者は悪を続けるが (12.3, 23.10 参照)、このように執拗に悪を続けることこそが邪悪な者の特徴だ。それゆえに彼らの行動は「不遜」と見なされ (35.23, 9.12, 13.24。後者の 2 箇所はギリシャ語で「不敬虔」と訳される)、彼らはじつに傲慢で頑迷である (3.26–28)。しかしこれらの者でさえ、もし悔いるなら、神は「立ち返る機会を与える」(17.24)。これは明らかにシラ 5.4–5 に見られる邪悪な者への奨励を繰り返している [34]。

　対義語としての善人と邪悪な者：シラの子は、善が悪の対義語であるように、邪悪な者 (rasha', ギリシャ語の「罪人」) は善人 ('ish tob, ギリシャ語の「敬虔な者」) の対義語であることを正しく見極めている (33.14)。この対比は他所でも明らかだ。

　　狼と子羊とのあいだに何の関係があるか、

---

34) Büchler, *JQR* 13, 314 も見よ。

罪人（*rasha'*）と善人（*tsaddiq*）についても同様だ（13.17）。

しばしば義人は主を畏れる者と考えられる。この箇所の意味は、主を畏れない者に関する他の箇所を引用することでよく理解できる。

> 結婚の誓いを破る者は、
> 　「誰が見ているものか」と自分に言い聞かせる。
> 「闇が私を囲み、壁が私を隠す、
> 　誰も私を見ない。何を畏れようか、
> いと高き方は私の罪に気がつかない」と。
> 彼の恐れは人の目に向けられる、
> 　彼は気がつかない、
> 　　主の目が太陽より 1000 倍も明るいことを。
> 主の目は人のすべての行いを見わたし、
> 　隠れた場所さえも見逃さない（23.18–19）。

邪悪な者の姿勢を、自らの罪から言い逃れができると考える傲慢と誤った自信だと言い得るなら、義人の姿勢は謙遜と主に対する尊崇の念である。したがってシラ 35.17 における謙遜な者は、35.18 における邪悪な者と相対する。シラの子が「主への畏れ」と呼ぶのがこの謙遜である（2.17：「主を畏れる者は御前でつつましくある」）。これは人の目のみを畏れて神を畏れない邪悪な者の不遜な姿勢の対極に位置する。義人は神の懲らしめや裁きを謹んで受け容れるが、邪悪な者はそれらが自分に当てはまると考えない。シラ書の律法制は神の正義と慈愛への信頼に依拠しており、これは善行によって神の報いを確保するという傲慢な考えに依拠した行為義認的な律法主義と同じではない。この傲慢こそシラの子が激しく批判する対象だ。義人は謙遜で、神の慈愛に寄り頼む。

主への畏れ：謙遜と尊崇の姿勢は主の諸規定を守るよう人を導くので、「主への畏れ」は従順と切り離されない。「主への畏れより善いものはなく、主の掟への従順ほど甘いものはない」（23.27）。同様にシラ 15.1 では主を畏

れる者が律法を守る者と並列され、10.19 と 19.24 では主への畏れが主の諸規定への違反に相反する。シラ 19.20 において、著者は主への畏れが知恵であり、知恵のうちに律法の成就があると教える。

もっとも主への畏れは、罰を回避するための安易な手段としての従順へ人を促すような否定的な意味でなく、むしろより肯定的な意味合いを持っている。

> 主への畏れは栄光と誉れ、
> 　　楽しみと喜びの冠。
> 主への畏れは心を楽しませ、
> 　　楽しみと喜びと長寿とをもたらす。
> それは主を畏れる者と終わりの日までともにあり、
> 　　最期の日にその者は祝福を受ける（シラ 1.11–13）。

さらにそれは主を愛することと同視される。

> 主を畏れる者は主の言葉に背かず、
> 　　主を愛する者はその道を守る。
> 主を畏れる者は主の意志を追い求め、
> 　　主を愛する者は律法を満たす。
> 主を畏れる者は自らの心を整え、
> 　　主の前でつつしみ深くある（シラ 2.15–17. 34.15–17 も見よ）[35]。

義人と選び：しかし、「主を畏れる」者さえもその掟を完全に守ることが能わないことは明らかだ。シラ書の大部分は基本的に義である者らに向けて書かれているようだが、それでも訓告や［少なくとも著者の意見による］修正を提示する必要がある[36]。主を敬愛する者は、たとえ違犯することがあっ

---

35) 真の敬虔としての「主への畏れ」に関する詳しい議論は Haspecker, *Gottesfurcht bei Jesus Sirach*, 205–335 を見よ。

36) Büchler, *JQR* 13, 331–32 を見よ。

ても、不遜な態度を取らず、神の目が届かないと考えず、悔いることに早く、あとからの犠牲でこと足ると考えず、同じ違犯を繰り返さぬように悔い改める。同胞への搾取に対する警告が繰り返されることから、明示されずとも悪行への賠償が示唆されているようである——旧約聖書においては当然賠償が要求される——。このように悔い改めて適切な手続きを取る者に対しては「義」という形容詞が用いられ、これらの者が邪悪な者の範疇に入れられることはないようだ。彼らは「主を畏れ」続け、その結果として長寿を全うして、安楽な最期と義なる子孫に恵まれる。ここで、シラ書が義なる者と邪悪な者との区別をイスラエルの選びとの関連で語ることがないという既述の所見を思い出すこととしよう。悔いることをしない邪悪な者が選びの立場を喪失するという明らかな言説は見当たらないが、彼らがトーラーを見放した（シラ41.8）という言説がそのことを示唆していよう。彼らの齢は短く、その死は苦しく、「忌まわしい」子孫を残すことになる（41.5）。

2. 『エチオピア語エノク書』[37]

a. 導入

私たちは『エチオピア語エノク書』（あるいは『Ⅰエノク書』）の論考において2つの問題に直面する。1つは緒論的な問題だが、これが非常に複雑である。この書は一般に複数の文書が集積されたものと理解されており、多くの区分に関しても見解がほぼ一致している[38]。しかし各文書の執筆年代も最終的な編纂年代も不確かで[39]、それぞれの部分が独立完結していることを

---

[37] 引用はCharles, *Pseudepigrapha* を用いている。ギリシャ語テクストの断片に関しては、97–107章はBonner版を、1–32章はLods and Charles版（『エチ・エノ』）を用いた。ギリシャ語テクストの断片については、さらに近年公刊されたBlack版をも参照した。クムランにおいてアラム語の断片も見つかっており、この版はMilik and Blackにより公表されている。J.T. Milik, 'Problèmes de la Littérature Hénochique à la Lumière des Fragments Araméens de Qumrân', *HTR* 64 (1971), 333 を見よ。

[38] Charles, *I Enoch*, xlvi–lvi を見よ。さらに彼の註解における各部分の導入を見よ。同様の見解はCharles, *Pseudepigrapha*, 168–71 にも見られる。Charlesの区分は一般に受け容れられている。Rowley, *The Relevance of Apocalyptic*³, 57–64; Black, *Apocalypsis Henochi Graece*, 5; Dupont-Somer, *Essene Writings from Qumran*, 299 を見よ。主要な区分はクムラン断片によって支持されている。

[39] Rowley, *Apocalyptic*, 93–98 を見よ。

想定することもできない⁴⁰⁾。ここでは一般にチャールズの区分が採用されるが、私は幾つかの区分がマカバイ期以前だとの見解に関しては同意していない⁴¹⁾。各部分がマカバイ期の文脈と上手く噛み合っているからだ。私はそれ以上に精密な執筆年代を提示しようとは考えていない。これ以上の年代設定は推測の域を出ないからである。

　緒論的な問題のうちでもっとも解決が困難かつ重要なものは、「[メシアに関する]説教」（37–71章）の執筆年代である。ここでの問題は、これが教会以前の執筆か教会以降の執筆かという問題と関連している。おおよその見解の一致に反して、ミリクはこれを教会以降の執筆と論ずる。彼は他の箇所の断片がすべてクムラン文書の中に見つかっている一方で、この箇所の断片だけが見つかっていないことをその論拠としている⁴²⁾。学者らはこの事態を偶然と見なし、ミリクの議論に説得性を見出さない⁴³⁾。ミリクはさらにより説得性の高い議論を展開している⁴⁴⁾。彼の長い議論を要約すると以下のようになる。この書が5つの部分から構成されたのは早い時期で、それはモーセ五書の区分に倣っている。しかし第II部がもともと「巨人の書」であったことは、これをマニ教が用いていたことによって証明される（Milik, 373）。『エチ・エノ』を編集したキリスト者は、その代わりに「[メシアに関する]説教」をここに挿入した（Milik, 375）。『エチ・エノ』56.6–7は後3世紀におけるビザンツ帝国による侵略に言及するが、これは260年9月に起こったワレリアヌス投獄にまで発展するペルシャ帝国皇帝シャプール1世の勝利に特別な関心を置いている。パルティア人によるさらなる勝利がこれに続いており、これらが「[メシアに関する]説教」の背景にある。義人の血への言及（47.1–4）は249–51年と257–58年に起こったキリスト者への迫害を指す。この箇所はおそらく270年頃の著作である（Milik, 377）。

　「説教」の背景に関するもう1つの想定がJ.C. ヒンドリーによって提示

---

40) 註38の Charles を見よ。
41) Rowley, *Apocalyptic*, 93–98 の議論を見よ。
42) Milik, *Ten Years of Discovery*, 33.
43) たとえば Dupont-Sommer, *The Essene Writings from Qumran*, 299–300 を見よ。
44) Milik, 'Problèmes de la Littérature Hénochique', *HTR* 64 (1971), 333–78.

されている[45]。彼はクムラン文書にこの箇所の断片がないことに触れるが（Hindley, 553）、より重要なこととして新約聖書と初期教父がこの説教にほとんど言及していない点を指摘する（Hindley, 564）。しかし彼がもっとも重視するのは、『エチ・エノ』56.5-7におけるパルティア人への言及と、56–57章におけるパルティア人と捕囚からの帰還との関連についてである。そしてヒンドリーは、これらの箇所を説明するのに「説教」の執筆年代を115–17年に設定することが適切だという、非常に説得力のある議論を提供している。

「説教」の執筆年代を特定することには慎重でなければならないが、この箇所を教会以降の執筆と理解することが適切と考えられる。「説教」が第2の書と取り替えられたというミリクの議論は推論の域を出ないものの、その可能性は半々といったところだろう。マカバイ期と少なくとも同程度に適した歴史的文脈が見つかるならば、歴史的な調和という観点から見て教会以前に起源があるという議論の説得力が失われる。人の子が栄光の座につくことに関する箇所（たとえば62.5）は、教会以降の執筆年代を想定する方が説明しやすいように思われる。誰とも判断がつかない「人の子」の特徴をキリスト教がイエスに当てはめたという想定は完全に否定し得ないが、人の子の重要な役割に鑑みるなら教会以降の執筆と考える方に軍配が上がる。したがって、これ以降の議論においては『エチ・エノ』37–71章を含めないこととする[46]。

『エチ・エノ』はその性質上、私たちの論考において用いることが困難な点がある。その典型的な黙示的性質から、この書は個人よりも世代全体を扱う傾向にある。以下で見るように義人と邪悪な者への言及は多いが、個々の人がいかに義なる営みをしたか、人が罪を犯すとどうなるか、義人と邪悪な者の境界線はどこかといった疑問にほとんど答えを提供しない。この書の大きな関心は義人と選びの者の正体にある。従順の必要性、また違犯への罰と従順への報いという主題は繰り返され、これら一つ一つの主題を取り上げて特別に註釈することは必要とされない。しかし以下は、答えを見出しづらい

---

45) Hindley, 'Towards a Date for the Similitudes of Enoch', *NTS* 14 (1968), 551–65.
46) 同様に E. Schweizer (*Jesus*, 18) は「説教」の執筆年代を特定することができないと述べる。

問題である。すなわち、人は何に従うべきか、また人は義と見なされるためにどれほど従順であるべきか、である。これらの問題について、各区分ごとに見てゆくこととする。

b. 「ノアの書」

　チャールズは『エチ・エノ』6–11 章、54.7–55.2, 60 章、65.1–69.25, 106–07 章に「ノアの書」の資料を見出す[47]。おそらく現在では、6–11 章と 12–36 章とを結び、106–07 章がノア補論を構成すると見なし、37–71 章のすべてが「ノアの書」と不可分であるとの見方が有力だろう[48]。私は以下の議論でチャールズに倣い、6–11 章と 106–07 章とを結び、12–36 章を個別に扱う。そして「説教」に含まれる「ノアの書」の部分は扱わないことにする。

　「ノアの書」における原初的な罪——『エチ・エノ』の他の箇所や『ヨベル書』でも同様だが——は「神の子ら」と「人の娘ら」とが交わること（創6.3）である[49]。神の子らとは堕落した邪悪な天使と見なされる（『エチ・エノ』6.1ff 他）。罪の性格についての明確な定義はない。天使らは明らかに定められた秩序、すなわち神の意志に違反した（106.14: 彼らは罪を犯し、女達と交わることで法を犯した）。彼らはまた律法に反する姦通の罪を犯し（10.9）、女達の月経期に性行に及んだと考えられる。これもユダヤ律法に反することだ。したがって『エチ・エノ』10.11 は彼らが「あらゆる不浄において自らを汚した」と記すが、この場合の「不浄」とは女達の月の汚れを指すものと思われる。これは『エチ・エノ』15.4 ——これは他の資料からのものと思われる——が、彼らの汚れが女達の血によると述べられることからも支持される。いずれにせよ、堕天使らは違犯したのみならず奥義を人々に明かしたた

47）　Charles（I Enoch, xlvii その他）は第 2 の断片が 54.7 でなく 54.1 から開始するとする。しかし彼の版から、54.7 から断片が開始すると彼が想定していることが分かる。「ノアの書」を個別の書として見なすことに関しては Dupont-Sommer, *Essene Writings from Qumran*, 299 を見よ。

48）　したがってたとえば Rowley, *Apocalyptic*, 57; Black, *Apocalypsis Henochi Graece* 5 を見よ。Black は第 I 部にまとまりがあると考えず、6–11 章と 106–7 章とを結ばない。Charles の再構成に Rost（*Einleitung in die alttestamentlichen Apokryphen und Pseudepigraphen*, 103）は倣っている。

49）　この神話の歴史に関しては Julian Morgenstern 'The Mythological Background of Psalm 82' *HUCA* 14 (1939), 29–126 を見よ。混交神話については 76–114 頁を見よ。

めに、人々が違犯の結果として天使らの罰を共有した（9.6–9. 65.6–7 参照）。『エチ・エノ』7–8 章によると、魔術、まじない、占星術はすべて堕天使によってもたらされた。人々は、違犯が滅ぼされて罪が消え去る義の世代（107.1）までのあいだ、違犯を繰り返すこととなる。

　『エチ・エノ』10.20–21 のリストから、何が罪と見なされるかに関する理解が得られる。神が天使ミカエルに命ずる、「地上にもたらされたあらゆる抑圧、不義、罪、不敬、不浄から地上を浄め、それらを地上から葬り去れ。そうすれば人の子はすべて義となり 50)、すべての国々が私を讃美し、私を礼拝する。そして地上はあらゆる汚れ、罪、罰、苦しみから浄められ、私はこれから永遠に［これらを］送ることをしない」と。ここに挙げられる罪の語句をギリシャ語で示すと、「地上にもたらされたあらゆる akatharsia, adikia, hamartia, asebeia, akatharsia から地上を浄め、それらを地上から葬り去れ」となる。著者がこれらの語を厳密な定義に沿って用いたことを想定する必要はないが、「不浄」が清浄規定の違反と道徳的汚れの両方を指していると考えられる。抑圧（adikia）が隣人への悪行を指す一方で、「罪」と「不敬」とはおそらくヘブライ語とアラム語の「罪」と「邪悪」の翻訳であり、聖書的規定の違反を一般に指すと思われる。何がしてはいけないかに関しては曖昧なままだが、「ノアの書」の著者が独特の定義を提示しているとは考えられない。罪人とは神の意志に違反する者である。違反する者は「有罪」であり「負い目のある者」（6.3. ギリシャ語の *opheiletēs*）でありこれは ḥub の翻訳と思われる。

　これらの断片から、義人の定義と特徴についてはほとんど分からない。義人は邪悪な者が滅ぼされる裁きの日を逃れるが（10.17）、誰が逃れられるかに関しては上の罪のリストから推測するしかない。一般に、義人とは神の意志を行う者で、不義なる者はそれを行わない者であろう。義人は罪、邪悪、不義を避ける者と思われる。

c. 『エチ・エノ』12–36 章

　「ノアの書」と同様に『エチ・エノ』12–13 章においても、堕天使らは人

---

50)　この句はギザのギリシャ語写本にはない。

に不敬（*asebeia*）と不義（*adikēmata, adikia*）と罪（*hamartia*）を示した廉で断罪される（13.2）。彼らがエノクに赦し（*aphesis*）を執り成すように求めても、それは叶わない（12.5）。星々が「定められた時に現れ」ないことは、「主の掟への違反」と見なされる。彼らは神に怒り（*orgisthē*）を生じさせ、罰を受ける（18.15）[51]。『エチ・エノ』19.2において、天使らは人に汚れをもたらしたのみならず、「悪霊に犠牲を献げる」よう人を促したと言われる。それ以外に、彼らの罪は特定されない。

『エチ・エノ』22.9–13において、人は3つの集団に分けられる。その1つは義（22.9, *dikaioi*）あるいは敬虔（22.13, *hosioi*）である。彼らは「輝く水の泉がある……くぼみ」であるシェオルへ置かれる。生前に罰せられなかった罪人は、罰せられた者らと区別される。後者は「裁きの日に裁かれず、そこから甦らされることはない（22.13）。おそらく義人は甦らされて報いを受け、生前に罰を受けなかった罪人は甦らされて罰を受ける。

『エチ・エノ』22.9, 13のみならず25.5からも、「義」と「敬虔」（チャールズは「聖」）とは同義語と思われる。ギリシャ語断片がヘブライ語あるいはアラム語を忠実に再現しているなら、おそらく *dikaioi* という語は *tsaddiqim* の訳であり、*hosioi* は ḥ*asidim*（あるいはアラム語の同意語）の訳だろう。『エチ・エノ』25.5において義人や敬虔な者らは選びの者と同じである。義人、敬虔な者、選びの者らは、神が「祝福をもって地上を」（25.3）訪れたあとで香しい木がある「聖なる地」へと入り、そこで安らかな長寿を全うする（25.3–7）。神の「真の裁き」は「罪に定められた者」を断罪する一方で、義人は「神がその憐れみゆえに彼らにその分を与えたので」神を讃える（27.3–4）。神が邪悪な者を罰し、義人には慈愛を示す様子が繰り返される。義人および選びの者らへの「分与」は神の慈悲に依拠している。

d. 『エチ・エノ』83–90章

「夢と幻」の箇所は厳しい警告によって始まる。罪のために「地上に大い

---

51) 『エチ・エノ』21.6も参照。違反する星々は堕天使と同じでない（Charlesの21章の章題：「堕天使（星々）への罰」に反する）。幻視者は星々が罰せられる場所（21.6）から堕天使らが罰せられる「他の場所」（21.7）へと異動する（21.10）。

なる破壊が起こる」（83.9）。残りの者が生き続けて地上のすべてが破壊されるのでないと信じるエノクは、神に対して祈るよう促される（83.8）。彼は祈りの中で、大いなる裁きの日まで神の怒りが人類に留まることを認め（84.4）、神が「［神の］怒りをもたらした肉を地上から滅ぼし」、その一方で「義と正しさの肉」が確立されるように祈る（84.6）。

イスラエルは羊群に準えられ、いわば主によって飼われ育てられるが（89.28）、そのすべてが飼い主である主に対して誠実ではない。「ときにその目は開き、ときに閉じられている」（89.41）。最期に群れは「様々な道を行き、その家を見捨てる」（89.51）。したがって神は聖所を見放し、羊の群れは獅子の餌食となり、神はその破滅を喜ばれた（89.56–58）。群れの残りが70人の羊飼いに引き渡されると、彼らは羊の一部を殺し、残りを生かす（89.59–60）。しかし羊飼いらは、彼らに与えられた指示の範囲を逸脱し、生かしておくべき羊をも殺す（89.61, 69）。そのために彼らは裁きに日に罰せられる（90.25）。これは敵の手によって邪悪なイスラエル人のみならず、義なるイスラエル人が殺されることの説明である[52]。

裁きの日に、羊の一部――目を閉じた羊たち――は「有罪の裁きを受け、火の燃えさかる淵へと投げ込まれる」（90.26）。残りの羊はすべて良いものである（90.30, 33）。「それらの羊の目はすべて開いており、それらは良いものを見た。見ない者はその中にいなかった」（90.35）。

この箇所は、イスラエルの敵でなく、イスラエルの民のうちの邪悪な者に焦点をあてている点で興味深い。破滅に向かう盲目の羊とそうでない羊の差異については明らかでないが、ユダヤ教に対する基本的な誠実さであることは推測できる。盲目の羊が聖所を見捨てたからだ（89.51）。この箇所の時系列的関係から、これは聖所の第一の破壊より以前のことのように思われるが、著者の時代にこの問題への関心が高かったことを示すと考えられる。誠実な者は裁きの日に救われ、背教者らは滅ぼされる。

---

[52] 『エチ・エノ』89.59に対するCharlesの註解を見よ。「彼ら（羊飼い）がその指示に従っていたら、異邦人はイスラエルのあいだに大きな破壊をもたらすことはなく、ユダヤ人の背教者のみが取り除かれたことだろう」（*I Enoch*, 200）。

e. 『エチ・エノ』91–104 章
不義なる者らの業：この箇所は不義なる者について多くを述べている点で、本著にとって大変興味深い。

> 罪人であるお前たちに災いがあるように、お前たちはその富ゆえに義人のように見えはするが……（96.4）。

> 不義を働き欺瞞と冒瀆を口にするお前たちに災いがあるように、
> これはお前たちの悪に対する記念となるだろう。
> 力をもって義人を抑圧するお前たちに災いがあるように、
> お前たちの滅びのときが近いからだ。
> その日には、お前の裁きの日には、多くの幸いな日々が義人に訪れるからだ（96.7–8）。

> 不義が地上をふたたび覆い、
> 不義なる業と暴力、また違犯とが 2 倍に増す。
> 罪、不義、冒瀆、そして暴力があらゆる行いにおいて増えるとき、
> 天からの懲らしめがこれらすべての上に降りかかる。
> すると聖なる主が怒りと懲らしめをもって訪れ、地上に裁きをなす。
> その日には暴力が根絶やしにされ、不義の根と欺瞞も絶やされる。
> 天の下でこれらは滅ぼされる。
> 異教徒らの偶像はすべて捨て去られ、その神殿は焼き払われる。
> 彼らはそれらを地上から一掃し、彼ら（異教徒ら）は裁きの業火に投げ込まれ、怒りと苛酷な裁きの中で永遠に滅ぶ。
> すると義人はその眠りから覚め、知恵が立ち上り彼らに与えられる（91.6–10）。

罪人はその富ゆえに繰り返し非難されるが（94.8, 100.6, 104.6 参照）、彼らが金銀を「不義によって」（97.8）手に入れたからだ。それは不正直な取引を意味するのみならず（94.7: 彼らは「罪によって家を建て」、裁きにおいて金銀を手に入れる）、義人からの略奪をも含意する（104.3）。彼らの行いは暴力に満

ちている（91.6, 104.6, 92.18 参照）。義人を略奪する者らは支配者の支持を得る（95.7）。彼らには「力がある」（96.8）。彼らは義人を迫害し（95.7）、義人の災難を喜び（98.13）、彼らに不義を働き、彼らを抑えつける。チャールズ訳では「抑圧」という語が『エチ・エノ』94.6, 96.8, 98.6, 8, 99.15 等に見られる。『エチ・エノ』94.6–96.8 についてはギリシャ語断片が存在しない。『エチ・エノ』98.6 の「抑圧」では adikion というギリシャ語が用いられているが、これは「悪行（ponēra）」の同義語である。『エチ・エノ』98.8 では adikēmata が用いられ、99.15 では adi のみが現存するが、これはおそらく adikia の一部だろう。このギリシャ語は「抑圧」というよりも他の種類の不義を意味するのかも知れない。いずれにせよ、邪悪な者の業によって義人が抑圧されることに変わりはない。既述のとおり彼らは暴力に満ちている。彼らはまた隣人を殺し（99.15）、「義人を苦しめ火で焼く」（100.7）。こうして彼らは「義人の上に裁きを下す」（100.10）。

邪悪な者らの正体：義人をこのように扱う者らが異邦人か、不義なるユダヤ人か、あるいはその両方かは判断しかねる。チャールズは、義人がファリサイ派、邪悪な者が「サドカイ派、罪人、背教者、異教徒のように振る舞う者」の連合と解する。チャールズによると、後者のような者らが共謀し得たのは、サドカイ派とマカバイ家の指導者らが結託していた時代のことである[53]。チャールズによるエノク資料——とその他の偽典——の執筆年代特定の一般的方法は、これらをファリサイ派による著作であると見なし、ヨセフスが伝えるファリサイ派の年代別の状況を手がかりにしてそれぞれの執筆時期を確定することだ。しかし、『エチオピア・エノク書』が全体であれ一部であれ、ファリサイ派の手によるとは考え難いので、チャールズの推定は破綻する。この共謀（サドカイ派と異教徒のように振る舞う者ら）には大いに違和感があり、この点でチャールズが想定する構図——ファリサイ派が義人でサドカイ派とその一味が罪人——には慎重になるべきだ。

少なくとも邪悪な者らの一部はイスラエル人のようである。彼らは「正しいことに関する言葉」を歪曲させ、「永遠の律法」に違反したことで非難さ

---

53) Charles, *Pseudepigrapha*; *I Enoch*（103.14–15 の註解を見よ）。さらに *I Enoch*, 221–22 を見よ。

れる（99.2.「［罪人らは］義の言葉を変更してねじ曲げた」、104.10）。異教徒の律法違反が非難される場合もあろうが、この場合は、背教者であるユダヤ人が律法の誤った解釈（著者の視点から）に基づいて邪悪な振る舞いをしていると考える方が自然のようだ。邪悪な者による冒瀆（91.7, 96.7, 94.9）への批判も、異邦人に対するものという蓋然性を完全に否定できはしないものの、背教者に当てはめる方がより自然である。富者や有力者がそのまま支配者ではなかろうが、支配者は彼らによって支えられている。『エチ・エノ』104.3 は「支配者らと、あなたからの略奪を支持した者らへ、あなたからの艱難が訪れる」（エチオピア語テクストからのチャールズによる訳）。ギリシャ語断片は指導者に言及しないが、義人を抑圧することに荷担した者らへわずかなりとも触れている。エチオピア語テクストが正しいとしても、支配者が略奪して他の者がそれを支持したか、支配者が略奪者を支持したかが曖昧である。後者の理解がより確からしいと思われるのは、義人が受けた被害を支配者が補填せず（103.14）、略奪者を助けたことへの批判が述べられているからだ（103.15）。もっとも著者は、支配者を非難の直接的な対象としてはいない。むしろ非難の対象は、それがシリア人であれローマ人であれマカバイ家であれ、不在の権威者であり、背教したイスラエル人が彼らに協力して義人を迫害し略奪したのである。

異邦人と共謀する邪悪なユダヤ人：チャールズが「異邦人のように振る舞う者ら」を、結託して義人を迫害した集団のうちに含めた根拠は、『エチ・エノ』99.7 であることに間違いはない。すなわち、「石、金銀、木［そして石］と粘土に刻まれた像を拝む者、汚れた霊や悪霊、あらゆる偶像を知識を持たずに拝む者、この者たちはそれらから何の助けも得ない」（99.9 も参照）。ここに挙げられている者は、エルサレムにギムナジウムを建設したような類の背教したユダヤ人でもなければ「異邦人のように振る舞う者ら」でもない。『エチ・エノ』99.7 がのちの挿入でない限り——そのような証拠はないが——、邪悪な者らに異邦人が含まれていることを示している。これは、来たるべき異教の偶像や神殿の破壊のときに言及する『エチ・エノ』91.9 が支持する。したがって、邪悪な者には、誠実なユダヤ人を搾取して富を得ようと画策するイスラエル人の背教者や背信者で支配者に協力する者、さらに

これらの者と共謀して一攫千金を狙う異邦人が含まれるようだ。著者は、利益のために自民族を裏切るユダヤ人と邪悪な外国人とのあいだに明確な区別を付けていないように見受けられる。この箇所は、パレスチナが外国の直接支配でないとしてもその影響下にあった時代に属すると思われる。

　邪悪な者らの慢心：罪人らは、自らの安全に対して誤った期待を抱き、死後の裁きなどないと考えている。

> あなた方は呪われている。金銀を不義のうちに得て
> 「我らの富が富をさらに生んだ、そして多くを得た。
> 我らが望んだ物をすべて得た。
> だから我らは望むことをしよう。
> 我らは銀を集め、蔵を治めるものとなった……」（97.8–9）。

> お前（義人）が死ぬとき、罪人らはお前に対して言うだろう。
> 「我らが死ぬように、義人も死ぬ、
> あの者らはその行いによって何を得たか、
> 見よ、我らと同様に彼らも悲しみと暗闇で死ぬ。
> 彼らが我らよりどれほど良いというのか
> だから我らはみな同等だ、
> 彼らが何を得て、永遠に何を見ようか。
> 見よ、彼らさえ死んだ、
> だから彼らは光を見ることが永遠にない」（102.6–8）[54]。

　罪人のお前たちが「我らの罪は見つからず、書き留められない」と言ったとしても、彼らはお前たちの罪を日々書き留めるだろう（104.7. 罪の書き留めに関

---

[54] Charlesがこの箇所をサドカイ派の視点だと理解したことには一理ある。しかしこれは異教徒、偶像崇拝者、背教者の理解を反映したものとも理解できよう。これともっとも近い思想は『ソロ知』2.1–5, 21–24, 5.4 であり（「我々は……彼［義人］の最後に誉れはないと考える」）、これはファリサイ派対サドカイ派の議論を代表しない。復活を信じる者がすべてファリサイ派で、そうでない者がサドカイ派だとの想定は単純過ぎる。

して 98.7 参照)。

いわば『エチオピア語エノク書』のこの部分は、シラ書と同様に「いと高き方を畏れない」(101.9. 101.7 参照)。人々の誤った自信は裁きの日に明らかとなり、富者はその富に救いがないことを知る (100.6)。

神を畏れる義人：一方で義人は「いと高き方を畏れる」(101.1. ギリシャ語では「神の前で悪事から怖れ離れる」)。罪人とは異なり、彼らは律法を守る。

> ……［彼らは］知恵の言葉を受け容れ、それらを理解する。
> いと高き方の道を見極め、
> 　　この方の義 (*dikaiosynē*) の道を踏みしめる。
> 不敬虔な者と交わって不敬虔になることをせず、
> 彼らは救われる (99.10)。

義人はもちろん暴力を振るう者 (91.18–19, 94.1–2) や邪悪で死に至る道を歩む者 (94.3) に抗う。彼らは地上で苦しんだとしても、死後の生において安らぎと平和を得る。

> 怖れるな、苦しむ者らよ、
> 癒しが与えられるからだ、
> まぶしい光があなたを指し示し、
> 天から安らぎの声を聞く (96.3. 102.4–5 も参照) [55]。

義なる者 (*dikaioi*) や敬虔なる者 (*hosioi*) は、保護を約束する支配者らが「私たちから略奪する者らを助ける」(103.9–15) としても、苦しみや迫害に対する疑念を口にしないよう促される。著者はこの長い箇所で、義人が不平を述べないよう促しながらも、義人の不満を巧妙に詳述してみせる。この不満に

---

55) Charles の翻訳によると『エチ・エノ』102.4 は「恐れてはならない、義なる者の魂よ。望みを捨てるな、義にうちに死んだ者よ」である。ギリシャ語版では「気を落とすなかれ、死にたる義なる者 (*dikaioi*) の魂よ、義なる者 (*dikaioi*) よ、敬虔なる者 (*eusebeis*) よ」である。

関する箇所の最後の部分（103.14-15）では、抑圧する者らが支配者と共謀していることが明らかとなる。義人はその窮状が変わらないとしても、御使いらが彼らを神の前で思い出すことを知って安らぐ（104.1）。彼らが報いを受けて「天の光の如くに輝く」（104.2. 103.3 参照）一方で、支配者と略奪者には艱難が降りかかる（104.3）。

罪が人の意志によると同様に（98.4「罪は地に送られたのでなく、人がそれをこしらえたのだ」）、義人は「義を求め命を選ぶ」（94.4）。「［神の］選び」が求め得ること——死海巻物においても見られた現象——は興味深い。これは「邪悪な道を」歩んではいけないと繰り返される訓告（94.3）と符合する。

報いと罰：邪悪な者らにはその悪行に応じた報いが訪れると繰り返される。

> 悪によって隣人に報いるお前は呪われよ、
> お前がその業に応じて報いを受けるからだ（95.5）。

> 罪人らよ（ギリシャ語では「不義なる者らよ」）、大いなる苦しみの日に呪われよ、
> 義人を苦しめ火で焼くお前は、
> その悪事に応じた報いを受ける（100.7）[56]。

義人が最後の裁きにおいてその業に応じて報いを受けることも述べられるが（103.3）[57]、著者は一貫して復活における義人への報いが義人自身の業によるのでなく、神の慈愛によって与えられると考える。新たな命における義人の正しささえもが恵みによる。

> その方（神）は義人に恵み深く、永遠の正しさを与えられ、
> その方は義人に力を与え、善と正しさとを備えさせ、
> 義人は永遠の光の中を歩む。

---

[56] 『エチ・エノ』98.5 によると「目には目を」という類の裁きが地上においてときとして実行される。女はその罪ゆえに子を産まずに死ぬ。

[57] 『エチ・エノ』104.13 参照。義の道を「その書」から学ぶ者は報われる。

罪は永遠に闇の中で滅び、
その時以来もはや見られなくなる（92.4–5）。

一方で邪悪な者らはその業に応じて厳粛に報いを受けるが、そこに憐れみはなく、彼らのための贖い（「身代金」）はない。

お前の没落に対しては何の同情もなく、
創造主はお前の破滅を喜ぶ（94.10）。

取り返しようのない呪いをもって非難するお前は呪われよ、
その罪ゆえにお前は癒しからはるかに遠い（95.4）。

愚かなお前たちは呪われよ、その愚かさによって滅ぶからだ。賢い者らを抑圧するお前たちは呪われよ、良き偶然がお前を訪れることがないからだ。滅びの日に備えるお前たちは知れ、生きる（ギリシャ語では「救われる」[58]）望みを持つな、お前たち罪人はここから離れて死ぬ。それは贖いを知らないからだ。お前たちは大いなる裁きの日、艱難とその霊に対する大いなる恥の日のために備えられるからだ（98.9–10. 98.12, 14 も見よ）。

義と不義との線引き：これほど厳しい表現にもかかわらず、著者は罪人らが立ち戻って悔い改めることが可能だと暗に示唆しているようだ。したがって著者は、罪人らに以下のように訴える。

今お前たちのあらゆる罪を光と暗闇、昼と夜とが見ていることを示そう。お前たちは心の中で不敬虔になってはいけない、嘘をつかず、正しい言葉を曲げてはいけない。聖く大いなる方の言葉を虚偽によって告発してはいけない。偶像に頼んではいけない（104.8–9）[59]。

---

58) Bonner（*The Last Chapters of Enoch in Greek*, 39）はエチオピア語訳者が *sōdzesthai* と *sōtēria* に一貫して「生きる」あるいは「命」を充てる点を指摘する。
59) 『エチ・エノ』101.3 はそのテクストが確定されれば有用かも知れない。Charles のエチオピ

しかし一般的な黙示的傾向を反映して、ここではいかに個人が不義なる者らの集団から義人の集団へと移行するかは語られない。個々の違反と贖いに関する説明なしに義と不義との境が線引きされる。著者の関心は、義人に相応の報いを約束し、不義なる者に裁きがあることを述べることである。著者は義人が犯す個々の違反に関して、不義なる者が回心する可能性についてよりも関心を示していない。

> この箇所のギリシャ語断片によると——あるいはこれらの語に対応するアラム語によると——、著者は「義（*tsaddiqim*）」と「聖い（*qedoshim*）」と「敬虔（*ḥasidim*）」とを区別せずに用いているように思われる。『エチ・エノ』100.5a は義人（*dikaioi*）と聖なる者（*hagioi*）に言及するが、これらは 100.5b の敬虔な者（*eusebeis*）を指しているようだ。ここでの *eusebeis*——既述のとおりこれはシラ書では *tsaddiqim* の訳——は *ḥasidim* の訳である。おそらくこれは『エチ・エノ』102.4 でも同じだろう。ギリシャ語テクストは「気を強く持て、死んだ義人よ（*dikaioi* = *tsaddiqim*）、義であり敬虔な者よ（*dikaioi* =*tsaddiqim*, *eusebeis* = *ḥasidim*）」である。*Eusebeis* は 102.6 と 103.3 にも見られる（ギリシャ語は「死んだ *eusebeis* の魂」で、チャールズ訳は「義の内に死んだ者の霊」）。『エチ・エノ』103.9 は *dikaioi* と *hosioi* に言及するが（チャールズの訳は「義で正しい」）、*hosioi* はおそらく *ḥasidim* の訳だろう。これは『エチ・エノ』104.12 でも同様だろう（*dikaioi* = *tsaddiqim*, *hosioi* = *ḥasidim*, *phronimoi* = *ḥakamim*。『エチ・エノ』102.5 の「敬虔（*hosiotēs*）」はチャールズの訳では「正しさ」）。

裁きの日：いつどのようにして義人が報いを受けて邪悪な者が裁かれるかについては、2 つの理解があるように見受けられる。一方では戦争のような激変が生じ、邪悪な者が義人に対して行った迫害の仕返しが義人の手によっ

ア語からの翻訳は、「彼がその怒りをお前に送るなら……お前は嘆願などできない。お前が義なる方に対して暴言を吐いたからだ」である。ギリシャ語からの訳（Bonner の翻訳、92 頁）は「彼がその怒りを送ると……お前は嘆願などできない。なぜその口で語ろうとするか」等である。Bonner（p.55）が考えるようにギリシャ語テクストが本来のものなら、不義なる者の悔悛は明らかに可能だ。

て行われる。

> 義なる者よ、罪人らを怖れるな、
> 主がふたたび彼らをあなた方の手に引き渡すからだ、
> あなた方が望むがままに彼らに対して裁きを行うためだ（『エチ・エノ』95.3.
> 　96.1 も見よ）。

> 不義なる業（adikia）を愛するお前たちが呪われるように、なぜ良いことを望むのか。知れ、お前たちが義人の手に引き渡されることを、彼らはお前たちの首を切り落として殺す、お前たちに憐れみをかけることはない（98.12）。

他方で義人は、弁明のために神へ祈りを献げる[60]。その結果、邪悪な者らはその不義なる諸行に関する言葉が「いと高き聖なる方の御前で読まれ」、至高者自身によって処罰を受ける（97.3–6）。

> これらの日に御使いらが隠された場所へ下り、
> 罪をもたらしたすべての者を1箇所に集める。
> するといと高き方は裁きの日に立ち上がり、
> 罪人らのあいだで大いなる裁きを実行する（100.4）。

この主題が他所でわずかに変更されると、罪人らは地上において罰せられず、死に際して「シェオルへと下る」。そこで「彼らは大いなる艱難によって悩まされる」（103.6–7）。

> お前の霊は暗闇と鎖と燃えさかる火とに入り、苛酷な裁きを受ける。
> 大いなる裁きは世のすべての世代に対してなされる。
> 平和のないお前は呪われよ（103.8）。

---

60) 『エチ・エノ』97.5 にある義人の祈り（「義人の祈りが主に届く」）とシラ 35.17 の祈り（「謙る者の祈りは雲々を通り抜け、彼はその祈りが主に届くまで慰めを得ない」）とを比較せよ。いずれの場合も、神は速やかに義人の願いを聞き入れて裁きを行う。

裁きのときに義人は守られる。
すべての義人（*dikaioi*）と聖なる者（*hagioi*）とに、主は聖なる御使いらのうちから守護者を送る。
主は彼らを自らの瞳のように守られる、
主があらゆる邪悪と罪とを終わらせるまで。
義人（*eusebeis*）が長く眠るときでも、彼らはけっして怖れない（100.5）。

義人らは語られる、「大いなる裁きの日にあなたは隠れる必要がない、あなたは罪人と見なされず、この世のすべての世代にわたって永遠の裁きはあなたから遠く離れているだろう」（104.5）と。義人は裁きの日に救われる（99.10）。

　まとめ：要約すると、邪悪な者らは基本的に力を持つ同族のイスラエル人であり、忠実さに欠ける背教者である。異教徒らも邪悪な思いからこれらの者と共謀しており、彼らは「支配者」から支持を得ている。彼らは暴力をもって義人を搾取し、それによって富を得、自らの立場が安泰だと考える。彼らは律法に違反し神を冒瀆する。ある者（おそらく異邦人）は偶像崇拝者と見なされる。義人らは律法に従い、苦しみと迫害にもかかわらず彼らの神に誠実を尽くす。こうして彼らは真の選びの者であることを示す。こうして邪悪な者らが背教者であることが明らかとなる。邪悪な者らが適切に罰せられ、義人らが神の慈愛にしたがって祝福される裁きのときが来る。

f.　『エチ・エノ』1–5 章、81 章、108 章、93.1–10、91.12–17

　選びの義人：これらの数箇所をも簡潔に考察しておこう。「諸週の黙示」（93.1–10, 91.12–17）において、「義人の子ら」は「選びの者」や「公正の木」と同義語のようである（93.1）。第 7 の「週」は「背教の世代」であり、これが第 8 週に「永遠の公正の木という義なる選びの者ら」の選びによって取って替わられる（93.9–10）。したがってこの箇所では他の箇所と同様に、義人と選びの者が同視され、これらが背教者（他所では諸外国の制圧者）の対極に置かれる。ここで義人ら自身が、「抑圧者」に対して復讐を果たすことにも触れておこう（91.12）。

義人、罪人、異邦人： 第 108 章は明らかに、他のエノク伝承から挿入された特殊な資料である。したがってこの部分は「エノクが書いた他の書」との説明で開始する。これはエノク書の最後の数章のギリシャ語断片にはない[61]。これはおそらく初期の殉教物語として特筆に値する。罪人は謙る者の対極に置かれ、後者は「自らの肉体を損ない……邪悪な者らに辱められた者」（108.7–8）と同じ、あるいは深く関係する者と見なされる。彼らは迫害を受けるが、「この世における彼らの命よりも天を愛する」ので、神によって報われる（108.10. 108.12 では神の名を愛する者が輝く光へと迎え入れられる）。11 節はやや謎めいている。

そして今、光の世代に属する良き者の霊を私は集め、肉体においてその誠実さに見合う誉れを受けなかった者、暗闇に生まれた者らを私は変える。

暗闇に生まれた者らは 14 節にも言及されている。「義なる者らが輝く一方で、彼ら（誠実な者）は暗闇に生まれ暗闇に導かれる者らを見る。そして罪人らは声を上げて泣き叫ぶ……」。チャールズの説明によると、「闇に生まれた者」は異邦人である。その幾人かは「誠実」であり報われるが（108.12）、残りの者らは「暗闇の中」に留まり、光と表現される救いの祝福を取り逃がす（108.11, 14）。これがもっとも確からしい解説だろう。そうであれば、この箇所はラビ・ユダヤ教期以前のパレスチナ・ユダヤ教文献が異邦人の救いの可能性に明言する数少ない資料の 1 つとなる[62]。15 節の「罪人」はおそらくイスラエル人の罪人であり、彼らは義人が光り輝く姿で現れるのを驚きをもって見る。彼らが「謙る者」の対極にあるなら、彼らはまた謙る者らを「辱め」、金銀（108.8）やこの世の命を神よりも愛する（108.10）者だ。すなわち彼らは背教者にして裏切り者であり、富のために同胞に背を向ける者である。

義人の赦しと罪人の裁き： チャールズが最終的な編集者の手によるだろう

---

61) Bonner, *The Last Chapters of Enoch in Greek*, 4. 第 105 章もギリシャ語にはない。
62) 『エチ・エノ』91.14 の「全世界」という句を見よ。「獣」と「鳥」が「羊」と共に集うという『エチ・エノ』90.33 の言説は、「羊に敬意を示す」（90.30）異邦人の救いに言及しているのかも知れない。

と考える『エチ・エノ』1–5 章でも [63]、選びの者が義人であり、彼らは邪悪な者らの対極に置かれている（1.1）。すべての肉なる者に裁きが訪れるが（1.7, 9）、義なる選びの者らは神の慈愛によって守られる（1.8）。彼らの罪は赦され、慈悲と平和と忍耐と救いを受ける（5.6）[64]。裁きののち、選びの者は神から知恵を得て、二度と違反をしない（5.8–9）。その結果、彼らの齢は罪によって短くならず、平和と喜びの下で命を全うする（5.9）。一方で邪悪な者らは、慈悲も救いも見出さない（5.5, 6）。彼らへの告発は以下のとおりだ。

> しかしお前は、誠実さを示さず、主の掟を行わないお前は、
> 己の道に進んで、尊大で激しい言葉を語るお前は、
> 偉大なるお方に汚れた言葉を発するお前は、
> あぁ心を頑なにするお前は、平和を見出さない（5.4）。

罪人を「罪人」とするのは、掟への違反のみでない。義人も違反する——裁きの後で変えられた彼らは違反を行わなくなる——。罪人が「己の道に進み」、神を批判したことが、彼らを罪人とする。己の道を行くことは、心の頑なさ（謙虚の反対、5.8）と同様に、神へ立ち戻る、すなわち悔い改めることへの拒絶を意味する。神を拒絶する者は自らを神の慈愛の領域の外に置き、結果として赦しを見出さない。彼らは断罪され、永遠に呪われる（5.5–6）。

『エチ・エノ』81 章 [65] では、「義と公正において死ぬ者」が裁かれることはなく、「彼に関して書かれた不義の書」はない（81.4）。罪人らは明らかに背教者の部類に入る（81.8）。『エチ・エノ』5.9 と異なり、死がすべての者の最終的な到着地というのではない点は注目に値する。義人は不敬虔な者の悪

---

[63] Charles, *I Enoch*, 2.「何か断言することは非常に困難だが、これらの章は書全体の導入として最終編者が書いたもののように思える」。結果として Charles はこれらの章が前 1 世紀に書かれたとする。

[64] 私は『エチ・エノ』5.6b の主語が義人だと考える。このテクストには破損がある。この箇所の可能な解釈の選択については、Charles, *I Enoch* の該当箇所、また Black のアパラトゥスを見よ。テクストの破損はあるが、義人が念頭に置かれていることに違いはない。

[65] 『エチ・エノ』81 章が 72–82 章への挿入であることに関しては、Charles, *I Enoch*, 148–49; *Pseudepigrapha*, 245（「おそらくこの箇所はエノク書全体の編者による挿入だ」）を見よ。

行によって死ぬ（81.9）。すなわち、彼らは罪の間接的結果として死ぬ。罪がなければ死がないということを言っているようだ。

　チャールズが「天の星々の書」と名付ける『エチ・エノ』72–82 章については触れてこなかった。この箇所は本著の関心から外れるからだ。それでも、義の道を歩む者が義人であり、彼らが罪人の対極に置かれていることは、ここでも同様である（82.4）。この箇所での罪は、誤った暦に従い、聖日を誤った日に守ることである。

g. 要約

　『エチオピア語エノク書』はその複合的な構成にもかかわらず、共通する点が多く見られる。もっとも注目すべき共通点としては、義人がいつも忠実で従順であり、敵対的な異邦人かユダヤ人の背教者かその両方が義人を抑圧する、ということだ。「罪人」、「邪悪な者」、「不敬虔な者」等の表現は、個々の違反を犯した者に対してけっして用いられず、神と選びの民とに対して全面的に敵対するような違反を犯す者に対して用いられる。ここには、「義人」、「選びの義人」、「聖なる者」、「敬虔な者」等と呼ばれる「真のイスラエル」という概念があり、彼らに相対する者は背教者あるいは異教徒として、裁きの対象となる。「義人」の個々の違反はほとんど問題とされない（5.8 は例外）。邪悪な者と義人以外には、ほとんど言及がない。しかしそのような者への言及がある場合、著者は寛容な姿勢を示す。義人に対抗することのない異邦人について言及するわずかな箇所はすべて、少なくとも異邦人の幾人かが救われる可能性を教える。

　ディヴィッド・ヒルが適切に論ずるとおり、*dikaioi*（= *tsaddiqim*）は『エチオピア語エノク書』と死海巻物において「準専門用語」である[66]。ヒルによると、これは『エチ・エノ』の「イスラエルにおける特別な集団、あるいは分離集団」を指す[67]。むしろ『エチ・エノ』に散在する義人は自らをイスラエルのうちの分派ではなく、唯一真のイスラエル人としての自覚があっただ

---

66) D. Hill, 'Δίκαιοι as a Quasi-Technical Term', *NTS* 11 (1965), 296–302（とくに 300–02）。
67) Hill, 'Δίκαιοι', 300.

C. 外典・偽典　　　　　　　　　　　　　　　　547

ろう。『エチ・エノ』では義人が選びの者であり、それ以外は背教者か異教徒であるようだ。

　私たちは今、『Mサン』10.1（「全イスラエルが来たる世を継ぐ」）がマカバイ期以前の思想であり、背教者と異教徒化する者らを「イスラエル」から排除するという明らかな目的を示しているというフィンケルシュタインの議論の説得性が高いことを評価することができる[68]。『Mサン』10.1の執筆背景に関するフィンケルシュタインの議論に賛成するか否かは別として、彼の議論の大枠については支持し得る。『Mサン』10.1はイスラエルに信じ属する者らに救いを約束する。問題は選びの者の定義だ。既述のとおり、ラビらは広義の意味で捉える傾向がある。契約を拒絶する者、諸規定を与えた神を拒絶するような仕方で罪を犯す者は選びの者でなく、そうでないイスラエル人は選びの者である。自らの選びをいかに証明するか、選びをいかに失うか、そしてなぜある者が選ばれ他の者が選ばれないか、これらの問いはラビ文献で扱われたと同様の詳細な仕方では『エチ・エノ』において扱われない。もっとも、「我々に味方するか、そうでないか」という選択が強調されていることは共通している。義人は神と伝統に対して忠実であり（94.4:「[選びを]選択する」）、邪悪な背教者はそうでない[69]。彼らは神を拒んでその民を滅ぼす。

　したがってここには、黙示的な枠組みの中ではあるが、ラビに見られたとほぼ同じ宗教の様態が観察できるようだ。文献の性質ゆえに個々の違反とその贖い等の議論は欠落しているが、従順と不従順を区別する基準は見られる。しかし救いは選びに依拠しており、選びの立場——義である——を維持するために必要なことが神と契約への従順であるという同じ思想が見られる。

---

68)　I.A.7.a を見よ。
69)　この文献における義人を Ziesler（*The Meaning of Righteousness*, 81–82. 79 参照）は適切に定義し、「契約に忠実な者」とする。この分析は、黙示文献に関する Rössler（*Gesetz und Geschichte*, 78–79, 87–88）の理解に同意する。しかし私は、具体的な諸規定に言及がないことが律法に関するラビ的理解と異なることを示す、という沈黙からの議論に賛成できない。これに対する反論は、Thyen, *Sündenvergebung*, 55.n2 を見よ。

3. 『ヨベル書』[70]

a. 選び

全イスラエルの選び：『ヨベル書』の著者の主たる関心の1つに、誠実であって契約を維持するイスラエル人と背教者ならびに異教徒とのあいだに基本的な区別を確立するということがあった。著者は創世記を用いることで選びと契約についてしばしば述べている。

> 私は彼らのあいだに私の聖所を立て、彼らと共に住む。私は彼らの神となり、彼らは真実と義とのうちにあって私の民となる。私は彼らを見放さず見捨てない。私が主、彼らの神だからだ（『ヨベ』1.17–18）。

おそらく「イスラエルの選び」（1.29）という句はイスラエルのうちの分派を意味しない。むしろイスラエルの成員が、選びの者である。したがってこの句は「選びであるイスラエル[71]」と理解されるべきだろう。全イスラエルが選びの者であることが明らかだからである。

---

70) 『ヨベル書』は一般に前100年以前の執筆とされ、この理解に対して反論すべき理由は見当たらない。Charles, *Pseudepigrapha*, 1; Testuz, *Les idées religieuses du Livre des Jubilés*, 34–39; Milik, *Ten Years of Discovery*, 36 ; Jaubert, *La notion d'alliance*, 473–76 ; Rowley, *The Relevance of Apocalyptic*, 99–105. 『ヨベル書』の整合性とエッセネ派による執筆に関する議論については補遺5, 6を見よ。本著はCharles, *Pseudepigrapha* の翻訳を採用する。『ヨベル書』の小さな断片が死海巻物に見つかっているが、ヘブライ語によるテクストの存在を示す以上に貢献しない。Denis, *Introduction aux Pseudépigraphes grecs*, 157–58を見よ。

71) M. Testuz (*Les idées religieuses*, 33–34, 180) はこの句を「イスラエルのうちの選びの者」と理解する。これは彼がこの書の著者として初期のエッセネ派を特定しており、著者が分離派共同体のみに契約の約束がもたらされると考えたという理解に依拠している。この議論に関しては補遺5を見よ。この点に関して2点ほど述べておこう。(1)『ヨベ』1.29においてこの句は地上の刷新という祝福の文脈で用いられている。その祝福は「イスラエルの選びの者」の上に訪れる。他所では、将来的な祝福がすべてのイスラエルに向けられている (1.28, 50.5)。したがってこの句がクムラン共同体におけるように現存する分派に言及しているように思えない (Jaubert, *La notion d'alliance*)。(2)「イスラエルの選びの者」と対極に置かれる句は「罪人なる異邦人」(23.23, 24) である。

彼らは生ける神の子と呼ばれ、すべての御使いとすべての霊は知る、しかり彼らは知る、これらの者が私の子であり、私が公正と義において彼らの父であり、私が彼らを愛すると（1.25）。

同様に『ヨベ』1.28 も、「イスラエルの神、すべてのヤコブの子らの父」として神を描く。ヤコブが契約における中心的人物で、その子孫が選びの者とされる[72]。

イサクの子らのあいだから 1 人の子（ヤコブ）が聖なる種となり、彼は異邦人のあいだに数えられてはならない。彼はいと高き方の取り分となり、彼の子孫はすべて神の所有となるからだ。この子孫は主に対して他のすべての諸国にまさる所有［の民］であり、そこから 1 つの王国、祭司ら、聖い民が出る（16.17–18）。

『ヨベ』19.18 も同様に、神がヤコブを「地上のあらゆる民族にまさる彼（神）自身の取り分の民」となるように選ぶと述べる。一般にアブラハムに対して向けられる祝福の多くが、ヤコブに向けられる。したがって『ヨベ』22.11–12 は以下のように述べる。

私の子ヤコブに祝福あれ、
そしていと高き神の子らすべてへ、世々にわたり、
神があなたに義の種を与え、
全地のあいだで神があなたの子ら［のうちの幾人か］を聖別するように。
諸国があなたに仕えるように、
あなたの種の前であらゆる国が頭を垂れるように。
人々の前で強くあれ、
セトのすべての種をその支配下に置け。

---

[72] Testuz, *Les idées religieuses*, 72–73; Charles, *Jubilees / Pseudepigrapha*（『ヨベ』1.24 の箇所）; Jaubert, *La notion d'alliance*, 99 参照。

> そうすればあなたとあなたの子らの道は正しいとされ、
> 彼らは聖い国民となる（22.11–12）。

「あなたの子らのうちの幾人か」という句を根拠として、ヤコブの子孫の一部のみが選びの者であるとの理解に至る必要はない。このような理解は、同じ箇所の「あなたの子ら」が「聖い国民」となるという祈りと矛盾するからだ。さらに『ヨベ』16.18には「彼のすべての種」とあり、他の箇所でもヤコブの子孫に制限が加えられることはない。ヤコブの種、つまり彼のすべての子孫が聖く（22.27, 25.3, 33.20の「イスラエルは聖い国民」参照）、聖別されている（23.13）。イスラエルは「義の木」（16.26, 21.24, 36.6）、「義の種」（22.11）、そして「義なる国民」（24.29）であり、ヤコブの子らは「義の世代」（25.3）となる。

イスラエルの神がイスラエルを選ぶという主題が『ヨベル書』の中核にあるが、著者はさらにアブラハムが神とその支配とを選んだとする（12.19）。ユダヤ教においてはいつもそうであるように、神的な選びは人による行動の自由を排除しない。

イスラエルの分離：神の選びとしてのイスラエルが持つ特別の立場は、著者が繰り返してはばからない主題だ[73]。彼らは安息日によって神に属する者として分かたれ（2.19）、彼らは「すべての国民に優って特別な民」である（2.21）。イスラエルのみが安息日を守るために聖別されている（2.31）。彼らは「地上のあらゆる民族にもまして」神自身の民である（19.18）。イスラエルは主に対して聖く、「相続の民、祭司であり王に属する民、［神の］所有の民」である。したがってあらゆる不浄は避けられなければならない（33.20. 33.11参照）。この場合の不浄とは性的違反による道徳的な汚辱だが、著者はこれを根拠として異邦人から離れるよう教えている。イスラエルは聖なので、他国の民との婚姻によって汚れをもたらしてはならず（30.8）、アブラハムは以下のようにヤコブを教え諭したように描かれる。

---

73) Charles, *Jubilees*, li-lviii.

お前は諸国から離れ、
彼らと共に食べてはならない。
彼らの業にしたがって行動せず
彼らの仲間になってはならない。
彼らの業が汚れており、
彼らの道がすべて汚辱、憎悪、不浄に繋がるからだ（22.16）。

b. 諸規定

イスラエルの契約関係における役割は諸規定を守ることである。契約を受け容れたことで、今やアブラハムはすべての男児が割礼を受けるよう指示をしなければならない（15.11）。他所ではイスラエル人がその罪を告白した後で、「彼らの心に割礼を施し」、彼らのうちに聖い霊を創り、もはや道を外さないように彼らを浄めると、神が約束を結ぶ。その結果、「彼らの魂は私と私の諸規定とを求め、彼らは私の諸規定を成就する。私は彼らの父となり、彼らは私の子となる」（1.23–24）。同様にイスラエルは、「天の父を愛する」ように、また「神の諸規定に従う」ように促される（20.7）。

神と人に関する規定：『ヨベル書』に明示される諸規定のほとんどが、「神と人とのあいだの諸規定」とラビらによって分類されるものであることは注目に値する。他者に対する人の行動を規定する戒めが前提となっており、それらが守られるべきものであることに疑いの余地はない。したがってヤコブは父と兄弟とを敬うよう教えられ（35.1. 7.20 の「父母を敬え、隣人を愛せよ」参照）、殺人の禁止とその処罰が『ヨベ』4.32 に明示されている。しかし神に対する人の行動を規定する戒めは、おおよそ特別扱いがされている。ここで私たちが「神と人」の分類の中に著者が禁じている性的罪を加える理由は、近親相姦等の罪が他者への侵害でなく、むしろ禁忌として扱われるものに対する侵害だからである。このような強調は、イスラエル人と異邦人とを区別する著者の意図と符合する。なぜならこれらの諸規定がイスラエルを他の民から分けるからだ。したがって彼らは安息日を守り（2.18）、肌を覆い（3.31）、出産後の不浄の期間の掟に従い（3.8–11）、血の入った肉を食べることを避

け (6.10, 21.18 他)、五旬節を守り (6.17) [74]、10分の1を献げ (13.24)、息子に割礼を施し (15.25ff)、仮庵の祭を守り (16.29)、姉よりも先に妹を嫁がせず (28.6. 他所には見られないハラハー)、外国人と結婚せず (30.7)、近親相姦を犯さず (33.10) [75]、過越の祭を祝うことが求められる (49.8)。先行する神と人との間での諸規定と同様に特別に強調される唯一の「人とその同胞とのあいだでの規定」は、兄弟を愛するというものである (36.8–11)。聖書の歴史に関する『ヨベル書』の解説という文脈でイサクからエサウとヤコブとは戒めを受け取るが、この戒めが、イスラエル人が互いに愛し合うことに関するものであることは明らかだ [76]。

異邦人からの分離：否定文で表現するなら、契約の成員は異邦人のように振る舞ってはならない。それはとくに偶像崇拝を回避することによってではあるが、それのみならず偶像崇拝に加えてとくに性的なものを含む違犯という意味合いを持つ異邦人の「不浄」を回避することによる [77]。したがって偶像崇拝は警告され禁じられる (1.9: 異邦人の不浄、恥、偶像崇拝／11.4: 偶像崇拝の違犯と不浄／11.16:「刻まれた像と不浄を求めて彷徨う」／12.2, 20.7:「彼らの偶像にしたがって歩まず、不浄にしたがって歩まない」)。性的罪はしばしば特定せずに警告される (16.4–6: ソドム人やその他の者は「自らを汚してその肉体において姦淫の罪を犯し、地上で不浄を働く」／20.3–5: イスラエル人は「あらゆる姦淫と不浄とを」避けるべき／25.7: ヤコブは「欲情と姦淫に関してわが父アブラハムは多くの戒めを私に与えた」と言う／50.5: やがてイスラエルは「あらゆる姦淫、不浄、汚辱、罪、過ちの罪責から」浄められる)。「姦淫」の過ちの線引きをどこにするかについて不確かな場合が多いが——近親相姦の場合は例外——、著者は姦淫の回避の必要性を繰り返して強調することで、イスラエルに異邦人と交わることがないようにと教えている。すなわち、『ヨベル書』

---

74) 契約を新たにする記念としての五旬祭に関しては Jaubert, *La notion d'alliance*, 100–04; Leaney, *Rule*, 101 を見よ。

75) 性交が具体的に禁じられている唯一の関係は、自らの母あるいは継母 (33.10)、そして義理の娘と義母 (41.25) である。後述するように、性的違犯はしばしば曖昧な表現で警告されている。

76) 「垂直的」な契約の側面については Jaubert, *La notion d'alliance*, 108–11 を見よ。

77) Jaubert, *La notion d'alliance*, 95. Jaubert によると、著者の中心的な関心はイスラエルの「聖さ」の保持である。偶像崇拝と姦淫としての不浄に関しては同著 p.97 参照。

における「姦淫」はあらゆる違法な交わりを指しており、とくに異邦人との性的交渉を回避することがその関心の中心であるようだ。したがって、エサウの行いはすべて「不義」だったが（35.13）、彼に下された裁きは「彼（異邦人）の妻らとその不浄と誤りとを求めた」（35.14）ことに対するものである。異邦人との交わりはアブラハムの神を見放すことであり（35.14）、不浄（おそらく偶像崇拝）へと繋がる。したがってこの交わりは繰り返し「不浄」と結びつけられる。しかし中心的な関心は偶像崇拝であり、ユダヤ教のその他の特徴を捨て去ることである。したがってモーセが異国の支配からイスラエルが守られるよう祈る際、それは「彼ら（異邦人）がイスラエルを支配してあなたに対して罪を犯させることがないよう」（1.19）にとの願いである。ここで念頭にある罪は、割礼の印を消すこと（15.34：「彼らの同胞を異邦人のように扱う」）、あるいは偶像崇拝であろう。同様に「異邦人の祭にしたがって歩む」（6.35）ことへの警告は、実際の異邦人の祭に参加する（偶像崇拝を含む）こと、あるいは異邦人の暦にしたがってイスラエルの祭を行うことを意味するだろう。これも同様に神とイスラエルとのあいだに特有の契約を見捨てることである。

c. 報いと裁き

永遠と地上の裁き：『ヨベル書』の著者は、従順が報われ違犯が罰せられるという伝統的な理解を維持している。報いと罰とは「永遠に」計り分けられる。したがって安息日を汚す者は永遠に死に、これを守るイスラエルの子らは「その土地から根絶やしにされない」（2.27）。同様に、血の入った肉を食べる者とその子孫は「その地から根絶やしにされ」る一方で、掟を守るイスラエル人については「彼らの名とその子孫とは主である我らの神の前に絶えずある」（6.12–13. 21.23–24 参照）と述べられる。『ヨベ』5.10 は「主の前での歩みと行いにおいて堕落した者に対して裁きが下る大いなる断罪の日」があることを記す。一方で人の罪はその地上での生涯においても罰せられる。したがって洪水は罪の結果として訪れた（7.21）。返報が同種の場合もある。カインがアベルを石で殺したように、カインは石で殺された（4.31）。義人もまたその地上での生涯において報いを受ける。イスラエル人が義であれば、

彼らの国は「全地に」広がり（7.34）、彼らが植えたものは成長する（7.37）。

天の勘定書き？：天における勘定書きというイメージは（5.13, 28.6, 30.19, 22, 36.10, 39.6. 4.23 参照）、救いが人の過半数を越える行いの結果であるような印象を与える。このような印象は、姉よりも先に妹を嫁がせる者に対して「天では彼に対して罪責が書き入れられる」（28.6）、あるいはシェケム人を虐殺したレビについて「天の石板には彼へ好意的な証言」（30.19）が刻まれる、と著者が述べる場合にとくに際立っている。もっともこれらの書は、各人についての貸借を計るためのものでない。それは「命の書」（30.22, 36.10）であり「滅ぼされる者の書」（30.22）である[78]。すべての名がいずれかの書に書き入れられるが、それがどのような基準によるかは後述する。いずれにせよ、「天で彼に対して罪責が書き入れられる」（28.6）場合は、のちにプラスが増えるとマイナスが相殺される通帳の類よりもずっと悪い。なぜなら、妹を姉より先に嫁がせる者については「義人はいない」（30.19）とあるからだ。

民全体へ及ぶ罪：私たちは、贖われず罰せられていない個人の罪ゆえに、民全体の上に集団的に罰が及ぶという古い理解を『ヨベル書』の著者が持っていることにも注目すべきだ。「この男のあらゆる不浄と冒瀆ゆえに国全体が裁かれる［だろう］」（30.15）[79]。この理解は『ヨベ』41.26にも反映されている。

> イスラエルの子らに命じて言え、彼らのあいだに不浄がないようにと。義娘あるいは義母と横たわる者は不浄をもたらす。その者と横たわった男、またその女を火で焼け。そうすれば主はイスラエルから怒りと罰を取り下げるだろう。

ここには、個人の違反に対して下される罰のために、民全体に及ぶべき罰が回避される、という理解が見られる。

---

78) 善悪の業を書き入れるのでない、救われる者の名が記される「命の書」については、1QM12.2（……迎えられる者らすべての名「……の一」覧は、あなたの聖なる住まいにある木とともに……）と比較せよ。

79) ここではラテン語テクストにしたがって「この男の」を訳出するCharles訳を採用している。エチオピア語テクストでは「この冒瀆」。

d. 救いの根拠――「真のイスラエル」

契約者の救い：救いの根拠が契約の成員であること、またこの契約に対して忠実であることが、『ヨベル書』において繰り返し強調されている。

> 誰でも生まれて8日目にその包皮に割礼を施されない者は、主がアブラハムとのあいだに交わした契約の子らに属さず、滅びの子らに属する。さらにその者は、主に属するという印を何も持たず、この地から滅ぼされ、抹殺され、根絶やしにされる［運命にある］。主なる我らの神の契約を破ったからだ。あらゆる聖別の御使いらは彼らの創造のときからそのように創られており、会見の御使いらと聖別の御使いらとの前で主はイスラエルを聖別したからだ。彼らは主と共に、また聖なる御使いらと共にある。イスラエルの子らに命じて、すべての世代にこの契約のしるしを永遠の掟として守らせよ。そうすれば彼らはその地から根絶やしにされない（15.26–28）。

ここでは救いが永遠――すなわち神と御使いと共に――であると同時に一時的――すなわち地の所有――でもあるようだが、いずれにせよその救いはイスラエルの救いである。イスラエルが違反しても神はこの民を見捨てない（1.5. 1.18 参照）。イスラエルが「その全地に安心して」住むことができるように、神は最終的に彼らをあらゆる罪から浄め、悪は消し去られる（50.5）。『ヨベル書』の他所にも、イスラエルの救いに関する同様の預言が見られる。したがって神は会見の御使いに命じて言う、「創造から開始して、私の永遠の聖所が彼らのあいだに建てられるまでのことをモーセのために書き記せ。そして主はすべての者の目に現れ、私がイスラエルの神であり、ヤコブの子らの父であり、永遠にシオンの山の神であることを皆が知る」と（1.27–28）。同様に『ヨベ』23 章も、「罪人、異邦人の手」から「イスラエル」と「ヤコブ」が救われることについて預言する[80]。これらのイスラエルの救いに関して繰り返される預言は、「全イスラエルは来たるべき世にその居場所を持つ」（『M

---

80) 『ヨベ』23 章の論理の流れを理解するのは困難で、資料批評分析の対象となっている。例えば Davenport, *The Eschatology of Jubilees*, 45 を見よ。しかし現存する 23 章の結論は明らかで、艱難と破壊の時に続くイスラエルの究極の救いが預言されている。

サン』10.1）というミシュナの言説にも劣らない。

契約を捨てる者の裁き：この理解とヤコブの身体的な子孫の強調にもかかわらず、『ヨベル書』の著者はイスラエルの一部が断罪されるという立場を取っている。身体的な子孫であることが選びの根拠であり、選びは救いの根拠だが、ヤコブの身体的子孫であることは救いに関する唯一の条件ではない。『ヨベ』15章をここでもう一度引用しておこう。

> しかし主はイスラエルの上に御使いや霊を配置しなかった。主のみが彼らの支配者、主が彼らを守る。主はその御使いと霊によって、そのすべての力によって彼らに要求する。それは主が彼らを守り祝福するため、永遠に彼らが主のものとなり、主が彼らのものとなるためである。
>
> 私はあなたに宣言して言う。イスラエルの子らはこの掟に誠実を尽くさず、この律法すべてにしたがって彼らの子らに割礼を施すことをしない。彼らは割礼を受けていても、その子らに割礼を施さない。そして彼らすべて、ベリアルの子らは、その子らを生まれたままにして割礼を施さない。するとイスラエルの子らに対して主の大いなる怒りがもたらされる。彼らが主の契約を見捨て、この律法の掟を守らずに主の言葉から目を背け、挑発し冒瀆したからだ。彼らは同胞を異邦人のように扱ったので、その地から取り除かれ根絶やしにされる。彼らにはもはや……この永遠の過ちという罪すべてに対する赦しも放免もない（15.32–34）。

神によって永遠に守られ祝福される「イスラエル」が、ここでは「イスラエルの一部」から分けられている。後者は背教し、赦しの希望なく断罪される。割礼の掟を守らない者は、たんに不従順なだけでなく、「契約を破綻させ」（15.26）、「主の契約を見捨て」（15.34）た者である。

贖いのない違反：ここには『ヨベル書』のもっとも興味深い特徴が見られる。すなわちそれは「永遠」の諸規定のリストであり、これらに対する違反は贖いの望みのない「死に至る罪」である。割礼の掟への違反のような諸規定に対する拒絶は契約の破棄とみなされ、したがって永遠の救いに至るイスラエルの成員としての立場を失うことだと著者は考える。著者が特記する諸

規定(上の b.「諸規定」を見よ)のうちの幾つかは「永遠の」あるいは「天の石板に」刻まれている規定と呼ばれるが、これらの違反に対する贖いの排除が明示されてはいない。これらはすなわち、産後の不浄(3.8–11)、露出に対する禁忌(3.31)、五旬節(6.17)、10 分の 1 の献げ物(13.25–26)、仮庵の祭(16.29–30)、妹を姉より先に嫁がせること(28.6)である。カインのようにその兄弟を残忍に打つ者が呪われること(4.5)は「天の石板に」書かれており、すなわち著者は明らかに殺人に対する死刑を支持する(4.31–32)。それでも殺人がイスラエルから排除される根拠とはならない[81]。その他の諸規定の違反は契約を見捨てることを意味し、これに関しては贖いの道がない。したがって安息日を守るという規定は天に置かれる(2.30)「永遠の律法」(2.33)であり、これを犯す者は永遠の死に至る(2.27)。血の入った肉を食べる者に関しては、「彼と彼の子孫はその地から根絶やしにされる」(6.12)。娘あるいは姉妹を異邦人に嫁がせる者は石打され、その女は火で焼かれて「イスラエルから根こそぎにされる」(30.7)。「そしてこの律法については期限がなく、浄めも贖いもない。娘を汚した男は全イスラエルの前から根こそぎにされる」(30.10)。神はこのような者からの献げ物を受け取らない(30.16)。父親の妻と性交渉を持つ者には[82]、「永遠に贖いがない。……彼は殺されなければならない。打たれて、石打にされて、我らが神の民の前から根こそぎにされなければならない」(33.13)。父の妾と性交を持ったルベンの例がこれの反例とはならない。なぜなら彼の時代にこの掟は明らかに啓示されてはいなかったからだ(33.15–16)。しかし律法が永遠に確立されてしまってからは、この違反に対して贖いはない(33.16–17)。この件に関してモーセはイスラエルのために律法を書き記すように促されたが、それは彼らがそれを守り「死に至る罪を犯さない」——すなわち贖いのない罪を犯さない——ためであ

---

81) 「兄弟に対して悪を企てる」ことに殺人が含まれていれば別である。しかしこの企ては、感情的な犯罪というよりもイスラエルに対する背信行為であろう。

82) 義娘や義母との性交を持つ者も、贖いがない近親相姦としてこの分類に入るかも知れない。『ヨベ』41.23–28 を見よ。著者は贖いがないと厳密には言わないが、タマルとの性交のためにユダが「根こそぎにされない」(27 節)ことに関して著者が説明をしていることから、一般には贖いがないことが前提になっているようだ。I.C.3.f を見よ。

る (33.18) [83]。同様に過越祭も永遠の掟であり、これを守ることが可能な者（儀礼的に聖く、エルサレムに近い者）が違反する場合は「根こそぎにされる」(49.8–9) [84]。最後に、兄弟を愛さず「兄弟に対して悪を企てる者」は「その地から根こそぎにされ」、その子孫は滅ぼされ、当人は命の書でなく滅びの書に書き記され、「永遠の呪いへ向かう」(36.8–11)。

異邦人からの分離：したがって全イスラエルが救われる。しかしイスラエルから除かれている者がいる。著者の視点からするとそれはすなわち、契約を拒絶するのと同様の違反を犯す——割礼を施さない、安息日を守らない、異邦人と結婚するかそれを許す、過越祭を祝わない、同胞のイスラエル人に悪を企てる——者、あるいは掟を与えた神を拒絶すると見なされるほどに邪悪な違反を意識的に犯す——血を食べる、父の妻やおそらく義母や義娘と性交渉を持つ——者である。私たちは、著者がなぜこれら2つの邪悪な違反をことさらに取り上げるかを考えなければならない。肉と共に血を食べることは、安息日や割礼に違反すると同様に、イスラエルを異邦人から区別する重要な掟に違反することになるからだろう。これは、血を食べることへの警告が偶像崇拝の禁忌という問題と直結する『ヨベ』21.5–6 の議論の流れとも符合する。血の入った肉を食べないことがユダヤ人を他民族から区別する慣習であることは、エルサレム教会を満足させるために異邦人キリスト者に要請した最低限の規定の1つにこの禁止が挙げられていることからも分かる。異邦人キリスト者は「偶像に捧げられたものと血と首を絞められたものと不品行を避ける」(使15.29) 必要があった。「不品行」へ言及があることも、『ヨベル書』の著者がなぜ性的違反について強調するかを説明する助けになると思われる。著者は異邦人がとくに性的違反に向かう傾向があると考えたので、イスラエル人はそれとは異なる態度によって違いを明らかにする必要

---

83) 『ヨベ』21.22 と 26.34 は、罪が何かを特定しないまま「死に至る罪」に言及する。

84) 公式の過越祭の際に不浄だった者のための第2の過越祭について著者は言及しない。安息日が「毎年その日に」守られ、「他の日に、他の月に」延期されない (49.7) という記載は、第2の過越祭に対する著者の批判を意味するかも知れない。Testuz (*Les idées religieuses*, 146) は「年に一度」という句を、ヨエルの暦と公式な暦にしたがって過越祭が2度行われるという前提を非難していると考える。しかしこれには説得性が欠ける。

があると主張しているのだろう。しかしこれは、なぜ父の妻と性的交渉を持つ罪に贖いの道がないかを説明しない。Ⅰコリ5.1が示すとおり、これが異邦人に特有の罪だとは思われない。この罪のみが、イスラエルを拒絶して異邦人の道へと進むことと同一と見なされる罪のリストの中で異質なものである。おそらくその極悪さゆえに、この違犯者は「イスラエルから根こそぎにされる」のだと思われる。いずれにせよこれらの罪は、安息日や割礼の違反と同様にイスラエルの根幹を揺るがす。これらの規定を守るものは真のイスラエル人であり、違反する者は背信者である。彼らは「切り離され」、「その地から根こそぎにされる」。

違反者がイスラエルから排除されるべき規定が、すべて聖書的規定であることに注目すべきである。外国人との結婚の禁止も、あまり明確な規定でないが、これに当てはまる。著者は『ヨベ』20.4によると、申7.3を異邦人（明言されている7つの民族に限定されない）との結婚の禁止と理解していることが分かる[85]。これは著者によるレビ18.21の理解によっても支持される[86]。

共通する救済観：したがって私たちは、『ヨベル書』の救済論がパレスチナ・ユダヤ教において広く見られるものと符合すると結論づけることができる。その救済は、神が父祖らと契約を確立した際にその恵みによって与えられたものであり、この契約を神は破棄しない（1.18）。もっとも、個々のイスラエル人が契約自体を拒絶するような罪を犯す場合は、イスラエルから取り除かれる。上のような罪を犯さない誠実な者と、後述するような告白をして違犯を悔い改める者が、ある種の「真のイスラエル」を形成する。もっとも「真のイスラエル」という語が実際に用いられているわけではない。たしかに『ヨベル書』が描くユダヤ教は、他所での描き方と重要な点で異なっている。すなわち、アブラハムでなくヤコブが主要な父祖であり、一部の違犯には贖いの道がなく、個々の法規（ハラホート）の一部はそれ以外の仕方で知られない。しかし基本的な様態はここまでのところ同じだ。以下では、この結論に反対する2つの学術的な理解を考察しよう。

---

85) 申7.3は『ヨベ』20.4に引用されていないが、示唆されているように見受けられる。『BTザラ』36bと『BTキッド』68bにおけるこの箇所に関する議論を参照せよ。
86) レビ18.21のタルグムに関するCharlesの記述を見よ。

ベッカーの誤解：第1に、『ヨベル書』の救済論を理解するためには天の石板の考察から始めなければならないという、ベッカーの議論を取り上げよう。これらの石板には神の律法が刻まれているが、それは命の賜物としてのものでなく、たんに人は何をすべきかを示す情報としてである。石板にはまた、人々の行いも記録されている。裁きにおいて諸規定と人の行いとが較べられるので、石板は裁きの際の決定的な証拠となる。この比較の結果が最後の裁きを決定する[87]。したがってベッカーの理解によると、『ヨベル書』の著者は救いと断罪とが同様に行いによって決定されるものと考えていたことになる。人が諸規定を守れば救われ、それらに違反すれば断罪される。しかし私は、いかにしてこのような結論に至るのか理解しがたい。民の違犯にもかかわらず神は彼らを見捨てない（1.5, 18）という『ヨベル書』の言説を、ベッカーは看過しているようだ。このような言説によると、違犯によって救いを喪失することがあるにせよ、たんに救いが行いによって獲得されるものだとは言い難い。ユダヤ教で一般にそうであるように、従順は救われた者の責任であって（違犯の改悛と共に考えるなら）、救いの原因ではない。この点は、いかに永遠の死が語られるか、その仕方によっても明らかだ。たとえば著者は、安息日の規定に従わない者が永遠の死に向かうと述べる（2.27）。しかし安息日の規定を守る者が生きるという言説はない。イスラエルが救われるという前提がまずあり（1.22–25, 50.5）、一定の仕方で違犯する者のみがイスラエルから除かれるのである（例として6.12, 30.7）。天の石板に書かれた諸規定は契約を網羅していない。たとえば、神が誠実を尽くすという約束が契約には含まれるが、天の石板にそのことが記されているわけでない。したがって、諸規定が記された石板はベッカーが言うように命の賜物を約束しない。しかし確実に言えることは、石板に記された諸規定を行うこと自体が救いをもたらすのでないということだ。より厳密には、従順は救いを維持するのである。ベッカーが諸規定のうちに見出すような救いの機能が諸規定自体にあるのでない。

さらに、『ヨベル書』には行いと諸規定とを対比して個人の裁きが決定さ

---

[87] Becker, *Das Heil Gottes*, 22.

れるという理解がない。石板に記された諸規定と個人の行いとを対比するというのは、ベッカーが『ヨベル書』に持ち込んできた理解であって、私はそのような理解をこの書に見出すことができない。終末的な言説は個人の裁きに関するものでなく、むしろイスラエルの浄めと完成——おそらく根こそぎにされるような罪を犯す者の排除による完成——に関するものだ。『ヨベル書』には、マタ25章が描くような裁きの様子、すなわち神の前に個人が引き出されてその善行と違犯とにしたがい裁かれる様な事態は描かれていない。

テステュの誤解：テステュによると『ヨベル書』の著者は、神が新たな契約をイスラエルの一部と結び、この新たな契約の外にいる者はすべて背信者だ、と考えている[88]。「じつに契約の祝福は誠実なイスラエルという小集団に制限され、この集団が『ヨベル書』の共同体を構成する」[89]。そしてこの共同体を初期のエッセネ派と特定する[90]。エッセネ派に特有のハラホートを守らない者は誠実なイスラエルであり得ず、異邦人と同様に滅びへと進む[91]、というのだ。

しかしこの理解が正しいとは考えられない。第1にテステュは「生と死」に関わる諸規定の性質に十分な注意を払っていない。『ヨベル書』の著者は、「公式の」ユダヤ教あるいは少なくともラビ・ユダヤ教と異なり、特定の規定違反について贖いの可能性を否定するが、それでもラビらの理解からかけ離れているわけではない。彼らも契約の約束の反故に繋がるような契約違反があると考える。もっとも彼らの場合は、あらゆる罪の改悛と贖いとを想定しているが。注目すべきは、『ヨベル書』に見られる契約の拒絶を意味する違犯のリストは、ファリサイ派的でないと同じようにエッセネ派的でない。これらの規定は全イスラエルが守るべきものであり、そこには分派的要素がない[92]。割礼を受けない者は契約の子でなく滅びの子である（15.26）、と

---

88) Testuz, *Les idées religieuses*, 74, 174.
89) Testuz, *Les idées religieuses*, 74. Testusの意見を支持する主要な箇所は『ヨベ』23.19–21である。彼は他所（pp.39–42）でこの箇所を編集者によるのち（65–38BCE）の挿入と述べるが、ここでは主要な著者自身の理解として述べている（補遺6を見よ）。
90) Testuz, *Les idées religieuses*, 33, 197.
91) Testuz, *Les idées religieuses*, 74.
92) Jaubert, *La notion d'alliance*, 94 も見よ。

いう言説にはエッセネ派的な思想を特定する要素は何もない。その意味するところは、「割礼を受けた者は契約の子である」ということだ。同様に、安息日に関する規定もイスラエル人と異邦人とを分けるものであって、一部のイスラエル人を残りのイスラエル人から分けるものでない（2.31: 神は安息日を守らせるために「あらゆる諸国民を聖別したのでなく」イスラエルのみである）。安息日に自分の妻と性交を持つことの禁止（50.8）はラビ・ユダヤ教の時代にあてはまらないが、これによって『ヨベル書』の著者がエッセネ派であるとか、他の宗派に属するとかを決定しない。このような理解はテステュの時代にかなり広まっていたのかも知れない[93]。すなわち、『ヨベル書』の著者は一部の違犯についての贖いの可能性を否定するという点で、また個々の法規の理解において、少なくとも私たちが知るファリサイ主義と異なる。『ヨベル書』に特徴的な贖いの否定と独特の法規は、クムラン共同体あるいは私たちが知っている他の宗派の特徴を示さない。著者がイスラエルという概念をある宗派に属する者へと限定していることを示す証拠はない。彼はイスラエルを、赦されざる違犯の1つを犯さなかったヤコブの子孫に限定する。しかしこれらの違犯には数の制限があり、宗派の特徴を示さず（安息日、割礼、隣人愛等）、それらはすべてイスラエルと神の契約とを否定することになる違犯である。

第2に、テステュ自身が述べるとおり、『ヨベル書』には新たな契約が言及されていない点にも注目すべきだ[94]。第3に、ヤコブからの身体的な子孫であることが契約の約束を共有する主要な条件として、またイスラエルを異邦人から——侮辱的に「なめらかな物を求める者」と称される他のユダヤ人からでなく——分かつ条件として強調される点は、テステュの理解に反す

---

93) Charles の *Jubilees* と *Pseudepigrapha* における該当箇所を見よ。彼は「古の経験の者ら」が妻が安息日に出産しないよう水曜日のみに性交を持ったという『BT ニッダ』38a-b を引照する。これは『ヨベル書』の規定と同じではないが、そのような制限が実践されていたことを示す。しかし Finkelstein ('The Book of Jubilees and the Rabbinic Halakah', 48 n.30) は、婚礼が行われるべき日について論ずる『BT クト』3b が本来は「安息日における夫婦生活に関する禁止事項」に言及していたのではないかと考える。

94) Testuz, *Les idées religieuses*, 74.

る⁹⁵⁾。むしろ著者は、全イスラエルが救われると考えており、その例外として割礼の規定を破る者、安息日を守らない者、過越を祝わない者、異邦人と結婚する者、異邦人との結婚を許す者、血を食べる者、父の妻――あるいは義娘や義母――と性交渉を持つ者、兄弟に悪を企てる者を想定しているようだ。他の箇所では偶像崇拝がイスラエルからの排除、結果的に契約の祝福からの排除を意味することが明らかだ（22.22-23）。したがって真のイスラエルという概念はあるが、テステュが主張するほどに限定的ではない。著者は他の違犯をも非難するが、これらに関してはイスラエルからの排除を述べない。この違いは重要である。著者が契約の祝福を彼の「共同体」へ限定していることを示す証拠はなく、むしろそれに反する証拠がある。新たな契約に関する議論は見られないが、違犯を排除することによる旧い契約の成就に関する期待は、後述するように明らかに見られる。『ヨベル書』の著者を初期のエッセネ派と同定するテステュは、それゆえに幾つかの死海巻物の特徴を『ヨベル書』に読み込んでいるように見受けられる。むしろジョベールが提案するように、『ヨベル書』の著者が宗派（secte）でなく小集団（confrérie）について述べていると考える方が良かろう。ジョベールは適切に『ヨベル書』のうちに分離傾向を示す表現を見出すが、クムラン文書に明らかなような断絶はまだ起こっていない。『ヨベル書』はいまだ全イスラエルに対して語っている⁹⁶⁾。ダヴェンポートの意見も本著での見解と同様である。すなわち、『ヨベル書』は多くの点で旧約聖書の信仰を継続しており、著者は「イスラエルに対する神の愛と誠実さ、神による従順の要求、約束を遂行する神の力、悔い改める者への神の赦し」を強調しているのだ⁹⁷⁾。

e. 異邦人

異邦人が断罪されていることは言うまでもない。既述のとおり、不義とは異邦人のように生きることである。したがってイスラエルが「異邦人である罪人」から攻撃を受けたとき、「罪人、すなわち異邦人」から救われるよう

---

95) 『ヨベ』1.28 や他の上で引用された箇所。契約の約束を受け取ることについては後述する。
96) Jaubert, *La notion d'alliance*, 115.
97) Davenport, *The Eschatology of the Book of Jubilees*, 79.

に祈る（23.23-24）。この場合の「異邦人」は本来、特定するための属格として用いられており、したがって「罪人」を特定する同義語なのかも知れない。異邦人が滅びへと定められているほどに罪深い「罪人」であるということは、異邦人との結婚禁止に関する掟において明らかに述べられている。

> 我が子ヤコブよ、カナンの娘らのどのような種からも
> 　妻を娶ること［がないよう］に気をつけよ。
> その種はすべて地上から根絶やしにされるからだ。
> ハムの違犯によって、カナンが過ちに陥ったからだ。
> 彼の種はすべてこの地から滅ぼされ、跡形もなくなる。
> そこから出る者が裁きの日に救われることはない（22.20-21）。

異邦人との交わりについて絶えず警告すること（22.16）、さらに異邦人との結婚がイスラエルを汚すこと（30.7, 16）、これらは異邦人が罪人であることを明らかに示す。彼らは将来の世に属することがない。イスラエルが「諸国（異邦人）をその欲望にしたがって裁き、そのあと全地を所有してそれを永遠に受け継ぐ」（32.19）からである。したがって『ヨベル書』の著者は、異邦人に言及する『エチオピア語エノク書』の箇所の著者らやのちの大半のラビらよりも、異邦人に対して厳しい姿勢を示している。それゆえに、著者は律法がイスラエルのみに与えられ、イスラエルのみによって守られることを強調しているのだろう。仮庵の祭は「イスラエルによって祝われるように、イスラエルのために天の石板に刻まれて定められている」（16.29）。同様に著者は「［神が］安息日を守るように聖別したのはすべての民族でなく……イスラエルのみである」（2.31）と述べている。裸をおおやけにさらすことへの警告は「律法の裁きを知るすべての者に」適用されるが、これは彼らが異邦人のように肌を露出するような真似をしないためである（3.31）。

f. 神の憐れみ、人の悔悛と贖罪

神の憐れみ：『シラ書』や『エチオピア語エノク書』にあるように、違犯に対する神の裁きは罪人に対する当然の報いとして述べられており、それは

神が義であることを示す（21.4: 神は義であり違反を裁く）[98]。一方で義人と従順な者らは憐れみを受ける。「裁きを行うのは主である。そして何百何千の人々、そして主を愛するすべての者に憐れみを示す」（23.31）。同様に、ヤコブはイサクに対し「イサクはその父アブラハムの神を祝福した。神は僕イサクの子らからその憐れみと義とを取り去らない」（31.25: ここでの「義」は「好意」を意味する）と言って、彼がいかにして栄えたかを説明した。ヤコブは終わりが近づくと、「［神が］その憐れみと恵みとを僕ヤコブから取り除かなかった」（45.3）とヨセフに述べた。

　一見すると『ヨベル書』は非常に厳格な律法主義を反映しているようだが、神の憐れみと恵みとが頻繁に言及されており、著者は民に対して恵み深く憐れみ深い神を念頭に置いていることが分かる。既述のとおり現存するラビらの文献はおもに律法をいかに成就するかについて記しているが、神の義を律法的な完全性でなく憐れみの結果と見なしており、この点は現存する祈りに反映されている。同様の状況が『ヨベル書』にも見られる。一方ではノアに関して、「彼に命じられたように、すべての点でその心は義であり、命じられたことからまったく離れなかった」（5.19）と記している。この完全性は彼自身を洪水から救ったのみならず、彼の子らをも救った。ノアは「彼の子らのために」受け容れられ、神は彼らを「彼ゆえに」救った（5.19:「父祖の功徳」の概念の初期的な応用か。30.20, 24.11, 22 参照）。しかしノアは、この状況を神の憐れみと捉えた。したがって、彼の子らが洪水のあとで罪に陥ると、彼は祈って言う。

> あらゆる肉の霊の神よ、あなたは私に憐れみを示され、
> 私と子を洪水の水から守られ、
> あなたが破滅の子らにしたように、私を滅ぼされませんでした。
> あなたの大いなる恵みが私に向けられ、
> あなたの大いなる憐れみが私の魂に向けられたからです。
> あなたの恵みが私の子らにあり、

---

[98] 神の義に関しては Becker, *Das Heil Gottes*, 24 参照。

> 邪悪な霊が彼らを支配しませんように、
> 彼らがこの地から滅ぼされないためです（10.3）。

ハラハーの厳しい調子からは、人の宗教的行動が自分自身の能力に完全に依拠することを前提としているような印象を与えるが、神が人を罪から遠ざけるようにとの祈りが頻繁に見られる。たとえば序説においてモーセは、義から破滅へと導くベリアルの霊に支配されないよう、神がイスラエル人のうちに正しい霊を創造するように祈る（1.20）。アブラハムは、彼が道を踏み外すように導く「邪悪な霊の手から」解放されるように祈り（12.20）、さらに神がヤコブに力を与えて「義を行い、主の前で主の御心を行う」ように祈る（22.10）。アブラハムは続けて、異邦人の汚れと過ちからヤコブが神によって取り除かれ（22.19）、神が彼を滅びから守り、誤った道へ進まないように祈る（22.23）。

改悛：神の憐れみと恵みとを大切に考える著者が人の改悛を強調することは当然である。『シラ書』と同様に、私たちが現在において改悛と呼ぶものは、罪から離れて神に立ち戻ることを意味する。したがってアブラハムはイサクに命じて言う。

> 彼らのすべての業とすべての汚れから離れ、
> いと高き神の戒めを守り、
> 主の御心を行って、すべてにおいて正しくあれ（21.23）。

著者は以下のような時代の到来を望む。

> ……子らは律法を学び始め、
> 諸規定を求め、
> 義の道へと引き返す（23.26）。

それでは著者は、改悛を大切と考えることと、幾つかの違犯に関して贖いの可能性がないと考えることのあいだの摩擦をいかに対処するのか。この点

は興味深い。贖いの可能性がない違犯——父の妾と性行為に及ぶ罪——を犯したルベンが生き続けることについて、律法がいまだ完全に啓示されていない時代だったと著者が説明したことは前に触れた。義娘と性交を持ったユダに関する著者の説明はこの点で興味深い。

> ユダは自分が行ったことが邪悪であることを認め……自分が違犯し道を踏み外したことを認めた。……彼はそのことを悔い、違犯について神に嘆願し始めた。そして私たちは夢の中で、彼が悔いて熱心に赦しを請い、同じ過ちを繰り返さなかったのでその罪が赦されたことを伝えた。彼がその罪から離れたので、彼は赦しを得……。このように振る舞う者や義母と横たわる者はすべて火で焼かれなければならない……。イスラエルの子らのあいだに汚れがあってはならない、と命ぜよ。義娘や義母と横たわる者は誰でも汚れをもたらすからだ。そのような女……と横たわる者は誰でも火によって焼かれよ。私たちはユダに関して言った、その2人の息子がそのような女と横たわらなかったので、彼の子孫が第2世代のために立てられ、それは根こそぎにされない、と（41.23–27）。

ここでは、ある意味で不器用な編集者がユダによる義娘との違犯に関する議論に義母との性交を持ち込んだと考えることも可能だろう。いずれにせよこの箇所によると、ユダが寛大に取り扱われた理由が2つ提示されている。彼の熱心な改悛が赦しに十分だったようであり、したがって彼は処分されなかった。ユダの第2と第3の息子がタマルとの関係を完遂しなかったという事実がユダの違犯を緩和した結果として、彼の「種（子孫）」は「根絶やしにさせる」ことがなかったようだ。

改悛の贖罪効果：しかし著者は、贖いの可能性がない規定を違犯した者に対して、その者が悔い改めるなら赦しが与えられ得るという考えには、同意しないだろうと思われる。著者はユダに関しては、彼が焼き殺されず、その子孫もただちに滅ぼされることがなかったという事実に直面した。そして彼は、のちのラビらと同様に、その理由をユダの改悛に見出した[99]。第1章の長

---

99) I.A.7.d を見よ。

い箇所には、改悛がイスラエルに対する赦しを過去に保証した例が見られるが、著者はそれがイスラエル人による永遠の戒めへの違反であり、神の諸規定の拒絶であることを承知していた。神はモーセに対して予告し、「[イスラエル人が] 私のすべての規定を忘れる」と述べる。彼らは「異邦人に倣って歩み……彼らの神に仕える」(1.9)。神が彼らに遣いを送っても、彼らはその遣いを殺し、「彼らはすべてを破棄して変更し、私の目の前で悪を行う」(1.12)。その結果神は、彼らを異邦人の餌食として差し出す (1.13)。異邦人のあいだに散らされたイスラエル人らは「私のすべての律法、私のすべての規定、私のすべての裁きを忘れ、新しい月、新しい安息日、新しい祭、新しい掟に向かって道を外す」(1.14)。

> こののち彼らは心のかぎり、魂のかぎり、力のかぎりを尽くして、異邦人から私に立ち返る。私は彼らを全異邦人のあいだから集め、彼らは私を求める。心を尽くし魂を尽くして私を求めるとき、彼らは私を見出す (1.15)。

この箇所の続きの部分で、神はその民と共に住まい、「彼らを見捨てず失望させない」と約束する (1.17–18)。神がその民を悪から守るようにとモーセが祈ると、神は以下のように言う。

> 私は彼らの矛盾、思い、頑迷さを知っている。彼らは彼らの罪と彼らの父祖の罪とを告白するまでは、従順にならない。そののちに彼らは心を尽くし魂を尽くして私に立ち返る。私は彼らの心に割礼を施し、彼らの子孫の心に割礼を施し、彼らのうちに聖い霊を創り、彼らを清める。彼らが永遠に私に背かないためだ (1.22–23)。

注目すべきは、改悛が、破滅をもたらすべきであった過去の違反にもかかわらずイスラエルが歴史的に存続していることの理由 (1.15) から、完全に従順であり続けるほどに罪から清められたイスラエルを将来において神が創

るための条件（1.22–23）へと変化していることだ[100]。『ヨベ』50.5 はこれが著者の理解する将来の在り方だ。すなわち「［イスラエルは］浄められ……その地に［住む］。サタンやいかなる邪悪な者もなく、その土地は永遠に清くなる」。

したがって、契約を破棄する者に贖いの余地がないという著者の理解には、イスラエルの存続という歴史的事実とイスラエルの選びや最終的な清めや救いに関する確信と矛盾する場合に、変更が加えられる。この点に関して私たちは明らかな解決を見出すことができない。上で引用した『ヨベ』15.32–34 では、契約に従順な「真のイスラエル」と契約を見捨てる——そして割礼の命令を守らない——その他の者らとが区別されているように見える。しかし『ヨベ』1 章で著者は、全イスラエルがある時期に神を見捨てたという見解を示しているようだ。彼らは悔い改めるので捕囚後に集められ、最終的に神の清めによって救われる。この際に前提となるのが改悛である。これら 2 つの理解は、対極に位置するのでないのかも知れない[101]。「真のイスラエル」という『ヨベ』15 章の概念は、著者の世代における背教者らを真のイスラエルから外す役割をなしている一方で、全イスラエルが神を見捨てながらふたたび立ち戻るという理解は、非常に大きな違犯にもかかわらずイスラエルが歴史的に存続していることを説明する役割を果たしている。改悛と完全なる清め[102] という主題は最終的な裁きを見据えており、著者の時代の背教者らに関する直接的な説明ではない。もっとも彼らは、おそらくもやはイスラエルの一部ではなく、最終的な清めに参加することはできなかろう。

換言するなら、改悛は過去において贖いをなし、将来において贖いをなすが、著者の時代の危機的状態において、特定の違反に関しては贖われる余地がない。彼の時代においては明確な線引きがなされている。契約に忠実であ

---

100) Jaubert（*La notion d'alliance*, 106–07）は『ヨベ』1.6 と 1.22–25 における罪の告白に関わる箇所がヨベルの共同体によって毎年繰り返された告白の儀礼を反映しているという点を説得力を持って説明する。告白の儀礼は五旬祭との兼ね合いで行われる契約更新の一部をなす。
101) Davenport の編集的仮説はあらゆる齟齬を資料批評的に説明する。補遺 6 を見よ。
102) 『ヨベ』1.22–23, 23.26ff, 50.5 を見よ。したがって『ヨベ』1 章は Testus の見解に反して、全イスラエルが罪を犯すが神に立ち戻るという私たちの理解を支持する。罪を犯して改悛が必要なのは非エッセネ派のみだということを示す証拠はない。

るか、そうでないか。それを選ぶ機会はすでに与えられており、第2の機会はない。

　罪と贖いについて述べる際に、著者が重大で意図的な罪のみを扱っている点に注目すべきだ。他の罪はほとんど言及されないものの、ヤコブが無意識に犯した罪の赦しを祈るアブラハムについて触れる際に著者の姿勢がかなり明らかに示される（22.14）。そのような罪が一般的な改悛の祈りによって贖われることは明らかだ。したがって、著者が「いかなる違犯も人を契約から排除する」という類の文言を述べている——あるいはそのように述べていると見受けられる——とき、じつはそのような意図は著者にない。著者は実際に、「彼らは主の命令、主の掟、主の律法のすべてを行い、右にも左にも逸れてはいけない」（23.16）という教えを破って契約から離れた「邪悪な世代」について記している。これだけでは、諸規定から少しでも離れる者が契約を破棄した者と理解されがちだ。しかし実際のところでは、意図的で高慢な思いから生じる罪が改悛を伴わない場合に違犯者は契約を一蹴したと見なされる、というラビらの見解と同じだと思われる。祈り、改悛、そして後述する犠牲という贖いの手段が提示されていることから、1つの違犯自体が人を契約から排除することにはならないことが分かる。同様に著者が「［イスラエル人が］違犯し、あらゆる仕方で不浄を行うなら、滅びに向かう者らの書に銘記される」（30.22）と記す場合、それは「あらゆる仕方（1つでもなく）」を文字どおりに捉えているか、あるいは契約から自らを切り離すような罪を犯す者を念頭に置いている。それがどのような罪かについては他の箇所で具体的に示されている。この警告は外国人との結婚の禁止という文脈に現れている。神の律法への従順を促すためにあらゆる違犯に対する一般的な警告は発せられるが、著者は彼が最悪と考える罪——とくに神への根本的な不誠実を示す罪——を抑止することに注意を向けているようだ。

　贖いとしての犠牲：さらに『シラ書』と同様に、著者は日々の犠牲（タミード）を贖いと理解していた。血を食べることへの禁止が尊重されるならイスラエルは守られる。「彼ら（祭司ら）はあなた方のために血をもって祭壇で執り成しを祈り続ける。毎朝と毎夕に彼らは、それを守って根絶やしにされないようにあなた方のために、たえず主の前で祈る」（6.14）。異邦人に自

C. 外典・偽典

分の娘を嫁がせる者の犠牲は受け容れられないと記されているということは（30.16）、受け容れられる犠牲は贖いをなすということを意味する。安息日の規定は「イスラエルのために贖いをなす」（50.11）犠牲を継続するために破られる。大贖罪の日が贖いをなすことにも注目しよう。

> 彼らは若い山羊によって、年に一度7の月の10日に自らの罪のための贖いをなす……。1年に1度その日に彼らがその罪とあらゆる違犯とあらゆる過ちを悔いて自らを清めるためである（34.18–19）。

ここでは、大贖罪の日が改悛を含むことが示唆されていることは明らかだ。

著者はアブラムの主に対する全焼の生け贄（13.3–4, 9）に言及する際に、個々の犠牲の意義について論ずる恰好の機会を用いない。アブラムの犠牲は贖いのためでなく、神が「彼と共におり、生涯にわたって彼を見捨てない」（13.9）ための献げ物である。『ヨベ』21.7–15は和解の生け贄がいかに捧げられるべきかを論ずるが、ここでも個人の贖いのための犠牲への言及がない。このように言及がないことは、無意識の罪が祈りのみで贖われ、贖罪の生け贄や賠償の生け贄は意図的な罪のために献げられない、という著者の理解が反映されているのかも知れない[103]。しかし私たちは、著者が個人の贖罪の生け贄や賠償の生け贄の効果を受け容れないと推定することはできない。著者は犠牲体制全体についてあまり記さないにせよ、それを受け容れているように見受けられる。そうでなければ、反論を述べているはずだ。一般には多くのことが前提とされており、たんにそれらが言及されていないだけのようだ。著者の視点では、個人の宗教的営みはそのまま継続されることが前提となっている。これらの宗教行為の多くは著者のハラハーの中に含まれないが。個人の贖いのための犠牲に加えて、誓約と食事規定についても言及すべきだろう。例えば著者は豚を食べることの禁止について述べないが、その重要性を受け容れていることは疑いようのないことだ。これは、著者が犠牲体制全体とその贖罪効果を受け容れていることを示唆している。

---

103) 『BTクリ』7a,『BTシュヴオ』13a,『スィフラ・エモル』ペレク14.1–2（レビ23.27）.

g. 義人

ここでは、著者の理解によると誰が「義人」か、という問いについて考えよう。ノアが義と呼ばれたことについてはすでに触れたが（5.19:「彼の心はあらゆる面で義であった」）、それは彼が「彼のために定められた義務から離れなかった」(5.19) からである。同様に『ヨベル書』は、「彼がエノクを例外として義において人の子らの誰よりも優っていた。義において彼は完全だった」(10.17) と述べる。さらにアブラハムについては、「主にあってすべての行いが完全であり、全生涯を通じて義において神を喜ばせた」(23.10) と記す。神はこれ以前に、アブラハムに対して完全であるようにと訓告していた (15.3)。「義において神を喜ばせた」(23.10) とは、アブラハムが義であることを意味し、それはまた「全生涯を通じて完全だった」ことと同じであろう。他所でアブラハムは「誠実」であることが強調されるが、この語は神の諸規定に対する忠誠 (17.15) と苦難における神への忠誠 (17.16) を含意する。『ヨベ』18.16 でも、アブラハムの誠実さが神の命令にすべて従うことを意味し、19.18 では艱難のときに「霊において忍耐強い」ことに対して「誠実」という語が用いられている。

ヤコブは「正しい道」にあるとされ、さらに「義」であるのみならず「完全な人」である (27.17)。「正しい」と「完全」という形容詞は『ヨベ』35.12 でもヤコブを修飾する。彼の妻レアは「すべての点で完全で正しかった」、「彼女は柔和で平和をもたらし正しく誉れ高かった」(36.23)。ヨセフは「正しく生きた。奢らず高慢にならず、人に取り入らず、贈り物を受け取らず、その地のすべての民を正しく裁いた」(40.8)。

族長（1 人の女性も含めて）を概観しただけで、『ヨベル書』における「義」は、他のユダヤ文献において正式に宗教的な意味での主要な語として用いられるのと事情が異なっていることが分かる。この形容詞（義）は「正しい」という語によってある程度代替され得るようだ[104]。そしてこれら 2 つの名詞がともに用いられる場合 (36.3:「この地において義と正しさとをなせ」)、それら

---

[104] 犠牲に関する戒めを守ることは「正しい」（『ヨベ』21.15）。

の違いは明確でない。神の意志を行うことが義であるように、「正しさ」のうちに歩むことも義である (25.9)。「義」という形容詞によって定義されていようとなかろうと、正式な宗教的行為は律法に対する従順を指す。完全な従順が特記されるが、既述のとおり著者は人がじつに違犯すること、そして贖いが提供されていることを認めている。この意味での義は新たな創造の預言においても明らかだ。「[神が]その被造物すべてのために新しく義なる性質を創る[105]。彼らはその全性質において永遠に罪を犯さず、それぞれの仕方でいつも義である」(5.12) 時が訪れる。「義」であることは人のみならず全被造物を含んでいる。「それぞれの仕方で」全被造物が義である[106]。神の意図にしたがって生きる(罪を犯さない)ことが明らかに意識されている。したがって、妹を姉よりも先に嫁がせる者は「天の石板に刻まれて定められた」戒めに違反したので義ではなく (28.6)、休息の年に関する掟を守る者は義と呼ばれる (7.37)。

上述したとおり、罪は人を汚し不浄とするものと見なされた。したがって私たちは、義であり忠実であることは聖いことを意味すると理解できる。リベカはヤコブに対して、彼の子孫が義であり聖くあることを(25.3. 25.18:「祝福され聖い」参照)、またイスラエルが「義の民」であり (24.29)、「義の樹」(36.6 他) であることを約束した。これは不浄がない「聖い民」となることと同じだろう (33.20. 33.11 参照)。そして来たるべき時に、イスラエルは「浄められ」て罪がない状態になるが (50.5)、それはイスラエルが「義」となるという『ヨベ』5.12 の預言と符合する。

「義」、「完全」、「正しい」という形容詞が族長に適用されるように、将来において全イスラエルが「義」、「完全」、「正しい」状態となる。ある意味で義となるとは、神によってもたらされる新たな創造[107]という終末的な希望と

---

105) Charles (*Jubilees, Pseudepigrapha* の 5.12 に関する箇所) は、「創った」とする写本があることを指摘するが、これは時制に誤りが入ったと思われる。新たな創造が未来時制を要請することは明らかだ。

106) したがって『ヨベ』7.21 において「見張りの御使い」は「規定された律法に逆らって」行ったと言われる。Testuz, *Les idées religieuses*, 93:「神が創ったものすべてが行動規範を受けた」参照。

107) 『ヨベ』23.30–31 において、義人は明らかに以前の世代に属する死んだイスラエル人である (Volz, *Eschatologie*, 29 参照)。この句は、著者の同時代の人々でなく、以前の世代に属する正しい人々

言えよう——エフェソ書を敷衍するなら、義は将来の新たな創造まで延期されるが、それは恵みによる——。一方で神によって聖別されたイスラエルは今聖なる民である（33.20）。叙実法（〜である）には命令法（〜であるべき）が続く。すなわち「聖なる民のあいだでそのようないかなる不浄もあってはならない」。これは明らかに訓告である。著者の言説を体系的に述べるとすると以下のようになる。「イスラエルは神によって聖別されてしまっているので、聖く義なる民である。したがってこの民は違反による不浄を避け、義なる行動をとる必要がある。究極的に彼らは完全に聖い義なるものとされ、こうして選びの約束が成就する」。

「義」という語は期待された仕方で用いられている。義を行うとは神の意志を行うことだ（22.10）。人が「主の道を守る」なら、その者は「義を行い」、隣人を愛し、「裁きと義を行う」（20.2-3）。イスラエル人が「裁きと義を行う」なら、彼らは「全地の上で義によって植えられる」（7.34）。ここでの「義」は「正しいこと」である。もっとも隣人を愛することと関連しているので、その強調点として最初に見られるのは善意としての義であろう。主の道を守る者が義をなすという点は注目に値する。なぜならそれが神に倣うことを示唆するからだ。これは「義の樹」および「聖なる種」が「すべてを創られた方のようになる」という『ヨベ』16.26 にも明らかに見てとれる。同様に、神とその御使いと共にあって安息日を守る者は（7.30）、彼らと同じように「聖となり祝福される」（2.28）。神が義であるように（5.15-16. 21.4 参照）、イスラエルもそうでなければならない。『ヨベ』7.20 では、「義を行うこと」は肌を露わにせず、神を祝福し、父母を敬い、隣人を愛し、「姦淫と不浄とあらゆる不義から自らの魂を守る」という掟に従うことだ。これは明らかに「義」であることと同義だ。『ヨベ』35.13-14 にも同様の意味が示唆されている。すなわち「[エサウの] うちに義はなく、彼のすべての道は不義と暴力とである。そして彼は神を見捨てた」。神の道を守る者は、「義の道」に従う者とも言われる（25.15）。「不浄と嫌悪と汚辱」を行う者のうちには義がない。しかし人がそのような行いから離れ、神の意志を行い、正しく振

と将来のイスラエルに対して用いられる傾向が見られる。

る舞うなら、神はその人から「義の樹」(21.21-24)、すなわち神の意志に従う民を起こす。

しかし著者の「救済論」は、完全あるいは完全に近い従順というわけでない。著者がもっとも強調する点は、イスラエルを選び彼らを罪から浄めるという神の働きである。したがってその「救済論」は、神の業による選びと最終的な浄めであり、その後者は改悛に依拠する。ここから当然予想されるように、神の憐れみを強調することには従順への明らかな要求が伴っている。しかしイスラエルは、神がこの民を聖別するので「聖く」なければならない。ある意味での厳格な律法主義にもかかわらず、著者の理解は「行為義認」という句に要約されるような種類の律法主義とは異なる。なぜなら救いが神の恵みに依拠しているからである。

補遺5 『ヨベル書』とエッセネ派

『ヨベル書』と死海巻物との類似性について、ここしばらくのあいだ注目が集まってきた。したがってブラウンリーは早い時期に「『ヨベル書』から『教団規定』へ光をあてる」('Light on the Manual of Discipline from the Book of Jubilees', *BASOR* 132 [Oct. 1951], 30–32) と題する論文を発表し、『ヨベル書』が第1洞窟で見つかった文献に与えた影響を考察した。またミリクは、『ヨベル書』を当時の暦に依拠したエッセネ派の文書だと論じた (*Ten Years of Discovery*, 32) が、これはラビンによる反論を受けた (*Qumran Studies*, 79–80)。『ヨベル書』がエッセネ派あるいは前エッセネ派に属する文献かどうかという議論はテステュ (*Les idées religieuse du Livre des Jubilés*) とダヴェンポート (*The Eschatology of the Book of Jubilees*) によってもう一度取り上げられた。彼らの見解を簡潔に紹介することとする。

テステュは『ヨベル書』がエッセネ派の初期段階に属すると論ずる。『ヨベル書』と死海巻物との主要な類似点としてテステュが注目するのは、どちらもイスラエルの母体から距離を置き、自らの共同体を真のイスラエルと考えた点だ。したがって『ヨベル書』を『ダマスコ文書』と比較する際に、彼は後者において「この集団はイスラエルとユダから分離した」(『ダマスコ

文書』4.2–3 に言及、Testuz, p.179）と指摘している。テステュは幾つか他の類似点を述べたあとで、「これらすべての点から察するに、『ダマスコ文書』は『ヨベル書』に感化されている」（p.180）と記す。『ダマスコ文書』が『ヨベル書』の影響を受けたことは確かだが、しかしそれをもってこれらが同じ宗派に属するとは結論づけられない。『ダマスコ文書』が属する集団がイスラエルから分離したことは明らかだ。「［彼らは］ユダの土地から出て行った」（『ダマスコ文書』4.3）。「出て行った」という表現が文字どおりか比喩表現かに関わらず、分離は明らかである。しかし『ヨベル書』にはイスラエルからの分離を示す証拠がない。テステュがこの分離を示す証拠として挙げるのは「イスラエルの選び」（『ヨベ』1.29）という句のみである。しかしこれをもって分離と断言することはできない。上述したとおり、この句と対比されるのは「異邦人の罪人」であり、これはたんに「罪人である異邦人」を意味する。いずれにせよ、他に証拠が見つからない文献の中の１つの句を根拠として多くを論ずることは避けるべきだ。

　たしかにテステュは他に証拠があると考える。したがって彼は「『ヨベル書』1 章には、イスラエル人によって繰り返される不誠実のゆえに、シナイ山での神と民とのあいだで結ばれた契約が破綻した。しかし神と誠実な［イスラエル人の］集団とのあいだで新たな契約が結ばれた」（p.183）と述べる。もっとも、『ヨベル書』1 章にそのようなことが書かれてはいない。むしろ神はモーセに対して、イスラエルが今与えられようとする諸規定に違反することを告げるが、それでもその契約を書き記すようモーセに命ずる。それは後の世代が「シナイ山においてこの日に彼らの世代のために、私とあなたのあいだで確立する契約に対する違反によるあらゆる悪のために、私が彼らを見捨てないと知る」（『ヨベ』1.5）ためである。これは、神とイスラエルの民とのあいだで結ばれたシナイ山の契約が、それに続く違反によって無効にされないことを示す、もっとも明らかな宣言である。同様に神は、イスラエル人が神を見捨てたあと、もう一度立ち返ることをも予告する。そして神は彼らのあいだに聖所を建てて、彼らと共に住まう（1.9–17）。そして同書は「真実と義において、私が彼らの神であり、彼らが私の民である。私は彼らを見放さず見捨てない。私が彼らの神、主だからである」（1.17–18）と結ぶ。神が

C. 外典・偽典

イスラエルの中の選ばれた者らの集団と契約を維持するという理解が著者にあったのなら、著者は容易にそのことを明示できただろうが、そうはしていない。またそのような理解を持つ宗派があったなら、新たな契約について具体的に述べているはずだろうが（たとえば CD 3.10–14 参照）、そのような言及はどこにもない。ただ明らかな点は、イスラエルの違犯にもかかわらず神が契約に対して誠実を尽くすという約束である。イスラエル人が立ち返って悔い改めるなら、神には彼らを受け容れる用意がある。

ダヴェンポートはテステュと較べると、『ヨベル書』とエッセネ派との関係をそこまで密接に捉えてはいない。ダヴェンポートは、彼の資料仮説の結果『ヨベル書』の多くが属するとされる御使いの言葉、そして最初の編集者（補遺 #6 を見よ）に関して、それらの執筆場所を特定する証拠がほとんどないことを認める。しかし少ないながらも存在する証拠は、

> 『ヨベル書』がもたらされた集団とクムラン共同体が形成された集団のあいだに親密な繋がりを示す。『ダマスコ文書』（16.3–4）における御使いの言葉、クムランにおけるヨベル暦の使用、大いなる終末の闘いにおいて神の手段となる誠実な民に対する同様の姿勢、第2の編集者がクムランに居住していただろうこと、これらが両者の緊密な関係を示している（p.17）。

したがって「緊密な関係」があるとされるが、それは（『ヨベ』1.27–28, 1.29 の一部、4.26, 23.21, 31.14 に関わった）第2の編集者がクムランに居住したというだけである。第2の編集者に関する議論は以下のとおりだ。

> そこ（クムラン）でヨベル暦が使用されたこと、クムラン共同体が神殿支配階層に対して敵意を持っていたこと、将来の神殿に関して神殿巻物と『ヨベル書』が同様の理解を持っていたこと……、これらが［第2の編集者の］居場所（クムラン）を高い確率で示している（p.16）。

同様の理解を共有していること以外で、クムラン共同体と『ヨベル書』著者（あるいはその編集者ら）とのあいだのセクト的アイデンティティを示す証拠

として挙げられるのが暦である。この問題は、補遺の中で扱うにはあまりにも不確定な面が多すぎる。端的に以下の点を指摘しておこう。クムラン共同体で用いられた暦が『ヨベル書』の暦と同一であり、これらの暦が神殿での行事日程とは異なる内容であると分かれば、それは『ヨベル書』とクムラン共同体とのあいだに宗派的連続性があることを示す良い証拠となろう。私はこれらの暦が同一であるか、あるいはたんに似ているのみかを判断する立場にない。この判断を下すに十分な証拠があるか不明だ[108]。もし同一性が確認されたとしても、『ヨベル書』の暦が実際に用いられたのでなく、理論的なものであった蓋然性を考慮に入れなくてはならない[109]。その場合の『ヨベル書』によるクムラン共同体への影響は、実践に対する理論的な範囲に限られる。しかし私にはそうは思えない。すでに論じてきたように、『ヨベル書』のハラハーの調子は、それが全イスラエルに向けられていることを示す。著者の意見は一般に受け容れられなかったかも知れないが、それでも著者はこれらの意見が受け容れられるべきと述べている。著者は、『教団規定（IQS）』においてそうであるように、彼のハラハーに対して従順な特定の集団の管理責任を自覚しているという印象を読者に与えない。したがって暦に関して著者は、他の暦に従う者は「［日を］誤る」（6.36）と述べるが、赦しの可能性がないとか、「根こそぎにされる」とか、子孫が「根絶やしにされる」とか言わない。したがって『ヨベル書』の著者はいまだ、「この（彼の）ハラハーを受け容れない者はじつにイスラエルに属さない」と論じてセクト的な方向へと決定的に舵を切ってはいないように見受けられる。『ヨベル書』によるクムラン共同体への影響は疑いようがない。しかし私は、『ヨベル書』全体あるいはその一部においても、宗派的傾向という点で同一性を見出さな

---

108) 暦について詳しい Jaubert (*La notion d'alliance*, p.90) は「類似の（暦）」という表現を用いる。彼女は Testuz に直接応答している (*La notion d'alliance*, 90 n.5)。同一の暦という理解に慎重な立場として J. Obermann, *JBL* 75 (1956), 295–97; Morgenstern, *VT* 5 (1955), 65; David Hill, *NTS* 11 (1965), 300 を見よ。暦の同一性を主張する立場としては S. Talmon, 'The Calendar Reckoning of the Sect from the Judaean Desert', *Scripta Hierosolymitana IV* (ed. Rabin and Yadin), 177–79 を見よ。もっとも Talmon は証拠が十分ではないことを認めつつ、太陽暦（364 日）へ排他的に依拠している点が同一であると述べる (Leaney, *Rule*, 68, 94)。

109) Morgenstern, *VT* 5 (1955), 64 を見よ。

い [110]。

補遺 6 『ヨベル書』の一貫性

　テステュとダヴェンポートの両者が『ヨベル書』の編集史的な仮説を提示している。テステュは、のちの編集者によって 3 つの箇所が挿入されたが、その編集者は前 65–38 年にそのセクトに属していた人物と特定する。テステュが挿入されたと考える箇所は、『ヨベ』1.7–25, 28, 23.11–32, 24.28b–30 である。これに関して以下の点を指摘しておこう。

　1. テステュが著者の主要な思想を構築する際に、自分がのちに挿入されたと主張する箇所を用いている。したがって「刷新された契約」という項において、テステュは「著者にとって、彼が所属する共同体以外に真の意味での神の僕はいない」(p.69) と述べるが、その際に『ヨベ』1.7, 10, 13, 25, 28, 2.20 を証拠箇所として挙げている。最後の 1 箇所以外はすべて、彼が編集者によるのちの挿入部と考える箇所である。同様に、『ヨベル書』のセクトの契約の外側には救いがないという思想を提示する際にテステュが用いる証拠箇所は、すべてが「編集」箇所である (『ヨベ』23.11–32. p.74)。さらにテステュは終末思想を論ずる際に (pp.165–72)、23 章と 1 章に見られる思想がのちの編集者によって修正されているだろうことを指摘するが (p.165)、彼がのちに『ヨベル書』著者の思想を確定する際にはこれらの箇所を他の箇所とともに証拠箇所として用いている [111]。

　2. この矛盾以外にも、テステュの解釈には必ずしも説得性が伴わない。彼はのちの挿入部分が異邦人に対する「苛烈な憎しみ」を示すと述べながら、他所ではこれらの箇所には異邦人に対する憎しみよりも軽蔑や無視が顕著だとしており (p.40)、一貫性がない。このような比較には根拠がない。異邦人に対する嫌悪は『ヨベ』22.22–23 にも明らかであり、それはテステュがのち

---

110)　以下の Jaubert (*Lanotion d'alliance*) の立場を比較せよ。『ヨベル書』は前クムラン的である。著者はある特定の運動の一部だったが、彼はその特異性によって神殿での供儀から自らを実際に切り離すことをしなかった (pp.90–91)。それでも彼の理解はのちに分離へと繋がった (p.96)。

111)　この矛盾については Jaubert (*La notion d'alliance*, 93.n11) が指摘している。

の挿入部分と考える箇所に劣ると思えない。イスラエルに対する将来の祝福に関する理解についても、のちの挿入部とそれ以外の部分は同意している（たとえば50.5を見よ）[112]。

　ダヴェンポートは近年、『ヨベル書』が本来の御使いの言葉とそれに先行する短い導入部によって構成されており（1.1–4a, 2.1–50.4）、これが2度の編集をとおったと主張した。第1の編集者（R1）は『ヨベ』1.4b–26, 1.29, 50.5を挿入することで本来のテクストに編集を加えた。おそらくこの編集者は23.14–31をも付加した（pp.14–15）。第2の編集者（R2, 神殿を重視する編集者）は1.27–28全体に加えて1.29, 4.26, 23.21, 31.14を部分的に付加した（pp.15–16）。この区分は本著における幾つかの一貫性の欠如を説明する。しかしダヴェンポートは、「いずれの編集者も本来の著者とのあいだに大きな意見の相違がない」こと（p.17）、さらに終末論において彼らはおおかた同じ理解に立っている、と認める（pp.72–75）。第1の編集者は民族的希望を強調する。本来の著者は前3世紀後半から2世紀初期に執筆しており（p.14）、第1の編集者はマカバイ戦争の時期（前166–60年頃）に編集を行った（p.15）。第2の編集者は宇宙論的期待（被造物の刷新）と神殿に関する期待とを加えた。彼はシモンとヨアンネス・ヒュルカノスの時代の人物であり、クムランで活動していたのかも知れない（p.16）。

　ダヴェンポートは『ヨベル書』に継ぎ目を幾つか見出したのかも知れない。彼は、『ヨベ』1.4で神がモーセに言葉を書き記せと命じる一方で、『ヨベ』1.27では神がモーセのために書き記せと御使いに命じている点を指摘している。しかし私はダヴェンポートの分類について完全に同意することはできない。神殿と刷新に関する箇所をすべて第2の編集者の手によるとの判断は根拠に乏しい。地の刷新（1.29, 4.26）と神殿が永遠に確立されること（1.27, 4.26）は、イスラエルとその土地とが永遠に清められること（50.5）とまったく同じではなかろうが、それでもこれらを、民の希望に関する異なる著者の視点と考える証拠とまでは言えなかろう。同様に『ヨベ』50.6–13（神殿犠牲、安息日規定、御使いによる戒めの記述）が「神殿を重視する編集者」によって

---

[112] Jaubert, *La notion d'alliance*, 93.

加えられたと論ずる際に、ダヴェンポートは『ヨベ』50.1–5 が安息日について述べているので 50.5 以降に安息日規定が挿入されることは不自然でないと言わなければならなくなった（p.68 の註 2）。さらに、神殿への関心はダヴェンポートが第 2 の編集者によるとする箇所に限定されない（6.14 を見よ）。視点の総体的な親和性を認めつつも編集の可能性を議論するならば、ダヴェンポートが提唱する区分が本著における目的に対して大きな意義を持つとは考え難い。編集者の手が加わっていたとしても、今ある姿の『ヨベル書』は古代文献において一般に見られる以上に、視点の調和が維持されている。厳しい目で見れば、古代の――あるいは現代も――文献には何らかの継ぎ目が見出されるものであり、『ヨベル書』も例外でない。著者は何かの資料を用いただろうし、のちに編集者の手が加わったかも知れない。しかし全体としては、『ヨベル書』を統一性のある 1 つの書として扱うのが良かろう。この書に関しては、作品の一貫性を否定する方が受け容れるよりも多くの問題を抱えることになる [113]。

4. 『ソロモンの詩編』

a. 導入

『ソロモンの詩編』に関する緒論的問題はそれほど困難ではない [114]。これらの詩は前 1 世紀の中頃にヘブライ語で書かれた。これらが 1 人の著者によるとは思われないが、だいたいの一貫性が見られる。幾つか一貫性が欠如している点は、この項で指摘することとしよう。もっとも幅を持たせた――

---

[113] Jaubert (*La notion d'alliance*, 90) は「本著の創作上の 一貫性は何よりも、これに枠組みを与えている厳密な年代配列に依拠しており……」と述べる。

[114] *Pseudepigrapha* の G.B. Gary の項 (pp.625–30); P. Winter, 'Psalms of Solomon', in *IDB* III, 958–60; Denis, *Introduction*, 63–64; Stein in Kahana, *Ha-Sepherim ha-Ḥetsonim*, I.2, 431–36; Ryle and James, *Pss. Sol.*, xxxvii-xliv, lviii-lx, lxxvii-lxxxnii; Maier, *Mensch und freier Wille*, 264–81 を見よ。ここで用いられるギリシャ語の本文は、O. Gebhardt, *TU* XIII 2, 1895 によって確立されたものを Rahlfs が再版したものだ。本来のヘブライ語の推測には、Frankenberg の反訳 (*Die Datierung der Psalmen Salomos*, 1896) と Stein によるヘブライ語翻訳を参考にした。引用は G.B. Gary のテクストを用いた。Gary, Stein, Ryle and James, Harris and Mingana, Gebhardt, Frankenberg による版や翻訳は、ここではその著者名のみによって記す。

したがって安全な——執筆年代はデニスによる前80–40年だが [115]、もう少し狭い幅に限定する研究者もいる。スタインは前75–45年とする [116]。以前は『ソロモンの詩編』をファリサイ派の文書であるとする理解が一般だったが [117]、近年この理解が再考され始めている [118]。おそらく私たちは、ファリサイ派と厳密に特定できないより広範な宗教運動に『ソロモンの詩編』が属しているとする、オデルやその他の研究者の新たな見解に倣うべきだろう。そうは言っても、本著の目的のためにはこの文献の厳密な所属を決定する必要はない。

b. 『ソロモンの詩編』9編に見る宗教の様態

『ソロモンの詩編』においていかに宗教が「機能するか」、これは本著がこれまで考察してきた文献、とくにラビ文献と非常に類似しているので、2, 3の例を挙げれば十分だとの印象を第1に抱く。しかし、詳細に分析する必要がある特殊な事柄がある。ここでは、『ソロ詩』9編の議論を追いかけることから始めて、そこから重要な関連主題の考察に移ることにしよう。

　この詩は『ヨベル書』の第1章と同様に、いかに全イスラエルが神から離れたかをまず描写する。「[彼らは]彼らを贖った主から離れ落ちた」(『ソロ詩』9.1–2)。神は彼らを罰することで、その義を示した。罪は人の意志によるもので、神は正しく裁く (9.2–8 [2–4])。すなわち、神は人の行いに応じて

---

115) 註114を見よ。

116) Stein, 432–33.

117) たとえば H. Braun, 'Vom Erbarmen Gottes über den Gerechten', *Gesammelte Studien*, 9 を見よ。Braun はこの理解を支持して、この理解が Wellhausen に遡ることを示した。最近の例では Wayne Rollins, 'The New Testament and Apocalyptic', *NTS* 17 (1971), 464 を見よ。Rollins は「『ソロ詩』は明らかにファリサイ派の文献である」と述べる。Rollins による「ファリサイ派」の定義は非常に広い。Maier (*Mensch und freier Wille*, 283–94) はこの問題を詳細に考察し、この文献がファリサイ派に属すると結論づけた。この結論を肯定する唯一の証拠は復活信仰である (Maier, 294.『ソロ詩』3.11, 15, 15.10, 12–13)。Maier はこれらの箇所に復活信仰はないとする Büchler (*Piety*, 153–55. 註124を見よ) の議論を考慮していない。復活信仰がファリサイ派に限定されない点はすでに述べてきた。

118) J. O'Dell, 'The Religious Background of the Psalms of Solomon', *RQ* 7 (1961–62), 241–57 と彼が示す (pp.252–54) 初期の議論を見よ。O'Dell は『ソロモンの詩』が、終末的で敬虔な集団や個人からなる——一般にハシディームと呼ばれる——、ファリサイ派と特定できない広い集団に属すると考える。同様に Jaubert, *La notion d'alliance*, 254; Holm-Nielsen, 'Erwägungen zu dem Verhältnis zwischen den Hodajot und den Psalmen Salomos', in S. Wagner (ed.), *Bibel und Qumran*, 118–19 を見よ。

報いる（9.9–10 [5]）。神は呼び求める者に憐れみを示し、違反を赦す（9.11–13 [6]）。悔い改める者は神の正しさを受ける義なる者だ（9.14–15 [7]）。これに続いて、選びの者ら、「アブラハムの子孫」そして「私たち」と呼ばれる者らに対して神が憐れみ深くあるようにとの願いが述べられる（9.16–19 [8–10]）。この詩は「主の憐れみがイスラエルの家にとこしえにあるように」との定型句で閉じられる。

　この詩の中には、ラビ文献のみならず他のパレスチナ・ユダヤ教文献において特徴的な宗教の様態の諸要素がすべて見られる。選びを根拠としての直接的な訴えが述べられる（「あなたは諸国の前でアブラハムの子孫を選ばれました[119]」、9.17 [9]）。神が選びの結果として諸規定を与えたとは明言されないが、神がイスラエルの「違反」という過ちゆえに諸規定を与えたことは十分に示唆されている（9.3 [2]）。神は正しい神としての在り方に応じて、不従順を罰して従順に対して相応しい報いを与える。しかし改悛と赦しが与えられている。「義」なる者は完全なわけでなく、彼らには告白すべき罪がある。「主は誰のために罪を赦すのか、罪を犯す彼らのためでないのなら。悔い改めるならば、あなたは義人を祝福し……」（9.14–15 [7]）。

c.　選び

　『ソロモンの詩編』に関する私たちの考察においてもっとも大きな問題は、著者の生きた時代に義人と選びの者とがどのように定義されていたかである。ここではこの問題を一旦据え置きにしよう。しかし、全イスラエルが神に選ばれているので、特別の契約という概念はない。

> そして今、あなたは私たちの神であり、私たちはあなたが愛した民です。
> 　イスラエルの神よ、私たちを見て憐れんで下さい。
> 　私たちはあなたのものだからです。
> あなたは諸国の前でアブラハムの子孫を選ばれました。

---

119)　「〜前で」と訳したギリシャ語は *para* ＋対格である。おそらくヘブライ語の前置詞は *mem*（「〜から」）だろう。『ヨベ』2.21 の「すべての民族に優って」も *mem* を同様に訳出したものだろう。

主よあなたはその名を私たちの上に置かれ、
　　永遠に［私たちを］拒まれません[120]。
あなたは私たちの父祖と、私たちに関する契約を結ばれました。
　　私たちの魂が［あなたに］向かうとき、私たちはあなたに望みを持ちます。
　　主の憐れみがイスラエルの家にとこしえにあるように（9.16–19［8–10］）。

詩編記者は他所でも同様に述べる。

　……あなたはとこしえにイスラエルの子孫を憐れみ、
　　［彼らを］拒絶されない（7.8）。

d.　諸規定、懲らしめ、報い、裁き

規定への言及の欠如：イスラエルが神の諸規定を遵守するべきであることは十分に明らかだが、「義」について論考する際に分かるとおり、『ソロモンの詩編』では神が諸規定を与えているようにはほとんど描かれていないことが特徴となっている（例外として 14.1［2］）。具体的な規定が明示されることはほぼ皆無で、特定の違反が数え上げられることもめったにない（2.3, 2.14–15［13］）。詩編記者（ら）はハラハーに対する関心をほとんど示しておらず、この点で『ソロモンの詩編』は『ヨベル書』やラビ文献と大きく異なるが、一方で『エチオピア語エノク書』の中の幾つもの箇所と近似している。諸規定の遵守が示唆されつつも、契約の民の具体的な活動としてこれらが強調されることはない。しかし一方で著者は、選びの民が置かれた状況を独自かつ印象的な仕方で定義している。契約における合意は、神が誠実を示してその民を見捨てないこと、一方で民は神の軛と「［主の］懲らしめの鞭」（7.8［9］）のもとにあるということだ。懲らしめと苦難とを受けることが神の民

---

[120]　「拒まれ」は Frankenberg（*tiznaḥ*）に依拠した Gebhardt の解釈で、並行箇所の『ソロ詩』7.8 に倣っている。Stein は *tereph*（「拒絶する」）を詩 138.8 に依拠して訳すが、*tiznaḥ* の訳は『ソロ詩』7.8 に合わせている。Ryle と James は「あなたはとこしえに私たちのあいだに住まわれる」とする。Harris と Mingana は「あなたはとこしえに引き離さない」とする。ギリシャ語の文字どおりの訳は「とこしえに止めない」である。

にとっての特別な役割であることが、繰り返し強調されている。「［神の］懲らしめは、最初の子供、唯一の子供のように［ある］。それは無知によって［もたらされたところ］の愚かさから従順な魂を引き戻すためだ」(18.4–5 [4]. 8.32 [26], 8.35 [29], 10.2–3 参照)。

義人の懲らしめ：『シラ書』においていまだ健在で、ラビ文献の幾つかの層にも見られる「義人がこの世において栄える」という伝統的な視点と照らし合わせると、この理解は非常に特徴的と言わねばならない[121]。この伝統的な視点は、義人が邪悪な者ほどには苦しまないという範囲でなら『ソロモンの詩編』においても見られる。義人は懲らしめられるが滅ぼされない (13.1–7 [1–8])[122]。しかし『ソロ詩』1編の著者は、伝統的な視点に皮肉な目を向ける。この著者はその富ゆえに義人を自認しており、戦争が近づく中でも神の保護を期待していた (1.2–3)。しかし彼は、敵——おそらくローマ人、あるいはハスモン家——の富が想像を越えるものであると認めざるを得なかった。「彼らの富は全地を覆い、その栄光は地の果てに至る」(1.4)。栄えが義である証拠になるなら、ローマ人——あるいはハスモン家——は真に義であるはずだ。しかし彼らは不遜で、知られないように罪を犯す (1.6–7)。すなわち、彼らはその罪によって罰せられることなく、外見上は富んでおり、したがって義と見なされる。この状況下で、敬虔な者に特徴的なものとして懲らしめがあるという理解が展開したようだ。これは古い伝統を新たな状況に融合させた考えである。すなわち、義人のしるしは裕福になることでなく、その罪ゆえに懲らしめられることだ。しかし義人が滅ぼされることはない。最終的に滅ぼされるのは邪悪な者だ。

罪人の破滅：懲らしめられた義人の最終的な救いと邪悪な者の破滅という主題が繰り返される。ここでの「破滅」は死であると同時に、永遠の死ある

---

121) I.A.6.a を見よ。
122) 義人の懲らしめの様子を示す *en peristolē* を、Gray は「知られずに」あるいは「控えめに」と訳すべきとする (『ソロ詩』13.7 [8])。Stein は「少しだけ」とし、Frankenberg は空白のままにする。Ryle と James は「知られずに」としながらも「少しだけ」の可能性をも示唆する。いずれにせよ、邪悪な者の滅びと義人の懲らしめとのあいだには明らかな違いがある。

いは永遠の苦しみである[123]。したがって邪悪な者らは「永遠に滅ぶ」(15.13b [12]) が、それは「シェオールと暗闇と破壊」(14.6 [9]) とを受け継ぐためであり、彼らの不義によってシェオールに買い取られるためである (15.11 [10])。罪人らを待つ死後の状態に関する具体的な理解は明確でないが、彼らがこの世と永遠において罰せられることは確かだと考えられていたようだ。一方で敬虔な者らは神の懲らしめを受けるにせよ、「命」によって報われ、罪人の破壊から免れる。イスラエルが「根こそぎ」にされない「義の樹」であるという『ヨベル書』の約束 (36.6) を想起させるような表現を用いて、この詩編記者は以下のように述べる。

> 主の敬虔なる者らは、主のパラダイス、命の木々だ。
> 彼らの木々はとこしえに根を張り、
> 　天の日が続くかぎり根こそぎにされない (14.2–3 [4, 5])。

罪人らが破滅を継ぐように、敬虔な者らは「喜びのうちに命を継ぐ」(14.7 [10])。さらに彼らは神によって守られる。神を呼ぶ者に「燃えさかる火と不義への怒りは触れない」(15.6 [4])。神が義人らに印をつけるので、彼らは神の怒りから救われる (15.8 [6])。罪人の破滅は義人に触れない (13.5 [6])。義人が懲らしめられても、その懲らしめは「罪人の破滅」(13.5 [7]) と同じでない[124]。行いに依拠した義人の救いと邪悪な者の罰とが『ソロ詩』9.9–10 [5] にもっとも明らかに示されている。

---

123) *IDB*の Winter, III.959 を見よ。幾つかの箇所では罪人が来たるべき世を受け継がないと言われる (13.10 [11], 3.13–14 [10–11], 9.9 [5])。他の箇所では罪人には死後に苦しみがあることを示す (14.6 [9], 15.11 [10], 15.15b [13])。もっとも 15.15b [13] はこの範疇に入れるべきでなかろう。他の著者の手による部分で一貫性を欠いていると考えられるが、同一の著者が異なることを言うことも否定できない。

124) 義人のための死後の生があるかどうかをここで確定する必要はない。この時代の敬虔な者らが体の復活を信じていたと想定しても、Büchler (*Piety*, 150–55) は『ソロ詩』14.7 [10], 15.13–15 [11–13], 9.9 [5] のような箇所が死後の生に言及しないと断定する。他の多くと同様に Braun ('Erbarmen Gottes', 15) は、15.15 [13] に死後の生を敬虔な者が期待すべき報いとして述べている点を指摘する。Büchler の解釈の方が適切のように思われる。

義を行う者は自分のために主のもとに命を蓄え、
　　悪を行う者は命を失い滅びに向かう。
　　主の裁きが［すべての］人と［その］家に義によって［下される］。

e. 神の正義と憐れみ

義人への憐れみ：罪人が厳格な正義によって扱われる一方で義人あるいは敬虔な者は憐れみを受けると繰り返して主張する『ソロモンの詩編』の理解は、行いに依拠して報いと罰とを与える神の厳格な正義という視点とは明らかに異なる[125]。したがって著者は、直前で引用した箇所のすぐあとで、義人が悔い改めるときにその罪のために咎められることがないと述べる。そこには、神を呼び求める者である「私たち」(9.11–18 [6–9]) に対して善意と憐れみを向ける神が描かれている。罪人と義人に対する神の扱いの違いがしばしば述べられている。

　　知恵をもって神を畏れる者よ、神を誉めよ、
　　　　裁きにおいて[126]、主の憐れみは主を畏れる者の上にあるからだ。
　　それは主が義人と罪人とを分け、
　　　　罪人をその行いゆえに永遠に報い、
　　義人を罪人の苦しみより［救い出し］憐れみを向けるためだ。
　　　　義人に対してなしたことゆえに罪人へ返報するためだ。
　　忍耐をもって主を呼び求める者らに対し主は善意を向け、
　　　　憐れみにしたがって敬虔な者らを扱い、
　　　　たえず力をもって彼らを主の前で立たせるからだ (2.37–40 [33–36])。

　　傲慢にもあらゆる不義をなす者らを神が滅ぼすように、
　　　　我らの神、義なる主は偉大にして力ある裁き司だからだ。

---

125) Büchler, *Piety*, 180 参照。
126) ギリシャ語の *meta krimatos* はおそらく「裁きにおいて」を意味する *bemishpat* の訳だろう。Ryle と James は「主の憐れみは彼を怖れる者への裁きとともにある」とし、Harris と Mingana は「憐れみが裁きの主を畏れる者の上に……」とする。

主よ、あなたの憐れみがあなたを愛するすべての者の上にあるように（4.28–29 [24, 28]）。

義人の命はとこしえに続くが、
　　罪人は滅びへと取り去られ、
　　彼らの記憶はもはや見あたらないからだ。
しかし主の憐れみは敬虔な者の上にあり、
　　その憐れみは主を畏れる者の上にある（13.9b–11 [11–12]）。

憐れみに依拠した救いと厳しい裁き：義人への報いが彼らの行いによることと神の憐れみによることのあいだの緊張関係は、「［それ］によって生きる」という句によって際立っている。『ソロ詩』14編には、敬虔な者は「律法によって」生きることが述べられている。

主が私たちに命じた律法のうちに、私たちは生きる。
主に対して敬虔な者はとこしえにそれによって[127]生きる……（14.1–2 [1–3]）。

一方で、神を畏れる敬虔な者はその憐れみによって生きると言われる。

そして主の裁きの日に、罪人らは永遠に滅びる。
　　神がその裁きをもってこの地を訪れるとき。
しかし主を畏れる者はそのとき憐れみを見出す。
　　そして彼らの神の愛情によって生きる。
しかし罪人らは永遠に滅びる（15.13b–15 [12–13]）。

上の両方の箇所で「〜によって生きる」と訳されている部分は、ギリシャ語では *zēsontai en* となっており、ヘブライ語では *yiḥyu b-*（スタインとフランケン

127）　ギリシャ語の *en autō* は「それ（律法）によって」とも「彼（神）のうちに」とも訳し得る。*kyrios* も *nomos* もともに男性形名詞だからだ。ヘブライ語の訳者はトーラーを指す女性形名詞を用いる。

ベルクの両者による）であろう。私たちはここで、詩編記者（ら）の宗教的視点を理解するための非常に重要な点に直面している。義人は律法に従い（『ソロ詩』14編）、神は誠実を尽くしてその従順を報い、不従順を罰する。一方で義人の救いは彼らの功徳に依拠しておらず、彼らを選び赦す神の憐れみにのみ依拠している[128]。

罪人らの行いに依拠した厳しい裁きと敬虔な者らへの憐れみとは、『ソロモンの詩編』において非常に一般的な主題である。上に挙げた箇所以外にも、『ソロ詩』2.7–9（神は罪人に対して憐れみを向けず、相応の返報をする）、2.17 [16]（「あなたは罪人らにその行いに従ってなす」）、8.14–15 [13–14]（罪人らは「あらゆる罪を成し遂げ……。したがって神は惑わしの霊を彼らと混ぜた」）、そしてもっとも印象的な箇所として以下の 17.10–12 [8–10] がある。

> 神よ、あなたは彼らの罪にしたがって返報し、
> 　　そして彼らの行いにしたがって、その報いは彼らに降りかかる。
> 神は彼らに憐れみをかけず、
> 　　彼らの子孫を探し出し、彼らを誰も解放しない。
> 主はそのすべての裁きにおいて誠実で、
> 　　それをこの地においてなされる。

一方で神は、貧者を憐れみ（5.2, 10.7 [6], 15.2 [1]）、イスラエルの家に慈愛を向け（9.19 [10], 18.1）、イスラエルの子孫を慈しみ（7.8, 11.2 [1]）、ヤコブの家に慈悲を向ける（7.9 [10]）。義人は憐れみを得（14.6 [9], 16.15）、神を愛する者へ神は憐れみ深くある（6.9 [6]）。詩編記者は、神が「離散のイスラエル」（8.33–34 [27–28]）と言われる「私たち」に憐れみを示すよう祈り、さらに記者自身への神の無償の慈愛を感謝する。「[自分が] 罪人らと共にシェオー

---

[128]　同様に Büchler (*Piety*, 130) は、義人が祈りを聞く神に信頼を寄せる『ソロ詩』6.6–9 [4–6] について論ずる際に、以下のように指摘する。「義人はそのような信頼を、多くの『行い』を根拠として得るのでなく……、神に対する要求書のようにしてその行いを示すのでもなく、相応の報いを要求することもしない。彼がその全幅の信頼において期待するのは、神を愛する者に対して神が『憐れみ』を示すことだ」。

ルの門の傍にいた」と考える記者は、「主がその永遠の憐れみによって助けてくれなかったなら」滅ぼされていたと記す (16.1-3)。人の祈りを聞きとることも、神の憐れみの一部である (5.7 [5]、5.14 [12]、6.8 [5])。罪人らが裁きの日に憐れみを受けないとしても、記者にとって神の憐れみは全地を覆うのである (5.17 [15]、18.1, 3)。

　義の報いとしての憐れみ？：上で述べたことの多くはブラウンによって指摘されている。もっとも彼の理解は本著で述べてきたものと異なるので、その点が私たちのさらなる理解を促すことになる。第1にブラウンは、神の憐れみがその意志に依拠していてそれ以外に「根拠を持たない」、すなわち憐れみを受ける側の行いとは関係がない点を指摘する。ここでブラウンは、イスラエルに対して神が憐れみ深くあるとされる多くの箇所について論じ[129]、イスラエルが契約の民であることをその根拠とする[130]。彼はこれと対比する仕方で、神の憐れみが義人に与えられ[131]、裁きが邪悪な者らの運命であって義人の運命でないとされる箇所を挙げる[132]。

　ブラウンの議論において明らかなことは、イスラエルのための神の憐れみと対比されるべき義人のための憐れみという主題が、『ソロモンの詩編』を理解する決定的な鍵だという点である。彼は義人に対する神の憐れみという主題を以下のように考える。すなわち、人の義が神の憐れみの前提条件である[133]。したがって、神への恐れや愛、祈りや讃美、苦しみを受ける用意、違反を告白する用意、これらの敬虔な行為は「神の憐れみを受けるための前提条件であり、したがって人がなすべき功績……[134]」と考えられる。憐れみを求める祈りさえ、神の恵みを引き起こす「行い」として理解される[135]。結果として神への愛自体が、「変装した自己愛[136]」である。

---

129)　Braun, 'Erbarmen Gottes', 18–24.
130)　Braun, 'Erbarmen Gottes', 21.
131)　Braun, 'Erbarmen Gottes', 25–29.
132)　Braun, 'Erbarmen Gottes', 35–46.
133)　Braun, 'Erbarmen Gottes', 29.
134)　Braun, 'Erbarmen Gottes', 29.
135)　Braun, 'Erbarmen Gottes', 30.
136)　Braun, 'Erbarmen Gottes', 33.

C. 外典・偽典

この分析をもとにしてブラウンは、救いへの確信 (Heilsgewissheit) に関する多くの言説によって騙されるべきでないと述べる[137]。救いに対する不安への言及がないにもかかわらず、彼は Heilsgewissheit の背後に佇む最終的な救いへの不安 (Heilsunsicherheit) を発見するというのだ[138]。彼はこれを以下のように説明する。すなわち、無償の神の憐れみから有償の憐れみへと振り子が振れること自体が、この不安を示す明らかな症状である[139]。

したがってブラウンは『ソロモンの詩編』の姿を、キリスト者の中でもとくにルター派の学者らにとって馴染み深いファリサイ派ユダヤ教の姿と合致させる。これらの学者はラビ文献を根拠にして、ファリサイ派ユダヤ教の姿を以下のように述べる。すなわちそれは、神による無償の憐れみに関する言説がときとして見られても、それが行いによって救済を獲得する自己義認の教えの下に埋もれている宗教、つまり行為義認の宗教である。そのような宗教は人を不安へと導く。人は十分に義であるかを知る術がないからだ、と。すでに見たとおり、ラビ・ユダヤ教に関するこのような理解は、資料に関する体系的な誤解と、その背後にある宗教上の確信に依拠している。ブラウンによる『ソロモンの詩編』の分析も同様である[140]。

ブラウンの根本的な過ちは、イスラエルに対する神の憐れみに関する言説と、義人に対する神の憐れみに関する言説とが相容れない関係にあると考える点だ。彼は義人に対する憐れみという主題に関して、完全に誤解しているようだ。ブラウンは、邪悪な者が裁きを受けるのに対して義人が裁きを受けずに憐れみを受けるということが「非常に驚くべきこと」であると考える[141]。が、これは驚くにあたらない。私たちはこの主題を、本著で考察したおおよそすべての文献において確認してきた。これはパレスチナ・ユダヤ教文献が最も広く共有する主題の１つである。ブラウンの誤解は、この主題

---

137) Braun, 'Erbarmen Gottes', 46.
138) Braun, 'Erbarmen Gottes', 47.
139) Braun, 'Erbarmen Gottes', 47.
140) Braun が一度として、『ソロモンの詩編』の著者（ら）の宗教的確信について明らかにしている Büchler の重要な書 (*Piety*) に言及していないことは注目に値する。
141) Braun, 'Erbarmen Gottes', 46–47.

と相対するものが何かを理解しないがために起こっている。彼はこの主題を無償の憐れみと相対する、獲得すべき「憐れみ」と理解している。実際には神が義人に憐れみを示すという言説は、神が義人の功徳に対して報いるという趣旨の言説と相対しているのだ。私たちは、神が行いに依拠して処罰と報いを等しく与えるという趣旨の言説を『ソロモンの詩編』(9.4 [2]) において見出すが、それはラビ文献、死海巻物、パウロ、そしてその他の箇所においても見られるものだった[142]。基本的に義人は、功徳に依拠して神からの報いを期待しようとは考えなかったので、神は義人に対して憐れみ深いと述べたのだ。人が神について語る場合、神は遵守と違反にしたがって報いと罰を与える正しい裁き司であるとする。一方で人が神によって受ける自分の扱いについて述べる場合、とくに神に対しての祈りという仕方においては、神による報いを自らの功徳の結果だと述べることに躊躇する。神を前にしてできる最善のことは、憐れみを望むことだ。

契約の立場を維持するための義：イスラエルに対する神の憐れみと義人に対する神の憐れみという主題に関するブラウンの誤解にはもう1つの側面がある。彼が神の無償の恵みと「獲得すべき」恵みとを対比する場合（「人に対して無償に注がれた憐れみと、敬虔な者に応分に与えられる憐れみとのあいだの葛藤」）[143]、実際には競合関係にない2つの事柄を比較している。「無償の恵み」に関する箇所――イスラエルに対する神の憐れみ――はイスラエルの選びと守りについて述べている。邪悪な者らとは、異邦人のように見なされるほど著しく契約に違犯した者を指している。イスラエルを選び守る神によって与えられた無償の恵みとその立場を自ら放棄したので、その結果として彼らは滅ぼされる。本来の選びという恵みは、義人が勝ちとったものではない。むしろ義であることによって、彼らは恵みにより確立された契約における立場を維持する。この立場は神によって保証されている。『ソロモンの詩編』の著者の視点からは、契約を守った者を滅びから守ることによって義人への憐れみを示すことがなされなかったとすれば、その時神はイスラエルへ

---

[142] 『申スィフ』307, IQS 10.17–21, II コリ 5.10.
[143] Braun, 'Erbarmen Gottes', 35.

示した契約における無償の約束を放棄したことになる。この点は『ソロ詩』
9.11–19［6–10］において明示されている。すなわち、義人に対する神の憐れ
みはアブラハムの子孫を選んだ神の決断に依拠しており、この決断にはイス
ラエルを拒まないとの意図が含まれている。義人の憐れみに対する期待は、
神のイスラエルとの契約に依拠している。したがってこの場合の報いは、神
の恵みによって確立されている。義人の善行は報いのための功徳とならない
ので、ブラウンがテクストの中に読み込むまさにそのような表現は、『ソロ
モンの詩編』には見られない。義人の行いは、この契約を放棄する者がいる
中にあって誠実であり続けることの表れである。したがってそれは、神の無
償の恵みを受け取る選びの民であり続けることを意味する[144]。神の憐れみを
受ける義人がイスラエルを構成する。義人への憐れみとイスラエルへの憐れ
みとを対立関係に置くことはできない[145]。

　ブラウンは、彼が無償の憐れみに関するものとして示す 2 つの種類の言説
を、論理的に相反する選択であると考えるのみならず、人の基本的条件に関
して不公平な選択であると理解しているようだ。したがって彼は、行いによ
って獲得する憐れみに関する言説が「人の根源的な喪失に適用」されるので
なく、人を危機に陥らせる具体的な状況に適用されると考える[146]。ここに私
たちは、ブラウンがテクストの中に持ち込んでいる神学的な前提を明らかに
見ることができる。彼はそれによってテクストを読み違えている。『ソロモ
ンの詩編』の著者（ら）は同時代の他のユダヤ人と同様に、人の根源的な喪

---

144)　『ソロモンの詩編』における恵みと報いに関するWellhausenの議論に注意を向けることが重
要な示唆を与える。彼は、敬虔な者の希望が報いであるが、報いは憐れみとして理解されたと考え
る（*Pharisäer und Sadducäer*, 118–19）。この理解は単純な行為義認とは異なる。個人の行為が重要と
ならないからだ。神の怒りは集団としての不敬虔者に対してのもので、憐れみは敬虔な者すべての
上にある（pp.116–18）。彼はこの理解を、単純な行為義認が基本的な原則である「ファリサイ派」
に見られる理解よりも、批判に耐え得るものと考える。しかし彼は、実際には 1 つ 1 つの義の行為
にすべてが依拠していただろうと述べている（p.119）。彼は『ソロモンの詩編』の優越性を幾つか
の点から説明している。すなわち、祈りにおいて自己の到達能力は神への依存という感情に屈す
る。困難が「精神的優位性という教条主義」を生み出さない。ファリサイ派が時代を経て硬直化した
（p.119）。
145)　「義人」と「イスラエル」の正体については、義人と邪悪な者に関する項で明らかとされる。
146)　Braun, 'Erbarmen Gottes', 45.

失という視点を持っていない——既述のとおり、人の不十分さと罪深さに関するクムラン共同体の理解ですら根源的喪失という視点を支持しない。なぜならこれらの特徴（不十分さと罪深さ）は「失われ」ていない者らに属するからだ——。義人への神の恵みに関する言説を、存在が意識されていない状況（根源的喪失）を修正し得ないからという理由で批判することに意味はない。もし根源的な喪失というものがあったなら、それはしばしば感謝され想起される選びによって排除されている。したがって『ソロモンの詩編』の敬虔な者らは、神の恵みによって与えられた救いの契約のうちに置かれている。彼らは諸規定に対しての誠実さを維持することによって、救われた者らの契約のうちにその居場所を持っている。彼らの誠実さは、一時的な破壊から守られるという仕方で神の「報い」を受けている。もっとも彼らは、これを神による敬虔な者に対する報いとは言わず、むしろ神の憐れみと言う。そしてこの憐れみは、邪悪な者らに対する正しく応分な返報と対比されるのであって、イスラエルの選びに示される無償の恵みと対比されるのではない。

f. 悔悛と贖罪

悔悛をもたらす懲らしめ：『ソロモンの詩編』において言及される唯一の贖いの手段は、神の懲らしめと人の悔悛である。前出のとおり（9.12–15 [6–7]）、神は悔い改める罪人を赦す。義人は自らの無意識の過ちを「断食と魂の苦しみ」によって贖い、結果として神はその者に罪責を見出さない（3.8–10 [7–8]）。義人が悔い改めるとき、神はその罪のために義人を咎めることをしない（9.15 [7]）。すなわち、悔悛が贖いをなすので、罰を与える必要がない。もっとも神は、罪を犯した義人が悔い改めるように懲らしめを与えることもある。「私が罪を犯したとき、私が［あなたのもとへ］立ち返るようにと、あなたは私を懲らしめる」（16.11）。神の懲らしめは、義人の道を真っ直ぐにする（10.3）。すなわち懲らしめは人が行動を修正するように促し、「鞭によって邪悪な道から」守る（10.1）。詩編記者はまた、無知による違反から「従順な魂」が立ち返ることを目的として神が懲らしめを与えると述べる（18.5 [4]）。一方で神の懲らしめは、義人による無意識の罪への十分な罰として見なされる。

主は敬虔な者らを守り、
　　その懲らしめによって彼らの過ちを取り除く（13.9 [10]）。

神の赦しは、悔いた違犯者の清めだと描写される（9.12 [6]）。同様に神の懲らしめは、人を罪から清めると言われる（10.1-2）。詩編記者は、イスラエルが浄められる日を待ち望む（18.6 [5]．17.36 [32]参照）。

無意識の罪：改悛や懲らしめによって贖われるよう特定されている唯一の罪は、敬虔な者らの無意識の罪である（3.8-9 [7-8]、13.5 [7]、13.9 [10]）。『ソロ詩』9編ではどのような罪が念頭に置かれているかハッキリしないが、義人による無意識の罪であろうことは推測できる。より悪質な罪を犯した者が神へ立ち戻る可能性を明らかに示す唯一の箇所は、既出の『ソロ詩』16編である。これは一人称単数による祈りだが、この者は「神から遠く離れており」、その魂は「死へと注がれる寸前であった」。さらにその者は「罪人らと共にシェオールの扉から近く」、その魂は「イスラエルの神である主からかけ離れていた」。神はその憐れみゆえに、詩編記者が神に仕えるようにと「馬を拍車で蹴るように」記者に刺激を与えた（16.1-4）。これは、神が惑う者を懲らしめて義の道へと戻るように促す様子を示しているようだ（16.11参照）。ここで重要な点は、詩編記者がその生涯をとおして「敬虔な者」の囲いの中に確固としていたわけでないということだ。したがって、神から遠く乖離している者でも赦され得ることが分かるだろう。

犠牲体制が贖いとして言及されていないことは、おそらく『ソロモンの詩編』の特徴的な関心事と関係があるだろう。罪人の性質についてのちに述べるとおり、罪の1つとして神殿の汚れが挙げられている。これは、これらの詩編における敬虔な者らが神殿とその犠牲とを聖なるものと考えていたことを示す[147]。

147）　神殿宗教への姿勢に関しては Büchler (*Piety*, 170-74) を見よ。彼は2つの派の *hasidim* があったと論ずる。片方は犠牲を贖いのために必須と理解し、他方は必要ないと考えた（pp.193-94）。これを『ソロモンの詩編』に犠牲による贖いが明示されていないという点から導き出すには、断定しすぎている。

g. 義なる者と邪悪な者の識別（Identification）

義人の呼称：ここで私たちはもっとも差し迫った問題に目を向けなければならない。すなわち義人と罪人それぞれを指す表現と彼らの性質、そしてイスラエル人一般に対する義人の姿勢である。上述したように、幾つかの語が義人を指し示すための同義語として用いられている。おそらくもっとも特徴的な用語はヘブライ語の ḥasidim の意味を反映させた「敬虔（hosioi）」だろう（2.40 [36], 3.10 [8], 8.40 [34], 9.6 [3]——「敬虔な者は義なる業を行う [dikaiosynai][148]」, 13.11 [12], 14.2 [5], 14.6–7 [9–10]）。最後の箇所では、敬虔な者は義人と同列に置かれる。すなわち、義人は裁きにおいて憐れみを得、敬虔なる者は命を相続する。「義（dikaioi, tsaddiqim）」という語も同様の頻度で用いられ、その例はグレイがリストアップしている。敬虔な者や義人は「貧者」（5.2, 15.2 [1]. 16.14 参照）[149]、謙る者（5.14 [12]）、主を畏れる者（2.37 [33], 3.16 [12], 4.26 [23], 5.21 [18], 6.8 [5], 13.11 [12]）、神を愛する者（6.9 [6], 10.4, 14.1[150]）とも呼ばれる。義人はまた 2 人称複数の代名詞の「私たち」として現れる（4.27 [23], 5.9 [7], 7.8–9 [9–10], 9.16 [8]）。そして非常に興味深いことに、義人は「イスラエル」あるいはそれに準ずる句でも呼ばれる（5.21 [18], 11.2 [1], 12.7 [6], 10.6 [5], 14.3 [5]）。

これらすべての語が同じ集団を指すことは明らかだ。そのうちの多くが『ソロ詩』14 編に見られる。神は神を愛する者、神の懲らしめを耐えて諸規

---

[148] Büchler (Piety, 155–64) は適切に、dikaiosynai がとくに儀礼の遵守と憐れみ（施し）の業を指すと論ずる Ryle と James を批判する。この語は一般的な義なる行為を指している（Piety, 160）。しかし Büchler はヨセフスとフィロンの用法に依拠して、敬虔を神に対する畏れと愛、義を同胞に対する正義と愛という仕方で分ける（Piety, 160–64）。これがフィロンやヨセフス、また他のヘレニズム期のユダヤ教文献において通用することに異議は唱えられない。この区別が『ソロモンの詩編』においても念頭に置かれている可能性はあるが、明示されているわけではない。「義」と「敬虔」とは区別なく同義語として用いられているように見える。そして敬虔な者の「義なる行い」（9.3 [4]）は神と人との両方への行為を指すとも思われる。

[149] 宗教的な意味合いで「貧者」が用いられることに関する伝統は Gélin, Les Pauvres を見よ。彼は残りの者を「貧者」と呼ぶ用法を、ゼファ 3.11–13, 2.3 にまで遡らせる（pp.33–34）。

[150] Gray, Pseudepigrapha, 628. しかし彼は、敬虔な者が「私たち」や「イスラエル」と呼ばれることを看過している。Ryle and James, xlviii も見よ。

C. 外典・偽典

定——私たちに対して命じられた律法——のうちにあって歩む者、に対して誠実である。彼らはけっして根こそぎにされないが、それはイスラエルが神の嗣業だからだ。彼らと相対する罪人と違犯者（14.4 [6]）は滅ぼされる。しかし義人は憐れみを受け、敬虔な者は命を相続する。これらの語がその他の箇所でも並列的に用いられることから、基本的に同義語として扱われていることが分かる。敬虔な者と神を畏れる者（13.11 [12]）、義人と敬虔な者と神を呼び求める者と神を畏れる者（2.37–40 [32–36]）、イスラエルと敬虔な者と貧者（10.6–8 [5–7]）、イスラエルと敬虔な者（12.7 [6]）、イスラエルと神を畏れる者（5.21 [18]）、イスラエルと「私たち」（7.8 [8–9]）、ヤコブの家と「私たち」（7.9 [10]）がそれぞれ並列関係にある。「私たち」とイスラエルが同義語であることは『ソロ詩』9.14–19 [7–10] からも分かる。「あなたはアブラハムの子孫を選び……。私たちの上にあなたの名を置かれた」（9.17 [9], 8.33 [27–28] 参照）。主を畏れる者も「私たち」と並列関係にある（4.26–27 [23]）。ここと他所に挙げた並列表現は、著者がこれらの語を用いて同一の集団に言及していることを示している[151]。

　敬虔な義人の性質：義人や敬虔な者の性質は明らかだ。彼らは律法を守り（14.1 [2]）、無意識の罪さえも回避するよう注意深い（3.8 [7]）。彼らは躓くことがあっても（3.5）、罪を積み上げず、また誠実を示す（3.7 [6]）。彼らは苦難の中でも神に感謝するが、それは苦難の中に神の懲らしめを見るからだ（3.4, 10.1–2, 14.1）。彼らはどのような窮状にあろうと、神が正しいと告白する（3.3, 5, 2.16 [15] 他）。彼らは主を思い起こして忍耐深く呼び求める（3.3, 2.40 [36], 6.1–2）。罪を回避するよう注意しても罪に陥るとき、彼らは贖いをなして悔い改める（3.9 [8], 9.11–15 [6–7]）。幾つかの性質は、彼らの呼び名のうちに表れている。彼らは神を畏れ（シラ書での意味で。これは神を畏れない者を扱う際に再考する）、神を愛する。彼らは貧しく、罪人らの手のうちで苦しむ（2.39 [35]）。したがって彼らは「謙る者」とも呼ばれる（5.14 [12]）。

　罪人としてのローマ軍：罪人らの一部は、少なくとも『ソロ詩』2 編では外国から攻撃を加える者である。

---

[151] これは一般に受け容れられている理解だ。Gray, 628; Winter, 959 を見よ。

罪人が高ぶり、破城槌で堅固な城壁を崩すとき、
　　そしてあなたが［その者を］止めないとき、
諸外国はあなたの祭壇に上り、
　　尊大にも彼らの履き物で［それを］踏みつけた（2.1–2）。

ここでの罪人がポンペイウスの率いるローマ軍であることは明らかだ[152]。もしかすると、これらの罪人が「襲う」者であり、『ソロ詩』1.1 で詩編記者が主に対して叫び声を上げる原因を作ったのかも知れない。記者は「彼らの違反が異教徒のそれを上回り、彼らは主の清き物[153]をことごとく汚した」(1.8) と嘆く。ここでの「異教徒」はおそらく他の異教徒のことを指しており、『ソロ詩』1 編の罪人もまたローマ人であろう[154]。『ソロ詩』17.26 [23] の「罪人」は「神によって追い出され」るが、これはイスラエルを踏みつける「諸外国」を指そう[155]。

　罪人としての親ローマ的ユダヤ人：『ソロモンの詩編』において念頭に置かれている罪人とは、基本的に同胞のユダヤ人である。ローマ軍による侵略は、じつにイスラエルの罪に対する罰だった。「エルサレムの子ら」がすで

---

152) Gray によるヨセフスへの言及を見よ。
153) 「汚した」はギリシャ語の *ebelēlōsan* であり、おそらくヘブライ語では *ḥillēl* だろう。「冒瀆する」の方が「汚す」よりも良かろう。後者は主への反逆と言うよりも、儀礼的な汚れを意味するからだ。しかし『ソロ詩』2.3 では、「汚れをもたらす（*mainō, tamaʾ*）」が「冒瀆する（*belēloō, halal*）」と並列関係にある。
154) Gray (p.628) は『ソロ詩』1.8 の罪と 2.3a の罪とを同視することで、1.8 の罪人らが 2.3a の罪人らであるイスラエル人を示唆すると考える。Winter (959) も同様に 1.8 が異教徒よりも悪いイスラエル人を指すと考え、他の異邦人よりも悪いローマ人だとは考えない。同様に Büchler, *Piety*, 140; Ryle and James, xlvii を見よ。確かにこの解釈は可能だが、私は『ソロ詩』1 編の罪人をローマ人と考える。確かに彼らの罪は、罪深いユダヤ人の罪と同様であるが（傲慢、冒瀆）、それが著者の主張する点の 1 つである。エルサレムを汚すことへの言及（8.26 [22]）がユダヤ人の罪人でなくローマ人を指すことはより明らかだ。ローマ人はすでにこの段階でユダヤ人を滅ぼしている（8.20–24 [18–21]）。この「汚れ」のあと、神は「諸国」を裁くと述べられている（8.27 [23]）。しかし Gray (p.628) は 8.26 [22] の汚れもユダヤ人の罪人によると考える。Winter, 959; Ryle and James, xlvii も参照。
155) これもまた確かとは言えない。並行関係が徐々に展開するからだ。すなわち、彼はエルサレムから異邦人を追い出し、また（同胞の）罪人らを追い出す。

C. 外典・偽典

に「主の聖なる物を汚して、神へのささげ物をその悪によって冒瀆していた」(2.3)。すなわち彼らは神殿を冒瀆した。この理解は『ソロ詩』8.15–16 [14–15] にも見られよう。これと同じ論理は、敬虔な者らの罪のゆえに、彼らを攻撃する罪深いユダヤ人が立ち上がった（17.6 [5]）という詩編記者の言説にも見られる。ユダヤ人の罪人らの罪深さに関しては、以下に挙げる『ソロ詩』8 編にもっとも詳しい。

> 地下の秘められた場所で彼らの罪［は犯され］、［主を］怒らせた。
> 彼らは混乱をもたらし、息子は母と、父は娘と、
> 　彼らは姦淫に耽り、男達はみな隣人の妻と、
> 彼らはこれらのことに触れる誓いと共に、契約を結んだ。
> 　罰する者がいないかのように、神の聖所を強奪した。
> あらゆる汚れによって［来て］、主の祭壇を踏みにじった。
> 　経血によって犠牲を汚し、それを俗の肉［のよう］にした。
> 彼らはあらゆる罪を犯し、異教徒を凌がないものはなかった (8.9–14 [9–13])。

上述したように、詩編記者はこれに続けて、神がエルサレムに戦争をもたらすことで罰したと述べる。罪人らは敵に協力してエルサレムへの侵入を手助けする。しかしポンペイウスは彼らに攻撃の矛先を向け、その指導者らを滅ぼし「彼らが汚れのうちに生んだ息子や娘を連れ去った」(8.15–24 [14–21])。

異邦人と同等の罪：ここで注目すべきは、ユダヤ人の罪人らが異教徒の犯す罪と同等の罪を犯しており、実際にそれよりも酷い、と敬虔な者らから見なされていたという点だ（8.14 [13]. 2.11 [9] 参照）。唯一の特定されている種類の罪は、性的違反と神殿の聖性を犯す罪である。ユダヤ人の罪人らは、近親相姦と姦淫の罪を犯した。「これらのことに触れる誓い」が何を指すか明らかでないが、妻を交換する秘密の集団を形成していることが糾弾されているのかも知れない。『ソロ詩』2.15 [13] にも性的罪は言及されている。エルサレムの娘らは「不自然な性行為によって自らを汚し」、「冒瀆する男」はその性的乱れが糾弾されている (4.4–6)。上で引用したように、神殿と神殿儀礼の聖さを損ねる違反も『ソロ詩』2.3 において言及されている。イス

ラエル人うちの罪人らが異教徒よりも罪深いとされるのは、とくに献げ物を「冒瀆する」からであり、「主の聖なる物」——神殿とその中にあるもの——を汚すからである。これらの罪こそ、イスラエル人の罪人らが異邦人と共有する種類の違反である。異邦人は主の聖なる物を「冒瀆し」(1.8)、「エルサレムと神の名のために献げられている物とを汚す」(8.26 [23]) [156]。神殿の聖性を犯す違反を「儀礼的」汚れと解することはできない。ビュクラーが適切に指摘するとおり、レビ記的汚れを負うこと自体は罪でない [157]。この罪は聖所の略奪でもあるが (8.12 [11])、罪人の態度にこそ極悪さが見られる。すなわち彼らは、罰する者がいないかのごとくに振る舞い (8.12 [11])、神殿儀礼に関する神の諸規定を意識的に犯している。ここで糾弾されているのは儀礼に相応しくない汚れでなく、祭司が犠牲をあたかも「俗の肉」として扱うような姿勢である。

　罪人らが犯す他の諸罪過を特定することはますます困難となる。罪人は偽善者で「人の顔をうかがう」(4.1–8 [7])。彼らは誓いを立てても嘘をつく (4.4)。罪人が虚偽をもって家族を散らして家々を廃墟とすると詩編記者が述べる場合 (4.13, 23 [10–11, 20])、それが何らかの破壊的犯罪なのか道徳的誘惑なのか判断をつけかねる。蛇と比較されていること (4.11 [9])、さらに虚偽によって罪人が「誤りのない者ら (akakoi, tamimim) の魂を欺く」(4.25 [22]) ことから、後者を意味しているように思われる。

　しかし『ソロ詩』3, 4 編には罪人らの姿勢が明示されている。これはシラ書における罪人らの姿勢と驚くほどに符合する。義人が躓くと神を義と告白するのに対し (3.5)、罪人は躓くとその命、誕生、母の出産の苦しみを呪う (3.11 [9])。義人は自分の罪を認めてこれを贖うが (3.8 [7])、罪人は罪に罪を積み重ねる (3.12 [10])。罪人は偽善的で、人の目を気にし、性的欲望に支配されている。彼らの行動は、神への姿勢の表れである。神を憶えてこれを畏れる義人と異なり (3.3)、罪人は神を忘れてこれを畏れない (4.24 [21])。罪人は「誰も見ないし裁かない」(4.14 [11]) と考える。すなわち彼らは、そ

---

156)　註 154 を見よ。
157)　Büchler, *Piety*, 143.

の不義において不遜で (4.28 [24])、抑圧するローマ人と同様である (1.4–6)。

ギリシャ語のもっとも一般的な表現は「罪人」であるが、これはヘブライ語の *ḥaṭṭa'im* でなく、*resha'im*（邪悪な者）を指すだろう [158]。ギリシャ語の「不義 (*adikoi*)」もこの語かあるいは *ra'im* の訳であろう (12.6 [5][159], 15.6 [4])[160]。彼らはまた「違犯者」(14.4 [6], 4.21 [19], 12.1, 4) と呼ばれるが、これはギリシャ語の *paranomoi* であり、ヘブライ語では *pesha'im* となろう。もっともシュタインとフランケンベルクは *paranomoi* に *resha'im* あるいは *ra'im* を充てる。

党派的理解？：学者らの一般的な見解では、敬虔な者がファリサイ派を指し、罪人がサドカイ派を指す [161]。したがって罪人に対する厳しい断罪は、党派的な論争を反映していると考えられる。グレイは以下のように述べる。「これが党派色の濃い文章であることを忘れてはならない。義人の義や罪人の罪を字義どおりに捉えてはいけない」[162]。グレイの理解には幾つかの真実もあるが、それらには修正が必要だ。第1に、罪人らがサドカイ派であることを示す証拠は何もない。彼らがハスモン家の大祭司とその支持者、とくにポンペイウスを都に導き入れるために協力した者らである蓋然性の方がより高い。ファリサイ派とサドカイ派の特徴的な2つの違い——口伝律法と復活の問題——に言及がない。

ハスモン家とその支持者らが敬虔な者の敵であることは『ソロ詩』17.6–8 が明示している [163]。敬虔な者らはこの箇所で、イスラエルを支配する罪人ら

---

158) Gray, 628 の頻度リストを見よ。ヘブライ語の翻訳から *ḥaṭṭa'im* である蓋然性が低いことが分かる。したがって Frankenberg と Stein は『ソロ詩』2.38 [34] の *hamartōlos* に *rasha'* を充てる。彼らはときとして *hamartōlos* に *ḥaṭṭa'* を充てるが、これは明らかに表現の多様性の問題だ。したがって『ソロ詩』15.9–13 [8–12] において、Frankenberg は *hamartōlos* に *rasha'* を3度、*ḥaṭṭa'* を1度充てる。Stein はいずれも2回ずつ用いるが、Frankenberg が *ḥaṭṭa'* を用いるところではこれを用いない。このギリシャ語は同じヘブライ語を4つのすべてのケースで用いられるが、もっとも確からしい語は *rasha'* だろう。*rasha'* の本来の言い換えは *ḥaṭṭa'* でなく *ra'* だろう。

159) Stein, *ra'im*, Frankenberg, *'oshqim*.
160) Stein, *ra'ah*, Frankenberg, *ra'*.
161) Gray, 630; Winter, 959; Ryle and James, xliv–lii; Rengstorf, *TDNT*, I.324. 註4も見よ。
162) Gray, 628.
163) Büchler (*Piety*, 171–73) は、ハスモン家が王支配を奪い、神殿を略奪し、神殿の聖なる物と犠牲とを軽んじたとして批判されたという理解を、説得力をもって論ずる。彼らの祭司としての立場が疑問視されたのではなく、その祭司としての行為と王の地位を略奪しようとする企みが批判され

によって圧倒されていることを嘆いている。

> しかし、我々の罪のため、罪人らは我々に立ち向かい、
>   彼らは我々に襲いかかり、我々を追い出し、
>   あなたが彼らに約束しなかったものを、彼らは［我々から］力尽くで取り上げた。
>   彼らはあなたの尊い名にけっして栄光を帰さず、
>   彼らは自分たちの高位に加えて、［地上の］王国を建てた。
>   彼らは荒々しい尊大さで、ダビデの王座を滅ぼした（17.6–8 [5–6]）。

詩編記者はこれに続けて、神が「我らの民ではない1人の男」——おそらくポンペイウス——によって罪人らを罰したと述べる。彼らの子孫はこの世から根絶やしにされる。神は「彼らのうちの誰も逃げないよう」追い詰めた（17.8b–12 [7–10]）。サドカイ派はポンペイウスによってもヘロデによっても滅ぼされなかった。しかしハスモン家は、ポンペイウスがエルサレムを占領したときその力を失い、実質的に滅ぼされた。ハスモン家の完全なる滅亡はヘロデに任されたが、この箇所での焦点はポンペイウスによる征服であって、ヘロデによるハスモン家の徹底した殺害ではない[164]。いずれにせよ、神が敬虔な者の敵対者を滅ぼしたという記事から、それがサドカイ派であることを支持する証拠はない。これらの罪人がサドカイ派を指すという理解は、ハスモン家（とその支持者ら）とサドカイ派とを同一視するという単純化によって起こっているようだ。したがってグレイは、「罪人ら」がサドカイ派を指すと述べたあと、『ソロモンの詩編』を特徴づけるものがダビデ家によらない王支配への抵抗であると、適切に指摘している[165]。第2点では第1点を支持することが意図されている。彼はサドカイ派がダビデ家によらない王支配を代表すると考えているようだ。ウィンターも同様に、祭司への批判が

た。
164) 『ソロ詩』17.14（「彼は罪人らを西へ追いやった」）は、ヘロデでなくポンペイウスについて言及しているように思われる。Büchler, Peity, 172. Gray; Ryle and James の適所も見よ。
165) Gray, 630. Ryle and James, xlv-xlvii 参照。

「祭司職にあるサドカイ派の貴族階級」への批判だと述べる[166]。しかしハスモン家は大祭司を輩出しており、彼らをたんにサドカイ派と同視することはできない[167]。

契約の破棄：どの宗派に属するかに関する問題はさておき、罪人らに対する宗教的批判は明らかだ。「敬虔な者ら」にすると、彼らは神とイスラエルのあいだの契約を破るような仕方で罪を犯す者である。彼らは神殿から略奪し、神殿とその礼拝とを冒瀆する。したがって彼らは異邦人のように振る舞う。じつに彼らはイスラエルを裏切り、異邦人の手に引き渡すために協力する。ウィンターが述べるとおり、性的不道徳への批判は「常套句的な」批判かも知れない[168]。一方で、ハスモン家を支持する祭司らが儀礼上の汚れを帯びたままで神殿の務めをしたことへの糾弾は事実であって、たんなる常套句的な批判ではないかも知れない。それならば、聖典に敬意を払う従順なユダヤ人の目からすると、彼らは神の明らかな意図を知った上で愚弄していることになる。祭司らが月経の汚れを清めていない妻と性交を持ったあとで神殿での務めをしたという糾弾は（8.13［12］：「経血によって犠牲を汚し」）、もちろん明らかに証明することなどできないので、特定個人に関する具体的な情報というよりも、むしろ一般的なハラハー的論争であろう[169]。

イスラエルとその終結：いずれにせよ、罪人らが犯す罪はその重さゆえに、彼らは契約における場を失うことになる。彼らはもはや「イスラエル」と呼ばれない。既述のとおり「イスラエル」という呼び名は、義人、敬虔な者、

---

166) Winter, 959.
167) サドカイ派とハスモン家との関係は複雑で、ここでは十分に論ずることができない。彼らを同視することはできない。サドカイ派の祭司職はおそらくハスモン家によって取って替わられ、ハスモン家が滅んだ後もサドカイ派は重要な宗派であり続けた。さらにハスモン家の祭司王らは、自分たちが何かの「宗派」に属していると考えてはいなかっただろう（Ryle and James, xlv-vi に反論）。一方でハスモン家とサドカイ派は、彼らの地位と富ゆえに、関心事や理解を共有していた。「サドカイ派の娘ら」が月経のあとの清めに関するファリサイ派の規定を守っていないと見なされていたことは注目に値する（『Mニッダ』4.2）。『ソロ詩』8.13［12］におけるハスモン家の祭司職に関する糾弾を参照。ハスモン家を支持する者にサドカイ派が多くいたことは間違いない。しかしハスモン家とサドカイ派の近似点を突き詰めて、『ソロモンの詩編』がファリサイ派とサドカイ派のあいだの論争を反映していると見なすことには無理がある。
168) Winter, 959.
169) 『Mニッダ』4.2、註167を見よ。

神を畏れて愛する者らに対して用いられる。したがって『ソロ詩』12.7［6］において詩編記者は、主の救いが「とこしえに主の僕であるイスラエルの上にある」ように祈る。記者は続けて、敬虔な者が契約の約束を受け継ぐ一方で、罪人らが滅びることを願い求める。同様に『ソロ詩』7.8［8–9］で記者は、「［神が］とこしえにイスラエルの子孫を憐れまれ」て退けられず、「私たち」が神の軛のもとで永遠に過ごすことへの望みを述べる。さらに記者は『ソロ詩』18.4［3–4］で、「アブラハムの子孫、イスラエルの子ら」を神が愛すること、その結果として「私たち」を懲らしめると述べる。このようなイスラエル理解は上で引用した『ソロ詩』9.17［9］に加えて、10.6–8［5–7］で明らかだ。このような理解には2つの側面がある。1つはある特定の仕方で罪を犯す者の排除である。すなわちそれは、意識的に神殿とその犠牲を冒瀆すること、敵を煽動してこれに協力すること、尊大な態度で不道徳の罪を犯してこれを悔いないことだ。他方で残りの「敬虔な者」とは、「イスラエル」や「ヤコブの子孫」や「アブラハムの子孫」等の呼び名を我がもの顔で名乗るような少数派を指すのではないようだ。これらの呼び名に加えて、神の憐れみあるいは救いがイスラエルの家にあるようにと繰り返される祈りは（『ソロ詩』7, 8, 9, 10, 11編の終結部を見よ）、契約の約束がすべてのイスラエルを対象にし、イスラエルから自らを排除するような仕方で罪を犯す者のみがそこから外れると、詩編記者（ら）が考えていたことを示す。すなわち、もし狭い意味での党派主義的思考があったとすれば、特定の宗派的な色合いが実際のテクスト以上に濃かっただろう。すなわち、「自らをイスラエル人と呼びながらそうでない者がいる」といった言説や、神と特定の宗派の成員のあいだで成立する特別な契約がテクスト内に期待されるところだが、それはない。テクストに見られるのは、異邦人よりも重い罪を犯すという理由のみによって、「イスラエル」の名を失うユダヤ人の罪人である。このような罪人への糾弾が、ファリサイ派の律法解釈に同意しない宗派の成員すべてを対象としていると理解し得る証拠はない。「敬虔な者」はときとして、特別な厳格さを備える限定的な集団を指す。しかし一般には、上に挙げた3つの種類の罪の1つをも犯さず、神を畏れ愛する者は敬虔な者であり、イスラエルのうちに数えられる。換言すると、「イスラエル」という呼び名はある意味

で限定的だが、それは明確に定義された宗派の成員に限定されるのでなく、神を畏れ愛する者、神の意志に対して尊大かつ極悪な仕方で違反することがない者を含む。

この点は、「ダビデの子」をとおして神がもたらす新たな時代に関する預言を含む『ソロ詩』17編において、もっとも明らかに見てとれる（17.23 [21]）。力を得る来たるべき王に関して、詩編記者は以下のように記している。

> ……それは彼が不義の支配者らを打ち破るため。
> 　エルサレムを踏みにじって破滅へと追いやる諸国から[民を]清めるため。
> 彼は知恵と正義に満ちて、罪人らを相続[の地]から追い出し、
> 　陶器師の器のように、尊大な罪人を打ちのめす。
> 彼は鉄の鞭によって、彼らの本質を粉々にし、
> 　その口から出る言葉で、不敬虔な諸国を滅ぼす。
> 彼の叱責により、諸国はその前から逃げ去り、
> 　罪人らの心にある思いによって彼らを咎める（17.24–27 [22–25]）。

ここでの問題は、「罪人ら」が「諸国」を指すかである。ここに見られる並行法は、同義を指すと言うよりも発展を示唆しているようだ。したがってこの預言は、王がイスラエルから諸外国人（17.31 [38] も見よ）を排除し、そして同胞の罪人をも取り除くことを述べている。彼らが追い出されると、そこには「真のイスラエル」が残り、彼らは「聖なる民」および「神の子ら」と呼ばれる（17.28, 30 [26–27]. 36 [32] 参照）。記者が「主によって清められた諸部族」と述べることからも、民全体が残るのであって、特別に敬虔な少数が残るのでないことが分かる（17.28 [26]）。『ヨベル書』の黙示的希望に見られるように、イスラエルは罪のない状態になり（17.29 [27], 36 [32], 46 [41]）、支配者自身が「罪から清く」なる（17.41 [36]）。その日にイスラエルは異邦人によって仕えられる（17.32 [30]）。もっともそのようになるのは力による抑圧ゆえでなく、神自身ゆえ、またイスラエルとその王の栄光に対して異邦人が恐れを抱くゆえである（17.34–39 [30–35]）。詩編記者は以下のように閉じる。

> その日に、神が諸部族を集めるという
> 　　イスラエルの幸いを見る者は幸いだ。
> 主が早くイスラエルへ憐れみを示されるように、
> 　　主が我々を汚れた敵の不浄から清めるように。
> 主自身がとこしえに我々の王である（17.50–51 [43]）。

ここでも私たちは、「我々」が「イスラエル」と同視されていることを確認できる。一方で「イスラエル」が特定の少数集団に限定されている様子は見られない。「神が諸部族を集める」という表現には、相当数のユダヤ人、おそらく散らされたユダヤ人らも含めて、彼らが罪人として排除されることはなく、むしろ民が清められるときに「イスラエル」に含まれることが示唆されているようだ。「我々」を広義にとらえて、極悪の罪人以外のすべてのイスラエルを含む様子は『ソロ詩』7.9 [10] にも見られる。すなわち「あなたは我々を堅く立て……ヤコブの家に憐れみを示す」。

『ソロ詩』17編も『ヨベル書』と同様に、イスラエルから罪人を排除して聖い民を集めるとの約束に先立ち、全イスラエルが道を誤ったと述べていることは興味深い。

> 彼らのうちに義と正しさを示す者が1人もいなかったからだ。首長から始まり［彼らのうちの[170]］もっとも小さき者に至るまで、すべてが罪深かった。王は違犯者、裁き司は不従順、そして民は罪深かった（17.21 [19–20]）。

新しい栄光に満ちた罪のないイスラエルは、この王をとおして罪深い民から神によって創造される。終末的解放は、「敬虔な者ら」の解放以上の事態を指す。その時、罪を犯した者を多く含む全イスラエルが集められる。契約を破棄するような仕方で罪を犯した邪悪な者のみがこの解放から閉め出される。

---

170) 異読についてはGrayの適所を見よ。同様の校訂はStein, Ryle and Jamesによっても施されている。

h. 神の義

正しい裁き：私たちは最後に、『ソロモンの詩編』においてもっとも頻繁に言及される「神の義」という概念について短く考察しよう[171]。詩編記者が神を義だと述べる場合、彼は神の裁きが正しいことを言っている。すなわち、神は正しい（義なる）裁き司である（2.36 [32], 4.28 [24], 8.8, 8.27-32 [23-26], 9.3-10 [2-5]）。神は義であるがゆえに罪に対して敵対する者である（8.12 [11]）。神の裁きはすべて正しい（義 *dikaios*）と同時に、それは善である（8.38 [32]）。神は正しい裁き司として信頼できるので、「誠実」という呼び名も相応しい。神は「そのあらゆる裁きにおいて誠実である」（17.12 [10]）と同様に、神を愛して懲らしめに忍耐する者に対しても誠実である（14.1ff）。神はその正義によって罪深いイスラエル人（2.12 [10]）と異邦人との両方を裁く。後者（異邦人）への裁きがときとして遅れるように見えるとしても（2.29 [25]）、裁きは必ずもたらされる（2.30-36 [26-32]）。

公正な神の義：『ソロモンの詩編』におけるもっとも印象深い特徴の1つとして、神の義が疑われるような場面で、神が義である、あるいはその義が証明されるという断言が繰り返されることが挙げられる[172]。したがって、イスラエルの一部によるおおやけの違反にもかかわらず、詩編記者は神を「義と認める（*dikaiōsō se*）」（2.14ff [12ff]）。すなわち記者は神を義であると宣言する。詩編記者は以下のように続ける。

> 神よ、あなたの裁きにおいて、あなたの義が [示されます]。
> あなたは罪人らの諸行に応じて報いられた、
> 　　そのもっとも邪悪な罪に応じて。
> あなたは彼らの罪を暴露して、あなたの裁きを明らかに示しました。
> 　　あなたはこの地から彼らの記憶を消し去りました。
> 神は義なる裁き司、

---

171) Becker, *Das Heil Gottes*, 29-32. Becker の分析はここに取り上げない。
172) さらに Büchler, *Piety*, 167-69 を見よ。

人の顔色をうかがわれません (2.16–19 [15–18])。

したがって、神の義 (*dikaiosyne, tsedaqah*) は情けや寛大さではなく、公平さであり、人の顔色をうかがわない。上述したように、『ソロモンの詩編』において *dikaiosyne* = *tsedaqah* はけっして情けや寛大さではない。

敬虔な者らが苦しみを受ける中にも神の正義を認めてこれを宣言することが、義人の特徴である (2.2. 8.31 [26] 参照)。人に対する神のすべての扱いを振り返った詩編記者は、神を義と認めることができる (8.7: *edikaiōsa*)。記者はイスラエルの離散の正しさを述べるが、それはイスラエルの罪に対する神の裁きが「義とされる」ためである (9.3 [2])。もっとも早い時期の編集とされる『ソロ詩』4 編では[173]、詩編記者は「敬虔な者らのうちに住む偽善者」を神が取り除くよう祈るが (9.7 [6])、それは「敬虔な者らが神の裁きを正しいと認める (*dikaiōsaisan*)」ためである (4.9 [8])。もっとも上に引用した『ソロ詩』2 編は、じつに神が罪人を罰することでその裁き、そして結果としての義を明らかにした、と述べる。この断言は『ソロ詩』8 編でも繰り返される。

神は彼らの罪を白日の下にさらし、
　　全地が神の裁きの正しさを知った (8.8)。

神は地上の諸国に対する裁きにおいてその義を示し (*edikaiōthe*)、
　　神の敬虔な者ら（僕ら）は、彼らのあいだにあって純真な小羊のようだ。
義によって全地を裁く主は讃美に相応しい (8.27–29 [23–24])。

罪人の破滅において明らかなように、神の義の権限を強調することは、神を「義と認める」のみならず、敬虔な者らが完全に滅ぼされることなく、じつに神による懲らしめを受けているのだという理解を支持するものである。

まとめ：結論としては、『ソロモンの詩編』における宗教観は、パレスチナ・ユダヤ教の他書に見られる一般的な宗教観と同じだと言える。ジョベー

---

173) Ryle and James, xliv 参照。

ルは以下のように述べる。「したがって契約のもっとも伝統的な理解がここに反映されている。父祖との契約、神によるとこしえの赦し、律法への忠実さ、である」[174]。神の契約が救いの基礎であり、選びの者らは契約から排除されるような仕方で罪を犯さないかぎりにおいて契約に留まる。その中にあって確実に排除されるのは、支配者、ハスモン家、ハスモン家の直近の支持者、そしてエルサレムをポンペイウスに引き渡した者らである。ある特定の宗派に属さなければ排除されるとか、サドカイ派は排除されるといった理解を支持する証拠を、私はテクストの中に見出さない。サドカイ派成員が排除されるとすれば、それはハスモン家を支持する貴族に属していたからである。『ソロモンの詩編』に見られる「敬虔な者ら」がイスラエルと同視されるとき、イスラエルが特定の「敬虔な」宗派に限定されるようにも見えはする。しかし、諸部族を集めるだとか、偉大な王が偉大な民を治める時代の到来といった一般的な表現から分かることは、特定の宗派の成員を越えて「罪人」や裏切り者という刻印が捺されない者すべてが「イスラエル」と見なされるということだ。換言すると敬虔な者らとは、イスラエル人としてあるべき仕方で生きる者という意味で自らを真のイスラエルと考える者を指す——彼らは罪を犯してもそれが不注意によるものと考える、3.8–9 [7–8]——。一方で彼らは、全イスラエルがいずれ「敬虔」になることを望む。すなわち彼らは、残りの者が契約から完全に排除されたとは考えなかった。政治的な表現を用いるなら、『ソロモンの詩編』における敬虔な者らは、広範囲の意味での共同体の内側に身を置いて、そこで彼らの理解が支配的になることを望んでいた。彼らは、極悪の罪人らを例外として、残りのイスラエルに対する希望を捨てておらず、自分たちのみを限定的に契約の民と呼ぶという理解に至っていなかった。

---

[174] Jaubert, *La notion d'alliance*, 256.

5. 『IV エズラ書』[175]

a. 近年の『IV エズラ書』理解——『IV エズラ書』が提示する問題

契約維持の律法制の破綻：『IV エズラ書』の考察においては、先行する文献の場合とは多少異なり、契約型の宗教における伝統的な主題を1つ1つ取り上げることをしない。それは解決しなければならない問題が1つだけだからだ。すなわち、『IV エズラ書』の著者は、契約がその伝統的な有効性を維持し得ると考えるか、という問題である。結論を先取りすると、ここではその有効性が維持されないという立場を支持する。すなわち、『IV エズラ書』においては、ユダヤ教が個人的な自己義認の宗教となった場合いかに機能するか、が示されている。他言するなら『IV エズラ書』において私たちは、契約維持の律法制が崩壊した状況を垣間見ることになる。そこに残るのは、律法主義的な完全主義である。

レスラーの黙示的想定：これが一般的な理解と異なることを冒頭で述べておかなければならない。3名からなる近年の解釈を考察することで、見解の違いを分かりやすく説明することができる[176]。

レスラーは『IV エズラ書』を、『II バルク書』と『I エノク書』とともに黙示的ユダヤ教の三大文献に数える。これらはともに、律法と契約と歴史との関係において一致した理解を示す[177]。既述のとおりレスラーの分析による

---

[175] 緒論的な問題に関する最新の理解は Roset, *Einleitung in die Apokryphen*, 91–94; Breech, 'These Fragments I Have Shored against My Ruins: The Form and Function of 4 Ezra', *JBL* 92 (1973), 267–68 (資料仮説を含まず) を見よ。翻訳は Charles, *Pseudepigrapha* の Box 訳を採用している。ここでの議論に唯一有用な緒論的問題は、書の一貫性と統一性の問題である。これは初頭で解決するのでなく、この項の最後に述べる。私は『IV エズラ書』を『II バルク書』と切り離して論ずることができると考える。『II バルク書』が『IV エズラ書』に依拠していると考える方がその逆よりも確からしいからだ。この問題に関しては P. Bogaert, *Apocalypse de Baruch* (vol. 1; 1969), 26 を見よ。

[176] ここでは研究史を考察しようとしていないが、『IV エズラ書』の救済理解という問題に対して、これまで解釈者らは異なる理解を示してきた。本著が支持するより悲観的な理解は Köberle, *Sünde und Gnade*, 651–60 を見よ。これと対立する理解は Box, *The Ezra Apocalypse*, xxxix-xliii, 129–30 を見よ。

[177] D. Rössler, *Gesetz und Geschichte*.

と、黙示的ユダヤ教にとっての救済は神の選びのうちに示されており、選びの条件は特定の律法に対する細かな遵守でなく、忠誠心である[178]。レスラーはこの黙示的理解を、彼が考えるラビ・ユダヤ教の理解と対比する。彼の考えるラビ・ユダヤ教においては、契約と選びの役割がほぼ消え失せ、救いは無数の従順な行為の積み重ねに依拠している。したがって彼は『IV エズラ書』に関しては、3.13ff, 5.27, 6.55, 59, 7.119 を引用しつつ、選びが救いを決定すると述べる（Rössler, pp.63, 70, 75）。罪にもかかわらずイスラエルは救われる（p.74）。従順が救いの条件だが（pp.76–77）、従順が直接救いを獲得するのでない。一方で、律法の遵守は敬虔な者らがすでに「救われた共同体（Heilsgemeinde）」に属していることを示唆し、従順は人が Heilsgemeinde に留まるかどうかを決定するのみだと論ずる（pp.101–02）。レスラーは『IV エズ』7.89 を引用しつつ、律法の「遵守」は「律法への基本的な是認であり、正規に理解された諸規定の成就」を意味しない、という彼の理解を強調する（p.86）。同様に『IV エズ』7.94 に関しても、「それは諸規定の正規の成就を意味せず、『軽蔑』によって特徴づけられる者と逆の姿勢（Haltung）」の問題を表していると論ずる（p.86）。そして補遺（pp.106–09）においては、『IV エズ』3.21, 7.118, 7.68 に示されているより悲観的な人間の状況を指摘しつつ、これをラビ的理解と述べる。しかし、『IV エズラ書』は根本的にラビの理解と異なり、罪にもかかわらず選びによって確定された Heilsgemeinde は不変であると教えているということになる。

　レスラーによる『IV エズラ書』の宗教観は、本著が述べてきたラビ的な宗教観と非常に近いが、彼はこれら 2 つの宗教観を対極に置いている。ここでは、レスラーが示す『IV エズラ書』の思想が実際にはラビ的であることを示してきたように、レスラーが示すラビ的な思想がおおよそ『IV エズラ書』的である——少なくとも契約の有効性の問題について——ことを示すこととしよう。しかし、私たちの分析は、ハルニッシュとブリーチの研究を紹介するまで先延ばしにしよう。

---

[178] Rössler の理解は Box（xxxix）の以下の言説に続くものである。「S（サラテル黙示録）の神学においては、人は最終的に律法の受容如何で裁かれるのであり、その遵守でない」。

ハルニッシュとブリーチ——幻視者エズラをとおした著者の理解：ハルニッシュが『IV エズラ書』と『II バルク書』に関する驚くほど洞察の深い研究の成果を発表しているので、本著は『IV エズラ書』に関する多くの問題について詳細に語る必要から放免された[179]。私がハルニッシュと意見を違える 1 点は、真っ向からの対立というよりも、むしろ軌道修正ほどのものだ。対立にせよ修正にせよ、本項での考察に重要なので、その点は明らかにしておこう。まず『IV エズラ書』に関するハルニッシュの一般理解を示すことから始めるのが良かろう。その後にブリーチの最新の論文がいかにハルニッシュの議論を進展させたかについて述べて、最後に私の結論を示すことにしよう。

ハルニッシュによると、『IV エズラ書』の幻視者（エズラ）が提示する問題は神の信頼性に関する（pp.19-42）。この問題は、イスラエルに対する神の約束と具体的な歴史の現実との齟齬、すなわちイスラエルが異邦人諸国によって踏み荒らされている状態によって生じる（p.20）。この問題は、人の心を支配する邪悪な欲望に代表される罪の普遍性によって明示される（pp.42-58）[180]。神は救うために律法を与えたが、その意図は邪悪な欲望によって結実に至らない（pp.48-49）。しかし、幻視者が示すこの問題は、著者の黙示に関する理解を反映していない（pp.60-67）。ミュンデル[181]とブランデンバーガー[182]の提案を受けたハルニッシュによると、幻視者の立場を反映しているのは『IV エズラ書』の著者によって批判される同時代の懐疑的な理解である（p.67）。幻視者と御使いとの対論は、著者の内面的な葛藤を反映するのでなく、むしろ 2 つの異なる理解を対比している。この黙示文献の著者の理解は御使いの幻視者に対する応答の中に表れており、それは幻視者の著しい懐疑論を否定する（pp.64-65. 323 参照）。

---

179) W. Harnisch, *Verhängnis und Verheissung der Geschichte*, 1969.
180) ここには、イスラエルの運命と全人類を支配する罪の力との関係に関する興味深い分析が展開している。Harnish（pp.57-58）はここで支配的な関心がイスラエルの運命にあると、適切に述べている。
181) W. Mundle, 'Das religiöse Problem des IV. Esrabuches', *ZAW* 47 (1929), 222-49; Harnisch, 60-63.
182) E. Brandenburger, *Adam und Christus* (1962); Harnisch, 63-65.

幻視者エズラによって提示される問題への応答はじつに黙示的な「2つの世」という観点から述べられている（pp.89–247）。終末とアダムの罪によって開始した世の運命という観点から歴史的時代全体が罪と運命によって支配されるものと見なされる（pp.106–42 とくに pp.124, 128, 131）。この歴史的時代と対照的に、終わりの時は救いを約束する（pp.125–26.『IV エズ』7.113–14, 8.53–54 に言及）。この救いは、違反によって阻まれた神の創造意図と対応する（p.136）。この意味で歴史的時代は中間的な特徴を示す。この時代の罪の普遍性と運命の支配的影響にもかかわらず、個々人はその行為の責任を負わ・される（pp.142–240）。律法を遵守することはじつに可能である（p.152）。さらに、現行の行為が来たるべき救いへ参加できるかを決定する（p.149）。義人のみが救われる（p.177）。

その結論は、救いが来ること、そしてその時が近いことを義人に確約する機能を持つ（pp.248–67）。しかし著者は、その黙示的熱狂が行き過ぎないように願う（pp.268–321）。

基本的にハルニッシュの理解に同意するブリーチの理解は[183]、形式と意味とのあいだに関係性があるという洞察に依拠している。彼は『IV エズラ書』を「苦悩から慰めへと繰り返し進む一貫した文章」と見なす（p.270）。この展開から書の意味を割り出すことが可能である。書の初期段階は苦悩に関する言説が支配的で、「［この］苦悩は［エズラが］鷲と海からの人の幻を受け取ることによってのみ完全に克服される（13.57–58）」。ブリーチは続けて以下のように述べる：「異なる部分の内容でなく慰めの主題に焦点を置くならば、この作品が悲しむ母を慰めようとするエズラの苦悩から、彼自身の慰め、および彼の共同体を慰めるためのスピーチへと進む様子が見えてくる（14.27–36）」（p.270）。『IV エズ』3.1–9.22 に見られるエズラと御使いとの対話では、律法を完全に守るわずかな者のみが救われると御使いが強く主張するが、これに関してブリーチは「これが結論に至っていない対話であることを覚えておくことが重要だ」と述べる。エズラはこの内容に満足せず、終わりの時について問い続けている（p.270）。書を閉じる幻は「いと高き方が

---

[183] Breech, 'These Fragments I Have Shored against My Ruins', 267–68.

共同体にとっての命と死の誠の源であり、その力をふたたび擁護し、預言者の混乱を消し去る」機能を果たしている（p.272）。「幻は以下のようにしてエズラに確信を取り戻させる。『［いと高き方は］時と時機に叶った事柄を支配する』（『IV エズ』13.58）。幻も解釈もエズラの当初の問いには実際に応えない。宗教的混乱は最終部で消し去られるが、これは実際には知性的でない」（pp.273–74）。

著者の立場を反映する御使い：これら 3 名の近年の研究に共通する理解——私がここで同意できない理解——は、イスラエルは最後には救われることを『IV エズラ書』が教えているというものだ。『IV エズラ書』において選びが救いとして理解されるとするレスラーの考えを支持する箇所（3.13–19, 5.27, 6.55, 59, 7.19）は、じつは『IV エズラ書』の著者の理解を反映しない幻視者が繰り返す懇願である。ハルニッシュの見解と異なり『IV エズラ書』には、選びと律法が無益であるとして神に懐疑的であるのみならず、神が違反を見過ごし、厳格な正義の代わりに憐れみを示し、罪人を救うように祈り求めるが聞き届けられない幻視者の姿がある。これらの願望は、著者の理解を反映する（とハルニッシュが正しく理解する）御使いによってことごとく拒絶される。ハルニッシュはこれらの箇所に関して、御使いが幻視者の願いを拒絶すると述べる。神は罪を犯さない者のみを救うのだ[184]。しかしハルニッシュは、憐れみを求める幻視者の懇願を選びの価値に関する幻視者の懐疑と結びつけない。神の憐れみを懇願する幻視者エズラは、神がイスラエルへの約束を破棄したと結論づける集団の理解を反映していないようだ。『IV エズラ書』に展開するのは、幻視者エズラが御使いに様々な提案をなし、ある者は受け容れられ、ある者は拒絶される様子だ。御使いが著者の理解を反映していることはそのとおりだが、幻視者が特定の理解を示す集団に属しているかは疑わしい[185]。一貫性があるのは御使いの立場である。幻視者エズラは最

---

184) 『IV エズ』8.20–36 における懇願とそれに対する応答に関しては Harnisch, 235–40 を見よ。研究者（Schweitzer, *Mysticism*, 216; Bornkamm, *Paul*, 139; Longenecker, *Paul: Apostle of Liberty*, 42）によっては、憐れみへの懇願に著者の立場が反映されていると考える者もいる。その視点は御使いの拒絶のうちに見られる。拒絶の皮肉的な手法については Harnisch, 237–38 を見よ。

185) Breech, 271–72 参照。

初にイスラエルの状況を嘆き、律法と選びは虚しいと言って批判する。御使いは、律法に違反する人に非があると応答する。すると幻視者は神に憐れみを求め、行いにしたがった裁きは悲惨な結果を生むと述べる。御使いはこれに対して皮肉な「同意」を示し、神は罪人でなく、幻視者エズラのように完全な義人のみを救うと述べる[186]。

ブリーチに対する反論は、多くの洞察を含む形式論が読者を『IV エズ』1–9 章の実際の内容から注意を逸らして、「苦悩」というモチーフのみに注意を向ける点だ。これは形式が独占的に意味を決定するという結果を生むことになる。御使いが実際に述べたことは重要であり、何が語られたかという内容には十分な注意が払われる必要がある。さらに、ブリーチ自身が認めるとおり、最後の幻が幻視者エズラの不平に対する応答になっていないことは、ブリーチの主張を支持しない。そしてより重要な点は、これらの幻が幻視者エズラに対する御使いの答えに対する返事になっていないことである。これらの答えのうちにこそ、『IV エズラ書』の否定的な強調点が含まれている。

レスラー、ハルニッシュ、ブリーチの立場に関する簡単な考察はこれまでにして、私たちは『IV エズラ書』のテクストに注意を向けよう。本著の目的のために 2 点のみを取り上げよう。すなわち、(1) 幻視者エズラが何を懇願し、御使いがいかに応答するか、(2) これらの対話によって明らかになった問題を最後の幻がいかに解決するか、あるいは解決しないか、である。

b. 対話

第 1 の対話：ここでは対話に関するあらゆる側面を分析するわけではなく、問いと応答の流れを概観して著者の立場を明らかにすることのみに焦点を置くことにしよう。第 1 の対話は結論に至っていない。幻視者エズラは、イスラエルが罰せられることを見過ごした神に正しさがあるかと問う。なぜなら、イスラエルと異邦人の行いを秤にかければ、イスラエルの方がより良いことは証明されるからだ（『IV エズ』3.34）。これに対して御使いは、神の

---

[186] これらの対話については後述する。

道が人知を越えると応答する（4.1–21）。幻視者はなおも問う。彼が問うのは天の事柄でなくイスラエルの運命だ。「なぜイスラエルは叱責のために異教徒へと引き渡されるか」（4.23）。その答えは、この時代が終わりへと近づいているというものであり（4.26–32）、終わりの日のしるしに関する議論がこれに続く。しかし終わりの日にイスラエルが報いを受けるか否か、それは述べられてはいない。

第2の対話：第2の対話における問いも第1と同様である。すなわち「［なぜ］あなたの約束を拒絶した者らが、あなたの契約を信じた者らを踏みにじることが許されるか」（5.29）である。この問いに対する応答も謎めいているが、以前の応答よりも望みを与える。神はじつにイスラエルを愛しているのだ（5.33）。もっともその愛がいかなる効果を示すかについては幻視者エズラの理解を越えている（5.40）。終わりの時が描写されると、御使いはある程度の確証を与える。すなわち、終わりの時の艱難を耐える者は救いを見る（6.25）。しかし御使いが誰を指して述べているかはまだ分からない。悪は取り除かれるが（6.27）、それによって助けを得る個々人が誰かという疑問が残る。幻視者が今一度イスラエルに関する窮状を述べたあと（6.38–59）、神の創造意図（この世はイスラエルのために造られた、6.55）およびイスラエルの選びと現状とのギャップについて、御使いはとうとうその答えを示す。この世はじつにイスラエルのために造られたが、残念なことにアダムが罪を犯したがゆえに困難が生じた。将来の世は救いを提供するが、それはこの世の艱難を耐えぬく個々人へのみ与えられる（7.11–14）。幻視者エズラが、来たるべき世の慰めを受けるのは義人である、という真意をただちに捉えると（7.17-18）、御使いは同意して以下のように述べる。

> 彼らに示された神の律法が軽んじられるよりも、今いる多くの者が滅びるように。神はじつに、［この世に］来た者らにその時、いかに生き、罰を避けるため何を守るべきかを命じられた。しかし彼らはそれに従わずに逆らった……（7.20–22）。

これは御使いが一貫して維持する立場である。

正義の時の到来：幻視者エズラは幾つかの懇願を述べる。諸規定を守る者が生きるというのは正しかろうが、人は邪悪な心に侵されて神から離れている。人は今のままでは死の道を歩むことになり、その運命は「創造されたほぼ全ての者」に当てはまる（7.45–48）。御使いはこれに同意して、「私は救われるわずかな者のために喜ぶ」、「私は滅び行く多くの者のために悲しまない」（7.60–61）と答える。幻視者が人の悪に満ちた窮状にふたたび触れつつ、人は生まれてこなかった方がましだと述べると（7.62–69）、御使いはふたたびこれに同意し、神がこれまで忍耐してきたこと、正義の時がいま訪れたこと、罪人らが相応の扱いを受けることを述べる（7.70–74）。幻視者が邪悪な者らと義人の魂の運命について述べると、御使いはそれに同意するが、義人の定義を次のように述べる。「［彼らは］いと高き方に苦労して仕え、授与者が与えた律法を完全に守るべく絶えず危機に瀕している」（7.89）。

執り成しの拒絶：幻視者エズラは、義人が不敬虔な者の裁きにおいて執り成しができないものかと提案する（7.102）。御使いはこれをただちに否定する。個人の義のみが有効である（7.104–15）。幻視者はふたたび人の窮状に言及する。すなわち「皆が罪を犯すなら、従順に対する救いの約束に意味があるか」（7.116–26）と。御使いはふたたび人の運命に関する幻視者の悲観的な評価に同意し、勝利する――すなわち律法を守る――者が約束の救いを受けると続ける（7.127–31）。

憐れみの拒否：すると幻視者エズラはもっとも感動的な懇願を述べるが、それは神の憐れみと選びの民に対する忍耐というユダヤ教的概念全体に依拠している。彼は神を「憐れみ深い」また「恵み深い」、すなわち悔いる者を受け容れ、「忍耐深い」と述べるが、それは「神が強要するのでなく、いつも好意を示す用意があるからだ」。神は「非常に憐れみ深く」、「正しく」、そしてもっとも重要なこととして「赦しを与える。［神が］その言葉で造られた者らを赦さず、彼らの多くの罪を取り除かなかったのなら、無数の中からあるいはほんのわずかの者しか残らないかも知れないからだ」（7.132–40）。幻視者はここで、憐れみを求めるために用いられる伝統的なユダヤ教的表現を網羅的に用いている。しかし天使は最後の1語のみを捉えて応答する。すなわち「いと高き方はこの時代を多くの者のために造られたが、来たるべき時

代は少数の者のため」、「多くの者が創造されたが、救われる者はわずかだ」(8.1-3) と。憐れみ、恵み、赦しといった神の品性はすべて、あるいは少なくともこれらの品性に依拠した幻視者の訴えはすべて拒まれる。神がいかにその憐れみ深さを証明するかに関しては問題にせず、御使いは罪人を回復するという幻視者の懇願を拒む。同じ懇願が繰り返され、それはまた拒まれる。義の業を行わない者らを憐れむなら、神は恵み深いと呼ばれる。正しい者らは、自らの力で立つことができる。問題は「地上に生まれた者で、悪を行ったことがない者はいない」ということであり、それゆえ神の憐れみが強く求められる (8.31-36)。しかし御使いは頑として譲らず、以下のように述べる。

> あなたの語った中には正しいこともあり、あなたが語ったとおりになることもある。私は罪を犯した者の創造、死、裁き、破滅について思い返さない。[むしろ] 義人の創造、彼らの歩み、救い、報いを喜ぶ (8.37-39)。

幻視者エズラの非常に悲観的な言説──皆が罪を犯したので皆が死ぬ──と御使いの応答とのあいだの唯一の違いは、後者が少数の義人を想定している点だ。幻視者自身がその1人に数えられ、彼は救いを得ることになる (8.47-54)。幻視者は「滅び行く無数の者らをもはや思うな」と促される (8.55)。殉教者も少数の義人に含まれているようだ (8.57. 7.89 参照)。終わりがすぐに来るという約束によって慰めを得る者は少なく、彼らは迫害と死に苦しみながらもおおかた完全に従順な者である。

少数の義人の救い：対話部分において、御使いの厳しい視点は一貫している。御使いは改悛の可能性について端的に言及するが (9.12. 7.82 参照)、重要な点は違犯者が悔いたためしがないということだ。御使いは、救われる者がいかに少数かを繰り返す。破滅に向かう邪悪な者らと較べると、その数は洪水の中の一滴、葡萄の房に対する1つの実、森に対する1本の木に過ぎない。「したがって、虚しく生まれた多くの者は滅べ、しかし私の葡萄の実、私の木、私が手を掛けて完全なる者とした者らが救われよ」(9.13-22)。

ここには、少数者がイスラエルであって、多数者が異邦人であると言われていない。対話が進むにつれ、その強調点は民としてのイスラエルの窮状か

ら、律法を得たがそれに違反する個々人の窮状へと移る。この後者はイスラエル人を指し、彼らは断罪される。いずれにせよ、完全——あるいはおおかた完全——な従順のみが救われるという御使いの立場は一貫している。完全さの要求は御使いの義に関する定義に見られるのみならず (7.89)、幻視者エズラの嘆きと懇願の中にもそれは明らかに反映されている。すべて——あるいは「おおよそすべて」、7.48——が掟を守らず (7.72) 悪を行う者 (7.138–40) であり、罪を犯し (7.138–40, 7.68, 72)、断罪されるべき業を行ったのだ (8.33, 7.120)、と幻視者が人の窮状を述べる際、それは違反が免れ得ないことを示している。諸規定を守る者は祝福されるが (7.45)、誰がそれを十分にできようか。多くの邪悪な者らは、神とその律法を軽蔑し、拒み、嘲笑する者として特徴づけられる (7.24, 8.55–56)。不従順の具体的な内容は列挙されないが、神の要求はボックスやレスラーが論ずるように基本的な忠誠であるだけでなく、実際に従順であることだ (7.22)。忠誠はほぼ全ての者に可能でも、完全な従順はそうはいかない。人の窮状は神の姿勢によって示される。神のイスラエルに対する愛 (5.40) は、自らの要求に対する誠実さによって示される。つまり、従うか、あるいは断罪されるかである。違犯者が滅びる方が、彼らに憐れみを向けて律法の栄光が汚されるよりも良い。これが対話部分の著者の視点である。この理解をもとに私たちは、選びが救いを保証するというレスラーの立場、御使いが幻視者の懐疑に応答しているというハルニッシュの立場、には同意できない。幻視者の懐疑は認められるが、違犯者を憐れむようにとの懇願は拒まれる。

c. 幻

対話部分を支持する幻：最後に、対話によって提示された問題に終結部の幻が答えを与えているというハルニッシュとブリーチの解釈について考察しよう。『IV エズ』9.22 において、幻視者が御使いとの対話を行う幻が終結するが、3.1–9.22 に見られる御使いの立場は、幻視者エズラによって受け容れられたものとして、後続する箇所で即座に確立される。9.29–37 にある内容は最後の 2 節において要約される。すなわち「律法を得ていながら罪を犯す者は、律法を受け容れたその心と共に滅びなければならない。しかし律法は

滅びることなく栄光のうちに留まる」。ここでは神の力と律法の義が確認されるが、それは違反する個々人に影響を及ぼさない。違犯者は 3.1–9.22 においてと同様に滅びが定められている。直後に見られる慰めを受けない女の幻は、この定めを解消することにならない。生まれた者のほとんどが滅びに向かう (10.11)。シオンのとこしえの栄光が顕れるが (10.50)、違反するイスラエル人の救いについては何も述べられない。律法とシオンとはそれ自体で正しく栄光に満ちているが、救いをもたらすことはしない。10.30 に見られるシオンの栄光に関する情景は、「罪人が滅ぶ一方で律法はその栄光を留める」という 9.36–37 に見られる律法に関する散文的な言説を支持する。

後続する鷲の幻は、多くの人々の滅びという問題について直接的に応答することがほとんどない（あるいはまったくない）。ボックスが考えるように『IV エズ』12.34 がのちの挿入でないとするなら、ローマとの最終戦を生き残る者は解放を得る。しかし、生き残る者らが完全に律法を守る非常に少数の者（洪水の中の一滴、9.16 参照）を指すかは判断しかねる。もしそうなら、彼らへの何らかの慰めになる。もっともイスラエルが念頭にあるとすると、この幻は看過できない矛盾を含む。私は、鷲の幻が扱うローマに対するイスラエルの最終的な勝利という主題は、罪と断罪という『IV エズラ書』前半の問題への応答でなく、この鷲の幻の本来の生活の座を反映していると考える。したがってこの主題が、書の前半の関心から逸脱しているように見受けられる。

幻の著者による楽観的付加：海からの男の幻においてのみ、前半の悲観的理解に対する直接的な応答が見られる。生き残る者は、神を「信じて行う」者である (13.23)。しかしこれに続く解釈部では、そのような人が多くいることが前提となっている。この男がシオンの山に立つとき、諸外国が来て彼に対抗するが、彼はそれらを滅ぼす (13.33–38)。これらは明らかに異邦人諸国を指している。これとは別に、他の土地に移住して掟を守る 10 部族とパレスチナ在住のユダヤ人 (13.48 がのちの挿入でなければ) からなる集団の再結集への言及があるからだ。男はこの再結集されたイスラエルを異邦人諸国から守る (13.39–51)。

この最後の幻は、イスラエルの再結集と異邦人の破滅という伝統的な描写

によって、イスラエル人が律法を守り神によって最終的に救いを得るという前提を単純に示している。最終的な編集者はこのような幻を、一般的なユダヤ人の希望に符合し、聞く耳に心地よい「救い」を提供する結論として、『IVエズラ書』に付加したのかも知れない。結果として、前半の章に見られる御使いの理解はここで否定される。そして幻視者エズラと御使いの対話部分の著者が追求した違反と断罪に関する問題について、著者が十分な分析を提示することはない。この幻（とその他の幻）を対話に付加した最終的な編集者の思想に同意する者は、ブリーチの仮説を支持するだろう。しかし誰も、対話部分の著者が御使いの言説に同意するということを、海からの男の幻によって否定することはできない——ブリーチは否定しているようだが——。御使いの言説とはすなわち、律法への完全な従順が救いに必要であり、異邦人であれユダヤ人であれ違犯者は滅ぼされ、この厳しい条件のもとで救われる者はほとんどいない、というものである。

御使いをとおした著者の立場：したがって、この書の意味は何かとの問いについては、著者が誰かという問題に対して決着をつけなければならない。この書が一貫性のある書物で、その真意が終結部分の幻に反映されているとすれば、私たちはブリーチやハルニッシュの立場に同意することになるだろう。しかしそうだとすると、『IVエズ』3.1–9.22 における幻視者の望みと懇願に対して御使いが繰り返す悲観的な応答を、私たちは些末なこととして見過ごさなければならないことになる。そうであれば、細心の注意を払って対話部分を構築し、そして「罪を犯し続ける人に望みがあるか、生まれてこなかった方が良かったか」という人の実存に関わる重要な問いに向き合う著者が、最終場面になるとこれらの問いを棚に上げてしまい、異邦人に対するイスラエルの勝利という伝統的な——また比較的ナイーブな——視点を急に描き出すという決断をしたことになる。したがって私たちには、むしろこの書の主たる部分の著者の立場——対話部分の直後に置かれている幻と矛盾がない立場——を、対話部分の御使いの立場と同一であると考えることが適切だと思われる。したがって著者の立場は、契約自体が苦痛や破壊に対する神の保護をもたらすことはなく——懲らしめられても滅ぼされない『ソロモンの詩編』と対照的に——、ほんの少数の完全に義なる者のみが苦しみの後に神

によって救われるという「御使い的」な立場である。

行為義認的宗教：それならばこの時代のユダヤ教文献において、この書のみが律法主義的な行為義認にもっとも近い立場を示していることになる。この書においてのみ、罪人を赦して回復させ、違犯にもかかわらず契約の約束を維持するという神観が拒絶されるからだ。換言するなら、罪を本質的に不可避的力と見なしつつ（『IV エズ』3.20 参照）、罰せられるべき律法違反と見なす『IV エズラ書』は、同時代の他の文献とその立場を違えている。既述のとおりクムラン共同体の成員は、選ばれた者との確信にもかかわらず、人間的脆弱を共有するという意味で「罪のうちにある」ことを認めるが、この人間的脆弱さによって有罪判決を下されるとは考えなかった。人の窮状に関する悲観的理解こそが、この書の著者を現存する文献に反映されている他のユダヤ教の思想から区別している。

D. 結論——前200年～後200年のパレスチナ・ユダヤ教

1. 契約と律法

契約への誤解？：本著が扱った時代のユダヤ教を理解するための重要な問題は、律法と契約とのあいだの関係性である。キリスト教の学者らのあいだでは——全員でないものの一般的に——、時代を経て聖書的理解の逸脱がユダヤ教の中で起こったと考えられてきた[1]。契約が神の恵みによって与えられ、その恵み深い恩寵への結果として従順があるという考えが、些末な諸規定の遵守によって神の憐れみを獲得するという律法主義的な理解へと退歩した、というのである。レスラーによると、この後者の思想はラビ・ユダヤ教において開始したのでないが、そこで顕著となった。このような理解は聖書学界において広く共有されている。1915年にH.A.A.ケネディーが発表し、広くその重要性が認められた契約に関する論文がその一例だ。彼は旧約聖書における契約と律法の関係について、以下のように述べている。

> 啓示による律法の制度化という概念は契約の存在を前提としている。共同体への律法授与は契約の枠内で行われた。そしてこの関係性は神の憐れみと正しさへの信頼と呼ぶべきものを前提とした。神を礼拝する民が儀礼において行った

---

[1] A.1で扱った文献以外にもKoch, *The Rediscovery of Apocalyptic*, 37, 46–47を見よ。Limbeck（*Die Ordnung des Heils*）も、イスラエル宗教がのちのユダヤ教において硬直化したという理解について論じている。彼はいかにこの理解（彼はこれをWellhausenに帰す）が新約聖書学（Bousset, Bultmann, Bornkamm, Conzelmann, pp.13, 18–19）のみならず旧約聖書学（Noth, von Rad, p.16）にも導入されたかを論ずる。彼はBillerbeckの圧倒的な影響に対してMooreとBonsirvenがわずかな抵抗を示した点も指摘する（pp.18–20 n.30）。Limbeckの議論にはラビ・ユダヤ教は含まれない。

ことは、神との関係性に至るためのものでない。その目的はこの関係性が壊れずに持続することだ[2]。

しかし後の時代にこのバランス感覚が崩れてしまった。

> しかしこの時代において、律法を持つということがイスラエルの選びをもっとも明らかに支持する事柄となった。したがって律法への遵守が神の恵みを認める主要素となった。この遵守が些細な規定への遵奉となったとき、功徳という概念が忍び込み、厳密な契約概念が神の憐れみに依拠した契約に暗い影を落とすこととなった[3]。

私は本著で、このような理解がのちのユダヤ教に対する誤解の上に成り立っていることを証明してきたつもりである。そしてケネディーが前半の部分で述べた契約の概念こそが、ラビらを含めたイスラエルによって維持された思想である。ラビ・ユダヤ教はけっして、神の恵みに依拠した契約とこの契約の枠内における適切な応答としての律法遵守に取って替わる、狭量な律法主義を反映してはいない。

契約の維持：本著で論考した文献においては、契約と律法との関係がほぼ遍在的に見出された。この例外としてシラ書が挙げられるが、シラの子は律法遵守という問題を選びの概念と結びつけることをしていない。これには2つの明らかな理由がある。(1) 彼はイスラエル人のみを扱っており——多くの奨励の対象が曖昧ではあるが——、選びの民とそれ以外との対比を問題としていない。(2) 彼には来たるべき世における報いと罰という概念が見られない。したがって、この世において人がそれぞれ程度の異なる富と苦難を経験することについて述べるのみである。彼は応報という一般的な概念を用いてこの世における義人と邪悪な者の運命に言及するものの、個々人が真に共同体の「内」に属し、したがって「救われる」かどうかという問題を扱っ

---

[2] Kennedy, 'The Covenant Conception', 389.
[3] Kennedy, 'The Covenant Conception', 392.

D.　結論

ていない。これ以外に本著が分析した文献においては、人は従順によって契約における立場を維持するが、それは神の恵み自体を獲得する手段でない、という点で一致している。従順はたんに、神の恵みを受ける集団に個人を留めるものである。『IVエズラ書』においてもこれは言い得る。この書の対話部分における悲観的な理解が、契約と従順との関係性を反転させることはない。『IVエズラ書』における違いは、この従順が完全でなくてはならず、違反が有罪判決に繋がるということだ。したがって『IVエズラ書』の対話部分において、人は救われるために完全な従順を示す必要があるとされるが、それでも契約と律法との実質的な関係性は他の文献と同様である。すなわち、人は従順によって契約に留まる。

　契約への無関心？：「後期ユダヤ教」において契約が主要な概念でないことは、「契約」という語があまり用いられないことによって支持されるという議論がしばしばなされてきた。したがってファン・ユニクはユダヤ教において契約という理解が後退したというブセットの意見に同意しつつ、ブセットが「契約」という語を索引に挙げなかったことは適切だと評した[4]。用語研究がいつも誤りというのでないが、それは人を欺きかねず、それが当該議論には当てはまる。私はラビ文献に関する分析（I.A）を基にして、あえて以下のように述べる。すなわち、まさに契約という概念の本来的な性質ゆえに、ラビ文献において「契約」という語の頻出度は比較的低い[5]。ラビらの議論において契約は前提であって、彼らの議論はおもに、契約における諸規定をいかに成就すべきかを問題としている。彼らの議論自体と問いの立て方から判断すると、神が契約の約束に対して誠実であるという契約概念がラビらの念頭にあることは明らかだ。問題とされているのは、契約の諸規定に対して

---

[4]　W.C. van Unnik, 'La conception paulinienne de la nouvelle alliance', in A. Descamps et al. (eds.), *Littérature et théologie pauliniennes*, 113. 同様の姿勢は Roetzel, *Judgement in the Community*, 55–56 を見よ。

[5]　もう1つの理由は、「天の王国」や「天の軛」といった他の表現が用いられたことである（I.A.1の註11を見よ）。Heinemann が *diathēkē* の研究において導いた「フィロンが契約という概念を知らなかった」という結論と比較することもできよう。Heineman は「連邦（commonwealth）」など他の用語を看過している。Heinemann, 'The Covenant as a Soteriological Category and the Nature of Salvation in Palestinian and Hellenistic Judaism', in Hamerton-Kelly and Scroggs (eds.), *Jews, Greeks and Christians* (FS: W.D. Davies), 1976.n55 を見よ。

いかにユダヤ人が誠実であり得るかという点である。同様のことは他の文献についても言い得る。死海巻物において比較的頻繁に契約への言及が見られるのは、この共同体成員が真の契約——あるいは契約の真意——を有しているという宗派的な確信があるからであり、その契約内に編入され留まるための特別な条件を定義する必要があるからだ。しかし一般に、契約という概念は広く周知されていたが、契約という語がこの時代の文献に頻出することはない。さらに従順は、神の恵みを獲得する手段ではなく、契約に留まるために適切な在り方と見なされていた。

憐れみと公正：この点に関してユダヤ教が一貫していること、また現存する文献において『IVエズラ書』の視点が独特であることは、神の憐れみという主題を考えることによって見えてくる。この主題は、『IVエズラ書』を例外として本著で分析してきたすべての文献において、厳格な応報という主題——それぞれ人の行為にしたがって——と隣り合わせの位置関係にある。憐れみと公正との関係については2つの理解がある。一方は、神の憐れみが正義より大きな位置を占めるという、ラビ文献に登場する理解である。他方で他の文献では、神が邪悪な者をその業にしたがって罰し、義人に憐れみを示す。義人に対する憐れみという主題は、死海巻物と『ソロモンの詩編』においてとくに詳細に説明されており、シラ書、『ヨベル書』、『エチオピア語エノク書』にもこの主題は見られる[6]。憐れみと応報（あるいは正義）という主題は競合関係にあるわけでなく、実際にはそれぞれ異なる役割を果たしている。神が人の行いを相応に扱うことは神の公正さを宣言することであり、罪人と義人の両方にその行いの結果がともなうことを明示する。神は気まぐれでなく、従順を罰したり違反を誉めたりしない。憐れみという主題は、イスラエルの選びにおける神の憐れみ、悔いた罪人を受け容れる神の憐れみ——悔悛は報酬を獲得する手段でなく、憐れみの神への応答である——、あるいは義人を「報いる」神の憐れみ等、様々な仕方で表現される。そして憐れみはいずれの場合でも、選びと最終的な救いが獲得し得るものでなく、そ

---

6) 索引の「義人への憐れみ」を見よ。ラビ文献については既述の祈り（I.A.10.b：「祈りと臨終」）を参照。

れらが神の恵みに依拠していることを示す役割を果たしている。神の視点からは、人は最終的な報酬にけっして相応しくなることはできない。義人ですら、神の憐れみを最終的に頼みとする。この主題は、『IVエズラ書』を例外として本著が分析したすべての文献に見られる。『IVエズラ書』においては、御使いによって神の憐れみが否定され、裁きは厳密な仕方で行為に依拠するとされる。神の憐れみという主題が他のすべての文献に見られる一方で『IVエズラ書』においてのみ欠損していることから、私たちは、一般に救いが功徳によって獲得されるとは理解されていなかったことが分かる。『IVエズラ書』においては、義人が贖いを自ら獲得するので憐れみを必要としないこと（『IVエズ』8.33）[7]、また邪悪な者に憐れみが示されないことが明示されている。『IVエズラ書』においては、基本的に忠実な者——ラビ的表現では「告白する者」——という範疇がなく、従順か不従順かのどちらかである。問題となるのは、忠実と見なされるのに従順がどれほど完璧でなければならないか、である。「信じる」者らは従うが、違反する者は「拒絶する」者と見なされる[8]。したがって、「ほとんど義人だがいつも忠実というわけではないイスラエルの成員——すなわちほぼすべてのイスラエル人——への神の憐れみ」という主題は、『IVエズラ書』には見出せない。それゆえに救われる者が非常に少ない。換言すると、『IVエズラ書』が本著で分析した他の文献の特徴と異なる点は、神と契約とを拒絶することを意味する違反を特定していないことである。じつにこの特定は、他の文献に見られても『IVエズラ書』には見られないものだ。『IVエズラ書』においては、明らかに意識的だとか極悪な違反に限らず、違反というだけでそれは神を拒絶することに繋がる。

2. 共通する宗教様態——契約維持の［ための］律法制

共通する宗教様態：この『IVエズラ書』の特異性は、「契約維持の［ため

---

[7] 『IVエズ』8.22は「エズラ」の言葉だが、これは彼が「正しく述べた」（8.37）と御使いによって評価される部分に属する。
[8] RösslerやHarnischなどは、不従順を『IVエズラ書』における唯一の基本的な不忠実と定義する。不忠実をあらゆる不従順と定義する方が適切であろう。

の〕律法制」と呼ぶことが最適な宗教様態が、本著で考察した文献に共通するユダヤ教の姿であることを、かえって強調している。契約維持の律法制という「様態」あるいは「構造」は以下のとおりである。(1) 神がイスラエルを選び、(2) 律法を与えた。この律法は (3) 選びを保証するという神の約束、そして (4) 従順の要求を意味する。(5) 神は従順に対して相応しい報いを与え、違反を罰する。(6) 律法は贖いの手段を提供し、(7) 贖いは契約関係の維持あるいは回復という結果を導く。(8) 従順と贖いと神の憐れみとによって契約のうちに留まる者すべてが、救われる集団に属している。そして、最初と最後の点に関する重要な帰結として、選びと最終的な救いとは人の功績でなくむしろ神の憐れみによると見なされる。

多様な神学表現：これら8つの要素が本著で分析したすべての文献にもれなく見られるわけではない。たとえば『エチオピア語エノク書』は、この点で明らかに「不完全」だ。しかし私は、『エチオピア語エノク書』の各所がこれらすべての要素を前提としている、と結論づけるに十分な証拠があると考える。したがって、この文献には従順が要求されていることから、律法授与に直接言及しないとはいえ、従順になるべき何らかのものが与えられていることは推測可能である。同様にこの文献には、邪悪な者がその行いゆえに厳格な罰を受ける一方で、義人が憐れみを受けるという主題が見られる。このことから、選びと救い自体が律法の実施に依拠するのでない一方で、従順は義の状態に留まるための条件であることが推測される。

基本となる宗教様態がこれらの文献に一貫して見られるという場合、それは均一な体系的神学がそこにあることを意味しない。クムラン共同体が定義する契約と「モーセの手によって与えられた」諸規定は、ラビらの定義と明らかに異なる。しかしこれらの集団のあいだで、契約と諸規定への従順が重要であるという理解が共有されている。これはすなわち、贖いの在り方がまったく同一ではないものの、全体の枠組みにおいて贖いがどこに位置するかに関しての同意があることを意味している。共通する宗教様態の中に違いがあることは、クムラン共同体が孤立した宗派であることから明らかだ。しか

しそれによって、私たちが共通理解の存在を否定することにはならない[9]。したがって当時のパレスチナには無数のユダヤ教があったかという一般的な議論に対しては、「そうでもあり、そうでもない」と応答するしかない。異なる集団があり、多くの点で異なる神学があったことは間違いない。しかしそこに、「ユダヤ人」という名前以上の共通理解があったことは確かだ[10]。

3. 黙示主義と律法主義

死海巻物と律法：本著の分析の結果として、「黙示主義と律法主義とが当時のユダヤ教における本質的に異なった宗教様態に属する」と主張する者らを支持する証拠が、まったく存在しないことが分かった[11]。高度な律法制と間近に迫った終末期待の両方が明らかなクムラン共同体の存在が、このような単純な図式を完全に否定する。死海巻物では、強い終末期待が特徴的な宗教様態に繋がるという想定は覆された。クムラン共同体に見られる一般的な宗教様態には独特な傾向が見られるものの、それは他と較べて例外的ではない。さらに黙示主義がこの宗派をセクト的な集団にするのではない。セクト的特徴を呈するのは、選びと契約の成員に関する独特な定義に起因している。終末が近いことを期待する者すべてが契約と選びを再定義する、と考えなければならない理由はない。

黙示と従順：私は、黙示文献において従順という概念が特別であるという理解に対して懐疑的である。『エチオピア語エノク書』と『IVエズラ書』とに諸規定がことさら特定されていないという事実は、これらにおいて聖書的諸規定への具体的な従順が期待されていないことを示唆するわけではない。

---

9) Sandmel, *The First Christian Century*, 23–24, 83 も見よ。

10) 本著が扱った文献はパレスチナに限定されるので、その結論もパレスチナ・ユダヤ教文献に限られる。私は他所で「契約維持の律法制」がヘレニズム・ユダヤ教においても広く見られると論じた。もっともパレスチナ・ユダヤ教文献には見られない重要な神学的強調点がヘレニズム・ユダヤ教に見られることも確かだ。Sanders, 'The Covenant as a Soteriological Category and the Nature of Salvation in Palestinian and Hellenistic Judaism' を見よ。

11) 例えばこの問題は Koch (*The Rediscovery of Apocalyptic*, 53) や Russell (*The Method and Message of Jewish Apocalyptic*, 23–28) で議論されている。

むしろ『IVエズラ書』において考察してきたように、戒律や諸規定は従わなければならない。従順は基本的忠誠を示すが、それは告白と否定という主題に関する議論が示したとおりラビ文献においても見られる。『ヨベル書』においても同様のことが分かる。特別に黙示的期待が織り込まれた作品でないにせよ[12]、とくに23章と50章には明らかな将来的視点が見てとれる。それにもかかわらず、これほどに具体的な規定に対する従順を強調するという意味で「律法的」な作品は他にほとんど見られない。

　同じ宗教様態：あるユダヤ人が他のユダヤ人よりも黙示的傾向が強いことを否定するつもりはないが、私はこれが特別な宗教の様態の本質的な要素だとは考えない。むしろ、同じ宗教の様態を前提としながら、黙示的傾向が強い文献もあれば、その傾向があまり見てとれない文献もある。シラ書を例外として本著が論考した他のすべての文献に、ある程度の将来的期待が観察された。たとえばラビ文献においては、『Mキッド』1.10で「土地」の約束に関する理解が変化することを確認した。当初は文字どおりのイスラエルの地に関する約束だったものが、のちには来たるべき世を意味するようになった。しかしこの変化が、「編入」と「滞留」──すなわち契約に加入することと留まること──に関する基本的な問いを変えることにはならない。私たちの主要な問いは、いかにして共同体に編入され留まるかであり、救いの決定的な時がいつか、それはどのような様子かに関する問いではない。終末の時やその様子に関する異なる展望が、宗教の様態を決定する主要な要素ではない。このことは、編入（選び）と滞留（従順）の様態に焦点を置くとき明らかとなる。

　私はムーアのように黙示文献をラビ文献の下に配置したり、レスラーのようにその違いを強調して基本的に異なる宗教と見なしたりするつもりはない。私たちは本著で、異なる文献のグループにおいて基本的な共通項が見出せるかを探ってきたが、この問いに対しては「見出せる」と言わざるを得ない。これは、黙示的文献とラビ文献とが互いに相容れない集団から生じたか、どれほどの人数のラビに強い黙示的傾向が見られたかという類の歴史的問題

---

12)　Russell, *Method and Message*, 54.

に解決をもたらさない。私たちはたんに、様々な文献のうちに共通する「宗教の様態」を見出すのみである。

4. セクト（分離派）とパーティ（宗派）

唯一の分離派としてのクムラン：編入と滞留という問題に焦点を置くとき、私たちはユダヤ教セクトと宗派を論考する視点を得ることにもなる。おおよそヨセフスに依拠することで、ユダヤ教の諸集団は「分離派」や「宗派」と呼ばれ、これらの語が同義語のように用いられ得ると一般に考えられてきている[13]。しかし、いわゆる救済論的排他主義という概念を基にして、これらの語を区別することが肝要だと思われる。ある集団はその集団の成員以外の救いをことごとく否定するだろうが（分離派）、ある集団はその集団の教義をより大きな共同体成員が同意すべきだと述べるだろう（宗派）。現代的な類例は容易に提示し得る。たとえばカナダ保守党が、自分たちこそカナダを治めるべきであり、そうなればカナダはより良い国となると言ったとすれば、それはパーティ（党派／宗派）である。現在のトーリー党（カナダ保守党）の指導体制が北部マニトバに居を移して、そこに国会と法廷とを設立し、「我々の法に従わない者は真のカナダ人でなく、カナダを裏切る者だ」と言えば、それは分離派（セクト）である。このような理解に立つなら、明らかにセクト的な文献と言えるのは死海巻物のみである[14]。この集団に「イスラエル」という呼び名を充てることは躊躇されたが、この分離派内では外の者を裏切り者と呼び、契約は分離派の契約であった。『ヨベル書』は暦の問題があるので分離派的な特徴を示すものの、この文献に明らかな分離派的視点

---

13) たとえば Neusner, *From Politics to Piety*, 4; *Understanding Rabbinic Judaism*, 12; Buchanan, *Consequences of the Covenant*, 80, 238（「様々な分派が自らを……真のイスラエルの残りの者と見なした」）; J.A. Sanders, 'The Old Testament in 11 QMelchizedek', 373（「自らを真のイスラエルと宣言するユダヤ教宗派」）を見よ。I.A.7.n.518 参照。

14) Russell (*Method and Message*, 22) は「セクト」という語の使用に反対するが、それは「セクト」が分離すべき基になる正統派がなかったからだ。しかし死海巻物は、ある集団がより大きな共同体から分離して、その部外者を破滅へ向かうものとして断罪することができたことを示した。これは「セクト」という表現を正当化する材料となり得る。

はない。アム・ハ・アレツ（地の民）を「イスラエル」に含むことを示唆する――ときとして明示する――ラビ文献は、上の定義によると明らかに分離派ではない。すべてのラビが「ハベリーム（仲間）」であったとしても――ここには疑問があるが――、社会的関係性という意味では実質的な排他主義があるだろう。しかしアム・ハ・アレツが「イスラエル」から除かれないのなら、それは分離派というよりも宗派の特徴を示す。

文献と集団：すべての宗派や分離派に名前をつけることにはあまり意味がない。現存する文献をヨセフスが言及する宗派のどれか1つに当てはめようとする努力がなされてきたが、それはあたかも新約聖書各書の著者を新約聖書に登場する人物にあてはめようとするようなものだ。伝統的には、サドカイ派とファリサイ派とが復活に関して異なる理解を持っていたことに依拠して、現存する文献のほとんどがファリサイ派に属すると考えられた。それはこれらの文献において復活が明らかに支持されているか、あるいは示唆されているからである。したがってチャールズは、暦の問題を看過してまでも『ヨベル書』をファリサイ派に属すると判断した[15]。『ソロモンの詩編』はいまでもときとしてファリサイ派に属すると考えられるが、それはこの書がサドカイ派やエッセネ派やゼーロータイに属さないという判断に依拠している[16]。私は、すべての文献が何らかの宗派に属すると判断する必要を見出さない[17]。もしヨセフスの証言にしたがうならば、彼が指導的な宗派と呼ぶファリサイ派に何人が所属していたと述べているかにも同様に注目すべきだ[18]。もしファリサイ派に6000人の成員がいたとすると、ユダヤ人の大半がこの宗派に属していなかったことになる。したがって、私たちが「分離派」や「宗派」について議論する場合、具体的にこれらの集団にそれぞれの文献が所属していたことを意味しているのでなく、それぞれの文献や文献群が「宗派」や「分離派」的特徴を反映していることを示しているのみだ。

---

[15] Charles, *Pseudepigrapha*, 1.

[16] Maier, *Mensch und freier Wille*, 283–93.

[17] Sandmel, *The First Christian Century*, 23; Reicke,'Official and Pietistic Elements of Jewish Apoclypticism', *JBL* 74 (1960), 137–50 も見よ。

[18] 『戦記』2.162,『古誌』18.12.

5. イエスとパウロの時代のユダヤ教

本著の目的：私たちの論考は、後70年以前のパレスチナにおいてユダヤ教がいかなる姿だったかという問題へ答えを提示するものではなかった。私たちが議論したのは、たとえばファリサイ派やサドカイ派でなく、現存する文献についてであった。おそらく、サドカイ派の文献というものは存在しておらず、またラビ文献のうちに断片的な仕方で見え隠れする以外にファリサイ派の文献も実質的には存在していなかろう。したがって、多くの研究者が「知っている」というほどに、私たちはファリサイ派について知ってはいない。しかし本著の論考をとおして、後70年以前のユダヤ教に関して幾ばくかのことは言えよう。

契約維持の律法制：前2世紀から後2世紀にわたって契約維持の［ための］律法制が一貫して見られることから、後70年以前のパレスチナにおいて契約維持の律法制が広く受け容れられていたと推測できる。したがって契約維持の律法制こそが、イエスやパウロの慣れ親しんでいたユダヤ教の型だった——小アジアのユダヤ教の特徴について私たちはほとんど知らないが——。マタ23章が批判するような、重要な点を看過して些末な事柄に注目するユダヤ人がいた蓋然性を、完全に排除することはできない。人の性に鑑みるなら、そのような者がいたであろうことも推測できる。しかし、現存するユダヤ教文献はそのような思想を反映していない。現存するユダヤ教文献がすべてユダヤ教徒によって保持されたわけではない。旧約聖書外典（続編）や偽典に属する文献はキリスト教徒によって保存されたし、死海巻物はたまたま見つかった。したがって、本著が分析した現存するユダヤ教文献は、当時のユダヤ教の在り様を語っており、のちの世代のユダヤ教が記憶に残したかった部分のみを反映しているのでない。宗教がそれ自体の表現によって理解されるべきだとの前提に立つなら、そして明らかな改竄や意図的な虚偽が含まれていないという前提に立つなら、後70年以前のユダヤ教においては、恵みと行為の均衡が保たれ、神の諸規定が卑小化されることなく、したがってそれが偽善的な特徴を反映していなかったと判断すべきだろう。キリスト教側

がしばしば行うユダヤ教批判は、自らの宗教を誤解して誤用するユダヤ人が存在したということに対してでなく、ユダヤ教自体が料簡の狭い律法主義、利己的で自己欺瞞の詭弁、高慢と神への不信感の混合によって特徴づけられることに対するものである。しかし現存するユダヤ教文献を分析して分かったことは、そのような特徴が見られないということである。契約維持の律法制という枠組みを一貫して維持することで、神の恩寵と要求とが健全な仕方で保たれており、律法の細々とした規則は宗教の全体的枠組みに則って、神への献身の表れとして理解されている。そして、イスラエルを最終的に贖うことを選んだ神に対する謙った姿勢が促されている。

例外としての『IVエズラ書』：私たちはさらに、『IVエズラ書』がユダヤ教を代表する文献として見なされるべきでないことも確認した。キリスト教学界においては、『IVエズラ書』がパウロの知るファリサイ主義あるいはユダヤ教を正確に反映しているとの見方が伝統的に根強い。ケーベルレはこの理解を体系的に支持して、以下のように述べた。「全体として……間違いなく『IVエズラ書』の著者は、ユダヤ人の異なる宗教性に対していかなる終末的裁きが下るかに関する確信の影響を正しく伝えている。ここでは、神の恵みと憐れみへの信仰に関する多くの表現がことごとく否定されているように見受けられる[19]」。『IVエズラ書』がユダヤ教を代表する文献であるとの立場は、多くの研究者によって支持されてきた。したがってドッドは『IVエズラ書』が「パウロの改宗以前の立場」をもっとも的確に反映していると考えた[20]。ロンゲネッカーは『IVエズラ書』を「初期ファリサイ主義」を知るための主要な証拠と見なし[21]、ボルンカムはユダヤ教黙示主義の不可避的な終焉を『IVエズラ書』に見出した[22]。『IVエズラ書』を後70年以前のユダヤ教を代表する文献として用いることに関して、私たちはこれほどにエルサレム陥落の影響を受けた書物が他にないことを最初に述べておく必要があろう。ラビ文献の方がこの書よりもまだ後70年以前のユダヤ教を反映して

---

19) Köberle, *Sünde und Gnade*, 657.
20) C.H. Dodd, 'The Mind of Paul II', *New Testament Studies*, 118.
21) Longenecker, *Paul: Apostle of Liberty*, 8.
22) Bornkamm, *Paul*, 147.

D. 結論

いると言えよう。それは、ユダヤ戦争以降のイスラエルの苛酷な状況がなければ、『IV エズラ書』が示すような視点が生じることはまったくなかったであろうからだ。そして後 70 年以降のユダヤ教にとってさえ、この書の有用性は疑われるだろう。私たちは対話部分の悲観論が、終結部の幻に見られるイスラエルの勝利によって修正されていると理解したからだ。『II バルク書』は『IV エズラ書』の多くの部分を用いているが、その思想を逆転させている。すなわち『IV エズラ書』を用いていると思われる『II バルク書』では、違反にもかかわらず罪人が回復されイスラエルが救われるという理解が示されている[23]。行為による救いの教義が明示されている対話部分の悲観論は、ユダヤ共同体において一般に共有されていた理解と符合しないように思われる。もしファリサイ主義がラビらによって継承されたとすると、対話部分において拒絶された幻視者の懇願のうちに「ファリサイ主義」的視点が見られることになろう。現存するユダヤ教文献において、違反が間違いなく破滅と繋がり、忠誠が完全な従順であるという思想は前代未聞である。『IV エズラ書』はごく少数の思想を反映する書であり、それはエルサレム崩壊以前のユダヤ教には見られなかった、と考えるべきであろう[24]。

結論：したがって私たちの論考の結果として、宗派と分離派との関係性に関する、またファリサイ派の優位性に関する歴史的事実については断言できないまでも、エルサレム崩壊以前のユダヤ教の性質に関しては十分な結論を導くことができる。のちのラビ文献に示されているようには契約維持の律法制に関する様々な主題やモチーフがいまだ明確でないとしても、神殿崩壊以前のパレスチナにおいて契約維持の律法制が広く認知された一般的な宗教の型であったことは間違いない。

---

23) Heinemann, 'The Covenant as a Soteriological Category', 1976, n55 を見よ。
24) 『IV エズラ書』に関する Box, Rössler, Harnisch, Breech の解釈を支持するならば、私が『IV エズラ書』に見出す特殊な思想は、ユダヤ文献においてまったく見られない、との結論に至ることとなろう。

第II部
パウロ

A. 導入

1. 文献資料

真正書簡：導入部の開始にあたって、パウロの思想を扱う際の基本となる幾つかの重要な点を、議論するというよりも確認しておこう。議論が不可能というのでないが、パウロ文書に関する緒論的な論争にここで参入する必要はなかろう。私がパウロ研究において考慮する文献資料は、パウロが著者であることに異議が唱えられない7書、すなわちローマ書、I–II コリント書、ガラテヤ書、フィリピ書、I テサロニケ書、そしてフィレモン書である。神学的あるいは宗教的内容に関してフィレモン書に特有の貢献をほとんど期待できない以上、基本的に6書に焦点を置けば良かろう。コロサイ書と II テサロニケ書に関しては、パウロが著者か否かに関する学術的議論は尽きず[1]、エフェソ書や牧会書簡までもパウロ書簡と見なす意見さえある[2]。真正書簡かどうかの議論において一番「引き分け」に近いのがコロサイ書だが、もしパウロがコロサイ書を部分的に執筆したとしても、「神学的」記述の重要な部分を彼が書かなかったことを、私はかなりの確からしさをもって示し得る[3]。研

---

[1] Conzelmann, *An Outline of the Theology of the New Testament*, 155 を見よ。Kümmel (*Introduction to the New Testament*) はこれら2書をパウロの真正書簡と見なす。

[2] Kümmel (*Introduction*) は、それぞれの手紙の項に、誰がパウロの真正書簡と見なすか、あるいは見なさないかを挙げている。

[3] Sanders, 'Literary Dependence in Colossians', *JBL* 85 (1966), 28–45; P.N. Harrison, *Paulines and Pastorals*, 1964, 65–78. コロサイ書に関する同様の見解は、G.W. MacRae が 1972 年の SBL で発表した研究論文 ('The Colossian Heresy and Modern Gnostic Scholarship') にも見られる。MacRae によると、「パウロの真正書簡と見なすには、コロサイ書はあまりにパウロ的過ぎる」。

究者には、第二パウロ書簡のうちのもっとも重要な2書であるコロサイ書とエフェソ書に関して、これらをパウロが執筆しなかったにせよ、パウロを分析する際の文献資料と見なすよう主張する者もいる[4]。これらの書にパウロ書簡群からの引用が多く見られることからも、これら2書がパウロの思想から大いに影響を受けている点は疑いようがない[5]。しかし、これらをパウロの分析のための資料として用いることは、混乱と不正確性とを招来し、回避すべき誤った印象を読者に与えかねない[6]。ここでは、パウロが執筆したことに疑いの余地がない書簡に依拠して論考することとしよう。

使徒言行録でのパウロによるスピーチを、パウロ神学の分析に使用する資料として考えるべきでないことは言うまでもなかろう。パウロの活動に関する研究における使徒言行録の資料価値に関して、私は John Knox に同意する[7]。パウロが異邦人への使徒として召命されたとの確信を持っていたこと以外、本著では彼の活動について触れる機会がないので、使徒言行録への言及は限定的となる。

書簡神学の偶発性とパウロの一貫性：パウロ書簡群に関して1つ重要な点に言及しておく必要があろう。ローマ書、I–II コリント書、そしてガラテヤ書は、すべて短期間のうちに執筆された。I テサロニケ書はこれらより数年先んじて書かれているが、フィリピ書は執筆年代を確定するのが困難だ[8]。パ

---

[4] 例えば M. Zerwick, *The Epistle to the Ephesians*, 1969, viii を見よ。

[5] コロサイ書については註3を見よ。エフェソ書については E.J. Goodspeed, *The Meaning of Ephesians*, 1933; C. L. Mitton, *The Epistle to the Ephesians*, 1951 を見よ。

[6] 例えば II.C の註 9, 11, 12 を見よ。Whiteley (*The Theology of St Paul*, xiii) は真正パウロ書簡群にエフェソ書を融合させて一貫した神学を論ずることの誤りを指摘するが、彼自身が同じことをコロサイ書について行っている。彼が教会をキリストの体と見なす議論 (*Theology*, 190–99) はまさにその好例だ。

[7] J. Knox, *Chapters in a Life of Paul,* 1950.

[8] Knox (*Chapters*, 86–88) によると、I テサは 40 年代最初頃に、ガラは 51–54 年のあいだに、I–II テサは 51–53 年頃に、ロマは 53–54 年頃に、フィリは 47–50 年頃に執筆された。Bornkamm (*Paul*, 241–22) によると、I テサは 50 年に、ガラは 54 年に、I–II コリのほとんどは 54–55 年に、フィレモ 54–55 年に、ロマは 55–56 年に執筆された。フィリに関しては複数書簡仮説があることから、年代特定が難しい。Bornkamm, *Paul*, 246–47; Bornkamm, 'Die Philipperbrief als paulinische Briefsammlung', *Geschichte und Glaube* II, 195–205 を見よ。フィリを単一書簡と見なす立場には、V.P. Furnish, 'The Place and Purpose of Philippians iii', *NTS*, 10 (1963), 80–85; T.E. Pollard, 'The Integrity of Philippians', *NTS* 13 (1966), 57–66; R. Jewett, 'The Epistolary Thanksgiving and the Integrity of Philippians', *NT* 12

ウロに関する議論のほとんどが前出の6書に焦点を置かざるを得ないので、これらの書が彼の活動における非常に重要な時期に執筆されているという点を確認しておこう。パウロがエルサレムへの献金を集め終えて西方へ目を向け始めたその時、彼が以前設立した諸教会での問題が発覚した。これらの問題は、「彼の福音」を改めて熟考して、「他の福音」を視野に入れながら前者を言語化することをパウロに促した。これら6書のあいだで、パウロの神学が大きく「前進する」様子は認められないが、自らの思想を描写する彼の表現にはある程度の変化が確認できる。このような変化は、パウロ理解を深化させる絶好の機会であると同時に、解釈者の技量が試される機会を提供する[9]。

（1970）, 40–53 がある。

9) しばしばパウロの「神学的展開」と見なされる部分は、IIコリ5章とフィリ1.22–24を視野に入れた終末期待と関連する。この展開に関するシナリオは、C.H. Dodd, 'The Mind of Paul' in *New Testament Studies*; Schweitzer, *Mysticism*, 135–36; Cerfaux のパウロに関する三部作 ; D.M. Stanley, *Christ's Resurrection in Pauline Soteriology*, ch.3; J.C. Hurd, *The Origin of First Corinthians*; Buck and Taylor, *Saint Paul: A Study of the Development of His Thought* を見よ。比較的単純なシナリオは W.D. Davies, *The Gospel and the Land*, 208–30 を見よ。Jewett（*Paul's Anthropological Terms*）は、パウロの人間論に関する用語の時間推移的な変化の可能性に注目する。Dodd, Cerfaux, Stanley の議論には、コロとエフェとが真正書簡であるという前提がある。これらの議論のまとめは、SNTSでのKümmelの報告（*NTS* 18 [1972], 457–58）を参照。IIコリ5章と明らかに異なる終末観に関しては、C.F.D. Moule, 'St Paul and Dualism: The Pauline Conception of Resurrection', *NTS* 12（1966）, 106–23 を見よ。Moule は多様な仕方で述べられる終末の描写のあいだに基本的一致があると主張するが、この理解がおおよそ正しいように私には思われる。Hanhart（'Paul's Hope in the Face of Death', *JBL* 88 [1969], 445–57）は、パウロが具体的な将来期待を持っていたのでなく、むしろ『キリストと共にある』永遠の命への期待」に満ちていた（p.445）、と述べる。Kümmel（*Theology*, 237–43）は、IIコリ5章とフィリ1.22–24での期待が将来の復活に対する期待から乖離する様子を示していない点を、簡潔に指摘している。なぜならこの後者の期待は、IIコリやフィリよりも後に執筆されたロマにも見られるからだ。これら2つの観点は、パウロの基本的関心──「パウロは明らかに、キリスト者が絶えず天の主との交わりに留まる、という点にのみ関心を持っていた」（p.242）──に沿って理解されねばならない。

私自身は、この時間推移的な変化が立証されるなら、それを意義深く興味深いものと考える。明らかな変化もある程度見られる。ロマでの律法に関する議論はガラでの議論よりも発展している（この点は W.D. Davies に準拠する）。しかしそれは、パウロの思想が変化したことを必ずしも意味しない。これらはむしろ、議論や描写の仕方の変化と捉えるのがもっとも安全だろう。私は、現存するパウロ書簡群のあいだで、パウロの思想が変化したことを示す証拠がないと考える。もっともそれは、証拠がないだけであり、書簡間での差異はいつでも議論の余地を残している。

この視点は、「パウロの宗教は彼の神学だったか[10]」あるいは同様だがより素朴な「パウロは『神学者』だったか[11]」という類の質問に対して応答する手立てを提供する。この質問に対してここでは簡易な答えに留めるが、第II部全体がこの答えの補足説明とも言えよう。パウロはその福音について熟考したという意味では神学者だ・っ・た・が、ローマ書執筆時においてさえ体・系・的・な・神学者ではなかった。パウロの神学はそのまま彼の宗教だったのでなく、その宗教を多様な状況に応じて各書簡で表現しようとするその試みが彼の神学として表された。なお私は、思想が体系化されておらず定式化されるに至ってなくとも、パウロを一貫性のある思想家だと考える[12]。

2. 方法論

　第II部が意図するところは、パウロの「宗教の様態」を提示して、第I部で確認された「宗教の様態」とこれを対比することだ。これまでと同様の過程を経て、パウロの思想――思想があるとの前提に立って――の一貫した基本構成の確定を試みよう。パウロに関しては、「宗教の様態」を単純に「救済論」として説明することが、ユダヤ教の場合よりも容易だ。もっとも救済論は独立した神学主題というのでなく、キリスト論、終末論、人間論などと表現できる他の主題と密接に結びついているので、やはりこれを「宗教の様態」と表現することが最も適切と思われる。

　第I部では、選びと契約という問題の分析によってそれぞれの文書群の論考を開始した。それは、ユダヤ教を分析するにあたって、これらの概念を起点と見なし得るからだった。しかし、パウロの場合はそう単純でない。「パウロの宗教思想の起点と中心点を正しく確定するための議論ほど、パウロ研究において難解なものは他にない」と言っても過言でないからだ。後述する

---

10) W. Wrede, *Paulus*, 47–48; Conzelmann, *Theology*, 157.
11) Munck, *Paul*, 65–67. パウロが神学者だとの認識をMunckが否定する場合、それはおおよそ「現代的な意味での神学者」(p.66) でないと述べているに過ぎない。「彼の神学は使徒としての活動から生み出されるものであり、その活動を直接的な仕方で支えていた」(p.67)。
12) II.G（一貫性、関連性、資料）の項を見よ。

ように、起点をどこに定めるかは分析が適切かどうかを決定する。したがって、起点を慎重に定めて、パウロが実際に出発した地点から開始することが重要となる。

3. 起点と中心点に関する問題

　起点としての人間論？：アルベルト・シュヴァイツァーはその特有の眼識によって、パウロ理解を決定づける彼の思想の起点と中心点に注目した。彼は、パウロを組織神学の領域に押し込んで、終末論を彼の思想の周縁に追いやるなら、パウロ理解は完全に無意味となる、とまで言わないまでも、その理解が大いに阻害されることになる、と述べる[13]。さらに、パウロの福音の中心的主題を「信仰のみによる義」と定めているうちは、キリストの体への編入（incorporation）という概念によってパウロが意図した現実の重要性、そして彼の神学の中核にあるものを見失っている、と評価する[14]。もっとも、シュヴァイツァーが提唱する幾つかの側面は、新約聖書学者らによって受け入れがたいものとして、適切に論破された。たとえば、予定論をパウロの思想において過度に強調すること[15]、バプテスマを事効的に（*ex opere operato*: なされた行為に依拠するものとして）捉えること[16]、さらに2つの復活という理論[17]である。そうだとしても、上述した2つの側面が広く支持されていないことには当惑を禁じえない。ムンクは、終末論から開始すべき、というシュヴァ

---

13)　Schweitzer, *Paul and his Interpreters*, 33–34, 36, 53–54, 57–58, 102–03 を見よ。

14)　Schweitzer, *Mysticism*, 220–26.

15)　たとえば「『召された者』は不可避的に救いを得、そうでない者はけっして得ることができない」（*Paul and his Interpreter*, 215. *Mysticism*, 9 参照）。その他でもしばしば同様の言及が見られる。Bultmann, *Theology*, I.329–30 を見よ。

16)　たとえば「バプテスマを授けられたその時点で、当人の意志や思いやその他のいかなる協業も経ずして、キリストの死と再起とがその人に生じる」（*Paul and his Interpreter*, 225–26）。あるいは「編入は……信じた時点、すなわち信仰の如何に関わらない。それは第一にバプテスマにより……」（*Mysticism*, 116. 128 参照 ）。Bultmann, *Theology*, I.311–13; Davies *Paul and Rabbinic Judaism*, 98–99; Tannehill, *Dying and Rising with Christ*, 41 と対比せよ。

17)　Schweitzer, *Mysticism*, 90–95; Schoeps, *Paul*, 104を見よ。これに対するDavies（*Paul and Rabbinic Judaism*, 98–99）の説得性に富む批判を見よ。

イツァーの意見に賛同する。ムンク自身の著作には、多くの示唆に富む洞察が見られるものの、明らかにパウロが強い関心を寄せた救済論について、何ら満足のできる説明を加えずに閉じている[18]。シュヴァイツァーは、パウロ研究の分野での貢献度が高いドイツのプロテスタント研究者らのあいだで、ほとんど無視されてきた。シュヴァイツァーの「神秘主義」という用語は、彼自身がまったく意図しない用語理解ゆえにボルンカムやコンツェルマンなどの学者によって拒絶され[19]、さらに他の主張もまったく看過されるか軽んじられるかされた。ボルンカムはパウロ神学を論ずる項の最終場面で終末論の意義について考察するが、それはシュヴァイツァーの議論を適切に評価していない[20]。人間論から開始して信仰のない人を最初に扱うというブルトマンの優先順位は、ボルンカムとコンツェルマンとに決定的な影響を与えた。この開始点の選択は、「信仰による義」を中心的な神学主題と捉え、パウロ神学の終末論的、宇宙論的、参与論的な特徴よりも個人的側面に関心を向けるという彼らの解釈姿勢と符合する[21]。

---

18) Munck の *Heilsgeschichte* theory（救済史理論）は救済論を示唆するが、それがいかに機能するかが明確でない。

19) たとえばボルンカムは「これらとその他同様の表現は、神秘主義とほとんど関わりがない。……神秘主義の主要素が、神と人のあいだの境界線を曖昧にするからだ」(*Paul*, 155) と評する。コンツェルマンは、希望という主題がパウロの思想を神秘主義——すなわち「非歴史的霊体験や秘跡主義」——と見なすことを阻む (*Theology*, 184)、とする。シュヴァイツァー自身 (*Mysticism*, ch.1) は神秘主義に関するこれらの定義を拒絶する。この用語はある意味で流行となり、学者らによってはこれをいまだに用いる者がいる。たとえば Schneider, *Die Passionsmystik des Paulus* (1929); Alfred Wilkenhauser, *Pauline Mysticism* (英訳 1960); M. Bouttier, *Christianity According to Paul* (英訳 1966), 32 を見よ。「神秘主義」という句は多くの誤解を生んできたので、様々な定義を提唱することで狭義の意味を確定する試みを続けるよりも、その使用を止めることが良かろうと思われる。この句への批判は Schoeps, *Paul*, 46.n1; Tannehill, *Dying and Rising*, 3–4.n7 を見よ。

20) Bornkamm, *Paul*, 197–98 を見よ。

21) Whiteley (*Theology of Paul*, xiv) は、「パウロ神学が幾つものモチーフのどこからでも構築され得る」という適切な洞察を示している。そしてそのモチーフとして、キリスト、十字架、教会、終末を挙げる。彼は実際には伝統的な神学的中心である、創造や堕落等にしたがって論を進めている。またその過程で、パウロが三一論や三位一体の第二位格の性質と活動といった、のちの定理に対していかに同意し、また反論するかについて格別な関心を示している。このような関心や論理の流れが特定の疑問——教義のどれほどをパウロが支持するか等——に対して応答するためにある程度必要なことだと思われるが、パウロ自身の表現によってその思想を理解しようとする試みが阻害されるように思われる。

A. 導入

信仰義認の個人的適用？：シュヴァイツァー以降のパウロに関する学術的議論を、シュヴァイツァーのような視点に立って試みるなら、それは非常に示唆に富む研究となろう[22]。もっとも、そのような分析は本著が扱う範囲をはるかに越えている。ここではパウロ研究の開始点をどこに定めるかという問題に焦点を置くので、その点でもっとも興味深い学術的議論を考察しよう。それはケーゼマンによる「両方面への攻撃」だ[23]。この「攻撃」は、一方でブルトマン、ボルンカム、コンツェルマンにその矛先を向け、他方でスタンダールを対象としている。ケーゼマンのパウロに関する論考のもっとも重要な特徴は、キリストの体への参与[24] およびキリストの主権の宇宙論的側面[25] によって、パウロの概念に現実味を持たせている点だ。ケーゼマンはのちに、パウロと初期キリスト教一般の重要な――あるいは最も重要な――モチーフとして黙示を補足した[26]。彼の議論が否定文によって構成されるのは、ブルトマンの人間中心主義への批判が意識にあるからだ。たとえばケーゼ

---

22) 第II部の補遺として挙げた Manfred Brauch の論文は、近年の学術的議論における主要な主題の１つを扱っている。私はこの論文を本著に掲載することを許可して下さった Brauch 博士に謝辞を述べたい。これは世に多く出回っている学術的議論の一般的な評価に取って代わられるべきものである。この分析に対する評価として、J. Coppens, *L'état présent des études pauliniennes* (1956); E.E. Ellis, *Paul and His Recent Interpreters* (1961); B. Rigaux, 'L'interprétation du paulinisme dans l'exégese récente', A. Descamps et al. (eds.), *Littérature et théologie pauliniennes* (1960); H. Conzelmann, 'Current Problems in Pauline Research', *Interpretation* 22 (1986), 171–86; Schoeps, *Paul*, ch.1.

23) Käsemann (*Perspectives on Paul*, 76 n.27) は、自らを「義認と救済史」という両端の中間に置いている。

24) たとえば Käsemann, *Leib und Leib Christi* (1933), 183 (「パウロの宣教における核心は『キリスト〔の内〕にある』ということだ」); 'The Pauline Doctrine of the Lord's Supper' (もともとは 1947–48 年に発刊された); *Essays on New Testament Themes* (英訳), 109, 111, 118, 132; 'Ministry and Commuity in the New Testament' (1949), *Essays*, 70 を見よ。

25) Käsemann, 'The Lord's Supper', *Essays* (1933), 117, 132, 135 (宇宙の支配者〔Cosmocrator〕としてのキリスト); 'Ministry', *Essays*, 68, 72 (宇宙の支配者)。これより少しあとの 'On the Subject of Primitive Christian Apocalyptic', *New Testament Questions of Today* (1962), 133–36 も見よ。パウロ神学の中核にキリストの主権があることを強調しようと試みた Gibbs (*Creation and Redemption*) が、Käsemann のこの貢献を充分に活用しなかったのは不可思議だ。Gibbs の視点に対する私の応答は以下のとおりだ。キリストの主権がパウロの確信の中核だったにせよ、それはパウロの救済論を理解する鍵を提供しない。それはキリストの主権という概念が、罪に対するキリストの死、その結果としてキリストの支配へ、信仰者がいかに参与するかを説明しないからだ。

26) Käsemann, 'The Beginnings of Christian Theology' (1961), *Questions*, 82–107; 'Primitive Christian Apocalyptic' (1962), 108–37 を見よ。

マンは、「パウロの理解によると、神の義は何よりも個人に関する事柄でなく、人間論の文脈においてのみ理解されるべきものでない」と述べる[27]。これに対してブルトマンは、パウロの義認論が何よりも個人を対象としていることを強い語気で主張し[28]、ボルンカムとコンツェルマンもこれに同調している[29]。ボルンカムは、ケーゼマンが神の義の拡大的解釈を強調することで「神の義と信仰との相互関係性が背後へと退いてしまう[30]」と述べて、さらなる批判をケーゼマンに向ける。ケーゼマンはこれらの批判に対し、信仰義認がパウロの福音の中核にあることは間違いないが、それは第一義的に個人に関するものでない、と述べる[31]。さらにケーゼマンは、自らに向けられる誤解を解消するために信仰に関する論考を発表した[32]。そこでケーゼマンは、「神の呼びかけへの受容としてパウロが教える信仰は第一義的に個人の決心であり、その重要性は人間論から教会論へと移されるべきでない」と論じている[33]。

「教会論へと移されるべきでない」という主張は、ケーゼマンが意識していた他の方面への攻防を念頭に置いている。スタンダールはその洞察力に富む論考の中で、以下の2点を指摘している。すなわち（1）パウロが理解する信仰義認に関する一般的（ルター派的）な認識は歴史的に誤っている。一般にこの教義は「内省的良心」による個人の罪意識からの解放として捉えら

---

27) Käsemann, '"The Righteousness of God" in Paul' (1961), *Questions*, 150 からの引用。より古くは (Käsemann, 'Ministry', *Essays*, 76)、パウロのカリスマ（霊なる賜物の授与）に関する理解について述べる際、「[それは]義認に関する純粋に個人的な解釈が使徒自身の教示から適切に構築できないことを明示している」と記している。Käsemann, 'On Paul's Anthropology' (1965), *Perspectives on Paul*, 10.

28) 'Δικαιοσύνη θεοῦ', *JBL* 83 (1964), 12–16.

29) Bornkamm, *Paul*, 146–47; Conzelmann, *Theology*, 172（「結果として急進的な個人主義がそこにはある。すなわちパウロの使信は個人と遭遇し、その個人を [集団から] 遊離させる」）。信仰義認が個人的であり非宇宙論的であることに関しては、Schweitzer, *Mysticism*, 219 を見よ。

30) Bornkam, *Paul*, 147; Käsemann, 'Justification and Salvation History', *Perspectives*, 78 n.28.

31) Käsemann, 'Justification and Salvation History', *Perspective*, 74. より古くは Käsemann, 'Ministry', *Essays*, 75–76 参照。神の宇宙論的で社会的関与として義認を解釈することに関しては、M. Barth, 'The Kerygma of Galatians', *Interpretation* 21 (1967), 141–43 をも見よ。

32) Käsemann, 'The Faith of Abraham in Romans 4', *Perspectives*, 79–101.

33) Käsemann, 'The Faith of Abraham', 83.

れるが、パウロ自身はそのようなジレンマを抱えていなかった[34]。(2) パウロ神学の中心は信仰義認でなく、とくにロマ 9–11 章で展開される救済史である[35]。ケーゼマンはこれに対して、ヴレーデやシュヴァイツァーやその他の研究者らが同様の理解を示していることを指摘したうえで、パウロ神学の中心に信仰による義がある点を論じた[36]。もっともこれは、個人主義的な主題として理解されるべきでない。じつに信仰による義と救済史とは共存する主題である。

> じつにスタンダールと彼の支持者らが、キリスト教的メッセージが個人主義的思想へと狭められる傾向に批判的である点は適切に評価されるべきだ。……義認というパウロ的な教義はけっして個人に関する考察から生じたものでないのだが、この点を認識する者は数少ない[37]。

信仰による義という教義の救済史的で宇宙論的な側面を認識する者が「数少ない」こと、それゆえにケーゼマンがブルトマンの個人主義的解釈を長きにわたって激しく批判してきたこと、さらに信仰による義が個人に焦点を置いていると考えるボルンカムとコンツェルマンがケーゼマンに対して反論していること、はたまたケーゼマンでさえ、上述のとおり、信仰が一義的に個人の決定だと考えていること、これらに鑑みると、ケーゼマンが「律法と義認という重要語句がほぼ不可避的に法廷的解釈と関連しているのは、じつに英

---

34) Stendahl の議論は以下の Cerfaux の言説に依拠している。「[パウロに対するキリストの顕現は]魂の危機の解決のためでなく、より重大な大義への召命だった……。内省はこの時代において実践されなかった。アウグスティヌスはまだ歴史に現れていなかった」(*The Christian in the Theology of St. Paul*, 375–76.n1)。

35) K. Stendahl, 'The Apostle Paul and the Introspective Conscience of the West', *HTR* 56 (1963), 199–215. 要約は Käsemann, 'Justification and Salvation History', *Perspectives*, 60–61 を見よ。Stendahl は、おもに罪意識でなくユダヤ人と異邦人との関係性がロマの中心的課題であることを救済史という問題で扱っているが、Käsemann はそれ以上に救済史を強調している。ロマ 9–11 章はロマ 1–8 章の補論でなく、むしろ全体のクライマックスである (Stendahl, 205)。Stendahl はパウロ神学における信仰による義の役割を限定的に捉える点で Schweitzer と同意する (204.n10)。この Stendahl の立場には、たとえば J.A. Fitzmyer ('Saint Paul and the Law', *The Jurist* 27 [1967], 19) が同意する。

36) Käsemann, 'Justification', 60–61, 73–74.

37) Käsemann, 'Justification', 74.

語圏の研究者らのあいだでのことで……、最終的に個人主義にいたるかに見える信仰の実存論的な解釈には違和感を持たざるを得ない[38]」と述べることに、すこしく当惑を覚える。たしかに、両方面との攻防を展開するケーゼマンは微妙な立場に置かれている。彼は信仰による義という教義を中心に据えつつも、その過度に個人主義的な理解を否定しながら、それでも信仰が個人的な決断であることを強調するからだ。過度な個人主義を否定するために、ケーゼマンはその師であるブルトマンを論駁せねばならなかった。同時に、ブルトマンの実存論的な立場が個人主義に終始しているという批判を、宗教改革の影響がすでに薄れている英語圏における特徴的な誤解としてやり過ごさねばならなかった。

　信仰による義の中心性を擁護しつつ、これが救済史の下部構造の一要因に過ぎないという議論に抵抗するケーゼマンは、この議論をたんなる中立的な釈義に終わらせず、より明らかな仕方で強調する。彼の世代のドイツ語圏の神学者のあいだにあって、彼は信仰による義という宗教改革の教義の再発見に関して以下のように述べる。

> ［それは］我々に救済史という概念へ抵抗する強い免疫を与えた。この救済史という概念は、第三帝国とそのイデオロギーとともに世俗的で政治的な姿をして私たちのあいだに浸透してきた。ちょうど火傷を負った子供のように、我々が火種に——すなわち、今世紀に入って3度目となる現在の広範に見られる熱狂ぶり対して——燃料を注ぐことにしり込みすることは当然のように思われる[39]。

さらにケーゼマンは、救済史という概念の持つ魅力が今日の宗教的期待とまったく関係ないとは言えない、と推測する。彼によるとそれは、「何が違い

---

38) Käsemann, 'Justification', 64.

39) Käsemann, 'Justification', 64. Käsemannが今日の神学的闘争をパウロの解釈へ投影させて混乱しがちな傾向にある点については、G.A. Lewandowski, 'An Introduction to Ernst Käsemann's Theology', *Encounter* 35（1974）, 236–38 を見よ。H. Hübner, 'Existentiale Interpretation der paulinischen "Gerechtigkeit Gottes"', *NTS* 21（1975）, 464 も参照。

をもたらすかより何が互いを結びつけるかに焦点を置き、新約聖書にも同様の傾向を期待する[40]」エキュメニカル運動と親和性があるからだ。ケーゼマンは、自らの神学が現代の神学的考察に依拠しているようには考えない。むしろそのような考察は、彼の神学的問いかけとそれに対する彼の結論の重要性を明らかにすると考える。

信仰義認の不適切性：この討論が示すところは以下のとおりだ。ケーゼマンと彼を批判する者ら両方が、異なる仕方で正解をたたき出している。ケーゼマンやスタンダールやその他の研究者らは、パウロ神学の中核に個人を置くことが不可能であるとする点で的を射ている。ブルトマンとボルンカムとコンツェルマンとは、「信仰による義」という特定の概念が究極的に個人に関することを明らかにしている点で正しい[41]。すなわち私たちは、「信仰による義」という標語がパウロ神学を理解する鍵である、との判断を放棄せねばならない。後述するように、これはある程度において用語に関する議論である。なぜならパウロは、特定の状況においてはこの標語によって自らの立場を要約し得るからだ。しかし、この用語をパウロ神学の中核あるいは開始点と捉えるなら、私たちはパウロの主旨から逸れてしまいかねない。「信仰による義」をいかに理解すべきか、この点は後続する項で論ずることとしよう。ここではたんに、それがパウロ神学の中核を示す用語として不適切である理由を要約するに留めよう。

　シュヴァイツァーがこの理由を説得力に富む短い表現でまとめているの

---

40) Käsemann, 'Justification and Salvation', 64.
41) Käsemann は 'Justification and Salvation History' の中で、信仰による義がいかに宇宙論的であって個人主義的でないかを明確に述べない。この点に関しては彼の他の論文（'The Spirit and the Letter', *Perspectives*, 165）が理解の鍵を提供しているかも知れない。すなわち、「パウロの救済論はたんにキリストの臨在とその主権を意味し、したがってそれは不敬虔な者の義認である」。さらに彼は「不敬虔な者の義認」を「信仰による義」の中核と見なす。さらに彼は「不敬虔な者の義認」を定義して、キリストの臨在と主権のうちに引き渡された状態とする。この場合の臨在と主権が宇宙論的である。私自身も、信仰による義に関する用語はパウロの参与論的で宇宙論的な言語によって定義されるべきであり、その逆でないという立場に同意する（II.7 を見よ）。もっともこれが Käsemann の意味するところならばだが。しかし、それならばなぜ「信仰による義」がパウロの救済論における中心的概念と見なされなければならないか。それはルター的伝統に同意しているに過ぎないのでないか。

で、以下にその要約を記すことにしよう。

> それ（信仰による義）が最も単純で原初的な表現で示されているガラテヤ書では、信仰による義という教義がいまだ一人歩きしておらず、「キリスト［の内］にある」という終末論的教義から導かれた諸概念の助けをもって説明されている。
>
> ガラテヤ書でもローマ書でも、それは律法に関する議論がなされる文脈でのみ登場する。その場合でさえ、いまだ無割礼のアブラハムを聖典からの論拠とする場合に限られる。この聖典による議論との関連においてのみ、それは意義を持つ。
>
> さらに……パウロはそれ（信仰による義）と他の贖罪における祝福——霊の所有や復活——とを結びつけない。信仰と義および律法と義に関する聖典からの議論によって生じた論考が終わると、パウロにとってそれはもはや用無しである。倫理の基盤を設定する際にも、バプテスマや主の晩餐の教義を確定する際にも、パウロはそれをいかなる仕方でもふたたび議論しようとしない[42]。

これらの点はシュヴァイツァーの著作の他所で、さらに詳細に議論されている。たとえば、倫理が信仰による義に依拠せず、むしろ「キリスト［の内］にある」という神秘論的教義と彼が呼ぶものに依拠することに関しては、以下のように述べられている。

> これまで良い業を行うことが生得的に不可能だった者にとって、いかにして義認をとおして良い業が可能となるかが説明されねばならないのでないか。この能力はキリストをとおしてのみ人にもたらされ得る。しかし信仰と義に関する教義によると、キリストがなすことは、信仰者が義と認められるようにすることのみだ[43]。

---

[42] Schweitzer, *Mysticism*, 220–21.
[43] Schweitzer, *Mysticism*, 295.

パウロは、義と認められることと倫理とのあいだの溝をけっして埋めることをしない。むしろ倫理は、「キリストと共に死に甦る神秘論的教義」から派生する。この教義は、シュヴァイツァーが述べるとおり、神秘論的教義というよりも、まさにパウロの倫理的教義と呼ばれていた[44]。パウロ書簡群をとおして、信仰による義という概念が倫理の源泉となり得るか——あるいはそれが典礼を説明し得るか等——を見定めようと試みる者はみな、シュヴァイツァーの議論の説得性にただちに気付くことになる[45]。ブルトマンや他の研究者らが、いかに信仰による義から倫理を導き出すよう試みたかについて詳細を述べることは避けるが、ここでは1箇所のみブルトマンの言説を例として挙げよう。「したがって、『霊にしたがって歩め』という命令法は義認という叙実法と矛盾しないのみならず、叙実法に起因している……[46]」。これは1点を除いてまったく正しい。すなわちパウロの言説において、「霊において歩め」という命令法と関連する叙実法は、義に関する叙実でなく、霊において生きているという叙実である（ガラ5.16–25, ロマ8.1–17. Ⅰテサ4.1–8参照）[47]。

これは、シュヴァイツァーの理解が完全に正しいことを意味しない。彼は1つの些末な点で、そして1つの重大な点で、単純化し過ぎている。第1に、「信仰」——「信仰による義」でないにせよ——が倫理と関連する箇所を見出すことは可能だが[48]、神の霊における信仰者の生き方を根拠にパウロの倫

---

44) Schweitzer, *Mysticism*, 295. パウロの倫理的勧告と、死と復活という主題との関連についてはTannehill, *Dying and Rising*, 77–83 を見よ。

45) 命令法が叙実法——あるいは「直説法」——に続く箇所の一覧はBornkamm, *Paul*, 202を見よ。

46) Bultmann, *Theology*, I.332.

47) 興味深いことにFurnish (*Theology and Ethics*) は倫理を義認と関連させるために、義認を参与や所属といった分類として定義せずにいられない。すなわち「彼（キリスト）に所属する者は神の力の支配のもとにもたらされる」／「信仰に依拠して義とされた信仰者は、新たな領域に所属する。彼らは新たな支配と主権のもとに立たされる。たんに新たな命の可能性を与えられたのみならず、じつに完全なる新たな存在とされた」(pp.224–25)。FurnishはBultmannに倣い、義を法的・終末的な概念として捉える（p.147）。法的宣言がいかに敵対的力から解放し、新たな主権の下へ移行し、まったく新たな命を付与することになるかが不明だ。パウロの倫理はここで参与や所属と繋がっていることは良いが、その参与や所属が「義認」と名付けられている。

48) ガラ5.6やロマ14.23をも見よ。ガラ5.6（「愛をとおして稼働する信仰」）と5.22–24（御霊の実）について、Bornkamm (*Paul*, 153) は「義認は〔御霊の実の〕前提条件である」と述べる。しかし、まさにこの点をパウロは述べておらず、ガラ5.5では義あるいは義認が将来において期待されている。したがってガラ5.6は「信仰による義」に関する用語と倫理とが関連していないという

理的言説が記されていることを忘れてはならない。より重要な点――これが
シュヴァイツァーの理論全体の誤りだが――は、信仰による義に関する用語
と神の霊にある生き方に関する用語――「キリスト［の内］にある」等の表
現で、ここでは「神秘主義」という論争の原因となりがちな用語を避けて、
より適切な「参与[49]」とする――の内的関連であり、実際にパウロ書簡群に
見られるこの関連をシュヴァイツァーが理解していないことだ。したがって
彼は、典礼をとおして信仰者は主と１つの体となる（Ⅰコリ10.17, 12.13）こ
と以外に、信仰をとおして信仰者に神の霊が付与されることをもパウロが述
べている点を看過している（ガラ 3.1–5）[50]。

信仰義認の二義性：もっとも、過度な単純化や些末な誤りがあったとして
も、信仰による義に関連する用語をパウロ神学の中心的主題――したがって
パウロの思想を理解する鍵――とする立場への反論には説得性があり、これ
を充分に論破する議論はなされてきていない。したがってボルンカムはシュ
ヴァイツァーに同意し、「パウロ神学における他の重要な主題や思索は［信
仰による義から］派生したものでない[51]」と述べるが、それでもどういう訳
か、これを問題視しようとしない。ローマ書において義が非常に重要である
という事実によって、ボルンカムは「彼（パウロ）の神学の基本的主題は最
初から最後まで変わらない」と結論づける。さらに彼は、この信仰による義
という概念に基づいてパウロがユダヤ律法から訣別した、と考える[52]――こ
の点が厳密に誤っていることに関しては後述する――。いずれにせよこれ
は、「他の諸主題を説明できない主題はそれが何であれ中心的主題たり得な

結論を導く。ロマ 14.23（「信仰から出ないものは何にしろ罪である」）における「信仰」はおそら
くたんに「確信」を指すだろう。NEB を見よ。Whiteley, *Theology of St Paul*, 59 も参照。

49) Käsemann（'The Lord's Super', *Essays*, 124）は、信仰者を捉える力であるキリストの主権を表現
するのに「参与」は語気が弱過ぎると考える。しかし、これが一般的な表現としてもっとも適切だ
と考えられる。Whiteley（*Theology of St Paul*, 130, 152, 154 等）も「一連のシンボルが参与という概
念を示している」とする。Tannehill（*Dying and Rising*, 24）は「思考の共同体的様態」あるいは「思
考の内包的様態」(p.24) と表現する。

50) したがって Schweitzer（*Mysticism*, 221）は、御霊の所有は信仰による義とけっして結びつかな
いという誤った理解に立っている。少なくともそれは、信仰と結びついている。

51) Bornkamm, *Paul*, 116.
52) Bornkamm, *Paul*, 116.

い」とのシュヴァイツァーの主張に対する応答になっていない。コンツェルマンも同様に、人がいかに救われるかという問いに対する法的応答と神秘主義的応答——それぞれ、信仰による義とキリストの内にあること——がしばしば区別されることに言及しつつ、「キリスト［の内］にある」という句が「法的で客観的な言語によって『和解』という概念が語られる全ての箇所に見られる」（例としてIIコリ5.18–21）ことを根拠に、神秘主義的解釈は成立しないとの安易な結論に至っている。さらに彼は、信仰と「キリスト［の内］にある」ことが関連している、と述べる[53]。これらの分析から、パウロの思想において「神秘主義的」と「法的」という概念のあいだの明確な区分が示されていないことが明らかになることは確かだが、それによって信仰による義という用語がパウロ神学の中核であるとの主張を論破するシュヴァイツァーの議論に対して、効果的な反論を行うことはできない。あるいはこれらの分析は、信仰による義がパウロの教義の中核にあるという結論を示し得ない。信仰による義に関する言語の適用性が限定的であることは、*pistis* や同根語（動詞の *pisteuō*）が非常に多義的に広く用いられていることを示すことで論破されるものではない。あるいは、法的言語と思われる表現と「神秘主義的」言語と思われる表現が混在していることを指摘しても、それはパウロの真意が法的言語によってより適切に表現されることを意味することにならない。シュヴァイツァーが述べたように、信仰による義は、神の霊の所有や神の霊による歩みといったパウロ神学の他の諸側面に依拠し、それらに基づいて理解され得るのであり、その逆でないことを見誤ってはならない。この単純な事実から導かれる結論は、「ガラテヤ書やローマ書の開始部における議論がパウロ神学全体を理解する鍵となる」という一般的な理解がまったく的外れだということである。ここまでが、ある意味で第II部の要約であり、後続する部分ではこの要約を支持する証拠を提示していくこととする。

キリストの主権とパウロの召命：それでは、後続する部分をいかに開始すべきか。パウロにはキリスト者としての生き方を方向づける2つの重要で明らかな確信があったように思われる。(1) イエス・キリストが主であり、

---

53) Conzelmann, *Theology*, 208–09.

彼をとおして神が信じる者（一般的な意味での回心者）すべてのために救済を提示し[54]、彼がふたたび到来してすべてを終結させる日が近い[55]。(2) パウロは異邦人のための使徒として召命された。ムンクがとりたてて指摘するとおり、これら2つの確信は密接に結びついている[56]。異邦人のための使徒というパウロの役割は、ユダヤ人であれ異邦人であれ信じる者すべてに救済があるという確信と繋がっている。終末の接近を視野に入れていた異邦人のための使徒であるパウロは、全世界で可能なかぎり早急に福音を宣べ伝えるという責務を感じていた。私たちはこれら2つの確信に依拠してパウロの神学を説明すべきである。パウロの神学が、「いかに救済の出来事が重要で、いかにパウロがこれらの出来事に関わっているか」を考察する、複雑でややもすると不可能と思われなくもない作業だとしても。

---

54) *pistis* と *pisteuō* はパウロ書簡に頻出する。これらの語はしばしば非常に一般的な意味で用いられ、「律法の行いでなく信仰による義」という主題とは無関係に用いられることが多い。分詞複数形の「信じる者ら」は「[ユダヤ人や異教徒と区別するための用語としての] キリスト者ら」ほどの意味だろう。たとえばIテサ 1.7–9 では「偶像から神へと立ち返った……信じる者ら」であり、Iコリ 1.7–9 ではユダヤ人や異教徒との対比としての「信じる者ら」である。Iコリ 3.5, ロマ 13.11 も見よ。非信者（*apistoi*）との対比として「信じる者ら」（キリスト者）が用いられる（Iコリ 14.22–24, IIコリ 6.15. Iコリ 6.1, 6, 7.12–14, IIコリ 4.4 参照）。Bultmann の要約は *TDNT* VI.203–19 を見よ。

55) キリストの主権から開始することを支持する例として、W. Thüsing, *Per Christum in Deum*, ch.1 を見よ。人の改宗以前の窮状でなく、キリストあるいはパウロの終末期待から開始することを支持する例として、Fitzmyer, *Pauline Theology*（パウロは成就から遡及して考える）; Giblin, *In Hope of God's Glory*; Amiot, *The Key Concepts of St Paul* を見よ。Kümmel (*Theology*, 142) と Furnish (*Theology and Ethics*) はいまだに義認を中心的概念として捉えるが、将来的期待から開始することを支持する。これは典型的なルター的解釈の部分的な再考察に過ぎない。

56) Munck, *Paul*, 41, 66–67.

B. 窮状 (Plight) に先行する解決 (Solution)

窮状から解決へ？：神がキリストにおいて救済を提供したというパウロの重要な確信について述べる場合、私はパウロ神学の議論を進める際の伝統的な筋道を採用しないことにする。この議論の筋道とは、まず人類の窮状を確認して、その問題解決としてキリストが与えられた、という論理の流れである。ブルトマン、コンツェルマン、そしてボルンカムはこのような筋道を想定している[1]。とくにブルトマンは、ローマ書の議論が罪から始まり、その解決へと進むという構成になっていることを根拠に、この筋道を正当化した[2]。ブルトマンは、「この方向性に則って議論するならば、パウロの真の教えに至るのだ」と教えているようだ。

> パウロはローマ書において、未知の会衆に対して自分が正当な使徒であることを示すため、彼の教えの主要な諸側面を相互に関連させて提示しているが、ヘルメス文書がその論考を宇宙論的な議論によって開始するのとは異なり、救済の出来事から開始することで彼の教えの信憑性を証明しようとはしていない。むしろパウロは人類の窮状を暴露することから開始することで、神の救済行為を決断の機会となしている。この議論の流れに倣って、ロマ 7.7–8.11 では、律法の下にある人が律法の下での窮状を「死の体」からの解放を願う「惨め」な

---

1) Bornkamm (*Paul*, 120) はパウロの福音を私と同様の仕方で説明し（註 7 を見よ）、人の状態に関するパウロの「極端な評決」を「キリスト者の救いという基盤に立ってのみ理解可能」と認識している。もっとも彼は人が失われているという状況から議論を開始する。このパウロと異なる議論の方向性を採用したために、Bornkamm は彼自身の洞察をその議論において充分に生かすことができていない。

2) Bultmann, *Theology*, I.190, 227 を見よ。

存在であると認識したあとで初めて、救済の出来事を解決の訪れと見なすことができる[3]。

ローマ書の構成に依拠した議論に加えて、窮状と解決が連関せねばならないという明白な論理に依拠した議論も可能だろう。そうだとすれば、人の窮状をパウロがいかに見なしたかという議論から開始することが論理的に自然のように見受けられる。しかし、パウロの論理の流れは、窮状から解決という順序でなく、むしろ解決から窮状へと向かっているように思われる。ロマ7章を「ユダヤ教徒（practicing Jew）」としてのパウロの葛藤が描かれた箇所と見なす試みはもはや時代遅れとなっており、そのような理解は一般に放棄されてしまった。ロマ7章はむしろ、信仰という視点から見た非キリスト者あるいは前キリスト者を描いている。さらにフィリ3章に依拠するなら、パウロは「律法の下にあった」とき、自らが救済を必要とする「窮状」に置かれていたとは考えていなかったようだ[4]。教会を迫害するほど律法に熱心だったパウロは、正式な意味でのユダヤ人でない者はみな呪われていると考えたかも知れない。しかしそのような窮状に対する解決は単純で、それはすなわち正式にユダヤ人となることだったろう。「全世界——ユダヤ人もギリシャ

---

[3] Bultmann, *Theology*, I.301.
[4] この議論の基礎を築いたのはW.G. Kümmel（*Römer 7 und die Bekehrung des Paulus*, 1929）だ。これをBultmann（'Romans 7 and the Anthropology of Paul', *Existence and Faith*, 147–57, 1932）が同意してさらに展開した。さらなる文献はConzelmann, *Theology*, 181.n1 を見よ。Luz, *Das Geschichtsverständnis des Paulus*, 156–68（最近の文献リストはp.160）も見よ。ロマ7章とフィリ3章に関するこの立場を反映する最近の研究は、J. Dupont, 'La conversion de Paul', in M. Barth et al. (eds.), *Foi et Salut selon S. Paul*, 75 を見よ。この立場に反論する研究者は後述するII.Dの註23を見よ。彼らの議論は、深い情動が反映されるロマ7章での議論がパウロの個人史に依拠しているのに対し、フィリ3章での議論は誇張的な表現が用いられている、との視点から進められる。本著での議論は以下の点からより適切だと考えられる。(1) パウロはガラ3.11–12でキリスト論と救済論に依拠して律法を批判しており、律法の実行不可能性に依拠していないが、これは彼がフィリ3章で律法の遵守の困難さを示していないことと符合する。律法に関するパウロの議論がその実行不可能性という性格を問題としていない、という点が最も重要となる。II.D.1、とくに註23を見よ。(2) キリストにある生き方と律法の下での生き方とが比較されるロマ6–8章における議論全体のうちに置かれるロマ7章は、やはりその議論に沿って理解されるべきだ。律法の下での生き方について、パウロがキリスト者としての視点から述べることができたという事実は、改宗前のパウロが律法の下での生き方において葛藤を覚えていたことの証明にならない。

B. 窮状（Plight）に先行する解決（Solution）

人も——は救済者を同様に必要としている」という結論は、神がすでにそのような救済者を提供しているという前提から生まれ出たものだ。神が救済者を提供したのなら、そのような救済者が必要だった。それならば結果的に、他のいかなる救済の方法も不適切となる。この点は、ガラ 2.21 にもっとも明白に示されている。すなわち「もし義が律法をとおして得られるなら、キリストが無駄に死んだことになる」。ここでの論理は、キリストは無駄死にせず、かえって「死んだ者と生きた者の主となるために」（ロマ 14.9）死に、そして甦らされたのであり、それゆえ「私たちはこの方と共に目覚め、また眠るのです」（I テサ 5.10）。キリストの死が人の救済に必要ならば、救済はその他いかなる仕方でも提供され得ない。その結果、死と復活以前の全人類が救済者を必要としている。パウロがイエスをそのような救済者であると確信するより以前に、彼が普遍的な救済者の必要を感じていたと判断する理由はない[5]。

宣教使信の中心にあるキリストの業：これはすなわち、ローマ書においてパウロが提示する問題は、彼の実際の宣教使信を反映していない蓋然性を示す。パウロが、人には罪があり救済を要するという現代的な伝道論理の筋道に則って語ったとは思われない[6]。パウロの宣教使信が実際にどのようだったかは明確でなく、この点について議論の余地がある。しかし彼がその説教において、人の必要から開始して神の業へと移行したのでないことを示唆する箇所が幾つか見られる[7]。パウロの説教の内容は、「神の福音」（I テサ 2.8–9, II コリ 11.7）、「キリストの福音」（I テサ 3.2, II コリ 2.12, ロマ 15.9）、あるいは単純に「福音」（ガラ 1.11, 2.2, I コリ 9.14）および「キリスト」（フィリ 1.18）

---

[5] サンドメル教授から、パウロ書簡群に改宗以前の窮状を知る証拠が見られずとも、人類の必要を律法が充分満たすかどうかという「隠された」疑問がパウロにあったのでないか、という重要な指摘をいただいた。そのような可能性は否定しようがない。しかしフィリ 3 章や II コリ 3.10（「以前は栄光と思えたことが、それを超える栄光ゆえに、もはやまったく栄光ではなくなった」）でのパウロの描写に鑑みると、キリストの顕現体験以前に、パウロが律法に何らかの問題を抱いていたようには思われない。

[6] Bornkamm, *Paul*, 121. Bornkamm は意識的に Bultmann の議論（註 3）に対して反論している。

[7] Bornkamm, *Paul*, 109.「イエス・キリスト自身、十字架での死に依拠した救い、復活、主としての高挙、これらがパウロの告知を形成している」。パウロの宣教的説教を具体的に確定することの困難さに関しては、Munck, *Paul*, 91 を見よ。

と表現される。あるいはその説教は、「神の言葉」（フィリ 1.14）、「十字架の言葉」（Ｉコリ 1.18）、「和解の言葉」（ＩＩコリ 5.19）と記される。とくに最後の２つの表現は、パウロが自分の説教を「神がキリストのうちになした業」の内容と見なしていたことが分かる。これはＩコリ 1.23（「私たちは十字架につけられたキリストを宣べ伝えます」）、そしてＩコリ 15.1–15 でより明らかとなる。この後者の箇所でパウロは、当時の教会の使信の伝統に呼応しつつ、キリストが死に葬られ甦らされたこと、これを使信として定義する。そして、「もしキリストが死から甦らされたなら、あなた方のうちに死者の復活はないという人々がいるのはなぜでしょう。……キリストが甦らされなかったなら、私たちの説教は虚しく、あなた方の信仰は空疎です。そして神に関する私たちの証言は虚偽とされます。それは、キリストを甦らせた神を私たちが証言するからです」（Ｉコリ 15.12–15）と述べる。この場合の説教と信仰——すなわち何が語られ何が信じられたか——の中心には復活がある。この後パウロは、やはりコリント教会のキリスト者らに向けて、「私があなた方のあいだで宣べ伝えたのは主であるイエス・キリストだ」（ＩＩコリ 4.15）と記している。ここに挙げた主題——「十字架の言葉」、十字架につけられたイエス・キリスト、キリストが死から甦らされた、キリストが主である——がパウロの使信の全体を示すわけではなかろう。しかし、彼が人の窮状を説教の主題として具体的に挙げることがけっしてないことは注目に値する。パウロの説教の主題は、いつもキリストにおける神の業である。

信仰内容の中心にある死と復活：さらに私たちは、信仰の内容——パウロによるとキリスト者が何を信じたか——を考慮に入れることで、上の提案についてさらなる支持を見出す。上述のとおり、Ｉコリ 15 章に示される教会共通の使信内容はキリストの復活であり、この主題はパウロ書簡群に頻出する。したがってＩテサ 4.14 は、「私たちはイエスが死んで甦らされたと信じるので、イエスをとおして眠ってしまった者らをこの方と共に導き出すのです」と記す。イエスの死と復活への信仰はロマ 6.8 にも示唆されている。すなわち「しかしもし私たちがキリストと共に死んだのなら、私たちはまた彼と共に生きると信じます」。さらにロマ 10.9 では、この信仰がより明らかな告白文として記されている。「あなたがその口でイエスは主であると告白

B. 窮状 (Plight) に先行する解決 (Solution)

し、神が彼を死者のあいだから甦らされたとその心で信じるなら、あなたは救われます」。近年ブルトマンは、「イエス・キリストを信じる」（ガラ 2.16）に類する句が「彼が死んで甦らされたと信じる」（I テサ 4.14）と同等だと述べたが、これは正しい[8]。「信じる者」あるいは単独の「信仰」という表現をパウロが用いる場合（I テサ 1.7, 8, 2.10, 13, フィリ 1.29, ガラ 1.23, I コリ 1.21, 14.22–24, 15.17, II コリ 13.5, ロマ 1.8, 16）、キリストと共に甦らされることで自らの救いへ希望を持つことも示唆するという、そのような意味での信仰を指すと思われる（II コリ 4.13–14）。したがって、「信仰者」とはのちの造語である「キリスト者」を意味し、ユダヤ人と異邦人とはともに「非信者（アピストイ）」と呼ばれる[9]。

復活の出来事：パウロの説教内容と聴衆の信仰内容とがキリストの死と復活に関するものであった、との判断にはさらなる 2 つの示唆が含まれている。第 1 に復活は、キリストの主権、再来、審判、そして信じる者の救いを示唆する。終末の出来事に関する周知の箇所としての I コリ 15.20–28 は、けっして特異なケースでない。たとえばフィリ 3.18–21 は以下のように述べる。

> 私はあなた方に幾度も述べたし、また今涙をもって述べますが、多くの者がキリストの十字架の敵として歩んでいます。彼らの行き着くところは死、彼らの神はその腹です。彼らの栄光はその恥のうちにあり、この地上のことに気を取られています。しかし私たちの市民権は天にあり、私たちはそこから救い主である主イエス・キリスト［が来られること］を待ちわびています。この方は、すべてを従えさえすることができる力によって、私たちの恥の体を彼の栄光の体へと変えられます。

---

[8] Bultmann, *TDNT*, 6.203.

[9] II.A の註 54 を見よ。Bultmann (*Theology*, I.311) は「キリスト［の内］にある」という句がしばしば、キリストの体に参入するという教会論的概念を意味するのでなく、たんに「キリスト者」を指すと述べるが、これは正しい。「信仰」および「信じる」という語にも、準用されて (*mutatis mutandis*) 同様のことが言える。*apistoi* を「非信者」でなく「信頼に値しない者 (non-ḥaberim)」を意味するとする Ford ("'Hast thou tithed thy Meal' and 'Is thy child Kosher'", *JTS* n.s. 17 [1966], 74–75) には、幾つかの興味深い考察はあるが、同意できない。

とくに「すべて」の従属という考えは、Iコリ15.27–28を想起させる。同様にIテサ4.15–17は以下のように述べる。

> 私はあなた方に、主の言葉によって告知します。すなわち、生きて主の到来まで残されている私たちが、眠ってしまった人たちに先んじることはありません。主御自身が天より下り、大天使の声と神のラッパの音の中、命じられます。すると、キリストにあって死んだ者が最初に甦り、その後、生きて残されている私たちが雲の中にいる彼らのもとへもたらされ、空中で主と出会います。そして私たちは、いつも主と共にいることになります。

これらの箇所は、パウロが宣べ伝えた「キリストの福音」あるいは「神の福音」の内容を把握するための有用な助けとなる。すなわち、キリストは死に、神は彼を甦らせた。主は再来し、「信じない者（アピストイ）」は滅ぼされる（IIコリ4.3–4）。信じる者は救われるが、生きているならその体は変容され、死んでいるなら「霊の体」へと呼び起こされる（Iコリ15.44）[10]。当然ながらパウロは他に多くを語っただろうが、ここに挙げた内容が彼の福音である。したがって彼が福音を語る際には、人の罪や違反から開始するのでなく、神が提供する救いの機会から述べ始めたことが分かる——この救いは罪によってその機会が失われもするが——。換言すると、パウロは人でなく神に関して宣べ伝えた。自らの福音について説明を要する場合、他の新約聖書記者以上にいわゆる「人間論」を語るかのように見受けられもする[11]。しかしそれは、彼の神論、キリスト論、そして救済論が示唆する人間論に限られており、それ自体が単独で扱われはしなかった。結果として、パウロが宣べ伝えた福音は人の窮状に焦点を置いていない。

予定の信仰：キリストの死と復活とがパウロの使信の一義的な主題であることがもたらす第2の示唆は、パウロの説教内容の中心が人に関してでなく、また人を描写しない一方で、それは「信仰」を促し、その信仰が個人的でし

---

10) パウロの終末期待に関する一貫性については、II.Aの註9とIII.Cの開始部を見よ。
11) II.Dを見よ。

かあり得ない、ということである。神の業は宇宙論的に重大な出来事であり、それが「すべて」に影響を及ぼす。これがパウロの説教内容に違いない。そして、人は信じるかどうかによって、その影響の受け方がそれぞれ異なる。この論理展開において、パウロは人の信仰による応答にほぼ言及せずして神の救済行為を説明し得る。したがってロマ 8.28–30, 33 は以下のように述べている。

> 神は神を愛する者、その御心により呼ばれた者に対して、すべてを働かせて益とします。ご自身があらかじめ知っていた者を、さらにあらかじめ選んで御子の姿に似た者とされ、多くの兄弟らのあいだでの第一子とされました。そして神は、あらかじめ選ばれた者らをさらに呼び、呼ばれた者らをさらに義とされ、義とされた者らにさらに栄光を授けられました。……神の選びの者らを、誰が告発できるでしょう。

シュヴァイツァーは、予定をパウロの思想の中心的要素と見なし、その際に個人は選びを拒絶する権利を持つのみと考えた[12]。一方ブルトマンは、予定論にほとんど注意を向けることなく、個人の決断の必要性を強調した[13]。誰や何に従うかに関する個人の決断能力は、予定論と相反するように捉えられがちだが、ユダヤ教においてこれら2つが共存することを想起すべきだ。クムラン共同体の成員が選ばれた者であると同時に神を選んだ者であったように、パウロも福音を受容した者を神の選びと呼び得た（Iテサ 1.4, Iコリ 1.24, 26, ロマ 9.11–12, 11.7 参照）。パウロにおける神の予定と人の決断との均衡をいかに理解するか、これは困難な問題だ。ロマ 8.28–30（予定、証明、義認）をロマ 10.13–17 と比較することは、この理解の一助となろう。ヨエ 3.5──「主の御名を呼び求める者はみな救われる」──を解説しつつ、パウロは「信じたことのない方を人はいかに呼び求め得るでしょう。聞いたことのない方を人はいかに信じる得るでしょう」と問う。そして「したがって、信

---

12) Schweitzer, *Mysticism*, 101–18 （とくに pp.117, 128–30 を見よ）. II.A の註 15 参照。
13) Bultmann, *Theology*, I.228–29, 232, 240, 256, 270 （人の選択や決断がすべてを決定する）, 329–40 （決断や従順という信仰の質を崩壊させるので、予定論は文字どおりに理解され得ない）.

仰は聞くことから、聞くことはキリストについて語られた言葉から来ます」
と結ぶ。この箇所では、語ること、聞くこと、信じることという一連の動作
において、2章ほど前で強調された予定という要素が欠落している。これに
関しては、以下のような仕方で調和を見出すことができよう。すなわち神は、
聞いてその内容を信じる者を選び、これらの者を義と認め、栄光を授ける。
パウロがこれらの要素に関して整合性のある過程を提示する必要を感じなか
ったことに、私たちは目を見張る。救いの確信――すなわち救いを人に与え
る神の行為と恩寵――を念頭に置きつつ、パウロは予定論的な言語を用い得
る[14]。キリストの主権に関する人の側の選択を念頭に置いて語る場合、パウ
ロは「信仰」に関する言語を用いる。パウロ書簡群においては後者が際立っ
ている。しかし予定と恩寵に関する言説もあるという事実は、「人がその行
いをとおして救いを得る可能性をパウロが教えている」との結論に読者を至
らしめない[15]。

信仰とキリストへの参与：要約しよう。パウロの福音における主たる関心
は、イエス・キリストにある神の救済的な業であり、この業にパウロの聴衆
がいかに参与すべきかを教えている。上では、この参与という主題を明らか
に表現する言語として「信仰／信じる」があることを端的に述べた。パウロ
はこのような表現を初期のキリスト者による宣教活動から引き継いだのだろ
う。私たちは以下で、神の救済の業へ人がいかに参与するか、この問題をパ
ウロがいかに考えて提示したかを詳細に分析する。それはすなわち、パウロ
の救済論の核心へと足を踏み入れることである。

---

14) Whiteley (*Theology of St Paul*, 93) は、ロマ 8.29-30 が予定でなく救いの確信を扱っているとする。
15) Conzelmann, *Theology*, 173, 252-54 も見よ。

C. パウロの救済論

1. 将来への希望と現在の保証

異なる問いへの異なる解：信仰者の完全なる救いと不信仰者の滅びが間近に迫っているとの確信、さらに将来の救いを現在において保証する聖霊をキリスト者が持っているという前者と関連する確信、これらほどパウロの思想の中で確かに一貫して表現されている要素はない。上では、将来の希望を詳細に示す箇所を挙げた（Ⅰコリ 15 章のとくに 23–28 節、Ⅰテサ 4.15–17, フィリ 3.18–21）。シュヴァイツァーはパウロの終末期待に関して、終末の出来事を「カレンダー」に記されているかのように詳細で具体的に捉えていた、と考えた[1]。後続する学者らは、パウロの終末期待に一貫性が欠如することを指摘し、終末期待が漠然としたものだったと理解した[2]。私たちはこの問題をここで詳細に取り上げないものの、「終わりの日」に関してパウロがいつも同じ用語を用いないからといって、彼が一貫した終末期待を持っていなかったと言えない点は確認しておきたい[3]。上に挙げた複数の箇所は異なる性質の問いに関してであるにもかかわらず、パウロの応答はおおよそ一貫性を維持し

---

1) Schweitzer, *Mysticism*, 63–68.
2) Bornkamm, *Paul*, 219–20; Conzelmann, *Theology*, 185–86. Conzelmann はとくに、パウロの顕著な確信であり関心事だった「差し迫った主の日」の重要性を軽視している（「もちろん黙示的イメージはある……パルーシアに関するイメージが個別の主題とはなっていない……パルーシアに関する考えにまとまりがない」）。
3) パウロの将来に関する期待の一貫性に関しては、W.D.Daveis, *Paul and Rabbinic Judaism*, 311–18 を見よ。Ⅰコリ 15 章と Ⅱコリ 5 章とをいかに関連させるかという周知の厄介な問題については、Ⅱ.A の註 9 を見よ。

ている。すなわち、キリストが到来し、信仰者が救われ、不信仰者が滅ぼされ、すべてが神へと従属する[4]。Ⅰコリ15章は復活と裁きに関する一般的な理解を提供するものでないことは確かで、そこでは不信仰者の滅びが語られてない[5]。しかしこれは、シュヴァイツァーによる2段階の復活[6]と2段階の審判[7]——メシア的王国開始時のキリストによる裁きと人の最終的復活における神の裁き——という理論を支持することにもならなければ、パウロの終末論に一貫性が欠如していることを支持することにもならない。パウロはⅠコリ15章で「復活が実際に起こるのだ」という点を示そうと苦心しているが、Ⅰテサでは終末の到来以前に死んだ者がどうなるかを述べている。異なる問いには、当然異なる解がある。これは一貫性の欠如を意味しない。

主の日とキリスト者：主の到来への期待はパウロ書簡群においてしばしば言及されるが、この点を充分に理解しておく必要がある[8]。したがってパウロは、テサロニケの信徒らが偶像から生ける神へと回心したその信仰が広く知られていることに言及しつつ、「[彼らが] 私たちを来たるべき怒りから解放するイエス、神が死者のあいだから甦らせた御子を待ち望みます」（Ⅰテサ1.9–10）と述べる。さらに、主が近く（フィリ4.5）、その時が迫っており（Ⅰコリ7.29, 31, 10.11, ロマ13.11）、主の日が突然来る（Ⅰテサ5.2, フィリ1.6, Ⅰコリ5.5）という主旨の言説が繰り返される。そしてキリスト者は、主の日に完全で、聖く、責められない状態であるべき（Ⅰテサ3.13, 5.23, フィリ1.10, Ⅰコリ1.7–8）と述べられ、キリストにある将来の希望が（Ⅰテサ1.3）、救いの希望（Ⅰテサ5.8）あるいは義の希望（ガラ5.5）と特定される。またパウロにとって、主の日に自らの働きが報われることには格別の意味があった。彼の福音を聞いた者が救われ、かの日に責められるところがないと見なされることで、

---

4) Davies, *Paul and Rabbinic Judaism*, 297 参照。
5) Schweitzer, *Mysticism*, 67–68.
6) Schweitzer, *Mysticism*, 93.
7) Schweitzer, *Mysticism*, 66–67.
8) 速やかなるパルーシアへの期待を「黙示」という語で表現することが正しいかに関しては、Käsemann, 'On the Subject of Primitive Christian Apocalyptic', *Questions*, 109.n1を見よ。Bornkamm（*Paul*, 147）は、パウロが宇宙論的でなく個人的なレベルで議論していることに依拠して、この語の使用に反対する。Conzelmann（*Theology*, 256）の「黙示」に関する躊躇も見よ。

パウロ自身の使徒としての正当性が証明される（Ⅰテサ 2.19, フィリ 2.14–16. Ⅱコリ 1.14 参照）。さらにその時、使徒としてのパウロの業が他の同労者の業とともに試される（Ⅰコリ 3.10–15, 4.5）。

将来における救いの完成：パウロが「救う」という動詞を用いる場合、それは一般に未来形か現在形であり、アオリスト過去形が用いられるのは 1 回のみだ。しかしこの場合でも、パウロは「私たちは希望のうちに救われた」（ロマ 8.24）とする[9]。パウロにおいてより特徴的な表現は、「私たちは怒りから彼をとおして救われる」（ロマ 5.9）、「あなた方が……告白し……信じるなら、……救われる」（10.9）、「主の日に彼の霊が救われることになるため」（Ⅰコリ 5.5、接続法アオリストだが実質的な将来）、「いかなる方法でも私が幾人かを救うため」（Ⅰコリ 9.22. ロマ 11.14 参照）などである。受動態現在分詞の「救われている」あるいは「滅ぼされている」という表現はさらに興味深い。Ⅰコリ 1.18 では、十字架の言葉が滅ぼされている者にとって愚かでも、救われている者にとっては神の力だ、と述べられる。さらにパウロは「私たちは、救われている者と滅びていく者のあいだにあって、神へ献げるキリストの香りだから」（Ⅱコリ 12.15）と記す。救いの業がすでに稼働していることについては後述しよう。ここでは現在形での表現に注目しよう。パウロは「この世の形は過ぎ去って行こうとしている」（Ⅰコリ 7.31）、「私たちは……ある栄光の段階から他の栄光の段階へと彼の似姿に変えられているところ」（Ⅱコリ 3.18）、さらに「私たちのうちなる性質は日々新たにされている」（Ⅱコリ 4.16. フィリ 3.21 では未来形が用いられ、「私たちの卑しい体が彼の栄光の体のように変えられるでしょう」）と述べる[10]。いずれにしても、完成は将来の出来事として捉えられている。

将来の復活：最後に、復活が将来の出来事である点にも注目すべきだ。キリストの死へ参与するという議論が、キリストの復活にキリスト者が参与してしまっているという結論を引き出すとしても、パウロは将来の出来事としての復活を想定している。パウロは、キリスト者がある意味ですでに神に対

---

9) したがってエフェ 2.5, 8 で現在完了形が用いられることは、特徴的な神学的展開である。

10) キリスト者の変容が今開始していることに関しては、Bouttier, *Christianity According to Paul*, 22–28 を見よ。

して「生きている」(ロマ6.11) にしても、意識的に「彼の復活と同じ姿になるでしょう」(ロマ6.5) あるいは「私たちは彼と共に生きることになります」(6.8) 等のような表現を用いる。Ⅰコリ6.14, 15.22 (「私たちは命ある者とされる」)、そしてフィリ3.11 において、復活は明らかに将来の出来事である[11]。同様に、パウロがほとんど用いない神の国も、その継承は将来の出来事として描かれている (Ⅰコリ6.9–10)[12]。

御霊という現在の体験：キリスト者は神の子が天より到来する時を待つあいだ (Ⅰテサ1.9–10)、御霊が与えられている。パウロが宣べる命が現在のことか将来のことかについて多少の曖昧さは否めないが、御霊に関しては明確である。すなわち、キリスト者は今この時に御霊を持っており、それが救済の保証となる。さらにそれは、霊の賜物という仕方で顕現する。福音が言葉のみによらず御霊の顕現によってもたらされた、とパウロが読者に念を押すとおりだ。したがって彼は、「私たちの福音は言葉のみによらず、力と御霊による」(Ⅰテサ1.5)、「私の言葉と宣教の教えは説得力のある知恵の言葉によらず、御霊と力の現れによる」(Ⅰコリ2.4)、「真の使徒のしるしは、あなた方のあいだであらゆる忍耐をもって、しるしと不思議と力ある業による」(Ⅱコリ12.12)、「言葉と業、しるしと不思議の業、聖霊の力による」(ロマ15.18–19) と述べる。パウロが諸教会を教える場合、彼が御霊を所有していることが根拠であり (Ⅰコリ7.40)、ローマ訪問に際して「いくらかの霊の賜物を」分け与えることを願う (ロマ1.11)。第2に、パウロはキリスト者が「御霊を所有している」と繰り返す。したがって彼は、「あなた方は神の宮で……神の霊があなた方のうちに宿っている」(Ⅰコリ2.12, 3.16)、「あなた

---

11) コロ3.1 ではキリスト者がすでに甦らされているが、これをパウロ書簡として捉える Davies (*Paul and Rabbinic Judaism*, 318) は救いの秩序の完成を強調しすぎる。パウロの主要書簡群の補完としてコロサイ書を捉える Bouttier (*Christianity According to Paul*, 40) をも参照。Tannehill はコロ2.11–13 (「あなた方はまた甦らされている」) を将来の復活を想定するロマ6.4–5 よりも以前の伝承と考える。しかしむしろ、コロ2.11–13 を神学的発展と見なすべきだと思われる。コロサイ書がローマ書の幾つかの箇所を統合していると考えられる。Sanders, 'Literary Dependence in Colossians', *JBL* 85 [1966], 40–42 を見よ。

12) コロ1.13 では、「愛する御子の王国」への移行がすでに起こっていることとして述べられる。Davies, *Paul and Rabbinic Judaism*, 296 を見よ。

方の体は聖霊の宮です」(6.19)、「この方は私たちに印章を押し、私たちの心に保証としてその御霊を下さいました」(IIコリ 1.22)、「神の霊が本当にあなた方に宿るなら、あなた方は御霊のうちにあります」(ガラ 3.2, 5, 4.6, ロマ 5.5, 8.9)、「御霊の初穂を持つ私たち自身」(ロマ 8.11, 23) と言い得る[13]。パウロは同時に「キリストが私のうちに住む」(ガラ 2.20) あるいはキリスト者のうちに神が住むとも述べるが (IIコリ 6.16.「私はあなた方のあいだに住む」という旧約聖書の教えの敷衍)、御霊の所有という表現がより一般的である[14]。

パウロはすべてのキリスト者が *charismata* / *pneumatika* と呼ばれる霊の賜物を持つことを想定している。したがって彼は、「御霊を消してはならない、預言を軽視してはならない」(Iテサ 5.19–20)、「私たちの主イエス・キリストの顕れを待つあいだ、私たちに霊的賜物 (*charismata*) が欠けることはありません」(Iコリ 1.7)、「それぞれ神から特別な賜物 (*charismata*) が与えられている」(7.7)、「愛を目標とし、霊的賜物 (*pneumatika*) を心から求めなさい。とくにあなた方が預言できるように」(12.1, 4, 11, 14.1)、「私たちに与えられた恵みにしたがって賜物 (*charismata*) を持っているのですから、それを用いましょう」(ロマ 12.6) と述べる。

キリスト者の聖さ：キリスト者は現在の営みにおいて、清浄されたという意味で聖化されており (Iコリ 1.2)、主の日まで聖く非難の余地がないよう促される。したがってパウロは、コリントの信徒らへ以下のように記す。

> あなた方は、不義なる者が神の王国を受け継ぐことはない、ということを知らないのですか。騙されてはなりません。不道徳な者、偶像崇拝者、姦淫する者、同性愛者、盗人、強欲な者、酩酊者、嘲罵する者、強奪する者は、神の王国を受け継ぎません。あなた方の中にもそのような者がいましたが、あなた方は主イエス・キリストの名と私たちの神の霊によって洗われ、聖別され、義とされま

---

13) すべてのキリスト者に御霊の賜物が与えられることに関しては Whiteley, *Theology of St Paul*, 125 も見よ。

14) Käsemann ('Ministry', *Essays*, 65) は、「御霊は永遠の命へ私たちが今参与するその仕方であるが、御霊が私たちを所有することにおいてのみ私たちは御霊を所有し、そこに所属する」と述べる。

した（Ⅰコリ 6.9–11）[15]。

このようにして、パウロをとおして改宗した異邦人が聖さを保ち「異邦人が聖霊によって受け容れられ、聖別される」（ロマ 15.16）ことを、パウロは切に願った。同様にテサロニケの信徒に対しても、「私たちの主イエス・キリストとすべての聖徒らの到来において、私たちの父なる神の御前で、［彼らの］心が聖さにおいて非難されることなく［主が］支える」（Ⅰテサ 3.13）ことを祈り、テサロニケの信徒が「私たちの主イエス・キリストの到来において健全で非難されることがないよう」（5.23）守られることを望む。パウロはコリントの信徒に対しても、「［主イエス・キリストが］あなた方を最後まで支え、私たちの主イエス・キリストの到来の日に非難されることがないよう」（Ⅰコリ 1.8）にと書き送る。彼は、「いかに体と霊において清くなるべきかと主の事柄に心を止める」（7.34）ことを良いことと考える。

　パウロはしばしば、試練の中でも動揺せずに「信仰に堅く立つ」ことを改宗者らに促す。すなわち、主の日に救われるという確信を失わず、同時に偶像崇拝や性的不道徳へと戻らないように教える。したがって、「試みる者らがあなた方を試みて、私たちの業が無駄にならないかと心配するので、あなた方の信仰を確かめるために送りました」（Ⅰテサ 3.5）、「曲がった邪悪な時代にあって、非難されることなく純粋で、汚れのない神の子でありなさい。あなた方はこの世の光として輝き、命の言葉をかたく保ちなさい。そうすればキリストの日に私は、無駄に走ったのでも無駄に労したのでもないことを誇ることができるでしょう」（フィリ 2.15–16）、「あなた方が受け取った福音、その上にあなた方は立っており、これを無駄に信じたのでなく、堅く保つならそれによってあなた方は救われています……」（Ⅰコリ 15.1–2）、「堅く立ち、動かされず、いつも主の業に励みなさい。主にあってあなた方の業は無駄に終わらないことを知っているからです」（15.58）、「あなたの信仰において堅く立ちなさい」（16.13）、「一時の苦しみにおいて私たちの心が折れることはありません」（Ⅱコリ 4.16–17）、「キリストへの真実で純粋な献身からあ

---

15)　偶像崇拝と性的不道徳に関しては、Ⅰコリ 10.7–8 を見よ。

なた方の思いが離れるのではないかと……私は心配しています」(11.3)、「善を行うにあたって、やる気を失わないようにしましょう。くじけないでいれば、定められた時が来て、刈り取ることになるからです」(ガラ 6.9)、「堅く立って、恐れずにいなさい」(フィリ 1.27-28)、「堅く立ちなさい」(4.1)、「信仰によってのみ堅く立ち」(ロマ 11.20)、「熱心さにおいて欠けず」(12.11)、「あなた方の愛が満ちあふれるようにと祈ります。……何が最善かを見極めることができますように。あなた方がキリストの日に純粋で責められるところのない者となり……イエス・キリストによる義の実に満たされて」(フィリ 1.9-11)、「これは神のご意志であり、それはすなわちあなた方の聖さです。……神は私たちを不浄のためでなく聖さにおいて呼ばれました」(I テサ 4.3-8) と述べる。したがってパウロの強調点は、キリスト者がすでに清められ信仰において確立されている、そして主の日に非難されるところが見出されないように、そのようであり続けるべきだということである。その一方でパウロは、キリスト者が自らを清めるようにも促す。すなわち、「愛する者よ、私たちにはこれらの約束があるのですから、体と霊のあらゆる汚れから私たちを浄め、神への畏れから聖さを完成させましょう」(II コリ 7.1) と述べ得る。コリント教会が性的不道徳へ陥ったことが明らかになると、パウロは「罪を犯し、不浄、不道徳、放縦に陥ったことを悔い改めていない多くの者のために嘆き悲しむことになる」(12.21) のではないかと恐れる。したがってパウロは、すべての者が浄められた状態に留まり続けることを想定しておらず、少なくともコリントの場合は、改悛によってふたたび聖い状態へ立ち戻る必要があると考えている[16]。

　これは、キリスト者が聖化されねばならない ($h\bar{e}giasmenois$、I コリ 1.2) こと、パウロが「信仰者」以外に「聖徒 ($hagioi$)」という語を重視することと符合する (ロマ 1.7, 8.27, I コリ 1.2, その他多数)。キリスト者は「義とされている」(I コリ 6.9-11, ロマ 8.30) とも言われるが、彼らは「義なる者」とは呼ばれない。「義なる者ら」を意味する $dikaioi$ が複数形形容詞の名詞的用法としてロマ 5.19 と 2.13 にのみ現れるが、いずれの場合も称号のように用いられた形

---

[16] 改悛については II.D.2 を参照。

跡はない。パウロが浄めと「聖化」とを強調することは、彼が異邦人のための使徒であることと関連するのかも知れない。パウロの観点からすると、異邦人は道徳的不浄に染まっているからだ。

キリストへの参与：私たちはここまでで、浄めの救済論、聖い状態で来るべき救済を待つこと、将来の救済の保証として御霊を持つこと、堕落からの回復として改悛の機会が与えられていること、を考察してきた——最後の1点が1度のみ言及されている以外は、しばしば見られる——。上の救済的状況へ参加する者は「聖徒」や「信仰者」と呼ばれ、これが「邪悪な者」（Iコリ6.1）や「不信仰な者」（6.6）と対比される。したがって、キリスト者に特徴的な行為は「信仰」であり、キリスト者は特徴的に「非難されるところがない」。バプテスマとキリストの死とは、キリスト者が受けるべき浄めと関連しているようである。もっとも後述するように、バプテスマを介したキリストの死への参与には他の適用もある。直前で論じた救済観がキリスト教に共通する理解であると考えるに足る理由がある。しかしパウロが、キリスト者が主の到来を待つあいだ、霊の賜物を持ち、聖い状態に留まるべきだと教えることで、満足しなかったことは周知のとおりだ。パウロが反対者らに応答しつつ、キリスト者の現在の営みに関する重要性を論考する過程で、将来の希望と霊の賜物の所有に関するこの単純な神学が著しく深化する結果となった。いかなる論理の流れによって、あるいはいかなる宗教史的な影響の下で、御霊を保証として所有するという理解を1つの御霊への参与という概念へとパウロが深化させたか、もしくは以前犯した違反の清めとしてのキリストの死という理解を罪の力に対するキリストの死への参与という概念へとパウロが深化させたか、私たちはこれらを推測することしかできない。しかし、パウロが実際にそうしたことは明らかであり、そこにパウロの救済論とキリスト論の中心が横たわっていることは明らかである[17]。さらにこの「深化」がパウロにとって異常でもなければ、予想外でもなければ、独自でもないことも明らかだ。彼は読者が理解し、彼に同意することを期待していた。

---

17) Schweitzer (*Mysticism*, 75) は、終末論自体がもたらす問題のためにパウロが将来の期待に対して満足していなかった、と論ずる。しかしこれは、彼の高度に図式化された終末論的論理を受け容れるかどうかにかかっている。

それらの概念がキリスト教会にとって実際に一般的なことだったかは断定しかねる[18]。しかし後述するように、パウロがこれらの概念に言及する際、自らを革新的な発案者だとは考えなかった。むしろ彼は、たんに読者に対してキリスト者としての経験が示唆するものが何かを確認したに過ぎない。

2. 1つの体、1つの霊

参与論を回避する現代の解釈者ら：現代の研究者は、参与や融合に関するパウロの視点にあまりにも大きな衝撃を受けたため、これをまともに扱うことができてこなかった、と述べることも出来よう。この視点の「発見者」であるダイスマンやシュヴァイツァーといった学者らは、この視点が独自で想像力に富み過ぎ、その結果として現代人に対して理解不可能だという格別な印象を残したことで、非難されるべきかも知れない。その反動として、この視点から注意を逸らせて、それをパウロ神学から排除する傾向まで見られた。ブルトマンは「参与」に関するパウロの言説を、もはや扱う必要がないほどに、徹底的に分解し分断してしまった。その結果として、*en Christō* という概念は教会論の範疇で捉えられ[19]、キリストの体の成員となるという概念にはグノーシス的起因を与えられ[20]、キリストの死への参加という概念は密儀宗教に依拠するものとして論じられた[21]。それのみならずブルトマンは、パウロが同時代の救済論的理論から導き出したこれらの概念は、パウロ自身

---

18) 例えば Käsemann ('The Lord's Supper', *Essays*, 109–10) は、主の晩餐がキリストの体と血に対する参加の機会を提供するものとパウロ以前のキリスト教が考えていた、と述べる。

19) Bultmann, *Theology*, I.311. これを教会論的に終末論的に捉え、個人的神秘主義の定型表現でないという Bultmann の観察は、部分的に正しい。しかし、「キリストの内に［ある］」ことは同時に救済論的でもある。Bultmann はこの句を救済論としては考えなかったし、「信仰による義」とも関連づけなかったし、倫理とも結びつけなかった（I.327–28)。「キリストの内に」という句が教会論的定型句でないとの議論は、Käsemann, 'The Faith of Abraham', *Perspectives*, 101 を見よ。より適切には、この句は教会論的であるが、個人の関係性を示唆する。「キリストの内に」という句はキリストと共の死ぬという表現を視野に入れて理解する必要がある。Davies, *Paul and Rabbinic Judaism*, 86–88 参照。

20) Bultmann, *Theology*, I.310.

21) Bultmann, *Theology*, I.311–13.

の「真なる」理解によって解釈されるべきと主張した。すなわちそれは、人が「魔術的あるいは神秘的に変容する」ということはなく、むしろ「自己に関する新たな理解が古い理解に取って替わる」という理解である[22]。ブルトマンとコンツェルマン[23]、そして程度こそ劣るがボルンカムは[24]、パウロの思想が自己理解の変化以上の変容——換言すると、実存論的非神話化によっても現代のキリスト者が容易に適用しかねる事態——を想定していたことを否定するのに躍起になって、パウロの言説の強調点と論理の自然さを見失ってしまっている。

現実としての参与——キリストか娼婦か：パウロの意識が参与と一致という概念にいとも簡単に向かった様子を確認するためには、Ⅰコリント書の2箇所を観察するのが良かろう。最初の箇所は長めに引用した。

> 体は不道徳のためでなく主のためにあり、主は体のためにあります。神が主を甦らせたように、その力によって私たちをも甦らせるのです。すると私は、キリストの部分を娼婦の一部として用いるでしょうか。けっしてそうではありません。娼婦と交わった者は彼女と一体となることを知らないのですか。「2人が1つの肉となる」と書かれてあるとおりです。一方、主と交わる者は彼と1つの霊になります。不道徳を避けなさい（Ⅰコリ 6.13b–18a）。

ここでパウロは、彼のみが知るキリスト者の信仰の「神秘性」を説明しよう

---

22) Bultmann, *Theology*, I.268–69. II.G も見よ。
23) Conzelmann, *Theology*, I.208–10 (ἐν Χριστῷ); 260–63（キリストの体が教会論の範疇で考察され、救済論との関連が否定される。「キリストの死に与ることをとおしてキリストの体に属する」と述べつつも、コンツェルマンはその救済論的重要性を述べない。もっとも彼は、この概念をグノーシス主義に依拠するものとは考えない）; 268–74（「典礼を介した教会への編入」は「救済論的出来事」でなく「今における啓示」という項で議論される）。したがって、参与に関する様々な主題が分断され、それぞれが信仰による義によって解釈され、それら自体の意味が吟味されない。
24) Bornkamm (*Paul*, 155) は参与に関する句をそれぞれの神学的文脈に置くのでなく、一所に集める。こうしてこれらの句の強調点が否定される。「キリストのうちに［ある］」ことは「教会の成員であることのみを意味する。明らかに、深い神学的な、ましてや神秘的な意味が、これらの句から引き出されはしない」(pp.154–55)。教会に属することは、救済論的に重要なことでないかのようだ。Bornkamm, *Paul*, 151–52.n7 参照。

としてはいない。キリスト者のあいだでのみ確認され得る独自の「体験」を描こうとしてもいない。彼の議論は、このテクストの2つの交わりが異なるレベルのものであっても、1つの交わりが他の交わりを損ねるということだ。RSV訳は「2人が1つとなる」として、創2.24の引用から「肉」を省いているが、パウロが言わんとすることは、「肉」の交わりが霊の交わりを滅ぼす、ということである。パウロが人を肉と霊と魂とに分けられると考えていないことは周知のとおりであり、ここでも明らかだ[25]。人は相対する2つの交わりに属することができない[26]。ここでの議論の目的は、キリスト者が性的不道徳に陥るべきでないことを確認することである。パウロは、現代人にとって非常に驚くべき概念へと、やすやすと移行してみせる。性的不道徳に関する議論が参与論的な融合に関する事実に依拠していることを、パウロは読者が容易に理解することを前提として、「知らないのですか」と問いかける。「キリスト者は性的不道徳に陥るべきでない」というパウロの結論にみなが容易に同意するので、その結論に至る論理が私たちにとっていかに奇異なものであるか、しかしそれがパウロにとっていかに自然であるか、を見逃してしまいがちだ。私たちはここで、キリスト者にとって不道徳が適切でないから、それが聖書で禁じられているから、あるいは違反が神の罰をもたらすからとの理由で、あれやこれを行わないという議論を期待してしまう。ところが、救済的な交わりを阻む他の交わりを姦淫が生じさせるので姦淫は良くないという議論は、容易には理解しがたい思考を動員せねば納得ができない。ブルトマンはパウロの真意がたんに自己に関する新たな理解であると述べたが、ここでの問題——コリント信徒に理解力の問題があったにせよ——は自己理解に関するものではない。娼婦との交わりがキリストとの交わりを損ねること、またキリスト者がキリストの体の一部でありキリストと御霊において1つであるという事実は、人が自らと神とを理解する上で重要ではあるが、これらの事実が自己理解を構成しているのではない。参与論的な融合は何か

---

25) Bultmann, *Theology*, I.192–210. Bultmannによるパウロの人間論的用語はその詳細において修正の余地があるが、それでも一般的な分析としては最善のものであり、彼の解釈学的技量を証明している。この点に関してはKäsemann, 'On Paul's Anthropology', 7 参照。
26) Schweitzer, *Mysticism*, 128.

別のものを表現するための言葉のあやなどでなく、多くの学者らが述べるように、現実の事態を指している[27]。

現実としての参与——キリストか偶像か：第2の箇所であるⅠコリ10章も上で引用した箇所と深く繫がっている。つまり、主の晩餐におけるキリストへの参与が、損なわれることのない救済的交わりのようなものにそのまま繫がらないことを教えている。パウロはⅠコリント書で、偶像崇拝と性的不道徳という異邦人に一般的な罪を扱うが、ここでは偶像崇拝に焦点がある。彼はまず旧約聖書に依拠し、「モーセへとバプテスマを授かり」超常的な食べ物と［キリストである岩から出る飲］み物に与ったユダヤ人でも、偶像崇拝に陥ったときに滅ぼされた、と述べる（Ⅰコリ10.1–7）[28]。パウロによるとこの旧約聖書の物語は、キリストの体と血への参与・交わり（koinōnia）に与るキリスト者が、もし偶像崇拝に陥るならば救われないことを教えている。繰り返すが、偶像崇拝は参与論的な融合であって、このために人はキリストとの融合から排除される（10.14–22）。ここでパウロは、主の晩餐において人がキリストの体と血に参与することに関して議論していない。むしろ彼は、人が主の晩餐においてキリストの体と血に参与するので、悪霊との飲食に参与すべきでないと論じている。したがって、たんに違反が人をキリストとの交わりから排除するというのでなく、むしろキリストとの交わりと悪霊との交わりとは相容れないということである。パウロは、偶像崇拝が悪であることを示す旧約聖書の箇所に事欠かなかった。しかし彼は、偶像崇拝が神の意志と戒めとに反する違反行為であるという理由で悪いことを示す、旧約聖書の明らかな箇所を1つも持ち出さない。むしろパウロは、キリストの体への参与から人を排除するような融合を偶像崇拝が確立するのだ、と論じている。旧約聖書の引用はたんに、バプテスマや飲食でさえ偶像崇拝や不道徳な交わりによって無効となることを示している（10.8）。偶像に供えられた食物を摂

---

27) Schweitzer, *Mysticism*, 128–29; Käsemann, 'The Lord's Supper', *Essays*, 109, 118, 132; J.A.T. Robinson, *The Body* (1952), 47, 50–53 参照。〔訳註 つまり、パウロはⅠコリ6.13b–18a において、自己の実存論的な状態を述べるための喩えとして融合に言及しているのでなく、じつに融合自体を現実のことと捉えていた、という意味。〕

28) この箇所に関してはKäsemann, 'The Lord's Supper', *Essays*, 116–18 を見よ。

取することにより、人はその食物が献げられた神の祭壇と交わる者（koinōnos）とされる（10.8 参照）。

前提としての参与論：キリスト者のキリストへの参与という事実に依拠しつつ他の問題に対処するパウロの傾向を示す箇所は、他にも多く見つかる。おそらく私たちは、パウロがじつに他の問題に対処するためにキリストへの参与という事実に依拠していること自体に、注目しなくてはならないだろうと思われる。その際にパウロは、キリストへの参与という事実を証明しなくてはならない、と考えていなかった。したがってキリストへの参与という主題は、パウロの論争においても奨励においても自明のこととして述べられている。この傾向からは、パウロがキリストへの参与に関して、1つの固定した用語を持っていないことも、容易に理解できる。どれが主要な用語か——「キリストの体のうちに」か、短縮形の「キリストのうちに」か、その他か [29] ——を決定しようとすることは、参与という一般主題の重要性を理解するのに必要不可欠ではない。これがパウロの中心的主題であることは、ここで述べた傾向が示している。つまり、パウロは論争においても勧告においてもキリストへの参与という事実に依拠して論じているということである。さらに、キリストへの参与に関する用語が多様であることも、いかにこの主題がパウロの思想に浸透しているかを物語っている [30]。

参与にまつわる用語：すでに私たちは幾つかの用語に触れてきたが、ここですべての用語を考察し、それぞれが全体的な概念に何らかの輪郭を刻む様子を見ることにしよう [31]。

（1）キリストの体の一部、キリストの体：上では I コリ 6.15 （「あなた方の体はキリストの一部です」）と 10.16 （キリストの血と体における参与〔koinōnia〕）

---

29) Schweitzer の説明は *Mysticism*, 122–27 を見よ。さらに Conzelmann, *Theology*, 120.n1, 265 （「キリストのうちに」と「キリストの体」の意味は重なるが同時に用いられない）; Davies, *Paul and Rabbinic Judaism*, 85–89; Käsemann, 'The Theological Problem Presented by the Motif of the Body of Christ', *Perspectives*, 106 （「キリストのうちに」と「キリストの体」のどちらが先行するかは問題でない。これは Brandenburger, *Fleisch und Geist*, 49 への反論）を参照。

30) 参与に関する多様な表現の共通要素に関しては J.A.T. Robinson, *The Body*, 46–47 を見よ。

31) パウロの参与論的用語については J. Dupont, *ΣYN XPIΣTΩI. L'union avec le Christ suivant saint Paul* (1952); Bouttier, *Christianity According to Paul*; Thüsing, *Per Christum in Deum* (1965) を見よ。

を確認した。後者に関してパウロは、「1つのパンゆえに、私たちは多いが1つの体です。私たちが同じ1つのパンを食するからです」（10.17）と続ける。Iコリ12章では、同様の概念がバプテスマと主の晩餐に関して用いられる。

> ちょうど1つの体に多くの部分があり、すべての部分が体に属するように、多くても1つの体であり、キリストについても同様です。1つの御霊によって、私たちはみな1つの体に属するバプテスマを受けたからです。ユダヤ人であれギリシャ人であれ、奴隷であれ自由の身分であれ、みなが1つの御霊から飲むようにされたのです（12.12–13）。

> 今あなた方はキリストの体であり、それぞれがその一部です（12.27）。

ここでの全体的な議論は、コリントのキリスト者らが目を見はるような *charismata*（賜物としての霊の顕現）を体験したとしても、それを誇ることはできない、ということだ。賜物は多いが御霊は1つである（12.4）。人の体においては各部分が重要であり、とくに「弱い」者がそうであるように、キリストの体も同様である（12.14–26）。「あなた方はキリストの体であり」という結論は、キリスト者がそれぞれ異なる役割──ある者は使徒、ある者は預言者等（12.28–31）──を担っていることを教えている。したがって、「一部」および「体」という用語が、勧告・指示に用いられる。

Iコリ12.12–13と同様の構造を持つ教えはガラ3.25–29にも見られる。

> しかしこの信仰が訪れたので、私たちはもはやいかなる養育係の下にもいません。なぜならあなた方は皆、この信仰をとおして、キリスト・イエスにおいて神の子だからです。というのも、キリストに属するバプテスマを受けたあなた方は、皆キリストを身にまとったからです。ユダヤ人もギリシャ人もありません。奴隷も自由の身分もありません。男と女もありません。あなた方は皆で、キリスト・イエスにおいて1人の人のようだからです。もしあなた方がキリストに属するなら、アブラハムの子孫であり、約束による相続者です。

C. パウロの救済論

ガラ3–4章における議論の筋を見定めることは、釈義上困難を伴う。上の箇所でパウロは、幾つかの主題を併走させている。この短い箇所には、「信仰」、「[神の]子」、「キリストに属するバプテスマ」、「キリストを身にまとう」、「キリスト・イエスにおいて1人の人」、「キリストに属する」、「相続者」など多彩な用語が詰まっている。当該箇所の「あなた方はキリスト・イエスにおいて1人の人」という句は、この（1）の見出しの主題と符合する。ここには「一部」や「体」という句は見られないが、「1人の人（heis）」という句が同様の概念を指しているようだ。詳細な釈義を展開するまでもなく、ここでは、ユダヤ律法を遵守しようとするガラテヤのキリスト者らへの反論が展開されている。私たちが律法に関して考察する際に分かることだが、パウロにとっては、ユダヤ人と異邦人は平等に救いを手に入れなければならない、という点が非常に重要である。上記したIコリ12.12–13では、この議論（「1つの体」、「ユダヤ人／ギリシャ人」）が偶像崇拝に関する議論に持ち込まれている。そしてガラテヤ書では、「ユダヤ人／ギリシャ人」という主題がより鮮明に示されている。救いに関してユダヤ人とギリシャ人の垣根がないことの根拠、その結果として異邦人が律法を遵守する必要がないというパウロの理解は、「皆で……1人の人」だとの視点に依拠している。

最後にロマ12.4–6を記そう。ここでの議論はIコリ12章と基本的に同じだが、論争的な調子は見られない。

> 1つの体において私たちは多くの部分を持っており、それらすべての部分が同じ役割を担っていないのですから、私たちが多くいても、キリストにおいて1つの体であり、それぞれが互いの一部です。私たちに与えられた恵みにしたがって異なる賜物（charismata）があるのですから、それらを用いましょう。預言ならば、私たちの信仰の配分にしたがって……。

（2）1つの御霊：すでに私たちは、キリスト者が主と共に「1つの霊」であるというパウロの言説に触れた（Iコリ6.17）。この表現は、娼婦と「1つの体となる」ことと対比されている。そして、1つの霊であることがキリストの体の一部であることと何ら変わらないと理解するに足る理由がある。パ

ウロはIコリ 12.13 で、キリスト者が1つの霊によって1つの体に属するバ
プテスマを授かり、みなが1つの霊を飲むと述べる。彼はちょうどキリスト
の体と血への参加と交わりについて語り得るように（Iコリ 10.16）、聖霊への
参加と交わりについても語ることができる（IIコリ 13.13、koinōnia）。しかし
パウロはそれより頻繁に、キリスト者が御霊を持っていること、あるいは［神
殿としての］キリスト者に御霊が宿ることを教える。上述したように、これ
はまた御霊にキリスト者が宿ることでもある（ロマ 8.9-11）。

　周知のとおり、御霊はパウロの勧告に基盤を提供する重要な役割を果た
す。すなわち、人がそのうちに御霊を持ち、御霊のうちにいるので、その
人は御霊によって歩み、御霊に導かれ、御霊の実を結ぶべきである（ロマ
8.9-14、Iコリ 6.19、ガラ 5.16-25）。キリスト者が律法の行いでなく信仰によっ
て御霊を受け取るという教えは、異邦人に割礼を勧める者ら（ガラ 3.1-5）に
対するパウロの論争的な議論である。彼は彼自身の信仰と使信とが、彼が御
霊を持つことに依拠していると言い得る（IIコリ 4.13）。

　(3) キリストのうちに：参与論に関する用語としてこの句ほど注意を引く
ものはない[32]。それはおもに、この句に則してダイスマンが提案した理論に
原因があるが[33]、のちに彼はこの句に「神秘的」意味合いがあることを否定
した[34]。シュヴァイツァーは「キリストのうちに」という句を、「キリストの
神秘的身体に与る者を指すたんなる簡略表現」と見なした。ここで彼の理解
を詳しく引用することが肝要だろう。

　　「キリストのうちに」という表現がもっとも頻繁に用いられるので、これこそ
　がパウロに起因するもっとも特徴的な句と理解されてきた。そしてこれをパウ
　ロの神秘主義の分析における開始点とする試みがなされてきた。しかしこの方
　向性は私たちを袋小路に追い込んでしまう。パウロに起因する独特の句と見な
　されてきた表現はじつは派生的で、そこにこの概念の真の性質を見出すことは
　できない。「キリストのうちに」という句以外にも「キリストと共に」等の表

---

32) この議論の歴史については M. Bouttier, *En Christ*, ch.1 を見よ。
33) 「エン（ἐν）」は場所を指す。Deissmann, *Paul* (Harper Torchbook), 297 を見よ。
34) Bultmann, *Theology*, I.311; Bornkamm, *Paul*, 155; Conzelmann, *Theology*, 184. 註 19 を参照。

現があるという事実が、「キリストのうちに」の背後により一般的な概念、これら多様な句に共通する要素が存在するだろうことを想定させるべきだった。「キリストのうちに」という句が、個人が大勢の選びの者らと共にキリストの体の一部をなしていることを教える示唆表現でないので、それは研究者らを惑わしてしまった。それゆえに彼らは、信仰者に集団として客観的に起こるとパウロが考えた出来事を、個人的で主観的体験として説明するように促されてしまった。

したがって「キリストのうちにある」という句は頻繁に用いられるとはいえ、キリストとの融合を教えるのにもっとも相応しい表現とは言い難い。この句はその短さのみならず、「体の中」、「肉の中」、「罪の中」、「霊の中」等の類似する表現との対比し易さゆえにもっとも頻繁に用いられ……[35]。

シュヴァイツァーの分析は、その主要な点で正しいと思われる[36]。以下ではたんに「キリストのうちに」とその関連表現を挙げて、それらがいかなる文脈で用いられているかを確認しよう。

したがって、誰でもキリストのうちにある者は新たな創造です。古いものは過ぎ去り、見よ、新たなものが到来しました（II コリ 5.17）。

私たちのために、彼（神）は罪を知らない方を罪としたのですが、それは私たちが彼のうちにあって神の義となるためです（II コリ 5.21）。

キリスト・イエスのうちにあり、信仰をとおしてあなた方は神の子らだからです（ガラ 3.26）。

それは、私がキリストを得、彼のうちに見出されるためであり、それは私自身

---

35) Schweitzer, *Mysticism*, 122–23（傍点は本著著者による）. Schweitzer はときとして、「キリストのうち」という句をパウロの思想の中核に据えているように考えられがちだ。C. Roetzel, *Judgement in the Community*, 10 参照。
36) どの句が最初のものかを決定する必要がない事柄を除いて。註 29 を見よ。

の義を持つことでなく……（フィリ 3.8–9）。

したがって今や、キリスト・イエスのうちにある者には断罪がありません（ロマ 8.1）。

シュヴァイツァーが述べるとおり[37]、御霊の場合と同様に、パウロは「あなたのうちにキリストがいる」という逆の意味の表現をも用いるようだ（ロマ 8.10, II コリ 13.5）。さらに、パウロはちょうど koinōnia ──キリストの血と体（I コリ 10.16）また御霊（II コリ 13.13）への参与と所属──について言及し得るように、神の子である私たちの主イエス・キリストの koinōnia にも言及できる（I コリ 1.9）。「キリストへのバプテスマ」と「キリストを着る」（ガラ 3.27）という表現についてはすでに触れた。

第 1 に注目すべきは、「御霊のうち」や「1 つの体」等の場合と異なり、「キリストのうち」は勧告と論争という文脈にそれほど上手く当てはまらない。「霊」に言及する多くの箇所がそうであるように、II コリ 3.5 は勧告的文脈に置かれている。「自らをわきまえ、あなたが自分の信仰に堅く立っているかを確認しなさい。自らを吟味しなさい。キリストがあなたのうちにおられることを知らないのですか」。ガラ 3.26 が、律法を遵守するガラテヤのキリスト者らに対する論争的な文脈に置かれていることはすでに触れた。ロマ 8.1, 10（「キリストがあなた方のうちにおられるなら」）も同様である。ロマ 7 章は、救いが律法によってもたらされるかとの疑問に対して否定的に応答するため、律法の機能について述べている。そしてロマ 8.1 はその解決を提供する。律法のもとにある者に断罪がある一方で、キリストのうちにある者には断罪がない。「断罪」という語はロマ 5.16–21 での議論をも念頭に置いており、その議論においてはアダムのうちにある者に断罪がある一方で、キリストのうちにある者には断罪がない──ここでは「うちに」という句は用いられないが──。しかしより一般的な表現を用いるなら、ロマ 8 章はたんなる律法に対する反論ではない。むしろ、キリスト者が「命を持ち」、最終的に救いに

---

[37] Schweitzer, *Mysticism*, 125.

C. パウロの救済論

与ることを論じている。救済の確信という意味で、パウロはキリストのうちにある者が断罪されないこと（ロマ 8.1）、キリストがうちにある者にとって御霊が命であること（8.10）、そして御霊がうちに住む者を神が甦らせること（8.11）を教えている。したがって、御霊を保証として持っていることと、御霊あるいはキリストのうちに参与していること——あるいは御霊あるいはキリストを持つことによるそれらへの参与——という2つの主題は、互いに不可分である。換言すると保証という語の意味合いは、御霊の臨在を指し示す *charismata* を持っていること以上である。御霊を持つことは、御霊と復活の主とに参与することであり、この参与こそが何よりも確かな保証を提供している。すなわち、キリスト者は神の子らだ（ロマ 8.16、ガラ 4.7）、ということである。

Ⅱコリ 5.17 の背景を確定することはより困難な作業である。そこには、パウロが自らの使徒性およびその活動と福音について自己弁護するという一般的な文脈がある。彼はコリント教会から拒絶されるか、あるいは彼らに対して厳しい態度——具体的に何かは不明だが——を示すかをしなければならなくなることを懸念していた（Ⅱコリ 10.1–4, 12.21, 13.1–4）。しかしコリントの信徒らがパウロに聞き従うと分かったあとでも（7.6–7）、自己弁護をせずにはいられなかった。「私たちはふたたび自らを推奨しているのでしょうか」（3.1）;「神の憐れみによりこの奉仕を与えられたのですから、私たちは失望しません」（4.1）;「私たちは土の器に宝を抱いています。それは計り知れない力が私たちでなく神に属することを示すためです」（4.7）;「私たちは失望しません。私たちの外側が朽ちても、内側は日々新たにされます。この僅かな期間の艱難が比較にならない永遠の重厚なる栄光のために私たちを備えるからです」（4.16–17）;「私たちはいつも励まされています。私たちがこの体のうちにいるあいだ主から離れていることを知っています。……この体を離れて主と共にあることを望みます」（5.6–8）;「主への畏れを知っているので、私たちは人々に勧めます。私たちが誰であるか神には知られています。あなた方の良心にも知られて欲しいのです。私たちはふたたび自らを推奨しているのではありません」（5.11–12）。この安堵し落ち着きつつ自らの活動を肯定的に振り返る文脈において、パウロは彼自身の使信と神の計画における役割

に関する1つの——唯一のでなく——要約を披瀝している。すなわち、キリストが皆のために死に、したがって皆が死んだこと（5.14）、キリストのうちにある者は新たな創造であること（5.17）、そして和解の使信がパウロ——と他の使徒ら——に与えられていること（5.20）である。ここには、のちに詳しく論考することになる重要な点が示されている。すなわち他の箇所と同様にこの箇所にも、「神秘的」言語（「キリストのうちに」）と「法廷上の」言語（「和解」）が融合している。

　Ⅱコリ5章と同様に、フィリ3.3–16にも勧告的あるいは論争的な背景はない[38]。ここでもパウロは、自らが置かれた状況と、宣べ伝えてきた福音について振り返っている。この箇所の重要性については、下で「移行」に関する言語について論考する際にふたたび取り上げよう。

　(4) キリストのもの、主の僕：パウロはとくに勧告部において、御霊あるいはキリストの体への参与に言及しつつ、繰り返してキリスト者がキリストのもの、キリストに属することへと話題を進め、キリストの僕であることの認識を持つよう促す。したがってⅠコリ6.12–20において、キリストの成員であり、キリストと1つの霊にある者にとって娼婦と交わることの重大さを以下のように述べる。「あなた方は自分のものではありません。代価をもって買い取られました。ですから自らの体で神に栄光を表しなさい」。同様にガラ5.16–23でパウロは、肉の結実との比較として御霊の結実について論じたあと、「キリスト・イエスに属する人々は、肉をその情欲と欲望と共に十字架につけたのです」と結論づける。ロマ6章で彼は、キリストと共に死ぬことによってもはや罪の奴隷ではなくなる（6.6）と述べたことを受けて、それに続く重要な勧告部においては、キリストとの関係性についてそれを「奴隷」となることと述べる。キリスト者はかつて「罪の奴隷」(6.17)だったが、今は義につうずる従順の奴隷（6.16）、あるいはたんに「義の奴隷」(6.18)である。パウロはここで、読者の理解度の限界に鑑みて「一般の言葉で」述べるのだと断っている（6.19）。おそらく、誤解を引き起こす懸念がある日常の

---

[38] この箇所は部分的に律法へ論争的だが（3.1–2）、それだけでは説明しきれない。パウロはここで自らの状況と希望について思いを巡らせている。

言葉とは「奴隷」のことだろう。現代人にとって奴隷や奉仕という結果的に従順を連想させる言語は、「キリストの体の成員」あるいは「キリストと霊において 1 つ」などの表現より理解しやすいのだが、パウロはこれら後者の表現を説明したり、使用を躊躇したりしていない。

「キリストのもの」であるとか、「キリストに属する」とかの表現は頻繁に用いられるが、これらがいつも奴隷と主人の関係性へと言い換えられるわけでない。したがって、

> もし私たちが生きるなら、それは主に対して生きるのです。もし私たちが死ぬなら、主に対して死ぬのです。そうであれば、生きるにしても死ぬにしても、私たちは主のものです。このためにキリストは死に、ふたたび生きます。それは死んだ者と生きている者両方の主であるためです（ロマ 14.8–9）。

> ……あなた方はキリストのものであり、キリストは神のものです（I コリ 3.23）。

> 奴隷として主にあって招かれた者は、主にある自由な身分の者です。同様に、招かれた時に自由であった者は、キリストの奴隷です。あなた方は代価によって買い取られました。人の奴隷となってはなりません（I コリ 7.22–23）。

> 私たちは、神の知識を阻む議論や高慢を打ち壊します。キリストに従うためにあらゆる思考を従わせて、あなた方の従順が完成する時、あらゆる不従順を罰する用意があります。あなた方の目の前にあるものを見据えなさい。キリストのものであることに自信のある者は、その人がそうであるように、私たちもキリストのものであることを忘れてはなりません（II コリ 10.5–7）。

> しかしそれぞれに順番があります。キリストが初穂であり、そして彼の到来の時、キリストに属する者［の順番が来ます］（I コリ 15.23）。

「うちにある」ことと所属：「キリストの中に」、「キリストの僕」、「キリス

トに属する」という用語は「参与論的」というよりもむしろキリストの体の成員等に関するものであることは明らかだ。キリストが主であり、キリスト者が彼に従って仕えることこそ、パウロの主要なメッセージである。全体的な視点から、このように表現することと、より参与論的に表現することとのあいだの関係性を判断することは難しい。重要な点は、パウロにとって、キリストに属することと彼のうちにいることとのあいだに違いがないことである。したがって、例えばロマ 8.9 は「神の御霊が真にあなた方に宿るなら、あなた方は肉のうちにいるのでなく御霊のうちにいます。キリストの御霊を持たない者は、彼に属しません」と述べ、「キリストがあなたのうちにいるなら、罪のために体が死んでいても、義のために御霊は命です」(8.10) と続ける[39]。ロマ 8.10 は訳が困難だが、その困難さが混乱を与えることはない[40]。ここでの焦点は、「あなた方は御霊のうちにいる」から「もし神の御霊があなた方のうちに宿るなら」という説明へと移り、「キリストの霊」が人のうちにあるということがキリストの属することと繋がり、これがさらに、キリスト者のうちにキリストがいる、という内容に帰結することだ。キリストに属することは、彼の「うちに」いることと変わりない。すなわち、キリストの霊を持つ者がキリストのものであり、この者はキリストの到来において命へと導かれる。いずれにせよ、所属することと、留まることと、留まられることのあいだには密接な関係がある。

終末と所属：私たちは、将来の救済期待に依拠した単純な終末的救済論の可能性についてすでに触れた。これは霊の顕現 (*charismata*) が示す御霊の所有によって保証されるものである。私たちはここでもまた、将来の救済を保証する御霊の所有が、御霊のうちに留まること、および御霊が人のうちに留まることと変わらないという点を繰り返しておくべきだろう。ロマ 8.9–10 にある一連の出来事はキリスト者にとって命を持つことになる (11 節) こと

---

39) これは私訳であり、RSV は「……あなた方の体が罪のために死んでいても、あなた方の霊は生きており……」とする。

40) Bultmann (*Theology*, I.208–09) での結論は適切である。すなわち、「詳細な修辞的定型表現」が混乱を与えており、「ここでは『キリストがあなたに宿るなら、命を与える御霊も同時にあなたに宿る』という単純な思想が、修辞学的に敷衍されている」。

の保証だったが、これはIIコリ5章からも言える。キリストにある者が新たな創造である（IIコリ5.17）と述べる直前に、パウロは保証としての御霊の所有に言及する（5.5）。したがって、パウロの単純な終末期待から派生する救済論は、キリストあるいは御霊への参与という現実と切り離されはしない。それならば、「神秘的」および終末的概念が相互に関係していることを強調するシュヴァイツァーの立場は、まったく適切なものとなる。これらがいかに関連するかというパウロの論理に関する彼の説明が、説得力に欠けるとしてもである。

まとめ：ここまでの議論を総合すると、パウロの視点を以下のように要約できよう。神はキリストを主および世界の救済者として任命した。キリストを信じる者はみな、将来における十全な救いの保証として御霊を持っており、今の時代にキリストの体に参与する者とみなされる。これはすなわち、キリストと1つの霊であることを意味する。そのような者として、キリスト者は御霊にしたがって行動すべきであり、それは彼らが所属する主としてのキリストに仕えることを意味する。

3.「移行」に関する用語

移行・所属の用語：上では、パウロが異邦人改宗者を以前の罪から浄められた者——洗われ、聖別され、義とされた（Iコリ1.2, 6.9–11. IIコリ12.21参照）——と見なしていたことが分かった。もっとも、異邦人の罪一般の問題を扱う必要上、Iコリント書に浄めに関する用語が多く用いられるとはいえ、キリスト者となるという移行を表現する際に、浄めはもっとも特徴的な言語とは言い難い。もっとも特徴的な表現は「信じる」であり、これはしばしば「改宗する／回心する」を意味する。キリスト者は信仰者であり、その他は非信仰者（*apistoi*）である。前述のとおり、この信仰の内容は、救済的に意義があるイエス・キリストの死と復活に関するものである。それをより一般的な言い方で表現するならば、「キリストにおける神の救済的業」となろう[41]。もっ

41）　II.A.3 註54とII.B 註8, 9参照。

とも、パウロの信仰という概念に関して理解をさらに深める前に、救済される集団(選民、信仰者ら、聖徒ら)の中へ移行することを示す他の用語をも考察しておこう。

(1) キリストの死への参与 [42]：ちょうどパウロがキリスト者の状態を「キリストのうちに／キリストの体のうちに／御霊のうちに」と表現し得たように、彼はそのような状態になる手段を「キリストと共に死ぬ」と表現し得る。私たちはパウロが参与論的表現を用いるとき、著しく珍しい句、奇異で不可解な表現を自明のこととして持ち出したわけでないことを承知している。それなら、「キリスト者がキリストと共に死んでいる」という表現についても、パウロは何か理解不能な表現だと考えなかったと理解すべきである。

「キリストが違反のために死んだ」という理解をパウロが継承したことは、周知のとおりである。キリスト者の一般的理解によると、キリストはその死をとおして他者の違反のために贖罪を完成した。キリストの死が自分のためであることを受け容れる者らの違反が、彼らのものと見なされないためである。パウロはこの視点を躊躇せずに繰り返す。

> みなが罪を犯し神の栄光に達することができなかったので、彼らは神の賜物である恵みによって、キリスト・イエスにある贖いをとおして義とされました。神はこの方を信仰により受け容れる血による贖いの座とされました……(ロマ3.22b–25) [43]。

---

[42] とくに Tannehill, *Dying and Rising* を見よ。Tannehill はその意図 (p.1) にもかかわらず、死ぬことと甦らされるという主題を、信仰義認のような主要なテーマと意味深い仕方で繋げることに成功していない。そうは言っても、キリストと共に死に、甦らせられるという主題と関連する重要な箇所について価値ある分析を提供している。

[43] この箇所の解釈史の詳細に関しては Lohse, *Märtyrer und Gottesknecht*, 147–54; Davies, *Paul and Rabbinic Judaism*, 237–42; Whiteley, *Theology of St Paul*, 145–46; W.G. Kümmel, 'Πάρεσις and ἔνδειξις. A Contribution to the Understanding of the Pauline Doctrine of Justification', *Journal for Theology and the Church* 3 (1967), 1–13 (= *ZTK* 49 [1952], 154–67); J. Reumann, 'The Gospel of the Righteousness of God', *Interpretation* 20 (1966), 432–52; C.H. Talbert, 'A Non-Pauline Fragment at Romans 3.24–26', *JBL* 85 (1966), 287–96; George Howard, 'Romans 3.21–31 and the Inclusion of the Gentiles', *HTR* 63 (1970), 223–33 を見よ。*Hilastērion* の意味が何であれ、またこの構文がどう理解されようと、この箇所はキリストの死とその流した血による、すべての人の過去の違反のための贖いに言及していると考えられる。これは Howard (p.233) の結論と同意見である。すなわち、「贖いの繊細な仕組みはこの箇所

C. パウロの救済論

私たちの主であるイエスを死者のあいだから甦らされた方を信じる私たちに［義が］与えられました。この方（イエス）は私たちの違反のために殺され、私たちの義のために甦らされました（ロマ 4.24b–25）。

私自身も受け取った事柄をあなた方に最も大切なこととして伝えたからです。すなわちキリストは聖典にしたがい私たちの罪のために死に……（I コリ 15.3）[44]。

私たちがいまだ弱かった時、その時まだ不敬虔だった者らのために、キリストが死んだからです。誰かが義人のために死ぬということはほとんどありません——誰かが善人のために敢えて死ぬことはあるかも知れませんが——。しかし、神は私たちに対するご自身の愛を証ししています。つまり、私たちがまだ罪人であった時、キリストが私たちのために死にました。今の時代に彼の血において義とされたとするなら、彼をとおしてその怒りから救われることになるのはなおさらです（ロマ 5.6–9）[45]。

もっとも、パウロが「私たちのため」のキリストの死に言及する場合、それがいつも必ず過去の違反に対する犠牲死についてであると理解されるべきかは明らかでない[46]。パウロはしばしば、キリストの死に対してかなり異なった意義を見出している。したがって彼は、II コリ 5.14–15 で以下のように述べる。

から明らかにならない。パウロはそのことを説明しようとしない。しかしこの箇所の要点も、贖罪に関する部分のパウロによる継承の意図も明白だ。文脈全体が神の国への異邦人の編入を論じている」。この視点は、パウロが伝承に依拠しているにせよ、それを用いていることが確かであることを前提としている。

44) Lohse（*Mäyrtrer und Gottesknecht*, 147–49）は、パウロがキリストの死に関する伝承定型を引用している主要な箇所として、I コリ 15.3 とロマ 4.25 を挙げる。定型句とパウロによる継承に関しては、Käsemann, 'The Saving Significance of the Death of Jesus in Paul', *Perspectives*, 39–40 を見よ。

45) Davies, *Paul and Rabbinic Judaism*, 234 参照。ロマ 5.8–10 において、キリストの死と血が遡及的に述べられている。

46) Bultmann, *Theology*, I.296. Bultmann は伝承定型を含む箇所をリストアップしている。

なぜなら神の愛が私たちに迫るからです。というのも、1 人がみなのために死に、みなが死んだからです。この方がみなのために死んだのは、生きている者らがもはや自分のために生きるのでなく、彼らのために死に、甦らされた方のために生きるためです。

　この場合、「みなのため（hyper pantōn）」のキリストの死の一義的な意義は贖いでない。これはパウロが、参与論的言語を用いてキリストの意味を説明している例である。つまり「したがってみなが死んだ」のであり「したがってみながその罪を贖われた」のでない。パウロが II コリ 5.19 において、神が過去の罪を見過ごしたと述べたことは確かだが、II コリ 5.14 の意味するところがたんに過去の違反の「見過ごし」ではあり得ないことも確かだ。むしろキリストにおいて、人は罪の力に対して死ぬのであって、たんに違反が贖われるのみでない⁴⁷）。おそらくガラ 1.4 も同様に理解すべきだろう。「［主イエス・キリストが］今の邪悪な時代から私たちを救い出すため……諸々の罪のためにご自身を与えられました」とパウロが述べる場合、その示唆するところは過去の違反が赦されるということだけでなく、キリスト者が邪悪な時代から解放されることでもある。したがってキリストの死の目的はたんに贖いを提供することでなく、キリストが主となり、彼に属し彼「のうちに」いる者が救われることである。この点は、ロマ 14.8–9 でより明らかとなる。

　もし私たちが生きるなら、それは主に対してであり、私たちが死ぬなら、それは主に対してです。したがって、生きるにせよ死ぬにせよ私たちは主のものです。このためにキリストは死に、ふたたび生きたのです。それは彼が、死者と生者両方の主となるためです。

　I テサ 5.10 をも同様の視点から読むことができよう。この箇所では、「私た

47）　同様の見解として Stanley, *Christ's Resurrection in Pauline Soteriology*, 139–40 参照。Tannehill（*Dying and Rising*, 66–69）は、「1 人の人が死に」から「したがって皆が死んだ」へと唐突に移行することは、キリスト者がキリストと共に死ぬという視点に依拠して説明されるべきと述べる。

C. パウロの救済論

ちのための」キリストの死が、「私たちが起きていても眠っていても彼と共に生きる」確信を与える。「キリストの死がかつての罪を贖うことをとおして、信仰を堅持する者が将来の救いを受け取るという希望を確約するのだ」とパウロが理解したという可能性を排除することはできない。もっとも、強調点が他にあることは明白だ。すなわちそれは、過去の違反の贖いという後ろ向きの強調点でなく、「キリストの到来において生きている者も死んでいる者もキリストとともなる命が確証される」という前向きの強調点である[48]。パウロは、これをキリストの死の目的としている。

　ここで私は、キリストの死に関するパウロの理解について学術的見解を広く取り上げて分析することはせず、幾つかのコメントを付すに留めたい。私の場合はブルトマン（*Theology*, I.296）と異なり、すべての「［キリストが］私たちの罪のために［死んだ］」という箇所を贖い——あるいは宥め——とは捉えていない。たとえばIIコリ5.14をブルトマンは贖罪論的な主題として捉えるが、この箇所には「みなのため」という視点が直後に続き、「したがってみなが死んだ」となる。「みなのため」が伝承に起因することに疑いの余地はないが、その厳密な意味は贖いや宥めというよりも参与であろう。また私は、贖い、宥め、代理死という犠牲死の諸概念を厳密に区別すること（Bultmann, *Theology*, I.295–97）に価値を見出さず、これらすべてを過去の違反に対する贖いと表現することにしている。宥め、贖い、代理という概念は理論的に分類可能だが、このような分類が後1世紀になされたか、またそれがパウロにとって意味をなしたかは不明だ。もっとも私は、ブルトマン（*Theology*, I.297–98）や他の学者らと同様に、犠牲的伝統の継承がパウロにおける特徴とは考えていない。デイヴィス（*Paul and Rabbinic Judaism*, 242）は以下のように述べる。「パウロは犠牲的言語を用いつつイエスの死の意義について教えることに骨を折っているが、これらの表現の展開は見られず未完性のままである」。あるいはケーゼマン（'The Saving Significance of the Death of Jesus', *Perspectives*, 4）は、ロマ3.25を「過去に犯した違反の赦し」とし、さらに「しかしパウロにとって、究極的に救

---

[48]　同様の点はTannehill, *Dying and Rising*, 133–34を見よ。

済は過去の災難の収束や罪過の帳消しを意味しない。ロマ 5.9–10 と 8.2 によると、罪と死と神的怒りからの解放を意味し、それが新たな命の可能性である」と述べる。私はこの点に同意するが、ロマ 5.9–10 を 3.25 と同列に置く点において意見が異なる[49]。

このような私の理解は、「キリストの死の主要な意義を違反への贖いとパウロが見なした」とするシュップスやブキャナンの理解と真っ向から対立する。シュップス (*Paul*, ch.4) によると、パウロの救済論はキリストの贖罪死を中心とし、この死はイサクの縛めになぞらえられる。イサクをイエスが、そしてアブラハムを神が演じるというわけだ。この議論は、キリストの死の意義が贖罪にあると見なす過ちを冒しているのみならず、イサクの縛めがユダヤ人の思想世界において重要だったという論証不可能な想定（導入 C：「対象文献」参照）に依拠している。

ブキャナン (*Consequences of the Covenant*) は、パウロがキリストの死を契約神学というモチーフを背景にして捉えていた、と考える。これはいわゆる功徳の教理である（I.A.8 参照）。ブキャナンは「罪が負債と分類された」(p.228) と考え、「これらの負債がすべて帳消しになるまで神はその王国をもたらさない」(p.229) とする。したがってパウロは、私たちの負債を帳消しとするための「私たちのために神へ捧げられた贖罪の生け贄」(p.230) としてキリストを理解した、というわけである。パウロはユダヤ教伝統に則って、違反のために贖いが必要だと考えた。そしてその手段として、悔悛、相互の和解、贖罪と賠償の生け贄の必要を想定した (p.230)。そして神がこの最後の部分をキリストの死において提供した。「キリスト者に残された責任は和解することだ。彼らは自らの罪を悔いて贖罪を完成させなければならなかった」(p.230. ロマ 5.6–11 を典拠として挙げるが、それら以外はすべてコロサイ書からである)。この議論の過ちは、シェップスに関して述べたものと同様である。すなわち、パウロにとって些細な点を重大視し、ユダヤ教文献自体が支持し得ない類例を

---

[49] Ｉコリ 11.24 もしばしばキリストの犠牲死への言及と見なされる (Bultmann, *Theology*, I.269) が、そうとは限らない。Daube (*Wine in the Bible*, 15–16) は「あなたのために」という句には「与えられた」や「裂かれた」という語を補う必要はなく、より一般に「あなた自身に良いこと」だろうとする。

C. パウロの救済論

用いていることだ。

　私自身の意見はむしろホワイトレー（*Theology of St Paul*）に近い。彼はいわゆる救済の手法（*modus operandi*）を議論する際に、「参与による救済」(p.130)という言い方を選択し、キリストの死に関する犠牲的な文言を代理理論によって理解すべきでないと主張する（pp.130–51）。彼はじつに、キリストの死に関するパウロの言説すべてが参与論的であるとは考えない。幾つかは「ユダヤ教の宗教言語」(p.134)によって表現されている。しかし、ロマ 8.3–4、II コリ 5.21、ガラ 3.16 といった代理理論の礎さえも、代理死の教義を伝えるものでないとする。これらは究極的には参与論的言語である（pp.134–37）。

キリストの死の意義を考察する際に、パウロが過去の違反の償いよりも将来の救いを保証する主権の移行という観点から考えていたことは、キリスト者のキリストと共なる死に関する箇所を見れば明らかだ。これらの箇所こそが、パウロにおけるキリストの死の真意を伝えている。ロマ 6.3–11 全体がこの主題と関連しており、ここに他の箇所とともにこれを記す必要があろう。

　キリスト・イエスへとバプテスマを受けた者はみな彼（キリスト）の死へとバプテスマを受けたのだと、あなたがたは知らないのですか。したがって、私たちはバプテスマをとおして彼（キリスト）と共に死へと葬られました。それはキリストが父の栄光によって死者のあいだから甦らされたように、私たちも命の新しさのうちに歩むためです。

　なぜなら、もし彼の死とまったく同じ姿と共に編み上げられたならば、たしかに私たちはまた彼の復活とまったく同じ姿ともともに編み上げられるからです。私たちの古い性質が彼と共に十字架につけられたのは、罪深い体が滅ぼされ、もはや罪に対して隷属することがないためです。しかし、もし私たちがキリストと共に死んだのなら、私たちはまた彼と共に生きるのだと私たちは信じます。なぜなら私たちは、死者のあいだから甦らされたキリストがふたたび死ぬことは決してないと知っているからです。この方が死んだ死は、ただ 1 度だけの罪に対する死ですが、彼が生きる命は、神に対して生きるものです。ですからあなた方も、キリスト・イエスにあって罪に対して死んだ者であり、神に

対して生きている者と心得るべきです（ロマ 6.3–11）。

同じように兄弟姉妹の皆さん、あなた方はキリストの体をとおして律法に対して死にました。それは死者のあいだから甦らされた方に所属するためです。それは私たちが神に対する実を結ぶためです（ロマ 7.4）。

それというのも、私は神に対して生きるために、律法の基準にしたがって律法に対して死んだからです。つまり私は、キリストと共に十字架につけられてしまっているのです。ですから、もはやこの私が生きているのでなく、私のうちにキリストが生きているのです。私が今肉体において生きるこの命を、私は、私を愛し、私のためにご自身を捧げて下さった神の御子への信仰によって生きているのです（ガラ 2.19–20）。

そしてキリスト・イエスに属する人々は、肉をその情欲と欲望とともに十字架につけたのです（ガラ 5.24）。

しかし私に関して言えば、私たちの主イエス・キリストの十字架において以外、決して誇ることはありません。この十字架をとおして、世は私に対して十字架刑に処され、私も世に対して十字架刑に処されています（ガラ 6.14）。

私は、キリストとその復活の力を知り、この方と苦しみをともにし、その死と同じ姿になり、なんとかして、死者からの復活に到達したいのです（フィリ 3.10–11）。

フィリ 3.10 はキリストと苦しみをともにすることに言及するが、これはパウロが他の箇所でキリストの命を共有するためにキリストの死を共有すると述べることと関連する。すなわち「彼と苦しみをともにするなら、私たちはキリストの共同相続人です」（ロマ 8.17）、「イエスの命が私たちの体において明らかとなるように、たえずイエスの死をこの体にまとっています」（Ⅱコリ 4.10）。これはまた、キリストの苦しみに「倣う」という表現でも語られる（I

テサ 1.6)。

　したがってこれらの箇所におけるキリストの死のもっとも重要な意義は、それが過去の違反に対する贖いを提供することでなく——パウロは贖いの提供というこの一般的なキリスト者の理解を共有してはいるのだが——、キリストの死を共有することで、人が罪の力あるいは古い時代に対して死に、結果として神に属することである。これは、偶像崇拝や性的不道徳の不浄から清浄への移行のみならず、1つの主権から他の主権への移行を示す。この移行は、キリストの死へ参与することをとおしてなされる。上述した点を繰り返すなら、復活自体はパウロにとって将来に留まっている。人はキリストと共に死に、神に対して生きるが、将来においてのみ甦らされる。

　(2) 自由：パウロがこの移行を隷属状態からの解放あるいは自由と表現し得ることは、キリストの死が主権の移行を提供するという理解と符合する。キリスト者は罪——あるいは律法——の力から自由となり、自由に神のために生きる。したがってパウロは、キリスト者を異教徒時代の諸違反から清められた者と言い得るように（Ⅰコリ 6.9–11）、「罪（単数）から解放された」（ロマ 6.18, 22）あるいは「罪と死の律法から自由にされた」（ロマ 8.2）とも言い得る。ガラテヤ書においては、キリストがキリスト者を解放した自由（5.1）と、律法の隷属あるいはこの世の諸霊（4.1–9）からの解放とが対比されて描かれている[50]。パウロは、この世界が「破壊へ向かう隷属から自由にされる」（ロマ 8.21）ことを望んでいる。

　(3) 変容、新たな創造：上で現在と将来における移行と変容に触れた際、私たちはすでにこれらの用語に言及した[51]。これはパウロの「移行に関する言語」と言えよう。したがってⅡコリ 4.16 には「私たちは失望しません。外なる性質が朽ちていったとしても、内なる性質は日々新たにされるからで

---

50) 私は、パウロがガラ 4.1–9 において、律法の隷属状態にある者と *stoicheia tou kosmou*（この世の諸霊）への隷属状態にある者を同視していると考える。したがって、ユダヤ人のうちに占星術を行う者がいた（Whiteley, *Theology of St Paul*, 25）という理解には同意しない。むしろ星々の力の下にあることと律法の下にあることとが、実質的に同じであることに関しては、Bo Reicke, 'The Law and this World According to Paul', *JBL* 70 (1951), 259, 276 を見よ。

51) 変容の継続性については Robinson, *The Body*, 80–81 を見よ。

す」とある。IIコリ5.1–5が述べるとおり、まったき変容——すなわち古い創造あるいは古い時代から新たな時代への完全な移行——はいまだ将来の出来事である。しかしパウロは、変容が現在すでに起こっていると考える。キリストにある者が新たな創造である——あるいはキリストにあるならば新たな創造がある——とIIコリ5.17でパウロが述べる場合、その新たな創造は予期的表現において、あるいは少なくとも不完全な意味において現在に起こっている事柄として考えられているようだ。ガラ6.15が端的に言及する新たな創造もおそらく同じ意味だろう。IIコリ3.18でも、変容が進んでいながら完成していない様子が述べられている。すなわち「私たちはみな、顔を覆われずに主の栄光を見据えつつ、栄光から栄光へとその似姿へ変えられつつあります」。

パウロが同様の移行に関する表現を、叙実法と命令法とに、また命令の機能を果たす条件文において用い得ることは周知のとおりである。したがって彼は、キリスト・イエスに属する者がその肉を欲情や願望とともに十字架につけてしまった（ガラ5.24）と言う一方で、もし体の行いを殺すならその者は生きる（ロマ8.13）と言い得る。また、キリスト者は義の奴隷となってしまった（ロマ6.18）と言いながら、一方では彼らが神に従いつつ義の道具となることを促す（ロマ6.13）。御霊によって生きる者が御霊によって歩む（ガラ5.25）一方で、御霊を持つキリスト者が実際にはまったく「霊的」でないことを示唆し得る（Iコリ3.1–3）。同様の仕方で、パウロは変容され新たにされつつある（IIコリ3.18, 4.16）キリスト者に対して、「あなたの思いを新たにして」（ロマ12.2）変容されるように促す。ガラ4.19にも触れておこう。「私の子供たちよ、あなた方のうちにキリストが形づくられるまで、私はふたたび出産の苦しみを味わっています」。ここでパウロは、ガラテヤの信徒らが律法を受け容れる状況に鑑みて、それはキリストが彼らの「うち」におらず、新たな創造への変容（ガラ6.15）あるいは隷属から子の立場への移行（4.1–7）を無効とする怖れを生じさせる、と警告しているようだ。

（4）和解[52]：「和解［する］」を意味する名詞の *katallagē* と動詞の *katallassō*

---

52) J. Dupon, *La réconciliation dans la théologie de saint Paul* (1953) を見よ。もっとも Dupon はその

とは新約聖書においてほぼパウロ書簡群に集中するパウロに特徴的な表現で、とくにロマ 5.10–11 と II コリ 5.18–20 にその用例が集中している。名詞はロマ 11.15 と I コリ 7.11 でも用いられ、後者は夫婦間の和解について語っている。これらの箇所を以下に引用しよう。

> それは、敵であったときに御子の死をとおして神と和解させられた私たちが、和解された今、御子の命のうちに救われるのはなおさらのことだからです。それのみならず、私たちの和解を今もたらした私たちの主イエス・キリストをとおして神を喜ぶのです（ロマ 5.10–11）。

> もし彼ら（ユダヤ人）の拒絶がこの世の和解を意味するなら、彼らの受容は死者のあいだからの命でないとするなら何を意味するでしょう（ロマ 11.15）。

> したがって、誰でもキリストにある者は新たな創造です。古いものは過ぎ去り、新たなものが来ています。これらはすべて神から出たことで、この方がキリストをとおして私たちをご自身へ和解させ、その和解の務めを私たちに委ねられました。すなわち、神はキリストにおいてこの世をご自身へ和解させ、彼らの違反を彼らの不利となるように見なさず、私たちに和解の言葉を委託されたのです。したがって私たちはキリストのための大使であり、神が私たちをとおして訴えておられます。私たちはキリストを代弁してあなた方に申します。神へ和解されなさい。私たちのために、この方は罪を知らない彼（キリスト）を罪としましたが、それは彼において私たちが神の義となるためです（II コリ 5.17–21）。

これらの箇所から、私たちは幾つかの点に気がつく。第 1 に、和解はいつも過去の出来事である。II コリント書における「キリストにある」この世に対する神の和解は、おそらくローマ書におけるキリストの死による和解との関連で理解されるべきだろう。キリストの死が「この世」との「和解」を完成

分析にコロサイ書とエフェソ書とを含めている。

させた。すなわちそれは、人類との和解を意味しよう。IIコリント書において神が違反を勘定しないとは、ロマ 3.24–25 での議論を想起させる。キリストの贖罪死を信仰によって受け容れるならば、これをとおして義が与えられている。「これは神の義を示します。神はその忍耐をとおして以前の罪を見過ごしたからです」。第 2 に、和解は上述した他の「移行」言語と異なり、罪を力としてでなく人の違反として扱う。和解は、命が与えられることの前段階というだけでない。和解という句自体によっては、キリストへの参与によって人がいかに命を得るか、あるいは罪の力と今の邪悪な世から子としての立場と罪からの解放へと移る変容が今いかに起こっているか説明できない。この句は、神が違反を勘定しないことで敵意が克服されることのみを述べており、この「勘定しない」ことがキリストの死とある意味で関連している。したがって和解という主題は「法廷的」であるが、ここで私たちは、この句をとりまく言語がいかに限定的かを認識しておく必要がある。人が改悛をとおして過去の違反のための和解を獲得するといった議論はなく、和解を承諾するという表現もない。そこにあるのは、和解を受けることのみだ（ロマ 5.11）。パウロが述べるのは、「神と和解されよ」との一言であり、他所と同じようにここでも、世は和解されてしまっていることがまず述べられている。パウロは、「悔い改めて和解の福音を信ぜよ」と言わない。その理由は、義認と信仰義認に関する議論のあとでのみ明らかとなる。

　(5) 義認と義：ここではまず、動詞の *dikaioō* と名詞の *dikaiosynē* を英語に訳すことがいかに骨の折れる作業かを述べておこう[53]。名詞は「義（righteousness）」と訳すのが最善策と思われるが、これに対応する同根語の動詞が英語にはない。したがって動詞の方は「義と宣言する（justify）」と訳されるが、そのために名詞がときとして「義認（justification）」と訳されもする。これらの語（justify, justification）は一般に、パウロの考えを把握するのに不適切であると考えられるが、それではパウロは何を述べているかに関する議論が尽きない。ブルトマンの *Theology of the New Testament* を翻訳したグローベルは、この問題を解決するために「義を授ける（rightwise）」という動詞を充て

---

53) J. Reumann, 'The Gospel of the Righteousness of God', 444 参照。

た⁵⁴)。これには一理あるが、現代の英語話者に聞き慣れないという意味で問題がある。一方で「義とする (make righteous)」という訳は、人が実際に義の状態になることを示唆するので拒否される傾向にある。本来のニュアンスは、正しい関係性を構築することである⁵⁵)。この問題に関する完全な解決は存在しないので、いかなる翻訳も反論の対象となることを認めた上で、その都度説明を加えることで満足するしか方法がない。実際には、パウロはこの動詞にいつもまったく同じ意味を持たせているわけではなさそうだ。ある場合は「和解させる」および「聖別する」と同義で、そうすると「義と宣言する (justify)」は非常に適切な訳となる。ある場合は「義 (*dikaiosynē*)」を持つこと、獲得すること、あるいは与えられることと同義で（フィリ 3.9 参照）、そうすると「義とする／義となる」という訳がある程度適切に思われる。「義とする (make righteous)」という表現を中立的な意味で捉るようにし、「義 (righteousness)」という名詞と対応するように用いることが良かろうと考えられる。これはガラ 2.15–21 等の箇所で必要な配慮である。

　この動詞はおもにガラ 2–3 章とロマ 2–5 章（とくに 3 章）において用いられるが、パウロはこれらの章で「信仰による義」や「信仰によって義とされる」という、パウロ神学の中心と多くの人々が考える主題について論じている。この動詞の他の用法をまず見ておくことが肝要だろう。もっとも明らかな例は、すでに 1 度引用した I コリ 6.9–11 であるが、ここでもう 1 度記しておこう。

> あなた方は、不義なる者 (*adikoi*) が神の王国を受け継ぐことはない、ということを知らないのですか。騙されてはなりません。不道徳な者、偶像崇拝者、姦淫する者、同性愛者、盗人、強欲な者、酩酊者、嘲罵する者、強奪する者は、神の王国を受け継ぎません。あなた方の中にもそのような者がいましたが、あな

---

54) Butmann, *Theology*, I.253.
55) Whiteley, *Theology of St Paul*, 141, 156–61 参照。E.J. Goodspeed ('Some Greek Notes: III Justification', *JBL* 73 [1954], 86–91) は、このギリシャ語動詞が「実際はそうでない者が正しいと宣言される」、すなわち義が負わされることを意味する、とする。したがって彼は、新たな創造というパウロの視点は、「正しいとする」という意味合いをはるかに越えた概念だと考える (p.88)。

た方は主イエス・キリストの名と私たちの神の霊によって洗われ、聖別され、義とされました。

「義とされ」をも含むここに見られるすべての動詞は、直前に挙げられた罪からキリスト者が清められることを意味する。同様の用法はロマ 5.9 にも見られる。

> 私たちがまだ弱かったとき、キリストは不敬虔な者のために死なれました。義なる人のために誰かが死ぬことも稀です。正しい人のためにあえて死ぬ人がいるかも知れません。しかし私たちが罪人だったときキリストが私たちのために死なれたことによって、ご自身の愛を示されました。彼（キリスト）の血によって義とされた私たちが、彼をとおして怒りから救われるのはなおさらのことです（ロマ 5.6–9）。

この箇所では和解されることに関する主題がその後に続くので、ここでの「義とされる」とは「和解される」ことと同義である。すなわち、過去の違反が見過ごされた、あるいは贖われたことを示す[56]。ロマ 8.30 での用法も同様である可能性が高い。すなわち、「この方（神）が前もって定めた者を呼び、呼んだ者を義ともし、義とした者に栄光をも与えます」。これらすべてのケースにおいて、義とされるとは過去の違反の浄めあるいは赦しであり、それは神の敵であった過去の状態と栄光を受けるという将来の状態とのあいだに位置する過程を指す。これは「和解させられる」こととほぼ同意である。1 件については「解放される」ことを指す。すなわち「死んでいる者は罪から解放されている（*dedikaiotai*）」（ロマ 6.7）。これはロマ 6.18 の「罪から自由とされている（*eleutherōthentes*）」とほぼ同意だ[57]。したがってここまでのところ、

---

56) ロマ 5.9 における「義とされ」の解釈は、ロマ 5.8 の「罪人ら」という表現によって支持される。パウロが罪という語を用いる場合、それは一般に力としての罪を意味するが、「罪人」という表現を用いる場合、パウロはその力の下にある者を指すのでなく、彼らが実際に罪を犯して違反をすることを意味する。したがって、ロマ 5.19（5.20「違反」）とガラ 2.15（「異邦人の罪人」）参照。

57) R. Scroggs ('Romans vi. 7', *NTS* 10 [1963], 104–08) は、非常に異なる説明をする。ロマ 6.7

C. パウロの救済論

移行言語としての「義とする」は「聖別する」および「和解する」(過去の違反に言及しつつ)、あるいは「解放する」(隷属化する力としての罪に言及しつつ)に相当する。

　パウロにおいて、違反からの浄めと罪の力からの解放に関する表現が用いられていること、またその際にこれらのあいだの区別が、「神秘的」および「参与的」と「法廷的」概念のあいだの区別と同様に、区別あるものとして扱われていない様子を、私たちはこれまで繰り返し見てきた。これら2つの表現は繰り返し一緒に現れている。しかし私たちは、パウロの統合的思考回路から生じる問題に直面する。参与論的言語と法廷的言語とのあいだの関係性を完全に明確にし、ローマ書とガラテヤ書における「信仰による義」を十分に理解する以前に、人の窮状に関するパウロの理解についていくらか考察する必要がある。これ自体、イエス・キリストによる救いという排他的救済論に依拠してのみ理解し得る。私たちの議論は、パウロの議論がキリストを主および救済者として確信したその時点から始まった。ここまででは、救われた者らの集団(「1つの体」等)のうちにいることを示す用語、そして破滅に向かう集団から救われる集団へと移行する(「キリストと共に死ぬ」等)ことを示す用語について論考してきた。しかし、これらの用語間の関連については、律法と人の窮状に関するパウロの姿勢を分析してはじめて、適切に理解できる。したがってここでは、循環的に議論を進めなければならない。律法と人の救助を取り上げてこの解釈の循環を完成させる以前に、パウロの救済理解についてもう1つだけ明らかにすべきことがある。それは救済の対象——誰が救われるか——である。

はイエスの殉教死について言及しており、これが他者の贖いに繋がる。これは構文上のもっとも単純な説明を看過する。動詞が受動態であることは、「死んだ者が義とする」という訳が不成立であることを示す。*ho apothanōn* がイエスの死と信仰者の死との両方を意味するとの理解も困難である(「[キリストと共に] 死んだものは義とされる [キリストの贖罪死によって]」)。Scroggs の、人の死が違反を贖うというラビ的教えがこの背景にない、との結論には同意する。Käsemann, *An die Römer*, 162 も参照。興味深いことに Cranfield (*Romans*, 311) は、ここは「解放される」という意味でないと考える。この世において人はその罪から解放されるとパウロが考えていなかったからだ。しかしこのような解釈は、以下の2つの箇所がこの箇所の意味を決定していることを看過している。すなわち、「もはや罪に対して隷属状態にない」(ロマ 6.6)、「かつては罪の奴隷であった」(6.17–18)。

4. 人類と世の救い

　パウロの思想における普遍的および宇宙論的救済の問題は非常に複雑となる可能性があるが、ここではそれに短く言及しよう。アダム／キリストの箇所に依拠して、私たちは全人類の救いという結論に達することも可能だ。

　1 人の人の違反がすべての人の裁きに繋がったとしたら、1 人の人の義の業はすべての人の放免と命に繋がります（ロマ 5.18）。

　アダムにおいて皆が死ぬように、キリストにおいては皆が命を得る（I コリ 15.22）。

少なくとも原則として、パウロは書いたとおりのことを意味していると論ずる者もいる[58]。そして「世」の和解とある箇所において、この「世」とは人類を指すということになる（ロマ 11.15, II コリ 5.19）[59]。しかしこのような議論には致命的な反論が示される。すなわち、パウロはしばしば、主の日に滅びる者、あるいは滅ぼされる者に言及している（I コリ 1.18, II コリ 2.15, 4.3, フィリ 3.19. ロマ 2.12, I コリ 8.11, 6.9, 10.6–12 参照）[60]。私は I コリ 15.22 の箇所を「キリストにある者は皆が命を得る」と訳し変えるべきではないと考える[61]。それがパウロの実際の意図であったとしてもである。彼はどうやら類例に引きずられて、意図したこと以上のことを述べているようだ。これはとくにロマ 5.19 において明らかである。「すべての人の裁き」と「すべての人

---

[58]　例えば Gibbs, *Creation and Redemption*, 48–58. しかし Gibbs は 2 つ目の「すべての人」をそれほど文字どおりにはとらず、「［これは］全網羅的というよりも総合的な意味合いを持つ」（pp.52–53）と述べる。

[59]　「この世」を「人類」と解釈することについては Bultmann, *Theology*, I.255 参照。

[60]　Whiteley（*Theology of St Paul*, 97–98, 271–73）は、すべての人が救われるとパウロは考えておらず、「キリスト者でない者に何が起こるかをたんに述べていない」と述べる。しかしこれは、破滅に関する箇所を看過している。

[61]　Whiteley, *Theology of St Paul*, 271.

の命」についてロマ5.18で述べた直後に、パウロはすぐさまここに「多くの人」と修正を加えている。すなわち「1人の人の不従順によって多くの人が罪人とされたように、1人の人の従順によって多くの人が義とされる」。私はこれを、「多くの」によって「すべて」を意味するセム語的表現とは考えない[62]。パウロの思考は彼が繰り返す言説から十分に明らかだ。すなわち、キリストから離れてはみな滅ぼされるが、キリストを信じてキリストの体に参与する者は救われる。したがって彼は、「すべての人……すべての人」でも「多くの人……多くの人」でもなく、「すべての人……多くの人」という論理を展開している。しかしアダム／キリストの類例ではこの論理展開が成立せず、パウロはこの箇所での言い回しによって混乱をもたらした。したがって、ロマ5.17の類例が実際に示していることは以下のとおりである。もし1人の人の違反が死に繋がったとすると、イエス・キリストによる命を受け容れる者がそれを得るのは当然である[63]。

非人格的な宇宙の場合は事情が異なる。宇宙の創造に関するキリストの役割はIコリ8.6に示唆されている。さらにロマ8.21は、「被造物自体が滅びへと向かう隷属状態から解放され、神の子らの栄光の自由を得る」と明言する。Iコリ15.27–28は被造物の最終的な贖いという理解を支持するように見受けられ[64]、これと矛盾するような言説はない。コロサイ書をパウロ神学の考察から外すなら、そうでない場合と較べて宇宙の果たす役割がずっと小さくなる[65]。それでも、コロサイ書がパウロの思想に依拠していることを忘れてはならない。すなわち、宇宙は贖われるのだ。もっとも、パウロの一般的な関心は人の住む世界にある。

---

[62] H. Müller, 'Der rabbinische Qal-Wachomer-Schluss in paulinischer Typologie', *ZNW* 58（1967）, 82 n.49; Jeremias in *TDNT*, VI.540–41 を見よ。

[63] この点で私はConzelmann（*Theology*, 187–88）に同意する。すなわち「重要な場面で類例が機能していない。そのままでは信仰を考慮しないことになる」。

[64] Davies, *Paul and Rabbinic Judaism*, 58 n.4 を見よ。

[65] Davies, *Paul and Rabbinic Judaism*, 177 の「コロサイにおける異端の教えがなかったとしたら……」を参照。またRalph MartinのGibbs（'Creation and Redemption', *JBL* 91［1972］, 429–31）への意見を参照。

D. 律法、人類の窮状とその解決

人間論に先んじる救済論：パウロが非キリスト者の状況をいかに理解していたかを知るためには、すでに述べてきた以下の点を確認することが必要である。すなわち、パウロにとっては普遍的解決への確信が普遍的窮状への確信に先行する。窮状から解決へとたどる論理的流れを前提として、パウロがそのように思考したと理解したことが、おそらくブルトマンのもっとも大きな誤りだろう。ブルトマンが「信仰以前の人」というパウロの概念を議論する箇所を見つける度に、私は「思考が逆だ」というメモ書きを残した。これは非常に重要な点なので、ここに幾つかの例を示すのが良かろう。ブルトマンは、「全人類が罪人であるとの観点をパウロはロマ 1.18–3.20 で展開するが、これこそがパウロの救済に関する教義の基礎をなす[1]」と記している。私

---

1) Bultmann, *Theology*, I.227. Bultmann の論考には理解しがたい部分があるが、それをここで詳細に解釈することはできない。彼は、パウロの救済論と律法に対する姿勢とが人の窮状に関する理解に依拠していることについて長々と議論する（本著 712–13 頁を見よ）。この議論に対して本項は批判を向けている。一方で Bultmann は、ロマ 7 章を非信仰から信仰へと移行する自伝的言説として捉えておらず（ロマ 7 章については II.B, 註 4 を見よ）、パウロがキリストにある人という観点から人の窮状を捉えているという本著での議論に同意していることになる。人の窮状に関するパウロの概念がキリストの出来事に依拠していることと、救済論と律法への姿勢とが人の窮状の理解に依拠しているという、この 2 つのあいだのを整合性を Bultmann がいかに保とうとしたかは不明だ。後者の観点が誤りであることを、私はここで示そうとしている。Bultmann に関する私のこの理解は、Gerd Lüdemann 博士の批判的評価に負うところが大きい。

普遍的罪がパウロの救済論の基礎となっているとの理解は一般的である。たとえば Davies (*Paul and Rabbinic Judaism*, 58) は、「罪の普遍性についてパウロは、聖典の支持を持ち出すまでもなく、自分自身の心の理解と、ユダヤ人と異邦人とを問わず人々の在り方から知っていた。赦しと和解の普遍性に関する理解は、イエス・キリストの顔に映る神の栄光の知識の光によってパウロの上に注がれた」と述べる。

D. 律法、人類の窮状とその解決　　703

はむしろ、パウロの救済に関する教義が、全人類は救済を必要としたとの結論を不可避的に導き、人それぞれの窮状が異なっていても、人が普遍的に窮状の下にあると言うべきだと考える[2]。ブルトマンは「[罪が] すべての人を例外なく隷属状態にする」点を指摘し、そのあとでパウロがなぜそのような考えを抱いているか、その理由について問う。

> 生まれつきの「肉にある命」の人が例外なく「肉にある命」という否定的な限定を受ける必要性はあるか、すなわち「肉にしたがった命」にならざるを得ないか。
>
> 　パウロはそのように考えた。人は肉によって構成されているため、罪が最初からそのうちに眠っている。それは起こされるべきか。起こされるべきだ。なぜなら人はトーラーとその諸規定——「欲してはならない」（ロマ 7.7ff）——に遭遇するからだ[3]。

ブルトマンは、いかにすべての人が罪を犯し、罪の力の下にあるか、に関してパウロが説明する箇所を示している。しかし実際には、すべての人が罪に対して隷属状態であることに対するパウロの説明は、肉の弱さと戒めとの関係性についての分析に依拠したものでない。むしろこれは、「神がキリストにおいて普遍的な救済を提供した」という確認から派生している。すなわち、「救済がある以上、人は救済を必要とする」という論理の流れだ。そし

---

2)　例えば、すべての人が罪を犯した（ロマ 3.23, 5.12）、すべての人がアダムにおいて死んだ（ロマ 5.18, I コリ 15.22）、人はこの世の諸霊（*stoicheia tou kosmou*）の奴隷である（ガラ 4.3）。Conzelmann, *Theology*, 196–98 参照。「律法なくして罪はない」（ロマ 4.15）という言説がパウロによって一貫して支持されはしない。ロマ 5.13–14 はこの問題の解決を与えない。ロマ 1–3 章は罪の普遍性について述べるが、「旧約聖書の歴史の中の出来事に依拠しない」。ロマ 7 章に至って、パウロは始めて罪の普遍性の問題を説得性のある仕方で語る（p.197）。Whiteley（*Theology of St Paul*）はロマ 5.12 を堕落に関するパウロの「根本的な教え」（p.50）と捉え、ロマ 1.18–32 に関して「ほとんど堕落と並行する出来事、異なるシンボルをとおして同じ現実を語っている」（p.51）と述べる。しかし Whiteley はこれらの違いについて述べない。首尾一貫しているのは、すべての人が罪の力の下にある、という結論のみだ。罪に関するパウロの説明の不一致については、Cerfaux, *The Christian in the Theology of St Paul*, 412–17 も見よ。

3)　Bultmann, *Theology*, I.249.

てロマ7章においては、この論理の流れによって律法とその目的が、ある程度無理やりな仕方で説明されている。

パウロの思考の方向性：パウロの論理は以下のように進むようだ。すなわち、キリストにあって神は世を救うために行動した。したがって、この世は救いを必要としている。しかし神はまた律法を与えた。キリストが救いのために与えられたなら、律法は救いのためでない。では律法は、キリストにおいて啓示された神の目的に反するか。否。律法はすべての人を罪に閉じ込めるという機能を持っている。それによって、キリストにある神の恵みがすべての人を救う。私見では、この議論を逆方向へ進めることはまったく不可能なことだ。すなわち人間論的分析から開始して、人は自らを救う願望ゆえに罪に縛られていることを示す道筋を辿ることはできない。ブルトマンがその釈義能力に長けた洞察からこのような論理を導き出したとは言えよう。しかし、自らの能力を誇るという人の窮状に関する分析は、パウロの神学としては成立し得ない。窮状が解決に先行することが一般に期待されても、パウロの思考はその逆である。

1. 律法、信仰による義

律法と救いの排除：パウロの思考が解決から窮状へと進んでいることは、もっとも頻繁に議論されるパウロの立場——パウロの律法に対する姿勢——に関する分析からもっとも力強い支持が得られる。パウロの律法に対する姿勢を理解することはまた、彼が人の窮状をいかに認識し、結果としてその解決をいかに理解すべきか（II.Cで端的に述べてきた）を知る助けとなる。さらに律法に関する問題は、「信仰による義」への考察を始める助けともなる。パウロの律法に対する姿勢という問題をもっとも鋭い仕方で問うとするなら以下のようになる。すなわち「なぜパウロは、律法を受け容れる者がキリストによる救いから除外されると考えたか」である。この問題に対して、アルベルト・シュヴァイツァーとルドルフ・ブルトマンがどのように理解したか、そこから私たちの考察を始めよう。なぜなら彼らが、2つの重要で互いに異なる思想を主張する学派を代表するからだ。

D. 律法、人類の窮状とその解決

シュヴァイツァーの終末論的な律法理解：シュヴァイツァーは、窮状とその解決に関するパウロの理解を、一般に『IV エズラ書』と『II バルク書』に見られるものと同様だと考える。もっともパウロは解決において劇的な変化を想定している。すなわち、終末の開始がイエスの復活においてすでに現実のものとなっていること、イエスの死に贖罪的な力があること、終末の時がイエスの復活によってすでに始まっていること、イエスの死と復活に「神秘的に」参与する可能性があること、である[4]。しかし、パウロにとっての窮状が、実際にユダヤ教の黙示主義者らが直面した窮状と異なるか、という点は充分に分析がされてきていない。シュヴァイツァーは、両者にとっての窮状が同様だという前提に立っている。彼はユダヤ教的な視点を以下のように要約している。

> 一般にユダヤ教の終末論では、悪は悪霊らによってもたらされる。また天使的な存在は神の許可の下で神と人とのあいだに自らを置いている。もっとも単純な贖いの概念は、メシア的王国がこの状態を終わらせるということだ[5]。

シュヴァイツァーによると、パウロも一般にこのように考えているが、上述したように解決の部分がより複雑となっている[6]。パウロの律法理解はいかなる役割を演じているか。

> 天使的存在の支配とメシアがもたらすその終焉という終末的概念に対して、パウロは独特な視点を持ち込む。すなわち、天使的存在がその支配下に人々を置くために律法は与えられた、イエスの死によって彼らの力は大いに揺さぶられて、いまや律法はその力を持たない。
>
> このような理解は、将来の贖いの多くの部分がすでに現実のものとなっているというパウロの視点から発展したものだ。ユダヤ教的な思想において、メシア的支配が始まる時に律法［の時代］が終わりを告げることは自明である。

---

4) Schweitzer, *Mysticism*, 54, 68.
5) Schweitzer, *Mysticism*, 55.
6) Schweitzer, *Mysticism*, 63–68.

しかしパウロは、それがイエスの死においてすでに無効となっていると主張する[7]。

メシア的王国と律法の無効性：シュヴァイツァーは「神秘主義と律法[8]」という章においてパウロの律法に対する姿勢をもう一度問う。シュヴァイツァーは、もし私たちが2つの質問を絶えず区別しておくなら、パウロの複雑な視点を明確に理解し得る、と述べる。すなわち（1）「どのような意味で、またどの範囲で律法はもはや無効か」、そして（2）「律法が無効であるなら、信仰者の律法に対する正しい姿勢は何か」という質問である[9]。シュヴァイツァーは、第1の質問の答えは単純だと述べる。すなわち「律法は天使らの支配下にある自然界に属する。イエスの死と復活以来、この世が存続する限り律法は効力を持ち、存続しなければ効力を持たない。……キリスト・イエスにある者にとって律法はもはや効力を持たない」[10]。じつにシュヴァイツァーにとって、律法と終末論とは絶えず相容れない関係にある。それは「直観的かつ絶対的な倫理に対する終末論の内的刺激」のためであり、また「メシア的在り方の超俗的な性質に対して、自然界のために確立された律法が相応しくない」ためである[11]。律法がメシア的王国への到達を導くというユダヤ教的な理解は、実際に成り立たない。終末論と律法とを組み合わせる試みにおいて、後期ユダヤ教は「見てくれの良い橋を建てたが、誰も渡ることができない」[12]。律法と超常的で直観的な終末論を統合させることが不可能であることは、後期ユダヤ教の黙示主義者らが実際に認めるところである。

確かに後期ユダヤ教の黙示は、将来の王国において律法がその重要性を失うという理解を肯定するところまではけっしていかない。それでもこれらの黙示思想は、そのような理解の影響を少なからず受けている。驚くべきことに、これ

---

7) Schweitzer, *Mysticism*, 68–69.
8) Schweitzer, *Mysticism*, 177–204.
9) Schweitzer, *Mysticism*, 187.
10) Schweitzer, *Mysticism*, 188.
11) Schweitzer, *Mysticism*, 189.
12) Schweitzer, *Mysticism*, 189.

らの思想はメシア的王国において律法がその力を及ぼすとはけっして断言しない。しかも、来たるべき王国での生き方を完全なる律法遵守の生き方として描くこともない。むしろ、すべての地上における限界から解放された至福の新たな状態をいつも想定する。聖徒が「天の天使となる」と述べる『エノク書』（51.4, 61.12）が、律法に従った生き方をいかに想定し得ようか[13]。

シュヴァイツァーは続けて、『ソロモンの詩編』、『IVエズラ書』、『IIバルク書』において、メシア的王国は律法を遵守する王国として描かれていないことを指摘する。律法はむしろ王国に到達する助けをなすが、その王国において「人は新たな状態の下で自然の衝動によって神の意志によって生きる」[14]。これをパウロに適用すると、議論は以下のようになる。「復活の霊によって刺激される倫理というパウロの概念において、この倫理の即時性は律法と相反するメシアの時代の在り方という超常的性質と結びつく」[15]。この説明には1つの疑問が残る。なぜパウロは、ユダヤ人キリスト者が律法を守ることに異論がないのに、「異邦人の改宗者には、救いの喪失という代価をもって律法遵守が禁じられるのか」[16]。シュヴァイツァーはこの答えとして、パウロの現状維持という姿勢を挙げる。すなわち「それぞれが召された状態、それを続けるべきです」（Iコリ7.20, 7.17参照）[17]。この教えには重い意味がある。「したがって律法からの解放というパウロの説教は、けっして『何でもあり』という精神ではない。彼はユダヤ人と非ユダヤ人の違いなく、改宗したその時の状態に留まるよう求めている」[18]。

律法による義の不可能性：律法に関する問題は、シュヴァイツァーの著書においてさらに第3の文脈で取り上げられる。すなわち、信仰による義に関する議論である。シュヴァイツァーによると、パウロ自身が律法による義の

---

[13] Schweitzer, *Mysticism*, 191.
[14] Schweitzer, *Mysticism*, 191.
[15] Schweitzer, *Mysticism*, 192.
[16] Schweitzer, *Mysticism*, 193.
[17] Schweitzer, *Mysticism*, 194.
[18] Schweitzer, *Mysticism*, 196.

獲得が不可能であることを感じており（ロマ7章参照）、それを一般的真理と捉えていた。そしてこの不可能性はじつに『IV エズラ書』と『II バルク書』にも反映されている[19]。パウロは『IV エズラ書』と『II バルク書』に同意しつつ『ソロモンの詩編』に見られる自己義認的姿勢に対して反論し、神の恵みにより頼むことの必要性を訴えた。そしてシュヴァイツァーは、なぜ悔悛と赦しというユダヤ教的に自然な概念がガラテヤ書から完全に抜け落ちているかの説明を試みなければならない[20]。

実際にシュヴァイツァーは、律法に対するパウロの姿勢に関して3つの異なる説明をほどこしている。(1) 律法は、イエスの復活によって開始したメシア的王国の到来によって無効となった。(2) 人は召された時の状態から変わるべきでない。(3) パウロは律法によって義を得ることが不可能であることを体験し、神により頼む必要を認識していた。パウロはこの確信を「少なくとも同時代の律法学者の一部と共有していた」[21]。パウロの理解を説明するために、これら3つの説明を調和的に統合することも可能ではあるが、これらは一貫した論理の流れを形成しているものではない。シュヴァイツァーは (2) を (1) の補完と見なしているが、(3) については前者の2つからかなり独立しているように見受けられる。後の研究者の多くは、(1) か (3) かのいずれかに同意しつつ、他方の説明には同意しない[22]。しかし実際には、いずれの説明も成立しない。(3) に関しては、ロマ7章がパウロの自伝的叙述でないという説得性の高い議論――ここではこの議論に立ち入らないが――によって完全に論破された。これは、新約聖書学が到達した決定的な結論の一例であるが、それでもなお多くの学者らは、パウロ自身の律法に対する葛藤体験が律法による救いの正当性を否定する理由の1つであると捉えている。しかし、ロマ7章がパウロの自伝的叙述でないことは明確であり、し

---

19) Schweitzer, *Mysticism*, 213–14.
20) Schweitzer, *Mysticism*, 214–17.
21) Schweitzer, *Mysticism*, 217.
22) メシアの時代の到来によってトーラーが無効なるとユダヤ教において考えられていたというシュヴァイツァーの議論に同意する者としては、Schoeps, *Paul*, 171; Fitzmyer, 'Saint Paul and the Law', *The Jurist* 27 (1967), 21–22 が挙げられる。(3) に同意する者のリストは註23を見よ。

D. 律法、人類の窮状とその解決

たがって律法への失望から彼の律法理解が生じたのではない[23]。それではここで、シュヴァイツァーの第1の説明について簡潔に考察しよう。

律法の終焉？：ここで私は、パウロの時代のユダヤ教において、メシアの到来によって律法がその機能を終えるという理解が広く知られていたか、に関して詳しい議論をしようと思わない。ただ、黙示文献が律法について述べないという、沈黙に依拠したシュヴァイツァーの議論は説得性が低いとだけ述べておこう[24]。じつに、『IVエズラ書』と『IIバルク書』とをもってパウロと同時代の「律法学者集団」の思想を代表させるシュヴァイツァーの想定には説得性がない。これらの書ほどエルサレム崩壊の影響を明らかに受けているものが他にないからだ。さらに、ラビ文献に依拠して上の説明を立証するいかなる試みも成功しない[25]。じつにシュヴァイツァーは、彼自身が論

---

[23] ロマ7章が自伝的叙述であるとの理解への反論は II.B 註4を見よ。今でもロマ7章を自伝的叙述と捉え、パウロの律法に対する姿勢が彼の体験に依拠していると唱える者もいる。したがって Buchanan (*Consequences*, 183) は「私」の箇所がバル・ミツヴァ以前の時間を段階を追って述べているとする。Davies (*Paul and Rabbinic Judaism*, 24, 30) も同様である。Sandmel (*The Genius of Paul*, 24, 38, 32–33, 48) を見よ。Sandmel は、改宗前のパウロにとって律法の遵守には問題があったが、それは不都合という意味の問題でなく、人の葛藤を解決する方法としての問題である。それは、人が律法を十分に守れないからだ。Sandmel はロマ7章を自伝的と捉えるが、フィリ3章（「律法に関しては非のうちどころがない」）は考慮に入れていない。さらに John Knox, *Chapters in a Life of Paul*, 153–56; Schoeps, *Paul*, 184; Via, 'Justification and Deliverance', *SR* 1 (1971), 209 を見よ。フィリ3章を自伝的叙述と捉えて、ロマ7章をそうでない仕方で解釈するのがより適切と思われる。M. Goguel ('Remarques sur un aspect de la conversion de Paul', *JBL* 53 [1934], 257–67) はフィリ3章とロマ7章の両方を自伝的記述として捉え、前者をユダヤ人のパウロ、後者をキリスト者のパウロとして、両者の和合を試みる。Goguel の提唱の利点は、フィリ3章を充分に考慮に入れて、パウロの「問題」が律法遵守の不可能性への葛藤でなかったことを示していることだ。

[24] Schweitzer との同意には触れないが、Wilckens はパウロの律法に対する姿勢を宗教史学派の手法によって説明する必要があると述べる。そしてパウロの姿勢を黙示文学のうちに見出す。Wilckens は Rössler に倣い、律法をラビ的理解と黙示的理解に分けられると考える。Rössler, 'Die Bekehrung des Paulus', *Rechtfertigung als Freiheit*, 19–21 を見よ。パウロの律法に対する姿勢が黙示文学の影響を受けているという Wilckens の主張は、すでに E. Bammel, 'Νόμος Χριστοῦ', *TU* 88, 122 によって論破されている。

[25] メシアの時代に律法が無効となるとラビらが考えていたという理解は、Sandmel (*The Genius of Paul*, 40–41) によって決定的に論破されている。前者の理解を支持する Shoeps や Fitzmyer（註22）が依拠する『BTサン』97a の解釈を、Sandmel は否定する。ラビ文献に関するこの前者の理解に対して、Bammel（註24）も否定する。Davies (*Torah in the Messianic Age and / or the Age to Come*, 1952, 78–83) はごく僅かな証言をもとに、メシアの時代に律法が無効となると考えられていたとする Baeck と Silver との見解を支持する。J. Jervell, 'Die offenbarte und die verborgene Tora. Zur Vor-

理的に自明と見なす基盤をもとにして議論している。その基盤とはすなわち、「王国が超越的であればあるほど、この世において適用される律法はその役割を失い、王国が直覚／直観的であればあるだけ、倫理の基盤としての律法はその有用性を失う」というものである。後1世紀のユダヤ人にそのような論理を共有した者がいたか判断しがたいが、私の知る限り文献においてそのような証言はない。シュヴァイツァーの視点は、よく見積もっても証明不能な蓋然性でしかない。私たちはこの有り難い蓋然性に惑わされる必要はない。なぜなら、パウロ自身がそのような思考に依拠していないことは明らかだからである。パウロは「メシアが律法の無効性を示すために到来した」とけっして言わない[26]。彼は律法について詳細に述べているのだから、そのように述べる意図があれば、そのように言うこともできただろうが、そうはしていない。一方でパウロは、神の全体的な計画における律法の役割について述べている[27]。律法がメシアの到来により終焉を迎えることを皆が知っていれば、ロマ7章や9–11章の文脈において「メシアが到来したので律法が無効となった」と述べることほどに有用な議論は他にない。もしそのような思想がパウロにあるとすれば、彼はそれを完全にうちに秘めていたことになる。シュヴァイツァーは過度な仕方で、パウロをユダヤ教黙示思想のうちに据えようとしている。彼はまず、このような律法観がユダヤ教黙示思想の一部であるとほとんど資料も提示せずに論じ、続いてパウロがその思想を継承したはずであると断定する。それでは、なぜパウロはそのように言わないか。パウロが述べるのは、人を生かすことができる律法が与えられていないこと、そして結果的に義は律法によってもたらされ得ないということ（ガラ3.21）、さらに信仰により義がもたらされると聖典が述べるので、義はその定義上律法によってもたらされ得ないこと（ガラ3.11–12、ロマ4.2–3, 10.5,

---

stellung über die neue Tora im Rabbinismus', *Studia Theologia* 25 (1971), 90–108 参照。メシアの時代に新たなトーラーが与えられるという理解（Davies, *Torah in the Messianic Age*, 78–83; *Paul and Rabbinic Judaism*, 72–73）は上の議論と異なる。もっとも後述するように、この新たなトーラーもパウロのモーセ律法に対する姿勢を説明し得ない。

26) 同様に Bammel 'Νόμος Χριστοῦ', 122.
27) ガラ 3.19–26, II コリ 3.7, 11, ロマ 5.20, 7.7–25, 10.4–13.

11)、また律法の機能は罪を罪として示すこと、そして信仰の到来までのあいだ全世界を裁きの下に置くということである（ガラ3.22–23. ロマ5.20 参照）。このようなパウロの言説が、メシアの到来によって律法の目的が成就されたと述べるのと同様だとしても、以前からのユダヤ教的視点ゆえにパウロが律法の無効性を主張したことにはならない。パウロは、「信仰」——あるいはメシア——の到来が律法を無効にしたという理解に至ったかも知れないが、そうだとすればそれは事後理解のようである[28]。ガラ3.21–25 は、キリスト（メシア）への信仰によってもたらされる命を律法がもたらすことはできないことを論じている。しかしイエスがメシアであるという事実は、律法が無効とならねばならないことの証拠とはならない[29]。

現状維持？：シュヴァイツァーの第2の説明も、第1の説明とともに否定される。メシアの時代について考察する場合の律法に対する一般的な偏見を容認するとしても、なぜある人は律法に従うことが許され、他の人は許されないか。シュヴァイツァーは、それは現状が維持されるべきであるからだ、と述べる。しかしこれは、なぜガラテヤの異邦人信徒が割礼を受けることに対してパウロが断固として反対したのに対し、ペトロが律法を守るかどうかに関しては流動的な態度を示したかを説明し得ない。パウロはペトロが食事規定を遵守することに異論がなく、あるとすればそれが異邦人キリスト者とのあいだに溝を生じさせる場合である。すなわち、律法を守るか守らないかはペトロ次第だが、異邦人教会においてキリストの体である他の成員とのあいだに溝が生じる場合は、律法の一部分は守るべきでない（ガラ2.11–14）。もしシュヴァイツァーによる現状維持の理論が正しいなら、パウロは異邦人にけっして律法を守るべきでないと教える一方で、ユダヤ人がいつも律法を守るべきだと教えるはずである。しかしこの後者に関して、パウロは流動的

---

28) ガラ3.22–23 に関する論考は Wayne Meeks 教授のコメントに負うところが大きい。

29) 「パウロはキリストによって律法が無効にされたのでない」という C.E.B. Cranfield ('St Paul and the Law', *SJT* 17 [1964], 43, 68. 引用は p.54) の詳細な議論はここで扱っていない。倫理を重視し、律法に関するパウロの肯定的な言説を慎重に考察するという Cranfield の姿勢に同意する者もいようが、これはパウロの視点の釈義として成立しかねる。この点をより詳細に批判するものとして、S. Lyonnet, 'St Paul: Liberty and Law', in J.M. Oesterreicher (ed.), *The Bridge*, 229–51 を参照。

だ。現状維持の理論が、パウロの律法に対する姿勢を十分に説明し得ない点が、シュヴァイツァーの著書の重大な欠陥である。このパウロの律法に対する姿勢こそが、パウロの論争において重要な意義を持っている。

ブルトマンの実存論的な律法理解：ブルトマンが理解するパウロの律法に対する姿勢は、パウロが実際に述べたことにより直接的に関わるように思われるので、彼の議論を考慮することによって私たちはもっとも重要な箇所の分析に立ち入ることができる。ブルトマンはまず、「律法は間違ったことを強要するという理由で誤りだ」というのでないことを指摘する。律法において表現される神の意志は、キリスト者に啓示されたものと同じだ。

> 律法の下での人の状況が絶望的なのは、律法が劣った啓示で、神の限定的な、あるいは誤った知識を伝えるからだというのでない。人の状況が絶望的なのは、信仰以前に律法の真の成就がないという単純な事情による[30]。

人の律法に関する問題は、「『律法の行い』の全体を行いきれないということだ」。さらにブルトマンによると、パウロは人に律法の要求を満たすことができないのみならず、そのように意図されてない、と考えていた。「パウロがこのように考えるのは、何にせよ今ある事柄あるいは起こる事柄が神の計画によるのだ、という神概念の結果である」[31]。それなら、パウロはなぜ「律法の行いという道と、恵みと信仰という道とを……相反するもの」とみなすのか。これがブルトマンの理解の中核であり、ここにその点を詳しく引用しよう。

> 律法を守ることで自らの救いを獲得しようとする人の努力がその人を罪へと導くので、じつにこの努力はすでに罪深い。罪の性質に対してパウロが得たこの洞察こそが、彼の律法に関する教えを決定づけた。ここには２つの洞察がある。その１つは、人が自らの存在を保証するために被造物としての存在を忘れ、自

---

30) Bultmann, *Theology*, I.262–63.
31) Bultmann, *Theology*, I.263.

分の力によって救いを獲得しようとする自分自身の努力が罪であり、この追求の果てに「高慢」や「肉により頼む」という結果がある、という洞察だ。……もう1つは、人はいつもすでに罪深く、罪の力のうちに落ちており、いつもすでに自らの存在について誤った理解に導かれている。……律法の行いによって人が「正しくされない」あるいはされるべきでないのは、人が自分の力によって救いを獲得することができると考えることが許されないからだ。人は創造主なる神により頼む存在であることを理解する時にのみ救いを見出すことができるからだ[32]。

これは洞察力と説得力のあるように見える説明ではあるが、ブルトマンの説明は論理が逆行している。パウロは罪の性質に関する分析から始めたのでなく、救いの在り方に関する分析から始めた。すなわち、人間論からでなく、キリスト論と救済論から開始している。パウロが「律法の行いによって人が『正しくされない』あるいはされるべきでない」と主張するのは、人がその救いを獲得することを考えるべきでないというのでなく、律法が救いをもたらすならキリストの死が無意味となるからであり（ガラ 2.21）、さらに人が「創造者なる神に頼る存在」として自らを認識することによってでなく、キリストとの復活を保証するキリストの死への参与によって救いを見出すからである（ロマ 6.5）。この対比を他言するなら、自己への信頼と神への信頼——2つの異なる自己理解——でなく、キリストに属するか属さないかが問題である。キリストへ属することによってのみ救いがもたらされるという確信が、神の前での人の在り方や自己理解の変化に関する分析に先行する。「人が神の前で何も誇ることができないから律法の行いが義に繋がらない」とパウロが考えた、というのがブルトマンの主張である[33]。しかしむしろ、律法を行おうとすること自体が罪だというパウロの考えは、律法遵守とキリスト者であることとが相容れないと考えることの原因でなく、むしろそれは結果であると言えよう[34]。救いはキリストのうちにのみある。それゆえ救いを

---

32) Bultmann, *Theology*, I.264.
33) Bultmann, *Theology*, I.283.
34) Pfleiderer（*Paulinism*, I.3–6）も同様に（心理学的な説明を付加しつつ）論じ、ガラ 2.21 をパ

得ようとする他の方法はすべて誤りであり、それらの方法に従うことは本来望んだ結果をもたらさない。律法を行うことの何が悪いか、それはその努力自体でなく、律法を行う者がキリストの到来をとおして神がもたらす義（ロマ 10.2–4）を求めないからだ。努力自体が罪ではない。「キリストのうちに」見出される（フィリ 3.9）ということ以外の目標を目指すことが罪である。パウロがこのように思考した証拠を示そう。

信仰による御霊の受容：第 1 に、ブルトマンが律法を遵守しない理由として挙げた内容——すなわち律法の遵守自体が神への高慢につながる罪である——がガラテヤ書に見出せないことを確認すべきである。パウロは、義が律法の行いでなく信仰によってもたらされるという議論を、「義が律法をとおして［もたらされる］なら、キリストは無駄に死んだことになります」（ガラ 2.21）という言説と結びつける。彼はその主張を証明するため、ガラテヤ人が御霊を受けたのが律法の行いによるのでなく、*akoēs pisteōs*（3.2, 5）によると述べる。この句を正確に訳すことは困難だ。「律法の行い」との厳密な対応を考えると「信仰の傾聴」となり、すなわちそれは「誠実に聞くこと」（律法主義的な行いとの対比）あるいは「信仰について聞くこと」（律法を行うこととの対比）となろう。もっとも私自身はこれを「聞いた内容を信じること」、すなわち福音を信じることを指すと考える（NET や Jerusalem Bible の訳）[35]。これはパウロ——とキリスト者一般——の確信につながる。つまり、イエスの死と復活という出来事、またそれらの意義に関する福音を受け容れて「信じる」者が、御霊を保証として受け取る。しかし *akoēs pisteōs* の厳密な意味が何であるにせよ、人は律法の遵守でなく福音と信仰とについて聞くことをもとに御霊を受けると、ガラテヤ書はただちに認めることとなる。繰り返すが、すべてのキリスト者が信じて御霊を受けたことほど、パウロにとって明らかなことは他にない。

信仰による義：このほとんど決定的とすでに思われる事柄から、義が信仰

ウロが律法を拒絶した理由を理解するための重要なテクストとする。van Dülmen, *Die Theologie des Gesetzes bei Paulus*, 26–27 も見よ。

35) Burton (*Galatians*, ICC, 147) は「信仰について聞くこと」とするが、これを「信仰をともなって［福音を］聞くこと」と解釈する。

D. 律法、人類の窮状とその解決　　715

によるという定理を立証するテクストへとパウロは議論をさらに進める。すなわち「[アブラハムは] 神を信じ、それが彼にとっての義と見なされた」（創 15.16）と、「信仰をとおして義である者は生きる」（ハバ 2.4）である（ガラ 3.6, 11）36)。前者を引用したパウロは、信仰を持つ者は信仰を持っていたアブラハムと共に祝福されると論ずる（ガラ 3.9）。そして後者の引用によって核心に迫る。つまり「律法は信仰に依拠しない。それは『それらを行う者はそれらによって生きる』からです」（ガラ 3.12. レビ 18.5 の引用）。これら 2 つの立証テクストのあいだに、異邦人が割礼を受け容れないように促すためのテクストが用いられている。ガラ 3.10 でパウロは申 27.26 を引用しつつ、「律法を受け容れる者はその諸規定すべてを行わねばならず、それができない場合は呪いがもたらされる」と論ずる。もっとも、律法全体の不履行による呪いがこの箇所の議論の中心でないことは明らかだ。中心はその他 2 つの立証テクスト、とくにハバ 2.4 にある。パウロは、レビ 18.5 を引用することで、律法の何が誤りかを指摘しているからだ。すなわちそれは、信仰に依拠しない。信仰をとおして義である者のみが生きる 37)。

　一過性の律法の目的：これに続いて、パウロはさらに聖書から論ずる。アブラハムに与えられた約束は律法に先んずるもので、これらの約束はモーセの追従者でなく、アブラハムの子孫であるキリストにおいて成就する（ガラ 3.15–18）。それでは律法に目的はあるか。律法には一時的な目的がある。し

---

36)　律法に対して信仰を重視するための立証テクストとしては、他にイザ 28.16（ロマ 9.33, 10.11）があるが、これらは信仰と義とを結びつける。

37)　同様にロマ 10.5–13 でも、レビ 18.5 への反証が繰り返され、信仰のみが救いをもたらすという信仰告白の定型文が示される。ガラテヤ書とローマ書のいずれの場合も、パウロは律法を守る者が生きるというレビ 18.5 に異論を唱える。Fitzmyer, 'Saint Paul and the Law', 23 参照。この議論は律法の何が問題かである。それは行いに依拠するが、救いは信仰のみによる。Whiteley（*Theology of St Paul*, 81) がガラ 3.21 を引用して律法によっては救われないと論ずるのは正しい。もっとも Whiteley (p.82) は、律法の行いによって救われることが可能かという理論的な問いをしていないと述べる。私は、パウロがこの問いをして、それに対してガラ 3.11 で否と言っていると考える。そしてこれをガラテヤ書をとおして断言している。ガラ 3.11–12 は、律法の行いが義をもたらさないのは人が罪人だからだ、という Wilckens の理解に真っ向から反対している。Wilckens, "'Aus Werken des Gesetzes wird kein Mensch gerecht'", *Rechtfertigung als Freiheit*, 104 を見よ。私ならば、律法が義をもたらさない（ガラ 3.21 では命を与える）のは、それが行いに依拠しており、信仰のみが命を与えるからだ、というパウロの断定的な言説を強調する。

かしその目的は命を与えることでない。「人を生かす律法が与えられていたのなら、義はじつに律法によるでしょう」(3.21)。そしてパウロは、律法の一時的な目的を繰り返す。それはすべてを罪のもとへ引き渡し、イエス・キリストを信じる者が約束を得るようにするためだ (3.22)。さらにパウロは、キリストのうちにバプテスマを授けられた者はキリストに属し、結果としてアブラハムの相続人であると論ずる (3.26–29)。

信仰による命：相続者としての養子縁組と隷属に関するパウロの議論はさらに継続するが、以上の議論で私たちの目的はすでに十分に達成した。パウロの議論は一貫して断定的であり、人類の状況に関する分析によって律法の行いが奢りや神からの乖離に繋がるという結論に至る道筋によって述べられていない。ガラ 2.21 と 3.21 とは実質的に同一で、パウロの考えを強調して繰り返している。つまり、もし人が律法によって義とされるならキリストは死ぬ必要がなかったし、もし律法が命を与えるなら人は律法によって義とされ得る、と。後者の言説から読者が読みとる結論は、「命を与える律法はなく、義は他の仕方でもたらされる」というものだ。そしてパウロはすでに、義がいかにもたらされるかを述べている。それはキリストの死と信仰による。創 15.6 とハバ 2.4 の引用も同様にこの断定的な内容を強調している。義は律法によらないが、それは律法が奢りに繋がるからでなく、義が信仰によるからである。信仰が奢りに余地を与えないことは確かだが (ロマ 3.27)、それはこの議論に持ち込まれない。パウロは、ガラテヤ人が律法によって獲得することを期待したものは、他の方法——キリストの死と信仰——でのみもたらされる、という点を強調している。ガラ 3.1–5 は断定的な議論がより鮮明だ。御霊は救いの保証である。御霊は信仰によってもたらされた。したがってその他の仕方ではもたらされ得ない。解決が窮状に先行すると私が述べるのはこのことである。パウロは人の罪深い性質から議論を始めない。むしろキリストの死と復活、そして御霊の受容から始める。もしキリストの死と復活が救いを提供し、御霊の受容が救いの保証であるなら、それら以外の方法はすでに排除されている。ガラ 3.11–12 でパウロが断定的な言い方をするのはそのためだ。信仰によって義である者のみが生きる (パウロ

D. 律法、人類の窮状とその解決

によるハバ2.4理解)なら[38]、人は律法によって「生き」得ない。それは諸規定を行う者はそれによって生きるからだ。これら2つの定理が互いを排除するので、パウロはそれを用いて以下の結論に至る。信仰によってのみ命がもたらされ、律法は信仰に依拠しないので、命あるいは義は律法によってもたらされ得ない。律法の救済的役割を否定したパウロは、その律法に救済史における他の役割を与えた。それはすべての者を罪のもとに置くことであり、それによって人は信仰によって救われる。しかしこの点は、パウロの主要な議論から生じる推定である。

キリストの優先性：II コリ 3.7–18 でも同様に、「石に刻まれた文字による死の時代」と「御霊の時代」とが対比されるが、ここでも人類の窮状に関する分析はない。古い時代の問題は、それが成就し得ないことであり、その成就が奢りや神からの乖離をもたらすことでない。むしろ「以前の栄光が、それを超える栄光ゆえにまったく栄光でなくなった」(3.10)からである。同様の思考はフィリ 3 章にも見られる。律法のもとでの義に関して、パウロは自らを「非のうちどころがない」と言い、ユダヤ教のために熱心であったと述べる。熱心も義もそれ自体は悪いことではないので（ロマ 10.2 参照）、ここでも人類の窮状は述べられていない。パウロはかつてのユダヤ教における生き方について、「私が得たものはすべて、キリストのゆえに損失と見なしました。じつに主キリスト・イエスを知るということの計り知れない価値ゆえに、すべてを損失と見なします」(フィリ 3.6–8)。「キリストにおける神の業のみが救済を提供し、それ以外はじつに価値がないものに見える」という理解が、パウロの律法理解を支配しているようだ。この視点は、信仰義認をもとにしてパウロがユダヤ律法から袂を分かった、というボルンカムの理解に修正を加えることになる[39]。それは信仰義認でなく、キリストのみをとおした救い

---

[38] これと異なるガラ 3.11 とロマ 1.17 におけるハバ 2.4 の解釈（「義人は信仰によって生きる」、つまり信仰が義でなく生きることと繋がる）は、D.M. Smith, 'Ο ΠΙΣΤΕΩΣ ΖΗΣΕΤΑΙ', Daniels and Suggs (eds.), *Festschrift Kenneth Clark*, 13, 25; J. Cambier, 'Justice de Dieu, salut de tous les hommes et foi', *RB* 71 (1964), 569–70 を見よ。ロマ 1.7 はガラ 3.11 ほど意味が明白でない。後者では律法によって義である（「律法によっては神の前で誰一人義とされない」）ことと、信仰によって義である（「信仰をとおして義である者が生きる」）こととが明らかに対比されている。

[39] II.A の註 51 を見よ。

である。パウロの救済論を「信仰による義」によってのみ定義するのなら、ボルンカムの理解は正しいことになる。

シュヴァイツァーとブルトマンのロマ 1–8 章理解：それでは、ロマ 1–5 章と 7 章とはいかに考えられるべきか。ブルトマンの考えはこれらの章に依拠しており、多くの新約聖書解釈者らはこれらの章をパウロの思想の根源として捉えている。なぜならここに、以下の 4 つの点が明らかに記されているからだ。すなわち（1）律法の下にある者すべてが罪を犯し、その裁きを受けている、(2) 神はそれゆえ律法とは違う仕方で人の救いを提供した、(3) 信仰は奢りの対極にある、(4) 律法の誤りはそれが人を欺き、命を約束しながらそれを求める者に死をもたらす。ローマ書の問題をすべて解決することはできないが、パウロの議論をここに要約し、律法に関するパウロの理解がその議論のどこに位置するかを確認することは必要だ。そうして初めて、人類の窮状に関するパウロの理解を正確に考察する準備ができる。

シュヴァイツァーは、「信仰による義という主題がパウロの教義全体ではなく、むしろ信仰による義はパウロの終末論的キリスト神秘主義の光に照らされて初めて理解し得る」という結論を示す際に、ガラテヤ書とローマ書の違いに注目した。つまりガラテヤ書では、パウロが「信仰による義」という教義を「キリストの体のうちにある」という教義から独立させるような試みをしてないが、ローマ書ではそれをしている。もっともその試みが完全に成功しているとは言えない。

> ローマ書において驚くべきことが起こる。すなわち新たな義が、まずキリストによる贖罪の犠牲への信仰から来ることが詳しく述べられたあと（ロマ 3.1–5.21）、2 度目には前半の釈義に一切言及することなくそれがキリストとの神秘的な死と復活に依拠していると説明される（ロマ 6.1–8.1）。同一の問題に対して、これら 2 つの独立した釈義が行われていることこそ、ローマ書がその読者に混乱を与える所以だ[40]。

---

40) Schweitzer, *Mysticism*, 225–26.

D.　律法、人類の窮状とその解決

したがってシュヴァイツァーは、ロマ 6–8 章が 1–5 章を繰り返していると判断し、「『信仰による義』は不完全でそれだけでは成り立たない[41]」ことをこの反復が証明しているとする。上述のとおり、シュヴァイツァーは律法に関するロマ 7 章での説明を自伝的と理解している。

ブルトマンはローマ書の構造について異なる分析を示している。

> ロマ 1.18–3.20 が「神の義」の啓示以前には異邦人もユダヤ人も「神の怒り」の下にあったことを証明したあと、キリストによる救いの出現によって今確立された義の主題がロマ 3.21–31 で提示され、ロマ 4.1–25 では聖典からの証拠が挙げられる。パウロがこれらすべての議論において討論している相手のユダヤ人にとって、終末的な義が現在において実現するという理解はただ愚かに映るのみだ。なぜなら、彼らは以下のように尋ねるだろうからだ。義とともに与えられるべき祝福はどこにあるか、「命」はどこにあるか、死と罪とはいまだ現実ではないか。
>
> パウロはロマ 5–8 章でこれに応答する。ロマ 5 章では終末的命が、希望すべきものではあっても、ある意味においてすでに現実であることが説明される。さらにロマ 6.1–7.6 では、義とされた者にとって罪さえもその支配権を失ったことが述べられる。そしてロマ 7.7–25 で救済史における律法の重要性の説明という議論でしばらく逸脱が続いたあと、ロマ 8 章では結論が述べられる。ここでは「すでにといまだ」という救いに特有な二面性が再度言及されると、罪（8.1–11）と死（8.12–39）からの解放がもう一度語られる[42]。

ローマ書 1–8 章の議論を分析する試みは他にも数多くなされてきた[43]。しかしここに私たちは、2 つの重要な問題があることが分かる。第 1 に、ロマ 5 章が 1–4 章の一部か（シュヴァイツァー）、あるいはロマ 6–8 章の一部か（ブ

---

[41]　Schweitzer, *Mysticism*, 226.
[42]　Bultmann, *Theology*, I.279.
[43]　たとえば Conzelmann, *Theology*, 239 はロマ 1–4 / 5–8 / 9–11 章、Lyonnet, 'Pauline Soteriology', in Robert and Feuillet (eds.), *Introduction to the New Testament* はロマ 1–4 章が義認についてでロマ 5–8 章がそれに依拠した救いについて。さらに E. Dinkler, 'Prädestination bei Paulus' を見よ。

ルトマン）である。第 2 に、後半部は——いかように区切ろうとも——前半部を換言して繰り返しているか、あるいは義とされた者の命に関して前半部に依拠しつつ議論をさらに深めているか、である。いずれの立場についても言うべきことはあるが、シュヴァイツァーの理解は一般に認められている以上に取り上げられるべきだ。たとえば、ロマ 1–3 章では罪が人の様々な諸罪過を指しているが、6 章では急に単数で「罪」が表現されるようになり、つまり人を支配する——あるいはキリストと共に死んだ者を支配しない——力として見なされる[44]。ロマ 3 章における罪の解決はキリストの贖いの死をとおした賜物としての義を信仰によって受け取ることだが、ロマ 6 章では罪の力から解放されることであり、8 章では御霊のうちにあり御霊が内在すること——あるいはキリストのうちにありキリストがうちにいること——である。ロマ 6 章における第 2 の視点——力としての罪に対する死とキリスト・イエスにある命——がパウロ自身の「実際の」考えであり、3 章の視点——違反としての罪の贖い——は伝統的な考えをパウロが継承して繰り返している、と理解したくなるところだ。そうだとすると、キリストの死には 2 つの役割があることになる。すなわち、ロマ 3 章における贖いとしての犠牲と、6 章における罪と死に対する死へ参与する機会が与えられることである。

法廷的議論と参与論：私自身は、この上の分析にある程度の真理を見出している。それでも、この見方に対する反論にも言及する必要があろう。すなわち、この分析はパウロの明らかな論理の流れを看過している。ロマ 5 章には明らかにその前後を繋ぐ役割が与えられており、キリスト者の立場の保証として信仰による義という主題が取り上げられ (5.1)、キリストの死が無罪放免をもたらすという理解が繰り返され (5.18)、「義をとおして永遠の命」へと恵みが支配するという結びは、前出の義と後続する命の議論とを結びつ

---

[44] Conzelmann (*Theology*, 194) は「パウロにおいて罪はもはや個々の規定に対する個々の違反を指さず、主従関係に関わる力である。したがってパウロは、罪という語をおおよそ単数で用いる。伝統に依拠した部分のみで複数を用いる」。同様に Bornkamm, *Paul*, 133 を見よ。これは単純化が過ぎる。なぜならロマ 2.12, 3.23, 5.12–16 での動詞の用法を看過しているからだ。これらの箇所では、罪は人が犯す違反を指す。ロマ 1–3 章全体の議論は、ロマ 3.9 で罪が単数で用いられているとしても、人が違反を犯すことである。

D. 律法、人類の窮状とその解決

け る。さらに、ロマ 8.1 は 5.16–18 の主題へと逆戻りする。5 章でキリストの死が断罪に代わって無罪放免と命へと導くように、8 章では「キリストにある」ことが罪に裁かれないという結果をもたらすと述べられる[45]。法廷的議論と参与論とのあいだには、フィリ 3.8–11 やガラ 3.24–29 で見てきたと同じように、これら 2 つの議論を完全に区別する線引きがされていない。

ローマ書の生活の座：ボルンカムのローマ書に関する 2 つの見解が、この私たちが直面する問題の糸口となるかも知れない。その 1 つとして、ガラテヤ書やフィリピ書やコリント 2 書に見られる非常に多くの主題がローマ書で繰り返されているということが挙げられる[46]。ここでボルンカムが示すリストを洗いざらい取り上げることはしないが、ガラテヤ書とローマ書で信仰による義について同じ証拠テクストまで用いて論じられていること、さらにローマ書と同様に I コリ 15 章でもキリストとアダムとが比較されていることに注目しよう。これらから得られる考察は、パウロがローマ書を書いた時に念頭にあった問題が、彼が以前に直面してきたものであって、ローマでパウロを待ち受けるこれからの問題でないということだ。それ故にローマ書以前の書簡群の主題と重なるのだ。第 2 に、ローマ書の生活の座は、ローマで待ち受けているとパウロが想像するものでなく、その前に向かうべきエルサレムで待ち受けているユダヤ人と律法との関係に関するパウロ自身の考えを反映している。ボルンカムによるとローマ書は、「エルサレムで弁護する必要があり、異邦人宣教の基礎であり続ける使徒の神学とその目的」に関わる[47]。したがってローマ書における問題とは「特定の教会のあれやこれの派閥とかでなく、とくにエルサレムにおける初期ユダヤ人教会でいまだ非常に重要だったユダヤ人的な救済理解[48]」である。

ローマ書の目的と執筆経緯に関しては、近年議論が熱を帯びている。近年の

---

45) ロマ 5–8 章と 3–4 章との関連については J. Reumann, 'The Gospel of the Righteousness of God', *Interpretation* 20 (1966), 434 を見よ。

46) Bornkamm, *Paul*, 93–94; 'Der Römerbrief als Testament des Paulus', *Geschichte und Glaube*, II.130–33.

47) Bornkamm, *Paul*, 93.

48) Bornkamm, *Paul*, 95; 'Testament', 135. ローマ書の背景については Munck, *Paul*, 196–200 を見よ。

議論に関しては Bornkamm, 'Der Römerbrief als Testament des Paulus', *Geschichte und Glaube* II.120–39（とくに 120–29）; U. Wilckens, 'Über Abfassungszweck und Aufbau des Römerbriefes', *Rechtfertigung als Freiheit*, 110–70（とくに 110–26）; K.P. Donfried, 'False Presuppositions in the Study of Romans', *CBQ* 36（1974）, 332–55; R.J. Karris, 'The Occasion of Romans: A Response to Professor Donfried', *CBQ* 36（1974）, 356–58 を見よ。Wilkens は Bornkamm の立場に近く、ローマ書の目的をエルサレムで述べるべきことを提示して、それについてローマ教会の支持を得ること、と考える（p.139. p.167 参照）。後半は Wilkens 自身の考えである。私自身は、Karris と Donfried との討論における Karris に同意し、ローマ書執筆には特定の経緯があるが、それはローマにおける論争とは関係ないと考える。私は Bornkamm や他の研究者らに同意し、ローマ書執筆の経緯がエルサレムそしてローマへの間近に迫る旅であると考え、パウロが近年発生したユダヤ人と異邦人とのあいだの問題を気にしている点に注目すべきと考える。ローマ書は、他の書簡群に見られる主題を繰り返しつつ、実際にはユダヤ人と異邦人との問題について述べており、これはパウロ神学の要約というのではない。Bornkamm はこれを「パウロの信条表明（Paul's Testament）」と呼ぶが、それは晩年の集大成的な意味を含んでおり、相応しい表現とは考えられない。

　Donfried の議論については、その前提に説得性が欠ける。彼は、パウロの他の書簡群が受信者教会の特定の状況への応答であるから、当然ローマ書も受信者であるローマ教会の特定の問題を念頭に置いていると考える（p.333）。しかしローマ教会は、パウロが設立したのでもなければ、パウロはいまだローマを訪れたこともない。したがって Donfried の前提には同意しかねる。

ユダヤ人と異邦人の同じ条件：ボルンカムの分析はローマ書最初の 4 章によってその正当性が示される。なぜならここでのパウロのもっとも大きな関心事は、ユダヤ人と異邦人とが同じ条件で救いを得るということを示すことだからである[49]。その条件が律法でなければ、それは信仰である。したが

---

49) 同様に Stendahl, *HTR* 56（1963）, 205（ローマ書の最大の関心事はユダヤ人と異邦人に関する）を見よ。Wilkens, 'Abfassungszweck und Aufbau', 167 も見よ。

D. 律法、人類の窮状とその解決

ってパウロはローマ書の冒頭部で、異邦人を信仰へと導く使徒へ任命されたことに言及し (1.5)、それはロマ 1.13–14 でも繰り返される。彼は、福音が「先ずユダヤ人に……そしてギリシャ人にも」述べられることを記す (1.16. 2.10 参照)。これはすでに前提となっているユダヤ人の優位性を示すことでない。むしろ異邦人にも平等に信仰が開かれていることを述べている。ユダヤ人が優先的立場にないことはロマ 2.14–16 (「律法を持たない異邦人が律法の求めを自然に行う時」) と 2.27 (「文字の掟と割礼を持ちながら律法を破るあなた方を、肉においては無割礼でありながら律法を守る者らが裁くでしょう」) で明らかとなる。ロマ 2.12–29 全体の主題は 2.11 (「神は分け隔てをしません」) において要約される。するとパウロは、ユダヤ人の優れた点は何か (3.1) と問わねばならなくなるが、この問いは後にも繰り返される (9.4–5, 11.29–30)。この救済論的な答えは明らかに、「何もない」である。したがってロマ 3.9 は述べる、「それでは何と言いましょうか。ユダヤ人である私たちに優位な点はあるでしょうか。いえ、まったくありません。それは私がすべての人は、ユダヤ人もギリシャ人もいずれも、罪の力の下にあるとすでに述べたとおりです」と。律法に何か救済的効果があるかという問いに対する最終的な結論はロマ 3.20 である。すなわち「人は誰も律法の行いによって神の前で義とされない。それは律法をとおしては罪の知識が来るからです」。救いが信じる者すべてにキリストをとおして分け隔てなく開かれていると述べたあと (3.21–26)、パウロはユダヤ人と異邦人の平等性について再度述べる。

> 神はユダヤ人のみの神でしょうか。異邦人の神でもないでしょうか。そうです、異邦人の神でもあります。それは神がお一方だからです。神は割礼者を彼らの信仰に依拠して、また無割礼者を彼らの信仰ゆえに義とします (3.29)。

ユダヤ人と異邦人とが同様に救いに至るためには救済に１つの根拠のみがあること[50]、これが明らかな要点である。これが、救済に律法が必要であると

---

[50] 私たちはここで、ユダヤ人とギリシャ人とがキリスト・イエスにあって１人の人となるというガラ 3.25–29 の理解に依拠して、パウロが平等性を支持しつつ律法を批判する議論を想起する必要があろう。

いう議論への反論である。

この議論はロマ4章でも続く。アブラハムが割礼を受ける前に得た祝福は、割礼者のみならず無割礼者にも適用されるべきだ（4.9）。したがってアブラハムは、割礼者であれ無割礼者であれ、信じる者すべての父である（4.11–12）。これは、律法遵守の要求に対する明らかな反論だ。

> アブラハムとその子孫らが受けた世を受け継ぐという約束は、律法をとおしてでなく信仰による義をとおしてもたらされました。もし律法を守る者が相続人であるなら、信仰は空疎で約束は無効です（4.13）。

ロマ4.16におけるパウロの論理は明白である。「したがってそれは信仰によるのです。それは約束が恵みに依拠し、すべての子孫に対して保証されるためです。それは律法を守る者のみでなく、アブラハムの信仰を共有する者に対してもです。彼が私たちすべての父だからです……」。

異邦人の編入とキリストの死：じつにパウロは、なぜ救い（「約束」、「義」）が律法でなく信仰によってもたらされるか、その理由を2つ挙げる。（1）約束が律法を守るという条件で相続されないのは、それでは異邦人が排除されるからである。異邦人が排除されてはいけない。それは神がキリストを全世界の主として、また信じるすべての者の救済者として任命したからであり、さらにパウロを異邦人への使徒として任じたからである。（2）神の約束を相続するのに律法遵守が必要で十分な条件ならば、キリストが死んだことは無駄であり、信仰は虚しい。異邦人の編入とキリストの死という2つの議論は、ロマ3.21–26に見られるように並列されている。パウロは、他の何よりもこれらの理由により、律法遵守の要求を拒絶する。これはすなわち、律法遵守の要求を拒絶する理由が、メシアの到来によって律法の価値が失せた（シュヴァイツァー）からでも、律法遵守の努力が人をその実存から遠ざける（ブルトマン）からでもないことを意味する。これら2人の学者の説明では、キリストをとおしてのみ救いが獲得されるという確信以外の要素によってパウロの律法への姿勢が決定されることになる。シュヴァイツァーの説明では、パウロが推論の域を出ないユダヤ教黙示思想に安易に従っていることになり、

ブルトマンの説明では、実存論的な人間分析がパウロを導いたことになる。パウロが黙示思想に多くの点で影響されていたとしても、また彼が人の実存に対して鋭い洞察を示していても、これらいずれも彼の律法に対する姿勢を決した要件とは思われない。前者に関してパウロは何も述べず、後者は救済論的思考の結果であって、人に関する分析が救済論に先行しない。

信仰の意味と内容：パウロのロマ 1–4 章における議論が律法遵守の必要性に反対するものであることは、「信仰」という名詞や「信じる」という動詞の意味の変化に注意を向けることで確認できる[51]。例えばロマ 3.25 ——「この方を神はその血による贖いとして、信仰によって受け容れるために」——において、「信仰」は救いという賜物を受け取る手段である。しかしロマ 4.16–23 では、「信仰」に関わる語が「神がその約束を果たすということに信頼を置く」ことを意味する。したがってアブラハムは、希望を抱きつつ「希望のないところで信じ」(4.18)、「彼は自らの体を顧みても信仰が弱まらなかった」。アブラハムの信仰は、RSV がロマ 4.20 の *apistia* を正しく訳したところの「不信頼 (distrust)」と対比される。賜物を受け取る手段である信仰と神が約束を履行することへの信頼とは相反する概念ではないが、まったく同じというわけでもない。したがって、信仰を「従順」の同義語とし「高慢」の対義語とするブルトマンの解釈をもっとも支持するように思われるロマ 3.27–4.25 の箇所においてさえ[52]、そのような解釈が決定的とは言い切れない。なぜなら、信仰の定義が高慢の対義語 (3.27) から不信頼の対義語 (4.20) へと変化するからだ。この後者をブルトマンは認めつつも、彼はそれをパウロの典型的な用法でないとする[53]。すなわち、ロマ 1–4 章における「信仰」に係る議論は、信仰の 1 つの決定的な定義についてでなく、究極的には律法による救いに反論することである。ロマ 1–4 章における肯定的な議論は、ユダヤ人と異邦人とが同じ立場にあることであり (1.16, 2.6–11, 12, 3.9, 22, 29, 4.9, 11–12, 16)、これは信仰に相対する律法への否定的な議論を要請す

---

[51] J.J. O'Rourke, '*Pistis* in Romans', *CBQ* 35 (1973), 188–94 参照。
[52] Bultmann *Theology*, I.314–15. 信仰が一義的に従順だとの理解へ Whitelely, *Theology of St Paul*, 162 は反論する。
[53] Bultmann, *TDNT*, VI.218.

る。しかしここで、信仰の肯定的定義は一切語られない。もちろん信仰は、神への信仰であり、とくにこの神が主イエスを死者のあいだから甦らせたことがその内容である（4.24 参照）。しかしこの信仰はより一般的な神学的概念を提示している。すなわち、キリスト教とユダヤ教との対比である。信仰は奢りを退けるが、それはたんに奢りの対義語ではない。信仰には信頼が含まれるが、それはたんに信頼と同じでない [54]。信仰は賜物としての救いを受け取るが、救い自体ではない。信仰は、イエス・キリストにあって提示された救いに対する応答全体を指す。それは律法を介さない。すなわち、じつに信仰を支持する議論は律法に反対する議論である [55]。パウロの信仰理解に信頼や従順の質といった内容があることを否定しないものの、ロマ 4 章での実際の議論はより形式的で定義に関わる。パウロは律法の要求に反論を試みている。それは「信仰」という語によってなされている。そして異なる議論や旧約聖書の箇所を用いる過程で、「信仰」の意味が転じている。

信仰義認の方法：これは、これらの章で「義」の意味が 1 つに統一されていないこととも符合する。神の義とは神の力と業を指し、それは怒りと恵みの両方において顕著である（ロマ 1.16–18, 3.21）。それはまた神の正しさ、そして約束と意志とに対する自らの誠実さをも意味する（3.1–7 では神の *dikaiosynē* がその *pistis* や *alētheia* と同義で、人の *adikia* と対義である）。これらの定義は、信仰と相容れないというよりも信仰の異なる定義であるが、これらを 1 つの意味に押し込める必要はない [56]。人の義とは神の前での行いの正し

---

54) Davies (*The Gospel and the Land*, 174–75) は、パウロの信仰理解とアブラハムに付与された信仰とが実質的に同一であることを示すために、ロマ 4 章でパウロがアブラハム物語を用いたとする。すなわち信仰とは信頼することである。「約束に対するアブラハムの信頼のうちに、パウロは自らの信仰と同様の質を見出す」。この観点は、ブルトマン（信仰は従順）の場合と同様に、パウロの議論の一部分に依拠している。

55) G. Taylor は *pistis* について正しく分析する。「その有効性は、律法の問題への答えを提供する点にある」。「モーセ律法が *dikaiosynē* の源泉であるとの議論を論破する際に、パウロはこの七十人訳的な対比（*pistis* と *dik* 用語）を用いて、*dikaiosynē* の源泉が *pistis* であることを示す」。G. Taylor, 'The Function of ΠΙΣΤΙΣ ΧΡΙΣΤΟΥ in Galatians', *JBL* 85 (1966), 60–61. しかし私は、*nomos* が法廷的な語であり、*pistis* がそれと対比されるから、*pistis* 自体が法廷的だ、との議論には同意しない。これは論理を突き詰めすぎることになる。信仰の否定的意味については Cerfaux, *The Christians in the Theology of St Paul*, 377–84 参照。

56) 義という語の 1 つの意味を見出そうとする試みは、補遺の Brauch 博士の論文を見よ。

さ (2.13) であり、律法でなく信仰によって受け取った神との正しい関係性である (4.11)。「義と認められる」こと、あるいは「義とされる」ことは、キリストの死によって獲得された無罪放免 (5.9–10, 18)、あるいはキリストの死によって獲得された違反に対する放免と対比される、キリストの復活によって獲得される救いの可能性である (4.25)。これは一般に「義」が、命を得るために (5.1, 9) 義とされる (聖とされる) という法廷的な立場を意味することもあれば[57]、たんに命と同義である場合もある[58] ことと符合する。換言するなら、「義」とは過去のことでもあれば (5.1, 9)、将来のことでもある (2.13, ガラ 5.5)。つまり「信仰による義」とは、何か 1 つの教義ではない[59]。それは、律法遵守が必要だという教えに対抗するためにパウロが用いた教示的な概念だ。ここで私たちは、「信仰による義」がパウロによって肯定的に展開されることがほとんどないという事実を繰り返し確認しておこう。それは倫理の議論をもたらさず、典礼の重要性を説明するために用いられず、御霊の賜物を説明せず、既述の参与論的救済論を説明することもない。「信仰」

---

[57] 「法廷的」という語は少し曖昧である。神が人を義と宣言する――その人が義でなくとも――ことをも意味し得るからだ。すなわち、「転嫁」という語あるいは「義人にして同時に罪人」という表現が示す意味である。この意味はルターの神学に依拠しており (例えば Luther, *Commentary on Galatians*, ET 22–23, 137–38, 223–29 参照)、私はそれをパウロに見出すことができない。パウロがこの語を法廷的に用いる場合、それは過去の違反の無償放免 (つまり赦し) という意味で用いており、これがここでの意味である。Jeremias ('Justification by Faith', *The Central Message of the New Testament*, 51–70) は、信仰による義が「法廷的」というよりも「救済論的」だとするが、彼は「救済論的」という語を無償の恩赦としてのみ捉える (pp.60, 64, 66)。したがって彼にとって「法廷的」とは「転嫁」を意味する。Jeremias の定義は Hunter, *The Gospel According to St Paul*, 21 にも繰り返される。「義と認める」ことが義のないところに「義を転嫁する」ことを意味するとの議論の標準句は「この方は不敬虔な者を義とされる」(ロマ 4.5) である。これは「実際に義でない者に義を転嫁する」ことを意味すると考えられてきた。これは、当人の功徳によってのみ結果が決まるとされるユダヤ教と対比することが念頭にある。転嫁という理論は「勘定される」(創 15.6 からの引用) によって支持される。「義と認める」はここで「赦す」と理解する方が良かろう (Ziesler, *Righteousness*, 195)。この場合、ユダヤ教徒のただ 1 つの対比は、「赦す」を意味する動詞の用法であって、「事実に依拠して義と宣言する」ことでない。ここには実質的な対比はない。ユダヤ教が赦しを信じるからだ。Cranfield (*Romans*, 232.n1) は、「旧約聖書が禁ずることを神が行う」という観点に反論している。

[58] 補遺 7 を見よ。

[59] Styler, 'The Basis of Obligation in Paul's Christology and Ethics', in B. Lindars and S. Smalley (eds.), *Christ and Spirit in the New Testament*, 176.

の部分のみが、ある意味で前提条件となる。なぜならそれは改宗とキリスト者であることにとって重要であり、御霊は福音の内容を信じることによって受容されるからだ。しかしこれらは、「信仰による義」なる教義らしきものに言及しなければ議論できないものでない。「信仰による義」はなによりも否定的に用いられる概念であり、救いにとって律法遵守が必要であるか十分であるかするという理解への反論として用いられている。

律法の行いへの反論としての信仰による義：これら２つの点——信仰による義が何か１つの教義でなく、救いのための律法遵守に対抗するための否定的理論——は、ガラテヤ書の議論にしばし立ち戻ってもそこに見出されるだろう。私たちはすでに、ガラテヤ書における律法への反論が断定的であり、律法遵守が自己疎外という結果を生むという分析に依拠しているわけでないことを確認した。ローマ書の場合と同様に、ガラテヤ書の議論も否定的である。「義」であることが何を意味するかという肯定的な定義が明示されず（「義」の同義語によって示唆されることがあっても）、その主要な目的は「律法の行い」への反論にある。以下のリストがそのことを明らかにしている。

義（義とされる）	信仰によって	律法の行いによらず（ガラ 2.16)
御霊	信仰によって	律法の行いによらず (3.1-5)
アブラハムの子ら	信仰によって	(3.7)
アブラハムの祝福	信仰によって	(3.9)
[対比：呪われている		律法の行いによって (3.10)]
義	信仰によって	律法の行いによらず (3.11)
御霊の約束	信仰をとおして	(3.14)
相続	約束によって	律法によらず (3.18)
命と義（動詞と形容詞）		律法によらず (3.21)
約束	信仰によって	(3.22)
神の子ら	信仰をとおして	(3.26)

ガラ 2–3 章の議論において、「律法の行いによらず」という否定的な句がない箇所でも、それは示唆されている（3.7, 9 その他)。「律法の行いによらず」という句はパウロが固執し、その議論において繰り返して述べられる。その

ねらいは否定的である。ここでもまた、「信仰」は「律法の行いにより」という句と対比されている。もっともその信仰が何を意味するか——従順、信頼、その他か——は述べられていないが。信仰に好意的で律法の行いに否定的な議論は、聖典からの立証テクスト（ガラ 3.6, 11）あるいはキリスト者の体験（3.1–5）に依拠している。しかし律法の行いによらず信仰によって受容されるものが何かは、どの立証テクストが念頭にあるかによって異なる。聖典からの引用によって支持されていない唯一の語句は御霊（3.1–5, 14）、命（3.21 の「命を与える」）、そして神の子ら（3.26）である。したがって、「信仰による義」は確定された教義ではなく——むしろ数ある表現のうちの 1 つ——、それはおもに否定的な目的を果たしている。すなわちここでの議論は、宗教的に良いものは何でも——義、アブラハムの約束、御霊、命など——律法の行いによってでなく、他の仕方で与えられる。すなわち信仰である。さらに義や御霊などは、ユダヤ人であろうと異邦人であろうと、区別なく同じ条件で与えられる（3.7, 28–29）。

私は 'Patterns of Religion in Paul and Rabbinic Judaism', *HTR* 66（1973）, 470–71, 477–78（後半では Ziesler, *The Meaning of Righteousness in Paul*, 1972 を批判している）という論文において、「義」の真の意味は——動詞、形容詞、名詞のどれで示されても——命であると論じた。その際に、義が一義的に終末論的／法廷的な句であるという Bultmann の主張と、名詞と形容詞が倫理的で動詞が法廷的（放免であって転嫁でない、註 57 を見よ）であるという Ziesler の主張には同意しない。今では Ziesler は、義が倫理的な正しさ以上であるという私の立場に同意すると述べている。彼は、義が転嫁された「空想の」義を意味するという理解への反論として、少なくとも倫理的な正しさを意味するという点を強調しようと努めてきた。「義」が「命」（たんなる法廷的や倫理的な意味でなく）を指す重要な箇所として、ロマ 6.16、ガラ 3.21、そしておそらく II コリ 3.8–9 が挙げられる。じつにガラテヤ書では、法廷的な意味（放免）がほぼ完全に欠損している。私はガラ 2.15–21 を、律法の行いでなく信仰による救いという議論であって、それは法廷的に義と宣言されたり放免されたりすること、あるいは倫理的に義となることでないと考える。ここで義がいかに定義されてきたかについ

いて4点ほど述べておこう。(1) Ziesler の明確な理解は、おおかたが正しいが、クムラン文献の用法によって指示されない（I.B.7 の註 222 を見よ）。(2) しかし、Ziesler によるパウロの文言の理解を正当化するに足る証拠は十分にある。(3) ユダヤ教において義は法廷的／終末論的な語であるとする Bultmann の理解には説得性がほとんどない。この理解によると、人は裁きの時まで自分が義であるかどうかを知り得ない。この裁きの時に神が人を義であるかどうか行動を評価して宣言するからだ（*Theology*, I.270–74）。その場合、義は命の前条件と理解される。Schweitzer も同様の理解を示し、義が「厳密には将来に属する。義であることは、掟を守ることをとおして、来たるべき裁きにおいて義と宣言される権利を獲得することであり、その結果としてメシアの栄光に参加することを意味する」（*Mysticism*, 205）と述べる。しかし、ユダヤ教文献のどこで義に関する語がそのように用いられているか。第I部をとおして見てきたとおり、パレスチナ・ユダヤ教の大部分において、「義」という語は契約の正式な成員について適用される。すなわち、規定を守りつつ、違反が贖われる者である。彼らは義と宣言される必要がない。義は今この時、明らかにある。したがって、Bultmann の広く共有された説明（例えば Furnish, *Theology and Ethics*, 147 を見よ）は問題を正しく捉えていないことになる。義と義に関する定義は正しく提示されてこなかった。(4) 同様に、「神の義」はユダヤ教において確立された専門用語で、それはパウロにおいても同じ意味を持つとする Käsemann / Stuhlmacher の立場も正しくない（補遺の Brauch による論文を見よ）。ヘブライ語文献において、それが神の救済の力を示す専門用語である例を私は見出せない（Käsemann が挙げる主要な文献である 1QS 11.12 に関する私の議論を文献索引から見よ）。また Thyen による Stuhlmacher の批判を見よ（*Sündenvergebung*, 56ff; Conzelmann, *Theology*, 218）。

　パウロの用法に関して、私は以下のように考える。(1) 義に関する意味はパウロとユダヤ教のあいだで同一である（法廷的／終末的）という Bultmann の理解（*Theology* I.273）は誤りである。Bultmann は——多くがそれに追随するが（例えば Thyen, *Sündenvergebung*, 60）——、この語は両者にとって同じ意味であり、異なるのはいかにそれを獲得するかだ、と述べる。この項の後半でフィリ 3.4–12 との関連で示すが、追求される目標自体が異なっている。した

D. 律法、人類の窮状とその解決

がってパウロは、人はすでに義であるという点でユダヤ教と異ならない（Bultmann はルター主義の特徴である、義がすでに転嫁されているという考えに従う。*Theology*, I.274）。なぜならユダヤ教において義という形容詞は生きているユダヤ人に適用されるからだ。むしろパウロは、真の義の意味において異なった考えを持っている。(2) 私は Bornkamm（*Paul*, 153）、Conzelmann（*Theology*, 273）、Buchanan（*Consequences of the Covenant*, 233）やその他大勢と異なり、パウロが義を体系的に捉えていたとは考えない。すなわち、命の前条件として現在において獲得されると理解しない。もちろんロマ 5.1 やその他の箇所ではそのような意味で用いられようが、義は時として将来のことであり（ガラ 5.5）、「命」と同じことでもある（ガラ 3.21）。(3) したがって私は、パウロによる「真の意味」についての以前の考えに修正を加える必要がある。パウロは義を何か 1 つの意味として捉えていない。それは救いや命を指す語として用いられもするが、現在と過去の違反に対する放免に言及することもあり、また将来の裁きの際の無罪評決をも意味する（ロマ 2.13）。(4) これはつまり、神の救済の力を意味する「神の義」という専門用語からパウロの義の意味を引き出そうとする Käsemann / Stuhlmacher の試みは成り立たないことを意味する。もっともロマ 1 章の「神の義」は Käsemann が提唱する意味を持つだろうが。

最後に私たちは、「信仰による義」がある場合は過去の違反の放免という法廷的な範疇に限定される場合があり、一方で神に対して新たな命を生きるためにキリストにあっていかに罪の力に対して死ぬかを表現する参与論的言語として説明される場合もあることを、知っておく必要がある。この句が前者の意味で用いられる場合、それはパウロの主要な言語である「移行」という意味と関連しない。他の言語表現によってこの句が説明される場合、「義」を含む表現は参与論的表現と較べてよりも明らかに適切でない。しかし「より適切な」言語とは何かという問題を解決する前に、これまでの議論を要約し、律法に関する議論を結論に導き、人類の窮状というパウロの概念を考察する必要がある。

新たな視点による律法の破棄：私たちはまずパウロの律法に対する姿勢に関して、シュヴァイツァーとブルトマンがいかに理解したかを考察した。シ

ュヴァイツァーの様々な説明が適切と見なされなかったことを確認した。ブルトマンの説明は、ガラテヤ書、またコリント書とフィリピ書の幾つかの短い箇所、そしてローマ書での議論を考察する機会となった。最後のローマ書の議論は信仰と義の意味を考察する機会となった（このトピックは人類の窮状に関する議論のあとでさらに考察する）。パウロの律法に対する姿勢に関するここでの議論を要約するにあたって、W.D. デイヴィスによる最近の説明を取り上げるのが良かろう。彼は近日公刊される予定の *Cambridge History of Judaism*（『ケンブリッジ版ユダヤ教史』）におけるパウロとユダヤ教に関する章で、パウロの律法観についてもっとも説得力のある議論を展開している。デイヴィスはまず、パウロがそれぞれの手紙で律法に関する言説を変化させていることを指摘し、これまで以上にガラテヤ書の強い論争的言説を考慮に入れて概説している。

> ローマ書でパウロは、律法に対する反論を述べつつも、律法に対してより肯定的な評価を下している。ここではより控えめなパウロに遭遇する。ガラテヤ書では、彼のファリサイ派としての過去と向き合うことができず、ともすると冷たく退けるかのように律法を扱っている。ローマ書でも同様に批判的な姿勢は崩さないが、それでも慎重で用心深い議論をしている。この慎重な律法に対する議論と、より単純な律法批判とが衝突する。

デイヴィスは続いてこの律法批判を説明する。

> パウロはディアスポラ・ユダヤ人だからという理由で律法を豊かな契約の基盤から分離し、たんなる倫理として理解したのではない。あるいは律法を、信仰に相対するような義と救いのための手段――ファリサイ派においてそうであるように、これらを獲得していることの印としてでなく――として誤解したのではない。あるいは律法を、単純な単一的総体と見なした過激な黙示論者だったのではない。パウロはこれらのどの視点からも律法を批判していない。パウロの律法批判を理解する主要な鍵は、メシアが律法の呪いの下で死んだ十字架のイエスにおいて到来したことである。このイエスがメシアであることの確証によ

D. 律法、人類の窮状とその解決

り、パウロは律法の外にいる異邦人でさえも、メシアの下に導く必要を感じた。この方のうちに神の民は確立されるのであり、律法によってではない。

私はこの分析に同意するが、イエスのメシア性を強調する点においてのみ異なる。デイヴィスの最初の2つの否定文はとくに強調されるべきだ。なぜならこれらは、ユダヤ教に対する誤解の上にパウロの律法理解が置かれているからである。最初の説明――パウロの律法理解がディアスポラ・ユダヤ人に特有のもの――はとくにモンテフィオレが提唱しており[60]、第2の説明――パウロが律法を救いの印でなく手段と考えた――はシェップスに依拠する[61]。私は、パウロはユダヤ教における律法の役割を見誤ったというより、むしろ新たな視点を得るために律法の破棄を宣言した、と考える。彼は改宗と異邦人宣教への召命以前に、律法への誤解から律法に失望していたというのではない。あるいは、パウロの律法理解に至るユダヤ教における背景を知ることもできない[62]。メシアの到来によって律法が破棄されることを予測させるようなユダヤ教文献はない。あるいは、パウロの律法に関する結論が彼の背景によって決定づけられていると考えるキリスト教集団や神学者を知らない。パウロの律法理解――そしてじつに彼の神学――の特徴はデイヴィスの言説によって適切に述べられている。すなわち、キリストはユダヤ人のみならず異邦人をも救う。これはたんなる神学的視点でなく、パウロの自己理解と深く関連しており、この確信に彼の活動と生き方がかかっている。パウロは異邦人の使徒である。異邦人の救いはパウロの宣教における焦点であり、これによって律法はその役割を失う。なぜなら、パウロが単純に述べるとおり、異邦人は律法によって生きることができないからだ（ガラ2.14）。さらに、御霊と信仰とが律法の遵守でなく福音を聞くことによってもたらされるというのが、キリスト者一般の体験であった（ガラ3.1, 5）。それ以上にパウロの

---

60) C.G. Montefiore, *Judaism and St Paul*, 92, 112.
61) Schoeps, *Paul*, 200, 213–18, 260 を見よ。パウロは律法と契約との関係性を誤解したために、ユダヤ教が強調する恵みと相互の信頼性とを見失った。Montefiore と同様に Schoeps もこの誤解をヘレニズム的ユダヤ教によるとする。
62) Wilckens 註24への反論。

律法理解は異邦人問題と関連しており、パウロの救済論の排他性が律法をその座から引きずり下ろした。したがって彼の律法理解は、律法の誤解とも彼特有の背景とも関係しない。

パウロの中心的な救済論的確信は、「イエスがメシアであった」という確信としては上手く示すことができない。より重要なことは、イエス・キリストがユダヤ人も異邦人もすべてを救うために来たということだ[63]。私がデイヴィスと立場を違えるのはこの点である。「パウロの理解は、終末において異邦人が招き入れられるという期待を過度に強調している」と述べることは、メシアに関するユダヤ教的期待を非常に前面に押し出しすぎることになると思われる。このような思想はユダヤ律法への従順とシオンでの唯一真実な神の礼拝と結びつくものであり、救いへの入り口を普遍化する――契約の成員というよりもキリストのうちにある――ことではないし、律法を破棄することを示唆しない。

律法の新たな目的：救いに関して律法の破棄を宣言したパウロには、神がなぜ律法を与えたか、その疑問に答える必要が生じた。その答えは、「断罪するため」というものだ。キリストをとおしてのみ全世界が救われるのなら、全世界が処罰判決の場に立たされていなければならない。その際に処罰の宣告をするのが律法である。それゆえパウロは、罪と「肉」と死とを律法と結びつけ、律法の下にあることとこの世の諸霊への隷属状態とを同視する（ロマ 6.15–20, 7.4–6, ガラ 4.1–11）。しかしこれ以外の点では、パウロは律法に関して肯定的な言葉しか持たない。その要求は公正で正しい。しかしその要求はキリストにおいてのみ成就され（ロマ 8.4）、キリストにおいてのみ命という目標が達成される（ロマ 7.10, 8.1–4）。

2. 人類の窮状

罪への隷属：基本的に人の窮状とは、パウロが考える解決のアンチテーゼである。上では、パウロが用いる 2 組の「移行」に関する用語について述べ

---

63) Wilkens, 'Die Bekehrung des Paulus', *Rechtfetigung als Freiheit*, 18 をも見よ。

た。すなわち参与論的用語と法廷的用語である。人がキリストと共に罪に対して死に、その結果としてキリストに属することとの対比として、キリストを持たない人の窮状は罪による隷属状態あるいは支配と表現される（ロマ6.20）。御霊のうちあるいはキリストのうちにあることとの対比として、「肉のうちにある」という表現が用いられる（7.5, 8.9）。罪の下にあることは律法の下にあることと同視され（6.15, 20）、同様に肉のうちにあることも律法の下にあることと同様に見なされる（7.4-6）。これをある領域から他の領域——肉のうちにある状態から御霊のうちにある状態——への移行とも言えようが、それには領域間の移行が「完全な立場の変化の完成」を示唆するのでないという前提が必要となる [64]。しばしば述べてきたとおり、パウロはこの点において絶えず慎重である。

キリストの主権：現状の世界は去りゆき、時代は変化しつつあり、キリスト者は変容されつつある。しかし終末まで生きるキリスト者の復活と完全なる変容は、いつも将来にまで待たれる。

> パウロが罪を何らかの力として単数で述べる時、あるいは「肉」、この世の支配者、この世界の諸霊という語句を用いる時、ある意味でキリストに対抗する霊的存在を念頭に置いているかどうか、この点はさかんに議論されてきた。とくにガラ4章によると、パウロはそのように考えていると見受けられる。もっとも「本来は神々でないもの」（ガラ 4.8）は、信仰者をそれらから解放するキリストと同等の実在を持っていないのかも知れないが。したがってIコリ 2.6–8 はこの世の支配者というよりも霊的な力に言及しているように思われる（Kümmel, *Theology*, 188–89; Furnish, *Theology and Ethics*, 116 を見よ。これと異なる意見については Gene Miller, 'ΑΡΧΟΝΤΩΝ ΤΟΥ ΑΙΩΝΟΣ ΤΟΥΤΟΥ – A New Look at I Corinthians 2:6–8', *JBL* 91 [1972], 522–28 を見よ）。敵対する力に関してはIコリ 15.24, ロマ 8.38 をも見よ。一方で、コロサイ書とエフェソ書を真正パウロ書簡と見なしつつ、Jung Young は霊的な諸力に、一般に真正書簡と見なさ

---

[64] 「領域」に関しては Käsemann, 'Primitive Christian Apocalyptic', *Questions*, 136; Conzelmann, *Theology*, 194 を見よ。

れている書簡群が示す以上の重要性を見出す（'Interpreting the Demonic Powers in Pauline Thought', *NT* 12 [1970], 54–69）。これはすなわち、罪をたんに奢り（Bultmann, *Theology*, I.239–43; Furnish, *Theology and Ethics*, 137）や利己心（Moule, '"Justification" in its Relation to the Condition κατὰ πνεῦμα [Rom. 8.1–11]' in Lorenzo de Lorenzi [ed.], *Battesimo E Giustizia in Rom 6 e 8*, 183; 'Obligation in the Ethic of Paul', W.R. Farmer et al. [eds.], *Christian History and Interpretation*, 393）と同視されるべきでないことを意味する。もっともこれらは、罪の力の下にある結果が個人的で実存論的な仕方で露呈した様子を記しているが、しかし罪自体は、キリストのうちにいない人々を支配する、敵対的な力を意味する。

主要な概念は主権が変わることだが、パウロはしばしばこの移行を過去の違反が浄められることと表現する。その際に、キリストと共に罪の力に対して死ぬというような「参与論的」視点を想起させない記述の仕方を用いる——むしろ、キリストが違反のために死ぬ——。Iコリ 6.9–11 ではこの様子がもっとも明らかに見られる。すなわち、キリスト者らは異邦人の著しい違反（偶像崇拝や性的不道徳がその代表）から洗われ、義とされ、聖別される。和解に関する箇所においても、それは過去の違反を乗り越えることと理解され、ロマ 2–3 章における人の窮状は、人が違反したことと定義される[65]。ロマ 5 章においてパウロは、人が罪を犯すことで罪の奴隷となったと述べて、これら違反と窮状との 2 つを結びつける。しかしロマ 6 章においてのみ、「罪」は絶えず支配する力として単数形で用いられ、違反への言及がない。したがってローマ書は、やはり 2 つの仕方で解釈し得る。すなわち、ロマ 6 章はそれに先行する 5 つの章を繰り返しつつ、しかし人の窮状をパウロ自身の言葉——それまでの 5 つ章で繰り返された、皆が罪を犯して基準に至らないという伝統的な言葉でなく——で表現しているか、あるいは、ロマ 6 章が先行する 5 つの章の議論を発展させて、以下のように述べているかである。すなわち、皆が違反し、違反が人を罪の力の下に置き、キリストの死が過去の違反

---

65) Stendahl（*HTR* 56 [1963], 200）はロマ 2–3 章が個人の違反について言及しているとは考えない。「イスラエルという民族——それぞれの個人でなく——の実際の違反は、ユダヤ人が異邦人に優っていないことを示す」。

D. 律法、人類の窮状とその解決

の償い（ロマ 3.21–26）と罪の力への死（6.1–11）とを提供した。私たちの応えは、「これらの 2 つとも厳密には正解と言えない」というものだ。じつにパウロはその救済論を振り返り、すべての人が罪の主権の下にあると理解した。キリストは、その死と復活とに参与する者のために新たな主権を提供した。罪の力に関するこの結論に到達したパウロは、次に誰にも反論の余地がない「すべての人が違反する」という共通の理解に依拠して議論を進め[66]、すべての人が罪の主権の下にあることを証明した。もっとも、これは証明のための議論であり、パウロが実際に人の窮状の評価に至った道順ではない。

悔悛と赦しの欠如：改宗と召命との前にパウロが何を考えたかに関するほとんどの推測は避けるべきであろうが、パウロがキリストの啓示以前に、ユダヤ人と異邦人とが同様に罪への隷属状態にあったと考えることは不可能だったという前提は避けられない。もしそのように考えていたとすれば、パウロがユダヤ教に対して熱心であらねばならなかった理由が見当たらない。なぜなら熱心は隷属に解決をもたらさないからだ。全人類の救済者としてのキリストが啓示されたことによってのみ、パウロはユダヤ人も異邦人もすべてが罪に支配されていると確信した。それ以前に彼は、義なるユダヤ人——時として違反があっても——と「罪人なる異邦人」（ガラ 2.15）という区別を付けていたはずだ。すべての人が罪に支配され、キリストによってのみ救われるという結論に達したパウロは、そこで初めてそれまではユダヤ教が提供する方法で贖われると考えていた違反というものを、罪という支配的な力と結びつけることができた。じつに彼は、前者の違反という事実を用いて後者の罪という支配力を証明した。ここで初めて私たちは、改悛と赦しとユダヤ教におけるあらゆる贖いの体系——パウロが知らないはずのないユダヤ教的贖いの手順——が、パウロの思考においてほとんど何の役も果たさないかを理解することが可能となる。これらは人の窮状に対応しない。実際にすべての人が罪を犯し、とくに異邦人はその著しい違反から浄められねばならない。しかしパウロは、人の違反を分析することをとおして人の窮状を理解するに

---

[66] 私たちはしばしば、すべての人が罪を犯すという理解が遍在する様子について述べてきた（索引の「罪」の項目を見よ）。ロマ 1–3 章におけるパウロの理解は、パレスチナやヘレニズム社会の会堂で一般に聞かれることと同一である。

至ったのでない。したがって彼は人の窮状に対する解決として、改悛と赦しというもっとも明白な違反に対する解消法を提供しなかった。人が改悛によって神に立ち戻り赦しを受けることについて述べる機会をパウロが持っていたにもかかわらず、2度にわたってその機会をほぼ明確に拒否している。ロマ3.25において、パウロは改悛や贖いのための規定の儀礼に言及することなく、神が「以前の罪を見過ごした」と記している。またIコリ5.19においては、神が「彼らの違反を彼らの不利となるように数え上げない」と記すが、それはキリストにある神の業に依拠している。ここまでのところ、人の改悛についての言及がない。その理由は、キリスト者の特徴的行為が、神がキリストを甦らせ、さらに信じる者をも甦らせるという福音の内容を信じ、そして御霊を受けて御霊のうちに参与することだったからだ。これらのことは、キリスト者がその違反を確信し、悔い改めて赦しを受けることと関係なく起こり得る。繰り返しになるが、パウロはすべての人が違反をしたというキリスト者（とユダヤ教徒）の共通理解を受け容れたと同様に、キリストの死を贖いであるとするキリスト者の共通理解を受け容れた。しかし、死から命への移行、罪の主権からキリストの主権への移行こそが、彼の主たる確信であった。パウロがその経験からでも、観察からでも、人の努力の結果に関する分析からでもなく、キリストがすべてのものの主となるべく来たという確信から学んだように、人間の真の窮状は彼らが異なる主権の下にあるということだった。改悛がいかに熱心であっても、それは主権の変更を生じさせない。人の違反は対処されなければならない。神がそれを見過ごすか、キリストが償いのために死ぬかしなければならないのだが、それが問題の核心ではない。人の問題は、キリストの主権の下にいないことである。これが真の問題であるがゆえに、改悛や赦しという伝統的な言語表現はおおよそ完全に欠損しており、浄めに関する表現もおもに勧告部分（Iコリ6.9–11）に現れるのみで、違反に関する議論はあらゆる人がキリストを必要としているという結論へ修辞的に導くためのみに用いられている（ロマ1–3章）。

　導入のAの項において、ユダヤ教との比較で、パウロに改悛と赦しとが「欠落」していることの重要性について述べた。この点に関しては結論でもう一度振り

D. 律法、人類の窮状とその解決

返ることにしよう。この欠落については、色々な説明が施されてきた。それらすべてに直接応答することはできない。それらの中で最も鋭い考察で議論を刺激したのは、John Knox の *Chapters in a Life of Paul*, 141–59 だろう。Knox は、パウロが赦しの代わりに義認を用いたことで、違反としての罪を十分に対処することができず、結果的に罪意識への解決を提供していない、と論ずる。Knox は罪に関する 2 つの概念——違反と力——を同等に重要だと見なし、パウロの解決が前者に対して十分でないとする。彼の議論では、キリスト者になる以前の罪でなく、キリスト者の罪に焦点が置かれていることは明らかだ。罪を犯すキリスト者に対して、神は「悔い改めて赦されよ」と言わず、「律法に効果がなく、誰も裁く者はおらず、この［法廷］案件は終了した」と述べる。したがって Knox は、パウロの義認について理解している。Knox は、このような違反に対する応答が人の罪の実際問題の必要を満たさないことを見抜いている。私は、パウロがキリスト者の罪を充分に取り扱っていないとの意見に完全に同意する。が、それは Knox が挙げる理由と異なる理由による。キリスト者の罪を扱う改悛に関する箇所が 1 つだけあるが（II コリ 12.21）、改宗後の違反に対するパウロの一般的な教えは、違反をせずに御霊にしたがって生きよ、というものである。すなわち彼は、キリストのうちにあることの重要性を想起させることで満足している。Knox が言うように、罪が問題なのはそれが律法の違反だからというのでなく、キリストにある者にとってそれが不適切だからだ。したがってパウロは、罪を罪意識の問題として扱わない。もっとも私は、ここで義認に関する言語表現に問題があるという議論には賛成しない。パウロにとって「義」は本来的に移行に関する用語であることを覚えておく必要がある。キリスト者となる者は罪から（I コリ 6.9–11）、あるいは罪の力から（ロマ 6.7）「義とされる」。パウロがこれをキリスト者の継続的な生き方に適用することはほとんどなく、何度も述べてきたように、そこから倫理を引き出してくることもない。おそらく、パウロにとってキリストにある命という理論では罪を罪意識として十分に説明できなかったのだろう。第 2 に、2 つの罪の概念——罪意識をもたらす違反と隷属する力——がパウロの思想において同等の比重であるとする Knox の主張には同意しかねる。私は、ロマ 1–3 章で罪が違反であるとされるのは修辞的な表現であり、人の何が悪いか根本的な説明を加えることにな

っていないとすでに述べた。その意図は、人には救済者が必要だと言うことを証明するのみだ。これはなにも、罪の概念を違反と見なすことをパウロが否定していることを意味しない。むしろパウロはそのように述べている。しかしそれは、罪という概念を力と見なすことほどの意義を持っていないようだ。パウロが罪深い違反に対する罪意識へ適切な応答をしているように思われないのはこのためだろう。

　パウロに改悛と赦しが欠損していることに対する Knox の立場への応答として、Knox への Festschrift である W.R. Farmer et al. (eds.), *Christian History and Interpretation* に所収されている P. Schubert, 'Paul and the New Testament Ethic in the Thought of John Knox' と C.F.D. Moule, 'Obligation in the Ethic of Paul' を見よ。Bultmann (*Theology*, I.287) と Bornkamm (*Paul*, 151) も同様の視点に立っており、罪の概念を力とするパウロの理解ゆえに赦しという概念が用いられないとする。同様に、諸罪過よりも単数の罪を重視する立場として Whiteley, *Theology of St Paul*, 53 を見よ。さらに Stendahl, *HTR* 56 (1963), 202 n.5 とそこに挙げられている文献を見よ。さらに Mary E. Andrews, 'Paul and Repentance', *JBL*, 54 (1934), 125 を見よ。彼女は、ユダヤ教における礎石ともいえる改悛の欠損はけっして偶発的でないと考える。「人が救いと倫理的生活の必須条件である御霊を持つ時、たんなる便宜的な改悛はより効果的なものに置き換えられた」。それはおそらく、より効果的であるというだけでなく、パウロが人の窮状と考える隷属状態に対してより直接的に応答しよう。

解決のアンチテーゼとしての窮状：パウロは思考を2つに分けて、一方では違反と償い、他方では罪の支配とキリストへの参与による解放を扱ったのではない。あるいは、人の違反の分析に依拠して——ロマ 1–6 章からそのように読めなくもないが——罪の支配を理解しようとしたのでない。彼は罪の支配を救済論とキリスト論の反対として捉えることで、「罪を犯す」という現実をそこに組み込むことが容易にできた。それは罪の支配の原因としてであるか（ローマ書のように）、または肉のうちにあることの結果としてであるか（ガラ 5.19–21）のどちらかである。違反を罪に対する隷属の原因か結果か、どちらとでも考えることができたこと自体が、そこにパウロの出発点がなか

ったことを示す。

法廷的義論と参与論の共存：パウロが「法廷的」と「参与論的」（あるいは主権）という両方の視点を容易に維持し、その結果として人の窮状についての 2 つの概念を述べる様子は、ローマ書以外でも見られる。顕著な箇所は II コリ 5.14–21 である。

> キリストの愛が私たちを支配するからです。というのも 1 人の方が皆のために死んだので皆が死んだのだと私たちが確信するからです。この方がすべての者のために死なれたのは、生きている者がもはや自分のために生きるのでなく、彼らのために死んで甦らされた方のために生きるためです。
>
> 　したがってこれより先は、1 人として人間的な視点で見ることをしません……。ですから、誰でもキリストのうちにある者は新たな創造です。古いものは過ぎ去って、見よ、新しいものが到来しました。このすべてが神から出たのです。この神はキリストをとおして私たちをご自身と和解させ、和解の務めを私たちに与えられました。すなわち神はキリストにあってこの世をご自身へと和解させられたのです。彼らの違反を彼らに対して数え上げずに、私たちに和解の言葉を託されました……。私たちのために罪を知らない方を罪とされましたが、それはこの方のうちにあって私たちが神の義となるためです。

この上の箇所は幾つかの点で興味深い。たとえば「義」は、いつも同じ意味で用いられていない。他所では、キリストがキリスト者の義だと呼ばれる（I コリ 1.30）。そして私たちはすでに、この語が命の条件とも命そのものとも見なされることを見てきた。しかし私たちは、とくにキリストの死の二重の意味に関心を向ける。上に引用した箇所の冒頭では、キリストの死への参与が特記されている。キリストの死の重要性は、キリスト者が彼と共に死ぬということにある。しかしこれは、キリストが皆のために死んだことによってのみ起こり得る。「〜ともに」と「〜ために」の連携は、同様の前置詞によってではないが、この引用の最終場面にも見られる。神がキリストを「罪」あるいは「罪過の献げ物」としたと言うことによって、パウロは明らかにその死が私たちのためにあると考えていることが分かる。しかしそれが起こった

のは、キリストにあってキリスト者が「神の義」――この「義」がいかなる意味であろうと――となるためである。さらに、キリストへの参与と新たな創造（17節）は和解と違反の見過ごし（19節）と密接に繋がっている。したがってパウロは、違反のためのキリストの死と、罪の力に対しての死にキリスト者が参与することの手段を提供するための死とのあいだに矛盾を見出していない。またパウロは、神が過去の違反を見過ごすことによって提供する和解と、「キリストのうち」にあることによって提供される新たな創造とのあいだに矛盾を見出していない。ここには人の窮状とキリストの死の意義という2つの異なる歴史的な概念の共存が見られるが、これらはパウロに概念的な差異として映っていない。

3. 義と参与

参与論の中心性：しかし、パウロの神学の中心がどこにあるかに関して疑いの余地はない。パウロは法廷的な範疇において議論することはできるが、そこに主眼を置いていない。彼の神学の核心は参与論的な範疇にある。このような区別をパウロ自身が付けなくてもである。このことは、幾つかの考察から明らかである。(1)「私たちのためのキリストの死」という定型句をパウロが繰り返したとしても、そして同じ意味のことを定型句に頼らず述べることができたとしても――私はIIコリ5章を定型表現と見なさない――、パウロはしばしば罪に対する死と神に対する生へ参与する機会を提供するキリストの死へ言及しており、これらは典礼に関する議論や奨励部にさえ用いられている。(2) パウロが法廷的言語を用いる場合、そこには「欠陥」があり、改悛や赦しに関する議論が欠けている――違反の修正としての改悛が示され、赦しが示唆されているIIコリ12.21を例外として。しかしここにおける言語には救済論への言及がなくキリストの体における立場の維持への言及がある――。改悛と赦しに関する言語が欠損していることはしばしば指摘されてきたが、これに加えてパウロに罪責感という言語が欠損している点も指摘しよう。形容詞の「罪を持つ／罪深い（guilty, *enokos*）」はIコリ11.27（「主の体と血に対して罪のある」）でのみ用いられる。そしてこれはパウロが特徴

D. 律法、人類の窮状とその解決

的に、改悛と赦しによって取り除かれる罪の意識を生じさせる違反として罪を理解していなかったことを示す。人の問題が違反であると述べられるロマ 1–3 章においてさえ、みなが神の前で罪深い者だと言わず、みなが「罪の下に」あると結論づけられる (3.9)。これは、神が過去の諸罪過を見過ごしたと言いつつも (ロマ 3.25)、人の問題の解決が神による違反の赦しと罪意識の取り除きでないことと符合する。(3) パウロは一定の仕方で違反をする者が神の国を受け継ぐことはないと述べ得るが (ガラ 5.21. Ⅰコリ 6.9 参照)、またⅠコリ 6.12–20 と 10.6–14 の冒頭で性的不道徳や偶像崇拝を行って違反する者は御国から排除されると論じているようだが、これら 2 つの場合の議論の方向性は別にある。違反自体が罰として人を排除するのでなく、排除の原因はキリストとの融合と相反する別の融合をこれらの行為が確立するからだ。(4) パウロの「法廷的」言語は「参与論的」範疇の補助として用いられることがあるが、その逆はない。したがって私たちはすでに、Ⅰコリ 6.11 で「放免される」(「洗われる」、「聖別される」と並行) を意味する *dikaiomai* という動詞が、人を罪の力から解放するキリストの死について議論する文脈で「解放される」ことと並列的に用いられる (ロマ 6.7) ことを確認した。ロマ 6 章では、命に参与するためのキリストの死への参与という文脈が *dikaioumai*（義とされる）の意味を決定する。それは、諸罪過から義とされるというⅠコリ 6.9–11 の意味での「義とされる」と異なる。したがって、一般的な法廷的意味での *dikaioumai* はロマ 6.7 での意味を決定せず、ここではもう 1 つの概念を補助するために用いられている。パウロは、人が「罪に対して死ぬ」(ロマ 6.11) と述べるとともに罪（単数）から「義とされる」(6.7) と言う。ロマ 6 章では「〜に対して死ぬ」という表現が「義とされる」ことの真の意味であることに疑いの余地はない。同様に、しばしば命に導かれる義を意味する *dikaiosynē* が、「命」との同義となり得る（例えばガラ 3.21）ことをすでに確認した。ここでもまた、*dikaiosynē* がそのような箇所の意味を決定せず、その箇所の文脈が *dikaiosynē* の意味を決定する。法廷的あるいは倫理的な表現である義が「キリストの体に参与することによって得られる命」という意味を示すように強いられる。しかしその逆の事態はあり得ない。

義認の二義性：ここで、言語表現が混在している——あるいは区別を示し

た途端に混在が認められる——2つの長い箇所を引用して考察することとしよう。

> とはいえ私は、肉体を誇ろうと思えばそうすることもできるのです。もし誰か他に肉体を誇ろうと考える者がいるなら、私はそれ以上に誇ることができます。……律法の義においては落ち度のない者です。しかし、私にとって益であったこれらのことを、キリストのゆえに損失と考えるようになりました。それどころか、私の主イエス・キリストを知ることがあまりにも素晴らしいために、すべてのことを損失と考えています。この方のゆえに私はすべてを失いましたが、それらを今は汚物と見なしています。それは、私がキリストを得て、またこの方のうちに私が見出されるためです。それも、律法による私自身の義ではなく、キリストの誠実さによる義、すなわちその誠実さに基づいた神の義を持つことによって見出されるためなのです。私は、キリストとその復活の力を知り、この方と苦しみをともにし、その死と同じ姿になり、なんとかして、死者からの復活に到達したいのです。私はすでに獲得したわけでも達成したわけでもありません。ただ、私がキリスト・イエスによって捕らえられたそもそもの目的に、何とかして到達しようとしているのです（フィリ 3.4–12）。

> しかしこの信仰が訪れたので、私たちはもはやいかなる養育係の下にもいません。なぜならあなた方は皆、この信仰をとおして、キリスト・イエスにおいて神の子だからです。というのも、キリストに属するバプテスマを受けたあなた方は、皆キリストを身にまとったからです。ユダヤ人もギリシャ人もありません。奴隷も自由の身分もありません。男と女もありません。あなた方は皆で、キリスト・イエスにおいて1人の人のようだからです。もしあなた方がキリストに属するなら、アブラハムの子孫であり、約束による相続者です（ガラ 3.25–29）。

これら2つの箇所に関して幾つかの点に分けて述べることとしよう。
　(1) ガラテヤ書の箇所は、ある意味で義が律法か信仰かどちらから来るかに関する議論の結論にあたる（奴隷と養子縁組に関する議論は4章にも続くが）。

D. 律法、人類の窮状とその解決

しかしこの結論に至る議論において義という語は舞台袖に退く。信仰によって得られたものは「子としての立場」であり、それは「キリスト・イエスにある」子としての立場である。言語表現はここに来て急に「参与論的」に変わる。すなわち、「バプテスマを受けた」、「身にまとう」、「1人の人」のように。同様にガラ2章でも、パウロは信仰による義に関する議論を参与論的言語によって決定づける。「私はキリストと共に十字架につけられてしまっています。……私のうちにキリストが生きているのです」（ガラ 2.19–20）。

（2）フィリピ書の箇所には、多くの人がパウロ神学の核心と考える義と信仰との関連性に関する議論はあるが、この関連性がこの箇所の意味を決定づけることにはおおよそなっていない。キリスト者の義——すなわち律法の行いによらず信仰によってもたらされる義——は「彼（キリスト）のうちに見出される」者に与えられる。この箇所においては、ローマ書の幾つかの箇所とは異なり、義が過去の違反を克服することに繋がる前段階の立場、すなわち「キリスト・イエスにおける命」をもたらす、あるいは可能とする立場を指すものでない。むしろ、彼のうちに見出されること、そして信仰に依拠した義という2つの表現は、たんに並んで述べられているだけだ。さらにこれら2つの並んだ表現のうち、キリストのうちに見出される、苦しみと死——その結果としての復活——を分かち合う、またキリストに属するという参与論的な表現の方が明らかにこの箇所の強調点とその意味を決定する役を担っている。「義」はそれ自体が目標でなく、キリストのうちにあることの必要不可欠な前提条件として扱われてもいない。義に関する語が用いられるのは、ユダヤ教徒による批判、とくに「真の割礼」（フィリ 3.3）はユダヤ人のものでキリスト者のものでないという批判に対する応答のためである。キリストのうちに見出される、またキリストと共に苦しみ死に復活に至るという救済論的言語は、「義」という語なしにも表現し得たのだ。しかしその反対の状況はまったく考えられない。もしパウロがその救済論を義の議論に限定して、人がいかに復活に至るか——キリストと共に苦しみ甦らされる——に触れなかったとすれば、私たちは彼の救済論に関する真の概念を抱きようがない。

（3）さらにフィリピ書の箇所からは、パウロ自身が義という句の意味を変

更させていることに気付いていることが分かる。律法の行いに依拠した義というものがある。パウロはここで、ガラテヤ書やローマ書とは異なり、そのようなものの存在をたんに否定することがない。フィリピ書ではむしろ、律法の行いに依拠した義が真の義でない、あるいは正しい種類の義でないと論じられている。男性器の包皮の割礼が真の割礼を意味しないとパウロが定義すると同様に——キリスト者のみが真の割礼であるから——、律法に依拠した義も正しい種類の義ではない。唯一の適切な義はキリスト者の義であり、それは何か違ったものに依拠していなくてはならない。キリスト者に特徴的な行為はキリストを甦らせ主とした神を信じることなので、正しい義あるいはキリスト者の義とは信仰にもとづく義である。この観点あるいはロジックから、義が律法の行いからはもたらされないというガラテヤ書やローマ書での言説は理解されるべきである。律法の行いがもたらす義は正しい種類の義ではない、それは正しい種類の義がキリストへの信仰によってのみもたらされるからだ。上述のとおり義の定義は様々だ。それは命の前提条件であり、あるいは命と同等である。すなわちパウロの視点からは、あらゆる宗教的な終着点がキリストをとおしてのみもたらされる。パウロはそれをどのように表現するかに頓着していない。コリント人が知恵を望むなら、パウロはキリストが神の知恵であり、キリスト者のみが真の知恵を得ると表現する（Ⅰコリ 1–2 章）。ユダヤ人や律法規定を強調する者が義を望むなら、パウロはキリストのみをとおして義がもたらされると断言する。パウロによる救済論的目的を、ユダヤ人や律法規定を強調する者との論争で彼が用いる「義」によって定義することは、それを「知恵」によって定義することと同様に誤りである。パウロはこの語を難しいとも縁遠いとも考えない。しかしこの語や他の関連語の歴史を調べてみたところで、それがパウロの宗教的終着点を定義する役には立たない。彼が繰り返し述べているように、宗教の目標は「キリストのうちに見出されること」であり、キリストの苦しみと死を共有することをとおして復活に至ることである。

キリストのもたらす義：これは上述のとおり、ユダヤ教において「法廷的／終末論的」であるはずの「義」とまったく同様の意味合いでパウロがこの

語を捉えているという見方を退けなければならないことを示している[67]。ユダヤ教における義人は正式な意味で宗教的であり、律法を守り違反に対して悔い改める。パウロはこの定義を理解の促進のためにのみ受け容れる。パウロが、義——すなわち真の義——が律法によってもたらされることを否定する時、ユダヤ教の義が律法によってもたらされることを否定しているわけではない。なぜなら、パウロがよく知っているとおり（フィリ3.9）、義はトーラーの遵守として定義されるからである。彼が否定しているのは、宗教の真の終着点に律法が導くという考えである。なぜかと言えば、繰り返しになるが、これはキリストをとおしてのみもたらされるからである。パウロはこの考えに人の実存に関する分析をとおして至ったのでなく、キリストの復活の力の体験に依拠してたどり着いた。

キリストへの参与と義：さらにこれは、信仰による義とキリストへの参与とが究極的に同じであることを意味する[68]。時としてパウロは、キリストのうちに見出される命に至るための前提となる法廷的立場として義について語る。彼が体系的な神学者だったとすれば、2対の用語群を一貫した論理的総体として成立させようとして、上のような論理の流れで捉えようとしただろう。結果として学者らの中には、ローマ書に依拠しつつ、パウロがそのような結論に達したと理解している[69]。しかし、彼が命を導く義という見方を否定していると判断するに足るだけの証拠がある。（1）ロマ6.7において *dikaioumai* という語が、キリストの死への参与によって罪の力から「解放される」ことと同様の意味で用いられていること自体が、上のような結論を否定する。（2）パウロの他の書簡において、信仰による義、信仰による御霊、また信仰による子としての立場という句が参与論的言語と区別されずに用いられているので、義をキリスト・イエスにおける命に至る法廷的前提として

---

67) Bultmann, *Theology*, I.270–73; Conzelmann, *Theology*, 216, 218.

68) 同様に E. Schweizer, 'Dying and Rising with Christ', *NTS* 14 (1967), 1–14; Pfleiderer, *Primitive Christianity*, I.347, 351（信仰がキリストにおける実存をもたらす〔放免、正しさあるいは転嫁された義というのみならず〕）.

69) 例えばBornkamm, *Paul*, 153; Conzelmann, *Theology*, 273; Lyonnet, 'Pauline Soteriology', 840; Via, 'Justification and Deliverance', *SR* 1 (1971), 204–12.

体系的に捉える可能性が排除される。(3) 私たちは、義がときとして過去というよりも将来のことである点を強調すべきだ（ロマ 2.13, ガラ 5.5）。(4) パウロの実際の論理は、違反から義（放免）へ、義から命（ロマ 1–6 章の構成にもかかわらず）へと流れず、むしろ主としてのキリストから他の主である罪の下での人の隷属へ、この隷属から隷属の証拠としての個々の違反へと流れている。したがってまず主権の移行があり、これが違反の放免を包含している、と考えるべきだ。後者が前者の条件ではない。(5) 義が前提条件であるという理解に反対する最後の証拠として以下が挙げられる。パウロはキリストの死を、罪の償いとして、また罪の力に対する死へ参与する道を提供することとして述べる。義とされるという法廷的立場がロマ 8 章に描かれている御霊にある命に先行するなら、キリストの死がある意味で 2 度適用されることを想定することになる。1 度は過去の違反から信仰者を放免し、義の立場の前提となる償いの犠牲として、もう 1 度は信仰者が御霊にある命を受け取る参与をとおしての出来事としてである。これは明らかに不可能な想定であり、ここにおいて「パウロがキリスト者の十全な営みに至る法廷的な入り口として義を体系的に御霊にある命と関連させた」という想定が崩壊する。

　一方で私たちは、パウロが自分の思考に何らかの分岐を意識していたと考えることはできない。キリストの死は放免のためであり、罪の力からの彼の死への参加を提供するが、これらは 2 つの別々の出来事でなく、1 つのこととして捉えられていた。しかし私たちが法廷的および参与論的分類を別々に扱う時、後者がパウロの「真の」思考をより反映していることに気がつく。人はキリストと共に罪の力に対して死に、御霊において生きる。そしてこれは、人が違反を止めて御霊の実を実らせることを具体的に意味する。私たちはこの逆方向――すなわち人が違反を赦されて御霊の命へと参与し始める――を想定することはできない。繰り返すが、これゆえに改悛と赦しとはパウロの書簡群において重要な主題となっていない。パウロは問題から始めて、その解決を提供してはいない。むしろキリストによって提供された新たな命という現実から始めており、これは何よりも異なる時代のあいだの移行の開始を達成したのであり、究極的には贖罪の達成と見なされない。

　まとめ：信仰による義という言語表現がパウロの思想のエッセンスを捉え

D. 律法、人類の窮状とその解決

るのにもっとも相応しい手段でないと私が述べてきたことの理由が、ここまで来ると分かってもらえただろう[70]。私たちはパウロ自身の思考の過程を追いつつ、信仰による義を他の分類表現――「参与論的」分類――で定義する必要がある。「義」の用法の歴史を追ったとしても、それはパウロの理解にとって期待するほどの成果を上げない。なぜならそれは、最終的にはキリストと共に死んで甦り、キリストと1つになることを意味するからだ。信仰による義を中核に捉えることを強調しつつもそれを宇宙論的かつ共同体的なものとして定義するケーゼマンの議論は混乱を招く[71]。パウロがキリストにおける神の業の宇宙論的かつ共同体的意義を語る場合には、その意義をより良く表現する他の言語を用いる。たとえばキリストと共に死に生きる、キリストにあって皆が1人、キリストの主権の十全なる確立を待つ、等である。パウロの救済論が宇宙論的で共同体的、あるいは参与論的であるというケーゼマンの議論には同意する。しかしパウロ自身が時として「義」という語をその意味で用いたとしても、これが最善の表現方法であるとの理解には同意できない[72]。ケーゼマンが「義」という語を用いてそれが一般的に意味しない主題を説明することに固執するので、彼の著作の解釈は非常に困難で混乱をきたす。

したがって私たちは、「様々な救済論的用語がどのように関連し合うのか」というパウロ理解の問題と思われる部分について結論を導こう。私たちはまずパウロの主要な救済論的言説を概観したが（II.C）、それはこれらの用語の多様性を確認するためであり、またパウロが開始したところから開始するためだった。次に私たちは、パウロの律法理解について考察したが、これは義に関する用語をさらに考察する機会となった。それはこれらの用語が律法の

---

70) I.D.5 を見よ。
71) II.A. 註41を見よ。「義認の教義は神の終末的な救済の業に関するパウロのメッセージに関する基本的でありかつもっとも高度に個人的な表現である」という Kümmel（*Theology*, 195）の言説を確認せよ。私たちがパウロを正しく理解しているとすれば、彼のもっとも個人的な部分は彼の思想の基本的表現になっていない。
72) パウロの思想をもっとも適切に表現する用語が何かという議論は、パウロ神学を要約する箇所の特定を促した。私はロマ 1.16–17 でなくロマ 7.4 であるとする Robinson（*The Body*, 49）に同意する。あるいはロマ 5.1 か（Hunter, *Interpreting Paul's Gospel*, 22; *The Gospel According to St Paul*, 15）。

要求に対する応答となっているからだ。しかし多様な救済論的用語の相互関係については、人の窮状に関するパウロの描写を確認したあと初めて考慮することができる。用語論的には、「法廷的」と「参与論的」という2つの主要な救済論的用語が、それぞれ違反と隷属という人の窮状に対応している。しかし実質的には、人の窮状に関するこれら2つの概念は相反するものでなく——これらはキリストから離れて人は裁きの下にあることに関する異なる表現である——、したがってこれら2つの中心的な救済論的用語は同じ方向を向いている。もっとも本項で述べたとおり、参与という概念の方がより適切である。

4. 人類の窮状に関する多様な定義

窮状の用語：私は「肉」やその他の類似した用語をパウロがどのような意味で用いたかについて詳しく論ずるつもりはない。それは他所で十分になされていると考えるからだ。ここではただ、パウロが人類の窮状について十分に考え抜いた豊かな概念を持っていたことを確認するに留めたい。それがパウロの思想の開始地点でないにせよ、彼がキリストの到来という視点から人の窮状について深く思索したことは明らかだ。私たちは違反と罪への隷属という2つの窮状の基本的差異を扱ってきた。そしてパウロの思考においてこれら2つが並行して存在していたことを確認した。パウロは、すべての人がキリストの提供する救済を必要としている点を様々な仕方で述べている。すなわち、皆が違反したから、皆が罪の支配の下にいるから、皆がその欲情に引き渡されたから、皆が律法の裁きの下にあるから、皆が宇宙の諸霊の下にあるから、皆が「肉のうち」にあるから、等である。これらの共通点は、すべての人がキリストによってのみ救われる窮状に立たされているということである[73]。キリストのうちにあって、人は宇宙の諸霊の下での隷属状態の代わりに子としての身分を与えられており、もはや律法の裁きの下になく、もはや「肉のうち」にいない。多様な概念によって表される窮状は、その解決

---

73) 註2を見よ。

D. 律法、人類の窮状とその解決

の中心が何かに焦点を向けるためにある。

人間観の深化：キリストの到来以来、信じる者と信じない者という基本的な区分ができた。「信仰者」がキリスト者を表す特徴的な2つの表現のうちの1つであるように——他は「聖者」——、「非信仰者（*apistos*）」は非キリスト者を表現する特徴的な語の1つに挙げられる。パウロにおいて「信仰者」と「非信仰者」は、ほとんどのパレスチナ・ユダヤ教文献における「義」と「邪悪」とほぼ同様の意味で用いられる（後者の語もパウロは時として用いる。Iコリ6.19）。もっともパウロは、これらの漠然とした範疇——すべての人が裁きの下にありキリストから離れて隷属状態にある、キリストの到来のあと人は信仰者か非信仰者である——に満足せず、キリストから離れた人がいかなる点で誤っているかを分析した。この分析は、パウロを神学者と呼ぶに足る理由となっている。人類の窮状に関するパウロの分析（人間観）は、神学的思索における彼の最たる貢献だ。一方で、パウロから神に関する何か新たな、めざましい事柄を学ぶことはできない。神は怒りと慈愛の神であり、裁くのでなく救うことを求めるが、神を拒む者は死に導かれる。その他パウロが神に関して述べる事柄は幾つもあろうが、パウロは明らかに神性について詳しく思索してはいない。彼の洞察が顕著なのは以下の点である。キリストへの信仰を持たない人は、実質的で表面的な意味で失われている——破壊へと引き渡されている——のみならず、自らが強く求める目標に達し得ないことによって自分自身を見失っている。命という強い求めは賜物としてのみ享受されるので、それを獲得する努力は自己破壊をもたらすからだ。

上の段落の最後になってのみ、パウロが認める人の葛藤の感情的な強さを指摘したが、これは数多くのパウロ研究者の注目を集めた。彼らはこれをパウロの神学的貢献と捉えるのみならず、これをパウロの思索のもっとも重要な部分であり、彼の思索を分析する開始点と見なした。私は、上の段落で述べたようなパウロ神学とその人間観の関係性を認める限りにおいて、パウロの神学がその人間観[74]においてもっとも良く表現されているというブルトマンの見解に同意する。人の窮状に関する分析と較べると、パウロの神に関す

---

74) Butlamann, *Theology*, I.191.

る直接的な言説は一般的な意見の寄せ集めに過ぎない。しかし、パウロが人類の窮状の分析から開始して、その悲惨さが普遍的な救済者を必要としたとか、パウロの思想が人類の窮状を開始点とした時にこそ適切に理解できるとかの見解には同意しかねる。人の窮状はパウロの救済論が反映されたものとしてみなすべきだ。そしてパウロの救済論は、人が自らの真なる姿へと戻ることでなく——人の窮状に対するパウロの洞察力が何よりも自己疎外であると見抜いたとするブルトマンの結論にあるように——[75]、キリストを信じキリストを甦らせた神を信ずる者がキリストに属し、キリストの体の成員となって終わりの時に完全なる変容を遂げることを教えている。

信仰を持つ以前の人に関するパウロの理解についてのブルトマンの見解に対する基本的な批判は上に述べたとおりだが、それ以外にもパウロの言説を一貫して実存論的に理解しようとするブルトマンの姿勢にも批判が向けられる。この後者の要素——人の窮状から開始するという大きな問題と異なり——はボルンカムやコンツェルマン、そしてとくにケーゼマンによって取り上げられ、ブルトマンの過度な個人主義的解釈が修正されてきた[76]。パウロの人間観に関するブルトマンとその弟子らの分析——何よりも全体の構成におけるその役割——については批判してきたわけだが、それ以外の点でブルトマンの貢献に修正を加えたり付加したりすべき点はない。したがって、それらをここで繰り返すことはよそう。知恵にせよ律法による義にせよ[77]、こ

---

[75] Butlamann, *Theology*, I.249（人は「もはや自分自身との調和を保てない」）; I.336（この問題の明らかな解決法は「真性の人としての命の新たな可能性である」）.

[76] Käsemann, 'The Cry for Liberty in the Worship of the Church', *Perspectives*, 126; 'On Paul's Anthropology', *Perspectives*, 1–31 を見よ。ブルトマンによるパウロの人間論的な用語の分析も疑問視されている。Käsemann, 'Primitive Christian Apocalyptic', *Questions*, 135; 'The Motif of the Body of Christ', *Perspectives*, 114（両方が「体（sōma）」について）; Conzelmann, *Theology*, 173–74（「肉（sarx）」について）.

[77] 人の知恵（Iコリ）と律法による義（ロマ、ガラ）に対するパウロの批判の共通点はそれらが「奢り」を含むからだ。Iコリ 1.29 とロマ 3.27 を分析する Conzelmann, *Theology*, 237 を見よ。ただ私は、奢りに対するパウロの批判は、人の実存論的な窮状に関するパウロの分析の一部であり、この分析はその全体がパウロの救済論の結果であって、救済論がそこに依拠しているのでないことをのみ加えておきたい。したがって救済論は、奢りを取り除くことでなく復活を獲得することである。換言するなら、Iコリにおける奢りの問題に対する解決は信仰による義でなく、十字架につけられたイエス・キリストであり、終わりの時であり、御霊とキリストにある命という賜物である。人の窮状を

れらの人による自己主張との対比で、救いの恩寵を受け取るという信仰の実存論的側面の分析において、ブルトマン以上に深い洞察を示した者はいないので、私は人類の窮状に関するこの議論の最後において、読者の注意をブルトマンとその弟子らの著作に向けることにしたい。

5. 付記　S. リヨネットによるパウロの救済観と窮状

　パウロにおける罪と救済に関するリヨネットの見解を脚注のここそこで分散して扱う代わりに、この場にその批判を端的にまとめることが良いように思われる。パウロの救済論に関する短い議論（Auseinandersetzung）以上を意図していないこの付記で、パウロ研究におけるリヨネットの数々の貢献を十分に表現することは不可能だ。ここでは、人の罪、キリストの死、救いの性質に関する彼の見解に焦点を置こう[78]。

　リヨネットはパウロにとって罪が「力」であると述べるが[79]、彼はそれでもこれを「神に対する背信」において人が犯す事柄としてのみ考えている[80]。彼はけっして「力」と「背信」とのあいだの関係性について十分な答えを持っておらず、その結果として人の窮状に関する明らかな理解に至っていない。むしろ彼の考える人の窮状は、罪が違反であって人はそこから立ち戻る必要があるという見方に同意していることになる[81]。リヨネットは人が律法、「この世の諸霊」、そして罪の隷属状態にあるという事態を過小評価しているか部分的に看過している。したがって、解放としての救済は贖いや「帰還」としての救済に対して二義的な位置づけとなる。リヨネットはロマ 6 章からキリストの死への参与に関する箇所を引用こそすれ[82]、キリストの死の

基本的に奢りと特定することへの批判は、Stendahl, *HTR* 56 (1963), 207 をも見よ。

[78]　ここでは Lyonnet の体系的な論考である 'Pauline Soteriology' in Robert and Feuillet (eds.), *Introduction to the New Testament*, 820–65 参照している。

[79]　「神と敵対するように人をしむける力」(Lyonnet, 'Pauline Soteriology', 856);「擬人化された力」(862)。

[80]　Lyonnet, 865.

[81]　Lyonnet, 845, 851, 859–61.

[82]　Lyonnet, 861.

目的を罪が贖われるのでなく、その死にキリスト者が参加することを示す箇所を見逃しているようだ（例えばIIコリ5.14–15, Iテサ5.10）。キリストの死は一貫して犠牲および贖いとして扱われている[83]。したがって、罪と救済は基本的に法的に理解され、違反から贖い、贖いから帰還へと進む。

---

83) Lyonnet, 845, 63.

E. パウロと契約維持の［ための］律法制

新たな出エジプト？：ここでもう一度思い起こすならデイヴィスは、パウロの神学をユダヤ教的な「契約維持の［ための］律法制」に沿って理解すべきだと論じた。新たな契約に繋がる新たな出エジプト——「贖い」、「解放」——があり、それは新たなトーラーに関するものであり、そのトーラーへ従うことが期待される[1]。この一連のプロセスにおける問題点は、出だしの部分だ。「解放」や「贖い」という語を用いることで、パウロが新たな出エジプトの結果として御霊にある命を表現したという考えには同意できない[2]。「解放」という語はむしろ時代の変化（古い創造から新たな創造）、罪へ仕えることからキリストへ仕えることへの主権の変化——ここでのパウロの罪理解はファラオの下でのイスラエルの隷属を想起させない——、キリスト者の変容、すなわち今に始まり1つの段階の栄光から次段階の栄光へと移ることを意味する。とくにパウロの贖罪理解（私たちの体が朽ちることから贖われる）という最後の点は、出エジプトと予型論的に繋がっていない。じつにパウロ

---

[1] Davies, *Paul and Rabbinic Judaism*, 216–17, 225, 250, 259–60（「パウロはキリスト者の時代区分に関する自らの解釈へユダヤ教の契約という概念を継承して持ち込んだ」）, 323 を見よ。同様に Robinson, *The Body*, 72（教会はバプテスマをとおして入る契約である）; Whiteley, *Theology of St Paul*, 75–76（パウロは契約の用語を用いて思考しており、その神学はそれらに依拠している）; van Unnik, 'La conception paulinienne de la nouvelle alliance', A. Descamps et al. (eds), *Littérature et théologie pauliniennes*, 109, 26. これと対立する見解としては H.A.A. Kennedy, 'The Significance and Range of the Covenant-Conception in the New Testament', *The Expositor* 10 (1915), 385, 410（パウロは約束という概念に焦点を置いたが、それ以外に契約という概念は何の役をも果たしていない）がある。

[2] Davies, *Paul and Rabbinic Judaism*, 102–18. Whiteley (*Theology of St Paul*, 142) は lutrousthai という語の七十人訳における用法がエジプトからの贖いと関連していることに注目するが、これをまた罪と死からの贖いとも捉える。後者の用法の方がよりパウロ的に思われる。

がイスラエルの荒野における彷徨に言及する場合、それは出エジプト自体を指しておらず、参与を成り立たせる飲食について述べている（Ⅰコリ10章）[3]。さらに、パウロは自らをモーセと比較するが、それは死の時代区分における奉仕者でなく命の時代区分における奉仕者としてである[4]。一方でパウロはキリストを、選民の解放者としてのモーセと対比することはない。モーセはむしろみなを裁きへと拘束する律法を代表しており、解放者ではない。キリストは第2のアダムであっても、新たなモーセではない。さらに、デイヴィスが救済論的議論の中核として捉えるキリストへの参与は、彼が述べるような「イスラエルへの」参与とは対比されていない（ガラ6.16が「神のイスラエル」に言及したとしても）[5]。むしろ参与は「御霊のうちに」ある状態と並び称され、それは「肉のうち」あるいは「罪の下」にある状態との対極にある。したがってもっとも重要なアンチテーゼは、「新たなイスラエル」対「古いイスラエル」あるいは「肉によるイスラエル」（Ⅰコリ10.18）ではない。

デイヴィスがパウロを「新たな密儀の宣告者でなく、新たな出エジプトの宣告者である[6]」と述べる場合、私たちは前半には同意するが、後半については必ずしも同意しない。デイヴィスは、ヘレニズム的理論がパウロの思想の共同体的側面を説明しないと論ずる。それはヘレニズム的な密儀宗教は──私たちが知り得る限りにおいて──個人の救済にのみ関与するからだ。むしろデイヴィスは、パウロの共同体的参与という概念を契約に含まれる共同体的側面から引き出そうと試みている。しかし私たちは、出エジプトの予型論的適用がキリストと共に死んで甦ること、またユダヤ人とギリシャ人とが1人の人として1つの体を形成する一致を説明し得ないことを確認すべきである。この場合、「人格と共同体というイスラエルの概念」へ注目することが説得性の高い主張とは思われない[7]。イスラエル人たちは1つの集団の成員であり、これを神は集団として報いることも罰することもあるだろうが、葦

---

[3] Davies, *Paul and Rabbinic Judaism*, 105 と比較せよ。
[4] Ⅱコリ 3.7, 13. Munck, *Paul*, 58–61 参照。
[5] Davies, *Paul and Rabbinic Judaism*, 85–86, 102; *Invitation to the New Testament*, 349.
[6] Davies, *Paul and Rabbinic Judaism*, 108.
[7] Davies, *Paul and Rabbinic Judaism*, 109.

の海を渡ることで彼らを1つの体の成員とすることはなかった。さらに、出エジプトとトーラー授受との関連性を成り立たせるために、新たな出エジプトと思われるものから倫理を引き出そうとしても、それは上手くいかない。パウロが倫理と信仰による義認とを関連づけないことはすでに述べたが、倫理はまた新たな契約に関する文言とも関連しない[8]。倫理は何よりも御霊の授与と関連している。したがって出エジプトの予型論がパウロの思想を決定したとは思われない。

新たな契約：このように事前に断った上で、しかし、キリスト教が新たな契約であるとの理解には同意できる点が多い。新たな出エジプトをとおしてではないが、この新たな契約が確立されるなら、それは旧い契約とある程度似た機能を果たす。契約のうちにある者には救いがある。契約の外にある者には裁きと死とがある。契約に留まるために従順が求められる一方、不従順は排除と裁きをもたらす。さらに、パウロは契約のうちにある者が従順を保てない場合に改悛が不従順の解決であると1度述べている（IIコリ12.21）。何に従うかは、記述された規定でなく、主の言葉あるいは使徒の指示として提示される。またパウロは、適正な行為が何かは明瞭だと考える（ガラ5.19, ロマ2.14–15参照）。この明瞭な適正行為あるいは御霊の実が、実質的には旧約聖書の倫理的要素と一致することが分かるだろう[9]。すなわち、パウロはユダヤ教の「対人的規定」を実質的に受け容れるが、それが戒律だからとの理由で受け容れるのではない[10]。

したがってすでにパウロのうちで、いかにキリスト教が新たな形の「契約維持の律法制」となりつつあるかが分かる。すなわちこの契約宗教においては、バプテスマをとおして編入し、その成員の立場が救いを提供し、特定の掟を持ち、従順（あるいは違反に対する改悛）が契約関係を維持しつつも、継続的で凶悪な違反によって成員の立場が剥奪される。

契約モチーフの限界：一方で私たちは、契約という範疇がパウロを理解す

---

[8] Davies, *Paul and Rabbinic Judaism*, 109, 250–51.
[9] Bultmann, *Theology*, I.261.
[10] Bammel ('Paul and Judaism', 282) は「パウロの倫理は終末論的だが、その内容に特別な点はない」と述べる。

るのに十分でないことも確認すべきだ。パウロはたしかにある場面では、邪悪な不道徳と頑迷さを違反と捉え、キリストの体に留まるためには改悛が必要であると述べる。しかしこのような戒めは、契約からの排除という脅威に依拠するのでなく、特定の行為がキリストとの融合と相容れない融合を意味するということに依拠している（Ⅰコリ 10.1–5）。偶像のある場所での飲み食いや姦淫は、本質において神の意志への違反——パウロは聖書を引用しつつそう指摘することもできただろうが——、あるいは使徒の指示への違反でなく、キリストとの融合と相容れない融合を形成することの問題として捉えられる。この議論は、私たちが知っているユダヤ教の「契約維持の律法制」において典型的なものではない。

　さらに、パウロがキリスト者の伝統的用語に倣いつつキリストの死によって確立された共同体を「新たな契約」と表現したことは間違いないが（Ⅰコリ 11.25, Ⅱコリ 3.6）、彼はまた「新たな創造」という表現をも用いる（Ⅱコリ 5.17, ガラ 6.15）[11]。上述したとおり、キリストの業はモーセの業と比較されているのでなく、アダムの業と比較されている。アダムは契約を確立しなかったが、彼の違反が人類の命運を決定してしまった。一方でキリストは、その業によって世の命運を決定した。ここでもまたパウロの理解は、契約という範疇を越えている。

　契約でなく参与：しかし、パウロの宗教を新たな「契約維持の律法体制」と表現するのが適切でない第 1 の理由は、この表現がパウロの救済論を理解するうえでもっとも重要な参与論的移行を説明し得ない点である。契約の概念は、過去の違反のためにキリストが死ぬという議論を容易に包含し得るが、キリスト者がキリストと共に古い時代および罪に対して死ぬことを説明するのに適していない。パウロの思想の中心的確信は、人が神によって提供された契約に同意してこれに準拠し、神との契約関係を持つ集団の成員となり、期待される正しい行為をとおして成員であり続けることではない。むしろキリストと共に死に、新たな命を受容し、復活と究極的な変容に繋がる初

---

11)　Käsemann ('"The Righteousness of God" in Paul', *Questions*, 177–78) はこれを理由にパウロの契約的解釈に反対する。

期の変容を得ることであり、キリストの体の成員にしてキリストと共に1つの御霊に属することであり、他の融合によってこの参与論的融合を壊さない限りにおいてそこに留まることである。

　デイヴィスの見解へ異なった仕方で応答しようとするなら、パウロの第1の確信はメ・シ・ア・と・し・て・のイエスが到来したことではなく[12]、むしろ神がイエス・キリストを主・と・し・て・遣わし、キリストを信じることによってその成員となった者を甦らせ、あるいは変容させるということである。したがってデイヴィスやその他の者らが主張するような、イエスがメシアであるという事実からパウロが導き出したに違いない結論を、パウロは導き出す必要もなければそうした様子もうかがえない。私は、パウロがどのようなメシア期待を持っていたかをユダヤ教黙示思想や他の文献から推測すること、またイエスがメシアであるという事実にその推論的なメシア期待に関する理論を適用することがパウロの神学を分析することに役に立つとは思えない[13]。パウロは繰り返しその支配的確信を述べる。すなわち、終わりの時が近く、キリストが主であり、この主に属する者のみが主の日に救われる。この確信から開始した議論がデイヴィスとは異なるパウロ神学へと私たちを導いたことは、本項で十分に示された。それはちょうど、開始地点が異なることでこのパウロ理解とブルトマンらのパウロ理解が違ったものになるのと同じである。

---

12)　Davies, *Paul and Rabbinic Judaism*, 352; Whiteley, *Theology of St Paul*, 124, 126. これと反対の立場は Conzelmann, *Theology*, 199 を見よ。

13)　この議論は Davies よりも Schweitzer の見解により当てはまる。なぜなら Schweitzer はユダヤ教黙示思想の前提をパウロに機械的に当てはめるからだ。一方 Davies はパウロ自身に語る余地を与える。それでも Davies (*Paul and Rabbinic Judaism*, 216) は、イエスがメシアであるというパウロの確信が特定の結果を導いたと論ずる。パウロは主としてのイエスの再来により関心を抱いていた。前パウロ的前提によってパウロを定義すること (Schoeps への応答として) への反論として、Bammel, 'Paul and Judaism', *The Modern Churchman*, (n.s. 6, 1962–63), 281 を見よ。

F. 行いによる裁きと恵みによる救い

業にしたがった裁き（罰）：パウロの思想には、詳しく神学的に分析すべき側面が他にも多くあるが、私たちはすでに私たちの比較分析にとって必要なだけの諸要素を論じてきた。もっとも、裁きが行いに則って行われるという趣旨のパウロの言説について考察しなければ、パウロとユダヤ教に関する議論を閉じることはできない[1]。主要な箇所は以下のとおりである。

> 律法なしに罪を犯した者はすべて律法なしに滅びます。そして律法の下で罪を犯した者はすべて律法によって裁かれます。なぜなら律法を聞く者が神の前で義なのではなく、律法を行う者が義とされる［だろう］からです。律法を持たない異邦人が律法の要求することを自然と行うなら、自分では律法を持たなくても彼らは彼ら自身にとっての律法となります。私の福音によるとキリスト・イエスによって神が人々の秘密を裁かれる日に、彼らの良心は証言し、相反する思いは責めたり擁護したりするにせよ、彼らの心に律法の要求するところが書き記されていることが示されます（ロマ 2.12–16）。

> 私たちは勇気を得ており、むしろ体を離れて主と共にいることを望みます。したがって、私たちが離れていても共にいても、主を喜ばせることを私たちの目標とします。私たちはみなキリストの裁きの座の前に現れ、その体においてしたことに従って、善にせよ悪にせよ各々が受けることになるからです（IIコリ

---

[1] この主題は近年幾つかの著書で扱われている。もっとも最近のものでは Calvin Roetzel, *Judgement in the Community* 1972; Ernst Synofzik, *Die Gerichts- und Vergeltungsaussagen bei Paulus*, 1972 がある。

F. 行いによる裁きと恵みによる救い

5.8–10）。

熟練した建築士のように私は基礎を据え、他の人がその上に建てます。それぞれが基礎の上にいかに建てるか気をつけなさい。敷かれた基礎——それはイエス・キリストですが——以外には他に基礎を据えることは誰にも出来ません。誰かが基礎の上に金、銀、宝石、木、藁、切り株で建てるなら、それぞれの働きは明らかとなります。かの日にそれは明らかにされます。というのもその日は火とともに現れ、その火が各人のなした業を試すからです。基礎の上に建てた業が残れば、その人は報いを受けます。自分の業が燃えてしまえば、その人は損失を被りますが、火を通ったようにして救われます（I コリ 3.10–15）。

だれでも体のことを見極めずに飲み食いするなら、その人は自分への裁きを飲み食いすることになります。それゆえにあなた方の多くは弱く病に冒されており、ある者は死にました。しかし私たちが自らを正しく裁くなら、私たちは裁かれません。しかし私たちが主に裁かれる時、私たちはこの世と共に断罪されないように懲らしめを受けます（I コリ 11.29–32）。

パウロの言説においてもっとも予想外なものはロマ 2.12–16 だろうが、それは業に応じた裁きに言及するからでない。むしろ、他所では行いでなく信仰によると強調するパウロが、ここで行いによる義に言及するからだ。この困難な箇所に何らかの解決があるとすれば、それは未来形が使われていることである——「義とされるだろう」——。これは実際に、義という主題がパウロにおいて単一の定義によって表現し得る主題でないことを示している。問題が宗教の目標としての義であれば、パウロはキリスト者がキリストにおいて信仰により義とされている点を強調する。しかしロマ 2 章では、ユダヤ人と異邦人とが神の前で同じ立ち位置に置かれていることを述べる。これは裁きの日についても適用される。ユダヤ人であれ異邦人であれ、罪を犯した者は裁かれ（彼らの行為への告発の結果として）、そうでない者は罰を逃れる（放免され、あるいは「義とされる」）。ここでの義や義とされることの意味は、裁きの日に罰を受けるかどうかであり、それは法廷的で終末的な意味を持つ

が、ブルトマンはそれが義の特徴的な意味だと考える。ここでの義が罰に関する語であり、人の救いに関するものでないと分かると——後者はパウロの典型的な意味だが——、問題は解消される。なぜならパウロは、他所でも業にしたがった罰について語るからだ。

この世での報いと罰：神の恵みによって救われることと業にしたがって裁かれる——すなわち善行が報われ悪行が罰せられる——ことの違いは、コリント書の3つの箇所から明らかだ。Ⅰコリ 3.10–15 において、パウロは救われることと、報われるあるいは罰せられることとを、彼自身と他の使徒らの業とに言及しつつ、はっきりと区別する。Ⅰコリ 11.29 での「体のことを見極めず」にいることは病気や死の罰に至るが、それは伝統的なユダヤ教的視点によると最終的な裁きを避けるための罰である。Ⅱコリ 5.8–10 でパウロが「私たち」はその行いによって罰せられるか報いられるかすると言う場合、ここで用いられる一人称複数代名詞はたんなる修辞的主語ではなかろう。パウロはじつに使徒としての彼自身の業が裁かれることを予期していたからだ。パウロ以上に自分の救いを確信していた者はなかろう。彼は死んだらキリストと共にいることを知っていた（Ⅱコリ 5.8, フィリ 1.23）。しかし同時に、自らの業に裁きを下すことに躊躇した。パウロは、自分が神の前で完全に潔白であると結論づけるほどには大胆になれなかった。

> それだけでなく、管理者は信頼できる者であることが要求されます。しかし私にとって、私があなた方や人の法廷で裁かれることは取るに足らないことです。私は自分でさえも私を裁きません。私は私に対する不利な訴えがあるとは思いませんが、そのことによって放免される（*dedikaiōmai*）わけではありません。裁きをするのは主です。したがって、主が来られるその日が来るまで裁きを下してはいけません。主は今暗闇に隠されている者に光を照らし、心の目的を明らかにされます。その時、あらゆる人が神からの裁きを受けるのです（Ⅰコリ 4.2–5）。

したがってパウロの救いに対する確信は、彼の行いが完全であるとか、裁きにおいて罰を受けるべき不利なことが何一つないという確信ではない。この

F. 行いによる裁きと恵みによる救い

パウロの姿勢は典型的にユダヤ教的なものだ。既述したように、行いに依拠した裁きと、その裁きに際して――あるいはこの世で――の罰と報いが、神の恵み深い選びによって救われることと異なるという理解は、ラビ文献の一般的な思想である[2]。この区別は単純明快であって、この区別をパウロのうちに見出すことには何の違和感もない。恵みによる救いは、行いに対する罰と報いという概念と相反するものではない[3]。

ユダヤ教文献でもそうであるように、善行が「うちに」留まることの条件であってもそれ自体が救いを獲得しないという考えをパウロが支持することは、この上で述べたことと符合する。したがってロマ 11.22 は以下のように述べる。

> 神の優しさ厳しさを知りなさい。厳しさは足を踏み外した者へ向けられますが、神の優しさはあなた方に向けられます。もしあなた方が神の優しさのうちに留まるならば。そうでなければあなた方もまた切り離されます。

I コリ 6.9–10 ではこの点がより明らかだ。

> 不義なる者が神の国を受け継ぐことがないということを知らないのですか。惑わされてはいけません。不道徳な者、偶像を崇拝する者、不貞を犯す者、同性愛者、盗みをする者、欲深い者、酩酊者、悪態をつく者、あるいは強盗が神の国を受け継ぐことはありません。

ガラ 5.21 も同様に、「そのようなことをする者が神の国を受け継ぐことはありません」と述べる。パウロはここで、特定の罪を犯さずに正しく行動することで救いが得られる、と述べているのでない。それは、これまで分析してきたラビらやユダヤ教著作家らが、従順によって救いが得られると考えなか

---

2) I.A.6–7 を見よ。

3) Munck, *Paul*, 151. Whiteley (*Theolog of St Paul*, 47) はパウロの思想に罪意識という要素の意義を組み込もうとするが、功徳という概念はこれを完全に否定する。I コリ 3.10, 15 における報いと罰はこの場合どうなろうか。

ったこと、しかし意図的で凶悪な不従順が人を救いから排除すると考えたことと符合する。これらの点——神の正義が要求する違反への罰と従順への報い、それ自体が救済を意味しないが、「うちに」とどまる条件としての正しい行動[4]——に関して、パウロはユダヤ教文献に見られる思想と完全に一致している[5]。

---

 4) とくにラビ・ユダヤ教では、「義」という語が正しく行動して「うちに」留まる人を指すために用いられる。パウロはこのように用いないが、それでもIコリ6.9はこれを示唆するかも知れない。パウロはキリスト者が「非難されることない」（例えばフィリ2.15）として留まると述べる。「義となる（義とされる）」はパウロにとって意向を示す用語である。結論部を見よ。
 5) 上述したとおり、パウロは誤った行動を、キリストの体に属する者にとっての不適切な行動という視点から論ずる。これは違反と見なされ救いから人を排除する行為のたんなるリストよりも、パウロの罪と救いの理解にとって重要である。そうは言っても、パウロはそのような違反を数え上げている。そうすることでパウロは、ユダヤ教の一般的な理解と同意しつつ、これらの違反を避けることが「うちに」留まる条件と見なす。

G.　一貫性、関連性、資料

パウロの神学的思考：パウロが体系的な思想家でないにせよ一貫性のある思想家であるという理解は非常に多くの解釈者が支持する立場であり、これについて弁護する必要はほとんど見当たらない[1]。パウロが思想家であることは、問題の解決にあたってキリスト者の伝統を再考する様子から明らかに見てとれる。これに関しては、パウロが一連の問題を一つ一つ取り上げて対処する仕方で構成されているコリント書においてもっとも明白だ。彼はけっして、聖書箇所を引用したり定型表現を用いたりするという単純な方法だけで——もちろんこれらの方法も用いるが——問題へ応答してはいない。これらの方法を使用する際、パウロはおおよそ独特な仕方で特定の問題に対処する。いずれにせよこれは、パウロが神学的思考に依拠して実践的問題の対処法を提供していることを示す。たとえば「キリスト者が偶像に献げられた肉を食べるべきか」という問題に関するパウロの応答は、おそらくパウロ独自のものだ。あるいは、その思考の方法が独特と言うべきか。このような問題に対して、ユダヤ人なら誰しも「否」と答えて終わるところだ。ところがパウロの「否」は、主の晩餐に関する彼の理解への適用に依拠している。パウロ以前に主の晩餐がキリストの体への参加という重要な意義を持っていたとしても[2]、すなわちすでにそれが記念と期待のための食事以上のものになっ

---

[1]　たとえばBultmann, *Theology*, I.190–91; Conzelmann, *Theology*, 161–62; Bornkamm, *Paul*, 117–18; Käsemann, 'The Spirit and the Letter', *Perspectives*, 138, 160; Whiteley, *Theology of St Paul*, xiv, 75; Kümmel, *Theology*, 139 を見よ。Schweitzer（*Mysticism*, 139）は終末論に依拠しつつ、パウロが論理的で完全な思考体系を有していたと見なす。

[2]　II.C の註 18 を見よ。

ていたとしても、コリントの信徒らの実践的な生き方に対してこれを適用したことは、おそらくパウロ自身の貢献であろう。これがパウロ独自の貢献であろうとなかろうと、彼が思考したこと、その思考が神学的確信に依拠していたことは明らかであり、すなわちパウロが一貫性のある思考をする人物であったことを示す。キリスト教へのパウロ独自の貢献としては、「信仰による義認」という教義が挙げられることがしばしばある[3]。私は、信仰によって救われるという一般的概念が初期キリスト教における共通認識であり、パウロ独自の貢献はそのアンチテーゼ的な対比――律法の行いによらず信仰によって――にあると考える。他の使徒らも異邦人に律法遵守を要求しなかった可能性はあるが、異邦人改宗者のキリストとの関係性が律法遵守によって損なわれると論じたのは、救いがただキリストへの信仰のみによるという排他的な救済論に確信を抱いたパウロである。アンティオキアにおけるペトロの行動は、異邦人キリスト者が律法を守らないことに対して、おそらくそれを守ることができないという理由があれば許容しただろうことを示しているようだ。ペトロが異邦人にユダヤ律法を強要したというガラ2.14におけるパウロの批判は不正確だ。ペトロはおそらく、異邦人が彼と食事を共にすることを望む場合にのみ、異邦人に律法遵守を要請したようだ[4]。しかしパウロにとって、この出来事は可能か不可能かという実践的な事情を越えて、非常に重要な神学的な議論の機会であった。キリストのみにおいて救いがもたらされるなら、誰もそれ以外の道を選ぶべきでない。この厳密さを突き詰めた結論もまた、パウロが一貫性のある視点で神学を考察し得る思想家であることを示している。

表現の多様性と一貫性：パウロが用いた語彙については、今ではそれぞれ異なる背景を持つものであることが示されているにしても、そのことがパウロの一貫性を否定する材料にはならない。例えば私は、パウロの典礼に関する理解がヘレニズム的な密儀に依拠している[5]とか、キリストの体に関す

---

3) たとえば Bornkamm, *Paul*, 115–16 を見よ。

4) アンティオキアのペトロに関しては Munck, *Paul*, 124–25 を見よ。

5) この問題に関しては Schweitzer, *Paul and his Interpreters*, ch.7; Käsemann, 'The Lord's Supper', *Essays*, 108–09; Davies, *Paul and Rabbinic Judaism*, 89–98; G. Wagner, *Pauline Baptism and the Pagan Mysteries*

G. 一貫性、関連性、資料

る議論がグノーシス的思考に基づいている[6]とかの意見にまったく同意しない。しかしもしそうだとしても、異なる背景の混合が一貫性の欠如を意味するわけではない。もっとも明らかなことは、パウロがその宗教的確信を表現するのに、多様な言語表現を用いたということである[7]。パウロの言説とそこで用いられる語彙を比較する歴史分析がそこに見出すかも知れない概念的な矛盾について、パウロが気づいていなかったのではないかと疑念を抱く者もいるだろう[8]。もっとも明らかな例は、法廷的用語と参与論的用語とのあいだの差異である。この差異が霧消することはない。この差異を端的に述べるなら、それはキリストがキリスト者の・ために・死ぬこととキリスト者がキリストと・共に・死ぬことの違い、キリスト者が過去の違反から浄められ義とされることとキリスト者が罪の力に対してキリストと共に死ぬことの違い、さらにキリスト者が「責められずに」生きることとキリスト者が「御霊のうちに」生きることの違いである。パウロはこれらを分けて捉えておらず、繰り返し一緒にして述べる。もっともこれらを区分すると、パウロの関心が法廷的概念よりも参与論的概念に近いことが明らかとなる。これらは互いを補完し合っている。参与論的言語はパウロの思想の深みを言い表しており、キリスト者はたんに過去の違反から放免され罪から自由となり、裁きのない状態にしがみついているのみならず、御霊において生きることになる。一方で法廷的言語は、パウロが無律法主義や歴史から乖離した「グノーシス的」霊性、また神秘主義の個人的体験や内観的体験に陥るのでなく、行いの重要性や裁きの

を見よ。

[6] Käsemann, *Leib und Leib Christi*, 159–74 参照。キリストの体に関する用語は、完全に満足のできるものではないが Conzelmann, *Theology*, 262; Robinson, *Body*, 55 を見よ。最近の研究は J. Havet, 'La doctrine paulinienne du "Corps du Christ". Essai de mise au point', A. Descamps et al. (eds.), *Littérature et théologie pauliniennes*, 185–216 を見よ。最後のアダムと天的人に関する文献リストは Whiteley, *Theology of St Paul*, 114–15 を見よ。さらに Davies, *Paul and Rabbinic Judaism*, 56–57 (Body of Christ based on Rabbinic speculation on Adam) を見よ。

[7] Whiteley (*Theology of St Paul*, 102) は「[パウロの] キリスト論がこの言語表現を広めたのであり、この語彙がパウロのキリスト論をもたらしたのでない」と述べる。

[8] Schrage (*The Last Adam*, 1966, xviii–xxiv) は、パウロが部分的に、しかし明らかにグノーシス的言語をコリント信徒らとの議論において受け容れて、これを修正したとする F. Brandenburger (*Adam und Christus*) の議論を扱っている。パウロは確かに彼の論敵が用いる言語を用いて反論するが、彼がそれらの言語の宗教史学的意義に注意していたかに関しては疑わしい。

現実性を確信しており、過去の違反の報いが必要とされていることを明らかにする[9]。これら全体において一貫性が認められるものの、それが体系化されているかというと、そうではない。たとえば罪の放免と罪の力に対する死の関係性は解決が望まれるが、パウロはそれを問題とは見なしていない。

参与論と現代的適用：参与論的言語が法廷的言語よりもパウロの思想の中核に近く、その深みを知るのに役立つと述べる場合、それはパウロの思想を現代的に適用する妨げと見なされかねない。なぜなら参与論的思考は、罪の放免や高慢と従順などの概念ほど現代的な適用が容易でなく、しばしば看過されがちだからだ[10]。したがって、たとえばブルトマンは、パウロの議論について「諸霊の力やサタンといった神話的言語表現は、宇宙論的推論の目的に適合せず、また悲惨な現状を説明したり、その責任から人を放免したりする必要に対応できない」と評する。そしてパウロが「キリストと諸霊の力との闘いというナイーブな神話（Ⅰコリ 2.6–8, 15.24–26）」に言及する時、彼はそれを現実として捉えていない。「むしろ彼は、それを用いて存在に関する一定の理解を示しているに過ぎない」。「これらの神話的表現によって、人は自らの主であるかのように自分の人生を管理しておらず、むしろ自分の主人を選ぶ決断に絶えず迫られている、という洞察が間接的に表現されているにすぎない」[11]。ブルトマンは同様の仕方で、古い創造から新たな創造への移行の意味を解説する。すなわち「何か魔術的あるいは神秘的な変容が人に起こるのでない」。むしろ「自己に関する新たな理解が古い理解に取って替わる」[12]。そしてとくに、キリストと1つの体になることに関する彼の解釈は印象的だ。

---

9) たとえば Conzelmann（*Theology*, 209）は、法廷的言語が「神秘主義」を解釈する鍵であり、法廷的言語が真の意味であると述べる。両言語表現がそれぞれ解釈する役割を果たしていることは明らかだ。

10) 参与論の現代的適用の困難さに関しては Käsemann, 'The Lord's Supper', *Essays*, 111, 115–16 を見よ。

11) Bultmann, *Theology*, I.258–59. これに対して Bornkamm（*Paul*, 203）は、パウロが「キリスト者に開かれている選択から開始せずに、キリスト者が解放されるべき支配と力から開始している」と述べる。

12) Bultmann, *Theology*, 268–69.

キリストとの1つの *soma*（体）へとキリスト者が融合することは、同じ超自然的な実体を共有することでなく、宣教の言葉においてキリストの死と復活とが決断の必要な場面での実存の可能性となること、また信仰が信仰の人の実存を決定する力としてこの可能性を捉えて用いることを述べている[13]。

キリストの死が「宇宙的」出来事であるとは、「それがもはやゴルゴタにおけるイエスの十字架刑という歴史的な出来事として考えられないということだ。すなわち、神がこれを終末的出来事としたことによって、時間という制約から解き放たれ、それはいつ何時でも継続して起こる……」[14]。同様に受肉も「宇宙的」である。それは「つまり実質において歴史的側面——真の『歴史』であるところの人の実質的な営みの場——である。受肉は、キリスト者の宣教において現実で活動的である」[15]。ユダヤ教黙示主義は歴史化されてしまった。終末的な救済の出来事は、「個々人にささやきかけ、自己理解を問題化して決断を迫るような疑問へと向かわしめる」[16]。御霊を受け取ることは「魔術的な強制力を持つ神秘的力」を得ることでない。御霊はむしろ「本質の新たな可能性、すなわち古い自己理解を明け渡した者に開かれた人としての生き様[17]」を提供する。

このようなパウロ理解はブルトマンによって頂点に達するが、その後継者らは、パウロのすべての言説を実存論的要求へと変えて自己理解を見つめ直しつつ新たな自己理解の可能性を開くブルトマンの試みに修正を加えた。同様の視点は、ボルンカムやコンツェルマンといった学者らにも見られる。例えばコンツェルマンは、御霊の受容が「救済の言葉が実際に疎通されることを意味する[18]」という理解を繰り返す。そしてボルンカムもコンツェルマンと同様に、パウロが用いるのは「彼の義認の教義から直接的に派生したので

---

[13] Bultmann, *Theology*, I.302.
[14] Bultmann, *Theology*, I.303.
[15] Bultmann, *Theology*, I.305.
[16] Bultmann, *Theology*, I.307.
[17] Bultmann, *Theology*, I.336.
[18] Conzelmann, *Theology*, 210. 傍点の強調は Sanders.

ない範疇の言葉だ」が、これらはその教義の語彙によって解釈されるべきと論ずる。これは「救済に関する自然派生的で自動作用的ないかなる姿勢の危険性」[19]をも回避する。

実存的パウロ？：この立場の重大さを認識しなければならない。ブルトマンは、パウロが書いたことを適用する最適な方法は、それを実存論的範疇に置いて訳し直すことだとは言わなかった。むしろ彼は、パウロ自身がじつにそのような──実存論的な──意味で述べたと考える。この議論は鋭い観察力によって支持された。したがってブルトマンは、人が「キリストのうちにある」状態であっても決断を下す必要があるという、正しい理解に至っている[20]。魔術的な移行はないのだ。私たちは、ブルトマンとその後継者らが論駁しようとしたことに同意する。すなわち、魔術、救済的出来事が人の意志と関係のないところで起こること、パウロが宇宙論的推論自体に関心を抱いていたこと、これらに類似することへの論駁である。一方で、ブルトマンがこの代替として提案した内容──人が自己理解への疑義に対して決断を下さなければならないという厳然とした継続的な要求──がパウロを正しく理解することになるか疑わしい。パウロが宇宙論的推論に関心を向けず、魔術的な移行を信じていないことに同意したとしても、そこにはキリストの体と一体となることが自己理解の絶え間ない検証、あるいは御霊の受容が恵みの言葉の享受を意味する、という選択しか残されていないのか。パウロの言説から実存論的価値を否定することが間違いであることは確かだ。福音の受容が神の恵みの受容であり、これが神の前での自己理解を正す機会となることを、私は否定するつもりはない。しかしそれは、パウロ神学の個人的で内省的な適用の結果であり、包括的な解釈ではない。奇跡を行い *charismata*（御霊の賜物）をもたらす御霊は、たんに「恵みの言葉」とは言えない。キリストと一体となり１つの霊となることは、たんに改訂された自己理解の下で生きることを意味しない。私は、パウロがその言説通りの意味を意図して述べたと考える。すなわち彼は、キリスト者はじつにキリストと一体であり１つの

---

19) Bornkamm, *Paul*, 151–52. 註9参照。
20) Bultmann, *Theology*, I.259.

G. 一貫性、関連性、資料

霊となり、現在の世界の形はやがて過ぎ去り、キリスト者はじつに1つの段階の栄光から他の段階の栄光へと変えられ、終わりの時は実際に到来し、キリストにある者は実際に変容される、と述べたのである。

パウロの想定した範疇：しかし、これは何を意味するか。私たちがこれを理解するための、「現実」——実際の意味でのキリストへの参与、実際の意味での御霊の受容——の範疇が見出せない。私はこの新たな洞察の範疇をここで提供しようがないことを告白せねばならない[21]。しかしこれは、パウロ自身がそれを持ち得なかったことを意味しない。ここで、ブルトマンが魔術的な移行を拒絶したことは正しかったと述べておく必要がある。それが正しかったのは、魔術的移行が今日において誤った神学へと私たちを導くからであり、そのような視点がパウロに関する正確な釈義としては受け容れられない。パウロが語りかけたキリスト者らは魔術的な移行を体験しておらず、パウロがコリントでのそのような理解を明確に否定している。一方で彼は、実質的な変化がこの世に起こっており、キリスト者らがそれに参与していると考えた。今日において、魔術でなく自己理解でない認知可能な範疇を想定することが困難であっても、パウロの現実主義に鑑みるなら、少なくとも彼がそのような範疇を想定していたと認めることはできる。かなりの程度において、パウロが実際に考えたことは今日のキリスト者によって直接的に適用できるものでない。今の世の形は過ぎ去らなかったし、終わりの時は来なかったし、信仰者は天で主とみまえるために引き上げられなかった。しかし、パウロはより今日的な適用に耐え得る言葉をもっても表現しており、パウロの福音を今日において適用しようと考える者はそれらを強調すべきであろう。もっとも信頼、従順、欲望の放棄といったより容易に適用し得る言語は、パウロの意味したことのすべてではない。パウロが考えたことは、彼が実際に

---

21) Whiteley（*Theology of St Paul*, 133）はキリストの成員であることを示すために「二義的文意」という語を提案した。それは厳密には文字どおり——手が体の一部であるような——でなく、たんなるメタファ——カレッジへの所属を一体と呼ぶ——でない。Whiteley（*Theology of Paul*, 45–46）は多くの英国の学者と立場をともにし、パウロの参与論的言語が人の連帯に関する聖書的視点から派生していると考える。私はこれが、キリスト者がキリストと共に1人の人であるというパウロの理解を説明しきれるとは考えない。II.Eを参照。

述べたとおりのことである。キリストは神によって信じる者すべての救いのために主と任命され、信じる者はその主に属して主と1つとなり、主への参与によって彼らは主の日に救いを得る。

補遺7　近年のドイツ語圏における「神の義」に関する議論
(Manfred T. Brauch 著)

　全教会史において、しかしとくに宗教改革以降において、パウロの概念である「神の義」とそれに付随する義認という彼の教義が、活発で多岐にわたる釈義上および神学上の議論の的となってきた。多数の書籍や釈義の労力の原動力となったのは、神の義と罪人の義認というパウロの教えが、最重要でないにせよ、彼の思想の非常に重要な部分であるという認識があるからというのみならず、(1) *dikaiosynē theou* の属格構文をいかに解釈すべきか、(2) パウロ神学の全体的な文脈において *dikaiosynē theou* はいかなる意味を持つか、という疑問があるからだ。*dikaiosynē theou* は目的語属格と見なされるべきで、それは神から人へ与えられた義として神が認めるものか。あるいは主語属格と見なされるべきで、それは神自身の義について言及しているか。後者の場合は、神の在り方──神は義である──、あるいは神の業──神が裁き司、支配者、救済者として正しい行為を行う──、あるいはその両方を示しているのか。さらに、パウロが *dikaiosynē theou* という2語を用いる場合、それは *dikaiosynē* を「公正」あるいは「正しい裁き」(法廷的な意味で)という一般的な概念で解釈すべきか、このような普通の意味に限定し得ない在り方をパウロは表現しようとしているのか。

　パウロにおける *dikaiosynē theou* という議論を特徴づける現象の解釈史は[22]、この議論が合意に至っていないことを教えている。著名な研究者らの著作がそれぞれ異なる意味合いを提供しており、何らかの合意に達するようには見受けられないからだ。同時にこの解釈史は、新たな洞察がさらなる解

---

[22]　ここで解釈史について詳しく述べることはできないが、この点に関しては P. Stuhlmacher, *Gerechtigkeit Gottes bei Paulus*, 1965; C. Müller, *Gottes Gerechtigkeit und Gottes Volk*, 1964 を見よ。

釈の可能性を開き、神の義と人の義認に関するパウロの理解をより明らかに、また正確に表現する新たな道筋を提供している。

　解釈史における１つの転換点として、1961年に開催されたオックスフォード会議の「今日の新約聖書学（The New Testament Today）」という分会において E. ケーゼマンが発表し公刊された「パウロによる神の義（Gottesgerechtigkeit bei Paulus） 23)」が挙げられよう。ケーゼマンの解釈は新たな用語をこの議論に提供した。「賜物の力性（Machtcharakter der Gabe）」、「主権の移行（Herrschaftswechsel）」あるいは「存在の変容（Existenzwandel）」といった用語は、神の行為と信仰の下にある人の実在のあいだの関係性に関するパウロの理解への新たな視点を提供した。ケーゼマンの論文は、上述した問題に関する議論を再開するにあたり 24)、新たな原動力と方向性とを与えた。本論文の目的は、ドイツ語圏におけるこの近年の議論を要約しつつ分析し、それを評価することである。この議論を適切な視点から眺めるために、これまでの論争から代表的な解釈をまず最初に端的に提示しておくことが良かろう。

　宗教改革以前に一般だった *dikaiosynē theou* の解釈は「分配性の義」と呼ばれるが、それはつまり、神が判事として正しい判決を下し、それは神自身の聖さと完全さという規範に則っており、場当たり的な義の分配をしないことだ 25)。ルターは新たな解釈の可能性を開いた。第１に彼は、*dikaiosynē theou* をすべからく目的語属格の構造で捉え、この句を「神の前で認められる義」と訳すが、これはすなわち神からの賜物として人が持っている義を意味する。ルターは伝統的理解に反して神の義の賜物としての性質を強調することで、

---

23)　*ZTK*, 58（1961）, 367–78 = *Exegetische Versuche und Besinnungen* II, 1964, 181–93（ET in *The Bultmann School of Biblical Interpretation: New Directions?*, vol. 1 of *Journal for Theology and Church* [ed. R.W. Funk and G. Ebeling], 1965, and in *New Testament Questions of Today*, 1969, 168–82）.

24)　C. Müller, *Gottes Gerechtigkeit*; P. Stuhlmacher, *Gerechtigkeit Gottes*; R. Bultmann, 'ΔΙΚΑΙΟΣΥΝΗ ΘΕΟΥ', *JBL* 83（1964）, 12–16; K. Kertelge, *'Rechtfertigung' bei Paulus*, 1967; H. Conzelmann, 'Die Rechtfertigungslehre des Paulus: Theologie oder Anthropologie?' *EvT* 28（1968）, 386–404. M. Barth, *Justification. Pauline Texts Interpreted in the Light of the Old and New Testaments*, 1970. 'Rechtfertigung. Versuch einer Auslegung Paulinischer Texte im Rahmen des Alten und Neuen Testaments', in S. Agourides et al.（eds.）, *Foi et salut selon S. Paul*（Analecta Biblica 42, 1970）, 173-209 の翻訳。

25)　Stuhlmacher（*Gerechtigkeit Gottes*, 51–65）はこの解釈が20世紀に及んでもたびたび登場してくる様子を示している。

神の義を人のための恵み深く創造的で贖罪的な行為として捉える近年の議論に近い理解を示した。ルターと同時代の者らはプロテスタントの学者をも含めて、ルターの洞察を適切に理解することができなかったようだ[26]。この議論に新たな転換をもたらしたのは H. クレマーだが[27]、彼は「神の義」というパウロの概念の歴史的前提として旧約聖書の意義を指し示した。クレマーは、*dikaiosynē theou* が *tsedaqah*、すなわち契約を維持するための契約者の行い——契約における誠実さ——を指す「関係性の概念」によって理解されなければならないことを主張した。この宗教的歴史的理解の結果として、多くの解釈者が *dikaiosynē theou* の解釈として主語属格の立場に立ち戻り、これを神の主要素の表現でなく、主権者であり贖い主としての神の行為と捉えた[28]。20世紀に入ると、多くの解釈者が主語属格と目的語属格との間の選択に満足を得られず、これらを融合した「作者的目的語」として解釈し始めた。すなわち神の義は、神に由来し、人に与えられ、人の神との関係性の基盤をなす[29]。R. ブルトマンがこのような解釈のもっとも最近の支持者であり[30]、ケーゼマンの論考に応答してこれを擁護している[31]。ブルトマンの議論の主要な点はここで示すこととしよう。なぜなら、その弟子であるケーゼマンが新たな議論を導き出す際に、彼の師の解釈への反論を行っているからである。

ロマ 10.3 とフィリ 3.9 ——ブルトマンはこれらを *dikaiosynē theou* の純粋な解釈と捉える——とに依拠して[32]、ブルトマンはロマ 1.7, 3.21–22, 26 の *dikaiosynē theou* を「神によって与えられた、神によって宣言された義」であ

---

26) Stuhlmacher, *Gerechtigkeit Gottes*, 22–40. 19世紀の倫理的理想主義的な解釈がパウロを正しく捉えきれないことは、近年一般に知られている。なぜなら *dikaiosynē theou* はギリシャ的道徳哲学でなく、神と人との関係性に関するヘブライ的な思想に依拠しているからだ。

27) *Die Paulinische Rechtfertigungslehre im Zusammenhang ihrer geschichtlichen Voraussetzungen* (^{2}1900), 33–34.

28) G. Schrenk in *TWNT*, II.205–08; *TDNT*, II.203–05.

29) このような解釈を示す者についてはKertelge ('*Rechtfertigung*', 8.n17) を見よ。これとの関係で、H. Lietzmann (*An die Römer*, ^{4}1933, 95) は *dikaiosynē theou* の「二重の意味」について述べている。「恵みにより信仰の人にも与えられる神の品性」（主語的属格と作者的属格）。

30) Bultmann, *Theology*, I の 28–31 段落。

31) Bultmann, 'ΔΙΚΑΙΟΣΥΝΗ ΘΕΟΥ', *JBL* 83 (1964), 12–16.

32) Bultmann, 'ΔΙΚΑΙΟΣΥΝΗ ΘΕΟΥ', 13.

とし、それが「その唯一の基礎が神の恵み」だからと説明する[33]。ブルトマンは *dikaiosynē* に関する過去の分析をとおしてこの解釈に至るのだが、この語（とその形容詞である *dikaios*）が救いの条件（あるいは主要素）を意味する場合に、それを「法廷的用語である。それは人の倫理的資質でなく……関係性を意味する。すなわち *dikaiosynē* は人が自身の一部として持っているものでなく、公開の場での評決として得るものである。……したがって『義』とは、他者の目に映るある人の『好意による立場』を意味する」[34]。このような「義」および「正しくあること」という法廷的な意味を、パウロはユダヤ教伝統と共有している。パウロの時代には「義」という法廷的な語は同時に終末的語となる。それはユダヤ教における敬虔が、神のもたらす義の評決は終末的な裁きによってもたらされるのだと強く期待するようになったからである。したがってブルトマンは、「*dikaiosynē* に関する正式な意味——すなわち法廷的・終末的用語——についての彼ら（パウロとユダヤ人）のあいだの完全な同意」を見出している[35]。パウロの理解とユダヤ教的経験との違いは、後者が神の義なる評決のための前提となる条件の成就（律法遵守）に焦点を置いているのに対し、前者はこの法廷的・終末的な義がすでに今信仰という前提において転嫁されていると教えていることである[36]。したがって信仰者に宣告された義は、倫理的完成という意味での「罪がない」状態を指すのでなく、神が人の罪をその人にとって不利なように勘定しないという意味で「罪がない」のであり（II コリ 5.19）、それはすなわち、その人が神との新たな関係性のうちに入れられたことを意味する[37]。

　ブルトマンの解釈は一貫して、個人に焦点を置いた実存論的・人間論的な視点を示している。神は宣告されたケリュグマ——純粋なる賜物としての

---

[33] Bultmann, *Theology*, I.285. Bultmann はいつも同じ *dikaiosynē theou* の解釈を提供しない。ロマ 3.5 では、この語は法的公正という意味で理解される（p.288）。ロマ 3.24–25 では、神的な義が贖いを要求する（分配的公正）という理解を、Bultmann は前パウロ的伝承と見なす。パウロのこの伝承に、「賜物としての神の恵み」と「信仰によって受け取られる」という付加をして解釈し直している。

[34] Bultmann, *Theology*, I.272.

[35] Bultmann, *Theology*, I.273.

[36] Bultmann, *Theology*, I.273–74, 276.

[37] Bultmann, *Theology*, I.276–77.

「義」が述べられる——において人と出会い、その結果として「義」はこのケリュグマを聞く者にとっての「可能性」となり、従順な信仰によって応答する聞く者にとってそれが「現実」となる[38]。この義とされた罪人という「現実」こそが、「ケリュグマ的」現実とでも呼ばれるべきものである。神の義なる評決を従順な実存論的な決断によって受け容れる者は、絶えず宣言されたとおりの者に「なる」のだ[39]。ここには人の要素や意志の変容はなく、あるのは歴史的状況の変容、すなわち真正の決断が可能性となったという事実のみだ。

このような解釈は、パウロ的な *dikaiosynē theou* が *dikaiosynē* という一般概念から理解される時、旧約聖書の概念である「関係性的」背景へのクレマーの洞察が考慮に入れられない時、さらにパウロの歴史理解に対する黙示論的傾向[40]が個人とその救済という問題によって方向づけられる神の義理解のために看過される時に、当然の結果として起こりうる。ブルトマンの考察を批判する仕方で、A. エプケ[41]は釈義の焦点をもう一度旧約聖書と後期ユダヤ教文献に置き、*dikaiosynē theou* がパウロによって新たな内容を付加して用いられたユダヤ教的な専門用語であると主張した[42]。

エプケの最終的な解釈はブルトマンを著しく越えることはなかったが、旧約聖書と後期ユダヤ教文献に *dikaiosynē theou* の構造を考える鍵を見出すという指摘は、E. ケーゼマンによって受け継がれ、これがそれ以降の議論を支配することとなる。

ケーゼマンは、*dikaiosynē theou* が使徒パウロによる独自の表現でないという視点から解釈を開始した。すなわちこれは、申 33.21 に始まり、旧約聖書伝統の長い歴史を経て、黙示的ユダヤ教の文献にふたたび出現した専門

---

38) Bultmann, *Theology*, I.274–75.
39) Bultmann, *Theology*, I の第 38 段落。
40) ブルトマンは「行いによる最後の裁き」の問題（I コリ 1.8, 3.12–15, 4.4–5, I テサ 3.13, 5.23, II コリ 5.10）をユダヤ教の残渣として扱い、これを看過する（*Theology*, I.262）。
41) A. Oepke, 'Δικαιοσύνη θεοῦ bei Paulus', *TLZ* 78 (1953), cols. 257–63.
42) Oepke にとってユダヤ教におけるこの専門用語は「神の業（主語属格）でなく、何か人に由来するもの」である。したがって、この用語は *chōris nomou* や *dia pisteōs* といった強調点を付加することで修正を加えたパウロによって有用となった。

G. 一貫性、関連性、資料

用語である[43]。これはつまり、もはやこの用語の意味は法廷的用語としての *dikaiosynē* という一般的概念の下で理解され得ず、したがって一方向的な賜物として理解され得ず、その特有の性質を見過ごされるわけにいかない。この用語が黙示的ユダヤ教において用いられる場合——さらに神の義が旧約聖書のユダヤ教的概念では契約における誠実さであることに鑑みると——、この句は人間論的な意味での賜物でなく、神中心的な概念としての神的贖いの業を指す[44]。ケーゼマンによると、この用語がパウロによって用いられたことの意義は、神の義の「賜物」としての性格を強調するのみならず、「力」という性質、すなわち神の力が賜物のうちに作動するという要素が強調されたことだ。「賜物はその送り手から切り離せない。賜物は神の力に参与する。なぜなら神が賜物をとおして関与するからだ」[45]。ケーゼマンの解釈は、パウロ神学の他の中心的概念と「神の義」とを比較した結果である。したがってパウロにとり、*pneuma* は「死者のあいだから甦らせる霊」であり、「*pneuma en hēmin*（私たちのうちにある霊）の賜物」でもある。さらに、パウロが世界の主として賞揚するキリストは「私たちのために自分自身を与えるのみならず、私たちのうちに留まり生きる」[46]。また *charis* は本質的に神の賜物でありかつ恵み溢れる力であり、ロマ 1.16 は福音を具体的に *dynamis theou*（神の力）と呼ぶ。「私たちの命における主権」は従順を要求する「授与者の臨在」としての賜物において実現される[47]。これは「存在の変容」とも表現できよう。なぜなら神の言葉が「新たな創造」をもたらす時に示唆されるのが「主権の変更」だからである[48]。このような文脈において「義と宣言される」ことと「正しくされる」こととのあいだの緊張は解消される。神の義が個別の賜物と見なされるとすれば、私たちが自分自身で実現すべきであったものを神が

---

43) 『ダニ遺』6.10, IQS 11.12.
44) Käsemann, 'Gottesgerechtigkeit bei Paulus', 370.
45) Käsemann, 'Gottesgerechtigkeit bei Paulus', 371. 神の贖いの業という文脈において賜物と力という二重の側面で神の義を捉えることは、この用語の目的語構造における主語−目的語の関係性に対する唯一の説明であると Käsemann は考える。
46) Käsemann, 'Gottesgerechtigkeit bei Paulus', 371.
47) Käsemann, 'Gottesgerechtigkeit bei Paulus', 372.
48) Käsemann, 'Gottesgerechtigkeit bei Paulus', 373.

私たちに転嫁させるようなもの、あるいは私たちがその主要素のレベルで変容されるようなものだ。しかし賜物の「力の性質」が認識され、キリストの主権が賜物の主要な内容であると見なされるなら、パウロ的な意味での叙実法と命令法――「主権という文脈の中であなた方に与えられた主のうちに留まりなさい[49]」――が適切に理解されることになる。なぜなら、そのような関係性においてキリスト者は「あるべき姿になる[50]」からである。

ケーゼマンは続けて、神の終末的な救済の業が *dikaiosynē theou* であると論じた。この句は旧約聖書とユダヤ教伝統にすでに存在し、パウロ以前のユダヤ人キリスト者共同体のあいだで神の契約における誠実さの刷新として理解されたが（ロマ 3.25–26）、パウロはユダヤ教とキリスト教伝統から大きくかけ離れて、キリストの出来事における神の義という啓示のうちに全被造物に対して神が示した誠実さを見出した[51]。したがって、「すべての人が罪を犯したので」（ロマ 3.28）、「神の義は罪人を正しくする力、すなわちこの世の反逆に対する神の勝利であり……。パウロにとってはこの世に対する神の支配がキリストにおいて終末の時代に啓示されたことを意味する」[52]。「神の義は救いを創造する力であり……神の主権へと導き入れられることがこの世の贖いである」[53]。

ケーゼマンの解釈はこの議論に新たな視点をもたらした。一方で彼の解釈は、*dikaiosynē* を純粋な賜物、あるいは罪人の解放の宣言とそれに伴う新たな従順の基盤という問題として捉える人間論的な視点を回避する。他方で、神中心という一側面のみを重視する視点も避ける。神の義が啓示されるということは、この啓示に何らかの正しい姿勢を示さなければならない人との関

---

49) Käsemann, 'Gottesgerechtigkeit bei Paulus', 372–73.
50) Käsemann, 'Gottesgerechtigkeit bei Paulus', 372–73.
51) Käsemann, 'Gottesgerechtigkeit bei Paulus', 374–75. Käsemann は *dikaiosynē theou* に関するパウロの用法と黙示的伝統における用法との違いを、前者がこれを既に起こった事柄と捉えていることだと考える（Bultmann が考えるように）。神の義の啓示が終末的現在において見出されることは、クムランの『感謝の詩編』に見出されるからだ。Bultmann の批判に対する Käsemann の応答は、Käsemann, *Exegetische Versuche und Besinnungen*, II.181 を見よ。
52) Käsemann, *Exegetische Versuche und Besinnungen*, II.377.
53) Käsemann, *Exegetische Versuche und Besinnungen*, II.378.

係における表面的な現象というのみならず、その遭遇がその人のうちに起こらなくてはならない。つまり、義の賜物は応答を要求する。「賜物の力の性質」という句がこの状況を言い表している。さらに、ケーゼマンがパウロ的な *dikaiosynē theou* に関する完全に一貫した解釈を、パウロが「新たな創造の神学」という表現で神の契約への誠実さを普遍化するという文脈において提供したことも重要である。この解釈がいかにその結果としての議論を向づけたかが、このあと明らかになる [54]。

C. ミュラーの *Gottes Gerechtigkeit und Gottes Volk: Eine Untersuchung zu Römer 9–11* [55]（『神の義と神の民——ロマ9–11章の研究』）という著作名は、彼自身の関心を明らかにしている。すなわちそれは、「イスラエルの問題」を神の義と罪人の義認に関するパウロの理解という文脈において解釈することだ。この著作は、ロマ9–11章における「イスラエルの問題」に関するパウロの議論が終末的な創造伝承——被造物に対する創造者の権利——に満ちており、この創造伝承がパウロの義認という教義の中心的な性格を一貫して方向づけている、と論ずる [56]。陶器師という身近なイメージ（ロマ9章）を用いることで、パウロは創造者の被造物に対する無条件の主権を強調する（p.27）。この創造伝承により、創造者として主権をもって行動する神の権利という概念が

---

[54] Bultmann ('ΔΙΚΑΙΟΣΥΝΗ ΘΕΟΥ', *JBL* 83 [1964], 12–16) は *dikaiosynē theou* を賜物（pp.12–13）とする Käsemann と異なる自分の解釈を再度確認し、ユダヤ教黙示文献における *dikaiosynē theou* の定型的な使用を否定し、パウロがそのような定型句に依拠していることを否定し（pp.15, 16）、さらにパウロが *dikaiosynē theou* を伝承に依拠しつつもそれを「大幅に改修して用い、普遍化して」救済を想像する神の力と業と理解したことを認めない（p.16）。Bultmann の批判に対する Käsemann の応答（*Exegetische Versuche und Besinnungen*, II [1964]）は以下の疑問に焦点を置いている。すなわち、文脈とパウロの神学が *dikaiosynē theou* を賜物として絶対化することを許すか——純粋な概念論的分析がその方向を示すが——そしてそれはすべての *dikaiosynē theou* の用法を説明し得るか（Bultmann はそのように理解するようだが）、という点だ。

私には、Bultmann の批判が Käsemann の解釈の中心的な部分を看過しているように思える。そして後者の自己弁護には十分な説得性があると思われる。あとは、彼（Käsemann）の後継者らが彼を支持しその洞察を宗教史的および釈義的に深めるだけである。

[55] C. Müller, *Gottes Gerechtigkeit*.

[56] 創造伝承と関連して解釈された義認の教義という視点から、Müller はロマ9–11章をもはや「イスラエルの問題」に対する補遺として単純に見なすことをしない。むしろこれをロマ1.17で宣言され、これをもってロマ9.11が救済史的具現化として提供する一貫した全体的主題の重要な一部であると見なす（*Gottes Gerechtigkeit*, 57, 104–06）。

各所に現れる。したがって、パウロは創造者の全能なる力について語るのみならず、創造者がその力を思うがままに行使する権利についても語る (p.30)。ミュラーによると、パウロの *dikaiosynē theou* は旧約聖書と黙示的ユダヤ教の概念である宇宙論的な法廷裁きに依拠しており、この裁きでイスラエル——とその他の諸国——は神へ抵抗する。旧約聖書と黙示的ユダヤ教の伝統におけるこの「法廷」に関するミュラーの分析結果は以下のとおりである (p.64)。後期ユダヤ教の幾つかの集団は「神の義」を、神がイスラエル——とその他の諸国——に対して行う訴訟（Rechtstreit）という枠組みにおいて捉えており、この場面で神は勝訴側として登場する。神の「契約における誠実さ」（*tsedaqah*）の力強い主張により、あるいはこの世に対する告発により、神は不信仰な者らをこの裁判過程において裁くが、イスラエルが特別な共同体となるかこの「世」を代表するかが決する。これらの文脈で *tsedaqah* が登場する場合、それは「勝利」として表現される。すなわち神は、終末的法廷における勝利者であり、神の大義は「勝利へと導き」、「勝利として認められ」なければならない (p.64)。したがって「神の義」は神の勝利であり、神の普遍的主張がこの世に対する支配力を持つことになる (p.62)。

　ミュラーにとってロマ 1.17, 3.1–22, 9–11 章の分析は、やはり *dikaiosynē theou* と法廷での裁きとの並列関係を示す。「人の *adikia*（不義）が神の *dikaiosynē* を『証明する』ことは法廷という文脈においてのみ可能であり、その場合片方の勝訴は他方の敗訴を意味する」(p.65)。パウロは神が *kosmos*（宇宙）を支配する主であり裁き主であることを意識しており、ロマ 3.1–6 の文脈において「*dikaiosynē theou* は敗北した不義なる *kosmos* に対する神の主張の勝利を強調している」(p.67)。ロマ 3.21–22 と 9–11 章においても *dikaiosynē theou* は同様の現実を指している。パウロがロマ 3.21 で *martyresthai*（証言する）を、またロマ 10.9 で *homologein*（告白する）を用いる場合は、明らかに法廷での状況を示しており、このような法廷上の状況では証言と告発とが一方の正しさを他方に対して確立するために用いられる (pp.68–69)。もっとも、この世の罪をたんに数え上げることが、神の主張の完全な勝利を構成しているのでない。勝利は、敗北した側が勝利側の勝利を認めてそれに服する時、完全となる。「*adikia anthrōpōn*（人の不義）が神の勝利を『証明する』」が（ロ

マ 3.5)、敗北した側が *pistis*（信仰）によってその結果を認める時にのみ、その勝利は完成する」(p.68)。パウロはロマ 10.9–10 において、この状況が歴史的に具現化した様子を示す。肯定表現の *homologein*（10.9）が否定表現の *ouk hypotassesthai*（10.3）と対応し、ロマ 10.9 は *dikaiosynē tou theou*（10.3）が神の主張の勝利を示すことを証明する。「信仰共同体が神の正しさの要求するところに従順である時、それがこの勝利をもたらす助けとなる。共同体の告白はキリストの出来事における *dikaiosynē theou* の啓示の一部分をなす」(pp.68–69)。この分析の結果、ミュラーは *dikaiosynē theou* の「公式な構造」を「神の正しさのこの世における終末的実現」(p.72) として表現するが、それは「*dikaiosynē ek nomou* と *ek pisteōs*（10.5）とが個人の様子の表現でなく、それぞれ神の古い民と新たな民を示す」(p.73) からである。*dikaiosynē theou* が「関係性の概念（Verhältnisbegriff）」であるという事実は、「神のこの世に対する要求が究極的な勝利という結果をもたらすためには、人がそれを認めなければならない」というミュラーの考察を支持する。したがって、「新たな」神の民のあいだでの「神の正しさの実現（Rechtsverwirklichung）」は、抽象的な規範によって体験されるのでなく、神が真に主であり具体的な営みにおいてその主権が実現される関係性において体験される（pp.74–75)。

　ミュラーに関して要約しよう。パウロの *dikaiosynē theou* に関するミュラーの解釈は、神の創造者としての主権と特権と終末の法的プロセスに関する旧約聖書と黙示的ユダヤ教伝統に則ってパウロが思考しているという主張に依拠している。被造物に対する無条件の主権を基に、神は法廷において勝利者として現れる。しかし創造者としての神は、人が「法廷的な」裁きに従わないかぎり、正当化されず、その正しさが確立されない。反逆する世界に対して神の勝利が明らかにされるのはキリストの出来事においてであり (pp.88–89)、またキリスト者共同体の従順な応答においてである。したがってこの世に対する創造者の正しさは、この世における終末的現実となった。信仰者はキリストにおける神の自由で全能な業を認め、その認識において新たな創造となる。これが義認である。創造者としての神の終末的業は反逆する世界に対する正しさを再確認し、反逆するこの世においてふたたび確立される。

反逆する世界に対する神の主権の勝利を強調するミュラーに対抗し、さらに *dikaiosynē theou* を「救済を創造する力（Heilsetzende Macht）」として解釈するケーゼマンに依拠して、ペーター・シュトゥールマッハーの著作[57]は *dikaiosynē theou* の救済論的側面を創造者としての神の被造物に対する誠実さという文脈で強調する（p.236）。この基本的主張は、パウロ書簡群のあらゆる関連箇所の釈義によって支持され展開される[58]。IIコリ 5.21 によると、「*dikaiosynē theou* は宇宙的力であるとともに創造神が自身を啓示するその仕方であり、それは使徒パウロのケリュグマに表され、奉仕を促し、そのうちに裁きと新たな創造とを含意している」（p.77）。ロマ 1.17 は *dikaiosynē theou* が神自身の創造的力であることを示し、これは福音においてこの世に広く行き渡り、信仰を創造し、したがって神の新たな世を開始する（pp.83–84）。ロマ 3.4–5 においては、*dikaiosynē theou* は契約の民とより具体的に関連し、*pistis theou*（神の信頼性）および *alētheia theou*（神の真実）と並行して神の契約に対する誠実さを印象づける（p.86）。そしてこの誠実さはパウロによって普遍化され、神の誠実さがロマ 3.21–26 における被造物への契約を視野に含むことになる（p.91）。シュトゥールマッハーは、これら多様な *dikaiosynē theou* に関する解釈がロマ 10.3 において集結すると考える。すなわち「神の義は何よりも贖いの出来事である」。それは創造者の創造的行為であり、各時代を繋ぎ、キリストにおいて人の姿をとり、それ自体がケリュグマにおいて「言葉」として成就されつつある（p.98）。

　シュトゥールマッハーは関連するパウロ書簡の箇所の解釈を、神の義なる概念が旧約聖書と黙示的ユダヤ教の伝統という長い歴史を持っているという宗教史的な分析によって補強する。この *dikaiosynē theou* という概念のルーツ（p.144）は、旧約聖書での神の義の祭儀的理解に位置づけられる（p.141）。なぜならイスラエルの礼拝の中心では、歴史的に贖罪的な意味を持つヤハウェの *tsedaqah* が宣言されるが、これは神の契約に対する誠実さを証明する（p.141）。ヤハウェの義はいつもその民のための救済創造のための業を意味

---

[57] *Gottesgerechtigkeit bei Paulus*, 1965.
[58] IIコリ 5.21, ロマ 1.17, 3.4–5, 3.21–26, 10.3, フィリ 3.9.

する (p.115)。したがって *tsedaqah* は救済創造的な神の言葉の力を指し示すことになる (p.125)。「神の力強い言葉、創造、歴史、そしてヤハウェの将来における誠実さは、すべてが並列的に旧約聖書の *tsedaqah* という概念を構成している」(p.141)。シュトゥールマッハーはこの神の義の旧約聖書的概念が、*dikaiosynē theou* というパウロの用語の前史に属し、その厳密な意味で専門用語としての用法が黙示的ユダヤ教のうちに位置していると考える[59]。この専門用語は一貫して、創造者としての神の正しさ、契約における神の誠実さ、赦しに満ちた慈愛、従順の要求という文脈での「神の言葉を創造する力」を意味する (p.175)。シュトゥールマッハーによると神の義に関するこの黙示的理解は、パウロの *dikaiosynē theou* を構成する宗教史的前提を提供する。すなわち (1) 創造伝統、(2) 被造物に対する神の主権という概念、そして (3) 神の創造的業の言葉構成である。

　シュトゥールマッハーは、*dikaiosynē theou* をパウロ神学全体における中心的思想と見なすが (pp.203–04)、とりわけ義認の教理においてそうである (pp.217–18)。彼は「動詞 (*dikaioun / dikaiousthai*) と *dikaiosynē theou* とが相関するか、すなわち法廷的宣言と創造者の具体的行為とが関連するか」と問う。動詞の用法の分析は、パウロが一貫して非常に具体的な義認について語っていることを明らかにした。すなわちパウロは、*dikaiosynē theou* の法廷的な裁きと救済創造的な介入との間の区別を意識していない。*dikaiosynē theou* と動詞 *dikaioun / dikaiousthai* において、法廷的概念と存在論的概念とは完全なる関係性を示している (pp.217–19)。*dikaiosynē theou* は、*dikaioun* によって介入し死者を甦らせる神を指し示す (p.219)。したがって「義認」は神的な創造行為であり、新たな存在を創造する言葉の出来事という意味で *dikaiosynē theou* の実現である[60]。しかしこの神の創造行為は機械的な介入でなく、人の

---

[59]　1QS 10.25–26, 11.12, 1QM 4.6,『ダン遺』6.10.『エチ・エノ』71.14, 99.10, 101.3,『IV エズ』8.36 において、用語はその本文上の必要からわずかに変更されている (*Gottesgerechtigkeit bei Paulus*, 175)。

[60]　*Gottesgerechtigkeit bei Paulus*, 236. 義に関するこの創造的行為の生活の座はバプテスマであり、御霊という賜物がその手段である。パウロにとって、バプテスマ、罪人の義認、創造は不可分である (II コリ 5.17, ガラ 6.15)。改宗者が義とされる時、神の霊はその人を新たにする。御霊は *dikaiosynē theou* の新たな創造の力であり、キリストの臨在として顕れる。なぜならキリストは *dikaiosynē theou*

応答を求め、人が神を裁き司および創造主として認める時にその成就にいたる。新たな存在の創造とこの存在への信仰的応答は、言葉の出来事である。「義認の行為において確立される被造物の新たで自由な存在は、神の創造的言葉に起因し、そこに存在が見出される」(p.227)。パウロのこのような義認と新たな存在への理解を背景として、シュトゥールマッハーはまた現在の義認といまだ成就を見ない終末との関係をパウロの思想の中に見出す。神の存在が古い消滅しつつある時代の言葉においてのみ認められるように、新たな存在もその言葉においてのみその存在が認められる。したがって、「神の最終的な到来におけるパウロの希望は、神の正しさが最終的に報いられる事への当然の期待でもある。それはその時初めて神は神の民に完全な形で新たな存在を提供し得るからだ。それ以前にその存在は言葉の出来事としてのみ彼らに示されていたものだ」(p.227)。パウロはすべてのキリスト者に神の霊が与えられることを知っていたが、これは神の言葉の創造的力に関わることである。しかし *pneuma*（霊）と *sarx*（肉）との相互関係は依然として存在し、最後の裁きはいまだ将来のことである。このジレンマに対するパウロの解決は、行いによる裁きがキリスト者にとって *sarx* におよぶ裁きである一方で、キリスト者に神の言葉において与えられた霊としての存在は守られるという事実にある。「創造者の新たな創造に対する誠実さは裁きを凌駕する」(pp.230-31)。「[パウロにとって] 義認とは神の力により、個人をキリストによって開かれた神との遭遇の領域へと誘う、新生への召命である。この新生への召命は奉仕によって頂点に達する」(p.258)。

　カトリック教会側の聖書学者でシュトゥールマッハーの研究に相当する著作は、K. ケルテルゲの *'Rechtfertigung' bei Paulus*（『パウロによる義認』）であろう[61]。ケルテルゲはパウロの *dikaiosynē theou* を旧約聖書と、とくに黙示的ユダヤ教の宗教史的文脈に置くという点で、シュトゥールマッハーにほぼ同意している。ケルテルゲはパウロがこの句の内容に新たな神学的輪郭を付与したことを認める。しかし彼は、旧約聖書と後期ユダヤ教での用法の原型は、

の人格化だからである（II コリ 5.21）。
　61）　ケルテルゲの著書の目次とシュトゥールマッハーの著作とを較べると、同様の事柄に関心を示していることが分かる。

dikaiosynē theou が神の主要素を描写するものでも、神の前での人の主要素を描写するものでもなく、むしろ人のあいだあるいは人のために神が行う行為を指し示すという事実によって成り立っていると考える (p.305)。シュトゥールマッハーが「神の義」をパウロ神学全体の「署名および略語」と見なすように、ケルテルゲは *dikaiosynē theou* を「パウロの義認という教義の構造枠」であり、この教義を「パウロの救いの概念の包括的な神学的説明」(p.307) として捉えている。

したがって、これら二者の著作の全体的概念は非常に近いが、パウロ的な *dikaiosynē theou* と義認の教義の解釈において、ケルテルゲは強調点を変えている。先行するミュラーとシュトゥールマッハーと同様に、ケルテルゲは *dikaiosynē theou* を「救済を創造する力 (Heilsetzende Macht)」と定めるケーゼマンのテーゼの影響を受けている。パウロは *dikaiosynē theou* を、キリスト者の救いの出来事の新たな解釈のために用いている。パウロにおいて前パウロ的な概念である *dikaiosynē theou* は、神の終末的な救済行為と、その結果としてイエス・キリストへの信仰に依拠した人々の救済の状況を説明する表現へと変更された。ロマ 3.5 において、パウロの *dikaiosynē theou* の用法は旧約聖書の契約関係を明らかに想起させる。この箇所の基本的な思想は、契約における誠実さである神の義が旧い契約において不誠実であるところの人々の不義に対して勝利する、ということである[62]。しかし、パウロはこの概念を越えている。後期ユダヤ教が神の義の終末的啓示を待望し、不義の世におけるその臨在を義人に支持を与えるためと捉えるのに対し (『ダン遺』6.10)、パウロは *dikaiosynē theou* をこの罪深い世を裁く神の行為の終末的な到来と理解する (ロマ 3.6)。この理解とともに、ロマ 1.17 と 3.21–26 では人類全体への *dikaiosynē theou* に関するパウロの具体的な傾向が示される (pp.67, 108)。これらの箇所において、*dikaiosynē theou* は間違いなくキリストにおける神の贖いの終末的啓示——あるいは到来——、またそれを受け容れる者すべての信仰と関連している。イエス・キリストにおいて顕れた「神の義」は、神の

---

[62] Kertlege, *'Rechtfertigung' bei Paulus*, 107, 67 参照。ロマ 3.5 の *dikaiosynē theou* は 3.3 の *pistis tou uiou* と同義語である。

契約における誠実さとして旧約聖書が理解する事柄をはるかに越えるものである。*dikaiosynē theou* が人に対する義という神の賜物でなく、神の贖いの業を意味するとしても、人がここで対象であることに違いはない。すなわち、*dikaiosynē theou* は神と人との関係性を示唆しており、人の贖いを目指している (pp.75–76)。贖いの業としての *dikaiosynē theou* は、その力が人の *sōtēria*（救い、ロマ 1.16）をもたらさなければ無効となる。この「人への方向性」を示す神の義はロマ 3.22, 24–26 において明らかに説明されており、またそれはロマ 1.16–17 の中核となっている。ここで福音は *dynamis*（力）と呼ばれるが（明らかに *dikaiosynē theou* と並列的）、それは神がそのうちで力強い業を行うからである。*dynamis* は神の存在を指す表現でなく、*sōtēria* を生み出す神の業の表現である (pp.85–86)。したがって、神の義に関する主張は人間論的に方向づけられており、それは *sōtēria* が罪の下にある人々の救済に関わるからである。

キリスト論的・人間論的な神の義（神の贖罪行為）の視点と並行して、ケルテルゲは *dikaiosynē theou*（とくにロマ 10.4 と II コリ 5.21 における）の終末的性格に焦点を置く。キリストが律法の終わりである（ロマ 10.4）という結論は、キリストにおいて終末の時がすでに来ていることを説明する。キリストが律法の終わりであるとは、彼が律法から信仰へ移行する転換点であることを示す。この転換点は神の義の啓示として表現される（ロマ 1.17, 3.21–22 のように）。キリスト（ここでは *dikaiosynē theou* の擬人化として現れる[63]）を拒絶することは、神の義に身を委ねることをせず、従順を拒否することである (pp.97–98)。終末の現在における到来に関する同様の概念は、終末的に有効な神の義とキリストとを同視することが前提となっている II コリ 5.21 によって支持される (pp.103–07)。キリストにおける神の義の具現化は、「キリストにおいて」信仰者が新たな存在を開始し、そのため古いものが過ぎ去ったことを意味する。キリストが私たちのために引き受けた *hamartia*（罪）は、古い時代において人がその下に立っていた「罪の力」のことである。これに

---

[63] Kertlege, *'Rechtfertigung' bei Paulus*, 98. ケルテルゲはロマ 10 章の全体的なキリスト論的傾向に依拠して、10.3 の *dikaiosynē theou* はキリストが媒介者であり代表者であるという意味で理解されるべきと考える。

ともない、私たちがなるべき *dikaiosynē theou* は、キリストにおいて啓示された（新たな時代に稼働する）神の贖罪的な力を意味する（p.104）。したがってパウロ的な意味での *dikaiosynē theou* は、一貫して終末的に方向づけられた概念と言える。これによってパウロは、「キリストにおける」人の状況を贖罪的な状況と表現できる。この状況は瓦解しつつある「古い時代」の真ん中で、神によってすべての人に開かれた新たな可能性となった（p.107）。

　パウロによる義認の教義の構造枠として、*dikaiosynē theou* は神の贖罪に関する決定的で最終的な行為である。この中で人は完全に受け身であり、すなわち贖われた者であり、赦された者である。罪人は神の義の領域へと移行され、神の恵みの行為の結果としての義認を体験する（p.112）。しかしそれでは、神の義に身を委ねて義とされた（正しいとされた）者には何が起こるか。罪人が「義と宣告された」あるいは「義と認められた」とパウロが語る時、その過程で何が実際に起こっているか。ケルテルゲはこの疑問に対して、法廷的および終末的な *dikaiosynē* と *dikaioun / dikaiousthai* の意味を分析することによって答えようとする（pp.112–60）。パウロは、終わりの時の裁きに関する具体的な概念と神の義認行為と関連する旧約聖書とユダヤ教の領域から引き出された用語を用いている。パウロはこれらの用語の法廷的および終末的性格をどのように解釈して用いるだろうか。

　パウロによる「義認」の法廷的性格は、キリストの死において明らかとなった人に対する神の法的評決が信仰において人の罪深さの認識として、また神の恵みによって受容されているという体験として理解されるという事実から構成されている。神が罪人を義と宣言する評決（Rechtfertigungsurteil）によって、神は罪人を「罪の中にある」状態から自由へと放免する。「法廷的」裁きは同時に「実質的」裁きであるが、それは神の裁きが創造的な力を有するからである（p.123）。したがって法廷的な宣言は新たな創造を示唆する。それによって罪人の不敬虔さは新たに創造された神との関係によって克服される。これが、義とされた者がキリストにおいて「新たな創造」だということの意味である（p.159）。神の行為はたんに外面上の判決——純粋な法廷的宣言——によって終わるのでなく、神をとおした新たな現実の実質的創造を意味する。しかし義と認められた者のために神によって創造されたこの新た

な現実は、静的な実存という意味で理解されるべきでなく、むしろ「関係性における現実（Beziehungsrealität）」として理解されるべきだ。これはすなわち、神によって創造された神と人との新たな関係以外の何ものでもない。その関係性における内容は、神の側からは主権であり、人の側からは従順である（p.127）。このことから、ユダヤ教において派生したこの用語の法廷的側面をパウロが変容させたことが明らかとなる。もはや「義認」は、トーラーに対する従順によって人が自らのために確立した義でもなければ、キリストの義としてたんに外部から転嫁された義というのでもない。むしろパウロにとっての義認は、罪人が神の恵みによって捉えられて新たに創造されるように自らを委ねることだ。義認は神と義とされた者との関係性においてもっとも明らかに示される。すなわち、義とされた者の従順においてこの新たな関係性は体現されるが、それは同時に神の恵みという先行する行為によらなければ不可能である。したがって、義認の現実は関係性の現実と言える（p.159）。

「義認」の終末的性格は、「義認」が信仰によって神の終末的行為として体験され、キリストの出来事に根を下ろしているという事実によって構成される。パウロはこのキリストの出来事のうちに、「神の義」という最終的で決定的な啓示を今あるものとして捉えている。終末が古い時代に介入した。神の終末的な義認行為の「現在的」性格は、将来に期待され正式に将来に属する贖いが今存在することを印象づける。救済史（Heilsgeschichte）は文字どおり開始した。すなわち、期待された終末的贖いが到来したが、その究極的な成就はいまだ待たれている（pp.157-58）。しかしパウロにとって、神の終末的な贖いの「現在的」性格と「待機的」性格とは基本的に同一である。なぜならその両方がキリストの出来事に依拠しているからである。ケルテルゲにとって、このパウロによる義認の概念の法廷的終末的性格こそが、「義認」を純粋に現在の救いの保有として捉えるグノーシス的な単純化に対する防禦となっている。このような単純化は、パウロによる義認の概念の1つの解釈として明らかに見られる。つまりこの義認を、新たな倫理的営みを自動的に生み出すような、人の性質の変容と見なす傾向である（p.159）。

これは、義認の行為、あるいはむしろ義認の現実がいかに「新たな従順」と関連しているかという疑問をもたらす。ケルテルゲはこの関連をパウロ的

な「信仰による義認」のうちに位置づける（pp.160–227）。人はイエス・キリストにおける信仰によって義認を体験する。すなわち信仰が救いの開始であり（個人の側において）、恵みと義認の行為の重要な側面と対照的な関係にある。しかし「信仰による義認」はこれのみに終わらない。なぜなら、義とされた者の継続する存在が最初の義認の行為と関連するその文脈が信仰だからである。「パウロにとって、信仰はいつも神の救済的意図への従順であり、したがって能動的な側面を有している」（p.225）。キリスト者にとっての罪の束縛からの解放は自然の成り行きとしての目標でなく、賜物であると同時に要求される内容でもある。この信仰において、「肉」の継続的な誘惑とすでに現実となった終末的な義認とのあいだの緊張は取り払われる[64]。信仰者が置かれた贖いの現実は、恵みの要求への従順による実践的営みにおける現実とならなければいけない。義と認められた者は奉仕へと召命されており、この奉仕において人は恵みの主権に応答しなければならない。したがって、人は受け取るだけでなく、責任が与えられる。じつに義と認められた者は、その生き方に対する神の指示から逸れるなら、救いの賜物を無効とすることになる。

　ケルテルゲは、義認が以下のことに究極的に集約されると述べる。すなわち、人は罪から解放されて従順へと至るが、この解放と従順はどちらが欠損しても成り立たない（p.283）。この恵みと従順の関係において、神の業はそれが意図された目的を達する。神の救済意図の普遍性と人の救済の普遍的必要はいつも現実としてある。しかし神の贖いの業の成就は、提供された恵みを受け取り、それに対して従順である者においてのみ現実となる。しかしこれは、神の恵みとは別に人の従順にも救済的意義があることを意味せず、人の従順は神の恵みのうちにある。キリスト者の「新たな従順」は神の恵みに付加されるべきものでない。それはむしろ、神の贖いの業の成就が明らかとなる歴史的な場である（pp.284–85）。

　H. コンツェルマンの論文 'Die Rechtfertigungslehre des Paulus: Theologie or-

---

[64] Kertlege, *'Rechtfertigung' bei Paulus*, 227. さらに第II部4章の 'Neuer Lebenswandel', 250–85を見よ。

der Anthropologie?'（「パウロの義認に関する教え——神論あるいは人間論[65]」）はブルトマンの解釈の正当性を強調するが、これはケーゼマン、シュトゥールマッハー、ミューラー、ケルテルゲによる新たな視点からの明らかな後退である。「義認の教義の意味——神論か人間論か」（p.393）という問いかけに対して、コンツェルマンはブルトマンのテーゼに追従し、パウロ神学は人間論的に解釈されるべきであり（pp.391-92）、それはキリスト論と救済論とがケリュグマにおいて人へ宣告される救済の出来事において共にもたらされるからだ（p.392）、と述べる。専門用語としての *dikaiosynē theou* の分析はこの場合、以下の質問によって方向づけられることになる。すなわち、「この用語は神と人との関係性をいかに定義するか」（p.398）である。コンツェルマンはこの属格構造を神の品性（神は「義」である）の描写という意味での主語的な意味で捉えることに真っ向から反対するが、その際にその主語的属格が神の業を指しているという解釈をまったく考慮していない[66]。彼によると、パウロがこの用語を用いる場合、恵みのみにより（*sola gratia*）神に与えられた人の義について語っている。つまりパウロは、人の救済の問題、人はいかにして救済の条件を充たし得るか、「神の前で認められる義[67]」を人はいかに得るか、に関心を向けていることになる。コンツェルマンは幾つかのテクストを端的に分析することによって、パウロの人間論的な関心を強調しようとする。ロマ 3.21-22 にある *dikaiosynē theou ... chōris nomou* は「神の義」が人に与えられて転嫁される（übereignet）ものであることを証明し、また *dikaiosynē de theou dia pisteōs ... eis pantas tous pisteuontas*（3.22）は「パウロによるこの用語の正当な定義[68]」と見なされる。コンツェルマンが主語的解釈の中心テクストと理解するロマ 1.16-17 の解釈において、神の義の力の側面という近年

---

[65] *EvT* 28 (1968), 389, 404.

[66] Conzelmann ('Die Rechtfertigungslehre des Paulus', 398) は、属格が主格として用いられる場合、それは必ず前パウロ的伝承であってパウロ自身のものではけっしてない、と断言する。

[67] これはまさにブルトマンと同様にルターが問題とした点であり、*dikaiosynē theou* という属格構造の目的語的解釈の上に方向づけられている。

[68] Conzelmann, 'Die Rechtfertigungslehre des Paulus', 399. ロマ 3.23 の *hysterountai tēs doxēs tou theou* を Conzelmann は「神の前で認められる栄光」と解釈し、ロマ 3.22 の *dikaiosynē theou* の目的語的意味にさらなる光をあてる。

の議論での非常に重要な概念が、具体的に拒絶される。「ケリュグマの内容が……他の何でもない義を伝える福音であることから、パウロはそれだけで個別に扱うべき神の力の側面について意識していない」(p.399)。コンツェルマンはここで、ケーゼマン的な解釈がたんなる力について語っているのでなく、むしろ神の贖いの業の力強い顕現について述べていることを看過しているようだ。さらにロマ 9.30–31 は信仰によって獲得される宣言された神の義に言及しており、II コリ 5.21 は「明白だ」とコンツェルマンは述べる。ある意味で彼は、主語的属格を見出す試みをすべて排除している。

パウロの *dikaiosynē theou* と義認の概念に関するブルトマンの解釈にふたたび息を吹き込もうとするコンツェルマンの試みには説得性がない。とくに、ケーゼマンのテーゼを土台にしてさらに深化させ広げようとして費やされた釈義上の努力を考慮に入れるとなおさらだ。私は、「新たな方向性」と近年の議論の「結実」から後退することは、パウロの義認の教理とパウロ神学全体のより明らかな理解から横道に逸れることになると確信している[69]。

上で展開した近年のドイツ語圏における議論の分析によると、パウロの *dikaiosynē theou* を「救済を創造する力 (Heilsetzende Macht)」とするケーゼマンの解釈は、彼の直接の弟子（ミュラー、シュトゥールマッハー）のみならず、プロテスタント聖書学者でない学者ら（ケルテルゲ）のあいだでも、完全に支配的になっている。さらに、ケーゼマンの新たな方向性に倣う者のあいだでも、様々な点で互いに意見が異なる事も明らかとなった[70]。しかし、パウロの義認という教義の総合的解釈において、これらの相違はおもに強調点の違いに留まり[71]、内容においての相違ではない。このことから、いかなるパウロ神学の解釈も真剣に向き合わねばならない特定の成果がもたらされたと言

---

[69] Markus Barth の著作（註 3 を見よ）は、義認を、旧約聖書を背景として理解するという近年の傾向に同意するものであるが (pp.14–21)、旧約聖書の中の「神の義」と関連する多様な概念を適用する試みにおいて Barth はパウロの義認に関する言説を 5 日間の裁きのドラマの配下に分類する (pp.25–82)。その結果として、「義認」はほとんど排他的に法廷的行為として見なされる（たとえばこの著者の *Set Free To Be*, 1975, 11–31 を見よ）。

[70] たとえば Schuhlmacher, *Gerechtigkeit Gottes*, 70, 77 n.2; Kertelge, 'Rechtfertigung', 68 を見よ。

[71] すぐ下を見よ。

えよう。これを看過することは、解釈が後退することに繋がりかねない[72]。

　以下では上の議論を端的なテーゼにまとめ、私たちの分析の結論を述べよう。その際に、ケーゼマン的な解釈における幾つかの強調点に関しての批評をも加えよう。

　(1) 神の契約における誠実さという文脈において見られる、神の民に対する義なる行為という旧約聖書の概念は、神の義と人の義認に関するパウロの思想の神学的な前提となっている。

　(2) *dikaiosynē theou* の宗教史的な生活の座は黙示的ユダヤ教と、とくにクムラン共同体にある。したがって *dikaiosynē theou* には、パウロに至る以前に既成の連関があった。

　(3) 前パウロ的伝統において、神の義という概念は以下の事柄と結びついていた。すなわち、(a) 神を被造物の支配を行う全能なる主と見なす創造伝承、(b) 神とイスラエル（世界）とのあいだの評決が下される法廷という場としての宇宙論的な概念、(c) 神の民に対する誠実さがもう一度明らかにされる終末的裁きが近いことへの信仰、である[73]。

　(4) これらの思考の連関がパウロの *dikaiosynē theou* という句の用法に多大な影響を及ぼしているが、その内容は彼のキリスト論的・救済論的なケリュグマとの整合性を保つために変容を遂げている。

　(5) パウロにとって *dikaiosynē theou* は神の贖いの業であり、神の本質の描写でもなければ、神の前での人の本質の描写でもない。パウロは伝統から離れて、この用語を旧い契約の刷新以上の意味として捉え、全被造物を含む普遍的な概念とした。神は人のために贖いの業をなす。パウロはさらに伝統から離れて、神の義をキリストの出来事における今の事柄として語る。この終末の贖罪的介入において、神は古い時代に入り込んで新たな時代を創造している。

---

[72]　Conzelmann は *dikaiosynē theou* の宗教史的分析を十分に考慮せず、したがってその試みにおいて失敗していると見なされる。

[73]　Hans Heinrich Schmid の最近の貢献である、古代近東の「義」の意味に関する理解（*Gerechtigkeit als Weltordnung: Hintergrund und Geschichte des alttestamentlichen Gerechtigkeitsbegriffes*, 1968）は重要だが、「神の義」という概念のパウロ的用法に大きな影響を与えない。

G. 一貫性、関連性、資料

(6)「神の義」の啓示は義認が生じる文脈における出来事である。*dikaiosynē* や *dikaioun / dikaiousthai* という語に関するパウロの用法において法廷的な意味合いが見出されたとしても、それが前面に出ることはない。法廷的宣告はたんなる宣告ではなく、「実効的な」宣言である。神によって「義と宣言された」人は神の全能で贖いを創造する権威の下に置かれる。

(7)「義認」は義とされた者が自由に管理する所有物でない。それは状態であり、信仰において始まり継続する。神の贖いの業は人の応答を要求する。「神の義」は従順なる生き様を要求する恵みの力強い顕現である。

(8) ブルトマンやコンツェルマンが述べるとおり、新たな解釈は神の義の人間論的「傾向」を認めはするが、*dikaiosynē theou* という句の内容自体はパウロのキリスト論的・救済論的関心を規定する。すなわち、神の人類史への創造的な介入に関する関心である。

新たな解釈の著しい特徴は、それが神の義というパウロの概念の包括的で統合的な解釈であるという点だ。これは、旧約聖書とユダヤ教伝統から引き継いだ語彙へのパウロの用法に対する一貫した適用によって達成された。この新たな解釈は、パウロの *dikaiosynē theou* を伝統に配慮しつつ一貫性のある仕方で解釈したことによって、「神の義」という語に関するパウロの用法理解の古い試みから区別される。しかし、この用語のパウロ的用法と伝統とを関連させる試みにおいて、私たちは特定の疑問を持つこととなった。

ミュラーはパウロによる神の義の概念を理解するために、創造伝統——神の全能な行為の強調——とこの世に対する神の権利という概念——宇宙的裁きという伝統——とを組み合わせた。この法廷的構造の強調によってのみ、「*dikaiosynē theou* は屈服された不義なる宇宙に対する神の支配権主張の勝利……とこの世に対する神の権利の実効とが意義を持つ」。この世に対する神の裁きが、ミュラーが提案するほどに *dikaiosynē theou* を説明するために用いられるかは疑問だ。ミュラーが言うとおりに、「神の義」は実際に「勝利」という語によって適切に説明し得るか。神の終末義は本当に、この世に対する神の支配権主張を成立させる神の勝利だろうか。「勝利」が神の贖いのための介入における意図された結果であることは明白だが、その行為自体が勝利なのではない。そうであれば、屈服させられた側の応答——これをミュ

ラーも必要と考えるが——の意味が失われてしまう。神の義はこの世に対する神の権利の勝利というよりも、むしろ被造物が神に対して和解されることを神が渇望していることを示す現時点での啓示である。

シュトゥールマッハーもその解釈において創造伝統を基盤として用いたが、神の創造的な業の「言葉構造」をこれと組み合わせた。この組み合わせこそが彼の解釈全体を決定する要因となっている。したがって、神の義の贖いの業は「ケリュグマの言葉として実現する」。「神の義」に対するこの理解と整合性を保つように、「義認」は「神の創造的な業、言葉の出来事という意味での dikaiosynē theou の実現」と説明される。これは、神の贖いのための介入を罪人が認識するという「言葉の出来事」と対応する。この「神の義」という「言葉構造」を強調することに関する疑問は、はたしてパウロの動的な実践主義が現代的な実存論的言語の範疇において解釈され得るかということだ。もちろんユダヤ教伝統とその延長にいるパウロは、神の言葉を創造的な力と捉えた。しかしこの言葉の力強い顕現は Sprachereignis（言葉の連続）という言語的「現実」から遠く離れているまことの変容と創造とをもたらした。パウロにとって、神の贖いの業の結果としての義認は「実存論的な現実」であって、たんなる「ケリュグマ的現実」ではない。

パウロの dikaiosynē theou を解釈する媒介としての創造伝統への強調という文脈において、シュトゥールマッハーは「被造物に対する創造者の誠実さ」を持ち出す。私たちはケルテルゲと共に[74]、パウロがむしろ「新たな創造」の方を強調するのでないかと問わねばならない。キリストの出来事における神の義の啓示は（ロマ 3.21）古い時代との訣別、さらに神とこの世との関係性における徹底的に新たな開始を指し示すのではないか。神の誠実さに関する変容の範囲を、パウロは契約の民から全被造物へと広げたということは適切だろうか。パウロが神の贖いの業を普遍化したことは確かだ。しかしこれは神の誠実さの普遍化ではない。これはむしろ、キリストの出来事における「古い世界」に対する神の裁きであり、それと同時にカオスから新たな創造を生じさせる神の全能なる創造的な贖いの意図と言うべきであろう。

---

[74] 'Rechtfertigung', 308.

G. 一貫性、関連性、資料

シュトゥールマッハーはケーゼマンと共にパウロの解釈における神の創造の力を強調してみせるが、これは過度な強調と見なさねばならない。パウロが *dikaiosynē theou* を用いるところでは創造者としての神の業という概念はいつも背景に退いており、それが中心に置かれることはない。パウロは神の創造の業の仲介（キリストの出来事）とその結果（人の贖い）に主たる関心を向けており、その業自体にではない。

ミュラーとシュトゥールマッハーがそれぞれ神の権利の勝利と神の創造の業を解釈の構造として強調したのに対し、ケルテルゲは神の義の贖罪的性格とその結果としての人の救いを強調した。したがって彼は「神の義」を「神による救いの業（Heilshandeln Gottes）」とし、義認を「救いの出来事（Heilsgeschehen）」と述べる。シュトゥールマッハーが義認を「言葉の出来事」と解釈するのに対し、このパウロの現象を関係性の現実と解釈するケルテルゲの方がより説得力がある。なぜならこれは、人の本質の理想的変容、また贖いの存在（すなわち義認）を言葉の出来事という曖昧さへ還元するという極端な方向性を回避し得るからだ。パウロは人の実質的な救済に関心があり、そしてこの実質的救済は伝統とも符合して関係性において成り立つ。すなわち、人と神との新たな関係性である。

異なった強調点に対して上で投げかけた疑問は、ケーゼマンが1961年に発表した論文以来の非常に実りある議論の結果を無効にすることにはならない。これらの質問は、特定の洞察における過度な強調に対する警告である。このような過度な強調はしばしば重要な著作全体に陰を落とす傾向がある。

「神はその力をこの世に及ぼし、この世の救済はすなわち神の支配の下に世が引き戻されることを意味する。*dikaiosynē theou* は『救いを創造する力（Heilsetzende Macht）』である」。ケーゼマンの論文[75]におけるこの結論部は、パウロの *dikaiosynē theou* に関するドイツ語圏での近年の議論を上手く要約しているように思える。

---

[75] *ZTK* 58 (1961), 378.

結論

A. パウロとパレスチナ・ユダヤ教

1. パウロとユダヤ教の異同

宗教の様態：私たちは II.E で本著の考察における 1 つ大きな結論を導き出した。すなわち、パウロの「宗教の様態」は「契約維持の［ための］律法体制」とは表現し得ず、したがってパウロのそれはパレスチナのユダヤ教文献に見出されるいかなる形態の義とも本質的に異なっている。

救いと裁き：パウロとユダヤ教とのあいだで決定的に対比される側面——恵みと行い——を多くの者が見出すその箇所で、パウロはパレスチナ・ユダヤ教と同意しているという事実にもかかわらず、上の結論は確かである（II.F）。恵みと行いのあいだの関係には 2 つの側面がある。すなわち、(1) 救済は恵みによるが裁きは行いによる、そして (2) 行いは「うち」に留まるための条件であり、救いを獲得するための条件でない。第 2 の側面はパレスチナ・ユダヤ教に一貫して見出され、『IV エズラ書』においてさえ見られる。一方で第 1 の側面は『IV エズラ書』以外で一貫して見られる。救済が恵みによる一方で裁きは行いによるという考えは相矛盾するように見えるが、実際はそうでない。神は恵みによって救うが、その恵みによって確立された枠組みにおいて、神は善行に報い違反を罰するという裁きを行う。この最後の部分——行いにしたがった裁き——はしばしば「ユダヤ教救済論」と見誤られがちだが、そのような救済論がどこにも見当たらないことは、『IV エズラ書』を例外として本著で見てきたとおりだ。そして、恵みによる救いと行いによる報い及び罰との融和性については、パウロにおいてもこれら 2 つが両立していることによって証明された。

終末期待：差し迫った主の来臨に関するパウロの期待は、一般にパレスチナ・ユダヤ教にも——少なくともその一部で——見られるということで説明し得る。差し迫った終末に対するパウロの期待は、ユダヤ教から直接受け継がれたというよりも、教会の伝統に依拠していることは確かだが、この点でもパウロとユダヤ教とは似ている。パウロの思想と黙示思想とのあいだの同意点は一般的レベルであって、詳細にわたる同意ではない。上で見てきたとおり、パウロは暦や季節を計算したり、終末の預言を獣等の幻によって仄めかしたりせず、黙示文献の文学的慣習にまったく倣うことをしない。黙示主義の慣習がパウロにほとんど影響を与えていないことから、改宗前のパウロが特別に黙示的な傾向を持っていたとは考えられない。これは、パウロが何らかの黙示的幻によって開始し、その中にキリストを押し込めたという想定を否定する理由となり得る。しかし同意点と相違点とを勘定するとすれば、パルーシアに関する期待はパウロとパレスチナ・ユダヤ教とのあいだで一般に共有されていた。

律法理解：パウロの律法に対する姿勢は、その基礎としての排他的なキリスト論的救済観とともに、ユダヤ教には見られないものだが、それでも彼の具体的な理解のうちの幾つかについてはユダヤ教と共有されている。たとえばパウロは、「人と人との関係性を左右する掟」と「人と神との関係性を左右する掟」とのあいだに、暗に区別を設けているように見受けられるが、とくに後者——安息日、割礼等——に関しては異邦人が守る必要を示さない。前者に関してはその違反が諌められたとしても、ここでもその理由は掟が掟だからということでなく、パウロの救済論、キリスト論、そして聖霊論に依拠した警告が発せられる。

義の意味：パウロの義に関する用語は、パレスチナ・ユダヤ教における義の用語と関連している。パウロにおいては、人対人の義と人対神の敬虔というヘレニズム的ユダヤ教の区別[1]はまったく見られない。あるいは、義が数ある徳目の1つとして教えられることはない[2]。しかしここにも、大きな変更

---

[1] 幾つかの例は Schrenk, *TDNT* II.182 (s.v. *dikaios*) を見よ。
[2] Schrenk, *TDNT* II.183, 192–93, 210 を見よ。

が見られる。ユダヤ教文献において義はトーラーに従うことであり、その違反を悔い改めることだが、パウロにおいてそれはキリストによって救われることを意味する。換言するなら、ユダヤ教における義は選びの民のあいだでの立場維持を示唆するが、パウロにおいてそれは移行の用語である。すなわちユダヤ教においては、契約への献身によって人は中へ「入る」が、そのあと従順（義）によって人は中に「留まる」。パウロの用法において、「義とされる」ことは中に入ることであり、救われた者らの集団に留まることを意味しない。したがって、パウロが律法の行いによって義とされ得ないと述べる場合、律法の行いによっては「救われた者らの集団の中に移行する」ことができないことを意味する。ユダヤ教が律法に従う人を義と称する時、それはその人が契約に留まることを意味する。信仰による義と律法の行いによる義の議論は、「義」という語群にまつわる用法の差異の結果として生じていることになる。

　この用法の差異は、中に「留まる」条件としての適切な行動に関する同意点に注目すると分かりやすい。ユダヤ教のほとんどにおいて、正しく行動する者を指す主要な語は「義」であるのに対し——死海巻物は例外だが、ここでもこの用法はある——、パウロは義を継続すべき正しい行動に対してけっして用いない。彼はむしろ、「非難されない」、「無罪の」、「堅固な」、「健全な」、「潔白な」など（II.C の前半を見よ）に言及し、人が「留まる」ための正しい行動に義が用いられることはけっしてない。

移行用語としての義：しかしパウロの *dik-* 語群に関する用法の特徴は、動詞の *dikaioō* とその受動態の用法において顕著だ。ヘブライ語文献において人に用いられる傾向があるのは形容詞で（彼は義である、義である人々 [*tsaddiqim*]）、動詞はたんに「実際に正しい人を正しい状態にあると宣告する」ことを意味する。実際には罪ある人を神が無罪（「義と宣言する」、*yitsdaq*）と見なすことはない[3]。なぜならそれは気まぐれによる正義の誤用となるからだ。ただ無罪の者が無罪と、義である者が義であると呼ばれるのみだ。同様に、誰かが「神の裁きを義と認める」と言う場合、これは彼／彼女がこの裁

---

3)　I.A.8 の註 728 を見よ。IQH 9.14–15 参照。

きを公正であると認めて宣言し、それを受け容れることを意味する[4]。パウロにおいては、この動詞はしばしば「キリスト者となる」こと、あるいは「救われる」ことを指すために用いられるが、この場合は義に関する用語が「移行」の意味でフル稼働している様子が見られる[5]。このような用法はヘブライ語においては存在しない。したがってユダヤ教とパウロとのあいだで「義」を比較する場合、しばしば形容詞──ユダヤ教において義であるということ (*dikaios, tsaddiq*) はトーラーに従うこと──から動詞──パウロにおいて信仰により義と認められて義とされる (*dikaiousthai*) こと──へと品詞が変わっている。したがってパウロは、*ho dikaios ek pisteōs zēsetai*（信仰によって義である者は生きる）という聖書的表現と、彼自身の表現である *en nomō oudeis dikaioutai*（律法においては誰も義とされない）とを対比させる（ガラ 3.11）。義なる者らのあいだにいるという立場をより容易に示唆する形容詞が動詞に取って代わられる傾向があるが、この場合パウロはこれを変容されるという意味へと拡大解釈している。人は違反や罪から「義とされる」（Iコリ 6.9–11, ロマ 6.7) のであり、それはすなわち救われていない状態から救われている状態へと移行することである。このことによって義に関する用語はその通常の意味から逸れ、それがパウロの思考の特徴を示す結果となっている[6]。

　回心と義：クムラン文献においても義に関する用語が救われていない状態から救われている状態への移行と関係する場合がある。神の義（慈悲）によって人は義とされる（完全となる）。おそらくこの類似点は、クムランとパウロにおいて成員は「回心する」──生まれ落ちた集団でない集団に参加する──必要があるという事情と関係するのだろう。したがってクムランにも「移行」の要素が存在する。もっとも、その概念と用法のどちらもまったく

---

4) Sifra Shemini Milu'im 23（レビ 9.22）.

5) ガラ 2.15–17, とくに 17 節：「義とされることを求め」、すなわち救われること。ロマ 4.5：「不敬虔な者を義とする」、すなわち彼らを赦して救う。フィリ 3.9 において、名詞は同様の意味で用いられる。すなわち、キリストにある者が得るもの。

6) 「解放される」あるいは罪から「浄められる」ことの意味について、Bauer (*Lexicon*) はヘブライ語文献のシラ 26.29 と『シメ遺』6.1 を引照する。そこでは *dikaioō* の受動態が *apo [tēs] hamartias* を支配している。もっともこれら両方の場合において、その意味はおそらく「〜から潔白な」あるいは「〜について無罪であると宣言される」を意味し、「解放される」ことを意味するのではなかろう。

同じというわけでない。クムランにおける動詞は「義である」ことを意味するが、これは潔白であるとか完全であることを意味し、パウロにおける「救われている」という意味での「義とされている」ということではない。義が神の賜物として見なされる場合でも、「義である」という動詞は「義の状態にある」ことを意味し、「義とされる」ことを意味しない。さらにクムランにおいては、人の義はトーラーへの従順として見なされるが、パウロにおいてはそうでない。パウロにとってそれは宗教の一般的な目標であり、トーラーへの従順でない。したがって、ある程度の類似性が見られたとしても、パウロはこの用語の意味を拡大して、ユダヤ教文献にはない意味をも含めている。

　神の前で、あるいは神の裁きにおいて誰も義 (*yitsdaq*) でない (1QH 9.14–15, 7.28 参照) というクムランの言説と、律法の行いによっては誰も義とされ (*dikaioutai*) ない (ガラ 2.16) というパウロの言説のあいだに、実質的な意味の重なりはない。パウロは、律法の行いがどれほど多くとも、正しい種類の義 (「命」、ガラ 3.21 参照) はそこから生まれないことを述べている。一方で死海巻物の言説は、神との比較において、あるいは神の視点からは誰もその努力によって完全となれないことを述べている。つまりクムランの言説は、神との比較において人が不完全で脆いことを教えている。すなわち、この言説はいかに人が救われるかを教えていない。なぜなら神の前で「義」でない者らがこの集団の成員になっているからだ。神との比較で裁かれた場合、彼らでさえけっして完全という意味で義とはならない。したがってクムランの言説には、行為に依拠して誰かを義とするような法廷的／終末的な宣言はない。神の視点からは、じつに誰も義ではない。もっとも 1QH 1.36 にあるように、この宗派の成員が他の視点から義と呼ばれ得ることはある。

　悔悛の欠如と宗教様態：ユダヤ教においては、義であること、すなわち契約の立場を維持することは改悛を示唆しており、改悛はじつにこの様態において必要不可欠である。改悛が実質的に消えるか——パウロの場合のように——、あるいは何の力も持たないかのように減じられるか——『IV エズラ書』の場合のように——すると、契約維持の律法制は立ち消えするか、稼働しなくなる。『IV エズラ書』の問答では、契約維持の律法制は保たれるが、

改悛の減退とその結果としての完全な従順の要請が宗教を実質的に成り立たなくさせた。ただ完全に従順な者のみが救われ得る。一方でパウロの場合は、ユダヤ教の様態におけるこの重要なモチーフの欠如が、全体としての宗教の様態の変化を示す。『IV エズラ書』の問答の著者は、人が律法に従う力について悲観的だ。この著者は、不従順な者に、改悛が義として留まる手段を提供するとは考えていない。あるいは改悛が実際に起こることに対して悲観的である。いずれにせよ彼は救済の可能性について悲観的であり、この悲観主義が改悛に寄せられる役割の減退と関連している。パウロの悲観主義は「肉」における営みについてだ。彼は律法に従うことに関して悲観的でもなければ、救済の可能性についても悲観的でない。したがってパウロには、『IV エズラ書』の問答の著者のような悲観主義はない。改悛がパウロの想定にないのは、彼が悲観主義的だからではなく、異なった様態を思い描いているからである。

罪の意味：全体的な宗教の様態における違いが顕著なもう 1 つの点は、罪の定義である。ユダヤ教において、罪とは一貫して違反を指す。これは、罪と肉（人の脆弱さ）との関係性を想定する死海巻物においても同様であった。パウロも確かに罪を違反として捉えており、この意味でロマ 1–3 章が書かれている。しかし彼の主要な理解は、支配力としての罪であり、人は救われるためにそこから解放されなければならない。人は罪の主権からキリストの主権へと移行しなくてはならない。クムランにおいて罪深い肉の弱さは、選民が抜け出なければならない支配力というのでない。選民さえも肉の弱さに留まる。救済は契約のうちに正しく留まることを意味し、「肉」の力から離れることを意味しない。さらに、肉は本質的に弱く、力ではまったくない。したがって、パウロとクムランのあいだの表面的な類似点が罪の性質において見られはするものの、両者の概念は本質的に異なっている[7]。

死の意味：パウロとたとえばラビ・ユダヤ教のあいだで死の意義が同様でないことも、罪の定義の基本的相違と符合する。多くの人が、キリストにある者は律法に対して死ぬというパウロの理解のうちに、「ラビ的」思想を見

---

[7] I.B.5.c を見よ。Brandenburger, *Fleisch und Geist*, 96–102.

出してきた[8]。パウロにおいてこの主題は主権の移行と関連しており──「あなた方はキリストの体をとおして律法に対して死にました。それはあなた方が他に属するためです」（ロマ 7.4）──、ユダヤ教文献にとって異質な律法の破棄という理解を示唆する。ラビ的な言説では、死は違反のための贖いと関連し、他の力に対して生きるためにある力に対して死ぬということでない。一方は違反のための死であり、他方は自由を得る手段として隷属的力に対して死ぬことである。

共同体理解：救われた者のうちに数えられるという概念において違いがあることは当然と言えよう。確かに重要な類似点はある。ユダヤ教とパウロの両方が個人と集団とをともに重視する[9]。ユダヤ教においては神の契約はイスラエルと結ばれるが、これが個人の神との関係性を看過することにはならない。個人は神の前で敬虔で、神との関係において正しくあらねばならず、こうしてその人は救われた者らの集団における成員としての立場を維持する。パウロにおいて、人は信仰によって救われた者らのうちに仲間入りし、結果としてキリストに参与する。人は「共同相続人」となることで遺産に与り、キリストの復活に参与する。上述したとおり、この概念を肯定文で表現することは難しい。否定文を用いると、それはたんなる個人的神秘主義でなく、また表面的な集団における立場──ホワイトレーの例を用いると、カレッジの成員──でもない。この 2 つめの否定文がパウロの理解をユダヤ教の理解から分ける。ユダヤ教における共同体的一致の感情がどれほど緊密なものであっても、キリストにおいてキリスト者が 1 人の人となる（ガラ 3.28）というパウロの言説における緊密性とは比較にならない。ユダヤ教において、「キリストがあなたのうちにいる」という概念に匹敵するもの──イスラエルがあなたのうちにある？──はない。すなわち、集団アイデンティティの性質が異なっている。キリストの体はイスラエルと喩えられ得るべきものでない。キリストのうちにいることと、神とイスラエルとのあいだの契約のうちにいることとは本質的に異なる。

---

8) 例えば Schrenk, *TDNT*, 2.218 を見よ。
9) パウロにおける個人と集団に関しては Davies, *The Land*, 218; Käsemann, 'Anthropology', *Perspectives*, 2–5, 10, 17, 29 を見よ。

移行：パウロが、ユダヤ人も異邦人もみなが滅び行く集団から救われる者の集団へと移行せねばならない、と考えたことは非常に驚くべきことである。ユダヤ教文献においてこの思想と唯一近似する理解は、他のイスラエル人が「新たな契約」に参加しなければ救われないことを強調するクムラン巻物である。しかしこの場合も、その移行の手段はまったく異なる。クムランにおいて求められる「改宗」は「改悛」と、契約とトーラーとに対する宗派的理解への同意によるのであって、パウロの場合のように罪に対する死や1つの体への参与ではない。

したがって、これらすべての重要な点──「義」の意味、改悛の役割、罪の性質、救われた「集団」の性格、そして何よりも断罪された者から救われた者へと移行することの必要性──において、パウロの思想はパレスチナ・ユダヤ教に見られるものと著しく異なっている。共通する点もあるが、その差異は歴然としている。したがって、「表面的な同意点と本質的な差異」とがあるとする、パウロとユダヤ教とを比較した以前の結論に私たちは同意することができる[10]。しかし私はこれを、「重要な同意点と本質的な差異」と述べておきたい。さらに、この差異は恵みと行いという予想されがちなアンチテーゼではなく──恵みと行いに関してはじつに同意しており、またこの同意を表面的とは呼べない──、むしろ宗教の全体的な型である。

契約維持の律法制と参与論的終末論：この型とは、私たちが「様態」と呼ぶところのもので、それは宗教における論理的な開始点と終着点とのあいだに見られる一連の段階を指す。この「様態」は、ある宗教をその宗教言語によっていかに思考するか──したがって「様態」あるいは「構造」であって、「組織神学」でない──を指し、そして参加者あるいは改宗者がその宗教への理解と関与とによって選びとる道筋について述べている。論理的段階は、パウロにおいてよりもユダヤ教においてより鮮明だ。たとえばユダヤ教においては、違反と従順が報いと裁きに先行しなければならない。選びが従順の要求に先行すると見なされるかは重要な問題だったが、私たちはこれについて「是」と結論づけた。ここでは一連の段階の流れと各段階との関係が

---

10) 導入を見よ。

重要である。ユダヤ教はその一連の段階がいかに流れるかを、上述したようなものとして理解した。パウロに関しての基本的問題は、彼の思考パターンと、その各部分がいかに相互に関連するかである。パウロの改宗者らが福音の「仕組み」をいかに理解したか、私たちはユダヤ教の場合ほど分かっていない。パウロの思考パターンが解決から窮状へという方向性を辿っており、それぞれの戒めがこの解決において示唆されていると理解するのに十分な理由がある。人はキリスト・イエスと1つになることによって入り、「潔白で非難されるところがない」状態を保ち、さらにキリストとの一致に対して破壊的な他との一致に関与しないことで留まる。そしてパウロは、非キリスト者の立場をキリストに属する、あるいはキリストと1つになっている状態の反対として捉えた。したがってパウロにおいては、契約維持の律法制におけるスムーズな連続性でなく、むしろ幾つかの対極にある関係性を見出す。それは、キリストにあるか肉にあるか、恵みのもとにあるか律法のもとにあるか、等だ。ここには、人がキリスト・イエスと1つとなること、そしてそれが主権の移行および変容の開始をもたらすという理解がある。そしてこの変容は、主の到来によって完成する。パウロの宗教的思考のパターンは以下のようだ。神はユダヤ人と異邦人の両方を含む全人類の救済者としてキリストを遣わした――そしてパウロを異邦人のための使徒として召命した――。人はキリストと共に1人の人となること、さらにキリストと共に罪に対して死んでキリストの復活の約束を共有することで救済に参与する。しかし変容は主の再来まで完成しない。主の到来を待つあいだ、キリストにある人は罪の力と違反の汚れから自由にされており、その行動はこの新たな状態によって方向づけられるべきである。キリストがすべての者のために死んだということは、すべての者が罪の支配下にあったことを意味し、それは御霊でなく「肉のうちに」あることを意味する。この理解は、「参与論的終末論」と呼ぶことが適切だろう。

　パウロとユダヤ教とのあいだの差異を、宗教的思考の様態、連続性あるいは構造を分析することで確認してきたが、それは私たちが知的レベルでの差異のみを扱っていることを必ずしも意味しない。これらの主題や仕組みに関する差異の背後には、宗教体験の違いがある。この差異を、「キリストのう

ちにある」という体験が「イスラエルのうちにある」という体験と同じでない、と敢えて表現してみよう。この領域の調査は、考える以上に不明瞭なので、ユダヤ教的思考とパウロ的思考において宗教がいかに表出するかという問題を分析することで、私たちは満足するしかない。

2. パウロによるユダヤ教批判

従来の理解：導入部で示したとおり、パウロとユダヤ教に関する研究史が指摘する問題は、パウロの論争が正確に理解されているかということである。モンテフィオレとシェップス、またその他の研究者は、パウロが批判したユダヤ教がヘレニズム的ユダヤ教であり、ラビ的ユダヤ教はパウロが批判したものよりも優れたものだと論じた。他の学者ら——ブルトマンをその一例として挙げたが——は、パウロの批判がまったく正しく、それはラビ・ユダヤ教文献によって支持される、と考えた。この問題を考察する場合、パウロの批判が何であったかを注意深く考えなければならない。パウロの批判は「ユダヤ教が行為義認の律法主義的宗教である」という点だ、と一般に考えられてきた。すなわちパウロは、その目標である義については同意しつつも、その手段である律法の行いを批判している、というわけだ。パウロが神の恵みを示す契約と赦しを保証し続ける改悛の重要性とに言及しない点は、一方ではユダヤ教を正確に理解している——後期ユダヤ教において契約という概念が後退した——からと考えられ、他方ではユダヤ教に対する不理解と考えられた。ロマ 3.27–4.5 における奢りに関するパウロの批判がユダヤ教の高慢さに対する非難として捉えられ、独善的な自己満足——また救いに関する不安——がラビ文献に見られると考えられてきた。

キリストに依拠したパウロの律法批判：私たちの分析によると、ラビ・ユダヤ教とその他のパレスチナ・ユダヤ教の文献は、律法主義的な行為義認という性格を持つとして適切に説明される類の宗教を反映しなかった。いずれにせよ、パウロの批判の核心がこの点にないことを繰り返し強調しておきたい。律法に対するパウロの姿勢についての議論で述べたとおり（II.D）、律法に対するパウロの論争、その結果として律法を行うことへの反論の根拠に

は、排他的救済論があった。救済がキリストのみによるのであるから、他のいかなる道を選ぶことも誤りである——したがって律法を選ぶことは誤りである——。パウロは信仰が奢りを排除すると述べ、ユダヤ人に対してその奢りを警告するが（ロマ 2.17）、それは神の前で行いが功徳を勝ちとるという理解に依拠した自己義認を警告しているのではない。それは、律法を持つことで立証される神との関係性を誇ることに対して、さらに実際には違反をしながら神の知識をひけらかすことへの警告である。パウロは律法に対して熱心であること自体を良いこととする（ロマ 10.2, フィリ 3.6）。その問題は、その態度が些細な従順や重要事項の矮小化を意味することでもなければ、それが神の前で功徳を並び立てる結果となることでもなく、それがキリストのうちにあることと較べて何の価値もないことだからだ（フィリ 3.4–11）。律法に関する根源的な問題は、それを守ることがキリストのうちに見出されるという結果を生じさせないことである。なぜなら、救いと御霊という賜物とは信仰によってもたらされるからだ（ロマ 10.10, ガラ 3.1–5）。換言すると、律法を行うことは、それが信仰でないという理由で間違っている。律法の従順自体は良いことである（ロマ 2.13）。割礼自体は良いことである（2.25–3.2）。問題は、それがキリストへの信仰による排他的な救いを脅かすことである（ガラテヤ書）。ユダヤ教の問題は、ユダヤ人が自らを救おうとする試みにおいて自己義認に陥るということでなく、その試みが正しい到達点に向かっていないことである。彼らは正しい理解に至っていない。救いに関してキリストが律法を終わらせ、トーラーへの従順によって提供されるのとは異なる義を提供することを、彼らユダヤ人は分かっていない（ロマ 10.2–4）。これがパウロの批判の内容である。

　パウロの議論の中心には、これ以上に律法に関する否定的なことが述べられておらず（ガラ 3.19）、ローマ書やフィリ 3 章に見られるような冷静な論調の議論こそが、パウロの議論の真意である。律法は良く、律法を行うことさえ悪いことではないが、救いはキリストのみによる。したがって律法によって代表される制度の全体が救いにとっては価値がないことである。この「制度全体」が変更されたので、改悛あるいは契約授与によって示される神の恵みについて、パウロは述べる必要がなくなった。これらは、新たな時代の卓

越した栄光ゆえに背後へと消え失せた（IIコリ 3.9–10）。パウロはユダヤ教をユダヤ教側からの視点で正確に描写しようとしていたのでもないし、またこの宗教の重要な側面について無知だったのでもない。彼はたんに、新たな時代と較べて古い時代に価値を見出さなくなっただけである。

異なる種類の義：パウロ自身はしばしば、ユダヤ教（あるいは異邦人への律法遵守の促し）への批判の表現として、義を獲得する手段に関する内容に触れつつ「律法の行いでなく信仰による」と述べたが、この批判の表現はこれまで正しいものとして理解され続けてきた。すなわち、パウロは終着点である義については同意していても、それが行いによってでなく、信仰をとおして獲得されるものと考えた。しかしこの批判の表現は、パウロ自身によるものであるにもかかわらず、パウロとユダヤ教との差異の根本的な部分を誤って伝えている。ちょうど律法の問題はそれがキリストでないことであることと同様に、「律法に依拠した義」（フィリ3.9）の問題はそれが信仰に依拠した神からの義でないことである。この後者の義は、人が「キリストのうちに見出され」、キリストと苦しみを共にし、キリストの復活を共有する者らのうちに入れられたときに授けられる義である。すなわち、「義」自体が異なる種類の義を指している。じつにこの義は、キリストに属することをとおしてのみ、それのみによって与えられる。したがって、パウロは手段においてのみユダヤ教と異なるのでない。手段と終着点とは関連している。真の義はキリストによって救われることであり、それは信仰をとおしてのみ与えられる。繰り返すが、これは行動としての律法遵守が誤りだというのでない。むしろ、そのような手段は誤った終着点——律法に依拠した義——に人を導くのであり、それはキリストにある救いでないゆえに誤った終着点である。

キリストに依拠したユダヤ教批判：ユダヤ教に対するパウロの批判の実際的な根拠は、もう1つの仕方で説明できる。パウロは選びと契約に裏打ちされた、イスラエルに対する神の恵みを看過している——そして結果として否定している——。しかしこれは、ユダヤ教思想における契約の意義に関するパウロの側の無知ゆえでもなければ、後期ユダヤ教において契約という概念が衰退したからでもない。じつにパウロは明確に、救いに対してユダヤ教の契約が有効であることを否定しており、つまり意識的にユダヤ教の基本を

否定している。完全な律法遵守でなければ割礼に意味はなく、むしろより悪い結果をもたらす（ロマ 2.25–3.2, ガラ 3.10）。より重要な点は、アブラハムが受けた契約の約束はその子孫でなく、キリスト者へと適用される（ロマ 4.13–25, ガラ 3.15–29）。「律法」と「信仰」に関する議論は非常に具体的である。この議論では、契約を守る者でなく、キリストに対して信仰を持ちキリストの「内に」いる者が聖書の約束を受け取ることが効果的に教えられている。しがたってガラ 3.29 では「そしてあなた方がキリストに属するなら、アブラハムの子孫であり、約束にしたがった相続人である」、またロマ 4.24–25 では「私たちの主イエスを死者のあいだから甦らされたこと、この方が私たちの違反のために殺され、私たちの義認のために甦らされたことを信じる私たちが、この方への信仰ゆえに義と認められるのです」と述べられている。したがって第 1 に、ユダヤ教において適切な仕方——「律法の行い」——で宗教的であることについてパウロが反論しているのでなく、これに先行するユダヤ教の根本に対して反論している。すなわちそれは、選びであり、契約であり、律法である。これらが誤りであるので、「律法にしたがった義」に正しく至る手段（トーラーへの遵守と改悛）は誤りと見なされ、パウロはこれに言及しない。換言するなら、パウロがユダヤ教に関して誤りだと見なす点は、それがキリスト教でないということである。

3. たんに異なる 2 つの宗教様態

　ある宗教の様態が他の宗教の様態よりも優れていることを指摘することは本研究の結論ではない。古代の宗教に何らかの価値判断を下すことに対して私は完全に反対するわけでないが、現代のヒューマニズム的価値のみを判断材料とすることに違和感を覚えざるを得ない。人はクムランの自己義認的な偏狭さを感じ取り否定すると同時に、パウロの空疎な栄光への誇りを残念に思うことだろう。しかし契約維持の律法制と参与論的終末論の主要な点に関しては、どちらのほうが優れているかと考える理由が見出せない。パウロの理解はほとんど維持し得ないものであり、実際に維持されなかった。結果としてキリスト教は早々と新たな契約維持の律法制へ変化していった。だから

といってパウロ主義が劣っているとか優れているとか評価することはできない。参与論的終末論が契約維持の律法制と異なると言う場合、私はたんにこれらが異なる様態であることを指摘しているに過ぎず、その差異がユダヤ教の在り方の誤りを指摘するわけではない。

　私はパウロとユダヤ教のどちらが優れているかという神学的判断を下すのでなく、理解の助けとなることを願って本研究を発表した。本著では一貫して困難な問題を扱ってきた。ラビ・ユダヤ教は多くの学者らが描写してきたようなものとは異なった。クムラン共同体に差異があったにせよ、これをユダヤ教の1宗派と見なすに足る重要な共通要素があった。クムランと同時期のユダヤ教の各集団のあいだには、宗教形態に関する根本的な同意がある。パウロ神学の主要な主題は、信仰による義でなく、彼の参与論的言語のうちに見出される。幾つかの共通項があったとしても、パウロの宗教様態はパレスチナ・ユダヤ教のいずれの形態とも基本的に異なる。比較を含む結論に至る場合、それは宗教様態の分析に依拠した。この分析の健全さは、「全体」と「全体」とを比較することは可能であり、全体的な様態に関して基本的な同意と差異とがある点が重要である、という理解に依拠している。重要な点にさえ違いが認められても基本的な同意が見出される場合もあれば、重要な点にさえ共通点が認められても基本的な差異が見出される場合もある。以下の2つの主要な結論はこの一般的な前提の上に立っている。(1) パレスチナ・ユダヤ教には一般的に支配的な宗教の様態——契約維持の律法制——があった。(2) パウロの宗教的思考——参与論的終末論——はこれと基本的に異なる。

B. パウロ、ヘレニズム、ヘレニズム的ユダヤ教

パウロの背景：パウロの宗教的思考がパレスチナ・ユダヤ教から派生したものとして十分に説明ができないなら、それがどこから来たかという問いが生じるのは当然のことだ。他の主題に関する著書の結論部がこの問題を終盤に至ってから扱うのは強引なことではあるが、それでもたんに無視するというわけにもいかない。ここではこの問題に対する答えの完全性や確信を装うことなく、しかしこの問題をどのように扱うべきか、その素描を提示するに留めよう。

パウロとフィロンの人間観の相違：この問題は、人の窮状に関するパウロの概念に焦点を置くことが最善の接近法となろう。隷属や呪縛といった言説はただちにヘレニズム的起源の蓋然性を想起させる。この点は、グッディナフ[1]とサンドメル[2]とがパウロとフィロンの対比から導き出した。サンドメルは以下のように、人類の窮状に関するパウロの理解はヘレニズム的であると考える。

> ギリシャ人にとって、この世は悲しみの場所であり、人は霊であり善である魂と、物質であり悪である肉体との不幸な融合であった。したがって人生は重荷だった。ギリシャ宗教の目標、じつにその中心的主題は逃避である。不可避的な終焉である死からの逃避、肉体の呪縛からの逃避であった[3]。

---

1) E.R. Godenough, 'Paul and the Hellenization of Christianity', J. Neusner (ed.), *Religions in Antiquity*, 23–68.
2) とくに Sandmel, *The Genius of Paul*, 8–14 を見よ。
3) Goodenough, 'Paul and Hellenization', 22.

サンドメルは以下のようにパウロとフィロンとを比較する。

> ……パウロとフィロンは多くの側面を共有している。両者とも聖書を個人の救いの媒介と考える。両者とも、個人がいかにその理知——あるいは魂——において肉体を凌駕するかという問題に悩まされた。両者にとって、物質と非物質の融合である人は、啓蒙された理知と攻撃的な欲情とのせめぎ合いをそのうちに秘めている。両者が同様の質問を投げかける。すなわち、肉体の欲望は人の理知を凌駕するか、あるいは人はその理知をとおして肉体の情動を克服するか[4]。

これはフィロンを正しく把握しているようだが、パウロに関してはそうでない。パウロが「霊（spirit）」と「肉（flesh）」との葛藤について語る場合（ガラ5.16–25）、これら2語は頭文字を大文字にすべきだ。すなわち、この葛藤は神の（御）霊（Spirit）と神に敵対する力としての肉（Flesh）である（とくに25節）。ここで葛藤にかかわる霊はキリスト者が有しているのと同じ（御）霊、キリスト者に内在する（御）霊である。人の霊が有体性と闘うのでない。パウロはときとして、フィロンの *sōma / sēma*（体）の概念を想起させるような仕方で、肉を人の情欲や欲望と関連させる[5]。しかしこの場合の類似性は表面的だ。パウロは肉体という墓から霊を解放することを人の目指す目標としない。人が必要とするのはむしろ、キリスト・イエスに属し、神の（御）霊を有することである。他言するなら、この葛藤は人のうちでのことでなく、人——体と魂——がどの力に属するかと関連している。パウロが用いる「肉」はフィロンが用いる「体」とは異なり、パウロの「霊」はフィロンの「魂」と同様でない。「真の人」が体において旅をするという表現をフィロンができたとしても（『混乱』77）、パウロにはできない。また、パウロが肉からの、すなわち体からのでない、確かな移行について語り得たとしても（ロマ

---

[4] Sandmel, *The Genius*, 53.
[5] 「情欲と欲望」（ガラ5.24）、「罪ある体」（ロマ6.6）、そして体と心との葛藤（ロマ7.23）を見よ。Goodenough, 'Paul and the Hellenization', 53.n11 参照。

7.5)、フィロンにそれはできない。換言するならパウロの理解は、体と魂の葛藤に関するヘレニズム的理論と同等に、2つの異なる時代に関する黙示的理論に依拠している。

ヘレニズム的隷属：だからと言ってこれは、パウロとフィロンのあいだで人の窮状に関する類似性をすべて否定するものではない。概念の相違は大きい。しかしパウロは、人の有体性と力としての肉とをときとして関連づけるのみならず、隷属という語が示す意味範囲においてフィロンと共通している。契約のうちにいる個人がパレスチナ・ユダヤ教文献において隷属されているとは見なされない。黙示文献において人は、邪悪な時代のあいだ抑圧された者として、また終末に至るまで自らを正当化して勝利を体験することができない者として見なされようが[6]、これはパウロが述べる隷属とはその意味合いが異なる。したがって私は、パウロが説明する人の窮状をたんに黙示主義からの援用と考えることに躊躇する。黙示主義との顕著な類似性——2つの時代、対峙する世界の力、終末における神の勝利による解決——が見られたとしてもである。ある意味で私たちは、ヘレニズム的な隷属の意味合いと、対峙する世界の力という黙示的世界観とを見出す。これら2つの概念——隷属と対峙する力——の融合は、占星学に見出されると容易に考えられよう。この点で、パウロが非キリスト者の窮状を占星学的な神々への隷属として表現したことは興味深い（ガラ 4.3）。しかし、占星学がパウロの理解を完全に説明することはできない。なぜならそれは、時代の変化による逃避が可能だと説明しないからだ（ガラ 4.4「時が満ちたとき」参照）。したがって、伝統的な宗教史的な分析によると、パウロは人の窮状に関する概念について不可思議な組み合わせを持っていることになる。

　これは、パウロが宇宙論的な窮状という確固とした概念から始めてその解決へと進んだのでないことを説明するようだ。もしパウロが、体（墓）に閉ざされた魂の窮状というヘレニズム的概念（フィロンにおいてはヘレニズム・ユダヤ教的概念）から開始したのなら、この言語によって人の抱える問題をより詳しく説明したことだろう。同様に、彼が黙示主義における窮状——た

---

[6]　たとえば『エチ・エノ』95–97 を見よ。

とえばベリアルの力のような邪悪な者に抑圧される義人[7]——から始めたとしたら、黙示主義の慣習的な表現によってこの点がより明確にされたことだろう。しかし人の窮状はむしろ、キリストのうちにいないことである。人は宇宙の原初的な諸霊（占星学参照）の奴隷となっており、「力としての肉のうちにあり」（敵としての「体」というフィロンの用法を参照）、違反せずにはおられない（パレスチナ・ユダヤ教参照）。パウロの想定する人の窮状は、たんに「ユダヤ教的」でも「ヘレニズム的」でも「ヘレニズム的ユダヤ教的」でもない。パウロはこれら前パウロ的な想定のどれかを、たんに受け継いだのではない[8]。

パウロの「独自性」：パウロの独自性を述べる場合に注意しなければならない点が2つある。1つには私たちが、何一つ完全に独自なものなどないという一般的な理解に同意せねばならないという点だ。じつに人の窮状を語る場合、パウロが想定するものと古代世界の他の概念とのあいだに関連を見出すことは可能だ。ここに足りないものは、パウロの思考を完全に説明し尽くすことができる、厳密な意味での並行的な言説である。それは部分的には、パウロが不義や隷属や占星学的力といった多くの異なる思考体系を持ちだしてくることと関連している。これらの思考体系は、パウロがその救済論を裏返して表現するのに用いられている。それらは個々の思考体系の世界から直接その意味を引き出してきておらず、それらが用いられる文脈であるパウロの神学から導き出されている。パウロの独自性は彼の思想における救済論的またキリスト論的なはっきりとした方向性に依拠するのであり、彼が用いるそれぞれの概念の特徴によるのでない。2つめに、私たちがパウロの思考がある程度の独自性を有しているという場合、それはある種の価値判断ではないということだ。これは、パウロの思考をより深淵だと判断することにならない。人の窮状に関するパウロの概念が古代世界に類を見ないという暫定的な結論は、キリスト教が新奇性に富んでいることを意味しない。私はたんに、パウロの思考と厳密な意味で並行的な思想を知らないし、それが今後現れる

---

7)　1QM 1.1 参照。

8)　Sandmel（*The Genius of Paul*）は、パウロとフィロンとのあいだに類似点を見出すが、パウロはこの比較をとおしてでなく、その独自性によって理解されるべきだと述べる。

とも思われない。なぜなら、人の窮状に関する彼の思考が、その解決によって決定されているからである。

　ヘレニズム的ユダヤ人のパウロ？：本項の結論をここにまとめよう。パウロがその根本においてパレスチナ・ユダヤ教と異なると判断した私たちは、その差異がヘレニズムあるいはヘレニズム的ユダヤ教に依拠しているかを考察し、人の窮状に関する概念に注目した。この点に関して詳細な分析を行うことはできなかったが、人類のジレンマに関するパウロの理解を説明する単独の資料を見出すことはできなさそうだ。その理由は、人の窮状に関するパウロの理解が彼の救済論から導き出されているからのようである。もっともパウロは、その窮状を説明する場合、またキリストのうちにある者とそうでない者を比較する場合に、多様な概念を用いる。同時代のすべての宗教運動とパウロとの関係性を繙くことはできないが、パウロをヘレニズム的ユダヤ人と見なして、キリストが真の奥義あるいはグノーシスを提示したと考える人物であったと確定することは、イエスがメシアであると理解するラビ的ユダヤ人であったと確定することと同様に困難なことのように思えることは確かだ。パウロはその書簡群において、自らの福音と神学をイエスの死と復活の意味という基盤に置いて説明しており、イエスの死と復活とを既存の思想体系にはめ込んで、同様の機能を持つ他のモチーフの代わりとしてそれらを用いているのでない。

文献と出典箇所の表記方法

A. 一次文献と翻訳

1. ラビ文献

ラビ文献の出典を示す方法はしばしば複雑で、典拠箇所を見つけるのが困難な場合がある。ビラーベックに依拠するため、指示が不正確か、あるいは完全でない場合が多い。以下には、本著が用いる底本と翻訳のリスト、そして出典の指示方法を提示する[1]。

a. ミシュナ

ミシュナの主要な底本は、H. Albeck, *Shishushah Sidre Mishnah*（ミシュナの6巻）(6 vols; Jerusalem / Tel Aviv, 1958–) である。

別の指示がない限り、引用する翻訳は H. Danby, *The Mishnah* (Oxford, 1933) である。『ピルケ・アヴォート』については、R.T. Herford, *Pirke Aboth. The Ethics of the Talmud: Sayings of the Fathers* (New York, 1962 / =1945) と Charles Taylor, *Sayings of the Jewish Fathers* (Cambridge, 1897 [再版 New York, 1969]) の両版をも参照した。

ミシュナの表記は、たんに篇名に続いて章数とミシュナ番号（段落）を記した。したがって、『ミシュナ・ベラホート』2章ミシュナ1は、『ベラホー

---

1) ここで取り扱うのは、本著の本文と脚註で取り上げられる文献に限定される。これらの文献およびそのたのラビ文献の内容、さらにミドラシュの他の書に関しては、H.L. Strack, *Introduction to the Talmud and Midrash*; G.F. Moore, *Judaism* I, 135–73 (今でも当該文献の一般的導入としては最良); *The Jewish Encyclopedia*, s.v. 'Midrash', 'Midrashim'; J. Bowker, *The Targums and Rabbinic Literature*, 53–92 を見よ。

ト』2.1（日本語略記では『M ブラ』2.1）となる。

b. トセフタ

最初の3篇のテクスト（ベラホートからキッドゥシーン）は、Saul Lieberman, *The Tosefta*（4 vols; New York, 1955–73）に依拠している。その他の篇については、M.S. Zuckermandel, *Tosephta*（Jerusalem 1963 / =1875）を用いた。脚註に指示がある篇については、G. Kittel and K.H. Rengstorf (eds.), *Die Tosefta. Text Übersetzung, Erklärung*（Rabbinische Texte）(Stuttgart, 1934–) を用いた。

ドイツ語に訳された篇が少数あり、さらに少数が英語に訳されている。引用した訳文はすべて、H. Danby, *Tractate Sanhedrin. Mishnah and Tosefta*（London, 1919）である。

トセフタの表記については、T に続いて篇名、章数、ハラハー（法規）番号を記す。したがって『トセフタ・ベラホート』2 章ハラハー 1 を『T ベラホート』2.1 と表し（日本語略記では『T ベラ』2.1）とし、これと異なる章節システムは括弧に入れて示した。

c. バビロニア・タルムード（タルムード・バヴリ）

バビロニア・タルムードは、表示されている註解の数に違いがあったりするものの、テクストについては全ての版が同一である。私は E. Grossman（New York, 1963）の底本を用いた。

別の指示がない限り、バビロニア・タルムードの翻訳はソンシーノ版（I. Epstein [ed.], *The Babylonian Talmud* [35 vols; London, 1935–52, 再版は 16vols., 1961]）からの引用である。

バビロニア・タルムードは、しばしば省略符号として用いられる B あるいは b を省き、篇名に続きと葉番号と表面（a）裏面（b）を表記する。したがって『バビロニア・タルムード・ベラホート』の葉番号 4 の裏面は『ベラホート』4b と表す（ただし日本語略記では『BT ブラ』4b とする）。英語の頁番号もしばしば付した。

d. パレスチナ・タルムード（タルムード・イェルシャルミ）

パレスチナ・タルムードについては、2つの底本を用いた。ヴェテチア版（1522［再版は New York で年代不詳］）とクロトシン版（1866［再版は Jerusalem, 1969］）である。

仏語訳は M. Schwab, *Le Talmud de Jérusalem*（Paris, 1871-90）がある。英語訳は、M. Schwab, *The Talmud of Jerusalem*（vol. 1: *Berakhoth*; New York, 1969 [=1886]）に一篇のみある。Schwab の訳はおうおうにして意訳が過ぎるので、ほとんど用いていない。これらの訳は、原本と比較せずに用いることを勧めない。さらに、原本において使い勝手を考えて付された葉番号と列番号とが、これらの訳本には付されていない。

別の指示がない限り、パレスチナ・タルムードは、篇、葉、列（a-d の4列）によって表記され、省略符号の p が付されている[2]。葉番号と列番号のあとに、括弧内に（一般にミシュナの章番号と段落番号と符合する）章番号とハラハー番号とが記載されている。したがって、『パレスチナ・タルムード・キッドゥシーン』の61葉の第4列の第1章のハラハーは、『P キッドゥシーン』61d（1.10）（日本語略記では『P キッド』61d）と表記される。葉番号と列番号は上の2つの底本においてほぼ一致しており、例外的な齟齬は脚註で示した。

e. ラビ・イシュマエルのメヒルタ（メヒルタ・デ・ラビ・イシュマエル）

当該文献に関しては、以下の3件の底本が従来より用いられてきた。

H.S. Horovitz (ed.), *Mechilta d'Rabbi Ismael* (I.A. Rabin; Jerusalem 1960 =1930).

M. Friedmann (ed.), *Mekilta d'Rabbi Ishmael* (Meir Ish Shalom; Vienna, 1870, 再版は Jerusalem, 1968).

J.Z. Lauterbach (ed.), *Mekilta de-Rabbi Ishamel* (trans. Lauterbach; Philadelphia, 1933-35).

私は Lauterbach と Horovitz に依拠しつつ、Friedmann のテクストが微妙に異なる場合にのみこれをも示した。英訳は別の指示がない限り、Lauterbach

---

2) パレスチナ・タルムードは「バビロニア・タルムードとまったく同様の仕方で、葉ごとに表か裏かで」引照されることは決してなく、いつもコラム数が示される。

を採用した。

　他のほとんどのタンナイーム時代のミドラシュと同様に、メヒルタの底本も註解する聖書章句の章節を欄外に示していない。したがって、『メヒルタ』出 16.1 などの出典箇所の表記法は不自然だが、このような表記が見られるのは、ビラーベックがこの表記法を採用していることが原因だろう[3]（ビラーベックは彼が用いた版（Wien, 1865）の葉番号と表か裏かを表記するが、これはもはや用いられていない版のようだ）。メヒルタの正式な表記法は、篇名と章数を挙げることである。もっとも、それでも困難さと混乱が解消されるわけではない。ある篇は聖書朗読区分と同一だが、他はそうでない。ときとして、篇名でなく註解されている聖書の朗読区分で引用される（例えば *Pisḥa* の代わりに *Bo'* が使われる[4]）。篇が 2 つの聖書朗読区分にまたがる場合、皆ではないが多くの場合に、新たな朗読区分が始まる箇所で、章番号が新たに 1 から始まる傾向がある。このような箇所では、聖書朗読区分名と篇名との両方を明示するのが最善の方法だろう（したがって、Beshallaḥ Amalek と Jethro Amalek）。章自体が長く、その中のある箇所を指示しても、それが見つかりにくいという問題がある。さらに悪いことには、Lauterbach は幾つかの章の章数を変更し、また彼が著した論文（'The Arrangement and the Divisions of the Mekilta' *HUCA* I [1924], 452–53）に示した原則に必ずしも従っていない。

　メヒルタの参照箇所を見つけ易くするため、私は、篇名（必要な場合は聖書朗読区分も）、Horovitz 版における章数、頁番号、Lauterbach の版の巻数、頁番号をこの順番で括弧内に記載し、註解が施されている出エジプト記の章節を記載した。Friedmann の版が他と大きく異なる場合は、この版の葉番号と表裏面（a/b）を明示した。篇名か章数において Lauterbach が Horovitz と異なる場合、まず Horovitz の方を採用し、さらに Lauterbach を示した。したがって『メヒルタ・イェトロ・アマレク』1（195–96; II, 178 [アマレク 3]; 出

　3）　残念なことに Bowker（*Targums and Rabbinic Literature*, 71–72）はいまでも、メヒルタとスィフラとスィフレについてこの表記法を推奨している。これは、Finkelstein-Horovitz 版の『申命記スィフレ』以外では、すべてのミドラシュにおいて不便な表記法だ。
　4）　〔訳註〕*Bo'*（בא [行け]）は週ごとのトーラー朗読箇所（*parashah*）の第 15 番目（出 10.1–13.16）を指す。*Pisḥa* はメヒルタ・デ・ラビ・イシュマエルの最初の篇（tractate）の名。

18.12）とある場合、これはメヒルタのアマレク篇（の中の聖書朗読区分イェトロの部分）1 章、Horovitz 版で 195 頁以降、Lauterbach 版では II 巻の 178 頁、出 18.12 への註解であることを示す。

f. スィフラ（トーラト・コハニーム）

以下の 3 つの底本が従来より用いられてきた。

    Meir Ish-Shalom Friedmann（ed.）, *Sifra d'Be Rab*（Breslau, 1915, 再版は Jerusalem, 1967）.

    I. H. Weiss（ed.）, *Sifra d'Be Rab. Huʻ Sefer Torat Kohanim*（Wien, 1862）.

    Sifra d'Be Rab. Huʻ Sefer Torat Kohanim（Jerusalem, 1959, 伝統的な版の再版）.

以下は、私が時として参照したドイツ語訳である。

    Sifra. Halachischer Midrasch zu Leviticus（trans. J. Winter; Breslau, 1938）.

上のスィフラの諸版では、註解が施されている聖書の章節が欄外に指示されていない。参照箇所は、ペレクかパラシャーの区分による聖書箇所、およびハラハーである。2 つの異なる区分方式が採用されている。ペレクとパラシャーがあるが、これは一方が他方の下部的区分というのでない。両方が、各聖書箇所の開始部から番号をふっているが、それぞれが聖書箇所を異なる仕方で区分している。したがって、『スィフラ・ベフコタイ』パラシャー 8.1（27.26）は、『スィフラ』の中の「ベフコタイ」という聖書箇所のパラシャー 8 およびハラハー 1 で、レビ 27.26 の註解を示している、ことを表す。

g. 民数記スィフレ（スィフレ・ベ-ミドバル）

本著で用いた底本は以下のものである。

    Meir Ish-Shalom Friedmann（ed.）, *Sifre d'Be Rab*（Vienna, 1864; 再版は Jerusalem, 1968）.

    H.S. Horovitz（ed.）, *Siphre d'Be Rab*, Fasciculus primus: *Siphre ad Numeros adjecto Siphre zutta*（Leipzig, 1917; 再版は Jerusalem, 1966）.

同時に私はドイツ語訳をも参考にした。

    K.G. Kuhn（ed.）, *Sifre zu Numeri*（Rabbinische Texte, 2. Reihe, 3. Band;

Stuttgart, 1959).

　民数記スィフレの引照は、聖書朗読区分と関係なく順番毎に数字化された段落 (*pisqa*) の番号、続いて Horovitz の頁番号 (Friedmann がこれと異なる場合はそれをも記載)、註解の対象となる民数記の箇所が記される。したがって『民スィフ』40 (43-44; 民 6.44) は、民数記スィフレの *pisqa'* 40 で、Horovitz 版の 43-44 頁で、民 6.24 の註解を意味する。

h.　申命記スィフレ (スィフレ・デヴァリーム)
以下が主要な底本である。
　L. Finkelstein and H.S. Horovitz (eds.), *Sifre on Deuteronomy* (New York, 1969) (=1939).

私は Friedmann の底本をも参考にした (民数記スィフレを見よ)。
同時に私は以下の翻訳をも参考にした。
　G. Kittel (ed.), *Sifre zu Deuteronomium* (1. Lieferung; Rabbinische Texte; Stuttgart, 1922).
　Henrik Ljungman (ed.), *Sifre Deuteronomium* (Rabbinische Texte, 2. Reihe, 4. Band, 1. Lieferung; Stuttgart, 1964).

申命記スィフレが引照される場合も、民数記スィフレの場合と同様である。頁番号は Finkelstein-Horivitz 版のものである。

i.　再編成されたタンナイーム時代のミドラシュ
本著で用いた底本は以下のものである。
　J.N. Epstein and E.Z. Melamed (eds.), *Mekhilta d'Rabbi Sim'on b. Jochai* (Jerusalem, 1955). 出エジプト記の箇所 (欄外に示されている) と頁番号で表されている。
　Sifre Zuta (スィフレ・ズータ) は、上の Horovitz (ed.) の民数記スィフレを見よ。民数記の箇所 (欄外に示されている) と頁番号で表されている。
　D. Hoffmann (ed.), *Midrasch Tannaïm zum Deutronomium* (2 vols; 1909, 再版は Jerusalem で再版年無記載). 申命記の箇所 (欄外に示されている) と頁番号で表されている。

j. ラビ・ナタンによる父祖の章（アヴォート・デ‐ラビ・ナタン、略語はARN）
本著で用いた底本は以下のものである。

 S. Schechter (ed.), *Aboth de Rabbi Nathan* (Corrected edition; New York, 1967, 初版は1887).

本著では以下の翻訳を参考にした。

 The Fathers According to Rabbi Nathan (trans. Judah Goldin; YJS 10; New Haven, 1955).

ARN が引照される場合は章数のみを記し、必要があるときだけ頁数が記してある。

k. 後期ミドラシュ

ミドラシュ・ラッバー 5)

 Midrash Rabbah on the Five Books of the Torah and the Five Megillot (2 vols.; Wilna, 1878, 再版は Jerusalem, 1961).

翻訳として以下がある。H. Freedman and Maurice Simon (eds.), *Midrash Rabbah* (10 vols.; London, 1939). 引照する場合は、各章を段落ごとに区分する Wilna 版を用いている。註解がされている聖書箇所と英語版の頁数も記してある。

モーセ五書のミドラシュ・アガダー（ハガダー）

 Mordecai Margulies (ed.), *Midrash Haggadol on the Pentateuch: Exodus* (Jerusalem, 1967). 聖書箇所の章節によって記してある。

モーセ五書のミドラシュ・アガダー

 Z.M. Rabinowitz (ed.), *Midrash Haggadol on the Pentateuch: Numbers* (Jerusalem, 1967). 聖書箇所の章節によって記してある。

モーセ五書のミドラシュ・タンフーマ

 Midrash Tanḥuma on the Five Books of the Torah (Traditional Text, 再版は Jerusalem, 1965).

---

5) 多様なミドラシュの収集。Wilna 版の題名は混乱を与えるかも知れない。*JE* 8, p.558 を見よ。

モーセ五書のミドラシュ・タンフーマ

 S. Buber, *Midrash Tanḥuma on the Five Books of the Torah* (Wilna, 1883, 再版は Jerusalem, 1964). タンフーマが引照される場合は、聖書箇所の章数と（テクストに記されている）段落数が示されている。必要な場合は、Buber 版の頁数をも記してある。

ヤルクート・シムオニ

 Yalqut Shim'oni: Midrash on the Torah, the Prophets and the Writings (traditional text, 2 巻本になる再版は Jerusalem, 1960). ヤルクートは長い範囲の箇所（各箇所はレメズ［remez］と呼ばれる）毎に区分されているが、全体としてはトーラーと預言書と諸書とに大きく区分され、それぞれの区分でレメズに番号が振られる。各区分がおおよそ 1000 のレメズからなり、各区分に属するレメズがそれぞれ 1 から始まる。欄外には聖書箇所とその章数が記され、参照箇所を見つけやすくなっている。

詩編のミドラシュ

 The Midrash on Psalms (2 vols., trans. W.G. Braude [YJS 13]; New Haven, 1959).

ベート・ミドラシュ

 A. Jellinek (ed.), *Bet ha-Midrasch* (6 vols in 2; 1853, 再版は Jerusalem, 1967).

翻訳集

 Joseph Bonsirven, *Texts Rabbiniques des deux premiers siècles chrétiens: pour servir à l'intelligence du Nouveau Testament* (Rome, 1955).

 C.G. Montefiore and H. Loewe, *A Rabbinic Anthology* (ca 1938, 再版は New York, 再版年無記載).

2. 死海巻物

死海巻物はすべて段と行によって箇所が示される。行番号が異なる場合は、Lohse のものにしたがった。特別な指示がないかぎり、ダマスコ文書（CD）の底本と翻訳は Rabin にしたがった。戦いの巻物（1QM）の底本と翻訳は

Yadin にしたがった。その他の文書の翻訳は Vermes にしたがった。これら他の文書の底本については、Lohse 版をいつも手許に置いていたが、疑いのある箇所では Licht 版の 1QS と 1QH、DJD の関連する箇所、また Habermann の底本を参考にした。下記の他の版や翻訳は、本著で参考にし引証している。その他、参照したものの引照していない版については、参考文献に挙げていない。

a. 全般的な底本

D. Barthélemy and J. T.Milik (eds.), *Discoveries in the Judaean Desert* I: *Qumran Cave 1,* (Oxford, 1955). これは *DJD* 1 と示される。

A.M. Habermann (ed.), *Megillot Midbar Yehuda* (The Scrolls from the Judean Desert) (Israel, 1959).

E. Lohse (ed.), *Die Texte as Qumran, Hebräisch und Deutsch* (Darmstadt², 1971).

b. 全般的な翻訳

J. Carmignac and P. Guilbert, *Les Textes de Qumran. Traduits et annotés vol. I: La règle de la communauté; la règle de la guerre; les hymnes* (Paris, 1961).

A. Dupont-Sommer, *The Essene Writings from Qumran* (trans. G. Vermes; Oxford and Cleaveland, 1962).

G. Vermes, *The Dead Sea Scrolls in English* (Harmondsworth, 1962). のちの版とも照合した。

c. 共同体の規則 (1QS)

W.H. Brownlee, *The Dead Sea Manual of Discipline* (BASOR Supplementary Studies 10–12; New Haven, 1951).

A.R.C. Leaney, *The Rule of Qumran and its Meaning* (London & Philadelphia, 1966).

Jacob Licht, *Megillat ha-Serakim* (Jerusalem, 1965).

P. Wernberg-Møller, *The Manual of Discipline* (Leiden, 1957).

d. 感謝の詩編（1QH）

M. Delcor, *Les Hymnes de Qumran (Hodayot)*（Paris, 1962）.
Svend Holm-Nielsen, *Hodayot: Psalms from Qumran*（Aarhus, 1960）.
Jacob Licht, *Megillat ha-Hodayot*（Jerusalem, 1957）.
M. Mansoor, *The Thanksgiving Hymns*（STDJ III; Grand Rapids, 1961）.

e. 戦いの巻物（1QM）

Yigael Yadin, *The Scroll of the War of the Sons of Light against the Sons of Darkness*（trans. Batya and Chaim Rabin; Oxford, 1962）.

f. ダマスコ文書（CD）

Chaim Rabin, *The Zadokite Documents*（Oxford, 1958）.

3. 旧約聖書外典（続編）と偽典

本著で用いられている底本と翻訳、さらに引照の仕方は、各部の脚注に示してある。ここでは文献表を挙げるのみとするが、聖書底本と各翻訳版は扱っていない。

a. 全般的な訳

R.H. Charles (ed.), *The Apocrypha and Pseudepigrapha of the Old Testament*（2 vols.; Oxford, 1913［再版は 1963］）.
A. Kahana (ed.), *Ha-Sepherim ha-Ḥestsonim*（2 vols.; Jerusalem rev. edn, 1970）.

b. シラ書

Lsrael Lévi, *The Hebrew Text of the Book of Ecclesiasticus*（Leiden, 1904［再版は 1951］）.
S. Schechter and C. Taylor, *The Wisdom of Ben Sira. Portions of the Book Ecclesi-

asticus from Hebrew Manuscripts in the Cario Genizah Collection (Cambridge, 1899).

M.S. Segal, *Sefer Ben Sira Ha-Shalem* (Jerusalem, ²1959).

Yigael Yadin, *The Ben Sira Scroll from Masada* (trans. A. Newman; Jerusalem, 1965).

c. **Ⅰエノク書**

Matthew Black (ed.), *Apoclypsis Henochi Graece* (Leiden, 1970).

Campbell Bonner, *The Last Chapters of Enoch in Greek* (Studies and Documents 8; London, 1937 [再版は Darmstadt, 1968]).

R.H. Charles, *The Book of Enoch or I Enoch* (trans. from the editor's Ethiopic text; Oxford, ²1912). 『Ⅰエノ』と表記する。

Adolphe Lods, *Le livre d'Hénoch. Fragments grecs découverts à Akhmîm* (Haute-Egypte; Paris, 1892).

d. **ヨベル書**

R.H. Charles, *The Book of Jubilees or the Little Genesis* (trans. from the editor's Ethiopic text; London, 1902).

e. **ソロモンの詩編**

Wilhelm Frankenberg, *Die Datierung der Psalmen Salomos* (Giessen, 1896).

O. von Gebhardt, *Ψαλμοὶ Σολομῶντος: Die Psalmen Salomo's zum ersten Male ... herausgegeben* (TU XIII2; Leipzig, 1895).

R. Harris and A. Mingana, *The Odes and Psalms of Solomon* (2 vols.; Manchester, 1916).

H.E. Ryle and M.R. James, *ΨΑΛΜΟΙ ΣΟΛΟΜΩΝΤΟΣ. Psalms of the Pharisees, commonly called The Psalms of Solomon* (Cambridge, 1891).

f. **Ⅳエズラ書**

G.H. Box, *The Ezra-Apocalypse* (London, 1912).

4. 聖書

聖書テクストと翻訳に関する文献を挙げる必要はなかろう。聖書テクストの引用には RSV が一般に用いられているが、他の文献によって引用されている場合、ラビ文献での註解が特別な表現を要する場合は例外であり、その他に必要が生じた場合はその理由が述べられている。その他には、Jerusalem Bible と New English Bible を参考にした。ヘブライ語の旧約聖書テクストは Kittel、ギリシャ語の新約聖書は Nestle-Aland (25th ed.) を用いた。ギリシャ語の旧約聖書テクストには、Rahlfs と Swete の版を用いた。

B. 参考図書

　聖書と関連文献を学ぶ者にとって一般的な参考図書については、簡略な仕方で本文の脚注に記した。たとえば、Arndt と Gingrich によって編集された Bauer のギリシャ語辞典（BDAG）、ラビ文献と関連文献に関する Jastrow の辞典、Brown, Driver, Briggs によるヘブライ語辞典、Segal によるミシュナ的ヘブライ語の文法書、Thackeray の LXX 文法書である。脚注に挙げなかった参考図書には、Hatch & Redpath の LXX コンコルダンス、Moulton & Geden の新約聖書コンコルダンス、Lisowski の旧約聖書コンコルダンス、Mandelkern の旧約聖書コンコルダンス、Kuhn の死海巻物コンコルダンス、Habermann の死海巻物コンコルダンスがある。

　本著において頻繁に参考された辞典や事典には、Singer（ed.）, *Jewish Encyclopedia*（1901）と Buttrick et al.（eds.）, *Interpreter's Dictionary of the Bible*（1962）がある。さらに Kittel, *Wörterbuch* があるが、これは本著では一般に英語訳版（G.W. Bromily [ed.], *TDNT*, 1964–）を用いた。

　以下の参考図書は本研究において非常に有用であったが、一般にはあまり知られていないと思われる。

　　M. Haiman, *Sefer Tora, Ha-Ketubah, ve-Ha-Massorah 'al Torah, Nebi'im ve-Ketubim*, 3 vols.; Tel Aviv, 1965. これは、ラビ文献における聖書箇所への註釈のインデックスである。この書には誤った加筆や削除が多いが、ラビ文献に関する著書の多くに聖書箇所で分類したインデックスがないことを考えると、この書の価値は大きい。

　　C.Y. Kasovsky, *'Otsar Leshon ha-Mishnah: Thesaurus Mishnae: Concordantiae quae in sex Mishnae ordinibus reperiuntur*, rev. ed. by Moshe Kasovsky; 4

vols.; Tel Aviv, 1967.

C.J. Kosowski, *'Otsar Leshon Ha-Tosefta: Thesaurus Thosephthae: Concordantiae, etc.*, ed. by Moshe Kasovsky; 6 vols.; Jerusalem, concluding in 1961.

Biniamin Kosovsky, *Otzar Leshon Hatanna'im: Concordantiae verborum quae in Mechilta d'Rabbi Ismael reperiuntur*, 4 vols.; Jerusalem, 1965–66.

―― *Otzar Leshon Hatanna'im: Concordantiae verborum quae in Sifra ... reperiuntur*, 4 vols.; Jerusalem, 1967–69.

―― *Otzar Leshon Hatanna'im: Thesaurus "Sifrei": Concordantiae verborum quae in ("Sifrei" numeri et Deuteronomium) reperiuntur*, 5 vols., Jerusalem, 1970–74.

C. 一般の二次文献

Abelson, J., *The Immanence of God in Rabbinical Literature*, New York, 1969 (= 1912).

Aleksandrov, G.S., 'The Role of Aqiba in the Bar Kokhoba Rebellion', trans. Sam Driver in Neusner, *Eliezer* II, 422–36.

Alon, G., *Meḥqarim Be-Toldot Yisra'el I* (Studies in Jewish History), Tel Aviv, 2nd edn, 1967.

Amiot, F., *The Key Concepts of St. Paul*, trans. J. Dingle; New York, 1962.

Andrews, Mary Z., 'Paul and Repentance', *JBL* 54 (1935), 125.

Bacher, W., *Die Agada der Tannaiten*, 2 vols.; Strassburg, 2nd edn, 1903 and 1890 (repr. 1965, 1966).

Baltzer, Kaus, *The Covenant Formulary*, trans. David E. Green; Philadelphia, 1971.

Bamberger, B.J., *Proselytism in the Talmudic Period*, Cincinnati, 1939 (repr. 1968).

Bammel, E., 'Gottes ΔΙΑΘΗΚΗ (Gal. III.15–17) und das jüdische Rechtsdenken', *NTS* 6 (1959–60), 313–19.

——— 'Νόμος Χριστοῦ' *Studia Evangelica* III, TU 88; Berlin, 1964, 120–28.

——— 'Paul and Judaism', *The Modern Churchman* n.s. 6 (1962–63), 279–85.

Banks, Robert, *Jesus and the Law in the Synoptic Tradition*, SNTSMS 28; Cambridge, 1975.

Bardtke, H., 'Considérations sur les cantiques de Qumrân', *RB* 63 (1956), 220–33.

——— (ed.), *Qumran-Problem. Vorträge des leipziger Symposions über Qumran-Probleme vom 9. bis 14. Oktober 1961*, Berlin, 1963.

Baron, S.W., and others, *Yitzhak F. Baer Jubilee Volume*, Jerusalem, 1960 [in Hebrew].

Barrett, C.K., *A Commentary on the Epistle to the Romans*, Black/Harper; London & New York, 1957.

Barth, M. *Justification. Pauline Texts Interpreted in the Light of the Old and New Testaments*, Grand Rapids, 1970.

―――― 'The Kerygma of Galatians', *Interpretation* 21 (1967), 131–46.

Barthélemy, D., 'La sainteté selon la communauté de Qumrân et selon l'Evangile', in Van der Ploeg (ed.), *La secte de Qumrân et les origines du Christianisme*, 203–16.

Becker, J., *Das Heil Gottes. Heils- und Sündenbegriffe in den Qumrantexten und im Neuen Tetament*. SUNT 3; Göttingen, 1964.

―――― *Untersuchungen zur Entstehungsgeschichte der Testamente der wölf Patriarchen*, Leiden, 1970.

Beilner, Wolfgang, 'Der Ursprung des Pharisäismus', *BZ* 3 (1959), 235–51.

Belkin, Samuel, 'The Problem of Paul's Background', *JBL* 54 (1935), 41–60.

Berkovits, E., 'The Centrality of Halakhah', in Neusner (ed.), *Understanding Rabbinic Judaism*, 65–70.

Betz, O., 'Le ministère cultuel dans la secte de Qumrân et dans le Christianisme primitif', in Van der Ploeg (ed.), *La secte de Qumrân et les origines du Christanisme*, 163–202.

―――― *What Do We Know about Jesus?*, London, 1968.

Bietenhardt, Hans, 'Sabbatvorschriften von Qumran im Lichte des rabbinischen Rechts und der Evangelien', in Bardtke (ed.) *Qumran-Probleme*, 53–74.

Black, Matthew, 'Pharisees', *IDB*, vol. 3, 774–81.

―――― *The Scrolls and Christian Origines*, New York, 1961.

―――― (ed.), *The Scrolls and Christianity*, Theological Collections II; London, 1969.

Blackman, E.C., *Marcion and his Influence*, London, 1948.

Bloch, Renée, 'Midrash', *Supplément au Dictionnaire de la Bible* 5, Paris (1957), cols. 1263–81.

―――― 'Note méthodologique pour l'étude de la littérature rabbinique', *RSR* 43

(1955), 194–227.

Bogaert P., *Apocalypse de Baruch*, 2 vols.; Sources chrétiennes 144; Paris, 1969.

Bokser, B.M., 'Jacob N. Epstein's *Introduction to the Text of the Mishnah*' and 'Jacob N. Epstein on the Formation of the Mishnah', in Neusner (ed.), *The Modern Study of the Mishnah*, 13–36 and 37–55.

Bokser, Ben Zion, *Pharisaic Judaism in Transition: R. Eliezer the Great and Jewish Reconstruction after the War with Rome*, New York, 1935.

Bonsirven, J., *Le judaïsm Palestinien au temps de Jésus-Christ*, 2 vols. ; Paris, 1934.

Bornkamm, Günther, *Geschichte und Glaube II*, Gesammelte Aufsätze Band IV; Munich, 1971.

———— *Paul*, trans. D.M.G. Stalker, London, 1971.

Bousset, W., *Die Religion des Judentums im neutestamentlichen Zeitalter*, Berlin, 1903.

———— *Die Religion des Judentums im späthellenistischen Zeitalter*, HNT 21; Tübingen, 4th edn, 1966 (初版 1925 年).

———— *Jesu Predigt in ihrem Gegensatz zum Judentum*, Göttingen, 1892.

Bouttier, M., *Christianity According to Paul*, trans. Frank Clarke; SBT 49; London, 1966.

———— *En Christ*, Paris, 1962.

Bowker, John, *Jesus and the Pharisees*, Cambridge, 1973.

Box, G.H., 'The Idea of Intermediation in Jewish Theology', *JQR* 23 (1932–33), 103–19.

Brandenburger, Egon, *Adam und Christus. Exegetisch-religionsgeschichtliche Untersuchung zu Röm 5,12–21 (I. Kor. 15)*, WMANT 7; Neukirchen, 1962.

———— *Fleisch und Geist. Paulus und die dualistische Weisheit*, WMANT 29; Neukirchen, 1968.

Brauch, M., *Set Free To Be*, Valley Forge, 1975.

Braun, H., 'Beobachtungen zur Tora-Verschärfung im häretischen Spätjudentum', *TLZ* 79 (1954), cols. 347–52.

———— *Gesammelte Studien zum Neuen Testament und seiner Umwelt*, Tübingen,

2nd edn, 1967.

———, 'Römer 7,7–25 und das Selbstverständnis des Qumran-Frommen', 100–19 = *ZTK* 56 (1959), 1–18.

———, '"Umkehr" in spätjüdisch-häretischer und in frühchristlicher Sicht', 70–85 = *ZTK* 50 (1953), 243–58.

———, 'Vom Erbarmen Gottes über den Gerechten: zur Theologie der Psalmen Solomos', 8–69 = *ZNW* 43 (1950–51), 1–54.

Breech, Earl, 'These Fragments I Have Shored Against My Ruins: The Form and Function of 4 Ezra', *JBL* 92 (1973), 267–74.

Brocke, M., 'Tun und Lohn im nachbiblischen Judentum', *Bibel und Leben* 8 (1967), 166–78.

Bröker, G., *Die Lehre von der Sünde bei Paulus und im Schrifttum der Sekte von Qumrān*, Diss. Leipzig 1959.

Brown, R.E., 'The Qumran Scrolls and the Johannine Gospel and Epistles', in Stendahl (ed.), *The Scrolls and the New Testament*, 183–207.

Brownlee, W.H., 'Light on the Manual of Discipline from the Book of Jubilees', *BASOR* 132 (October, 1951), 30–32.

Buchanan, G.W., *The Consequences of the Covenant*, SNT 20; Leiden, 1970.

Buck, C. and Taylor, G., *Saint Paul, A Study of the Development of his Thought*, New York, 1969.

Büchler, A., 'Ben Sira's Conception of Sin and Atonement', *JQR* 13 (1922–23), 303–35, 461–502, 14 (1923–24), 53–83.

———, *Der galiläische 'Am-ha'ares des zweiten Jahrhunderts*, Hildesheim 1968 (=1906).

———, 'The Law of Purification in Mark VII.1–23', *ExpT* 21 (1909–10), 34–40.

———, *Studies in Sin and Atonement in the Rabbinic Literature of the First Century*, New York 1967 (=1939).

———, *Types of Jewish-Palestinian Piety From 70 B.C.E. to 70 C.E.*, New York, 1968 (=1922).

Bultmann, R., 'Δικαιοσύνη Θεοῦ', *JBL* 83 (1964), 12–16.

―――― *Jesus and the Word*, trans. L.P. Smith & E.H. Lantero; New York, 1934 (repr. New York and London, 1958).

―――― 'The πίστις Group in the New Testament, πιστεύω κτλ.', *TDNT* vol. 6, 203–22.

―――― 'Romans 7 and the Anthropology of Paul', in Ogden (ed.), *Existence and Faith*, New York, 1960, 147–57 (初版 1932 年).

―――― *Theology of the New Testament I*, trans. K. Grobel; New York and London, 1952.

―――― *Das Urchristentum im Rahmen der antiken Relgionen*, Zürich, 1949 (ET: *Primitive Christianity in Its Contemporary Setting*, trans. R.H. Fuller; London & New York, 1956).

Burchard, Christoph, *Bibliographie zu den Handschriften vom toten Meer*, 2 vols.; BZAW 76, 89; Berlin, 1957, 1965.

Burkill, T.A., 'Theological Antinomies: Ben Sira and St Mark', in *New Light on the Earliest Gospel*, Ithaca, 1972.

Burrows, Millar, *The Dead Sea Scrolls*, New York & London, 1958.

Burton, E. de Witt, *A Critical and Exegetical Commentary on the Epistle to the Galatians*, ICC; Edinburgh, 1921 (repr. 1959).

Cambier, J., 'Justice de Dieu, salut de tous les hommes et foi', *RB* 71, 1964, 537–83.

Carmignac, J., 'La théologie de la souffrance dans les Hymnes de Qumran', *RQ* 3 (1961–2), pp. 365–86.

―――― 'L'utilité ou l'inutilité des sacrifices sanglants dans la "Regie de la Communauté" de Qumrân', *RB* 63 (1956), 524–32.

Cerfaux, L., *The Christian in the Theology of St Paul*, New York, 1967.

Chamberlain, J.V., 'Toward a Qumran Soteriology', *NT* 3 (1959), 305–13.

Conzelmann, H., 'Current Problems in Pauline Research', *Interpretation* 22 (1968), 171–86 (= *Der Evangelische Erzieher* 18 [1966], 241–52).

―――― *An Outline of the Theology of the New Testament*, trans. John Bowden; London & New York, 1969.

―――― 'Die Rechtfertigungslehre des Paulus: Theologie oder Anthropologie', *EvT* 28 (1968), 389–404.

Coppens, J., *L'état présent des études pauliniennes*, Bruges, 1956.

Cranfield, C.E.B, *A Critical and Exegetical Commentary on the Epistle to the Romans I*, ICC; Edinburgh, 1975.

―――― 'St Paul and the Law', *SJT* 17 (1964), 43–68.

Crenshaw, James L., 'The Problem of Theodicy in Sirach: On Human Bondage', *JBL* 94 (1975), 47–64.

Cross, F.M. Jr, *The Ancient Library of Qumran*, New York, 1961.

Dahl, N.A., 'The Atonement - An Adequate Reward for the Akedah? (Rom. 8.32)', in E.E. Ellis and M. Wilcox (eds.), *Neotestamentica et Semitica: Studies in honour of Matthew Black*, Edinburgh, 1969.

Danielou, J., *The Dead Sea Scrolls and Primitive Christianity*, trans. S. Attanasio, Baltimore, 1958.

Daube, David, *Wine in the Bible*, St Paul's Lecture, 1974.

Davenport, G.L., *The Eschatology of the Book of Jubilees*, SPB 20; Leiden, 1971.

Davies, W.D., 'Apocalyptic and Pharisaism', in *Christian Origins and Judaism*, Philadelphia, 1962, 19–30.

―――― *The Gospel and the Land*, Berkeley, 1974.

―――― *Invitation to the New Testament*, New York, 1966.

―――― 'Paul and Judaism', in P. Hyatt (ed.), *The Bible and Modern Scholarship*, 178–86.

―――― *Paul and Rabbinic Judaism*, London 2nd edn, 1958.

―――― 'Paul: from the Semitic Point of View', in *Cambridge History of Judaism* (forth-coming).

―――― *Torah in the Messianic Age and / or the Age to Come*, JBL Monograph Series 7; Philadelphia, 1952.

Deissmann, Adolf, *Paul*, trans. W.E. Wilson, New York, 2nd edn, 1957（初版 1927年）.

de Jonge, M., 'Christian Influence in the Testaments of the Twelve Patriarchs', *NT*

4 (1960), 182–235.

―――― 'Once More: Christian Influence in the Testaments of the Twelve Patriarchs', *NT* 5 (1962), 311-19.

―――― *The Testaments of the Twelve Patriarchs*, Leiden, 1953.

Delcor, M., 'Le sacerdoce, les lieux de culte, les rites et les fêtes dans les documents de Khirbet Qumrân', *RHR* 144 (1953), 5–41.

―――― 'Le vocabulaire juridique, cultuel et mystique de l' "initiation" dans la secte de Qumrân', in Bardtke (ed.), *Qumran-Probleme*, 109–34.

Denis, A.M., *Introduction aux Pseudépigraphes grecs d'Ancien Testament*, Studia in Veteris Testamenti Pseudepigrapha I; Leiden, 1970.

Descamps, A.A., *The Hebrew Text of Sirach*, The Hague, 1966.

Dinkler, Erich, 'Prädestination bei Paulus. Exegetische Bemerkungen zum Römerbrief', in W. Schneemelcher (ed.), *Festschrift für Günther Dehn*, Neukirchen, 1957, 81–102.

Dodd, C.H., *The Bible and the Greeks*, London, 1935.

―――― 'The Mind of Paul II', *New Testament Studies*, Manchester, 1953.

Dodds, E.R., *The Greeks and the Irrational*, Berkeley & Los Angeles, 1966.

Donfried, K.P., 'False Presuppositions in the Study of Romans', *CBQ* 36 (1974), 332–55.

Driver, G.R., 'Hebrew Notes on the "Wisdom of Jesus Ben Sirach"', *JBL* 53 (1934), 273–90.

van Dülmen, Andrea, *Die Theologie des Gesetzes bei Paulus*, Stuttgart, 1968.

Dupont, Jacques, 'La conversion de Paul et son influence sur la conception du salut par la foi', *Foi et Salut selon S. Paul*, AB 42; Rome, 1970, 67–88.

―――― *La réconciliation dans la théologie de saint Paul*, Bruges & Paris, 1953.

―――― *ΣΥΝ ΧΡΙΣΤΩΙ. L'union avec le Christ suivant saint Paul*, Bruges, 1952.

Dupont-Sommer, A., '"Elus de Dieu" et "Elu de Dieu" dans le Commentaire d'Habacuc', in Z.V. Togan (ed.), *Proceedings of the Twenty-Second Congress of Orientalists II*, 1957, 568–72.

―――― 'Le Problème des influences étrangères sur la secte juive de Qoumrân', *RH-*

PhR 35 (1955), 75–92.

Elbogen, I., *Geschichte des Achtzehngebets*, Breslau, 1903.

Ellis, E.E., *Paul and His Recent Interpreters*, Grand Rapids, 1961.

_____ 'Review of Whiteley, *Theology of St. Paul*', *JBL* 84 (1965), 454–56.

Epp, Eldon, J., 'Review of Samuel Sandmel, *The First Christian Century in Judaism and Christianity*', *Central Conference of American Rabbis Journal* 18 (1971), 72–74.

Eppstein, Victor, 'When and How the Sadducees were Excommunicated', *JBL* 85 (1966), 213–24.

Epstein, J.N., *Mabo' le-Nosaḥ ha-Mishnah*, 2 vols.; Introduction to the Mishnah; Jerusalem, 1964.

_____ *Mebo' ot le-Sifrut ha-Tannaim*, of E.Z. Melanmed (ed.), *Introduction to Tannaitic Literature*, 1975.

Farmer, W.R., Moule, C.F.D., and Niebuhr, R.R. (eds.), *Christian History and Interpretation: Studies Presented to John Knox*, Cambridge, 1967.

Finkelstein, Louis, *Akiba: Scholar, Saint and Martyr*, New York, 1962 (= 1936).

_____ 'The Book of Jubilees and the Rabbinic Halaka', *HTR* 16 (1928), 39–61.

_____ 'The Development of the Amidah', *JQR* 16 (1925–26), 1-43; 127–70.

_____ 'Introductory Study to *Pirke Abot*', *JBL* 57 (1938), 13–50.

_____ *Mabo le-Massektot Abot ve-Abot d'Rabbi Natan*, Introduction to the Treatises Abot and Abot of Rabbi Nathan; New York, 1950.

_____ *New Light from the Prophets*, London, 1969.

_____ *Pharisaism in the Making*: Selected Essays, New York, 1972.

_____ *The Pharisees: The Sociological Background of Their Faith*, 2 vols.; Philadelphia, 3rd edn, 1962.

_____ 'Studies in the Tannaitic Midrashim', in *Proceedings of the American Academy of Jewish Research* VI, 1934–35, 189–228.

Fitzmyer, J.A., 'The Contribution of Qumran Aramaic to the Study of the New Testament', *NTS* 20 (1974), 382–407.

_____ 'The Languages of Palestine in the First Century A.D.', *CBQ* 32 (1970),

C. 一般の二次文献

501–31.
_____ *Pauline Theology*, Englewood Cliffs, 1967.
_____ 'Review of A. D. Macho's edition of *Targum Neofiti*', *CBQ* 32 (1970), 107–12.
_____ 'Review of M. McNamara, *The New Testament and the Palestinian Targum to the Pentateuch*', *Theological Studies* 29 (1968), 321–26.
_____ 'Saint Paul and the Law', *The Jurist* 27 (1967), 18–36.
Flusser, D., 'The Dead Sea Sect and Pre-Pauline Christianity', in Rabin & Yadin (eds.), *Aspects*, 215–66.
_____ 'The Jewish Origin of Christianity', in Baron (ed.), *Yitzhak F. Baer Jubilee Volume*, 75–98 [in Hebrew].
_____ 'Scholem's Recent Book on Merkabah Literature', *JJS* 11 (1960), 59–68.
_____ 'Two Notes on the Midrash on 2 Sam. VII', *IEJ* 9 (1959), 99–109.
Ford, J.M., '"Hast Thou Tithed thy Meal?" and "Is thy Child Kosher?"', *JTS* 17 (1966) 71–79.
Forkman, Goran, *The Limits of the Religious Community*, Lund, 1972.
Furnish, V.P., 'The Place and Purpose of Philippians iii', *NTS* 10 (1963), 80–5.
_____ *Theology and Ethics in Paul*, New York, 1968.
Gartner, Bertil, *The Temple and the Community in Qumran and the New Testament*, SNTSMS 1; Cambridge, 1965.
Gaston, Lloyd, 'Review of F.W. Danker, *Jesus and the New Age According to St Luke*', *JBL* 94 (1975), 140–42.
Gelin, Albert, *Les Pauvres de Yahve*, Temoins de Dieu 14; Paris, 1953.
Gibbs, John G., *Creation and Redemption*, Leiden, 1971.
Giblin, C.H., *In Hope of God's Glory*, New York, 1970.
Ginzberg, Louis, *On Jewish Law and Lore*, Cleveland & New York, 1962.
_____ 'An Introduction to the Palestinian Talmud' (repr. from *Commentary on the Jerusalem Talmud*, New York, 1941).
_____ 'The Significance of the Halachah for Jewish History' (trans. Arthur Hertzberg from a Hebrew address given in 1929–30).

Goguel, M., 'Remarques sur un aspect de la conversion de Paul', *JBL* 53 (1934), 257–67.

Goldberg, A.M., *Untersuchungen über die Vorstellung von der Schekhinah in der frühen rabbinischen Literature*, SJ 5; Berlin, 1969.

Goldin, Judah, *The Song at the Sea*, New Haven & London, 1971.

―――― 'The Thinking of the Rabbis', *Judaism* 5 (1956), 3–12.

Goodenough, E.R., *Jewish Symbols in the Greco-Roman Period*, 12 vols.; New York, 1953–65.

―――― 'Paul and the Hellenization of Christianity' (completed by A. T. Kraabel), in Neusner (ed.), *Religions in Antiquity. Essays in Memory of Erwin Ramsdell Goodenough*, Studies in the History of Religions 14; Leiden 1968, 23–68.

Goodspeed, E.J., *The Meaning of Ephesians*, Chicago, 1933.

―――― 'Some Greek Notes: III Justification', *JBL* 73 (1954), 86–91.

Greenfield, J., 'Review of *The Targums of Onkelos and Jonathan ben Uzziel on the Pentateuch*', *JBL* 89 (1970), 238–39.

Guilbert, P., 'Plan de la "Regie de la Communauté"', *RQ* 1, (1958–59), 323–44.

Hanhart, Karel, 'Paul's Hope in the Face of Death', *JBL* 88 (1969), 445–57.

Harnisch, Wolfgang, *Verhangnis und Verheissung der Geschichte. Untersuchungen zum Zeit- und Geschichtsverstdndnis im 4. Buch Esra und in der syr. Baruch-apokalypse*, FRLANT 97; Göttingen, 1969.

Harrison, P.N., *Paulines and Pastorals*, London, 1964.

Harrison, R.K., 'The Rites and Customs of the Qumran Sect', in M. Black (ed.), *The Scrolls and Christianity*, 22–36.

Haspecker, J., *Gottesfurcht bei Jesus Sirach*, Rome, 1967.

Havet, J., 'La doctrine paulinienne du "Corps du Christ". Essai de mise au point', in A. Descamps and Others, *Littérature et théologie pauliniennes*, 185–216.

Heinemann, J., 'Birkath Ha-Zimmun and Ḥavurah-Meals', *JJS* 13 (1962), 23–29.

―――― *Ha-Tefillah bi-Tequfat ha-Tanna'im ve-ha-Amora'im* (Prayer in the Period of the Tanna'im and the Amora'im: its Nature and Patterns), Jerusalem, 2nd, edn, 1966.

Helfgott, B.W., *The Doctrine of Election in Tannaitic literature*, New York, 1954.

Helfmeyer, F.J., '"Gott Nachfolgen" in den Qumrantexten', *RQ* 7 (1969), 81–104.

Hengel, M., *Judaism and Hellenism*, 2 vols.; trans. John Bowden; London & Philadelphia, 1974.

Herford, R. Travers, *The Pharisees*, New York, 1924.

Hill, David, 'Δίκαιοι as a Quasi-Technical Term', *NTS* 11 (1965), 296–302.

Hillers, Delbert R., *Covenant: The History of a Biblical Idea*, Baltimore, 1969.

Hindley, J.C., 'Towards a Date for the Similitudes of Enoch', *NTS* 14 (1968), 551–65.

Hirsch, E. G., 'Gentile', *JE* V, 615–26.

―――― 'Shemoneh 'Esreh', *JE* XI, 270–82.

Holm-Nielsen, S., 'Erwägungen zu dem Verhältnis zwischen den Hodajot und den Psalmen Salomos', in S. Wagner (ed.), *Bibel und Qumran*, 112–31.

―――― '"Ich" in den Hodajoth und die Qumrāngemeinde', in Bardtke (ed.), *Qumran-Probleme*, 217–29.

Howard, George, 'Romans 3.21–31 and the Inclusion of the Gentiles', *HTR* 63 (1970), 223–33.

Hruby, K., 'Le concept de Révèlation dans la théologie rabbinique', *Orient Syrien* 11 (1966), 17–50; 169–98.

Hübner, Hans, 'Anthropologischer Dualismus in den Hodayoth?', *NTS* 18 (1972), 268–84.

―――― 'Existentiale Interpretation der paulinischen "Gerechtigkeit Gottes". Zur Kontroverse Rudolf Bultmann-Ernst Käsemann', *NTS* 21 (1975), 462–88.

―――― 'Gal. 3,10 und die Herkunft des Paulus', *KD* 19, 1973, 215–31.

Hunter, A.M., *The Gospel According to St Paul*, London & Philadelphia, 1966.

―――― *Interpreting Paul's Gospel*, London & Philadelphia, 1954.

Hunzinger, C.-H., 'Beobachtungen zur Entwicklung der Disziplinarordnung der Gemeinde von Qumrān', in Bardtke (ed.), *Qumran-Probleme*, 231–45.

―――― 'Fragmente einer alteren Fassung des Buches Milhamā aus Höhle 4 von Qumrān', *ZAW* 69 (1957), 131–51.

Huppenbauer, H., 'rvb "Fleisch" in den Texten von Qumran (Höhle I)', *TZ* 13 (1957), 298–300.

―――― *Der Mensch zwischen zwei Welten. Der Dualismus der Texte von Qumran (Höhle I) und der Damaskus Fragmente*, ATANT 34; Zurich, 1959.

Hurd, J.C., *The Origin of First Corinthians*, London, 1965.

―――― 'Pauline Chronology and Pauline Theology', in W. R. Farmer et al. (eds.), *Christian History and Interpretation*, 225–48.

Hyatt, J. P. (ed.), *The Bible in Modern Scholarship*, Nashville, New York & London, 1965.

Jacobs, L., 'The Concept of Hasid in the Biblical and Rabbinic Literatures', *JJS* 8 (1957), 149–54.

Jaubert, A., *La notion d'alliance dans le judaïsme*, Paris, 1963.

Jeremias, Gert, *Der Lehrer der Gerechtigkeit*, SUNT 2; Göttingen, 1963.

Jeremias, J., *Jerusalem in the Time of Jesus*, trans. F.H. & C.H. Cave; London & Philadelphia, 1969.

―――― 'Justification by Faith', in *The Central Message of the New Testament*, London & New York, 1965, 51–70.

―――― *New Testament Theology* I, trans. John Bowden; London & New York, 1971.

―――― 'πολλοί' *TDNT* VI, 540–41.

Jervell, J., 'Die offenbarte und die verborgene Tora. Zur Vorstellung über die neue Tora im Rabbinismus', *ST* 25 (1971), 90–108.

Jewett, R., 'The Epistolary Thanksgiving and the Integrity of Philippians', *NT* 12 (1970), 40–53.

―――― *Paul's Anthropological Terms: A Study of their Use in Conflict Settings*, AGJU 10; Leiden, 1971.

Kadushin, Max, *A Conceptual Approach to the Mekilta*, New York, 1969.

―――― *Organic Thinking: A Study in Rabbinic Thought*, New York, 1938.

―――― 'The Rabbinic Concept of Israel', *HUCA* 19 (1945–46), 71–80.

―――― *The Rabbinic Mind*, New York, 2nd, edn, 1965.

Käsemann, Ernst, *An die Römer*, HNT 8a; Tübingen, 1974.

_____ *Exegetische Versuch und Besinnungen*, 2 vols.; Göttingen, 1960, 1964.

_____ *Leib und Leib Christi*, Tübingen, 1933.

_____ *Perspectives on Paul*, trans. M. Kohl; London & Philadelphia, 1971.

Kapelrud, A.S., 'Der Bund in den Qumran-Schriften', in S. Wagner (ed.), *Bibel und Qumran*, 137–49.

Karris, R.J., 'The Occasion of Romans: A Response to Professor Donfried', *CBQ* 36 (1974), 356–58.

Kennedy, H.A.A., 'The Significance and Range of the Covenant-Conception in the New Testament', *Exp* 10 (1915), 385–410.

Kertelge, K., *'Rechtfertigung' bei Paulus*, Münster, 1967.

Klinzing, Georg, *Die Umdeutung des Kultus in der Qumrangemeide und im Neuen Testament*, SUNT 7; Göttingen, 1971.

Knox, John, *Chapters in the Life of Paul*, New York, 1950.

_____ *Marcion and the New Testament*, Chicago, 1942.

Koch, K., *The Rediscovery of Apocalyptic*, SBT II 22; trans. M. Kohl; London, 1972.

Köberle, J., *Sünde und Gnade im religiösen Leben des Volkes Israel bis auf Christum. Eine Geschichte des vorchristlichen Heilsbewusstseins*, München, 1905.

Kümmel, W.G., *Introduction to the New Testament*, trans. H.C. Kee; Nashville, New York & London, rev. edn, 1975.

_____ 'πάρεσις and ἔνδειξις: A Contribution to the Understanding of the Pauline Doctrine of Justification', *JTC* 3 (1967), 1–13.

_____ 'Das Problem der Entwicklung in der Theologie des Paulus', *NTS* 18 (1972), 457–58.

_____ *The Theology of the New Testament*, trans. J.E. Steely; Nashville, New York & London, 1974.

_____ *Römer 7 und die Bekehrung des Paulus*, Leipzig, 1929.

Kuhn, H.-W., *Enderwartung und gegenwärtiges Heil. Untersuchungen zu den Gemeindeliedern von Qumran*, SUNT 4; Göttingen, 1966.

Kuhn, K.G., 'New Light on Temptation, Sin, and Flesh in the New Testament', in Stendahl (ed.), *The Scrolls and the New Testament*, 94–113.

Kuhn, Peter, *Gottes Selbsterniedrigung in der Theologie der Rabbinen*, SANT 17; München, 1968.

Lauterbach, J.Z., 'Midrash halakah', *JE* 8, 569–72.

――― *Rabbinic Essays*, Cincinnati, 1951.

Le Déaut, R., 'Apropos a Definition of Midrash', *Interpretation* 26 (1971), 259–82.

――― 'Aspects de l'intercession dans le Judaïsme ancien', *JSJ* 1 (1970), 35–57.

――― *La nuit Pascale. Essai sur la signification de la Pâque juive à partir du Targum d'Exode XII42*, AB 22; Rome, 1963.

――― 'Targumic Literature and New Testament Interpretation', *Biblical Theology Bulletin* 4 (1974), 243–89.

Légasse, Simon, 'Les Pauvres en Esprit et les "Volontaires" de Qumran', *NTS* 8 (1962), 336–45.

Lévi-Strauss, Claude, *Structural Anthropology*, trans. C. Jacobson and B.G. Schoepf; New York & London, 1963.

Lewandowski, G.A., 'An Introduction to Ernst Kasemann's Theology', *Encounter* 35 (1974), 222–42.

Licht, J., 'An Analysis of the Treatise on the Two Spirits in DSD', in Rabin and Yadin (eds.), *Aspects*, 88–99.

――― 'The Doctrine of the Thanksgiving Scroll', *IEJ* 6 (1956), 1–13, 89–101.

――― 'Mussag ha-Nedabah Biktabeha shel Kat Midbar Yehuda (The Concept of *Nedabah* in the Dead Sea Scrolls)', in J. Liver (ed.), *'Iyyunim Bimgillah Midbar Yehudah*, Studies in the DSS in memory of E. L. Sukenik, Jerusalem 1957, 77–84.

Lieberman, Saul, 'The Discipline in the So-Called Dead Sea Manual of Discipline', *JBL* 71 (1952), 199–206.

――― *Greek in Jewish Palestine*, New York, 2nd edn, 1965.

――― 'Light on the Cave Scrolls from Rabbinic Sources', *PAAJR* 20 (1951), 395–404.

――― *Tosefeth Rishonim*, 4 vols.; Jerusalem, 1937–9.

――― *Tosefta Ki-Fshutah*, 9 vols.; New York, 1955–73.

Lietzmann, H., *An die Romer*, HNT 8; Tübingen, 4th edn, 1933.

Limbeck, Meinrad, *Die Ordnung des Heils. Untersuchungen zum Gesetzesverständnis des Frühjudentums*, Düsseldorf, 1971.

Loewe, H., 'Pharisaism', in W.O.E. Oesterley (ed.), *Judaism and Christianity I: The Age of Transition*, 105–90.

Lohse, Eduard, *Mdrtyrer und Gottesknecht. Untersuchungen zur urchristlichen Verkündigung vom Sühntod Jesu Christi*, FRLANT 64, NF46; Göttingen, 2nd edn, 1963.

―――― 'Vorwort', *Die Religion des Judentums* by W. Bousset, 1966, v-x.

Longenecker, R.N., *Paul: Apostle of Liberty*, New York, 1964.

Luther, M., *A Commentary on St Paul's Epistle to the Galatians*, trans. Philip S. Watson; London, 1953 (repr. 1961).

Luz, Ulrich, *Das Geschichtsverständnis des Paulus*, Munich, 1968.

Lyonnet, Stanislav, 'Pauline Soteriology', in A. Robert and A. feuillet (eds.), *Introductory to the New Testament*, trans. Patrick Skehan et al.; New York, 1965, 821–65.

'St Paul: Liberty and Law', in J. M. Oesterreicher (ed.), *The Bridge: A Yearbook of Judaeo-Christian Studies* IV, Newark, 1962, 229–51.

Mach, R., *Der Zaddik in Talmud und Midrasch*, Leiden, 1957.

MacRae, G.W., 'The Colossian Heresy and Modern Gnostic Scholarship', a paper read at the 1972 *SNTS* Meeting.

Maier, G., *Mensch und freier Wille*, Tübingen, 1971.

Maier, J., *Zum Gotesvolk- und Gemeinschaftsbegriff in den Schriften vom Toten Meer*, Diss., Wien, 1958.

Marböck, Johann, *Weisheit im Wandel. Untersuchungen zur Weisheitstheologie bei Ben Sira*, BBB 37; Bonn, 1971.

Marcus, R., 'The Pharisees in the Light of Modern Scholarship', *JR* 32 (1952), 153–64.

Marmorstein, A., *The Doctrine of Merits in Old Rabbinical Literature*, New York, 1968.

―――― *The Old Rabbinic Doctrine of God: The Names and Attributes of God and Essays in Anthropomorphism*, New York, 1968.

Martin, Ralph, 'Review of *Creation and Redemption* by J. Gibbs', *JBL* 91 (1972), 429–31.

Marx, A., 'Y a-t-il une prédestination à Qumrân?', *RQ* 6 (1967–69), 163–82.

McNamara, Martin, *The New Testament and the Palestinian Targum to the Pentateuch*, AB 27; Rome, 1966.

―――― *Targum and Testament*, Grand Rapids, 1972.

Melamed, E.Z., *Ha-Yaḥas sh-ben Midrashe-Halakah le-Mishnah ve-le-Tosefta* (The Relationship between the Halakhic Midrashim and the Mishna and Tosefta), Jerusalem, 1967.

Mihaly, E., 'A Rabbinic Defense of the Election of Israel', *HUCA* 35 (1964), 103–35.

Milik, J.T., 'Problèmes de la Littérature Hénochique à la Lumière des Fragments Araméens de Qumrân', *HTR* 64 (1971), 333–78.

―――― *Ten Years of Discovery in the Wilderness of Judaea*, trans. J. Srugnell; SBT 26; London, 1959.

Miller, Gene, 'ΑΡΧΟΝΤΩΝ ΤΟΥ ΑΙΩΝΟΣ – A New Look at I Corinthians 2.6–8', *JSJ*, 2 (1971), 29–82.

Mitton, C.L., *The Epistle to the Ephesians*, Oxford, 1951.

Montefiore, C.G., *Judaism and St Paul: Two Essays*, London, 1914.

Moore, G.F., 'Christian Writers on Judaism', *HTR* 14 (1921), 197–254.

―――― 'Intermediaries in Jewish Theology', *HTR* 14 (1922), 41–61.

―――― *Judaism in the First Centuries of the Christian Era: The Age of the Tannaim*, 3 vols.; Cambridge, 1927–30.

Morawe, G., *Aufbau und Abgrenzung der Loblieder von Qumrān*, Berlin, ca. 1961.

Morgenstern, J., 'The Calendar of the Book of Jubilees, Its Origins and its Character', *VT* 5 (1955), 34–76.

―――― 'The Mythological Background of Psalm 82', *HUCA* 14 (1939), 29–126.

Moule, C.F.D., '"Justification": in Its Relation to the Condition κατὰ πνεῦμα (Rom.

8.1–11)', in Lorenzo de Lorenzi (ed.), *Battesimo eGiustizia in Rom 6 e 8*, Rome, 1974, 176–201.

_____ 'Obligation in the Ethic of Paul', in W.R. Farmer et al. (eds.), *Christian History and Interpretation*, 389–406.

_____ 'St Paul and Dualism: The Pauline Conception of Resurrection', *NTS* 12 (1966), 106–23.

Müller, C., *Gottes Gerechtigkeit und Gottes Volk*, FRLANT 86; Göttingen, 1964.

Müller, H., 'Der rabbinische Qal-Wachomer-Schluss in paulinischer Typologie: zur Adam-Christus-Typologie in Rm 5', *ZNW* 58 (1967), 73–92.

Munck, J., *Paul and the Salvation of Mankind*, trans. F. Clarke; London, 1959.

_____ 'Pauline Research Since Schweitzer', in Hyatt (ed.), *The Bible in Modern Scholarship*, 166–77.

Mundle, W., 'Das religiöse Problem des IV. Esrabuches', *ZAW* 47 (1929), 222–49.

Murphy, Roland, 'BSR in the Qumran Literature and Sarks in the Epistle to the Romans', in J. Coppens et al. (eds.), *Sacra Pagina: Miscellanea Biblica Congressus Internationalis Catholici de Re Biblica (1958)*, 2 vols.; Brussels, 1959, II.60–76.

Murphy-O'Connor, J., 'The Critique of the Princes of Judah', *RB* 79 (1972), 200–16.

_____ 'La genèse littéraire de la *Règie de la Communauté*', *RB* 76 (1969), 528–49.

Neill, Stephen, *The Interpretation of the New Testament*, London, 1964.

Neusner, J., *Development of a Legend*, Leiden, 1970.

_____ *Eliezer Ben Hyrcanus*, 2 vols.; Leiden, 1973.

_____ 'The Fellowship (תבורה) in the Second Jewish Commonwealth', *HTR* 53 (1960), 125–42.

_____ *From Politics to Piety*, New Jersey, 1973.

_____ *A Life of Yohanan ben Zakkai*, Leiden, 1962 (rev. edn, 1970).

_____ (ed.), *The Modern Study of the Mishnah*, Leiden, 1973.

_____ *The Rabbinic Traditions about the Pharisees Before* 70, 3 vols; Leiden, 1971.

_____ (ed.), *Understanding Rabbinic Judaism*, New York, 1974.

Nielsen, E., 'The Righteous and the Wicked in Habaqquq', *ST* 6 (1952), 54–78.

Nissen, Andreas, 'Tora und Geschichte im Spätjudentum', *NT* 9 (1967), 241–77.

Nötscher, Friedrich, 'Schicksalsglaube in Qumran und Umwelt', *Vom alten zum neuen Testament*, BBB 17; Bonn 1962, 17–71 (= *BZ* 3 [1959], 205–34; 4 [1960], 98–121).

———, *Zur Theologischen Terminologie der Qumran-Texte*, Bonn, 1956.

Obermann, J., 'Calendaric Elements in the Dead Sea Scrolls', *JBL* 75 (1956), 285-97.

O'Dell, Jerry, 'The Religious Background of the Psalms of Solomon (Re-evaluated in the light of the Qumran Texts)', *RQ* 3 (1961–62), 241–57.

Oepke, A., 'Δικαιοσύνη Θεοῦ bei Paulus', *TLZ* 78 (1953), 257–63.

Oesterley, W.O.E. (ed.), *Judaism and Christianity*, Vol.1: *The Age of Transition* (London, 1937); Vol. 2: *The Contact of Pharisaism with Other Cultures* (ed. H. Loewe; London, 1937); Vol. 3: *Law and Religion* (ed. E.I.J. Rosenthal; London, 1938).

O'Rourke, J.J., '*Pistis* in Romans', *CBQ* 35 (1973), 188–94.

von der Osten-Sacken, P., *Gott und Belial*, SUNT 6; Göttingen, 1969.

Parkes, James, *The Foundations of Judaism and Christianity*, Chicago, 1960.

——— *Jesus, Paul and the Jews*, London, 1939.

Petuchowski, J.J., 'The Concept of "Teshuvah"', *Judaism* 17 (1968), 175–85.

——— (ed.), *Contributions to the Scientific Study of Jewish Liturgy*, New York, 1970.

Pfleiderer, Otto, *Paulinism: A Contribution to the History of Primitive Christian Theology*, trans. E. Peters; 2 vols.; London, 1877.

——— *Primitive Christianity I*, trans. W. Montgomery; 4 vols.; London, 1906.

Podro, Joshua, *The Last Pharisee: The Life and Times of Rabbi Joshua Ben Hanahyah*, London, 1959.

Lollard, T.E., 'The Integrity of Philippians', *NTS* 13 (1966), 57–66.

Pryke, J., '"Spirit" and "Flesh" in the Qumran Documents and Some New Testament Texts', *RQ* 5 (1965), 345–60.

Przybylski, Benno, The Meaning and Significance of the Concept of Righteousness in the Gospel of Matthew: With Special Referece to the Use of this Concept in the Dead Sea Scrolls and the Tannaitic Literature, Unpublished PhD Thesis, McMaster University, 1975.

Rabin, C., *Qumran Studies*, London, 1957.

―――― and Y. Yadin (eds.), *Scripta Hierosolymitana IV: Aspects of the Dead Sea Scrolls*, Jerusalem, 2nd edn, 1965.

Rabinowitz, I., 'Sequence and Dates of the Extra-Biblical Deaad Sea Scrolls and "Damascus" Fragments', *VT* 3 (1953), 175–85.

Rabinowitz, L.I., 'The Halakha as Reflected in Ben-Sira', *Papers of the Fourth World Congress of Jewish Studies I*, Jerusalem 1967, 145–48 (English summary, 264).

von Rad, Gerhard, 'The Wisdom of Jesus Sirach', in *Wisdom in Israel*, London, Nashville & New York, 1972, 240–62.

Reike, Bo, 'The Constitution of the Primitive Church in the Light of Jewish Documents', in Stendahl (ed.), *The Scrolls and the New Testament*, 143–56.

―――― 'The Law and this World According to Paul', *JBL* 70 (1951), 259–76.

―――― 'Official and Pietistic Elements of Jewish Apocalypticism', *JBL* 74 (1960), 137–50.

Reitzenstein, Richard, *Die hellenistischen Mysterienreligionen*, Darmstadt, 1956.

Rengstorf, K.H., 'ἐλπίς, ἐλπίζω', *TDNT*, II.523–29.

―――― (ed.), *Das Paulusbild in der neueren deutschen Forschung*, Darmstadt, 1964.

Reumann, J., 'The Gospel of the Righteousness of God', *Interpretation* 20 (1966), 432–52.

Rigaux, B., 'L'interprétation du paulinisme dans l'exégèse récente', in A. Descamps et al., *Littérature et théologie pauliniennes*, 1960.

―――― 'Révélation des Mystères et Perfection à Qumran et dans le Nouveau Testament', *NTS* 4 (1957–58), 237–62.

Ringgren, H., *The Faith of Qumran*, trans. E.T. Sander; Philadelphia, 1963.

Rivkin, E., 'Defining the Pharisees: the Tannaitic Sources', *HUCA* 40–41 (1969–70), 234–8.

Robinson, J.A.T., *The Body*, SBT 5; London, 1952.

Robinson, J.M., 'Introduction: The Dismantling and Reassembling of the Categories of New Testament Scholarship', in J.M. Robinson and H. Koester, *Trajectories through Early Christianity*, Philadelphia, 1971, 1–19.

_____ 'The Johannine Trajectory', in J.M. Robinson and H. Koester, *Trajectories through Early Christianity*, 232–68.

_____ 'The Problem of History in Mark, Reconsidered', *USQR* 20 (1965), 131–47.

_____ (ed.), *Zeit und Geschichte: Dankesgabe an Rudolf Bultmann*, Tübingen, 1964.

Rossler, Dietrich, *Gesetz und Geschichte. Untersuchungen zur Theologie der jüdischen Apokalyptik und der pharisäischen Orthodoxie*, WMANT 3; Neukirchen, 2nd edn, 1962.

Roetzel, Calvin J., *Judgement in the Community. A Study in the Relationship between Eschatology and Ecclesiology in Paul*, Leiden, 1972.

Rohde, E., *Psyche*, trans. W.B. Hillis; London, 1950.

Rollins, W.G., 'The New Testament and Apocalyptic', *NTS* 17 (1971), 454–76.

Rosenthal, F., *Vier apokryphische Bücher aus der Zeit und Schule R. Akiba's*, Leipzig, 1885.

Rost, Leonhard, *Einleitung in die alttestamentlichen Apokryphen und Pseudepigraphen*, Heidelberg, 1971.

_____ 'Zum "Buch der Kriege der Sohne des Lichts gegen die Sohne der Finsternis"', *TLZ* 80 (1955), 205–08.

Rowley, H.H., *The Relevance of Apocalyptic*, London & New York, 3rd edn, 1963.

Russell, D.S., *The Method and Message of Jewish Apocalyptic*, London & Philadelphia, 1964.

Saldarini, A.J., 'The End of the Rabbinic Chain of Tradition', *JBL* 93 (1974), 97–106.

Sanday, W. and Headlam, A.C., *A Critical and Exegetical Commentary on the Epistle to the Romans*, ICC; Edinburgh, 1895 (repr. 1914).

Sanders, E.P., 'Chiasmus and the Translation of *IQ Hodayot* VII, 26-27', *RQ* 6

(1968), 427–31.

――――― 'The Covenant as a Soteriological Category and the Nature of Salvation in Palestinian and Hellenistic Judaism', in Hamerton-Kelly and Scroggs (eds.), *Jews, Greeks and Christians: Studies in Honor of W.D. Davies*, Leiden, 1976, 11–44.

――――― 'Literary Dependence in Colossians', *JBL* 85 (1966), 28–45.

――――― 'On the Question of Fulfilling the Law in Paul and Rabbinic Judaism', in E. Bammel, C.K. Barrett and W.D. Davies (eds.), *Donum Gentilicium: New Testament Studies in Honour of David Daube*, Oxford, 1977, 103–26.

――――― 'Patterns of Religion in Paul and Rabbinic Judaism: A Holistic Method of Comparison', *HTR* 66 (1973), 455–78.

――――― 'R. Akiba's View of Suffering', *JQR* 63 (1973), 332–51.

Sanders, J.A., 'The Old Testament in 11Q Melchizedek', *The Jounal of the Ancient Near Eastern Society of Columbia University* 5 (1973), 373–82.

Sandmel, Samuel, *The First Christian Century in Judaism and Christianity: Certainties and Uncertainties*, New York, 1969.

――――― *The Genius of Paul*, New York, 1958,

――――― 'The Jewish Scholar and Early Christianity', in A.A. Neuman and S. Zeitlin (eds.), *The Seventy-Fifth Anniversary Volume of the Jewish Quarterly Review*, Philadelphia, 1967, 473–81.

――――― 'The Need of Cooperative Study', in I. Mihalik (ed.), *Theological Sounding: Notre Dame Seminary Jubilee Studies 1923–1973*, New Orleans, 1973, 30–35.

――――― 'Parallelomania', *JBL* 81 (1962), 1–13.

――――― *Philo's Place in Judaism*, New York, 1971.

Schechter, S., *Aspects of Rabbinic Theology*, New York, 1961.

Schlatter, A., *Der Evangelist Matthäus*, Stuttgart, 1959.

――――― *Der Glaube im Neuen Testament*, Darmstadt, 1963.

Schmid, H.H., *Gerechtigkeit als Weltordnung: Hintergrund und Geschichte des alttestamentlichen Gerechtigkeitsbegriffes*, Tübingen, 1968.

Schmid, J., 'Sünde und Sühne im Judentum', *Bibel und Leben* 6 (1965), 16–26.

Schmidt, K.L., 'Der Apostel Paulus und die antike Welt', in Rengstorf (ed.), *Das*

Paulusbild, 214–45.

Schneider, J., *Die Passionsmystik des Paulus*, Leipzig, 1929.

Schoeps, H.J., 'Haggadisches zur Auserwählung Israels', *Aus frühchristlicher Zeit*, Tübigen, 1950, 184–211.

_____ *Paul: The Theology of the Apostle in the Light of Jewish Religious History*, trans. H. Knight; 1961.

Scholem, G., *Jewish Gnosticism, Merkabah Mysticism, and Talmudic Tradition*, New York, 1965.

_____ *Major Trends in Jewish Mysticism*, New York, 1961.

Schrenk, G., 'δίκηκτλ.', *TDNT* II.178–225.

Schubert, K., *The Dead Sea Community*, trans. J.W. Doberstein; New York, 1959.

Schubert, P., 'Paul and the New Testament Ethic in the Thought of John Knox', in W.R. Farmer et al. (eds.), *Christian History and Interpretation*, 363–88.

Schürer, E., *Lehrbuch der Neutestamentlichen Zeitgeschichte*, 1886–90 (rev. edn: *Geschichte des jüdischen Volkes im Zeitalter Jesu Christi*, 1886–90).

Schultz, Siegfried, 'Zur Rechtfertigung aus Gnaden in Qumran und bei Paulus', *ZTK* 56 (1959), 155–85.

Schweitzer, A., *The Mysticism of Paul the Apostle*, trans. W. Montgomery; London, 1956.

_____ *Paul and His Interpreters*, trans. W. Montgomery; London, 1956.

Schweizer, E., 'Dying and Rising with Christ', *NTS* 14 (1967), 1–14.

_____ *Jesus*, trans. D.E. Green; Atlanta & London, 1971.

Scroggs, R., *The Last Adam*, Philadelphia, 1966.

_____ 'Romans vi.7 ὁ γὰρ ἀποθανὼν δεδικαίωται ἀπὸ τῆς ἁμαρτίας', *NTS* 10 (1963), 104–8.

Segal, M.H., 'The Qumran War Scroll and the Date of its Composition', in Rabin and Yadin (eds.), *Aspects*, 138–43.

Simon, M., and Benoit, A., *Le Judaïsme et le Christianisme antique*, Paris, 1968.

Sjoberg, Erik, *Gott und die Sünder im palästinischen Judentum nach dem Zeugnis der Tannaiten und der apocryphisch-pseudepigraphischen Literatur*, BWANT 27; Stuttgart, 1939.

―――― 'Wiedergeburt und Neuschopfung im palastinischen Judentum', *ST* 4 (1951–2), 44–85.

Smith, D.M., Jr, 'Ὁ ΔΕ ΔΙΚΑΙΟΣ ΕΚ ΠΙΣΤΕΩΣ ΖΗΣΕΤΑΙ', in B.L. Daniels and J. Suggs (eds.), *Studies in the History and Text of the New Testament in Honor of Kenneth Willis Clark*, Salt Lake City, 1967, 13–25.

Smith, Morton, 'The Dead Sea Sect in Relation to Ancient Judaism', *NTS* 7 (1960–61), 347–60.

―――― 'On the Problem of Method in the Study of Rabbinic Literature', *JBL* 92 (1973), 2–13.

Smolar, L. and Aberbach, Moshe, 'The Golden Calf Episode in Postbiblical Literature', *HUCA* 39 (1968), 91–116.

Spivey, R.A., 'Structuralism and Biblical Studies: The Uninvited Guest', *Interpretation* 28 (1974), 133–45.

Stanley, D.M., *Christ's Resurrection in Pauline Soteriology*, AB 13; Rome, 1961.

Stendahl, K., 'The Apostle Paul and the Introspective Conscience of the West', *HTR* 56 (1963), 199–215.

―――― (ed.), *The Scrolls and the New Testament*, London, 1958.

Strack, H., *Introduction to the Talmud and Midrash*, New York & Philadelphia 1959.

―――― and P. Billerbeck, *Kommentar zum Neuen Testament aus Talmud und Midrasch*, 4 vols.; München, 1924 and subsequent years (cited as S.-B.).

Stuhlmacher, P., *Gerechtigkeit Gottes bei Paulus*, Göttingen, 1966.

Styler, G.M., 'The basis of Obligation in Paul's Christology and Ethics', in B. Lindars and S.S. Smalley (eds.), *Christ and Spirit in the New Testament: Festschrift C.F.D. Moule*, Cambridge, 1973, 175–87.

Sutcliffe, E.F., 'The First Fifteen Members of the Qumran Community: A Note on IQS 8. 1ff.', *JSS* 4 (1959), 134–8.

Swete, H.B., *An Introduction to the Old Testament in Greek*, New York 1968.

Synofzik, Ernst, *Die Gerichts- und Vergeltungsaussagen bei Paulus. Eine Traditionsgeschichtliche Untersuchung*, Göttingen, 1972.

Talbert, C.H., 'A Non-Pauline Fragment at Romans 3.24–26?', *JBL* 85（1966）, 287–96.

Talmon, S. 'The Calendar Reckoning of the Sect from the Judaean Desert', in Rabin and Yadin（eds.）, *Aspects*, 162–99.

Tannehill, R.C., *Dying and Rising with Christ: A Study in Pauline Theology*, Berlin, 1967.

Taylor, G.M., 'The Function of ΠΙΣΤΙΣ ΧΡΙΣΤΟΥ in Galatians', *JBL*, 85（1966）, 58–76.

Testuz, Michel, *Les idées religieuses du Livre des Jubilés*, Geneva & Paris, 1960.

Thackeray, Henry St Joh, *The Relation of St Paul to Contemporary Jewish Thought*, London, 1900.

Thüsing, W., *Per Christum in Deym. Studien zum Verhältnis von Christozentrik und Theozentrik in den paulinischen Hauptbriefen*, Münster, 1965.

Thyen, Hartwig, *Studien zur Sündenvergebung im Neuen Testament und seinen alttestamentlichen und jüdischen Voraussetzungen*, FRLANT 96; Göttingen, 1970.

Towner, W.S., 'Form-Criticism of Rabbinic Literature', *JJS* 24（1973）, 101–18.

―――― *The Rabbinic 'Enumeration of Scriptural Examples'*, Leiden, 1973.

Urbach, E.E., *Hazal. Pirqe 'Emunot ve-De'ot*, Jerusalem, 1969（ET: *The Sages: Their Concepts and Beliefs*, 1975）.

―――― 'Ha-Masorot 'al Torat ha-Sod bi-Tequfat ha-Tannaim（The Traditions about Merkabah Mysticism in the Tannaitic Period）', in Urbach et al.（eds.）, *Studies in Mysticism and Religion: Festschrift Gershom Scholem*, Jerusalem, 1967, 1–28.

van Unnik, W.C., 'La conception paulinienne de la nouvelle alliance', in A. Descamps et al., *Littéature et théologie pauliniennes*, 109–26.

van der Ploeg, J., *The Excavations at Qumran*, trans. Keven Smyth; London, 1958.

―――― et al., *La secte de Qumrân et les origines du Christianisme. Recherches Bibliques IV*, Louvain, 1959.

Vermes, G., *Discovery in the Judean Desert*, New York, 1956.

―――― *Scripture and Tradition in Judaism*, SPB 4; Leiden, 1961.

Via, Dan O., Jr, 'Justification and Deliverance : Existential Dialectic', *Studies in Re-*

ligion / Sciences Religieuses 1 (1971), 204–12.

Volz, Paul, *Die Eschatologie der jüdischen Gemeinde im neutestamentlichen Zeitalter*, Hildesheim, 1966.

Wacholder, Ben Zion, 'The Date of the Mekilta de-Rabbi Ishmael', *HUCA* 39 (1968), 117–44.

_____ 'A Reply [to Morton Smith]', *JBL* 92 (1973), 114–15.

_____ 'Review of M. McNamara, *Targum and Testament*', *JBL* 93 (1974), 132–33.

_____ 'Review of J. Neusner, *Development of a Legend*', *JBL* 91 (1972), 123–24.

Wagner, G., *Pauline Baptism and the Pagan Mysteries*, trans. J.P. Smith; Edinburgh & London, 1967.

Wagner, S. (ed.), *Bibel und Qumran*, Berlin, 1968.

Waugh, Evelyn, *Unconditional Surrender*, London, 1961.

Wiber, Ferdinand, *Jüdische Theologie auf Grund des Talmud und vervandter Schriften*, Leipzig, 1897.

Wellhausen, J., *Die Pharisaer und die Sadducaer*, Greifswald, 1874.

West, J. K., *Justification in the Qumran Scrolls*, Unpublished diss.; Vanderbilt, 1961.

Whiteley, D.E.H., *The Theology of St Paul*, Oxford, 1964.

Wicks, H. J., *The Doctrine of God in the Jewish Apocryphal and Apocalyptic Literature*, New York, 1971.

Wikenhauser, Alfred, *Pauline Mysticism*, trans. J. Cunningham, Freiburg, 1960.

Wilckens, U., *Rechtfertigung als Freiheit. Paulus studien*, Neukirchen, 1974.

Windisch, Hans, *Paulus und das Judentum*, Stuttgart, 1935.

Winter, P., 'Psalms of Solomon', *IDB* III, 958–60.

Worrell, John, 'עצה "Counsel" or "Council" at Qumran', *VT* 20 (1970), 65–74.

Wrede, W., *Paulus*, 1904, reissued in *Das Paulusbild* (ed. Rengstorf), pp. 1-97.

Wright, Addison G., *The Literary Genre Midrash*, Staten Island, 1967.

Wright, G.E. and Reginald Fuller, *The Book of the Acts of God*, London & New York, 1960.

Yadin, Y., 'The Dead Sea Scrolls and the Epistle to the Hebrews', in Rabin and

Yadin (eds.), *Aspects*, 36–55.

York, Anthony D., 'The Dating of Targumic Literature', *JSJ* 5 (1974), 49-62.

Young, Jung, 'Interpreting the Demonic Powers in Pauline Thought', *NT* 12 (1970), 54–69.

Zeitlin, Solomon, *The Rise and Fall of the Judaean State II*, Philadelphia, 1962.

Zerwick, M., *The Epistle to the Ephesians*, London, 1969.

Ziesler, J.A., *The Meaning of Righteousness in Paul*, SNTSMS 20; Cambridge, 1972.

文献索引

聖書

旧約聖書

創世記
1.10	147
2.24	673
6.3	530
15.6	716, 727n57
15.16	715
17.8	180
17.9	180
18.8	189
18.17–33	499
18.22–23	315
22.17	194
27	173
32.8	366
35.22	296
49.4	296

出エジプト記
2.24	188
3	156
4.24	323, 367
9.27	331n753
12.1	156, 316n694
15.26	238, 243
17.16	189
18.11	216
18.27	182
19.2b	173
19.16	174
20.2–3	169
20.7	272, 273
23.7	327
34.6	249
34.7（タルグム）	171n184
34.7	204n287, 243, 271, 273

レビ記
2.14	157
5.21	240
10.1–5	334
16.16	164, 164n169
16.21（タルグム）	171n184
16.30	271
18.5	338, 458, 715, 715n37
18.21（タルグム）	559n86
18.21	559
18.24	245
19.22	273
19.37	200n271
24.11–15	446n139
25.37–38	181, 239
25.46	284
26.3–4	191n247
26.41	296, 298
26.42	254, 323
27.29	447n141

民数記
5.3	164, 165
6.24–26	483
6.27	159
14.18（タルグム）	171n184
15.39	479n219
35.34	164

申命記
1.11	194
3.23–25	253
3.24ff	224n371
3.26	253
4.30	298
5.16	231n393
6.4–9	169
6.5	166
6.6	166
6.11	313n682
7.3	559, 559n85
7.7–8	191n249
7.12	197
10.17	215, 215n340
20.19	333
21.5	159
22.6–7	217
24.16	203
25.2	300n631
27.12	159
27.26	242, 242n429, 715
29.18–19	417
31.16	367, 367n892
33.21	776

ヨシュア記
7.19	291
7.25	292

サムエル記上
2.6	249
2.25	299n627
3.14	272
25.29	198

サムエル記下
7.19	174n193, 338
8.15	330
16.13	229
22.32	480n220

列王記上
11.27	229

列王記下
15.12	317

エズラ記
9.15	331n753

ヨブ記
2.4	286
4.10	515n24

詩編
9.17	341
15	244n438
27.13	367, 368
29.4	174
31.20(19)	368
33.1	338
36.7(6)	223, 288, 330
49.8(7)	203, 203n284
49.8–9	259
51.4(6)	228
78.38	184
82.1	362
89.15	328
89.33	271
97.2	328
98.2	479n217
105.42–43	176
116.1	249
116.6	343
118.18	284
118.20	338
125.4	338
132.12	182
138.8	584n120
147.2	174

箴言
3.18	242n429
4.22	220
6.22(20)	367
6.23	285
14.34	339, 340
21.27	167

コヘレトの言葉
7.15	327, 331n755
9.18	231
10.1	234

イザヤ書
1.8–9	399n36
1.14	277
1.31	509
5.14	234, 244, 245
8.21	285
21.11–12	197
22.14	271
26.2	338
26.14	343n798
26.19	367
26.21	224
28.16	715n36
40.2	499, 500
42.21	205
43.3–4	260
57.1	331n755
57.2	370
58.1	185
58.8	328
63.8	184
66.5	268

エレミヤ書
3.14	271
10.23	472
24.6	194
35.19	182

エゼキエル書
2.10	289
16.8	174
18	320
18.5–9	244, 245
18.20	242, 243n432, 323
20.9	189
33.12	232
37.13	272
43.18–44.26	482n223

ダニエル書
5.2–4	219
9.18	251
12.2	249

ホセア書
6.6	278n543

ヨエル書
3.5(2.32)	661

アモス書
5.4	209
5.21–22	276
5.25	276
9.15	194

ミカ書
7.18–20	224

ハバクク書
1.12–13a	402
1.16	285
2.4	209, 715, 716, 717, 717n38
2.4b	471
2.5–6	389
2.19–20	403
13.1–2	403

ゼファニヤ書
2.3	596
3.11–13	399n36, 596n149

ゼカリア書
10.9	319
13.9	249

マラキ書
3.16	362
4.1（3.19）	509

新約聖書

マタイ福音書
6.19–21	325
23	633
23.23	207
25	561

マルコ福音書
4.10–12	422

ルカ福音書
17.7–10	369

ヨハネ福音書
7.49	262n489

使徒言行録
15.29	558
23.6	261n485

ローマ書
1	731
1–3	703n2, 720, 720n44, 737n66, 738, 739, 743, 804
1–4	719n43, 725
1–5	718
1–6	740, 748
1–8	647n35, 718
1.5	723
1.7	669, 717n38, 774
1.8	659
1.11	666
1.13–14	723
1.16	659, 723, 725, 777, 786
1.16–17	749n72, 786, 790
1.16–18	726
1.17	717n38, 779, 780, 782, 782n58, 785, 786
1.18–32	703n2
1.18–3.20	702, 703n2, 719
2	761
2–3	736, 736n65
2–5	697
2.6–11	725
2.10	723
2.11	723
2.12	700, 720n44, 725
2.12–16	760, 761
2.12–29	723
2.13	669, 727, 731, 748, 809
2.14–15	757
2.14–16	723
2.17	809
2.25–3.2	811
2.27	723
3	697, 720
3–4	721n45
3.1	723
3.1–6	780
3.1–7	726
3.1–22	780
3.1–5.21	718
3.3	785n62
3.4–5	782, 782n58
3.5	775n33, 780, 785, 785n62
3.6	785
3.7, 9	728
3.9	720n44, 723, 725
3.20	472, 723
3.21	726, 780, 794
3.21–22	774, 780, 786, 790
3.21–26	472, 723, 724, 737, 782, 782n58, 785
3.21–31	719
3.22	725, 786, 790n68
3.22b–25	686
3.23	703n2, 720n44, 790n68
3.24–25	696, 775n33
3.24–26	786
3.25	689, 690, 725, 738, 743
3.25–26	778
3.26	774
3.27	716, 725, 752n77
3.27–4.5	808
3.27–4.25	725
3.28	778
3.29	723, 725
4	724, 726, 726n54
4.1–25	719
4.2–3	710

4.5	727n57, 802n5	6.1–8.1	718	8.10	680, 684
4.9	725	6.3–11	691, 692	8.11	667
4.9, 11–12	725	6.4–5	666n11	8.12–39	719
4.11	727	6.5	666, 713	8.13	694
4.11–12	725	6.6	682, 699n57, 814n5	8.16	681
4.13	724	6.7	698, 698n57, 739, 743,	8.17	692
4.13–25	811		747, 802	8.21	693, 701
4.15	703n2	6.8	658	8.23	667
4.16	724, 725	6.11	666, 743	8.24	665
4.16–23	725	6.13	694	8.27	669
4.18	725	6.15–20	734, 735	8.28–30	661
4.20	725	6.16	682, 729	8.29–30	662n14
4.24	726	6.17	682	8.30	669, 698
4.24–25	811	6.17–18	699n57	8.33	661
4.24b–25	687	6.18	682, 693, 694, 698	8.38	735
4.25	687n44, 727	6.19	682	9	779
5	719, 720, 721, 736	6.20	735	9–11	647, 647n35,
5–8	719, 719n43, 721n45	6.22	693		710, 719n43, 779,
5.1	720, 727, 731, 749n72	7	656, 656n4, 680,		779n56, 780
5.5	667		702n1, 703, 703n2, 704,	9.4–5	723
5.6–9	687, 698		708, 709n23, 710, 719	9.6–8	57
5.6–11	690	7.4	692, 749, 749n72, 805	9.11–12	661
5.8	698n56	7.4–6	734, 735	9.30–31	791
5.8–10	687n45	7.5	735, 814	9.33	715n36
5.9	665, 698, 698n56, 727	7.7ff	703	10.2	717, 809
5.9–10	690, 727	7.7–25	719	10.2–4	714, 809
5.10–11	695	7.7–8.11	655	10.3	774, 781, 782,
5.11	696	7.10	734		782n58, 786n63
5.12	703n2	7.23	814n5	10.4	786
5.12–16	720n44	8	680, 719, 721, 748	10.4–13	710n27
5.13–14	703n2	8.1	680, 681, 721	10.5	710, 781
5.16–18	721	8.1–4	734	10.5–13	715n37
5.16–21	680	8.1–11	719	10.9	658, 665, 780, 781
5.17	315n690, 701	8.1–17	651	10.9–10	781
5.18	700, 701, 703n2, 720,	8.2	690, 693	10.11	711, 715n36
	727	8.3–4	691	10.13–17	661
5.20	698n56, 710n27, 711	8.4	734	11.7	661
6	682, 720, 736, 743, 753	8.9	667, 684, 735	11.14	665
6–8	656n3, 719	8.9–10	684	11.15	695, 700
6.1–11	737	8.9–11	678	11.20	669
6.1–7.6	719	8.9–14	678	11.22	763

11.29–30	723	6.1	654n54, 670	11.25	758
12.2	694	6.6	654n54, 670	11.27	742
12.4–6	677	6.9	700, 743, 764n4	11.29	762
12.6	667	6.9–10	666, 763	11.29–32	761
12.11	669	6.9–11	668, 669, 685,	12	676, 677
13.11	654n54, 664		693, 697, 736, 738, 739,	12.1	667
14.8–9	683, 688		743, 802	12.4	667, 676
14.9	657	6.11	743	12.11	667
14.23	651n48	6.12–20	682, 743	12.12–13	676, 677
15.9	657	6.13b–18a	672, 674n27	12.13	652, 678
15.16	668	6.14	666	12.14–26	676
15.18–19	666	6.15	675	12.27	676
		6.17	677	12.28–31	676
Iコリント書		6.19	667, 678, 751	14.1	667
1–2	746	7.7	667	14.22–24	654n54, 659
1.2	667, 669, 685	7.11	695	15	658, 663, 663n3, 664,
1.7	667	7.12–14	654n54		721
1.7–8	664	7.17	707	15.1–2	668
1.8	668, 776n40	7.20	707	15.1–15	658
1.9	680	7.22–23	683	15.3	687, 687n44
1.18	658, 665, 700	7.29, 31	664	15.12–15	658
1.21	659	7.31	665	15.17	659
1.21–23	654n54	7.34	668	15.20–28	659
1.23	658	7.40	666	15.22	700, 703n2
1.24, 26	661	8.6	701	15.23	683
1.29	752n77	8.11	700	15.23–28	663
1.30	741	9.14	657	15.24	735
2.4	666	9.22	665	15.24–26	768
2.6–8	735, 768	10	674, 756	15.27–28	660, 701
2.12	666	10.1–5	758	15.44	660
3.1–3	694	10.1–7	674	15.58	668
3.5	654n54	10.6–12	700	16.13	668
3.10–15	665, 761, 762	10.6–14	743		
3.12–15	776n40	10.7–8	668n15	**IIコリント書**	
3.16	666	10.8	674, 675	1.14	665
3.23	683	10.11	664	1.22	667
4.2–5	762	10.14–22	674	2.12	657
4.4–5	776n40	10.16	675, 678, 680	2.15	700
4.5	665	10.17	652, 676	3.1	681
5.1	559	10.18	756	3.6	758
5.5	664, 665	11.24	690n49	3.7–11	710n27

3.7–13	756n4	7.1	669	3.11–12	656n4, 710, 715n37, 716
3.7–18	717	7.6–7	681	3.12	715
3.8–9	729	10.1–4	681	3.14	728
3.9–10	810	10.5–7	683	3.15–18	715
3.10	657n5, 717	11.3	669	3.15–18	715
3.18	665, 694	11.7	657	3.15–29	811
4.1	681	12.12	666	3.16	691, 728
4.3	700	12.21	681, 685, 739, 742, 757	3.18	728
4.3–4	660			3.19	809
4.4	654n54	13.1–4	681	3.19–26	710n27
4.7	681	13.5	659, 680	3.21	710, 715n37, 716, 728, 729, 731, 743, 803
4.10	692	13.13	678, 680		
4.13	678			3.21–25	711
4.13–14	659	**ガラテヤ書**		3.22	716, 728
4.15	658	1.4	688	3.22–23	711, 711n28
4.16	665, 693, 694	1.11	657	3.24–29	721
4.16–17	668, 681	1.23	659	3.25–29	676, 723n50, 744
5	641n9, 663n3, 682, 685, 742	2	745		
		2–3	697, 728	3.26	679, 680, 728
5.1–5	694	2.2	657	3.26–29	716
5.5	685	2.11–14	711	3.27	680
5.6–8	681	2.14	733, 766	3.28	805
5.8	762	2.15	57, 698n56, 737	3.28–29	729
5.8–10	760, 762	2.15–17	802n5	3.29	811
5.10	592n142, 776n40	2.15–21	697, 729	4	735
5.11–12	681	2.16	472, 659, 803	4.1–7	694
5.14	682, 688, 689	2.19–20	692, 745	4.1–9	693n50
5.14–15	687, 754	2.20	667	4.1–11	734
5.14–21	741	2.21	657, 713, 713n34, 714, 716	4.3	703n2, 815
5.17	679, 681, 682, 685, 694, 758, 783			4.4	815
		3–4	677	4.6	667
5.17–21	695	3.1–5	652, 678, 716, 728, 809	4.7	681
5.18–20	695			4.8	735
5.18–21	653	3.2, 5	667, 714	4.19	694
5.19	658, 688, 700, 775	3.6	715, 729	5.1	693
5.20	682	3.7	728	5.5	651, 651n48, 664, 727, 731, 748
5.21	679, 691, 782, 782n58, 784n60, 786, 791	3.9	715, 728		
		3.10	241, 242, 243n436, 715, 728, 811	5.6	651, 651n48
6.15	654n54	3.11	715, 715n37, 717n38, 728, 729, 802	5.16–23	682
6.16	667			5.16–25	651, 678, 814

5.19	757		809	**Iテサロニケ書**	
5.19–21	740	3.1–2	682n38	1.3	664
5.21	743, 763	3.2	57	1.4	661
5.22–24	651n48	3.3	745	1.5	666
5.24	692, 694, 814n5	3.3–16	682	1.6	693
5.25	694	3.4–11	809	1.7, 8	659
6.9	669	3.4–12	730, 744	1.7–9	654n54
6.14	692	3.6	809	1.9–10	664, 666
6.15	694, 758, 783n60	3.6–8	717	2.8–9	657
6.16	756	3.8–9	680	2.10, 13	659
		3.8–11	721	2.19	665
エフェソ書		3.9	697, 714, 747, 774,	3.2	657
2.5, 8	665		782, 802, 810	3.5	668
		3.10–11	692	3.13	664, 668, 776n40
フィリピ書		3.11	666	4.1–8	651
1.6	664	3.18–21	659, 663	4.3–8	669
1.9–11	669	3.19	700	4.14	658, 659
1.10	664	3.21	665	4.15–17	660, 663
1.14, 18	657, 658	4.1	669	5.2	664
1.22–24	641	4.5	664	5.8	664
1.23	762			5.10	657, 688, 754
1.27–28	669	**コロサイ書**		5.19–20	668
1.29	659	1.13	666n11	5.23	664, 776n40
2.14–16	665	2.11–13	666n11		
2.15	668, 764	3.1	666n11	**ヤコブ書**	
3	656, 657, 709, 717,			5.16	316n316

ラビ文献

ミシュナ

ベラホート		**ペアー**		**シャッバト**	
2.1	160, 201	1.1	227	19.3	159
2.2	169, 380				
2.3	160	**デマイ**		**プサヒーム**	
4.3	373n910	2.3	264n498, 266, 268	3.7	212n325
4.4	312n674, 373n911,	3.1	329n742		
	374n912			**ヨーマ**	
7.1	268n515	**マアセル・シェニー**		1.6	267n513
		3.2	206n299	7.1	275n533

8.8	273, 280, 290, 291n596	バヴァ・カンマ		1.3	220n357	
		8.7	299n627	1.4	354	
8.8–9	270, 281	10.1	329n741	1.15	353	
8.9	271n523, 299n627			1.17	353	
		サンヘドリン		2.1	217n350, 225n375, 247	
ローシュ・ハ−シャナ		3.6	312n672			
3.7	201	3.7	312n672	2.2	324n720, 330	
		4.1	311n671, 312n672, 328n733	2.5(ET 2.6)	267	
メギッラー				2.7	237n416, 330, 354n840, 354n841	
2.2	160	6.1–7.3	291n599			
		6.2	256n469, 291n599	2.8	331, 354, 369	
ハギガー		6.5	330n748	2.10	232	
1.8	254	7–11	257	2.12	218, 354	
2.7	263, 264n497	8.5	330n748	2.13	374n912	
		10	257n473, 342	2.15	225n375	
ネダリーム		10.1	141n116, 238, 256, 257, 259, 262, 302, 303, 547	2.16	226, 295n613, 330n749, 354	
3.11	331n750					
9.9	211n321			3.2	354, 359n860	
		10.1–3	257, 257n471	3.3, 6	355	
ナズィル		10.2	185, 342n795	3.12	238	
6.1, 5	211n322	10.2–3	258	3.14(ET 3.15)	196, 339	
7.1	211n322, 211n323, 266n509	10.3	342n796	3.15(ET 3.16)	119, 230, 230n387, 235, 244n437, 245, 247	
		10.3, 5	330n748			
7.3	212n324	10.4	257n470	4.2	221	
				4.4	509	
ソーター		マッコート		4.22	225n375, 230, 246, 247	
1.9	331n750	3.15	215n341, 236, 300n631			
3.4	137, 255			5.1	315n691, 330n748	
3.4, 5	254	3.16	204n292, 209	5.10–14	331	
7.7	275n533			5.13	329n741	
8.5	254	シュヴオート		5.18	301, 310, 311n669	
9.15	331, 366, 375n919	1.6	281	6.1	313n684	
		1.6–7	270	6.6	237n416	
ギッティーン				6.8	289n589, 330n749	
8.3	312n674	エドゥヨート		6.11	204n292	
		2.9	204			
キッドゥシーン		2.10	257n471	ホラヨート		
1.10	630			1.1	211, 326n728	
4.5	329n742	アヴォート		3.8	264n499, 267n513	
4.14	227n382, 365	1	257n473			
		1.2	331			

ズヴァヒーム		
8.3		162
ムナホート		
3.3		143, 143n126
12.5		144
13.11		200n272
フッリーン		
2.7		342n796
12.5		217
ブホーロート		
4.4		312n674
クリトート		
6.3		212n326

ケリーム		
27.12		145
オホロート		
1.3		212n324
ネガイーム		
12.5		330n748
パラー		
8.8		147
トホロート		
7.1, 5		265n506
8.1–2		265n506

ミクヴァオート		
5.4		14
ニッダー		
4.2		262n488, 603n167, 603n169
マフシリーン		
6.3		265n506
ウクツィーン		
3.12		330n749

トセフタ

ベラホート		
2.2		202n277
3.4(6)		200n274
3.5		375n918
3.7		372n906, 372n908
3.25		137n95
4.17(16)		177
4.18(16)		214n336
6(7).24		205n295
ペアー		
1.4		203n283
3.8		311
4.18		328n735, 332
4.19		208n306, 329
デマイ		
2.5		337
シャッバト		
1.15		264n497

ヨーム・ハ−キップリーム		
4(5).5		270n520, 272
4(5).6–8		272n525
4(5).9		280n555, 293n605
4(5).10–11		310n667
4(5).13		270n522
ナズィル		
3.14		203n283
ソーター		
7.2		273n526, 381n926
7.2–3		273n526
7.3		254
7.4–6		200n270
7.9		214n339
13.7		331
15.10		162n167
15.11–12		136n95

キッドゥシーン		
1.13		232, 245
1.13–16		231n392
1.14		245, 247
1.15–16		250n449, 335n771
バヴァ・カンマ		
9.30		215n344, 237n415
サンヘドリン		
1.3		330
1.5		330
8.4		320n706
9.5		291n599
11.8		289n589
12.10		238
13.1		342, 343
13.1, 2, 4		342
13.2		256n468, 341n792, 342n796, 343

13.3	248n445	8(9).4	343n801	アラヒーン	
シュヴオート		ムナホート		5.9	328n740
3.6	240n422	7.9	277n540	パラー	
アヴォダー・ザラー		フッリーン		3.6	262n488
3.10	266n507	10.16	214		

メヒルタ

ピスハ			331n754		204n291
1	316n694	10	194n255	6	169n179, 170n181
5	174, 208n307, 214n336,			7	159n163, 272n525, 275,
	239n419	ヴァヤッサ			328n740
7	222n366	1	157n160, 208n305,	9	313n681
11	330n748		332n757	10	221n361, 274n530,
12	203n281, 251n455	2	205n294		285n572, 286n575,
16	176, 321n708,	3	222n364, 223n367,		304n643
	330n748, 331n753		289n588, 332n758,	11	361n873
			332n760		
ベシャラアッハ		4	221n362, 237n412	ミシュパティーム	
1	158n161, 215n345	5	171n184, 322n713	2	162n166
3	177n201, 187n236, 193,			4	174n194
	321n708	ベシャラアッハ・アマレク		9	284n569
5	178n202, 214n335,	1	324n717	10	259n483, 286n579,
	324n720, 331n751,	2	216n347, 331n751,		300n630
	332n759		366n890	13	314n688
6	175n196, 216n347,			18	191n250, 215n342,
	236n410, 236n411,	イェトロ・アマレク			289n589, 295n614,
	313n679, 313n685	1	214n338, 323n714,		314n686, 316n698,
			330n748, 331n750, 824		328n740, 331n755,
シラタ		2	183n218		334n765
1	330n748			19	157n160, 240n422
3	195n256, 195n257,	バホデシュ		20	171n186, 214n335,
	195n258, 339n785	1	171n183, 174n193,		326n728, 327n731
5	174n193		184n221		
9	170n182, 214n335,	4	199n268	シャッバタ	
	327n729, 331n750,	5	170n180, 173n192,	1	328n737, 381n925

スィフラ

ネダバー

パラ2.3	167n174
パラ2.4	157n160
ペレ4.8	499
パラ8.7	144
パラ9.9	143

ホバー

ペレ6.7	274n528
ペレ9.5	274n528
ペレ10.8	274n528
ペレ20.9	274n528
パラ12.8	223n367
パラ12.10	760
ペレ21.2	274n529
ペレ23.1	274n528

ツァヴ

ペレ16.10	223n367
ペレ17.5	312n673

ツァヴ・ミルイーム

31	214n335

シェミニ・ミルイーム

22–27	334n768
23	327n729
23–24	331n751
23, 24, 28	327n729

シェミニ

ペレ2.4	270n520
パラ3.2	147

ペレ12.3	265n502
ペレ12.4	180n212

メツォラ

パラ5.12	330n748
ペレ9.7	164n169

アハレ

パラ2.4	292n602
ペレ3.11	261n487
ペレ4.5	164n169
ペレ8.1	278n545
ペレ8.1–2	299n627
パラ6.1	344n803
パラ9.1	199n268
パラ9.6	178n202
パラ9.7	330n749
ペレ13.3	169n179
ペレ13.11	368n893
ペレ13.13	174n193, 339n782
ペレ13.15	199n268
ペレ13.23	331n753

コデシーム

ペレ4.4	328n734
ペレ8.3	243n436
ペレ8.7	327n730, 329n740
ペレ8.10	179n207
ペレ8.11	199n268
ペレ10(11).6	333n762
ペレ9.10	218n352

エモール

パラ1.14	331n755
ペレ1.5	205n293
ペレ9.6	179n209, 199n268
ペレ14.1	282n563
ペレ14.12	282n561
ペレ16.2	160

ベハル

パラ5.1	328n740
パラ5.3	179n208, 181, 239n421
ペレ8.1	328n740
ペレ9.6	199n268

ベフコタイ

パラ1.5	200n269
ペレ2.5	216n346
ペレ3.3–4	333n761
パラ2.3	241n423, 355n845
ペレ8.2	203n285, 320n706
ペレ8.3	292n603
ペレ8.6	296n620
ペレ8.7(6)	254, 254n466, 323n715
ペレ8.12	313n680

民数記スィフレ

1	165, 485n231	67	276n538		296n621
2	280n556	78–98	151n150	117	313n677
4	290n593	84	194n254	119	313n677, 313n678
8	323n715	103	289n587	133	327
11	333n762	106	216n347, 328n736, 335n769	134	224n371
17	158			135	190n245
18	215n345	111	239n419	136	300n633
26	211n322	112	185n225, 221n360, 238n418, 257n471, 292n604	139	313n676
39	159			143	277, 277n539, 279, 280
40–42	197n261				
42	215n340, 374n916	115	180n213, 199n268,		

スィフレ・ズータ

民5.12	159n163	民6.11	270n520	民11.31	333
民5.21	215n345	民6.24–26	197n261	民15.41	199n268
民5.28	214n336	民6.26	215n340, 300n628		
民6.7	212n324	民10.29–11.35	151n150		

申命記スィフレ

26	251n458, 252, 254n465		322n711	308	184n224
		117	240n422	309	196n259
32	260n484, 285n573, 286n575, 304n643, 499	144	311n671, 328n733, 328n738	311	339n783
				312	178n204
33	166n173	156	313n683	324	228n384, 289n590
36	205n297	170	175	329	203n284, 204
38	313n682	179	313n683	333	257n471, 291n595
41	355n845, 359n859	184	322n711, 322n712	334	328n739
47	191n250	277	330	343	141, 173n192, 204n290, 344n802
48	219n354, 219n356, 243n434	286	215n341, 223n366, 300n631	345	344n803
49	331n753	297	175n197	347	229n386, 295n617, 311n670
53	289n586	305	322n713, 367n892		
54	208n307, 239n420	306	219n355, 311	352	313n679
57	313n683	307	227, 246n440, 249n447, 327n729, 334n764, 592n142	356	368n894
79	217n350				
96	184n223, 185,				

ミドラシュ・タンナイーム

申23.5	306n650	申25.3	300n631	申32.39	203n284
申24.1	162n166	申32.34	289n590	申34.7	306n650

バビロニア・タルムード

ベラホート
4a	110
4a-b	202n277
5a	285n574, 286n578
5a-b	352n837
5b	360n867
7a	183n219
8a	352n837
13a-b	202n277
16b–17a	362, 371
17a	200n273, 220n358
28b	344n804, 364n880
29b	372n906, 372n907
31a	375n918
33b	296n621
46a	371n901
47b	269n519

シャッバト
10a	355n843
31a	208n304, 267n512
32a	234n401
55a	243n431
55a-b	291n594
127b	237n415
151b	215n344, 237n415

エルヴィーン
14b	363n879
18b	238
95b–96a	202n278

プサヒーム
49a	264n499
70b	136n95
114b	202n278
118a	214n335

ヨーマ
19b	261n486, 264n500
56b–57a	164n169
76a	222n364
85a	275n534, 281n559
86a	272n525
87a	283, 363n878

スッカー
28a	359n862
45b	315n693
49b	329n743
55b	343n800

ローシュ・ハーシャナ
16b	246n439, 248n445
17a	249n446
17b	332n756
18a	278n547, 295n616
28a–29b	202n278
32b	246n439
35a	355n844

タアニート
7a	219n355
11a	104, 228n385

メギッラー
17b	373n909
20a	200n275
25a	296n621

ハギガー
4bff	110

イェヴァモート
46a	243n436
47a-b	337n777
49b–50a	226n378

クトゥボート
3b	562n93
104a	370n899, 371

ネダリーム
20a	265n506
21b	353n838
22a	246n439
62a	219n353

ナズィル
23b	214n335, 220n358

ソーター
16a	162n166
22a	137n95, 230n387
36b–37a	178n202

ギッティーン
45b	342n796

キッドゥシーン
36a　　　　　　　　184n223
39b　　　226n381, 233n399,
　　　　　333n760, 367n891
39b–40b　　　　　　230n387
40a-b　　　　　　　231n395
40b　　　　233n398, 355n845
68b　　　　　　　　559n85

バヴァ・カンマ
38a　　　　　　　　339n782

バヴァ・メツィア
33b　　　185n227, 260n484
71a　　　　　　　　240n422
87a　　　　　　　　353n838

バヴァ・バトラ
10a　　　　　233, 237n413
10a-b　　　　　　　237n414
10–11　　　　　　　340n788
60b　　　　　　　　162n167

サンヘドリン
41a　　　　　　　　291n599

56a-b　　　　　　　343n801
59a　　　　338n781, 339n782
64b　　　　　　　　293
81a　　　　　　244n438, 245
86a　　　　　　146, 281n560
90b　　　　　　　　293
97a　　　　　　　　709n25
97b–98a　　　　　　259n481
100a　　　　216n347, 334n765
100a-b　　　　　　　222n364
101a　　　　　　　　286n575
105a　　　　　　　　341n793
110b　　　　343n797, 343n798

マッコート
13a-b　　　　　　　300n631
23b–24a　　　　209, 209n312
24a　　　　243n432, 244n438,
　　　　　　　　　　320n706

シュヴオート
12b　　　　　　　　283
13a　　　　281n559, 281n560,
　　　　　　　281n561, 571n103
35b　　　　　　　　193

アヴォダー・ザラー
3a　　　　　　　　339n782
36b　　　　　　　　559n85

ムナホート
29b　　　　　　　　236n410
44a　　　　　　　　226n378

ブホーロート
30b　　　　264, 265n504, 266

アラヒーン
17a　　　　302n635, 334n766

クリトート
7a　　　　280n557, 281n559,
　　　　　　　　　　281n560,
　　　　　　　282n561, 571n103

ニッダー
16b　　　　　　　　248n444
17a　　　　　　　　331, 332
38a-b　　　　　　　562n93

パレスチナ・タルムード

ベラホート
3b(1.5)　　　　　　355n844
7d(4.2)　　　　　　298n623
8a(4.3)　　　　　　352n837
8b(4.4)　　　　370n900, 371,
　　　　　　　　　　373n911
13d(12d)(9.3)　　　316n695
14b(9.7)　　　　　　230n387

ペアー
15b-c　　　　　　　329n743
16b(1.1)　　230n387, 238n418,
　　　　　　239n419, 335n771

シュカリーム
46d　　　　　　　　208n308

ヨーマ
45b　　　　　　　　293n606
45b, c(8.8)　　　　272n525
45c(8.8)　　275n535, 278n545,
　　　　　　　　　　282n564

タアニート
63d(1.1)　　　　　　259n481
65b(2.1)　　　　　　224n372

ハギガー
76c(1.7)　　　　　　356n847
77b(2.1)　　301n634, 359n864,
　　　　　　　　　　360n868

ソーター
20c(5.7)　　　　　　230n387
21d(7.4)　　　　　　242n427
22d　　　　　　　　208n308

キッドゥシーン
59d(1.2)　　　　　　233n400
61d(1.10)　　　234, 245, 250

バヴァ・カンマ			サンヘドリン		27c(10.1)		239n419
6c(8.10)		237n415	22b(4.3)	326n728, 327n731			

死海巻物

1QS(共同体の規則)		3.5–6	415	5.4	465
1–9	454, 454n151, 455, 502	3.6–7	433	5.4–5	481
1.3	467	3.7	475n209	5.4–7	500
1.6–7	427	3.8–9	482	5.5	426, 465
1.7	416, 426	3.9	416	5.5–7	465, 466
1.8	449, 486	3.9–11	449	5.6	465, 470
1.10	396	3.10–11	427, 470	5.6–7	466
1.11–12	385, 433	3.13–14	489	5.7–8	387
1.13	478	3.13ff	401n41	5.8–9	385, 425n83
1.16–17	427	3.14–4.26	418n60, 429	5.8–10	426
1.17	471n199	3.15	396, 410	5.9	386
1.21–23	455	3.15ff	421	5.10–11	389
1.21–25	392	3.18–25	408	5.10–12	427, 429
1.21–2.4	473	3.20	444	5.11–12	415, 427, 483, 489
1.22	473	3.20, 22	390	5.12	442n131
1.24–2.1	486	3.21–23	441, 443	5.12–13	407
2.1–2	393	3.21–24	418	5.14	415, 429, 482
2.2–4	483, 486	3.22	429, 442	5.14–20	482
2.2–8	456	3.23	442	5.19	407, 482
2.3	489	3.24	396	5.19–20	429
2.4–5	389, 417	4.2–6	483	5.20	427
2.4–10	407	4.3	481	5.21	427
2.6–7	428	4.5	399, 481	5.21–22	386
2.8	463	4.7	458	5.22	386, 393
2.11–17	417	4.11–14	407	5.23–24	427
2.11–18	407, 426	4.13	428	5.24	450
2.12–18	406	4.18–19	442	6.13	388n11
2.13, 16	387	4.19–22	438, 438n115, 443	6.13–14	393
2.22	393	4.20	438n117	6.13–15	466n184
2.25–26	415	4.21	475n209	6.13–16	416
2.26	416	4.22	449	6.14	427
2.26–3.4	470	5.1–2	482	6.15	393, 426, 481
2.26–3.7	429	5.1–3	389	6.16	489
3.1	478	5.2	497	6.16–23	417
3.3–4	479	5.2–3	386, 393	6.17–18	427
3.3–6	482	5.3	417	6.19	385, 416

6.24–25	445, 445n137, 497	8.16–17	387	11.7	391
6.27	445n137	8.16–19	496, 497	11.7–8	413
7.1–2	446	8.17	442n131	11.7–9	410n52
7.2	445n137	8.18	449	11.9–10	430
7.16–17	406	8.18–19	497	11.9–11	451
7.17	406, 446	8.20	449n146, 496	11.10	454
7.18–21	406, 446	8.20–21	467	11.10–11	450, 452
7.22–25	406, 446	8.20–24	497	11.11	410, 480
8.1	449, 449n146, 466, 495, 497, 498n249, 499, 500	8.20–9.2	445, 496, 498	11.11–12	435
		8.22	442n131, 446n138	11.12	436n105, 472, 475, 476, 477, 730, 777n43, 783n59
8.1–2	498	8.22–23	496, 497		
8.1–4	445, 468n190, 499, 500	8.22–9.2	496		
		8.24	442n131	11.13	413
8.1–9.2	495	9.1	442n131, 496	11.13–14	476, 485, 485n232
8.1–9.11	496, 498n249	9.1–2	497		
8.1–9.26	495	9.3	497	11.14	463, 472, 474, 475
8.2–4	498n249, 499, 500	9.3–5	467, 468, 469	11.14–15	438
8.3	466, 467, 499	9.3–6	500	11.16	390
8.3–4	467n185, 468, 468n189, 469, 470, 499, 500	9.4	465, 470	11.17	450, 452, 480, 480n220, 481
		9.4–5	464, 468		
		9.4–6	465	11.17–18	410
8.4–8	500	9.7	497	11.20–21	451
8.4–10	466, 498n249	9.14	390, 415		
8.4b	496	9.17	427	**1QSa（メシアの規則）**	
8.4b–10a	466	9.19	449	1.1–6	394
8.4b–19	498	10–11	454, 454n151, 461	1.2–3	385
8.5	386	10.6	464	1.3	469, 470
8.5–10	466n184, 499	10.9–11.22	473n206	1.5–7	426
8.6	390, 466, 469, 470	10.10	494	1.6ff	425n83
8.6–7	428, 466	10.11	451	1.8–9	394
8.7	388	10.17–21	592n142	1.20	395
8.8–10	500	10.18	458	1.20–21	401
8.10	428, 449, 466, 469, 470	10.20	391	1.21	395, 404
		10.20–21	415, 451, 490	2.3–9	388n12
8.10b	466	10.21	406, 428, 449	2.8–9	484
8.10–11	498	10.23	451, 473		
8.10ff	498n249	10.25–26	783n59	**1QSb（祝福）**	
8.10b–12a	496	11.1	481	3.24	386
8.12–16	426	11.2	450, 452	5.23	386
8.13	482	11.3	474		
8.13–9.2	442	11.5	475		

文献索引

1QH（赞歌）					
1.6	478	4.5–5.4	431n94, 493, 494	5.23–26	407n49
1.7–8	410	4.9–10	389, 490	6.1–36	493
1.19–20	411	4.9–11	427	6.5–10	414
1.21–23	430	4.14–22	429	6.6	433, 444
1.25–26	451, 454	4.15	416	6.7–8	397, 399
1.25–27	501	4.19	389, 406, 423, 424	6.8	398n34, 398n35, 399, 433
1.26	473, 474, 479	4.20	407	6.8–10	454
1.27	455	4.21	473, 485	6.9	457, 458, 475
1.31–32	474	4.21–22	454	6.12–13	486
1.31–33	453	4.24	424	6.29–39	458
1.32	433, 448	4.24–25	413	6.30–32	407
1.33	447	4.26	428	7.6–25	493, 494
1.35–36	479, 502	4.26–27	429	7.7–8	413
2.1–19	493, 494, 495	4.28	501	7.12	479, 479n218
2.8	437n109	4.29	436, 442	7.17	450, 451, 452
2.8–9	479n218	4.29–30	431, 432, 434, 435, 436, 501	7.17–18	480
2.9	391			7.19–20	478
2.10	407n49	4.29–31	435, 437, 473, 475	7.26–27	412, 483, 489
2.12	389, 389n13, 437n109, 495	4.29–33	451, 452, 495	7.26–31	433
		4.29–5.4	493	7.28	803
2.13	390	4.29b–5.4	494	7.28–29	451
2.20	412, 489	4.30	432, 454	7.28–31	481
2.20–30	493	4.30–31	472, 480	7.29–30	454, 485
2.21	389n13, 495	4.31–32	480	7.29–31	454
2.21–22	387	4.33–36	435	7.30	432, 480
2.24	388	4.33–37	435	7.31	485
2.28–29	387	4.34	432	7.32b–33	501
2.31–32	389	4.34–36	435	7.34	412, 489
2.31–39	493	4.35	432	8.4–40	493, 494, 495
2.33–34	407n49	4.36–37	474, 476	9.9	479
2.35–36	413	4.37	431, 453, 464	9.10–13	448
3.1–18	493	4.37–39	432	9.14–15	475, 479, 480, 803
3.19–20	412	4.38	480		
3.19–23	437n112	4.40	478	9.14–17	452
3.19–36	439	5.5–19	493, 494	9.23–24	447
3.20–23	485	5.6	457, 458, 475	9.33	479
3.21	432, 437n112, 453	5.20–39	493	9.33–34	457
3.21–22	490	5.20–6.36	494	9.34	458, 475
3.23–24	430	5.20–7.5	493	10.3b–4a	501
3.37–4.4	493	5.22	390	10.5	501

10.5–10	452	14.17	450	1.2	395, 396
10.9	480n220	14.21–22	406	1.5	399, 400
10.9–10	411, 452	14.24	391, 415, 433, 444,	1.6	407
10.14	412		456, 471	1.9	396, 458
10.33–34	463	14.25–26	411	1.12	458
11.3	412	15	439	2.5–6	464, 465n175
11.3–14	439, 487, 490, 491	15.13	452	2.10–14	396
		15.13–19	409	4.2	396, 407
11.8–9	447	15.14–15	480	4.4	396
11.10	432, 434, 453, 482	15.14–17	439	4.6	783n59
11.10–11	431, 434	15.14–19	414, 429	6.6	428
11.10–12	490	15.15	390	9.5–9	428
11.10–14	437n112	15.15–17	438	10.9–10	396
11.11	482	15.15–19	456	10.10	483
11.12	439	15.16–17	439	11.2	478
11.13	485	15.17–19	429	11.3	397
11.15	412	15.18	415	11.3–4	455
11.15–36	439	15.18–19	429	11.8–9	396, 397
11.18	478	15.19	428	11.9	390
11.29–30	474	15.19–20	439	11.11	407
11.29–32	453, 476	15.21	452	11.13	390, 399
11.31–32	474	15.24	456, 470	11.13–14	428
12.19	479, 480	16.6	487	11.14	396, 458, 479
12.22–23	485	16.7	490	12.1	392, 397
12.23	413	16.9	478	12.2	554n78
12.24–25	437n112	16.10	390, 480	12.5	397
12.30–31	474	16.10–11	415, 482	12.7	397
12.34–35	489	16.11	452, 480n220	12.10	396
13.14–17	452	16.12	453, 485	13	401n41
13.16–17	452, 480	16.15	413	13.2, 5	482
13.16–18	458, 459	17.12	464	13.5–6	458
14.8	412	17.17–18	478, 487	13.7–8	399, 401n41
14.11–12	409	17.20	478	13.8	398, 398n35, 399, 484
14.11–14	429	17.21–22	413		
14.12–13	489	17.22	447	13.9–11	409
14.12–14	412	17.26	412	13.12	400
14.13	413, 485	18.14	438n117	13.12–14	484
14.14	429, 333	18.21–22	457	13.13	401n41
14.14–15	406			13.14	399
14.15	390, 479	**1QM**（戦いの巻物）		14.5	407
14.16	407	1.1	396, 399, 816n7	14.7	399, 400

14.8–9	398, 398n35, 399, 400	2.7	407	1.19, 20	390
14.11	407	2.9	390	2.2–7	413
15.1	400	2.13	394	2.4–5	464
15.1–2	396	2.17	394	2.6	429
17.1	428	2.19	403	2.6–7	406, 407
17.4–5	396, 410	2.24–25	390	2.11	398n35
17.4–8	401n41	3.1	390, 392	2.13	413
17.8	399	3.5	390	2.15	449
17.9	471n199	3.10	390	2.19–21	429
18.7–8	399, 455	3.12	394, 407	3.10–14	386, 387, 423, 577
18.12	478	4.9–10	428	3.12	481
		4.10	403	3.13	393
1QpHab（ハバクク書ペシェル）		**4Qflor**		3.13–14	424
1.11	415	1.1–7	468n188	3.14–16	458
2.1	396	1.4	388n11	3.17	415
2.3–4	385	1.18–19	404	3.18	422n75, 464
3.4	401	1.19	392	3.18–19	458
5.3–5	391n18			3.18–4.10	467n188
5.3–6	402, 470	**1QpMic**		3.20	458, 481
5.4	428	7–8	415	4.1	423, 464
7.4–5	386, 387	7–9	407	4.2	391
8.1–2	471			4.2–3	576
8.8–13	389	**4Qtest**		4.2–4	392
9.1–12	389	14	390n16	4.3	576
9.11	428			4.3–4	392, 397
9.12	390	**4QSe**		4.6–7	464
10.5	428	8.15–9.11	497	4.7	390
10.10	401			4.9–10	464
10.12–13	391n18	**4QFrg**		6.3	413
10.13	428	159	447n141	6.4–5	391
11.5–7	389			6.15–16	481
12.2–3	428	**4QBt3**		6.19	385
12.3–4	468n188	6.3–4	478n215	6.21	481
12.3, 10	390			7.4–6	450
12.12–14	401	**CD（ダマスコ文書）**		7.5	387
13.1–2	401, 403	1.4–5	398n35	7.5–6	458
		1.4–10	398n35	7.9	415, 428
4QpPs37（詩37のペシェル）		1.10	481	8.1–2	404, 405
2.3–4	407	1.11–21	398n35	8.2	407
2.5	390	1.12	396	8.3	405

文献索引　879

8.3–12	404, 405	12.4–6	445, 447n141	20.1	405		
8.3–16	405n46	12.21–22	393	20.2	449		
8.4	426n85	14.1–2	459	20.2–8	405		
8.5–7	405	14.2	387	20.5, 7	449		
8.8	406n48	14.8	426	20.8–13	405		
8.11	405	15.5	393	20.11	426		
8.14–18	455	15.5–11	385, 489	20.12	385		
8.16	391	15.7	415	20.17	387, 391		
8.19	405, 415	15.15–17	388n12	20.20	390		
8.21	385, 405	16.3–4	577	20.25	407		
9.1	447n141	16.4–5	413	20.25–27	405		
9.6	447n141	16.8–10	427	20.26–27	395n28, 471n199		
9.13–14	464	16.13	464				
9.17	447n141	17.6	388n11, 405	20.29	426		
10.1	447n141	19.13–14	404	20.29–30	478		
11.7–12.2	464	19.15–24	404, 405	20.33	426		
11.21	390	19.16	405, 426	20.34	464		

旧約聖書外典（続編）・偽典

シラ書		5.4	514, 524	10.1–5	504
1.1–2.18	507	5.4ff	524	10.7	524
1.10	506, 507	5.5–7a	519, 524	10.11	509
1.11–13	526	5.6	521	10.12	524
1.12	511	7.1	512, 513	10.13	514
1.13	512	7.1–2	512	11.17(21)	522
1.20	507, 511	7.8	513	10.19	504, 504n3, 526
2.10	512	7.8–9	517	11.21–28(26–35)	513
2.10–11	511	7.9	524	11.22(28)	522
2.15–16	510	7.17	509, 510	11.23–24	524
2.15–17	526	7.29–30(30–31)	220n357	11.29–34	503
2.17	525	7.29–31	516	12.2	511
3.3	515	7.32	516	12.3	512, 524
3.3–5	516n24	7.36	513	12.4–6(6–7)	522
3.14–16(13–15)	516	8.1–19	504	12.4, 6	521
3.26	513	8.10	521	12.5(7)	521
3.26–28	524	9.11	521	12.6	514, 521
3.30(28)	516	9.11–12	522	13.17(19)	521, 522, 525
4.10	513n23	9.12	524	13.24(28)	521, 524
4.26(27)	518	9.16	522, 522n31	14.1	514

14.11	518	24.23–25	505	41.8(11)	522, 524, 527
14.16	509	26.29	802n6	41.14	523
15.1	525	27.29	522	41.17–19	523
16.1	521	28.2	519	42.2	521
16.3	521	28.6	513	42.9–11	503
16.11–14	511	28.7	505	43.33	522
16.13	521, 522	29.9	505	44.10–11	511
17.11	504	29.12	516	44.17	522
17.12	504	30.1–13	503	44.20, 22, 23	505
17.17	504	33.1	514	45.16	516
17.24	524	33.14(17)	522, 524	50.11–21	516
17.24–26	518	34.13	509	51.8–12	519
17.27	509	34.15–17	526		
17.29	518	34.18–20(19–20)	518	**エチオピア語エノク書**	
18.2	513	34.19	517	1.1	545
18.8–9, 11–14	515	34.20	524	1.7, 9	545
18.12	509, 510	34.21–22	524	1.8	545
18.14	511n20	34.26(27–28)	519	5.4	545
18.20	519	35.1	518	5.5	545
18.21	519	35.2	516	5.6	545
18.24	513	35.3	519	5.6–7	545
19.20	510, 526	35.5	518	5.8	545
19.24	526	35.6–7	518	5.8–9	545
20.1–8	503	35.10–11	518	5.9	545
21.1	519, 522	35.12	524	6–11	530
21.6	519	35.17	519, 525, 542n60	6.1ff	530
21.8	524	35.18(21)	522, 525	6.3	531
21.9	509	35.18–19(ギリシャ語19–22)		7–8	531
21.9–10	523		514	9.3, 5	316n698
23.8	509	36.1–17	506	9.6–9	531
23.10	524	36.11	508	10.9	530
23.12	509	36.16	506	10.11	530
23.18–19	525	38.9–15	518	10.17	531
23.27	525	39.22–27	511	10.20–21	531
24.3–6	506	39.27(37)	522	12–13	531
24.6	507	39.27–43.30	503n1	12–36	530
24.8	504	40.10	521	12.5	532
24.9	520	41.4	509	13.2	532
24.12	505	41.5	520, 521, 522, 527	15.4	530
24.19–21	505	41.5–10(8–13)	523	18.15	532
24.23	505, 507	41.7	521	19.2	532

21.6	532n51	91.12–17	543	99.7	536
21.7	532n51	91.14	544n62	99.9	536
21.10	532n51	91.18–19	538	99.10	538, 543, 783n59
22.9–13	532	92.4–5	540	99.15	535
25.3	532	92.18	535	100.4	542
25.3–7	532	93.1	543	100.5	543
25.5	532	93.1–10	543	100.5a	541
27.3–4	532	93.9–10	543	100.5b	541
37–71	528, 529	94.1–2	538	100.6	534, 538
47.1–4	528	94.3	538, 539	100.7	535, 539
51.4	707	94.4	539	100.10	535
54.1	530n47	94.6	535	101.1	538
54.7	530n47	94.7	534	101.3	540, 783n59
54.7–55.2	530	94.8	534	101.7	538
56–57	529	94.9	536	101.9	538
56.5–7	529	94.10	540	102.4	538n55, 541
56.6–7	528	95–97	815n6	102.4–5	538
71.14	783n59	95.3	542	102.5	541
81.4	545	95.4	540	102.6	541
81.8	545	95.5	539	102.6–8	537
81.9	546	95.7	535, 535	103.3	539, 541
82.4	546	96.1	542	103.6–7	542
83.8	533	96.3	538	103.8	542
83.9	533	96.4	534	103.9	541
84.4	533	96.7	536	103.9–15	538
84.6	533	96.7–8	534	103.14	536
89.28	533	96.8	535	103.14–15	539
89.41	533	97.3–6	542	103.15	536
89.51	533	97.5	542n60	104.1	539
89.56–58	533	97.8	534	104.2	539
89.59	533n52	97.8–9	537	104.3	534, 536, 539
89.59–60	533	98.4	539	104.5	543
89.61, 69	533	98.5	539n56	104.6	534, 535
90.25	533	98.6	535	104.7	537
90.26	533	98.7	538	104.8–9	540
90.30	533	98.8	535	104.10	536
90.33	533, 544n62	98.9–10	540	104.12	541
90.35	533	98.12	540, 542	104.13	539n57
91.6–10	534	98.13	535	105	544n61
91.7	536	98.14	540	106–07	530
91.9	536	99.2	536	106.14	530

107.1	531	2.20	579	13.9	571
108.7–8	544	2.21	550	13.24	551
108.8	544	2.27	553, 557, 560	13.25–26	557
108.10	544	2.28	574	15.3	572
108.11	544	2.30	557	15.11	551
108.12	544	2.31	550, 562	15.25ff	551
108.14	544	2.33	557	15.26	556
108.15	544	3.8–11	551, 557	15.26–28	555
		3.31	551, 557, 564	15.32–34	556
ヨベル書		4.5	557	15.34	553, 556
1.1–4a	580	4.23	554	16.4–6	551
1.4	580	4.26	577, 580	16.17–18	549
1.4b–26	580	4.31	553	16.18	550
1.5	555, 560	4.31–32	557	16.26	550, 574
1.6	569n100	4.32	551	16.29	551, 564
1.7	579	5.10	553	16.29–30	557
1.7–25	579	5.12	573	17.15	572
1.9	551, 568	5.13	554	17.16	572
1.9–17	576	5.15–16	574	18.16	572
1.10	579	5.19	565, 572	19.18	549, 572
1.12	568	6.2	469n193	20.2–3	574
1.13	568, 579	6.10	551	20.3–5	551
1.14	568	6.12	557, 560	20.4	559, 559n85
1.15	568	6.12–13	553	20.7	551
1.17–18	548, 568, 576	6.14	570, 581	21.4	565, 574
1.18	555, 559, 560	6.17	551, 557	21.5–6	558
1.19	553	6.35	553	21.7–15	571
1.20	566	6.36	578	21.15	572n104
1.22–23	568, 569, 569n102	7.20	551, 574	21.18	551
		7.21	553, 573n106	21.21–24	575
1.22–25	560	7.30	574	21.22	558n83
1.23–24	551	7.34	554, 574	21.23	566
1.25	549, 579	7.37	554, 573	21.23–24	553
1.27–28	555, 577, 580	10.3	566	21.24	550
1.28	548n71, 549, 563n95, 579	10.17	572	22.10	566, 574
		11.4	551	22.11	550
1.29	548, 548n71, 576, 577, 580	11.16	551	22.11–12	549, 550
		12.2	551	22.13	550
2.1–50.4	580	12.19	550	22.14	570
2.18	551	12.20	566	22.16	551, 564
2.19	550	13.3–4, 9	571	22.19	566

22.20–21	564	33.13	557	2.3	584, 598n153, 599
22.22–23	563, 579	33.15–16	557	2.3a	598n154
22.23	566	33.16–17	557	2.7–9	589
22.27	550	33.18	558	2.11(9)	599
23.10	572	33.20	550, 573, 574	2.12(10)	607
23.11–32	579	34.18–19	571	2.14–15(13)	584
23.14–31	580	35.1	551	2.14ff(12ff)	607
23.16	570	35.12	572	2.15(13)	599
23.19–21	561n89	35.13	553	2.16(15)	597
23.21	577, 580	35.13–14	574	2.16–19(15–18)	608
23.23	548n71	35.14	553	2.17(16)	589
23.23–24	564	36.3	572	2.29(25)	607
23.24	548n71	36.6	550, 573, 586	2.30–36(26–32)	607
23.26	566	36.8–11	551, 558	2.36(32)	607
23.26ff	569n102	36.10	554	2.37(33)	596
23.30–31	573n107	36.23	572	2.37–40(33–36)	587, 597
23.31	565	39.6	554	2.38(34)	601n158
24.11, 22	565	40.8	572	2.39(35)	597
24.28b–30	579	41.23–27	567	2.40(36)	596, 597
24.29	573	41.23–28	557	3.3	597, 600
25.3	550, 573	41.25	552n75	3.4	597
25.7	551	41.26	554	3.5	597, 600
25.9	573	45.3	565	3.7(6)	597
25.15	574	49.8	552	3.8(7)	597, 600
25.18	573	49.8–9	558	3.8–9(7–8)	595, 609
26.34	558n83	50.1–5	581	3.8–10(7–8)	594
27.17	572	50.5	548n71, 551, 555, 560, 569, 569n102, 573, 580	3.9(8)	597
28.6	554, 557			3.10(8)	596
30.7	551, 557, 560, 564			3.11(9)	600
30.8	550	50.6–13	580	3.12(10)	600
30.10	557	50.8	562	3.13–14(10–11)	586n123
30.15	554	50.11	571	3.16(12)	596
30.16	557, 564, 571			4.1–8(7)	600
30.19	554	ソロモンの詩編		4.4	600
30.20	565	1.1	598	4.4–6	599
30.22	554, 570	1.2–3	585	4.7(6)	508
31.14	577, 580	1.4	585	4.9(8)	608
31.25	565	1.4–6	601	4.11(9)	600
32.19	564	1.6–7	585	4.13(10–11)	600
33.10	551, 552n75	1.8	598, 598n154, 600	4.14(11)	600
33.11	550, 573	2.1–2	598	4.21(19)	601

4.23(20)	600	8.35(29)	585	13.5(7)	586, 595
4.24(21)	600	8.38(32)	607	13.7(8)	585n122
4.25(22)	600	8.40(34)	596	13.9(10)	595
4.26(23)	596	9	582, 595, 604	13.9b–11(11–12)	588
4.26–27(23)	597	9.1–2(2)	582	13.10(11)	586n123
4.27(23)	596	9.2–8(2–4)	582	13.11(12)	596, 597
4.28(24)	601, 607	9.3(2)	583, 608	14.1	596, 597
4.28–29(24, 28)	588	9.3–10(2–5)	607	14.1(2)	584, 597
5.2	589, 596	9.4(2)	592	14.1–2(1–3)	588
5.7(5)	590	9.6(3)	596	14.1ff	607
5.9(7)	596	9.9(5)	586n123, 586n124	14.2(5)	596
5.14(12)	590, 596, 597	9.9–10(5)	583, 586	14.2–3(4, 5)	586
5.17(15)	590	9.11–13(6)	583	14.3(5)	596
5.21(18)	596, 597	9.11–15(6–7)	597	14.4(6)	597, 601
6.1–2	597	9.11–18(6–9)	587	14.6(9)	586, 586n123, 589
6.6–9(4–6)	589n128	9.11–19(6–10)	593	14.6–7(9–10)	596
6.8(5)	590, 596	9.12(6)	595	14.7(10)	586, 586n124
6.9(6)	589, 596	9.12–15(6–7)	594	15.2(1)	589, 596
7	604	9.14–15(7)	583	15.6(4)	586, 601
7.8(8–9)	589, 597, 604	9.14–19(7–10)	597	15.8(6)	586
7.8(9)	584	9.15(7)	594	15.9–13(8–12)	601n158
7.8–9(9–10)	596	9.16(8)	596	15.10	582n117
7.9(10)	589, 597, 606	9.16–19(8–10)	583, 584	15.11(10)	586, 586n123
8	599, 604	9.17(9)	583, 597, 604	15.12–13	582n117
8.7	607	9.19(10)	589	15.13–15(11–13)	586n124
8.8	608	10	604	15.13b(12)	586
8.9–14(9–13)	599	10.1	594	15.13b–15(12–13)	588
8.12(11)	600, 607	10.1–2	595, 597	15.15b(13)	586n123
8.13(12)	603, 603n167	10.2–3	585	16.1–3	590
8.14(13)	599	10.3	594	16.1–4	595
8.14–15(13–14)	589	10.4	596	16.11	594, 595
8.15–16(14–15)	599	10.6(5)	596	16.14	596
8.15–24(14–21)	599	10.6–8(5–7)	597, 604	16.15	589
8.20–24(18–21)	598n154	10.7(6)	589	17.6(5)	599
8.26(22)	598n154, 600	11	604	17.6–8(5–6)	601, 602
8.27(23)	598n154	11.2(1)	589	17.8b–12(7–10)	602
8.27–29(23–24)	608	12.1, 4	601	17.10–12(8–10)	589
8.27–32(25–26)	607	12.6(5)	601	17.12(10)	607
8.31(26)	608	12.7(6)	596, 597, 604	17.14	602n164
8.32(26)	585	13.1–7(1–8)	585	17.21–22(19–20)	606
8.33–34(27–28)	589, 597	13.5(6)	586		

17.23(21)	605	6.25	616	8.36	783n59
17.24–27(22–25)	605	6.27	616	8.37–39	618
17.26(23)	598	6.38–59	616	8.47–54	618
17.28(26)	605	6.55	616	8.53–54	613
17.28, 30(26–27)	605	6.55, 59	611, 614	8.55	618
17.29(27)	605	7.11–14	616	8.55–56	619
17.31(38)	605	7.17–18	616	8.57	618
17.32(30)	605	7.20–22	616	9.12	618
17.34–39(30–35)	605	7.22	619	9.13–22	618
17.36(32)	595, 605	7.45	619	9.16	620
17.41(36)	605	7.45ff	242n426	9.22	619
17.46(41)	605	7.45–48	617	9.29–37	619
17.50–51(43)	606	7.48	619	9.36–37	620
18.1	589	7.60–61	617	10.11	620
18.1, 3	590	7.62–69	617	10.50	620
18.4(3–4)	604	7.68	611, 619	12.34	620
18.4–5(4)	585	7.70–74	617	13.23	620
18.5(4)	594	7.72	619, 242n426	13.33–38	620
18.6(5)	595	7.82	618	13.39–51	620
		7.88–89	242n426	13.48	620
IVエズラ記		7.94	611	13.57–58	613
3.1–9.22	613, 619, 620, 621	7.102	617	13.58	614
3.13ff	611	7.104–15	617	14.27–36	613
3.13–19	614	7.113–14	613		
3.20	622	7.116–26	617	シリア語バルク書	
3.21	611	7.118	611	78.6	365
3.34	615	7.119	611	84.10	178n203
4.1–21	616	7.120	619		
4.23	616	7.127–31	617	トビト記	
4.26–32	616	7.132–40	617	4.15	208n303
5.27	611, 614	7.138–40	619		
5.29	616	8.1–3	618	ソロモンの知恵	
5.33	616	8.20–36	614n184	2.1–5	537n54
5.40	616, 619	8.31–36	618	2.21–24	537n54
		8.33	619, 627	5.4	537n54

十二族長の遺訓

シメオンの遺訓		ダンの遺訓	
6.1	802n6	6.10	783n59, 785

その他の古代文献

ヨセフス

ユダヤ戦記
2.8.14(163)　　261n485
2.8.14(162)　　632n18

ユダヤ古代誌
18.1.3(12)　　632n18

フィロン

言語の混乱
77　　　　　814

《訳者紹介》

浅野淳博（あさの・あつひろ）

関西学院大学教授、京都大学文学部・文学研究科講師。フラー神学校にて神学修士号（1997年）、オックスフォード大学にて哲学博士号（2003年）を取得。

単著 Community-Identity Construction in Galatians（T&T Clark Continuum, 2005）、『ガラテヤ共同体のアイデンティティ形成』（講談社／創文社、2012年）、『NTJ新約聖書注解　ガラテヤ書簡』（日本キリスト教団出版局、2017年）、『死と命のメタファ』（新教出版社、2022年）、『新約聖書の時代』（教文館、2023年）。

共著 The Oxford Handbook of the Reception History of the Bible（Oxford Univ. Press, 2011）、The Trinity among the Nations（Eerdmans, 2015）、『新約聖書解釈の手引き』（日本キリスト教団出版局、2016年）、T & T Clark Social Identity Commentary on the New Testament（T&T Clark, 2020）他。

事典類 The Cambridge Dictionary of Christianity（Cambridge Univ. Press, 2010）、The Oxford Dictionary of the Christian Church（Oxford Univ. Press, 2022）、『キリスト教文化事典』（丸善出版、2022年）他。

翻訳 R. ボウカム『イエスとその目撃者たち』（新教出版社、2011年）、J.D.G. ダン『使徒パウロの神学』（教文館、2019年）、ジェレミー・ダフ『エレメンツ　新約聖書ギリシャ語教本』（新教出版社、2020年［改訂第3版］）、N.T. ライト『すべての人のためのローマ書1』（教文館、2021年）他。

パウロとパレスチナ・ユダヤ教──宗教様態の比較

2024年12月25日　初版発行

訳　者　浅野淳博
発行者　渡部　満
発行所　株式会社　教文館
〒104-0061 東京都中央区銀座4-5-1 電話 03(3561)5549 FAX 03(5250)5107
URL　https://www.kyobunkwan.co.jp/publishing/
印刷所　モリモト印刷株式会社

配給元　日キ販　〒112-0014 東京都文京区関口1-44-4
電話 03(3260)5670　FAX 03(3260)5637

ISBN978-4-7642-7492-1　　　　　　　　　　　Printed in Japan

©2024　　　　　　　　　　　　落丁・乱丁本はお取り替えいたします。

教文館の本

E. P. サンダース　土岐健治／木村和良訳

パウロ

B6判 298頁 2,000円

新約聖書書簡の半分以上を著わし、キリスト教神学の基礎を築いた使徒パウロはどのような人物だったのか。その生涯と神学を簡潔に描く。「信仰義認」の新しい解釈を提示するなど、初期ユダヤ研究の碩学による大胆かつ新鮮なパウロ論。

E. P. サンダース　土岐健治／木村和良訳

イエス
その歴史的実像に迫る

A5判 484頁 4,500円

関連資料を可能な限り広く渉猟し、それらを丹念に検証。その結果を基に歴史的イエスの実像をバランスよく再構成した名著。「ユダヤ教 vs. イエス」という従来の見方を根底から覆し、革新的なイエス理解を平易な言葉で示す。

J. D. G. ダン　浅野淳博訳

使徒パウロの神学

A5判 976頁 6,300円

「パウロに関する新たな視点」(NPP) の提唱者であり、英国が誇る新約学の世界的権威である著者が、パウロのトーラー理解、キリスト（へ）のピスティス、終末的緊張と教会の在り方などの問題に独自のバランス感覚で挑む。

浅野淳博

新約聖書の時代
アイデンティティを模索するキリスト共同体

四六判 484頁 4,200円

イエス、パウロ、そして最初期のキリスト共同体は、どのような時代と社会を生き抜いたのか？　そしてこの歴史を学んだ者として、私たちはいかに今を生きるのか？　豊富な図版によって見ても楽しい新約聖書時代史入門。

日本聖書学研究所編

聖書外典偽典

第1巻　旧約外典Ⅰ　　A5判 422頁 6,000円
　第1エズラ書　第1マカベア書　第2マカベア書　トビト書　ユディト書

第2巻　旧約外典Ⅱ　　A5判 558頁 7,500円
　ソロモンの知恵　ベン・シラの知恵　バルク書　エレミヤの手紙　マナセの祈り　ダニエル書への付加——アザリヤの祈りと三人の若者の歌、スザンナ、ベルと龍　エステル記への付加

第3巻　旧約偽典Ⅰ　　A5判 392頁 5,400円（オンデマンド版）
　アリステアスの手紙　第4マカベア書　シビュラの託宣　スラヴ語エノク書　ピルケ・アボス

第4巻　旧約偽典Ⅱ　　A5判 392頁 5,400円（オンデマンド版）
　ヨベル書　エチオピア語エノク書

第5巻　旧約偽典Ⅲ　　A5判 508頁 7,000円
　十二族長の遺訓　ソロモンの詩篇　第4エズラ書　シリア語バルク黙示録

別巻　補遺Ⅰ　旧約聖書編　　A5判 658頁 8,800円
　第3マカベア書　預言者の生涯　ギリシア語バルク黙示録　アブラハムの遺訓　ヨセフとアセナテ　ヨブの遺訓　エレミヤ余録　モーセの黙示録　アダムとエバの生涯　モーセの昇天　モーセの遺訓

上記価格は**本体価格（税抜）**です。